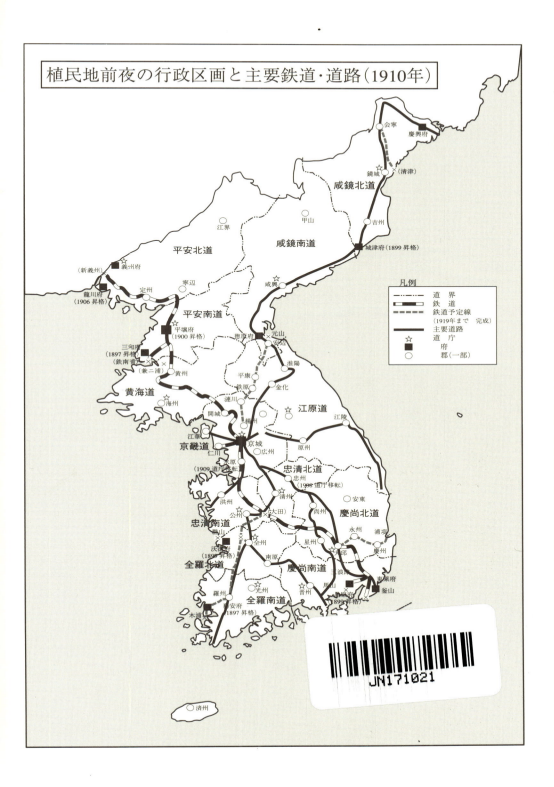

第4版

朝鮮韓国近現代史事典
1860▸2014

韓国史事典編纂会
金 容権
［編著］

日本評論社

第 4 版の刊行に当たって

　2014 年 7 月と 11 月の新聞報道によると「奈良県橿原市の新沢千塚古墳群 126 号墳から出土したガラス碗の化学組成が、ローマ帝国領内で見つかったローマガラスとほぼ一致した。東京理科大・阿部善也助教らの蛍光 X 線分析でわかった」という。こうした新しい事実をそれ単独に知ることはそれなりに必要だが、歴史のグローバルな流れのなかで理解し、その事実を位置づけることがより大切であろう。

　違う例であるが「漢字文化」の日本への由来にしても、これまで朝鮮半島を経由して日本へ入ってきたことがしばしば軽視されてきた。漢字は当初いうまでもなく、中国・漢民族の言語手段だったが、当時周辺国はまだ文字を持たなかったので、それを借用した。しかし自国の言葉と齟齬があったために、いろいろな加工をしたり、国字といった独自の「漢字」を編み出した。満州族は漢字に倣って、いっそう複雑な満州語の「漢字」を創った。

　鮑や椋はもともと日本でつくられた国字だといわれてきたが、最近の研究成果ではもとは朝鮮半島で生まれたものだという。日本語の現行数字「ひい・ふう・みい・よ・いつ・む・なな・や・ここのつ・とう」のうち「みい」「いつ」「なな」「とう」はもともと高句麗語だったという。高句麗の文献では、当時高句麗にまだ文字がなかったので、漢字の音を借りて読み方を付していた。つまり、三には「密」、五には「干次」、七には「難隠」、十には「徳」、という具合にである。この事実を発見したのは『広辞苑』を編んだ新村出である。現在、朝鮮半島で使われている数字の「ハナ・トゥル・セッ・ネッ・タソッ……（ひい・ふう・みい・よ・いつ……）」は新羅語からの由来である。高句麗の数字は朝鮮半島ではなくなり、日本語としていま使われているのである。こうした現象は隣国だから起きるのであるが、この厳粛な事実を歴史

を読む視点から切り離してはならないだろう。

　こうしたことを踏まえて考えると、先述の橿原市新沢千塚古墳群126号塚から発見されたガラス碗についても、ローマからストレートに日本へ将来したのではなく、朝鮮半島を媒介したことが当然考えられてしかるべきだろう。

　日本の「歴史教育」の特徴の１つである「暗記」偏重を指摘しつつ、スイス生まれの学生タレントである春香クリスティーンが、保坂正康氏と対談している。それを紹介したい。

　　保坂「スイスの学校と、歴史の教え方は違いましたか」
　　春香「スイスは歴史全体の流れが中心でした。テストでも、ある出来事がなぜ、どう起きたかを文章で長く答えさせた。日本の授業では年号や用語をたくさん覚えなくてはいけなくて、全体のつながりが見えない感じがしました」
　　保坂「歴史には因果関係があるから、『なぜこうなったか』と分析することを教えないとね。筋道を立てて学べば、体験がなくても戦争を『想像』できるようになります」（『朝日新聞』朝刊2014年8月12日）

　２人の対談内容とよく似たことが、12月23日のNHK「ニュース９」で紹介されていた。それは「脱、歴史の暗記」にすべきだというものであった。つまり歴史教科書の詰め込みは、大学入試にならうように年々増えつづけ、近年では高校の日本史では3400項目も覚えなければならないという。その数は40年前に比べると170パーセントに達しているらしい。詰め込みと暗記偏重は本来学ぶべき歴史的事件などの背景や関係性、そして歴史の流れを把握し、想像力を育む力を阻害しているという。番組では大阪大の桃木至朗教授や東京女子大の油井大三郎教授が専門的な立場から学校における歴史の教え方を批判していた。

　歴史の理解には「流れ」で把握する必要があるので、本書ではそれを活かし、項目における年代（当時）と現在（今）の関係性をリンクさせながら記述しようと努めた。第４版に際し、新たに26項目を加え、巻末資料も追加した。

2014年12月　　金 容権

第3版の刊行に当たって

　第1版が出版されたのは、ちょうど10年前の2002年1月のことであった。その4年後の2006年3月に2版が出た。このたび3版が出版されるに当たり、いろいろと脳裏に去来するものがあった。日本では「10年ひと昔」と言い、朝鮮では昔から「10年ならば山河も変わる」と表現するように、画期になる歳月の節目である。しかしながら、たとえばわれわれの最大の宿願である「南北統一」は遅々として何も進んでいないような気がする。いやそれどころか「38度線」はいよいよ固定化され、その壁は厚くなっているのではという感すらする。しかしながら、最近の朝鮮半島をめぐる状況を注視するとき、「史ヲ以テ鑑ト為ス」という先達の教えに魅かれたものである。

　このたび、第2版に新しく40項目を追加するに当たり、作業の過程でこのような懸念もいささか拭えたように思えた。亀のように歩みののろい速度ではあるが、アヒルの水掻きのように目には見えないが「歴史」は少しずつ進んでいるように思えたからだ。この3版で新たに加えた40項目は、いまだ「歴史的射程」にない、いわば現在進行形の未成熟な生半可なものもあるが、諒とされたい。

　この事典の前提となる『朝鮮古代中世史事典』があれば、本書とのつながりで朝鮮・韓国の歴史の流れがより把握できるであろうし、関心を持つ人も多くなると、この間つくづく感じたものである。

　なお、肩書、職位等は当時のままであることを断っておきたい。

　改訂に際し、田中宏先生からご協力をいただき、畏友の金正出氏からも貴重な示唆をいただいた。末尾ながら、あわせて感謝したい。

2012年2月　　金 容 権

第2版の刊行に当たって

　本事典の初版が発行されてから4年しかたたないが、この間、朝鮮半島情勢は急激な展開を見せた。これは、「冷戦」の積み残しとして存在するためなのであろうか。韓国においては政権交代と民主化のいっそうの進展、北朝鮮においては恒常的な経済不安と深刻な食糧危機とそれにともなう社会不安、核危機の再燃と6者協議（6ヵ国協議）、日朝首脳会談、日朝正常化協議、そして拉致問題の急展開等々である。金大中政権を継承した盧武鉉政権は民主化と並行して「南北融和」を推進しているものの、その先行きには不透明感がつきまとっている。そして韓国以上に、北朝鮮は今後どの方向に進むのか見えてこない。そんな北朝鮮の状況は多くの人びとに不安を与えているし、周辺諸国も気を揉んでいる。

　こうした状況の変化を少しでも満たすために、新たに必要と思われる内容を補い、さらに2001年末以降に関しては、新項目を選んで追加した。この新たな版によって、朝鮮・韓国近現代史の理解が少しでも深めることができ、さらにその未来像を描くのに一助となれば、望外の喜びである。

　　　　　　　　　　　　　　　　　　　　　　　2006年2月　　金 容権

初版まえがき

　最近、歴史の事実を学ぶことの大切さがいっそう高まっているようだ。その一端は幾度にもわたる「教科書問題」にも表れている。21世紀に入った現在、「在日」社会を含め、国内外のさまざまな現象はいっそう複雑化している。「冷戦」状況の極みを経て、民族分断から統一へと向かいつつある現在、だからこそ歴史を学ぶことの重要性があらためて認識されてきているように思える。

　いうまでもなく「歴史」は、単に過去の事実を集めて知識として次代に伝えるだけでなく、現実における問題解決の糸口を探り、同時に未来を見通す「眼」を養うためにも必要である。それは過去から未来へと向かって、つねに「いま」を生きなければならない人間にとって欠かすことのできない営みであるからだ。現代という時代を少しでも正しく認識するためには、いうまでもなく現代と対比しながら、過去をおさえておく必要がある。この意味では、最近の日本における朝鮮韓国近現代史への関心の高まりは望ましい状況だと思われる。

　しかし、私たちが書物や雑誌・新聞などで、未知の、あるいはさらにもっと理解を深めておきたい歴史的な事件・運動や制度、人物や文物などに出会ったとき、それらの正確な知識をできるだけ正しく理解できる参考資料は、手近にはなかなか見当らない。こうした要望に応えて、この『朝鮮韓国近現代史事典』を編纂した。朝鮮韓国の近現代史の重要事項および朝鮮半島にかかわる日本史、国際関係事項など約1400項目を選りすぐり、基本的な解説を加えた。

本事典の編纂について

　一般に事典や辞書の見出し項目は五十音順に配列されているため、関連性のある一連の事項がバラバラに記載され、連続性をもった歴史を一つの流れとして把握することがむずかしい。そこで本事典では、項目（事項）を年代順に並べ、

歴史的事実の関連を理解しやすいように編集している。これには多少の無理がともなったが、従来にない新しい試みだと自負している。その意味で本事典は、一冊で朝鮮韓国の近現代史を多角的に把握できる通史も兼ねている。したがって、「調べる事典」であると同時に、「読む事典」としても十分耐えられるはずである。

　本事典が扱った歴史的時期は、「西洋の衝撃」に反応した東学の開始（1860年）から、冷戦崩壊後の今日（2001年9月）までである。この期間を大きく6つに区分して6章に分け、各章のはじめに「概観」を設けて時代状況を解説している。第6章だけは近未来のことについても若干述べたので、「概観と展望」としている。見出し項目はほぼ政治・社会・経済・文化の順に並べている。なお、1945年8月15日以降の南北分断の時期は、韓国の項目を先に取り上げ、次に北朝鮮の項目を配列している。見出し項目検索の便宜をはかって、項目目次とともに見出し五十音目次をつけている。また、本文中には関連写真を多数加え、巻末には年表（1860〜2001）と解放後の韓国大統領・首相の一覧表、北朝鮮の権力「人事序列」表などをつけている。

2001年9月　　李 光植・金 容権

本事典の成り立ちについて

　本事典は、『韓国近現代史事典』（韓国ソウル・カラム企画、1990年）を基礎底本とし、間違いを正し、欠落している項目・内容を補った。さらに、最後の1章（第6章）を新たにつけ加えて編纂した。なお、『韓国近現代史事典』の執筆分担は1860〜1919年を李光植、1920〜1953年を朴垠鳳、1954〜1990年を李鍾任が、1990〜2001年を金容権がそれぞれ受け持っている。

　用語について一言つけ加えさせていただくと、「外勢」「非理」「波動」「争取」「方案」「不実」「上疏」などは、日本語としてはやや馴染まないが、漢字からその意味が推測できるため、そのまま使っている。また、日本語版は、日本人読者を主な対象としているので、「日韓」「日朝」「日米」など、おおむね日本を先に立てていることをお断りしておきたい。

初版まえがき

　私事にわたって恐縮だが、本事典の翻訳・編纂に大きな励みになったのは何人かの人生の先輩であるように思われる。

　厳親・金守完は、「わが祖国も国際社会の大道で堂々と歩むようになるには、何よりもまずこの1世紀間を振り返って、その路程をしっかりと認識する必要がある」とつねづね話していたが、いまなおこの言葉が脳裏をよぎる。

　大学での令息との関係や日本での同郷のよしみから、何度かお会いする機会のあった季刊『三千里』の創刊者である、徐彩源先生のお話も忘れられない。もう20年以上も前のことになるだろうか、晩秋の夕暮れ、都心の道路を渡りながら「……19世紀末の近代化への転轍にあって、わが国がどうしてかくも混乱し、もたついたのか、研究を深めると同時に広く一般に知らしめる必要がある」と、熱っぽく説かれたことがいまも目のあたりに浮かぶ。

　幼い頃、歴史に親しみ、その大切さを育んでくれた金葛先生、朴智博先生、そして梶村秀樹先生、旗田巍先生らのことを忘れるわけにはいかない。とくに梶村先生はしばしば、「南北統一には、分断以前の民族全体を実体験として1つとしてイメージできる世代の役割が大きい」と語っていたが、「在日」の間でも高年齢化が急激に進むいま、その言葉の重みがひしひしと感じられる。

　これらの先輩の言葉は厳然として私の体内に息づいて、現在に至るまでいろいろな形で励ましとなり、支えてくれている。いまここに『朝鮮韓国近現代史事典』を上梓する運びとなり、ようやく形だけは何とか応えることができた。

　朝鮮・韓国近現代史の複雑多岐な流れを1400の項目でつかむのは、かなりの冒険である。本来必要な事項が漏れていたり、また編著者の限られた知識のせいで、解説に不適切な点があったり、言及すべき点が数多くあると思われる。読者諸賢のご忠告やご助言が得られれば、改訂版において不十分な点を正し、よりよいものにするために最善を尽くしたい。

　最後になったが、日本語版では作家の金石範先生と龍谷大学教授の田中宏先生にご推薦いただいた。記して感謝する次第です。

2001年9月　金 容権

概略目次

第4版の刊行に当たって i
第3版の刊行に当たって iii
第2版の刊行に当たって iv
初版まえがき v
概略目次 ix
見出し目次 xi
五十音目次 xxxvii
付録 755

第1章 外勢の侵略と民族運動 1860 ▶ 1910

1. 外勢の侵入と民乱 4
2. 大院君の鎖国政策 14
3. 門戸開放 21
4. 開化勢力の成長 31
5. 東学農民戦争と甲午改革 40
6. 開化期の文化 54
7. 植民地への道 65
8. 独立協会・愛国啓蒙運動と義兵戦争 89
9. 民衆文化の発展 107

第2章 日本帝国主義の支配と民族の抗戦 1910 ▶ 1945

1. 日帝侵略下の民族受難 123
2. 3・1運動と大韓民国臨時政府の成立 143
3. 帝国主義列強の対立 157
4. 文化政治と民族運動の展開 165
5. 民族抹殺政策と親日派 178
6. 抗日武装独立闘争 193
7. 社会主義運動 210
8. 日帝統治下の労働運動 220
9. 日帝統治下の農民運動と女性運動 225
10. 日帝統治下の文化運動 230

第3章 民族分断と独裁体制の出発 1945 ▶ 1961

1. 米軍政と親日派の台頭 265
2. 南単独政府(大韓民国)の樹立 291
3. 朝鮮民主主義人民共和国の樹立 301
4. 反民族行為特別調査委員会の挫折 309
5. 朝鮮戦争と釜山政治波動 316
6. 援助経済 326
7. 李承晩独裁体制の構築 329
8. 4月革命と第2共和国 343
9. 民衆運動の高揚 352
10. 北の社会主義建設 361

第4章 軍事独裁体制と民主化運動　1961 ▶ 1979

1. 5・16軍事独裁の開幕　372
2. 民族の分裂と隷属の激化　384
3. 経済開発と民衆収奪　402
4. 北朝鮮の自主路線　413
5. デタントと朴政権の危機　423
6. 維新独裁体制の樹立　435
7. 維新体制下の民主化運動　452
8. 70年代労働運動と農民運動　459
9. 民族文化運動の形成　466
10. 北朝鮮の主体思想確立　471

第5章 民主化運動と統一への模索　1979 ▶ 1993

1. 光州民主化運動と新軍部　484
2. 6月抗争と第5共和国の没落　504
3. 第6共和国の発足　514
4. 産業構造の調整と独占資本の再編　538
5. 80年代以降の労働運動と農民運動　545
6. 80年代以降の学生運動と在野団体　554
7. 北朝鮮の開放の動き　563

第6章 文民政治の発足と統一への展望　1993 ▶ 2014

1. 金泳三政権の成立と展開　588
2. 世界経済の再編とIMF危機　591
3. 「国民の政府」・金大中政権　604
4. 社会と経済の変革　629
5. 盧武鉉政権と南北融和　645
6. 開放と孤立のはざまの金正日体制　674
7. 李明博政権と金正日の死　720
8. 統一のテバッと朴槿恵政権そして金正恩体制の発足　742

付　録

朝鮮韓国近現代史年表　756
韓国の歴代内閣　802
韓国政党史　806
北朝鮮の「人事序列」　811
韓国・北朝鮮の憲法　812
「在日」に関する基本データ　817

主要参考文献・資料一覧　820

見出し目次

第1章 外勢の侵略と民族運動
1860 ▶ 1910

概観 2

1. 外勢の侵入と民乱

開港 4
アヘン戦争 5
太平天国革命(太平天国の乱) 5
『鄭鑑録』 6
アロー戦争(第2次アヘン戦争) 6
セポイの反乱 6
明治維新 6
高宗 7
明治天皇 8
征韓論 8
洋務運動 9
清仏戦争 9
晋州民乱 9
哲宗時代の民乱 10
テンチョ 10
勢道(世道)政治 11
安東金氏 11
三政の紊乱 12
還穀 12
黄口簽丁 13
隣徴 13
パンソリ 13

2. 大院君の鎖国政策

大院君 14
書院の撤廃 15
景福宮再建 15
願納銭 16
当百銭 16
鎖国政策 16
斥和碑 17
斥邪綸音 17
開化主和策 17
丙寅迫害 17
南鍾三 18
丙寅洋擾 18
リーデル、F. C. 19
ローズ、P. G. 19
南延君墳墓盗掘事件 19
シャーマン号事件 20
辛未洋擾 21

3. 門戸開放

雲揚号事件(江華島事件) 21
日本 21
江華島条約(日朝修好条規、丙子修好
　条約) 23
黒田清隆 23
申櫶 23
不平等条約 23
領事裁判権 24
租界 24
『朝鮮策略』 24
万人疏 24
洪在鶴 25

修信使	25
金綺秀	25
紳士遊覧団	25
李東仁	25
領選使	26
李載先逆謀事件	26
壬午軍乱	26
済物浦条約	27
日朝寄留地間行里程約条	27
花房義質	27
太極旗	28
朝米修好通商条約	28
朝露修好通商条約	29
箕山(金俊根)	29
李鴻章	29
馬建忠	30
メルレンドルフ、P. G. H.	30
馬建常	30

4. 開化勢力の成長

開化時代	31
独立党(開化派)	31
朴珪寿	31
劉大致	31
呉慶錫	32
事大党(守旧派)	32
李恒老	32
甲申政変	33
金玉均	34
朴泳孝	34
洪英植	34
漢城条約	35
井上馨	35
井上角五郎	35
竹添進一郎	36
福沢諭吉	36

天津条約	37
清	37
袁世凱	38
朝清商民水陸貿易章程	38
朝露密約交渉	38
朝露陸路通商条約	39
巨文島事件	39
防穀令	39

5. 東学農民戦争と甲午改革

東学	40
崔済愚	40
東学農民戦争(甲午農民戦争)	40
全琫準	42
金開南	43
執綱所	43
日清戦争	43
黄海海戦	44
三国干渉	44
甲午改革(甲午更張)	44
金弘集	45
朴定陽	45
魚允中	46
軍国機務処	46
内政改革法案綱領5ヵ条	46
校正庁	46
洪範14条	47
奴婢世襲制廃止	47
断髪令	48
議政府	48
宮内府	48
備辺司	48
三軍府	49
二十三府	49
五軍営	49
統理機務衙門	49

別技軍	49
郵政(郵征)総局	49
典圜局(てんかんきょく)	50
量田	50
洞布制	50
当五銭	50
朝鮮商業銀行(大韓天一銀行)	51
機器廠	51
電報局	51
京仁線(京仁鉄道)	51
京義線	51
褓負商(ほふしょう)	52
李朝の身分階級	52

6．開化期の文化

実学	54
『海国図志』	54
『瀛環志略』(えいかんしりゃく)	54
西学	54
パリ外邦伝教会(パリ外国宣教会)	55
朝鮮天主教	55
ベルヌー、S. F.	56
ブラン、M. J. G.	56
ダレ、C. C.	57
『朝鮮教会史』	57
ミューテル、G. C. M.	57
クーラン、M.	57
海西教案事件	58
明洞聖堂	58
独立門	58
徳寿宮	59
徳寿宮石造殿	59
改新教(新教)	59
皇城基督教青年会	60
李商在	60
アンダーウッド、H. G.	60

元山学舎	60
ミッションスクール	61
培材学堂	61
アッペンゼラー、H. G.	61
育英公院	61
広恵院(済衆院)	61
アーレン、H. N.	62
『大東輿地図』	62
金正浩	62
池錫永	63
『六典条例』	63
『大典会通』	63
『歌曲源流』	63
『朝仏字典』(韓仏字典)	63
『隠者の国　朝鮮』	64
『コリアン・レポジトリー』	
(朝鮮彙集)	64
『漢城旬報』	64
『漢城周報』	64
博文局	65

7．植民地への道

ロシア革命	65
ニコライ2世	66
興中会	66
中国同盟会	66
変法自強運動	66
義和団事件(北清事変)	67
日英同盟	67
軍国主義	67
乙未事変(閔妃虐殺事件)	68
閔妃(明成皇后)	68
三浦梧楼	69
俄館播遷	69
ウェーベル、K. I.	69
ロシア	70

親露派	71
光武改革	71
光武	72
大韓帝国	72
大韓国制	73
龍岩浦事件	73
日露戦争	73
ポーツマス条約（日露講和条約）	74
サハリン島	74
東清鉄道	74
桂・タフト密約	75
間島協約	76
間島問題	76
白頭山定界碑	77
土門江（俱們江）	77
間島（カンド）	77
独島問題（竹島問題）	77
日韓議定書	78
林権助	78
第1次日韓協約	79
顧問政治	79
乙巳条約（第2次日韓協約）	79
乙巳五賊	80
李完用	80
朴斉純	81
李址鎔	81
李根沢	81
李夏栄	81
権重顕	81
朝鮮統監府	81
伊藤博文	82
曾禰荒助	82
京釜線開通	82
韓国銀行（朝鮮銀行）	82
東洋拓殖株式会社	83
新聞紙法	83
ハーグ密使事件	83
李儁	84
李相卨	85
李瑋鍾	85
万国平和会議	85
日韓新協約（第3次日韓協約）	86
次官政治	86
大韓帝国軍の解散	86
朴昇煥（朴星煥）	86
己酉覚書	87
日韓併合（「日韓合邦」）	87
日韓併合条約	87
石川啄木	88

8．独立協会・愛国啓蒙運動と義兵戦争

独立協会	89
万民共同会	89
日露協商（日露交渉）	89
献議六条	90
尹致昊	90
徐載弼	90
皇国協会	91
一進会	91
李容九	92
宋秉畯	92
保安会	93
共進会	93
憲政研究会	93
愛国啓蒙運動	93
大韓自強会（自彊会）	94
大韓協会	94
南宮檍	94
新民会	95
青年学友会	95
西北学会	95
国債報償運動	95
張志淵	96
黄玹	97
『梅泉野録』	97

閔泳煥	97
李容翊	97
韓圭卨	98
スティーブンス狙撃事件	98
スティーブンス、D. W.	98
張仁煥	99
田明雲	99
安重根	99
李在明	100
義兵戦争(義兵鬪争)	100
李春永	101
柳麟錫	101
李康秊	102
盧応奎	102
閔宗植	102
李世永	102
安炳瓚(安秉瓚)	102
崔益鉉	103
林秉瓚(林炳瓚)	103
申乭石(申乭錫)	104
鄭煥直	104
鄭龍基(鄭鏞基)	104
李麟栄	104
許蔿	104
閔肯鎬	105
蔡応彦	105
南韓大討伐作戦	105

9.民衆文化の発展

天道教	107
崔時亨	107
孫秉熙	108
侍天教	108
大倧教	108
羅喆(羅寅永)	109
呉基鎬	109
五山学校	110
大成学校	110
『西遊見聞』	110
兪吉濬	110
『独立新聞』	110
『帝国新聞』	111
『皇城新聞』	112
『大韓毎日申報』	112
ベッセル、E. T.	112
『国民新報』	112
『万歳報』	113
『大韓民報』	113
『国文正理』	113
周時経	113
『国語文法』	114
『大韓疆域考』	114
ハルバート、H. B.	114
国文研究所	114
李能和	115
光文会	115
『韓日合邦史』	115
新小説	115
新体詩	116
『少年』	116
新劇	116
円覚社	117
唱歌	117
新文学	117
李人稙	117
李海潮	118
崔瓚植	118

第2章 日本帝国主義の支配と民族の抗戦　1910 ▶ 1945

概観 ... 120

1. 日帝侵略下の民族受難

第1次世界大戦 ... 123
資本主義 ... 124
帝国主義 ... 124
三国同盟 ... 125
三国協商 ... 126
ベルサイユ条約 ... 126
14ヵ条の平和原則 ... 126
国際連盟 ... 127
ワシントン会議 ... 127
辛亥革命 ... 127
孫文 ... 128
三民主義 ... 128
対華21ヵ条の要求 ... 128
5・4運動 ... 129
日帝時代 ... 129
朝鮮総督(府) ... 133
日本国籍と朝鮮戸籍 ... 134
京城 ... 134
寺内正毅 ... 135
シベリア出兵 ... 135
憲兵警察制度 ... 135
寺内正毅暗殺未遂事件 ... 136
105人事件 ... 136
安明根 ... 137
長谷川好道 ... 137
会社令 ... 137
土地調査事業 ... 137
朝鮮殖産銀行 ... 138
中枢院 ... 138
シベリア開拓民 ... 138
沿海州 ... 139
勧業会 ... 139
耕学社 ... 139
重光団 ... 139
徐一 ... 140
光復団 ... 140
大韓国民会 ... 140
興士団 ... 141
安昌浩 ... 141
扶民団 ... 142
2・8独立宣言 ... 142

2. 3・1運動と大韓民国臨時政府の成立

3・1運動 ... 143
3・1独立宣言書 ... 145
民族代表33人 ... 146
崔南善 ... 146
崔麟 ... 147
朴熙道 ... 147
韓龍雲 ... 147
柳寛順 ... 148
堤岩里虐殺事件 ... 148
江西虐殺事件 ... 148
砂川虐殺事件 ... 149
密陽虐殺事件 ... 149
孟山虐殺事件 ... 149
陜川虐殺事件 ... 149
定州虐殺事件 ... 149
南原虐殺事件 ... 149
独立嘆願書事件 ... 150
大韓民国臨時政府(臨政) ... 150

大韓民国臨時憲章	150
連通制	152
韓族会	152
欧米委員部	152
新韓青年党	152
漢城政府	153
露領臨時政府(大韓国民議会)	153
青年外交団	153
血誠団愛国婦人会	153
大韓愛国婦人会	153
金瑪利亜	154
李会栄	154
李始栄	154
李東寧	155
梁起鐸	155
盧伯麟	155
申圭植	156
大同団	156
義親王	156

3. 帝国主義列強の対立

中華民国	157
蒋介石	157
中国共産党(中共)	158
毛沢東	158
日本ファシズム	159
ファシズム	159
柳条湖事件	159
満州事変	160
満州国	160
西安事件	160
張学良	161
盧溝橋事件	161
日中戦争	161
世界恐慌	161
恐慌	162
第2次世界大戦	162
太平洋戦争	163
大東亜共栄圏	163
原子爆弾投下	164
東条英機	164

4. 文化政治と民族運動の展開

文化政治	165
斎藤実	165
斎藤実狙撃事件	165
姜宇奎	165
老人団	166
親日派とその組織的養成	166
参政権請願運動	166
民族主義運動	167
自治運動	167
李光洙	167
衡平運動	168
安昌男	168
朝鮮物産奨励会	169
鍾路警察署爆破事件	169
金相玉	169
義烈団	169
朴烈事件	170
三矢協約	170
関東大震災	170
治安維持法	171
6・10万歳運動	171
純宗	171
英親王	172
東洋拓殖株式会社爆破事件	172
羅錫寿	172
新幹会	172
趙明河義挙(久邇宮邦那彦暗殺事件)	174
光州学生運動	174
李昇薫	175

山梨半造 ……………………………175
宇垣一成 ……………………………175
李奉昌義挙(天皇暗殺未遂事件) …176
尹奉吉義挙(上海虹口公園爆破事件)…176
韓人愛国団(愛国団) ………………177
日章旗抹消事件 ……………………177
『朝鮮中央日報』 …………………177
朝鮮思想犯保護観察令 ……………177
修養同友会事件(同友会事件) ……178

5. 民族抹殺政策と親日派

民族抹殺政策(皇民化政策) ………178
南次郎 ………………………………178
神社参拝 ……………………………179
朱基徹 ………………………………179
創氏改名 ……………………………180
国家総動員法 ………………………180
徴兵 …………………………………180
陸軍特別志願兵令 …………………181
朝鮮人BC級戦犯 …………………181
朝鮮人シベリア抑留者 ……………181
小磯国昭 ……………………………182
強制連行・徴用 ……………………182
サハリン僑胞 ………………………183
女子挺身隊・従軍慰安婦 …………183
朝鮮人強制移住 ……………………186
愛国金釵会 …………………………187
国民精神総動員朝鮮連盟(国民総力
　朝鮮連盟) ………………………187
時局対応全鮮思想報国連盟 ………187
朝鮮臨戦報国団 ……………………188
産米増殖計画 ………………………188
農村振興運動 ………………………189
朝鮮小作調停令 ……………………189
朝鮮農地令 …………………………190
食糧供出制度 ………………………190

満州移住 ……………………………190
万宝山事件 …………………………190
銀行令 ………………………………191
軍需工業化 …………………………192
兵站基地化 …………………………192

6. 抗日武装独立闘争

抗日武装独立闘争 …………………193
大韓独立団 …………………………193
大韓正義軍政司 ……………………195
義軍府 ………………………………195
李範允 ………………………………195
西路軍政署 …………………………195
新興武官学校 ………………………196
池青天(李青天) ……………………196
間島国民会(大韓国民会) …………196
鳳梧洞の戦闘 ………………………196
大韓独立軍 …………………………197
洪範図 ………………………………197
琿春事件(間島虐殺事件) …………198
関東軍 ………………………………198
青山里の戦闘(青山里大捷) ………198
北路軍政署 …………………………200
金佐鎮 ………………………………200
光復軍司令部 ………………………201
光復軍総営 …………………………201
大韓独立軍団 ………………………201
自由市虐殺事件
　(自由市惨変、黒河事変) ………201
統義府 ………………………………202
参議府(陸軍駐満参議府) …………202
正義府 ………………………………202
新民府 ………………………………203
国民府 ………………………………203
朝鮮革命党 …………………………203
朝鮮民族革命党(韓国民族革命党)…203

金元鳳	204
朝鮮独立同盟	204
朝鮮義勇軍	205
金枓奉	205
武亭(金武亭)	205
普天堡の戦闘	206
祖国光復会(在満韓人祖国光復会)	206
光復軍	207
大韓民国建国綱領	207
趙素昂	208
三均主義	208
カイロ宣言	209
ヤルタ会談	209
ポツダム宣言	209

7. 社会主義運動

社会主義運動	210
韓人社会党	210
上海派高麗共産党	211
李東輝	211
イルクーツク派高麗共産党	211
高麗ビューロー	212
極東人民代表大会	212
コミンテルン(共産主義インターナショナル)	212
ソウル青年会	213
黒濤会	213
北星会	213
土曜会	213
火曜会	213
北風会	213
朝鮮共産党	214
朝鮮共産党満州総局	214
高麗共産青年会(高麗共青)	215
高麗共産青年会満州総局	215
新義州事件	215
朝鮮共産党再建運動	216
正友会	217
正友会宣言	217
コミンテルン「12月テーゼ」(「朝鮮農民および労働者の任務に関するテーゼ」)	217
中国共産党満州省委員会	217
東北人民革命軍	218
間島共産党事件	218
間島5・30事件	219
京城コム・グループ	219

8. 日帝統治下の労働運動

労働運動	220
朝鮮労働共済会	220
朝鮮労働連盟会	220
朝鮮労農総同盟	221
釜山埠頭運搬労働者ゼネスト	221
永興ゼネスト	221
元山ゼネスト	222
プロフィンテルン(赤色労働組合インターナショナル)	222
プロフィンテルン「9月テーゼ」(「朝鮮の革命的労働組合運動の任務に関する決議」)	222
汎太平洋労働組合	223
汎太平洋労働組合秘書部「10月通信」	223
赤色労働組合運動	223
元山赤色労働組合	223
太平洋労働組合事件	224
国際労働機構(ILO)	224

9．日帝統治下の農民運動と女性運動

農民運動 ……………………………… 225
岩泰島小作争議 ……………………… 225
不二農場小作争議 …………………… 226
朝鮮農民総同盟 ……………………… 226
赤色農民組合運動 …………………… 226
定平赤色農民組合 …………………… 226
女性運動 ……………………………… 227
朝鮮女性同友会 ……………………… 227
槿友会 ………………………………… 227
鄭鍾鳴 ………………………………… 228
金活蘭 ………………………………… 229
許貞淑 ………………………………… 230

10．日帝統治下の文化運動

『朝鮮日報』 …………………………… 230
方応謨 ………………………………… 230
『東亜日報』 …………………………… 231
朝鮮語学会 …………………………… 232
李允宰 ………………………………… 232
金允経 ………………………………… 232
ハングルの日 ………………………… 233
『ハングル』 …………………………… 233
オリニナル（子供の日） ……………… 233
方定煥 ………………………………… 234
趙喆鎬 ………………………………… 234
圓仏教 ………………………………… 234
朴重彬 ………………………………… 235
朝鮮仏教維新会 ……………………… 235
朝鮮民立大学期成会 ………………… 235
京城帝国大学 ………………………… 236
土月会 ………………………………… 236
尹心悳 ………………………………… 236
羅雲奎 ………………………………… 236
『アリラン』 …………………………… 237
崔承喜 ………………………………… 237
『朝鮮語辞典』編纂会 ………………… 238
ハングル統一綴字法案 ……………… 238
朝鮮語学会事件 ……………………… 238
朝鮮声楽研究会 ……………………… 239
洪蘭坡 ………………………………… 239
安益泰 ………………………………… 239
愛国歌 ………………………………… 239
高羲東 ………………………………… 240
高裕燮 ………………………………… 240
李仲燮 ………………………………… 240
全鎣弼 ………………………………… 240
柳宗悦 ………………………………… 240
民族主義歴史学 ……………………… 241
植民地主義歴史学（植民地史観） …… 241
不咸文化論 …………………………… 242
日本の朝鮮史観 ……………………… 242
青丘学会 ……………………………… 243
実証史学（実証主義歴史学） ………… 243
震檀学会 ……………………………… 243
マルクス主義史学（社会経済史学） … 244
史的唯物論（唯物史観） ……………… 244
朴殷植 ………………………………… 244
『韓国独立運動之血史』 ……………… 245
申采浩 ………………………………… 245
『朝鮮上古史』 ………………………… 246
文一平 ………………………………… 246
鄭寅普 ………………………………… 246
孫晋泰 ………………………………… 246
朝鮮史編修会 ………………………… 246
『朝鮮史』 ……………………………… 247
『朝鮮古蹟図譜』 ……………………… 247
白南雲 ………………………………… 247
『創造』 ………………………………… 247
『開闢』 ………………………………… 248
『白潮』 ………………………………… 248

『青春』 248
『唯心』 248
『ニムの沈黙』 248
焔群社 248
新傾向派文学 249
カップ(朝鮮プロレタリア芸術同盟) 249
カップ検挙事件 250
朴英熙(朴懐月) 250
趙明熙(趙抱石) 250
李箕永(李民村) 250
韓雪野(韓秉道) 251
李相和 251
崔鶴松(崔曙海) 251
金基鎮(金八峰) 252
洪命憙(洪碧初) 252
国民文学運動 252
梁柱東 253
親日文学論 253
『国民文学』 253
親日(文学) 253
親日派 254
崔載瑞(石耕牛) 255
朝鮮文人協会 255
朝鮮文人報国会 255
金東仁 255
廉相渉 255
玄鎮健 256
沈薫 256
朴鍾和(朴月灘) 256
羅稲香 256
蔡万植 257
金裕貞 257
李箱(金海卿) 257
金素月(金廷湜) 257
李陸史(李源禄) 258
尹東柱 258
金素雲 258

第3章 民族分断と独裁体制の出発 1945 ▶ 1961

概観 262

1. 米軍政と親日派の台頭

冷戦(cold war) 265
トルーマン・ドクトリン 265
トルーマン、H. S. 265
スターリン、I. V. (ジュガシュヴィリ、I. V.) 265
マッカーシズム 266
コミンフォルム(共産党情報局) 266
ココム(対共産圏輸出統制委員会) 267
アメリカ合衆国(米国、美国) 267
中華人民共和国 268
8・15解放 269
38度線 269
建国同盟 270
建国準備委員会(建準) 270
建国治安隊 271
呂運亨 271
安在鴻 272
阿部信行 272
朝鮮人民共和国(人共) 272
人民委員会 273
米軍進駐 273
米軍政 274
南朝鮮民主議院(民主議院) 275
南朝鮮過渡立法議院 275
南朝鮮過渡政府 275

帰属財産払い下げ	275
帰属農地払い下げ	276
新韓公社	276
教育審議会	277
国立大学案反対運動	277
『ソウル新聞』	277
韓国独立党	277
権東鎮	278
金九	278
金昌淑	278
朝鮮共産党再建	279
8月テーゼ	279
朴憲永	280
韓国民主党(韓民党)	281
宋鎮禹	281
金性洙	281
張徳秀	282
独立促成中央協議会	282
大韓独立促成国民会(独促)	283
李承晩	283
朝鮮人民党	284
新義州学生事件	284
モスクワ3国外相会議	284
信託統治案	285
賛託・反託運動	285
民主主義民族戦線(民戦)	286
世界労働組合連盟(世労連)	286
朝鮮労働組合全国評議会(全評)	287
大韓独立促成労働総連盟(大韓労総)	287
全国農民組合総連盟(全農)	287
建国婦女同盟	288
大韓女子国民党	288
任永信	288
朝鮮婦女総同盟(婦総)	288
全国青年団体総同盟(青総)	289
全国学生総連盟(全国学連)	289
朝鮮民族青年団(族青)	289
李範奭	289
朝鮮文化団体総連盟(文連)	290
全国文化団体総連合会	290
大同青年団	290
大韓青年団	291

2．南単独政府(大韓民国)の樹立

米ソ共同委員会	291
国連臨時朝鮮委員団(UNTCOK)	291
井邑発言	292
左右合作運動	292
左右合作委員会	293
金奎植	293
南朝鮮新民党(南朝鮮新民党中央委員会)	294
南朝鮮労働党(南労党)	294
勤労人民党	294
許憲	294
朝鮮精版社偽札事件	295
9月ゼネスト	295
新戦術	295
10月抗争	296
2・7救国闘争	296
野山隊	296
済州島4・3蜂起	296
南北協商	297
5・10総選挙	297
制憲国会	297
憲法制定	298
兪鎮午	298
大韓民国樹立	298
禹長春	298
朝鮮と韓国	299

3．朝鮮民主主義人民共和国の樹立

朝鮮共産党北(部)朝鮮分局 ……………… 301
金日成 ……………………………………… 301
北朝鮮臨時人民委員会 …………………… 302
20ヵ条の政綱 ……………………………… 302
民主基地路線 ……………………………… 303
民主改革 …………………………………… 303
土地改革 …………………………………… 304
北朝鮮労働党(北労党) …………………… 304
南朝鮮人民代表者大会 …………………… 305
朝鮮民主主義人民共和国樹立 …………… 305
朝鮮人民軍 ………………………………… 305
朝鮮民主党(朝民党) ……………………… 305
曹晩植 ……………………………………… 306
崔庸健 ……………………………………… 306
金策 ………………………………………… 306
許哥而 ……………………………………… 306
崔賢 ………………………………………… 307
祖国統一民主三義戦線(祖国戦線) ……… 307
朴憲永・李承燁の粛清 …………………… 308

4．反民族行為特別調査委員会の挫折

第1共和国 ………………………………… 309
反民族行為処罰法(反民法) ……………… 310
反民族行為特別調査委員会
　　　(反民特委) ………………………… 310
麗順反乱事件 ……………………………… 311
遊撃隊(パルチザン、ゲリラ) …………… 311
南朝鮮国防警備隊(国防警備隊) ………… 312
国軍準備隊 ………………………………… 312
国軍 ………………………………………… 313
国家保安法 ………………………………… 313

民主国民党(民国党) ……………………… 314
国会フラクション事件 …………………… 314
金若水 ……………………………………… 314
金九暗殺事件 ……………………………… 314
韓米間の財政財産に関する協定 ………… 315
韓米相互防衛援助協定 …………………… 315
農地改革 …………………………………… 315

5．朝鮮戦争と釜山政治波動

アチソン・ライン ………………………… 316
朝鮮戦争 …………………………………… 316
国際連合(国連) …………………………… 318
国連安全保障理事会 ……………………… 318
国際連合軍(国連軍) ……………………… 318
マッカーサー、D. ………………………… 319
大田協定 …………………………………… 319
国連朝鮮統一復興委員会(UNCURK) …… 319
韓米経済調整協定 ………………………… 319
保導連盟事件 ……………………………… 320
国民防衛軍事件 …………………………… 320
居昌良民虐殺事件 ………………………… 320
老斤里虐殺事件 …………………………… 321
巨済島捕虜騒擾事件 ……………………… 322
反共捕虜釈放事件 ………………………… 322
板門店会談 ………………………………… 322
板門店 ……………………………………… 323
文総救国隊 ………………………………… 323
重石ドル事件 ……………………………… 323
釜山政治波動 ……………………………… 323
抜粋改憲 …………………………………… 324
自由党 ……………………………………… 324
釜山朝鮮紡織労働争議 …………………… 325
大韓労働組合総連合会(大韓労総) ……… 325
労働法 ……………………………………… 325

6. 援助経済

援助	326
韓米援助協定	327
余剰農産物援助	327
米公法480号(PL480)	327
韓米経済技術援助協定	
(韓米経済協定)	328
韓米経済協定反対闘争	328
三白工業	328

7. 李承晩独裁体制の構築

韓米相互防衛条約	329
日本国憲法第9条	329
サンフランシスコ平和条約	
(対日平和条約)	330
日米安全保障条約(日米安保)	330
ジュネーブ政治会議	332
朝鮮(半島)統一に関する	
14ヵ条原則案	332
第3代民議院選挙	333
四捨五入改憲	333
護憲同志会(護同)	334
民主党	334
ニューデリー密談説	334
大邱毎日新聞襲撃事件	335
金昌龍暗殺事件	335
金昌龍	336
5・15選挙	336
申翼熙	337
李起鵬	337
張勉副大統領狙撃事件	337
張勉	338
進歩党事件	338
進歩党	339
曺奉岩	339
協商選挙法	340
第4代民議院選挙	340
保安法波動(2・4波動)	341
京郷新聞廃刊事件	341
ハングル波動	342
『大辞典』	342
崔鉉培	342

8. 4月革命と第2共和国

4月革命(4・19革命)	343
2・28大邱学生デモ	345
3・15不正選挙	346
趙炳玉	346
馬山デモ事件	347
高麗大生デモ隊襲撃事件	347
4・19学生革命	348
大学教授団デモ	348
責任内閣制改憲	348
7・29選挙	349
民議院	349
参議院	349
第2共和国	349
新旧派紛争	350
尹潽善	351
下剋上事件	351

9. 民衆運動の高揚

革新運動	352
韓国社会党	353
社会大衆党	353

統一社会党 353
民族自主統一中央協議会(民自統) .. 354
中立化祖国統一運動総連盟 354
二大悪法 354
二大悪法反対闘争 354
4・19以後の学生運動 355
学園民主化運動 355
国民啓蒙運動 356
新生活運動 356
統一運動 356
民族統一全国学生連盟準備委員会 .. 357
4・19後の労働運動 357
全国労働組合協議会(全国労協) ... 358
韓国労働組合総連盟(韓国労連) ... 358
教員労組運動 358
韓国教員労組連合会 359
言論労組運動 359
金融労組運動 360
全国銀行労働組合連合会 360

労農赤衛隊 367

10. 北の社会主義建設

朝鮮労働党中央委員会
　第6回全員会議 361
戦後人民経済復旧発展3ヵ年計画 .. 361
4月テーゼ 362
主体路線 362
主体思想 363
文化語 363
朝鮮労働党第3回大会 363
8月宗派(分派)事件 364
農業協同化 364
個人商工業の社会主義的改造 365
千里馬運動 365
千里馬作業班運動 366
全般的無償治療制 366
朝ソ友好協調および相互援助条約 .. 367

第4章 軍事独裁体制と民主化運動 1961 ▶ 1979

　　概観 370

1. 5・16軍事独裁の開幕

　　5・16軍事クーデター 372
　　軍部 373
　　軍事革命委員会 373
　　国家再建最高会議 374
　　革命公約 374
　　国家再建非常措置法 374
　　革命裁判所 375
　　朴正熙 375
　　金鍾泌 376
　　軍政 377
　　中央情報部（KCIA） 377
　　反共法 378
　　政治活動浄化法 378
　　再建国民運動 378
　　韓国労働組合総連盟（韓国労総） 379
　　第5次改憲 379
　　民主共和党 379
　　民政党 380
　　国民の党 380
　　10・15選挙 380
　　11・26選挙 380
　　第3共和国 381
　　先建設・後統一論 381
　　三粉暴利事件 382
　　四大疑獄事件 382
　　言論波動 384

2. 民族の分裂と隷属の激化

　　平和共存 384
　　地域統合戦略 384
　　日韓会談 385
　　対日請求権問題 386
　　金・大平メモ 387
　　平和線（李承晩ライン） 387
　　日韓基本条約 387
　　日韓会談反対闘争（6・3闘争） 389
　　3・24デモ 389
　　6・3事態 390
　　日韓漁業協定 390
　　在日本大韓民国民団（民団） 390
　　在日韓国人3世問題 391
　　ベトナム戦争 391
　　トンキン湾事件 392
　　ベトナム派兵 392
　　ブラウン覚書 392
　　ベトナム特需 393
　　ライ大韓 393
　　民衆党 393
　　新韓党 393
　　大衆党 394
　　新民党 394
　　5・3選挙 394
　　6・8総選挙 395
　　6・8不正選挙糾弾デモ 395
　　国民福祉研究会事件 395
　　3選改憲 395
　　3選改憲反対闘争 396
　　学徒兵助命嘆願運動 396
　　坡州樵襲撃事件 396
　　韓米行政協定（韓米地位協定） 397
　　メサトン麻薬事件 398

韓国肥料献納事件 ……… 398
黄龍珠筆禍事件 ……… 398
徐珉濠拘束事件 ……… 399
人民革命党事件(人革党事件) ……… 399
東ベルリン工作団事件 ……… 399
民族主義比較研究会事件 ……… 400
統一革命党事件(統革党事件) ……… 400
青瓦台襲撃事件(1・21事態、
　北朝鮮ゲリラソウル侵入事件) ……… 401
プエブロ号事件 ……… 401
郷土予備軍 ……… 401
ソウル師範大読書会事件 ……… 402

3．経済開発と民衆収奪

経済開発5ヵ年計画 ……… 402
西江学派 ……… 404
外資導入 ……… 404
外資導入法 ……… 404
借款 ……… 405
輸出工業化戦略 ……… 405
GATT
　(関税と貿易に関する一般協定) ……… 406
ネガティブ・リスト・システム ……… 406
離農 ……… 406
セマウル運動 ……… 407
京釜高速道路竣工 ……… 407
地下鉄開通 ……… 408
低賃金政策 ……… 409
外国人投資企業の労働組合および
　労働争議調停に関する臨時特例法 ……… 410
低農産物価格政策
　(農産物低価格政策) ……… 410
8・3措置 ……… 411
付加価値税 ……… 411
石油波動(石油ショック) ……… 412
日韓大陸棚石油共同開発鉱区 ……… 412

4．北朝鮮の自主路線

朝鮮労働党第4回大会 ……… 413
青山里方法 ……… 414
大安の事業体系 ……… 414
朝鮮労働党中央委員会第4期
　第5回全員会議 ……… 414
四大軍事路線 ……… 415
並進路線 ……… 415
三大革命力量強化方針 ……… 416
社会主義農村問題に関するテーゼ ……… 416
自主路線 ……… 417
農業現物税制廃止に関する法令 ……… 418
朝鮮労働党第2回代表者会議 ……… 418
全般的9年制技術義務教育 ……… 419
在日朝鮮人総連合会(総連、朝総連) ……… 419
北朝鮮帰還 ……… 419
『民族日報』事件と趙鏞寿 ……… 421

5．デタントと朴政権の危機

デタント(緊張緩和) ……… 423
ドル危機 ……… 423
ニクソン・ドクトリン
　(グアム・ドクトリン) ……… 423
韓米定例安保協議会議 ……… 423
韓米連合司令部 ……… 424
駐韓米軍 ……… 424
チーム・スピリット ……… 425
日米韓三角安保体制 ……… 425
韓国条項(朝鮮条項) ……… 425
40代旗手論 ……… 426
金大中 ……… 426
金泳三 ……… 427

4・27選挙 ... 429
5・25総選挙 ... 429
「五賊」筆禍事件 ... 429
咸錫憲 ... 429
金芝河 ... 430
臥牛アパート崩壊事件 ... 430
広州大団地事件 ... 431
司法波動(司法ショック) ... 431
10・2抗命波動 ... 432
民主守護国民協議会 ... 432
民主守護全国青年学生連盟 ... 433
軍事教練撤廃闘争 ... 433
大学自主化宣言運動 ... 434
国家非常事態 ... 434
国家保衛に関する特別措置法 ... 434

6. 維新独裁体制の樹立

8・15宣言 ... 435
南北赤十字会談 ... 435
7・4南北共同声明 ... 436
南北調節委員会 ... 436
6・23宣言 ... 437
10月維新 ... 437
維新憲法 ... 438
緊急措置 ... 438
統一主体国民会議 ... 439
維新政友会(維政会) ... 439
第4共和国 ... 439
社会安全法 ... 440
防衛税法 ... 441
民防衛基本法 ... 441
金大中拉致事件 ... 441
8・15大統領狙撃事件 ... 443
8・18板門店斧蛮行事件
　(ポプラ事件) ... 443
申相玉・崔銀姫事件 ... 443

朴東宣事件(コリアゲート事件) ... 444
金炯旭失踪事件 ... 444
栗谷事業 ... 445
YH事件 ... 445
金泳三総裁議員職除名波動 ... 446
釜馬民衆闘争 ... 446
朴正熙大統領暗殺事件(10・26事態) ... 447
金載圭 ... 448
崔圭夏 ... 448
12・12事態 ... 449
全斗煥 ... 449
盧泰愚 ... 450

7. 維新体制下の民主化運動

10・2デモ ... 452
改憲請願100万人署名運動 ... 452
緊急措置第1号 ... 452
民青学連事件 ... 452
民衆民族民主宣言 ... 453
緊急措置第4号 ... 453
言論自由守護運動 ... 454
自由言論実践宣言 ... 454
『東亜日報』広告弾圧事件 ... 454
文人101人宣言 ... 455
自由実践文人協議会(自実) ... 455
民主回復国民会議 ... 455
金相鎮割腹自殺事件 ... 456
緊急措置第9号 ... 456
3・1民主救国宣言事件(明洞事件) ... 456
全南大教育指標事件 ... 457
民主主義と民族統一のための
　国民連合 ... 457
南民戦事件(南朝鮮民族解放戦線
　準備委員会事件) ... 458
YWCA偽装結婚式事件 ... 458

8. 70年代労働運動と農民運動

全泰壹焼身自殺事件 459
KALビル放火事件 460
現代造船暴動事件 460
民主労組運動 460
清渓被服労組労働教室死守闘争 461
韓国毛紡労働者闘争 461
半島商事労働者闘争 462
東一紡織労働者闘争 463
都市産業宣教会 463
カトリック労働青年会（JOC） 464
咸平サツマイモ事件 464
呉元春事件 465
カトリック農民会 465

9. 民族文化運動の形成

『思想界』 466
『創作と批評』 466
『シアレソリ』 466
『文学と知性』 467
純粋・参与文学 467
70年代リアリズム文学 468
70年代の詩 468
70年代の小説 469
民衆文学 469
民衆文化運動 469
尹伊桑 470

10. 北朝鮮の主体思想確立

朝鮮労働党第5回大会 471
民族解放人民民主主義革命
　（NLPDR） 471
6ヵ年計画 471
三大技術革命 472
8項目の統一方案 472
許錟 473
社会主義憲法 473
朝鮮民主主義人民共和国土地法 474
朝鮮民主主義人民共和国社会主義
　労働法 474
三大革命 474
三大革命小組運動 475
三大革命赤旗争取運動 476
祖国統一五大綱領 476
全社会の主体思想（金日成主義）化 476
朝鮮労働党中央委員会第5期
　第8回全員会議 477
社会主義大建設方針 477
全般的11年制義務教育 478
社会主義教育テーゼ 478
軍検制度 479
「よど号」乗っ取り事件 479

第5章 民主化運動と統一への模索 1979 ▶ 1993

概観 482

1. 光州民主化運動と新軍部

ソウルの春 484
5・15ソウル駅デモ 485
5・17非常戒厳令拡大措置
　（5・17クーデター） 485
光州民主化運動
　（光州事件、光州民衆抗争、
　光州民衆蜂起、光州事態） 486
金大中内乱陰謀事件 490
国家保衛非常対策委員会（国保委）...490
社会浄化委員会 490
国家保衛立法会議 491
国家安全企画部（安企部） 491
三清教育隊事件 492
言論統廃合 492
言論基本法 493
政治風土刷新のための特別措置法 ...493
80年の労働法改正 494
第8次改憲 494
民主正義党（民正党） 494
民主韓国党（民韓党） 495
韓国国民党（国民党） 495
第5共和国 495
平和統一政策諮問会議 496
民族和合民主統一方案 496
李哲熙・張玲子事件 497
明星グループ事件 498
日本歴史教科書歪曲事件 498
克日 499
アウンサン廟爆破事件
　（ラングーン事件） 499
鶏龍台 500
世界キリスト教統一神霊教会
　（統一教会） 500
丁来赫事件 500
大盗（義賊）・趙世衡脱走劇 501
大韓航空007便撃墜事件 501
南北故郷訪問団 502
ソウル・アジア大会 503

2. 6月抗争と第5共和国の没落

国民和合措置 504
学園自律化（自由化、自治）措置 ...505
民主化推進協議会（民主協） 505
新韓民主党（新民党） 506
2・12総選挙（第12代国会議員選挙）...506
社会民主党（社会党） 507
学園安定法波動 507
改憲署名運動
　（直選制改憲1000万署名運動）...507
5・3仁川事態 508
富川署性拷問事件 509
朴鍾哲拷問致死事件 509
4・13護憲措置 510
6月抗争 511
6・26国民平和大行進 512
民主憲法争取国民運動本部
　（国民運動本部、国本） 512
6・29宣言 513
『三千里』（在日・季刊雑誌）の役割 ...513

3. 第6共和国の発足

統一民主党(民主党) ... 514
平和民主党(平民党) ... 515
新民主共和党(共和党) ... 515
ハンギョレ民主党 ... 515
直選制改憲 ... 516
第13代大統領選挙 ... 516
九老区庁不正選挙抗議占拠籠城事件 ... 517
大韓航空858便爆破事件 ... 517
第6共和国 ... 518
第13代国会議員選挙 ... 518
5共清算 ... 521
光州特委(5・18光州民主化運動真相調査特別委員会) ... 522
国政監査 ... 523
7・7宣言 ... 523
汎民族大会 ... 524
北方政策(北方外交) ... 524
韓ソ修好 ... 525
韓ソ首脳会談 ... 526
韓ロ基本条約 ... 526
韓中修好(中国との国交回復) ... 526
延辺朝鮮族自治区 ... 526
ソウル・オリンピック ... 527
文益煥牧師北朝鮮訪問事件 ... 528
東義大事態 ... 528
李哲揆変死事件 ... 529
徐敬元議員北朝鮮訪問事件 ... 529
世界青年学生祝典 ... 530
林秀卿平壌祝典参加事件 ... 530
南北青年学生共同宣言文 ... 530
韓民族共同体統一方案 ... 531
民衆党建設論議 ... 531
民衆党 ... 532
民主自由党(民自党) ... 532
4・3補欠選挙 ... 533
民主党 ... 533
李文玉監査官拘束事件 ... 534
7・20宣言 ... 534
南北高位級会談 ... 534
南北国連同時加盟 ... 535
南北女性交流 ... 535
南北和解と不可侵の合意書(南北間の和解と不可侵、および交流協力に関する合意書) ... 536
朝鮮半島非核化宣言(朝鮮半島非核化に関する共同宣言) ... 536
地方議会議員選挙 ... 536
姜慶大暴行致死事件 ... 536

4. 産業構造の調整と独占資本の再編

9・27措置 ... 538
教育税法 ... 538
資本の自由化 ... 539
輸入自由化 ... 539
米通商法301条(スーパー301条) ... 540
不実企業整理 ... 540
韓国銀行特別融資 ... 541
三低好況 ... 541
三高・三低時代 ... 542
産業構造の調整(産業合理化) ... 542
土地公概念 ... 542
農漁村発展総合対策 ... 543
洛東江廃棄物汚染事件 ... 544

5. 80年代以降の労働運動と農民運動

舎北事態 ... 545
韓国労働者福祉協議会 ... 545

大邱タクシー運転手デモ……545
大宇自動車ストライキ闘争……546
九老同盟ストライキ……546
ソウル労働運動連合(ソ労連)……547
教育民主化宣言……547
87年労働者大闘争……548
88年労働法改正闘争……549
全国労働運動団体協議会
　(全国労運協)……549
現代重工業ストライキ闘争……550
真の教育運動(チャム教育運動)……550
全国教職員労働組合(全教組)……551
全国労働組合協議会(全労協)……551
KBS事態……552
牛追い闘争……552
汝矣島農民デモ……552
水税……553
全国農民会総連盟(全農)……553

6. 80年代以降の学生運動と在野団体

民労連・民学連事件(学林事件)……554
釜山アメリカ文化センター
　(米文化院)放火事件……554
ソウル・アメリカ文化センター
　(米文化院)占拠籠城事件……554
救国学生連盟(救学連)……555
三民闘争委員会(三民闘委)……555
民主化推進委員会事件……555
反帝反ファッショ民族民主化
　闘争委員会(民民闘)……556
金世鎮・李載虎焚身(焼身)自殺事件……556
反米自主化・反ファッショ民主化
　闘争委員会(自民闘)……557
建国大占拠籠城事件……557
主思派……558
全国大学生代表者協議会(全大協)……558

民主化運動青年連合(民青連)……558
民主統一民衆運動連合(民統連)……559
民主化実践家族運動協議会
　(民家協)……559
民主化のための全国教授協議会
　(民教協)……560
韓国民族芸術人総連合(民芸総)……560
全国青年団体代表者協議会
　(全青協)……560
全国民族民主運動連合(全民連)……561
全国貧民連合(全貧連)……561
民自党一党独裁粉砕と民衆基本権
　争取国民連合(国民連合)……561
経済正義実践市民連合(経実連)……562

7. 北朝鮮の開放の動き

朝鮮労働党第6回大会……563
高麗民主連邦共和国統一方案……563
80年代速度創造運動……564
朝鮮民主主義人民共和国合営法……564
韓国民族自主宣言……564
後継者問題……565
金正日……565
呉振宇……566
「社会主義の完全な勝利のために」……567
第3次7ヵ年経済計画……567
平壌祝典……568
羅津・先鋒自由経済貿易地区
　(経済特区)……568
豆満江流域共同開発計画……569

第6章 文民政治の発足と統一への展望　1993 ▶ 2014

概観と展望 572

1. 金泳三政権の成立と展開

第14代国会議員選挙 588
第14代大統領選挙 588
金泳三政権の改革措置 588
5・18特別立法 589
韓国の情報公開法 589
第15代国会議員選挙 590
新政治国民会議(国民会議) 591

2. 世界経済の再編とIMF危機

ウルグアイ・ラウンド 591
アジア太平洋経済協力会議(APEC) 592
世界貿易機関(WTO) 592
金融実名制 593
韓宝事件 593
大田EXPO 594
90年代の大災害 595
オレンジ族 596
IMF危機(IMF事態) 596
国際通貨基金(IMF) 599
日韓フォーラム 599
戦後50年と日本の政治家の妄言 600
日本の自由主義史観(歴史修正主義) 601

日本の「戦後50年」 602

3.「国民の政府」・金大中政権

第15代大統領選挙 604
太陽政策 605
ベルリン宣言 606
第16代国会議員選挙 606
落選運動 607
第1回南北首脳会談 608
南北閣僚級会談 610
南北離散家族相互訪問 611
第1回南北国防相会談 612
ソウル宣言(朝鮮半島の平和のためのソウル宣言) 612
金大中大統領のノーベル平和賞受賞 612
女性部 613
大手メディア脱税疑惑 614
医薬分業波動 614
林統一相解任問題 614
金大中大統領の訪日 615
戦後補償訴訟運動 617
韓国における戦後補償 622
女性国際戦犯法廷(日本軍性奴隷制を裁く女性国際戦犯法廷) 623
指紋押捺問題 624
外国人参政権 625

4. 社会と経済の変革

金大中政権の経済構造改革 629
韓国ベンチャーバレー 630
東アジア自由貿易圏構想 631
北朝鮮特需 631
日本の大衆文化解禁 632

「新しい歴史教科書」問題 634
北方4島サンマ漁問題 637
2002年W杯日韓共同開催 638
全国労組代表者会議（全労代） 638
97年の労働法改正 639
全国民主労働組合総連盟（民主労総） 639
延世大学籠城事件 640
韓国大学総学生連合（韓総連） 640
韓国NGO 640
韓米地位協定改正運動 642
在外朝鮮族（韓族） 643

5．盧武鉉政権と南北融和

第16代大統領選挙 645
ネティズン 645
脱北者 646
朴贊浩 647
韓国のIT革命 647
金剛山観光 647
5億ドル不正送金事件 648
南北経済協力推進委員会 649
仁川国際空港とKTX 649
国家人権委員会 650
女子中学生死亡事件 651
2002年の黄海銃撃戦 652
釜山アジア大会と
　大邱ユニバーシアード 652
金大中親族不正事件 652
盧武鉉 653
南北平和繁栄政策 653
開かれたウリ党（ウリ党） 654
大邱地下鉄大火災 654
SARS問題と鳥インフルエンザ 654
高句麗史問題 655
首都移転問題 656
大統領選挙資金問題 656

大統領弾劾問題 656
朴槿恵 657
第17代国会議員選挙 658
政界再編と三金時代の終焉 658
在韓米軍再編 659
イラク派兵 659
韓国からの通信 660
国家保安法廃止問題 660
宋斗律事件 661
韓国の未申告核関連実験 661
日帝強制占領下反民族行為の
　真相糾明に関する特別法 662
韓流 663
韓国の不動産バブルと社会不安 664
韓国の少子高齢化 664
東アジア共同の家 665
日中韓の東アジアFTA戦略 665
日韓農業の苦悩 667
京都議定書と韓国 667
新世代文学 668
対日新原則（ドクトリン） 669
韓国新聞法 669
APEC 2005 KOREA 670
清渓川 670
国家情報院盗聴問題 671
ES細胞捏造疑惑 672
南大門放火事件 672
李仁夏 673

6．開放と孤立のはざまの金正日体制

李仁模の帰郷 674
北朝鮮の核疑惑
　（1994年危機、第1次核危機） 674
朝鮮半島エネルギー開発機構
　（KEDO） 675
北朝鮮の食糧危機 675

南北協力基金	677
潜水艦侵入事件	677
黄長燁亡命事件	678
日朝交渉	678
日本人拉致事件	681
北朝鮮日本人妻の里帰り	684
テポドン・ショック	685
98年の北朝鮮憲法改正	687
強盛大国	687
北方限界線をめぐる南北海戦	688
世紀末の南北朝鮮情勢	688
衛星打ち上げ代行提案	689
北朝鮮のARF参加	689
米朝反テロ共同声明	690
ペリー・プロセス（米国の北朝鮮政策見直し報告）	691
米朝共同コミュニケ	691
オルブライト米国務長官の北朝鮮訪問	691
EU諸国の北朝鮮接近	695
金正日のロシア訪問	695
モスクワ宣言	696
江沢民・胡錦濤の北朝鮮訪問	696
2001年のブッシュ政権成立と北朝鮮	697
出身成分	697
北朝鮮の強制収容所	698
北朝鮮工作員	699
北朝鮮の核開発	699
瀬戸際外交	700
「苦難の行軍」	700
先軍政治	700
先軍政治の強化	701
北朝鮮のIT革命	702
9・11同時多発テロと北朝鮮	703
ミサイル防衛（MD）	704
「悪の枢軸」	704
ブッシュ・ドクトリン（先制攻撃ドクトリン）	705
不審船銃撃戦	705
経済管理改善措置（7月措置、7・1経済措置）	706
新義州特区	707
開城工業団地	707
日朝首脳会談	708
平壌宣言	710
2002年の核危機	711
3者協議（3者会談）	712
6者協議（6者会談）	712
龍川爆発事件	714
北朝鮮高句麗古墳群の世界遺産登録	714
国連総会の北朝鮮非難決議	715
国連人権委員会	715
国連人権理事会	716
「北朝鮮の人権状況」決議	716
転換期の朝鮮総連	716
南北の今後と統一への展望	717

7．李明博政権と金正日の死

第2回南北首脳会談	720
沖縄密約文書の朝鮮半島条項	720
第17代大統領選挙	720
李明博	721
李明博政権の新政策	722
大運河構想	722
世宗市遷都問題	722
牛肉BSE問題	723
世界金融恐慌と韓国	723
韓国のFTA戦略	723
貿易額1兆ドル達成とその影	724
2011年ソウル市長選	724
韓明淑	725
韓国の原発	725
第2回核保安サミット	726
メルクマールとしての2012年	727

朝鮮王朝儀軌の返還	727
韓国における自殺	728
第19代国会議員選挙	728
麗水博覧会(麗水万博)	728
北朝鮮のミサイル発射	729
北朝鮮の核実験	729
北朝鮮のデノミ政策	730
北朝鮮の軍事挑発	730
ウラン濃縮施設発覚	731
延坪島砲撃事件	732
金正日の死	732
最高人民会議の近況	734
党代表者会と金正恩後継者確定	734
米朝協議と北朝鮮外交	735
北朝鮮の新世代	736
南北関係の方向	737
金敬得	738
在外国民の国政選挙権	738
改正出入国管理法	739
朝鮮学校と高校授業料無償化	740
新しい民族学校設立	741
拉致問題解決のための日朝政府間協議	749
安倍内閣の集団的自衛権と朝鮮半島	749
河野談話とその見直し	750
アベノミクスと韓国	751
「在日」と日本の裏社会	751
朝鮮総連本部の競売問題	752
ヘイトスピーチ	753

8. 統一のテバッと朴槿恵政権 そして金正恩体制の発足

韓国初の女性大統領、朴槿恵	742
6・4統一地方選挙	742
江原ランド	743
従北	744
セウォル号沈没事故	744
韓国の歴史教科書	745
仁川アジア大会	746
統合進歩党の解散決定	746
鄭律成	747
釜山国際映画祭と「鳴梁」	747
張成沢粛清	748

五十音目次

【ア】

アーレン、H. N.	62
愛国歌	239
愛国金釵会（あいこくきんさいー）	187
愛国啓蒙運動	93
アウンサン廟爆破事件	499
「悪の枢軸」	704
アジア太平洋経済協力会議	592
新しい民族学校設立	741
「新しい歴史教科書」問題	634
アチソン・ライン	316
アッペンゼラー、H. G.	61
安倍内閣の集団的自衛権と朝鮮半島	749
阿部信行	272
アベノミクスと韓国	751
アヘン戦争	5
アメリカ合衆国	267
『アリラン』	237
アロー戦争	6
安益泰	239
安在鴻（あんざいこう）	272
安重根	99
安昌浩	141
安昌男	168
アンダーウッド、H. G.	60
安東金氏	11
安炳瓚（あんへいさん）	102
安明根	137

【イ】

育英公院	61
石川啄木	88
維新憲法	438
維新政友会	439
乙巳五賊（いつしー）	80
乙巳条約	79
一進会	91
乙未事変（いつびー）	68
伊藤博文	82
井上馨	35
井上角五郎	35
医薬分業波動	614
イラク派兵	659
イルクーツク派高麗共産党	211
尹伊桑	470
『隠者の国　朝鮮』	64
尹心悳（いんしんとく）	236
尹致昊（いんちこう）	90
尹東柱	258
尹潽善（いんふぜん）	351
尹奉吉義挙	176

【ウ】

ウェーベル、K. I.	69
宇垣一成	175
牛追い闘争	552
禹長春（うながはる）	298
ウラン濃縮施設発覚	731
ウルグアイ・ラウンド	591
雲揚号事件	21

【エ】

『瀛環志略』(えいかん—)	54
永興ゼネスト	221
英親王	172
衛星打ち上げ代行提案	689
沿海州	139
円覚社	117
焔群社(えんぐん—)	248
援助	326
袁世凱	38
延世大学籠城事件	640
圓仏教	234
延坪島砲撃事件	732
延辺朝鮮族自治区	526

【オ】

欧米委員部	152
大手メディア脱税疑惑	614
沖縄密約文書の朝鮮半島条項	720
オリニナル	233
オルブライト米国務長官の北朝鮮訪問	691
オレンジ族	596

【カ】

開化時代	31
開化主和策	17
改憲署名運動	507
改憲請願100万人署名運動	452
開港	4
外国人参政権	625
外国人投資企業の労働組合および労働争議調停に関する臨時特例法	410
『海国図志』	54
外資導入	404
外資導入法	404
会社令	137
開城工業団地	707
改新教	59
海西教案事件	58
改正出入国管理法	739
『開闢』	248
カイロ宣言	209
俄館播遷(がかんはせん)	69
臥牛アパート崩壊事件(がぎゅう—)	430
『歌曲源流』	63
学園安定法波動	507
学園自律化(自由化・自治)措置	505
学園民主化運動	355
革新運動	352
学徒兵助命嘆願運動	396
革命公約	374
革命裁判所	375
カップ	249
カップ検挙事件	250
桂・タフト密約	75
カトリック農民会	465
カトリック労働青年会	464
火曜会	213
勧業会	139
韓圭卨(かんけいせつ)	98
還穀	12
韓国NGO	640
韓国からの通信	660
韓国教員労組連合会	359
韓国銀行	82
韓国銀行特別融資	541
韓国国民党	495

韓国社会党	353
韓国条項	425
韓国新聞法	669
韓国大学総学生連合	640
『韓国独立運動之血史』	245
韓国独立党	277
韓国における自殺	728
韓国における戦後補償	622
韓国のIT革命	647
韓国のFTA戦略	723
韓国の原発	725
韓国の少子高齢化	664
韓国の情報公開法	589
韓国の不動産バブルと社会不安	664
韓国の未申告核関連実験	661
韓国の歴史教科書	745
韓国初の女性大統領、朴槿恵	742
韓国肥料献納事件	398
韓国ベンチャーバレー	630
韓国民主党	281
韓国民族芸術人総連合	560
韓国民族自主宣言	564
韓国毛紡労働者闘争	461
韓国労働組合総連盟(韓国労総)	379
韓国労働組合総連盟(韓国労連)	358
韓国労働者福祉協議会	545
『漢城周報』	64
『漢城旬報』	64
漢城条約	35
漢城政府	153
韓人愛国団	177
韓人社会党	210
咸錫憲(かんせきけん)	429
韓雪野	251
韓族会	152
韓ソ修好	525
韓ソ首脳会談	526
岩泰島小作争議	225
韓中修好	526
間島	77
間島共産党事件	218
間島協約	76
関東軍	198
間島国民会	196
間島5・30事件	219
関東大震災	170
間島問題	76
『韓日合邦史』	115
願納銭	16
韓米援助協定	327
韓米間の財政財産に関する協定	315
韓米行政協定	397
韓米経済技術援助協定	328
韓米経済協定反対闘争	328
韓米経済調整協定	319
咸平サツマイモ事件	464
韓米相互防衛援助協定	315
韓米相互防衛条約	329
韓米地位協定改正運動	642
韓米定例安保協議会議	423
韓米連合司令部	424
韓宝事件	593
韓民族共同体統一方案	531
韓明淑	725
韓流	663
韓龍雲	147
韓ロ基本条約	526

【キ】

機器廠(ききしょう)	51
義軍府	195
箕山(きざん)	29
義親王	156
議政府	48
帰属財産払い下げ	275

帰属農地払い下げ	276
北朝鮮帰還	419
北朝鮮高句麗古墳群の世界遺産登録	714
北朝鮮工作員	699
北朝鮮特需	631
北朝鮮日本人妻の里帰り	684
北朝鮮のIT革命	702
北朝鮮のARF参加	689
北朝鮮の核疑惑	674
北朝鮮の核開発	699
北朝鮮の核実験	729
北朝鮮の強制収容所	698
北朝鮮の軍事挑発	730
北朝鮮の食糧危機	675
「北朝鮮の人権状況」決議	716
北朝鮮の新世代	736
北朝鮮のデノミ政策	730
北朝鮮のミサイル発射	729
北朝鮮臨時人民委員会	302
北朝鮮労働党	304
義兵戦争	100
己酉覚書(きゆう−)	87
9・11同時多発テロ事件と北朝鮮	703
救国学生連盟	555
90年代の大災害	595
97年の労働法改正	639
98年の北朝鮮憲法改正	687
牛肉BSE問題	723
9・27措置	538
九老区庁不正選挙抗議占拠籠城事件	517
九老同盟ストライキ	546
許蔿(きょい)	104
魚允中(ぎょいんちゅう)	46
教育審議会	277
教育税法	538
教育民主化宣言	547
教員労組運動	358
姜宇奎(きょううけい)	165
姜慶大暴行致死事件	536
恐慌	162
協商選挙法	340
共進会	93
強盛大国	687
強制連行・徴用	182
陜川虐殺事件(きょうせん−)	149
京都議定書と韓国	667
郷土予備軍	401
許哥而(きょかじ)	306
極東人民代表大会	212
許憲	294
居昌良民虐殺事件	320
巨済島捕虜騒擾事件	322
許錟(きょたん)	473
許貞淑	230
巨文島事件	39
義烈団	169
義和団事件	67
金允経(きんいんけい)	232
金泳三	427
金泳三政権の改革措置	588
金泳三総裁議員職除名波動	446
金・大平メモ	387
金開南	43
金活蘭	229
金綺秀(きんきしゅう)	25
金基鎮	252
金九	278
金九暗殺事件	314
緊急措置	438
緊急措置第1号	452
緊急措置第9号	456
緊急措置第4号	453
金玉均	34
金炯旭失踪事件(きんけいきょく−)	444
金奎植(きんけいしょく)	293
金敬得	738
金元鳳	204

金弘集	45
銀行令	191
金載圭(きんさいけい)	448
金策	306
金佐鎮	200
金芝河(きんしが)	430
金若水	314
金相玉	169
金正浩	62
金昌淑	278
金正日	565
金正日の死	732
金正日のロシア訪問	695
金相鎮割腹自殺事件	456
金鍾泌	376
金昌龍	336
金昌龍暗殺事件	335
金性洙	281
金世鎮・李載虎焚身(焼身)自殺事件	556
金素雲	258
金素月	257
金大中	426
金大中親族不正事件	652
金大中政権の経済構造改革	629
金大中大統領のノーベル平和賞受賞	612
金大中大統領の訪日	615
金大中内乱陰謀事件	490
金大中拉致事件	441
金東仁	255
金枓奉(きんとうほう)	205
金日成	301
金瑪利亜(きんまりあ)	154
権友会	227
金融実名制	593
金裕貞	257
金融労組運動	360
勤労人民党	294

【ク】

クーラン、M.	57
9月ゼネスト	295
宮内府	48
「苦難の行軍」	700
黒田清隆	23
軍検制度	479
軍国機務処	46
軍国主義	67
軍事革命委員会	373
軍事教練撤廃闘争	433
軍需工業化	192
軍政	377
軍部	373

【ケ】

京義線	51
京郷新聞廃刊事件	341
経済開発5ヵ年計画	402
経済管理改善措置 （7月措置、7・1経済措置）	706
経済正義実践市民連合	562
京城	134
京城コム・グループ	219
京城帝国大学	236
京仁線	51
景福宮再建	15
京釜高速道路竣工(けいふー)	407
京釜線開通	82
鶏龍台	500
下剋上事件	351
血誠団愛国婦人会	153

献議六条	90
建国準備委員会	270
建国大占拠籠城事件	557
建国治安隊	271
建国同盟	270
建国婦女同盟	288
元山学舎	60
元山赤色労働組合	223
元山ゼネスト	222
原子爆弾投下	164
憲政研究会	93
現代重工業ストライキ闘争	550
現代造船暴動事件	460
玄鎮健	256
憲兵警察制度	135
憲法制定	298
言論基本法	493
言論自由守護運動	454
言論統廃合	492
言論波動	384
言論労組運動	359

【コ】

小磯国昭	182
5・15選挙	336
5・15ソウル駅デモ	485
5・10総選挙	297
5・17非常戒厳令拡大措置	485
5・18特別立法	589
5・16軍事クーデター	372
洪英植	34
黄海海戦	44
耕学社	139
江華島条約	23
高義東(こうぎとう)	240
高句麗史問題	655

広恵院	61
後継者問題	565
黄玹(こうげん)	97
江原ランド	743
黄口簽丁(こうこうせんてい)	13
甲午改革	44
皇国協会	91
洪在鶴	25
興士団	141
光州学生運動	174
広州大団地事件	431
光州特委	522
光州民主化運動	486
皇城基督教青年会	60
『皇城新聞』	112
甲申政変	33
江西虐殺事件	148
校正庁	46
高宗	7
江沢民・胡錦濤の北朝鮮訪問	696
興中会	66
黄長燁亡命事件(こうちょうよう−)	678
抗日武装独立闘争	193
河野談話とその見直し	750
洪範14条	47
洪範図	197
光武	72
光武改革	71
光復軍	207
光復軍司令部	201
光復軍総営	201
光復団	140
光文会	115
衡平運動	168
洪命熹(こうめいき)	252
高裕燮(こうゆうしょう)	240
高麗共産青年会	215
高麗共産青年会満州総局	215
高麗大生デモ隊襲撃事件	347

高麗ビューロー	212
高麗民主連邦共和国統一方案	563
洪蘭坡(こうらんぱ)	239
黄龍珠筆禍事件	398
5億ドル不正送金事件	648
呉基鎬(ごきこう)	109
5共清算	521
国軍	313
国軍準備隊	312
『国語文法』	114
国際通貨基金	599
国債報償運動	95
国際連合	318
国際連合軍	318
国際連盟	127
国際労働機構	224
国政監査	523
黒濤会(こくとうかい)	213
克日	499
国文研究所	114
『国文正理』	113
国民啓蒙運動	356
『国民新報』	112
国民精神総動員朝鮮連盟	187
国民の党	380
国民府	203
国民福祉研究会事件	395
『国民文学』	253
国民文学運動	252
国民防衛軍事件	320
国民和合措置	504
国立大学案反対運動	277
国連安全保障理事会	318
国連人権委員会	715
国連人権理事会	716
国連総会の北朝鮮非難決議	715
国連朝鮮統一復興委員会	319
国連臨時朝鮮委員団	291
五軍営	49
呉慶錫	32
呉元春事件	465
護憲同志会	334
ココム	267
五山学校	110
5・3仁川事態	508
5・3選挙	394
5・4運動	129
呉振宇	566
個人商工業の社会主義的改造	365
「五賊」筆禍事件	429
国家安全企画部	491
国会フラクション事件	314
国家再建最高会議	374
国家再建非常措置法	374
国家情報院盗聴問題	671
国家人権委員会	650
国家総動員法	180
国家非常事態	434
国家保安法	313
国家保安法廃止問題	660
国家保衛に関する特別措置法	434
国家保衛非常対策委員会	490
国家保衛立法会議	491
5・25総選挙	429
コミンテルン	212
コミンテルン「12月テーゼ」	217
コミンフォルム	266
顧問政治	79
『コリアン・レポジトリー』	64
金剛山観光	647
権重顕	81
琿春事件(こんしゅんー)	198
権東鎮	278

【サ】

崔益鉉	103
蔡応彦	105
在外国民の国政選挙権	738
在外朝鮮族	643
崔鶴松	251
在韓米軍再編	659
崔圭夏	448
崔賢	307
再建国民運動	378
崔鉉培(さいげんばい)	342
最高人民会議の近況	734
崔載瑞	255
崔瓚植(さいさんしょく)	118
崔時亨(さいじきょう)	107
済州島4・3蜂起	296
崔承喜	237
崔済愚	40
斎藤実	165
斎藤実狙撃事件	165
崔南善	146
在日韓国人3世問題	391
在日朝鮮人総連合会	419
「在日」と日本の裏社会	751
在日本大韓民国民団	390
蔡万植	257
済物浦条約	27
崔庸健(さいようけん)	306
崔麟	147
鎖国政策	16
砂川虐殺事件	149
サハリン僑胞	183
サハリン島	74
左右合作委員会	293
左右合作運動	292
3・1運動	143
3・15不正選挙	346
3・1独立宣言書	145
3・1民主救国宣言事件	456
参議院	349
参議府	202
産業構造の調整	542
三均主義	208
三軍府	49
三高・三低時代	542
三国干渉	44
三国協商	126
三国同盟	125
3者協議(3者会談)	712
38度線	269
三清教育隊事件	492
参政権請願運動	166
三政の紊乱	12
3選改憲	395
3選改憲反対闘争	396
『三千里』(在日・季刊雑誌)の役割	513
三大革命	474
三大革命小組運動	475
三大革命赤旗争取運動	476
三大革命力量強化方針	416
三大技術革命	472
賛託・反託運動	285
三低好況	541
3・24デモ	389
三白工業	328
サンフランシスコ平和条約	330
三粉暴利事件	382
産米増殖計画	188
三民主義	128
三民闘争委員会	555

【シ】

『シアレソリ』	466
４月革命	343
４月テーゼ	362
次官政治	86
時局対応全鮮思想報国連盟	187
四捨五入改憲	333
自主路線	417
『思想界』	466
事大党	32
自治運動	167
実学	54
執綱所	43
実証史学	243
史的唯物論	244
侍天教(じてんきょう)	108
シベリア開拓民	138
シベリア出兵	135
司法波動	431
資本主義	124
資本の自由化	539
指紋押捺問題	624
シャーマン号事件	20
社会安全法	440
社会主義運動	210
社会主義教育テーゼ	478
社会主義憲法	473
社会主義大建設方針	477
社会主義農村問題に関するテーゼ	416
「社会主義の完全な勝利のために」	567
社会浄化委員会	490
社会大衆党	353
社会民主党	507
借款	405
舎北事態	545
上海派高麗共産党	211
10・15選挙	380
11・26選挙	380
10月維新	437
10月抗争	296
自由言論実践宣言	454
重光団	139
自由市虐殺事件	201
周時経	113
自由実践文人協議会	455
修信使	25
重石ドル事件	323
自由党	324
10・2抗命波動	432
12・12事態	449
10・2デモ	452
従北	744
修養同友会事件	178
14ヵ条の平和原則	126
朱基徹	179
主思派	558
主体思想	363
主体路線	362
出身成分	697
首都移転問題	656
ジュネーブ政治会議	332
純粋・参与文学	467
純宗	171
徐一	140
汝矣島農民デモ(じょいとうー)	552
書院の撤廃	15
唱歌	117
蒋介石	157
『少年』	116
鍾路警察署爆破事件	169
植民地主義歴史学	241
食糧供出制度	190
徐敬元議員北朝鮮訪問事件	529
徐載弼(じょさいひつ)	90

女子中学生死亡事件	651
女子挺身隊・従軍慰安婦	183
女性運動	227
女性国際戦犯法廷	623
女性部	613
徐珉濠拘束事件(じょみんごうー)	399
清	37
辛亥革命	127
新幹会	172
新韓公社	276
新韓青年党	152
新韓党	393
新韓民主党	506
新義州学生事件	284
新義州事件	215
新義州特区	707
新旧派紛争	350
沈薫(しんくん)	256
新傾向派文学	249
申圭植	156
新劇	116
申橞(しんけん)	23
新興武官学校	196
壬午軍乱	26
申采浩	245
神社参拝	179
紳士遊覧団	25
晋州民乱(しんしゅうー)	9
申相玉・崔銀姫事件	443
新小説	115
新生活運動	356
新政治国民会議	591
新世代文学	668
仁川アジア大会	746
仁川国際空港とKTX	649
新戦術	295
新体詩	116
信託統治案	285
震檀学会	243

申乭石(しんとるせき)	104
親日派	254
親日派とその組織的養成	166
親日(文学)	253
親日文学論	253
真の教育運動	550
清仏戦争	9
新文学	117
新聞紙法	83
進歩党	339
進歩党事件	338
辛未洋擾(しんみようじょう)	21
人民委員会	273
新民会	95
人民革命党事件	399
新民主共和党	515
新民党	394
新民府	203
申翼熙(しんよくき)	337
親露派	71

【ス】

水税	553
スターリン、I. V.	265
スティーブンス、D. W.	98
スティーブンス狙撃事件	98

【セ】

西安事件	160
政界再編と三金時代の終焉	658
西学	54
青瓦台襲撃事件	401
征韓論	8

正義府	202
世紀末の南北朝鮮情勢	688
青丘学会	243
清渓川	670
清渓被服労組労働教室死守闘争	461
制憲国会	297
西江学派	404
青山里の戦闘	198
青山里方法	414
政治活動浄化法	378
政治風土刷新のための特別措置法	493
『青春』	248
青年外交団	153
青年学友会	95
西北学会	95
正友会	217
正友会宣言	217
『西遊見聞』	110
井邑発言(せいゆうー)	292
西路軍政署	195
セウォル号沈没事故	744
世界恐慌	161
世界キリスト教統一神霊協会	500
世界金融恐慌と韓国	723
世界青年学生祝典	530
世界貿易機関	592
世界労働組合連盟	286
斥邪綸音(せきじゃりんいん)	17
赤色農民組合運動	226
赤色労働組合運動	223
責任内閣制改憲	348
石油波動	412
斥和碑	17
世宗市遷都問題	722
勢道(世道)政治	11
瀬戸際外交	700
セポイの反乱	6
セマウル運動	407
先軍政治	700
先軍政治の強化	701
全鎣弼(ぜんけいひつ)	240
先建設・後統一論	381
全国学生総連盟	289
全国教職員労働組合	551
全国銀行労働組合連合会	360
全国青年団体総同盟	289
全国青年団体代表者協議会	560
全国大学生代表者協議会	558
全国農民会総連盟	553
全国農民組合総連盟	287
全国貧民連合	561
全国文化団体総連合会	290
全国民主労働組合総連盟	639
全国民族民主運動連合	561
全国労組代表者会議	638
全国労働運動団体協議会	549
全国労働組合協議会(全国労協)	358
全国労働組合協議会(全労協)	551
戦後50年と日本の政治家の妄言	600
戦後人民経済復旧発展3ヵ年計画	361
戦後補償訴訟運動	617
全社会の主体思想(金日成主義)化	476
潜水艦侵入事件	677
全泰壹焼身自殺事件(ぜんたいいちー)	459
全斗煥	449
全南大教育指標事件	457
全般的9年制技術義務教育	419
全般的11年制義務教育	478
全般的無償治療制	366
全琫準	42
千里馬運動	365
千里馬作業班運動	366

【ソ】

『創作と批評』	466

創氏改名	180
『創造』	247
宋鎮禹	281
宋斗律事件	661
曺晩植	306
宋秉畯(そうへいしゅん)	92
曺奉岩(そうほうがん)	339
ソウル・アジア大会	503
ソウル・アメリカ文化センター（米文化院）占拠籠城事件	554
ソウル・オリンピック	527
ソウル師範大読書会事件	402
『ソウル新聞』	277
ソウル青年会	213
ソウル宣言	612
ソウルの春	484
ソウル労働運動連合	547
租界	24
祖国光復会	206
祖国統一五大綱領	476
祖国統一民主主義戦線	307
曾禰荒助	82
孫晋泰(そんしんたい)	246
孫文	128
孫秉熙(そんへいき)	108

【タ】

大安の事業体系	414
第1共和国	309
第1次世界大戦	123
第1次日韓協約	79
第1回南北国防相会談	612
第1回南北首脳会談	608
大院君	14
大宇自動車ストライキ闘争	546
大運河構想	722

大学教授団デモ	348
大学自主化宣言運動	434
対華21ヵ条の要求	128
大韓愛国婦人会	153
『大韓彊域考』(―きょういきこう)	114
大韓協会	94
大韓航空007便撃墜事件	501
大韓航空858便爆破事件	517
大韓国制	73
大韓国民会	140
大韓自強会	94
大韓女子国民党	288
大韓正義軍政司	195
大韓青年団	291
大韓帝国	72
大韓帝国軍の解散	86
大韓独立軍	197
大韓独立軍団	201
大韓独立促成国民会	283
大韓独立促成労働総連盟	287
大韓独立団	193
『大韓毎日申報』	112
大韓民国建国綱領	207
大韓民国樹立	298
大韓民国臨時憲章	150
大韓民国臨時政府	150
『大韓民報』	113
大韓労働組合総連合会	325
大邱タクシー運転手デモ(たいきゅう―)	545
大邱地下鉄大火災	654
大邱毎日新聞襲撃事件	335
太極旗	28
第5共和国	495
第5次改憲	379
第3共和国	381
第3次7ヵ年経済計画	567
第3代民議院選挙	333
『大辞典』	342
第19代国会議員選挙	728

大倧 教 (だいしゅうきょう)	108
第15代国会議員選挙	590
第15代大統領選挙	604
第13代国会議員選挙	518
第13代大統領選挙	516
大衆党	394
第17代国会議員選挙	658
第17代大統領選挙	720
第14代国会議員選挙	588
第14代大統領選挙	588
第16代国会議員選挙	606
第16代大統領選挙	645
大成学校	110
大田EXPO	594
『大典会通』	63
大田協定	319
大東亜共栄圏	163
大同青年団	290
大同団	156
大盗(義賊)・趙世衡脱走劇	501
『大東輿地図』	62
大統領選挙資金問題	656
大統領弾劾問題	656
第2回核保安サミット	726
第2回南北首脳会談	720
第2共和国	349
第2次世界大戦	162
対日新原則(ドクトリン)	669
対日請求権問題	386
第8次改憲	494
太平天国革命	5
太平洋戦争	163
太平洋労働組合事件	224
太陽政策	605
第4共和国	439
第4代民議院選挙	340
第6共和国	518
竹添進一郎	36
脱北者	646

ダレ、C.C.	57
断髪令	48

【チ】

治安維持法	171
地域統合戦略	384
チーム・スピリット	425
地下鉄開通	408
池青天	196
池錫永(ちせきえい)	63
地方議会議員選挙	536
中央情報部	377
中華人民共和国	268
中華民国	157
駐韓米軍	424
中国共産党	158
中国共産党満州省委員会	217
中国同盟会	66
中枢院(ちゅうすういん)	138
中立化祖国統一運動総連盟	354
張学良	161
張志淵	96
張仁煥	99
朝清商民水陸貿易章程	38
張成沢粛清	748
朝鮮王朝儀軌の返還	727
朝鮮革命党	203
朝鮮学校と高校授業料無償化	740
朝鮮義勇軍	205
『朝鮮教会史』	57
朝鮮共産党	214
朝鮮共産党北(部)朝鮮分局	301
朝鮮共産党再建	279
朝鮮共産党再建運動	216
朝鮮共産党満州総局	214
朝鮮語学会	232

朝鮮語学会事件	238
『朝鮮語辞典』編纂会	238
朝鮮小作調停令	189
『朝鮮古蹟図譜』	247
『朝鮮策略』	24
『朝鮮史』	247
朝鮮思想犯保護観察令	177
朝鮮史編修会	246
朝鮮商業銀行	51
『朝鮮上古史』	246
朝鮮殖産銀行	138
朝鮮女性同友会	227
朝鮮人強制移住	186
朝鮮人シベリア抑留者	181
朝鮮人BC級戦犯	181
朝鮮人民共和国	272
朝鮮人民軍	305
朝鮮人民党	284
朝鮮声楽研究会	239
朝鮮精版社偽札事件	295
朝鮮戦争	316
朝鮮総督(府)	133
朝鮮総連本部の競売問題	752
『朝鮮中央日報』	177
朝鮮天主教	55
朝鮮(半島)統一に関する14ヵ条原則案	332
朝鮮統監府	81
朝鮮と韓国	299
朝鮮独立同盟	204
『朝鮮日報』	230
朝鮮農地令	190
朝鮮農民総同盟	226
朝鮮半島エネルギー開発機構	675
朝鮮半島非核化宣言	536
朝鮮婦女総同盟	288
朝鮮仏教維新会	235
朝鮮物産奨励会	169
朝鮮文化団体総連盟	290
朝鮮文人協会	255
朝鮮文人報国会	255
朝鮮民主主義人民共和国合営法	564
朝鮮民主主義人民共和国社会主義労働法	474
朝鮮民主主義人民共和国樹立	305
朝鮮民主主義人民共和国土地法	474
朝鮮民主党	305
朝鮮民族革命党	203
朝鮮民族青年団	289
朝鮮民立大学期成会	235
朝鮮臨戦報国団	188
朝鮮労働共済会	220
朝鮮労働組合全国評議会	287
朝鮮労働党第5回大会	471
朝鮮労働党第3回大会	363
朝鮮労働党第2回代表者会議	418
朝鮮労働党第4回大会	413
朝鮮労働党第6回大会	563
朝鮮労働党中央委員会第5期第8回全員会議	477
朝鮮労働党中央委員会第4期第5回全員会議	414
朝鮮労働党中央委員会第6回全員会議	361
朝鮮労働連盟会	220
朝鮮労農総同盟	221
趙素昂(ちょうそこう)	208
朝ソ友好協調および相互援助条約	367
張徳秀	282
趙喆鎬(ちょうてつこう)	234
『朝仏字典』	63
徴兵	180
趙炳玉(ちょうへいぎょく)	346
朝米修好通商条約	28
張勉	338
張勉副大統領狙撃事件	337
趙明河義挙	174
趙明熙(ちょうめいき)	250

朝露修好通商条約　29
朝露密約交渉　38
朝露陸路通商条約　39
直選制改憲　516

【テ】

鄭寅普　246
鄭煥直(ていかんちょく)　104
堤岩里虐殺事件　148
『鄭鑑録』　6
帝国主義　124
『帝国新聞』　111
定州虐殺事件　149
鄭鍾鳴　228
低賃金政策　409
低農産物価格政策　410
定平赤色農民組合　226
丁来赫事件(ていらいかくー)　500
鄭律成　747
鄭龍基　104
デタント　423
哲宗時代の民乱　10
テポドン・ショック　685
寺内正毅　135
寺内正毅暗殺未遂事件　136
転換期の朝鮮総連　716
典圜局(てんかんきょく)　50
天津条約　37
テンチョ　10
天道教　107
電報局　51
田明雲　99

【ト】

『東亜日報』　231
『東亜日報』広告弾圧事件　454
統一運動　356
統一革命党事件　400
統一社会党　353
統一主体国民会議　439
東一紡織労働者闘争　463
統一民主党　514
東学　40
東学農民戦争　40
東義大事態　528
統義府　202
統合進歩党の解散決定　746
当五銭　50
東条英機　164
東清鉄道　74
党代表者会と金正恩後継者確定　734
当百銭　16
洞布制　50
東北人民革命軍　218
東洋拓殖株式会社　83
東洋拓殖株式会社爆破事件　172
統理機務衙門　49
徳寿宮　59
徳寿宮石造殿　59
独島問題　77
独立協会　89
『独立新聞』　110
独立促成中央協議会　282
独立嘆願書事件　150
独立党　31
独立門　58
土月会　236
都市産業宣教会　463

土地改革	304
土地公概念	542
土地調査事業	137
豆満江流域共同開発計画	569
土門江(ともんこう)	77
土曜会	213
トルーマン、H. S.	265
トルーマン・ドクトリン	265
ドル危機	423
トンキン湾事件	392

【ナ】

内政改革法案綱領5ヵ条	46
70年代の詩	468
70年代の小説	469
70年代リアリズム文学	468
7・29選挙	349
7・20宣言	534
7・7宣言	523
7・4南北共同声明	436
南延君墳墓盗掘事件	19
南韓大討伐作戦	105
南宮檍(なんきゅうおく)	94
南原虐殺事件	149
南鍾三(なんしょうさん)	18
南大門放火事件	672
南北閣僚級会談	610
南北関係の方向	737
南北協商	297
南北協力基金	677
南北経済協力推進委員会	649
南北高位級会談	534
南北故郷訪問団	502
南北国連同時加盟	535
南北女性交流	535
南北青年学生共同宣言文	530
南北赤十字会談	435
南北調節委員会	436
南北の今後と統一への展望	717
南北平和繁栄政策	653
南北離散家族相互訪問	611
南北和解と不可侵の合意書	536
南民戦事件	458

【二】

2・12総選挙	506
ニクソン・ドクトリン	423
ニコライ2世	66
二十三府	49
20ヵ条の政綱	302
2001年のブッシュ政権成立と北朝鮮	697
2011年ソウル市長選	724
2002年の核危機	711
2002年の黄海銃撃戦	652
2002年W杯日韓共同開催	638
二大悪法	354
二大悪法反対闘争	354
日英同盟	67
日米安全保障条約	330
日米韓三角安保体制	425
日露協商	89
日露戦争	73
日韓会談	385
日韓会談反対闘争	389
日韓議定書	78
日韓基本条約	387
日韓漁業協定	390
日韓新協約	86
日韓大陸棚石油共同開発鉱区	412
日韓農業の苦悩	667
日韓フォーラム	599
日韓併合	87

日韓併合条約 ……………… 87
日章旗抹消事件 …………… 177
日清戦争 …………………… 43
日中韓の東アジアFTA戦略 … 665
日中戦争 …………………… 161
日朝寄留地間行里程約条 …… 27
日朝交渉 …………………… 678
日朝首脳会談 ……………… 708
日帝強制占領下反民族行為の
　真相糾明に関する特別法 … 662
日帝時代 …………………… 129
2·7救国闘争 ……………… 296
2·28大邱学生デモ ………… 345
2·8独立宣言 ……………… 142
日本 ………………………… 21
日本国憲法第9条 ………… 329
日本国籍と朝鮮戸籍 ……… 134
日本人拉致事件 …………… 681
日本の自由主義史観(歴史修正主義) … 601
日本の「戦後50年」 ……… 602
日本の大衆文化解禁 ……… 632
日本の朝鮮史観 …………… 242
日本ファシズム …………… 159
日本歴史教科書歪曲事件 … 498
『ニムの沈黙』 …………… 248
ニューデリー密談説 ……… 334
任永信 ……………………… 288

【ヌ】

奴婢世襲制廃止 …………… 47

【ネ】

ネガティブ・リスト・システム … 406

ネティズン ………………… 645

【ノ】

農業協同化 ………………… 364
農業現物税制廃止に関する法令 … 418
農漁村発展総合対策 ……… 543
農村振興運動 ……………… 189
農地改革 …………………… 315
農民運動 …………………… 225

【ハ】

ハーグ密使事件 …………… 83
培材学堂(ばいざいがくどう) … 61
『梅泉野録』 ……………… 97
『白潮』 …………………… 248
白頭山定界碑 ……………… 77
白南雲 ……………………… 247
博文局 ……………………… 65
坡州樵襲撃事件(はしゅうきこりー) … 396
長谷川好道 ………………… 137
8·15解放 ………………… 269
8·15宣言 ………………… 435
8·15大統領狙撃事件 …… 443
8·18板門店斧蛮行事件 … 443
8月宗派(分派)事件 ……… 364
8月テーゼ ………………… 279
8項目の統一方案 ………… 472
8·3措置 …………………… 411
87年労働者大闘争 ……… 548
80年代速度創造運動 …… 564
80年の労働法改正 ……… 494
88年労働法改正闘争 …… 549
抜粋改憲 …………………… 324

花房義質(はなぶさよしもと)	27
林権助(はやしごんすけ)	78
パリ外邦伝教会	55
ハルバート、H. B.	114
反共法	378
反共捕虜釈放事件	322
ハンギョレ民主党	515
『ハングル』	233
ハングル統一綴字法案	238
ハングルの日	233
ハングル波動	342
万国平和会議	85
『万歳報』	113
パンソリ	13
汎太平洋労働組合	223
汎太平洋労働組合秘書部「10月通信」	223
反帝反ファッショ民族民主化闘争委員会	556
半島商事労働者闘争	462
万人疏(ばんにんそ)	24
反米自主化・反ファッショ民主化闘争委員会	557
万民共同会	89
反民族行為処罰法	310
反民族行為特別調査委員会	310
汎民族大会	524
板門店	323
板門店会談	322

【ヒ】

東アジア共同の家	665
東アジア自由貿易圏構想	631
東ベルリン工作団事件	399
備辺司	48
105人事件	136
開かれたウリ党	654
閔泳煥	97
閔肯鎬(びんこうこう)	105
閔宗植	102
閔妃(びんひ)	68

【フ】

ファシズム	159
プエブロ号事件	401
付加価値税	411
不咸文化論(ふかん－)	242
福沢諭吉	36
釜山アジア大会と大邱ユニバーシアード	652
釜山アメリカ文化センター(米文化院)放火事件	554
釜山国際映画祭と「鳴梁」	747
釜山政治波動	323
釜山朝鮮紡織労働争議	325
釜山埠頭運搬労働者ゼネスト	221
不実企業整理	540
不審船銃撃戦	705
富川署性拷問事件	509
ブッシュ・ドクトリン(先制攻撃ドクトリン)	705
武亭	205
普天堡の戦闘	206
不二農場小作争議	226
不平等条約	23
釜馬民衆闘争(ふま－)	446
扶民団(ふみんだん)	142
ブラウン覚書	392
ブラン、M. J. G.	56
プロフィンテルン	222
プロフィンテルン「9月テーゼ」	222
文一平	246

文益煥牧師北朝鮮訪問事件	528
『文学と知性』	467
文化語	363
文化政治	165
文人101人宣言	455
文総救国隊	323

【ヘ】

丙寅迫害	17
丙寅洋擾(へいいんようじょう)	18
米軍進駐	273
米軍政	274
米公法480号	327
平壤祝典	568
平壤宣言	710
並進路線	415
米ソ共同委員会	291
兵站基地化(へいたんー)	192
米朝協議と北朝鮮外交	735
米朝共同コミュニケ	691
米朝反テロ共同声明	690
米通商法301条	540
ヘイトスピーチ	753
平和共存	384
平和線	387
平和統一政策諮問会議	496
平和民主党	515
別技軍	49
ベッセル、E. T.	112
ベトナム戦争	391
ベトナム特需	393
ベトナム派兵	392
ペリー・プロセス	691
ベルサイユ条約	126
ベルヌー、S. F.	56
ベルリン宣言	606

変法自強運動	66

【ホ】

保安会	93
保安法波動	341
貿易額1兆ドル達成とその影	724
方応謨(ほうおうも)	230
防衛税法	441
防穀令	39
鳳梧洞の戦闘(ほうごどうー)	196
方定煥	234
ポーツマス条約	74
朴殷植	244
朴英熙	250
朴泳孝	34
朴熙道	147
朴槿恵	657
朴珪寿(ぼくけいじゅ)	31
朴憲永(ぼくけんえい)	280
朴憲永・李承燁の粛清	308
朴賛浩	647
朴重彬(ぼくじゅうひん)	235
朴昇煥	86
朴鍾哲拷問致死事件	509
朴鍾和	256
北星会	213
朴正熙	375
朴正熙大統領暗殺事件	447
朴斉純	81
朴定陽	45
朴東宣事件	444
北風会	213
朴烈事件	170
北路軍政署	200
ポツダム宣言	209
北方限界線をめぐる南北海戦	688

北方政策	524
北方4島サンマ漁問題	637
保導連盟事件	320
裸負商(ほふしょう)	52

【マ】

馬建常	30
馬建忠	30
馬山デモ事件	347
マッカーサー、D.	319
マッカーシズム	266
マルクス主義史学	244
満州移住	190
満州国	160
満州事変	160
万宝山事件	190

【ミ】

三浦梧楼	69
ミサイル防衛	704
ミッションスクール	61
三矢協約	170
密陽虐殺事件	149
南次郎	178
南朝鮮過渡政府	275
南朝鮮過渡立法議院	275
南朝鮮国防警備隊	312
南朝鮮人民代表者大会	305
南朝鮮新民党	294
南朝鮮民主議院	275
南朝鮮労働党	294
ミュテル、G.C.M.	57
民議院	349

民自党一党独裁粉砕と民衆基本権争取国民連合	561
民衆党(65年5月発足)	393
民衆党(90年11月発足)	532
民衆党建設論議	531
民衆文化運動	469
民衆文学	469
民衆民族民主宣言	453
民主改革	303
民主回復国民会議	455
民主化運動青年連合	558
民主化実践家族運動協議会	559
民主化推進委員会事件	555
民主化推進協議会	505
民主化のための全国教授協議会	560
民主韓国党	495
民主基地路線	303
民主共和党	379
民主憲法争取国民運動本部	512
民主国民党	314
民主自由党	532
民主主義と民族統一のための国民連合	457
民主主義民族戦線	286
民主守護国民協議会	432
民主守護全国青年学生連盟	433
民主正義党	494
民主党(55年9月発足)	334
民主党(90年6月発足)	533
民主統一民衆運動連合	559
民主労組運動	460
民青学連事件	452
民政党	380
民族解放人民民主主義革命	471
民族自主統一中央協議会	354
民族主義運動	167
民族主義比較研究会事件	400
民族主義歴史学	241
民族代表33人	146

民族統一全国学生連盟準備委員会	357
『民族日報』事件と趙鏞寿	421
民族抹殺政策	178
民族和合民主統一方案	496
民防衛基本法	441
民労連・民学連事件	554

【メ】

明治維新	6
明治天皇	8
明星グループ事件	498
明洞聖堂	58
メサトン麻薬事件	398
メルクマールとしての2012年	727
メルレンドルフ、P. G. H.	30

【モ】

孟山虐殺事件(もうさん−)	149
毛沢東	158
モスクワ3国外相会議	284
モスクワ宣言	696

【ヤ】

野山隊	296
柳宗悦	240
山梨半造	175
ヤルタ会談	209

【ユ】

『唯心』	248
遊撃隊	311
郵政(郵征)総局	49
兪吉濬(ゆきつしゅん)	110
輸出工業化戦略	405
兪鎮午(ゆちんご)	298
輸入自由化	539

【ヨ】

洋務運動	9
余剰農産物援助	327
「よど号」乗っ取り事件	479
4・19以後の学生運動	355
4・19学生革命	348
4・19後の労働運動	357
4・13護憲措置	510
4・3補欠選挙	533
40代旗手論	426
四大疑獄事件	382
四大軍事路線	415
4・27選挙	429

【ラ】

ライ大韓	393
羅雲奎	236
落選運動	607
洛東江廃棄物汚染事件	544
羅津・先鋒自由経済貿易地区	568

羅錫寿	172
拉致問題解決のための 　日朝政府間協議	749
羅喆(らてつ)	109
羅稲香	256

【リ】

李瑋鍾(りいしょう)	85
リーデル、F.C.	19
李允宰(りいんさい)	232
李会栄	154
李海潮	118
李夏栄	81
李完用	80
李箕永(りきえい)	250
李起鵬(りきほう)	337
陸軍特別志願兵令	181
李光洙	167
李鴻章	29
李康秊(りこうねん)	102
李恒老	32
李根沢	81
李載先逆謀事件	26
李在明	100
李始栄	154
李儁(りしゅん)	84
李春永	101
李址鎔(りしよう)	81
李相和	251
李相卨(りしょうせつ)	85
李昇薫	175
李商在	60
李承晩	283
李人稙	117
李仁夏	673
李仁模の帰郷	674
李世永	102
李箱(りそう)	257
李仲燮(りちゅうしょう)	240
李朝の身分階級	52
栗谷事業(りつこく―)	445
李哲煕・張玲子事件	497
李哲揆変死事件	529
李東輝	211
李東仁	25
李東寧	155
離農	406
李能和	115
李範允(りはんいん)	195
李範奭(りはんせき)	289
李文玉監査官拘束事件	534
李奉昌義挙	176
李明博	721
李明博政権の新政策	722
柳寛順	148
龍岩浦事件	73
柳条湖事件	159
龍川爆発事件	714
劉大致	31
柳麟錫(りゅうりんしゃく)	101
梁起鐸(りょうきたく)	155
李容九	92
領事裁判権	24
領選使	26
梁柱東	253
量田	50
李容翊(りようよく)	97
李陸史	258
李麟栄	104
林秀卿平壌祝典参加事件	530
林統一相解任問題	614
隣徴	13
林秉瓚(りんへいさん)	103

【レ】

麗順反乱事件	311
麗水博覧会(麗水万博)	728
冷戦	265
廉相渉(れんそうしょう)	255
連通制	152

【ロ】

老斤里虐殺事件(ろうきんりー)	321
老人団	166
労働運動	220
労働法	325
労農赤衛隊	367
呂運亨(ろうんきょう)	271
盧応奎(ろおうけい)	102
ローズ、P. G.	19
6・10万歳運動	171
6月抗争	511
6・3事態	390
6者協議(6者会談)	712
『六典条例』	63
6・29宣言	513
6・23宣言	437
6・26国民平和大行進	512
6・8総選挙	395
6・8不正選挙糾弾デモ	395
6・4統一地方選挙	742
盧溝橋事件	161
ロシア	70
ロシア革命	65
6ヵ年計画	471
盧泰愚	450
盧伯麟	155
盧武鉉	653
露領臨時政府	153

【ワ】

ワシントン会議	127

【A】

APEC 2005 KOREA	670

【E】

ES細胞捏造疑惑	672
EU諸国の北朝鮮接近	695

【G】

GATT	406

【I】

IMF危機	596

【K】

KALビル放火事件 ……………… 460
KBS事態 ……………………… 552

【S】

SARS問題と鳥インフルエンザ …… 654

【Y】

YH事件 ………………………… 445
YWCA偽装結婚式事件 ………… 458

第1章
外勢の侵略と民族運動

1860 ▶ 1910

李朝後期の農夫

●概観

　李朝後期の社会的・経済的成長は民衆の力量を高め、封建体制への抵抗を朝鮮全土で惹起させた。1860年から、日本の植民地統治が開始される1910年までは、李朝封建体制は、外勢（欧米・日本などの外国勢力）の侵略に対する抵抗の時期であり、また民衆の側からは、民族の自主的変革運動を担うべき主体勢力が形成される過程であったといえるだろう。

　李朝後期で特筆すべき社会的・政治的変化は、生産力の発展によって社会的・経済的実力を得た民衆の抵抗が、封建的支配体制をその根本から揺さぶりはじめたことであろう。その兆しは農業においてばかりではなく、手工業・鉱業など産業全般にわたって起こり、商品経済は活性化し、封建的で閉鎖的な旧来の経済体制は解体へと向かった。経済領域での変化はまた、政治・社会や思想的領域にも直接的な影響を及ぼし、封建的支配体制の瓦解を加速させた。支配層はこの危機に対処しようとしてさらに反動化した。抑圧が強化されれば抵抗は激化する。1862年以来継続する農民の抵抗闘争は、このような状況下で爆発したのである。

　安東金氏の勢道政治（王妃の縁戚による政治）に代わった大院君政権は、国内においては封建的支配体制に対する民衆の挑戦に直面し、外部においては本格化しつつあった外勢の圧力に対応せざるをえなくなった。大院君政権はこうした内外からの危機を克服するために、外に向かっては鎖国政策を強化し、内に向かっては民衆勢力に対し妥協的改良政策で臨んだ。しかし、一定の開明的要素をもつとはいえ、本質的には旧体制維持をもくろむ大院君政権にとって、内外の根源的矛盾に突き動かされて解体をはじめた李朝社会を支えることは不可能であった。打ち続く洋擾（欧米列強の朝鮮侵入とそれを阻止する戦い。代表例は1866年の丙寅洋擾と1871年の辛未洋擾）と財政的破綻によって大院君政権は崩壊した。続く閔妃政権はたび重なる外勢の圧力に屈服し、日本との不平等条約（江華島条約）締結を皮切りに、ついに門戸を開放した。こうして朝鮮社会は世界資本主義体制に編入されることになった。

　門戸開放から植民地化までの時期、朝鮮にとっての緊急課題は、封建体制の打破と外勢の侵略阻止、そして近代的国民国家と自立的資本主義体制を樹立することにあった。しかし、外勢の強要に屈して門戸を開放した朝鮮社会の政治的・経済的状況は、これらの課題を担うには未成熟で、準備も不足していた。海外の資本主義諸国と対抗しつつ自立した資本主義を形成することなどできるはずもなく、土着の多くの産業は、なし崩し的に崩壊していった。門戸開放前夜にその萌芽をみせていた自生的ブルジョアジーの成長は抑圧され、資本主義化への道は屈折を重ねた。一方で日本は、日清戦争に勝利して朝鮮半島に対する権益を列強に認めさせ、植民地化への作業を着々と進行させていった。

　民族の危機に直面しながら、李朝にはもはや民族と国家を守る気概はなく、さしせまる反封建・反侵略の課題を棚上げにし、対外的には進んで外勢に屈従し、国内では不毛な政争を続けた。こうして李朝社会は列強資本主義に侵され、民族的・体制的矛盾はさらに深まった。

　このような内外の矛盾の深化は、朝鮮民族の内部から力強い民族運動を生み出し

た。彼らは反封建・反侵略の課題をみずからのものとして、自立した民族国家樹立を目指した。この時期の民族運動は大きく二つの流れに分けられる。一つは甲申政変、甲午改革（甲午更張）、独立協会、愛国啓蒙運動へと連続する上からの運動、もう一つは東学農民戦争（甲午農民戦争）、義兵戦争へと続く下からの運動である。

甲申政変は、実力をもって一挙に政権を掌握し、大胆な政治的改革によって近代化推進をはかるブルジョア的改革運動だったが、改革の客観的条件がいまだ整わず、また、リーダーシップをとった若手革新官僚たちには、民衆の大多数を占める農民への理解が不足していたため、無残な結果に終わった。

甲午改革は、甲申政変の改革案と農民戦争の成果を部分的に反映したものだったが、甲申政変に比べていっそう改良的であり、自立的民族国家樹立への政治改革を目指していた。しかし、それがかえって日本の朝鮮侵略を本格的に呼び込む制度的背景を準備することになった。

一方、民衆側の運動はどうだったか。東学農民戦争は農民が闘争主体となり、この時期の農民戦争の軍事的・思想的頂点を示した。

日本の経済侵略は朝鮮の大地主を同盟勢力として侵攻したので、民衆は旧来の封建的な地主・佃戸制の矛盾に加え、帝国主義的矛盾にも苦しむことになった。ここにおいて農民戦争は、封建体制の矛盾に対する闘争と、帝国主義的侵略という国際的矛盾に対する闘争が結合した反封建・反植民地・反侵略的性格を帯びることになる。

しかし、この時期の農民戦争は、当時の儒学知識人との共闘を果たせず、また、闘争の目標も封建制度の完全撤廃を目指したものではなかった。こうした運動の階級的・政治思想的限界に加えて、日本の強硬な介入は農民の闘争をついに挫折させる。

しかし、この東学農民戦争の結果、政府による甲午改革が行われた。また義兵戦争や活貧党（李朝末の慶尚道・全羅道・忠清道における貧民・下層農民集団）の闘争がその意志を継承して、のちの植民地下民族解放闘争の展開に貴重な教訓を提供することになる。

東学農民戦争後の民族運動は、上層ブルジョアジーによる独立協会の運動とのちの愛国啓蒙運動、そして農民が主体となった義兵の闘争を中心に展開された。上層ブルジョアジーが指導した独立協会の運動は、その担い手自身が旧来の両班（ヤンバン。李朝の上流階級）意識から脱却できず、その根強い愚民観のために民衆の中に根を下ろすことはできなかった。また愛国啓蒙運動は、日本による保護国体制下での合法的な展開をその指針としたために、つねに一定の限界をもたざるをえなかった。

独立協会の運動と愛国啓蒙運動は非武装闘争の形態をとったが、農民主体の義兵運動は武装闘争となった。義兵闘争の初期段階は、日本による閔妃殺害に憤激した儒生（儒学者、士大夫。両班階級に属し一般にソンビと呼ばれる）が中心となり、李朝体制擁護の性格が顕著な闘争だった。これに東学農民戦争や活貧党の残余勢力が加わったのは、日本の侵略が本格化して、反封建よりも反外勢（反帝国主義）という民族的課題を優先せざるをえなくなったからである。ただし、抗争が激化すると次第に儒生出身の義兵長（指導者）は背後へと退き、農民出身の義兵長が舞台の前面に登場してくる。

乙巳条約（乙巳保護条約ともいう。1905年朝鮮は日本の保護国となり、統監府が設置される）につづく日韓新協約（丁未七条約。

1907) によって、大韓帝国の軍隊解散が行われると、義兵には旧軍人が大挙して加わり、義兵闘争は反封建闘争の性格を強めることになる。のちに日本軍の冷酷無比な討伐作戦に押されて国境を越え、満州へと移動した義兵は、満州地域の武装独立軍の中軸となり、本格的な抗日武装闘争が展開されはじめた。

こうして19世紀末に噴出した農民の反封建・反外勢闘争は、東学農民戦争を経て満州各地での抗日武装闘争へと発展し、日本軍との実力対峙・遊撃戦争の時代へと突入する。

1. 外勢の侵入と民乱

開港 港を開き外国と通商すること。李朝は19世紀後半に欧米と日本の要求に屈し、大院君の定めた鎖国政策を解いて門戸を開き、外国との通商を開始した。19世紀前半以降の欧米資本のアジア進出気運の高まりの中で、朝鮮に対して最初に通商を要求したのは、東インド会社所属の英国商船ロード・アマースト号である。これは日本よりも早く、1832年のことである。同号は黄海道・夢金浦沖に姿を現して通商を求めた。61年にはロシア艦隊が元山に来航し、その後も欧米の通商要求はひきもきらず、シャーマン号事件(66)や、フランス艦隊の2度にわたる内侵(丙寅洋擾、66)が相次ぎ、ドイツ人商人オッペルトは66年に2回、68年に1回と、3度にわたって通商を求めた。71年には米国の通商要求と辛未洋擾が起こったが、大院君の鎖国方針は固く、すべて

1903年頃の
釜山港

これを拒絶した。75年には日本の挑発による雲揚号事件(江華島事件)が起こり、江華島条約(丙子修好条約、76)が締結され、ついに鎖国政策は崩れて門戸開放が行われた。日本との修好条約によって80年に元山(3月23日通商開始)、83年には仁川が開かれ、修好条約締結時に開かれた釜山と合わせて3つの港が開港された。こうして日本に対する開港が行われると、82年には米国との通商条約、清国との朝清商民水陸貿易章程が結ばれ、83年には英国とドイツ、84年にはイタリアとロシア、86年にはフランスと、欧米各国との通商条約が相次いで締結された。こうして朝鮮は世界資本主義体制に編入されることになった。しかし、各種産業が手工業段階のままで世界資本主義市場に組み込まれた朝鮮には、先進資本主義国の原料供給地、あるいは商品市場となる運命に甘んじる以外に道はなかった。開国時点での主な開港地は釜山・元山・仁川で、のちに木浦・群山・鎮南浦(現在の南浦)などが開かれた。

アヘン戦争 1840～42年、アヘン密貿易を発端として、清と英国との間で起こった戦争。英国の本格的中国侵略の出発点となった。17世紀以来、英国は東インド会社を通じて中国から絹と茶を輸入し、若干の毛織物と香料などを輸出していたが、18世紀末に英国政府が茶の輸入関税を下げ、国民の間に喫茶の習慣が広まると、中国茶の輸入量が増加してはなはだしい輸入超過となり、英国銀が大量に中国へと流出した。英国政府は事態を重視し、その対応策として東インド会社(1832年まで中国貿易の独占権を保持)を通じ、インド産のアヘンの中国密輸を開始した。19世紀に入ると密輸アヘン量は急増し、中国銀が大量に流出する事態となった。中国内の貨幣流通は混乱し、財政は壊滅的な影響を受けた。同時にアヘン中毒の害がもはや放置できない状態となったので、清朝は強硬なアヘン禁止論者である林則徐を欽差大臣(勅使)に任じて広東に送り、大量のアヘンを没収・焼却させた。英国はただちに清に宣戦布告し、内外の非難の声をものともせず、圧倒的な武力で清軍を撃破し、南京条約(42)を強要、ついに中国を半植民地的状態へと転落させた。戦後の中国は莫大な賠償金の支払いにあえぎ、同時にアヘン取引による銀の流出は続き、外国商品の流入によって国内産業は疲弊し、清朝封建社会の基盤は根本から動揺した。

太平天国革命(太平天国の乱) アヘン戦争(1840～42)の敗北により衰退期に入った清朝の打倒を目指して、広東のキリスト教徒・洪秀全(1813～64)らが起こした革命運動。「太平天国の乱」「長髪賊の乱」ともいう。1851年、洪秀全の率いる上帝会は思想・宗教・政治・社会の改革を要求して広西省で蜂起し、清軍を撃破してみずから太平天国と号した。「滅満興漢」(満州族支配の国家を滅ぼし、漢民族の国家を復興する)の旗印の下に、土地の均等分配・租税の軽減・男女平等などをスローガンに掲げ、貧農はもとより、アヘン戦争後の混乱がもたらした失業者や解散兵・脱走兵などから支持と協力を得た。太平天国軍は彼らを吸収して数十万の大軍に膨れ上がり、53年には南京を占領して首都(天京と命名)に定め、新国家の建設に着手するほどの急速な発展を見せた。しかし、ほどなく致命的な内紛が起こり、その混乱の中で曽国藩・李鴻章の反革命義勇軍と英国将軍C.G.ゴードンが率いる常勝軍の反撃を受け、64年に首都・天京を奪回された。洪秀全は自殺し、太平天国は建国以来14年で滅亡し

た。しかし、太平天国革命の基盤となった広範な農民の闘争は近代中国における農民闘争の出発点となり、その漢民族第一主義は孫文らの中国同盟会の革命運動へと継承された。

『鄭鑑録』　李朝中期以降、民衆の間に広く流布した国家の運命と民衆の将来についての予言書で、「李亡鄭興」に基づく。李朝の先祖である李湛が鄭氏の先祖の鄭鑑に聞いた話を記録した書物であるといわれている。漢陽鄭氏の鶏龍山、趙氏の伽耶山、氾氏の完山などによる王朝交替を予言し、災難と民心の推移を述べている。この書物は反乱と革命を企てる人々に既存体制への批判と新しい時代の到来を告げる根拠として利用された。鶏龍山への遷都論が世に流布される根拠ともなり、東学以来、今日まで鶏龍山に集まる擬似宗教に及ぶまで、その影響には根深いものがある。今日伝わるのは、『道読』『無学』『土亭』『格庵』など後続の予言書から抜粋収録されたものである。

アロー戦争（第2次アヘン戦争）　1856年、英国旗を掲げた塩の密輸船アロー号を清国官憲が臨検し、英国旗を引き下ろして中国人乗務員を逮捕した。この事件を契機に起こった英国と中国の戦争で、「第2次アヘン戦争」ともいう。アロー号は中国人所有の商船だったが、英国旗が引き下ろされたことを取り上げて、英国は国家の名誉が毀損されたとして、賠償金と謝罪文を要求した。これが拒否されると英国は広東郊外の市街地に火を放ち、フランスを誘って連合軍を出兵させた。フランスは広西でフランス人宣教師が殺害された事件を出兵の口実とした。当時の清は太平天国革命への対応に手いっぱいで、英仏連合軍はこの隙を突き、58年に天津、60年には北京を占領し、破壊・掠奪を働いた。同年10月に北京条約が結ばれ、中国の半植民地化はさらに促進された。

セポイの反乱　1857〜59年、インドで起こった最初の反英国民族反乱。セポイ（ヒンディー語ではシパーヒー）とは英国東インド会社がインド征服のために雇用したインド人傭兵のこと。反乱は57年5月にデリー近郊の兵站基地で起こり、またたく間に北インド全域（インドの半分以上を占める）に広まった。インド人兵士に対する英国士官の差別待遇が原因となって起こったこの反乱は、拡大するにしたがって東インド会社の暴力的な植民地支配の撤廃を要求するものになった。インド人傭兵・下層農民・失業者・小商人らが大挙して加わった。しかし反乱軍は中心となる統一指導部を欠き、英国軍の残忍な鎮圧作戦に耐えきれず、59年に壊滅した。この反乱は東インド会社の解体とムガール帝国の滅亡をもたらし、英国はインドの直接支配に乗り出すことになる。インドにおける独立運動の出発点であり、中国の太平天国革命と並んで、アジア近代史に大きな意味をもつ。

明治維新　徳川幕藩体制を崩壊させた日本近代化の政治的変革過程。1853年にペリー率いる米国艦隊が日本沿岸に出現して門戸開放を要求したのを契機として開始され、最終的には、倒幕、新政府確立へと至った。その時期についてはさまざまな説があるが、1853（嘉永6）年から、1877（明治10）年前後（西南戦争の終結）までを指すのが一般的である。ペリー率いる「黒船」の出現と開港による政治的・経済的混乱は日本国内に大きな変化を起こした。薩摩・長州などの雄藩勢力が台頭し、農民一揆が激

発して、幕藩体制の秩序は根底から動揺した。幕府勢力と反幕府勢力の激しい対立を経て、幕府は朝廷に1867年に「大政」(天皇から委任された執政権)を奉還して延命を図った。しかし、大久保利通・木戸孝允ら薩摩・長州の開明派官僚を中心とする「倒幕派」は雄藩と朝廷の反幕府勢力を操縦して、天皇に「王政復古」を宣言させ、約270年にわたった徳川幕藩体制は崩壊した。王政復古が宣言されて「天皇親政」政府が成立し、68年から新体制による政策が推進された。明治政府は学制・徴兵制・地租改正などの一連の新政策を推進し、欧米の近代国家をモデルとして「富国強兵」と「殖産興業」をスローガンに掲げ、官主導での資本主義の育成と軍事力強化に努めた。明治維新は日本に近代的統一国家をもたらした。経済的には近代資本主義、政治的には立憲政治、社会的・文化的には近代化が推進される契機となった。明治政府は琉球と「蝦夷地」をそれぞれ「沖縄県」・「北海道」として包摂し、現在の「日本列島」の原型となる領域の確定を進めた。国際的には帝国主義列強の一員となるべく、天皇を頂点とする軍国主義への道を歩みはじめた。

高宗［コジョン］ 1852～1919（在位1863～1907）。李朝第26代の国王。李朝21代英祖の玄孫である興宣大院君の次男（本名は李載晃。初名［幼名］は命福）。王妃は閔氏の娘・閔妃。1863年に哲宗が没するが、哲宗には後嗣がなく、後事は3人の后妃（翼宗妃、憲宗妃、哲宗妃）に託された。最年長の翼宗妃（趙大妃）の意向が後継国王の選定にあたって優先され、趙大妃は12歳の高宗を推した。若年の高宗の補佐役として、大妃は高宗の父・興宣大院君を摂政の位につけ、実質的な政権担当者とした。大院君は

高宗晩年（1905年頃）

ひとたび政権を掌握すると果敢に改革に乗り出した。李朝宮廷で横暴な権勢をふるった安東金氏一族を没落させ、四色（李朝末期の派閥で元来は儒教の学派に由来。老論・少論・南人・北人の4つをいう）を平等に登用し、書院を廃止するなどの英断を下した。しかし、鎖国政策を堅持して、近代文明の吸収を遅らせ、景福宮再建などで民生を圧迫して世評を下げ、摂政就任10年目に下野した。こうして高宗の親政がはじまると、宮廷内では高宗の妃である閔妃一族の勢力が伸張した。それより先、すでに大院君執権の後期には、閔妃一族と大院君の間で熾烈な権力闘争が繰りひろげられ、また、国外からは米国やフランスの侵入事件がしばしば起こっていた。閔妃一族は権力を握ると大院君の鎖国政策を撤廃し、日本や欧米列強と修好条約を結んだ。しかし、近代化をめざす独立党と清に依拠して旧体制温存をはかる事大党の軋轢は激化するばかりだった。独立党は内政改革を主張し、1881年には紳士遊覧団を日本に派遣して新進の文物を視察させ、軍制を改革して日本式の軍事訓練を行わせた。独立党の勢力が増すにつれ、事大党との関係は悪化の一途をたどり、1882年の壬午軍乱、1884年の甲申政変などが起こった。同時に朝鮮国内での日清勢力衝突の危機が高まり、「朝鮮

問題」をめぐって日清間に天津条約が締結されると、開化党（独立党）は没落し、事大党が勢力を得た。1894年、東学農民戦争が日清戦争を誘発し、日本は大院君を擁立して事大党を宮廷から追放、ふたたび開化党（独立党）が執権して（金弘集内閣）、甲午改革を断行した。日清戦争に勝利した日本は、李朝政府への干渉を強め、洪範14条を宣布させて政治体制を日本式官制へ変更させた。その真のねらいは、清の勢力を朝鮮半島から駆逐し、独立国の体裁を整えさせるところにあった。三国干渉によって日本が遼東半島を放棄すると、閔妃一族はロシアと手を結び、日本の勢力の駆逐をはかるが、1895年、日本人の手で閔妃が惨殺される（乙未事変）。ふたたび力を得た日本は独立党を支援しつつ、朝鮮半島への浸透を進めた。こうした日本の勢力増大に危機感を抱いたロシア公使ウェーベルは、高宗と皇太子をロシア公使館に避難させた（俄館播遷）。金弘集などの改革派は親露派に殺害されて、政局は様変わりした。1897年、ロシアと日本の協議の結果、高宗と皇太子は王宮の1つ、徳寿宮に帰り、年号を光武と改元して、国号を大韓帝国と改めた。王の称号を皇帝とし、高宗は光武皇帝と称するようになった。1904年、日露戦争が起こると、日本は大韓帝国を威嚇してロシアとの諸条約を破棄させ、日韓議定書に調印させ（2月22日）、その半年後には第1次日韓協約が締結された（8月22日）。日本がロシアに勝利し、ロシアの勢力が朝鮮半島から駆逐されると、1905年、日本は乙巳条約（第2次日韓協約）締結を押し進め、朝鮮統監を駐在させて大韓帝国から外交権を剥奪した。この条約締結に際して高宗は国璽を押印しておらず、日本が国璽を偽造したとの説が、最近になって韓国と北朝鮮の研究者から出されている。1907年にオランダのハーグで第2回万国平和会議が開催されると、高宗は李儁らを秘密裡に派遣して、第2次日韓協約の不当性を世界に訴えようとしたが、日本の妨害と欧米列強の沈黙によって挫折する（ハーグ密使事件）。これを好機とばかりに日本は高宗を責めたて、皇帝位を皇太子（純宗）に譲らせ、高宗には太皇の称号を与えて徳寿宮に幽閉した。1919年1月21日に高宗は没するが、日本人の手によって毒殺されたという説もある。

明治天皇 1852〜1912。日本の第122代天皇（在位1867〜1912）。日韓併合を行った日本の君主。本名は睦仁。67年1月9日に14歳で践祚。薩長藩閥に担がれ、王政復古と明治新政府の樹立により、新政権の君主となった。その名の下で、学校制度の確立・徴兵制の実施・地租改正・国会開設・憲法発布など、天皇を頂点とする絶対主義的天皇制国家の礎が築かれた。89年に制定された明治憲法（大日本帝国憲法）では天皇の統治大権と陸海軍統帥権が定められており、90年の教育勅語では天皇が国民道徳の中心にあることが明らかにされている。明治憲法と教育勅語は天皇制国家の二大理念とされた。在位45年間に日清戦争、日露戦争で勝利を収め、朝鮮を併合し、日本国民の絶対的な崇拝を受けた。

征韓論 李朝・高宗時代の1870年前後に、日本の明治政府内で噴出した朝鮮侵略論。この頃、李朝政府の執権者・大院君は日本を「洋夷」（欧米列強）と脈を通ずると見做し、徳川幕府以来の交隣友好政策を放棄して斥倭（排日）を強力に推進した。これに対して日本の官民では、朝鮮出兵を主張する征韓論が激しく起こった。この主張の根底には、明治政府による特権剥奪に反発する好戦的な封建軍閥（不平士族）の関心を外に

向けつつ中央権力を強化し、同時に欧米列強に先んじて朝鮮進出をはかろうとする野心があった。薩摩宣閥の頭目で明治新政府参議の西郷隆盛を筆頭とする征韓論者の主張は1873年の論争で内政優先派に押しつぶされ、政府内での対立が激化すると西郷らは下野し、のちに西南戦争（1877）を引き起こした。しかし、この時期に反征韓論側に立った勢力は本質的に征韓反対論者だったわけではない。「反征韓論者」大久保利通が主導する政権は、75年には雲揚号事件を引き起こし、李朝政府を挑発・脅迫して江華島条約を締結させた。

洋務運動 19世紀後半の中国で、官僚主導による軍事力強化を目指した近代化運動であり、西欧の近代技術導入によって封建的政治体制を再編強化・維持しようとした清の「自強」運動（「自強」は正しくは自彊と書き、国力の強化により王道の実現の基礎を整えようとする儒教の政治理念）。当時の清朝は、西欧帝国主義列強がしかけたアヘン戦争とアロー戦争で弱体ぶりをさらけだし、内部では太平天国革命に手を焼き、その支配体制は根本から揺らぎ始めていた。曽国藩・李鴻章ら漢族出身の官僚は危機に対処するため近代的軍事工業を興し、また、張之洞・盛宣懐らは官商合弁事業を興して、ある程度の成果を収めた。しかしこの「自強運動」は、軍事の近代化を至上命令として行われ、社会的・政治的体制の近代化は軽視された。運動の最中に勃発した清仏戦争・日清戦争でも痛烈な敗北を喫すると、清朝の衰退は誰の目にも明らかとなり、清末の旧支配層はそのポストをのちの戊戌変法（自強）運動に結集した革新官僚に引き渡すことになる。

清仏戦争 1884〜85年にかけて、ベトナムにおける清の宗主権をめぐってフランスと清との間で繰り広げられた戦争。フランスにとっては帝国主義列強間での植民地争奪戦であった。フランスは19世紀後半から積極的にベトナム侵略を開始した。1874年にはサイゴン条約（第2次サイゴン条約）を締結してベトナム南部6省を植民地として割譲させ、同時にベトナムを保護国とした。清はベトナムの宗主国としてこの条約の無効を主張。82年、ベトナム北部に軍隊を派遣。清仏関係は険悪化した。84年6月のバクレ付近での衝突をきっかけに清の正規軍はフランス軍との本格的な戦闘に入った。フランス艦隊は台湾と福州の港湾を攻撃して軍艦や商船を撃沈し、清の海軍を圧倒した。85年6月、清朝政府は天津でフランスと講和条約を締結、ベトナムに対するフランスの保護権を認めた。

晋州民乱 1862年に慶尚南道晋州で起こった民衆反乱。哲宗時代（1849〜63）での最初の農民蜂起で、これに刺激されて全国各地で民衆反乱が発生した。三政の紊乱（田政・軍政・還穀の乱れをいう。還穀とは政府が保有している米穀の貸与制度）と、兵馬節度使（府郡・県の軍隊長。一般に郡守が兼任）・白楽莘の弾圧と搾取に対する憤りが爆発し、柳継春・李啓烈らが指導者となった。農民軍は樵軍（猟師）や牧童を糾合し、檄文をまき、諺歌（ハングルで作詞された歌）を歌って士気を高め、1862年2月18日に晋州近隣の水谷場に集結して行動を開始。水谷場と徳山場を襲撃した後に晋州へ入城した。棍棒や鍬で武装した農民軍はみずから樵軍と名乗り、頭に白い布を巻き、合唱しながら進軍し、周辺の農民を糾合してその数は数万に達した。恐れをなした白楽莘は、還穀と都結（衙前、すなわち末端官吏が税の不足を補うために不正に

徴税すること)の悪政是正を約束したが、農民は彼を取り囲んでその罪を問いつめ、数人の悪質な衙前を殴り殺した。また、農民の恨みを買っていた土豪の家を破壊・放火した。6日間にわたった晋州民乱は、23の面(村)に波及し、3名の衙前(末端の地方官)とその息子1名が殺害され、120余の土豪の家が破壊・略奪された。李朝政府は観察使(道知事)などの現地の官吏を問責処罰し、副護軍・朴珪寿を按覈使(地方の乱の臨時調査役)として送って事態収拾をはかったが、いったん爆発した農民の怒りは収まらず、またたく間に晋州から三南地方(慶尚道・全羅道・忠清道)へと広がり、62年末まで全国各地で反乱が頻発した。

哲宗時代の民乱　1862年2月の晋州民乱が引き金となって全国的に拡大し、同年12月まで各地で頻発した農民蜂起をいう。李朝末期、三政の紊乱と勢道政治がもたらした政治的混乱や支配層の過酷な搾取によって農民の生活はますます苦しくなった。李朝政治に対する民衆の怒りは募り、農民蜂起の噂が各地で飛び交った。さすがに李朝政府も事態を重視し、地方官吏の綱紀粛正をはかったが、ときの領議政(宰相)・鄭元容の妨害で時期を逸し、手をこまねいているうちに、62年2月18日、慶尚南道晋州で農民蜂起が起こったとの報が入った。晋州民乱は兵馬節度使・白楽莘の農民に対する不法過酷な収奪と搾取が招いたもので、李朝政府は朴珪寿を按覈使として派遣して事態の収拾に乗り出したが、民乱はまたたく間に三南地方に広がった。さらに政府は、三南各地に按覈使、宣撫使(地方に災害や乱が発生した時、民心を鎮めるために派遣される勅使)、暗行御使(情報収集官)などを派遣して収拾に八方手を尽くした。三政紊乱の元凶を極刑に処すなど、農民の怒り

を買った腐敗官僚を処罰し、一方で朴珪寿の策を受け入れて三政を改革するために釐整庁を設置。「三政釐整節目」を公布して弊害の是正に重い腰を上げた。こうして民衆反乱もようやく収まる気配を見せたが、その年の夏は日照りと洪水が重なり、ふたたび民心は動揺し、8月を過ぎると農民蜂起は全国に拡大した。9月には済州島の農民数万名が暴政に抗議して立ち上がり、10月には咸鏡南道咸興、11月には京畿道広州、12月には慶尚南道昌原・南海、全羅南道海南、黄海道黄州などに飛び火した。翌年にはソウル城内の禁衛営(近衛兵団)の軍卒までが騒擾を起こすなど、不穏な動きはやまなかったが、無能な哲宗が死去し、それとともに外戚の安東金氏の勢力が没落して、国政が改まる気配を見せると農民蜂起も次第に収束に向かった。李朝の厳格な階級制度と、封建制度の枠内での政治・経済体制の矛盾に抵抗し、激発したこうした民乱は、その後も旧秩序を揺さぶり、朝鮮社会の近代化の推進力となったのである。

テンチョ　一般的には山から民家に降りて托鉢をする僧の俗称。しかし「テンチョ」と呼ばれた彼らのなかには、民乱(民衆反乱)を扇動する政治的な秘密結社組織に属していた人々が多かったことが、民衆口伝や各種資料によって確認されている。「テンチョ」の語源は「党聚(朝鮮音でタンチーと読み、『群』を意味する)」に始まり、李朝の抑仏崇儒(仏教を抑圧し、儒教を称揚する)政策によって山に追われた仏教集団と没落した両班が結託し、その他のさまざまな階層を巻き込んで構成されていた。李朝後期に激化する民乱の背後には、しばしば彼らの影があった。たとえば張吉山の反乱や東学党の第3次蜂起に深く関与した

という説もあり、智異山の「テンチョ」出身の金丹治と金剛山の李忠昌らが参加者として最後に確認されており、日帝時代初期まで存続したことが老僧らの口伝によって明らかにされている。

勢道（世道）政治 李朝時代末、国王・皇帝の信任を受けて政権に就いた特定の人物やその一族によって政権が私物化される事態を指す。古くは「世道」と書き、元来は「広く社会を教化し、世を正しく治めるための道理」、つまり理想的な統治理念とそれを実現するための政治的道義を意味した。「世道」を行うには衆に抜きん出た人格・学識・徳望を備えねばならず、国王もそのような人物であればこそ、高い官職を与えて優遇したのである。中宗時代の趙光祖（1482～1519）は、教学の最高位である知成均館事を経て、大司憲（文武百官を監察する司憲府の長）に任命され、孝宗時代（在位1649～59）・顕宗時代（在位1660～74）の宋時烈（1607～89）は王の信任を受け、左右議政の要職にありながら、なお「世道」の信任と委任を受けた。しかし、正祖時代（在位1776～1800）に至ると、「治世の道理を主張して精神的に王を補佐する役割」という「世道」の本来の意味は薄れ、ひとたび権力を託されるや権勢をほしいままにするという政治の私物化・腐敗へと変質・転落した。しだいに「世道」に代わって朝鮮語で同音の「勢道」という言葉が用いられるようになった所以である。いわゆる「勢道政治」は、正祖の信任を受けて権力を私物化した洪国栄からはじまった。洪国栄は一介の承旨（正三品の位）・禁衛大将（近衛隊長）に過ぎなかったが、正祖の信任を受けて政治を独占し、勢道政治を行った。しかし、その権力濫用と不正はさすがに世人の許すところではなく、4年目にして追放

された。正祖が死去して12歳の純祖（在位1800～34）が即位すると、先王の委託を受けた金祖淳は自分の娘を王妃とし、純祖を補佐した。ここに以後3代60年にわたる安東金氏の勢道政治が開始され、中央の要職は一族に独占された。のちに趙永万の娘が翼宗の王妃となって憲宗を生み、憲宗時代（在位1834～49）となると、安東金氏に代わって豊壤趙氏の勢道政治が15年にわたって続いた。しかし、続いて即位した哲宗（在位1849～63）の王妃は金汶根の娘で、ふたたび安東金氏による勢道政治が行われ、以来15年にわたる安東金氏の勢道政治は徹底した反動性を示し、国の秩序はいちじるしく乱れ、民衆の生活はさらに苦しくなった。哲宗の後に高宗（在位1863～1907）が即位すると、大院君（興宣大院君、李昰応）が政権を握り、安東金氏の勢力を追放した。こうして一時的に外戚による勢道政治の弊害は影をひそめたが、大院君が閔妃によって追われると、ふたたび大韓帝国末期（李朝末期）まで閔妃一族の勢道政治が続いた。1895年の乙未事変の後も、国家の要職を占めた閔妃一族の数は1000名を超えたといわれる。

安東金氏 李朝末、純祖・憲宗・哲宗の3代60年にわたり、王の外戚として朝廷の要職を独占して勢道政治を行った安東一族を指す。勢道政治は元来、正祖時代（在位1776～1800）に洪国栄によって始められたが、続く純祖時代（在位1800～34）以降は相次いで幼い王が即位し、勢道政治がさらにはびこることになる。純祖が11歳で即位すると、安東金一族の金祖淳は自分の娘を王妃とし（貞純王后）、外戚となって政権を掌握。一族の金達淳・金明淳らも要職を占めた。1827年、世子（皇太子）が政治を代行すると、一時期は豊壤趙氏が政権を

握り、金氏と勢力争いを繰り広げたが、34年に憲宗が即位し、ふたたび金祖淳の娘・純元王后が後見人となって、安東金氏の勢力は維持された。のちの哲宗即位の折にも純元王后が後見人を務め、一族の金汶根の娘を哲宗の王妃とし、金氏がふたたび政権を独占した。金左根・金在根が前後して領議政となり、金炳翼は左賛成(従一品)、金洙根は吏曹判書(正一品)などの要職を占め、金氏の勢力は絶頂に達し、王族を凌駕するほどだった。しかし哲宗には後嗣がなく、その死後は高宗が即位して、その父・大院君の執権がはじまると(63)、安東金氏は没落した。

三政の紊乱　李朝末期の国家財政を支えた三大税収制度、田政(田税)・軍政(軍役)・還穀(金融)をめぐる政治腐敗をいう。第1に田政の紊乱とは、法定の租税以外にさまざまな名目で付加税と手数料を農民から収奪した官吏の不正行為をいい、作物のとれない荒蕪地に税をかけ、はなはだしい場合は白地徴税といって空き地にさえ税金をかけた。一方、両班・土豪は所有する農地をしばしば隠結(土地台帳に載せないこと)し、脱税した。第2に軍政とは、壮丁が兵役に服する代わりに綿布(軍布といった)を納める一種の人頭税である。両班・衙前(地方の下級末端官吏)・官奴(官家の男性奴隷)はもともと兵役を免除されていたから綿布を納める義務はなかったが、農民は壮丁一人につき年2匹の布を課された。悪質な官吏はこの場合も、黄口簽丁(こうこうせんてい)(乳幼児を大人に見立てて、納税を求めること)や白骨徴布(死者に税金をかけること)などの詐欺行為さえ辞さなかった。第3に還穀は、本来は貧しい農民に米穀を無利子で貸し与え、秋の収穫時に返済させる制度で、もともと貧民救済を目的とした。しかし李朝後期には、ほとんど農民を対象とした高利貸に変貌し、その弊害はもっとも大きく、農民の生活を破綻に追い込む最大の原因となった。こうした田政・軍政・還穀を悪用した官僚の不正腐敗が、勢道政治の下で極大化したのは、中央政権内部で官職が公然と金で売買されるようになったからである。政権末端の官奴や地方の土豪も汚染され、ますます腐敗する。こうした不正腐敗は勢道政治の全時期を通じて横行し、その極限に達した。この三政の紊乱は、李朝末期に朝鮮全土を揺るがした民乱の決定的な原因となった。

還穀　李朝時代の糧政の1つ。凶作の年や春窮期(春先の収穫前、農民がもっとも食糧に困る時期。俗にポリコゲともいう)に穀物を貧民に貸与し、豊作の年、あるいは収穫期に返済させた救済制度。還上・還子ともいう。元来の還穀の目的は、凶作の備え・窮民の救済・物価調整・政府保有食糧の交換および各官庁の財源確保などだった。李朝が創建された1392年の義倉設置の頃は無利子で貸与していた。とはいえ貸与手数料もかかり、また保有食糧の自然消耗も考慮せざるをえず、その補塡のために次第に年1〜2割の利子を徴収するようになった。壬辰・丁酉倭乱(豊臣秀吉の朝鮮侵略、1592、97)・丙子胡乱(清の侵略、1636)後の社会的混乱で国庫歳入が減少すると、還穀の利子は歳入システムに正式に組み入れられ、各官庁・郡衙の保有食糧を貸与し、その利子で諸経費をまかなうことが一般化した。こうして還穀は農民救済制度から課税の一種へと変貌した。こうなると農民に高利で貸与を強制する地方官吏も現れる。さらに還穀を所管する官吏の不正行為がはなはだしくなり、農民の怨嗟の声は高まった。李朝中期以降は三政の紊乱の

うち、もっとも大きな弊害となり、李朝末期に全土を揺るがした民乱の最大の原因ともなった。李朝政府もさすがにこの弊害を座視できず、1867年には貸与食糧の回収規則を厳密にして不正を排する方策を立て、また利子は1割に固定して、窮民の救済という本来の目的を復活させた。95年には還穀は社還米と改称され、条例によって自治的色彩を明確にし、利子も従来に比べて1石あたり5升ずつ減らすなど、その目的遂行の厳格化がはかられたが、官吏のつまみ食い・横流し・横領は止まなかった。日韓併合後は、資本主義的制度と貨幣経済の浸透によって社還米は有名無実化し、1917年には社還米条例を廃止して、社還米は各部落の基本財産に組み入れられた。

黄口簽丁（こうこうせんてい）　李朝末の軍政（軍役）の弊害の1つ。李朝は建国当初から国民皆兵制をとったが、正兵に対して保人制を採り、保人（兵役免除者）1名に対して保布2匹を徴収する保布制（壮丁に課された兵役税）を実施した。しかしこの制度は厳格に施行されず、悪質な官吏は黄口（乳幼児）を軍籍簿に載せて課税する不正が横行した。これを黄口簽丁という。

隣徴　李朝中期以降、軍役忌避者の軍布を近隣の人たちに負担させて徴収した兵役税の1つ。軍役は布を納めるなど、経済的に大きな負担となり、社会的にも賤視され、農民はこれを免れようとして逃亡するものが多かった。地方官吏は、逃亡した軍役義務者に付課された布を近隣に連帯責任を負わせて徴収したが、これを隣徴といった。また、範囲を広げて、洞内（町内）の人から徴収する洞徴、親戚から徴収する族徴とがあった。このような負担徴収は李朝末、三政の紊乱がはなはだしかった時にいちじるしく現れ、農民の離農現象を促し、農村をさらに荒廃させた。

パンソリ　朝鮮の伝統的歌曲の一種。鼓手の太鼓演奏に合わせて、唱い手がストーリーのある歌物語を唱い上げるもの。李朝中期から後期にかけて主に全羅道地方で確立され、英祖代（在位1724～76）に禹春大、河殷潭らの広大（吟遊詩人の類）がはじめて唱い、確立したといわれている。しかし彼らのスポンサーとなった申在孝（1812～84）の存在を忘れてはなるまい。李朝後期になると、両班から一般庶民に至るまで幅広く好まれるようになる。「春香伝」「沈清伝」「水宮歌」「興夫歌」「赤壁歌」などが代表的作品として知られる。かつては「ピョンガンセ打令」や「襄牌将打令」「甕固打令」などがあったが、現在はすたれてしまった。これらは朝鮮民族が世界に誇るもっともポピュラーな古典文芸で、李朝時代の伝統芸能の到達点を示す。近現代、とくに植民地時代の民族文化撲滅政策や解放後のアメリカ文化流入の中で、朝鮮・韓国の伝統文化はつねに存続の危機にさらされてきたが、パンソリは今日まで内外からの人気を失っていない。民謡とは異なるが、地域によって特色があり、大きく分けて以下の3つの流派がある。

［東便制］　19世紀初頭のパンソリの名唱・宋興禄の歌唱を継承するパンソリの流派。求礼・淳昌・興徳などの全羅北道東部に伝承されたパンソリをさす。この様式の特徴は比較的羽調（男性的な雄渾な調べ）を多く使い、発声を重々しくし、歌唱の終わりを細かく刻んで勇壮に歌いあげるところにある。東便制の名唱としては、前記の宋興禄以外に宋光禄・朴万順・宋雨龍・宋万甲を挙げることができる。

［西便制］　パンソリの流派の1つ。主に宝

城・光城・羅州・康津・海南など全羅道西部に伝承されたパンソリをさす。東便制に比べると女性的なパンソリである。1993年にはこの西便制の修行を主題とする映画『西便制』が制作され、たいへんな人気を博した。

[**中高制**]　京畿道と忠清道の地域で主に伝承されてきたパンソリの流派の1つで、李朝中期に廉秀達・全成玉らによって確立されたといわれる。中高制と銘打っているとおり、東便制と西便制の中間をいくほどの音調で、はじめはなだらかな調子ではじまり、中ほどにいって音調を高め、終盤に入ってまたなだらかになり、さらに低めるというのが特徴である。

2．大院君の鎖国政策

大院君［テウォングン］

1895年頃

1820～1898。しばしば興宣大院君を指していう。李朝末期の王族、政治家。名は李昰応。第21代国王・英祖の5代目の子孫であり、高宗の父。20歳の時、興宣王に封じられたが、安東金氏の勢道政治の下で都摠管(とそうかん)などの閑職に追いやられ、不遇な時期を送った。63年、後嗣のない哲宗が死に、趙太妃(翼宗妃)によって彼の2番目の息子の命福(高宗)が即位すると大院君に封じられ、幼い高宗の摂政の任に就いた。それから10年間、大院君の執政時代を迎え、安東金氏の勢道政治を除去し、党争の悪習をなくすために四色(南・北・老・少の4つの儒教学派)を身分・階級・出生地の区別なく平等に登用し、腐敗官吏を摘発・罷免した。国家財政を蝕み、党争の巣窟となっていた書院(特定儒者の研究・学習施設も兼ね、地方儒者の政治的な根城となっていた)を47ヵ所だけ残し、あとはすべて撤廃し、税制を改革するなど、果敢な改革政治を推進し、民生を多少ながら安定させ、国庫の充実にも一応成功した。また『大典会通』、

『六典条例』などの法典を編集刊行し、法律制度を確立することによって、中央集権的な政治機構を樹立する一方、備辺司を撤廃し、議政府と三軍府を置き、政権と軍権を分離するなど、軍制を改革した。反面、失策としては、景福宮の再建のために願納銭を徴収し、当百銭を発行して、民生を悪化させた。66年に天主教（カソリック、旧教）を弾圧して外国人宣教師を殺害して丙寅洋擾を起こした。国際情勢に暗く、鎖国政策に固執したのである。また、71年にも辛未洋擾を起こすが、その処理方法は国際関係を悪化させ、外来文明の吸収を遅らせた。このような政治は国民の怒りを買い、ついに崔益鉉ら儒林（儒者、儒学者）の弾劾によって執政10年に終止符を打った。82年、壬午軍乱が起こると、ふたたび政権を握り、乱の後始末と旧来の官制の復活に尽くしたが、閔妃の策動で清の軍隊が出動。彼は清の馬建忠によって天津に拉致され、保定府に4年間幽閉された（大院君拉致事件）。85年、帰国し雲峴宮（大院君の私邸）に蟄居したが、87年、清の袁世凱と結託し、高宗を廃位させ、長男の載冕を擁立しようとして失敗した。94年、東学農民戦争に次いで日清戦争が起こると、日本によって擁立され、親清派の事大党を追放して甲午改革がはじまった。しかし、改革は遅々として進まず、清に助力を仰ごうとしたが追放された。日清戦争で日本軍が勝利し、朝鮮半島での日本の勢力は大いに伸張したが、三国干渉に力を得て親露派が登場、閔妃一派が95年に政権を掌握した。その直後、閔妃が日本人に殺害され、大院君はふたたび摂政に担ぎ出される。しかし、日本公使・三浦梧楼が本国に召喚されると政権を投げだし、引退した。

書院の撤廃　1871年、47の書院を残し、大部分の書院を廃止したこと。書院とは儒生（儒学の学者、学生）の地方私学機関で、1542年、慶尚北道豊基郡守・周世鵬が安珦を祭るために祠堂を設け、白雲洞書院としたのがそのはじまりである。その後、国家の補助を受け、各地に建てられた。明賢を祭り、青少年を集めて、儒学の奨励を目的としたが、李朝中期以降、儒生らが各地に書院を建て、これを根拠地として党争を企て、良民の生活を脅かす弊害が広く現れた。歴代の朝廷ではこれの整備・縮小に努力したが、儒生らの強い反発を受け、成果を収めることができなかった。1864年、大院君が摂政となると、書院に関するすべての特権を撤廃し、書院からの文書・命令の漏洩を厳禁（ある有力な書院の出す文書が政府の命令より威力を発揮することもあり、また私的な刑罰も実行され、地方政治に二重権力構造をもたらした）することに続き、翌年5月には代表的な書院であった万東廟を閉鎖した。このような大院君の積極的な政策により、600以上の書院が撤廃され、社会の「師表（師範）」となるべく47の書院だけが残された。

景福宮再建　1865～72年、大院君が景福宮を再建したこと。景福宮は李朝の本宮として太祖・李成桂が1395年に創建した。1592年の壬辰倭乱（文禄の役）で焼失した後、国家財政の不足から、そのままに放置されていたのを、大院君が執権すると、それまでの勢道政治によって低下していた王室の尊厳を回復し、中興の勢いを高めるために、景福宮再建計画を発表し、65年に営建都監を設置して工事に着手した。当初は農民と官吏から等しく願納銭という寄付金を募り、夫役にも慎重を期し、民衆の怨みを買うことなく工事を進めようとしたが、次第に弊害が現れ、翌年3月には木材場が

2．大院君の鎖国政策

大火に見舞われて、工事に大きな支障をきたした。大院君は木材、石材を各地で集め、はなはだしい場合は両班の墓石を手当たり次第に抜き取って建築資材を確保した。また建築費用の捻出をはかって、願納銭による官職の売買を奨励し、門税（ソウル城の大門を通過する際に徴収された）を付加し、当百銭という粗悪な貨幣を発行するなど、なりふりかまわず再建を強行して、72年に工事は完了した。こうして景福宮は、李朝末期の建築・工芸・美術の結晶として再建されたが、その過程で国家財政の破綻を招き、王族や一般の農民の恨みの対象ともなって、大院君没落の原因の1つとなった。

願納銭　李朝末、大院君が景福宮再建費に充当するため、強制的に集めた寄付金。1865年に大院君は景福宮再建計画を立て、莫大な建設費を国庫だけで充当できなくなると、宰相以下すべての官員（役人）にその能力にしたがって寄付金を給金から拠出させ、農民にもさまざまな名目で寄付金を強制した。一方また、その寄付額にしたがって官職と賞を与えた。しかし翌年、景福宮で大火が発生し、国家財政がさらに窮迫すると、大院君は願納銭の強制徴収を実施した。同時に願納銭を1万両出す常民にも官職を与え、10万両なら守令（郡守・牧使・県令格）の官職まで与えることもあった。こうして工事が完了するまで、770余万両の願納銭を徴収し、百姓からは別名「怨納銭」と呼ばれた（「願」と「怨」は、朝鮮音ではともに「ウォン」で同じ）。

当百銭　大院君が窮乏した財政を補充するために発行した貨幣。1866年10月に大院君は景福宮の再建などによって窮迫した財政を埋め合わせるために、左議政・金炳学の建議を受け入れ、その貨幣価値が当時通用していた常平通寶（通宝）の100倍にもなる当百銭を鋳造させた。しかし、通用1年目にはその実質価値が20分の1にもならない悪銭となり、物価高騰と財政混乱をさらにあおったので、2年目の68年には鋳造を中止し、代わりに清の貨幣を輸入し、財政の安定をはかった。

鎖国政策　他国と通商、および交流をしない外交政策。李朝末期の1864年、大院君は清国を除く他国との通商・交流を禁止し、強力な鎖国政策をとった。19世紀前半に近代資本主義国家として成立した英・仏・米・露などの欧米列強は、商品市場と原料供給地を求めるために、軍艦を押したて、アジア各国に侵入した。英国は1840～42年のアヘン戦争で中国の門戸を開放させ、これに続いて1860年に英仏連合軍が北京を占領、屈辱的な北京条約を結ばせた。このような事態とともに、西洋艦船のたび重なる出没と彼らの通商要求は、李朝の為政者に危機意識をもたらした。このような状況で、当時の執権者であった大院君は西洋との交易を厳禁し、国家の門戸を固く閉ざす一方、列強の手先と考えた天主教に対する激しい弾圧を加え、1866年の丙寅の迫害を呼びおこした。この事件でフランス人神父9名が処刑されると、フランス艦隊は報復を目的に攻め入り、丙寅洋擾（1866）が起こった。同年7月、米国商船シャーマン号事件が起き、71年には米国アジア艦隊司令官ロジャーズが軍艦5隻を引き連れて辛未洋擾を起こした。大院君はこうした「洋擾」を通じて「洋夷」を追い払うのに成功し、これに自信を得て全国に斥和碑を建てて鎖国の決意をさらに強めた。一方、日本は李朝の門戸を開くために、何度も使臣を送ったが、そのたびに拒絶された。これは、日本が明治維新を迎え、従来のよ

第1章　外勢の侵略と民族運動　1860▶1910　17

うに幕府が対馬宗氏を使って外交をするのをやめ、天皇の名で外交関係を結ぼうとしたからである。「天」も「皇」も「王」の上位に位し、李朝としてはとうてい聞き入れることはできなかった。そして、日本政府の中には征韓論が台頭するに至った。しかし、大院君が下野し、75年、日本の挑発による雲揚号事件が起こると、江華島条約(76)が結ばれて鎖国政策は幕を下ろした。こうして李朝は、何の準備もなく世界資本主義体制の中に強制的に編入される。

斥和碑　高宗時代の1871年、大院君が欧米の侵入を排斥するためにソウルの鍾路をはじめ各地に建てた石碑。高さ4尺5寸(130センチほど)、幅1尺5寸(40〜50センチ)、厚さ8寸5分(25センチほど)で、材料は花崗岩。石碑の表には「洋夷侵犯 非戦則和　主和売国」(西洋のオランケ＝毛唐が侵略してくるのに戦わなければ、すなわち和することなので、和を主張することは国を売ることだ)という主文を大書し、碑の側面には「戒吾万年子孫　丙寅作　辛未立」(我々の万代子孫に戒める。丙寅年に作り、辛未年に建てた)と小さく刻んだ。しかし、82年、壬午軍乱で大院君が清に捕らえられるとすべて撤去された。

斥邪綸音　①李朝の憲宗が1839年11月、天主教を排斥するために全国に下した綸音(詔勅のこと。たんに綸旨ともいう)。1巻、印本。太祖以降の歴代の教訓、格言など集め、「邪を斥けることが正しい道」(排邪帰正)を教えたもの。検校提学(従二品以上。弘文館に属す文官)・趙寅永の手になるもので、ハングルの翻訳をつけて大衆にわかりやすくした。
②李朝の高宗が1881年、天主教の弊害事例を挙げ、これを排斥するために下した綸音。1巻、印本。天主教信者の中に風俗を害する者がいるのを心配し、「斥邪帰正」の要旨を農民と官吏に下した綸音で、活字で印刷され、巻末にハングルがついている。

開化主和策　李朝末期、閔妃一派が主張した対外政策。大院君は鎖国政策を主張し、外国との通商条約締結を拒否して外国文物の輸入携帯を禁じた。しかし1873年、高宗の親清宣布(清への積極的同調を宣言したもので、洋務運動の肯定を意味する)が下されると、閔妃一派は大院君を排斥する口実の一つとして門戸開放をとなえ、西洋文物の輸入を主張した。しかし、この政策は時代の切実な要求にしたがったものではなく、前近代的な保守性を備えたまま政権を強化する手段として、清の洋務運動推進勢力を引き込むものにすぎなかった。

丙寅迫害　1866年、大院君がキリスト教徒を虐殺した事件。丙寅教獄あるいは丙寅邪獄ともいう。1864年、ロシア人が咸鏡道慶興府に来航し通商を要求すると、驚いた大院君は天主教の力を借りて朝・仏・英の三国同盟を締結すればロシアの南下政策を押しとどめられるという天主教徒らの建議を受け入れ、彼らに仲介を依頼したが、事は思うように運ばず、「雲峴宮にも天主教信者が出入する」という噂がソウルに広がり、かえって苦しい立場に置かれた。そのうえ趙太妃以下の政府大官は天主教の策動を非難し始め、折しも清での天主教弾圧の知らせが入ると、大院君は大勢に順応するのがよいと判断し、天主教弾圧に立ち上がった。66年、天主教弾圧の教令が下され、在朝鮮フランス人宣教師12名中9名とともに、南鍾三ら国内の信者8000名以上が虐殺された。この虐殺で信者は山間奥地へと逃げたが、多くの婦女子が病気と飢えで

命を失ったという。この時、脱出に成功したリーデル神父が中国の天津に駐屯していたフランス極東艦隊司令官ローズ提督にこの事実を知らせ、丙寅洋擾が起きた。

南鍾三[ナム ジョンサム] 1817〜1866。李朝末期の天主教徒。1838年に科挙に合格。承旨に上り、王族の子弟の教育に従事したが、天主教が伝来すると入信し、洪鳳周・李身逵らと伝導に献身する一方、フランス人神父リーデルにハングルを教えた。ロシア勢力が浸透すると、宣教師を通じて英仏と交渉し、ロシアの南下政策を阻止するかわり、天主教の公認を得ようとして大院君と面談した。成功するかにみえたが、宮中の保守的な官僚らの圧力と宣教師との連絡遅延などにより大院君の態度が豹変し、丙寅迫害の原因を作った。66年3月1日、上京途中、ソウル近郊の高陽郡の平野で、フランス人神父ベルヌーの弟子李先伊を先頭に立てた捕卒(末端の警察)につかまり、3月7日、ソウル西小門外の四辻で惨殺された。1984年5月、韓国天主教会設立200周年に当って、聖人の称号を贈られた。

丙寅洋擾 1866年に大院君が起こした天主教徒と外国人宣教師に対する迫害事件に対抗し、フランス艦隊が江華島を侵犯した事件。西洋列強が武力で朝鮮に侵入した最初の事件である。大院君は丙寅の年(1866)正月に天主教弾圧令を下し、わずか数ヵ月の間にフランス人宣教師12名のうち9名をはじめとして南鍾三・丁義培ら朝鮮人天主教徒8000名以上を虐殺した(丙寅迫害)。辛くも脱出したリーデル神父は、天津に駐屯していたフランス極東艦隊司令官ローズ提督に、この事件を知らせた。朝鮮への報復を決意したローズ提督は、この年の8月18日、戦艦3隻を率いてリーデル神父と朝鮮人信者3名の案内で仁川沖を経て漢江に入り、楊花津・西江(ソウル城外の漢江の渡し場)に侵入した。この事態に極度に緊張した朝廷では、護営中軍の李容熙に命じてソウルと仁川の沿岸を厳重に警備させた。フランス艦隊は3隻の戦艦ではソウル攻撃は不可能だとみて、付近の地形を偵察しただけで、中国へ引き返した。ローズ提督は同年10月、巡洋艦ゲリエール以下7隻の艦隊と600名の海兵を率いて、仁川沖

丙寅洋擾の戦跡記念(江華島)

第1章　外勢の侵略と民族運動　1860▶1910　19

の苧薬島付近にふたたび現れ、14日には江華島の甲串に上陸し、16日には江華府を占領して武器、書籍、食糧などを略奪した。10月26日、約120名のフランス軍は文殊山城を偵察していたが、待ち伏せていた韓聖根の小部隊に攻撃され、24名の死亡者を出して逃走した。つづく11月9日には鼎足山城の戦闘でも、千摠（将官）の梁憲洙の砲手隊によって30名以上の死傷者を出し、惨敗を喫した。ローズ提督は朝鮮侵攻の無謀を悟り、撤収を決定。11月11日、フランス軍は1ヵ月間占領していた江華城から撤収する際に、長寧殿などの建物にすべて火をかけ、莫大な宝物・書籍・武器などを略奪して中国へ引き返した。この丙寅洋擾の結果、大院君は鎖国政策をさらに強化する一方、天主教迫害に拍車をかけた。欧米列強は李朝を清の従属国ではなく独立国として認識するようになり、従来の朝清関係を再検討するに至った。フランス軍が奪取した多くの書籍資料は、後日ヨーロッパ人の朝鮮・東洋研究に役立った。なお、1993年10月にフランス政府は『朝鮮王朝儀軌』など290冊の返還を決定した。しかし、その後フランスはこれを「長期貸与」の形式とし、これに見合う文化遺産を韓国がフランスに「長期貸与」することを求めている。これはフランスがいまだ過去の帝国主義を反省していないことを示すものであり、この問題の清算にはなお時間がかかるものとみられる。

リーデル、F.C.　朝鮮名は李福明。1830〜1884。パリ外邦伝教会所属宣教師。1861年、朝鮮に入国したベルヌー主教をはじめとする11名の神父とともに身を挺して伝導を続けた。66年の丙寅迫害でベルヌー以下9名のフランス人神父と、多くの朝鮮人神父が虐殺された際に、九死に一生を得て脱出し、天津のフランス艦隊司令官ローズ提督に迫害状況を報告した。その結果、丙寅洋擾が起こった。70年、主教になって第6代朝鮮教区長に任命され、77年には満州を経て朝鮮潜入に成功したが、すぐさま逮捕され、北京に追放された。続いて日本に渡り、横浜で『朝仏字典』（韓仏字典）を監修・刊行し、再入国の機会をうかがっていたが、病を得てフランスに帰国し、没した。著書『ソウル獄中記』（1901）は、当時の朝鮮の習俗と天主教の実情などを知るための貴重な資料である。

ローズ、P.G.　生没年不詳。フランスのインドシナ艦隊司令官、海軍少将。丙寅洋擾の首謀者。1866年、丙寅迫害の時、朝鮮を脱出したフランス人神父リーデルから天津で事態の報告を受け、その年の8月に軍艦プリモゲなど3隻を率いて朝鮮に入り、仁川沖の苧薬島に停泊、ソウル漢江の楊花津を経て西江まで侵入したが、李朝軍の抵抗に遭って引き返した。その年の10月にふたたび7隻の艦隊を率いて朝鮮を侵し江華島を攻撃したが、鼎足山城で梁憲洙に敗れると、江華城に火を放って撤退した。

南延君墳墓盗掘事件　1868年、ドイツ人商人オッペルトが忠清道徳山にある南延君（大院君の父）の墓を盗掘しようとして失敗し、国際問題となった事件。66年に2度にわたって朝鮮に通商を求め、失敗したオッペルトは、68年4月に3度目の朝鮮踏査を計画、米国人探検家ジェンキンスをスポンサーとし、フランス人宣教師フェロンを補佐役兼通訳として、北ドイツ連邦所属のチャイナ号で上海を出発した。忠清道の九万浦に上陸した一行はロシア軍人を名乗り、手当たり次第に銃剣を振りかざして地方官

2. 大院君の鎖国政策

ロジャース提督の
江華島上陸作戦会議
（1871年）

吏を近づけず、夜陰をついて徳山伽洞に向かい、南延君の墓を掘り返した。徳山郡守・李鍾信と墓守り役の村人が制止したが、武装した一行にかなうはずもなかった。しかし、夜が明けて村人が集まり、内海の引き潮の時間が迫ってくると、オッペルトらはほとんど掘り起こした南延君の棺をそのままにして逃走した。これを知った大院君は激怒し、オランケ（洋夷、毛唐）追撃を命じた。大院君はこの事件を天主教徒の内通によって生じたものと断定して、彼らに対する取り締まりをさらに強化した。オッペルトらの悪業は国内はもとより上海駐在の外国人の間にも少なからず物議をかもした。スポンサーとなったジェンキンスは不法・破廉恥行為の被告人として李朝政府によって逮捕・起訴されたが、証拠不十分で釈放された。その際に陪席判事のハイヤーはこの事件を海賊の無謀な行為に等しいと論難した。この事件は未遂に終わったが、国民の間にさらに外勢に対する悪感情を植え付け、大院君の鎖国政策と天主教弾圧方針をいっそう強固にした。

シャーマン号事件　1866年7月、米国商船ジェネラル・シャーマン号が大同江を遡行して平壌に入り、通商を要求して起こった事件。当時、天津に在留していた米国人プレストン所有の商船シャーマン号は、絹織物・ガラス器具・望遠鏡・自鳴鐘（時計）などの商品を積んで大同江を遡り、7月11日に平壌に入った。すぐにフランス艦隊侵入の噂が飛び、地方官は緊張した。異様な船が平壌に停泊すると、平安道観察使（知事）・朴珪寿は人を遣って彼らの来訪目的を尋ねさせた。シャーマン号に乗船していた天主教宣教師のトーマスは通商が目的だと伝え、交易を申し入れたが、当時、欧米船舶の来航と彼らとの通商は国法によって禁じられていたので、シャーマン号に水と食糧を与えたうえで撤退することを勧めた。しかし、彼らは官員を捕らえ、また官民に発砲するなどの無法な行動をとり、事態を悪化させた。ちょうどその時期は、数日間の長雨で大同江の水位が高まっていたが、何日かたつと平常の水位に戻り、このためシャーマン号は羊角島の砂場に座礁し、行動の自由を失った。不安と焦燥感にとらわれたシャーマン号の乗組員は強盗・掠奪・砲撃などの蛮行を働き、住民に死者

7名、負傷者5名を出した。これに対し、朴珪寿は鉄山府使・白楽淵らと協議し、憤激した民衆も加わってシャーマン号に火攻めと砲撃を加え、ついに同号を炎上・撃沈させ、トーマスをはじめとする乗組員23名は焼死、あるいは溺死した。この事件の真相が後日明らかになり、辛未洋擾を引き起こす原因となった。

辛未洋擾 辛未の年(1871)に米国軍艦が江華島に押し寄せた事件。1866年に起きたシャーマン号事件の後、米国政府はこれを問責すると同時に、強制的に通商条約を結ぶよう北京駐在の米国公使ローに訓令し、米国のアジア艦隊を出動させた。ローはアジア艦隊司令官ロジャーズとともに旗艦コロラド号以下5隻の軍艦に1230名の兵員を乗せ、71年4月3日、南陽湾沖に到着、李朝政府に通商を要求したが、即座に拒絶された。にもかかわらず、その一支隊は小艦艇4隻を率いて江華海峡を測量するために江華府の官門である孫乭頸(ソンドルモク)を通過し、広城鎮前に現れた。これに対して江華島守備兵が猛烈な攻撃を加えると、双方に熾烈な砲撃戦が展開された。米軍は草芝鎮に上陸して砲台を占領し、ふたたび北進して広城鎮を攻撃した。白兵戦にまで至る激戦が繰り広げられ、朝鮮軍は中軍の魚在淵ら53名が戦死し、米軍側もマッキー海軍中尉以下3名が戦死、10名以上の負傷者を出した。翌日、僉使(将官)・李濂が草芝鎮を夜襲して米軍船舶を撃退すると、米軍側もこれ以上の攻撃は無謀とみて、5月16日、不法侵入して40日目にようやく朝鮮海域から引き揚げた。この結果により、大院君は「斥洋斥和」にさらに自信をもち、全国に斥和碑を建てるなど、その鎖国政策をいっそう強化した。

3. 門戸開放

雲揚号事件(江華島事件) 1875年8月、日本軍艦・雲揚号の不法侵入により起こった日本軍と朝鮮軍の間の砲撃事件。欧米列強に先立って朝鮮に進出しようとした日本は、朝鮮が門戸開放に消極的な態度を見せたことに対し、武力によって意思を貫徹するために雲揚号を朝鮮沿岸に派遣した。75年8月21日、雲揚号は江華島東南の蘭芝島付近に接近し、ボートに軍人を分乗させ、沿岸偵察させながら江華島の草芝鎮砲台まで近づいた。草芝鎮から砲撃を受けると雲揚号からも猛攻撃が始まり、砲撃戦となった。その結果、砲の性能と砲術にたち遅れた草芝鎮砲台は破壊された。日本軍は鉾先を変えて後退しつつ永宗鎮にも猛攻撃を加え、陸戦隊を上陸させて手当たり次第に殺人、略奪、放火を行った。朝鮮軍は戦死者35名、捕虜16名を出し、多くの武器が奪われた。日本軍は軽傷者2名を出したにすぎなかった。日本軍はこの砲撃戦の責任は朝鮮側にあるとして、全権大使黒田清隆を派遣して開港を強要した。その後、2国間に江華島条約(76)が締結され、朝鮮は初めて近代資本主義国に対し開港を行った。

日本 アジア極東の日本列島を占める国。日本海を囲むように弧状をなし、北はオホーツク海、南は東シナ海、西は日本海(朝鮮語では「東海」)、東は太平洋と、四方を海に囲まれた海洋国家。日本語では「にほん」あるいは「にっぽん」。中国の『漢書』や『隋書』では、「倭」あるいは「倭国」として記録されており、朝鮮でも古くからそう呼んできた。なお、倭の朝鮮音は「ウェ」。

2〜3世紀、大和に部族国家が形成されたと考えられている。彼らは周辺の部族を包摂して勢力を拡大し、6〜8世紀にかけて、天皇と王朝貴族を支配者とする統一国家を成立させた。12世紀末から19世紀後半までは、鎌倉・江戸幕府などの武士政権による封建時代が続いた。朝鮮との関係では、日本に国家が成立する以前から人種的・文化的に幅広い交流が行われ、朝鮮から深い影響を受けた。4世紀末頃、百済から漢字、儒教などが伝来、6世紀中頃にはやはり百済から仏教が入り、文化水準が急速に高まった。しかし三国時代以来、朝鮮半島は倭寇の侵入を受けるなど日本から多くの苦痛を強いられ、李朝中期の16世紀末に至っては豊臣秀吉による壬辰・丁酉の2度にわたる倭乱（日本側でいう文禄・慶長の役）により、全国土が焼土と化す大きな被害を被った。17世紀に入ると、徳川家が政権を獲得。対外関係をきびしく制限したが、朝鮮との友好は通信使の来日などによって回復・継続された。しかし日本による侵略の歴史は近代に入って再現された。明治維新により、朝鮮よりも一足先に開国した日本は天皇を絶対的な統治者・統帥者とする大日本帝国憲法を発布（1889）。中央集権的立憲君主国家として急速に発展した。武力で朝鮮に不平等条約である江華島条約(1876)を強要し、同時に朝鮮に対する侵略を開始した。日清戦争（1894〜95）と日露戦争（1904〜05）の勝利により、朝鮮に対する優越権を確保したのち、ついに朝鮮を支配下に置き（日韓併合、1910）、35年間の植民地統治の間、収奪と暴圧を行った。太平洋戦争で敗北を喫し、軍と海外植民地をすべて失ったのち、米軍を主体とする連合国軍の占領下で、国民主権・戦争放棄を盛り込んだ日本国憲法を公布（1946）、戦後の国内経済復興に持てる力をそそぎ込んだ。1950年、朝鮮戦争が勃発すると、「朝鮮特需」に助けられ、飛躍的な経済発展の足場を築いた。同時に再軍備に着手。50年には警察予備隊を設置。戦後の52年7月にはこれを保安隊に改組。さらに54年にはこれを、対外防衛を任務の1つとする自衛隊に改組した。他方、51年には米国と安全保障条約を締結。米軍に基地を提供するなど、冷戦下の世界での西側の戦略拠点の役割を果たした。55年に成立した自由民主党はその主要な担い手となった。韓国とは61年の5・16軍事クーデターで政権を奪取した朴正熙政権を相手に国交正常化交渉を進め、65年6月22日、①基本条約、②漁業協定、③財産請求権・経済協力協定、④在日韓国人の法的地位協定、⑤文化協定、の5項からなる日韓協定を締結した。その後、韓国の歴代政権との関係は経済的・政治的に緊密さを増し、日韓定期閣僚会議を毎年開催するに至っている。しかし、韓国に対しての膨大な貿易黒字の是正には目を向けることなく、他方、歴史教科書記述の歪曲事件を起こすなど、韓国のみならず周辺アジア国家に対しても、根強い不信感を払拭することができていない。また、経済大国として急速に成長を遂げる一方、自衛隊を増強、過去の日本の侵略戦争で大きな犠牲を被った周辺諸国に軍国主義の復活という憂慮を抱かせつつある。とくにA級戦犯が合祀されている靖国神社への首相参拝は、日本の歴史問題に対する不誠実の象徴としてその都度アジア各国から非難を浴びてきた。朝鮮人およびアジア諸国の兵士・軍属への補償もしていない。また、「従軍慰安婦」に対する補償問題解決を民間基金で行おうとしてきた。この問題については国連人権委員会の特別報告書が提出した日本政府への元「慰安婦」補償勧告（1996年2月）に加え、ILOからも強制労働という観点から問題提

起されており、日本の戦後処理は現在も国際社会の視線にさらされている。

江華島条約（日朝修好条規、丙子修好条約）　1876年に朝鮮と日本の間で結ばれた修好条約。近代国際法にのっとった朝鮮最初の国際条約で、日本の強圧による不平等条約だった。日本はみずから挑発して引き起こした雲揚号事件を口実に、76年2月、朝鮮に軍艦とともに特命全権弁理大臣・黒田清隆を送り、通商を強要した。朝鮮政府は国際関係の大勢にしたがって修好通商関係を結ぶこととし、申櫶を江華島に派遣し、黒田清隆と交渉の結果、両国の間に修好条約が結ばれた。12ヵ条からなるこの条約は、朝鮮は自立した国家として日本と同等の権利をもつ（第1条）としたが、これには朝鮮に対する清の宗主権を否定することによって日本の朝鮮侵略を容易にしようという意図があった。その他にも、釜山・仁川・元山港の開港、開港場内での租界の設置、領事裁判権を認めることなどの条項が明記され、日本の政治的・経済的侵略の意図があからさまに含まれていた。この江華島条約にしたがって、その年の8月には日朝修好条規附録と貿易章程（日朝通商暫定条約）が調印され、無関税貿易・開港場での日本人居留地域の設定・日本貨幣の流通・朝鮮国内での日本外交官の旅行の自由などが認められた。これによって朝鮮は世界に向けて門戸を開放し、欧米の新文明を受け入れることになったが、同時に列強の侵略を惹起する運命をも招いた。また、この条約によって修信使・金綺秀が日本に派遣された。

黒田清隆　1840～1900。日本の政治家。薩摩藩（現鹿児島県）出身。江華島条約締結時に武力外交を行った日本の全権大使。若年のころから勤皇運動に身を投じ、74年、陸軍中将、75年に参議兼北海道開拓使長官となり、北海道開拓に力を尽くした。76年、特命全権弁理大臣として副全権・井上馨をともなって朝鮮を訪問。雲揚号事件を口実に砲艦外交を行い、武力示威を展開。「修好」と通商を強要し、翌年にはついに江華島条約を締結させた。後に内閣総理大臣、枢密院議長などを歴任。

申櫶　[シン ホン]

1876年頃

1810～1888。朝鮮高宗代の武臣、外交官。1849年に禁営（近衛）大将となったが解任され、配流される。1857年に配流を解かれ、66年の丙寅洋擾の時には摠戎使（摠衛使。従二品の武官）として江華島の塩倉を守った。74年に鎮撫使となり、江華島沿岸に砲台を築いた。雲揚号事件が起こると判中枢府使として日本と江華島条約を、82年には米国のシューフェルドと朝米修好条約をそれぞれ締結した。日本および欧米の情勢には疎かった。

不平等条約　強大国が弱小国に対して不利な条件を押しつける条約をいう。普通、武力によって強制する条件として、租借地、租界、領事裁判権、外国人の関税管理権、鉄道敷設地の設定などがある。近代に入り、アヘン戦争の結果、英国が中国に強要した南京条約が、代表的な不平等条約である。

1876年、日本に強要されて結んだ江華島条約をはじめとし、朝鮮が日本および欧米列強と結んだ条約のほとんどは不平等条約だった。

領事裁判権 特別な国際条約によって、領事が駐在国で自国民に関連した訴訟を自国の法律によって裁判する権利。外国人は原則的にその所在国の法と裁判権に服従するが、領事裁判権は例外的に治外法権の1つとして、自国民の利害関係にかかわる事件に行使される裁判権である。普通、片務的な不平等条約として規定され、戦前、帝国主義国家である日本およびヨーロッパ各国がアジア・アフリカの後進国に対して強要した。第2次世界大戦後はほとんどなくなった。

租界 ある国がその領土の一部を限定して、外国人の居住と営業を許可した地域。国際法上では一般的に居留地と呼び、中国ではとくに租界という。18世紀半ばに、英・仏によって中国の広東(広州)に設置されたのが最初で、本格的なものとしては、アヘン戦争後の1845年に、英国が上海に置いたものが最初とされる。その後、天津・漢口・厦門などの開港場に租界が設置され、日清戦争後には拡大して、英・仏・独・日など8ヵ国の租界が合計27ヵ所に達した。朝鮮には日本と結んだ江華島条約(1876)によって、釜山などに日本の租界が設置された。租界に対してはその所在国の行政権がなく、条約国の行政権が及び、治外法権も認められ、実質的には租借国の主権を侵害するもので、帝国主義諸国家の経済的侵略の基地となった。租界には行政が1つの条約国に属する専管租界と、数ヵ国に属する共同租界、共管租界などがある。

『朝鮮策略』 ロシアの南進政策に備えるために、朝鮮・日本・清がとるべき外交政策を記した書物。もとの名は『私擬‐朝鮮策略』といい、駐日清国参事官だった黄遵憲が1880年頃に著した。ロシアの南進政策を阻止するために、朝鮮・日本・清の3国は互いに協力して米国との連携策を立て、欧米の技術や制度を学ばねばならないとする。本書は80年に修信使として日本に赴いた金弘集が著者から直接預り、高宗に手渡した。高宗はこの本の内容を大臣らに検討させると同時に複写し、全国の儒生に配布した。その結果、保守的な儒生には洋夷排斥方針を捨てさせ、開化の必要性を感じさせた反面、一方では「嶺南万人疏」を誘発させる原因ともなった。

万人疏(そ) 李朝時代に多くのソンビ(士大夫、官につかない賢人、両班、儒学者、儒生)らが連名で上疏(上訴)したことをいう。李朝は専制君主国家だったが、国王や朝廷高官の政治が正しくないと考えれば、ソンビらはみずからの考えを上疏することができた。万人疏の例として1823年、儒生9996名が庶子も官吏に任用することを上疏した。また55年には慶尚道の儒生1万432名が荘献世子(諡号は思献世子、英祖の第2子)の追尊(名誉回復)を上疏したことがあった。のち、多くの儒生が連名し、上疏することからこの名が生まれた。もっとも有名なものとしては、81年に金弘集が修信使として赴いた日本から帰ったとき、駐日清国参事官・黄遵憲の『朝鮮策略』を高宗に献上して国政の改革を求めたことが嶺南(慶尚道)の保守的なソンビらを刺激し、集まった慶尚道儒生代表の李晩孫らが起こした「嶺南万人疏」がある。この万人疏によって、疏頭(代表)の李晩孫は配流された。

洪在鶴［ホン　ジェハヶ］　1848～1881。李朝末期の儒生・志士。江原道の人。李恒老に学ぶ。1880年、日本から帰国した修信使・金弘集が清の黄遵憲の著書『朝鮮策略』を高宗に献上し、積極的開化政策を進言すると、これに反対する保守派の儒生らが起ち上がってソウルに二った。関東（江原道）を代表して上京した洪在鶴は、斥倭上疏文を提出し、国政を痛烈に批判した。その内容は、国王は「衛正斥邪」の精神を生かし、「主和売国」（開化主和策）者を厳重に取り締まること、洋物、洋書はすべて燃やすこと、新設された統理機務衙門を廃止し、五衛制を復活することを主張し、国王まで露骨に攻撃するものだった。この行為によって洪在鶴はソウル小西門外の処刑場で陵遅処斬（八つ裂き）の極刑に処された。

修信使　李朝末期に日本へ派遣された外交使節。それまで日本派遣使節は通信使といったが、1876年の江華島条約以降は、日朝両国は対等な立場で使臣を交換するという意味で、「修信使」とその名を改め、同年2月22日に日本の要請にしたがい、金綺秀を正使とする初の修信使を日本に送った。金綺秀ら修信使一行72名は、日本汽船所属の黄龍丸で日本に向かい、新たに建造された日本の官庁施設や軍事学校（陸士など）・兵営・兵器廠・学校・造船所などの近代的施設を視察して帰国した。80年には金弘集一行が修信使として日本に派遣された。帰国後彼らは日本の制度にならって朝鮮の制度を改革することを主張、清を視察してきた金允植らの領選使と意見の衝突をみた。その後、日本への修信使経験者の多くは開化派となり、清朝領選使経験者はほとんどが守旧派（保守派）と呼ばれる一派を形成した。

金綺秀［キム　ギス］　1832年～？　李朝末期の文臣。1875年、文官に及第し、翌年に日朝修好条規が結ばれると、礼曹（6曹の1つで、儀式・科挙・典礼を主管する官庁）参議として修信使に任命されて日本に赴いた。近代日朝交渉の嚆矢である。このときの見聞を記述した『日東記游』『修信使日記』などは李朝の日本に対する意識を改め、その後に紳士遊覧団を日本へ送るきっかけとなった。93年に忠清北道の黄澗・清風地方に民衆反乱が起こると、按覈使（鎮撫使の1つ）として派遣され、後に参判（副相、次官）に昇った。

紳士遊覧団　1881年、日本の新たな文物制度視察のために派遣された使節団。76年、江華島条約が締結されると金綺秀が修信使として日本に派遣され、つづいて80年には金弘集らがふたたび修信使として日本に派遣された。彼らは西洋近代文明を受け入れて発展した日本の様相を広く見て帰り、日本の文物制度を学ばなければならないと大いに主張した。政府は、朴定陽・厳世永・姜文馨・趙秉稷・閔種黙・趙準永・沈相学・魚允中・洪英植・李元会・金鏞元・李鑣永らを正式委員とし、おのおのに補佐する随員と通訳・従人1名ずつをつけ、平均5名で1班を組み、紳士遊覧団を派遣した。彼らは約4ヵ月間日本にとどまり、主に東京・大阪で文教・内務・農商・外務・大蔵・軍などの各省施設や税関・造幣、そして製糸・蚕業に至るまで広く視察した。

李東仁［イ　ドンイン］　生没年不詳。僧、開化主義者、政治家。釜山近くの東莱梵魚寺の僧だったが、釜山の東本願寺別院に出入りするようになり、金玉均・朴泳孝らと親交をもつ。一方、花房義質らの日本外交官とも接触。日本を通じて朝鮮の開化・近

1881年頃

代化に期待を寄せるようになる。1879年、金玉均・朴泳孝らの支援を得て日本へ渡り、そのとき日本に来ていた金弘集と接触し、知り合いとなる。こうして1881年の紳士遊覧団に先んじて日本を事前見聞し、それを金玉均らに報告した。彼のこの間の立ち振る舞いや活動は、「日本外交文書」にも記録が残されている。1881年3月、統理機務衙門に登用され、翌年の朝米修好条約締結においては、彼が起草した草稿をもとにして条約が結ばれ、少壮政治家として期待されたが、これを最後に歴史の表舞台から消えてしまった。

領選使 李朝末期に清に派遣された使節の1つ。1881年、新型武器の製造とその使用方法を学ぶため金允植を領選使とし、留学生69名を引率させて清に送った。彼らは天津機器廠で武器製造技術を学んだが、82年、壬午軍乱勃発の知らせが届くと半年の留学期限を残して帰国した。彼らがもたらした知識は朝鮮最初の新型武器製造所である機器廠をソウルの三清洞に設置するのに大きな役割を果たした。

李載先逆謀事件 1881年、大院君派の人々が閔妃追従勢力を追い出して、大院君の庶子・李載先(高宗の異母兄)の推戴をはかったが未遂に終わった事件。大院君失脚ののち、閔妃一派が実権を握って開国政策をとると、これに不満を抱いた前承旨の安驥泳・権鼎鎬らが閔妃一派を追い出して李載先を推戴し、大院君を権力の座に復帰させようと企てた。彼らは資金調達・軍隊動員・要人暗殺などの綿密な計画を立てて機会を窺っていたが、8月28日、広州山城の将校李豊来の密告によって全員が逮捕された。安驥泳・権鼎鎬・李斗栄ら関係者の多くは処刑され、李載先は済州島に配流されたが、賜薬(国王が毒を下す)によって自殺した。この事件は閔妃一派によって大院君再起が阻止されただけではなく、開国政策に反対する儒林の反政府運動に大きな打撃を与えた。

壬午軍乱 1882年7月23日、李朝の旧式軍隊が起こした反乱と、これを契機とする都市暴動事件。

[背景] 1876年に締結された江華島条約によって大院君の鎖国政策が崩れると、開化派(独立党)と守旧派の対立が先鋭化した。こうした状況下で王の親政を企てた大院君は、外戚の閔氏一派を追い払い、再執権の機会を狙っていた。また、開港を契機とする日本人商人の流入とその横暴な行動、爆発的インフレから、政府と日本への反感が民衆の間に高まっていた。

[発端] 新式軍隊を養成する別技軍が給与面で厚遇されているのに対し、旧式軍隊である武衛営・壮禦営は13ヵ月の間俸給米を貰えず、不満が高まっていた。ようやく1ヵ月分の給与として米を貰ったが、それさえも宣恵庁の倉庫番の細工によって量が減らされ、しかもその米には石や砂が混じっていた。憤激した旧式軍の兵士は倉庫番を殴打して負傷させ、宣恵庁の堂上(長官)・閔謙鎬の邸宅に押し寄せて家屋を破壊し、ついに事態は暴動化した。

[経過]　反乱軍は雲峴宮に集まり、大院君に哀訴した。大院君は表立ってはこれを宥めたが、一方では腹心の許煜に密かに彼らを指揮することを命じた。こうして反乱軍は大院君と結びつき、閔妃と日本勢力の排斥運動へと事態は進行した。軍卒は別技軍の兵営に押し寄せ、日本人の教練官・堀本礼造少尉を殺害し、民衆も加わって日本公使館（西大門外）を包囲して攻撃し、警備兵ら13名の日本人を殺害した。しかし、朝鮮駐在日本公使・花房義質ら高官はみずから公使館に放火後、脱出し仁川へ逃亡、英国船の助けで日本へ戻った。翌日さらにその数を増した軍民は、大院君の密命にしたがって、李最応（大院君の次兄）らを殺害し、閔妃を除去しようとして昌徳宮・敦化門内に乱入した。閔妃は宮女の服を着て辛くも王宮を脱出し、忠州・長湖院の忠州牧使・閔応植宅に身を隠した。事態の危急を悟った高宗は、政権を大院君に譲って反乱を収拾するほかはないと考え、大院君を宮内に呼び入れた。こうして王命によって政権を握った大院君は、反乱を鎮定して軍制を改編し、反乱の収拾にあたったが、閔氏一派の要請を受けて清の軍隊が派遣され、大院君の再執権は短命に終わった。

[結果]　清はこの壬午軍乱の責任を追及するため大院君を天津へと連行し、日本は首謀者処罰と損害賠償を要求する済物浦条約の締結を迫って、李朝政府に強大な圧力を加えた。この乱の結果、対外的には清と日本の朝鮮に対する利権を拡大させ、対内的には開化勢力と保守勢力の葛藤を露出させて、甲申政変の火種を用意することになった。

済物浦条約　1882年、壬午軍乱の事後処理に関して朝鮮と日本の間で結ばれた条約。壬午軍乱で公使館を焼失させ、加えて10名以上の死傷者を出した日本は、公使・花房義質とともに軍艦4隻、輸送船3隻と1個大隊の兵力を送って交渉を要求した。花房に下された日本政府の訓令は、損害賠償として場合によっては巨済島か鬱陵島を割譲させ、朝鮮側が誠意を示さなければ、武力によって仁川を占領するなど、強硬な内容だった。しかし、清の馬建忠の仲介により、朝鮮側全権大使・李裕元、副官・金弘集と日本側の花房公使の間で交渉が行われ、基本条約6ヵ条と日朝修好条規続約2ヵ条が調印された。その内容は、朝鮮側からの賠償金は50万元とし、事実上日本公使館の日本人警備兵駐屯を認め、公式謝罪のために修信使を派遣し、軍乱首謀者を処罰するなどであった。

日朝寄留地間行里程約条　1883年6月、日本人の朝鮮における寄留地を拡張するために結んだ条約。朝鮮の全権大使・閔泳穆と日本の全権大使・竹添進一郎がソウルで結んだ。この条約で拡張された日本人寄留地の範囲は次のとおり。仁川港：安山・始興・果川・陽川・金浦・江華。元山港：徳源・馬息嶺・安辺・古龍地院・文川。釜山港：機張・金海・鳴湖・深山。

花房義質　1842〜1917。日本の明治期の外交官。岡山藩（現岡山県）出身。若年よりオランダ語と砲学を学び、欧米各国を視察・留学ののち、1868年に帰国。公使館書記官となって71年に朝鮮に渡り、日朝通商交渉に従事した。その年の9月に代理公使となり、80年には弁理公使に昇進して仁川、元山の開港交渉にあたるなど、朝鮮での勢力伸張に力を尽くした。82年、壬午軍乱に遭遇すると、みずから公使館に火を放ってソウルを脱出。仁川に急行して停泊中の英国船に救われ、日本へ帰国した。軍乱

終息後、1個大隊をともなってふたたび朝鮮に渡り、強圧的談判の末に済物浦条約を締結した。1911年に子爵となり、同年、枢密院顧問に任命された。

太極旗 李朝末期に制定された韓国の国旗。朝鮮で国旗制定に関する論議が初めて起こったのは1876年1月である。雲揚号事件を契機として日朝間で江華島条約交渉が始まり、その席で日本側は「雲揚号にははっきりと日本国旗が掲揚されていたのに砲撃したのはなぜか」と迫ったが、李朝側では「国旗」が何を意味するのか理解できず、これがきっかけとなって国旗制定の必要性が活発に論議されはじめた。82年9月18日、修信使・朴泳孝らの一行が仁川から日本船で日本に渡る時、掲揚すべき国旗の必要性を痛感して、それ以前にすでに李朝政府でおおよそ定めていた国旗のデザインをやや変更し、太極四卦の図案が描かれた旗を掲げた。一行は9月23日に神戸に到着すると宿舎にもこの旗を掲げたが、これが太極旗の始まりである。李朝は83年にこれを正式に国旗として採択・公布した。大韓民国樹立後の1949年、文教部に審議委員会を設置し、現在の陰陽と四卦の配置を決定して今日に至っている。

朝米修好通商条約 1882年、李朝と米国が修好樹立と通商を目的に結んだ条約。韓米修好通商条約ともいう。日本の朝鮮進出を阻止せんとする清の北洋大臣・李鴻章の斡旋で、米国のシューフェルド提督は82年3月に清の使臣である馬建忠・丁汝昌らとともに仁川に入り、5月、朝鮮側全権大臣・申櫶、副官・金弘集と全文14条からなる修好通商条約を締結した。これに従って翌83年5月、初代米国全権公使フート

1903年頃の済物浦の日本人街に集う朝鮮人商人と子供たち

が来朝して批准書を交換し、李朝政府からも同年7月に全権・閔泳翊、副官・洪英植が米国に渡って、両国の交流が始まった。この条約は欧米国家と朝鮮との最初の通商条約であり、その後の英国、ドイツ、ロシアなどと結ばれた修好条約もほとんどこの条約に準じて作成・締結された。

朝露修好通商条約　1884年、朝鮮とロシアの間に結ばれた条約。李朝側全権大臣・金炳始とロシア側全権公使・天津駐在領事ウェーベルが会談を持ち、13款の本条約と3款の付属通商章程に調印。85年9月7日、批准書交換が行われて正式の国交が樹立された。主要内容は、最恵国待遇、船舶往来と関税に対する規定、治外法権の認定、通商章程は万国の通例に従うこと、特権の均等な付与などである。

箕山（金俊根）［キサン（キム　ジュングン）］生没年不詳。李朝末期の画家。民衆の生活・風俗を描いたスケッチを中心に、1000点以上の作品が知られ、李朝時代の最も代表的な風俗画家の一人であるが、出身・経歴などはほとんど不明。1880年代を中心に、主に釜山・元山・済物浦などの開港場で活躍したことが知られる。『天路歴程』を朝鮮語に翻訳したカナダの宣教師ゲールをはじめ、開港間もない朝鮮を訪れた欧米人と盛んに交流した。朝鮮で初めて翻訳された西洋書『天路歴程』（ゲール訳）の挿し絵は箕山が金俊根の名で描いた。箕山は、朝鮮の一般庶民の実情を欧米に幅広く紹介した数少ない人物の一人である。朝米修好通商条約の米側代表シューフェルドの娘メアリーがアメリカに持ち帰ったものなど、欧米を中心に世界各地に散在しており、開港期の朝鮮の社会・生活風俗などを知る上で、欠くことのできない資料とされている。

李鴻章　1823〜1901。清朝末期の政治家。1847年、進士に合格、62年に曾国藩の推薦で江蘇州巡撫使となり、太平天国軍の鎮圧に功を立て、その後は各地の民乱を鎮める。1870年に直隷総督兼北洋大臣となり、内閣大学士などを歴任し、芝罘条約（1876）、下関条約（1895）、清露条約（1896）、北京条約（1900）などの外交折衝にあたった。「目標の道は遠くして、陽は西にかかった」と嘆きつつ没した。「洋務」「変法」によって中国の近代化をはかるが、政治家・李鴻章の意識と手法は「北洋軍閥」の指導者としての封建的利害関心の枠内にあった。すなわち、日清戦争の敗北も、それが「日本国家対李鴻章」の戦争だったという側面によるところが大きいと思われる。

　朝鮮との関係では、形式的な「冊封」関係を実体的な権益独占に転化させようとした。李は日本を牽制するために清駐在朝鮮公使・金允植に朝米通商条約の締結を促した。朝鮮が欧米と条約を締結することは、事実上、朝鮮が主権をもつ独立国であることを対外的に明らかにすることでもあった。アメリカ側代表のシューフェルドは朝鮮が独立国であることを明記するよう主張したが、李鴻章は強硬に反対。その規定は条約の英文版にのみ記されるという変則的結果となった。金玉均を暗殺した洪鐘宇の

1880年代の元山港の官吏

行為を称え、彼を庇護して帰国させたのも、彼のこうした考え方の反映だともいえよう。1880年、朝鮮の関税改革にともない、馬建常ら3名を朝鮮政府に入れ、政治・外交・関税政策に関与させ、同時に袁世凱らを使ってみずから朝鮮をコントロールしようとした。また、82年8月に締結した朝清商民水陸貿易章程では、同章程が定める、朝鮮における清の権益はすべて清の独占とするなど、宗主権の実体化につとめた。

馬建忠 1845～99。清末の文官。李鴻章の命を受け、フランスに留学。英仏語に通じ、国際法にも明るかった。1882年の壬午軍乱に際して、丁汝昌とともに軍艦数隻に4500名の兵を率いて朝鮮に来航。軍乱収拾を口実に大院君を天津に拉致し、本国に増援軍を要請して、朝鮮と日本を威嚇し、大院君の長男で訓練大将の李載冕を拉致して、朝鮮軍を親清派とすべく画策した。メルレンドルフ、袁世凱らとともに、朝鮮において李鴻章の手先となって働き、東アジアの「冊封秩序」を楯に、「属国」支配の実体化をはかった。李鴻章の指示で朝清商民水陸貿易章程(1882)を締結し、さらに朝鮮が各国と結んだ通商章程の草案づくりにも関与した。朝米仁川会談、朝英仁川会談(ともに1883)にも参加している。

メルレンドルフ、P.G.H. 1848～1901。ドイツ人。李朝末期の外交顧問。朝鮮名は穆麟徳。ドイツのハレー大学で憲法とアジア諸民族語を専攻したのち、清国駐在ドイツ領事館に勤務していた。82年、李鴻章の推薦で李朝の統理機務衙門の参議・協弁(次官級)となり、外交と税関業務を担当した。84年、ロシア公使ウェーベルと交渉して朝露修好通商条約の締結に力を尽くし、甲申政変の際には金玉均らの開化派に反対して

1893年頃

守旧派を助けた。朝露条約締結後、特命全権大使・徐相雨とともに日本に渡って外交業務に就いた。のちに朝鮮に戻り、外務協弁在職中の85年にロシアの勢力を朝鮮に引き込んだと非難され、清の李鴻章の圧力によって解任され、中国の寧波で没した。朝鮮の歴史と満州語に造詣が深く、東洋学にも業績を残している。著書に『満語文典』がある。

馬建常 生没年不詳。清末の文官。馬建忠の兄。清の徳宗代、駐日領事となり、1882年に李朝の政府機構が改編されると清の李鴻章の推薦で来朝、内務衙門の後身である統理軍国事務衙門の参議となり、のちに参賛(議政府の高官)に昇進、国家の中枢を握って内政に干渉し、朝鮮の政治をコントロールしようとしたが、朝鮮側の多くの要人によって反発を喰らった。そして、1882年末頃にさびしく帰国したといわれている。

4．開化勢力の成長

開化時代　江華島条約以降の、封建的社会秩序の打破と近代社会の建設を志向した時期をいう。1876年、日本との丙子修好条約締結後、鎖国が解かれると、その後、各国とも通商条約が締結されて、外国の先進文明に接触するようになった。政府は81年、清と日本にそれぞれ領選使と紳士遊覧団を派遣し、外国の先進文物を取り入れることで開化(近代化)運動が展開されたが、まず政治面で甲申政変(84)が挫折して革新に失敗した。甲午改革を通じ、軍国機務処を設置して関税を改革し、宮内・議政の2府と内務・外務・度支・軍務・法務・学務・工務・農商務の8衙門(省庁)を置き、近代的な体制を備えた。社会面でも門閥や両班・常民などの階級打破、早婚禁止、寡婦の再婚の自由、公私の奴婢世襲制廃止などの改革を進め、のちに断髪も強行した。経済面では財政整理と新式貨幣章程などを発表し、近代的な貨幣制度の確立に努力した。教育面では82年、貴賤の区別なく学校の入学を許可し、85年には培材学堂をはじめ多くの学校が設立された。その年、広恵院という西洋式病院が初めて設立され、翌年には育英公院が設立された。外国語教育も行われた。さらに34年には郵政総局が設立され、郵便通信を開始し、電線も架設された。言論機関も、『独立新聞』『毎日申報』などの新聞が創刊されて開化思想を広め、民衆の啓蒙に努力した。このような開化時代の諸政策を通じて一定程度社会が開化されたが、旧体制の矛盾を根本的に改革する国民革命には至らず、外勢の侵入阻止に失敗し、国家を併呑される運命を避けられなかった。日韓併合後の植民地統治下においても、朝鮮民族の開化は受け身であった。

独立党(開化派)　1884年の甲申政変を起こした政治勢力。開化派、開化独立党、開化党、日本党、革新党などともいう。壬午軍乱と前後して次第に形成された政治勢力。政権を握る事大党に対立し、清との従属関係を絶ち、日本の明治維新から学んで疲弊した内政を革新し、自主独立国家の建設を目的とした。中心人物は金玉均・朴泳孝・洪英植・朴泳教・徐載弼・徐光範らで、大部分が日本滞在経験をもつ新進青年官僚であった。彼らは日本公使・竹添進一郎とはかり、密かに論議を繰り返して、日本の駐屯兵力を借りて甲申政変を起こしたが、袁世凱の率いる清軍によって洪英植・朴泳教らは殺害され、朴泳孝・金玉均・徐載弼・徐光範らは日本に亡命した。その後、ロシア勢力によって俄館播遷が起こると、独立党の勢力は完全に凋落した。

朴珪寿［パク キュス］　1807〜1876。李朝末期の文臣。李朝後期の儒学者・朴趾源の孫。ソウルの桂洞で生まれた。1848年、文官に及第し、正言などを経て60年に熱河副使として清の燕京(北京)に赴任した。兵曹参判(いわば国防次官)、大提学(正二品)などを歴任し、66年、平安道観察使(知事)時代に米国商船シャーマン号が大同江に入って狼藉を働くと(シャーマン号事件)、軍隊を動員して船を炎上させた。75年の雲揚号事件以後に日本が修好を求めてくると、崔益鉉らの強硬な斥和の主張を退け、江華島条約を結んだ。西欧の事情に明るく、新文物の輸入と門戸開放を主張した。著書に『桓斎集』『桓斎繡啓』などがある。

劉大致［ユ デチ］　1831〜?　李朝末期の

開化思想家。中人(医・訳・算学・監象・律・図画などの技術官僚で、ソウルの中心部に居住したことから、もしくは両班と常民の中間の階級であることから、この名称となったといわれる。科挙の雑科合格後に登用されたが、世襲されることも多かった)階級出身の漢方医で、友人の訳官(通訳)・呉慶錫が清からもたらした新進文物を紹介した書籍を読み、早くから開化の目を開いた。金玉均、朴泳孝ら開化党の人々を指導、彼らに背後から大きな影響を与えて「白衣政丞」(無冠の儒が一挙に宰相になること。ここでは無冠だが宰相くらいの格はあるというほどの意味)と呼ばれた。激変する国際情勢に対処する道として門戸開放と政治の革新を主張した。その後、開化派の青年たちが日本の策に陥って大事をなす道を誤るのを見て、すでに事は仕損じたことを悟って行方をくらました。

呉慶錫[オ ギョンソク]　1831～1879。李朝末期の訳官(通訳)。書画家。ソウルの人。日帝(日本帝国主義)統治下の1919年3月1日の「独立宣言」起草者33名の1人である呉世昌の父。中人出身で訳官となり、清に往来するうち新しい学問に目を開かれ、『海国図誌』『瀛環志略』などの書籍を持ち帰って友人の劉大致に読ませ、金玉均・朴泳孝・洪英植ら少壮政治家に開化思想を吹き込んだ。76年、漢学堂上訳官として左議政・朴珪寿とともに開国を主張し、江華島条約を締結した。金石学に関心をもち、金石文を収集し、書画に一家をなした。著書に『三韓金石録』がある。

事大党(守旧派)　李朝末期、当時の冊封体制に従って清国に頼り進歩勢力の独立党(開化派)に対立した保守勢力の政治集団。守旧派、事大守旧党ともいう。開化直後、一挙に勢力を延ばし、金玉均らの革新勢力を牽制するために結集して、国王と王妃閔妃一族を中心に一大勢力をなした。その中心人物は、閔台鎬・閔泳翊・閔泳穆・閔種黙・尹泰駿・韓圭稷・李祖淵・趙寧夏らで、壬午軍乱を契機に清の勢力に頼って軍事権と財政権を握り、近代化政策を掲げた独立党を弾圧した。82年、独立党が中心となって引き起こした甲申政変では、閔台鎬・閔泳穆・尹泰駿らが殺害されて大打撃を受けたが、ソウルに駐屯していた清軍の介入に助けられて3日目に政権を奪回し、以後10年の間権力をほしいままにした。しかし事大党の守旧派は、古い政治秩序による体制維持に固執するあまり政治と制度の改革には無関心で、ついに東学農民戦争を呼び起こし、日清戦争(94)で清が敗北するとその勢力も衰えた。96年の俄館播遷以降は閔種黙・趙秉式・趙秉稷らを中心にロシア勢力を背後につけた事大党がふたたび政権を握り、ロシア勢力が朝鮮から追われる1903年まで、独立協会などの改革勢力を押さえて政権を牛耳った。

李恒老[イ ハンノ]　1792～1868。李朝末期の学者。京畿道楊根出身。1808年に科挙に合格したが、選抜に不正のあったことを知り、官職に就くことを断念。64年、趙斗淳の推薦で掌苑署別提(宮廷の庭園管理職)となり、全羅道都事、掌令を経て66年、丙寅洋擾の時、東部承旨として積極的に衛正斥邪論を主張した。つづいて工曹参判に昇進して経筵官となり、景福宮再建にともなう願納税などの強制徴収に反対、その是正を求めるなど大院君の政策に反対し、大院君から排斥された。李朝末の朱子学(性理学)の碩学で、その学説は「主理」論(理に比重をおく見方)である。しかし、宇宙論においては理気二元論を主張した。近代朝

鮮の衛正斥邪思想の源流をなす儒学者の1人である。著書として『華西集』があり、編著として『華東合編綱目』『蘗渓雅言』『門人語録』『周易釈義』『朱子大全集箚疑輯補』などがある。

甲申政変 1884年、革新派の独立党（開化党）が起こした政変。壬午軍乱を契機に清の内政干渉が激しくなり、反清気運が高まると、金玉均・朴泳孝・洪英植らの独立党は清に頼る守旧派を追い出し、実質的な独立と改革政治をつくりあげるために日本公使・竹添進一郎とはかって、日本の駐屯兵力を借りて政変を起こし、革新政府を興そうとした。政変は84年12月4日、洪英植がその責任者となった郵政総局開局祝賀晩餐会の場を利用して決行された。晩餐会開催と同時に、独立党に指示された士官学校生徒によって隣家に火が放たれた。これを合図に刺客を会場内に導いて事大党の要人をことごとく暗殺しようとしたが、閔泳翊に重傷を負わせたにとどまった。晩餐会場での暗殺計画が失敗したことを知った金玉均・朴泳孝らは昌徳宮に駆け込み、高宗に事大党と清軍が変を起こしたと虚偽の報告を行い、王を景祐宮へと移した。その後日本軍に王宮を包囲させ、王に謁見を求める閔泳穆・閔台鎬・趙寧夏ら事大党の要人を殺害した。翌5日、独立党は各国の公使、領事に新政府の成立を通告し、新政府の革新的綱領として、門閥の廃止・人民平等権の確立・関税改革・地租法改革と財政一元化など14の項目を掲げた。しかし、新綱領の公布もできないうちに、袁世凱に率いられた清軍が出動して昌徳宮を攻撃したため、執権は「三日天下」に終わり、金玉均・朴泳孝らは仁川に逃げ、日本に亡命した。こうして独立党を一掃した事大党政府はさらに保守的傾向を強め、同時に朝鮮における清の勢力がますます強大となって、日清両国の朝鮮争奪戦はさらに激化することになった。

甲申政変の14ヵ条改革綱領

1. 清に連行された大院君の釈放・帰国を求め、旧来の清に対する朝貢の虚礼を廃止する。
2. 門閥を廃止し、人民平等の権利を打ちたて、能力によって官吏を任命する。
3. 地租法を改革し、官吏の不正を防ぎ、農民を保護して、国家財政を豊かにする。
4. 内侍部（宮廷の宦官統括庁）を廃止し、そのうち優秀な人材を登用する。
5. 不正な官吏のうち、その罪が重い者は調査し罰する。
6. 各道の償還米（地代として農民から徴収する米）は永久にこれを徴収しない。
7. 奎章閣（歴代王の文書を管理する機関）を廃止する。
8. 速やかに巡査を置いて盗人を防ぐ。
9. 恵商公局（褓負商＝流通・行商組合の監督官庁）を廃止する。
10. 配流の者と獄中の者はその情状を調べ、適当に刑を減ずる。
11. 4営を統合して1営とするが、営の中で壮丁を選抜し、近衛隊を設置する。
12. すべての財政は戸曹（租税・賦役を所管する官庁）で統括する。
13. 大臣と参賛（議政府＝内閣の高官）は日々閣門内の為政所に集まり、政令を議決し頒布する。
14. 政府・六曹（各省）以外のすべての不必要な機関を廃止する。

金玉均 [キム オッキュン]

1892年頃

1851〜1894。李朝末期の政治家。72年に科挙文科に合格し、玉堂承旨、正言（司諫院に属し、正六品の官職）を経て、戸曹賛判に上った。朴珪寿・劉大致・呉慶錫らの影響を受け開化思想を持つに至る。日本視察後、82年8月に帰国。10月13日にはふたたび修信使・朴泳孝一行の顧問として日本に赴く。その後、朴泳孝・徐洪範・洪英植らと国家改革の方案を論議し、84年に三たび日本へ渡航。軍人養成のために300万円の借款を交渉したが失敗した。当時、清の勢力に頼って極度に守旧的な政治を行っていた閔妃一派の政権を倒して新政府を樹立することを決意し、84年12月に郵政総局開局祝賀晩餐会の場で朴泳孝・洪英植らと甲申政変を起こした。守旧派巨頭を除去して新政府を組織し、戸曹賛判兼恵商公局堂となったが、清の駐屯軍の介入で政変は3日目に失敗。日本に亡命して岩田周作と名乗り、10年間日本各地を流浪した。その後、年来の志を実現しようと上海に渡り、清の李鴻章に会って助力を得ようとしたが、94年3月28日、本国政府が送った刺客・洪鐘宇によって殺害された。遺骸は本国に移送され、楊花津で八裂きの極刑に処せられた。翌年、甲午改革で独立党による内閣が樹立されると、法務大臣・徐光範と総理大臣・金弘集の上訴によって大逆罪の汚名は雪がれた。1910年、奎章閣大提学正二品に追贈された。著書に『箕和近事』『治道略論』『甲申日録』などがある。

朴泳孝 [パク ヨンヒョ]

1890年

1861〜1939。李朝末期の政治家。82年に修信使に任命され、金玉均らと日本を視察した。帰国後、改革を試みたが閔台鎬らを中心とする守旧派との確執に敗れた。84年12月14日、郵政総局開局祝賀晩餐会の場で甲申政変を起こし、守旧派を除去して政権を握ったが、政変は3日目に失敗、日本に亡命した。94年、甲午改革で罪が許され帰国。金弘集内閣で内務大臣となり、自主的改革をはかったが、高宗廃位の陰謀に連座し、ふたたび日本に亡命した。1907年に長い亡命生活を終えて帰国。赦免されて李完用内閣の宮内大臣となったが、大臣暗殺陰謀事件に連座し済州島に1年間流された。日韓併合後は日本から侯爵の爵位を受け、中枢院顧問に任命されて日本の貴族院議員と朝鮮殖産銀行理事を務めた。

洪英植 [ホン ヨンシク]

1855〜1884。李朝末期の政治家。73年に科挙文科に合格し、待教・承旨を経て81年に紳士遊覧団の一員として日本を視察した。83年、高宗の特派で渡米し、翌年帰国して兵曹賛判となった。開化党の重鎮だった彼は、新設された

第1章　外勢の侵略と民族運動　1860 ▶ 1910

1883年頃

郵政総局の総弁(局長)に任命されたが、その庁舎の落成式に六曹判書と大臣らを招待して、甲申政変を起こした。金玉均・朴泳孝らとともに守旧派を除去して新政府を樹立し、右議政(大臣)となったが、清の介入で3日目に新政府は倒れ、大逆罪で処刑された。94年の甲午改革で、金弘集の上訴によって罪は雪がれ、大提学に追贈された。編著に『日本陸軍総制』『日本陸軍操典』などがある。

漢城条約　1885年1月、甲申政変の事後処理のために朝鮮と日本の間で結ばれた条約。1884年12月、朴泳孝・金玉均ら独立党一派が甲申政変を起こした。清軍の介入により政変が失敗して首謀者らが日本に亡命すると、興奮した民衆はソウルの日本公使館に火を放ち、日本人居留民を殺害した。日本は12月21日、全権大使・井上馨が2個大隊の兵力を引き連れて来朝し、朝鮮側は左議政・金弘集を全権大使として交渉がはじまった。両国は事件の責任をめぐって激論を繰り広げたが、翌年日本の武力による威嚇に朝鮮側は屈服し、1月29日に条約が結ばれた。その内容は、朝鮮側の謝罪と損害賠償、日本人殺害犯の処罰、日本公使館新築のための敷地提供と建築費の支払いなどだったが、この条約の締結で日本は朝鮮侵略の基礎を固めた。

井上馨　1835～1915。日本の明治期の政治家。周防(現山口県)出身。1863年、伊藤博文らとともに英国に留学。71年、大蔵省大輔となった。76年に特命全権(弁理)大臣・黒田清隆の副使となって朝鮮を訪問、李朝政府に対して雲揚号事件の責任を追及して江華島条約を結んだ。84年に全権大使としてふたたび訪朝、甲申政変での日本側の被害補償を李朝政府に約束させた漢城条約を締結した。92年、内務大臣などを経て日清戦争期の朝鮮公使に就任。98年には伊藤博文内閣の大蔵大臣として、金本位制を実施した。

井上角五郎　1860～1938。日本の実業家、政治家。幼少期は漢学と数学が優秀で、17歳で広島県立尋常師範学校福山分校に入学、19歳で卒業後いくつかの小学校に勤務したが同郷の先輩・小林義直を頼り上京。福沢諭吉の書生となり慶應義塾に入学、1880年本科を卒業しその後、後藤象二郎の書生となる。80年12月、福沢の指示により朝鮮政府顧問として派遣され、朝鮮の一般庶民の識字率を上げる必要を感じていた福沢はそのためには朝鮮語による新聞の発行が不可欠だと顧問らに訓示した。きびしい情勢に見切りをつけた顧問らは帰国したが井上だけは朝鮮にとどまり、83年、外衙門顧問(外交顧問)に任命され、官報に近い新聞の発行を進言。教育・文化を扱う博文局が設立され穏健派の金允植がその責任者となり、同局から『漢城旬報』を創刊した。井上は翻訳、編集指導としてかかわった。『漢城旬報』の文章は、当初は純漢文であったが、福沢の指摘により井上はハングルの使用について検討をしたものの、保守派の反対によりハングル使用の目途はつかなかった。84年の甲申政変により井上は在留邦人とともに命からがら漢城を脱出し日本へ逃れた。

85年、福沢に止められたが、井上はハングル普及のために行かなければならないといって漢城へ戻った。博文局の復旧に手間どったが、活字職人を日本から連れて、後継誌『漢城周報』を創刊した。これは政府公認の公文書（官報）としては初めてハングルによる朝鮮文が使用された。井上によるアイディアで日本の漢文訓読体をモデルにした新しい文体が採用された。文体を作成したのは老儒学者・韓瑋とされる。読者は主に役人で庶民にまで浸透せず、新しい文体も植民地統治期の官報などで限定的に使用されるにとどまった。『漢城周報』は軌道に乗ったが、反日的な保守派の勢力が増すにつれ、井上は受け入れらなくなる。朝鮮の開化を願って朝鮮人とともに行動したが受け入れられない不満を胸に井上は86年帰国した。その後福沢の勧めでアメリカに移住した。アメリカから帰国後、政界進出を決意し、第1回衆議院議員総選挙に出馬し補欠当選。1924年まで連続当選14回、第1回から第47回までの帝国議会に参加した。

実業家としては京釜鉄道、南満州鉄道設立にかかわり、そのほか日本国内でも、近代的経営組織を育成。鉄道事業、製鉄事業、炭鉱や発電所の開発・整備に辣腕をふるい、多岐にわたる業績を残した。

竹添進一郎　1842～1917。日本の明治期の外交官、漢学者。肥後（現熊本県）出身。1875年、伊藤博文に認められて大蔵省に入り、80年に天津領事、つづいて北京公使書記官となった。82年の壬午軍乱後、花房義質の後任として朝鮮駐在公使に赴任。実質的な権益確保に奔走し、日朝海底電線敷設条約・日朝通商章程・日本人漁採犯罪条規などの不平等条約を締結する一方、清の勢力を除去するために金玉均・朴泳孝・洪英植らの独立党を助け、甲申政変で一役買ったが独立党政権が清の反撃で倒れ、幹部が日本亡命のために日本船・千歳丸に乗船しようとすると、彼らに下船命令を下すなどの冷淡な態度をとった。1913年に官職を辞し、東京大学教授となり、後に『左氏会箋』を著し、学士院賞を受けた。

福沢諭吉　1834～1901。明治の思想家、体制イデオローグ、教育者、慶応義塾大学の創立者。大阪生まれ。豊前中津（現大分県）藩士の子。1858年、築地の中津藩中屋敷に蘭学塾を開いた（慶応義塾の起源）のを皮切りに、幕末・明治期の日本人に近代的な知識・思想を伝える仕事を生涯つづけた。1864年、幕臣となり、外国奉行翻訳方に勤務したが、68年の明治維新とともに退任。以後官職につかなかった。1882年、新聞『時事新報』を創刊。富国強兵を優先する立場から自由民権派と対立した。「身分制度と門閥は親の仇」だと口癖のようにいっていた福沢だったが、倒幕運動にも参加せず、明治藩閥政府とも正面から対抗することはなかった。「自由主義」と「官に就かず在野」を標榜したが、実際においては常に官辺的（官の周辺、つまり国家の周りにいて国家体制に協調的という意味）であり、「官民協調」の現実主義者であった。変わり身が早く、保身のうまい典型的な知識人であった。これは彼の朝鮮観にもよく表れている。朝鮮の開化派である金玉均・朴泳孝らを当初は積極的に支援し、弟子の井上角五郎を朝鮮に派遣して開化・近代化に強い関心を寄せていた。しかし、1884年、金玉均らが甲申政変に失敗すると、手のひらを返すように豹変し、「脱亜入欧論」を打ち出す。「脱亜入欧論」は手短に「脱亜論」ともいわれているが、それは文字どおり、日本は「頑迷固陋」な朝鮮・中国から、そ

してアジアから脱出して欧米の仲間入りをすべきだという論である。その論理は、1885年3月16日『時事新報』に掲載された論説「脱亜論」に端的な形でまとめられている。この説は、明治以後の日本においては帝国主義・侵略主義の1つの論拠となり、日本の対外侵略政策を正当化した。さらに、戦後においてもなおその影響は強く、アジア蔑視の一因ともなっている。また、福沢の学問的蓄積は今なお日本のアカデミズムに浸透しており、端的には「丸山（真男）政治学」の方法と認識にいちじるしく反映されている。

天津条約　天津で清と外国の間で結ばれた条約を指す。
①1885年、朝鮮での勢力均衡のため清と日本が結んだ条約。82年の壬午軍乱以降、清は袁世凱の指示で3000名の兵力をソウルに駐屯させていたが、日本も甲申政変の翌年に、日本公使・井上馨の指揮下に2個大隊の兵力をソウルに駐屯させ、両国の軍隊の衝突が憂慮されていた。日本は伊藤博文を全権大使として天津に送り、清の直隷総督・李鴻章と交渉させて、85年4月に全文3ヵ条の天津条約を結んだ。その主要内容は①日清両国は4ヵ月以内に朝鮮から撤兵すること、②朝鮮国王に朝鮮の自衛軍の養成を勧め、その訓練教官は日清両国以外の他国から招聘すること、③今後、朝鮮で兵乱や重要事件が発生し、日清両国あるいはどちらか1国に派兵の必要が生じた場合にはまず文書で連絡し、事態が鎮まればふたたび撤兵すること、などである。この条約によって日本は朝鮮における清の優越権を失わせ、同等の勢力を持つようになった。
②アロー戦争に関連して、1858年6月に清がそれぞれ米、英、仏、露4ヵ国と結んだ条約の総称。この4つの条約のうち、最も典型的なものは、英国と結んだ条約で、内容はほぼ次のようである。①外交使節の北京常駐、②内地旅行と揚子江通商の許容、③新しい貿易規則と関税協定（これによってアヘン貿易が合法化された）、④開港場の増加、⑤キリスト教の信仰・布教の自由と巨額の賠償金支払い、などである。英仏と結んだ条約は1860年に英仏連合軍が北京を占領した後、改訂増補されて北京条約として調印された。

清　1616～1911。中国最後の統一王朝。西はインド、東は朝鮮と接する広大な領土を支配した。16世紀末、瀋陽東方の建州衛の大将ヌルハチ（奴児哈赤）が周囲の女真族を統一。1616年、金（後金）国を建国し、次第に山海関を越えて明朝の領土に侵入した。36年、2代太宗ホンタイジが国号を大清と変え、大陸を統一する前に背後の脅威を除去すべく、2度にわたって朝鮮を侵略・攻撃（丁卯・丙子胡乱）した後、内モンゴルを併合した。44年、李自成の農民反乱で明が自滅すると、清は李自成を撃って平定した後、首都を北京に移した。続いて4代聖祖康熙帝は三藩の乱を鎮圧し、鄭成功の帰順を受け入れて中国本土を統一した。さらに康熙帝は周辺諸地域の征服を進め、つづく雍正帝・乾隆帝もこれを継続した。こうして清は18世紀には台湾・外モンゴル・チベット・新疆までも版図とする中国史上最大の帝国を建設。朝鮮・安南・琉球・タイ・ビルマなどの東・東南アジア諸国を朝貢国に従えた。地主層を社会的基盤として、八旗兵による圧倒的な軍事力と満人中心の集権的官僚制を政治制度の根幹に据え、漢文化を継承する一方、西洋科学を受け入れて独自の文化を発展させた。しかし、18世紀後半以降、農民反乱と少数民族の反乱が相次いで起こり、清朝は揺らぎは

じめた。19世紀に入ると欧米資本主義の勢力が急速に侵入。アヘン戦争以降は列強に不平等条約を強要され、太平天国革命などの民衆蜂起も列強の武力介入で圧殺され、半植民地状態に陥った。周辺地域との関係では、清仏戦争で敗北し、ベトナムへの影響力を失った。朝鮮での優越権をめぐって日本と鋭く対立したが、日清戦争で敗北した。その後、列強の中国分割が急速に進み、租借地や勢力範囲の設定、鉱山・鉄道の利権などが列強に割譲されるなど、まさに帝国主義の草刈場となった。また、義和団の洋夷排斥運動からはじまった北清事変は、清朝の権威を完全に失墜させた。こうした過程のなかで近代化を目的とする洋務運動・同治中興・戊戌変法(変法自強運動)などはすべて失敗し、日露戦争では満州を蹂躙された。1911年の辛亥革命で清朝は倒され、中華民国が誕生した。最後の皇帝・宣統帝(溥儀)はのちに満州国の皇帝となり、日本の傀儡となった。

袁世凱 1859～1916。中国の軍閥政治家。中華民国初代大総統。朝鮮で壬午軍乱が起こると、呉長慶にしたがって朝鮮に入り、大院君を捕虜にして軍乱を鎮圧、日本勢力を牽制するのに成功した。84年、李鴻章の命令を受け、総理外交通商事宜となり、朝鮮に留まって内政・外交に干渉する一方、清の勢力を扶植して日本に対抗した。甲申政変の時にはいちはやく昌徳宮を攻撃し、独立党と日本兵を追い出して高宗を清軍の陣営に移した。94年、日清戦争の敗北後に帰国し、直隷按察使に昇進。1906年、李鴻章の死後、彼の後を襲って直隷総督・北洋大臣となり、新式軍隊を養成。後日これが北洋軍閥と呼ばれる彼の私兵となった。戊戌政変(1889)の後は西太后の寵愛を受け、軍機処大臣、外務大臣などの要職を歴任した。1911年、辛亥革命後は総理大臣となって、革命の指導者である孫文と手を結び、清帝の退位を要求した。翌年、清帝が退位すると革命の成果を奪い、中華民国初代大総統となって、13年の第2革命を契機にクーデターを断行。皇帝推戴運動を起こし、16年1月にはみずから皇帝と称したが、反袁護国軍が各省で独立を宣言(第3革命)すると帝政を取り消し、16年6月、鬱憤の中で死んだ。

朝清商民水陸貿易章程 1882年、朝鮮と清の間で漁業および貿易に関して締結された条約。壬午軍乱の時に出兵した清に謝意を表するために派遣した陳奏使・趙寧夏と清の海関道・周馥の間で締結された8ヵ条の条約。主な内容は、①最恵国待遇、②清の商務委員と朝鮮の官員を互いに派遣する、③両国の漁民は互いに許可なく漁獲物を交換できない、④両国の商人が相手国で商業行為をする場合には税金を徴収する、などである。この条約の目的は、何よりも新興勢力・日本の朝鮮に対する経済的進出を共同で阻止しようとするものだった。

朝露密約交渉 李朝末期、日清両国の勢力を牽制して王室を保護するために、ロシアの協力を得て2度にわたって行われた秘密交渉。

[**第1次交渉**] 1884年、朝露修好通商条約の締結により朝鮮内のロシア勢力は急速に強化された。甲申政変が起こって日清両国の関係が険悪になると、不安を感じた李朝はロシアとの接近を図り、朝廷内の親露派が外務顧問メルレンドルフを間にたてて、ロシア政府に保護を求める秘密交渉をはじめた。しかし1885年7月、この事実が暴露され、国際的に物議をかもすとメルレンドルフは免職。日清両国は、壬午軍乱で責

任をとられ清に連行された大院君をふたたび帰国させ、親露派である閔氏一派に対抗させた。

[**第2次交渉**] 大院君が帰国するとともに、清の袁世凱が駐朝総理となって朝鮮入りし、積極的に内政干渉を始めた。当惑した閔氏一派は1886年ふたたびロシアとの接触をはかり、新たに赴任したロシア公使ウェーベルに保護を求めて、軍艦の派遣を要請した。この保護要請を文書化して国璽と総理大臣の印を押した。こうした秘密交渉にかねてから反対していた閔泳翊は、事態を憂慮するあまりこの事実を袁世凱に報告、事件はさらに拡大した。袁世凱はこの報告を受けると、高宗の廃位まで主張する強硬な態度を示した。清政府の内部事情から廃位は実現されず、密約を推進していた趙斗淳らの配流によって一段落した。

朝露陸路通商条約 1888年、李朝とロシアの間に結ばれた条約。ロシアは朝鮮と国交を樹立した後(1884年)、通商条約締結交渉を行い、李朝側代表・趙秉式、デニー(米国人のお雇い外人)とロシアのウェーベルの間で朝露陸路通商条約が正式に調印された。条約の主な内容は、①慶興府(咸鏡北道・豆満江付近でロシア国境に近い)の開放、②ロシア官憲の朝鮮内の旅行の自由、③ロシア市民は慶興府の100里以内を自由に通行できること、④朝鮮人がロシアの国境を越える時は旅券を所持すること、などでその他に商品輸入・密輸防止・関税に関する規定が含まれており、条約有効期間は5年とされた。

巨文島事件 1885年4月15日から約2年間、英国の東洋艦隊が全羅南道の巨文島を不法に占領した事件。当時、ロシアの南下政策の阻止を画策していた英国は、84年に甲申政変が失敗に終わったあと、李朝政府が急速にロシア側に接近し、朝露密約説が噂されると、ロシアの勢力を牽制する目的で軍艦6隻、商船2隻を派遣し、巨文島を不法占領した。李朝は英国副領事と駐清英国代理公使に抗議し、厳世永とメルレンドルフを日本に派遣して協議させた。ロシアが清に事件の仲介を要請すると李鴻章は積極的な行動をとり、駐清ロシア公使にロシアが朝鮮の領土のいかなる地域も占領しないと確約させ、これを英国に通報した。これにより87年3月21日、英国艦隊は巨文島を離れた。

防穀令 1889年以降、食糧難を解決するために2～3回にわたって行われた穀物輸出禁止令。76年の江華島条約によって日本に対して開港すると、日本人商人は朝鮮各地の農村部にまで入り込み、さまざまな方法を講じて米・大豆などを買い占め、日本に送って稼いだ。これが食糧難をさらに深刻化させ、穀物輸出港・元山を管掌していた咸鏡道観察使(知事)・趙秉式は89年10月、元山港からの大豆輸出禁止令を下し(防穀令)、日本の商人は大きな打撃を受けた。これによって日朝両国の間で紛糾が起こり、李朝政府は趙秉式にこの防穀令の解除を命じたが、趙秉式は従わず、かえって日本人商人から穀物を押収するなど、防穀令をさらに強化する挙に出た。しかし、日本の抗議によって李朝政府は趙秉式を江華島留守(江華島の首長)へと転任させ、防穀令を解除して日本に賠償金を支払うことでこの問題は解決をみた。その後も防穀令は部分的に施行されたが、94年1月には完全に解除された。

5．東学農民戦争と甲午改革

東学　1860年、西学と呼ばれる天主教に対抗し、崔済愚（字は水雲）が唱導した李朝末期の代表的な新興宗教。李朝後期に至ると政治の紊乱と官僚制度の疲弊・各地の民衆反乱・外国からの干渉などから、朝鮮国内はきわめて不安定な状態に陥った。また、従来の宗教も衰退するか腐敗し、もはや民衆の信仰対象あるいは精神の安息所たりえなかった。新しく入ってきた天主教はその異質な価値観と性向が朝鮮の伝統に合わず、衝突を起こした。これに慶州の崔済愚は、済世救民の意味を込めて慶尚南道梁山にある千聖山の洞穴で長い間修行し、「ハヌルニム」（上帝）の啓示を受けたとして東学を開いた。東学は西学に対抗できる東の地の学、つまり朝鮮の宗教という意味で、その思想は伝統的な風水思想と儒・仏・仙の教理を基本とし、「人乃天」「天心即人心」の観念を中心としていた。「人乃天」の原理は、人間の主体性を強調する地上天国の理念と万民平等の理想を表現するもので、従来の儒教道徳と両班社会の階級秩序を否定する反封建的で革命的な性格を帯びていた。身分・嫡庶制度など、社会的矛盾に批判的であった東学の教理は、民衆から広く受け入れられ、社会的矛盾と疾病により打ちひしがれていた三南地方（慶尚道、全羅道、忠清道）に激しい勢いで広がった。すると政府は、ついに東学を西学と等しく邪教と決めつけて弾圧をはじめた。こうして1863年、布教開始後3年目に崔済愚は惑世誣民（世間を惑わし、人々をだました）の罪で逮捕され、翌年、大邱で処刑された。2代教主崔時亨は、密かに教祖の遺文『東経大全』『龍潭遺詞』を刊行し、教理を体系化する一方、教会組織を確立して教勢を拡大強化した。すなわち、全国各地に細胞組織である「包」を置き、包を監督する包主、接主、都接主などを置き、包主・接主の下には教長・教授・都執綱・執綱・大正・中正など6任を置いた。東学はその後、東学農民戦争の主体となり、死刑となった崔時亨の後を継いだ孫秉熙が3代教主となった。彼は李容九らの一進会設立に反対して東学を天道教と改名し、教理の整備と教勢拡張に力を注いだ。こうして東学は天道教、侍天教などの教派や、さらに親日派の一進会などの諸派に分立した。

崔済愚〔チェ ジェウ〕　1824～1864。李朝末期の東学の創始者。幼名は福述、号は水雲。幼い頃から漢学を学んだ。当時、中国では太平天国の乱が起こり、列強の侵略がはじまったのを見て民族的危機を感じる一方、西学、すなわち天主教の伝来で、朝鮮の伝統社会が大きく動揺しているのを目のあたりにした。これに対抗するには、民族固有の新しい新宗教が必要であることを切実に感じ、1842年に求道行脚に出て、朝鮮全国を隅々まで歩いた。その後、56年に梁山にある千聖山で修道生活に入り、59年、ふたたび慶州の龍潭亭で修道。キリスト教の影響と儒・仏・仙の東洋三教の思想を基礎に、侍天主の思想を核心とする「人乃天」の教理を完成、東学を唱導した。63年には教勢は信徒数3000名以上に及んだ。64年、東学を邪教とした李朝政府によって龍潭亭で逮捕され、3月、大邱将台で邪道乱世の罪状によって死刑となったが、1907年にはその罪は雪がれた。著書として『東経大全』『龍潭遺詞』などがある。

東学農民戦争（甲午農民戦争）　1894年、

全羅道古阜で全琫準を指導者とし、東学系農民を中心として起こった農民革命運動。東学革命、あるいは甲午農民戦争ともいう。

[背景] 門戸開放以前から、李朝社会では封建的な統治体制の矛盾に対抗する民乱がひきつづいて起きたが、とくに76年の開国以後は日本の経済的浸透がはじまり、これにしたがって農村経済は継続的な打撃を受けた。ことに支配層の分裂と腐敗官吏の横暴は、農民の生活をどん底に追いやった。こうした状況下で「人乃天」「天心即人心」の教理を掲げた東学の教えは、圧政と貧困に打ちひしがれていた民衆に広く受け入れられ、一大宗教勢力をなした。一方、朝廷はその浸透を恐れ、教主・崔時愚を逮捕して処刑した。教徒は参礼集会(1892)、第1次報恩集会(93)、伏閤上疏、第2次報恩集会をひきつづいて開き、教祖の伸冤(名誉回復)運動を繰り広げたが、所期の目的を達成することはできなかった。

[発端] 古阜郡守の趙秉甲は、赴任直後から万石洑(洑は貯水池の意)の水税をはじめとするさまざまな不当な税金を取り立てるなど、農民に対する搾取を行った。これに憤った1000名以上の農民は、全琫準を中心に立ち上がり、94年2月15日、官衙を襲撃して税米を貧民に分け与え、万石洑の貯水池を破壊した後に解散した。按覈使・李容泰は蜂起した農民を東学の暴徒と決め付けて苛酷な弾圧を加えた。農民は憤激してふたたび5月初旬に「輔国安民」「斥倭斥洋」のスローガンを掲げて白山に進撃すると、近隣の農民数千名がこれに呼応して集まった。

[経過] 全琫準を総大将、金開南・孫和中を将領に戴いた農民軍は、規律を厳格にし、以下の4つの綱領を宣布した。①人を殺さず、損傷しない。②忠孝を尽くして済世安民する。③倭兵(日本軍)を追い出し、聖道を明らかにする。④ソウルに進撃して権力者を掃討する。一方、東学教祖・崔時亨は、このような革命軍の動きに対し、接主(東学組織では郡規模の地域を「接」と呼んだ。接の長をいう)らに通文(通告文書)を送り「道として乱を起こすことは不可なり」とし、全琫準らを攻撃することを命じた。しかし、農民戦争はすでに東学教団の上層部とかかわりなく、広範な民衆の支持を受けて発展していった。このとき全琫準の通文を受けた全羅道の泰仁・茂長・金溝・扶安・高敞・興徳などの東学の接主らは、それぞれ兵力を率いて白山に結集し、その数は1万名近くに達した。農民軍は5月10日、全州から進軍してきた政府軍と裸負商軍(行商・流通商で編成された政府軍)数千の兵力を黄土峴の戦いで打ち破り、茂長・霊光へと進撃して腐敗官吏を粛正した。そして、6月1日には全州を攻略した。すると、政府の要請で6月8日、清の援軍が牙山湾に上陸し、引き続いて日本も天津条約を盾にして出兵を決定した。革命軍はこれを見て政府と全州和約を結び、弊政改革案12ヵ条を締結した後、全羅道53郡に農民の自治機関・執綱所を設け、弊政改革に着手した。しかし、この休戦は農民軍に不利となった。政府は講和条約を履行せず、一方で清の援軍を引き入れたが、これによって日清戦争の契機をみずからつくってしまった。一方、東学側では、全琫準ら強硬派が崔時亨ら穏健派の妥協論を拒否し、10月の参礼集会を出発点に、北上を決定した。これにより、全国的な農民戦争へと発展した。全琫準に率いられる10万の湖南軍と北接の孫秉熙が率いる10万の湖西軍は、三手に分かれて論山に結集、大本営を設置した。12月4日から7日間、公州・牛禁峙の峠で政府軍・日本軍の連合軍と激戦を繰り広げたが、近代的な装備と訓練に勝る日本

軍に大敗した。農民軍は全羅道に後退して再起をはかったが、12月28日に全羅北道淳昌で全琫準が捕われて戦闘は事実上終わった。

[結果] 1年間にわたった東学戦争は、30〜40万名の犠牲者を出して終結した。この闘いは反封建・反外勢(反帝国主義)を標榜して発生した朝鮮史上初の民族運動であった点にその大きな意義がある。また国内では甲午改革を喚起、対外的には日清両国の出兵を誘発して、日清戦争の直接的な契機となった。軍の兵士たちは、その相当数が引き続いて起こった義兵戦争に参加し、反封建・反外勢運動は継続していった。

弊政改革案12ヵ条

1. 東学徒は政府への恨みを解き、庶政(政治)に協力する。
2. 貪官汚吏はその罪状を調査して厳しく取り締まる。
3. 横暴な富豪を厳しく懲罰する。
4. 悪質な儒林(儒生、ソンビ)と両班らを懲罰する。
5. 奴婢の文書(奴婢の戸籍)を焼却する。
6. 7種の賤人差別を改善し、白丁(朝鮮の李朝における代表的な被差別民)が被っている平涼笠を廃止する。
7. 年若い未亡人には再婚を認める。
8. 官吏採用においては地方閥を打破し、人材を登用する。
9. 名目のない雑税は一切廃止する。
10. 倭(日本)と通じる者はきびしく処罰する。
11. 公私債の免除および無効処分。
12. 土地は平等に分配・耕作する。

全琫準［チョン ポンジュン］ 1854〜1895。李朝末期の東学農民戦争の指導者。別名、緑豆将軍(短軀だったためこの綽名がついたという)。早くから社会改革の志を持ち、30歳を過ぎて東学に入信して古阜の接主となった。1892年、古阜郡主・趙秉甲の圧政に対抗して、翌93年2月15日に1000名の農民と東学教徒を率いて蜂起し、官衙を襲撃した。国家の政治と社会制度の改革を訴

押送中の
全琫準(1895年)

え、「輔国安民」の東学思想を広め、「斥倭斥洋」「腐敗階級打破」などの四大綱領を掲げた。彼は古阜の白山で東学教徒を中心とした8000名を超す兵力を率いて古阜、扶安を占領、全州に向かって進撃中、黄土峴の戦いで全羅監営（道庁）から送られた鎮南営軍と裸負商軍を打ち破った。つづいて井邑、高敞、茂長などを掌握、5月31日、全州に進撃した。政府の要請で清軍が入り、天津条約を口実にして日本軍も上陸して国家（李朝）の命運が危うくなると、政府に12ヵ条の弊政改革案の実現を確約させて、全州和約を成立させた。しかし政府がその和約を守らず、日清戦争で勝機をつかんだ日本が次第に侵略行為を顕わにするとふたたび蜂起を決意。10月、参礼で南道接主として10万の兵力を率いて、北道統令・孫秉熙の10万の兵と連合し、教主・崔時亨の協力を得て抗日救国の旗印を掲げ、対日戦争を開始した。抗戦の規模は、一時、中部・南部の全域と黄海、江原道まで拡大されたが、公州・牛禁峙の峠で政府軍と日本軍の連合軍と対戦して大敗、12月、泰仁の戦闘を最後に粉砕された。数名の同志と淳昌に身を潜めて再起をはかったが、懸賞金に目がくらんだ韓言賢らの地方民の急襲を受け、淳昌郡避老里で捕われてソウルに護送され、翌年4月に処刑された。

金開南［キム ゲナム］　1854〜1894。東学農民戦争で活躍した東学接主。全琫準に次ぐ南接の実力者として、94年の東学革命時に1300名の兵力を率いて白山に集結し、全琫準、孫和中とともに三大将として推戴されて、全州城に入城した。革命軍と政府の間に全州和約が結ばれた後、南原に陣取って全羅左道（北道）に号令。独自に執綱所を広げて大きな勢力を形成するに至った。日清両軍の介入がはじまるとふたたび挙兵し、5〜6万の兵力をもって南原から全州までを制圧。南原府使・李龍憲を処断して官軍を脅かしたので、官憲から最も恐れられ、憎悪の対象となった。その後、10月下旬、南原守備軍5000を率いて北上。全琫準とは別個に清州に進撃したが敗れ、11月、ふたたび南原に戻った。12月に泰仁で逮捕され、全州監営に連行されて、即決裁判で梟首（さらし首）された。

執綱所　李朝末期の1894年、東学軍が設置した一種の農民自治機関。東学軍は全羅南道長城郡の黄龍村で、ソウルから下ってきた政府軍を大破して全州に入城した後、政府と全州和約（1894年6月11日）を結んだ。その後8月まで農民軍の政治的理想を実現するために全羅道53州をはじめ、慶尚道、忠清道一帯に執綱所が設置された。この執綱所を中心に農民軍が提示した「弊政改革案12ヵ条」を地方官の助けを借りて実行に移した。しかし日清戦争で勝機をつかんだ日本軍の介入で、その年の10月の公州会戦で農民軍が敗退し、執綱所も自然消滅した。

日清戦争　1894〜95年、清と日本が朝鮮の支配権をめぐって起こした戦争。江華島条約で朝鮮の門戸を開いた日本は、金玉均、朴泳孝らの改革派を後援して84年に甲申政変を起こしたが失敗し、かえって清の宗主権を強化する結果となった。その後両国は、朝鮮の支配権をめぐって鋭い対立を見せたが、94年に東学戦争が起こると、その鎮圧を口実に朝鮮に出兵し、ついにその年の7月、日清間に戦争が起こった。近代的軍備を備えた日本軍は、25日の豊島沖（京畿道に属する黄海）の海戦と成歓（忠清南道天安郡）での陸戦で清軍を撃破した。その後、平壌での戦闘と黄海海戦で優勢を確保

し、10月には清の国土に侵攻して旅順虐殺事件を起こす一方、威海衛軍港で清の北洋艦隊を撃破するなど、連勝した。清は講和全権大使・李鴻章を派遣して下関条約を結んだ。条約の内容は、①朝鮮に対する清の宗主権の破棄、②遼東半島と台湾・澎湖島の割譲、③賠償金2億両、④通商上の特権の付与、などだった。しかし、のちに遼東半島は三国干渉により返還された。この戦争の結果、列強の中国分割が本格的に始まり、東アジアに帝国主義時代の幕が開いた。

黄海海戦 ①日清戦争中の1894年9月、日本の連合艦隊と清の北洋艦隊による海戦。この戦闘で北洋艦隊は5隻の軍艦を失ったが、日本の連合艦隊はまったく損害を受けず、日本はこの海戦で制海権を確立、戦闘の全局面で優位を確保した。
②日露戦争中の1904年8月、日本の連合艦隊と旅順のロシア太平洋艦隊の双方の主力の間で行われた海戦。日本海軍は、旅順港脱出を試みたロシア艦隊に打撃を加えた後、旅順港を封鎖。バルチック艦隊が到着するまでの間、制海権を掌握した。

三国干渉 1895年、ロシア・ドイツ・フランスの三国が協力して日本を威圧し、遼東半島を清に返還させたこと。日清戦争後の講和条約である下関条約によって日本が遼東半島を領土とすると、これが南下政策の遂行の障害となることを恐れたロシアは、ドイツ・フランスを誘って日本を脅迫し、遼東半島を返還させた。これは日清戦争の勝利で沸き立っていた日本国民に大きな衝撃を与えた。強硬派の政治家・知識人の煽情的なキャンペーンも加わって、日本人の対露感情は悪化した。これが後日、日露戦争の一因となった。一方、三国干渉はヨーロッパ列強に中国を分割する道を開き、ドイツは膠州湾を、ロシアは東清鉄道敷設権と遼東半島を領有するようになった。朝鮮においては親露派の台頭をもたらし、親露政策によって日本の進出を防ごうとした。

甲午改革（甲午更張） 1894年、開化党が執権した後、従来の文物制度を西洋の制度を見習って近代的に直したこと。甲午更張ともいう。東学農民戦争を契機に朝鮮に出兵した日本は、朝鮮に対する強力な支配権を確立するために朝鮮の内政改革を強要した。日本公使・大鳥圭介は高宗に拝謁し、「内政改革法案綱領5ヵ条」を提出する一方、軍隊を動員し、景福宮を包囲。閔妃政権を崩壊させた後に大院君を前面に立て、親日的な開化政権を成立させた。金弘集・金允植・兪吉濬らを中心とした新政権は、即座に軍国機務処という機関を設置し、約3ヵ月間に重要な改革法案の大部分を通過させた。まず、政治改革においては開国紀元（元号。それまでは清の元号を使用していた）を採択し、清との対等な関係を表明した。94年7月に開始された第1次改革時には、中央官制を議政府と宮内府に区別し、従来の6省を8部門に改編して議政府の下に置いた。同年12月からの第2次改革時には議政府を内閣に改革して7府を置いた。経済面においても、財政に関するいっさいの事務を度支衙門に管掌させ、財政の一元化を図って王室その他の機関が直接税金を管轄する弊習をなくす一方、新式貨幣章程による銀本位制を実施し、度量衡を改め、日本式に統一した。甲午改革においてさらに重要なのは社会面の改革だった。門閥と両班・常民の階級制打破と科挙制を廃止して能力によっての人材登用、公私奴婢世襲制廃止、寡婦の再婚の許可、拷問と縁坐法（連座制）の廃止、早婚の禁止など、重

大な社会的弊習のほとんどを網羅したものだった。このような近代的な甲午改革の精神は、急進開化派である朴泳孝・徐光範らの親日政権により、「洪範14条」として明文化されたが、これは朝鮮最初の憲法的性格を帯びた基本綱領だった。この洪範14条は、95年1月、国王と皇太子が文武百官を率いて大廟（宗廟）に参拝し、誓約した後、宣布したもので、その内容は清との絶縁、宗室（王族）と外戚（王妃の親戚）の政治関与の禁止、王室の事務と国政事務の分離、徴兵法の実施などだった。このような甲午改革は、遠くは実学論者の改革論と民乱、近くは甲申政変、東学農民戦争などでなされてきた封建体制に対する根本的な改革要求を基礎とし、500年来の旧制度を一新する近代的な改革だった。しかし、その過程で侵略目的を帯びた日本の力が作用し、近代民族国家樹立へとつながる改革とはならず、かえって日本の朝鮮侵略を本格化する助けとなった。さらに親露勢力が台頭し、乙未事変を起こす結果を生み出した。

金弘集［キム ホンジプ］

1388年頃

1842～1896。李朝末期の政治家。幼名は金宏集。1867年に文科（科挙文科）に及第。80年、第2次修信使として日本に赴き、帰国時に黄遵憲の『朝鮮策略』を携えて高宗に提出し、開化政策の必要を力説した。82年の壬午軍乱後、全権大使・李裕元の副官として日本と済物浦条約を結び、94年、日清戦争が勃発すると日本の支援を得て第1次金弘集内閣を組織、総理となった。日清戦争の結果、日本が勢力を得ると、強力な親日派によって第2次金弘集内閣が成立したが、このとき「洪範14条」を発表して新国家体制を建て、甲午改革を断行した。閔妃が殺害された乙未事変後、第3次金弘集内閣を組織。このときには断髪令などの急進的な近代化を実施したが、全国に義兵戦争を誘発させ、96年、俄館播遷が起こると内閣は崩壊し、金弘集は売国親日党の頭目という汚名を着せられ、光化門で群衆によって惨殺された。金弘集の開化思想の基本的特徴は、開化は必然だが急進的な方法では不可能で、漸進的な方法のみが所期の成果を収められるとの主張にあった。金玉均に代表される急進開化派に対して、漸進開化派を代表する政治家である。純宗の代に大提学の称号を贈られた。著書に『以政学斎日録』がある。

朴定陽［パク チョンヤン］　1841～1904。李朝末期の政治家。1866年、科挙文科に及第し、参判などを歴任。81年に紳士遊覧団の一員として日本の先進文物を視察して帰国した後、関税改革と開化政策に貢献した。87年、米国特派全権大使として赴任し、外交官として活躍したが、91年、第1次金弘集内閣の学部（文部）大臣となり、翌年、金弘集内閣が崩壊すると、総理となって過渡的な内閣を組織した。98年、独立協会が主催する万民共同会に参政大臣として出席し施政の改革を約束したが、守旧派の反対で挫折した。李朝末期、不偏不党の穏健中立派として進歩的開化思想を持ち、李商在ら改革派の後援者となった。

魚允中 [オ ユンジュン]

1881年頃

1848〜1896。李朝末期の政治家。1869年、科挙文科に合格。校理(弘文館の官吏で正五品)などの官職を経て、81年、紳士遊覧団の一員として日本の文物制度を見学した後、西北経略使(西北は平安北道のこと)となって清、ロシアとの国境を定めるのに尽力。その後、承旨・参判などを経て93年に両湖巡撫使(両湖は全羅道と忠清道のこと)として東学教徒の報恩集会を解散させ、94年、金弘集内閣度支部(大蔵)大臣となった。96年、俄館播遷に際して故郷の報恩へ身を避けるために下っているとき、龍仁で捕われ殺された。1910年、奎章閣大提学の称号を贈られた。著書に『従政年表』がある。

軍国機務処 1894年6月25日、日清戦争時、日本の圧力で官制などを改革するために臨時に設置された機関。甲午改革の中枢的役割を果たした機関で、政治・軍事に関するすべての実務を統括した。総裁は議政府総理大臣金弘集が兼任し、議員には朴定陽・兪吉濬らが任命された。この機関は、中央官制と地方行政をはじめとする行政・司法に関するすべての規則・教育・軍制、さらには殖産興業など産業に関するいっさいの事務を審議し、あらゆる政務を管掌し、国王や政府よりも大きな権限を持った。94年7月31日から、従来の中国の元号に代えて開国紀元の使用を定めた。1894、95年はそれぞれ開国503、504年、1896年は建陽、1897年からは光武として10年続き、1907年からは隆熙として1910年まで4年つづいた。門閥・班常(両班と常民、貴族と一般民)の身分差の撤廃、奴婢世襲制廃止、早婚(とくに十代半ば以前の男子の結婚)禁止、科挙制廃止、刑罰での縁坐法(連座制)廃止などの多くの改革を審議し、発足から3ヵ月間に議決された法律だけでも208件に上った。1894年12月9日に廃止された。

内政改革法案綱領5ヵ条 1895年7月、日本政府が朝鮮に対して要求してきた内政改革に関する綱領。内政改革を口実として、朝鮮の実権をつかむことに目的を置き、本国政府の訓令を受けた日本公使・大鳥圭介が外務督弁交渉通商事務書(改革案)を趙秉稷に提出した。改革案の内容は、①中央政府の制度と地方制度を改定し、人材を採用すること、②財政を整理し、資源を開発すること、③法律を整頓し、裁判権を改訂すること、④国内の民乱を鎮定し、安寧維持に必要な兵備を設置すること、⑤教育制度を確立すること、などである。日本はこうしたきびしい内容の計画案を3日以内に議決し10日以内に実施することを要求すると同時に、技術と資本の不足する朝鮮に鉄道建設を要求するなど、強圧的な姿勢を見せた。これに対して朝鮮政府では、清の袁世凱の代理である唐紹儀と協議し、強要された期限内に回答したが、大鳥はこれを不満として、条約内容を遵守させるために日本の兵力を使うこともありうるという内容の公文を返した。

校正庁 李朝末期の1894年6月6日、内政改革に関する政策立案のために設置され

た臨時官庁。日清戦争後、領議政(宰相)・沈舜澤、領中枢府事(無任所大臣)・申応朝、判中枢府事・金弘集らの大臣が総裁官に任命され、連日のように改革政策を協議して国王に上奏した。この校正庁は、日本が強要した内政改革法案綱領5ヵ条をそのまま受け入れることなく、自主的な内政改革を企図するために設置したものであった。しかし、日本はみずからの要求を貫徹するために6月21日、王宮を包囲・占領して、閔妃政権を武力で追い出した後、大院君を摂政の地位に座らせ、金弘集を首班とする親日政府を樹立させた。新政府は日本と協調し、内政改革を担当する機構として6月25日、校正庁に代わって軍国機務処を設置し、日本公使・大鳥圭介が顧問となって背後から干渉を行った。

洪範14条 甲午改革の後、政治制度の近代化と独立国家としての基礎を固めるために制定、宣布された国家基本法。日本の勢力を背景に閔氏政権を追い払った独立党の金弘集内閣が、改革精神を明文化した「洪範14条」を1895年1月に制定。高宗は宗室百官を率いて宗廟でこれを誓約・宣布した。これによって朝鮮は、高麗の忠烈王以来、中国との宗属関係によって長い間使うことができなかった「皇帝」、「朕」、「陛下」、「太子」などの王室用語を獲得し、独立国家の体制を備えた。洪範14条の内容は以下のとおりである。①清に依存する考えを断ち切り、自主独立の基礎を打ち立てる。②王室典範を制定し、王位継承は王族のみとし、王族と親戚との区別を明確にする。③国王は各大臣と協議して政治を行い、宗室・外戚の政治関与は許さない。④王室事務と国政事務を分け、混同させない。⑤議政府と各衙門(省庁)の職務・権限を明白に規定する。⑥納税はすべて法で定め、徴税を一元化する。⑦租税の徴収と経費支出はすべて度支衙門(大蔵省)で管掌する。⑧王室の経費は率先して節約し、これによって各衙門と地方官の模範とする。⑨王室と官府の1年会計予算を定め、財政の基礎を確立する。⑩地方関税を改定し、地方官吏の職権を制限する。⑪優秀な若者を外国に送り、学術・技芸を身につけさせる。⑫将校を教育し、徴兵制を実施し、軍制の基礎を確立する。⑬民法、刑法を制定し、人民の生命と財産を保護する。⑭門閥によらず、広く人材を選んで登用する。

奴婢世襲制廃止 1886年に制定された奴婢の世襲を禁じる法律。李朝時代の奴婢は、賤民として公賤と私賤がいたが、公賤には寺奴婢・内奴婢・官奴婢・驛奴婢などがあり、私賤には私奴婢・班奴婢・院奴婢・校奴婢などがあった。李朝社会では奴婢の数が多くなり、また奴婢が分化して、奴婢の中にも優劣の層が生じた。公賤は私賤よりも優越し、奴婢が奴婢(女性)を所有する場合もあったし、良民(一般常民)よりも優勢な奴婢もいた。また、官奴婢はあらゆる面で独立して生活しながら入役(賤しい務めをすること)、貢布を任務とした。奴婢は一種の財産として相続、売買、寄贈、供出の対象となり、従母法(奴婢は母の身分に従う法)によった。正祖時代(1776〜1800)には、逃亡者の処罰法である奴婢推刷法が廃止され、1801年、内需司(宮中の米穀などや奴婢の監督官庁)と各官房の奴婢原簿を焼き捨て、公奴婢5万名が解放された。86年には奴婢世襲を法で禁じて、部分的に改革は進んだ。94年には公奴婢制度を法制度上は完全に廃止し、人身売買を禁じることによって、奴婢制度は形式的には消滅し、日帝時代を経ると遺習も完全になくなった。

断髪令 1895年、断髪を強要した命令。金弘集内閣は乙未事変以降、内政改革に主力を注ぎ、開国504年の1895年12月30日を建陽元年1月1日とし、陽暦を採用すると同時に、全国に断髪令を下した。高宗は率先して髪を切り、内務大臣・兪吉濬は告示を出して官吏らに刀を持たせて街路や城門で強制的に民衆の髪を切るようにさせた。それに加え、乙未事変により、対日感情が極度に悪化したところに、親日内閣と噂された政府が民衆の倫理感覚を正面から逆なでする改革を断行したため、儒生らは各地で義兵を起こし、政府の施策に抵抗した(乙未義兵)。政府は親衛隊(近衛隊)を送り、義兵を鎮圧したが、民衆の反日感情はさらに高まり、結局これが1つの原因となって、金弘集は殺害されて親日内閣は倒れた。

議政府 百官を統率し、庶政を監督した李朝の最高行政機関。都堂・黄閣ともいう。李朝初期には高麗の制度にならって、都評議使司を国家最高機関にし、門下府、三司、中枢院の高官が集まり国務を議論した。1400年、都評議使司を議政府と改め、中枢院を三軍府と改称し、政務と軍務を完全に分離、武官は政務に参与できなくした。議政府は主に門下部と三司文官の合議制となった。明宗(1547～67)時代には備辺司が設けられ、国事・軍事の重要課題をすべてここで議論・決定するようになり、実権はほとんど備辺司に移されて、議政府は有名無実化した。しかし、1864年、備辺司との事務分割を定めたとき、外交、国防、治安関係以外の政務をふたたび所管することになり、従前の権限を取り戻した。翌年3月には備辺司を議政府に統合し、公事色という官庁を設置して、84年には統理軍国事務衙門を議政府に統合した。94年7月、議政府に総理大臣1名、左右参政各1名、都憲、参議、主事などを置いたが、12月、内閣制に改編した。その後96年には議政府の名称を復活させ、議政、参政および内部、外部、度支部(大蔵)、軍部、法部、学部、農工商部など多くの大臣を置いた。しかし、1907年にはふたたび内閣制度に改組された。

宮内府 李朝末期に王室に関するすべてのことを受け持った官庁。宮中に属した承宣院・経筵庁・奎章閣・通礼院・掌楽院・内需司・司饔院・尚衣院・内医院・侍講院・内侍司・太僕寺・殿閣司・会計司・宗伯府・宗親府などを廃止して、1894年、甲午改革のときに宮内府を創設した。95年、ふたたびこれを改編し、宮内府大臣1名、協弁1名、参書官3名、通訳官2名、主事10名、特進官15名以内に人員を減らし、2つの課に分けた。宮内府で編纂した『宮内府日記』は、『承政院日記』(王命の出納官庁である承政院の日記)の記録が途絶えた1895年3月31日までの執務記録で、朝鮮近代史研究の基本資料である。

備辺司 李朝期に辺境の政治・軍事を管掌した文武合議機構。当初は臨時機関として運営されていたが、1555年に庁舎が設置され、官員が任命された。官員としては、都提調・提調(副都提調)・副提調・郎庁などがいたが、領議政以下、文武百官が兼任した。壬辰・丁酉倭乱(文禄・慶長の役)以降その権限が強化され、軍事に関する事務ばかりではなく、一般政務まで備辺司で議論・決定され、議政府の機能はおのずから有名無実化した。1864年、大院君は議政府と備辺司の所轄を明確にした。備辺司には従前どおり外交・国防・治安関係だけを管掌させ、他の事務をすべて議政府所管へと

移した。翌年には備辺司を廃止し、議政府と合わせて１府とする代わり、李朝初期の三軍府を復活させて軍事を処理させた。備辺司で議論された重要事項を記した『備辺司謄録』が残っている。

三軍府 李朝末期の官庁。1865年、大院君は備辺司を廃止する代わりに李朝初期のこの官制を復活させ、軍事をまかせた。68年には領事、判事、行知事、知事などの行政を備え、これに従ってそれぞれの官員も配置させた。翌年には正一品の衙門に規定され、現職の参政丞が都提調を、近曹判書は提調を兼任し、三営（訓練都官・禁衛営・御営庁）の将臣と摠戎使が有司堂として任命された。大院君はこの三軍府を使って、いっさいの辺政（辺境の軍事と政治）と国防関係をまかせた。80年に三軍府を廃止し、その直後、新設した統理機務衙門に移したが、２年後にはふたたびこれを廃止し、三軍府を復活させた。しかし、この年に機務処といっしょに統理事務衙門（のちに統理軍国事務衙門）に編入された。

二十三府 李朝末期の地方官制。1894年、甲午改革（甲午更張）後、従来の地方官制を改称し、八道の代わりに全国を23府331郡に分け、各郡に観察使を置いて治めさせた。23府とは、漢城（ソウル）・仁川・忠州・洪州・公州・全州・南原・羅州・済州・晋州・東萊・大邱・安東・江陵・春川・開城・海州・平壌・義州・江界・咸興・甲山・鏡城をいう。

五軍営 壬辰・丁酉倭乱を契機に設置された訓練都監・御営庁・摠戎庁・禁衛営・守禦庁の５つの軍営。李朝初期から維持されてきた五営の制度がなくなった代わりに、宣祖（在位1567～1608）から粛宗（在位1674～1720)まで次第にソウル中心の軍営が設置され、各営には大将・中軍・別将・千摠（せんそう）以下、小兵などが所属していた。李朝末期に、開化施策の一環として軍制が改革されたとき、武衛営・壮禦営の２営に編入された。

統理機務衙門 李朝末期の1881年１月、清の制度にならって設けられた官庁。機密を要する政治・軍事と一般政治をすべて受け持った。長官を総理大臣といい、その下に12司を置いて事務を分担させたが、各司には、堂上官と郎庁を置いて治めさせた。12司とは、事大・交隣・軍務・辺政・通商・機械・船艦・軍物・譏沿・語学・典選・理用をいい、翌年１月、総理大臣に李最応が任命された。82年７月に廃止され、一時その機能を三軍府に移した。

別技軍 李朝末期に設置された新式軍隊。1881年、五軍営から身体強健な80名の志願者を選んで武衛営に所属させ、別技軍と呼んだ。中央に創設された最初の新式軍隊である。教官にソウル駐在日本公使官所属陸軍少尉・堀本礼造を招聘し、訓練は同年５月19日から、西大門外の慕華館ではじまった。別技軍は小銃と新式武器を支給されたばかりか、給料や被服の支給などの面で旧式軍隊よりも格段によい待遇を受けた。当時、民衆は彼らを倭別技軍（倭は日本に対する蔑称）と皮肉った。このような差別待遇は、翌年起こった壬午軍乱の原因の一つとなった。

郵政（郵征）総局 1884年に設けられた朝鮮最初の郵便行政官庁。李朝時代の通信手段は駅站制（公文書の伝達・官吏の往来と宿泊・官物の輸送のための駅制）によって行われていたが、84年、近代的通信制度が

導入されるとともに郵政総局が設置された。兵曹参判の洪英植が総弁（総責任者、局長）に任命され、朴泳孝ら15名が主査となって事務を分担した。李朝政府はこの年、日本・英国・香港などの外国と郵便物交換協定を結び、11月17日、近代郵便制度の事務を開始した。このとき、ソウルの総局と仁川の分局（分局長・李商在）がまず最初に開局された。しかし、開局から17日を経た12月4日、郵政総局落成式の日を狙って開化党（独立党）の金玉均らが起こした甲申政変で廃止され、95年に郵逓司が設置されるまでの10年間はふたたび旧制度の駅站制によって通信事業が行われた。

典圜局　李朝末期の貨幣発行を管轄していた官庁。1678年以来使われていた常平通寶（通宝）は、運搬に不便で価値変動が激しかったので、新しく貨幣を鋳造する目的で1883年8月7日に設置された。翌年12月、ソウル南大門国民学校の隣接地に典圜局の庁舎とその付属施設である造幣所が竣工した。度支部（大蔵省）所属の典圜局は、顧問に閔泳翊、総弁に鄭洛鎬が任命され、ドイツから貨幣鋳造機を輸入するとともに技術者3名を雇用し、ドイツ人メルレンドルフを総監督に招いて87年から事業を開始した。当時、鋳貨原料である銅は日本から輸入した。まだ京仁鉄道が敷設されていなかったため原料運搬が不便で、92年4月、仁川の典洞に典圜局を移転し、5両（銀貨）・1両（銀貨）・1銭5文（白銅銭）・5文（銅銭）・1文（黄銅銭）の5種の貨幣を発行した。当時の典圜局には日本人10名を含む50名の技術者がおり、事務長も日本人で、貨幣発行や管理運用に日本人が直接・間接に加わった。98年、高宗の命令で官庁をソウルの龍山に移したが、強力な反日運動と火災発生（1901年）で、鋳貨事業は成果もないまま、1905年の乙巳条約以降、日本人度支部顧問・目賀田種太郎が朝鮮の貨幣鋳造を日本の大阪造幣局に依頼したことを契機に、典圜局は廃止された。

量田　課税対象である土地を調査・測量する仕事。『経国大典』によれば、すべての土地は6等級に分かれ、20年に1回ずつ土地を測量して土地台帳（量案）をつくり、戸曹（戸籍・租税などの中央官庁）、本道、本邑にそれぞれ保管することになっていた。しかし実際は、数十年ないし百年以上も量田が行われないのが普通で、たとえあっても全国規模ではなく、ある地方に限って実施される程度だった。土地の6等級は、正田・続田・降等田・降続田・加耕田・火田に区分された。続田・加耕田に記録された土地日誌も、すでに耕作している場合は正田の例にしたがって等級を定めた。量田を実施する際には中央から均田使を派遣して量田を監督し、守令（地方長官）や実務者の不正を処理した。中間で不正行為をする者は厳罰に処し、守令の不正が明らかになれば罷免され、5年が経過しなければ復職できなかった。

洞布制　李朝末期、軍役適齢者から税を徴収し、軍役を免除した制度。高宗時代（1863～1907）、大院君は摂政として書院の撤廃・人材登用など果敢な改革を断行し、軍制改革にも着手した。1871年、国防警備について領議政の金炳学の建議を受け入れて軍役を公平にし、貴賤の区別なく均等に実施した。丁男、すなわち兵役義務のある壮丁に軍役布の代金として毎年1銭2緡を徴集したが、これを洞布銭といった。

当五銭　1883年から95年まで使用された貨幣。壬午軍乱の賠償金として日本に50

万円を支払わなければならなくなり、さらに悪化した財政難を打開するために貨幣価値が常平通寶(通宝)の5倍に相当する当五銭(當五錢)が鋳造された。83年4月、朴定陽と閔台鎬の監督下に江華島鋳造所で鋳造が開始され、6月には義州でも鋳造された。材料は銅で、鋳造費は常平通寶の5分の2にすぎず、当百銭と同じく悪貨であった。財政難打開の意図とは裏腹に物価を上昇させ、流通もソウル周辺の一部に限られた。さらに、それまでの常平通寶1文で多くの当五銭が交換できたため、官吏の中には税金を常平通寶で徴収し、当五銭の法定価で国庫に収納して膨大な差益を貪る者も出た。

朝鮮商業銀行(大韓天一銀行) 1899年に設立された朝鮮最初の銀行。当時、国家の財政が疲弊し、一部の実業家が銀行設立の必要性を感じ、閔丙奭・崔碩肇・鄭水永らの発起により、英親王を銀行長に推戴し、銀行を創立した。当初は大韓天一銀行という名称で、開城と仁川に支店を置いた。日韓併合後の11年、朝鮮商業銀行と改称。25年大同銀行、28年三南銀行をそれぞれ併合し、着実に発展した。解放後は国営となり、韓国商業銀行となった。1997年末のIMF危機後、経営の建て直しのために99年末に韓一銀行と合併しハンビット銀行となり、現在はウリ銀行である。

機器廠 1887年、新式機械製作のために設置された官庁。李朝政府は81年に金允植を領選使として中国の天津機器局に38名の貢学徒(国家選抜の留学生)を派遣。新式武器と科学機械製作法を学ばせた。彼らは翌年の壬午軍乱によって帰国したが、その際に寄贈された多くの科学技術書籍と新式機械を持ち帰り、従事官・金明均が招聘した天津工匠の4名とともにソウルの三清洞に最初の機器廠を建てた。韓圭稷が総弁に任命されたが、94年、東学農民戦争と日清戦争が起きると廃止された。

電報局 李朝末期に通信事業を受けもった官庁。1885年9月28日、朝鮮で初めてソウル―仁川間に電信線が開通したのを契機にソウルに環状総局、仁川に分局を設置、続いて平壌、義州にも分局を置いた。当時の電信施設は清の機器・装備・技術により設けられ、また、技術要員の大半は中国人だった。通信業務は漢文・英文・仏文の電報だけを取り扱い、ハングルはなかった。95年、郵遞司が生まれると、普通書信の郵便も電報局で取り扱うようになり、97年には電報司と改称。1905年には通信院へと移管された。

京仁線(京仁鉄道) 1899年9月18日、済物浦(仁川)―鷺梁津(ソウル郊外)間に開通した朝鮮最初の鉄道。開通時点では33.2キロだったが、1900年7月5日に漢江鉄橋が竣工をみると、7月8日に鷺梁津―ソウル間が開通し、総延長39.3キロのソウル―仁川間の京仁線が完工となった。この鉄道は米国人モースが96年3月に敷設権を得た。資金不足で工事が中断されると日本がこれを買い入れて京仁鉄道株式会社を設立し、99年9月18日に済物浦(仁川)―鷺梁津を開通させたもの。現在韓国では、この日が「鉄道の日」となっている。

京義線 ソウル―新義州間で運行されていた複線鉄道。総延長およそ499キロ。重要な駅として、開城・沙里院・平壌・定州などがある。計画が開始されたのは李朝末期で、当初はフランスの鉄道会社に敷設権が与えられた。しかし契約期間内に着工さ

れなかったので、契約は失効し、大韓鉄道会社に改めて敷設許可が与えられた。資金難から工事が難航するなか、日露対立が激化。1903年、日本の強要によって臨時軍用鉄道監部を設置して、ソウル―開城、開城―平壌、平壌―新義州の3区間に分割して、本格的な工事を開始した。突貫工事の結果、1905年、新義州―竜山の区間が竣工・開通。翌年には全線が開通した。これは1900年の京仁鉄道、1904年の京釜鉄道、そして併合以降徹底して整備される道路網と連結して、軍事輸送路と物流ルートを成し、大陸侵略・植民地収奪の通路を完成させるものであった。解放後、南北分断によって切断されていた。しかし、2000年6月の南北首脳会談により南北交流促進の方針が確定。同年7月29～31日の南北閣僚級会談が開催され、京義線復旧に向けた協議開始が合意された。9月18日、連結工事の南側起工式が軍事境界線付近の臨津閣で行われた。将来、「統一鉄道」を越えて、中国、ロシアを経由して、ヨーロッパにつづくユーラシア鉄道へと、物流の基点になることが期待されている。

褓負商（ほふしょう） 行商人と背負い商人を合わせた名称。新羅時代以降、古代的な自然経済の基盤の上に農業生産者、家内手工業者、市場商人らと消費者の間で物々交換を行ってきた行商人で、土器のような雑多な日用品を背負って歩く負商と、装飾品などの細工物を売り歩く褓商をいっしょにして呼んだ。高麗末期の恭譲王の時代(1389～92)に褓負商を使って塩を運搬した記録もあり、李朝期に入ってから、李成桂の李朝建国に多くの協力をしたと見られる。また1592年、壬辰倭乱(豊臣秀吉の侵略)のときは数千名の褓負商が動員されて、幸州山城の権慄将軍に糧食を調達し、1894年、東学農民戦争時には、玄順栄・宋鶴憲ら数百名の褓負商が動員されて東学軍の鎮圧に功を立てた。国内の各市場や定期市を渡り歩いて商売をする彼らは、きびしい規律と仁義を重んずる強固な組織力を持っていたため、重要な政治的変革期に政治権力に利用されることが多かった。近代では、李朝末期の1898年、皇国協会が褓負商組織を使って独立協会を潰すことに利用したのがその代表的な例である。褓負商のギルド的組織は、李朝初期に形成され、全国にいくつかの任房（褓負商の組織事務所）があった。李朝後期にはさらに組織化が進み、1866年、政府に褓負庁が設置され、全国の褓負商を監督した。続いて83年には、恵商工局が設置され、これに褓負商を統括させ、軍国統理事務衙門の管轄下に入れた。85年、恵商工局が商理庁に継承されると、負商を左団、褓商を右団とし、99年、商理庁の左右団は民間の商務社に委嘱されて左団は左社、右団は右社と改称された。後に商務社は進興会社と改称し、褓負商の活動の拡張をはかったが、さほどの効果を得ることはできなかった。

李朝の身分階級 身分階級とは、ある社会で権力的支配の優劣、および経済関係から由来する世襲的な上下関係、支配・被支配関係を構成している人々の集団をいう。李朝の身分階級は、一律に規定することはむずかしいが、大きく①両班、②中人、③常民(常人)、④賤民の4階級に分けることができよう。①両班は、最も高い身分として祖先の血統を基準にし、士大夫出身をいうが、彼らは社会の特権層として国家から土地そのほかの特典を受けた。儒教を崇めてそれを社会全般に広め、すみずみまで確立させることを業とし、科挙に受かりさえすれば何らの制限なく官吏に登用され、実際に国の重要な官職を独占し、政治的特

権層を形成した。また、学問と礼儀を尊重する指導的階級としての精神的義務を負っていた。これらの集団は経済的には広い土地を所有し、各地に多くの農地を持つ不在地主だった。②中人は両班に次ぐ身分層で、その名称はソウルの中央部を居住地域としていたことからはじまった。両班が賎民階級の抬頭を防ぐための外壁(藩塀)として、取才という特殊な試験によって官吏に登用された。彼らの伝統や教養は両班階級に劣らなかったが、その職種は医・訳・籌(算術)・観象(天文)・律(法律)・恵民(医薬)・写字・図画などの技術的事務職に限定され、官職は限品叙用(中人のゆえ、ポストと昇進が限定されていた)の規定にしたがって制限され、ほとんど下級官吏に任命された。中人は彼らの知識の特殊性を固守し、他の階級の模倣を許さないばかりか、婚姻は必ず同じ階級間で行われた。技術と官職は世襲され、強固な意識で組織的な階級を形成した。このように、中人階級は社会的に重要な地位を占め、とくに訳官は事大交隣(中国を宗主国とする外交)に関係しただけに勢力があり、一方、詩文や書画においても両班を凌駕することすらあった。③常民の多くは百姓であった。商工人は儒教的な見地から農民よりも下位に置かれ蔑まれた。普通、これらの農工商に従事する生産階級として納税・貢賦・宣役などの全面的な担当者であった。常民の大多数は農業に従事したが、自身は土地を持たず、国家あるいは両班の土地の耕作権を持つだけで、その経済的地位は農奴と似ていた。④賎民は、賎役(賎業)に従事する最も低い身分で、奴婢・白丁・倡優(多くは広大と呼ばれる流浪の芸人)・僧侶・巫覡(シャーマン)などに分かれた。そのうち圧倒的に多かったのは奴婢で、官庁に属する公賎と、個人によって私有され売買や譲渡の対象ともなった私賎に区分された。これら奴婢は社会的に最も多くの制約を受け、主人に世襲的に仕えることが原則だった。白丁とは高麗時代、楊水尺・水尺・禾尺などと呼ばれた人々を1423年以来こう呼ぶようになったもので、賎民のうちでも最も蔑視された身分だった。僧侶は李朝社会での仏教の衰退とともに賎民層に編入された。巫覡は男子をパンス(覡=男の巫)、女子をムーダン(巫堂)といったが、倡優と巫堂が結婚することが多かった。このように李朝社会での身分階級はきわめて厳格で、大きな社会的矛盾として作用し、さまざまな弊害をもたらした。政治・経済・社会体制はこの身分制度を重要な基礎としていた。しかし、1895年の甲午改革以降、身分制度は廃止され、両班と平民の階級をなくし、白丁・広大などの賎民身分も廃止された。また、公賎・奴婢の制度も廃止され、人身売買は禁止された。その後、新文化の輸入と民衆の自覚により、日帝時代と解放を経て、その遺習も次第に消えた。

6. 開化期の文化

実学 李朝の英祖(在位1724〜76)、正祖(在位1776〜1800)時代に、当時の支配階級の学問だった性理学の形而上学的空理空論に対する反動として起こった儒学の一分派の学問ないし思想。清から入ってきた考証学と西洋の科学的思考方法は、空論に偏っていた伝統儒教から抜け出し、事実に立脚した新しい批判精神を呼び起こし、その結果「実事求是」と「利用厚生」の精神を学問の価値として掲げた実学派が登場するに至った。彼らは批判の目をまず退廃的社会、経済、政治に向け、実事求是の精神によってさまざまな問題を解決することで理想的な社会を建設できると信じた。実学派の始祖は柳馨遠(磻渓、1622〜73)で、彼の学説を継承した李翼(星湖、1681〜1763)とともに、実学の基礎を作った。柳馨遠の『磻渓随録』と李翼の『星湖説』は、現実的な諸問題すなわち政治の「道」(方法)と地方制度・財政・科挙制度・学制・兵制・官制などを鋭く批判し、これらについての将来に対する理想と構想を論じた。その後各分野で実学派の学者が続々と現れ、丁若鏞は『牧民心書』『経世遺表』『欽欽新書』を著して現実の改革を唱え、安鼎福の『東史綱目』、李肯翊の『燃藜宝記述』、柳得恭の『四郡志』と『渤海考』、李重煥の『澤里志』、金正浩の『大東輿地図』、丁若銓の『茲山魚譜』、朴世堂の『穡経』、申景濬の『訓民正音韻解』などが世に出た。実学派の中に清に行き、先進文物を輸入しようと主張した一群の人々が現れたが、彼らを北学派と呼んだ。北学派には『北学議』を著した朴斉家、『堪軒集』の洪大容、『青荘館全書』の李徳懋、『燕岩集』の朴趾源らがいた。実学は英祖、正祖時代に入って隆盛をきわめたが、その担い手たちが封建的枠組みから抜け出すことができず、性理学の価値を清算するのに失敗し、李朝末期から押し寄せた西洋文化に圧倒された。しかし、実学派の思想と学問は、後に開化思想の1つの基礎となったばかりでなく、李朝末期の啓蒙思想家や日帝時代の朝鮮の国学者らに大きな影響を与え、朝鮮の近代思想の重要な流れの1つを形成した。

『海国図志』 清末の学者・魏源が著した世界地理誌。1842年に脱稿、44年に刊行された。47年には60巻、52年には100巻に増補され刊行された。地図と地誌に分けられ、世界各国の地理と歴史を紹介し、洋夷を防ぐために西洋文明を受け入れることを力説した。李朝末期に朝鮮に入り、海外知識の摂取に役立った。

『瀛環志略』 清国・福建巡撫の徐継畬が著した世界地理の本。『瀛海志略』ともいう。1848年に脱稿、1850年に刊行された。10巻からなる。李朝末期の訳官・呉慶錫が清から帰るときに購入し、友人の劉大致に渡して一読を勧め、海外知識の摂取と開化思想の高揚に大きな影響を与えた。

西学 李朝中期以降に導入した西欧近代の学術、あるいは天主教(カソリック)を指す言葉。西洋の資本主義が膨張するにしたがって、16世紀後半からその勢力が次第に東洋に押し寄せはじめると、中国を通じて西洋文明が朝鮮にも流入した。宣祖(1567〜1608)末年に入ってきた西洋地図をはじめとし、1631年に鄭斗源が明から千里鏡(望遠鏡)・西砲(西洋式大砲)・自鳴鐘(時計)・焔硝花(陶磁器の材料)・万国地図・天文

書・西洋風物記・天主教の書籍などをもたらした。つづいて1645年に、北京から帰ってきた昭顕世子（世子＝皇太子。仁祖の長男）が天主教の耶蘇会（イエズス会）宣教師アダム・シャールから得た天文、算学などの書籍と地球儀、天主像などをもたらし、朴淵ことウェルテブレやハメル（ともにオランダ人）らの漂流者が西洋式大砲を製作、朝鮮も先進文明に目を向けはじめた。あたかもこのとき、李朝政治の指導理念であった朱子学は一部儒生の間で空理空論と見なされて排斥され、ことに南人（儒学・儒者派閥の1つで革新的といわれる）が中心となって新しい改革政治の理念を探求していた。ここに天主教が伝わると、彼らは大きな影響を受けた。李睟光、李承薫らはこれを深く研究し、天主教は次第にさまざまな階級の中に浸透し、実学派の形成に主導的な役割を果たした。保守的な執権層は、こうした西学の浸透に当惑して、顕宗代（1659～74）から高宗代（1863～1907）初頭に至るまで無数の迫害が起こり、丙寅・辛未洋擾など、外勢との衝突も幾度か起こった。西学は直接的に李朝社会の変革をもたらすことはなかったが、李睟光、柳馨遠、安鼎福、李翼、丁若鏞ら実学者の思想形成に大きな影響を及ぼし、開港と開化に理論的な基盤を提供した。

パリ外邦伝教会（パリ外国宣教会） 1653年にアジア地域への布教の目的で、フランスで創立されたカソリックの伝道団体。修道誓願をしない在俗の司祭から構成され、会員は布教地で3年間の研修期間を終えた後、生涯をアジア地域の布教に捧げるという誓約を行って入会した。本部はパリにあり、朝鮮にもしばしば宣教師を派遣して迫害を受け、多くの殉教者を出した。丙寅迫害（1866）で殉教したダブリュイ神父も本教会から派遣された神父で、彼は当時の朝鮮の状況と不況の様子をパリの本部に送った。これを基本資料としてダレは『朝鮮教会史』（2巻、1874）を著した。朝鮮と日本のカソリックの興隆に先駆的役割を果たし、文化活動や社会活動にも従事した。

朝鮮天主教 朝鮮における天主教（カソリック）は17世紀初めに、北京に赴く燕京使たちによってもたらされ、当時権力から遠ざけられていた南人系の両班たちが関心を持つようになった。彼らにあっては天主教は信仰の対象ではなく、閉塞状態にあった朱子学に代わる思想として研究の対象であった。ところが1783年、李承薫が北京ではじめて洗礼を受け、聖書とイエス像を国内へもたらし、朝鮮の天主教史は新しい局面を迎えた。李承薫は金範禹とともにソウルに教会を設け、信者を獲得していく。朝鮮における天主教布教は、1人の宣教師による伝道もなく、国外で洗礼を受けた者と儒学者による自発的な活動によって開始されたのである。これは世界の天主教史上、例のないことである。その後、李朝封建体制下で数々の弾圧（代表例として辛亥邪獄（1791）・辛酉邪獄（1801））を受けながらも教勢を拡大し、1831年には北京教区から独立して朝鮮教区が設立される。教勢の伸張は李朝の新たな弾圧（乙亥邪獄、1839）を呼んだが、1845年には、朝鮮人としてはじめての神父（金大建）が誕生する。たび重なる弾圧に対し、フランス人神父の要請を受けた同国東洋艦隊所属のセーシル少将は、1846年、軍艦3隻を率いて来航し、迫害の責任を問う文書を李朝に伝達する。折から朝鮮では民乱が頻発したのと相まって、天主教弾圧は一時沈静化した。しかし1863年、大院君が摂政となって政権を握るとふたたび大弾圧が開始された。1866年には金

南雲・南鍾三・丁義培らとともにフランス人神父9名が処刑された（丙寅迫害）。その後、丙寅洋擾（1866）・南延君墳墓盗掘事件（1868）・辛未洋擾（1871）など、フランス・米国の侵入がつづくと、大院君はさらに感情的になり、1873年までに400名以上を処刑、各地に斥和碑を建立した。しかし大院君の失脚につづき、1882年、米国と修好通商条約が結ばれるにともない、信教の自由が形式的には認められた。以後、果敢な宣教運動で教勢を拡大、日韓併合時には約7万4000人の信徒を数えた。1911年、朝鮮教区は京城教区と大邱教区に分離、植民地となってもその活動は衰えなかった。40年代の戦時総動員体制下においても教会建物の徴発、教会系学校閉鎖などの弾圧に対して抵抗をつづけた。45年8月当時の信徒数は約18万となっていた。つかの間の解放の後、北では共産主義勢力による弾圧がはじまり、多くの指導者たちが逮捕・拘禁され、信仰は抹殺される。朝鮮戦争の最中、信徒たちは南へ下り、彼らの力もあずかって、教勢はさらに拡大する。62年には53万、70年代に入って100万を超えた。95年現在では信徒200万名以上（2014年現在では500万以上）、大学11校、高校30校を有している。この間、韓国天主教は、民主化運動の先頭に立って現実闘争をつづけてきた。なおバチカンの天主教中央との関係では、1969年に金寿煥ソウル大教区長が枢機卿に叙品された。また81年には朝鮮教区設立150周年、84年には朝鮮天主教200周年をローマ法王（教皇）ヨハネ・パウロ2世を迎えて盛大に挙行した。天主教・改新教（プロテスタント）はともに韓国民衆の心の重要な拠りどころとなり、独立運動・民主化運動の思想的支柱の1つであった。両派を合わせた韓国のキリスト教信徒数は2000年現在で1100万以上にのぼるといわれている。また民主化運動の実践は韓国キリスト教の思想的成長を促し、民衆を運命の犠牲者、「迷える羊」ではなく歴史の主体とみて、その生きざまのなかに神の啓示を見出そうとする「民衆の神学」をも生み出した。しかし他方で教勢の肥大化は、一部に信仰よりも商業主義を優先する傾向をも生み出しており、「教会財閥」という言葉もあるくらいだ。なお、2014年8月、ローマ法王フランシスコが1984年、89年以来、25年ぶり3回目の訪韓をした。

ベルヌー、S.F. 1814～1866。フランス人神父。朝鮮名は張敬一。パリ外邦伝教会神父。1837年、司祭品（主教に次ぐ位）を受け、40年、布教地のトンキン（フランス領インドシナ）へ向かってフランスを出発したが、その途中のマカオで、朝鮮人の崔良業・金大建らに出会った。54年、満州で主教に叙任され、翌年フェレオル主教の後任として朝鮮に入国。56年、第4代朝鮮教区長となった。その後、ミューテル主教・ダブリュイ副主教・リーデル神父など11名のフランス人神父を率いて宣教に力を注ぎ、64年の高宗即位の時点では信徒数は2万人に達し、王室内にも福音を伝道した。66年、丙寅迫害でフランス人宣教師9名と8000名余りの信徒が朝鮮全土で逮捕されたとき、ベルヌーも捕われた。大院君から教会の撤廃と出国を要請されたがこれを拒否、その年の3月8日、西小門外の刑場で斬首され、殉教した。殉教後、彼の伝記がフランスで発行された。

ブラン、M.J.G. 1844～1890。フランス人宣教師。朝鮮名は白圭三。パリ外邦伝教会の神父として、中国で伝道活動をしていたが、1866年、丙寅迫害で殉教した9名のフランス人神父の後任として、76年に上

海を経て朝鮮に入国。迫害を避けながら僻地での伝道に努めた。翌年、リーデル神父の再入国に力を得て教勢回復に力を注いだが、両名とも逮捕され、国外に追放された。その後、朝米修好通商条約締結(82)で弾圧が緩和され、84年には主教となって第7代朝鮮教区長として朝鮮に再入国した。神父養成のために21名の朝鮮人学生を南洋のピナン島の神学校に派遣し、また、聖書普及のための出版所を設けた。中国在留時から『朝仏字典』編纂に着手していたが、1890年にソウルで病没し、その完成を見ることはできなかった。

ダレ、C.C. 1829～1878。フランスのパリ外邦伝教会所属神父。1850年、外邦伝教会に入り、カナダなどで布教に従事し、のちにパリで『朝鮮教会史』(2巻、1874)を完成した。その後、東洋での伝道を志し、インドシナへ入ったが、1878年にベトナム南部のコーチシナのトンキン(東京)で病没。『外邦伝教会史』の述述に着手したが完成を見ずに没し、A.ロネが継承し、これを完成させた。

『朝鮮教会史』 フランス人宣教師ダレが著した朝鮮の天主教教会史。丙寅迫害(1866)で殉教したフランス人宣教師ダブリュイが収集した資料をもとに、パリにおいてダレが72年から74年にかけて著述、刊行した。2巻からなるこの膨大な『朝鮮教会史』の中には、李朝政府編纂の資料には見られない民衆レベルの貴重な記録が多く含まれており、天主教のみならず李朝後期研究の基本文献とされている。

ミューテル、G.C.M. 1854～1934。天主教主教。フランス人。朝鮮名は閔徳孝。1877年にパリ外邦伝教会から朝鮮教区に派

1920年頃

遣され、他の宣教師が収集した『朝仏字典』の原稿を整理し、1年後に完成させた。80年に白翎島に上陸、黄海道地方で宣教活動を行い、白川で捕われたが、閔氏政権の開国策によって釈放された。90年、朝鮮教区長ブランの後任として第8代朝鮮教区長に選任され、司教となった。92年、明洞聖堂建立に着手して98年に完成させた。1909年には月刊『京郷雑誌』と日刊『京郷新聞』を創刊した。『黄嗣永帛書』(1801年、天主教徒黄嗣永が、北京の主教に朝鮮国内の天主教迫害について報告し、救援を依頼した密書。これが発覚し、黄は処刑される。現在、ローマ法王庁に保管)と己亥・丙午・丙寅迫害の殉教記録を仏訳し、ハングル・漢文混交、日本語、漢文、ラテン語などからなる1万3451巻の古文書を収集した。これらは「ミューテル文書」として、現在もパリにある教会史研究所に所蔵されている。50年間朝鮮に滞在し、朝鮮教会の定着と近代化に貢献した。1933年にソウルで病没。

クーラン、M. 1865～1925。フランス人東洋学者。パリ生まれ。パリ大学付属東洋現代語学校卒業後、ソウル・東京・横浜・天津などで公使館付通訳として勤務。1890年、駐朝フランス公使館の通訳として赴任し、ミューテル主教(天主教朝鮮区長。パ

リ外邦伝教会所属)の助けを得て、朝鮮図書の研究に着手。休暇などでフランスに帰国しているときにも、ヨーロッパ各地の図書館・大学・研究所に散佚する朝鮮図書を探訪・調査し、1894〜1900年にかけて大著『朝鮮書誌』(Bibliographie Coréen Tableau Litteraire de la Corée) 4巻を完成した。その後、パリ国立国民図書館蔵の中国・朝鮮・日本書籍の分類を企画し、1912年に中国図書の分類目録を完成させたが、朝鮮・日本については日の目を見なかった。『朝鮮書誌』は3821種の図書を分類し、解題したもの。

海西教案事件 1900〜03年にかけて海西地方(黄海道)で、天主教(カソリック)信者と地方官・民間人との間で起こった訴訟事件。黄海道に天主教が伝わったのは他の地方よりも遅れたが、パリ外邦伝教会所属のベルヌー主教の活動と禹世永・李得甫、それに安重根の父・安泰勲らの働きによって次第に教勢が強くなった。李朝政府はキリスト教布教を公式には認めなかった。しかし、布教は、非公認のもとでも、なしくずし的に進められた。とくに、朝仏修好通商条約(1886)で在朝鮮フランス人に認められた「教誨(きょうかい)」の自由が布教の自由を意味するというフランス側の解釈によって、天主教の布教はなおのこと活発化し、天主教に入信する者が急増した。ところで、入信者の中には信仰や教理よりも、「ご利益」や時流に便乗しようとする者も多くいた。この者たちと伝統社会との摩擦の中に、「教案事件」を惹起する契機が内包されていた。「教案」(もしくは「教案事」、「事件」)とは朝鮮キリスト教史の用語で、一般に新旧のキリスト教徒と非教徒(伝統宗教の信徒)らの間に発生した紛争が外交的折衝によって解決されることをいうが、海西教案事件の場合、腐敗した地方官吏の天主教徒への搾取と弾圧、迫害があり、一方でフランス人宣教師の過度な治外法権的行動や李朝末期の土地所有関係の混乱、新たに教勢を拡大しようとする新教の台頭などが複雑に合わさり、黄海道一帯で事件が発生したのである。李朝政府は1903年1月、翼査覈使(李朝が地方で起きている騒動の実態を調べさせるために送った官史)・李応を派遣したが、李のおざなりな調査による不十分な「解決」によって問題を一層複雑にした。そして、翌1904年、ソウルで李朝政府(外部大臣)とフランス公使の間で改めて事態の収拾がはかられた。宣教師の逸脱した治外法権的行為(とくに私刑など)をやめること、李朝も信教の自由を認めることで決着し、その後教案事件は起こらなくなった。

明洞聖堂 1898年、朝鮮で最初に建立されたゴシック式の天主教大聖堂。鍾峴聖堂ともいう。朝米修好条約(82)後、西洋人排斥と天主教迫害が中断され、教勢が盛り上がった92年に、第8代朝鮮教区長ミューテルが朝鮮天主教会総本部として建てた。設計はフランス人神父ゴストー(朝鮮名は高宜善)による。建築途中に本国フランスが植民地各地での内乱に忙殺され、パリ外邦伝教会から補助が途絶えて工事は一時中断されたが、98年に完工。敷地5000坪、建坪4000坪の壮麗なゴシック式聖堂で、その規模は現在でも韓国最大である。解放後、民主化闘争・反体制運動の拠点、もしくはメッカの1つとなっている。天主教ソウル教区と全国主教区を管轄している。なお、聖堂とは天主教(カソリック)、教会とは改新教(プロテスタント)の建物をいう。

独立門 1896年、徐載弼の率いる独立協

1910年頃の独立門

会が朝鮮の永久独立を宣言するために建てた門。清の使臣を迎え入れるための迎恩門が日清戦争後に取り壊された後、その跡地に独立協会が広く基金を募って建てたもので、パリの凱旋門に倣ってドイツ公使館勤務のスイス人技師が設計した。主に花崗岩が使われ、その構造は中央に虹蜺門、左内部には屋上に通じる石段がある。門前の二本石柱はかつての迎恩門の支柱である。1978年、都市計画に従って元の場所から80メートル離れた場所に移転し復元された。

徳寿宮 李朝末期に高宗(在位1863〜1907)が住んだ王宮。もとは慶運宮、明礼宮などと呼ばれ李朝の行宮(仮宮・離宮)だった。月山大君(徳宗の長男)の邸宅だったという説もある。1593年、壬辰倭乱(豊臣秀吉の侵略)の戦火を避けて義州にいた王がソウルに帰り、これを修築して王宮とし、西宮と呼んだ。1611年には仁穆大妃がここに幽閉され、1623年には本宮内の即作堂で仁宗の即位式が行われた。後には王室の私庫として王妃の所有となり、第26代高宗は日韓併合後の余生をここで送った。現存する建物は李朝末期のもので、とくに石造殿は朝鮮最初の西洋式建物であり、解放後は米ソ共同委員会の会談場として使用された。53年からは国立博物館、73年からは、国立現代美術館として使われた。

徳寿宮石造殿 徳寿宮内に建てられた朝鮮最初の西洋式石造建築物。1900年に着工され、10年後の1910年に完成。列柱式のルネッサンス様式で建てられ、工事費は130万元が投入された。しかし、竣工当時はすでに大韓帝国の末期であり、皇帝の王宮としては使用されず、高宗がしばらくの間使用。解放後は米ソ共同委員会の会議場として使用されたこともある。53年からは国立博物館、73年からは国立現代美術館として使われた。

改新教(新教) プロテスタントを指す。こ

れに対してカソリックは天主教と呼ばれる。朝鮮における改新教布教活動は、1885年に米国人H.G. アンダーウッドとH.D. アッペンゼラーの両牧師によって初めて公式に開始された。長老教会宣教師・アンダーウッドと監理教会（メソジスト）宣教師・アッペンゼラーは、まずソウルで布教をはじめ、87年、最初に長老教会のセムンアン教会が創立され、つづいて10月には監理教会の貞洞教会が建てられた。その後、改新教の教会は釜山・大邱・平壌・義州など全国に建てられ、宣教ばかりではなく、教育・医療・社会事業などを活発に展開した。日本の侵略がはじまると、教会は自主精神を鼓吹し、朝鮮の独立運動に直接間接に協力した。3・1運動に際しては、日本軍によって引き起こされた堤岩里虐殺事件などの蛮行を海外に知らせて世界の世論を喚起し、朝鮮の実情の報道に大きな役割を果たした。朝鮮で宣教活動を行った改新教の教会には、米国南北両長老教会と米国南北両監理教会、そしてカナダ長老教会などがあった。

皇城基督教青年会　1903年、米国人P.L. ジレットの指導の下に発足したキリスト教系青年団体。YMCAの前身。李商在・尹致昊・李承晩・金奎植・金貞植・申興雨らが参加し、信仰運動ばかりでなく、教養講座・討論会・啓蒙運動・体育指導・農村運動などの活動を展開し、民族運動の先駆的役割を担った。また、米国、カナダを舞台に日本と闘争し、直接間接に独立運動に参加した。

李商在［イ サンジェ］　1850～1927。宗教家、社会運動家。81年、朴定陽の随行員として紳士遊覧団に参加し日本を視察。同行した洪英植と親しく交わり、84年に洪英植が郵政省総弁（長官）となると、郵政局主事（局長）として仁川で勤務したが、甲申政変の失敗により落郷した。80年に朴定陽が初代駐米公使として赴任すると1等書記官として彼に従い渡米したが、清の圧力で翌年帰国した。その後、右副承旨などの国家の出納責任部署を経て学務局長のポストにつき、新教育令を発布・実施した。96年、議政府総務局長となって、徐載弼らと独立協会を設立。副会長として万民共同会を開催するなど内政改革と民衆啓蒙に尽力した。1902年、開化党事件（独立党事件）で下獄し、3年間の服役中にキリスト教（新教）に入信。1906年、皇城基督教青年会の宗教部総務および教育部長を兼任し、3・1独立運動当時、独立宣言代表に参加要請を受けたが拒絶した。21年、朝鮮教育協会会長となり、北京で開かれた万国キリスト教青年連合大会に代表として参加。23年、少年連斥候隊（ボーイスカウト）の初代総裁となった。翌年には『朝鮮日報』社長に就任し、27年、新幹会初代会長に推戴された。同年に死去すると朝鮮最初の社会葬が行われた。

アンダーウッド、H.G.　1859～1916。米国北長老教会牧師、教育者。1885年4月に朝鮮に入り、当初は孤児学校を設けたが、1905年に儆新学校を設立。この頃から大学設立構想を持ち、米国北長老教会海外宣教本部や在朝鮮監理教（メソジスト）、カナダ長老教の協力を得て、1915年朝鮮基督教大学を創立。これが1917年に延禧専門学校（延世大学の前身の1つ）に発展する。現在も子孫が韓国に在住し、大学経営や宗教活動に携わっている。

元山学舎　咸鏡南道元山で民族資本により設立された近代的学校。1880年に元山邑民らが府使の鄭顯奭に学校設立を要請し、

83年開校した学校。初期には文芸班・武術班・算学・格致（物理）・農業・養蚕・採鉱・経書・時務・国語・法律・地理・国際法などを教え、修学年限は1年だった。同年10月、政府から正式認可を得て元山学校と改称した。この元山学舎は、国家や外国人の指導によるものではなく、地域住民が進んで寄付を出し合って設立した学校だったことに意義がある。この学校の後身は1945年まで存続した。

ミッションスクール キリスト教宣教師による、アジア・アフリカ・南アメリカなどの異教世界での伝道を目的として設立された学校。朝鮮では1883年にメルレンドルフとヘルリ・パクスの宣教活動を皮切りに、1885年には米国監理教会（メソジスト）のアッペンゼラーによって培材学堂が設立され、86年には北米長老教会のウィルソンによって儆新学校が、90年にはスクレントンによって梨花学堂が、95年には長老教会系の貞信女学校が、97年には崇実学校が、98年には培花学堂などが設立された。これらミッションスクールは、日本帝国主義下では民族教育の温床とみなされ、激しい弾圧を受けた。一方ではヨーロッパ帝国主義の文化的先兵でもあったが、朝鮮における近代教育・啓蒙に一定の役割を果たした。

培材学堂 1885年8月5日、米国監理教会（メソジスト）宣教師・アッペンゼラーがソウルに建てた朝鮮最初の近代的中高等教育機関。現在の培材中高等学校の前身。発足当初は2部屋を仕切る壁を壊して教室とし、学生2名の小規模なものだったが、国王の高宗はこれを哀れに思って「培材学堂」という親筆の看板を下賜した。その年の10月には学生数が20名に増え、キリスト教と国家の人材養成のために一般学科を教える以外に演説会・討論会などを開き、思想と体力養成にも力を注いだ。培材学堂の印刷部は朝鮮最初の近代的印刷施設であり、学生組織の協成会は学報を発刊し、民衆啓蒙を継続した。

アッペンゼラー、H.G. 1858～1902。米国の監理教会（メソジスト）牧師。教育者。ペンシルバニア州出身。1885年、監理教会から宣教師に任命され来朝した。朝鮮宣教会を創設し、つづいて培材学堂を設立した。聖書の朝鮮語訳事業にも力を注ぎ、『マタイ福音書』『マルコ福音書』『コリント前書』『コリント後書』などを翻訳した。1902年、木浦で開かれる聖書翻訳者会議に船で向かう途中に木浦沖で衝突事故に遭い、同行の朝鮮人を救おうとして水死した。また、娘のエイリア・アッペンゼラーも梨花学堂専門部（梨花女子大の前身）を設立して校長を務めた。

育英公院 1886年、ソウル貞洞に設立された朝鮮最初の近代的公立教育機関。左院と右院の2つの班を置き、米国人教師を招聘して新式教育を行った。左院には若い文部官吏を選抜して通学させ、右院には15～20歳の両班の子弟から秀才を選び、寄宿させた。科目は外国語・数学・地理・歴史・科学・経済があった。94年、英語学校へと改編されたが、その年に廃止された。

広恵院（済衆院） 1885年、ソウルに建てられた朝鮮最初の近代的病院。医療宣教師として84年に来朝したH.N.アーレンが開設。アーレンは来朝当初、米国・英国などの外国公使館の嘱託医となったが、甲申政変で刀傷を負った閔泳翊の生命を助けたことで高宗と閔妃の寵愛を受け、王室付きの侍医官に任命された。また、高宗は洪英植

の邸宅をアーレンに下賜し、病院設立の許可を与えた。広恵院という名もこの時高宗が授けた。85年4月14日、朝鮮最初の近代的病院が開設されたが、翌年3月12日に済衆院と改称された。

アーレン、H.N.

アーレン夫妻 （1903年頃）

1858〜1932。米国の宣教師、外交官。朝鮮名は安連。オハイオ州出身。1881年、オハイオ州ウェスリオン大学神学科を卒業後、マイアミ医科大学で医学を学び、北長老教会外国宣教部医療宣教師として上海で活動した。84年、朝鮮最初の改新教医療宣教師として来朝。米国公使館の嘱託医となり、同時に宣教活動にも着手した。この年、甲申政変で負傷した閔泳翊を治療したことがきっかけとなって王室医兼高宗の専従顧問となり、85年に王が開設した朝鮮最初の近代的病院・広恵院の医師兼最高責任者を務めた。87年に参事官に任命され、駐米全権公使・朴定陽の顧問として渡米。朝鮮に対する清の干渉が不法であることを国務省に報告し、90年には駐朝米国公使館の書記官となって外交活動をはじめた。95年には雲山鉱山の採掘権を、翌96年には京仁鉄道敷設権を米国人モースに斡旋した。また、92年には『コリアン・レポジトリー』を刊行した。97年には駐朝米国公使兼総領事に任命され、電灯・電車・道路敷設のための電力会社設立権を米国にもたらした。1900年、英国王立アジア学会朝鮮支部の結成にも尽力した。翌年には駐朝米国全権公使となり、1904年、高宗から勲一等と太極大緩章を受けた。1905年の乙巳条約締結後に帰国し、医師として余生を送った。著書に『朝鮮―事実と幻想』『朝鮮の事物』などがある。

『大東輿地図』

李朝末期に金正浩が製作した朝鮮の地図。金正浩は1834年に『青邱図』（青邱は朝鮮の雅称）を完成したが、その後も27年間にわたって全国津々浦々を踏査・実測し、61年に本図を完成して刊行した。鴨緑江・豆満江以南の半島と島嶼を約16万分の1の縮尺で描いた分帖折り畳み式地図である。山脈・山・河川の名称と、営衙（官衙）・邑治（邑の沿革と風土）・城址、鎮堡（咸鏡北道・平安北道の北方警備所）・駅站（各地の駅）・倉庫（各郡の米穀蔵）・牧所（各地の牧。牧は郡ほどの規模）・烽燧（各地の烽燧台。烽はのろし、燧は煙。中央に情報を知らせる信号台の役割）・陵寝（王陵）・坊里（末端の行政区）・古県（かつて県であった所）・古山城（古い山城）・道路などが表示されている。その正確さは現代の地図に匹敵し、西欧の地図学が伝えられる以前に、すでに朝鮮の地図学が大成されていたことを示す文化財である。しかし、金正浩がこの地図を大院君に献上すると、その精密さに驚いた朝廷は、国家機密漏洩容疑で木版を燃やし、金正浩を投獄し、獄死させた。

金正浩 ［キㇺ　ジョンホ］

?〜1864。地理学者。独学で朝鮮の地図製作に心血を注いだ。30年間にわたって全国津々浦々を踏査・測量して『青邱図』を製作。つづいて当時としては驚異的な精密さを実現した『大東輿地図』を完成させ、1861年に自力で木版図

を刊行。つづいて64年には『大東地誌』32巻15冊を出版し、1530年に作成された『輿地勝覧』を改訂した。この『大東輿地図』は、彼が西大門外の自宅で娘とともにみずから木版を刻んだもので、完成後大院君に献上されたが、国家機密漏洩容疑で投獄され、獄死した。手ずから刻んだ木版は官吏の手によって火中に投ぜられた。

最近の研究では、大院君によって迫害されたという事実はないとされているが、定かではない。

池錫永[チ ソギョン] 1855〜1935。李朝末期の学者。1876年、修信使の随行員として日本へ赴いた師の朴英善から池錫永は『種痘亀鑑』(天然痘予防書)を与えられて一読し、大いに感ずるところがあった。彼は釜山の済生病院(日本人経営の病院)を訪ねて種痘法を学び、その年の冬には忠州徳山面で朝鮮人として最初の種痘を行った。80年には修信使・金弘集の随行員として日本に渡り、痘苗の製造法と採取法などを学んで帰国。ソウルで積極的に牛痘を実施し、その普及に力を尽くした。83年には科挙文科に及第。持平(司憲府の下級官。司憲府は司法関係庁)などの役職を経て87年に常令となり、政治の腐敗を論じて全羅道の薪智島に配流された。92年に配流を解かれて刑曹参議、東莱府使(東莱の長官)などを歴任。99年には政府に建議して京城医学校を設立し、10年間校長を務めた。1905年に『新訂国文6ヵ条』を上奏。学部(文部省)内に国文研究所を設置し、その研究委員となった。彼は朝鮮における種痘法実施の先駆者であると同時に、近代的な玉篇(漢字辞書)である『字典釈要』を執筆するなど、国文の研究にも大きな功績を残した。その他の著書には85年に編んだ『牛痘新説』がある。

『六典条例』 李朝末期の各官庁が担当した事目と施行規例を収録した書物。10巻10冊からなる活字本。1865年に編纂された『大典会通』によって典章法度が整備されたが、これに漏れた事例も多く、同年2月に王命によって編纂され、67年に印刷発布された。吏・戸・礼・兵・刑・工の6典を綱としてまとめ、その下に該当官衙を分けて掲載し、所掌事目・条令・施行細則などを規定した一種の行政法規集である。

『大典会通』 李朝末期、『大典通編』刊行後の80年間の王の教命と禀奏・定式などを収集し、『大典通編』を補完する法書で6巻5冊の印本(木版本)。1865年、趙斗淳らが王命によって編纂した。『経国大典』の本文を「正」、『続大典』を「続」、『大典通編』の新規定を「増」、本書の新規定を「補」と規定し、互いに区別して、吏・戸・礼・兵・刑・工の各典の条項に総合し、『大典会通』と命名して同年に発布した。李朝500年を通じての最後の法令集であり、李朝法典を総合したもの。

『歌曲源流』 李朝末期の1876年、朴孝寛が弟子の安玟英と編んだ詩歌集。『海東楽章』あるいは『青邱楽章』ともいう。収録作家と作品の時代範囲は、高句麗の乙巴素から李朝・高宗時代の安玟英に至る1000年余にわたり、詩歌の全分野を掲載している。体裁は男唱、女唱に分け、男唱符は800を超え、女唱符は170余りを曲調によって分類している。この詩歌集は李朝末の混乱期に編纂されたため、奎章閣(王室文庫)本をはじめとする異本が多い。

『朝仏字典』(韓仏字典) 1880年、フランス朝鮮宣教会名義で出版された最初の朝仏字典。外国人の手で編纂された初期の労作

であり、日本の横浜で出版された。フランス語とそれに対応する朝鮮語が辞書の体裁をもって出版されたのはこれを嚆矢とし、朝鮮語学研究における重要な資料である。付録として、「ハダ（日本語の「〜する」の意味）」などの語尾変化について論じられており、朝鮮語史の貴重な資料となっている。地名と地図も付録にある。

『隠者の国　朝鮮』（Corea, The Hermit Nation）　米国人W.E.グリフィスが英文で書いた朝鮮の歴史地理書。1882年に初版が刊行された。構成は、第１部・古代および中世史、第２部・政治と社会、第３部・近世および最近世史となっている。著者のグリフィスは米国フィラデルフィア出身の牧師で東洋学者。1870年に日本に渡り、東京大学の物理学・科学教授を務めた。日本を理解するには、古代以来日本史に深い影響を与えた朝鮮史を究めるべきことを悟り、朝鮮研究に志を定めた。本書のスタイルは文学的だが、ところどころに驚くべき観察力がうかがわれる。ことに中国の影響力を過大に評価した朝鮮研究への警戒を強調した点など卓見である。外国語で書かれた朝鮮史の中でも群を抜いて興味深く、その叙述は包括的で、現在も高い評価を得ている。本書発刊当時の朝鮮は鎖国政策をとり外部との接触を拒絶していたので、西欧人は本書のタイトルを借りて、朝鮮をしばしば「隠者の国」（hermit nation）と呼んだ。現在も、北朝鮮にこれが代名詞として使われることがある。なお、グリフィスは一度も朝鮮の地に足を踏み入れたことはない。にもかかわらず、朝鮮を「隠者の国」と決めつけた。この負のレッテルづけはいまもなお、朝鮮・韓国につきまとっている。

『コリアン・レポジトリー』（**朝鮮彙集**：The Korean Repository）　1892年１月、米国人アーレンによって創刊された朝鮮内で発行された最初の英文雑誌。同年12月に休刊となったが、３年後の95年にH.G.アッペンゼラー、G.H.ジョンソン、H.B.ハルバートらによって再刊され、99年４月に通刊59号で廃刊となった。外国宣教師が朝鮮の事情を知らせるために発刊したもので、朝鮮の政治・経済・文化・風俗などに関する記事は、朝鮮近代史研究のための貴重な資料である。また、西欧文明を朝鮮に紹介し、朝鮮人の西欧認識を高めることにも貢献した。

『漢城旬報』　1883年10月31日に創刊された朝鮮最初の近代的新聞。統理機務衙門に博文局を設け、日本から印刷機と新聞用紙を輸入して旬刊雑誌として発刊され、官報的性格を帯びていた。体裁は19×26.5センチの１段組で、全号24ページ建て。開化派の主導で発行されたこの新聞は、国漢文混交（漢字とハングルの混交文章）を目指したが、守旧派の妨害と活字の整備不足のため、純漢文体で40号まで発行された。84年12月に甲申政変が失敗すると、博文局が守旧派群衆の襲撃を受けて炎上し、漢城旬報も創刊14ヵ月目にして廃刊を余儀なくされた。

『漢城周報』　1884年12月に廃刊となった『漢城旬報』を復活させ、86年１月に発刊された新聞。朝鮮最初の国漢文混交（漢字とハングルの混交）新聞である。都里衙門督弁・金允植が先頭に立って博文局を再建し、博文局総裁となって、『漢城旬報』廃刊後14ヵ月目の86年１月25日に最初の号を発刊した。国漢文混交の週刊紙で、ときにはハングルだけの記事や読み物記事も掲載された。また、最初に商業広告を掲載

するなど斬新な試みもしたが、88年に博文局が廃止されるとともに廃刊となった。

博文局 李朝末期に設置された印刷・出版機関。1883年8月、金玉均・徐光範・朴泳孝らの尽力で設置され、閔泳穆・金晩植らが責任者となり、福沢諭吉の弟子、井上角五郎を顧問として同年10月31日から『漢城旬報』を発行した。その後、甲申政変で廃止されたが85年に復活した。広印社に印刷所を移して『漢城旬報』を改め『漢城周報』として発行し、外国文書籍も出版したが、このときの主要メンバーは、金允植(総裁)、鄭憲時(副総裁)、張博(主筆)、鄭秉夏(会計)、井上角五郎(翻訳主任)らであった。88年には統理交渉通商事務衙門(外交・通商の省庁)の付属機関となって、博文局はなくなった。

7. 植民地への道

ロシア革命 帝政ロシアを打倒し、史上初の社会主義建設をめざした帝国主義時代のプロレタリア革命。帝政ロシアでは20世紀に入ってもなおツァー(皇帝)の専制支配下にあり、その中で事実上の農奴制が依然として残存し、また、対外侵略戦争や他民族抑圧政策が行われていた。これに対する労働者・農民など民衆の不満や抵抗は日々激しさを増した。日露戦争が正念場を迎えた1905年1月に「血の日曜日」事件が起こり、これを契機についに第1次革命が勃発した。政府は軍を動員して弾圧を加えたが、同時に国会開設と内政改革を約束して、革命をいったん鎮静化させることに成功した。その後、政府は英国と手を結んで重工業を育成し、産業発展を推進した。しかし反動政治は改めず、そのまま第1次世界大戦に突入した。国力消耗により、食糧事情など民衆生活の水準は悪化を極め、労働者・農民の闘争は高揚した。支配層内部でも、ドイツとの単独講和や皇帝の退位を要求する勢力が次第に力を強めた。1917年3月8日(当時のロシア暦で2月23日)、首都ペトログラード(現サンクト・ペテルブルグ)で「パンをよこせ」と叫ぶ市民のデモが官憲と衝突したのを引き金に、兵士の反乱が起こり、12日には労働者・兵士代表によってソビエト(協議会)が組織された。国会内の資本家グループ(カデット、立憲民主党)はメンシェビキおよび社会革命党と手を結んで臨時政府を樹立。ニコライ2世を退位させ、同時に英仏の助けを借りて戦争継続をはかった(「2月革命」)。同年4月、スイスから帰国したレーニンは「4月

テーゼ」を発表し、権力を資本家から労働者・貧農の手に移すことを主張。「すべての権力をソビエトへ！」のスローガンを掲げてボルシェビキを指導した。7月、ケレンスキーを首班とする臨時政府は攻勢に転じ、軍隊を動員してデモを弾圧した。また、ボルシェビキの政治活動を封じ込めて地下潜行を余儀なくさせ、レーニンはフィンランドに亡命した。こうした状況下でボルシェビキは平和革命の時期は終わったと判断し、11月7日(当時のロシア暦で10月25日)のソビエト大会決定を経て武装蜂起を断行、レーニンを首班とするソビエト政権の樹立に成功した(「10月革命」)。つづいて「土地に関する布告」を発表。地主所有の土地を国有化し、同時に銀行と産業の労働者管理へと進んだ。また、「平和に関する布告」によってすべての交戦国に講和を提唱。18年にはドイツとの単独講和を結んで平和を回復した。その後の反革命の動きと日・米・英・仏連合国の干渉戦争に対しては赤軍をもって戦い、同時に社会主義社会の建設に着手した。ロシア革命の結果は極東アジアに大きな影響を及ぼした。朝鮮の独立運動戦線にも共産主義運動の波が起こり、左派政党諸団体が活発に設立され、その後の独立運動の一つの流れをなした。

ニコライ2世 1868〜1918。ロシア・ロマノフ王朝の最後の皇帝(在位1894〜1917)。ロシア皇帝アレクサンドル3世の長男。1891年、皇太子として極東訪問中に、日本で大津事件に遭遇し負傷した。90年に帝位に就くと積極的な極東進出を企てた。三国干渉や東清鉄道敷設などを行って日本と対立し、日露戦争を引き起こして敗れ、同時に国内の革命陣営からの攻撃にさらされた。1905年、第1次ロシア革命に直面すると、国会開設を約束して革命鎮圧に成功。つづく反動的ストルイピン時代には皇后と奸臣の専横を許し、2月革命(17)が勃発し、ついに帝政は崩壊した。3月15日に退位を宣言したが、10月革命後の18年7月16日、シベリアの流刑地に護送される途中、ウラル地方のエカテリンブルグ(現スベルドルフスク)で、地方ソビエト当局によって家族とともに処刑された。

興中会 清朝末期、孫文によって組織された中国最初の近代的非合法政治結社。1894年、日清戦争初期にハワイで創設され、清が敗れると本部を香港に移し、拡大・再整備をはかった。清朝打倒と民主国家建設を提唱する興中会は、米国や東南アジア在住の華僑と国内秘密結社の支援を受けて、95年に広州蜂起、1900年には恵州事件などを起こしたが、すべて失敗に終わった。しかし革命の機運の高まりとともに、興中会を中心としてさまざまな革命派が結集し、1905年には中国同盟会が結成された。

中国同盟会 1905年8月、日本の東京で甘粛省を除く7省の中国留学生300余名が集まって結成された中国革命をめざす団体。地域的な結社だった興中会、華興会、光復会を1つにして結成された。「駆除韃虜・恢復中華・創立民国・平均地権」を綱領とし、孫文が総理に就任した。三民主義を指導理念とし、機関紙『民報』を発刊、民主共和の革命を主張した。1906年の萍郷事件をはじめとして中国南方を中心に反清武装闘争を繰り広げ、辛亥革命を準備した。12年の中華民国成立と同時に改組されて国民党となった。

変法自強運動 清朝末期に康有為、梁啓超らを中心に推進された改良主義的変革運動。日清戦争の敗戦とそれにつづく帝国主

義列強の中国分割により、中国の若い知識人層の危機感は募り、同時に西欧の武器や技術だけを導入しようとした洋務運動の限界を悟って、封建的な政治社会体制の改革が叫ばれるようになった。こうして中国では、国会開設・科挙の改革と西欧式学校の設立・産業の育成を目的として主要都市に学校を建設し、新聞を発行するなどの啓蒙宣伝活動が展開されはじめた。康有為が清朝高官の支援を得て皇帝に上奏し、梁啓超、譚嗣同ら変法派が登用されて、一時彼らの思想実現の機会が得られたが、この変法運動は西太后のクーデター(戊戌政変、1898)で挫折し、康有為・梁啓超は日本へ亡命した。

義和団事件(北清事変)　清朝末期の1899年、中国山東省で起きた反キリスト教暴動を契機に華北一帯に広がった反帝国主義農民闘争。北清事変、団匪の乱ともいう。闘争の中心勢力である義和団は、白蓮教と呼ばれる宗教団体の流れをくむ宗教的秘密結社で、当時の社会矛盾やキリスト教の普及、ドイツの進出などに反感を抱き、「扶清滅洋」を叫んで外国勢力に武装闘争を挑んだ。1899年、山東半島西部で暴動を起こし、外国人、ことにキリスト教徒を襲撃した。清朝もこれを煽動し、暴動は拡大した。1900年に農民軍が北京に入城し、政府軍とともに英国公使館を攻撃したが、英国・ロシア・ドイツ・フランス・米国・イタリア・オーストリア・日本の8ヵ国連合軍によって撃破された。1901年9月に北京議定書(辛丑条約)が締結されて事件は終結した。膨大な賠償金の支払いを含む12ヵ条の内容は中国の独立国としての面目を失墜させ、その半植民地化をいっそう促進した。

日英同盟　ロシアの東進を牽制するため、1902年に日本と英国の間で結ばれた同盟。ロシアの極東政策は満州経略に主力を置くもので、1897年には遼東半島の旅順と大連を清から租借し、つづいて義和団事件を契機として清とアレキシエフ・増祺密約(1900)、ラムスドルフ・揚儒密約(1901)などを結び、実質的に満州を占領した。満州を保護領化していくロシアの姿勢は英国と日本の危機感を煽り、両国はロシアに対抗する同盟を結んだ。その主な内容は、英国は中国において、日本は朝鮮・中国の両国においてそれぞれの特殊権益を保持し、他国からその権益が侵害される恐れがあれば必要な措置をとると規定した。1905年、日英同盟は攻守同盟(共同の兵力で第三国を攻撃、またはその攻撃に対して防御する目的で締結された条約)へと拡大され、10年には英国のインドにおける領土保全を規定する条文が加わったが、ワシントン会議(1921〜22)で破棄された。

軍国主義　軍事力強化を国家政策の最優先課題とし、政治・経済・教育・文化などのいっさいをそれに従属させるイデオロギーや体制をいう。近世においてはプロシアがその典型とされるが、帝国主義の時代に入ってからは英国や米国などの資本主義列強がプロシアの軍制を見習って軍制改革を行うなど、資本主義国家間に共通する現象となった。素朴な軍事力至上主義としての軍国主義は社会主義国家にも存在する。しかし近代世界の歴史的存在という意味の「軍国主義」は、資本主義の極限形態としての帝国主義と切り離すことができない関係を持っている。日本軍国主義の場合は、明治維新以降、富国強兵をスローガンとし、軍人勅諭(1882)などによって徴兵義務を天皇に対する忠誠心に結びつけた。同時に対外的緊張を煽って軍備拡大を第1の課題に

掲げ、軍国主義への道を歩んだ。日本の軍隊は憲法によって内閣や議会の統制を受けない天皇直属機関とされた。さらに、陸相・海相は両軍の推薦によって現役軍人から選任されるため、内閣も軍隊を無視しては存立できなかった。満州事変(1931)の後、日本軍国主義はその総力戦思想を全面的に展開し、「高度国防国家建設」を叫んで国民生活のすべてを支配した。第2次大戦中には朝鮮を戦争遂行のための人的・物的供給地と規定。徴兵適用・徴用・供出などの莫大な犠牲を強要した。戦後、日本軍は解体されたが経済成長に勢いを得て自衛隊兵力を順次強化しつづけており、日本軍国主義の復活が懸念されている。

乙未事変(閔妃虐殺事件) 1895年10月8日、日本公使・三浦梧楼らが親露勢力の一掃を企てて閔妃(明成皇后)を殺害した事件。日清戦争に勝利した日本は、朝鮮に対しさらに露骨な侵略意図をむきだしにしたが、ロシアが先頭に立った三国干渉によってその気勢がそがれた。外勢の動向に敏感な閔氏一派はこれを見て即座に親露に傾き、親日内閣を崩壊させて親露派の李範晋・李完用らを中心に第3次金弘集内閣を成立させた。事態を重大視した日本政府は公使・井上馨を召喚し、代わって軍出身の三浦梧楼を公使として送った。三浦はしばらく勢力挽回の機会をうかがっていたが、ついに大院君と手を握り、10月8日早朝に閔妃虐殺を決行した。三浦は大院君を担ぎ、日本人政治ゴロ(「大陸浪人」)たちを指揮して景福宮に押し入り、まず宮内府大臣・李耕植と連隊長・洪啓薫らを殺害した。つづいて皇后の寝室・玉壺楼に乱入して閔妃を惨殺。死体に石油を撒いて火を放った後、埋めた。この凶行後、三浦は高宗を脅迫して親露派内閣を追い出し、兪吉濬・徐光範らの親日派を中心に第4次金弘集内閣を樹立させた。しかし、この変乱は国際的にも大きな物議をかもしたので、日本政府は三浦とその一党48名を召喚し、広島監獄に拘束して形だけの裁判にかけたが、結局は証拠不十分として全員を釈放した。一方、この変乱によって成立した新内閣は広汎な改革路線を打ち出し、陰暦の廃止、種痘法や郵便制度の実施、元号として建陽年号の使用、断髪令の施行などを積極的に推進した。しかし民心は閔妃虐殺の残虐さに憤り、また断髪令の実施に反発して、各地で義兵が蜂起し、また俄館播遷を呼び起こして、日本の朝鮮侵略計画は大きな打撃を受けた。同時に朝鮮はロシアの保護国的地位へと転落することになる。

閔妃(明成皇后)［ミンビ(ミョンソンファンフ)］

1895年頃

1851〜1895。高宗の妃。9歳で父母と死別、驪州の本家でつましく暮らしていたが、1867年に大院君夫人の閔氏の推薦で王妃となった。しかし、大院君との間には次第に距離が生じ、彼女は大院君反対派を糾合して閔氏一族の者を要職に就かせ、着々と自派勢力の基盤を築いた。1865年の景福宮再建など、大院君の失政が続くと、儒林(儒学者たち)は巨頭・崔益鉉を前面に立て、大院君を弾劾、ついに下野させた。その後は高宗に親政を宣布させて鎖国政策を廃止

し、76年、日本との修好を結んだ(江華島条約)。82年、壬午軍乱で身辺が危うくなると変装して王宮を脱出、忠州の長湖院に難を避けた。しかし、彼女の要請で清軍が出動、軍乱は鎮圧された。閔妃はすかさず大院君を清に拉致させ、ふたたび閔氏政権を打ち立てた。84年、33歳の時、甲申政変で閔氏一族が失脚するとふたたび清に介入を要請し、独立党政権を崩壊させた。しかしその結果、日本勢力の浸透によって金弘集らの親日内閣成立を招き、94年には大院君が再登場して甲午改革がはじまった。閔妃は今回はロシアに接近し、ようやく日本勢力の追い出しに成功した。これに対抗して日本公使・三浦梧楼は、95年10月8日、日本人政治ゴロを景福宮に乱入させて閔妃を殺害し、遺骸に石油をかけて焼却した。死後はいったん廃位され、庶民の身分となったが、97年に諡号として明成が贈られ、その年11月には国葬が挙行されて清涼里外の洪陵に葬られた。1919年に高宗が没すると楊州郡の洪陵に移葬された。

三浦梧楼 1846〜1926。李朝末期の日本公使。長州(現山口県)出身。倒幕運動に参加し、明治維新後は軍人となった。1878年に陸軍中将、88年に予備役に編入された後は90年に貴族院議員。95年には駐朝公使・井上馨の後任として朝鮮に赴任した。同年10月、ロシア勢力を朝鮮から追い出すために日本人浪人を動員して乙未事変を起こし、閔妃を殺害した。この事件は国際的にも物議をかもし、日本へ召喚されて拘束されたが、無罪放免され、1910年には枢密院顧問となった。

俄館播遷 1896年2月11日から約1年間にわたって高宗と皇太子が王宮を離れ、ロシア公使館で政務を執った事態。俄館とはロシア公使館を縮めた言葉で、露館播遷ともいう。乙未事変以降に日本の勢力を背景として政権を握った親日派内閣は、陽暦の採用・軍制の改革・断髪令の施行などの急進的改革を行ったが、乙未事変や断髪令などで民衆の間には反日感情が高まり、全国各地で義兵(乙未義兵)が起こった。この混乱に乗じて李範晋・李完用ら親露派はロシア公使ウェーベルとはかり、身辺に危険を感じつつあった高宗と皇太子をソウル市貞洞のロシア公使館にひそかに移した。ロシア公使館に入った高宗はすぐさま金弘集・俞吉濬・鄭秉夏・趙羲淵・張博の5大臣を逆賊とし、彼らの逮捕・処刑を命令した。金弘集・鄭秉夏・魚允中らは群衆に殴り殺され、俞吉濬・趙羲淵らは日本に亡命した。こうして親日内閣は崩壊し、朴定陽を首班とする親露派内閣が成立したが、朝鮮はロシアの保護国的地位へと転落した。ロシアはこの機会を逃さず、鴨緑江沿岸と鬱陵島の山林伐採権をはじめ、咸鏡北道慶源・鍾城の地下資源の採掘権や仁川・月尾島の貯炭所設置権などのさまざまな利権を獲得した。これに刺激された欧米列強はロシアと同等の権利を要求し、京仁・京義線鉄道敷設権などの重要な権益が格安の条件で列強の手に渡った。この俄館播遷の1年間は内政においてもロシアが強い影響力を持ち、政府の各部門や軍にロシア人顧問や士官が招聘された。中央軍制はロシア式に改編され、財政もロシア人の財政顧問によって操られた。97年2月20日、高宗は内外の勧告と圧力にしたがって1年間を過ごしたロシア公使館から慶運宮(現在の徳寿宮)に帰り、国号を大韓帝国とし年号を光武と改めて、同年10月に皇帝即位式を挙行した。

ウェーベル、K.I. 生没年不詳。ロシアの外交官。朝鮮名は韋貝。北京公使館書記、

天津領事などを経て、1884年、ロシアの全権大使として朝鮮に赴き、朝露修好通商条約を締結した。85年には駐朝ロシア代理公使兼総領事としてふたたびソウルに入り、朝露修好通商条約の批准書を交換した。甲申政変(84)以降、朝鮮をめぐる列強の権益獲得競争の中で英国と日本の勢力を牽制し、ロシアの勢力拡大を策した。94年、駐清ロシア代理大使に転任したが、東学農民戦争の時、ふたたび朝鮮に入国。日清戦争後の三国干渉に重要な役割を果たした。96年、俄館播遷を成功させ、親露派内閣組閣に指導的役割を果たしたが、つづいて日本公使小村寿太郎と交渉し（小村・ウェーベル覚書）、朝鮮でのロシア勢力の優位を認定させた。97年、メキシコ公使となった。

ロシア ヨーロッパ大陸の東部からシベリアに至る国家。漢字では露西亜、露国、俄羅斯、俄国などと書く。ロシア人の祖先である東スラブ族は、古くからドナウ川の上・中流域に居住して農耕生活を送り、同時に黒海沿岸地方からギリシア、地中海方面にわたって交易を行った。9世紀末にルーリック家がキエフ公国を建て、11世紀前半にはその最盛期を迎えたが、12世紀末には多数の小国家に分裂した。13世紀前半、西進してきたモンゴル族に敗北し、キプチャク汗国の属国となったが、1480年にモスクワ公国が独立、イワン4世の時代に農奴制を基礎とするツァー（皇帝）の専制支配を確立してロシア帝国の足場を築いた。17世紀初頭に農民反乱などで国内は混乱したが、ピョートル1世の治下で絶対主義体制を確立。北方戦争によってバルト海沿岸まで領土を拡張し、さらにシベリア開発を積極的に行った。18世紀後半には2度にわたるトルコとの戦争とポーランド分割によって黒海沿岸、クリミア半島、ウクライナ、白ロシアなどを領土に編入し、ナポレオンの侵攻を撃退した後のウィーン会議で強国の地位を確立した。19世紀半ばのクリミア戦争で敗北を喫すると、国内に高まる改革運動と農民運動に対処するため、1861年、農奴解放をはじめとする一連の改革を断行した。一方では地中海進出の出口を求めてしばしば紛争を引き起こしたが、英国・フランスなどに阻止され、その目的を達することはできなかった。こうしてロシアはついに極東へとその進出の方向を転じた。朝鮮との関係においては、1864年に武装したロシア官憲が氷結した豆満江を渡って咸鏡北道慶興府に現れ、通商を要求したが、拒絶された。以来外交紛争を繰り返し、極東への南下政策を強力に推進。91年にはシベリア鉄道を着工、95年に三国干渉、96年に朝露密約により東清鉄道の敷設権を獲得、98年に旅順・大連租借、つづいて1900年には義和団事件に乗じて出兵し、満州を占領。ロシア軍は義和団が鎮圧された後も満州に留ったが、日露戦争の敗北で後退した。しかし日露戦争後、米国の強力な資本輸出に対抗する目的で日露の利害が一致し、1907年以来何度かにわたる日露密約を交わして、満州・蒙古に対する相互の利益範囲を設定・分割した。この間、国内ではようやく旧体制の諸矛盾が露呈しつつあった。日露戦争が終わりに近づいた1905年、第1次ロシア革命が勃発した。革命側は立憲宣言と土地改革などの若干の譲歩を得たが、まもなくストルイピン首相の強硬な弾圧に遭い、革命は不発に終わった。1914年、第1次世界大戦が勃発するとロシアは英国・フランスとともにドイツに宣戦し、戦闘の各局面で敗北を重ねたが、その間に国内の革命勢力は急速に伸張した。17年3月（当時のロシア暦で2月）の「2月革命」によって帝政は崩壊。さらに同年11月（当時の

ロシア暦で10月)、レーニンらを指導者とする「10月革命」によってロシア北部に社会主義政権が樹立された。以後、21年までに、旧ロシア領内のほぼ全域に社会主義政権が成立。内戦などの混乱を経て、22年12月、ソビエト社会主義共和国連邦が誕生した。ソ連はモスクワに首都を置き、旧ロシア帝国の植民地の大半を事実上継承した。列強の武力干渉を打破し、国内の反対派を弾圧する一方、農業の生産力増進と重工業化、農業集団化と企業国有化など社会主義経済体制の建設を進めた。第2次世界大戦後は世界各地で多数の社会主義政権に対して絶大な影響力を保持。強大な核軍備を背景に米国と対峙する超大国となった。しかし、70年代以降の経済悪化により体制危機に直面。1991年12月ソ連共産党の活動停止と、ソ連邦の独立国家共同体への改編によって崩壊した。75年間にわたる社会主義政治と計画経済の「実験」は失敗に帰した。その原因はいくつも挙げられるが、第1に資本主義的な政治・経済の未発達な、生産力が絶対的に不足している条件下で、上からの制度改革が強引に押し進められたことであろう。となれば初期の革命家が夢見た社会主義的な人間的諸関係が形成されるはずもなく、彼らが批判してやまなかった資本主義的腐敗をはるかに超える政治的特権層の横暴が構造的に形づくられたのである。社会主義・共産主義の「無謬性」という神話に立脚すれば、民主主義的チェックは働くはずもない。さらに、米ソの冷戦体制とそれによる軍拡競争は多大の経済的負担をともなった。ソ連の崩壊は、旧ソ連領域内および東側世界の再編成という問題を露出させた。同時に、東西冷戦体制に代わる新しい世界秩序の形成という課題を21世紀に向けて提起したのである。

親露派 李朝末期、極東に進出するロシア勢力を頼んで日本と清の勢力に対抗すべく政権をとった政治派閥。日清戦争後の日本は朝鮮内の清の勢力を排除するため、金弘集親日内閣を組織し、朝鮮侵略を敢行しはじめた。これに対してロシアが三国干渉の先頭に立って日本の気勢をそぐ行動に出たので、朝鮮内で親露的な機運が台頭した。この情勢に便乗してふたたび親露派に転身した李範晋・李完用らは閔妃の同意を得て政権を掌握、親露派内閣を成立させた。日本は公使・井上馨を召喚し、軍出身の三浦梧楼を公使として派遣、勢力挽回の機会をうかがっていたが、1895年10月8日、日本人政治ゴロ(「大陸浪人」)らを動員して閔妃を殺害(乙未事変)。大院君を担いで親日内閣を組織し、親露派を追い出した。しかし、閔妃虐殺事件は国際的にも大きな物議をかもし、日本はやむをえず三浦を本国へ召喚、罷免することで事態の収拾をはかった。この隙をついて、親露派の李範晋・李完用らはロシア公使ウェーベルと共謀し、96年2月、ロシア人兵員100名をソウルに引き入れ、王と皇太子をロシア公使館に密かに招き入れる俄館播遷を行った。続いて彼らは、尹容善を総理大臣とする親露派内閣を樹立、ふたたび親露政策をとった。この期間中にロシアは朝鮮から、鴨緑江流域・鬱陵島の山林伐採権や慶源・鍾城鉱山の採掘権、木浦・孤下島の租借権などの利権を得た。しかし、日露戦争に勝利した日本は、翌年9月のポーツマス講和条約において朝鮮での優越権を確保するに至った。朝鮮の親露派はふたたび親日派に戻って、乙巳保護条約と日韓併合に積極的に協力し、彼らの売国的行為は頂点に達した。

光武改革 李朝末、光武年間(1897～1906)に皇帝の権力と自衛軍隊の強化をめざして

行われた内政改革。朝鮮半島内でのロシアと日本の勢力が拮抗している隙に自主的に推進された。皇帝へ統治権を集中させるために、軍制を近代的に大幅に改編。皇帝が陸海軍をみずから統率できるようにし、中央と地方の各軍の指揮監督権をもつ元帥府が創設され、98年に武官学校が設けられた。99年、最初の憲法である大韓国制が発布されたが、それには皇帝の統治権を強調し、皇帝が立法・司法・行政権をすべて掌握するように規定し、議会の設置をはじめとする皇帝権を制限できる条項はあらかじめ除かれた。社会的政治的な改革としては、電灯・電車・電話・電信事業を開始し、近代的な技術教育にも力を注ぎ、技芸学校・医学校・商業学校・外国語学校や、模範養蚕所・工業伝授所などを設立して、近代的な技術の普及をはかった。また、米国人技術者を雇用して西洋技術の利用をはかり、量田事業の実施や地契制度(土地所有権の法的認定)を採択し、「土地文券」を発行した。産業振興政策では、漢城銀行・大韓天一銀行などの金融機関が設立され、医療事業として広済院が設立される一方、天然痘予防規則が発布された。このように広範囲に推進された光武改革も、日露戦争以降、日本が朝鮮に対する侵略政策を本格的に推進するにともなって中断された。光武改革は経済的・技術的・教育制度的な面ではある程度近代的な改革を推進し、甲午改革を継承したが、政治的な面においては主権在民精神にはほど遠い王権の絶対化を志向した点で、大韓帝国の性格をよく表している。

光武 1897年に制定された、李朝末期の建陽に次ぐ2番目の元号。これまでは中国との冊封関係から中国の年号を使用していた。高宗が俄館播遷を終えて97年2月20日に王宮に戻ると、国王の称号を大王から皇帝に格上げし、新元号を制定。自主独立国家の面目を備えるべしとの世論が独立協会の主導のもとに起こった。高宗は議政府の議政大臣・沈舜沢の建議によって、最初の年号である建陽を使用してから1年7ヵ月目の開国506年8月14日、元号を光武と改めることを宣布、純宗に譲位するまでの10年間にわたって使用された。

大韓帝国 李朝末の約13年間(1897～1910)、朝鮮が清との宗属関係から抜け出し、自主独立国であることを内外に宣布した時期に掲げた国号。大韓は中国の軛(くびき)から解かれたことを意味する。それまで使っていた清の元号を放棄して独自の元号(建陽・光武)を使用し、国王の称号も大王から皇帝に格上げする「建元称帝」を行った。こうして、皇帝の権力と自衛軍隊の強化に力点を置いた光武改革がなされたが、内部では独立協会と皇国協会が衝突を繰り返し、また親日派と親露派が闘争を繰り広げるなど、国家の面目はいちじるしく失墜していた。こうした時期に日露戦争が勃発(1904)、日本が勝利すると、乙巳保護条約(1905)が強圧的に締結された。高宗がハーグで開かれた万国平和会議に密使を派遣(ハーグ密使事件)して保護条約の撤廃を各国に訴えたが、その目的は達せられないまま、日本の強要に屈し、高宗は退位した。つづいて純宗が即位し、元号を隆熙とした。あたかもこの時期には、日本の朝鮮侵略を阻止するために、全国に義兵が起こった。1909年10月には、初代統監伊藤博文が安重根の銃弾を受けて倒れた。国内外で抗日運動が澎湃として起こった。しかし、朝鮮人のこうした抵抗にもかかわらず、列強の黙認あるいは同調を得た日本はその執拗な侵略意図を遂行し、1910年8月29日、日韓併合条約が公布されて大韓帝国は滅亡し

た。

大韓国制　1899年に発布された朝鮮最初の憲法。大韓帝国が樹立されると、権力を強化して統治権を皇帝に集中する目的で法規校正総裁・尹容善、議政官・徐正淳らが全文9条の「国制」を起草し、皇帝の裁可を得て確定した。99年8月17日に下った召勅によって制定・発布された。「国制」の特徴は、権力の専制化にあった。第1条、大韓帝国は世界万国に公認された自主独立の帝国である。第2条、大韓帝国の政治は500年間伝来し、以後も恒万歳で不変の専制政治である。第3条、大韓国大皇帝においては、無限の軍権利を享有しているゆえに、公法（国際法）にいう自立政体である。第4条、大韓国臣民が大皇帝の享有する軍権を侵損する行為があれば、その行為の事前、事後を問わず、臣民の道理を失ったものと認定する。第5条、大韓国大皇帝においては、国内の陸海軍を統率し、編成を定め、戒厳令を発布することができる。第6条、大韓国大皇帝においては法律を制定し、その頒布と執行を命じ、万国の公の法律を標榜（共通の理念として掲げること）して、国内法律を改訂し、大使・特使・官権・復権を命じることができる。公法にいう自定律例である。第7条、大韓国大皇帝においては、行政各府郡の関税と文武官の俸給を制定あるいは改訂し、行政上必要な勅令を発布する。公法にいう自行治理である。第8条、大韓国大皇帝においては、文武官の黜陟（功なき者を退け、功ある者を昇進させる）任免を行い、爵位・勲章およびその他の栄典を授与あるいは剥奪する。公法にいう自選臣工である。第9条、大韓国大皇帝においては、各国に使臣を派送・駐箚（派遣駐在）させ、宣戦・講和および諸般の約定を締結させる。公法にいう自遣使臣である。

龍岩浦事件　1903年、ロシアが平安北道龍岩浦を不法占領し、租借を要求した事件。俄館播遷以降に朝鮮から多くの利権を得たロシアは、1896年に鴨緑江流域の山林伐採権を手にしたが、1903年4月には山林伐採権とその従業員を保護するという口実で約100名の軍隊を送り、朝鮮・満州国境の要地である龍岩浦を占領した。つづいて5月には自国民40名を植民させ、砲台を設置した後、朝鮮政府にロシア山林会社の龍岩浦租借を強要して実現させた。ロシアの膨張を恐れた日本・英国・米国が龍岩浦占領の不法を掲げて開放を要求すると、朝鮮政府はロシアへの租借を取り消し、開港を行った。事件は一段落したが、日露間の対立はさらに深まり、翌年起こった日露戦争の一因となった。

日露戦争　1904～05年に満州と朝鮮の支配権をめぐって、ロシアと日本の間で戦われた戦争。日清戦争後、中国は列強による世界分割の舞台とされ、その利権をめぐって列強間の対立が激化した。ロシアは中国から東清鉄道敷設権と旅順・大連の租借権を手に入れると、朝鮮に目を向け、朝鮮における日本の優位を脅かしはじめ、両国の対立は激化の一途をたどった。日本は1902年に日英同盟を結び、対立の構図は日・米・英を軸とする勢力と露・仏を軸とする勢力の二極対立となった。日本は朝鮮内の親露派である閔妃を殺害し、乙未事変を起こしたことで一時守勢に立たされた。ロシアは朝鮮に親露政権を成立させた後に満州に出兵し、清露秘密協約を結んで満州の永久的な占領を企て、一方では鴨緑江下流の龍岩浦を占領して砲台を築き、極東総督府を置いてその南下政策を露骨に推進した。

ロシアの行動に深刻な脅威を覚えた日本は、1904年2月6日、ロシアに最後通牒を送り、8日に宣戦布告なしで日本海軍が仁川のロシア軍艦を撃破し、また、旅順港のロシア艦隊を奇襲攻撃し、戦争が開始された。10日になって初めて日露両国から宣戦が布告された。緒戦において日本軍は朝鮮を制圧し、日韓議定書を強要し、戦略的優位を確保した。同年5月に日本軍は中国の遼東半島に上陸、南山・大連を占領し、翌年1月には苦戦の末に旅順を陥落させた。同年3月の奉天会戦でロシア陸軍を崩壊させた日本軍は、海戦においても連合艦隊がロシアのバルチック艦隊を撃破し、ようやく勝利をつかんだ。この戦争の最中にロシア国内では、1905年1月9日の「血の日曜日」をはじめとする軍隊反乱と農民暴動（第1次ロシア革命）が起こり、また、日本の戦力もほとんど枯渇した。1905年8月10日、米国大統領セオドア・ルーズベルトの斡旋で、両国はポーツマスで講和会議を開き、9月にポーツマス条約を締結して休戦が成立した。その結果、日本の南満州進出が決定され、これは中国進出を企てる米国との対立を呼びおこすものとなった。また、ロシアは日本の朝鮮における独占的支配権を認め、これによって朝鮮の植民地化は動かしがたい方向へと向かっていった。

ポーツマス条約（日露講和条約） 日露戦争の講和条約。1905年8月10日、米国大統領セオドア・ルーズベルトの斡旋で米国ニューハンプシャー州の軍港都市ポーツマスにおいて日露間の講和会議が開かれた。賠償金と割譲地問題で一時紛糾したが、9月5日、日本の全権特使・小村寿太郎（外相）とロシアの全権特使ウィッテ（財務大臣）の間で条約が調印・締結された。その内容は、①朝鮮に対する日本の主導権・保護権・管理権の承認、②旅順・大連の租借権、長春以南の鉄道敷設権の割譲、③賠償金に代わって北緯50度以南の南サハリンの割譲、日本海（東海）・オホーツク海・ベーリング海のロシア領沿岸の漁業権の譲渡、などからなっていた。

サハリン島 ロシア共和国サハリン州に属する島。面積は8万7100平方キロ。人口は65万5000名。首都はユジノサハリンスク。日本では樺太とも呼ぶ。日本の北海道とは宗谷海峡を、ロシア本土とはタタール（間宮）海峡を間に挟み、南北に長い。国土は山林が鬱蒼と繁茂し、南部は山岳地帯で油田もある。1860年頃、サハリンは「ロシア人と日本人の混住地」となり、ロシアと日本の間で領有権が争われたが、1875年、サハリン・千島交換条約によって全島がロシア領となった。日露戦争後のポーツマス条約（1905）によって北緯50度以南が日本に割譲されたが、45年の日本の敗戦と同時にソ連軍が南サハリンを占領した。51年、サンフランシスコ条約により日本は南サハリンのすべての権利と請求権を放棄した。日本統治下の1938〜45年に徴用され、この地に連行された朝鮮人は約15万名に達し、彼らは炭鉱や港湾建設などの過酷な労働を強いられた。日本の敗戦以来70年近くたった今日でも、4万名以上ともいわれる朝鮮人が、日本と旧ソ連・現ロシア連邦の非人道的な措置によって、帰国できずにいる。

東清鉄道 満州の東西と南北を連結する主要幹線。19世紀末、ロシアが日本に対する三国干渉の見返りとして敷設権を獲得し、満州に敷設した鉄道。日露戦後、南部支線が日本に割譲された後は、ロシア側が管理する北半部のみをいうようになった。辛亥革命後には、中東鉄路、満州事変後に

第1章　外勢の侵略と民族運動　1860 ▶ 1910　75

は北満州鉄道と呼ばれた。1896年の清露密約によってロシアは、北満州を横断してシベリア鉄道とウラジオストックを結ぶ鉄道の敷設権を獲得し、98年にはハルビン・旅順間の南部支線敷設権をも獲得。1900年の義和団事件によって相当な被害を被ったが、1901年には全線を開通させ、1903年に営業を開始した。日露戦争後、1905年、ポーツマス条約によって南部支線の長春以南を日本に割譲し、満州事変以降の日ソ交渉の結果、35年には全線が満州国に売却さ れた。45年、日本の敗戦でソ連がふたたび占有し、50年に締結された中ソ同盟条約に基づき、52年には中国に付属施設も含めた鉄道すべてが無償で返還された。

桂・タフト密約　1905年7月、日本の総理大臣・桂太郎と、フィリピン視察の帰途来日したタフト米陸軍長官が朝鮮問題を中心課題として結んだ秘密了解事項。日露戦後のアジアにおける日米の勢力範囲についての合意事項。この密約は米国のフィリピ

大陸への移住
20世紀初め

ン支配を日本が認めることを前提に、米国は「日本が朝鮮に対する保護権を確立することが日露戦争の論理的帰結であり、極東の平和に直接的に貢献するものと認定する」として、朝鮮を植民地化しようとする日本の侵略政策を黙認・支持する内容を含んでいた。

間島協約 1909年9月、清と日本が間島の領有権などに関して結んだ協約。清は19世紀末から間島を自国領と主張し、軍隊と地方官まで派遣したが、朝鮮も強力にその領土権を主張し、両国の間に紛争が繰り返された。1905年、乙巳条約によって朝鮮の外交権を奪った日本は、清と間島問題を交渉し、南満州鉄道敷設権と撫順炭鉱開発などの4つの利権を得た見返りに、朝鮮の領土である間島を朝鮮の了承を得ることなしに清に譲渡するとした間島協約を締結した。全文7条からなるこの条約の内容は、①朝清両国の国境は図們江（豆満江）とし、境界をなすが、日本政府は間島を清の領土と認定し、清国は図們江以北の耕地を朝鮮人の雑居区域と認定する。②雑居区域内に居住する朝鮮人は清の法律に服従し、生命・財産の保護や納税などいっさいの行政上の待遇は清国民と同等とする。③清国政府は間島内に外国人居住地、または貿易地4ヵ所を開放する。④将来、吉林・長春鉄道を延吉の南まで延長し、朝鮮の会寧鉄道と連結する、などである。日本はこの協約にしたがって、朝鮮統監府臨時間島出張所を閉鎖して日本総領事館を置き、朝鮮人の抗日闘争を妨害する工作を行った。

間島問題 18世紀以来、間島地方の帰属問題をめぐって朝鮮と清の間に頻発した紛争。間島はもともと挹婁・沃沮（靺鞨・扶余族）の故地であり、また高句麗の故地でもあった。渤海滅亡（926）後は女真族がこの地を占め、しばしば朝鮮内を侵犯したので、高麗時代には尹瓘が、李朝時代には金宗瑞が彼らを撃退した。李朝4代の世宗はこの地方に六鎮を置き、女真族は藩胡と称されて李朝に対して朝貢した。清が建国すると女真族は中国本土に移り、清は間島を「禁封の地」（発祥の聖地）として住民の移住を禁じた。しかし、山東地方からの流民と朝鮮からの流民が入り込んで対立・紛争を起こしはじめ、清は1712年、両国の不分明な地域を調査するために、烏喇摠管（現吉林省一帯の長官）・穆克登を派遣して国境調査を命じた。穆克登は李朝の接伴使・朴権と会談して境界線を決定した。この合意によって、鴨緑江・土門江（松花江の支流）両河の分水嶺・白頭山山頂東南方約4キロ、海抜2200メートルの地点に「西側は鴨緑江、東側は土門江であり、その分水嶺上に石碑を建て記録する」と記した白頭山定界碑が建てられた。ここでいう土門江はあくまで松花江の支流であって豆満江の上流ではない。しかし清は、1881年に土門を図們（豆満）の同語異字と主張して間島開拓に着手し、ここに間島の帰属をめぐる両国の紛争の種が播かれた。これに対して李朝は、1883年5月に魚允中・金禹軾に定界碑を調査させ、9月には安辺府使・李重夏が従事官の趙昌植を会寧に送り、清の徳玉・賈元桂と談判させた。李朝側は実際的な証拠を挙げて間島は図們江以南であり、すなわち朝鮮の領土であることを主張したが、不利を悟った清国側は3度にわたった会談を決裂させ、何らの成案も見ることができなかった。1900年、清が弱体化した隙に乗じてロシアが間島を占領すると、李朝は1903年に李範允を北間島管理使に任命。これを駐朝清国公使に通告する一方、間島で砲兵を養成し、租税を取り立て、間島地方

の所有権を管掌した。これによって両国間にふたたび紛争が繰り返されたが、日露戦争で日本が勝利し、乙巳条約が締結されると、間島問題は日清間の外交問題となった。日本は当初、朝鮮統監府の出張所を龍井に設置して官吏を派遣するなど朝鮮の領土と認定したが、1909年に南満州鉄道の敷設権を清から得た見返りとして、明白に朝鮮の領土である間島を了承を得ることなく清に渡す「間島協約」を締結した。1909年の時点での間島地方住民調査によれば、朝鮮族の数は8万2900名いたが、清国人は2万7300名に過ぎなかった。

白頭山定界碑　1712年に白頭山に建てられた朝鮮と清の国境を示す定界碑。白頭山の帰属を主張してきた清が1712年に烏喇摠管（臨時の役職）・穆克登を派遣し、白頭山を境に国境を定めようとの提案を受けて、李朝は参判・権尚游を接伴使として送り、清の使節が咸鏡道に入ると、さらに参判・朴権を接伴使として送った。この時、朝鮮側の接伴使は山頂に登れず、清の穆克登は朝鮮側接伴使付軍官・李義復、監司付軍官・趙台相、通訳官・金応瀗だけを率いて山頂に登り、一方的に定界碑を建てた。碑建立の地点は鴨緑江・土門江両河の分水嶺である山頂の東南方約4キロ、海抜2200メートル地点で、碑面はその上部に「大清」と大書し、その下に「烏喇摠管　穆克登、奉旨査辺、至此審視、西為鴨緑　東為土門、故於分水嶺　勒石為記　康熙五十一年五月十五日」と記し、次に両国の随行員名を列記した。1880年になって清は突如「土門」が「豆満」を意味するものと強弁し、「間島問題」が起こったが、1909年、朝鮮の外交権を強奪した日本が清と取り引きをし、日本が南満州鉄道敷設権を得た見返りとして、間島全域を清に与える「間島協約」を締結、間島は朝鮮の領土ではなくなった。解放後、中国と北朝鮮が協約して、白頭山の山頂の中心を境界に国境線を定めた。

土門江（伵們江）　白頭山頂の池を源として北に流れる松花江の一支流。1712年に建てられた白頭山定界碑の碑文には、清と朝鮮の国境は「西は鴨緑江から、東は土門江からを分境線と見なす」と記されている。間島は土門江と豆満江の間、すなわち土門江東岸の地である。

間島（カンド）　東間島・西間島・北間島を含む満州吉林省の東北を併せた地域。墾島あるいは艮土ともいい（朝鮮語では「墾」と「艮」はともに「間」と同音で、カンと発音する）、中国では延吉島ともいう。開墾の地である。西間島は鴨緑江と松花江上流の長白山一帯をいい、今日、間島と呼ぶのは豆満江を渡った東間島をいう。地勢の大部分は長白山脈が影響しており、朝鮮半島とは豆満江を境にして境界線が引かれている。面積は約2万1000平方キロで、4つの県に分かれている。主要な産物は、米・大豆・雑穀などで、牛や豚などの飼育も盛んである。また、金・銅・石炭なども産出する。住民の大半は朝鮮人と中国人だが、1945年の日本敗戦以前には日本人移民も多かった。日韓併合後には、朝鮮人独立運動家の多数が間島に亡命し、ここを根拠地として抗日闘争を繰り広げた。

独島問題（竹島問題）　1952年1月18日に韓国政府が「隣接海洋の主権に関する大統領宣言」を宣布し、これに対して1月24日、日本政府が鬱陵島付属島嶼である独島（竹島）の領有権を主張し、日韓両国間で起こった独島の領有権問題。しかし、その起源は20世紀初頭にさかのぼる。独島は鬱

陵島東南80キロの海上にある東西両島からなる火山島で、早くから『世宗実録地理志』『東国輿地勝覧』『世宗実録』『粛宗実録』などの古文献に于山島、あるいは三峯島という名前で出ており、鬱陵島とともに江原道蔚珍郡に属した。独島が西欧に知られたのは、1849年にフランスの捕鯨船リャンクール号によってである。同号は独島を「岩礁」と呼んだ。その後、55年に英国軍艦アーネスト号によって測量され、英国の海図にはアーネスト岩礁と表記された。そもそも17世紀に日朝間に鬱陵島領有権問題が発生した時、東莱の漁民・安龍福が鬱陵島を不法侵犯した日本人漁民を追い出して、日本の隠岐島島主に鬱陵島と独島が朝鮮に属することを確認させた。この事実は日本の資料『通航一覧』に記録されている。また、1904年に日本軍艦の対馬1号が独島を調査し、その記録を発表した海軍省発行の『朝鮮沿岸水路誌』にも、「毎年、夏になると、アシカを捕獲するため鬱陵島民が数十名ずつ(独島に)来て、小さな家を建てて数十日間居住する」と記されている。しかし、1905年に日本は島根県告示40号において独島を竹島と改称して島根県に編入させ、翌年4月には鬱陵島郡守・沈興沢にこれを通告した。この時、李朝政府は実質的に日本に主権を奪われており、何らの抗議もできなかった。このような歴史的事実からも、独島が朝鮮(韓国)固有の領土であることは明らかだ。韓国は54年8月に独島に灯台を建て、世界各国にこれを通告し、独島を韓国固有の領土としている。2000年12月現在、日韓両国はこの問題では合意に至っておらず、漁業協定でも棚上げとされ、その一帯は「暫定水域」とされている。

なお、2012年8月10日、当時の李明博大統領が、実効支配をしているのにもかかわらず、支持率を上げようとして上陸したため、日韓関係をこじらせ、この後遺症は現在(2014年)まで癒されていない。

日韓議定書 1904年、日露戦争を起こした日本が朝鮮を植民地にする第一段階として、朝鮮を脅迫して締結した外交文書。ロシアと日本の間に戦雲が急迫しつつあった1904年1月23日、大韓帝国政府は「厳正中立」を宣言した。しかし日本は、朝鮮半島に軍隊を上陸させて協力を強要し、2月23日に外務大臣・李址鎔と日本公使・林権助の間で6ヵ条の日韓議定書を締結した。その内容は次のとおり。①大韓帝国政府は日本を十分に信じ、施政の改善に関する忠告を受け入れる。②日本は朝鮮王室の安全をはかる。③日本は朝鮮の独立と領土保全を保障する。④第三国の侵略や内乱で朝鮮が危険に際したとき、日本は迅速に必要な処置をとる。李朝政府は日本の行動を容易にするために十分な便宜をはかり、日本政府はその目的を達成するため、戦略上必要な地点をいつでも使用することができる。⑤朝鮮と日本はそれぞれの承認を得ずに、この協定の趣旨に違反する条約を第三国と結ぶことはできない。⑥細目については、日韓の外務当局にまかせる。この協定によって、朝鮮は日露戦争における日本の間接的協力国となった。これに署名した李址鎔と参事官・具完喜の自宅に爆弾が投げ込まれるなど、民衆の反発は激化した。

林権助 1860〜1939。日本の外交官。会津藩士の家に生まれた。87年に東京帝国大学法科を卒業。外務省に入り、89年に朝鮮の仁川駐在副領事、90年に領事、同省通商局長を経て99年、公使となって再度来韓した。10年間の彼の在職期間は、朝鮮内のロシア勢力を追い出して日本の勢力を拡大することに費やされた。1904年、日露戦争

が起こると日韓議定書を成立させ、つづいてその年の8月には第1次日韓協約を締結し、翌1905年に乙巳条約を締結するなど、日本の侵略の尖兵として活動し、本国にも名を馳せた。その功により1906年に男爵となり、つづいて駐伊・駐中・駐英大使を経て、34年に枢密院顧問となった。

第1次日韓協約　1904年、日本の大韓帝国政府に対する顧問政治を実施するために日韓が締結した条約。日露戦争を挑発していち早く軍隊をソウルに進出させ、武力によって日韓議定書を締結し、朝鮮内に軍事基地を確保した日本は、戦況が日本側に有利に展開しはじめると、公使・林権助を派遣し、財政顧問と外交顧問の招聘を強要、条約の締結を迫った。1904年8月22日、外部大臣・李夏栄と度支部（大蔵）大臣・閔泳綺は、日本人財政顧問1名と、日本が推薦する外交顧問1名を招聘し、しかも外交関係の処理はあらかじめ日本政府と協議の後に行うとの内容の全文31条からなる第1次日韓協約に調印した。その結果、財政顧問に目賀田種太郎、外交顧問に米国人スティーブンス、軍事顧問に野津鎮武、警務顧問に丸山重俊、宮内部顧問に加藤増雄、学政参与官に幣原坦が就任して顧問政治が実施され、朝鮮は実質上日本の属国となった。

顧問政治　大韓帝国時代に日本が朝鮮を属国化するために顧問官を派遣して朝鮮統治を行ったこと。日露戦争を起こし、朝鮮を侵略した日本は、脅迫的な手段で朝鮮とロシアの間に締結されたすべての条約を破棄させた後、1904年8月22日に第1次日韓協約を強要して締結させた。その結果、財政顧問に目賀田種太郎、外交顧問に日本の推薦で米国人スティーブンスが就任し、それ以外にも警務顧問・丸山重俊、軍事顧問・野津鎮武、宮内部顧問・加藤増雄、学政参与官・幣原坦らが任命された。財政・外交顧問以外の4名の顧問は、協約にはなかったにもかかわらず強権的に着任したものである。このように日本は、大韓帝国政府のほとんどすべての部に顧問を派遣して顧問政治を実施し、政府の実権はほぼ日本人顧問の手に引き渡された。

乙巳条約（第2次日韓協約）　1905年、日本が朝鮮を併合するための事前措置として朝鮮の外交権を剥奪する目的で締結した条約。第2次日韓協約、乙巳保護条約、乙巳五条約などともいう。日清戦争と日露戦争に勝利した日本は、第2次日英同盟によって英国から、桂・タフト密約によって米国から、日露戦争後のポーツマス条約ではロシアから、それぞれ朝鮮に対する支配権の承認を受けた。これによって日本の朝鮮保護国化政策は国際的に承認された。日本政府は即座に保護条約案を作成し（1905年11月27日）、それがもし「大韓帝国政府の同意を得る可能性のないときは、最後の手段で朝鮮（大韓帝国）に対する保護権の確立を一方的に通告する」ことを決定。軍事力の使用も辞さず、保護条約締結を強要することを決意したのである。05年11月9日、大韓帝国に赴いた日本の特命全権大使・伊藤博文は、日本公使・林権助と駐韓軍司令官・長谷川好道を前面に立て、高宗と政府閣僚らを脅迫して条約締結を強要した。このとき、高宗は「政府で協商（協議）処理せよ」と述べて責任を回避した。閣僚のうち参政大臣（首相）・韓圭卨は条約締結を無条件に不可とし、これに同調した閣僚は度支部（大蔵）大臣・閔泳綺だった。一方、賛成した閣僚は学部（文部）大臣・李完用、法部大臣・李夏栄、軍部大臣・李根沢、内部

大臣・李址鎔、農商工部大臣・権重顕で、この賛成派は「乙巳五賊」と通称される。乙巳五賊の協力を得て強制的に締結された乙巳条約の内容は、外交権の譲渡、朝鮮統監府の設置などで、この条約によって大韓帝国政府独自の対外交渉は絶たれ、統監政治がはじまった。10月20日の『皇城新聞』に社長・張志淵みずから「是日也放声大哭(この日たるや声を放って大哭す)」という社説を書いて条約締結の消息を全国に知らせると、これに反対する運動と反日運動が全国に沸き起こった。抗議の自決を行ったのは侍従武官長・閔泳煥をはじめ、特進官・趙秉世、法部主事・安秉瓚、前参政・洪万植、参賛・李相尚、駐英公使・李漢応、学部主事・李相哲、兵丁・全奉学、尹斗炳らの重臣や志士で、義兵も各地で起こった。義兵指導者は、忠清道では前参判・閔宗植、全羅道では前参判・崔益鉉、慶尚道では申乭石、江原道では柳麟錫らだった。また、乙巳五賊の李根沢、権重顕らの殺害をはかったテロ行為も起きた。この条約によって日本政府は伊藤博文を初代統監に任命し、1906年2月1日、ソウルに朝鮮統監府が設置された。統監府設置の名目は大韓帝国の外交事務を管理するというものだったが、実際は警務部、農商工部、総務部などが置かれて内政全般にわたって干渉し、その性格は後日の総督府と何ら変わるものではなかった。なお近年、南北において、本条約の署名は高宗の親筆が偽造されたものとされ、国際法上無効との説が出ている。

乙巳五賊 1905年の乙巳条約締結時に、韓国側から賛成もしくは黙認し、調印を助けた5名の売国的閣僚をいう。内部大臣・李址鎔、軍部大臣・李根沢、法部大臣・李夏栄、学部大臣・李完用、農商工部大臣・権重顕がその5名である。条約締結に反対したのは、参政大臣(首相)韓圭卨と度支部(大蔵)大臣閔泳綺で、宮内府大臣・李載克は条約締結には関与していない。条約締結後、これに反対した韓圭卨は日本の強圧によって追われ、条約に調印した外部大臣・朴斉純が参政大臣となった。したがって朴斉純を五賊のうちに含むこともある。

李完用［イ ワニョン］ 1858〜1926。1882年、科挙文科に及第した後、修撰・応教などを経て87年に外交官として米国に渡った。帰国後、承旨・参議を経た後、ふたたび駐米公使として2年を過ごし、帰国後大司成、学部(文部)大臣などを歴任した。96年の俄館播遷に際して、親露派として外務大臣となり、その後、親日派に転身。1905年、学部大臣となり、この年の乙巳条約締結時に日本の武力を背景に高宗を脅迫、条約を締結して乙巳五賊のリーダー格となった。つづいて12月には議政大臣署理、外部大臣署理を兼ね、1907年に議政府参政となり、議政府を内閣と改称した後に、統監・伊藤博文の推薦で内閣総理大臣となった。ハーグ密使事件に際しては日本の指示どおりに一進会会長・宋秉畯らとともに高宗の責任を追及、退位を迫ってついに純宗に譲位させた。全国各地で抗日義兵が起こり、李完用の自宅は民衆によって放火され、彼自身は李在明に切られて負傷した。10年8月22日、総理大臣として政府の全権委員となり、統監・寺内正毅と日韓併合条約を締結。国家と同胞を侵略者である日本に引き渡した。日本からはその功を讃えられて伯爵の位を授けられ、朝鮮総督府中枢院顧問に就任。3・1独立運動のときにも同胞を恐喝する警告文を3度にわたって発表し、翌年は侯爵の位を授けられるなど、一貫して日本の朝鮮支配に奉仕した。書に秀で、編著に『皇后陛下致詞文』などがある。

朴斉純［パク　チェスン］　1858〜1916。乙巳五賊の1人。1883年、科挙別試文科に及第。中国の天津に従事官として派遣された。帰国後、吏曹参議・漢城府尹（ソウル市長）などを歴任。中枢院議官、外務協弁などを経て、1898年に外部大臣となり、翌年、全権大使として韓清条約の締結交渉にあたった。1905年、韓圭卨内閣の外部大臣として乙巳条約に調印し、五賊の1人として指弾された。同年、韓圭卨の後を襲って参政大臣（首相）。1909年には李完用内閣の内部大臣となり、10年、日韓併合条約に署名。日本政府から子爵の位を授けられた。親日儒林の旗振り役として知られる。

李址鎔［イ　ジヨン］　1870〜?　乙巳五賊の1人。1887年に科挙文科に及第。慶尚道・黄海道観察使（監司に同じ。知事）を経て宮内部協弁、駐日公使を歴任。1904年に外部大臣として日本公使・林権助とともに日韓議定書に調印した。後に法部大臣・判敦寧府使（王族の親睦をはかる官庁の職）などを経て、1905年に内部大臣となり、乙巳条約に賛同・調印した。日韓併合後は日本政府から伯爵の位を授けられ、中枢院顧問に任命された。

李根沢［イ　グンテク］　1865〜1919。乙巳五賊の1人。84年に科挙武科に及第した後、端川府使・吉州牧使などを経て、忠清道水軍節道使（海軍提督）・兵曹参判を歴任した。97年、親衛連隊第3隊隊長として政府転覆を企んで失敗して済州島に配流されたが、翌年帰京し、漢城判尹（府尹に同じ。現在のソウル市長）・議政府参政などを経て法部大臣となった。1905年、軍部大臣のときに乙巳条約の締結に賛成した。10年の日韓併合に同調して日本政府から子爵の位を授けられ、朝鮮総督府中枢院顧問となった。

李夏栄［イ　ハヨン］　1858〜1919。乙巳五賊の1人。外務衙門主事・司憲部監察を経て米国駐在公使館書記官となった。帰国後、熊川、興徳などの県監（県は郡ほどの行政区。県監はその長）・外務衙門参議・漢城府観察使（知事）などを歴任した。90年に駐日全権公使、98年に中枢院議長となり、翌年、ふたたび駐日全権公使となって4年間日本に駐在して帰国。外部大臣を経て法部大臣の職にあったとき、乙巳条約に賛成した。日韓併合後は日本から子爵の位を授けられ、朝鮮総督府中枢院顧問となった。

権重顕［グォン　ジュンヒョン］　1854〜1934。乙巳五賊の1人。1884年に釜山監理署書記官となって以来、駐日公使、漢城府伊、参賛などを経て法務・軍部大臣を歴任。農工商大臣のときに乙巳条約に賛同・署名した。日韓併合後は日本政府から子爵の位を授けられ、朝鮮総督府中枢院と朝鮮史編纂委員会の顧問を歴任した。編著に『太師権公実記』『菊斎先生実記』などがある。

朝鮮統監府　1906年2月から10年8月までの、日本が大韓帝国を併合する予備段階でソウルに設置された機関。1905年11月に締結された乙巳条約によって翌年1月31日に日本公使館が閉鎖され、2月1日には臨時統監・長谷川好道が就任して、統監部の業務が開始された。統監部は全国12ヵ所に理事庁を、11の地方に支庁を設置し、また、全国に日本人警察官を配置した。つづいて3月20日には初代統監・伊藤博文が着任して本格的な統監政治がはじまる。つづく曾禰荒助、寺内正毅の3名の統監を経る期間中、日本は朝鮮から外交権を剥奪し、顧問政治を通じて内政に干渉した。1907年7月、ハーグ密使事件を口実に高宗を強制的に退位させて純宗を即位させた後、

李完用親日内閣を脅迫して日韓新協約を締結。日本人次官を各部(省)に配置して次官政治を行った。次いで大韓帝国軍隊を強制解散させて司法権、警察権を奪うなど、統監政治5年の間に大韓帝国はまったく形骸化した。

伊藤博文 1841～1909。日本の政治家。周防(現山口県)出身。農民の子弟として生まれ、吉田松陰門下で尊皇攘夷運動に加わったが、井上馨とともに英国留学中に、みずから攘夷論を放棄した。1868年、明治維新政府が成立すると政界に入り、内務卿などを経て、81年の政変で大隈重信らを追放した後、政府の最高指導者となり、日本の帝国憲法の作成を指導。84年、内閣制度を創設。初代内閣総理大臣となり、帝国議会開設とともに貴族院議長となる。1905年の日露戦争後、みずから買って出て駐韓特派大使となり、大韓帝国政府と高宗を脅迫。乙巳条約を成立させ、初代朝鮮統監となって日韓併合のための基礎工作を担当した。1909年には統監を辞して枢密院議長となり、同年10月、満州視察と対ロシア交渉のために満州・ハルビン駅頭に降り立ったとき、安重根の銃弾を受けて死亡した。

曾禰荒助 1849～1910。日本の政治家。長州(現山口県)生まれ。フランスに留学。90年、大日本帝国議会設立時の衆議院書記官長となり、92年、衆議院議員に当選して副議長。その後、フランス、スペインの駐在公使から、司法大臣、農商大臣、大蔵大臣などを経て枢密院顧問となった。1909年6月、伊藤博文につづいて第2代朝鮮統監となり、大韓帝国の司法権と監獄事務を剥奪するための己酉覚書を成立させ、彼の監督指揮の下に湖南(全羅道)義兵に対する南韓大討伐作戦が実施された。日韓併合を目前にして日本政府からその無能さを指弾され、召喚された後病死した。

京釜線開通 1901年、ソウルの永登浦と釜山の草梁でそれぞれ起工式が行われ、1904年11月10日に完成し開通した。総延長445.6キロ。1898年に大韓帝国政府から敷設権を得た日本は、この京釜線建設にあたって朝鮮人敷設工の強制動員、枕木用木材の乱伐などの略奪的な方法によって、世界でも稀な低コストで完成させた。朝鮮民族の犠牲で敷設された京釜線は、釜山連絡船で日本と結ばれ、1906年には京義線とも連結されて新義州に至った。11年から朝鮮・満州間に直通急行が運行され、名実ともに国際線となり、13年にはシベリアを経てヨーロッパ各国との貨物輸送が行われた。33年には釜山－瀋陽間に国際急行「ひかり」が運行を開始し、翌年には長春にまで延長された。また、39年、釜山－北京間で国際急行「コア」「大陸」の運行が開始され、同年には複線化された。

韓国銀行(朝鮮銀行) 大韓帝国期の中央銀行。大韓民国建国後の1950年には大韓民国の中央銀行となった。日露戦争勃発後、日本は朝鮮併合を目的として第1次日韓協約を締結し、目賀田種太郎を財政顧問として大韓帝国政府に登用させ、1905年、日本の第一銀行ソウル支店に中央銀行業務を代行させ、経済的侵略の足場を固めた。1907年7月には大韓帝国政府と朝鮮統監府の間で「韓国中央銀行に関する覚書」を強制的に交換、同年10月には韓国銀行を設置。1909年より中央銀行の性格を持つようになり、兌換券の発行や日本国庫金の取り扱い、第一銀行券の受け入れと償却などの業務を代行するようになった。当時の資本金は1000万円で、発行株10万のうち、7万株

は日本政府が所有し、日本人が重役となって従来の第一銀行の事務を継続させ、朝鮮を植民地とするための経済的基盤とした。日韓併合後の「朝鮮銀行法」によって、1911年に朝鮮銀行と改称し、解放直前まで朝鮮支配のための中央金融機関として機能した。解放後の1950年、「韓国銀行法」によって朝鮮銀行は韓国銀行と改称し、韓国の中央銀行となった。

東洋拓殖株式会社　1908年、日本が大韓帝国の経済を独占的に搾取するために設立した特殊国策会社。乙巳条約締結後、日本は朝鮮の産業資本を育成・開発する名目で、帝国議会において「東洋拓殖株式会社設置法案」を成立させ、ソウルに本店を置いて資本金1000万円で発足させた。東洋拓殖株式会社の主な目的は土地買収で、1913年までに4万7148町歩の土地を買い入れた。翌14年には農工銀行から巨額の融資を受け、全羅道と黄海道の肥沃な田畑を強制的に買い入れた。こうして24年には6万591町歩の土地が同社の所有となり、会社設立時に現物出資されていた日本政府所有地1万7714町歩をあわせると8万町歩を超える農地を所有するようになった。強制的に買収した土地は小作として貸し与え、5割を超える高率の小作料を徴収し、一方では貸し与えた穀物は2割以上の高利で秋の収穫時に回収し、日本に搬出した。このような搾取は朝鮮農民の恨みを買い、25年には羅錫疇による同社社員殺害事件や爆破事件が起きた。同社はその企業規模の増大にともなって17年には会社法が改められ、本店を東京に移した。その時点で朝鮮には17の支店が置かれ、満州・蒙古・東部ロシア・中国・フィリピン・南洋諸島・マレーシア半島・タイ・ブラジルなどの各国に52の支社が設けられ、経済侵略の尖兵となったが、日本の敗戦とともに消滅した。

新聞紙法　1907年7月24日に公布された朝鮮最初の言論に関する法律。「光武新聞紙法」ともいう。李完用内閣の第1号法律として公布された。この新聞紙法は、日本の朝鮮侵略を容易にする目的で制定されたために、言論暢達の側面はまったく考慮されず、言論の規制と取り締まりだけが強調された。日本の「新聞紙条例」を模倣したこの法律は、定期刊行物発行の許可制と保証金制によって発行許可を抑制し、許可された定期刊行物も発売・頒布禁止、発行停止（休刊）、発行禁止（廃刊）などの規制を加えることができた。日韓併合後、日本はこの法律を最大限に活用して、朝鮮人に対する定期刊行物の許可を極度に抑制し、民族的言論を弾圧する道具として利用した。解放後の52年4月に破棄された。

ハーグ密使事件　1907年、高宗の密書を携えた、李儁・李相卨・李瑋鍾らがオランダのハーグで開かれた万国平和会議に秘密裡に出席し、乙巳条約締結は大韓帝国皇帝の意思に反し、日本の恫喝によるものであることを暴露し、その破棄を訴えようとした事件。1905年、日本政府は大韓帝国皇帝・高宗と政府閣僚を脅迫して乙巳条約を締結。朝鮮の外交権を剥奪して朝鮮統監府を設置し、朝鮮併呑の意図をむきだしにした。1907年、オランダのハーグで40ヵ国代表が参加して第2回万国平和会議が開かれようとしていたが、同年4月、高宗は前議政府参賛・李相卨に信任状とロシア皇帝宛の親書を与え、この会議の席上で朝鮮の実情を全世界に訴えようとした。李相卨は、前平理院検事・李儁とともにウラジオストック、シベリアを経てロシア帝国の首都ペ

テルブルグに到着。前ロシア公使館書記・李瑋鍾をともなって平和会議の開始数日前にハーグに到着した。しかし、この会議は彼らの期待に反して、帝国主義列強の軍備抑制と戦争法規作成を目的としたもので、植民地拡大に反対するものではなかった。日本と英国は執拗に彼らの出席を妨害、列国はこれを傍観するのみで、朝鮮代表はついに会議への参加を拒否された。しかし、オランダの言論人 W. ステッドの斡旋で、朝鮮代表は平和会議を契機に開催された「国際協会」においてアピールの機会を得て、露・仏・英語に通じた若い李瑋鍾が、世界に向けて朝鮮の悲痛な実情を訴える演説を行った。演説の全文は「大韓帝国のために訴える」と題されて世界各国に報道され反響を呼んだが、具体的な成果を得ることはできなかった。李儁は悲憤に堪え切れず、その地で憤死した。この事態を口実に日本政府は高宗を脅迫して退位させ、7月20日には純宗への譲位式を強行した。憤激した民衆は親日団体・一進会の機関紙・国民新報社や警察署などを破壊し、親日派のリーダー李完用の邸宅に放火して激烈な抗日デモを繰り広げた。日本政府はこの事態を無視して、7月24日、日韓新協約を成立させて次官政治を確立し、続いて27日には言論封殺のための「新聞紙法」、29日には集会・結社を禁ずる「保安法」、そして31日には大韓帝国軍の解散命令を公布した。この状況下で純宗が皇帝に即位し、元号も光武から隆熙に変わり、全国で日本帝国主義に抗戦する丁未義兵が起こった。申相玉監督の映画「帰らざる密使」はこの事件を題材としている。

李儁〔イ ジュン〕 1859～1907。李朝末・大韓帝国期の民族主義者。29歳の時、咸鏡南道北青で科挙初試に合格。翌年、上京して新設の法官養成所に学び、漢城裁判所検

ハーグ密使事件　左から李儁・李相卨・李瑋鍾　1907年頃

事補に任命された。在職中に上司の不正を暴いて免職され、ただちに独立協会に加盟して評議長として活躍したが、日本に亡命。97年に早稲田大学法科に入学。翌年に卒業して帰国。ふたたび独立協会での活動を継続し、幹部17名とともに投獄された。日露戦争後、日本の朝鮮侵略の意図がむきだしになると保安会を創設し、荒地の開拓権を強奪しようとした日本の企てに抵抗した。一方では、一進会に対抗して共進会を組織し会長に推戴されたが、乙巳五賊を糾弾して鉄島に配流された。翌年、配流を解かれて憲政研究会を組織し、これを大韓自強会へと発展させた。1907年6月、オランダのハーグで開かれた第2回万国平和会議に高宗の密書を携えて参加すべく李相卨・李瑋鍾らとともにハーグに到着したが、日本・英国の妨害で参加を阻止されると悲憤に堪え切れず客地で憤死した。

李相卨 [イ サンソル] 1871〜1917。李朝末・大韓帝国期の政治家。94年、科挙文科に及第した後、いくつかの要職を経て1904年に法部弁判となり、翌年、議政府参賛に昇進。この年に乙巳条約が締結されると義憤にかられて条約破棄を上訴したが、戸門不出（自宅蟄居処分）とされた。1906年、李東寧とともにウラジオストックに亡命。続いて満州・間島・龍井に赴き、瑞甸義塾を設立し、朝鮮人子弟の教育と独立精神鼓吹に尽力した。1907年、高宗の密書を携えて李儁・李瑋鍾とともにハーグ万国平和会議へと赴く。会議の席上で日本の侵略を暴露せんとしたが、日本と列強の妨害で参加を拒まれ、米国・シベリアを経由してふたたびウラジオストックに帰った。10年、日韓併合がなされると柳麟錫らと声鳴会を組織し、併合を糾弾する声明書を作成して各国に発送するなどの運動を展開するが、日本の依頼を受けたロシアの官憲に逮捕され投獄された。翌年釈放され、李東寧とともに勧業会を組織し、『勧業報』を発行するなど、その後も同胞の啓蒙と産業の発展に献身した。

李瑋鍾 [イ ウィジョン] 生没年不詳。李朝末期・大韓帝国期の民族主義者、外交官。ロシア駐在韓国公使・李範晋の息子。1907年、ロシア駐在韓国公使館参事官在職中に高宗の密使・李儁とロシアの首都ペテルブルグで会い、ハーグ万国平和会議に同行した。日本と列強の妨害工作によって会議への出席は阻止されたが、万国記者協会の好意で演説の機会を得て、流暢な英語で日本の祖国侵略を世界に訴え、糾弾した。日本は彼ら3名の密使を欠席裁判にかけ終身懲役を宣告し、逮捕令状を出した。彼は憤死した李儁をハーグに埋葬後、李相卨とともに米国に亡命。後にふたたびウラジオストックにわたって抗日運動に身を投じた。

万国平和会議 ロシア皇帝ニコライ2世が提唱し、1899年と1907年の2度にわたってオランダのハーグで開かれた国際会議。第1回は26ヵ国、第2回は44ヵ国が参加し、軍縮と平和維持政策に関して協議した。その結果、軍縮については成果を見なかったが、国際紛争の平和的処理に関する条約、有毒ガスと特殊弾の使用禁止宣言などが調印され、国際仲裁裁判所が設置された。第2回会議のとき、朝鮮から高宗の密書を携えた李相卨・李儁・李瑋鍾が派遣され、朝鮮に会議参加の要請がなかったことを抗議し、また、乙巳条約締結は日本の脅迫によることを暴露してその破棄を訴えたが、日本・英国の妨害とそれを支持した列国の圧力によって会議への出席は拒絶された。

日韓新協約（第3次日韓協約）　1907年、日本が朝鮮（大韓帝国）併合の最後の手順として締結した7ヵ条の条約。第3次日韓協約あるいは丁未七条約ともいう。ハーグ密使事件を口実に高宗を強制的に退位させた日本は、侵略政策をいっそう強硬に遂行するために、法律制定権・官吏任命権・行政権の委任、日本人官吏の採用などを強制する7ヵ条の条約案を提示。李完用内閣はこれに一字の修正も加えず即日皇帝の裁可を受けた。7月24日夜、李完用を全権委員として、統監の私邸で伊藤博文との間で条約は締結された。さらに各条項施行に関する協定についての秘密処置書が作成された。これは韓国軍解散と司法権・警察権の委任などを骨子とする。その結果、日本による朝鮮における次官政治が実施され、朝鮮は事実上日本の植民地となった。軍隊の解散にともない、全国各地で武装抗日運動が展開された。

次官政治　1907〜1910年にかけて、朝鮮統監が任命した日本人次官が朝鮮の内政を直接執行した政治形態をいう。すでに朝鮮内に朝鮮統監府を設置してもっぱら内政干渉をしていた日本はこれに飽きたらず、1907年6月のハーグ密使事件を口実として大韓帝国皇帝・高宗を脅迫して退位させ、代わって純宗を即位させた後に、親日派・李完用が組織した内閣の協力を得て同年7月24日、日韓新協約を締結した。この条約により統監府は各部（省）の顧問制度を廃止させ、代わって日本人次官を任命して朝鮮の内政と外交はすべて統監の指揮に従って執行できるようにした。こうして顧問機関だった統監府は朝鮮の内政・外交を意のままに動かすこととなり、のちの日韓併合の土台が築かれた。日本人次官によって強行された主なものは、軍隊解散、司法権・警察権の日本人官吏への委任などである。

大韓帝国軍の解散　1907年の大韓帝国軍隊の解散をいう。ハーグ密使事件を口実として日本政府と統監・伊藤博文は高宗を脅迫して退位させ、日韓新協約を締結し、同時に大韓帝国軍の解散などをその内容とする丁未秘密覚書を大韓帝国政府と交換した。軍解散に向けて、極秘のうちに周到な計画が立てられた。伊藤と在韓日本軍司令官・長谷川好道は、まず韓国軍の火薬・弾薬庫を接収した後、1907年7月31日、純宗に軍隊解散の勅令を下させてソウル地域から軍の解散を決行した。解散指揮のために訓練院で武装解除を行い、兵を集結させていたとき、西小門外侍衛第1連隊大隊長・朴昇煥（星煥）が自決し、これがきっかけとなって抗争がはじまった。第2連隊も加わり、将兵は「兵営死守」を叫んで、市街戦となった。しかし、ソウルでの軍隊解散につづき、地方の鎮衛隊も約1ヵ月後に解散が強行され、約8800名の大韓帝国軍はこうして完全に解体されたが、原州鎮衛隊と江華分遣隊などがソウル侍衛隊につづいて蜂起し、本格的な武装抗日闘争が全国で起こり、その後5年間継続された。

朴昇煥（朴星煥）［パク スンファン（パク ソンファン）］　1869〜1907。軍人。大韓帝国軍の参領（佐官級）。侍衛第1連隊の大隊在職中の1907年7月、高宗が日本の脅迫によって強制的に退位させられるとその復位をはかって宮中に突入しようとして失敗した。同年8月、大韓帝国軍解散のための最終儀式として大隊長以上の将校が日本軍指令部に集結させられたとき、病気を口実に西小門兵営に留まり、ついに軍隊解散令が下ると拳銃で自決した。

己酉覚書 1909年7月12日、日本が大韓帝国の司法権と監獄管理を奪う目的で結んだ条約。大韓帝国総理大臣・李完用と朝鮮統監・曾禰荒助によって調印された。この覚書により韓国の法務と裁判所は停止され、その事務を統監府内の司法庁が代わって行った。こうして朝鮮は外交権・警察権につづいて司法権も強奪され、その主権を完全に失った。翌年の日韓併合は形式的な手続きを満たすだけの問題だった。

日韓併合（「日韓合邦」） 1910年8月22日に締結された日韓併合条約により日本が朝鮮の統治権を全面的に奪取したこと。日韓合邦ともいう。1905年の乙巳条約により、大韓帝国を保護国化して統監政治を開始した日本は、1909年の安重根による伊藤博文殺害後、朝鮮の主権を完全に奪って植民地化する計画を本格的に推進した。すなわち1910年6月、日本政府は閣議で「併合後の対韓統治方針」を決定したのにつづき、大韓帝国の警察権を日本に委任するための覚書を調印し、朝鮮統監府内に警務統監部を新設して憲兵警察制を実施した。同年7月23日に第3代朝鮮統監として赴任した寺内正毅は本格的に併合工作を進め、8月16日に総理大臣・李完用、農工商大臣・趙重応を統監官邸に呼び、併合条約の具体案を密議し、18日にはこれを大韓帝国の閣議で通過させた。22日、皇帝・純宗の前で形式的な御前会議を開いた後、その日のうちに李完用と寺内の調印は完了した。この調印の事実は1週間の間秘密にされていたが、8月29日に李完用が尹徳栄に命じて皇帝の御璽を押印させ、勅意による併合条約締結が公布された。こうして李氏朝鮮王朝は27代519年目に滅亡し、朝鮮は日本の植民地となった。以後約35年間、日帝の暴圧と搾取がつづいた。日本は条約公布とともに大韓帝国という国号を廃止し、統監府に代わって朝鮮総督府を設立。初代総督に寺内正毅を任命した。併合の功のあった李完用ら親日派75名にはそれぞれ爵位と恩賜金が与えられた。

日韓併合条約 1910年8月、日本の恫喝と圧力によって結ばれた条約で、これによって大韓帝国の統治権は完全に日本に引き渡された。8月22日、大韓帝国内閣総理大臣・李完用と日本の朝鮮統監・寺内正毅によって調印され、8月29日に公布された8ヵ条からなるこの条約の全文は以下のとおり。

　韓国皇帝陛下と日本国皇帝陛下は、両国間の特殊かつ親密な関係を回顧し、相互の幸福を増進し、東洋の平和を永久に確保せんことを欲し、この目的を達成するためには韓国を日本帝国に合併するしかないことを確信し、ここに両国間の併合条約を締結することにし、日本国皇帝陛下は統監子爵・寺内正毅を、韓国皇帝陛下は内閣総理大臣・李完用をそれぞれ全権委員に任命する。この全権委員は会堂協議した後、左の諸条を協定する。第1、韓国皇帝陛下は韓国全土に関するいっさいの統治権を完全かつ永久的に日本国皇帝陛下に譲与する。第

日帝の朝鮮侵略過程			
条約名	朝鮮代表	日本代表	内容
日韓議定書 (1904)	李祉鎔	林権助	内政干渉 軍基地確保
第1次日韓 協約(1904)	尹致昊	林権助	顧問政治
乙巳条約 (1905)	朴斉純	林権助	保護政治 統監府設置
日韓新協約 (1907)	李完用	伊藤博文	次官政治
日韓併合条約 (1910)	李完用	寺内正毅	日韓併合

2、日本国皇帝陛下は前条に掲載した譲与を承諾し、また全韓国を日本国に合併することを承諾する。第3、日本国皇帝陛下は、韓国皇帝陛下、太皇帝陛下、皇太子陛下とその皇妃および後裔に対してそれぞれ地位に応じて相当な尊称、威厳を保たしめ、名誉を得させ、またこれを保持するために十分な歳費を供与することを約する。第4、日本国皇帝陛下は前条以外の韓国皇族とその後裔に対し、それぞれ相当な待遇を得させ、またこれを維持するのに必要な資金を供与することを約する。第5、日本国皇帝陛下は勲功のある韓国人、とくに表彰を行うことが適当だと認められるものに対して栄爵を授与し、また恩給を与える。第6、日本国政府は前記併合の結果として、韓国の施政をすべて担任し、同地に施行する法規を遵守する韓国人の身体と財産について十分な保護をし、またその福利の増進をはかる。第7、日本国政府は、誠意と忠誠で新制度を尊重する韓国人として相当な自覚のある者を、事情が許す限り韓国における帝国官吏として登用する。第8、本条約は、日本国皇帝陛下と韓国皇帝陛下の裁可を経たものであり、その公布日から施行される。以上あやまりのないことを証明するため、両全権委員は本条約に署名捺印する。
明治43年8月22日
　　　　　　　統監子爵寺内正毅
隆熙4年8月22日
　　　　　　　内閣総理大臣李完用

なお、近年に本条約については、南北双方から国璽および純宗の署名は偽造されたものとの説が出ている。

石川啄木　1886〜1912。明治時代の歌人・詩人・評論家。中学在学中、『明星』系の浪漫主義文学に影響され、歌集『あこがれ』を刊行(1905)、天才少年詩人としてもてはやされた。結婚とともに家が没落し、生活苦のなかで各地を流転、「ローマ字日記」(1909)、「一握の砂」(1910)、「悲しき玩具」(1912)、「時代閉塞の現状」(1913)などを著し、社会・国家に対して冷笑的諧謔と深い哀傷感をもって歌い上げ、かつ批判した。それまでの日本の詩歌がえてして花鳥風月を歌い、情緒に流されがちだったのに比べ、啄木は現実から目をそらさず歌い上げて、歌壇に新風を吹き込んだ。これは詩歌を借りた社会・国家批判でもあったといえよう。よく知られている「地図の上／朝鮮国にくろぐろと／墨をぬりつつ秋風を聴く」(1910)という歌ほど、そのことを端的に示すものはない。ところで、この歌のすぐ後に歌われた「ココアのひと匙――われは知る、テロリストのかなしき心を――／言葉とおこなひとを分かちがたきただひとつの心を、……」(1911)に出てくるテロリストも、これまでの通説ではロシアのナロードニキか、もしくは大逆事件の一部被告を指すのではないかという見方がされてきたが、1993年、韓国・東国大学の呉英珍教授(日本文学専攻)は、「テロリスト」とは1909年10月に伊藤博文を暗殺した安重根ではないかという「状況証拠」を提出している。「ココアのひと匙」に続く次の歌も紹介しておきたい。「誰ぞ我に／ピストルにても撃てよかし／伊藤のごとく死にて見せなむ」。ともあれ、この当時、日本による朝鮮の植民地化を朝鮮人の側に心を寄せ、思いを託した日本人知識人は、啄木や幸徳秋水のほかにいなかったのではないだろうか。今後、こうした分野の研究が待たれる。

8．独立協会・愛国啓蒙運動と義兵戦争

独立協会　1896年7月に結成された政治団体。外国依存政策に反対し、独立党知識人30余名が朝鮮の自主独立と内政改革を標榜して結成。徐載弼を中心に李商在、李承晩、尹致昊らが積極的に組織化を推進し、発足当初は李完用、安駉寿ら政府の要人も多く参加した。結成初期は討論会、演説会などの民衆啓蒙運動に力を注ぎ、多くの若者を集めた。まもなく政治活動を行うようになり、96年11月には慕華館（中国からの使節を迎えた建物）を独立館と改称し、集会場として使用した。迎恩門の跡地に独立門を建てて独立精神の象徴とし、『独立新聞』を刊行して民族の自主意識を高め、開化思想を鼓吹した。37年2月にはロシア公使館に身を潜めていた高宗に王宮に帰ることを訴えてこれを実現させるなど、政府に対して強力な批判的機能を発揮し、社会団体内で指導的役割を果たした。98年にはソウル市鍾路の広場で最初の民衆大会とされる万民共同会を開催。国政の自主路線を要求する献議六条を決議してその実行を高宗に推奨した。高宗も当初は実行を約束したが、利権に目のくらんだ政府閣僚らの妨害で約束は守られず、協会は政府を強烈に弾劾しはじめた。不安を覚えた政府首脳は皇帝に対し、独立協会は皇帝を廃して共和制の実施をはかっていると吹き込み、李商在以下17名の協会幹部を逮捕させた。独立協会は会員を総動員して釈放を要求したが、政府は御用団体である皇国協会を使い、褓負商数千名を動員させて会員にテロを加えた。憤激した民衆は政府高官の邸宅を襲撃し、騒乱状態となった。高宗は同年11月にやむをえず内閣を改組し、同協会の要求をすべて受け入れることを約束したうえで、協会の解散を命じた。こうして独立協会は解散したが、その後も万民共同会と名を変えて存続がはかられた。が、99年初めには完全に解散させられた。

万民共同会　1898年に独立協会主催で開かれた民衆大会。3月の第1回大会は、鍾路の四辻広場で、ロシア人の度支部（大蔵省）顧問と軍部教練士官の解職を要求して開かれた。このときには李承晩、洪正夏ら青年弁士が熱烈な演説を行い、民衆世論を喚起した。大会は同年10月にも開かれ、その際は大臣も参席し、知識人・学生・女性・商人・僧侶・農民など社会各層から1万名以上が集まり、政府の売国的行為を攻撃して献議六条の改革案を決議した。この改革案は皇帝に認められ、高宗はその実施を確約したが、守旧派官僚などの反対にあい、関係した大臣は罷免され、実現をみなかった。後に独立協会は高宗の命令で解散させられるが、そのメンバーはしばらくの間、万民共同会という名称を掲げて活動を継続した。

日露協商（日露交渉）　三国干渉以後、朝鮮問題に関してロシアと日本の間で行われた協商（協議、会議）。1896年に第1次協商（ウェーベル・小村覚書）が行われ、同年に第2次協商（ロバノフ・山縣議定書）、98年には第3次協商（ローゼン・西議定書）が行われた。三国干渉後の日本は、朝鮮問題に関してロシアとの妥協に力を注ぎ、3次にわたる協商を行った。その結果、日露両国は朝鮮の内政に干渉しないこと、ロシアは日朝間の商工業関係の発展を妨害しないことなどに合意した。第2次協商において

日本は38度線を境界として、その北はロシア、その南は日本がそれぞれの勢力圏とするという「朝鮮半島分割案」を提起したが、ロシアによって拒否された。一連の協商による覚書協定は、ロシアが満州占領政策を推し進めるに従って反古とされ、ついに日露戦争が起こった。

献議六条　1898年10月、独立協会が主催した万民共同会(民衆大会)で決議された6ヵ条の改革案。大会に参加した大臣の同意を得て、皇帝・高宗に提出してその実施を約束させたが、政府内守旧派の妨害にあい、結局実現をみなかった。その内容は次のとおり。①外国に依存せず、官民が協力し、専制権力を強固にする。②鉱山・鉄道・石炭・山林および借款・借兵などに関する対外条約は、各大臣と中枢院議長が合同で署名しなければ施行できないものとする。③全国の政府の資産はすべて度支部(大蔵省)で管轄し、政府の他の機関や私企業は干渉できないものとし、予算と決算を人民に公布すること。④重罪人の公判と言論・集会の自由を保障する。⑤勅任官の任命にあたっては、皇帝は政府閣僚の過半数の同意を得なければならない。⑥その他別項(外国の下院を模した民会の設置など)を実施する、など。

尹致昊〔ユン チホ〕　1865～1946。大韓帝国期の政治家。1881年、17歳の時に最年少の紳士遊覧団員となって日本に赴き、開化思想に目を開かされた。米国に留学して、82年の朝米修好条約批准の際、米国公使フートの通訳官として帰国。翌年甲申政変に加担するが、政変失敗後米国に亡命し、95年にふたたび帰国。総理大臣秘書官を経て学府弁判となり、翌年7月に徐載弼・李商在・李承晩らと独立協会を結成。98年には会長と『独立新聞』社長を兼任した。同年10月29日、ソウル市鍾路の四辻広場で万民共同会を開催し、そこで決議された献議六条(施政改革6ヵ条)を皇帝に献じ、自主独立を熱望する民衆の意志を代弁した。1906年に張志淵・尹孝定らと大韓自強会を結成して会長となり、教育事業に力を注いだ。10年に大韓キリスト教青年会を創設。11年、105人事件で逮捕され、翌年に懲役10年の刑を宣告された。日本植民地時代の末期に貴族院議員の地位にあったため、解放後は親日派として糾弾され、開城の自宅で自殺した。

徐載弼〔ソ ジェピル〕　1864～1951。独立運動家。82年、18歳で科挙に合格する。83年、日本に渡って陸軍幼年学校に入学。翌年3月卒業。帰国後、王に士官学校設立を進言し、操練極士官長となった。同年に金玉均・洪英植らとともに甲申政変を起こし、21歳で兵曹参判、兼正領官となったが、政変失敗後、日本を経て米国に亡命。家族は逆賊とされて、父母・兄弟・妻は自殺。弟の徐載昌は惨殺され、2歳の子供は餓死した。米国に帰化してワシントン医科大学に入学。卒業後、細菌学の研究で博士号を取得した。94年、甲午改革に際して帰国し、独立協会創立に参加。96年には『独立新聞』を創刊し、民衆の独立精神を鼓吹した。また、事大主義の象徴である迎恩門を取り壊して、独立門を建てた。その後、反対派の策動によって排斥されるとふたたび渡米。3・1運動にあたっては朝鮮問題を世界の世論に訴え、「フレンズ・オブ・コリアン」を組織し、在米僑胞を結束して独立運動応援会を結成した。上海臨時政府と緊密な連絡をとり、外交委員長となってフィラデルフィアに事務所を設け、活躍。1922年にはワシントン軍縮会議に宛て独立請願の連判状を提出し

第1章　外勢の侵略と民族運動　1860 ▶ 1910　91

左から、
金奎植、徐載弼、呂運亨
（1947年6月）

た。25年、ホノルルの汎太平洋会議に朝鮮代表として出席し、日本の侵略の実態を暴露、糾弾した。独立運動に専念するあまり財産を使い果たし、ペンシルバニア大学で講義を行って糊口をしのいだこともあった。解放後、米軍政庁顧問として招聘されると高齢（80歳）をかえりみず帰国。民衆はこの老革命家に期待を込めて注目したが、1948年7月、国会における大統領選挙に立候補するが、李承晩に敗れる。そして時局の混乱のはなはだしさになすすべもなく、米国に戻ってその生涯を終えた。

皇国協会　1898年、独立協会に対抗して政府が組織した御用団体。96年、徐載弼を中心として組織された独立協会が民衆に根を下ろしながら勢力を伸長し、守旧派政権を脅かしはじめると、賛政・趙秉式は褓負商などを集めて皇国中央総称会を組織し、みずから会長となった。後にこの会は皇国協会と改称した。会員の李裕寅・洪鐘宇らは、光化門と独立門に独立協会が作成したかのような告示文を偽造して掲げ、「独立協会は王政を廃止し、共和制を建てようと民心を煽動している」と高宗に吹き込んだ。この策謀で李商在・南宮檍ら独立協会幹部17名が検挙され、同協会は解散命令を受けた。しかし、政府の集会禁止命令にもかかわらず会員らは万民共同会を開き、告示文事件は陰謀であると上疏（上訴）し、しぶとく抵抗した。高宗はついに独立協会幹部を釈放、皇国協会の趙秉式一派を逮捕させた。この時、身を隠した皇国協会会長・李基東は全国の褓負商を招集して万民共同会を攻撃、負傷者多数を出した。99年に高宗はふたたび万民共同会の指導者を逮捕し、崔廷式を死刑、李承晩を終身刑に処するなどの強行措置をとり、独立協会を解散させた。続いて皇国協会もその役割を終え、自然解散となった。

一進会　大韓帝国期の親日団体。閔氏一派の迫害を避けて14年の間日本に亡命していた宋秉畯が、日露戦争に際して日本軍通訳として帰国し、親日世論を形成しようとする日本の意を受けて1904年8月20

日、旧独立協会残党の尹始炳・兪鶴柱らと親日団体・維新会を組織し、9月に一進会と改称し、会長に尹始炳、副会長に兪鶴柱を推戴して発足。一進会はその四大綱領に、①王室の尊重、②人民の生命と財産の保護、③施政改善、④軍制と財政の整理を掲げ、国政改革を要求する一方、会員はすべて断髪、洋装とするなど開化を唱えた。同年12月26日には、地方に根強い組織をもつ東学党内の親日勢力である李容九の進歩会を吸収。13道の総会長に李容九、平議員長（中央執行委員長）に宋秉畯が就任し、以降の一進会は、日本から莫大な資金提供を受けて親日活動を展開した。1905年11月17日に締結された乙巳条約についても支持宣言を発し、機関紙『国民新報』はありとあらゆる親日的発言をためらうことなく掲載した。宋秉畯は李完用内閣の農商工大臣として入閣し、ハーグ密使事件に際しては李完用とともに高宗に譲位を迫った。1907年7月に高宗が退位し、同時に大韓帝国軍隊が解散させられると、全国各地で起こった義兵は一進会会員を殺害し、国民新報社も襲撃された。1909年、伊藤博文がハルビン駅頭で安重根の銃弾で斃されると、一進会の売国的行為にはさらに拍車がかかった。日韓併合案を純宗に上疏し、却下されるとふたたび上疏するなど、狂奔ともいうべき活動を展開した。中枢院議長・金允植らは宋秉畯・李容九の処断を政府に建議したが、日本は彼らを庇護した。10年8月22日、日韓併合条約が締結。朝鮮人の政治結社が全面的に禁止されるとともに、一進会は同年9月12日に政府の命令で解散させられた。

李容九［イヨング］　1868〜1912。大韓帝国期の親日派の巨頭。23歳の時、東学党に入党して2代教主崔時亨に学び、孫秉熙とともにその高弟となった。1894年の東学農民戦争後に教主が逮捕・処刑された際に彼も投獄されたが、まもなく赦免された。その後、東学党を進歩会へと改組・改称し、1904年には宋秉畯の勧めで一進会に合流した。日露戦争時には日本軍に積極的に協力した。1905年に孫秉熙が東学の伝統を引き継いで天道教の布教をはじめると、これに対抗して侍天教を創設し、教主となった。一進会総会長となって、国民に日韓併合を提唱し、同時に皇帝・高宗、総理大臣・李完用、統監・曾禰荒助らに日韓併合を上疏、建議するなどの親日活動を行った。

宋秉畯［ソンビョンジュン］　1858〜1925。大韓帝国期の親日派の指導者。咸鏡南道長津出身。ソウルに上って閔泳煥の食客となり、科挙・武科に及第して守門長（王宮の守衛長）・司憲部検察などを歴任。84年の甲申政変後に金玉均暗殺の密命を体して日本に渡ったが、かえって説得され、その同志となった。帰国後投獄されたが閔泳煥のとりなしで出獄。興海郡守、陽智県監を歴任し、ふたたび逮捕令状が出ると日本に難を避けた。1904年に日露戦争が起こり、日本軍の通訳となって帰国、親日派に転身。尹始炳らとともに親日団体・維新会を結成、時をおかず進歩会の李容九と手を結んで、維新会を一進会へ改組・改称し、対日協力活動を展開した。ハーグ密使事件を契機に皇帝譲位運動を起こし、高宗を退位させるのに一役買った。1907年に李完用内閣が成立すると農商工部大臣、内部大臣を歴任し、日韓併合上疏文と請願書を提出、日本に赴いて併合推進外交を繰り広げ、全国民の指弾を受けた。併合後は日本政府から子爵の位を授けられ、のちに朝鮮総督府中枢院顧問となり、さらに伯爵となった。

保安会 大韓帝国期に元世性を中心として組織された排日運動団体。1904年6月、日露戦争中に日本公使・林権助が朝鮮国土の4分の1を占める全国の山林と荒地の開拓権を要求すると、これに反対する猛烈な運動が起こった。時を同じくして元世性・宋秀万・宋寅憲らは保安会を組織し、ソウルの鍾路で連日公開演説会を開くなどの排日民族民衆運動を展開した。日本軍は保安会議所(本部事務所)に乱入し、集会を強制的に解散させて幹部を拉致する一方、軍事警察訓練の名目で朝鮮の治安を日本軍が担当すると大韓帝国政府に通告し、これ以降、日本軍による軍事警察制が施行された。このような保安会の活動に対抗し、親日派の指導者・宋秉畯は同年8月に維新会(後に一進会)を組織し、執拗に妨害策動を繰り広げた結果、保安会はまもなく解体された。

共進会 大韓帝国期に組織された革新運動団体。褓負商を集めて皇国協会を結成し、時の権力を背景に独立協会を弾圧した尹孝定・元穢・羅裕錫らがこれを悔やみ、あらためて革新運動を行う目的で全国の褓負商を糾合し、1904年11月に進明会を組織、会長に羅裕錫を選んだ。同年12月に進明会を共進会と改称。李儁を会長として本格的な革新運動を繰り広げた。共進会は政府に対して皇室の権威を守り、政府の命令(法令)、国民の権利、義務などについて建議するなど積極的な活動を展開した。警務庁に李儁・尹孝定・羅裕錫ら代表者が拘束されたこともあったが、1905年に解散した。1907年、李儁がハーグ密使事件で憤死すると、ロシア領のスチャンでは彼の忠節を讃えて共進会が組織されたこともあった。

憲政研究会 1905年5月、李儁・梁漢黙・尹孝定らによって組織された政治啓蒙団体。民衆を啓蒙し、民族の独立精神を鼓吹する一方、親日団体・一進会に対抗して闘った。翌年には張志淵・尹孝定らによって大韓自強会へと発展した。

愛国啓蒙運動 20世紀初頭の朝鮮国権回復運動の潮流の1つ。義兵闘争とならんで、国権回復運動の中心となった。言論・出版・教育・殖産興業などによって、愛国心を高揚させ、国権回復のための実力を養成しようとした運動で、主に都市知識人・学生・商工業者が参加した。運動の中心は結社活動だった。

その代表は1906年4月に結成された大韓自強会で、教育・産業の発達により朝鮮の富強・国権回復を図ることを目的として、活発な啓蒙活動を展開した。高宗譲位反対運動をきっかけに、同会は1907年、政府命令で解散させられたが、後継団体として大韓協会が結成され、啓蒙活動を継続した。大韓協会とともに中心的な全国団体となったのは新民会だった。同会は秘密結社の形をとって、教育・商工業育成・言論・出版など、幅広い活動を展開した。

これらのほかに、西友学会・西北学会・畿湖興学会・関東学会・湖南学会など、出身地別に啓蒙団体が組織された。言論・出版活動も活発に行われ、各団体の会報とともに、『皇城新聞』『大韓毎日申報』『万歳報』などの新聞、『少年』などの雑誌が刊行された。また、『皇城新聞』や『大韓毎日申報』を中心に、日本からの借款を募金によって返済しようとする国債報償運動が展開された。

愛国啓蒙運動の展開の中で、西洋の学問が本格的に受容されるとともに、朝鮮語や朝鮮史の研究も発展した。朝鮮語研究では周時経の『国語文法』、朝鮮史研究では申采浩・朴殷植らの著作が代表的である。新

聞・雑誌には商工業発展の必要性や農業技術改良の記事も掲載され、殖産興業が訴えられた。

教育運動は最も大きな具体的成果をあげた。諸団体は近代的教育の普及が急務と説き、各地に自主的な私立学校が設立された。1910年には朝鮮全国の学校数は2000校を超えていたが、その大部分はキリスト教系を含む私立学校で、官公立学校を圧倒した。これらの私立学校では上述の朝鮮語・朝鮮史研究書が教科書として使用され、愛国思想が鼓吹された。

1905年に統監府を設置して朝鮮支配を実質的に開始していた日本は、1907年に「保安法」「新聞紙法」、08年には「学会令」「私立学校令」「教科用図書検定規定」を制定して、愛国啓蒙運動をきびしく弾圧した。1910年の日韓併合とともに、日本は朝鮮人の政治結社をすべて解散させたため、運動は公然活動の組織的基盤を失った。さらに105人事件で運動参加者が大量逮捕されるに及んで、運動は終息させられることになった。

愛国啓蒙運動は、歴史的には独立協会の運動を継承するものであり、国権回復と朝鮮人の精神的近代化を不可分の課題として提示し、愛国思想や開化思想を全国に拡散させるのに貢献した。これは次にくる民族主義独立運動の基盤となるものだった。実力養成を重視する愛国啓蒙運動は、武装して直接行動に出る義兵とはあいいれなかった。また社会進化論の無批判な受容は西洋文明の理想視をも生み出した。この結果、日本を含む帝国主義への批判は弱まり、保護国化を容認した上での実力養成を主張する論者も出てきた。しかし、徹底的な抗日を叫ぶ参加者の中には、国外に独立根拠地を建設しようと計画し、義兵闘争と合流しようとする人々も現れた。

大韓自強会(自彊会) 大韓帝国期の民衆啓蒙団体。1906年に尹孝定・張志淵・羅寿淵・金相範・朴炳恒らは、李儁らが運営していた憲政研究会を拡大改編して大韓自強会として発足させた。初代会長は尹致昊。教育と啓蒙に力を注いで民族的主体意識を高め、国力を培養してはじめて独立を勝ち取ることができるとし、教育振興と産業発展を基本綱領とした。同時に政治活動も活発に展開し、政府に対し、①義務教育の実施、②悪質な封建的統治の禁止、③彩色された服装の着用(朝鮮人は無色＝白色の衣服を好み、白衣民族と呼ばれた)と断髪の施行など、3項目の実施を建議した。また高宗退位・純宗即位に反対する国民運動を繰り広げるなど、当時の親日内閣には棘のような存在として疎まれた。李完用は内務大臣命令として1907年8月19日にこの団体の解散命令を下したが、自強会は大韓協会へと変身し、粘り強く活動をつづけた。

大韓協会 1907年にソウルで結成された啓蒙団体。李完用の命令で大韓自強会が解散されると、権東鎮・南宮檍・張志淵・呉世昌・尹孝定らは国力培養のために教育と産業の発達をめざして新たな協会を組織した。機関紙『大韓協会会報』では、南宮檍・申采浩・李允栄らが論陣を張り、政治・産業・教育の発展を主張した。愛国思想の鼓吹と国権回復を目的とする大韓協会運動は、一時期、国民からの広汎な支持を得て全国に70以上の支部を置き、数万名の会員を擁した。しかし、統監府の監視と迫害が日増しに強まり、同時に合法運動の限界が表面化して積極的な活動を展開できず、ついに一進会に迎合する部分も現れて、指導層の一部は親日派へと転身した。

南宮檍 [ナム グンオク] 1863～1939。独立

運動家、教育家、言論人。1883年、英語学校に1年間通った後、漆谷府使（地方長官）など、地方での官職を経て、95年に内部土木局長となり、パゴダ公園工事を指揮した。その後、興化学校で英文法と国史を教えるうち独立協会に加入。愛国啓蒙運動に力を注ぎ、投獄された。98年に『高麗新聞』社長となって日露による朝鮮分割説（1900）と日露協商（1902）を告発した。1907年に大韓協会会長。1908年に関東（江原道）学会会長となり、10年から培花学堂教師となった。在職9年の間に『家庭教育』『新編諺文文体法』などの朝鮮語教科書を著し、18年には江原道洪川にある牟谷で教会と学校を設立した。33年の「むくげと韓国歴史事件」で逮捕され下獄したが、35年に病気のため釈放された。著書に『東史略』『朝鮮の話』『むくげの裏し』『狩り』『朝鮮の歌』などがある。

新民会　1906年、米国から帰った安昌浩が組織した独立運動団体。李甲・全徳基・梁起鐸・安秦国・李東寧・李東輝・曺成煥・申采浩・盧伯麟らとはかって結成した秘密結社。政治、教育、文化、経済などの各方面の振興運動を起こして国力を養うのに力を注いだ。役員団として総監督に梁起鐸、総書記に李東輝、財務に全徳基が選出され、会員は愛国心が強く、献身的で自己の生命と財産を会の使命に捧げることができる人物に限り、厳格な審査を行った上で入会を許可した。組織は縦割り型で、しかも会員個々が直接知ることができる他の会員は、自分の上級者と下部の2名に限定され、会員相互の横の連絡はまったくなかった。804名の会員を擁し、平壌に大成学校、定州に五山学校を設立して人材を養成した。また、『大韓毎日申報』を発行し、平壌と大邱に大極書館を設立するなど文化運動に力を注ぐと同時に、平壌に磁器会社を設立して産業振興にも努力した。11年1月、総督・寺内正毅暗殺未遂事件に連座。多くの会員が下獄あるいは亡命し、自然消滅した。

青年学友会　1908年、安昌浩が組織した抗日青年運動団体。全国の有為の青年を選抜し、実務力行主義に立脚して、後進の養成を目的として設立された団体。会長に朴重華、総務に李東寧、書記に申伯雨、議事に李会寧・崔南善・金佐鎮・尹琦燮・張道淳らが任命された。機関誌『少年』を発行し、新民会の姉妹機関として、後の興士団の母体となった。11年1月、寺内正毅総督の暗殺未遂事件に連座し解散させられた。

西北学会　1908年1月、安昌浩・李甲ら平安道・咸鏡道・黄海道出身の知識人が中心となって、ソウル鍾路・楽園洞で結成された愛国啓蒙団体。西友学会と漢北学会を併せて発足したもので、機関誌『西北学会』を発行し、巡回講演会を開いて民衆の啓蒙に努め、排日愛国思想の高揚に大きな役割を果たした。これに影響を受けて畿湖学会・関東学会・湖南学会・国民教育会などが各地で結成された。10年に親日団体・一進会が日韓併合支持討論会を開いて併合を主張すると、猛烈な反対運動を組織した。政府によって強制解散させられたが、学会の中心人物は大韓協会に合流し、抗日運動を継続した。なお、現在の建国大学はその精神を受け継いでいる。

国債報償運動　1907年1月、日本に対する国債を払うために起こされた運動。1904年の顧問政治の実施以降、日本帝国主義は朝鮮経済を日本に隷属させるため日本から巨額の借款を導入させ、その重圧によって

朝鮮経済は破綻への道をたどりつつあった。導入された借款は侵略を強化するための警察機構の拡張と、日本人居留民の福祉施設の拡充に投入されるなど、朝鮮統監府によって思うままに使われた。当然の結果として外債は膨大に膨れあがり、大韓帝国政府には支払う方法はなかった。これを口実に日本はさらに大韓帝国政権内に浸透し、植民地化に拍車をかけた。こうした状況下で、国家の債務が返済できずに国の主権が守れるはずがないという自覚が民衆の間に生まれ、1907年1月29日に大邱において徐相敦・金光済・朴海寧ら16名が発起人となって国債償還会を結成し、義捐金を募るための国民大会を開催するなどの活動をはじめた。『皇城新聞』『大韓毎日申報』『帝国新聞』『万歳報』などの新聞も呼応して積極的に鼓吹し、汎国民的運動が開始された。同年4月までの2ヵ月間で償還金拠出者は4万名に上り、総額は5月までで230万円に達した。この運動には女性も積極的に参加して金銀の装飾品を提供し、当時社会の最下層に属していた妓生も愛国婦人会を組織して義捐金を募った。安重根も積極的に参加したことが知られている。このように、国債償還運動は汎国民的な支持を受けて成功裡に推進されたが、統監府の執拗な弾圧と宋秉畯らが率いる一進会の妨害工作によって挫折させられた。

張志淵 [チャン ジヨン] 1864〜1921。大韓帝国期の言論人。1894年、科挙の初試に合格して進士となり、97年の俄館播遷時に高宗が王宮に戻ることを要請する万人疏を起草した。通政(正三品)などの官職を歴任。98年に辞職した後は南宮檍・柳謹らと日刊紙『皇城新聞』を創刊。民衆啓蒙に力を注ぎ、また独立協会にも参加して李商在・李承晩らとともに万民共同会を開いた。1902年

1920年頃

3月から『皇城新聞』の社長となって独立精神の鼓吹に奮闘したが、1905年11月17日、乙巳条約が締結されると11月20日付『皇城新聞』に「是日也放声大哭(この日たるや声を放って大哭す)」と題して悲憤の論説を執筆した。論説の要点は「東洋三国の平和を率先推進するはずの伊藤がなぜ5条約(乙巳条約)を出したのか。犬さえ死を以てするとき、わが大臣らは一身の栄達だけを願い、皇帝陛下と2000万の同胞に背を向け、4000年の疆土を倭人に与えた。悲しい哉わが2000万同胞よ。生きるべきなのか、死ぬべきなのか」というものであった。張志淵は、即日日本の官憲に逮捕され、3ヵ月の間投獄された。釈放後の1906年、尹孝定・羅寿淵らと大韓自強会を組織し救国運動を繰り広げたが、これも解散させられ、1908年、ウラジオストックに亡命、『海潮新聞』の主筆となった。しかし経営難で廃刊となり、中国とシベリアを流浪して10年に帰国。その後、晋州の『慶南日報』主筆となり、同年8月22日の日韓併合の日、黄玹の絶命詩を掲載し、『慶南日報』も廃刊された。その後は失意の生活を送り、親日と目される言動もあったが、21年に病没した。著書に『儒教淵源』『韋庵文庫』『大韓最近史』などがある。

黄玹 [ファン ヒョン]

1909年頃

1855～1910。大韓帝国期の詩人、学者。ソンビ（遺賢）の典型とされた。全羅南道光陽の人。若年より詩をよくし、85年に生員試で荘元に及第（首席合格）したが、時局の混乱と官吏の腐敗を見て官職に就くことを断念、あえて郷里に埋もれて暮らした。1905年、乙巳条約締結に悲憤し、金沢栄とともに中国へ亡命しようとしたが、旅費がなく断念。10年8月、日韓併合で国が滅びると絶命詩4首を残し、毒をあおいで節に殉じた。翌年『梅泉集』3巻が金沢栄と湖南ソンビらの寄付で出版された。また、李朝末期の秘史を記した『梅泉野録』は、解放後に国史編纂委員会の資料叢書第1集として刊行され、朝鮮近世史研究の貴重な資料となっている。

『梅泉野録』 大韓帝国期の詩人・学者の黄玹が記録した李朝末期秘史。6巻7帙、私本。1864年の大院君の執権から1910年の日韓併合に至るまで、47年間の朝鮮近世・近代史を編年体で記述した歴史書。すべて黄玹自身の見聞記録によるが、最終部分の10年8月29日から志を守って自決した10月10日までは文人・高墉柱の注釈を付け加えたものである。原本は1巻がそれぞれ上下2冊に分かれており、大院君執権10年間などのさまざまな事件や混乱した政局、変遷する社会相など、内政や外交上の重要な事実が年代順に記録されている。55年、国史編纂委員会によって資料叢書第1集として公刊され、黄玹の子孫らが作成した副本も加えられた。

閔泳煥 [ミン ヨンファン] 1861～1905。大韓帝国期の政治家。兵曹判書・閔謙鎬の息子。1878年に科挙・文科に及第し、その後は出世街道をひた走り、若くして兵曹・刑曹判書などを歴任した。米国公使も務め、96年にはロシア皇帝ニコライ2世の戴冠式に参列。軍部大臣在任中に英国・フランス・オーストリア・ドイツなどを訪問し、西欧文明に早くから目を開いた。その後も外部・学部（文部）・度支部（大蔵）大臣を務め、国家の根本を建て直そうと奮闘した。独立党を擁護したとして大臣から追われたこともある。王の侍従武官長のとき、乙巳条約締結を憂えて、議政大臣・趙秉世とともに百官を率いて王宮に出向き、条約廃棄を上疏したが聞き入れられなかった。大勢はすでに決したことを悟って自宅に帰り、家族としばらくの時を過ごした後、国民と各国公使にみずからの志を述べた遺書を認め、短刀で自決。後に諡号とともに領議政大臣が追贈された。

李容翊 [イ ヨンイク] 1854～1907。大韓帝国期、高宗代の大臣。咸鏡北道北青出身。1882年、壬午軍乱によって閔妃が長湖院に身を潜めているとき、高宗との連絡役として功労があり、皇帝の信任を得て咸鏡南道の端川府使に就いた。1902年、度支部（大蔵）大臣となって李儁・閔泳煥・李商在らと独立党を組織。親露派の領袖となって日本の侵入を阻止した。翌年、ロシアに平安北道龍岩浦の租借権を与えるにあたって背後で

1900年

力を尽くした。1904年の日韓議定書に反対し、反日親露分子と見なされて日本に拉致された。日本での軟禁生活の間に新進文物を学び、1905年に帰国。慶尚北道観察使（知事）に登用された。帰国にあたって購入した印刷機で普成社印刷所を設立し、普成学院（高麗大学の前身）を創立。付属の小・中・専門学校などもつくった。同年11月の乙巳条約に反対し、一時、日本憲兵隊によって逮捕・軟禁されたが釈放され、ただちにウラジオストックに亡命。その地で病没した。一説に、ウラジオストックで金顕土なる人物に暗殺されたともいう。

韓圭卨［ハン　ギュソル］　？〜1930。大韓帝国末期の政治家。科挙・文科に及第した後、捕盗大将、議政府参賛などを経て、1905年に参政大臣（首相）となり内閣を組織した。同年、乙巳条約締結のために日本の全権大使・伊藤博文が王宮に入り、軍隊をもって威嚇し、閣僚一人ひとりに賛否を問うたとき、最後まで反対した。しかし伊藤は脅迫によって閣僚8名中5名の賛成を得たとし、これを盾に条約締結を高宗に宣布させた。こうして不法に条約が締結され、韓圭卨は罷免されて野に下った。後にふたたび官途に就き、中枢院顧問、宮内府特進官となった。日韓併合時、日本政府から男爵の位を授けられたが、しばらく後にそれを返上した。

スティーブンス狙撃事件　1908年、日本の手先だった米国人外交官スティーブンスが射殺された事件。スティーブンスは日本の外務省職員だった1904年、第1次日韓協約締結後、日本政府の要請で大韓帝国政府の外務顧問に就任。日本政府に依頼され、乙巳条約締結に関する日本の姿勢を宣伝するため、1908年3月21日、休暇を兼ねて本国に帰った。サンフランシスコ到着直後の記者会見で、朝鮮人は日本の保護統治を称讃しており、「乙巳条約は韓国民のためにとられた当然の措置で、彼らは独立の気概をもたない無知な民族である」との暴言を吐いた。崔有渉ら在米韓国僑胞有志4人はこれを激しく糾弾。3月22日、在米僑胞・鄭在寛がサンフランシスコのスティーブンス宅を訪問し、親日暴言を非難した。翌日、スティーブンスが日本領事とともにワシントンに赴くためオークランド駅で汽車を待っているとき、田明雲が銃で狙撃したが不発に終わり、彼は銃身でスティーブンスに殴りかかった。スティーブンスと田明雲が揉み合っているところに、韓国青年・張仁煥がスティーブンスをふたたび狙撃し、スティーブンスは絶命、田明雲も肩に被弾して重傷を負った。両名はその場で米国警察に逮捕され、田明雲は7年11ヵ月、張仁煥は25年の懲役を宣告された。彼らの熱烈な愛国心は米国国民の同情を受け、田明雲はしばらく後に釈放され、張仁煥は懲役10年目に特赦で出獄した。

スティーブンス、D.W.　？〜1908。米国人外交官。朝鮮名は須知芬。日本の外務省職員だったが、1904年、第1次日韓協約

締結後に日本政府に派遣されて大韓帝国政府外務部顧問に就任した。大韓帝国政府から俸給を得ながらも、一貫して日本の忠実な協力者として活動した。乙巳条約の締結後、日本の立場を米国で宣伝するために1908年3月、休暇をとって帰国。サンフランシスコ到着直後の記者会見で、朝鮮人が日本の保護政治を称えているといい、「乙巳条約は韓国民のためにとられた当然の措置であり、彼らは独立の気概をもたない無知な民族だ」との暴言を吐いて在米僑胞から糾弾された。しかし彼はこの発言を撤回せず、日本の立場から発言をつづけたため、ついに在米韓国人僑胞・張仁煥、田明雲によってカリフォルニア州オークランド駅頭で銃撃され、死亡した。

張仁煥［チャン インファン］ 1877～1930。大韓帝国期の独立運動家。若くしてキリスト教に入信し、1905年、ハワイに移民してマウイ島に住んだ。翌年米国本土に渡って鉄道労働者やアラスカ漁場で労働者として働くうち、大同保匡会（在米韓国人僑胞団体）に入会した。1908年、大韓帝国政府外務部顧問スティーブンスが休暇を兼ねて帰国し、記者会見で日本の朝鮮侵略を支持する発言を行うと、彼を殺害することを決意。3月23日、スティーブンスがワシントンへ出発することを聞いてオークランド駅へ向かった。駅頭で韓国人青年・田明雲がスティーブンスを狙撃し、弾丸が不発だったため銃身で彼に殴りかかるのを見て、すかさず銃撃を加え、スティーブンスを絶命させたが、田明雲にも思わぬ重傷を負わせた。裁判を受け懲役25年の刑を宣告されるが、その熱烈な愛国心と礼儀正しい服役態度が認められ10年目に出獄した。27年に帰国して曺晩植らが主催した会で多数の同胞から熱烈な歓迎を受けた。また、平壌崇仁学校出身の妙齢の女性・尹致福から求婚され、51歳で初めて結婚生活を送ることになった。後にふたたび米国に渡ったが、サンフランシスコで病を得て苦しみ、自殺。在米僑胞によって社会葬が行われた。

田明雲［チョン ミョンウン］ 1884～？。大韓帝国期の独立運動家。平安道の貧農の家に生まれ、ウラジオストックに渡り、1905年にハワイに移民した。翌年、米国本土に渡って鉄道労働者やアラスカ漁場で労働者として働きながら苦学し、共立協会（在米韓国人僑胞団体）に入会した。1908年、大韓帝国政府外務部顧問で親日派の米国人スティーブンスが休暇を兼ねて帰国し、記者会見で日本の朝鮮侵略を支持する発言を行った。彼はこれを聞いて憤激し、殺害を決意。3月23日、スティーブンスがワシントンに赴くため日本領事とともに汽車待ちをしていたオークランド駅頭で銃撃したが不発、ひるまず銃身でスティーブンスの顔を殴りつけ、揉み合いとなったところへ、張仁煥が銃撃を加えてスティーブンスは死亡した。田明雲もこの銃弾が肩を貫通し、重傷を負った。裁判で懲役7年11ヵ月を宣告されたが、しばらく後に病を得て保釈となった。その後、ふたたびウラジオストックへ赴き、独立運動に挺身した。

安重根［アン ジュングン］ 1879～1910。大韓帝国期の独立運動家。朝鮮では「義士」という尊称をつけて呼ばれる。黄海南道海州の生まれ。幼名は応七。幼い頃から漢学を学び武術をよくした。96年、16歳のとき父とともに天主教に入信し、神父からフランス語を学び、西洋の学問に接した。1904年に平壌に出て石炭商を経営したが、翌年の乙巳条約締結に憤激、志を立てて南浦に敦義学校を設立し、人材養成に力を注いだ。

1909年頃

1907年、沿海州に亡命して義兵に参加。厳仁燮とともに104名の部下を率いて豆満江を渡り、国内に進撃。咸鏡北道慶興・会寧まで進んで日本軍と交戦し、54名の日本兵を射殺した。その後、ノエフスキー（咽秋）で亡命志士が発行する『大同共報』の探訪員（取材記者）として活躍。1909年には同志11名とともに死をもって救国闘争を貫くことを血書・宣誓した。同年10月、初代朝鮮統監・伊藤博文が満州視察を兼ねてロシア蔵相ココフチェフとの会談のためハルビンに来ると知り、暗殺を決意。同志の禹徳淳、曹道先、通訳の柳東河らと計画を練り、李岡の支援を得て計画の実行を進めた。1909年10月26日、日本人を装ってハルビン駅に潜入し、駅頭でロシア軍隊の軍礼を受けていた伊藤に10歩の距離まで接近し、拳銃で伊藤の腹部と背に3発の弾丸を命中させ、即死させた。つづいてハルビン総領事・川上俊彦、内大臣秘書官・森泰二郎、満鉄理事・田中清二郎らに重傷を負わせ、その場でロシア官憲に逮捕された。身柄は即座に日本側に引き渡され、旅順の日本監獄に移された。翌年2月の裁判で死刑宣告。3月25日、刑は執行された。書に秀で、多くの遺墨がある。獄中で『東洋平和論』『安応七歴史』を執筆した。

李在明〔イ ジェミョン〕 1890〜1910。独立運動家。平安北道宣川の生まれ。14歳の時、キリスト教に入信し、1907年、大韓労働移民会のハワイ移民団に応募して、米国で数年間労働に従事した。帰国後、抗日運動に加わるためウラジオストックへ向かったが、日韓併合条約締結の報を聞いて急ぎ帰国した。1909年12月22日、明洞聖堂でベルギー皇帝レオポルド2世の追悼式に出席した親日派のリーダー李完用を、聖堂外で短刀で襲撃。しかし、絶命させるにはいたらず、腹部と肩に重傷を負わせるにとどまった。その場で逮捕され、死刑を宣告されて、翌年処刑された。

義兵戦争（義兵闘争） 朝鮮において国家の危機に直面して民衆が自発的に起ち上がり、外敵と戦った戦争をいう。朝鮮は古くからしばしば外敵の侵略を体験したが、そのたびに民衆が起ち上がって義兵戦争を行い、国難を切り抜けてきた。ことに13世紀の元の侵入、16世紀の壬辰・丁酉倭乱（豊臣秀吉の朝鮮侵略）と、1895年の乙未事変以降の、日韓併合前後に起こった激烈な義兵戦争は歴史上に特記される。日韓併合前後の義兵戦争は後に武装独立運動へと引き継がれ、民族の正気（精神）を高めるのに大きな役割を果たした。

この義兵戦争は日本の朝鮮侵略への抵抗から起こり、ほぼ3つの時期に分けることができる。参加した人々は儒学者・旧軍人・官吏・一般民衆などで、後期になるほど一般民衆、すなわち農民の義兵が主体となって武装抗争を行った。第1期は1895年の乙未事変と断髪令などに刺激された儒生が中心となって義兵を起こし、各地の民衆が呼応して起ち上がった。代表的な義兵は忠清北道堤川・柳麟錫の部隊、江原道春川・李昭膺の部隊、慶尚北道星州の許蔿、

李寅栄、李康秊、李春永らの部隊で、日本とその追随者の駆逐を叫んで政府軍と日本軍を相手に困難な戦いを繰り広げたが、俄館播遷によって親日政権が倒れた後の国王の懐柔措置によってすべて解散した。第2期は1905年の乙巳条約に反対して起こり、両班・儒生を指導部とする農民層による抗争が全国的に拡大した。江原道原州・元容八の部隊を筆頭に、忠清南道洪州・閔宗植の部隊、全羅北道泰仁・崔益鉉の部隊、慶尚北道永川・鄭鏞基の部隊、慶尚北道寧海・申乭石の部隊などが相次いで起ち上がった。比較的規模の大きな例をあげれば、閔宗植の部隊は銃器で武装した義兵600名、火砲6門を備え、一時は洪州城を占領して気勢を上げ、義兵900名からなる崔益鉉の部隊は日本の背信を16条にわたって問責した『義挙疎略』を発表し、泰仁・淳昌・谷城を攻撃した。平民出身の義兵長・申乭石の部隊も3000名の軍で慶尚道、江原道地方を舞台に遊撃戦を展開し、大きな戦果を収めてその名を全国に轟かせた。鄭鏞基の部隊は彼が戦死するとその父の鄭煥直が代わって部隊を指揮し、興海・盈徳・青松一帯で活躍した。しかし、彼らは近代的装備と武器で武装した日本軍に次第に追われ、鎮圧された。

　第3期は、1907年の大韓帝国軍の解散以降、解散軍が大挙して義兵に参加し、一挙に大規模な抗争へと発展した。武器を携えた解散軍の参加で兵力強化が行われた全国の義兵部隊は、ソウル進攻のための連合戦線を形成した。李寅栄が13道倡義総大将、許蔿が軍師長に選ばれ、関東・嶠南・関西・湖南・湖西・鎮東・関北など全国の義兵大将が率いる約1万の兵力が、同年12月に京畿道楊州に集結。1万名のうち解散した元大韓帝国軍人3000名は洋式銃、残りの農民軍は火縄銃で武装していた。総大将・李寅栄はまず各国領事館に使いを送り、義兵部隊を国際法上の交戦団体として認定して支持することを訴えた。しかし、ソウルに進撃した部隊は日本軍の頑強な抵抗に遭い、東大門外で敗北した。その後、義兵部隊は全国に散らばったままで局地的な遊撃戦を展開したが、日本軍はこれに対して「南韓大討伐作戦」を実施し、義兵側は約5万名の死者を出し、ついに鎮圧された。この作戦を免れた義兵は満州地域に入って武装独立軍に合流、しぶとく対日抗争を展開した。このように大韓帝国期の義兵闘争は東学農民戦争の流れをくみ、それは独立戦争へと継続されて、農民を中心とした反封建・反外勢運動として朝鮮民族運動史における最大の奔流をなした。

李春永［イ チュニョン］　1869～1896。大韓帝国期の義兵長。京畿道砥平の人。1895年、乙未事変で閔妃が日本人に虐殺されると、原州で友人の安承禹とともに義兵を起こし、丹陽で日本軍を撃破した。李民玉の裏切りで官軍の襲撃を受けると忠州に難を避けた。後に柳麟錫の部隊に入り、中軍となって原州・堤川などで政府軍や日本軍とつねに先陣を切って戦った。敵兵が忠州に大挙侵攻すると、部下100名を率いて敵陣に突入し奮闘したが、銃弾に当たり27歳で没した。

柳麟錫［ユ インソㇰ］　1842～1915。李朝末期・大韓帝国期の学者、義兵長。忠清北道堤川の人。哲宗代の巨儒・李恒老を師とし、その学統を継いだ大儒として知られる。76年、江華島条約締結の折、国王に条約締結反対の上疏を行った。94年に金弘集親日内閣が成立すると、義兵長となって忠州・堤川などで腐敗官僚の一掃に努め、政府軍に破れて満州に亡命。高宗の召喚令により

一時帰国したが、98年ふたたび満州に渡り、西間島を舞台に独立運動に力を尽くした。1909年、ウラジオストックで13道義軍都総裁に推戴され、李相卨らとともに豆満江を越えて進軍中に、日・中・露間の連携でロシア官憲に逮捕され、後に釈放された。10年の日韓併合後も独立運動に身命を賭したが、意を遂げられないまま中国・奉天省寛甸県で病死した。李恒老の学統を継ぐ儒者として多くの弟子を育て、『昭義新編』『華東統綱目』など多数の著書を残した。

李康秊［イ ガンニョン］　1861～1908。大韓帝国期の義兵長。慶尚北道聞慶の人。柳麟錫の門人。1880年、科挙武科に及第し宣伝官に就いた。84年、甲申政変が起こると故郷に帰り、94年の東学農民戦争においては聞慶の東学軍を指揮して、日本軍と政府軍を撃退した。翌年、乙未事変が起こると義兵を起こし、不正官吏を殺して堤川で柳麟錫の部隊に合流し、遊撃将となった。96年、柳麟錫が満州に亡命するとその後を追い、3年後に帰国したが、杜門不出（蟄居）を命じられた。1905年の乙巳条約締結、1907年の高宗への退位強要など日本の侵略意図があらわになると、永春でふたたび挙兵し、原州の閔肯鎬の部隊と合流して忠州を攻撃した。同年12月、全国義兵連合軍（13道倡義）のソウル進撃に100名の義兵を率いて参戦した。その後、加平、鉱岳山で日本軍を撃破し、麟蹄、襄陽、江陵などで勝利を収めた。1908年、清風の錦繡山で逮捕され、処刑された。

盧応奎［ノ ウンギュ］　1861～1907。大韓帝国期の義兵長。慶尚南道咸陽の人。崔益鉉の門人。1895年、乙未事変の報を聞き、晋州で義兵を起こして大邱から来襲した政府軍と戦い、これを撃破。咸安・馬山・鎮海などの義兵を統合し、一時は1万の兵力を擁した。翌年、金海を攻撃。穀物の日本搬出を拒み、嶺南（慶尚南道）の各地で日本軍を打ち破るなど、その活躍には目を見張るものがあった。

閔宗植［ミン ジョンシク］　1861～？　大韓帝国期の義兵長。82年、科挙文科に及第。参判まで昇進したが辞任し、忠清南道定山に隠棲した。1905年の乙巳条約締結に憤激して同志を糾合、翌年、光州で義兵を起こした。500名以上の勢力となり、果敢な抗日闘争を展開したが、日本軍の掃討戦によって82名が捕虜となり、死傷者も続出して部隊は壊滅した。光州に潜んでいたところを逮捕され、1907年、平理院（最高裁）で死刑の宣告を受けたが、法務大臣・李夏栄のはからいで減刑され、珍島に配流された。のちに特赦によって釈放。

李世永［イ セヨン］　1896～1938。独立運動家。89年、育英公院に入学。95年、乙未事変の報を聞いて洪州で義兵を起こし、観察使・李勝宇を大将に推戴した。彼の裏切りで同志が逮捕されると鴻山に身を避け、翌年、藍浦でふたたび義兵を起こしたが敗退。97年に陸軍参尉となり、憲兵隊長署理（代理）となったが辞職。1905年、乙巳条約締結後、閔宗植、蔡光黙らとふたたび義兵を募集。閔宗植を大将として洪州で戦ったが逮捕され、終身刑を宣告されて黄州に配流された。日韓併合後は満州に亡命し、大倧教に入信して尚教（大倧教最高教師）となった。その後振興武官学校長・統軍府司令官・統義軍軍事委員長などを歴任し、のちに上海に赴いて上海臨時政府参謀部次長を務めたが、四川省で病死した。

安炳瓚（安秉瓚）［アン ビョンチャン］　1854

〜1921。独立運動家、弁護士。洪州の人。94年、洪州校任（郷校の教師）となったが、断髪令が下されると義兵を起こした。乙巳条約締結の翌年にも閔宗植とともにふたたび義兵を起こしたが逮捕され、9ヵ月目に釈放された。その後弁護士となり、1909年、安重根の弁護を引き受けた。3・1運動後は満州に亡命。安東県で大韓青年団を組織して総裁となったがふたたび逮捕され、平壤に押送された。獄中で病を得て保釈となり、20年に上海に渡って上海臨時政府法務次長となった。翌年、共産党に入党。イルクーツクで開かれた高麗共産党第1次大会で中央委員に選出され、上海に戻って高麗共産党上海支部を結成。21年モスクワに入った。レーニン政府から独立運動資金を供与されたが、上海への帰途に反対派に暗殺された。

崔益鉉［チェ イクキョン］　1833〜1906。李朝末期・大韓帝国期の文人、学者、義兵長。京畿道抱川の人。李恒老の高弟。李朝末期の大儒で門弟数千名を数えた。55年、科挙文科に合格。成均館の典籍（正六品）や司諌院正言などを歴任。58年、掌令となり、景福宮の再建や当百銭発行などによる財政の破綻を目のあたりにし、こうした大院君の失政に抗議の上疏を行ったが、司諌院の弾劾を受けて官職を剥奪された。73年、同副承旨に登用され、閔妃一派と結んでふたたび書院の撤廃など大院君の政策を批判する上疏を行い、工曹参判に迎えられる。その後も大院君の失政を克明に批判して下野を主張、その失脚に決定的な役割を果たした。しかし彼自身も、父君（国王の父、つまり大院君）を論駁した廉で済州島に配流された。75年に配流を解かれたが、翌76年に日本との通商が論議されはじめると、5ヵ条からなる激烈な反対論（斥邪疏）を掲げ、ふたたび黒生島に流された。98年、宮内府特進官となり、後に中枢院の議官、京畿道観察使などに任命されたが、すべて辞退し、郷里で後進の育成に献身した。

1904年、日露戦争が勃発し、日本の侵略政策が露骨化すると、日本からの借款停止などを上疏。また、親日売国奴の処断を強硬に主張して、日本の憲兵によって2度にわたって郷里へ送還された。1905年に乙巳条約が締結されると八道の士民（朝鮮全土の両班と民衆）に布告文を発し、抗日運動をアピールして、納税拒否・鉄道不利用・日本商品不買運動の展開などを訴えた。翌年6月、弟子の林秉瓉、林洛ら80名以上とともに全羅北道泰仁で義兵を募集。日本の背信16条を問い詰める「義挙疎略」を配布し、淳昌で約400名の義兵を率いて官軍・日本軍の連合軍と戦い、敗北した。捕われて対馬に幽閉されたが、「この老躯で敵の粟を食み、生き延びて何になろう。お前たちだけでも生きて帰り、国を救え」と述べて絶食を続け、「遺疏」を口述して高宗（皇帝）に献じるよう門弟・林秉瓉に告げた後、息を引きとった。遺骸は祖国に移送され、釜山港の埠頭にこの大儒を出迎えた同胞はひたすら慟哭した。著書に『勉庵集』がある。

林秉瓉（林炳瓉）［イム ビョンチャン］　1851〜1916。大韓帝国期の義兵長。全羅北道の人。1889年に折衝将軍、僉知中枢府使となり、のちに楽安郡守兼順天鎮節制使となって農政にも手腕を発揮、清廉潔白さとともに世に知られた。その後は官職を離れ、郷里に隠棲し、94年、東学農民戦争が起こると、官軍鎮圧部隊の武南営右領官に任命されたが辞退した。1905年、乙巳条約締結の報を聞き、師の崔益鉉とともに義兵を起こした。400名の義兵を率い、丹陽へ向かう途上の淳昌で日本軍に遭遇。敗北し捕われ、

崔益鉉とともに対馬に監禁された。崔益鉉は抗議の断食を行って死に、彼は2年後に帰国した。10年、純宗の特命で嘉善大夫となり、独立義勇軍府全南巡撫大将（従二品の文武官）として抗日救国闘争を展開した。14年、日本の官憲に捕われ、巨文島に流されたが、16年、師の崔益鉉と同様、覚悟の絶食によって死亡した。

申乭石（申乭錫）［シン トルソク］ 1878〜1906。大韓帝国期の農民出身の義兵長。1905年、乙巳条約が締結されると武力をもって日本と戦うことを決意、江原道蔚珍郡平海で300名の農民を率いて義兵を起こした。慶尚道、江原道の道境にある日月山を拠点に数度にわたって日本軍と激戦を行い、敵を容赦なく殺傷し、当時の嶺南（慶尚道）義兵長のうちで最も勇猛の誉れが高かった。平海邑を制圧し、官軍の武器を奪って蔚珍へと進攻。一時は3000名余の義兵を率いた。日本軍はやっきになって彼を捕えようとし、彼の首に懸賞金をかけた。この術策は図にあたり、申乭石の母方の従兄弟・金子聖は懸賞金に目がくらみ、彼を家に招き入れて強い酒をふるまった後、兄弟で申乭石を斧で打ち殺した。

鄭煥直［チョン ファンジク］ 1854〜1907。大韓帝国期の義兵長。鄭鏞基の父。慶尚北道烏川の人。医者を志したが、87年に北部都事（地方副長官、五〜六品）となり、翌年、議禁府都事（中央の裁判所の副長官）に移った。94年、東学農民戦争が起こると、三南参伍領（政府軍の司令官）として黄海道に進んで戦った。1900年、三南道視察使として赴任。慶州府尹と腐敗官僚を粛清した。その後、中枢院議官となったが、1905年の乙巳条約締結の報を聞き、興海・清河で義兵を起こした。1907年、日韓新協約によって大韓帝国軍の解散が強行されると、これに憤激した息子の鄭鏞基が義兵を起こして戦死すると、義兵軍を再編成し、興海・盈徳などの地で次々と大戦果を収めた。同年に東大山で捕われ、永川で銃殺された。

鄭龍基（鄭鏞基）［チョン ヨンギ］ ？〜1907。大韓帝国期の義兵長。1905年、乙巳条約が締結されると父とともに義兵を起こした。1907年、義兵長として部下400名を率いて清河、青松などの地で日本軍4名を射殺。永川では日本軍憲兵3名を絞殺した。つづいて笠岩に進撃しようとしたが、日本軍の砲撃にあって戦死した。

李麟栄［イ インヨン］ 1867〜1909。大韓帝国期の義兵長。京畿道驪州の人。幼い頃から学問に秀で、文名を知られた。大成殿斎任を歴任。1895年、乙未事変後、柳麟錫・李康秊らとともに義兵を起こし、活躍。1905年に乙巳条約が締結されると江原道の義兵長・李殷賛、李九載らの推戴を受け、関東倡義大将となって砥平・春川・洪川などで奮戦した。1907年、楊州で許蔿・李康秊らが率いる各地の義兵を集めて連合軍を組織し、13道倡義総大将となって1万余でソウルに進撃したが、東大門外で敗れ、退却した。このとき、父の死の知らせが伝えられ、指揮を軍師長・許蔿に任せて故郷に帰った。その後は老母と息子2人とともに黄澗に隠れ住んだが、日本の憲兵に捕えられ、ソウルに押送されて処刑された。

許蔿［ホ ウィ］ 1855〜1907。大韓帝国期の義兵長。慶尚北道善山の人。1897年、李殷賛・趙東鎬・李基夏らとともに義兵を起こし、金山・星州などで日本軍と戦った。しかし、高宗から義兵解散を慫慂（しょうよう）する密書が送られると、それに従って武装を解き、

故郷に帰った。翌年、朝廷の招きによって上京し、成均館博士・議政府参賛などを歴任した。1905年、乙巳条約締結に反対する檄文を回し、逮捕された。07年には李麟栄らと原州で全国義兵連合軍を組織。ソウルで各国領事館に書翰を送り、大韓帝国の正式の軍隊が発足したことを宣言した。義兵連合軍の軍師長となって300名余の兵を率い、ソウルに進撃。奮戦したが東大門外で敗れ、退却した。08年6月11日、永平で日本憲兵隊の急襲を受けて捕われ、同年10月、西大門外の監獄で処刑された。処刑前に刑吏が遺言執筆を勧めると「大義も果たせず、どうして遺言など書けようか」と謝絶し、従容として死に臨んだという。

閔肯鎬［ミン グンホ］ ?〜1908。大韓帝国期の義兵長。ソウルの人。1907年原州鎮衛隊・正校（軍の下士官）の職にあるとき、高宗が日本の脅迫によって退位させられ、同時に軍隊解散令が下されたのに憤激して義兵を起こした。堤川義兵隊長・李康秊と合流して忠州の日本軍を撃破した。李麟栄が楊州で義兵を起こすとこれに加わり、関東倡義隊長となって100回を超える戦功を立てたが、江原道寧越郡の雉岳山講林村で日本軍の奇襲を受けて戦死した。

蔡応彦［チェ ウンオン］ 1879〜1915。義兵長。平安南道成川の人。1907年、平安南道粛川で義兵を起こし、李鎮龍の部隊に合流。その副将となって平安道、咸鏡道一帯で活躍した。10年、姜斗弼とともに義兵30名を率いて咸鏡南道安辺郡馬転洞駐在所や黄海道仙岩の日本軍憲兵隊分遣所などを襲撃し、その名を全国に知られた。後に江原道に入って姜斗弼とふたたび合流し、90名余の義兵部隊を編成して抗日戦を展開。その首には日本から280円の懸賞金が懸けられたが、その後7年以上にわたって彼の奮戦はつづいた。15年9月、平壌復院法院で死刑の宣告を受け、同年10月に平安監獄で処刑された。

南韓大討伐作戦 1909年9月から約2ヵ月間にわたり、大々的に行われた日本軍の南韓（朝鮮南部）地域の義兵に対する作戦。当時、朝鮮北部の義兵は日韓併合を前後してすでに満州・沿海州などに移動していたが、朝鮮南部では三南地方（慶尚道・全羅道・忠清道）一帯、ことに智異山や全羅道沿海地域で活発な義兵戦争が展開されていた。併合を目前にした日本は、最強の抗日勢力であるこの義兵部隊を除去するため、歩兵2個大隊と海軍艦艇を動員する大規模な作戦を組織的に展開した。日本軍は掃討作戦を展開するにあたって、各地の村の四方を隙間なく取り囲み、民家の一軒一軒をシラミ潰しに調べ、不審を感じると即座に村人を殺害した。同時に日本はこの義兵討伐を口実として民衆弾圧を強化し、朝鮮全土に恐怖感を増幅させて植民地支配の基盤を築くことを狙っていた。この苛酷な作戦によってあぶり出された義兵は、満州への移動を余儀なくされ、その地で独立戦争を担うことになった。

韓国併合を前後して日本の朝鮮侵略に反対する義兵闘争は日本にとって目の上のたんこぶだった。とくに全羅道（湖南）における義兵と民衆の抗日意識は熾烈をきわめ、それを抑えこむのは容易ではなかった。日本の南韓大討伐作戦は韓国を力ずくで併合するため絶対になしとげなければならないことであった。日本はすでに朝鮮を併合することを既定方針としていたが、それにもっとも大きな障害となるのは義兵の決死の戦いであった。

2年前の1907年、朝鮮軍は日本によっ

106　8．独立協会・愛国啓蒙運動と義兵戦争

南韓大討伐作戦当時、日本軍に捕われた義兵たち（1909年9月）

て解散させられ、それを契機に朝鮮全土で義兵闘争が活発に起こったが、日本の残酷な弾圧により1909年に入ると義兵部隊は全般的に分散化し小規模化する傾向を見せながら、闘争は沈滞化した。しかし全羅道地域、それも全羅南道だけは義兵闘争が依然と活発で、義兵はさまざまな形態で数十人から200人規模であった。

　このように、ほかの地域とは違って全羅道で義兵闘争が強力に進められたのはこの地域の経済的特殊性のゆえである。また1894年の東学農民党の残党が多くいたことも要因である。全羅道地域は朝鮮半島のなかでも日本の経済的侵略がもっともきびしい地域であった。全羅道はコメと綿花を中心として日本の食糧および原料の供給地となった。したがってこの地域の人たちの反日意識はほかの地域に比べてずっと高かった。とくに日本人地主が進出し、土地を買い占めると農民たちのいきどおりはさらに高まった。このような背景で全羅道における義兵闘争は長期化したのであり、一方、日本としてはこれら湖南義兵を討伐しないことには朝鮮を併合できないと判断したのである。実際、全羅道では義兵の闘争によって地方行政が麻痺するという事態が各地で起こったので日本人地主は本国へ帰り、このことにより、この頃日本へ持ち出される米穀・綿花が急激に減っていった。日本軍の討伐作戦が日本軍の一部からもやり方があまりにもひどいのではないかという意見が出るほど討伐作戦は凄惨をきわめた。

9. 民衆文化の発展

天道教　李朝末期に崔済愚が創立した東学を第3代教主・孫秉熙が改称、再建した宗教。1894年、東学農民戦争で敗北を喫し、4年後には第2代教主・崔時亨が逮捕・処刑され、東学は危機の最中にあった。1900年には孫天民・金演局ら指導者たちが逮捕され、孫天民が刑死すると、ついに孫秉熙は亡命の途につき、上海や日本を転々としながら再建の機会を窺っていた。その間にも朝鮮での日本の勢力は拡大した。東学指導者の一人李容九は教団の基盤を利用して進歩会を組織し、宋秉畯の一進会と合体して、露骨な親日的活動を行った。

　こうした事態を憂えた孫秉熙は、1905年12月1日に東学を天道教と改称、翌年帰国して教団の再建に着手した。2月には天道教中央総本部をソウルに設置。9月には李容九を含む教徒62名を破門した。10年、日韓併合によって国の主権が奪われると、宗教的修行団体としての性格を強化する一方では、「保国安民」の旗印のもとに民族解放運動を推進した。国民教育のために800ヵ所の教習所を設置し、基本教育に力を注いで、普成専門学校、同徳女学校などを直接経営、あるいは補助するなどの教育事業を展開した。19年の3・1運動においては、天道教はキリスト教界・仏教界・学生らとともに民衆デモを指導し、同時に『開闢』『新女性』『オリニ(子どもの意)』『農民』などの雑誌を刊行。文化・女性・農民運動を忍耐強く継続した。35年以降は日本の弾圧が激化して沈滞期を迎えるが、この頃、天道教の青年らは吾心党(創設は22年)を組織。35～36年にかけて独立運動を企てたが発覚し、多数が逮捕・拘禁され、また38年には、第4代教主・朴寅浩が指導する「滅倭祈祷事件」が発覚して数十名の逮捕・拘禁者を出した。

崔時亨　[チェ シヒョン]

1898年頃

1827～1898。東学の第2代教主。号は海月。貧しい家に生まれ、幼くして父母を失い、一時、造紙所で働いた。61年、34歳のときに東学に入信。63年初め、初代教主・崔済愚のあとを継いで第2代教主となった。64年、政府の弾圧によって崔済愚が処刑されると、太白山などに身を隠しながら布教をつづけ、『龍潭遺詞』『東経大全』などの経典を刊行して教義を体系化し、教団組織を強化して東学を完成させた。92年、東学に対する政府の弾圧に憤慨し、教主の雪冤・布教の自由・貪官汚吏の粛清などを忠清道観察使(知事)に要求した。93年、各道の東学代表40名を上京させ、王宮前で4日4晩を慟哭する伏閣上疏(王宮の大門前で上訴すること)を行った。翌年、東学農民戦争が起こると、当初は東学教徒が武力行動を行うことに反対し、高弟・孫秉熙を全琫準のもとに送って翻意をすすめた。しかし、事態は拡大の一途をたどり、やむなく東学軍の背後操縦を担当した。外勢の介入で蜂起が失敗し、原州に身を潜めたが、

孫秉熙［ソン ビョンヒ］ 1861～1922。独立運動家。天道教教主。3・1運動における民族代表33人の1人。忠清北道清州の人。1882年、東学に入信。94年、東学農民戦争では統領として北接10万の革命軍を率いて南接の全琫準と論山で合流し、湖南・湖西を席捲して北上し官軍を破ったが、日本軍の介入によって敗北。亡命し、日本、上海などを転々とした。1904年には海外にあって権東鎮・呉世昌らと改革を旗印に進歩会を組織し、李容九の親日団体・維新会と合体して一進会を設立。しかし、帰国後ただちに誤りを悟って李容九ら親日分子62名を破門した。1905年、東学を天道教と改称して第3代教主となり、普成専門学校（のちの高麗大）・同徳女学校などの学校を譲り受けて教育事業を行った。また、普成社印刷所を設立し、『天道教会月報』を発刊した。19年、民族代表33人の1人となり、3・1独立運動を主導して逮捕され、3年の刑を宣告されて西大門の刑務所で服役。翌年、病を得て保釈され出獄したが、治療中に死亡した。

侍天教 1906年、親日派・李容九が創設した東学の一分派。東学三巨頭弾圧（孫天民は清州で処刑され、孫秉熙は日本に亡命、金演局はソウルで投獄された）で彼らが不在の隙をねらい、李容九は東学の基盤を利用して宋秉畯とともに一進会を組織、大々的な親日活動に走った。06年に亡命中の孫秉熙が帰国して天道教を確立すると、李容九はその純粋教団化（宗教団体としての性格強化）に反対し、いっそうあらわに親日活動を継続することを主張したので、ついに孫秉熙は李容九をはじめとする親日派を破門した。こうして李容九は金演局らとともに天道教を離脱し、侍天教を設立することになった。教団の名称は東学の呪文にある「侍天主　造化定　永世不忘　万事知」からとったもので、その教えも天道教とさほどの差はなかった。その勢いは一時天道教をしのいだときもあったが、日韓併合前後の露骨な親日的外交活動によって民衆の信望を失い、次第に弱体化した。李容九が死ぬと侍天教もほとんどその実体を失った。

大倧教 檀君崇拝を基盤とする民族宗教。「大倧」とは三神、すなわち桓因・桓雄・桓儉（檀君）をいう。古代東方民族の原始信仰を体系化したもので、根本教理は、性・命・精の三真帰一と止・調・禁の三法であ

天道教系の宗教

名称	年代	創始者
侍天教	1906	李容九
上帝教	1913	金演局
元倧教	1914	金中建
青林教	1920	南　正
天道教連合派	1922	呉知泳
大華教	1922	尹敬重
東学教	1922	金時宗
人天教	1923	李禧龍
白白教	1923	車秉幹
水雲教	1923	李象龍
天命道	1924	禹宗一 朴亨根
平化教	1926	張鳳俊
天道教新派	1926	崔　麟
天道教旧派	1926	朴寅浩
无極大道教	1926	金賢範
天道教沙里院派	1927	呉栄昌
无窮道	1927	朴正坤
大道教	1928	禹　難
天侊教	1932	黄紀東
大同教	1932	朴性昊
天法教	1932	羅宗憲

（98年に逮捕され、ソウルで処刑された。）

る。大倧教が宗教教団として出発したのは1909年、弘岩大宗師・羅喆によってである。羅喆は日本の侵略が日増しに激化するのを見て、国の根本を固め、民族を復興するためには、民族意識の高揚が必須だと考え、1909年、ソウル市斎洞で同志・呉基鎬ら10名とともに「檀君大皇祖神位」を奉り、「檀君教佈明書」を公布して、元の侵略以後700年間断絶してきた国祖・檀君を奉る檀君教の経文を開いた。大倧教ではこれを「重光」という。日韓併合後、羅喆は日本の暴政を憤り九月山で自決し、第2代教主の茂園宗師・金教献は、日本の弾圧を避けて教団の総本部を満州に移した。3・1運動後は続々と満州にやってくる同胞を集め、抗日救国運動の先頭に立った。20年、日本軍に大打撃を与えた青山里の大捷(大勝利)の主役・北路軍政署の将兵は大部分がこの大倧教の教徒だったという。しかし犠牲も大きく、それまで日本軍に虐殺された教徒は10万名に上り、金教献はこれを悲嘆しつつ23年に死んだ。檀崖・尹世復が第3代教主となり、ひきつづいて布教と独立運動に力を尽くし、解放後は教団本部をソウルに移した。

羅喆(羅寅永)[ナ チョル(ナ インニョン)]
1863～1916。大倧教の教主。本名は羅寅永。全羅南道昇州の人。役人となり副正字(九品以下の文官)に就いたが、1905年、乙巳条約が締結されると、呉基鎬らとともに乙巳五賊処断を目的とする結社を組織し、売国大臣の暗殺を企てたが発覚、智島に配流された。その後、特赦によって解放されると、民族復興の原動力は民族意識の鼓吹にあると確信し、1909年1月15日(陰暦)、重光節の日に檀君教を創設。性・命・精の三真帰一と止・調・禁の三法を基本とする教理を布教した。また、3月15

1909年頃

日(陰暦)を檀君昇天記念日と定め、大祭を行った。布教開始後1年目にして教徒は2万名を超え、教団名を「大倧教」と改称した。日韓併合後は鬱憤の日々を過ごし、ついに16年、九月山の三聖祠で日本の虐政を痛嘆する遺書を残して自決した。著書に『三一神誥』『神檀実記』などがある。

呉基鎬[オ ギホ]　生没年不詳。大韓帝国期の独立運動家。1905年、羅喆とともに日本に渡り、伊藤博文、大隈重信らに朝鮮の独立と統監政治の暴虐を訴える書簡を送って国権回復に力を尽くした。同年に乙巳条約が結ばれると帰国し、1907年、李完用ら乙巳五賊を処断するために自新会を組織して決死隊を結成した。みずからは朴斉純の暗殺に向かったが果たせなかった。同志が逮捕されると平理院(李朝末期の裁判庁)に自首し、5年の配流の刑を受けたが、病気のため釈放された。その後、羅喆とともに古来の民族信仰を基盤とする大倧教を創設し、民族意識と独立精神の鼓吹にあたった。

五山学校 1907年、李昇薫が独立運動の人材養成のため平安北道定州で創立した学校。指導者には呂準・尹綺燮・柳永模・李光洙・厳尚燮・金檍らがいた。校長には李起鴻、曺晩植らの愛国志士が就任した。3・1運動後、李昇薫が逮捕され、日本はこの五山学校を独立運動の本拠地と見なして弾圧を強化し、校舎への放火も辞さなかった。23年、出獄した李昇薫は金基弘ら愛国志士の支援を受けて学校を再建しようとしたが、その発展計画推進中に急逝し、計画はすべて中断せざるをえなくなった。しかし、8・15の解放まで同校は辛くもその命脈を保った。朝鮮戦争期には釜山に移転し、その後ソウルに移って今日の五山高等学校に継承されている。

大成学校 1908年、安昌浩が平壌に設立した学校。新民会の最重要事業の一つである独立運動に献身する人材と、国民教育の師表となる人物の養成を目的として創立された。平壌の同志・金鎮厚が2万ウォンを寄付し、それを資金として学校を運営。尹致昊が初代校長となり、高等教育と民族教育に重点を置き、全国から人材が雲集した。当初は朝鮮各道にそれぞれ分校を建て、その学校の出身者によって各郡・面に初等学校を設立・運営する計画だったが、実現されなかった。第1回目の卒業生を送り出した後、「105人事件」が起こって騒然とするなかで、設立後3年目に廃校となった。

『西遊見聞』 李朝末期・大韓帝国期の政治家・兪吉濬がみずからの欧州数ヵ国の見聞を記録した紀行書。朝鮮最初の国漢文(ハングルと漢字)混交体で書かれた。印本1冊。1895年刊行。全20編で構成され、各国の人種・物産・経済・歴史・宗教・福祉制度などを幅広く紹介している。著者は序文において言文一致の必要性を主張した。当時、一部の新聞や雑誌はようやく国漢文混交体を用いつつあり、その新鮮な文体は開化思想に目を開かせ、甲午改革の思想的背景ともなった。

兪吉濬［ユ ギルチュン］ 1856～1914。大韓帝国期の政治家。独立運動家。開港後の最初の留学生。ソウルの人。日本に渡って慶應義塾大学に入学。83年には米国のボストン大学などで学び、85年、ヨーロッパ各国をめぐって帰国した。折しも甲申政変のときで、彼も独立党と目されて拘束された。拘束中に、最初の国漢文(ハングルと漢字)混交体本『西遊見聞』の執筆をはじめ、95年に脱稿した。94年、甲午改革のとき、外務参議を経て96年には内部大臣に昇進したが、俄館播遷によって内閣が解散され、日本に亡命した。1907年に帰国し、興士団・漢城府民会などを通じて国民の啓蒙運動に尽力した。日韓合併後、日本は彼に男爵を授けようとしたが、拒否した。1909年、国語学史上初の文法書である『大韓文典』を刊行した。

『独立新聞』 [1]1896年4月7日に創刊された朝鮮最初の民間新聞。米国から帰国した徐載弼が、政府からの資金援助を受けて創刊した純ハングルの新聞で、天地33センチ・左右22センチで4ページ建て、週3回の発行。1面は論説、2面は官報・外国通信・雑報、3面は雑報・船舶出航表・郵逓時間表・広告、4面は「ザ・インデペンデント」というタイトルの下に英文版として編集されていた。この新聞は自由民権の確立と民衆啓蒙の先頭に立ち、一般大衆から熱烈な支持を受けたが、政府に対する呵責ない批判が守旧派の弾圧を呼び、98年、徐載弼は米国に逃れた。その後は尹致昊が

第1章 外勢の侵略と民族運動 1860 ▶ 1910　111

前列 右端から兪吉濬、隣に徐光範、中央に閔泳翊（1884年）

経営を引き受け、98年8月1日から日刊新聞に装いを改めた。つづいて周時経らが加わって革新的な論陣を張った。99年1月、尹致昊が経営から手を退き、アッペンゼラーが主筆となって英文版だけが発行された。しかし、ほどなく政府に買収されて、同年12月4日付で廃刊となった。

②上海で発行された大韓民国臨時政府の機関紙。1919年8月21日、上海で『独立』というタイトルで発刊されたが、その年10月から『独立新聞』と改称。創刊時に掲げた新聞の使命は、①独立の鼓吹と人心の統一、②独立事業と思想の伝播、③有力な言論を喚起し、政府を督励し、国民の思想、行動方向を提示する、④新しい学説と新しい思想を紹介、⑤国史と国民性を鼓吹し改造する、などであった。創刊当時、社長兼編集局長には李光洙があたり、25年には朴

殷植が社長に就任したが、この年の9月25日の189号を最後に閉刊された。臨時政府が重慶に移った後の43年6月1日から中国語版『独立新聞』を発刊、47年7月20日付第7号まで発行された。

『帝国新聞』　1898年8月10日に李鍾一が創刊した日刊紙。1901年に日帝の圧力で廃刊させられるまで、『皇城新聞』とともに大韓帝国期の代表的な民族新聞として最長の発行実績を残している。ハングルだけで印刷され庶民層と女性層に多くの読者を持った。初期には李鍾一、李承晩らが論説を執筆し、崔岡・李人稙・李海潮らも編集に参加した。廃刊に至るまで、日帝の弾圧による筆禍事件とそれがもたらす経営難から何度も休刊されたが、開化と自主独立のために努力をつづけた。巷間、『皇城新聞』

は雄新聞（硬派新聞）、『帝国新聞』は雌新聞（軟派新聞）と称され、ハングルの普及・大衆化に大きな役割を果たした。

『皇城新聞』　1898年9月5日創刊の日刊新聞。張志淵・南宮檍・羅寿淵・柳瑾らが週2回刊の『大韓皇城新聞』の版権を取得して『皇城新聞』と改称し、日刊紙として創刊した。ハングル・漢字混交体のこの新聞は、愛国的論調で政府と日本の侵略を批判した。1905年の乙巳条約締結時には社長・張志淵がみずから筆を執った激烈な抗日の論説「是日也放声大哭（この日たるや声を放って大哭す）」を掲載して、彼は拘禁され、同紙も休刊となったが数ヵ月後に復刊された。読者対象は中流層の知識人以上におかれ、10年の日韓併合をきっかけに同年8月30日から『漢城新聞』と改称した。同年9月14日、第3470号をもって廃刊。

『大韓毎日申報』　1904年から日韓併合の時まで発刊された日刊紙。英国人ベッセルは発行人としての名義を貸し、梁起鐸ら民族主義者が共同して04年7月16日に創刊にこぎつけた。発行人が英国人のため憲兵指令部の検閲を免れ、そのため民族陣営の代弁者の役割を果たすことができ、大きな影響力を持つ代表的な言論紙となった。創刊当時はタブロイド版6ページ建て、そのうち2ページはハングル文、残りの4ページが英文という構成だった。翌年8月11日からは、ハングル版と英文版が別紙になり2紙発行体制がつくられた。英文版の紙名は『ザ・コリア・デイリー・ニューズ』。論説は梁起鐸・朴殷植・申采浩らが担当して強力な抗日論陣を繰り広げたが、ついに日本の弾圧を招き、ベッセルが禁固刑を受け、梁起鐸が逮捕された。1907年には発行人の名義を英国人マーンハムに変え、後には李章薫が発行人を引き受けたが、日韓併合と同時に総督府の機関紙『京城日報』の姉妹紙『毎日申報』へと改組された。さらに1938年、『京城日報』から独立して、半官半民の『毎日新報』となり、戦争推進の宣伝に大きな役割を果たした。

ベッセル、E.T.　1872～1909。大韓帝国期に活躍した英国のジャーナリスト。朝鮮名は裵説。日露戦争の際に『ロンドン・デイリー・ニューズ』特派員として来朝。1905年、梁起鐸とともに、国漢文版（ハングル・漢字混交の朝鮮語表記）『大韓毎日申報』と英文版『ザ・コリア・デイリー・ニューズ』、朝鮮語版『大韓毎日申報』を創刊し、日本の侵略政策を暴露・批判した。乙巳条約の無効性を証明する論説を載せて抗日独立思想を鼓吹し、高宗の親書を『大韓毎日申報』『ザ・コリア・デイリー・ニューズ』『ロンドン・トリビューン』に掲載すると同時に、米・仏・独・露など各国の元首に送付し、日本の朝鮮侵略を国内外に暴露した。困惑した日本は1907年、朝鮮統監府を通じて駐韓英国総領事に圧力を加えるなど、ベッセルの国外追放のためにあらゆる手を打った。これが効を奏して、ベッセルは英国総領事によって告訴され、有罪判決を受けて上海で3週間の禁固刑を受けた。1908年7月、家族の待つソウルに帰り、『大韓毎日申報』社長を英国人秘書マーンハムに任せ、なお活躍をつづけたが、1909年にソウルで病死し、ソウルの楊花津外人墓地に埋葬された。

『国民新報』　1901年1月6日に一進会の機関紙として創刊された親日派の新聞。初代社長は一進会会長・李容九。続いて2代・宋秉畯、3代・韓錫振、4代・崔永年

ら親日派のトップが経営に当たったが、読者がつくはずもなく、1907年7月にはその親日論調に憤激した民衆によって社屋と印刷施設を破壊され、また、民族紙の『大韓毎日申報』などは同紙を激しく論難した。しかし、10年7月までその命脈を保った。日韓併合時に廃刊となった。

『**万歳報**』 1906年3月16日、天道教が創刊した日刊新聞。孫秉熙が創刊を提唱し、呉世昌が社長、編集人兼発行人は申光煕、主筆は李人稙が務めた。親日団体・一進会の反民族的行動に対して猛烈な批判を加え、独立思想の鼓吹に力を尽くした。朝鮮文学史上に重要な位置を占める最初の新小説、李人稙の『血の涙』が7月から連載された。しかし、同紙が経営難に陥ると、李完用にそそのかされた李人稙は、1907年6月30日に施設のすべてを買収し、『大韓新聞』と改称して、親日内閣の機関紙へと模様替えした。

『**大韓民報**』 1909年6月2日、大韓協会の影響力を背景に創刊された新聞。親日団体・一進会に対抗するため組織された大韓自強会の後身・大韓協会が、8年4月以来発行していた『大韓協会報』を中断し、新たに日刊紙『大韓民報』として創刊したもの。呉世昌が社長、張孝根が編集人兼発行人となった。日韓併合の年の10年8月30日、日本によって強制的に『民報』と改称させられ、翌日、第357号をもって廃刊となった。創刊号から1面に李道栄の木版時事漫画を連載した。漫画連載は朝鮮新聞史上初の試みで、日本の暴政を風刺・警告して民衆の人気を呼んだ。

『**国文正理**』 1897年、李鳳雲が著した最初の近代的朝鮮語文法研究書。印本1冊。

その内容は文字・音声・音韻・文法・国語政策とほとんど国語学全般を網羅している。特徴をあげれば、①純ハングル表記、②分かち書き、③母音の長短音の区別、④時制について、⑤国文正理案の試み、などである。甲午改革の開化思想を受け、初の本格的国語研究書としてハングル活用を力説し、純ハングル文体と分かち書き採用にあたって先駆的役割を果たした点が高く評価される。

周時経 [チュ シギョン]

1912年頃

1876～1914。開化期を通じて最大の業績を残したハングル学者とされる。黄海道鳳山の人。1897年、培材学堂万国地誌特別科を出て、あらためて同学堂普通科に入学し、1900年に卒業した。1896年に独立協会に参加。『独立新聞』の校正員として働きながらハングル研究を目的とした協成会を設立し、『協成会報』を発刊。また、朝鮮文同式会を結成して、各地の学校や講習所でハングルを教え、ハングル表記の統一と普及に力を尽くした。1905年、国語研究と辞書編纂事業を進めるための建議書を政府に提出し、1907年、魚允迪・李能和らとともに学部（文部省）国語研究所委員となった。1908年に『国語文典音学』、つづいて14年に『国語文法』を著し、崔南善が光文会を

設立すると、同会発行の国語関係書籍の校正と『言葉収集』(国語辞典)編纂を担当した。その40年に満たない生涯はハングルとハングル正字法の科学的研究に費やされ、金科奉・李奎栄・崔鉉培・張志淵・李秉岐らの後進を育成した。14年に独立運動の同志が獄につながれ、みずからも亡命をはかるべく準備していたが急逝。22年に門下生が朝鮮語研究会(ハングル学会の前身)を創設し、33年、ついに生涯の念願だった「ハングル正字法統一案」が彼の科学的研究を基礎として制定をみた。著書には他に『安南亡国史』『漢文初習』『国語初学』『言葉の声』などがある。

『国語文法』　1910年、周時経が著した文法書。1冊。内容は音声論・品詞論・構文論に大別されて構成されている。現代文法を総合的に体系化するためには今日でも欠かすことのできない正書法、すなわち『ハングル正字法統一案』(33年制定)の基本的理論を確立した。その特徴は、国語(朝鮮語)の品詞を9つに分けたことにある。すなわち名詞・形容詞・動詞・助詞・接続詞・慣用詞・副詞・感嘆詞・終詞である(なおこれらの品詞の名称は漢字によらず純ハングル式で命名されている)。文法用語において言葉を短縮したり、純ハングルで作られた言葉を使用する点でも国語文法史上、初の試みがみられた。11年12月に『朝鮮語文法』として改定され、さらに修正を加えて再版が出版された。

『大韓疆域考』　朝鮮の地理を地域別に解説し、そのアウトラインを確立した本。印本、9巻2冊。丁若鏞の『我方疆域考』10巻を1903年に張志淵が増補したもの。日本古代史における任那考をはじめ、新しく発見された黄草嶺新羅真興王巡狩碑文(咸鏡北道咸州にある新羅真興王が狩りをしたという碑文。これにより真興王がこの地域まで進出し、版図としていたことがわかる)や当時問題となっていた白頭山定界碑考を加えて刊行された。原本は10巻だがこの増補版では9巻に改められ、三韓総考・卒本・沃沮考・渤海考・道路沿革考・西北路沿革考・浿水弁などが収録された。また、巻頭の5ページにわたる図版は、張志淵が付け加えたもの。

ハルバート、H.B.　1863～1949。米国北監理教会(メソジスト)宣教師、言語学者、歴史学者。バーモント州ニューヘイブン生まれ。84年ダートマス大学卒業。同年、ユニオン神学校に入学。86年6月、小学校教師として朝鮮に招聘され、バンカー(朝鮮名は房巨)とともに来朝し、育英公院で外国語を教えた。1905年、乙巳条約に際して高宗の密書を携えて米国に帰り、大統領と国務長官に面会を求めたが聞き入れられなかった。ふたたび朝鮮に戻って、1906年に『ザ・コリアン・レビュー(韓国評論)』を通じて日本の野心と蛮行を暴露した。翌年には高宗に、ハーグで開かれる万国平和会議へ密使を派遣することを建議した。この建議が容れられると、彼は朝鮮代表より一足先にハーグ入りし、『会議時報』に朝鮮代表団のアピール文を掲載するなど、朝鮮の主権回復を積極的に支援した。一方では朝鮮の歴史研究にも力を注ぎ、『韓国史』(1905年刊)や『大東紀年』(1903年刊)などによって朝鮮近代史の年代記的概観を試み、朝鮮史研究と欧米への朝鮮史紹介に大きな足跡を残した。

国文研究所　大韓帝国期に学部(文部省)に設置された国語研究機関。1907年7月から1909年12月まで23回の会議が行われ、

ハングルがさまざまな側面から研究・検討された。委員長は尹致昊で、魚允迪・李能和・尹敦求・周時経・池錫永などが委員となった。主要な研究課題は、国文（ハングル）の淵源、字体と発音の沿革、ハングルの母音と子音の整理、並書法の一定化などで、調査研究報告書が内閣に提出されたが、公布以前に学部大臣・李載崑の更迭によって、宙吊りとなった。討議研究記録で現存するのは第1回と第2回会議だけである。

李能和［イ ヌンファ］　1868〜1945。学者。忠清北道槐山の人。89年、貞洞英語学堂を卒業し、漢語学校・官立法学校などで勉学をつづけ、95年に農工部主事となったが、さらに新学問の研鑽を志して官職を離れた。英語・仏語・中国語・日本語の4ヵ国語に通じ、97年、漢城外国語学校教官となった。1907年、漢城法語学校校長の任にあったとき、議政府（内閣）の特命を受けて日本に渡り、日本の各官庁、大学研究機関などを視察。帰国後は国文研究所に委員として参加した。翌年、漢城外国語学校学監となったが日韓併合によって学校が閉校されると、学問研究に専念。宗教・民俗学の資料を蒐集し、その研究に没頭した。21年には朝鮮総督府『朝鮮史』編纂委員となり、膨大な著書や論文を残したが、朝鮮戦争でそのほとんどは散逸した。しかし、わずかに残った著書と遺稿は、韓国国学研究の貴重な資料となっている。著書に『朝鮮仏教通史』『朝鮮キリスト教および外教史』『朝鮮女俗考』『朝鮮解語花史』『朝鮮巫俗考』『韓国道教史』『神事考』などがある。

光文会　1910年、崔南善が創設した朝鮮古典の刊行機関。「朝鮮光文会」ともいう。乙巳条約締結後、救国のための国民啓蒙運動の展開過程で、国史（朝鮮史）研究においても民族の気概と自尊心を高める方向に進めようとする自覚が現れ、光文会が設立された。朴殷植らの学者が加わり、朝鮮の古典を発掘してその価値を再認識させる普及活動や、民族の精神的結合を目指して民族文化と思想の起源を求める研究などを活発に推進した。こうした活動によって『東国通鑑』『海東繹史』『大東韻府群玉』『経世遺表』『尚書補伝』など、17の「朝鮮叢書」が刊行された。

『韓日合邦史』　李朝末期の日朝関係からはじまり、日本による大韓帝国の滅亡に至るまでを記述した歴史書。著者は李奇範。1946年刊。朝鮮滅亡の原因がその内的要因と外的要因に分けて考察されている。主要目次は、韓国と列強、日本歴代の朝鮮侵略と丙子倭乱、壬午軍乱、甲申政変と天津条約、東学党の乱と日清戦争、乙未事変とロシア勢力の全盛、日露戦争と日韓協定、乙巳条約、ハーグ事件と日韓新協約、伊藤博文暗殺事件と旧韓国の滅亡、併合などである。

新小説　甲午改革以降の開化期をその時代背景として登場した啓蒙主義的小説をいう。古典的小説と近代小説の橋渡しを行った。封建主義の打破と開化啓蒙・自主独立・民衆的愛国思想の鼓吹・西欧新思想の紹介などを主要な目的とした。1906年7月22日から『万歳報』に連載が開始された李人稙の『血の涙』がその嚆矢とされ、17年、李光洙の近代小説『無情』が出版されるまでの14年間の小説を指す。主な作品は李人稙の『雉岳山』『鬼の声』『銀世界』、李海潮の『鬢上雪』『牡丹屏』『自由鐘』、崔瓚植の『秋月色』『金剛門』『江上村』、安国善の『禽獣会議録』、具然学の『雪中梅』など。新小説は作品の主題を同時代に求め、

ハングルを使った言文一致の散文を駆使するなどの新たな面を開拓した。しかし、勧善懲悪が主題となり、人物は類型化され、全体の構成はいかにも作り物という感じを与えるなど、古典的小説の枠から完全に抜け出ていないものもある。ともあれ、近代的文学運動の契機となった点にその文学史的意義が認められよう。李光洙・金東仁らの近代小説が出現すると、新小説はその役割を終えて姿を消した。

新体詩 新文学運動の勃興期に試みられた新しい形式の詩。1908年、月刊誌『少年』創刊号の巻頭に掲載された崔南善の『海から少年に』がその最初の作品とされる。朝鮮固有の定型詩(時調)から抜け出て、唱歌的な3・4あるいは4・4の韻律で歌われた。崔南善・李光洙らがその開拓者とされ、朝鮮現代詩の原型を形づくった。「新体詩」という名称は従来の漢詩や時調と区分するためにつけられた。「新詩」ともいう。

『少年』 1908年11月1日に創刊された本格的な月刊総合誌。漢城新文館発行。編集人兼発行人は崔南善。青少年の新しい教育のために創刊されたこの雑誌は、政治・経済・文化に関する記事とともに文学にも多くの誌面が割かれ、朝鮮近代文学を創り出すうえでの強固な足場となった。1909年3月1日発行の第2巻3号に掲載された「こんな言葉を聞いてみて」という記事は、国権回復を課題としたものとされ、押収された。その後の数回にわたる押収や発行禁止にもひるまず、ついに日韓併合を真正面から批判する記事を掲載し、11年5月に廃刊させられた。通算23号で終わったこの雑誌は、朝鮮最初の近代的月刊誌であり、言文一致で記述されている。とくに創刊号に掲載された崔南善の『海から少年に』は新体詩の誕生を告げたもので、国文学史上特筆すべき作品とされる。

新劇 1894年の甲午改革以降、西欧近代劇の影響を受けて登場した演劇。従来の伝統的な仮面劇や人形劇・パンソリなどの旧劇や、旧劇の枠内でとどまっていた、いわゆる新派劇に対抗して、近代の生活・思想・感情を舞台に反映させることを意図した。朝鮮新劇運動の起点は、1908年、李人稙が最初の新劇劇場円覚社を建てたときにはじまり、そこで上演された彼の新小説『銀世界』の脚色劇が最初の作品とされる。しかし、そこには前近代的な要素があまりに多く、真の意味での近代劇とするには難点が多いといわれる。朝鮮の新劇がこうした過渡的段階を抜け出して本格的な新劇運動として結実するのは、1920年代に入ってからと見るべきだろう。すなわち、21年に日本留学生の洪海星・趙明熙・馬海松らが国劇芸術協会を組織し、『金英一の死』『最後の握手』などの全国巡回公演を行った時点から新劇ははじまった。この先駆的な試みにつづき、尹白南が民衆劇団・芸術協会・万波会などを組織したが、さほどの高潮は見られず、23年にふたたび日本留学生が中心となって土月会が結成され、ようやく新劇運動は本格化した。朴勝喜・金基鎮・李端求・安硯柱らによって結成された土月会は、23年7月4日、朝鮮劇場で第1回公演を行った。E.ピロの『飢渇』、チェホフの『熊』、バーナード・ショウの『その男がその女の夫にどのように嘘をついたか?』など、1幕物の翻訳劇が主に上演され、公演回数は100回に至ったという。その後、芸術研究会が結成され、演劇・映画資料の展示会や啓蒙講座、海外戯曲試演会などを開催して新劇運動に大きな役割を果たし、土月会とともに朝鮮新劇の基盤を築いた。

円覚社 1908年7月に建てられた朝鮮最初の劇場。現在のソウル市鍾路区新門路のセムンアン教会の地にあった。宮内府直轄の劇場として建てられたという説と、李人稙が宮内府と協議して「協律社」を民間劇場として譲り受けて円覚社を設立したという説がある。ローマ式劇場を模して建設され、収容人員は2000名。最初の公演は11月15日の『銀世界』で、これは朝鮮演劇史上初の新劇上演とされている。その後は『雪中梅』や『水宮歌』などが上演され、円覚社での新劇運動は約1年半つづいたが、1910年にその幕を降ろした。

唱歌 甲午改革以後に発表された詩を集めた最初の近代的詩歌。時調(朝鮮の伝統的短歌)や在来の歌辞、西欧の賛美歌などの影響を受けた作品が多く、4・4調が主だが、次第に7・5調や8・5調へと変化し、自由詩に発展して後の新体詩や学校唱歌の歌詞にもつながった。内容としては、当時の啓蒙的近代意識を歌ったものが多い。1896年以降の『独立新聞』には、自主独立をテーマとする有名無名の人々による詩歌が多数発表された。この時点では、特定の詩人によってその芸術的創造力が発現される段階にまではいたらなかったが、1910年の日韓併合以降は民族魂を鼓吹し、幸福への民衆の熱望を込めた作品が多数現れるようになった。代表的な作品は、崔南善の『京釜鉄道歌』(1908)をはじめとして『独立歌』『勧学問の歌』『慣用歌』などがあり、近代的教育機関の教科として唱歌が採用され、一般に広く歌われ、民族的感情教育に大きな役割を果たした。

新文学 甲午改革以降、西欧近代文芸思想の影響を受けて起こった朝鮮の近代文学と、その後の現代文学を含めていう。新小説まで含める論者もあるがこれは厳格に区別すべきで、新小説に残存していた封建思想から脱皮し、その近代的要素については西欧近代の文芸思想により接近した形式の文学を指すのが妥当といえよう。その特徴を見ると、①言文一致、②文学を相対化する態度、③勧善懲悪に陥らない現実の具体的描写、④非現実的観念や思考を排除した現実の再現、⑤近代的思想の反映とその描写、などが挙げられる。1908年、最初の本格的月刊誌『少年』が発行され、崔南善の新体詩が登場し、17年には李光洙の近代小説『幼い友に』と『少年の悲哀』が発表されて、古典的詩歌と新小説から明らかに脱皮した新文学運動が起こった。しかし、当時の新文学運動は純粋文学を目指すものではなく、風俗の改善や自由恋愛の勧め、新教育思想の普及、民族主義の鼓吹などの啓蒙的目的を満たすために書かれた作品が大半だった。1909年に最初の文芸同人誌『創造』の発刊によって、従来の教育的・啓蒙的文学運動はようやく清算され、純粋文学への道が開かれるようになったといえる。『創造』に続いた当時の文芸同人誌には、『廃墟』(20)、『開闢』(20)、『白朝』(22)、『薔薇の村』(22)、『朝鮮文壇』(24)、『詩文学』(30)、『詩人部落』(36)、『人文評論』(39)、『文章』(39)などがあった。

李人稙[イ インジク] 1862〜1916。作家。最初の新小説を書いた。京畿道利川の人。甲午改革の後、趙重応にしたがって日本に渡り、『都新聞』に連載されていた軟派小説に影響を受けて、小説を書きはじめる。1906年に天道教発行の日刊紙『万歳報』の主筆となって、同紙に最初の新小説とされる『血の涙』を連載。08年には劇場・円覚社を設立し自作の新小説『銀世界』を上演し、新劇運動を展開する一方、続々と作品

を発表。新小説の第一人者とされた。1907年に『万歳報』が経営難に陥ると、李完用の力を借りて『万歳報』の設備いっさいを買収し、親日内閣の機関紙『大韓新聞』を創刊した。日韓併合時には李完用を助け、日本の大正天皇即位式に献訟文を捧げるなど、親日派として活動した。こうした汚点はあっても、朝鮮最初の新小説作家として言文一致の文章によって散文表現を進歩させ、近代小説の土台をつくったその功績は、文学史上で高く評価されるべきであろう。上記以外の作品に『雉岳山』『牡丹峠』などがある。

李海潮［イ ヘジョ］　1869～1927。新小説作家。京畿道抱川の人。ジャーナリストとしての仕事のかたわら『帝国新聞』や『毎日申報』(旧『大韓毎日申報』)などに30編近い新小説を発表した。代表作は『自由鐘』『花の血』(ともに1910)とされるが、彼の新小説は新教育と開化思想を鼓吹するとともに、当時の社会の不条理を描いたものだった。また、ジュール・ベルヌの作品を翻案した『鉄世界』や、朝鮮の古典的小説を新小説に仕立て直した作品もある。その例をあげれば『春香伝』を翻案した『獄中花』、『沈清伝』を翻案した『江上蓮』、『鼈主簿伝』を翻案した『兎の肝』、『興夫伝』を翻案した『燕の脚』など。上記以外の作品としては『春外春』『鬢上雪』『月下佳人』『駆魔剣』『牡丹屛』『花世界』『鳳仙花』『琵琶声』『南中行人』などがある。

崔瓚植［チェ チャンシㇰ］　1881～1951。新小説作家。京畿道広州の人。漢城中学で新文学に目覚め、卒業後は文学に志を定めた。1907年、上海で発行された小説集『説部叢書』を翻訳した後、朝鮮の現代小説の基盤をつくった新小説に手を染めた。12年に発表した『秋月色』や『弾琴台』をはじめ多くの新小説作品を発表。新文学の開拓に大きな功績を残した。上記以外の作品としては、『雁の声』『金剛門』などがある。

第2章
日本帝国主義の支配と民族の抗戦

1910 ▶ 1945

黄玹（1855～1910）

●概観

　1910年8月29日から1945年8月15日に至る35年間、日本帝国主義（日帝）は朝鮮民族の国家主権、いっさいの政治的自由、そして個人の最低限の生存権さえ剥奪した。しかし、この時期を日帝支配の歴史、いいかえれば日帝植民地時代史という視点から検証するだけでは、決して十分ではない。
　この35年間は、朝鮮史においてようやく民衆が歴史の前面に登場し、日帝支配に抵抗しつつ真の独立国家建設をめざして闘った時期である。つまり、民族解放闘争史としてこの時期を検証することが、今日的課題として追究されるべきである。
　1910年の日韓併合以降、日本帝国主義は朝鮮を植民地として徹底的に収奪するために、本格的な政治的・経済的・文化的基盤の整備にとりかかった。まず日本が着手したのは、1910年から18年にかけて進められた土地調査事業である。
　この土地調査事業の名目は、朝鮮において近代的土地所有権を確立するというものであった。しかし、その内実はどうだったか。第1に、朝鮮総督府は土地の近代的所有関係を確立するという大義名分のもとに、旧李王朝の所有地と公有地を強奪した。第2に、広大な土地を名目上所有していた朝鮮人地主の所有権を法的に認めた。第3に、この両施策の進行過程において、当時の朝鮮農民の大多数を占めた零細な自作農の慣習的な耕作権が事実上否定された。こうしてほとんどの自作農は小作農へと転落の道をたどることになったのである。他方、地主層内部に対日協力者＝「親日派」を形成するための経済的条件が整備された。
　土地調査事業の目的は、朝鮮を日本のきわめて低コストの食糧供給基地へと仕立て上げようとするものだったと考えられる。そしてその結果として、多くの農民が故郷の農村から追い立てられた。一部は満州・ロシア領沿海州に移民し、他は国内の都市に、さらに日本・米国などに出ていった。
　この政策を円滑に遂行するために、日本帝国主義は朝鮮民族の政治的・文化的・軍事的活動を全面的に禁止し、憲兵を主力とする暴力によって朝鮮の民衆を抑えつけ、奴隷化をはかった。すなわち武断政治である。
　1919年の3・1運動は、こうした収奪と暴力の支配に抵抗して、全朝鮮民族が起ち上がった植民地解放運動である。さらに運動の内部から、新たな独立国家の政体は共和制たるべきことが提起され、朝鮮民族による自立国家のイメージが鮮明に打ち出された。このように、従来の儒教や東学などの伝統的・宗教的権威による民族運動思想は、この3・1運動によって一歩前へと前進した。当初には宗教人や知識人、学生らによって担われた非暴力抵抗運動は、次第にその主導権を労働者・農民へと移し、ついには警察署や官公庁への襲撃をともなう武装闘争へと進んだ。まさに民族解放闘争史において画期をなす運動だった。
　労働者・農民は、1910年以降の日本帝国主義による収奪の最大の被害者である。彼らのこうした政治的・社会的舞台への進出は、20年代以降の民族解放闘争における闘争主体の登場を予告するものとなった。
　3・1運動で示された闘争の精神とその方法は、一方では独立共和制国家をめざす大韓民国臨時政府（上海）を生み、もう一方では満州においてのちに高揚する抗日武装闘争へと継承された。大韓民国臨時政府は、3つの政治集団の寄り合い所帯だったこと

もあって、その内部ではつねに武装闘争路線と平和的外交路線とが対立し、また派閥や地方閥も群立して混乱をきわめ、20年代半ばにはすでに一国の臨時政府としてその体をなさない状態となっていた。満州での朝鮮人移住民社会を基盤とする独立軍(独立抗日武装部隊)は、10年代から20年代を通じて、日本軍との激烈な戦闘を継続した。

20年代に入ると、日本帝国主義の統治方針は強圧策から懐柔策へ、いわゆる「武断政治」から「文化政治」へと転換された。日本帝国主義にとっては、朝鮮民族の力量の結集という事態は何としても避けねばならず、そのためには地主や、ようやく成長しはじめた民族資本家、そして知識人層を自分たちの勢力圏内に引き入れておく必要があった。

「文化政治」の政策方針は、それまで朝鮮民族資本の成長を抑圧しつづけてきた会社令の撤廃に象徴的に表れている。それは、10年にわたる会社令施行中に力をつけた在朝鮮の日本資本が、朝鮮市場への浸透をいっそう容易にする一方、朝鮮人資本に成長の機会を与えることで朝鮮人資本家を親日派に吸収しようとするものだった。つづいて地方自治制が導入され、一部の知識人や資本家・地主が植民地統治の官吏として植民地官僚機構の内部に組み込まれた。同時に彼らを、親日派もしくは植民地体制内での改良主義勢力へと誘導するため、民族新聞の発刊や集会・結社の自由を部分的に許可した。こうして日本帝国主義によって懐柔された地主・資本家・知識人は、参政権請願運動や体制内改良的文化事業をあたかも独立運動であるかのように宣伝し、結果的に民族運動の内部に混乱をもたらすことになった。武断政治下の憲兵警察制は普通警察制に転換され、その暴力性は弱まったかに見えた。しかし警察官と駐在所は増強され、民衆への監視体制は強化された。

一方、20年代初頭からは、社会主義思想が留学生や知識人の間に浸透しはじめた。1917年のロシア革命によって成立した最初の社会主義国家ソ連は、世界各地の民族独立運動に対して積極的な支持を表明し、それは朝鮮の知識人の思想的動向にも大きな影響を及ぼした。また、20年代にその政治的・社会的力量を急速に成長させた労働者・農民は、日本人雇用者・地主との闘争を繰り返すなかで、民族解放運動の中心勢力として民衆の間に深く根を下ろしつつあった。この時期の労働者・農民闘争の成熟を示す例としては、元山ゼネスト・岩泰島小作争議などがあげられよう。「文化政治」という懐柔策の下でのこうした労働者・農民の闘争こそ、彼らが日帝支配と帝国主義に対する断固たる闘争主体であったことを歴史的に証明している。

学生もまた、植民地的奴隷教育と帝国主義支配に抗議の声をあげ、果敢な闘争を繰り広げた。6・10万歳運動や光州学生運動は、勃興する社会主義に鼓舞された学生たちを中心に闘われ、ついには全民衆が参加した大衆闘争へと発展し、その闘争の篝火は確実に継承されていった。

20年代半ばから後半にかけて、民族改良主義者や親日派を除外した民族解放勢力は、共同戦線を形成して日本帝国主義との闘争を開始した。なかでも新幹会の活動は特記すべきであろう。新幹会の目的は、社会主義者と非妥協的民族主義者が初めて手を結び、改良主義勢力との闘争を拡大しつつ、高揚の時期を迎えた大衆闘争を「反日」へと総結集させることにあった。

31年、日本帝国主義は満州事変を引き起こした。37年には本格的な中国侵略を開始し、41年にはついに太平洋戦争へと突入する。29年の世界恐慌によってもたらされた

深刻な経済的危機は、日本帝国主義の根幹を揺さぶった。国内矛盾を対外侵略によって解決するべく、30年から45年にかけて、日本帝国主義はまさに狂奔した。

この時期、朝鮮には、従来から進められていた日本の食糧供給基地化政策とともに、戦争資源の兵站基地という役割が新たに押しつけられた。さらに、青壮年男性は徴用や徴兵によって強制的に奴隷労働の最前線や戦場に駆り出され、若い女性は女子挺身隊、あるいは従軍慰安婦として徴用された。残った人々も軍需工場での低賃金労働をはじめとして、さまざまな労役や軍事訓練に強制動員され、その多くが奴隷的な条件で使役された。

同時に完膚なきまでの民族抹殺政策(皇民化政策)の完遂を企図し、恫喝と懐柔によって神社参拝を押しつけ、朝鮮語の使用を禁止し、創氏改名を強要して朝鮮民族の完全な植民地奴隷化を追求した。

この時期の朝鮮内部での闘争はいかなる状況にあったか。いわゆる民主主義系列の運動は次第に改良主義に陥り、その勢いを失いつつあった。一方、社会主義者は、工場や農村などの生産拠点において、朝鮮共産党再建運動や労働組合運動、農民組合運動を活発に展開し、民族解放闘争に新しい闘争形態がもたらされた。弾圧は熾烈をきわめ、活動家は続々と逮捕・投獄されたが、咸鏡道の農村地帯のように民衆による武装隊が組織され、派出所襲撃などの抗日武装闘争が、数年にわたって粘り強く継続された例もあった。

学生の間でも、地下読書会や秘密結社活動を中心軸として、反戦・反帝運動が持続的に展開されていた。満州では東北抗日連軍(東北人民革命軍＝中国共産党満州委員会の武装部隊)指揮下の朝鮮人部隊が、また当時の満州・中国国境地帯においては朝鮮独立同盟指揮下の朝鮮義勇軍が、日本軍との激烈な戦闘を展開していた。大韓民国臨時政府も光復軍を編成し、朝鮮内部への進撃を準備しつつあった。太平洋戦争が引き起こされた時点で、これら民族解放勢力は一致して日本帝国主義の敗北を予見した。しかし、海外での独立運動勢力と国内の建国同盟などの闘争主体は、45年の日本の敗北によって解放を迎える日まで、ついに抗日統一共同戦線を形成することはできなかった。

1. 日帝侵略下の民族受難

第1次世界大戦 1914〜18年にかけて、ヨーロッパを主戦場としてほとんどの帝国主義列強が参戦した最初の世界大戦。この戦争の根本原因は、列強間の植民地の拡大をめぐる対立であり、後発帝国主義国ドイツが、植民地獲得競争において圧倒的優位を確保した英国に対して挑戦を試みたことによってその戦端が開かれた。すなわち英国はドイツ・オーストリア・イタリアの三国同盟に対抗するため、この三国同盟と対立関係にあった露仏同盟に接近し、04年の英仏協商、07年の英露協商締結によって、三国協商を形成し、ドイツの世界政策の牽制をはかった。両勢力の対立の焦点はバルカン、および中東地域だった。14年6月、オーストリア皇太子がサラエボでセルビア人に暗殺され、これが引き金となって同年7月28日、オーストリアはセルビアに宣戦布告した。これをきっかけとして、8月に入ってドイツ・オーストリアと英国・フランス・ロシアの両勢力が戦端を開き、日本・ルーマニア・ギリシャは相次いで英国側に立って参戦した。また、ブルガリアはドイツ側に立ち、イタリアは戦後の領土拡大を保障されたことから、三国同盟を破棄して英国側についた。こうして戦争は世界に拡大した。

日本は日英同盟を名目として8月23日、ドイツに宣戦布告。山東省の青島（ドイツ租借地）とドイツ領の南洋諸島を占領し、その後もこの戦争を口実としてたくみに中国大陸での利権を拡大した。翌15年には中国に「対華21ヵ条の要求」を押しつけ、承認させた。ヨーロッパでは、各国の経済力と軍事力をあますところなく動員した総力戦が戦われ、戦車や飛行機などの新兵器も続々と登場し、長期にわたって総力戦・消耗戦がつづいた。この大戦中にロシアでは積年の社会的矛盾が噴出し、17年に10月革命が起こってソビエト政府が樹立された。翌18年3月、ソビエト政府は単独でドイツと講和条約を締結して戦線を離脱した。戦争も後半に入ると、ドイツは延びきった戦線への補給路を維持することができず、加えて17年4月に米国が参戦し、その劣勢は決定的となった。18年にはドイツ国内で、キール軍港での水兵の叛乱に端を発したドイツ11月革命が起こり、11月11日についに両陣営間で休戦協定が結ばれ、5年にわたった第1次世界大戦はようやく終結した。

翌19年6月、パリ講和会議において戦勝国とドイツの間でベルサイユ条約が調印された。戦勝国はオーストリアなど他の敗戦国とも個別に講和条約を結んでいった。この条約にはウィルソン米大統領が「14ヵ条の平和原則」で提唱した民族自決主義と国際連盟創設などが盛り込まれた。この戦争を通じてロシア・ドイツ・オーストリア・トルコの4帝国が崩壊した。この結果、ヨーロッパでは旧ロシア帝国領・オーストリア＝ハンガリー帝国領などでフィンランド・ポーランドやバルカン諸国などの独立が達成された。しかし、アジア・アフリカ・南太平洋一帯では戦勝国は委任統治の名を借りて植民地を拡大し、敗戦国ドイツに対しては巨額の賠償金が課されるなど、その本質はロシア革命で生まれたソ連にイデオロギー的に対抗しつつ帝国主義世界の再編・存続をめざすものだった。日本はこの条約によって山東省でのドイツの利権を継承、また、南洋諸島の委任統治権を譲り受けた。中国は日本のこの利権獲得に反対して講和条約に調印せず、問題はワシント

ン会議へと持ちこされた。各国家のパワーバランスを背景とした、以上の現実にもかかわらず第1次世界大戦後の世界では、ロシア革命の成功や民族自決主義の提唱によって、各地域の革命運動や民族運動は大いに勇気づけられ、朝鮮においても、日帝統治10年目にして全民族あげての3・1運動が起こった。

資本主義 資本家と労働者の存在を基盤とし、機械化された大工業を中核とする経済構造をいう。私的所有権の確立と契約売買や居住、職業選択などの自由がその成立の前提となる。したがって資本主義は、近代社会、あるいは市民社会などと呼ばれる一定の社会的関係の進展と密接に関連している。マルクスの理論では、商品経済と産業資本の発展につれて、重商主義・絶対主義の段階からマニュファクチャーの形成へと至る。この過程で、土地をはじめとする生産手段は少数の農民・商人へと集中し、没落した大多数の農民は生産手段を持つ資本家に労働力を売って生活する労働者となる(本源的蓄積)。また、蒸気機関の利用などの技術革新により生産力が高まり、機械化された大工業が初めて成立する。封建的な政治・経済・社会などの諸関係が変革・打破され、個別企業間で利潤拡大の競争が行われる。この競争を通じて資本はますます少数の企業に集中していき、独占資本が成立する。しかし、絶えず自己増殖しなければ存続できない企業は新たな市場・土地・資源・労働力を求めて、海外に進出する。資本輸出が行われ、金融寡頭制が誕生する。

朝鮮では、土着資本が未成熟でその経済的・政治的影響力が低い段階にあった時期に、外勢の強要(江華島条約、1876)によって門戸開放が行われたため、先進技術導入によって自国産業を育成し、また保護貿易によってそれを守るという方法をついにとることができなかった。外国商品がほぼ無制限に国内に流入し、土着の手工業生産は工場制機械工業の段階に至る以前に壊滅させられた。20世紀に入ると、生活必需品さえ海外資本からの供給に依存する状態となり、危機感をかきたてられた大韓帝国政府は、遅ればせながら殖産興業政策を打ち出した。官僚層とわずかに残った産業資本家が協力し、土着資本を結集して近代的工場生産体制を形成しようとする動きが現れはじめた。しかし、日露戦争で日本が勝利した結果、大韓帝国は日本の保護国へと転落し、この自力での産業資本主義化の試みは、大規模な日本資本の浸透と日本政府の意図的な妨害によって押し潰された。これに加えて、民族資本の成長において必須となる国内資源も外国資本によって徹底的に収奪され、産業革命へと至るための物質的基盤は完膚なきまでに打ち砕かれた。こうして朝鮮は、日本によって一方的に日本資本の商品市場とされ、同時に資源供給地となるという植民地経済の枠に、強制的に編入されることになった。

帝国主義 一般的には自国勢力圏の膨張をはかろうとする国家意思をいい、古代ローマなどを含むが、レーニンの定義では、19世紀後半の国家独占資本主義へ移行する過程での資本主義最後の段階とされる新しい帝国主義を指す。19世紀に入ると、資本の集中や自由貿易の制限あるいは排除などによって蓄積された資本は、その利潤拡大を求めて資本主義の未発達な地域へと「資本輸出」され、同時に資本家は強大な政治的発言権を確保する。この結果、資本輸出の対象地域の確保のための植民地の拡大が資本主義国家の死命を制するものとして認

識されるようになった。こうして資本主義国家は、その勢力圏の拡大、つまり植民地獲得競争に突入し、政治的・軍事的衝突を繰り返しはじめた。強大国は互いに軍事同盟を結び、しばしば2つの陣営に分かれて対立した。この段階において、一地域の紛争が一気に世界大戦へと拡大される条件が整った。このような世界史の段階を帝国主義時代と呼ぶ。

　帝国主義を政治的側面から見れば、それは勢力圏および植民地の民族運動を抑圧して、帝国主義本国と従属国＝植民地という国際的序列の維持・拡大をつねに志向する。また、強大国による世界の分割と再分割の過程は、必然的に軍事的優位（とくに制海権の制覇）を求めようとする国家意思を喚起し、軍事力の持続的な改編を促す。この過程がかつて例を見ない世界規模の戦争（第1次世界大戦）をもたらした。朝鮮が日本によって国権を奪われ併合されたのも、こうした帝国主義諸国家の角逐の結果だった。1868年の明治維新後に新興帝国主義国家として列強の一員に加わった日本は、ロシア勢力の牽制をはかる英米両国の帝国主義的利害によって後押しされて、ようやく朝鮮の国権簒奪を可能とした。第1次世界大戦後、ロシアにおいて初の社会主義国家が成立し、世界各地の民族運動や民衆運動はこれによって力づけられた。こうして従来の帝国主義的侵略意思に一定の制約がはめられ、また相対的にその力が弱化したことで強大国は相互に軍縮協定を結ばざるをえず、その勢力圏拡大政策も経済的侵略という装いをまとうようになった。

　しかし、こうした時期も長くはつづかなかった。1929年の世界大恐慌がきっかけとなって、日本・ドイツ・イタリアなどの後発帝国主義国家は、その延命の道を国内体制のファッショ化と植民地の拡大に求めた。

帝国主義国家間の対立はふたたび激化し、第2次世界大戦が起こった。この戦争では、反ファシズムのスローガンのもとに資本主義国家と社会主義国家の連携が実現した。その結果、戦争が終わると社会主義国家は急速にその数を増やし、植民地の独立が相次ぎ、従来からの資本主義国家の影響力は大きく後退するなかで、米国が他を圧する強大国として登場した。こうして戦後の資本主義国家群は、米国をリーダーとして、社会主義からの資本主義体制の擁護を大義名分として世界戦略を展開するに至る。資本主義圏と社会主義圏の二大体制の対立と民族独立戦争とが錯綜し、世界各地で局地戦が繰り返し起こった。また、ヨーロッパと日本が復興するとともに、資本主義内部での新たな対立も表面化しはじめた。こうした東西冷戦は1991年12月のソ連崩壊によって名実ともに終焉した。他方、91年の湾岸戦争に代表される、米国の軍事的イニシアティブの再台頭、韓国をはじめとする一部の旧植民地国の経済的膨張など、「帝国主義」をめぐる問題は新たな様相を呈しつつある。

三国同盟　ドイツ・オーストリア・イタリア3国間の軍事同盟。1882年にフランスに対抗して形成され、ドイツもしくはイタリアがフランスから攻撃を受けた際には、必ず他の2国が軍事的支援を行うこととした。89年に更新され、オーストリア・イタリアによるアドリア海での勢力現状維持の相互保障が付加された。つづいて91年、1902年の2度にわたって更新されている。この三国同盟と、日露戦争後に協商関係を結んだ英仏露の三国協商との対立が、第1次世界大戦の淵源となった。ただしイタリアは、第1次大戦直前に同盟国オーストリアとの利害対立が激化したことから同盟を

離脱し、三国協商側に立って参戦した。

三国協商　1891年の露仏同盟、1904年の英仏協商、1907年の英露協商の締結によって、英仏露間に成立した軍事同盟。ドイツに対抗することを目的とし、ドイツを中心とする三国同盟との対立が第1次世界大戦の淵源となった。日本はこのとき、日英同盟・日仏同盟・日露協商を結んでおり、三国協商側に立って参戦した。17年、ロシア革命が起こり、ロシアが離脱して、崩壊した。

ベルサイユ条約　1919年6月28日、パリ郊外のベルサイユ宮殿で、第1次世界大戦終結後の戦後処理を目的として戦勝国27ヵ国とドイツとの間に締結された条約。15編440条、18の付属文書からなる膨大な条約文書が作成され、大戦後の国際秩序形成の基礎となった。条約の基本原則は、18年1月に米大統領ウィルソンが提唱した「14ヵ条の平和原則」に沿うものとされたが、講和会議そのものは米・英・仏・日・伊の五大強国が中心となって進行し、実質的には帝国主義列強の利害と妥協の場とならざるをえなかった。この条約では、敗戦国ドイツの領土と植民地の再分割と、ドイツに対する軍備制限や賠償が規定され、ポーランド・チェコスロバキアなどの独立が承認された。また、国際連盟や国際労働機構（ILO）の創設が決定され、新たな戦争の危機と国際的な労働者組織（第3インターナショナル）の攻勢を未然に防ぐための方策が含みこまれた。

　この条約が作成されたパリ講和会議において日本は帝国主義列強の仲間入りを果たし、ドイツの利権の継承（山東省の権益、ドイツ領南洋諸島の委任統治権）を認められたが、これはまさに条約中に謳われた「民族自決の原則」を踏みにじるもので、中国での5・4運動勃発の契機となった。また、会議と並行して列強による対ソ連干渉戦争が開始される。このことはこの条約がボルシェヴィズムの拡大と、ヨーロッパでの社会主義革命の阻止を目的としたことを示唆している。中国は会議には参加したが、山東問題の処理に抗議して条約調印を拒否した。また米国上院が条約批准を否決し、国際連盟の提唱者であった米国自身は連盟に不参加という変則的事態が生まれた。これもパリ講和会議とベルサイユ条約の実態を示すものであった。

14ヵ条の平和原則　米大統領ウィルソンが提唱した第1次世界大戦後の平和維持原則。米国は大戦勃発後しばらくの間は伝統的な中立政策を守っていたが、1917年にドイツが「無制限潜水艦攻撃」を宣言したことに反発し、さらに、ロシア革命が起こって戦況が連合国側に不利になることが予想されると、17年4月、参戦した。18年1月には戦争終結後の平和維持原則として、大統領ウィルソンが「14ヵ条の平和原則」を提唱した。その内容は以下のとおりである。①公開外交による平和条約の締結（秘密外交の廃止）。②公海航行の自由。③公正な国際通商の確立。④軍縮。⑤植民地における住民の利益の尊重。⑥ロシア領からの外国軍隊の撤退。⑦ベルギーの主権回復。⑧フランスの解放。とくにアルザス・ロレーヌのフランスへの返還。⑨イタリア国境線の改訂。⑩オーストリア＝ハンガリー帝国内諸民族の自決。⑪バルカン帝国内の民族独立保障。⑫トルコ帝国支配下の諸民族の自治。⑬ポーランドの独立。⑭国際連盟の創設。このうちの民族自決主義の精神は、翌19年の朝鮮での3・1運動に対して大きな影響を与えた。

国際連盟　第1次世界大戦後の世界平和維持を目的として、米大統領ウィルソンの提唱によって創設された国際機構。1919年2月、パリ講和会議で締結されたベルサイユ条約の一部として国際連盟規約が採択され、米・英・仏・日・伊などが常任理事国に内定したが、提唱国である米国は上院で条約批准が否決されたため、これに加盟しなかった。20年1月10日に国際連盟は正式に発足し、軍縮・安全保障・仲裁裁判所による国際紛争の平和的解決・委任統治による少数民族の保護などを主要課題に定めた。規約では、連盟は総会が認めた審判対象国に対し、経済的・政治的制裁を加えることができるとしたが、この制裁権限が新たな侵略への有効な制裁手段として発動されることはなかった。たとえば、33年3月、満州事変の調査にあたった「リットン調査団」が主張する満州での中国の主権の確認と、日本軍の撤兵を要求する勧告が採決されるや、日本はただちに連盟を脱退した。同年10月にドイツが、37年にはイタリアが連盟を脱退、34年に加盟したソ連も、39年12月のフィンランド侵攻によって除名された。このように当初提唱された平和維持機能はついに果たされず、第2次大戦後の46年4月に総会で解散を決議。前年の10月に創設された国際連合にその財産が継承された。

ワシントン会議　列強の海軍軍縮と、太平洋および中国問題に関する国際会議。米大統領ハーディングが提唱し、1921年11月〜22年2月にかけてワシントンで、米・英・仏・伊・中・日・オランダ・ベルギー・ポルトガルが参加して開催された。7つの条約と2つの補足協定が締結されたが、主要なものをあげれば、①中国の門戸開放を規定した「9ヵ国条約」、②太平洋地域における列強相互の既得権の尊重と紛争処理方法、③米・英・仏・日・伊5ヵ国の主力艦、航空母艦の保有トン数比率を米・英5、日3、仏・伊1.67に制限し、以後10年間の主力艦建造中止を定めた海軍軍縮条約などである。会議は一貫して米国の門戸開放論に主導された。日本は日英同盟の破棄、対華21ヵ条の要求の一部放棄、膠州湾租借地の返還、シベリアからの撤兵などを約束させられ、東アジア進出に牽制が加えられた。

辛亥革命　清朝を打倒して中華民国を成立させた革命。義和団事件の後、帝国主義列強の中国侵略はますます激化した。清朝は政治改革を目指しいわゆる「新政運動」を展開したが、この時期に頻発した民衆レベルでの税金不払い運動やキリスト教排斥運動などは、その目的を立憲君主制の樹立へと収斂させつつあった。1905年、孫文は中国同盟会を結成、三民主義を提唱して革命派を指導し、反清武装闘争を開始した。11年、清朝は財政難打開のため鉄道国有令を発布。民営鉄道を国有化し、それを担保に列強から借款を得ようとしたが、各地で広汎な反対運動が沸き起こり、大規模な武装闘争へと発展した。これをきっかけに10月10日、革命派の工作が効を奏して、武昌で新軍（清末に建軍されたドイツ式の近代軍。兵員およそ17万）が反乱を起こした（「武昌蜂起」）。またたくまに16省で呼応する反乱が起こり、12年1月には南京で孫文を臨時大総統とする中華民国臨時政府が樹立された。清朝から臨時政府討伐の大権を付与された袁世凱までも革命派に寝返り、万策つきた清は瓦解した。

しかし、さまざまな勢力の寄せ集めだった革命勢力の基盤はもろく、袁世凱との密約を守って、孫文は彼に大総統職を譲りわ

たした。大総統となった袁世凱は帝政復活をはかって革命派を弾圧、一方では日本の「対華21ヵ条の要求」に応じて、その買弁的性格を露呈した。これに反発した孫文らは1913年、第２革命を起こし、これを契機として中国は軍閥割拠の状況となって内戦がつづいた。日本はその後も混乱に乗じて利権獲得に暗躍したが、その野心は結実しなかった。

孫文　1866〜1925。中国の革命家。字は逸仙、号は中山。広東省の人。香港の医学学校在学中に革命を志し、1894年にハワイで興中会を組織。翌年、広州で最初の武装蜂起を試みて失敗。その後、日本やヨーロッパ各地の亡命生活のなかで三民主義を構想し、提唱した。1905年、東京で留学生や華僑を中心とした中国同盟会を結成し、反清革命運動を展開。11年に辛亥革命を成功させ、中華民国臨時大総統となったが、北洋軍閥の巨頭・袁世凱に政権を譲りわたした。13年、第二革命を起こして敗北、日本へ亡命したが、翌年に中華革命党を結成、反袁運動を継続した。17年には広州で広東政府を樹立し、大元帥に就任して反動軍閥と戦った。19年、中華革命党を改編して中国国民党を結成した。24年の国民党大会では、「連ソ・容共・農工扶助」の三大政策を採択し、この政策にもとづいて中国共産党との第一次国共合作を実現させた。つづいて「北伐」を宣言し、同時に国民会議の開催を提唱したが、翌25年、北京で病死した。「革命いまだ成らず」という遺言は中国変革運動諸勢力のスローガンとして語り継がれることになる。中華人民共和国と台湾の双方で現在も「国父」として仰がれている。

三民主義　孫文によって提唱された中国革命の指導理念。1896〜97年のロンドン亡命中に構想されたもので、「滅満興漢」（清朝を打倒して漢民族の国家を樹立すること）を完遂し、そのうえで、①民族独立の確立（民族主義）、②数千年来の君主専制体制の変革を目指す民権主義、③社会経済の組織的改革を行う民生主義、以上の３つを柱にして新中国を打ち立てようとする革命理論である。1905年、中国同盟会結成後にその指導理念とされたが、辛亥革命後の運動の進展にともない、その内容も変化発展していった。24年の国共合作後は、民族主義は反帝国主義へ、民権主義は基本的人権の擁護と人民民主独裁へ、民生主義は「土地は耕作者に」というスローガンへと変わり、その内容は毛沢東の「新民主主義論」に継承された。

対華21ヵ条の要求　第１次世界大戦のさなかに日本が中国につきつけた権益拡大の要求。大戦によって列強の中国での勢力が一時的に後退した1915年１月18日、その機に乗じて日本の外務大臣・加藤高明は、中華民国総統・袁世凱に対し、５号21ヵ条からなる要求を提出した。その主な内容は、山東省のドイツ利権の継承、旅順・大連租借と南満州鉄道権益期限の99年間の延長、満州南部・東部・内蒙古での日本の優越権の確認、漢冶萍公司（製鉄所）の日中合弁化、中国沿岸の港湾や島嶼の他国への不割譲、あるいは不貸与などからなっていた。また、希望条件として、中国政府の政治・財政・軍事顧問として日本人を招聘すること、地方警察の日中共同化、日本人経営の病院・寺院・学校の土地所有権の保障などが付されていた。

　この「21ヵ条の要求」が提出されると中国国内ではただちに激烈な反日運動が沸き起こったが、日本政府は５月７日に要求受諾に関する最後通告を発し、２日後の９日、

袁世凱はついに恫喝に屈服した。しかし、中国の民衆はこの要求受諾を認めず、5月9日を国恥記念日と定めて、その無効、あるいは撤廃を主張する激しい国権回復運動が展開され、22年のワシントン会議で日本は、満蒙での利権を除き、ほとんどの要求を放棄せざるをえなくなった。

5・4運動 1919年5月4日、北京での学生デモに端を発した中国民衆による抗日運動。第1次世界大戦のさなか、日本は袁世凱政府に対し、「対華21ヵ条の要求」を強要して承諾させた。これに対する反対運動が持続するなか、19年のパリ講和会議において、敗戦国ドイツの山東権益が列強の利害から日本に引き渡されることが決まると、5月4日、北京大学生を中心とする学生数千名が反対デモを繰り広げ、軍隊・警察と激しく衝突した。これをきっかけに抗日運動は中国全土に拡大し、市民や労働者も運動に参加した。民衆の抗日気運に押された政府は親日派官僚を罷免し、ベルサイユ条約の調印を拒否せざるをえなくなった。この5・4運動は、のちの中国における反帝国主義・反封建主義運動の出発点となった。

日帝時代 1910年8月22日、日本の強圧のもとに締結された「日韓併合条約」によって大韓帝国(李朝)は滅亡し、日本帝国主義(日帝)による朝鮮の植民地統治が開始された。日帝時代とは、その時点から45年8月15日の光復(解放)までの35年間をさす。
[併合までの概史] 1868年の明治維新政府成立を境に近代化への道を歩みはじめた日本は、朝鮮を武力で威嚇して江華島条約を締結、「日韓併合」へと至る侵略の第一歩を踏み出した。当時の朝鮮の政治状況は、大院君の下野のあと、国王・高宗の名目上の親政が行われ、権力内部では独立党と守旧派が衝突を繰り返して壬午軍乱や甲申政変が相次いだ。こうした李朝内部の政治的激変に対し、日本は虎視眈々とその動向をうかがい、直接的・間接的な介入を行って

日本軍に抵抗して国事犯として処刑された人々（日露戦争当時）

その影響力を徐々に拡大した。1894年、東学農民戦争が起こると、これに乗じて日本は朝鮮半島に大規模な軍事進出を行い、日清戦争を引き起こして清の勢力を追い出した。つづく日露戦争でも勝利を収め、ロシア勢力を駆逐して、朝鮮半島での日本の優位を国際的に承認させるに至った。その間に日本は、大韓帝国政府に日韓議定書調印(1904)を強要して内政干渉の道を切り開き、さらに第1次日韓協約を結び、いわゆる顧問政治を開始。つづく05年の乙巳保護条約(第2次日韓協約)で朝鮮統監府を置き、朝鮮の外交権を奪って植民地化の基礎を固めた。07年6月、ハーグ密使事件が起こると、日本はその責任を高宗に問い、強制退位させて日韓新協約を締結。これにより次官政治が開始され、実質的に朝鮮の支配権は簒奪された。同年の大韓帝国軍解散、09年の己酉覚書による司法権剥奪と、植民地化は一気に進められ、10年8月22日、李完用内閣との間に日韓併合条約を調印、同月29日(「国恥日」)にこれを公布して、日本は朝鮮をついにその支配下に置いた。こうして李朝は27代519年目にして滅び、朝鮮半島は朝鮮総督府によって直接統治されることになった。

日帝時代の35年間の統治は、後述するように時期によって若干の変化はあったとはいえ、一貫して3つの基本政策がとられた。第1に、支配の効率性を高めるための徹底した弾圧政策、第2に、支配の永続化をはかるための朝鮮民族の固有性の抹殺政策、そして第3に、苛酷な経済的収奪政策である。以下、日帝時代を3期に分けて概観してみよう。第1期は武断政治の時代(1910〜19)、第2期は文化政治の時代(19〜31)、そして第3期は兵站基地化と戦時動員の時代(31〜45)である。

[第1期(武断政治の時代)] 1910年の「併合」から、19年の3・1運動までの時期を指し、植民地支配体制を打ち固めるための基礎作業が行われた。陸海軍現役大将か

日本の憲兵に笞刑を受けている様子、1910年代。笞刑は李朝時代から行われていたが、1920年に廃止

ら選任される天皇直隷の朝鮮総督が、朝鮮での立法・行政・司法の三権と、天皇よりあずかった軍の統帥権、つまりいっさいの権力を保持して、強力な憲兵警察機構を駆使し、徹底した武力による統治政策を行った時期である。結社・集会はすべて禁止、朝鮮語新聞や雑誌はそのほとんどが廃刊、日本人官吏や教員は全員が帯剣して朝鮮民衆に対峙した。犯罪被疑者に対しては憲兵による裁判ぬきの即決処分がしばしば行われ、独立運動家は逮捕・拘留され、残虐な拷問を加えられた。次に経済的収奪の状況を見よう。朝鮮を日本の食糧や原料の供給地とし、同時に日本商品の独占市場とする政策が続々と施行された。鉄道・港湾・道路・通信などの基礎的建設事業と、同時並行で行われた土地調査事業により、朝鮮の自作農民の土地はほとんど強奪されて、その多くは東洋拓殖株式会社の手中に収められた。土地を奪われた農民は小作農へと転落、あるいは流民化し、こうして伝統的な朝鮮社会は解体させられた。もちろん、この急激な社会制度の改編と過酷な収奪は、朝鮮民衆全体の抵抗を呼び起こさずにはおかず、義兵の決起、独立運動の展開、労働者のストライキ闘争は武断統治体制をしばしば脅かした。1918年、第1次世界大戦が終結すると、米大統領ウィルソンの「民族自決の原則」提唱に力を得た朝鮮民衆の日本帝国主義の暴圧に対する憤りは、ついに3・1運動において爆発する。

[**第2期（文化政治の時代）**] 3・1運動の勃発に驚愕した日本帝国主義は、「武断政治」から「文化政治」への統治方針の転換を迫られた。しかし、「文化政治」とは名ばかりで、その内実はアメとムチの併用によって、より巧妙な民族分裂政策の遂行をはかるものだった。経済的側面から見れば、この時期は、朝鮮経済を完全に日本経済に従属させる植民地経済の確立が急務とされた。1919年、新任の第3代総督・斎藤実は、「日鮮融和」と「一視同仁」の二大スローガンを掲げて「文化政治」を開始した。その方針は31年の満州事変によって日本の新たな大陸侵略がはじまるまで継続された。総督府官制が改定され、実質的にはともかく、制度上では文官総督の任命が認められた（しかし、文官が総督となった例はない）。憲兵警察制度が普通警察制度に改められた（しかし、人員と駐在所は増強され、全土の面と洞・里に配置された）。さらに地方自治制度が改編されて、各地方の事務執行権が道知事に大幅に委任され、地方分権的自治制度の確立が謳われた。これにともなって、朝鮮人官吏登用が大幅に拡大され、官吏と教員の帯剣は廃止された。『東亜日報』『朝鮮日報』などの朝鮮語新聞の発行が許可されるなど、わずかばかりだが言論の自由が認められた。

しかし、こうした政治的文化的な懐柔政策を隠れみのとし、経済的収奪はさらに強化された。日本の食糧不足を朝鮮からの飢餓輸出によって解決しようとする産米増殖計画が朝鮮農村に強要された。この産米増殖計画は、30年代に入って日本の米価格が暴落し、朝鮮米移入反対運動が日本内部で起こるにおよんで中止された。しかし、計画の実行過程で朝鮮農民からの米の収奪は着実に遂行され、農民はみずから作った米を売り、その金で満州から輸入される雑穀を買い、ようやく命をつなぐありさまだった。飢餓にさらされた農民の一部は都市に出て低賃金労働に従事し、あるいは火田民（山林地での原始的な焼畑農耕民）となったが、多くは流民化した。朝鮮南部の農民は主に日本へ、北部の農民は主に満州へと移住を余儀なくされたのである。当時の統計によれば、世界恐慌をはさむ26年から31年

までの5年間で、欠職者（失業者）が16万3000名にふくれあがった。また同じ期間に、春窮期（食糧の米が尽き、麦の収穫までは間があるという春先の飢餓期。俗に「ポリコゲ」〔「麦峠」の意〕ともいう。ことに土地調査事業によって多くの自作農が小作農に転落した日帝時代では、ますます状況が悪化した）に草根木皮によって飢えをしのがなければならない窮民が104万8000名、いつ窮民となってもおかしくない極貧零細民が420万名にまで増大したとされている。こうした圧政のもとでも、小作争議・労働争議・学生運動・思想運動などの一連の抗日運動はたゆむことなく展開された。27年には民族主義者と社会主義者が連帯して新幹会が形成され、運動の思想的水準はさらに高まった。国内では3・1運動以来最大規模の抗日運動となった6・10万歳運動（26）や光州学生運動（29）が起こり、日帝統治の根幹を揺さぶった。また、海外では、大韓民国臨時政府が上海で樹立されて国権回復を目指し、満州やシベリアでは独立軍が続々と結成され、日本軍との本格的な戦闘状態に入った。ことに20年10月の青山里での大勝利（青山里大捷）は即時独立を望む朝鮮人にとって亡国10年の恨みをはらす壮挙であった。こうした内外での抗日運動に対し、総督府は「文化政治」という名の懐柔策をかなぐり捨てて、ふたたび弾圧を強化した。31年に満州事変が引き起こされると、朝鮮内での弾圧もいよいよ本格化し、朝鮮統治政策にも決定的な転換がもたらされるのである。

[第3期（兵站基地化と戦時動員の時代）]
31年に満州事変、37年に日中戦争を引き起こした日本帝国主義は対朝鮮政策を改め、大陸侵略のための兵站基地化を目的として、手段を選ばずその遂行に邁進した。41年には、日本はついに太平洋戦争の泥沼に足を踏み入れた。対朝鮮政策も朝鮮の人的資源と物的資源を強制的に動員し、侵略戦争遂行の体制に戦略的に組み入れる戦時動員体制へと転換した。36年、南次郎が新総督として赴任すると、まず、重要産業統制令を公布し、軍需産業を核とする戦時経済体制の確立を目標として（軍需産業化）、朝鮮経済の再編成を行った。重化学工業を重点的に育成し、あわせて軍事物資輸送を目的とする陸海空の交通施設と通信施設の拡充がはかられたのである。

こうした戦時経済・軍事体制確立のために、朝鮮民衆への弾圧は強化された。朝鮮思想犯予防拘禁令・朝鮮思想犯保護観察令が公布され、いっさいの反日・反資本主義的思想運動は弾圧の対象となった。「内鮮一体」「国体明徴」「忍苦鍛練」の三大綱領を掲げて、従来の帝国主義列強による植民地政策史上でもその類を見ない民族抹殺政策（皇民化政策）が強行された。朝鮮語教育が廃止され、朝鮮語と朝鮮史の学術研究団体であった朝鮮語学会や震檀学会は強制的に解散させられ、朝鮮語新聞は廃刊させられた。同時に朝鮮民衆に対しては神社参拝を強要し、創氏改名が押しつけられた。このように日本帝国主義は朝鮮民族の民族的精神性の抹殺をはかり、同時に朝鮮半島での人的・物的資源の動員に狂奔した。37年には陸軍志願兵制が実施され、朝鮮の若者を侵略戦争の弾丸よけとするための策動がはじまった。また、勤労皇国隊が組織され、朝鮮民衆を軍事施設や劣悪な労働環境下の鉱業・重化学工業労働者として強制動員した。43年5月にはついに徴兵制が実施され、翌44年11月には学徒徴兵が行われた。こうして全朝鮮民衆は侵略戦争の最前線へと引きずりこまれた。

この間、国内の独立運動は、弾圧につぐ弾圧によって、ほとんどその活動を停止さ

せられていた。しかし満州やシベリアにおいては、朝鮮人抗日独立部隊と日本軍とは激烈な戦闘を繰り返していた。また、重慶の大韓民国臨時政府は41年には日本に宣戦布告し、政府が組織した光復軍は中国軍と連携して抗日戦争に参加、朝鮮民族の独立精神を世界に示した。45年、広島と長崎に原爆が投下され、ヤルタ協定にもとづいてソ連が参戦し、同年8月15日に、ついに日本は連合国に対する無条件降伏を発表した。日本の敗戦・降伏は朝鮮にとっては解放(「光復」)であった。35年間の日帝時代の桎梏はようやく終わりを告げ、全朝鮮民衆は、カイロ宣言によって保障された国権回復と独立への期待にその胸をときめかせたのである。

朝鮮総督(府) 1910年の日韓併合条約によって創設され、1945年の光復までの35年間、朝鮮を統治した日本帝国主義の機関。1910年8月29日、「日韓併合」によって朝鮮を植民地とした日本は、大韓帝国を朝鮮と改めて従来の朝鮮統監府を廃止し、ただちに朝鮮総督府設置令(勅令第319号)を公布した。朝鮮の主権は完全に抹殺されて、唯一無二の権力として朝鮮総督府が朝鮮半島全域を支配することになった。同年9月30日には総督府とその所属機関官制を公布し、10月1日から実施された。朝鮮総督府は天皇直隷機関(直属機関)であった。総督は現役の陸海軍大将から選任され、朝鮮半島での陸海軍の統率と朝鮮防衛を担い、同時にすべての政務を統括した。形式的には内閣総理大臣を経由するが、実質的には天皇に直接その政策方針を建議し、裁可を受けた。その権限は天皇によってのみ拘束され、朝鮮総督府の権力は、朝鮮半島において絶対的なものとなった。初代総督には、先に統監として「日韓併合」を強行した陸

金泳三政権時、1995年に撤去された

軍大将・寺内正毅が就任。「同化政策」を施政の基本方針とし、民衆の生活改善と産業の振興を打ち出した。この方針を貫徹するために、すべてに先んじて第一の課題とされたのは、治安確保であった。強大な武力を背景とした武断政治によって、手段を選ばぬ弾圧体制が構築された。

発足当初の総督府の機構を概説しておく。総督の下では、総督府業務の実質的担い手として親任(天皇の任命)の政務総監が部局(省庁)の政務を監督した。政務総監が監督する部は総督官房と総務・内務・度支(大蔵)・農商工・司法の5部で、その下に9局が設置された。これ以外の所属官庁機構としては、中枢院・取調局・警務総監部・裁判所・監獄・鉄道局・通信局・専売局・臨時土地調査局・学校・税関・印刷局などがあり、地方は道単位で統治されて、各道には長官が置かれた。総督府庁舎はしばらく南山・倭城台の旧統監部庁舎がそのまま使用されていたが、18年7月から景福宮内に新庁舎建設がはじまり、26年10月に御影石と大理石造りの新庁舎が完成した。

45年8月15日、日本帝国主義が敗北するまで、弾圧・搾取・民族抹殺政策（皇民化政策）の担い手として、暴圧をほしいままに行い、朝鮮半島に君臨した。なお、朝鮮総督府のトップである朝鮮総督を歴任した者は日本の総理（首相）を務めた。

解放後（戦後）、庁舎は韓国中央庁として使用されたが、1986年には中央博物館となり、1995年、金泳三政権によって「日帝」の残滓とされ、取り壊された。

歴代朝鮮総督

代	総督名	就任年月
1代	寺内　正毅	1910.10
2代	長谷川好道	1916.10
3代	斎藤　実	1919.8
4代	宇垣　一成	1927.4
5代	山梨　半造	1927.12
6代	斎藤　実	1929.8
7代	宇垣　一成	1931.6
8代	南　次郎	1936.8
9代	小磯　国昭	1942.5
10代	阿部　信行	1944.7

歴代政務総督

代	総督名	就任年月
1代	山縣伊三郎	1910.10
2代	水野錬太郎	1919.8
3代	有吉　忠一	1922.6
4代	下岡　忠治	1924.7
5代	湯浅　倉平	1925.11
6代	池上　四郎	1927.12
7代	児玉　秀雄	1929.4
8代	今井田清徳	1931.6
9代	大野緑一郎	1936.8
10代	田中　武雄	1942.5
11代	遠藤　柳作	1944.7

日本国籍と朝鮮戸籍　日韓併合（1910）以後、朝鮮人は日本国籍を持つようになったが、日本人とは別途に「朝鮮戸籍法」が適用された。「内地人」（日本人）と区別し、日本に居住していた朝鮮人も含め、すべての朝鮮人を朝鮮戸籍に記載した。朝鮮戸籍と日本戸籍の移動は、婚姻・養子・認知による入籍以外は認めなかった。戦後、在日朝鮮人は、国籍上では1952年4月28日にサンフランシスコ条約が発効するまで「日本国民」を保持していた。しかし他方で1947年5月、外国人登録法が公布・施行されると、日本政府は暫定処置として登録国籍欄に朝鮮と記入するように指示していた。公文書上での韓国という用語の使用は1950年4月以降である。このようなあいまいな制度の下で日本政府は、政策の都合によって、在日朝鮮人をときには「日本人」、ときには「外国人」（すなわち朝鮮人）として扱った。たとえば1945年12月に改正衆議院議員選挙法が、47年2月に参議院議員選挙法が、そして47年4月に地方自治法がそれぞれ公布されたが、これら3つの法律の附則で「戸籍法の適用を受けない者の選挙権および被選挙権は、当分これを停止する」とし、在日朝鮮人の参政権を否認した。1952年4月1日から施行された「戦傷病者戦没者遺族等援護法」も、付則の「戸籍条項」によって韓国人、朝鮮人は対象外とされている。戦後日本は、この別途戸籍記載を巧みに悪用し、日本が朝鮮人に負わせた戦争被害の責任を回避する策として、またBC級戦犯にみられるように、負の責任を押しつけるのに悪用したのである。1995年8月、村山富市首相は、戦後50年の談話で戦後処理問題に言及し、国際協調を促進する旨を表明したが、なんら実効を伴うものではなく、「言葉だけ」の感は否みがたい。

京城　日本語では「けいじょう」、朝鮮語では「キョンソン」と発音し、現在のソウルを指す。1910年に朝鮮が日本の植民地となってから、ソウルは京城と呼ばれるようになったとされている。李朝時代、公式文書はすべて漢文（漢字）で記されていたが、

ソウルはハングルでしか書くことができず、ソウルのことを主に漢城と書いてハンソン、あるいはソウルと読ませていた。この名残は現在でも中国、台湾などでソウルのことを漢城と書いていることにうかがうことができる(2005年1月19日、ソウル市は中国語表記を「首爾」に改めると発表)。漢字表記は漢城のほか、京城、漢陽、長安なども使われていた。日本が京城を採用したのをとらえて「日本帝国主義が作り上げた差別語」だと断定するのはやや独断的であるといえよう。現にソウルにはいまなお京城を冠した名称がいくつもあるからだ。一例として「京城工業高等学校」をあげておきたい。京仁線、京義線、京釜高速道路も見逃すことができない。

寺内正毅 1852〜1919。朝鮮総督府初代総督(在任1910〜1916)。日本の軍人・政治家。長州(現山口県)出身。1898年に初代教育総監に任命され、のちに参謀部次長、陸軍大学総長を歴任した。1901年、第1次桂太郎内閣で陸軍大臣を務め、10年には第3代朝鮮統監となって親日派・李完用内閣から警察権を引き継ぎ、憲兵と警察を総動員して「日韓併合」を強行した。初代朝鮮総督となり、強大な武力を背景に武断政治を行い、朝鮮民族の植民地奴隷化をはかった。16年には内閣総理大臣となり、その在任中にシベリア出兵を行うなど、日本帝国主義の権益拡大のために持ち前の武断的体質を発揮した。

シベリア出兵 ロシア革命への帝国主義列強の干渉戦争。1918年3月、ソビエト政権がドイツと単独講和を締結すると、同年7月に日・米・英・仏の4ヵ国は、チェコ軍の捕虜救出を名目として総兵力2万8000名(日本軍は1万2000名)の派兵協定を結び、ロシアに出兵した。日本はこの協定を無視して3ヵ月後には7万3000の兵を送り、東部シベリアの要地を占領した。4ヵ国連合軍はこうしてロシア内の反革命勢力を支援したが、民衆のパルチザン闘争に手こずり、19年の秋に反革命コルチャーク政権が赤軍に敗北を喫すると、この干渉戦争の失敗は明白となった。米・英・仏の3国は20年6月までに軍を撤収させたが、日本だけは兵力を引き揚げず、20年にニコラエフスク(尼港)事件(ニコラエフスクの日本軍がパルチザンを攻撃して敗れ、日本軍民122名が殺害された事件)が起こるとただちに北サハリン占領の挙に出た。しかしその後の日本軍はソビエト政権と民衆の強力な抵抗に遭遇し、また、列強の疑惑と国内の反対世論の激化によって、22年12月、ついにシベリアから撤収せざるをえなくなった。25年には日ソ国交開始と同時に北サハリンからも撤収した。戦費10億円、戦死者3000名、凍死者多数という犠牲を出しながら得たものは何ひとつなく、また、内外からの激しい非難に直面した。

憲兵警察制度 朝鮮総督府は行政権のみならず、立法・司法から軍(朝鮮軍＝日本の朝鮮駐箚軍)の統帥権まで保持する強大な権限を持った。日本帝国主義は朝鮮総督を必ず日本の陸海軍大将から任命し、実質的に朝鮮を日本軍部の支配下に置き、武断政治を行った。また、植民地統治においては「法による支配(法治)」よりも「総督による支配(人治)」につねに重きが置かれた。名目的な法律があったとはいえ、総督の命令(「制令」)はそれに優先した。植民地朝鮮においては総督こそが絶対的な法であった。日本帝国主義は朝鮮総督に、いわば朝鮮人の生殺与奪権を与えたのである。ちなみに1911年の朝鮮総督府直属の官吏は11万

5115名で、そのほとんどは日本人で占められ、ことに高級官吏は日本人が独占していた。こうした朝鮮総督府の絶対的支配を支えるものとして、1910年9月10日、総督直属の憲兵警察制度が創設された。陸軍憲兵に民間人を対象とする警察制度を一任するというやり方は、世界の植民地支配にも先例を見ない。日本人憲兵は朝鮮の民間人を取り締まり、日本の警察もこれに協力して軍隊的苛烈さで締めつけた。憲兵司令官が中央の警務総監を兼任し、各道の憲兵隊長が道の警務部長となり、尉官は警視、下士官は警部、兵士が巡査の役割を遂行する体制ができあがったのである。従来の警察制度はそのまま温存され、そのうえにこうした軍事的警察制度が創設されて、組織は一元化された。

彼らは治安維持や情報収集、犯罪即決処分を任務としたほか、戸籍業務や衛生、日本語普及や納税義務の諭旨など一般行政にも関与した。1911年、憲兵機関は朝鮮全土に935ヵ所を数え、その人員は7749名に上った。一方、一般警察署は667ヵ所、人員は6222名だった。こうして合計1602ヵ所、1万3971名の武装組織が総督府行政組織とともに、朝鮮全土に網の目のように張りめぐらされた。また、総督府の行政官吏、教員にも武器（帯剣）を携行させた。初期の朝鮮総督府の統治においてもっとも重要視されたのが、この憲兵警察制度だったのである。3・1運動以降の「文化政治」の時代となって、憲兵警察制度は形式的には廃止されるが、それにともなって警察制度はかえって強化され、中央の警務局と各道の警察部を中軸として、全国に254の警察署、2332の駐在所、事務官13名、警視71名、警部477名、警部補895名、巡査2万326名が配置された（1941年）。このほかに無数の警察補助機構が置かれ、総督府絶対統治の有力な手段として機能した。

寺内正毅暗殺未遂事件　安明根が朝鮮総督・寺内正毅の暗殺を企てたが未遂に終わった事件。1910年12月27日、安重根の従弟・安明根は、総督・寺内正毅の鴨緑江鉄橋竣工式出席を知り、平安北道宣川駅付近で待ち伏せ、暗殺を企てたが発覚し、逮捕された。日帝はこの事件を口実として一挙に民族運動の根絶をはかり、11年1月1日に新民会の尹致昊・李昇薫・李東輝ら民族運動の指導的人物600余名を一斉に検挙して、105人事件をでっちあげた。安明根は無期懲役を宣告されたが減刑され、10年で出獄して満州に亡命した。

105人事件　1911年、日本の官憲が総督・寺内正毅暗殺未遂事件を口実に民族運動指導者の一掃をはかり、暗殺共謀容疑をでっちあげ、新民会会員を一挙に逮捕拘留した事件。1910年、平安北道宣川で安明根による総督暗殺未遂事件が起こった。官憲は朝鮮の民族運動指導者の大々的弾圧の好機とみて、折からその勢力を拡大しつつあった新民会が安明根と共謀し、暗殺決行をそそのかしたとの容疑をでっちあげた。柳東説・尹致昊・梁起鐸・李昇薫・李東輝・金九ら新民会指導者・会員と民族主義的なキリスト教徒のあわせて600名余が検挙され、総督府警務総監・明石元二郎の指示で被検挙者は凄惨な拷問を加えられ（拷問死4名、拷問によって精神に異常をきたした者3名）、虚偽の自白を強要された。起訴された者は105名。1審では全員が有罪を宣告されたが上告し、2審では105名中99名が無罪釈放となり、尹致昊・梁起鐸・安泰国・李昇薫・林蚩正・玉観彬の6名が首謀者として4年の実刑判決を受け、服役した。この事件で新民会は大打撃を受け、自然消

安明根［アンミョングン］　?〜1920?　伊藤博文を射殺した義士・安重根の従弟。黄海道信川の人。幼い頃から安重根の感化を受け、李昇薫・金九らとも交流があった。「日韓併合」の後、武装闘争によって独立を勝ち取るべく、南満州での武官学校設立資金を調達中に黄海道で逮捕された。釈放後の1910年12月、朝鮮総督・寺内正毅が鴨緑江鉄橋竣工式に出席するとの情報を得、新義州・宣川駅で暗殺を企てたが発覚し、逮捕された。終身刑を宣告されて西大門刑務所で服役したが、のちに減刑され、10年で出獄。南満州に亡命して独立運動をつづけ、吉林省で病死したと伝えられている。

長谷川好道　1850〜1924。朝鮮総督府第2代総督(在任1916〜19)。日本の軍人。周防(現山口県)出身。大阪兵学寮を出て日清戦争に旅団長として従軍。功を立てて男爵に任ぜられ、つづいて日露戦争で陸軍大将に昇進し、子爵となった。乙巳条約(1905)締結の翌年に統監府が設置されると朝鮮駐箚軍司令官となり、統監代理も兼任したが、1906年3月、伊藤博文に初代統監の地位を譲った。12年に参謀総長となり、14年、元帥に昇進し伯爵となった。16年、寺内正毅のあとを襲って第2代朝鮮総督となり、再び朝鮮に着任。19年に3・1運動の責任を取って辞任するまで、徹底した武断政治を行った。3・1運動の鎮圧にあたっては徹底的な弾圧を命令し、多数の朝鮮民衆を虐殺した。在任中に朝鮮林野調査令・朝鮮殖産銀行令・朝鮮地税令などを公布して、植民地的搾取構造の基礎的な枠組みをつくり、また、親英王・李垠と日本の華族・梨本宮方子の結婚を強引に成立させ、同化政策を積極的に推進した。

会社令　「日韓併合」後の1910年12月、朝鮮民族資本の成長を抑制し、日本資本の導入を助ける目的で朝鮮総督府が公布した会社設立許可制を内容とする法令。「会社の設立にあたっては朝鮮総督の許可を受けなければならない」と定め、また朝鮮総督府は、会社が朝鮮総督が下す命令や許可条件に違反するか、あるいは公共の秩序や醇風美俗に反する行為を行った場合、ただちに事業の停止・禁止、支店の閉鎖、会社の解散を命ずることができるとした。この会社令は、朝鮮人による会社設立とその経営を抑制し、朝鮮産業ブルジョアジーの成長を抑圧するとともに、日本資本の朝鮮市場への流入を促進する役割を果たした。

土地調査事業　1910年から18年にかけて、朝鮮総督府が朝鮮での土地所有関係を確立するために実施した大規模な土地調査事業。朝鮮の土地制度は伝統的に公地が原則とされてきた。各官庁や官吏の私田も土地からの収租権だけが与えられたもので、耕作権は農民が確保していた。つまり、土地を売買し、あるいは土地を担保に借入をするというような近代的所有権は存在しなかった。植民地統治において土地が掌握できなければ支配の財源は確保できない。日本帝国主義にとって朝鮮での近代的土地所有関係を確立することは急務であった。

「併合」ののち、既存の土地調査局は朝鮮総督府臨時土地調査局へと改編され、12年には土地調査令が公布された。地形や地貌の測量調査や土地価格査定などが進められ、同時に不動産証明令の施行によって、土地私有権の法的保障がはかられた。この土地調査事業は18年にようやく一段落したが、その結果は、朝鮮農民の状況に大きな変化をもたらさずにおかなかった。数百万の農民が土地の耕作権を否定され、小作農

へと転落する者、山間地へ逃亡して火田民（原始的な焼畑農耕を行う農民）となる者、あるいは劣悪な労働環境の下で低賃金労働者となる者などが続出し、伝統的農村社会はほとんど解体された。一方では、朝鮮総督府は農民所有の民田や公田などを没収して、朝鮮全土の40パーセントを占める田畑や林野を所有する大地主となった。総督府はこの土地を日本資本の企業や日本人個人に無償もしくは低価格で払い下げた。国策会社である東洋拓殖株式会社は朝鮮最大の地主となり、ほかにも不二興業や片倉・東山・藤井などの日本人の大土地所有者が続々と出現することになった。日本人地主は、小作に転落した朝鮮農民を搾取した。

土地調査事業後の土地所有状況（単位は人）

年度	1町歩以下		100町歩以上	
	朝鮮人	日本人	朝鮮人	日本人
1921	2,282,936	26,318	426	490
1927	2,609,846	36,722	335	553

朝鮮殖産銀行 1918年10月、朝鮮殖産銀行令によって従来の農工銀行6行を統合し、設立された特殊銀行。設立当初の資本金は1000万円で、農工業者への資金貸付をその主要目的とした。東洋拓殖株式会社の実質的な子会社であり、共同でのちの産米増殖計画や日本資本の朝鮮侵略に大きな役割を果たした。設立時の頭取は三島太郎。60支店、行員1200名を擁したが、解放後は米軍政庁に接収された。大韓民国樹立後、韓国産業銀行が設立されると、殖産銀行はこれに吸収され、産業発展のための金融機関となった。

中枢院 [1]大韓帝国末期に議政府に属した官庁。歴史は古く高麗時代にさかのぼる。李朝末期には中枢府と称し、無任の堂上官（正三品以上）を待命させる機関だったが、1894年に中枢院と改称し、翌年、事務章程を作って内閣の諮問機関に定めた。
[2]日帝時代の朝鮮総督府の諮問機関。「日韓併合」の功により日本政府から爵位を授けられた者や、親日派の有力政治家に対して名誉職として中枢院入りを勧め、顧問や参議に任じた。議長には総督府の政務総監が就任し、副議長1名、顧問15名、参議20名、副参議35名、書記官長1名、書記官2名、通訳官・所属専任各3名を置いた。3・1運動の後は顧問・参議・副参議制とし、65名を定員とした。1915年以降の中枢院では、朝鮮の旧慣習と制度に関する調査研究と各種の歴史的資料の発行が行われ、のちの学術研究に貴重な資料を残した。

シベリア開拓民 大韓帝国末期、咸鏡道一帯の農民は食うや食わずの困窮に耐えかねて続々と国境を越え、シベリアに入って開拓民となった。シベリアへの朝鮮人開拓民の移住は19世紀半ばからはじまる。1863年、咸鏡道の農民（崔雲実・梁応範らの名が今も伝えられている）は、シベリアに移住して新生活を切り開くことを決意した。彼らは言語や生活様式の相違と苛酷な自然に耐えて営々と土地を開拓し、69年には、凶作に打ちひしがれた故郷の農民35世帯を招いて、みずから切り開いた土地を提供した。70年には96世帯、71年には70世帯415名が入植。数年後にはモスクワに留学生を送ることができるほどに発展した。ことにウラジオストックでの開拓は成功した。74年に25名が移住してわら葺き小屋5軒を建てたが、1年たらずで大きな集落へと発展し、新韓村と命名され、洋式建築の学校や教会も建設された。75年には安炳国・金東三らによって羅鮮村が、80年には金錫雨・金正連によって南石洞が開かれ、その活発な移住と開拓の進展ぶりはめざましいもの

があった。こうした開拓事業の活発化には、84年6月のロシアとの慶興開拓条約の締結が大きな力となった。この条約によって朝鮮民衆のシベリア入植が自由化されたのである。1919年の3・1運動の時点では、シベリアで生活する朝鮮人開拓民はすでに50万名に達し、抗日独立運動の重要な根拠地ともなった。また1910年代後半には、ロシア革命の影響もあって共産主義の勢力が強まり、シベリアは植民地朝鮮への共産主義流入の起点の1つとなった。

沿海州 シベリア東南端の地域。現在はロシア領である。日本海(東海)に面し、黒龍江とウスリー川に囲まれ、総面積は16万5900平方キロ。沿海地方とも呼ばれ、ロシア名ではプリモルスキーと呼ばれる。古来から粛慎族・靺鞨族・女真族が住みつき、中国領とされていたが、1858年の愛琿条約で清とロシアの共同管理地となり、60年の北京条約でロシア領に編入された。ロシアはただちに沿海州南端に軍港ウラジオストックを建設し、極東での軍事と貿易の根拠地とした。また、この沿海州は、大韓帝国末期から朝鮮人抗日運動家の一大亡命地となり、多数の独立の志士がこの地に移住して抗日独立闘争を継続した。1910年、沿海州の朝鮮人住民は独立軍の結成を決議。17年には金立・尹海・文昌範らが双城(黒龍江省西南)で在シベリア朝鮮人を網羅した全露韓族会中央総会を組織し、18年には李東輝・金立らによってハバロフスクで韓人社会党が結成された。のちに全露韓族会中央総会は大韓国民会へと改編され、19年3月17日の独立宣言書宣布につづき、同月21日には孫秉熙を大統領として臨時政府の樹立を宣言した(露領臨時政府)。韓人社会党も19年4月に本部をウラジオストックに移し、高麗社会党とその名称を改めた。この

ように沿海州は、満州の北間島とともに抗日武装独立闘争の根拠地として、解放の時まで朝鮮人独立運動家の活動舞台となった。

勧業会 1912年、ロシア領沿海州において、李鍾徳を中心とした亡命抗日運動家が、開拓村での産業開発推進と住民啓蒙を目的として組織した愛国団体。ロシア当局の許可を得て、ウラジオストックの新韓村で創立された。7支部を置き、『海潮新聞』を発刊して、在シベリア朝鮮人開拓民の権益保護・識字教育の徹底・自主独立思想の鼓吹などに力を注ぎ、同時に産業育成にもその努力を傾けた。

耕学社 1910年に満州で組織された最初の独立団体。「日韓併合」前後の朝鮮では、独立運動家は日本官憲のきびしい監視と弾圧の下に置かれていた。そこで李始栄・李東寧・李相龍ら新民会の指導者は、満州遼寧省柳河県に私財を投じて自治団体を組織し、耕学社と命名した。初代代表には李相龍が就任し、あわせて新興講習所(のちの新興学校、新興武官学校)を設立して、国境を越えて満州にやってきた愛国的青年たちの学術練磨と軍事訓練の場とした。こうして、彼ら愛国青年をのちの独立軍指導者とするための教育を施すとともに、農業を奨励して居住民の経済的安定をはかった。翌11年には、中国人居住民との軋轢と資金の不足によって解体を余儀なくされたが、この耕学社の経験は、のちの扶民会や韓族会へと継承された。

重光団 1911年に満州で組織された独立運動団体。満州に亡命中の徐一らが、豆満江を越えて脱出してくる義兵を組織し、初期の満州地域抗日武装独立闘争の中心軸とした。団長には徐一が選ばれ、本部は吉林

省汪清県に置かれた。結成当初は満足な武器もなく、軍事活動もままならぬ状態で、もっぱら愛国的青年の民族精神鼓吹を行った。18年末には3・1独立宣言に先だち、柳東説・金佐鎮・徐一ら39名が署名して独立宣言書を発表した（戊午独立宣言）。3・1運動の後は満州東北地域（北間島地方）に住む大倧教徒を結集して正義団を組織し、日本軍に対する武装闘争の準備をととのえ、19年8月には金佐鎮を迎えて、本格的な軍事組織を編成。12月には北路軍政署と改称し、本格的な抗日武装闘争を開始した。

徐一［ソイル］　1881～1921。独立運動家。咸鏡北道慶源の人。1911年、満州の間島にわたって明東中学校を設立。さらに豆満江を越えてきた義兵を組織して重光団を結成し、その団長に就任した。18年には呂準・柳東説・金佐鎮らとともに「大韓独立宣言書」を発表して（戊午独立宣言）、独立運動の狼煙を上げた。19年、正義団を組織。新聞を発刊して独立思想の鼓吹に努めた。同年8月には金佐鎮を迎えて、北間島に住む大倧教徒を結集し、北路軍政署を組織して総裁となった。北路軍政署の総司令官には金佐鎮、参謀長には李章寧、師団長には金奎植、錬成隊長に李範奭がそれぞれ就任し、本部は吉林省汪清県に置かれた。20年10月には、青山里の戦闘で日本軍を撃破。のちに戦線を統一するために、大韓独立軍団を組織して総裁となった。21年8月、土匪（馬賊）の襲撃を受けて、大韓独立軍団の兵多数がその犠牲となった。徐一は指導者としての責任を痛感して、その翌日に居住地の裏山に入り、大倧教主への遺言を唱えてから自決した。彼は早くから大倧教に入信して施教師となり、多くの信徒の尊崇を集めていた。『五大宗旨講演』や『真理説』などの著述もある。

光復団　[1]1913年、慶尚北道豊基で組織された独立運動団体。蔡済中・柳璋烈・韓薫・姜炳洙らによって秘密結社「大韓光復団」が組織され、植民地解放運動（光復運動）を展開した。15年に大邱から朴尚鎮・梁済安・禹在龍らが加わって名称を「光復会」と改め、翌16年に盧伯麟・金佐鎮・申賢大らが参加し、「光復団」と称した。親日派の暗殺を目的として軍事資金を蓄え、前慶尚道観察使（知事）で悪質な親日派富豪でもあった張承遠、忠清南道牙山の親日派・朴容夏らの暗殺に成功した。会員数は約200名と推測されるが、組織の実態は厳重に秘匿された。18年1月に会員・李鍾国が天安警察署にひそかに通じ、その内実が暴露されて朴尚鎮ら37名が逮捕されたが、逮捕を免れた会員の一部は国境を越えて満州に渡った。朝鮮内部に残った会員は韓薫を中心として、3・1運動ののちに組織を再建し、活動を継続した。20年に米国議員団が朝鮮に来訪した際、満州の光復団はときの朝鮮総督・斎藤実の暗殺を計画。金相玉・金東淳ら20名を超える会員を朝鮮内部に潜行させたが、事前に発覚し、計画は成就しなかった（光復団事件）。
[2]1920年に満州で組織された抗日武装独立団体。金星極・洪斗植らによって満州東部安図県で100名の正規軍と150名の独立戦士（農民ゲリラ部隊）で組織され、日本軍に対してゲリラ闘争を挑んだ。また、しばしば鴨緑江や豆満江を越えて官公庁舎を破壊し、日本人警察官を襲撃するなどの武装闘争を繰り返した。平安南道においては光復団分団長・李承国以下、金明植・徐奉根・呉雲興ら、咸鏡南道では光誠隊員・金誠允、そして咸鏡北道では鄭世万らの活動が知られている。

大韓国民会　1910年2月1日に安昌浩・

李承晩らを中心に組織された在米朝鮮人の独立運動団体。サンフランシスコに中央総会が置かれ、その下部組織である地方総会および地方会は、ハワイ・メキシコ・ロシア領チタ・ウラジオストック・満州東北部のハルビン・間島などでも結成された。代議員制がとられ、各地から選出された代表によって運営され、また監察機関も置かれた。初代会長は安昌浩、第2代会長には尹炳九が就任。会員は約4000名で会の運営資金はもっぱら会員の寄付にたより、また、上海で19年に設立された大韓民国臨時政府支持を表明して、以後、毎年2000〜3000ドルを臨時政府に送金した。19年2月25日の臨時総会で、独立運動の実務いっさいを専門に行う臨時委員会が設置され、委員長に李承晩、副委員長に鄭翰景を選出。委員会は米大統領ウィルソンに独立請願書を提出して、世界各国が朝鮮の独立を承認し、それを保障することを要求した。その結果、米上院において朝鮮独立問題が討議された。また同年9月には、同会が募金要請を行い、在米朝鮮人のほとんど全員がそれに応えて、集まった30万ドルを大韓民国臨時政府に送った。

興士団 1913年5月13日、安昌浩によって創立された民族革命修養団体。1908年に国内で結成された青年学友会の精神を継承して、ロサンゼルス在住の留学生を中心に組織された。民族復興のための実力養成を急務とし、徳育・体育・知育の三育、自力主義・養力主義・大力主義の三大原則、実務・忠義・勇敢・力行の四精神の獲得をめざした。19年、上海に大韓民国臨時政府が樹立されると、安昌浩は内務総長となって上海に渡り、興士団極東臨時委員部を設立した。委員は孫貞道・車利錫・朱耀翰・李圭端らだった。彼らは10年の安岳事件（安明根が独立運動のための資金工作を行い、それに協力したという名目で黄海道一帯の愛国者が弾圧された事件）や、翌11年の105人事件に連座して投獄された人々である。興士団団員はのちの3・1運動に参加し、また37年6月の修養同友会事件にも連座して投獄されるなど、一貫して独立運動を担い、26年には月刊誌『東光』を創刊し（33年40号まで継続）、国民の啓蒙と教育に献身した。解放後もその活動は継続され、49年には本部をソウルに移し、1961年の5・16軍事クーデターまでは韓国の有力な民族的社会団体として、文化教養セミナー「金曜講座」の開催や、雑誌『暁（セビョク）』の刊行を通じて社会教育に尽力、国民意識と民族精神を喚起しつづけた。現在は解放後の一時期ほどの勢いはないが、団員数およそ6000名（2005年現在）を擁し、実際の活動家は団員の半数ほどといわれている。本部は1977年以降、ソウル市東崇洞（大学路）にある。

安昌浩 ［アン チャンホ］

1936年

1878〜1938。独立運動家。号は島山。平安南道江西の人。日清戦争前の祖国の状況をみて民族の運命に目覚め、95年にソウルに上って救世学堂に入学し、キリスト教徒（新教＝プロテスタント）となる。97年、独

立協会に加入。平壌支部設置のための万人共同会を快哉亭で開き演説をしたが、18歳の安昌浩の言葉は聴衆に深い感動を与えたという。98年にはソウルで李商在・尹致昊・李承晩らとともに万民共同会を開催、独立運動を継続した。

1900年、米国に渡って西欧文明を学ぶ。滞米中に乙巳保護条約の締結を知って、1906年に帰国。李甲・梁起鐸・申采浩らとともに秘密結社新民会を組織。自強運動を推進した。平壌の大成学校、定州の五山学校設立に力を尽くし、ソウルでは『大韓毎日申報』で志を述べ、平壌と大邱で大極書館を設立するなど、教育・文化・産業の多方面で活躍した。11年、105人事件の嫌疑が及ぶと米国に亡命。13年、ロサンゼルスで民族革命のための修養団体・興士団を組織した。のちに上海に渡り、大韓民国臨時政府の内務総長、労働総弁(長)などを務めた。一方では、興士団極東臨時委員部を組織。臨時政府の基礎固めと、民族啓蒙を主な方法とする独立運動に倦むことなく献身した。32年、尹奉吉による上海虹口公園での天皇暗殺未遂事件に連座して逮捕され、朝鮮に送還されて大田監獄で3年間の獄中生活を送った。仮出所が許された37年6月、修養同友会事件でふたたび逮捕され、翌38年、獄中で病を得て保釈。治療に専念したが、同年3月10日に世を去った。安昌浩は、朝鮮独立のためには「民族改造」が必須の課題であり、愛国啓蒙運動によって国民を教育・覚醒させなければ独立はならないとした。たゆまぬ実践を基本に置いた安昌浩の精神は、今も興士団運動によって韓国民衆に大きな影響を与えている。

扶民団 1912年、李相龍らが中心となって満州で組織した抗日独立運動団体。本拠地は遼寧柳河県に置かれ、組織は中央・地方・区・牌の4段階で構成された。また、中央(部)には庶務・法務・検務・常務・財務の5つの部署を設置し、僑胞(当地の朝鮮人)の自治活動と独立根拠地の確保を担った。1919年5月、西路軍政署が発足すると、韓族会へ統合され発展的解消をとげた。

2・8独立宣言 1919年2月8日、日本留学中の朝鮮人男女学生が、朝鮮青年独立団の名のもとに、独立要求の宣言書と民族大会招集請願書を発表した事件。崔八鏞・尹昌錫・金度演・李琮根・李光洙・宋継伯・金喆寿・崔謹愚・白寛洙・金尚徳・徐椿らが代表として名を連ねた。米大統領ウィルソンが提唱した民族自決の原則に鼓舞された彼らは、2月8日、東京神田の朝鮮YMCA会館で朝鮮留学生大会を開催し、600名余の学生を集めた。代表・崔八鏞が壇上で李光洙執筆の宣言文と決議文を朗読し、満場一致で可決された。つづいて大日本帝国議会に請願書提出をはかったが日本官憲の妨害によって果たせなかった。「2・8独立宣言書」は、「朝鮮青年独立団はわが2000万の朝鮮民族を代表して、正義と自由の勝利した世界万国の前で、われわれの独立を期成せんことを宣言する」とその決意を述べたあと、①日韓併合が朝鮮民族の意思に反していること、②日本は朝鮮独立を承認すべきこと、③世界改造の主人公であり、また、日本による朝鮮の「保護」と「合併」を率先して承認した米国と英国は、その罪を償う義務があること、などを宣言し、また、日本と世界各国がこの朝鮮民族自決の要求に応じなければ、朝鮮民族はみずからの生存のために独自行動をとり、独立を達成することを表明した。

この宣言書につづく4項からなる「決議文」の内容は以下のとおりである。①本団

(朝鮮青年独立団)は、日韓併合がわが民族の自由意思によって行われたものではないばかりか、わが民族の生存と発展を脅かし、東洋の平和を揺るがす原因となるからこそ、独立を主張する。②本団は、大日本帝国議会と政府に対し、朝鮮民族大会を招集し、その大会の決議によって、わが民族がみずからの運命を決する機会を与えることを要求する。③本団は、万国平和会議(パリ講和会議)における民族自決主義の原則をわが民族にも適用することを請求する。この目的を達成するために、日本に駐在する各国大使および公使が本団の意思を本国政府に伝達するよう依頼し、同時に委員3名を万国平和会議に派遣する。この委員はすでに派遣されたわが民族の委員と共同行動をとる。④以上の要求が拒絶された場合には、わが民族は日本に対し永続的な闘争を宣言する。これによって発生する惨禍については、わが民族がその責を負うものではない。日本官憲は、この2・8独立宣言発表の場で指導者30名余を逮捕し、崔八鏞・金度演・白寬洙・尹昌錫・宋継伯・徐椿・金尚徳・李琯根らの9名は傍聴人を締め出した裁判にかけられた。出版法違反の判決が下って、第1審は崔八鏞と徐椿に懲役1年、その他には9ヵ月から3ヵ月の禁固刑が宣告された。この2・8独立宣言はただちに朝鮮内部の民族指導者や学生の知るところとなり、3・1運動の起爆となり、引き金を引く役割を果たすことになった。

2. 3・1運動と大韓民国臨時政府の成立

3・1運動 1919年3月1日、植民地支配下の朝鮮で全民族が起ち上がった独立運動。己未独立運動、3・1独立運動、3・1民族解放運動とも呼ぶ。また日本では「万歳事件」と呼ぶことがある。

[背景] 日本は「日韓併合」前後に、その朝鮮侵略に抵抗する義兵の武装闘争と愛国啓蒙運動に対して狂暴な弾圧を加え、「併合」ののちは武断統治を敷いた。朝鮮民族固有文化の抹殺がはかられ、経済的収奪はますます強化され、全朝鮮民族の生存は深刻な脅威にさらされた。李朝後期から成長をはじめた朝鮮の民族資本は会社令(1910)によって大きな打撃を受け、また、朝鮮農民は土地調査事業(1910〜18)によって先祖伝来の土地を奪われて貧農や小作農へと転落し、ごく一部の地主層を除けば絶対的困窮の状況へと追いやられた。農地を奪われ、都市に流入して低賃金重労働に就かざるをえなくなった農民の多くは、日本人労働者の半分にも満たない賃金と長時間労働、非道な待遇や民族差別などの劣悪な環境下の生活を余儀なくされた。このように1910年以来の植民地統治によって、朝鮮の資本家・農民・労働者などのすべての社会階層は植民地統治の惨苦を身をもって味わわされ、その突破口を求め、彼らの政治的社会的意識はいやがうえにも高まった。18年に米大統領ウィルソンは、第1次大戦の戦後処理のための14ヵ条の平和原則を発表した。この平和原則において提唱された民族自決主義は、植民地統治下で呻吟する朝鮮の民衆に大きな希望を与え、まず、知識人

や宗教者が率先して抗日独立の狼煙を上げ、またたくまに全民族が起ち上がって、「併合」以来最大の運動が展開された。

[経過]天道教・キリスト教・仏教の指導的人物が結集し、天道教教主の孫秉熙を代表とした民族代表33人は、旧大韓帝国皇帝・高宗の因山(国王の国葬)が3月3日に決まると、この機会をとらえて独立運動の促進を決意した。彼らは3月1日正午を期して、ソウル市内のパゴダ公園で独立宣言書を読み上げ、のちにソウル市内でビラを撒きながらデモを行うことを計画。また、各地方での組織づくりも怠らず、あらかじめ印刷した独立宣言書を送付し、決行日時やデモの方法など、運動の足並みを揃えるための準備を行った。独立宣言書と日本政府への通告文、また、米大統領とパリ講和会議の代表に送るための意見書は崔南善が起草し、印刷作業とその費用は天道教が引き受けた。2月27日夜、普成印刷所で2万1000枚の独立宣言書が印刷され、ひそかに全国主要都市に配布された。孫秉熙をはじめとする33名の民族代表は、3月1日午後2時、予定を変更してソウル市仁寺洞の泰和館に集まり、韓龍雲が独立宣言書の朗読を終えて万歳三唱を行うと、みずから日本官憲に通告し、率先して逮捕された。一方、パゴダ公園では5000人を超える学生が集結していた。鄭在鎔がパゴダ公園内の八角亭上で独立宣言書を朗読し、万歳を叫んだのちに学生はデモに入った。学生のデモに続々と市民が加わって、デモ隊は数万人に膨れ上がり、市内は高揚した市民が叫ぶ「万歳」の声で沸き返った。

ソウルでの決起はたちまち全国に広がった。午後6時、鎮南浦・宣川・安州・義州・元山・咸興・大邱でデモが繰り広げられ、翌日には全国津々浦々で「独立万歳」の叫びとデモが展開された。ソウルでは連日のデモが行われた。3日の国葬の日だけは鎮静化したが、4日以降、市街は民衆のデモで埋めつくされた。学校は休校となり、商店は店を閉め、労働者はストライキに入った。公務員も仕事が終われば運動に積極

ソウルのパゴダ公園にある日本軍と闘っているレリーフ

的に参加した。朝鮮総督府は軍隊と警察を大々的に動員してデモ隊に対峙した。非暴力に徹し、身に寸鉄も帯びていないデモ隊を圧倒的武力で打ち砕き、各地で多数の民衆が虐殺され、重傷を負わされ、投獄された。堤岩里・定州・孟山・江西・大邱・密陽・陝川など、朝鮮全土では住民の集団虐殺が行われ、柳寛順拷問のような事態が各地で発生した。運動鎮圧後は、民族代表33名をはじめ指導者と目された47名に対し、内乱罪が適用された。

[結果と意義] 3月1日以降に朝鮮全土を蔽った運動の状況をまとめておく。1542回の集会が行われ、203万3098名が参加し、7509名が死亡、1万5961名が負傷した。検挙者数は4万6948名、焼失した建物は教会47棟、学校2校、民家715棟に上った（日本側発表）。このように、文字通り全民族が起ち上がった3・1運動は、その過程で日本官憲の流血の弾圧によって多数の貴重な人命が失われ、ついに目的は達成されることなく終息した。しかし、民族の独立精神はこの運動によって世界に示されるところとなり、朝鮮の近代的民族主義運動の出発点となったのである。日本帝国主義は運動の再発を恐れ、より狡猾な統治体制を求めて「武断統治」に終止符を打ち、「文化政治」を開始した。また、運動の直接的な結実として上海に大韓民国臨時政府が樹立され、満州シベリア地域では抗日武装独立軍が続々と結成された。また、アジアの植民地や半植民地の民族解放運動にも大きな影響を及ぼし、中国での5・4運動、インドの反英非暴力運動である第1次サティヤグラハ運動、エジプトの反英自主運動、トルコの民族運動などに大きな励ましを与え、その活性化に貢献したのである。

3・1独立宣言書 1919年3月1日、天道教・キリスト教・仏教の宗教者からなる民族代表33人が署名し、朝鮮の独立を内外に宣言した文書。崔南善が起草し、「宣言書」と「公約三書」からなる。19年2月初頭から崔麟・宋鎮禹・玄相允・崔南善らが協議を重ね、崔南善が草案作成をみずから申し出て起草した。宣言書の骨子は、天道教教主・孫秉熙が立てた大原則によった。すなわち①平和的で穏健、かつ理性的に、②東洋平和のためにも朝鮮の独立が必要であることを訴え、③民族自決と自主独立の伝統精神を基礎に正義と人道に立脚した運動精神を拠りどころとするものであった。崔南

善はほぼ3週間後に宣言書を完成した。崔麟はただちに孫秉熙らの同意を得て、2月27日夕刻に2万1000枚の「独立宣言書」を印刷。ソウル市耕雲洞の天道教本部に搬入し、28日朝から全国配布の手筈を整えた。3月1日、この「独立宣言書」はソウルをはじめ全国の主要都市でいっせいに配付された。同日早朝、民族代表33名はソウル市仁寺洞の泰和館に集まり、午後2時に宣言式を開いた。韓龍雲が壇上で宣言書を朗読したのち、代表たちは「大韓独立万歳」を三唱、祝杯を上げ、日本官憲にみずから連絡し、検挙された。同日同時刻に、隣接するパゴダ公園では、5000名を超える学生・市民が集結し、鄭在鎔によってこの宣言書が朗読された。

民族代表33人 3・1運動の発端となった「独立宣言書」に署名した33名の民族代表。1919年2月初頭、独立宣言の発表と配布を意図した天道教徒の権東鎮・呉世昌・崔麟らは、教主・孫秉熙の承認を得た。つづいて宋鎮禹・玄相允・崔麟・崔南善らがその具体化を検討した。当初は天道教徒代表・キリスト教徒代表・旧大韓帝国の遺臣らの署名のもとに独立宣言を行い、「独立理由書」を各国に送付するよう手順を取り決めた。しかし、旧大韓帝国政府閣僚については、宋鎮禹と崔南善が訪ねて説得したがはかばかしい成果が得られず、彼らを民族代表から除外せざるをえなかった。一方、キリスト教徒には李昇薫が、天道教徒に対しては崔麟がそれぞれ説得にあたり、多くの同志を得た。仏教徒からも韓龍雲・白龍城らが加わり、最終的にはキリスト教徒代表として16名、天道教徒代表として15名、仏教徒代表として2名の計33名が「独立宣言書」に署名し、総代表には孫秉熙が推戴された。33名の民族代表の姓名は以下である。

孫秉熙	吉善宙	李弼柱	白龍城	金完圭
金秉祚	金昌俊	権東鎮	権秉悳	羅龍煥
羅仁協	梁甸伯	梁漢黙	劉如大	李甲成
李明龍	李昇薫	李鍾勲	李鍾一	林礼煥
朴準承	朴熙道	朴東完	申洪植	申錫九
呉世昌	呉華英	鄭春洙	崔聖模	崔麟
韓龍雲	洪秉箕	洪基兆		

崔南善 [チェ ナムソン]

1955年

1890～1957。啓蒙家・文学者・歴史学者。ソウル出身。幼い頃から漢学を学び、1904年、皇室留学生として東京府立第一中学に留学後、早稲田大学高等師範部に入学したが、同盟休校で中退し、李光洙ら留学生と交際しながら西欧の文学作品を耽読した。帰国後、1908年、新文館を創設し、『大韓歴史』『大韓地誌』などを出版。雑誌『少年』を発行した。『少年』は新しい形式の自由詩と、李光洙の小説などを掲載。朝鮮の近代文学開拓の先駆者となった。他に『新星』『青春』などの雑誌も発行した。3・1運動時、「独立宣言文」を起草し逮捕され、2年10ヵ月間、投獄された。出獄後には雑誌『東明』を発行し、朝鮮史の研究に没頭した。しかし、自治運動を提唱し、日帝と妥協しはじめ、25年には総督府御用団体の朝鮮史編修会編修委員となり、植民地主義歴史学による韓国史の歪曲に賛同した。中

枢院参議に就任。関東軍が満州に設立した建国大学で4年間教鞭を執った。43年12月には、在日留学生に対する学徒兵志願勧告講演のため、李光洙・金枓洙・李聖根らと東京に派遣された。こうした一連の親日行為により、解放後、反民族行為者として反民族行為特別調査委員会に逮捕された。しかし、すぐ釈放され、『韓国歴史大事典』執筆中、病死した。著書に『朝鮮歴史』『朝鮮常識』『古事通』『朝鮮遊覧歌』などがある。

崔麟［チェイン］　1878～1958。3・1運動の民族代表33人の1人。咸鏡南道咸興の人。1904年、皇室留学生として東京府立第一中学校に入学。日本留学生会を組織し、会長となった。1909年、明治大学法科を卒業し帰国。天道教に入信した。19年、3・1運動時、民族代表の1人として独立宣言書に署名、逮捕され、懲役3年を宣告された。出獄後、天道教の教勢拡張に力を注いだが、のちには親日派へと変節し、中枢院参議、『毎日新報』社長、臨戦報国団団長を歴任した。解放後、反民族行為特別調査委員会によって一時逮捕、拘束されたが、朝鮮戦争時、北に連行され、1958年12月に没した。

朴煕道［パクヒド］　1889～1951。3・1運動時の民族代表33人の一人。黄海道海州の人。平壌崇実専門学校、ソウル監理教（メソジスト）神学校を卒業し、中央保育学校、永信学校などを設立し、のちに普成学校校長となる。1919年、YMCA幹事のとき、キリスト教代表として独立宣言書に署名して逮捕され、2年刑を宣告された。出獄後、新生活社を設立し、『信仰生活』の主筆となったが、ふたたび逮捕され、2年余服役した。のちに親日派へと変節し、39年、純日本語雑誌『東洋之光』を創刊。印貞植・金龍済・金漢経らを起用して、「日本語常用」と「皇道文学」の普及に積極的に貢献した。解放後、反民族行為特別調査委員会によって親日派として逮捕されたが、すぐに釈放された。

韓龍雲［ハンヨンウン］

1940年頃

1879～1944。詩人、独立運動家。忠清南道洪城出身。号は卍海（萬海）。幼い頃から漢学を学び、18歳で東学に身を投じた。東学農民戦争敗北後の96年に江原道雪岳山五歳庵に入り、05年に得度する。同年に日本に渡り、3年の間、日本で新文物を視察して帰国。「日韓併合」ののちは祖国の運命を座視することに耐えられず、中国に亡命。満州、シベリア各地を放浪した。13年に帰国し、仏教学園で教鞭をとる。18年、月刊誌『唯心』を発刊。3・1運動時には民族代表33人の1人となり、「独立宣言書」に署名し、逮捕されて懲役3年を宣告され服役。26年には朝鮮近代文学史上の記念碑的作品とされる詩集『ニムの沈黙』を発表した。27年には新幹会に加入し、中央執行委員と京城支部長を兼任した。35年、長編小説『国風』を『朝鮮日報』に連載。37年には仏教徒による抗日団体「卍党」事件に連座。指導者と目されて検挙された。その後も仏教革新運動と著述活動を継続し、44年5月9

日、ソウルの城北区にあった尋牛荘で病死した。そのほかの代表作は長編小説に『薄命』『後悔』、理論的著作には『仏教維新論』『仏教大典』『十玄談註解』『仏教と高麗の諸王』などがある。

柳寛順 [ユグァンスン]

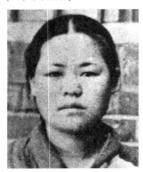
1919年

1904〜1920。3・1運動で獄死した独立運動参加者。忠清南道天安の人。1918年、公州教会の女性宣教師の推薦で梨花学堂（梨花女子大学の前身）に入学。翌年、3・1運動が起こると学友とともに街頭に出て運動に参加した。学堂が官憲によって強制的に休校とされると、ただちに故郷に帰り、天安・燕岐・清州・鎮川などの教会や学校をめぐってデモを指導し、3・1運動の継続をはかった。同年4月2日、並川の定期市に集まった3000名を超える群衆に太極旗を配り、デモの先頭に立って指揮をとった。このとき日本の憲兵隊が発砲し、負傷して逮捕された。この発砲で彼女の父母は射殺され、自宅も放火され炎上した。柳寛順は公州検事局に移送されたが、そこで同じく運動の渦中で逮捕された兄の柳寛玉に会った。裁判で懲役3年の刑を宣告されて上告し、ソウルの法廷で審理中に日本人検事に椅子を投げつけ、法廷侮辱罪に問われて7年の刑を宣告された。西大門監獄服役中も節を曲げず、「独立万歳」を叫びながら同志を激励したが、拷問で衰弱した体に余病を併発し、16歳で獄死した。

2014年、高校の韓国史教科書8種のうち4種に柳寛順の扱いがなく、これを採用しているのが全体の60パーセントになっている（小・中学校の教科書にはくわしく載っている）。これに対して、左派偏向的であるという指摘をはじめ論争が起こり社会問題となった。

堤岩里虐殺事件　3・1運動弾圧のため、日本軍が京畿道水原の堤岩里で引き起こした住民の集団虐殺事件。1919年4月15日、日本陸軍中尉・有田俊夫が率いる一隊は、堤岩里の教会のなかに運動に参加したキリスト教徒らを閉じ込め、集中砲火を浴びせかけた。このとき、一婦人が教会の窓から子供を差し出し、この子の命だけは助けてほしいと哀願したが、日本軍はためらわず子供を刺殺した。一斉射撃ののちは教会に火を放ち、生き残った人々もすべて焼き殺した。こうして無辜の良民28名が虐殺されたが、日本軍はさらに近隣の采岩里へと進み、民家31戸に放火、39名を虐殺した。日本軍の蛮行を聞いたアメリカ人宣教師スコピルトは現場に急行。その虐殺の光景を写真に撮影し、「水原での日本軍の残虐行為に関する報告書」を作成、米国に送付して世界の世論に訴えた。1982年、韓国文化公報部は堤岩里虐殺現場の発掘調査を行っている。

江西虐殺事件　3・1運動時に平安南道江西で起こった日本軍による虐殺事件。1919年3月2日、江西の沐川教会信徒数百名が万歳デモを行い、6名が日本の憲兵に逮捕された。翌日、近隣の大同郡院場教会の教徒を中心とする2000名以上のデモ隊が大々

的に万歳デモを繰り広げ、逮捕者の釈放を要求した。日本軍憲兵と憲兵補助員3名は不安を感じ、拘束されていた尹寛道・玄景黙ら6名を刺殺、さらに24名に重傷を負わせた。憤激した群衆はこの日本軍憲兵と補助員数名を殺害。闘争は拡大して43名の民衆が射殺され、50名余が重軽傷を負った。こののちも同地域で2度にわたって日本軍による虐殺が起こり、女性や幼児まで刺殺するという蛮行が行われた。

砂川虐殺事件 3・1運動のさなかに、平安南道砂川で日本憲兵が万歳デモを行った民衆を虐殺した事件。1919年3月6日、同地域牧師の韓礼憲、天道教教区長の李鎮植・崔承沢・金炳疇らが指導者となって繰り広げられた万歳デモに対し、日本軍憲兵が無差別射撃を加え、73名が虐殺された。デモ隊は死体を踏み越えてデモを強行し、憲兵駐在所を全焼させ、憲兵2名を射殺した。

密陽虐殺事件 3・1運動弾圧にあたった日本軍が、慶尚南道密陽郡で万歳デモに参加した民衆を虐殺した事件。密陽では1万3000名を超える民衆が3・1運動に参加し、万歳デモを繰り広げた。デモ鎮圧に出動した日本軍は唯一の村の入り口を封鎖したうえで無差別射撃を加え、老人や女性を含む150名以上の村民を虐殺した。

孟山虐殺事件 3・1運動時に日本軍憲兵がキリスト教徒を集団虐殺した事件。1919年3月上旬、日本軍憲兵が平安南道孟山でキリスト教徒指導者たちを逮捕し、憲兵分遣所で拷問を加えた。同地域のキリスト教徒が分遣所前に結集して指導者の釈放を要求すると、憲兵は分遣所内に民衆を引き入れたのち、扉を閉じて銃撃を加えた。この事件で60余名が虐殺された。

陝川虐殺事件 3・1運動時、日本の警察が慶尚南道陝川郡内の各所でデモ群衆を虐殺した事件。①1919年3月18日、江陽面（面は郡内の町村に相当する行政区）の市場に集まった群衆を日本の警察が鉄棒と銃剣で攻撃し、3名が殺害され、数十名が負傷した。②3月19日、大井面のデモ群衆は、古県市の市場に集まり、独立宣言書を朗読し、万歳を叫びながらデモ行進を行った。日本の警察の攻撃で多くの人々が虐殺され、5名が逮捕された。③3月12日、上栢・柏山・佳会・三嘉など4面の群衆3万名以上が集まり独立宣言書を朗読し、平和的デモをすることを官憲に通告した。すると、日本の警察はデモ群衆に銃を向け、42名を虐殺し、100名以上に重傷を負わせた。④3月12日、草溪面で儒林、学生ら8000名以上が万歳運動を叫んで日本の警察に5名が殺害され、数十名が重傷を負った。

定州虐殺事件 1919年3月、3・1運動時、デモに決起した平安北道定州郡民を日本の官憲が虐殺した事件。定州郡民は、市場の立つ3月31日に万歳運動を決行することとして準備を進めていたところ、デモ計画が日本の警察に知れ、指導者たちが逮捕された。これに刺激を受けた5000名以上の郡民たちが万歳デモ運動を繰り広げた。当惑した日本警察は軍隊を動員し、デモ群衆に銃撃を加え、120名以上を殺害した後、抗日運動の本拠地と目された五山学校をはじめ、キリスト教や天道教の教会に放火し、李昇薫・李明龍・趙衡均ら指導者の自宅を破壊する蛮行を行った。

南原虐殺事件 3・1運動時、日本憲兵が全羅北道南原のデモ群衆を虐殺した事件。

南原郡徳果面長・李㷟器は1919年4月3日、日本の植樹日を期して万歳運動を起こすことに決定し、郡内19面の面長に独立万歳を叫ぶことを提案した。面長たちはこれに積極的に呼応し、いっせいに面長職を辞退し、数万の面民を動員し、独立運動を起こした。日本憲兵はデモ群衆を鎮圧するために応援隊を呼び入れ、平和的デモを繰り広げる群衆に向かって無差別な銃撃を加えて11名を殺害し、数十名を負傷させた。

独立嘆願書事件　1919年3月、金昌淑らがパリで開かれた講和会議宛に「独立嘆願書」を送り、それが日本官憲に発覚して多数の獄死者を出した事件。3・1運動が起こると、全朝鮮の儒林を代表し、郭鍾錫・金福漢ら137名が独立をアピールする儒林団の嘆願書を作成。郭鍾錫が上海を経由してパリの万国平和会議に郵送した。この事実が日本官憲に発覚し、郭鍾錫をはじめ多数の儒林代表が逮捕され、一部は国外に亡命した。その後、郭鍾錫・金福漢らは獄死し、その他の人士多数も日本官憲の手にかかって処刑、あるいは拷問死した。

大韓民国臨時政府（臨政）　3・1運動後、祖国光復（解放）のために、臨時に上海で組織・宣布（設立宣言）された政府。「上海臨時政府」または「臨時政府」ともいう。3・1運動直後、日本の統治に組織的に抵抗するための組織の必要性を感じた独立運動家たちが上海に集結し、4月11日、臨時政府を組織した。フランス租界地に機関本部を設け、臨時議政院を構成した。ここで各道代表人約30名が集まり、大韓民国臨時憲章10ヵ条を採択、発表。つづいて4月17日、臨時政府を組織して官制を発表し、臨時政府の樹立をみた。当時の閣僚は、臨時議政院議長・李東寧、国務総理・李承晩、内務総長・安昌浩、外務総長・申圭植、法務総長・李始栄、財務総長・崔在亨、軍部総長・李東輝、交通総長・文昌範らであった。同年6月11日、臨時憲法（前文と8項65条）を制定・公布し、臨時憲法によって李承晩を臨時大統領に選出し、内閣を編成したが、財政的困難と思想的分裂が活動の大きな障害となった。

20年10月、中華民国国民党総理・孫文の広東護法政府に、当時の国務総理兼外務総長・申圭植を代表として特派し、臨時政府の承認、韓国留学生の中国軍官学校での教育、租借地、韓国独立軍の養成、500万元の借款など5ヵ条の外交交渉に成功した。26年9月には議政院で臨時大統領制を廃止し、国務領制を採択。同年12月、金九が国務領に就任し、32年1月、李奉昌の天皇暗殺未遂事件、同年4月、尹奉吉の虹口公園事件を指導するなど、強力な抗日武装闘争を展開した。32年5月、臨時政府は日帝の弾圧を避けて中国浙江省杭州に、37年には広西省鎮江に移り、蒋介石と協力して抗日戦を繰り広げた。40年9月、四川省重慶で武装部隊「抗日軍」を組織。41年11月には「建国綱領3章」を発表し、光復軍を強化した。41年12月9日、対日宣戦布告。44年には金九を主席に選出し、米軍とともに光復軍の国内進攻作戦を準備中に、解放を迎えた。45年11月29日、臨時政府幹部たちは、米軍政庁の臨時政府非承認により、一介の個人の資格で入国、さらに国内の混乱で臨時政府の内閣と政策は継承されなかった。

大韓民国臨時憲章　1919年4月11日に公布された大韓民国臨時政府の最初の憲法。4月11日と12日の2日にわたり、上海のフランス租界で申翼熙・趙素昻ら各地方出身の代表者約30名が参加する中で、第1次大韓民国臨時議政院会議を開催。議長に李東

臨時政府の要人たち　最前列中央の金九、右隣が李始栄、その後に趙素昂らが見える。重慶にて（1945年頃）

寧、副議長に孫貞道らが選出された。ここで国号は大韓民国と可決され、国務院選挙につづき、全文10条の臨時憲章を審議、通過させた。臨時憲章宣布文（前文）は、「人民一致、中外（国内外）協応、漢城（ソウル）で義を起こして以来、30日間に平和的独立を300余州に宣言し、国民の審議によって完全に組織された臨時政府は自主独立の誇りを永遠に我が子孫黎民（人民）に代々伝えるために、臨時議政院の決議として臨時憲章を宣布する」とした。臨時憲章10条の全文は次のとおりである。

第1条、大韓民国は民主共和制とする。第2条、大韓民国は臨時政府が臨時議政院の決議により、これを統治する。第3条、大韓民国の人民は、男女、貧富および階級の隔てなくすべて平等とする。第4条、大韓民国の人民は宗教・言論・著作・出版・結社・集会・住所移転・身体および所有の自由を共有する。第5条、大韓民国の人民で、公民の資格のあるものは選挙権と被選挙権がある。第6条、大韓民国の人民は、教育、納税および兵役の義務がある。第7条、大韓民国は人民の意思により、建国の

精神を世界に発揮し、ひいては人類の文化および平和に貢献するため、国際連盟に加入する。第8条、大韓民国は旧大韓帝国皇室を優待する。第9条、生命刑（死刑）・身体刑（笞刑＝鞭打ちなど、受刑者の体に直接物理的力を加えるもの）および公娼制を全廃する。第10条、臨時政府は国土回復後、満1年以内に国会を召集する。

連通制　上海の大韓民国臨時政府が国内外の独立運動を指揮、監督するために設置した秘密連絡網。1919年4月10日、内務総長・安昌浩の発議に従い、臨時政府の国務院令第1号として実施された連通制は内務総長管轄のもとにソウルに総弁、各道に督弁、郡と府には郡監と府長、面には面監を置くよう組織し、間島地方には督弁府が設置され、主に臨時政府および海外独立運動状況の国内伝達と国内での独立資金募集および反日活動の指揮などのための行政連絡機構として使用された。臨時政府は国内外同胞の20歳以上の男女から1人当たり1円ずつ人口税を徴収し、独立公債を発行することを決定。連通制を通してこれを実施した。しかし、日本の徹底した監視体制に妨害されて、慶尚道・忠清南道と済州島では組織されず、その他の地域でも面単位まで組織されることはなかった。臨時政府の宣伝・通信・連絡・資金募集などに大きく寄与したが、21年、日本の警察に発覚し、全面的に潰されてしまった。

韓族会　1919年4月、満州で組織された独立運動団体。3・1運動以降、満州南部に散在していた朝鮮人移住民を基盤とした各独立運動団体に統合の機運が生まれ、扶民団を中心にして柳河・通化・興京・集（輯）安・桓仁などの各県指導者が集まって、柳河県三源堡において結成された。扶民団の制度と事業の拡充に努め、中央に総長、各地方に総監を設置した。機関紙『韓族新報』を発行。財政基盤は移住民の寄金にたよった。結成当初は中央総長に李沰、総務部長に金東三、法務部長に李震山、学務部長に尹琦燮、財務部長に安東源らが就いた。のちに日本軍の越境攻撃が激化すると満州東部に移動し、ほかの独立運動団体とともに光復軍司令部に統合された。

欧米委員部　1919年、上海の大韓民国臨時政府大統領・李承晩が、欧米への外交活動展開を目的として米国ワシントンに設置した外交事務所。19年9月、李承晩は臨時政府大統領に選任されると、ただちに徐載弼の外交通信部と対ヨーロッパ外交活動を行っていた駐パリ委員部を統合し、欧米委員部を設置した。設立当初はウィルソン米大統領や国務省から無視あるいは冷眼視されたが、英文月刊誌『コリア・レビュー』の発行などで日本の朝鮮侵略の不当性を訴え、また朝鮮民族の立場をねばりづよく米国国民と政府にアピールし、その関心を呼び起こすのに一定の役割を果たした。しかし、具体的な成果には乏しく、米国をはじめとする欧米列強の臨時政府承認を獲得することはできなかった。

新韓青年党　1919年に青年独立運動家によって上海で組織された団体。徐丙浩・呂運亨・金九・鮮于赫・李光洙・韓鎮教・韓元昌・金順愛・安定根・趙東佑らが中心となり、団員は約50名を数えた。海外での独立運動団体の先駆けであり、機関誌『新韓青年報』を刊行して海外同胞の独立精神を鼓吹。また、独立宣言書を米大統領ウィルソンに送り、パリ講和会議に金奎植を派遣するなどの活動を行った。

漢城政府 3・1運動直後、仁川万国公園で、国民大会の名前で組織、宣布（設立宣言）された。1919年4月23日、国民大会13道代表者24名が「国民大会趣旨書」を発表し、「臨時政府宣布文」を当時、日本の同盟通信を通して国内外に知らせた。共和制を採択した漢城政府は、執政官総裁に李承晩、国務総理に李東輝をそれぞれ推戴し、政府組織を7府1局とした。李承晩は国内の13道代表者の名前で組織された漢城政府が露領臨時政府や当時の上海の臨時政府よりも正統性を持つといって執政官総裁としてワシントンに事務室を開設した。その後、3つの臨時政府の統合協議で、漢城政府の正統性が認められ、上海で李承晩を中心とする大韓民国臨時政府を樹立するという原則が合意され、上海で臨時政府が成立された。

露領臨時政府（大韓国民議会） 1919年2月、ソ連領ウラジオストックで樹立された朝鮮の臨時政府。ウラジオストックの朝鮮人社会を基礎に、すでに設立されていた朝鮮族中央総会が大韓国民議会に改編され、政府の形態を備えたものである。共和制を採択したが、大統領に孫秉熙、副大統領に朴泳孝、国務総理に李承晩を挙げ、この地域の民族運動の中心人物である李東輝を軍務総長に選出した。政府が構成されたが僑胞社会を直接統治しないものとして認識され、立法機関としては国民議会が構成された。後日、上海の大韓民国臨時政府に統合された。

青年外交団 1919年6月、延秉昊・宋世浩・李秉徹らが組織した抗日独立運動団体。独立精神の鼓吹と大韓民国臨時政府支持、日本の侵略行為糾弾を外交努力によって継続し、民族独立を達成することを目的として、愛国的青年により結成された。会員は40名余。本部はソウルに置かれ、初代総裁には安在鴻が就任。臨時政府に建議書を送り、また資金援助を行った。19年8月29日の国恥日（「日韓併合」公布の日）を期して、「国恥記念警告文」（外交時報）を印刷配付するなど、啓蒙に努めた。また、臨時政府の要請によって「独立運動参加団体調査表」「被害義士調査表」「家屋破壊調査表」などを調査作成した。組織強化と拡大をはかって「倍達青年団」（倍達は朝鮮、韓国の異称）と改称したが、同年11月に日本官憲によって多数の会員が逮捕され、解体を余儀なくされた。

血誠団愛国婦人会 3・1運動直後に組織された女性による独立運動団体。1919年4月、黄海道載寧の明進女学校教師・呉玄観が首唱し、呉玄洲・李貞淑らが賛同してソウルで組織された。各地に支部を置いて義捐金を募集し、3・1運動で投獄された独立運動家に差し入れを行い、また、彼らの家族の生活を助けた。同年5月、大朝鮮独立愛国婦人会と統合して、大韓愛国婦人会（総裁・呉玄観）へと発展。独立運動基金を募集するなどの広範な活動を行ったが、のちに会員の多数が日本官憲に逮捕され、自然消滅した。

大韓愛国婦人会 1919年11月、平壌で組織された女性による独立運動団体。19年6月、平壌の長老教会教徒である韓永信と、同じく平壌の監理教会（メソジスト）教徒である朴昇一・李誠実・孫真実・崔信徳らは、各教徒を結集してそれぞれ婦人会を組織し、同志の糾合・募金・抗日思想の鼓吹などの活動を行った。同年11月上旬、両婦人会の代表各6名が会談し、両婦人会の統合を決定して、名称を大韓愛国婦人会とし

た。本部を平壌に置き、各地に支部を設けて独立運動を展開した。20年には2400円の募金を２度に分けて大韓民国臨時政府に送金したが、この事実を知った日本官憲によって、金瑪利亜ら婦人会指導者数十名が逮捕され（大韓愛国婦人会事件）、強制的に解体させられた。

金瑪利亜［キム マリア］　1891～1945。独立運動家。黄海道松禾の人。キリスト教に入信し、ソウルの貞信女学校を卒業後は母校の教壇に立った。ほどなく日本に渡って目白女学院大学部英文科（日本女子大学の前身）に入学した。19年に３・１運動が起こると卒業を目前にして帰国。黄愛施徳とともに各地を回り、独立思想鼓吹に努めたが逮捕され、西大門監獄に投獄された。７月に出獄し、大韓愛国婦人会会長となった。20年、大韓民国臨時政府に2400円の募金を送ったことが日本官憲に発覚し、ふたたび逮捕されて懲役３年の刑を受けた。病気で保釈され、21年に上海に脱出。臨時政府で黄海道代議士となり、また、上海愛国婦人会を指導し、南京の金陵大学に学籍を置いた。23年に渡米。パーク大学文学部社会学科を卒業し、32年に帰国。元山マルタウィルソン神学院教師を務め、45年に病没した。

李会栄［イ フェヨン］　1866～1932。独立運動家。戦後、韓国初代副大統領となった李始栄の兄。1908年、長薫学校を設立し、安昌浩・李東寧らとともに青年学友会を組織。実務と力行を行動綱領とし、独立運動に力を注いだ。10年、大倧教に入信し、その年12月、満州遼寧省の柳河県三元堡に亡命。新興武官学校を設立した。のちに満州の各地やウラジオストックを経て、北京、上海などの地を渡り歩いて独立運動に身を投じ、21年、申采浩とともに無政府主義運動を繰り広げ、分裂していた臨時政府の統合のために調停役を引き受けた。32年、満州の同志と連絡するために上海から満州へ向かう途中、大連で日本の警察に捕えられ、苛酷な拷問を受けて死亡。遺骨は大連市外の共同墓地にある申采浩の墓の側に埋葬された。

李始栄［イ シヨン］

1952年当時

1868～1953。独立運動家、政治家。91年、科挙文科に及第。同副承旨、平安道観察使（知事）、高等法院判事などを歴任し、10年、「日韓併合」となるや、６人兄弟の家族50名以上を率いて満州に亡命。私財を投げうって新興武官学校を設立。独立軍養成に力を注いだ。19年４月、上海で大韓民国臨時政府が樹立されると、法務・財務総長を歴任し、29年には韓国独立団の結成に参加。初代の監察委員長に選ばれた。33年、臨時政府の職制改正時、国務委員兼法務委員となり、独立運動に尽力したが、46年帰国。大韓独立促成国民会委員長となった。48年、大韓民国政府が樹立されると、初代副大統領に当選したが、李承晩大統領の反民族的政治に反対し、51年副大統領を辞任、53年４月17日、避難地の釜山で老衰のため世を去った。

李東寧 [イ ドンニン]

1938年頃

1869〜1940。独立運動家。忠清南道天安の人。1892年、進士試験に合格したが、1905年、乙巳条約が締結されると北間島に渡り、李相卨・呂準らと龍井で瑞甸義塾を設立。朝鮮人子弟の教育に力を注いだが、1907年、財政難のために閉校して帰国し、のちに安昌浩・金九らとともに新民会を組織し、10年、南満州に新興講習所(新興武官学校)を設立。初代所長として独立軍養成と僑胞の教育に力を尽くした。13年に大倧教に入信し、ウラジオストックで勧業会を組織。僑胞たちの民族協同精神を高め、19年、上海の大韓民国臨時政府議政院議長・内務総長を歴任した後、24年、国務総理、27年、国務委員主席を兼ねた。32年、李奉昌・尹奉吉らの相次ぐ実力行使を契機に、日本警察の検挙旋風が上海を揺り動かすと、中国甘粛省嘉興に身を隠し、35年、金九らと韓国国民党を組織、党首となった。37年、日中戦争がはじまると、臨時政府の外郭団体として韓国光復陣線の結成に参加し、抗日戦に身を投じた。翌年、中華民国政府が重慶に移ると、臨時政府を率いて長沙に行ったが、四川省で病死。臨時政府国葬が行われた。

梁起鐸 [ヤン ギテク]

1871〜1938。独立運

1937年当時

動家、言論人。平壌の人。幼い頃から文章に秀で、長じて父とともにカナダの宣教師ゲール(朝鮮名、奇一)の『朝英辞典』編纂を助けた。1904年、英国人ベッセル(朝鮮名、裵説)と英字新聞『コリア・タイムズ』を発刊し、翌年に国漢文(ハングル漢字混交)新聞『大韓毎日申報』を創刊。主筆に就任して抗日思想を鼓吹した。1907年、安昌浩らと新民会を組織、民族運動に力を注ぎ、「日韓併合」後には金九・李東寧らとともに満州に新興武官学校を設置。独立運動に献身していたが、1911年、105人事件に連座して4年間服役した。20年、『東亜日報』顧問に就任し、21年、米国の国会議員団が朝鮮を訪問したとき、独立陳情書を提出して投獄され、仮出獄後は満州に脱出。義成団を結成したのにつづき、呉東振・金東三らと正義府を組織。独立運動団体の統合に力を注いだ。この頃、化興中学校・華成義塾・東明義塾を建て、革命幹部養成に力を注ぐ一方、雑誌『戦友』『大東民報』を発刊。在満学校の啓蒙に尽力した。26年高麗革命党を結成、委員長となる。30年、上海の大韓民国臨時政府国務領に推戴されたが辞退。独立運動に力を注いだが江蘇省で病死した。

盧伯麟 [ノ ベンニン]

1875〜1926。独立運

動家。黄海道豊川の人。日本の慶応義塾普通科を経て陸軍士官学校を卒業し、帰国。正領(佐官級)に任命され、官立武官学校の教育局長・校長などを歴任した。1907年、安昌浩らと新民会を組織し、国権回復のために努力した。この年、軍隊が解散されると、故郷に帰って、鉱山経営や皮革商などを営んだが、14年ハワイに渡り、朴容万らと国民軍団を創設し軍事訓練を実施。3・1運動後、上海に行き、大韓民国臨時政府軍務総長に就任した。20年、カリフォルニアに行き、在米同胞の飛行士養成所を設立、飛行士を養成した。その後、ウラジオストックに行き、抗日運動に従事したが、上海で病死した。

申圭植 [シン ギュシㇰ]

1921年当時

1879〜1922。独立運動家。忠清北道清州の人。官立漢語学校で学び、陸軍軍務学校を出て副尉となった。1905年乙巳条約に死をもって抗おうとして服毒したが失敗し、右目を失明した。大韓自強会、大韓協会に加入して活躍し、1909年、大倧教に入信して教団活動を行った。

11年に中国に亡命。孫文の辛亥革命に加わった。中国国民党要人たちと韓中連合団体である親亜同済社を結成し、15年、朴殷植と大同報国団を組織。雑誌『震檀』を発刊した。19年、上海で大韓民国臨時政府が樹立されると議政院副議長に選出され、法務総長を経て21年、国務総理兼外務総長に就いた。同年、新生中華民国大使として広東に赴任。孫文と協議して臨時政府の承認を受け、中国の北伐誓詞式にも参加した。22年、臨時政府に内紛が生じ、祖国の将来を案じて25日間断食を続け、命を絶った。上海万国公墓に埋葬された。著書に『韓国魂』『我目泪』がある。

大同団 1920年2月、全協・崔益煥らによってソウルで組織された独立運動団体。全協と崔益煥はもと一進会会員で、貴族・官僚・儒者・学生・僧侶・女性・裸負商(行商人)などの各層から数万名の人々を組織して、大同団を結成した。独自に印刷機を購入してひそかに機関紙『大同新聞』を印刷配付し、運動を継続した。結成後の大同団は、前法務大臣・金嘉鎮を顧問とし、旧大韓帝国の王族・義親王を国外に脱出させ、大韓民国臨時政府の象徴として、抗日運動の健在を世界にアピールする計画を立てた。団員の金嘉鎮が上海に先発、つづいて11月には義親王が一般民衆の普段着姿に変装して脱出して上海に向かったが、奉天省(現在の遼寧省)の安東で日本官憲に逮捕された(大同団事件)。この事件で多数の大同団団員が投獄され、全協は懲役10年、崔益煥は5年の刑を宣告された。日本はこの大同団事件に義親王が深く関与していたことに大きな衝撃を受けた。

義親王 [ウィチンワン] 1877〜1955。大韓帝国末期の皇族(王族)で、諱(諡号)は堈。高宗の第3子。純宗の異腹弟。1891年、義和君に封じられ、94年、報招聘大使となって日本に渡り、日清戦争勝利を祝した。翌年、6ヵ国特派大使となって英国・ドイツ・

フランス・ロシア・イタリア・オーストリアを歴訪。99年に米国に留学した。この年に義親王に封じられ、帰国後は陸軍副将、赤十字総裁などを歴任した。20年に大同団の崔益煥らと密議し、大韓民国臨時政府の要職就任を計画。一般民衆の普段着姿で国外脱出をはかったが、奉天省(現在の遼寧省)安東で日本官憲に捕らえられ、ソウルに送還された。その後は、たび重なる朝鮮総督府による日本渡航の勧めを拒絶し、抗日の姿勢を貫いた。解放後は目立った活動はなく、さびしく没した。

3．帝国主義列強の対立

中華民国 1911年、辛亥革命で清朝が滅びた後に建国された。孫文が臨時大総統に就任したが、袁世凱はその成果を奪い取り、以後約20年間、同国は軍閥の支配下に入った。孫文は中国統一に志をおき、広東を根拠地として国民党と共産党の協力を推進。1924年1月、第1次国共合作に成功した。彼の死後、後継者となった蒋介石が北伐を開始。揚子江流域まで進出した。蒋介石はここで国共合作を破棄し、共産党を弾圧する一方、米英の応援を得て北伐をつづけて推進し、北京を陥落させ、南京に国民政府を建てた。共産党はこれに対し、安全地帯を求め、およそ1万2000キロに達する「大長征」の後、延安へ至った。しかし日本の中国大陸侵略により、37年、国民党政府は南京から追われ、湖北省武漢を経て、38年には四川省重慶に移った。日本は37年、「中華民国臨時政府」(北京)・「中華民国維持政府」(南京)などの傀儡政府を建てた。1937年9月、蒋介石の国民党政府と共産党は第2次国共合作を結び、日本軍に対抗した。40年3月、日本は国民党の長老で、対日妥協派の汪兆銘を主席とする傀儡政権「国民政府」を成立させたが、影響力を持たなかった。日本の降伏後、46年7月以降、国民党と共産党は全面的な内戦を展開。国民党政府が敗れ台湾に追われた。勝利を収めた共産党は49年、北京を首都にし、中華人民共和国を建国した。

蒋介石 1887〜1975。中国の政治家。1906年、保定軍官学校に入学したが、翌年、日本の陸軍士官学校に留学。11年、辛亥革

命に参加し、主に軍事分野で活動した。24年黄埔軍官学校校長、26年国民革命軍総指令に就任。北伐を開始。27年国共合作を破って上海クーデターを起こし、中国共産党を弾圧。28年北京を占領した。南京に国民党政府を建て、主席と陸海空軍総指令を兼ね、30年から5回にわたる大規模な共産党包囲戦を繰り広げた。満州事変後、日本の侵攻に対しては、内政安定を優先させる方針を立て、国内統一を推進したが、36年の西安事件を経て翌年国共合作に応じ、全面的な抗日戦を開始した。日本の降伏後、中国共産党との内戦を再開、49年12月敗北し、台湾へ根拠地を移した。米国との提携を強化しながら中華民国総統、国民党総裁として中華民国を支配した。著書に『蒋総統言論遺集編』がある。

中国共産党（中共） 1921年、上海で結成された中国の共産主義政党。成立時にはコミンテルンの指導を受け、陳独秀を指導者として、主に都市労働者を中心に支持層を形成した。49年10月1日に北京で中華人民共和国建国を宣言するまでに、中共は4段階の革命戦争を経たとしている。①第1次国内革命戦争（1919〜27、第1次国共合作）、②第2次国内革命戦争（27〜36、瑞金ソビエト政権時代）、③抗日戦争（37〜45、第2次国共合作）、④第3次国内革命戦争（46〜49、国共内戦）がそれである。24年1月、第1次国共合作が実現し、26年には国民党とともに北伐を開始したが、27年4月、蒋介石の上海クーデターで多くの犠牲者を出し、勢力は弱体化した。27〜34年にかけて極左的なレジスタンス路線をとったが、ふたたび大打撃を受ける。31年、広西省瑞金でソビエト政権を樹立したが、蒋介石の大規模な包囲攻撃を受け、脱出。「長征」に出た。長征途中の35年1月、貴州省遵義での大会で毛沢東が権力を握り、中国陝西省北部までのおよそ1万2000キロの「長征」を成功させた。さらに同省延安に革命根拠地を建設。1937年9月、第2次国共合作に成功し、再起の機会をつかんだ。抗日戦を勝利に導いた直後の46年、ふたたび国民党との内戦を開始し、国民党勢力を台湾に駆逐して勝利を収め、49年北京で政権を樹立するに至った。

毛沢東 1893〜1976。中国の政治家。湖南省湘潭県の中農出身。1911年、辛亥革命が起こると革命軍に入隊し、18年、省立第一師範学校を卒業した。21年、上海での中国共産党創立に、湖南省代表として参加。24年、第1次国共合作時、国民党中央宣伝部書記として活躍したが、27年、合作が決裂した後、湖南で秋収暴動を指揮して失敗。井崗山に入り、朱徳の軍隊と合流した。瑞金ソビエト（解放区）に対する国民党軍の大規模な包囲攻勢を逃れるため、34年10月、陝西省北部に至るおよそ1万2000キロの「長征」を敢行。さらに同省延安の革命根拠地建設を指揮した。途中、35年1月に貴州省遵義の会議で党の指導権を握った。36年の西安事件を経て、37年9月には第2次国共合作を成功させ、紅軍を国民革命第八路軍に改編。抗日民族統一戦線を樹立し、抗日戦を勝利に導いた。46年7月以降、国共内戦を展開。蒋介石の国民党勢力を台湾に追いやって、大陸を席巻。43年、党中央委員会、中央政治局、中央書記処の各主席に就任。さらに45年には中央軍事委員会主席にも就任。以後、死ぬまで党中央委員会主席の地位にあった。49年、共産党政権を打ち立て、人民政府主席に就任した。54年には初代国家主席となり、58年「大躍進」「人民公社」「総路線」など、いわゆる三面紅旗運動を展開したが失敗。59年に国家主

席を事実上辞任した。66年、文化大革命を発動、権力奪取に成功して独裁を確立。1976年の死まで、最高指導者として中国に君臨した。著書に『湖南省農民運動視察報告』『実践論』『矛盾論』などがある。

日本ファシズム　天皇制を再編成しつつファシズムを展開した日本のファシズム体制。第1次世界大戦後、日本の経済は急成長したが、その成長は紡績工業・軍事工業に偏ったもので、典型的な不均衡構造を呈していた。こうした日本経済に世界恐慌は大きな打撃を与え、労働者・農民の窮乏はますます深刻化し、既存政党の腐敗、社会主義運動の拡大、中国革命の進展などにより、国内の不安はいっそう高まった。そこに軍部を中心にしたファシスト勢力が勢いを伸ばし、天皇を中心とする国家改造によって「非常時局」の危機を打開しようとする運動が全国に拡大した。これらの「革新」勢力によって満州事変が引き起こされ、中国侵略が本格化された。1932年の5・15事件、36年の2・26事件では青年将校による政府要人暗殺が引き起こされ、これを契機に政党政治否定の動きが激化して軍部・官僚内の「革新」勢力の指導権が確立され、日本ファシズムは権力を掌握した。日本ファシズムの特徴は天皇制ファシズム、すなわち封建主義と軍国主義が奇妙に合体した形態にある。国内外に対して天皇への信仰と忠誠を押しつけ、国民の意識と生活を画一化し、日本民族の優越性を強調しつつ、大東亜共栄圏建設のための戦争を美化した。日本ファシズム思想においては、神格化された天皇こそ国家の本質＝「国体」であるとされた。議会は天皇の権威をかつぐ軍部・官僚に従属し、40年の全政党解散、大政翼賛会成立に至って、有名無実化した。日本ファシズムはドイツ・イタリアのファシズムと同盟を結び、第2次世界大戦を引き起こした。

ファシズム　20世紀に起こった全体主義運動、あるいはその思想体系などを指す言葉。「結束」を意味するイタリア語「ファッショ」から派生した。1921年、イタリアのムッソリーニがファシスト党を結成、発展させて以来、このような傾向を指す一般的な用語として使用された。第2次世界大戦を起こしたドイツ・イタリア・日本の全体主義がファシズムの典型である。29年、米国ではじまった世界恐慌を克服するために、先進資本主義諸国とは異なって、植民地市場がほとんどなく、国内市場も狭小な後発資本主義諸国は、全体主義・軍国主義の道を選んだ。彼らは外国資本を排撃して既存の市場を確保するとともに、景気変動の影響が少ない軍需物資生産に主力を置いた。さらに、軍事力強化を通して植民地体制の再編を図った。イタリアのファシズム、ドイツのナチズム、日本の天皇制ファシズムはすべてこのような傾向を代表した。ファシズムが成立する形態は、国によって違うが、権力獲得には大まかにいって国民の自主的集団を解体し、巧妙な大衆操作を通して全国民を画一的組織に再編し、同時に共産主義者・ユダヤ人・仮想敵国など、憎悪の対象を設定し、国民の不満を集中させる点で同一の経路を踏む。また自民族の優越性を強調し、支配の正当性、戦争賛美などのイデオロギーによって国民の支持を得ようとすることなどが特徴である。

柳条湖事件　1931年9月18日、日本軍が柳条湖の満州鉄道を爆破（新聞の誤報によって日本では柳条溝事件と呼ばれてきたが、爆破地点は柳条湖である）、満州事変の発端となった事件。中国人の抗日運動が

満州に波及するのを憂慮し、日本の戦時体制の構築を企み、満州占領を計画していた関東軍参謀・板垣征四郎、石原莞爾らが仕組んだ侵略陰謀である。彼らは9月18日夜、奉天近郊の柳条湖で、南満州鉄道を爆破した後、それを中国軍の仕業と主張し、独断的に全面的な軍事行動を開始。翌日には奉天を占領し、満州事変を起こした。日本の内閣はこれを既成の事実として認め、その後、日本は本格的なファシズム体制へと転換した。

満州事変 1931年9月18日、柳条湖事件からはじまった日本の満州侵略戦争。奉天軍閥の巨頭・張作霖爆殺事件以後、息子の張学良が国民党と手を結び、日本に抵抗する態度を見せる一方、ソ連が安定した経済発展を遂げていくと、これに刺激を受けた日本の軍部と右翼勢力のなかで、満州を植民地化し、使用資源と軍需物資の供給地としなければならないという動きが活発化した。関東軍参謀・板垣征四郎を中心に満州侵略計画を謀議した彼らは、奉天郊外の柳条湖で南満州鉄道をみずから爆破し、これを中国側の仕業として言い掛かりをつけ、鉄道保護を口実に軍事活動を展開した。関東軍は電撃的な軍事作戦により、満州全域を侵略、32年3月1日、傀儡国家・満州国を打ち立て、実質的な支配権を獲得した。中国は国際連盟に日本の侵略行為を訴えた。国際連盟は調査団を派遣、事実調査ののち日本軍の撤収を勧告したが、日本はこれを拒否、33年3月、国際連盟を脱退した。以後、日本は本格的なファシズム体制へと進み、日中戦争から太平洋戦争へと破局の道を歩んだ。

満州国 1932年、日本が満州に建てた傀儡国家。日本は31年、満州事変を起こし、満州一帯を侵略した後、32年3月1日、満州国を建て、清の最後の皇帝溥儀を執政の地位に座らせた。同年9月、日満議定書を締結し、満州国を正式に承認した。しかし、国際連盟がこれを否認すると、日本は33年連盟を脱退した。満州国を承認した国家は、ドイツ、イタリアなどごく一部にすぎなかった。34年から帝政を施行し、溥儀を皇帝に推戴して年号を康徳としたが、満州国の政治・経済的実権はすべて関東軍司令部が握っており、皇帝と官吏たちは操り人形にすぎなかった。満州国の成立は、満州での朝鮮独立運動に大きな打撃を与えた。関東軍の背後操縦を受けた日本の浪人たちと、親日派中国人たちが各地で朝鮮人部落で略奪・放火・殺戮を働き、満州国軍を動員して独立軍を攻撃した。しかし、45年、ソ連軍の参戦で、関東軍が殲滅されると、満州国も一挙に崩れ去った。

西安事件 1936年12月12日、張学良の率いる東北軍が蒋介石を監禁し、「内戦停止」と「挙国一致の抗日」を要求した事件。「西安事変」ともいう。当時、張学良の東北軍は紅軍（共産軍）攻撃のため、陝西省西安に駐屯中だったが、共産党の抗日統一戦線結成のアピールを支持。事実上は停戦状態にあった。これに蒋介石は共産軍討伐を督促する目的で西安に入ると、西安では蒋介石の軍事行動に反対する青年たちのデモが起こり、張学良は12月12日、蒋介石を監禁し、「内戦停止」と「一致抗日」を要求した。この事件は、国内外に大きな反響を呼び起こし、共産党側の周恩来、国民党側の宋子文が調停に立ち、蒋介石も内戦停止に同意して12月25日に釈放され、第2次国共合作が成立した。しかし、張学良は軍法会議にかけられ、10年の禁固刑を宣告された。

張学良 1901〜2001。中国の軍人。奉天軍閥の首領・張作霖の息子。1928年、父が関東軍によって爆殺された後、蒋介石の国民党政府と手を結び、満州一帯で抗日運動に立った。36年12月、視察に来た蒋介石を監禁し、「内戦停止」「一致抗日」を要求した西安事件を起こし、第2次国共合作の契機をつくった。しかし、その後は軍法会議ですべての公職を剥奪され、10年の禁固刑に処された。中国共産党が大陸を席巻すると台湾に押送され、国民党政府によって1990年まで軟禁状態にあった。2001年10月、ハワイで没した。

盧溝橋事件 1937年、日中両軍が盧溝橋で衝突し、日中戦争の発端となった事件。盧溝橋は北京南西郊外にある永定河を横切る橋「盧溝橋」外辺の小都市で、宛平県城とも呼ばれ、宋哲元が指揮する中国軍が駐屯していた。37年7月7日、北京郊外豊台に駐屯していた日本軍が盧溝橋付近で夜間演習中に数発の銃声が聞こえ、兵士1名が行方不明となった。事実はその兵士は用便中であり、20分後に隊列に復帰したが、日本軍は中国軍側からの銃撃を受けたという理由で、主力部隊を出動させ、翌日未明、盧溝橋付近の堤防を占領した。7月11日、両軍は中国側の譲歩により現地で協定を結び、事件はいったん解決したように見えたが、華北侵略を企んでいた日本は関東軍に加えて日本から3個師団の増派を強行し、7月28日、北京、天津に対して総攻撃を開始した。こうして盧溝橋事件は全面戦争に拡大し、日中戦争に突入した。この事件を契機に国民党と中国共産党は第2次国共合作を行い、中国全土に抗日気運が高まった。

日中戦争 1937年、日本の侵略により起こった日中両国間の戦争。日本政府は41年まではこの戦争を「支那事変」と呼び、太平洋戦争開始後は、「大東亜戦争」の一部であるとした。37年7月7日、北京郊外盧溝橋で日本軍が軍事行動を開始したことではじまった。日本は宣戦布告もせず軍を展開し、北京・天津に侵攻、つづいて国民政府の首都南京を陥落させ、推定およそ20万名の市民・捕虜を殺戮（「南京大虐殺事件」）、武漢・広東・山西に至る主要都市の大部分を占領した。中国は、蒋介石が共産党の抗日民族統一戦線結成のアピールを受け入れ、第2次国共合作が成立、日本に正面から立ち向かった。日本軍はこの戦争で、中国側から三光作戦（「殺光・搶光・焼光」＝殺し尽くし、奪い尽くし、焼き尽くすの意）と呼ばれた尽滅・治安作戦など、多数の残虐行為を行い、推定およそ1000万名の中国人を虐殺した。同時に汪兆銘ら親日派政治家を前面に立て、40年3月、南京に傀儡政権「国民政府」を樹立した。しかし、中国側は強靭な抗日の意志を持って抵抗、戦争が長期化すると、日本は突破口を求めて41年に太平洋戦争を起こした。こうして日中戦争は第2次世界大戦の一部として拡大した。45年8月15日、日本がポツダム宣言受諾を発表し、中国に侵入していた日本軍は国民党政府に降伏した。

世界恐慌 1929年、米国ニューヨーク株式市場の株価の大暴落からはじまり、資本主義国家全体に波及した世界的な経済恐慌。33年末まで約4年間つづき、資本主義全体の工業生産力約44パーセント、貿易約60パーセントが低下し、企業破産数十万件、数千万名の失業者が発生した。工業生産のみならず、農業と金融部門への打撃も大きく、農産物の価格暴落、各国の金本位制停止などの事態がつづいて起こった。この危機を

克服するために、米国はニュー・ディール政策を導入し、英国・フランスは植民地市場に依存するブロック経済圏を形成した。しかし、これら先進資本主義国家とは異なり、植民地も多くなく、国内市場も小さい日本・ドイツ・イタリアは軍国主義への道を歩んだ。すなわち、軍需物資生産に主力を置き、軍事力を強化し植民地を確保・拡大することによって危機を打開しようとした。イタリアのファシズム、ドイツのナチズム、日本の天皇制ファシズムはまさにこのような背景から登場した。植民地を囲んだ経済ブロック圏と軍国主義圏に別れた資本主義諸国家間の対立は、やがて第2次世界大戦を引き起こした。

恐慌 信用取引の崩壊と、これに関連した商品販売の不況、再生産の収縮と、大量失業などの事態を生む資本主義経済特有の現象。恐慌の基本的原因は、資本主義体制自体が持っている矛盾、すなわち生産の社会的性格と所有の私的形態の不整合による。個別産業資本はそれぞれの私的利益の追求のために相互に競争しながら生産の拡大を進めるが、これは最終的には社会全体の商品と設備の過剰をもたらし、利潤の縮小をもたらす。これが、商品交換をはじめとする社会的諸関係を通じて有機的に結合した全経済部門に波及し、全社会的な不況を引き起こす。この矛盾が爆発するのが恐慌で、しばしば資本主義体制全体を動揺させ、破綻に追いやるほどの危機的なものである。一般に10年を周期として繰り返されるといわれる。とくに1929年の世界恐慌は最大規模で、全世界に大きな影響を及ぼし、第2次世界大戦勃発の原因となった。

第2次世界大戦 日本・ドイツ・イタリアのファシズム勢力の侵略に対抗し、米国・英国・フランス・中国・ソ連などが連合軍を形成して戦った世界規模の戦争。1939年から45年までつづいた。29年、世界恐慌が起こると、ドイツ・日本などの後発資本主義国家では、植民地を拡大・再編成して世界帝国を建設することにより、危機を打開しようとするファシズム勢力が登場し、その膨張政策を積極的に推進した。31年の日本の満州事変、35年のイタリアのエチオピア侵入、37年の日中戦争、38年のドイツのオーストリア併合など、各地で侵略が敢行された。当初は妥協的な態度を見せていた英・仏・米は次第に危機感を抱き、39年9月、ドイツがポーランドを占領すると、英国、フランスがドイツに宣戦布告し、第2次世界大戦がはじまった。ドイツは40年6月フランスを占領し、つづいて41年6月ソ連を侵略して独ソ戦を起こした。この間、イタリアはエジプトに侵攻し、日本は日中戦争を継続した。日中戦争が長期化すると、日本は40年9月、ドイツ・イタリアと三国同盟を締結し、41年12月、英領マレー半島のコタバルに敵前上陸するとともに、米国ハワイの真珠湾を奇襲攻撃し、ついに太平洋戦争を起こした。三国同盟にしたがってドイツ・イタリアも米国に宣戦布告し、戦争は文字どおりの世界大戦に拡大した。

39〜45年の戦争の過程で連合国は米国・英国・ソ連を中心に、同盟軍の進撃に頑強に抵抗し、42年後半から43年にかけて、各地で反抗に転じた。また、大西洋会談・カイロ会談・ヤルタ会談・ポツダム会談などで軍事的・経済的協力と戦後処理方針を具体化させ、ファシズム打倒のための資本主義・社会主義間の連合戦線を形成した。これに対し、戦争初期に勝利を収めた同盟国は、戦争が長期化するに従い、次第に劣勢に追いやられ、43年9月にイタリアが、45年5月にドイツがそれぞれ降伏し、日本も

ソ連の対日戦参戦と米国の原子爆弾投下で、8月15日、ついに無条件降伏を発表。戦争は終わった。

　この戦争は人類史上最大の戦争で、参加国は連合国側が49ヵ国、同盟国側が8ヵ国で、動員兵力は1億1000万名、戦死者2700万名、民間人の犠牲は2500万名という途方もない人的物的損失を出した。そのうち、中国とソ連の犠牲者がもっとも多く、ある推定ではソ連は戦死者1360万名、民間を含む死亡者は2000万名以上、中国は1000万～1500万、ドイツは戦死者420万名、民間人を含むと650万名になるといわれている。日本は戦死者230万名、民間を含む死亡者は310万名と推定されている。戦後、各地で民族解放運動が高揚し、ベトナム民主共和国・インドネシア共和国をはじめ、アジア・アフリカ地域で新生独立国が相次いで生まれ、敗戦国はもちろん、戦勝国である英国・フランスも植民地を失った。最大の被害を負いながらも対独戦の勝利にもっとも大きく寄与したソ連は、社会主義の国際的信頼を高め、その発言権を強化した。その指導下に、東ヨーロッパでは社会主義国家が続々と建設された。また、米国が世界最強の資本主義国に浮上し、戦後の世界秩序は米国とソ連を中心とする資本主義圏と社会主義圏に大きく領有され、いわゆる冷戦時代がはじまった。また、朝鮮も冷戦体制の犠牲となり、南北に分断される民族的悲劇を強要された。

太平洋戦争　第2次世界大戦時、アジア太平洋地域で日本と米国・英国・中国の連合軍が戦った戦争。1941年12月8日から45年8月15日までつづいた。日本政府はこれを「大東亜戦争」といった。満州事変・日中戦争を起こし、中国と戦争中だった日本は、戦争の膠着状態を打開し、東南アジア一帯を手中に入れようと南方進出を計画。このため40年、仏領インドシナ北部に進駐するとともに、ドイツ・イタリアと三国同盟を締結、41年7月、仏領インドシナ南部に進駐。12月8日には英領マレー半島のコタバルに敵前上陸するとともに、ハワイの真珠湾を奇襲して、太平洋戦争を引き起こした。日本は開戦半年でフィリピン・マレー半島・シンガポール・ビルマなどを占領し、ニューギニアに進出。オーストラリアまで脅かした。

　しかし、42年6月、反撃に出た米国とのミッドウェー海戦で航空母艦4隻を失い、大打撃を負った。これより日本は制海権と制空権を失いはじめた。さらに同年8月の連合軍のガダルカナル島上陸以降、日本軍は後退に後退を重ねた。米国は44年、サイパン占領、フィリピンに再上陸し、45年4月には沖縄に上陸、日本本土上陸作戦を企てた。同年5月、ドイツが降伏すると、日本軍首脳は本土決戦を主張したが、8月6日と9日に広島・長崎に原子爆弾が投下され、ソ連が対日戦に参加すると、8月14日、ついに無条件降伏を定めたポツダム宣言の受諾を決定。15日、天皇がこれを発表した。28日、米占領軍先遣隊が日本本土に上陸し、9月2日、米国戦艦ミズーリ号上で降伏文書が調印された。この戦争は日本軍の占領地での略奪・虐殺・強姦と、米国の都市空爆をはじめとする徹底した対日破壊作戦が際立った特徴だった。戦争中、数百万名の朝鮮人が日帝の強制徴用・徴兵により、兵士・戦時労働者・女子挺身隊・従軍慰安婦などとして引き立てられ、多くの人々が犠牲となった。

大東亜共栄圏　日中戦争期から日本が打ち出した大衆操作のスローガン。1940年、近衛内閣の外相・松岡洋右が最初に使った

とされる言葉で、アジア地域で共存共栄の新秩序を打ちたてるという旗印の下に戦争を正当化した。その実態は、ヨーロッパの植民地支配に対抗する日本の植民地体制であった。日本はこのスローガンを掲げ、占領地と植民地の民衆運動を分裂させながら、侵略戦争と過酷な占領政策を強行した。

原子爆弾投下 第2次世界大戦末期の1945年8月、米国が日本の広島、長崎に原子爆弾を投下したこと。原子爆弾は、ウラニウム・プルトニウムなどの核分裂によって得られる巨大なエネルギーを利用した爆弾で、45年7月16日、米国のニューメキシコで世界最初の実験に成功した。米国は日本の降伏を早めるため、さらに戦後の世界で米国の影響力を拡大するために、8月6日広島、8月9日長崎に原子爆弾を投下した。被爆直後の調査によれば、広島では人口33万のうち7万8000名が死亡し、負傷3万7000名、行方不明1万4000名、その他被害者17万7000名、建物7万戸が半分以上損傷する被害を受け、長崎では人口27万名中死亡2万4000名、負傷4万1000名、行方不明2000名、その他被害者17万7000名、都市全体の建物が破壊された。被爆者のなかには朝鮮人（推定4万8000名）をはじめとする外国人も含まれていた。生存者の精神的、肉体的、社会的苦痛はきわめて深刻で、現在までも社会問題となっている。とくに朝鮮人・韓国人被爆者とその2世・3世の多くは日本政府の差別的な取り扱いのため、長い間、事実上日本の国家的補償や対策の枠外にあった。

東条英機 1884〜1948。日本の軍人、政治家。東京出身。陸軍大学を卒業し、関東軍憲兵司令官、関東軍参謀長などを歴任しながら対中国侵略戦争の拡大を主張した。1940年、第2次近衛内閣の陸軍大臣となり、対米開戦論を主張、内閣を瓦解させた。41年10月、後継内閣を組織し、陸軍大臣と内務大臣を兼任。12月に真珠湾を攻撃し、太平洋戦争に突入した。43年文部、商工、軍需大臣を兼任し、44年には参謀総長まで兼任。この間、軍国体制をいっそう強化させて、学生の勤労動員・日本人学生の徴兵猶予停止を強行、朝鮮に徴兵令を適用したが、敗戦色が濃厚になると、同年7月辞職した。敗戦後、A級戦争犯罪人として極東国際軍事裁判所で起訴され、拳銃自殺を図るも失敗し、一命を取り止める。48年絞首刑に処された。1978年10月、他のA級戦犯とともに靖国神社に合祀された。A級戦犯（12人、のちに2人追加）が靖国神社に合祀されたあと、昭和天皇は靖国に参拝しなくなり、今上天皇もそれにならっている。

4．文化政治と民族運動の展開

文化政治 3・1運動以降、1920年代の約10年間にわたって実施された日本の朝鮮に対する植民地支配政策。1910年の「日韓併合」以降、過酷な武断統治を実施した日本は、3・1運動に表れた全民族的な抗日の意思に脅威を認め、武断統治だけではこれ以上朝鮮を効率的に支配することはできないと判断。より融和的な新しい支配政策を使うようになった。これを「文化政治」という。「文化政治」は、外見上の「融和政策」を通じ、一定の「平等化」によって朝鮮民衆の抵抗の意思をある程度和らげる一方、民衆運動を分裂、弱体化させる高度な植民地支配政策である。日本としても、すでに1920年代の武断政治期に完成した植民地構造を再編成し、搾取をより円滑にするための新しい統治策が必要だった。日本が打ち出した文化政治の主要内容は次のとおりである。①朝鮮総督府の官制改革と憲兵警察制度の廃止、②朝鮮人官吏の任用と待遇改善、③言論・集会・出版を通じた民意の表現の促進、④教育・産業・交通・行政の改善、⑤地方自治制実施のための調査研究。その実施内容を見ると、従来の「総督は陸海軍大将で補任する」という条目が削られ、制度上では文官も総督となれるように改めたが、その後も文官出身の総督は1人も出なかった。また憲兵警察制度の廃止を謳っても、実際には、それ以前の憲兵の役割を警察が担うことになっただけで、警察官と軍の兵員はかえって増強された。欺瞞的な「文化政治」の究極的目的は、民族を分裂させ、民族運動勢力を弱化させようとする民族分断政策であった。それは具体的には親日派の養成、参政権請願運動と自治運動の操作という2つの方向でなされた。文化政治の間、日帝の収奪はいっそう強化され、民衆の困窮はさらに加速化された。

警察署および警察官の数

年度	警察署数	警察官数
1918	751	約5,400
1920	2,761	約18,400

斎藤実 1858～1936。朝鮮総督府第3代（在任1919～27）、第6代総督（在任1929～31）。日本の軍人、政治家。陸中水沢（現岩手県）出身。海軍兵学校を卒業し、米国留学、のちに海軍大臣となって5代にわたる内閣に在職した。1919年、朝鮮総督に任命され、27年まで在任、いわゆる文化政治を実施した。27年、ジュネーブ軍縮会議の全権委員を務め、29年、ふたたび第6代朝鮮総督に任命された。36年の2・26事件で暗殺された。

斎藤実狙撃事件 1919年9月2日、姜宇奎が斎藤を暗殺する目的で爆弾を投げた事件。姜宇奎は、ソウル駅に到着した新任の斎藤総督夫妻が馬車に乗ろうとした瞬間に爆弾を投げつけた。政務総監・水野錬太郎、ニューヨーク市長の娘ペリソン女史ら30人以上が負傷し、日本人新聞記者2名が死亡したが、斎藤は衣服に少し火がついただけで難を免れた。姜宇奎は現場から逃亡したが、9月17日、日帝の手先の金泰錫に捕えられ、翌年処刑された。同志の韓仁坤・張翊奎らは激しい拷問によって獄死し、許炯・崔子南・呉泰泳らも懲役刑を宣告された。

姜宇奎［カン ウギュ］ 1855～1920。独立運動家。平安南道徳川の人。早くから満州に渡り、東光学校を設立するなど、独立運動

に参加した。3・1運動以降、老人団に加入。朝鮮総督暗殺の志を抱いて1919年帰国、9月2日、新任の第3代総督・斎藤実に爆弾を投げつけたが失敗に終わった。張翊奎らの家に潜伏中に逮捕され、翌年11月29日、西大門の刑務所で処刑された。

老人団 1919年にシベリアで組織された独立運動団体。ウラジオストック新韓村の徳昌局に本部を置き、50名の老人で結成された団体で、団長に金治甫、顧問に李舜、財務に千員漸らが就いた。19年5月、天皇に対し韓国侵略糾弾の書簡を送り、つづく8月には姜宇奎を朝鮮内に派遣して第3代朝鮮総督・斎藤実を狙撃させた。

親日派とその組織的養成 日本が文化統治時に民族分裂政策の一環として積極的に実施した政策。第3代朝鮮総督・斎藤実が「朝鮮民族運動に対する対策」で樹立した親日派養成政策は次のとおりである。①日本に絶対忠誠を尽くす官吏を強化・育成する。②日本のために身命を投げうつ親日的人物を物色し、彼らを貴族・両班・儒生・富豪・実業家・教育家・宗教家などの階層に浸透させ、親日団体をつくる。③各種の宗教団体に親日派を最高指導者とさせ、日本人を顧問に就かせて御用団体とする。④親日的民間人に便宜と援助を提供し、英才教育の名の下に、親日的知識人を大量に養成する。⑤両班・儒生などで、職業のない者に生活資金を与え、彼らを宣伝と民情偵察に利用する。⑥朝鮮人富豪については、労働争議・小作争議などでの労働者・農民との対立感情を増幅させ、日本の資本を導入して彼らとの連携を結び、あるいは買弁化させ、日本側に引き入れる。⑦農民を統制・操縦するために、全国各地に有志が率いる親日団体を作り、国有林の一部を払い下げる一方、立ち入り権（樹木採取権）を与え、懐柔利用する。このような政策の下に、日帝は大地主や買弁資本家と結託。大正親睦会や維民会などをはじめとして矯風会・国民協会・大東同志会などの諸団体を組織し、親日世論を形成した。その他にも儒生の親日派団体である大東斯文会や儒道新興会、農民運動を弱体化するための御用団体である朝鮮人小作会相助会・相務団・朝鮮仏教教友会などの各種の親日組織をつくって親日派養成に力を注いだ。日帝は彼らを、抗日団体組織や民族運動に対する破壊活動、対外宣伝、独立運動家の摘発、情報収集、世論操作、独立運動家の懐柔と説得などに利用し、社会の各分野で親日派勢力を拡大させて民族分裂を画策した。

参政権請願運動 文化政治の時代に民族運動勢力を分裂させる意図で、日本が親日派を使って展開させた運動。日本の植民地統治を認める範囲内で参政権を得させようとする運動だった。参政権を与える方法としては、朝鮮議会を別に設ける方法と日本議会に朝鮮人代表を参加させる方法が考えられたが、日本はその両方とも認めず、ただ参政権を宣伝することで親日派を増加させ、民族運動勢力を混乱させる目的だった。一部の親日派たちがこれに呼応し、将来の独立のための実力養成を期して参政権請願運動に積極的に取り組んだ。しかし、民族主義者からは売国的な運動と猛反発を受け、民衆に対しても大きな影響力を持たなかった。指導的人物である閔元植が21年2月6日、東京で民族主義者・梁槿煥に殺害されるなど、満足な効果をあげることができないまま終息した。他方、朝鮮総督府は本来計画していたとおり、1920年地方行政機構を改編し、「地方自治訓練」を掲げて道協議会・府協議会・面協議会という諮問

機関を設置した。この諮問機関には、親日派朝鮮人地主・資本家・富裕商人・日本人などが委員として入った。参政権請願運動と協議会によって、日本が親日派を育成する素地がつくられた。

民族主義運動　植民地支配を受けている地域で、民族の自由と独立を要求し、展開する運動。3・1運動後、民族主義運動は絶対独立・独立戦争論を主張する勢力と、独立準備論・実力養成論・外交独立論を主張する勢力に二分された。義兵戦争を継承し、満州沿海州の各地で武装闘争を繰り広げた勢力は、請願や妥協主義では独立が不可能とみて、絶対独立・独立戦争論を主張した。国内の非妥協的民主主義勢力は社会主義陣営と連帯して新幹会を組織し、抗日運動を展開した。一方、妥協主義、さらに進んで親日派路線を主張する勢力が登場し、民族改良・実力養成・自治論・参政権請願などを主張した。このような民族解放主義運動は主に地主や資本家によって指導された。彼らは言論出版機関や研究団体を通じて啓蒙運動を展開し、民衆の知識水準を高め、覚醒を促すことがもっとも効果的な独立方法であると主張した。

　これら、民族改良主義者は30年代に入り、植民地ファシズム体制が強化されると、独立に対する希望を失い、積極的に親日派への道を邁進し、朝鮮人と日本人の差別をなくすことに専念していく。朝鮮人も優秀な日本人として生きることができるという「民族改良」の論理に立脚し、「内鮮一体」を受け入れ、朝鮮語廃止・日本語常用・宮城遥拝などの多様な実践指針をつくり、民族抹殺政策(皇民化政策)の先頭に立った。このような親日派たちは、政官界・実業界・教育界・宗教界・言論・文学・芸術などの各分野にわたって猛烈な活動を展開。国民精神総動員朝鮮連盟・時局対応全鮮思想報国連盟・朝鮮臨戦報国団・朝鮮文人協会などの親日団体が続出した。このような親日派の存在は、解放後に民族的な清算課題として提起されたが、米軍政庁と李承晩政権は親日勢力を温存させたばかりでなく、その基盤の上で政権を掌握した。その結果、親日派問題を含む植民地残滓精算問題はそのまま残り、南北分断体制の固定化をもたらし、さらに戦後の韓国の民主主義の発展に長期にわたって悪影響を及ぼした。

自治運動　文化政治の時代に民族運動勢力を分裂させようとする意図の下に日本が積極的に主導・推進した運動で、絶対独立・独立戦争論の代わりに日帝支配を容認する範囲内で自治を主張した。3・1運動で独立運動の熱気が高まると、日本はこれを弱化させるために、宗教運動・修養運動・生活改善運動・農村啓蒙運動・社交運動などを積極的に奨励し、その運動の指導者たちを体制内に包摂することに力を注いだ。このとき、妥協的民族主義者たちは朝鮮独立時期尚早論を掲げ、独立運動の代わりに日本の支配下での自治運動を、政治運動の代わりに文化運動と実力養成運動を展開しなければならないと主張した。彼らは主に地主や資本家たちで、李光洙の「民族改造論」や崔南善の「日鮮同祖論」がその理論的支柱であった。金性洙・宋鎮禹・崔麟・曺晩植らが組織した研政会がその代表的な団体である。日本は彼らの妥協的路線を積極支持し、利用した。その結果、彼らの妥協主義は結局、文化政治と論理を同じくする親日派的路線となった。

李光洙［イ グァンス］　1892～1950。小説家。号は春園。平安北道定州の人。1902年、父母を失ったのちソウルへ上り、1905年には

1950年

日本に渡って明治学院に入学。同時に詩、評論を発表しはじめた。10年、卒業後帰国。五山学校で教え、ふたたび日本へ留学、早稲田大学哲学科に入った。17年、『毎日申報』(『大韓毎日申報』の後身)に朝鮮最初の長編近代小説とされる『無情』を連載し、19年東京で2・8独立宣言書を起草した後、上海に亡命。大韓民国臨時政府の機関紙『独立新聞』の主筆となった。21年帰国し、許英粛と結婚。22年「民族改造論」を発表した。この論文で彼は、朝鮮人を「みずからを欺き、空理空論に流れ、信義の念と忠誠心に欠け、事に臨んで勇気がなく、卑屈である」と激しく非難し、こうした民族の性格の改造を主張した。彼の「民族改造論」はその後、植民地統治を認める範囲内で自治を得ようとする自治運動へと向かった。『東亜日報』編集局長・『朝鮮日報』副社長を歴任し、37年の修養同友会事件で投獄されたが、6ヵ月後、病気のため保釈された。39年、親日派御用団体である朝鮮文人協会会長となり、香山光郎と創氏改名した。第2次世界大戦末には、日帝の国民総動員計画に加わり、43年12月、李聖根・金秊洙・崔南善らとともに朝鮮人日本留学生の学徒兵志願勧告講演に出た。解放後、反民族行為処罰法により拘束されたが、病気で釈放され出獄し、自叙伝『私の告白』などを執筆した。朝鮮戦争中に北に連行され、その後生死不明となっていたが、現時点では北朝鮮で死亡したことが確認されている。1950年12月25日に没した。李光洙の墓は平壌の高句麗王陵付近にある。代表作に『麻衣太子』『端宗哀史』『土』『異次頓の死』『愛』『有情』『無明』などの小説と詩や評論がある。

衡平運動 1920年代、賤民階級、とくに白丁の社会的地位向上をめざした運動。1923年4月に慶尚南道晋州で「衡平社」に組織された。初期には白丁の地位向上運動から出発したが、28年第6回大会を契機に民族運動・階級運動との連携を提起した。この大会には日本の水平社から徳永参次が参加している。しかし、内部の急進・穏健両派の対立が深まり、同時に日帝の弾圧が激化し、40万会員を擁する全国的結社だった衡平社は、33年末には146団体7868名にまで激減した。36年に大同社と改称し、社会改革運動から会員の地位向上だけを図る運動へと変質した。代表的人物は、穏健派の代表である張志弼、急進派代表の李東煥・徐光勲らがいる。

安昌男〔アン チャンナム〕 1900〜1930。朝鮮最初の飛行士。ソウルの人。牧師の子として生まれ、米国人飛行士のデモンストレーション飛行を見て飛行士となることを決心。1918年、日本に渡り、大阪自動車学校を経て赤羽飛行機製作所で飛行機操縦法を学び、小栗飛行学校で操縦術を訓練した後卒業。その後、教授となった。21年、飛行士試験に合格し、東京−大阪間の郵便飛行機操縦士となった。22年、『東亜日報』の後援で故国訪問飛行を果たしたが、その後上海に亡命。太原飛行学校教官を務めていたが、中国の抗日戦線に参加、奮闘の末、

飛行機事故で死亡した。

朝鮮物産奨励会 1923年、経済的自立の鼓吹を意図し、国産品奨励運動を展開した団体。1920年、曺晩植、金東元らが組織した「物産奨励会」の国産品奨励・消費節約・禁煙・禁酒運動から出発し、23年、朝鮮物産奨励会へと拡大して全国組織となった。本部はソウルの堅志洞に置かれ、各地方に分会を設置し、曺晩植・明済世・金星濬らを中心に国産品愛用と民族企業の育成を旗印に掲げ、講演会開催・機関誌発行などの活動を繰り広げたが、大きな成果を得ることはできなかった。その理由として、絶対的窮乏に打ちひしがれていた当時の一般民衆たちにとって商品消費運動はあまりにかけ離れた発想であり、運動は自然に中小資本家や商人層に限定され、民衆の持続的な参加と支持を得られなかった。20年代末に日本の弾圧によって瓦解した。

鍾路警察署爆破事件 義烈団員・金相玉が鍾路警察署に爆弾を投げつけた事件。上海から入国した金相玉は、1923年1月12日夜、鍾路警察署正門に爆弾を投げつけて逃亡した。17日、潜伏場所が包囲され、金は単身で抵抗。日本人刑事1名を射殺し、2名に負傷を負わせ、南山に逃亡した。日本官憲は軍まで動員して追撃したが、金相玉は包囲網をくぐり抜け、ソウル市内に身を潜めた。後に潜伏場所が発覚し、武装警官1000名と3時間にわたる銃撃戦を繰り広げ、数人の警官を射殺したのち、みずから命を絶った。

金相玉 ［キム サンオク］ 1890～1923。独立運動家。ソウルの人。労働者として苦学し、1919年4月、革新団を組織、12月には暗殺団を組織した。20年8月、米国議員団が入国する機会をとらえ、日本人暗殺計画を立てたが事前に発覚し、10月に上海に亡命後、義烈団員となった。21年7月に帰国、軍資金を募金して出国。22年12月、ふたたび入国し、翌年1月12日、鍾路警察署に爆弾を投げつけ（鍾路警察署爆破事件）、ソウル市内に身を潜めてひとまず逮捕を逃れたが、その後警官隊と激戦の末に同月22日自決した。

義烈団 1919年11月9日に満州吉林省で組織された抗日運動団体で、日本官憲に対するテロと破壊活動をその目的とした。結成時のメンバーは、金元鳳・尹世冑・李成宇・郭敬（別名、郭在驥）・姜世宇・李鍾岩（別名、梁健浩）・韓鳳根・韓鳳仁・金相潤・申喆休・裵東宣・徐相洛など13名。結成にあたって作成された「公約10条」は以下のとおり。①天下の正義の事業を猛烈に実践する。②朝鮮の独立と世界の平等のため、身命を賭す。③忠義の気迫と犠牲的精神が確固としてこそ、団員たることができる。④団義を第1として、団員の義を打ち固めることを急務とする。⑤義伯（団長）1名を選出して団の代表たらしめる。⑥何時何処においても毎月報告の義務を負う。⑦何時何処においても呼べば必ず呼応する。⑧死を恐れず、団義に殉じる。⑨1人は9人のために、9人は1人のために献身する。⑩団義に背くものは死をもって処断される。この公約の第1条に謳われた「正義」と「猛烈」からそれぞれ一字をとって、その名を「義烈団」とし、義伯には金元鳳が選出された。

義烈団が暗殺の標的としたのは朝鮮総督をはじめとする日本人高官・軍首脳・台湾総督・売国的親日派のリーダー・スパイ・反民族的地主などであり、また破壊対象は、朝鮮総督府・東洋拓殖会社・毎日申報社・

警察署その他の日帝主要機関と定めた。その綱領は、「駆逐倭奴」「光復祖国」「打破階級」「平均地権」であった。1920年、義烈団はその本部を北京に移し、23年1月には「朝鮮革命宣言」を公にした。この宣言を執筆したのは申采浩である。義烈団は20年9月の釜山警察署爆破をはじめ、密陽警察署、朝鮮総督府、鍾路警察署、東洋拓殖会社などの爆破を敢行し、そのほかにも3度にわたって暗殺、破壊活動を計画したが、成功には至らなかった。1926年には中国・広東で総会を開き、テロ組織から政治組織への脱皮のため団員の再教育をはかり、黄埔軍官学校や各種学校へ団員を送り込み、1932年10月には南京郊外江寧鎮湯山善寿庵に朝鮮政治軍事幹部学校を設立、武装遊撃闘争に備えて幹部養成をはかった。35年7月、義烈団を中軸に朝鮮革命党・韓国独立団・新韓独立団などの中国国内で活動していた5つの抗日団体が統合し民族革命党を結成、金元鳳が党首となった。こうして義烈団は発展的解消を遂げた。

朴烈事件

1923年頃

1923年、朴烈が皇太子を暗殺しようとし、事前に発覚した事件。朴烈(1895～1974)は慶尚北道聞慶出身で、19年、日本に渡り、無政府主義運動に身を投じ、21年、社会主義秘密結社黒濤会を組織した。22年、秘密結社不逞社を組織。22～3年にかけて、日本人の恋人で同志でもある金子文子とともに皇太子裕仁暗殺を計画した。しかし、23年9月逮捕され、26年3月、死刑宣告を受けた。同年4月、無期懲役に減刑された。金子はその年7月に獄中で自殺。朴烈は45年の解放とともに、逮捕から22年2ヵ月目に釈放された。のちに在日本朝鮮居留民団(民団の設立当初の名称)が組織されると団長に就任した。50年、大韓民国に帰国。朝鮮戦争中に北に連行され、74年、北朝鮮で死亡した。著書に『新朝鮮革命論』がある。

三矢協約 1925年6月11日、朝鮮総督府警務局長・三矢宮松と、満州の支配者張作霖の間で締結された協約。満州での朝鮮人独立運動を防ぐことを目的に、日本が積極的に推進した。この協約によって張作霖は満州で朝鮮人独立運動家を逮捕したら、必ず日本領事館に知らせること、日本は独立運動家の引き渡しを受けると同時にその代価として賞金を支払うこと、賞金のうち一部は直接逮捕した官吏に支払うことなどが規定された。その結果、張作霖の強力な独立軍取り締まりによって、満州にあった独立軍の気勢は大きく削がれ、独立運動家の摘発に血眼になった満州の官吏たちによって、一般の朝鮮人も大きな被害を被った。もっとも大きな被害を出した事件は、27年の吉林省吉林大検挙事件だった。

関東大震災 1923年9月1日、日本の関東地方を襲った大地震。13万世帯の家屋が全壊し、45万世帯が焼け出され、死亡者と行方不明者あわせて14万名に達した。翌日、成立した第2次山本内閣は戒厳令を発し、事態収拾に立ち上がったが、混乱はさらに深刻化した。治安維持に過敏となった官憲

は朝鮮人と社会主義者たちが暴動を起こしたという噂を組織的に撒き散らした。被災地住民の一部は「自警団」を組織し、軍隊・官憲とともに朝鮮人を無差別逮捕・殴打・虐殺した。この事件で多数の朝鮮人が虐殺されたが、死者の数は約200名（日本の司法省調査）、約2700名（吉野作造調査）、6000名以上（金承学調査など）と諸説あり、正確な数は現在も不明である。震災の被害総額は65億円と算定され、復旧のために多大な資金と膨大な人力が傾注されたが、無実の朝鮮人数千名を虐殺した日本軍警と民間自警団による残虐行為は、歴史上拭うことのできない汚点として残され、その償いはいまだ行われていない。

治安維持法 1925年、日帝が反体制思想運動を統制・抑圧するために制定した法律。3次にわたる改定と適用拡大により、無政府主義、共産主義運動をはじめとするすべての社会運動を組織・宣伝する者に重罰を加える社会運動取締法となった。23年の関東大震災直後に公布された治安維持令を基本にして、25年に制定された。同年、植民地朝鮮にもそのまま適用され、日本の植民地支配に抵抗する民族解放運動を弾圧するのに積極的に利用された。制定当初は、国体変革・私有財産制否定を目的とする結社の創設および加盟を対象とし、懲役または禁固（10年）を最高刑としたが、28年には同条項違反の最高刑が死刑と定められた。また同年には、思想警察の役割を担う特別高等課（特高）が全国的に増強された。さらに35年以降は、条文は変更しないままで宗教人・自由主義的文化人・植民地での民族主義者にまで適用するようになった。41年、議会は同法全面改定でこれを追認した。同時に、結社を準備したとの嫌疑だけで拘禁できる予防拘禁も制度化され、治安維持法は天皇制国家に服従しない人々すべてを処罰の対象とする天皇制ファシズムの法体系の中核となった。日本敗戦後の45年10月、GHQ覚書に従い、法令575号によって撤廃された。

6・10万歳運動 1926年6月10日、朝鮮最後の国王・純宗の葬儀の日を期して起こった独立万歳運動。3・1運動を継承する全国的全民衆的な抗日運動として、事前に周到な準備が行われた。指導者は社会主義系の活動家・権五卨・金丹冶・李智鐸、印刷工だった閔昌植・李用宰、延禧専門学校の李炳立・朴河均、中央高普（高等普通学校（中学））の李光鎬、京城帝国大学の李天鎮、天道教の朴来源・権東鎮らで、彼らは10万枚の檄文を用意し、午前8時30分頃、純宗の葬儀が鍾路を通過するときにいっせいに万歳を叫んで檄文を散布、多くの人々がこれに呼応した。檄文の内容は「日本帝国主義の打倒！」「土地は農民に！」「8時間労働制採択」「朝鮮の教育は朝鮮人の手で！」などであった。この万歳運動はまたたく間に全国に広がり、高敞・元山・開城・洪城・平壌・江景・大邱・公州など各地で大規模な万歳デモ運動が起こった。この事件で1000名以上が逮捕・投獄され、第2次高麗共産青年会責任秘書・権五卨をはじめ多数の共産党員が逮捕されて、第2次朝鮮共産党の組織破壊をもたらした。

純宗［スンジョン］ 1874〜1926。第27代（李朝最後）の王。在位1907〜10。高宗の第2子。母は明成皇后・閔妃。1907年、ハーグ密使事件で日本の圧力によって高宗が退位した後に即位し、隆熙と元号を改め、弟の英親王を皇太子とした。10年8月29日、日韓併合後は、日本は純宗を昌徳宮に幽閉し、格下げして李王とした。26年4月25日、

昌徳宮で世を去ったが、彼の葬礼日の6月10日には全国的な6・10万歳運動が起こった。

英親王［ヨンチンワン］　1897～1970。大韓帝国（李朝）最後の皇太子、名は垠。高宗の第3子。母は淳嬪・厳氏。韓末に統監だった伊藤博文によって11歳のとき、強制的に日本に連行されて徹底的に日本化教育を受け、日本の梨本宮の息女・方子との政略結婚を強制された。1900年、英王（英親王）に封じられ、1907年には皇太子となって、その年12月に日本に渡った。10年の「日韓併合」によって純宗が幽閉され、皇帝から王に格下げとなり、同時に英親王も皇太子から王世子に格下げされた。26年に純宗が世を去ると、李王家を継承し、李王となった。日本陸軍士官学校、陸軍大学校を卒業し、陸軍中将に昇ったが、1945年8月15日後、日本皇族の没落とともに困難な歳月を送った。1963年11月、56年目に帰国。7年の病床生活の後、没した。

東洋拓殖株式会社爆破事件　1926年12月、義烈団員・羅錫寿が東洋拓殖株式会社に爆弾を投げた事件。羅錫寿は日本の搾取機関である同社と朝鮮殖産銀行を爆破する目的で、中国人に仮装し、仁川を経由して京城（ソウル）に潜入した。12月28日、殖産銀行に爆弾1個を投げた後、ふたたび東洋拓殖会社に忍び込んで日本人を射殺し、爆弾を投げたが不発だった。乙支路（当時は黄金町）で日本人警察官と銃撃戦を演じ、最後に残った弾丸で自決した。

羅錫寿［ナソクス］　1889～1926。独立運動家。黄海道載寧の人。23歳で満州に渡り、新興武官学校で4年間の訓練を受けて帰国した。3・1運動が起こると上海の大韓民国臨時政府に軍資金を集めて送り、後に同志を集め黄海道平山郡上月面駐在所の日本警察署と面長を殺害し、中国に逃げた。臨時政府警務局で働いたが、中国河南省邯鄲軍官学校を卒業。中国軍将校となり、義烈団に加入した。26年、日本の植民地搾取機関である東洋拓殖株式会社と朝鮮殖産銀行を破壊する目的で国内に潜入。12月28日、爆弾を東洋拓殖会社に投擲し、追撃する警察官と銃撃戦ののち自決した。

新幹会　1927年2月15日に組織された抗日運動団体。民族主義運動系列と社会主義運動系列の統一戦線組織。「民族単一党、民族共同戦線」という標語の下に、朝鮮民族解放運動各派の代表的団体が結集して発足した。社会主義系・非妥協民族主義系・その他宗教系などの各派が参加したが、自治運動を主張していた民族改良主義者たちは1人も参加しなかった。創立総会で会長の李商在、副会長の権東鎮・安在鴻・申錫雨、文一平ら幹事35名を選出。組織拡大に主力を置き、28年末頃には支部数143ヵ所、会員数2万名に達する全国的な組織として成長した。会員は農民の数がもっとも多く、31年5月、3万9000名以上の会員のうち、農民が2万名強で54パーセントを占めた。日常活動は支部を中心に展開され、各支部では地方の社会主義者たちが中心的位置を占めた。29年6月末、幹事制を廃して執行委員会体制に改編、中央執行委員長に許憲が選任された。同年12月、全国的な民衆大会の準備中に、許憲ら主要会員の多くが検挙され、金炳魯を中心とする新執行部が形成された。このとき、コミンテルンは第6次大会で民族主義者との決別と赤色労働組合路線への転換を決議し、「12月テーゼ」を発表した。新執行部の改良主義化と「12月テーゼ」を意識した会内部の

社会主義者は、各支部を中心に新幹会解消運動を展開。31年5月の全国大会で解消案が可決され、新幹会は解散した。新幹会の解体で、社会主義者は重要な合法的活動舞台を失い、その後、国内で統一戦線運動が展開されることはなかった。

新幹会の綱領と政策

（新幹会東京支社第2回大会での運動方針に関する意見書）

〈綱領〉
1. われわれは朝鮮民族の政治的・経済的解放の実現を期す。
2. われわれは民族の総力を結集し、民族代表機関となることを期す。
3. われわれはいっさいの改良主義的運動を排斥し、民族全体の現実的共同利益のために闘争することを期す。

〈政策〉
1. 言論、集会、出版、結社の自由
2. 朝鮮民族を抑圧するすべての法令の撤廃
3. 拷問の廃止と裁判の完全公開
4. 日本からの移民に反対する
5. 不当納税反対
6. 朝鮮人のための産業政策
7. 東洋拓殖会社の廃止
8. 団結権、ストライキ権、団体交渉権の確立
9. 耕作権の確立
10. 最高小作料の公定
11. 小作人の奴隷的賦役の廃止
12. 少年と女性の夜間労働および危険労働の禁止
13. 8時間労働制の実施
14. 最低賃金、最低俸給制の実施
15. 工場法、鉱業法、海員法の改定
16. 民間教育機関に対する許可制の廃止
17. 朝鮮人のための学校教育
18. 学校教育における朝鮮語使用
19. 学生の研究の自由と自治権の確立
20. 女子の法律的、社会的差別撤廃
21. 女子の教育および職業の制限撤廃
22. 衡平社社員と奴僕へのいっさいの差別反対
23. 刑務所の待遇を改善し、読書と通信の自由を認めよ

右から、『東亜日報』1929年1月1日、1930年11月10日付

新幹会会員の職業別分類（1931年5月現在）

職業	人数	比率(%)
労働者	6,041	15.1
農民	21,514	53.9
職工	2,783	6.9
旅館業	45	0.1
著述業	31	0.07
医師	241	0.6
牧畜業	3	0.007
写真業	666	1.66
弁護士	34	0.08
漁業	112	0.28
裁縫業	52	0.13
会社員	447	1.12
工業	678	1.69
測量士	5	0.01
銀行員	9	0.02
印刷業	95	0.23
記者	647	1.62
教員	367	0.92
理髪業	233	0.58
学生	342	0.85
宗教人	255	0.63
運輸業	24	0.06
商業	4,315	10.8
代書業	83	0.2
職業不詳	868	2.17
合計	39,890	

資料：宋建鎬『新幹会運動』

趙明河義挙（久邇宮邦彦暗殺事件）

1928年、趙明河が台湾の台中で日本皇族久邇宮邦彦を毒剣で刺した事件。1905年、黄海道松禾で生まれた趙明河は貧しいなかで高等普通学校（旧制中学）を中退し、郡庁で雑用係として働きながら独学。20年、日本に渡って大阪電気会社職工となり、のちには安達メリヤス商店で働きながら夜間学校に通った。卒業後、台湾に渡り、富国園商店に雇用された。天皇裕仁の岳父、陸軍大将・久邇宮邦彦が28年5月13日、台湾駐屯日本軍特別閲兵を終えて帰る途中、台中市図書館前で彼が乗った無蓋車に単身突進して毒塗りの剣で刺し、6ヵ月後に後遺症で死なせた。23歳の趙明河は現場で逮捕され、3ヵ月後の10月10日、台北市の刑場で処刑された。趙明河義挙は安重根・尹奉吉の両義士と並ぶ快挙として中国人からも抗日闘争の模範として称えられた。

光州学生運動

1929年11月3日、全羅南道光州で起こった抗日学生運動。当時、光州には光州高等普通学校（中学）・光州農業学校・全南師範学校・光州女子高等普通学校（女子中学）などの大部分の学校で読書会が組織されていた。読書会の前身は26年組織され、張裁性・王在一らが指導した醒進会である。醒進会は27年10月解散され、各学校で読書会を組織する一方、読書会中央本部を置き、綿密な連携を結んで活動していた。光州学生運動の発端は、通学列車での日本人学生と朝鮮人学生の衝突事件からはじまった。10月30日午後5時30分、光州を出発した通学列車が羅州に到着したとき、日本人の男子学生が光州女子高等普通学校3年生の朴己玉ら朝鮮人女子学生を侮辱した。これを見かねた朴己玉の従兄弟・朴準埰らは、翌日日本人学生と喧嘩沙汰となった。11月3日、光州中学の日本人学生と光州高等普通学校の朝鮮人学生の間で大規模な衝突が起こった。朝鮮人学生はこの事件を偏向報道した親日派御用新聞『光州日報』を襲撃し、輪転機に砂をかけ「朝鮮独立万歳」を叫んだ。11月12日、光州の学生たちは一斉にデモに突入した。そのときにまかれた檄文の主要内容は、「検挙学生奪還、警察の校内侵入絶対反対、校友会自治権の獲得、言論・出版・集会・結社・デモの自由獲得、職員会への学生代表参加、朝鮮人本位の教育制度確立、植民地奴隷化教育制度撤廃、社会科学研究の自由獲得、全国学生代表者会議の開催」などだった。学生たちは学生闘争本部を設置し、新幹会・権友

会などの主要団体と連携して、光州の闘争を全国的な抗日運動へと転換させることに努力した。その結果、全国各地のほとんどすべての学校がこれに呼応し、デモや同盟休校運動を展開した。参加学校数は194校、参加学生は5万4000名以上、うち580名以上が退学か最高5年の実刑を受け、2330名以上が期限つき停学処分となった。光州学生運動は、3・1運動以降、学生たちが中心となって起こした初の全国規模の激烈な抗日運動だった。彼らの抗日闘争精神を受け継ぐために、韓国では1953年から11月3日は「学生の日」に制定され、記念されている。

李昇薫 [イ スンフン]

1928年頃

1864～1930。実業家、教育者、独立運動家。平安北道定州生まれ。幼い頃父母を亡くした。鍮器(真鍮の器)商に従事し23歳のときに鍮器工場を経営するようになる。彼の工場は衛生面や民主的経営で名を知られたが、日清戦争の戦禍で工場は灰燼に帰した。30代半ばから貿易に手を染め、財を成す。安昌浩の影響を受けて人材養成を目的に講明義塾(後の五山学校)を建て、また新民会の平安北道総管(責任者)となった。1908年には民族的な覚醒と有為な青年を育てることを目的に、出版社・太極書館を設立する。新民会事件(1910)では首謀者の1人として4年以上獄苦を味わう。しかし一貫して、非暴力の独立運動を展開。3・1運動に際し、民族代表33人の1人として参加。のち民立大学設立運動や国産品奨励運動にも積極的に参加。さらに、東亜日報社長も務め、20年代後半は協同組合と消費組合を備えた理想村づくりに尽した。

山梨半造

1864～1944。朝鮮総督府第5代総督(在任1927～29)。日本の軍人。相模(現神奈川県)出身。陸軍大学校卒業後、日清戦争に従軍。日露戦争で第2軍参謀。第1次大戦で独立第18師団参謀として青島攻略に参加。以後、教育総監部長・陸軍次官、陸相などを歴任。1927年、田中義一首相に起用されて朝鮮総督となった。28年の銀行令改定による銀行認可基準アップ(朝鮮民族資本締め出し強化)、29年の教育令改正(実業教育強化を通じて愚民化政策再強化)など、文化政治を一定程度修正する一連の政策を進めた。しかし29年、釜山米穀取引所設置にからむ収賄の疑惑がかかるとともに辞任。以後、公職につかなかった。

宇垣一成

1868～1956。朝鮮総督府第4代(在任1927年4月～12月)、第7代総督(在任1931～36)。日本の軍人・政治家。備前(現岡山県)出身。陸軍大学を卒業し、4度にわたって陸軍大臣を務めた。27年、第4代朝鮮総督としてわずかの間在任。31年に第7代総督として再赴任して民族抹殺政策(皇民化政策)や農村振興運動を推進。ファシズム支配体制を確立するのに力を注いだ。38年、外務大臣兼拓殖大臣に任命されたがすぐに辞職し、第2次世界大戦後には公職から追放された。53年に追放が解除されると参議院選挙に出馬し、最高得票で当選した。

李奉昌義挙（天皇暗殺未遂事件） 1932年1月、韓人愛国団員・李奉昌が天皇裕仁に爆弾を投げつけた事件。李奉昌は1900年、ソウルに生まれ、19歳の時、南満州鉄道株式会社に運転研修生として入り、24年退社。日本に渡り東京、大阪など各地を放浪した。31年に上海に向かい、その地で韓人愛国団に入団。天皇裕仁の暗殺を決意して同年冬、ふたたび日本に渡った。32年1月8日、天皇が満州国皇帝・溥儀と東京の代々木練兵場で観兵式を終わって帰る途中に、桜田門で手榴弾を投げつけたが失敗した。7月19日、裁判にかけられ、大審院公判で「私はお前たちの王を相手にする人間である。どうしてお前たちは敢えて私に無礼を働くのか」と一蹴して、以後は裁判を拒否しとおした。日本の法廷は同年10月、傍聴人を締め出した裁判で判決文を作成し、死刑を宣告。10月10日、市ヶ谷刑務所で刑は執行された。

尹奉吉義挙（上海虹口公園爆破事件）
1932年4月、韓人愛国団員・尹奉吉が上海虹口公園で開かれた天皇裕仁の誕生祝賀記念式典に爆弾を投げつけた事件。尹奉吉は1908年、忠清南道礼山に生まれ、幼い頃から漢学を学び、19歳の時、村に夜学を設けて教えた。22歳の時、月進会を組織し、青少年に愛国心を鼓吹した。30年2月、上海に渡って韓人愛国団に加入し、金九の指導を受けた。32年4月29日、天皇の誕生日である「天長節」と上海事変戦勝記念式が開かれた虹口公園に入り、爆弾を投げ、日本の上海派遣軍司令官・白川義則、日本居留

事件直後、日本軍に連行される尹奉吉

民団長・河端貞次らを即死させ、日本の第3艦隊司令官・野村吉三郎、第9師団長・植田謙吉、駐中日本公使・重光葵らに重傷を負わせた。尹奉吉は現場で逮捕され大阪に移送。32年10月10日、軍法会議で死刑を宣告され、金沢で処刑された。戦後、遺骨は故郷に戻された。1992年2月、処刑地の金沢市に尹奉吉の慰霊碑が建てられた。

韓人愛国団（愛国団） 上海で組織された独立運動団体。1926年12月、金九が大韓民国臨時政府の国務領（代表）在任中に組織した団体で、日本の要人暗殺を主な目的とした。団員の李奉昌と尹奉吉がそれぞれ東京と上海で義挙を行ったことで広く知られた。

日章旗抹消事件 1936年『東亜日報』と『朝鮮中央日報』が、ベルリン・オリンピックでマラソン優勝を果たした孫基禎の写真を掲載するとき、彼の胸の日章旗を消したことに端を発した日本による言論弾圧事件。36年8月9日、ドイツ・ベルリンで開かれた第11回オリンピックのマラソン競技で孫基禎が優勝、南昇龍が3位に入賞した。

この大会の記録映画が朝鮮に入ってくると、『東亜日報』はこの映画の紹介記事欄の孫基禎の写真に写っている胸の日章旗を消して掲載した。この事件によって社会部長・玄鎮健、写真部長・申楽均、写真修正を行った画家・李象範らが逮捕・拘留された。社長・宋鎮禹と編集部長・薛義植、体育部記者・李吉用らは言論活動を禁止され、『東亜日報』は8月27日付で4回目の無期停刊処分となったが、9ヵ月後に復刊された。『朝鮮中央日報』はみずから謹慎して9月5日付で停刊したが、その後復刊することはできず、37年11月5日付で廃刊した。この行動を起こした記者・李吉用はかねてから独立運動を熱心につづけ、6回も投獄された独立運動家だった。

『朝鮮中央日報』 1933年3月7日に、『中央日報』を名称変更して発刊された新聞。『中央日報』は31年11月27日に『中外日報』を受け継いで創刊された。経営難で休刊していたが、33年2月に呂運亨が社長に就任、3月7日以後、紙名を『朝鮮中央日報』と変更して再発足した。『東亜日報』『朝鮮日報』とともに三大民族新聞の1つとされ、30年代に活発な報道活動を行った。36年8月13日に、ベルリン・オリンピックでマラソン優勝を果たした孫基禎の胸の日章旗を消した写真を掲載（日章旗抹消事件）し、9月5日から無期停刊処分を受けた。ともに無期停刊となった『東亜日報』は9ヵ月後に復刊されたが、『朝鮮中央日報』は財政の悪化によって37年11月5日付で廃刊された。月刊誌『中央』『少年中央』の発行元でもあった。現在の『中央日報』と直接的なつながりはない。

朝鮮思想犯保護観察令 1936年12月12日、日本が思想統制策の一環として公布した法

律。治安維持法違反者のうち、執行猶予や刑執行終了あるいは仮出獄した者たちを保護観察処分にできる、つまり独立運動関係者を監視するための法である。2年間、被保護者の思想と行動を観察し、居住・通信・交友の制限およびその他適当な条件の遵守を命じることができ、審査会議の決議によってその期間を延長することもできた。この法にしたがって、ソウル・大邱・光州・平壌・新義州・咸興・清津に思想犯保護観察所が設けられた。

修養同友会事件（同友会事件）　1937年6月から38年3月にかけて、独立を訴える印刷物が発覚し日本が修養同友会に関連した知識人を検挙した事件。修養同友会は、修養同盟会と同友クラブが統合したもので、指導的人物は李光洙だった。29年11月、興士団と統合して同友会と改称した。表向きは、興士団が元来標榜した「知識力・経済力・組織力」を掲げたが、祖国の独立思想を鼓吹する民族独立運動団体であった。会員82名の大部分は弁護士・医師・教育者・牧師などの知識人だった。本部会館を建設し、機関紙『東光』を発刊。啓蒙運動の先頭に立った。1941年までに拷問に遭った者、獄死した者、処刑された者が多く出た。これらのなかには崔允洗、李基潤、金性業らがいる。

5．民族抹殺政策と親日派

民族抹殺政策（皇民化政策）　日中戦争以後、日本が朝鮮民族を思想的・文化的に抹殺し、皇国臣民とするためにとった政策。皇国臣民化政策、皇民化政策などともいう。1937年、日中戦争を引き起こした日本帝国主義は戦時体制を強化する一方、朝鮮人の民族意識と抵抗精神を喪失させ、戦争協力を強要するために、一連の皇国臣民化政策を繰り広げた。「内鮮一体」「一視同仁」をスローガンに、同年10月、「私共ハ大日本帝国ノ臣民デアリマス。私共ハ心ヲ合セテ、天皇陛下ニ忠誠ヲ尽クシマス。私共ハ忍苦鍛練シテ立派ナ強イ国民トナリマス」という「皇国臣民の誓詞」をつくって斉唱させた。38年には学校での朝鮮語教育をすべて廃止し、日本語を常用させ、創氏改名を強要するなど世界の植民地史上でも例を見ない民族抹殺政策を施行した。また、御用学者を動員して「日鮮同祖論」を強調したが、これは本来併合を合理化するために操作した理論で、戦時に朝鮮人の民族意識を眠らせることに利用した。さらに、日本人の祖先である天照大神の掛け軸の類を各家庭に掛けさせて崇拝させ、また、「日章旗掲揚」や「宮城遥拝」「神社参拝」「正午黙祷」などを強要した。このような徹底した民族抹殺政策にもかかわらず、抗日運動は根強く継続された。だが一方で、自発的に「皇国臣民」となって侵略戦争に積極的に協力した朝鮮人もいた。

南次郎　1874〜1955。朝鮮総督府第8代総督（在任1936〜42）。日本の軍人。大分県出身。朝鮮総督として在任した6年間に、

「内鮮一体」を標榜して日本語常用、創氏改名、志願兵制度実施などの民族抹殺政策（皇民化政策）を強硬に推し進めた。1903年に陸軍大学卒業後、陸軍大学教官・陸軍省課長・中国駐屯軍司令官・朝鮮軍司令官・関東軍司令官などを歴任した。36年、予備役に編入されると同時に朝鮮総督となり、のちに枢密院顧問や貴族院議員となった。第2次世界大戦後、極東軍事裁判でA級戦犯として終身禁固刑に処せられ、仮出所ののち死亡した。

神社参拝　日本帝国主義の民族抹殺政策（皇民化政策）の一環として朝鮮民族に対して強要された。神社は、とくに明治以降は日本の皇室の祖先神、あるいは国家や地域の功労者を祭った祠堂をいう。明治期に天皇制イデオロギー強化を目的に、政治的に再編成された。日帝は「日韓併合」後、神社・寺院規則を公布。ソウルの南山に朝鮮神宮を建て、つづいて各地方にも神社を建てた。朝鮮人に神社参拝を強要したのは35年頃からで、まず各級学校の学生に神社参拝を行わせたが、キリスト教系の学校ではこれを拒否した。平壌崇実学校・崇義学校などが拒否したため廃校となった。次に教会にこれを強要すると、天主教（カソリック）はローマ教皇庁の決定にしたがい神社参拝に応じた。監理教（メソジスト）もおとなしく受け入れた。長老派教会（プロテスタントの一教派）は一時反対したが、朝鮮総督府の要求と一部の親日派牧師が第27回総会で賛成決議を行ったことで、最終的に屈服・妥協した。しかし、学生・宣教師・牧師の反対運動はつづき、牧師・朱基徹のように積極的に反対して投獄され、殉教した例もある。

朱基徹　［チュ ギチョル］　1897〜1941。牧師、独立運動家。慶尚南道昌原の人。1916年、五山学校を卒業、延禧専門学校商科を中退後、故郷の昌原・熊川で南学会を組織し、

ソウルの南山の麓に建てられた「朝鮮神宮」。ここにあった朝鮮巫俗（シャーマニズム）の中心であった「国師堂」は強制的にソウル郊外の二旺山に移された

愛国思想を鼓吹した。3・1運動に参加し、26年、平壌神学校を卒業。釜山草梁教会牧師、馬山文昌教会牧師を経て36年、平壌山亭峴教会牧師となった。神社参拝を拒否し、抗日運動をつづけたが、38年、日本警察に逮捕され懲役10年を宣告された。服役中に獄死した。

創氏改名　日本帝国主義の民族抹殺政策（皇民化政策）の一つで、朝鮮人の姓名を強制的に日本風に改めさせたことをいう。これは個人の名前を変えるだけでなく、朝鮮の伝統的家族制度を解体して日本式に再編成するもので、祖先とのつながりを断ち切ることを意味した。朝鮮総督・南次郎は「内鮮一体」を掲げて朝鮮人皇国臣民化政策を推進、39年11月10日に制令19号を公布し、「朝鮮民事令」を改定した。その内容は、創氏改名と婿養子制度の実施である。創氏改名制度は40年2月11日から実施されたが、2日目までに受け付けられたのは87件で、そのなかには李光洙（香山光郎）、弁護士・李升雨（梧村升雨）、鍾路警防団長・曺炳商（夏山茂）などの名がある。李光洙や文明琦（文明琦一郎）は新聞に「選氏苦心談」（創氏改名の際に氏を選ぶのに苦心したという話）と題した文章を寄せた。朝鮮総督府は8月10日まで創氏を完了することを決め、創氏を拒否するものは「不逞鮮人」として追及・監視したうえ、行政機関ではいっさいの事務取扱をせず、その子女の学校入学を禁じた。創氏改名は警察署・地方行政機関の督励監視の下に強行され、親日団体はこれを鼓吹・宣伝する講演を各地で行った。期間中に受け付けられた創氏改名は約80パーセントにのぼり、この数字から日本のすさまじい強制ぶりがうかがわれる。

国家総動員法　日本が1938年4月に公布し、5月から実施した日本の戦時統制法。日中戦争を引き起こした日本が戦争に総力を集中するために、人的・物的資源を思うままに動員・統制する目的でつくった法律。この法によれば、戦時には労働力・物資・資金・施設・事業・物価・出版などを統制し、平常時には職業能力調査・技能者養成・物資備蓄などを命ずるものとした。この法は植民地朝鮮にも適用され、徴用・徴兵・食糧供出制度など、戦時統制体制が施行された。敗戦後に廃止された。

徴兵　国家が年齢、性別、体格などにおいて一定の要件を満たした国民・植民地人を軍隊に徴集すること。日本は日中戦争開戦にともなう兵力補充のために朝鮮人青年・壮年を動員すべく、1938年2月、陸軍特別志願兵令を公布、「志願」の形態で動員をはじめた。1万8000名以上の志願兵のなかには、農村の疲弊のために、生きる術を求めて志願した小作農出身者たちも多くいた。太平洋戦争が最終段階を迎えた44年4月、

日帝は朝鮮人に徴兵制を適用し、敗戦時までに約20万名を徴兵した。これに先立つ43年には「学徒戦時動員体制確立要綱」「陸軍特別志願兵臨時採用規則」を発表するなどして学徒志願兵制度を強行し、4300名以上の専門学校生と大学生を戦場に駆り立てた。そのほかにも海軍特別志願兵制、陸軍諸学校生徒募集によって朝鮮人青少年を動員した。侵略戦争に兵士・軍属として連行された朝鮮人は36万名を超えたといわれている。

陸軍特別志願兵令　朝鮮人に徴兵制を適用する前提として、1938年2月、この法令が公布された。当時、日本は朝鮮人が戦場では銃をどちらに向けるのかわからず、不安感があった。侵略戦争の深化とともに兵員の補充が急務となり、徴兵適用の準備として、この法律が制定された。官憲の圧力もあって、38年から43年までの志願者総数は80万2227名にのぼった。この間、日本は「朝鮮青年特別錬成令」(42年10月)などによって「皇軍兵士」予備軍を育成した。43年10月の「陸軍特別志願兵臨時採用規則」公布とともに朝鮮人学生にも入隊強要の圧力がかけられるようになり、44年1月20日、4385名が「志願」入隊した。李光洙ら179名の親日派朝鮮人を先導役として大々的なキャンペーンが展開されるとともに、配給や独立運動免責を材料として圧力がかけられたのである。日本側の公式文書上でも、そのうち350名の戦死が確認されており、200名以上が「逃亡」している。「志願」とは名ばかりで実際は強制であり、その強引なやり方は当時の日本の帝国議会でさえ議論されたほどである。

朝鮮人BC級戦犯　戦時中、旧日本軍は連合国捕虜の監視員として、植民地下の朝鮮半島からおよそ3000名以上を軍属として徴用し、タイ・ジャワ・マレーなどの捕虜収容所に配属した。そして、朝鮮人軍属を連合軍捕虜の監視・管理に直接あたらせた。これにより捕虜たちの怒り、憤りは日本人将校・兵士ではなく、その命令で動いた末端の朝鮮人軍属に向かった。戦後、連合国による現地でのBC級戦犯裁判で148名の朝鮮人が「捕虜虐待」などの罪で「戦犯」とされ、うち23名が死刑となった。148名のなかで129名が捕虜監視員だった。戦後、スガモ・プリズンに服役していた者は、サンフランシスコ条約発効直後、「日本国籍でなくなったのだから、拘束される根拠はない」と訴えたが釈放されなかった。その後、「戦争責任を肩代わりさせられたのに損失補償のための立法を怠ったのは条約に反する」として、日本に補償を求めた。BC級戦犯とその遺族計7名(うち5名は在日韓国人)は、91年11月、日本政府を相手に国家補償と謝罪を請求する裁判を起こした。なお、戦前に日帝が朝鮮から徴兵・徴用した数は37万名を超え、このうち死亡・行方不明者は15万名以上だといわれている。これら元軍属に対する戦後補償はいまだなされておらず、95年10月、大阪地裁は、「戦傷病者戦没者遺族等援護法」が国籍差別(いわゆる「国籍条項」)で「違憲の疑い」があるという判断を示したが、年金請求については却下している。また、96年9月、東京地裁は「国による援護措置が望ましい」としながらも、すべての請求を却下した。また、2000年には「平和条約国籍離脱者の戦没者遺族への弔慰金等支給法」が成立し、旧植民地出身の戦没者遺族への援護が法制化されているが、謝罪や補償を意味するものではなく、過去の清算には至っていない。

朝鮮人シベリア抑留者　1945年8月9日、

ソ連は対日宣戦して、満州に侵攻。戦後、降伏した日本軍の将兵・官僚などを捕虜としてシベリアに強制連行し、極寒・飢餓など劣悪な条件下で過酷な労働を強制した。これを「シベリア抑留」という。抑留された人々の総数は推定約65万名。そのうち約6万2000名以上が死亡したともいわれる。1907年のハーグ条約は捕虜の労賃取得の権利を定め、1949年のジュネーブ条約は捕虜の所属国が労賃を支払うことを定めている。収容国の労賃支払いを定めた1929年ジュネーブ条約は日ソ両国とも批准していない。また日本政府はGHQの指令を受けて米国・英国・オーストラリアなどの捕虜となった日本軍人・軍属の未払い賃金を支給した。日本の全国抑留者補償協議会(全抑協)は以上のような事情を背景として、日本政府に抑留時の労賃の残高補償を要求してきた。しかし日ロ両国政府は1998年3月現在、シベリア抑留については日本人・旧植民地人ともに、未払い賃金支給も戦争犠牲者としての保障もいっさいしていない(ロシア政府は1993年3月に元抑留者約4万名に労働証明書のみ支給)。朝鮮人兵士の抑留者の多くは、南北それぞれに国家が樹立された48年末、南と北に帰国したが、冷戦が深まるなか、故国では予想さえしなかった取り調べが待ち受けていた。とくに南の韓国へ帰国した人たちには「敵地」ソ連でいかなる教育を受け、指令を担ったのか尋問・調査されたのだった。旧ソ連の『軍事史』90年9月号によると、シベリアで強制労働に従事させられた人の出身地は24ヵ国に及び、総計417万2402名。このうち、日本人63万9635名、朝鮮人7785名とされている。しかし、最近のロシア国防省の調べでは、朝鮮人の数は1万312名となっている。冷戦終結後の91年12月、韓国のシベリア抑留者たちは「朔風会」を結成し、日本の全国抑留者補償協議会と連携し、日本政府に対し戦後補償の一環として運動をはじめている。なお、日本から兵士・軍属として徴兵・徴用され、戦後シベリアへ抑留された在日朝鮮人もかなりいたが、その実態は明らかでない。

小磯国昭　1880〜1950。朝鮮総督府第9代総督(在任1942〜44)。日本の軍人、政治家。山形県出身。陸軍大学を卒業し、陸軍次官を経て関東軍参謀長、朝鮮軍司令官を経た後、42年朝鮮総督として赴任。戦争遂行のために朝鮮人の徴用・徴兵・食糧供出などの収奪政策を強行。極限的な戦時動員政策で朝鮮民族を苦しめた。44年7月、東条内閣崩壊後、総理大臣として内閣を組織し、最高戦争指導会議を設置。傾いた戦局の挽回に努力したが、45年4月、総辞職した。敗戦後、A級戦犯として終身刑を宣告され、服役中死亡した。

強制連行・徴用　日本が労働力補充のために朝鮮人を強制労働に動員し、従事させたこと。中国侵略以前には企業が朝鮮の安価な労働力を「募集」し、日本の土木建設現場や鉱山などで集団労働させたが、これは国家の後押しを受けたものではなく、朝鮮人の日本渡航に対する制限もあって、数は限られたものであった。日中戦争(1937)後に国家総動員法を公布し、国民徴用令を実施して、国民を強制的に徴用・動員した。戦争遂行のために決定された1939年の労務動員計画により、朝鮮人の動員目標は8万5000名と定められ、その達成のために、事業主に朝鮮人労働者の募集が「認可」された。これは事実上企業に戦時動員を代行させるものだった。以後、42年の官斡旋、44年の国民徴用令適用へと、国家の関与と強制の度合いはエスカレートしていった。徴

第2章　日本帝国主義の支配と民族の抗戦　1910 ▶ 1945　183

朝鮮人強制連行・徴用の身体検査風景

用された人々は主に炭鉱・金属鉱山・土木工事・軍需工場などで過酷な労働条件の下で働かされた。また、「勤労動員」という名目で国民学校（小学校）の生徒まで軍の施設での労働に動員された。44年には「女子挺身隊勤務令」が公布され、12歳から40歳までの女性数十万名がこれによって軍需工場での労働に徴用され、あるいは日本軍隊の慰安婦とするなどの蛮行も行われた。強制徴用された朝鮮人のなかには、工事終了の後に機密保持を理由として集団虐殺された場合もあった。平壌美林飛行場建設に従事した労働者800名余、千島列島に強制徴用された労働者のうち5000名余が集団で虐殺されたのはその代表的な例である。南方諸島に連行された労働者には、日本軍の撤退時に洞窟に閉じ込められ、虐殺された例もあった。1939年以降、「募集」「官斡旋」「徴用」と次第に強制の度合を強め、日本国内やサハリン（樺太）、東南アジア、南方諸島の軍需工場・炭坑・鉱山などに強制連行した数は100万とも150万ともいわれているが、その実数は明らかではない。日本政府は90年6月時点で、徴用された朝鮮人の総数は66万7648名と公式に発表しているが、1965年の「日韓条約」で解決済みであること、あるいは関連法規の「国籍条項」を理由として、いかなる補償もしていない。

サハリン僑胞　日帝時代に募集・徴用などの形をとって強制連行され、サハリン（樺太）に送られた朝鮮人は、日帝敗戦後約4万人に達した。ソ連軍の進駐以後、送還協定によって日本人との婚姻関係にある朝鮮人は日本へ送還されたが、ほかの朝鮮人はそのまま残された。彼らのうち75パーセントがロシア国籍をもち、20パーセントが北朝鮮国籍、残りの5パーセントが無国籍である。66年に「サハリン抑留帰還韓国人会」が作成した帰国希望者名簿によれば、約7000人が日本もしくは韓国へ召還されることを希望しているが、多くが実現していない。

女子挺身隊・従軍慰安婦　日帝が朝鮮人女性を徴用して編成した労務組織。この名目で動員された者の一部が日本軍の慰安婦とされた。1944年8月23日、朝鮮総督府は

「女子挺身隊勤務令」を公布し、12歳から40歳までの朝鮮女性を強制徴用した。しかし、朝鮮人女性が日本の軍需工場や売春窟に売り渡されるという事態はそれ以前からしばしばあった。38年に入って日本の侵略戦争が拡大するとともに、兵士たちの秩序維持と「士気振作（士気を奮いたたせる）」のために、朝鮮人女性の慰安婦としての徴用が本格化され、44年の「女子挺身隊勤務令」公布とともに、ついに合法的に遂行されはじめた。この法律に違反した場合、国家総動員法第6条によって「1年以下の懲役または1000円以下の罰金刑」が課された。朝鮮人女性は学校・工場・農村から無慈悲に引き立てられ、タイ・ビルマ・インドネシア・中国・南方諸島などに送られ、弾薬運搬・炊事・洗濯・看護婦などとして働かされ、場合によっては慰安婦とされるという生活を強制された。

日本軍の従軍慰安婦数は17万～20万名とされ、そのうち80～90パーセントが朝鮮人女性だったとされる。従軍慰安婦の徴用は、日本軍兵士29名に対し朝鮮人女性1名の割合で計算されているとして、「二九一（にくいち）」といわれた。しかし日本の敗戦間近には女性1名で1日に100名前後の兵士を相手にしたこともあったという。日本軍は敗戦前後の混乱のなかで、この犯罪的事実を隠蔽するために、彼女らを防空壕や洞窟に集めて生き埋めにし、あるいは銃殺し、ジャングルのなかに置き去りにして敗走した。また、米軍に殺されるという日本軍の話を信じ自殺した者も多い。なかには、日本軍に置き去りにされて米軍の捕虜収容

「挺身隊」として集められ、なかには慰安婦にされた者もいた

所に収容された後、米軍兵士の慰安婦となった場合もあった。

　1991年8月、金学順（当時67歳）が、韓国内の生存者としては初めて、みずからが従軍慰安婦であったことを公開し、日帝の蛮行を糾弾した。これを機に、韓国挺身隊問題対策協議会（共同代表、李効再・尹貞玉）が結成された。同協議会の調査によれば、92年6月現在で、韓国国内に生存する元従軍慰安婦は319名に上った。また、92年8月に北朝鮮で発足した従軍慰安婦および太平洋戦争被害者対策委員会（委員長、呉文煥）の調査によれば、北朝鮮にも93年8月現在で137名が生存しているとされた。91年12月6日、金学順らの3人の元従軍慰安婦たちは、東京地方裁判所において日本政府を相手どり、公式謝罪と被害補償を要求する訴訟を起こした。さらに92年から開始された山口地裁における訴訟では元慰安婦3名、元挺身隊員7名から日本政府に対して公式謝罪と被害補償を求める訴訟が起こされた。

　一方、日本政府はこの問題に関し、一貫して、1965年に朴正熙政権と締結した「日韓条約」、すなわち日韓基本条約と財産請求権・経済協力協定によって戦後処理と賠償問題は完全に終結し、また、従軍慰安婦動員についても、軍や政府が介入した証拠はないとして、その責任を回避しつづけてきた。しかし、関連者の証言が相次ぎ、また、軍と政府の介入を裏付ける資料も日本側研究者などの努力によって次々に発掘された。92年7月6日、日本政府は第1次調査結果を発表し、強制連行を裏づける資料はなかったとしながらも、慰安所の経営などに対する政府の関与を認めた。さらに93年8月4日には第2次調査結果（いわゆる「河野談話」）を発表し、朝鮮半島出身の従軍慰安婦徴用は、本人の意思に反し、強制的に行われたものであることを認めた。とはいえ、この日本政府声明は、従軍慰安婦強制連行が国家権力によって組織的、強制的に行われた「戦争犯罪」であることまで認めたわけではなかった。

　1993年3月、金泳三政権は、これ以上、従軍慰安婦問題を外交懸案として掲げることは止め、政府レベルでの補償も請求しないとの方針を発表して、日韓両国関係における未来志向の必要と韓国国民の道徳的高さをあわせて強調した。しかし韓国国内ではいまだ公憤も存在することは否定できない。93年には国連に上程され、国連人権問題小委員会が真相調査のための特別報告官を任命した。96年2月、特別報告官クマラスワミの報告書が発表された。報告では元慰安婦の主張を支持するとして、個人補償・公的謝罪の実現などを日本政府に勧告する内容が盛り込まれた。同年4月、委員会はこれに「留意する」旨の決議を採択。さらにこの年にはILOの「協約と勧告の適用についての専門委員会」で、強制労働の観点からこれを問題とし、後述する日本政府の対応を一応支持しながらも、要求される政府レベルについて「（日本）政府が、被害者が期待する必要水準を満たす責任をとりつづけ、さらなる行動についての情報を（ILOに）提供してくれるものと信ずる」との決議を採択した。しかし日本政府は国家としてこれを賠償しようという立場をとらなかった。95年7月「女性のためのアジア平和国民基金」（アジア女性基金）を設立し、日本の法人や有志の国民からの募金を被害者に贈る方針を実行し、2001年3月、これを超える対応は実施していない（05年1月24日、同基金は07年3月末に解散予定と発表）。募金総額は5億6500万円強（05年1月現在）に至った。1998年4月、韓国政府は被害者に1人3800万ウォンを支給する

ことを決定したが、これはアジア女性基金からの支給金を受け取らないことを受給の条件としていた。あくまで日本からの補償を求める被害者のなかには韓国政府からの支給金を拒否する人々もいた。98年8月のマクドガル報告は日本政府の対応の現状をきびしく批判。日本政府に対して、国連と協力して加害者の刑事責任追及と被害者個人への損害賠償を行うよう勧告した。これに対し日本政府は法的責任を否定、アジア女性基金の活動を紹介するなどして、同報告を拒否した。しかし国連人権問題小委員会はマクドガル報告を「歓迎する」決議案を採択した。こうしたきびしい国際世論の背景には冷戦終結後の世界における女性の人権一般に対する認識の深まりがあった。もともと上述の国連報告には慰安婦問題を「戦時性奴隷制」とみなして告発する視点が顕著であったが、そのような議論が国際世論として本格的に高まってきたのは90年代後半になってからである。人類の歴史の中で、日常的・制度的に負のジェンダー（社会的・文化的な性差）を押しつけられている女性は戦時において、まさに女性であるという理由でレイプ等男性がまず受けることのない過酷な性暴力を受けてきた。そのような視点から、通例の戦争犯罪（単なる虐殺や略奪等）や不道徳行為と異なる性差別、女性固有の人権の問題として、従軍慰安婦問題がとらえられつつあるのである。このような流れを背景に、1997年にはこうした戦時性暴力の問題を解決するための国際的な討論・運動の場として、「戦争と女性への暴力」ネットワーク（VAWW-NET）が設立された。さらに98年6月6日、日本においてこれを代表する「戦争と女性への暴力」日本ネットワーク（VAWW-NETジャパン）が正式に発足。その提案により、2000年12月8〜12日にかけて、民間法廷「日本軍性奴隷制を裁く国際戦犯法廷」が開かれた。この日本による戦争犯罪の問題は、現在（2014年）もまだ日韓・日朝の間で解決されていない。

朝鮮人強制移住 日中戦争直後の1937年9月、ソ連政府が沿海州在住の朝鮮人を中央アジア各地に強制移住させたことをいう。国境一帯に在住していた朝鮮人が、日本の手先となってスパイ活動を行うことを事前に予防するための措置。これはスターリンによる民族強制移住政策のはじまりともなった。この強制移住が開始される2年前からはじまったスターリンによる粛清で、すでに約2000名の朝鮮人が日本のスパイ、もしくは反ソ反党分子と見なされ、処刑あるいは行方不明となっていたが、37年9月には朝鮮人すべてが強制移住の対象となった。移住にあたって地域別に124のグループに分けられ、各地域ではそれぞれ30〜40名ずつ貨車に詰め込まれ、中央アジア各地に送り出された。その総数は約18万名を数えるが、移住の途中で幼児や老人、病弱者が多数死亡した。ソビエト連邦人民委員会内務部副議長チェルヌイシェフの報告（39年1月）によれば、38年12月までに、カザフ共和国に1万8085世帯、ウズベク共和国に1万797世帯が移住させられ、集団農場に収容された。移住後の朝鮮人は現地住民からの疑惑と侮蔑の対象となって、一時期は居住制限も行われた。住むべき家も耕地も水も満足にない荒れ果てた地に追いやられた彼らは、農機具も牛馬もなしに荒れ地を開墾し、のちには、従来1ヘクタール当たりのコメ収穫量が800キロ前後で1000キロを超えることはほとんどなかった集団農場のなかで、2000キロの収穫量を達成するほどになった。1993年4月26日、ロシア共和国は国内に居住する朝鮮人の復権措置を

とったが、この措置は37年の強制移住の根拠となった法を廃止せずに行われ、旧ソ連邦領内でロシア共和国外に居住する朝鮮人に対しては、何の言及もなされていない。

愛国金釵会　1937年8月20日、戦争協力のための国防費献納を目的にして組織された親日派御用団体。親日派女性たちを網羅して組織された。規約第1条をみると、「皇軍（日本軍）援護」を目的に、日本軍の歓送迎、朝鮮女性による「皇軍援護」の強化と国防費献納などの事業を行うと明記されている。会長・金福媛（親日派貴族・尹徳栄の妻）、幹事・高鳳京、そのほかに金玉嬌・金和順・金活蘭・厳彩徳・朱敬愛・洪承媛らが幹部に名を連ねた。愛国金釵会は創立式のとき、金のかんざし11個、金の指輪3個、金の耳飾り2個、銀のかんざし1個、献金889円90銭（当時の米1俵当たり18円）をその場で集め、献納した。この光景を画家・金殷鎬は「金釵献納」と題して描写し、南次郎総督に贈呈した。

国民精神総動員朝鮮連盟（国民総力朝鮮連盟）　日中戦争勃発後、戦争協力のための教化運動を目的に組織された親日派御用団体。1938年6月22日、59の団体と個人56名が参加して発起人総会をもった。朝鮮側発起人として25団体（国民協会・啓蒙クラブ・朝鮮強化団体連合会・朝鮮キリスト教連合会・朝鮮文芸会・朝鮮婦人問題研究会・朝鮮仏教中央教務院・朝鮮商工会議所・朝鮮長老会総会・天道教中央総理院・天主教京城教区・春秋会など）と、27名の個人（金性洙・金活蘭・閔圭植・朴興植・朴応謨・白寬洙・尹徳栄・尹致昊・崔麟・韓相龍ら）が参加した。7月7日、日中戦争1周年を記念し、京城運動場で結成式をもち、「東洋平和を確保し、八紘一宇精神を世界に高揚するために一致団結し、国民精神を総動員して国策遂行に協力する」という内容の宣言文を採択した。これを受けて各地で地域連盟が組織され、同年9月22日、各道代表者会議で次のような実践綱領を採択した。①皇国精神の高揚。②内鮮一体の完成。③非常時の国民生活の革新。④戦時経済政策への協力。⑤勤労報国。⑥生産報国。⑦軍人援護強化。⑧反共防諜。⑨実践網の組織と指導の徹底。また連盟は、創氏改名の督励・献金と食糧供出の督励・廃品拾集・国防講習会・国語（日本語）講習会などに力を尽くして戦争協力を宣伝・煽動する中心的役割を遂行し、その活動が及ばない分野はほとんどなかった。40年10月、国民総力朝鮮連盟へと機構改編を行った。

時局対応全鮮思想報国連盟　1938年8月に組織された、社会主義・民族主義からの転向者たちの思想報国団体。13道の転向者代表200名以上が参加し、「皇国臣民として日本精神の高揚に努力し、内鮮一体の強化、徹底を期する。反国家的思想を打破、撃滅する肉弾勇士となることを誓約する。国策遂行に徹底して奉仕し、愛国志士的銃後活動の強化、徹底を期する」との決議文を採

「皇民化政策」のための携帯用小冊子

択した。朴栄喆・李升雨・高景欽・朴英熙・韓相健・玄済明らが役員に選出された。彼らは就職斡旋運動や軍人援護行事、日本への神社参拝団の派遣など、思想報国運動に尽力した。40年頃には7支部と80の分会、そして会員2500名以上の組織に成長した。41年1月、発展的解消を遂げて大和塾に統合された。その後、大和塾は43年の時点で91支部、会員5400名を擁する団体となった。

朝鮮臨戦報国団 1941年10月に結成された親日派団体。親日派の全勢力を結集した組織。戦時体制下で、皇民化運動が思想統一を強化するための具体的な方針を決議し、軍需資材献納運動を繰り広げ、時局講演会を開いた。朴重陽・尹致昊・韓相龍・李軫鎬が顧問となり、団長・崔麟、副団長・高元勲、幹部は毛允淑・朱耀翰・李光洙・金東煥・金秊洙・朴興植・李鍾麟・朴応謨・兪億兼・張徳秀・崔南善・玄俊鎬らである。42年1月5日、朝鮮臨戦報国団婦人隊を組織し、勤労奉仕運動、軍国修理運動を展開した。婦人隊は高鳳京・金活蘭・朴瑪利亜・裵祥明・柳玉卿・李淑鍾・任永信・黄信徳・盧天命・毛允淑・許河伯らが幹部となった。朝鮮臨戦報国団は42年、国民総力朝鮮連盟に合流した。

産米増殖計画 朝鮮を食糧供給地とするために日本が1920年から実施した植民地農業政策。第1次世界大戦を契機に日本は国内資本主義が急速に発展した反面、農業生産力は急速に低下し、1918年には大規模な米騒動が発生した。これに対して、日本は朝鮮での食糧増産により、国内の食糧問題を解決するために、産米増殖計画を実施した。当時、朝鮮は土地調査事業がすでに終わり、食糧供給地として活用できる基礎条件が整っていた。産米増殖計画の内容を見ると、30年間に水田4万町歩を灌漑し、畑20万町歩を水田へと転換し、水田20万町歩を開墾するなど、あわせて80万町歩の土地改良を目標とした。第1次として15年間に42万7500町歩を改良して1年に約920万石の米を増産した。うち700万石が日本に搬出される予定だった。しかし、この計画は予定どおり進まず、25年には改良予定地16万5000町歩のうち、約60パーセントの9万7500町歩が改良されたに止まった。失敗の原因は、日本経済の不況により、費用調達が円滑になされず、日本の資本家は土地改良よりも利潤のさらに大きい土地購入に積極的だったためである。それでも日本は1926〜33年まで莫大な資金を投入して第2次計画を実施し、予定面積30万町歩の47パーセント、約16万5000町歩の水利事業を完了した。しかし、朝鮮からの強制搬出が急増し、30年、大恐慌で米の価格が下落すると、日本国内の反発に直面し、33年を最後に産米増殖計画は中断された。

　産米増殖計画は、朝鮮の農業経済に大きな影響を及ぼした。まず、第1に、米生産量の増加比率よりも日本への輸出比率がはるかに増加して、朝鮮人の米消費量が減少する反面、雑穀消費量が増加し、満州からの粟の輸入量が急増した。第2に、日本人の土地所有が急増して土地集中が促進された反面、少数の大地主を除外した朝鮮人地主・自作農・貧農層の没落をもたらした。産米増加計画の中心事業である水利組合の場合、中小地主・自作農・貧農層は過重な水利組合費に耐え切れず、安い価格で土地を売り渡すしかなくなり、日本人地主による土地の買い占めが促進された。産米増殖計画は、若干の米の増産をもたらしはしたが、日本の食糧問題解決を助け、日本人土地所有の拡大を促進したにすぎなかった。

米穀生産高と供出量

単位：1千石

年度	生産高		割当量		供出量		生産高に対する供出量の比率
	米	麦	米	麦	米	麦	
1940	21,527	8,565	—	2,674	9,208	1,699	42.8
1941	24,886	7,305	—	2,853	1,125	51,329	45.2
1942	15,687	6,323	9,119	1,638	8,750	1,593	55.8
1943	18,719	8,142	11,953	3,221	11,957	3,067	63.9
1944	16,051	—	10,541	—	9,634	—	60.0

資料：朴慶植『日本帝国主義と朝鮮支配』下、193ページ

米の生産・輸出・消費量

年度	生産高（千石）	日本への輸出（千石）	朝鮮人の消費（石）	日本人の消費（石）
1920	12,708	1,750	0.63	1.12
1921	14,882	3,080	0.67	1.15
1922	14,324	3,316	0.63	1.10
1923	15,014	3,624	0.65	1.15
1924	15,174	4,722	0.60	1.12
1925	13,219	4,619	0.52	1.13
1926	14,773	5,429	0.53	1.13
1927	15,300	6,136	0.52	1.09
1928	17,298	7,405	0.54	1.13
1929	13,511	5,609	0.45	1.11
1930	13,511	5,426	0.45	1.08

資料：『朝鮮米穀要覧』

この飢餓輸出のために、朝鮮人は米に代えて雑穀を食べてしのぐことを余儀なくされた。小作料の増加や過重な水利組合費のため、農民の貧困はさらに加速化され、商品・貨幣経済の枠に農民を縛りつける結果をもたらした。

農村振興運動 1932年、日本が推進した植民地農業政策。当時、朝鮮農民の窮乏は深刻で、抵抗運動が熾烈になっていたが、日本の大陸侵略が本格化するにともない、植民地農業政策も変化した。日帝は「春窮退治」「借金退治」「借金予防」などの3つの目標を立て、朝鮮農村の「自力更生」をはかる農村振興運動を興した。これは、それまでの地主中心の農業政策から農民中心の政策への転換を標榜したものであったが、その本質は激化する抵抗運動を統制し、侵略戦争を支えるために朝鮮農村を再編成し、皇国農民として「更生」させようとする植民地ファシズム政策の1つだった。運動は更生指定農家を対象に農家経済更生5ヵ年計画を立て、各道・郡・面・邑単位の農村振興委員会を中心に進められた。とくに、警察官と下級官吏を動員し、治安政策と農業政策は軌を一にして、学校・農会・金融組合などを農民指導に直接関与させた。農村振興運動は、農民の貧困化と没落を促進し、小作争議を増大させる結果を生み出しただけで、1936年8月、朝鮮総督が宇垣一成から南次郎に代わった時点で、事実上中断された。

朝鮮小作調停令 1932年、小作争議を調停・抑制するために日本がつくった法令。激発する小作争議を防ぐため、資本家・地主・金融組合幹部を中心に小作委員会を構成して調停させた。当然、小作争議の調停

は地主側に有利に進められ、小作権問題は根本的に解決を見ることはできず、かえって小作争議が頻発した。これに対し日本は朝鮮農地令を制定、収拾をはかった。

朝鮮農地令　1934年、日本が小作農保護という名目で公布した法令。「地主と小作農の協和精神の下に、小作農の地位を安定させ、小作地の生産力を増進」させるところに目的があったが、その本質は、本格的大陸侵略を狙った日本が朝鮮農民を懐柔、取り締まるものだった。農民の小作権確立のために、小作管理人を取り締まり、小作期間を定めて更新時も地主に制限を加え、小作権を認定するようにした。しかし、実際にはこの規定は実行されなかったばかりでなく、かえって小作農の選定を厳格にし、弱小な小作農は次第に淘汰された。結局、農地税の施行によって小作農よりも地主の利益が増大したし、農地令施行後には小作争議はますます増加し、延べ3万件に達した。

食糧供出制度　日本が日中戦争以後に実施した農産物収奪政策。戦時体制に入った日本は39年、朝鮮米穀配給調整令を制定し、40年、臨時米穀配給規則、米穀管理規則を実施し、種子と自家消費用を除外した米を朝鮮総督府に一定価格で納めることにさせた。これにより、米の自由市場は完全に廃止され、配給制と供出制が実施された。初期には生産意欲を高めるために、消費者価格よりも生産者価格を高く設定し、地主の小作料を中心に供出制度を実施した。しかし、戦争で財政・食糧事情が悪化すると、米の消費統制と流通の国家管理を強化して、供出を強要した。米ばかりでなく雑穀まで、そして小作農にまで対象を拡大して実施した。その年の供出量をあらかじめ割り当てる割当制、割当量を部落全体の責任にして納付させる部落責任制などが強行された。これは農民の最小限の食糧さえも奪う過酷な制度だった。40～45年まで、全生産量の40～60パーセントが強制供出されたが、その結果、農村の疲弊はさらに頂点に達し、日本の庇護を受けた極少数の大地主を除いた中小地主・自作農・小作農が完全に没落するに至った。

満州移住　植民地農業政策による農村の疲弊と日本の移民政策に強制されて、朝鮮人が満州一帯に移住したこと。大部分は朝鮮北部に居住していた者たちである。満州移住は日韓併合前から行われていたが、植民地時代に入り、その数が急増した。とくに、満州事変後には日本の移民政策によって強制的に引き立てられる場合が多かった。土地調査事業・産米増殖計画・農村振興運動へと引き継がれた植民地農業政策は、農民を急速に没落させ、彼らは絶対的な貧困に陥り、代々受け継がれてきた土地から離れ、火田民となるか、満州・シベリアの各地に移住した。また一部は都市に出て、労働者となった。満州移住は1920年代末から急増し、当時の新聞・官庁などの統計によれば、31年には6万3982名、32年には67万2649名、34年には71万9988名、38年には106万6523名に上り、45年には200万名に達した。彼らの90パーセントは小作農であり、小作料は朝鮮国内よりも低かったが、各種の税金収奪により、生活は依然として貧しかった。このようななかでも、彼らは正義府・新民府・参議府などの独立運動団体に参加して義捐金を拠出し、抗日武装独立闘争の人的経済的基盤を支えた。

万宝山事件　1931年7月、満州の万宝山で起きた、朝中両農民の対立事件。蒋介石

による「北伐」が一応成功し、中国は表面上相対的に安定しているように見えたが、実は軍閥の割拠により、各地では内戦状態が継続していた。この機に乗じて、満州における朝鮮・中国の抗日運動は中国官憲および日本の軍警を襲撃し、武器弾薬を強奪したりした。敦化、吉林、延吉などを中心として展開したこれらの抗日闘争によって、1930年1年間で、朝鮮人約1000名が逮捕され、60名以上が射殺された。

敦化や吉林に入植していた多くの朝鮮農民は、弾圧を避け、あるいは毎日のようにつづく戦乱から逃れて、長春の西北約30キロにある万宝山付近に入植し、開拓をはじめた。これが万宝山事件の発端となった。朝鮮人は中国人の地主から荒地およそ100万坪を10年期限の契約で借り受け、水田にする作業を開始し、その用水の水利権をめぐって先住の中国農民と対立することになった。中国農民側が中国官憲に朝鮮農民の不法を訴えたため、朝鮮側の指導者数名が逮捕された。一方、日本領事館は自国の植民地統治下にある朝鮮人を自国居留民の一部として、その保護のために警察を出動させた。こうして、万宝山一帯はそれぞれ自国の権益確保をめざす日中両国の官憲が対峙する緊張状態に入った。日本側の権力を背景として、朝鮮農民は一方的に用水路建設を進め、水利権獲得を既成事実化しようとはかった。反発した中国農民は工事中の用水路を破壊して、建設を中止させようとしたが、優勢な軍事力を背景とする日本の権力に対しては些細な嫌がらせにすぎず、むなしい抵抗であった。国内で生活できなくなって満州に移民する朝鮮農民は、抗日運動に参加しない限り、日本側にとっては大陸侵略の尖兵として価値ある存在だった。したがって、その保護は日本国家の基本方針であり、中国に対してこれが撤回される

ことは、当時すでに日本の半植民地状態にあった満州ではありえなかった。7月上旬には用水路が完成・通水。この間、朝中農民の小規模な衝突があり、日中双方の官憲が出動して、発砲する騒ぎもあったが、死者は出なかった。

ところがこうした事態に過剰反応した『朝鮮日報』が号外を出して、「……万宝山で朝鮮農民と中国農民が衝突し、同胞が多数殺害された」と誤報した。これは植民地下で鬱積していた朝鮮人の民族感情を強く刺激し、当時約9万名ほどいた在朝鮮華僑に対する暴動が発生。参加した朝鮮人によって、多数の華僑が虐殺され、その被害は死者127名、負傷者約400名にのぼった。

単純な論理で考えれば、当時の朝鮮農民と中国農民はともに日本帝国主義の被害者であり、その点で利害が一致しているはずであり、ともに助け合って日本に抵抗していけるはずであった。しかし、祖国を捨てて満州に移民しなければならなくなった朝鮮農民の貧しさはまさに絶望的であり、その貧しさの根本原因をつくった日本の「保護」を受けて、その意向に従って中国農民の水利権を奪わなければならないほどだったのである。また、国内において日常的に差別され、尊厳を破壊されつづける朝鮮人のストレスのはけ口は、日本に「保護」されている自分たちよりさらに弱者である人々に向かって放出される。この事件は社会的弱者同士を対立させ、殺し合わせた日本帝国主義の深刻な責任を象徴するものにほかならなかった。

銀行令　1912年10月、朝鮮総督府が発表した銀行業に関する法律。普通銀行の設立基準を設定して朝鮮人の銀行設立を極力阻止した。さらに28年12月には同令を根本的に改正。銀行を資本金200万円以上の株式

会社に限定し、従前の銀行で資金不足のものは5年以内に資本金100万円以上を確保するよう求めた。これにより、海東銀行・慶尚共立銀行・慶一銀行・湖南銀行など、1920年までに設立された資本金50万円から200万円規模の朝鮮人民族資本の12行が、日本の銀行に吸収。日本資本である朝鮮商業銀行と漢城銀行が三南銀行・慶尚公立銀行・慶一銀行・南鮮銀行・大邱商工銀行・海東銀行などを吸収し、朝鮮資本の東一銀行が東来銀行・湖西銀行・湖南銀行を吸収した。その結果、朝鮮の普通銀行は朝鮮商業銀行・漢城銀行・東一銀行だけが残った。43年には漢城銀行が東一銀行を吸収して朝興銀行と改称し、40年代には朝鮮資本の銀行は消滅した。朝鮮の金融は、中央銀行の朝鮮銀行と、植民産業を下から支える朝鮮殖産銀行、日本人の民間資本の朝鮮商業銀行・朝興銀行に独占され、東洋拓殖株式会社と金融組合は農村金融を徹底して掌握し、朝鮮人の経済生活を支配した。

軍需工業化 1930年代、日本の大陸侵略が本格化するにともない、朝鮮が兵站基地化され、工業構造全体が軍需工業化したこと。世界恐慌により激しい打撃を被った日本独占資本は、豊富な資源と安い労働力のある植民地朝鮮に突破口を求めた。彼らは31年の「発電網計画および送電網計画」により、水資源を利用した電力開発を推進し、軍需工業化の基礎を整え、朝鮮総督府の保護政策に支えられ、積極的に進出した。三井・三菱・野口財閥が紡績・食糧・化学・機械・金属・工業・窯業(セメント)部門に本格的に進出し、金融財政機構も再編成され、軍需工業に対する資金支援を強化した。資金確保のために国民貯蓄運動が強制された。このような政策により、朝鮮の工業は日本独占資本によりあらゆる部門で占有され、化学・電気などの重工業は発展を見たが、朝鮮人の経済生活とはかかわりをもたず、侵略戦争に必要な部門にのみ集中した。すなわち、鉄・石炭・アルミニウム・マグネシウムなどの原料確保、電気産業・化学・軽金属・鉄鋼業などが発達し、地域的な偏りも激しく、原料・電力が比較的豊富な北朝鮮地域に金属・化学工業が偏在し、一方、南朝鮮には機械・紡績工業が偏在した。このような日本の軍需工業化政策は、軽工業中心の零細中小企業である朝鮮人資本に大きな打撃を与えた。42年に公布された企業整備令にともない、朝鮮人中小企業は強制清算ないし整理に甘んじなければならなかった。反面、一部の朝鮮人資本家たちは日本の庇護の下に、漢江水力電気株式会社・朝鮮製鉄株式会社・朝鮮飛行機株式会社を設立するなど、軍需工業化政策に便乗して成長した。

兵站基地化 1930年以降、日本が朝鮮を大陸侵略戦争遂行の強固な兵站基地とするためにとった一連の政策。満州事変以来、日中戦争を経て太平洋戦争へと、日本は戦争を拡大し、同時に朝鮮総督府が1920年以来標榜した「文化政治」を破棄し、兵站基地化政策を繰り広げた。まず軍事力と警察力を増強し、侵略戦争遂行のための資源(食糧・金属類・石炭など)の増産、徴収を徹底した。太平洋戦争末期には約23万名の日本軍を朝鮮に配置、全国土を武力で掌握した。さらに、警察力を32年の2万229名から41年には3万5239名に増加させた。それ以外にも、警防団・特別高等警察・憲兵・密偵などを配置。多くの独立運動家と抵抗する民衆を検挙・投獄・虐殺し、徹底した思想統制を実施した。36年、朝鮮思想犯保護観察令を制定。京城(ソウル)・平壌・大邱などの7都市に保護観察所を設置し、

主に治安維持法違反者を監視した。37年、朝鮮中央情報委員会を設け、知識人に関する情報を収集した。38年、社会主義者・民族主義者の思想転向者が集まって結成した時局対応全鮮思想報国連盟を設立し、反日思想撲滅を宣伝させた。41年には朝鮮思想犯予防拘禁令を制定し、非転向の思想犯を強制拘禁した。また、朝鮮臨時保安令を公布し、戦時下の言論出版・集会結社に対する取り締まりを強化した。44年には朝鮮戦時刑事特別令をつくり、裁判を2審制に改めた。とくに、国政紊乱罪に対する刑罰を強化した。また、日本は戦時体制を強制して国民生活全般を徹底的に統制し、国家総動員法を朝鮮に適用して国民精神総動員朝鮮連盟を作らせ、それにより朝鮮人を掌握しようとした。一方、軍需工業化や民族抹殺政策（皇民化政策）を実施し、侵略戦争を強行した。

6. 抗日武装独立闘争

抗日武装独立闘争　3・1運動以後、満州間島地方や沿海州で展開された民族独立をめざす抗日武装闘争をいう。3・1運動直後、満州・沿海州地方では多くの武装独立運動団体が組織され、それらは1920年代に入って議政府・参議府・新民府の3府に分かれて活動を展開した。3府は戦線統一のための合作を試みたが完全な統一には至らず、韓族総連合会・革新議会と国民府へと改編された。韓族総連合会と革新議会は韓国独立軍を結成して満州北東部一帯で活躍し、国民府を継承した朝鮮革命団と朝鮮革命軍は南満州一帯で活躍した。しかし、両者はともに日本軍の攻撃に押され、30年代半ばには中国本土に退却した。のちに武装独立闘争の戦線は、満州地域の東北抗日連軍と朝鮮光復会、華北地方の朝鮮独立同盟、当時は重慶にあった大韓民国臨時政府の光復軍などを中心に展開された。各団体は解放後の国家建設の構想をそれぞれ持ち、日本に最後まで抵抗して、民族解放運動の原動力となった。

大韓独立団　1919年3月、満州で組織された独立運動団体。「日韓併合」ののち、朝鮮総督府は朝鮮内部での独立運動を根絶するために徹底的な弾圧を加えた。独立運動家の多くは国境を越えて満州に渡り、柳麟錫は保約社、白三奎・趙秉準・全徳元らは農務契や郷約契、李鎮龍・趙孟善・洪範図らは砲手団（猟師集団）を組織して独立運動を展開した。19年の3・1運動の後、これらの諸団体は弾圧を逃れて満州に移住した人々を迎え入れ、統合して大韓独立団を組

北間島・満州北部地方の独立軍団と団体（3・1運動以後）

抗日団体・独立軍部隊名	中心地	主要人物	主要事項
大韓国民会	延吉県 志仁郷		
琿春大韓民国議会	琿春		
北路軍政署（北路軍指令部）	汪清県 春明郷 西大坡溝		
大韓独立軍	延吉県 明月溝		
軍務都督府	汪清県 春華郷 鳳儀洞		
大韓光復団	汪清県 春明郷 大坡子	団長・李範允 代弁・金聖倫 金聖極　洪斗極 黄元瑞	団内に軍務部を置き、独立軍300〜400名を編成。独立戦争を積極的に主張し、臨時政府の路線に従わず、旧大韓帝国の再興を主張。
義民団	北間島	団長・方雨龍 金鍾憲　許根 洪林	天道教徒が中心。国内進攻作戦を主張。銃400挺余を保有。
義軍府	延吉県 明月溝	李範允　秦学新 崔又翼　金清鳳 金鉉圭	韓末の義兵が中心となって組織。1920年8月頃には武装独立軍400名余を保有。日帝植民地統治機関や軍警務営所破壊に主力を注いだ。
大韓新民団	琿春	総裁・李奎晃 李存浩　韓京瑞 李仁　李元俊 金準根	キリスト教聖理教徒が中心となって組織。1920年7月に上海臨時政府に派遣された金応植の報告によれば約500名の兵力を擁したという。
大韓正義軍政司	安図県 東内島	総裁・李　圭 姜憙　洪禎賛 張南燮　李東柱 趙東植　呉一	韓末義兵が中心となって組織され、1919年10月に大韓正義軍政司へと改編された。上海臨時政府への報告によれば、兵力は本部の内島の100名以外に、小沙洞に240名と樺旬県古桐洞に100名。
野団	満州北部	団長・申砲	満州北部中東線一帯で青林教徒が組織したといわれ、1920年5月の上海臨時政府への報告によれば、会員は約2万にのぼった。軍事組織はなかったようだが、数千着の軍服を保有していたという報告が残されている。
血誠団	黒龍江 烏雲県 境遠屯	団長・金国礎 金春日	1920年初頭に青年によって組織され、愛国青年血誠団とも称した。
新大韓青年団	琿春地方	会長・李京鎬 崔徳在　金承洙	1920年に琿春の青年が組織。
大韓青年団	延吉県 八道溝	団長・徐成権 姜伯奎	1920年4月頃、青年だけの抗日団体として組織された。
復皇団	琿春地方		年配の孔教会員が多く、独立思想の鼓吹と上海臨時政府支援のための軍事資金調達に力を尽くした。
倡義団	北間島地方	李範模	北間島と茂山地方を勢力圏とし、李範允の部下だった李範模が組織した。
青年猛虎団	北間島地方	団長・金尚鎬	明東および正東学校の教職員と生徒によって組織された。
急進団	琿春地方		3・1運動直後に組織され、ロシア領内の急進派と密接な関係を持っていた。
学生光復団	汪清県	金昇	
保皇団	北間島		
忠烈隊	竜井		
建国会	琿春	黄丙吉　朴致煥	
自衛団	局子街	団長・崔経浩	局子街にあった中国公立中学校の朝鮮人卒業生によって組織。

織した。総本部は柳河に置かれ、各県に支団・分団が設置された。満州に散在する親日派団体の日民団・保民会・強立団と対抗し、軍事訓練に力を注ぎ、ハルビンの白系ロシア軍にも朝鮮人青年部を置いた。当時の指導者は総裁・朴長浩、副総裁・白三奎、諮議部長・朴治翼、司翰長・金起漢らである。のちに年号採用の問題などで新旧世代の対立があり、紀元独立団と民国独立団に分裂したが、20年12月、韓族会・青年団連合会とともに上海の大韓民国臨時政府傘下の光復軍司令部に統合された。

大韓正義軍政司　1919年3月、満州の間島地方、吉林省安図県で組織された抗日武装闘争団体。3・1運動ののち、満州へと亡命してきた義兵と旧大韓帝国軍人によって組織された独立軍で、当初は大韓正義団臨時政府と名乗った。19年10月に大韓民国臨時政府の勧めで組織を改編。あわせて名称を大韓正義軍政司と改め、李奎を総裁として、本格的な抗日武装闘争を開始した。平時には傘下の900名余の兵力を分散させ、中国軍保衛司に100名余を割き、数百名の砲手(猟師)は狩猟に従事させた。適時彼らを動員して、満州内の日本軍憲兵隊や警察官詰所などに奇襲攻撃を行った。また、在満州朝鮮人移住民の啓蒙にも努力し、新聞・雑誌の発行や教育を通じて独立精神の鼓吹に努めた。20年8月には日本軍の大規模な掃討作戦によって大打撃を受けたが、12月に金佐鎮の部隊と合流して、大韓義勇軍を組織し、抗日戦を展開した。

義軍府　①1919年4月、満州東部各地に散在していた義兵を統合し、組織された抗日武装団体。6つの大隊からなり、総裁に李範允、総司令官に金鉉圭、参謀長に秦学新が就いた。20年の青山里の戦闘(青山里大捷)ののち、日本軍がその報復のために満州で大規模な掃討作戦を開始すると、黒龍江沿岸の満州北部国境地帯へと移動。北路軍政署などの10の独立部隊との統合をはかって、徐一・金佐鎮・洪範図らを総裁団とする大韓独立軍に編入された。
②1922年に組織された独立運動団体。これに先立って結成された統義府の組織と人的配置に不満を覚えた軍代表が満州の桓仁県で新たに設立した。朝鮮内での日本帝国主義各機関の破壊を目的とし、総裁は蔡尚悳、軍務総監は全徳元、政務総監は金平植が務めた。24年に統義府の4つの中隊とともに、臨時政府直轄軍である陸軍駐満参議府に統合された。

李範允　[イ ボムユン]　1863〜1925。独立運動家。1902年、間島の管理司に在職中、国家の衰亡を座視できず独立運動に起ち上がり、北間島開拓朝鮮人の自主精神を喚起して自治活動を指導した。10年の「日韓併合」の後は帰国を断念。同志の結集に力を注ぎ、19年に3・1運動が起こると、秦学新・崔友翼らとともに義軍府を組織。5個大隊を率い、同時に北間島在住朝鮮人自治区域の行政体系確立に心を砕いた。のちに徐一・金佐鎮らが率いる北路軍政署と同盟。北間島一帯の日本軍とその手先を撃破してその名を高めた。青山里の戦闘ののち、日本軍の大掃討作戦が開始されると、軍署庁などの独立軍部隊とともに黒龍江を渡り、ロシア領の自由市(アレクセフスク)へと移動した。長い間の流浪生活の無理がたたったのか、その地で病に倒れ、再び起き上がることなく、異郷に葬られた。

西路軍政署　南満州地域にあった抗日独立武装闘争組織。1919年4月、韓族会とともに組織された軍政府が、大韓民国臨時政

府の統括下に入って以来、その名称を改めて西路軍政署となった。督弁（司令官）・李相龍、副督弁・呂準、政務庁長・李鐸、軍政庁長・梁圭烈、参謀長・金東三、教官・池青天、申八均、金擎天（金光瑞）らが農民に軍事技術を教えた。23年に参議府に統合された。

新興武官学校　1920年、吉林省柳河県に設立された独立軍の軍人養成機関。西路軍政署所属新興学校の後身である。校長・李始栄、教成隊長・池青天、教官・呉光鮮、李範奭、金擎天らで構成された。20年8月までに卒業生2000名を出した。連日14時間の訓練を実施し、その教育課程は下士官コースが3ヵ月、将校コースが16ヵ月、特別コースが1ヵ月で、教科の内容は、学科が1割、教練が2割、民族精神が5割、建設が2割の割合だった。この学校の卒業生はのちに新興学友団を組織し、満州地方の抗日武装独立闘争において目覚ましい活躍を見せた。

池青天（李青天）　［チ チョンチョン（イ チョンチョン）］

1958年頃

1888〜1959。独立運動家、政治家。ソウルの人。大韓帝国末期、政府の留学生に選ばれて日本の陸軍士官学校を卒業した。朝鮮人で日本陸軍中将となる洪思翊と同期である。1919年に満州に亡命。新興武官学校教成隊長を経て、のちに西路軍政署に入った。20年、日本軍の掃討作戦を避けてロシア領の自由市（アレクセフスク）に移動した。そこで自由市虐殺事件に遭遇した後、イルクーツクへと向かった。イルクーツクでは赤軍第5軍団所属の朝鮮人旅団（旅団長・呉夏黙）士官学校教官となり、ふたたび満州に戻って梁起鐸・呉東振らとともに正義府を組織した。40年、当時は重慶にあった大韓民国臨時政府の光復軍総司令官となり、解放後は帰国して右翼団体である大同青年団を創設して団長に就任し、その後、制憲国会議員・無任所長官・第2代国会議員（1950.5〜54.5）などを歴任した。

間島国民会（大韓国民会）　1919年、満州間島地方で組織された独立運動団体。武装闘争と自治運動を並行して推進し、発足当初は在間島大韓民会と称した。琿春大韓国民会と合流して、吉林省の延吉・和龍・汪清の3つの県にまたがり、8000名以上の会員を有する有力な独立運動団体として発展した。会長は具春先、顧問に金奎燦、総務に韓相愚らが就任、上海の大韓民国臨時政府と密接な関係を結んだ。のちに洪範図の大韓独立軍、崔振東（別名、崔明禄）の都督府軍を統合し、強力な武装部隊が組織された。司令官に崔振東、武官に安武、連隊長に洪範図らが任命され、部隊が整備された。つづいて国民会は軍備の拡大に力を注ぎ、20年の時点での韓国独立軍（抗日武装独立軍）のうちで最大の軍事力を保有し、しばしば日本軍に大打撃を与えたが、20年の日本の間島出兵によって組織を寸断され、ついに回復することはなかった。

鳳梧洞の戦闘　1920年6月7日、洪範図

の大韓独立軍・安武の国民軍・崔振東の都督府軍約700名が吉林省汪清県の鳳梧洞に侵攻した日本軍を迎えうち、勝利を収めた戦闘。戦いの発端は6月6日の三屯子の戦闘である。独立軍が定期的に行ってきた小規模な国内浸透作戦に対する報復のために、日本軍は豆満江を渡って三屯子に侵攻し、住民を殺戮した。独立軍はこの日本軍部隊を攻撃して殲滅した。これを三屯子の戦闘という。日本軍は独立軍討伐をはかって、すぐさま越江追撃大隊を編成し、南陽守備隊1個中隊とともに豆満江を越えて鳳梧洞に侵攻してきた。洪範図らはこの日本軍の動きをあらかじめ察知し、全住民を避難させたのち、険しい高地に兵を隠し、日本軍がやってくると一斉に攻撃した。この奇襲は日本軍を混乱させて大きな打撃を与えた。上海の大韓民国臨時政府の発表によれば、この戦闘での日本軍側の被害は、戦死者157名、重傷者200名、軽傷者100名だったが、独立軍側の被害は戦死者4名、重傷者2名であったという。この鳳梧洞の戦闘は独立軍の士気を大いに高め、兵力の補強と軍備の充実を促した。一方、日本軍は独立軍の実力を改めて認識し、大討伐作戦が画策されるようになった。

大韓独立軍 満州の抗日独立軍部隊。洪範図の指揮下に吉林省延吉県明月溝に本部を置き、兵力は約400名を擁した。洪範図以外に主要な役割を担った人物に朱達・朴景哲らがいる。間島国民会と提携し、他の団体の勢力を次々に糾合して兵力を拡大し、満州一帯に勇名を馳せた。1919年8月に初の祖国への進撃を行い、豆満江を渡って甲山・恵山の日本軍を攻撃。つづいて江界・満浦鎮を陥落させ、慈城での3日間の交戦に勝利を収めた。のちに崔振東(別名、崔明禄)が指揮する都督府軍と合流した。

20年6月、日本軍(朝鮮軍第19師団1個部隊と南陽の守備兵全員の1個部隊)が鳳梧洞攻撃を目的に侵攻してきた。洪範図・崔振東らの指揮下にあった700名の独立軍は、日本軍に死者150名と多数の負傷者をもたらした。この鳳梧洞の戦闘は大韓独立軍の名を大いに高めた。鳳梧洞の戦闘ののちに、大韓独立軍は白頭山付近の漁郎村に移動して青山里の戦闘に参加し、ふたたび戦果を挙げた。のちにロシア領のイマンを経て自由市(アレクセフスク)に移動し、自由市虐殺事件の後はイルクーツクに移動した。

洪範図 [ホン ボムド]

1942年頃

1868〜1943。独立運動家。平安北道滋城の人。貧家に生まれ育ち、小作や製紙工場の下働き、猟師、鉱山労働者などの職を転々としたが、1895年頃に義兵隊の一員として活躍をはじめる。1907年9月、日本は「銃砲及び火薬類取締令」を公布、猟師の銃の摘発回収をはかった。これに対して洪範図は車道善・太陽郁らと山砲隊を組織し、甲山・三水・恵山・豊山などを舞台として遊撃戦を展開、抵抗した。日韓併合後は満州に逃れ、独立軍の養成に力を尽くした。1919年の3・1運動に際しては、大韓独立軍総司令として最初の国内進攻作戦を指揮した。20年6月の鳳梧洞の戦闘と、10月の青

山里の戦闘では独立軍結成以来の最大の勝利を収めた。これまでは青山里の戦闘は、金佐鎮と李範奭が率いる北路軍政署が単独で闘ったと誤って伝えられてきたが、この闘争において主要な役割を果たしたのは洪範図の部隊だったのである。その後、洪範図は日本軍の掃討作戦を逃れ、武装部隊とともにロシア領自由市に移動し、自由市虐殺事件ののちには沿海州で集団農場を営んだ。27年10月にはソ連共産党員となり、37年の朝鮮人強制移住に際して、中央アジアのカザフスタンに移り、43年10月25日にその地で死亡した。洪範図は抗日武装闘争史において十指に数えられる名将として、現在でも中国東北地方や中央アジアの朝鮮人社会では伝説的英雄とされており、カザフスタンの都市クジュルウォルダーには彼の名をとった洪範図通りが今もあり、埋葬された墓地には記念碑と像が建立されている。彼の生涯は戯曲化され、クジュルウォルダー朝鮮劇場で上演された。

琿春事件（間島虐殺事件） 1920年、日本軍が馬賊討伐を口実にして吉林省琿春など間島の朝鮮人住民と独立運動家を大量虐殺した事件。「間島虐殺事件」ともいう。3・1運動ののち、満州へ亡命した朝鮮人は多かった。そこで彼らは独立軍を組織し、抗日武装闘争を粘り強く展開した。日本軍はこうした独立軍の壊滅をはかったが、それには国境を越えて大規模な武力を発動するための口実が必要だった。そこで日本軍は馬賊の首領・長江好を買収し、20年9～10月にかけて馬賊団400名に琿春を襲撃させた。琿春の日本領事館では渋谷警部の家族ら日本人婦女子9名が殺害された。日本軍はすぐさま匪賊討伐の名目で羅南師団をはじめとする大軍を動員し、10～11月にかけて琿春を中心に間島一帯の朝鮮人住民と独立運動家を無差別虐殺し、韓民会と独立団の組織を破壊した。ことに独立軍の活動基盤と見られていた人物を重点的に殺害した。琿春だけでも242名が虐殺された。この事件以後、日本軍は満州へとしばしば越境し、朝鮮人虐殺はつづいた。

関東軍 中国侵略の尖兵として、第2次世界大戦末まで満州に駐屯していた日本陸軍部隊。日露戦争で勝利した日本は、ロシアの租借地を引き受ける形で中国から奪った遼東半島租借地（関東州）に1905年、南満州鉄道の権益を守るため、関東都督府を設置し、約4万の兵力を駐屯させた。これがこの部隊のはじまりである。19年には関東都督府は廃止され、関東軍司令部が新設され、ソ連を仮想敵国とする日本の国防方針においての前衛部隊と位置づけられることになった。28年の張作霖爆殺事件、31年の満州事変、32年の日本の傀儡国家・満州国の樹立など、一貫して日帝侵略の先兵の役割を遂行した。32年からは関東軍司令官が駐満特命全権大使・関東州長官を兼任し、軍政を敷くことで実権を掌握し、実質的に満州全土を支配した。兵力も増強され、第2次世界大戦がはじまって独ソ戦たけなわの頃には、約70万の精鋭軍が集結した。しかし、大戦末期には関東軍の勢いも弱まり、参戦したソ連軍によって壊滅させられた。戦後の満州ではヤルタ協定でソ連が多くの権益を獲得したが、1952～55年にかけてそれらは中国に返還された。

青山里の戦闘（青山里大捷） 1920年10月21日から6日間にわたり、金佐鎮の率いる北路軍政署、洪範図の率いる大韓独立軍、安武の率いる国民軍など、独立軍連合部隊約2000名が豆満江上流・吉林省和龍県の一帯で5000名を超える日本軍を迎えうち、勝

利を収めた戦い。満州・間島地域の独立軍の動きが活発化してくると、日本軍はこれを阻止するために、大規模な討伐作戦を計画。琿春事件を仕組むことにより、出兵の口実をつくり、大規模兵力を間島に投入した。これに対して、各独立軍部隊は新たな基地を求めて移動をはじめ、白頭山に近い和龍県一帯の密林地帯に集結した。青山里の戦闘とは、北路軍政署が和龍県三道溝青山里に侵入した日本軍の東支隊を白雲坪渓谷で殲滅した時点からはじまり、洪範図の率いる大韓独立軍と国民軍連合軍が完楼溝・漁郎村・泉水坪・蜂蜜溝・古洞河など、および一道溝・二道溝の密林地帯で10回余りも戦われた戦闘を総称する。そのうちもっとも大規模で、長時間の激戦となった

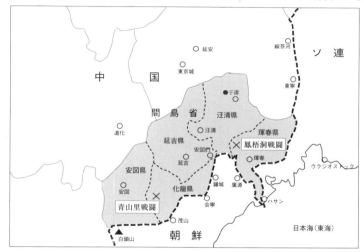

間島地域の独立軍戦闘地　1920年代初め

青山里大捷後（1921年初め）

のは漁郎村での戦闘だった。日本軍はこの戦いで1000名を超える死傷者を出して大敗した。青山里の戦闘の具体的戦果は資料によってそれぞれ異なるが、日本軍の死傷者は2000～3000名と推定される。この戦闘において、独立軍の2倍以上の兵力と圧倒的に優勢な火力をもった日本軍を撃退できたのは、独立軍の旺盛な戦闘意欲に加えて、現地の朝鮮人住民の献身的な支援や、彼らの自発的な情報活動とその速やかな独立軍への伝達によるとされる。青山里の戦闘は、独立軍と朝鮮人住民が一体となって6日間にわたる激戦を戦い、ついに勝利を収めた。朝鮮独立戦争史上最大の勝利といえる。

北路軍政署 満州吉林省汪清県に本部を置いた独立運動団体。大韓帝国末期の義兵出身者によって組織された重光団がその母体である。重光団は青年教育、啓蒙思想に力点を置いていたが、1919年、3・1運動が起こると、軍事行動を目的とする正義団へと拡大された。同年8月、正義団が軍事組織として改編されて、12月に北路軍政署となった。総裁には徐一、総司令官には金佐鎮、研成隊長には李範奭が就任し、北間島において有数の軍事力をもつ団体に成長した。日本側の記録によると、1920年8月の時点で、北路軍政署は1600名の兵力と銃1300丁、拳銃150丁、機関銃7丁を持っていたという。また、士官錬成所も設置し、李範奭らが教官となって軍事力の強化をはかり、一方では小学校や講習所を建てて朝鮮人同胞の教育・啓蒙にも力を注いだ。北路軍政署は青山里の戦闘で日本軍を大敗させたが、その報復を予測してロシア領イマンに移動し、他の独立軍部隊とともに自由市（アレクセフスク）に入った。ここで自由市虐殺事件が起こるが、金佐鎮と李範奭は自由市に入る手前で引き返し、難を逃れた。

金佐鎮 ［キム ジャジン］

1927年頃

1889～1930。独立運動家。忠清南道洪城の人。金斗漢（1918～72）の父。名門の次男として生まれ、大韓光復団に加盟。1915年に逮捕されて、3年間を獄中で過ごした。出獄後、青年学友会会員となり、『漢城日報』理事となって活動したが、3・1運動ののち満州に渡って正義団に加盟。これを北路軍政署へと改編し、総司令官となった。20年10月、洪範図の大韓独立軍連合部隊とともに青山里の戦闘で日本軍を大敗させた。日本軍の報復を避け、部隊を率いてロシア領イマンに移動した。この時、北路軍政署軍の一部は自由市（アレクセフスク）へと向かったが、金佐鎮は自由市には入らず、満州に戻った。25年、金赫・曺成煥らと新民府を結成して総司令官となった。27年、中国救国軍司令官の楊宇一と抗日共同戦線結成に合意し、韓中連合軍を組織したが、張作霖の弾圧により失敗した。新民府が国民府として統合されると、29年鄭信・閔武らとともに韓族総連合会を結成、主席となった。この過程で、新民府と共産主義の勢力の間の葛藤が深まることになり、30年1月24日、中東線山市駅で共産主義者の青年に狙撃され、死亡した。

光復軍司令部 1920年、南満州一帯の独立軍の統合団体。大韓義勇軍軍事議会・韓族会・紀元独立団・民国独立団・青年団連合会など南満州地域の独立団体が統合して結成。上海の大韓民国臨時政府と連携し、臨時政府軍務部直轄となった。司令長に趙孟善、副官に呉淳根、参謀長に李鐸が就任し、6営で編成され、総兵力は3700名余りだった。20年まで日本軍と78回にわたって戦闘を行い、56ヵ所の駐在所を奇襲、また20ヵ所の官公庁を襲撃、95名の日本警察官を射殺するなどの戦果を収めたが、後にシベリア出兵した日本軍の大規模攻勢によって分散させられた。

光復軍総営 南満州で組織された武装独立軍。南満州一帯の団体を統合し、組織された光復軍司令部が一連の戦闘で各地に散らばった後、第2営長だった呉東振が率いた部隊を光復軍総営と改称したものである。総営長には呉東振、副官には朴泰烈と金昌熙が就任した。国内外の各地で敵の機関を攻撃するなど、活発に活動していたが、22年、光韓団をはじめとする諸団体とともに統軍府に編入された。

大韓独立軍団 1920年12月、ソ満国境地帯で、いくつかの独立軍部隊が統合され、組織された部隊。日本軍の攻撃を避け、ソ満国境地帯に集結した大韓独立軍・北路軍政署・西路軍政署・義軍府・都督府など10余の独立軍部隊が統合部隊を組織し、大韓独立軍団と称した。総裁に徐一、副総裁に金佐鎮・洪範図・曺成煥が就任した。彼らは日本軍の追撃を避けてロシア領の自由市(アレクセフスク)に移動し、軍事訓練に力を注いでいたが、自由市虐殺事件に遭遇した。

自由市虐殺事件(自由市惨変、黒河事変) 1921年6月28日、ロシア領自由市(アレクセフスク)から約5キロ離れたスラシェプカに駐屯中の朝鮮人部隊であるサハリン義勇隊がロシア赤軍第29連隊と朝鮮人歩兵自由大隊(以下自由大隊)に武装解除される際に攻撃され、多数の死傷者を出した事件。イルクーツク派高麗共産党と、上海派高麗共産党の派閥闘争が起こした朝鮮独立戦争史上最大の悲劇的事件である。サハリン部隊・尼港軍隊とも呼ばれるサハリン軍隊は尼港(ニコラエフスク、アムール江河口)でトラピチンの赤色パルチザンとともに日本軍を大敗させた抗日部隊で、日本軍の追撃を避け自由市に入ったとき、当時、自由市では自由大隊以外にも洪範図の大韓独立軍、崔振東の都督府軍など、間島地方から移動してきた抗日武装部隊が集結していた。サハリン義勇隊の実力者・朴イリアは自由大隊の呉夏黙・崔高麗らと軍の統帥権をめぐって対立するに至った。自由大隊はもともと大韓国民議会麾下の武装部隊だったが、ロシア極東共和国人民革命軍第1軍団に編入された朝鮮人部隊であり、大韓国民議会は上海の大韓民国臨時政府と李東輝の上海派高麗共産党に対して批判的なイルクーツク派系統だった。しかし当時、極東共和国朝鮮人部には上海派の李東輝系の朴愛・張道政らが活動していた。朴イリアは軍の統帥権の掌握のため、イルクーツク派と反目する上海派と手を握り、麾下部隊と間島からきた独立軍部隊を自由市の近辺のマサノフに移動させた。コミンテルン東洋秘書部は両派の対立を調整するために、高麗革命軍政議会を結成、ロシア赤軍のカルランダラシウィルリンを議長兼総司令官に任命し、軍統率権の責任を持たせた。朴イリアはこれに不服だったが、洪範図・安武の部隊がサマノフから自由市へと抜け出

と、次第に孤立した。説得に失敗したカルランダラシウィルリンは29連隊を動員し、6月28日、スラショフカに移動していたサハリン義勇隊に対して「武装解除」を断行した。このとき、自由大隊も29連隊とともに行動した。

　これにともなう衝突の犠牲者数は資料によってまちまちだが、『在露高麗革命軍隊沿革』によれば死亡者36名、捕虜864名、行方不明59名となっており、「間島地方韓国独立団の檄文」では、死亡者272名、溺死者31名、行方不明250名、捕虜917名となっている。当時、朴イリアは無事に脱出した。高麗軍政議会は捕虜審査を経て一部は収監され、残りはイルクーツクに移動した。他の武装部隊もイルクーツクに移動し、赤軍第5軍団傘下の1個旅団に編成された。自由市虐殺事件は正確な記録が残っていない。また、それぞれの立場に立って、事件の解釈と評価が異なり、上海、イルクーツク両派の派閥戦争が起こした悲劇として、以後、朝鮮の共産主義運動に悪影響を及ぼした。

統義府　1922年、満州で組織された独立運動団体。南満州一帯の各独立運動団体を統合したもので、韓族会・大韓独立団・大韓西路軍政署・光韓団などの代表が奉天省桓仁県統軍府を組織し、2ヵ月後に統義府と改称した。軍事組織と自治行政機構を備え、中央集権委員長・金東三、民事委員・李雄海、軍事委員・李天民、財務委員・呉東振、公務委員・玄正卿らが任命された。軍事組織としては、5個の中隊と遊撃隊、憲兵隊を置き、李天民が司令官のポストに就き、兵力は500名ほどだった。しかし、内部に新旧の両派閥が生じ、義軍府と参議府はそれぞれ分離され、のちに3府は対立して同族同士の流血事態をもたらした。

参議府（陸軍駐満参議府）　1924年、吉林省通化県で組織された独立運動団体。統義府と義軍府が同族間の流血事態まで引き起こすなど、対立が熾烈化すると、これに反対する勢力が参議府を作り、上海の大韓民国臨時政府に代表を派遣し、その直属軍事組織となった。参議議長兼第1中隊長・白狂雲、中央議会議長・白時観、民事部長・金条厦、訓練隊長・朴応伯らが選任され、管轄区域は集安県を中心とする鴨緑江沿岸地域だった。民事機関として13の行政区を設置し、行政区ごとに50名以上の警護隊を配置して治安を守り、また、それぞれの行政区に3校以上の中学校を設立して教育にも力を注いだ。軍隊訓練と抗日戦を活発に展開したが、参議長兼第1中隊長・白狂雲が統義府遊撃隊に惨殺されたこともあって、統義府とは対立関係にあった。正義府・新民府との3部統合によって解体された。

正義府　1925年1月、満州で組織された独立運動団体。統義府を中心にし、吉林の住民会義成団、西路軍政署などが統合し、正義府を結成。吉林省樺甸に本部を置いた。中央執行委員長・李鐸、総務委員長・金履大（満州事変後に転向）、軍事委員長・池青天、財務委員長・呉東振、民事委員長・金虎、法務委員長・李震山、外務委員長・玄益哲、司令長・池青天（軍事委員長と兼任）、参謀長・金東振らが選出され、兵力は7個中隊に及んだ。軍事行動以外でも、各地に小学校を設立して初等教育を義務化した。また、化興中学・東明中学・華成義塾を設立して中等教育と幹部養成にも力を注ぎ、機関紙『戦友』『大東民報』を発行した。正義府は参議府とともに南満州地域の2大勢力となったが、27年の3府統合によって国民府に統合された。

新民府 1925年3月，黒竜江省寧安県で組織された独立運動団体。青山里の戦闘ののち、ロシアの国境地方へ移動した北路軍政署のうち、自由市（アレクセフスク）に入らなかった金佐鎮らが中心になって北路軍政署の後身として組織された。軍事組織と自治機構を備え、委員長・金赫、民事・崔浩、軍事・金佐鎮、外交・曺成煥、経理・兪正根、実業・李世一、交通・兪炯、宣伝・許聖黙、教育・鄭信、保安隊長・朴斗熙が選任された。兵力は5個大隊350名ほどから出発し、寧安県を中心に北満州の中東線一帯と北間島北部まで勢力を及ぼした。行政組織を整備し、機関紙『新民報』の発行と学校設立などの文化啓蒙事業も盛んに行い、軍事・行政・文化・実業の各方面で実績を積み上げた。3府統合によって国民府に統合された。

国民府 1929年3月、満州で組織された独立運動団体。27年初、満州の朝鮮人社会では、いわゆる3府がそれぞれ大きな勢力圏をなしていた。鴨緑江上流地域は参議府、南満州一帯は正義府、北満州中東線地域は新民府の管轄地域として、3府が朝鮮人僑胞社会を基盤に互いに競争対立した。これに3府統合運動が推進され、28年5月、新安敦で3府統一協議会および唯一党組織会議が開かれたが失敗に終わった。各府では内部分裂が起こり、金東三・池青天・金佐鎮ら各府の脱退者らが革新議会を組織して、ただちに民族唯一党革新会を構成した。1929年3月には、正義府代表の玄益哲・李東林、新民府代表の李東元、参議府代表の林炳武・沈龍俊らが集まり、革新議会に対抗する団体を結成して国民府とした。国民府は中央執行委員長・玄益哲、民事・金履大、経済・張承彦、法務・玄正卿、軍事・李雄らが選任され、行政組織と軍事組織を備え、反日自治活動と親日勢力の一掃に力を注いだ。その年9月、軍政と民政を分離し、独立運動と軍備は朝鮮革命党と朝鮮革命軍に、国民府は在満朝鮮府の自治機関としてそれぞれ独立した。

朝鮮革命党 1929年9月に組織された国民府の組織。正義府・新民府・参議府の3府統合運動と唯一党組織運動は結局革新議会と国民府の組織に落ち着いた。革新議会が解体状態に陥ると、池青天・閔武・洪震・李章寧らが韓国独立軍を結成し、東北満州一帯で活動した。国民府は朝鮮革命党と傘下の軍事組織により、朝鮮革命党を結成し、南満州地域唯一の党として、また党軍として活動した。朝鮮革命党の主要人物は、玄正卿・玄益哲・李雄・高轄信・高而虚・張承彦らで、中央党府に7部3委員会を設け、軍事委員会傘下に朝鮮革命軍を置いた。朝鮮革命軍は梁世奉（梁瑞奉）、高而虚らの指揮下で中国義勇軍とともに抗日戦に輝かしい戦果を立てた。朝鮮革命党と朝鮮革命軍の活動は、1936年を前後して中断されたと見られる。一部は中国国内に移り、また一部は満州に残って非合法活動を行ったが、転向して日本に屈伏した者もあった。

朝鮮民族革命党（韓国民族革命党） 南京で組織された抗日独立運動団体。韓国民族革命党を継承した。35年7月、金元鳳の義烈団を中心に、金枓奉の朝鮮独立団・朝鮮革命党・韓国独立団・新韓独立団・韓国光復同志会の5団体がみずから組織を解体し、民族革命党を結成した。教務部長・金元鳳、組織部長・金枓奉、軍事部長・池青天、特務部長・李範奭、国民部長・金奎植らが選ばれた。民族革命党は、①日帝打倒と民族自主独立の完成、②封建勢力および反革命勢力の粛清と民族共和国の建設、③少数

が多数を収奪する経済制度の廃止と平等制度の確立を3大原則とし、当面の行動指針として国内外の革命運動団体の総結集、武装闘争路線の選択、中国との提携などを掲げた。しかし、趙素昻・池青天らの右派が金元鳳の路線に反発して脱退。崔昌益・許貞淑・安光泉ら国内で活動していた共産主義者たちが亡命すると、彼らと合流した。37年、右派は金元鳳ら左派を除名。党名を韓国民族革命党と改めた。これに対して金元鳳らは朝鮮民族革命党を組織、軍事組織として朝鮮義勇隊を設置した。朝鮮義勇隊は日本軍に対する情報収集・日本軍捕虜の取り調べと教育・対日包囲軍宣伝工作・中国人および朝鮮人に対する宣伝活動を主に担当した。37年12月に南京が日本に占領された後、朝鮮義勇隊は武漢に退却し、さらに武漢が占領された後には、四方に分散孤立させられた。金元鳳をはじめとする一部は国民政府とともに重慶に向かい、大韓民国臨時政府傘下に入った。崔昌益・許貞淑・王志延・朴孝三らは延安に移動し、長征を終えて延安にあった中国共産党の支援を受け、朝鮮独立同盟を結成した。

金元鳳［キム ウォンボン］ 1898～1958？ 独立運動家。別名、金若山、崔林。慶尚南道密陽の人。1913年、ソウル中央学校2年に編入。中退した後、中国に渡り、16年、天津の徳華学堂に入学するが、同校が廃校となって帰国した。18年、南京の金陵大学に入学したが、中退。21年、吉林で義烈団を組織、テロ、破壊活動による独立運動を展開した。24年5月、黄埔軍官学校で教育を受け、27年、北伐に参加。同年、北京にレーニン政治研究所という政治学校を創設。つづいて32年、南京に朝鮮軍官学校を設立、37年、朝鮮民族革命党を結成、朝鮮義勇隊を組織した。38年10月、重慶に行き、大韓民国臨時政府軍政部長、光復軍副司令を歴任した。1945年12月、臨時政府の軍務部長として帰国。左右合作に努力したが、李承晩らの南単独政府樹立の動きが本格化し、呂運亨が暗殺されると（1947年7月）、北へ入った。48年8月、南北連席会議に参加し、同年9月から52年5月まで国家検閲相を務めた。のちに労働相、最高人民会議の常任委員会副委員長などに就任したが、58年10月に失脚、粛清された。

朝鮮独立同盟 1942年7月、中国太行山中で組織された抗日団体。前身は41年1月10日に結成された華北朝鮮青年連合会である。武装組織として朝鮮義勇軍を設け、「階級の区別なく、主義・信仰の違いを問わず、民族解放と独立のためにあらゆる団体・党派・革命家・愛国者の総団結として、広範な大衆革命団体」を標榜し、日本帝国主義の打倒と自由で幸福な朝鮮民主共和国の独立を勝ち取ることを目標にする綱領および規約を採択した。執行委員に金科奉・武亭・崔昌益・李維民・金昌満・王志延・朴孝三ら11名を選出し、42年12月1日、太行に華北朝鮮青年革命学校を設立、軍政幹部を養成した。これはのちに華北朝鮮革命軍事学校と改称された。45年8月、日本が無条件降伏を発表すると、独立同盟は帰国の途につき、日本軍の抵抗に遭いながら、朝鮮に向かった。その年11月末から12月中旬にかけて、平壌に入った。当時の組織を見ると、首席は金科奉、副首席は崔昌益・韓斌、執行委員は武亭・許貞淑・李維民・朴孝三・朴一禹・金昌満・梁民山・周春吉・方雨龍（方渭龍）・河仰天・李春岩・金虎らで、朝鮮義勇軍の総司令は武亭、副司令は朴孝三・朴一禹らだった。46年3月、独立同盟は朝鮮新民党と改称し、8月、朝鮮共産党北朝鮮分局と合党して朝鮮労働党

を結成した。この独立同盟は中国共産党とともに行動しながら中国革命と深い関連を持っていた共産主義者たちと、国民党地区で活動していた朝鮮義勇隊の急進的青年たち、そして民族革命党と朝鮮義勇隊に属していた民族主義者たちの3集団によって結成されたものであり、中国共産党の新民主主義路線から大きな影響を受けた。解放後、ブルジョワ民主革命と民族主義者たちを含んだ広範囲の統一戦線政府の樹立を主張した。しかし、このような独立同盟の路線は米ソによる分割占領および内戦体制の強化にともない、実現の機会を失う。「延安派」と呼ばれ、50年代末までにほとんどが粛清された。

朝鮮義勇軍 朝鮮独立同盟の武装組織。華北朝鮮青年連合会(独立同盟の前身)の武装勢力である朝鮮義勇隊華北支隊を1947年7月に改称したものである。朝鮮義勇軍は、①抗日戦争前から中国共産党とともに行動した活動家(武亭ら)、②国民党地区で民族革命党や朝鮮義勇隊を組織していたが、のちに延安に入った活動家(金枓奉、朴孝三ら)、③日本に徴兵され兵士となったのちに脱出、あるいは捕虜となった人々などからなっていた。初期の人員は約400名、解放直前には約2000名、満州に進出したのちには約3万名に拡大した。朝鮮義勇軍の主な任務は、中国共産党八路軍・新四軍への協力、対日戦の遂行および居住朝鮮人に対する宣伝・組織活動であった。戦闘としては41年12月12日の胡家荘戦闘と42年5月の反掃討戦が有名である。解放後、朝鮮義勇軍の一部は、満州に移動し、一部は中国共産党に協力、国共内戦に参加した。

金枓奉[キムドゥボン] 1889~1961? 独立運動家・共産主義運動家。いわゆる延安派共産党の指導者。慶尚南道東萊の人。17歳でソウルに上り、培材学堂・普明高等普通学校で学び、ハングル学者・周時経の指導の下で研究生活を送った後、各地のハングル講習所や普成・中央・徽文高等普通学校(中学)などで教えた。3・1運動ののち中国に亡命し、29年、大韓民国臨時政府議政院委員となり、李東輝が組織した高麗共産党に入党した。35年、金元鳳の民族革命党に入り、中央常務委員会、朝鮮義勇隊幹部を歴任した。南京が陥落した後、39年、民族革命党とともに重慶に移動したが、42年4月頃延安に入った。同年、朝鮮独立同盟の主席に推戴され、朝鮮革命軍政学校校長を兼任した。解放後、平壌に入り、新民党を創設したが、46年に朝鮮共産党北朝鮮分局と合党し、朝鮮労働党を結成、中央委員長となった。56年、中央委員会全会議で崔昌益・朴昌玉らとともに金日成の重化学工業優先の経済発展路線を批判して金日成指導体制に反対し、58年、「8月宗派事件」(宗派とは分派のこと)によって失脚。その後平安南道順安農場の労働者となって働き、そこで没したと伝えられる。

武亭(金武亭)[ムジョン(キムムジョン)]

1951年当時

1905~1952。独立運動家、共産主義運動家、軍人、本名は金武亭だが、武亭と称される

ことが多い。咸鏡北道鏡城の人。1919年、14歳で3・1運動に参加。18歳のとき中央高等普通学校(旧制中学)を中退し、満州を経て北京に向かった。24年、北方軍官学校砲兵科を卒業後、中国軍砲兵隊に入隊。25年に中国共産党に入党、軍を辞して革命運動に参加した。27年、指名手配となり、地下活動に入って秘密工作に従事したが逮捕された。中国学生1万人の武亭釈放デモが起こり、同志の援助もあって脱出に成功。上海に入った彼は、29年上海暴動の総指揮をとり、ふたたび逮捕されて懲役2ヵ月を宣告された。31年、瑞金での中華ソビエト政府樹立に参加。中国共産党軍事委員会委員となった。34年、蒋介石軍の攻撃を避け、根拠地を安全地帯に移すべく、中国共産党は約1万2000キロの大長征に出発した。武亭は作戦課長に任命され、党の生死をかけた大長征の成功に寄与した。延安到着後の36年、紅軍陸軍大学に入学、卒業後は八路軍総司令部作戦課長となり、歩兵部隊を創設し、団長となった。41年、中央党学校と抗日軍政学校出身の朝鮮人を集め、華北朝鮮青年連合会を組織し、会長となり、42年、それを華北朝鮮独立同盟と改称、中央執行委員を務めた。45年、朝鮮義勇軍総司令官に就任し、解放ののち帰国。46年、北朝鮮人民委員会中央委員となった。朝鮮戦争当時は朝鮮人民軍第4軍団長を務めたが、50年8月の「後退」作戦のミスを問責された。50年12月、朝鮮労働党中央委員会第3次全員会議で激しい批判にさらされた。武亭の窮状を知ったかつての上官・彭徳懐は、病気療養の名目で彼を中国に呼んだが、朝鮮戦争中の1952年に帰国。その年の10月に死去した。

普天堡の戦闘 1937年、東北抗日連軍による国内進攻作戦中に戦われた咸鏡南道甲山郡普天堡での戦闘。堡は砦の意。普天堡は面役所の所在地で、日本の各種官庁と山林経営署があり、抗日遊撃隊の国内進出を妨害する軍事的要衝だった。6月4日の夜、東北抗日連軍第2軍は普天堡を急襲、軍事施設・警察・通信機関を破壊して多数の兵器を奪い、「祖国光復会十大綱領」「日本軍隊に服務する朝鮮人兄弟に告ぐ」などの檄文をまき、鴨緑江を越えて撤収した。日本は軍・警察・山林警察隊を動員して彼らを追撃したが、追撃隊は6月5日に大敗した。この戦闘は国内新聞に報道され、暗鬱な日々を送っていた民衆に大きな希望を与えた。一方、日本の官憲は祖国光復会国内組織を捜査し、37年10月から2次にわたって合わせて739名を検挙した。これを恵山事件という。また、日本は関東軍と満州軍を動員し、大掃蕩戦を展開した。しかし、その戦闘後、反日民族勢力の統一戦線への集結は強化されたし、民衆の支援もさらに活発化した。北朝鮮ではこの戦闘を、金日成パルチザン部隊による国内浸透作戦の成果と教えている。

祖国光復会(在満韓人祖国光復会) 1936年6月、東満州東崗で組織された抗日民族統一戦線。コミンテルン7回大会で反ファシズム人民戦線と植民地での民族統一戦線の方針が提示されると、呉成崙・厳洙明・李相俊らが発起人となって組織された。「全民族の階級・性別・地位・党派・年齢・宗教などの差異を問わず、白衣同胞(朝鮮民族の別称)は一致団結して決起し、倭敵日本人と戦い、祖国を光復(解放)すること」という宣言とともに十大綱領を発表した。主要指導者はほぼ東北抗日連軍の幹部たちであったし、軍事活動だけでなく国内政治活動にも力を注ぎ、機関誌『3・1』(月刊)を発刊するなど、抗日の意識を高め、

広範な反日勢力を結集するために、民族主義者・天道教徒・学生・知識人、そして反日的な地主まで参加させた。祖国光復会の組織は元山・咸興・興南・吉州・城津・明川などの各地に拡大され、そのうちもっとも活動が活発だったところは甲山工作委員会だった。この委員会は37年、抗日民族解放同盟へと改編され、機関誌『火田民』を発行する一方、地下組織の建設、軍事施設の破壊、軍事輸送の妨害など、抗日運動を展開した。祖国光復会は東北抗日連軍の朝鮮人武装部隊とともに国内(朝鮮)進攻作戦を繰り広げた。37年の普天堡の戦闘がその代表例である。日帝の激しい弾圧にもかかわらず、国内、満州、沿海州一帯で解放の日まで闘争をつづけた。北朝鮮では、金日成が金東明という名前で会長に就き、祖国光復会の結成と活動にも指導的役割を果たしたと主張されている。

光復軍　1940年9月、中国の重慶で組織された朝鮮人抗日武装部隊。37年の日中戦争勃発により、日本軍に追われた蒋介石国民党に従って大韓民国臨時政府が重慶に移ったのち、統一された軍事活動と外交活動の必要性により、組織された。総司令に池青天、参謀部に李範奭が就き、3つの支隊によって編成されていた。人員と武器の決定的不足に悩んだが、金元鳳の朝鮮義勇隊の協力により、軍隊としての体制を備えた。41年12月、太平洋戦争が起こり、国民党政府が対日宣戦布告をすると、臨時政府も12月9日、対日宣戦布告した。これに従って光復軍は対日戦に参戦。中国各地で戦果を上げ、英国軍の要請に従ってインド・ビルマ戦線で英国軍とともに戦闘に参加した。光復軍がもっとも力を注いだのは米国との合同作戦だった。45年4月、OSS(米戦略情報局)は、日本の学徒兵として出兵し、脱出して光復軍に入った朝鮮人を中心に特殊教育を実施、彼らを朝鮮国内に潜入させるべく訓練に入った。しかし、日本の無条件降伏はその目的を喪失させた。その結果、光復軍は東北抗日連軍・朝鮮義勇軍とともに最後まで抗日武装闘争の戦線を維持したが、解放後の米軍政期に主要な役割を担えず、大韓民国国軍の建軍過程でも主役となることがなかった。満州士官学校など日本の士官学校出身者がその地位を占めた。

大韓民国建国綱領　1941年11月に公布された大韓民国臨時政府の政治綱領と政策。

中国陝西省西安における韓国光復軍の訓練中。1944年

民族独立を前に、建国原則方針を三均主義に立脚、具体化させたもので、臨時政府の最終憲法である44年の第5次改定臨時約款の理念的基礎となった。構成は、1章・総綱（7項）、2章・復国（8項）、3章・建国（7項）の22項からなっている。1章の総綱では、①民族共同体としての韓国、②三均制度の歴史的根拠、③土地国有制の伝統、④主権喪失および殉国先烈（先駆者）たちの遺志、⑤革命としての3・1運動とこれを継承した民主制度建立としての臨時政府、⑥三均制度の活用拡大、⑦革命的三均制度である政治・経済・教育の均等と独立・民主・均治（平等な政治）の同時実施の7項目で、三均主義が固有の建国精神であることを主張した。2章では復国の段階を3期に分け、①第1期は独立宣布し、その他の法規を発布し、敵に対する決戦を継続する過程、②第2期は国土を回復し、党・政府・軍が国内に入る過程、③第3期は国土・人民・教育・文化その他を完全に取り戻し、各国政府と条約を締結する過程とした。3章では、建国の段階をやはり3期に分け、土地と主要産業の国有化、無償義務教育の実施など、三均主義にもとづく制度を実施する過程を具体化した。これにより、建国綱領は民主国家制度と土地・主要産業の国有化を混合した一種の社会民主主義体制を標榜した。しかし、解放後の政治過程で、金九を中心とする臨時政府勢力は主導権を握れないまま弱体化し、建国綱領とその基礎となった三均主義も注目されることはなかった。

趙素昂［チョソアン］ 1887～1958。独立運動家・政治家。京畿道楊州の人。日本の明治大学法科を卒業して朝鮮法学専修学校で教えたが、3・1運動後、中国に亡命した。19年、上海で大韓民国臨時政府樹立に参加。

1957年

国務院秘書長となった。この年7月、スイスのジュネーブで開かれた国際社会党大会に参加した。28年、金九・李始栄と韓国独立党を組織。30年に臨時政府の外務部長となった。30年代には三均主義という政治社会思想を提唱した。解放後は帰国し、国民議会の常務委員会議長を経て、46年に韓国独立党副委員長となった。48年、単独政府樹立に反対し、金九・金奎植らと平壌に赴き、「南北協商」に参加した。50年5月、第2代国会議員選挙に最高得票で当選したが、朝鮮戦争時に北に連行され、58年10月に死亡。

三均主義 趙素昂が提唱した政治社会思想。孫文の三民主義と社会主義の影響を受け、1930年代に提唱された。三均とは、個人間・民族間・国家間の均等をいい、政治的均等・経済的均等・教育的均等の実現によって三均を実現し、「世界一家」の理想社会を建設するという平等主義思想である。政治的・経済的均等は、土地の国有と大生産機関の国有制、教育的均等は、国費による義務教育制の実施が実現され、これを通じて個人間の均等がなされるというもの。また、民族間の均等は、少数民族・弱小民族の独立によって、また国家間の均等は植民地政策と帝国主義とを否定し、諸国

家の相互不可侵によって実現されると主張した。三均主義は41年、大韓民国臨時政府の建国基本理念として採択され、またさまざまな独立運動団体の基本理念として採用された。

カイロ宣言　第2次世界大戦末期の1943年11月27日、連合軍側の米国大統領ルーズベルト、英国首相チャーチル、中華民国総統・蒋介石がエジプトのカイロで会談し、対日戦基本目的に関して協議した結果、採択された共同コミュニケ。発表はその年の12月1日に行われた。この宣言は、連合国が第2次世界大戦後の日本の領土に関する方針を初めて公式声明したもので、その主要内容は次のとおりである。①3国の日本に対する将来の軍事行動を協定した。②3国は野蛮な敵国に対しては呵責のない圧力を加える決意を表明した。③日本の侵略を停止させ、懲らしめるが、3国には領土拡張の意図はない。④第1次世界大戦後に日本が獲得した太平洋諸島を剝奪し、また、満州・台湾・澎湖諸島を中華民国に返還し、日本が略奪したあらゆる地域から日本勢力を駆逐する。そのほか、とくに朝鮮に対しては特別条項を設け、「現在、朝鮮人が奴隷状態に置かれていることに留意し、今後（しかるのちに）、朝鮮を独立国家とする決意を持つ（…… in due course, Korea shall become free and independent ……）」と明示し、初めて朝鮮の独立が国際的な保障を受けた。この宣言は以上の目的のために、3国が日本の無条件降伏を促進するためにつづけて戦うことを明らかにした。カイロ宣言は45年、ポツダム宣言でその内容が再確認された。

ヤルタ会談　第2次世界大戦末期の1945年2月4日から11日まで、米・英・ソの3国首脳がソ連のクリミア半島のヤルタで開いた秘密会談。正式名称はクリミア会議。米国大統領ルーズベルト、英国首相チャーチル、ソ連首相スターリンが戦争の遂行と戦後処理、国際連合創設などに関する決定を行った。ドイツの分割占領と非武装化、ポーランドの国境線、ソ連の対日参戦に関する秘密協定などが結ばれた。すなわち、ドイツ降伏後、3ヵ月以内にソ連は対日戦に参戦し、その代償としてサハリン・千島列島を得ること、満州での中国主権の回復、大連の国際港化、ソ連の旅順租借権回復、南満州鉄道の中ソ共同運営など、ソ連への大幅な譲歩が秘密裏に協約された。朝鮮半島問題はこの会談で正式に議論されなかったが、ルーズベルトが提議した信託統治案が論議された。

ポツダム宣言　第2次世界大戦末期の1945年7月26日、ドイツのベルリン西南の郊外にあるポツダムで開かれた米英ソ3国首脳会議の結果、発表された共同宣言。会談には米国大統領トルーマン、英国首相アトリー、ソ連首相スターリンが参加したが、共同宣言が対日降伏勧告となったことにより、宣言は米英中の連名で発表（蒋介石は電報で同意）。8月にはスターリンも宣言文に署名した。日本に降伏を勧告し、戦後の対日処理方針を明らかにした全文13ヵ条の宣言文で、主要内容は軍国主義の排除・カイロ宣言の実行と日本領土の限定・日本軍の武装解除・戦争犯罪者の処罰・軍需産業の禁止・日本の無条件降伏などを規定した。カイロ宣言で決定された戦後の朝鮮の独立はここでふたたび確認された。

　最近の研究では、トルーマンは日本へ無条件降伏を急ぐあまり、密かに米・英・中の勧告を自分1人の署名で日本に求めたことが明らかにされている。

7. 社会主義運動

社会主義運動　私有財産制度を基礎とする資本主義社会を改革し、生産手段の公有を基礎とする平等社会を実現するための運動。朝鮮に社会主義思想が本格的に入ってきたのは3・1運動後の1920年代以降である。米国大統領ウィルソンの提唱した民族自決主義のまやかしやブルジョア民族主義運動の限界と変節、1917年のロシア革命の成功と激発する労働争議・小作争議における民衆の抵抗などが、朝鮮での社会主義思想浸透の有利な条件となった。初期の社会主義思想は日本への留学生を通じて朝鮮国内に入ったが、彼らを中心に無産者同盟会・北風会・火曜会・ソウル青年会などの社会主義団体が組織され、青年・学生・知識人の間に急速に拡大した。彼らは大衆運動、社会運動と結びつきながら活動基盤を広げ、ついに25年、火曜会系を中心に朝鮮共産党を組織した。これとは別に、国外の社会主義運動は2つの流れの対立関係のなかで展開された。金哲勲らの在ロシア帰化朝鮮人が中心となったイルクーツク派高麗共産党と、李東輝らの上海派高麗共産党がそれである。しかし、両派はともに朝鮮共産党からは排除された。朝鮮共産党は結成直後、日本の官憲に発覚し、組織は大部分が破壊された。その後、数度にわたり党再建運動が起こったが、実際に再建されたのは解放後になってからである。植民地朝鮮の社会主義運動は、知識人中心の共産党が内部の主導権を掌握するための権力闘争をつづけているうえに、過酷な弾圧が重なり、さまざまな問題点を孕むことになった。しかし、社会主義運動は民族解放運動の1つの流れとして社会全般に大きな影響を及ぼした。すなわち、ブルジョア・資本主義的な運動、無産者・社会主義的な運動が確然と区別され展開されたし、解放後の新しい国家の性格まで規定した。解放直後、激しかった左右対立は、まさしくこのような民族解放運動の路線の違いにその歴史的根源を置いていた。

韓人社会党　1918年6月26日、ハバロフスクで結成。朝鮮人によって組織された最初の社会主義団体である。李東輝・金立・柳東説・李仁燮・李韓英・全一・呉夏黙・柳ステパン・呉ヴァシリー・朴愛（マトベイ・パク）らのロシア領内で生まれた朝鮮人2世を中心に結成され、沿海州と黒龍江沿岸地域の朝鮮人社会を対象として、組織・教育・宣伝活動を展開した。18年8月以降、レーニンによって指導されたボルシェヴィキ革命に対抗する反革命派政権がシベリアを掌握すると、韓人社会党は事実上その活動を停止した。ウスリー戦線に参加し、反革命派と戦闘を繰り広げた洪範図・全一・柳東説らは所期の成果を得られず、李東輝もまた満州北部へと身を避けた。ボルシェヴィキ党員で、33歳の抜きん出た女性革命家・金アレクサンドラは、逃亡中に反革命派に捕われ処刑された。19年の3・1独立運動直後に代表者大会を開催。1920年にはコミンテルンに代表（朴鎮淳、朴愛、李韓英）を派遣する一方で、ウラジオストックの組織を再整備し、当時すでにヘゲモニー争奪戦（主導権争い）の様相を呈していた上海臨時政府と露領臨時政府・大韓国民議会の統合に積極的にかかわり、李東輝と金立を上海臨時政府に参加させた。李東輝は軍総務長・国務総理を歴任。金立は国務院秘書長となった。これは両者の紛争の渦中にあって、上海臨時政府側に加担し、

大韓国民議会と決別することを意味した。
21年、李東輝は上海派高麗共産党を結成。
ウラジオストックの韓人社会党は事実上、
その支部として活動することになった。結
局、韓人社会党と大韓国民議会の和解・統
合は実現せず、その対立は、上海派共産党
とイルクーツク派共産党の対立を激化させ
る要因となった。

上海派高麗共産党　1921年、中国上海で
李東輝を中心に結成された社会主義団体。
李東輝は韓人社会党を母体としてこれを組
織した。イルクーツクにあった高麗共産党
と区別して上海派高麗共産党という。当時、
上海の大韓民国臨時政府は李東輝が韓人社
会党党首として国務総理に就任すること
により、民族主義と社会主義の両勢力の連合
政府形態となった。李東輝・金立・朴鎮
淳・李恒栄らを主要人物とした上海派高麗
共産党は、コミンテルン極東局書記ボイジ
ンスキーと密接な関係を保って、中国と日
本の社会主義者や国内の張徳秀・崔八鏞ら
と連携を結んだ。また、イルクーツク派高
麗共産党と鋭く対立し、自由市虐殺事件を
引き起こした。22年12月、コミンテルンに
よって解体され、これに代わってコミンテ
ルン内に高麗ビューローが設置された。

李東輝　[イドンヒ]　1872〜1935。独立運動
家。咸鏡南道端川の人。李朝の武官学校出
身者として安昌浩とともに新民会・西北学
友会などで活動した。1907年、義兵を起こ
そうとしたが逮捕され、1911年、朝鮮総督・
寺内正毅暗殺未遂事件に連座して1年間投
獄された。出獄後亡命して満州・シベリア
の各地で活動。18年、ハバロフスクで韓人
社会党を組織した。19年、上海に赴いて大
韓民国臨時政府国務総理となった。21年、
上海派高麗共産党を結成したが、この時、

1930年頃

コミンテルンから受け取った独立運動資金
200万ルーブルのうち40万ルーブルを着服
し、発覚して物議をかもした。のちに上海
を離れてシベリアに入る。35年に病死した。

イルクーツク派高麗共産党　1919年、沿
海州イルクーツクで金哲勲らが中心となり
結成された社会主義団体。正式名称は全露
高麗共産党だが、李東輝の上海派高麗共産
党と区別し、イルクーツク派高麗共産党と
呼ばれる。1918年1月、イルクーツク共産
党韓人支部を発足させ、19年9月、全露韓
人共産党と名前を変えたが、20年7月、さ
らに全露高麗共産党と改称した。顧問にボ
リス・スミヤスキー、委員長・金哲勲、軍
政部長・崔高麗、呉夏黙、秘書長・李載馥
などで構成された。青年教育と軍事訓練に
力を注ぎ、機関誌『警世鐘』を発行した。
21年、上海に支部を設置。金万謙・呂運
亨・趙東祐らが委員長として活動し、高麗
共産青年同盟を結成。朴憲永・金丹治・林
元根らが青年同盟の主要幹部として働い
た。上海派高麗共産党とイルクーツク派高
麗共産党は、互いに対立しながらソ連政府
とコミンテルンから正統性承認・支援を受
けようとして競争・反目する一方、朝鮮人
武装部隊の指揮権をめぐって対立し、自由
市虐殺事件という悲劇を生んだ。両派の権

力闘争が激しくなるにともなって、コミンテルンが両派の和解と統合を進めたが失敗。22年12月、両派をともに解体させた後、コミンテルン内に高麗ビューローを設置し、統一された共産党の組織化をはかった。上海、イルクーツク両派の無原則な権力闘争は初期社会主義の運動のみならず、民族解放運動全体に悪影響を及ぼした。

高麗ビューロー　コミンテルン民族部極東総局所属の朝鮮問題専門担当機関。コミンテルンは上海派・イルクーツク派高麗共産党両派の解体を宣言し、1922年12月、高麗ビューローを設置した。高麗ビューローの任務は、その間の権力闘争を克服し、朝鮮内に統一された共産党組織を形成することだった。極東総局は日本・朝鮮・中国を管轄する機関で本部はモスクワにあり、ウラジオストックに支部を設け、高麗ビューローはこれに所属していた。議長にボイジンスキー、委員として上海派の李東輝・尹滋瑛、イルクーツク派の韓明瑞・張建相・金萬謙・鄭在達が任命された。高麗ビューローはまず、シベリア各地の朝鮮人共産主義組織を再整理し、国内の事情に明るい鄭在達を朝鮮に派遣し、共産党の結成のための事前調査に着手した。当時、国内の状況は北風会やソウル青年会などが相互不信の関係にあり、上海派、イルクーツク派両派の主導権争いの影響が払拭できないままの状態だった。そのため、鄭在達の国内活動は成果を得られなかった。高麗ビューロー内でも両派間の対立は依然、克服することはできず、コミンテルンは22年2月、高麗ビューローを正式に解体、その後身としてオルグビューロー（組織局）を設置した。しかし、これもやはり高麗ビューローの前轍を踏み、統一共産党組織として成功せず、25年2月に解体された。

極東人民代表大会　1922年1月21日から2月2日まで、モスクワで開かれたコミンテルンの国際大会。最終会議はレニングラード（現、サンクトペテルブルク）で開かれた。この大会は、1920年、第2次コミンテルン大会で採択された「民族植民地問題に関するテーゼ」に立脚し、極東の被圧迫民族問題を扱った会議で、中国・朝鮮・日本・モンゴル・ジャワなどの代表が参加した。当初の名称は「極東被圧迫人民大会」だったが、日本は被圧迫国とは見なせないとの問題提起があり、「人民代表大会」と変更された。朝鮮代表団は23団体の代表52名から構成されたが、これは代表総数144名の3分の1を超える数であった。主要人物として、李東輝・朴鎮淳・呂運亨・張建相・朴憲永・林元根・金丹冶・金奎植・羅容均・金始顕・金元慶・権愛羅らがおり、呂運亨が大会議長に選出された。李東輝は最初から参加できず、閉会まぎわに到着した。この大会では、東方革命の重要性が強調され、とくに朝鮮問題については広範囲な反帝統一民族戦線の結成が唯一で正当な路線であることが提示された。上海に帰ってきた呂運亨らは大会決議に従って民族統一戦線結成のために、23年1月23日、国民代表大会を開いたが、大韓民国臨時政府改革問題をめぐって創造派と改造派の間で意見が対立し、決裂した。

コミンテルン（共産主義インターナショナル Comintern: Communist International）　全世界の社会主義者の国際的組織。第3インターナショナルともいう。第1次世界大戦で第2インターナショナルが瓦解した後、レーニンの指導下に1919年、モスクワで創立された。マルクス・レーニン主義にもとづき、各国の共産党に支部をおき、革命運動を指導、支援した。43年に

解散。朝鮮共産主義運動もこれと密接な関係を持ちながら展開された。

ソウル青年会　1921年1月27日、ソウルで組織された社会主義団体。当初は青年団体として出発したが、張徳秀ら民族解放主義派を追放し、李英・金思国らが中心となって活動し、火曜会・北風会と絶えず対立と反目を繰り返した。23年3月、全朝鮮青年党大会を主催したのにつづき、24年4月、全朝鮮労働大会を開き、朝鮮青年総同盟を結成するのに指導的役割を果たした。

黒濤会　1921年11月29日、日本で組織された在日朝鮮人の最初の社会主義団体。金判権・権熙国・元鍾麟・金若水・朴烈・林沢龍・金思国・鄭泰成・曺奉岩・張貫寿らが主な会員で、朴烈・金若水は日本の無政府主義者・大杉栄や岩佐作太郎の影響を受け、元鍾麟・権熙国は社会主義者の堺利彦の影響下にあった。黒濤会は無政府主義を主張する朴烈らと共産主義を主張する金若水らとの路線対立により、同年12月に解散した。朴烈らは黒友会を、金若水らは北星会をそれぞれ組織した。

北星会　1923年1月15日、日本の東京で組織された社会主義思想団体。黒濤会から分離したもので、金若水・金鍾範・宋奉瑀・卞熙鎔・李如星・金章鉉らが中心人物である。北星会は国内(朝鮮)に社会主義思想を伝播するのに主力を置き、日本人社会主義者たちとともにソウル・平壌・光州・大邱・馬山・金海・晋州などの各都市で巡回講演を行い、同年10月23日、ソウルに建設社を組織した。24年11月25日、国内活動をより体系化するために、北風会が結成されると建設社は解体された。北星会は25年1月3日、「一月会」と改称し、機関誌『斥候隊』『前進』を発行した。

土曜会　1923年5月20日、ソウルで組織された社会主義団体。関善興・玄七鍾・李浩らを中心に北風会系団体として組織された。土曜会は宣伝と綱領を発表せず、秘密裏に共産主義青年会の組織準備を行った。24年2月11日、新興青年同盟の創立とともに発展的に解消した。

火曜会　1924年11月19日、ソウルで組織された社会主義団体で、新思想研究会が改編されたもの。新思想研究会は23年7月7日、「洪水のように押し寄せる新思想を研究し、その筋道を探し求める」として結成された研究団体で、洪命憙・洪増植・金燦(金洛俊)・尹徳炳などがその主要な人物である。講習および討論会の開催、理論図書と雑誌刊行を当面の事業として掲げた。24年11月19日に開かれた幹部会議で名称を火曜会と改め、それまでの研究団体から活動団体へとその性格を転換した。マルクスの誕生日が火曜日であることから火曜会と名づけられ、当時の会員は約60名だった。火曜会は北風会と異なり、宣言や綱領を発表しなかったが、これは不徹底な綱領を発表するより実践を通じて綱領を明らかにするべきだとの考えにもとづく。主要人物は金燦(金洛俊)・洪増植・曺奉岩・朴憲永・林元根・金丹冶(金泰淵)・趙東祐らだった。火曜会は、李英・金思国らのソウル青年会と対立・反目したが、北風会とは協調関係を維持した。25年の朝鮮共産党結成に指導的役割を果たした。

北風会　1924年11月25日、ソウルで組織された社会主義団体。東京の留学生が中心となった思想団体・北星会の国内本部である。執行委員会と庶務・組織・地方・調

査・教養・編集の6部のほか、特別研究部を設けた。執行委員は金若水・辛鐵・徐延禧・鄭雲海・裵德秀・南延哲・金鍾範・宋奉禹・朴世熙・金章鉉・李利奎・馬鳴（鄭宇鍋）らである。労働・青年・女子・衡平運動などの大衆運動の支持・支援、科学思想の普及、都市と農村の協同、階級運動と民族運動を並行して進めることなどを要旨とする宣言と綱領を採択し、コミンテルン・ウラジオストック極東機関（オルグビューロー）の責任者インデルシュンから、朝鮮唯一の社会主義者統一戦線であるとの承認を得ようとしたが果たせなかった。出版機関として研文社を設け、国内の新聞・雑誌に思想問題、労働問題の記事を寄稿したり、社会問題を解説する印刷物を制作・配布した。国内の他の思想団体であるソウル青年会とは対立・反目し、火曜会とは協力関係を維持し、25年にはともに朝鮮共産党を結成した。

朝鮮共産党 1925年に組織された朝鮮最初の共産党。第1次党、金在鳳党ともいう。ロシア革命の成功は、朝鮮独立運動に大きな影響を及ぼし、社会主義思想も盛んに流入した。ウィルソン米大統領の民族自決主義とパリ講和会議の結果に失望した独立運動勢力の一部は、弱小被圧迫民族の解放闘争に積極的なコミンテルンに期待をかけ、その支援下で独立を勝ち取ろうとした。朝鮮共産主義運動は国外ではイルクーツク派と上海派の対立関係のなかで出発した。両派の対立と葛藤は統一された強力な党を建設するうえで大きな障害となった。国内では21年頃から日本への留学生を通じて社会主義思想と無政府主義の思想が入り、無産同盟・北風会・火曜会・土曜会・ソウル青年会などの社会主義団体が活動していた。彼らは統一された党組織の必要性を感じた。25年4月17日、火曜会・北風会・無産者同盟会などに所属する約17名の共産主義者たちがソウル市内の雅叙園という飲食店に集まり、秘密裏に朝鮮共産党を結成した。秘書・金在鳳、組織・趙東祐、宣伝・金燦、人事・金若水、労働・鄭雲海、調査・朱鍾建らを選任し、党の当面課題を次のように定めた。①日本帝国主義統治の打倒、朝鮮の完全な独立。②8時間労働制（鉱山は6時間労働）、労賃増加および最低賃金制の制定、失業者の救済、社会保険制度の実施。③女性の政治的・経済的・社会的なすべての権利の平等、女性労働者の産前産後の休息と賃金の支払い。④義務教育および職業教育の実施。⑤すべての雑税の廃止、単一累進所得税の設定。⑥言論・集会・結社の自由、植民地的奴隷教育の撲滅。⑦民族改良主義者と日和見主義者の欺瞞の暴露。⑧帝国主義略奪戦争を反帝国主義の革命戦線へ転換、中国労働革命の支持、ソビエト連邦擁護。⑨打倒日本帝国主義、打倒日帝封建勢力、朝鮮民族解放万歳、国際共産党万歳など。朝鮮共産党は翌日、朝鮮青年同盟を結成し、曺奉岩、趙東祐を代表として送り、コミンテルンの正式な承認を得た。24名の留学生を選抜してモスクワに送った。しかし、その年の11月、新義州事件が起こり、64名の地方党員が逮捕され、党組織は事実上崩壊した。のちに4次にわたる党再建運動が起こったが、日本統治下ではついに党は再建できず、解放後、朴憲永らによって再建された。

朝鮮共産党満州総局 満州の朝鮮共産党組織。1926年5月、吉林省珠河県一面波で曺奉岩・崔元沢（徐相弼）・金東明・尹滋瑛・金哲勲・金河球らが組織した。本部は黒竜江省寧安県寧古塔におかれた。秘書部・組織部・宣伝部を設け、初代責任者・

曹奉岩、副部長・崔元沢、宣伝部長・尹滋瑛らが就任した。満州全域を東満、南満、北満の3つの区域に分け、それぞれ区域局（以後道に昇格）を設置した。満州総局は火曜派、ML派、ソウル―上海派の3つの派閥が互いに対立、葛藤したが、結成初期には火曜会を主軸とする各派連合の形態だった。しかし、27年10月、いわゆる第1次間島共産党事件により、主要幹部が検挙された後から各派の分立組織に変わった。主要作業は、組織活動・党員訓練・高麗共産青年会満州総局支援・農民組合の育成・各地の青年団体および女性団体の育成・講演会事業などだった。28年、コミンテルンの「12月テーゼ」が発表されると各派の満州総局が組織を解体し、一国一党の原則に従って、中国共産党に入党しようという動きをみせ、30年4月にML派が、6月に火曜派がそれぞれ組織を解体した。ソウル―上海派はすでに29年1月頃組織を解体し、国内で党再建運動に力を注いだ。これにより、朝鮮共産党満州総局は30年6月までにすべて解体され、朝鮮人共産主義者たちは中国共産党に入って活動するようになった。

高麗共産青年会（高麗共青） 1925年4月18日、ソウルで組織された共産主義青年団体。朝鮮共産党の傘下組織として朝鮮共産党結成の翌日、朴憲永の自宅で秘密裏に結成された。林元根・金丹治（金泰淵）・曹奉岩・洪増植・金燦・権五高・朱世竹（朴憲永の最初の妻）・朴吉陽・朴憲永らが集まったなかで、朴憲永が大会辞を読み、金丹治が朗読した綱領および規約を通過させた後、曹奉岩・朴憲永・金丹治らを選考委員として選出した。彼らは7名の中央執行委員を選出して、責任者・朴憲永、組織・権五高、宣伝教養・林元根、連絡・金丹治、政治・金燦、調査・洪増植、国際・曹奉岩を選出した。火曜会系人物が大部分だった高麗共産青年会は、曹奉岩を代表として派遣してコミンテルンの正式承認を受け、モスクワに留学生を送った。このとき選抜された留学生は高明子・金命時・金作伊（曹奉岩の妻）・権五稷（権五高の弟）・張道明・曹容岩（曹奉岩の弟）ら12名である。ほかにも全国的な組織事業と青年教養事業を活発に展開した。しかし、25年11月、新義州事件により、高麗共産青年会の組織は実質的に崩壊した。

高麗共産青年会満州総局 満州の共産主義青年団体。1926年5月、朝鮮共産党満州総局の結成とともに組織された。金東明・李周和・金海一・姜宇・洪源錫・韓震・田承雨・崔東旭・金勲の9人が総局委員、金東明が初代責任秘書となった。満州一帯を東満・北満・南満第1・南満第2に分けて、活動を展開した。主な活動は組織と宣伝、教養活動として労働青年・女性・少年に対する組織および教育に力を注いだ。農村夜学を設置し、休暇中に学生後援隊や女子後援隊を派遣した。高麗共青満州総局および朝鮮共産党満州総局とまったく同じように、火曜派・ML派とソウル―上海派間の派閥対立が激しく、27年10月の第1次間島共産党事件以後、各派分立状態だったが、コミンテルンの「12月テーゼ」発表後、朝鮮共産党満州総局とともに解体されたものとみられている。

新義州事件 1925年11月22日、平安北道の新義州で発生した新満青年会暴行事件が発端となった朝鮮共産党検挙事件。新義州のある食堂で、親日派の弁護士・朴有偵が酒宴を開いていたとき、別室にいた新満青年会員たちから殴打された。この青年たちのなかに赤い腕章をつけた者がいたことか

ら日本の警察の疑惑を買い、家宅捜査され、会員の金景瑞の家から朴憲永が上海の曺奉岩に送ろうとした秘密文書が発覚した。これによって朝鮮共産党と高麗共産青年会が秘密裏に組織され、活動中であるという事実が明らかになった。新義州の共産主義組織は、22年3月頃に結成され、責任者は独孤佺（独孤は姓）・林亨寛らで、国境連絡を担当していたが、朴憲永が上海に送る秘密書類は林亨寛が同志の金景瑞に任せたものだった。この事件はすぐに拡大し、朝鮮共産党および高麗青年会幹部60余名が大量検挙され、党組織は事実上壊滅した。逮捕を免れた金在鳳・金燦・朱鍾建らは後続党の組織を論議し、姜達永にその責任を任せた。しばらく後、金在鳳は逮捕され、金燦は上海に亡命した。

朝鮮共産党再建運動　1925年11月、新義州事件により、第1次朝鮮共産党が崩壊した後の党再建運動。とくに、25年12月から28年10月までの、3回にわたる運動をいう。逮捕を免れた責任秘書・金在鳳と金燦は、姜達永に党の再建を任せた。それに従って25年12月、姜達永を責任秘書とする第2次朝鮮共産党が結成された。これを姜達永党と呼ぶ。第2次朝鮮共産党はその政治的目標を民族主義系と統合して国民党を結成することに置き、学生運動と女性運動へと組織を拡大する一方、満州総局をはじめ、上海・日本にも連絡部を設置して、高麗共産青年会（高麗共青）を再建した。活発な組織活動を行っていた第2次朝鮮共産党の存在が発覚したのは、6・10万歳運動の最中で、第2次高麗共青責任秘書である権五卨が檄文とビラを印刷・散布しようとして事前に逮捕された。以後、姜達永をはじめとする100余名の党員が検挙され、第2次共産党は事実上解体された。逮捕を免れた党組織委員・金綴洙を中心に、26年12月、第3次朝鮮共産党（ML党）が結成された。金綴洙はモスクワに赴き、コミンテルンの承認を得て派閥解消に努力しながら共青を拡張した。右翼勢力と連合、新幹会や槿友会などを発足させた第3次朝鮮共産党は、金綴洙につづいて安光泉・金俊淵・金世淵と責任秘書を代えながら、1年以上その活動を継続したが、日本の官憲に発覚し、30余名が検挙され、結成1年半後の28年2月に解体された。検挙が進行中の28年3月、党大会を開き、車今奉を責任秘書に選任して発足した第4次朝鮮共産党は、満州・上海・日本・北京などの海外で活発な活動を繰り広げ、新幹会地方組織に多くの党員を参加させる一方、機関誌『朝鮮之光』を発刊し、コミンテルンと密接な関係を維持した。しかし、28年7月、党再建4ヵ月目にまたも警察に察知され、170余名の党員が検挙されて崩壊した。

このように朝鮮共産党は、25年に初めて組織されてから3年間に4度の大量検挙をこうむり、そのたびごとに党組織は崩壊したが、粘り強く後続の党が再建された。しかし、国民の大多数を占める労働者・農民とほとんど連携がなく、知識人中心の党員であったこと、また、内部の主導権争いが

20～30年代の労働争議

発生年	発生件数	参加者数(名)
1921	36	3,405
1922	46	1,799
1923	72	6,041
1924	45	6,751
1925	55	5,700
1926	81	5,984
1927	94	10,523
1928	119	7,759
1929	102	8,293
1930	160	18,972
1931	205	17,114
1932	152	14,824

あまりに激しかったため、コミンテルンは第4次共産党の崩壊後に「12月テーゼ」を発表し、知識人中心の党組織を解体し、労働者・農民中心の党を再組織することを指示した。のちにコミンテルンの指示に従った党再建運動がつづけられたが、日本の弾圧により解放時まで朝鮮共産党はついに再建されることはなかった。

正友会 1926年4月14日、火曜会・北風会・朝鮮労働党・無産者同盟の4団体合同委員会が発展的に解消されてつくられた団体。この4団体合同委員会は、朝鮮共産党結成のための組織整備を目的に、25年4月構成されたもので、金燦・金若水・金演義ら7名からなる常務委員会を設け、合法思想団体の最高機関を自負した。火曜会系が主導権を握っていたこの合同委員会が26年4月、発展的に解消し、再組織されたのが正友会である。正友会は26年11月、「正友会宣言」を発表。民族主義運動勢力と提携する必要性を強調する「方向転換」を宣言し、統一戦線の形成のため、27年2月にみずから解体した。

正友会宣言 1926年11月、正友会が社会主義運動の新しい方向を示した宣言。社会主義運動の全般的沈滞を克服するために、「分派闘争の清算、思想団体の統一、堕落していない民族主義運動勢力との積極的提携、経済闘争から政治闘争への方向転換」を宣言した。この宣言は、社会主義運動に「方向転換」をもたらす刺激剤となり、以後、左翼勢力と自治運動に反対する非妥協的右翼勢力は互いに統合し、新幹会を結成した。

コミンテルン「12月テーゼ」(「朝鮮農民および労働者の任務に関するテーゼ」)
1928年12月、コミンテルン執行委員会政治書記局が採択した朝鮮共産党再組織に関する決定。この年7〜8月、モスクワで開かれたコミンテルン第6次大会の決議書「半植民地国家での革命運動について」にもとづいたもの。その内容は、朝鮮共産党は従来のようなインテリ中心の組織手法を捨て、工場・農村のなかへ入って労働者と貧農を組織し、民族改良主義者たちを勤労大衆から孤立させよというものだった。それまでのコミンテルンの方針とは異なり、左翼偏向的であるが、これは植民地国家における民族ブルジョア(現地の民族資本など)勢力に対するコミンテルンの評価が従来と異なっていたためである。すなわち植民地民族ブルジョアは、帝国主義に対し、一貫した立場を取ることができず、革命陣営と帝国主義陣営の間を動揺してきたが、今日においては結局、反革命陣営に移ったと見たのである。「12月テーゼ」は当時、朝鮮共産主義運動に大きな影響を及ぼした。以後、民族統一戦線である新幹会が解体され、赤色労組運動および赤色農組運動が展開され、朝鮮共産党は数回に及ぶ検挙事件により、重要党員がほとんど検挙された状態だったので、解体声明もなく、自然消滅の体であった。日本と満州の党組織も一国一党の原則に従ってそれぞれ日本共産党、中国共産党に吸収された。

中国共産党満州省委員会 中国共産党満州支部の名称。1928年9月、正式に発足し、朝鮮共産党満州総局と親密な関係を結んで活動した。コミンテルン「12月テーゼ」により、朝鮮共産党が解体されたのにつづき、30年、朝鮮共産党満州総局も解体されると、満州の朝鮮人共産主義者たちは一国一党の原則に従って中国共産党に加入し、満州省委員会は少数民族運動委員会を設置して朝鮮人共産主義運動を管轄した。28年6月の

張作霖爆死事件後、息子の張学良は国民党政府と手を握り、ソ連と衝突する一方、親米政策をとった。これに慌てた日本は満州侵略をさらに急いだ。満州省委員会はこの状況を打開するために、大規模な武装蜂起を起こした。これが「間島5・30事件」である。満州省委員会は李立三路線に従って、政策的ゼネスト組織、地方パルチザン組織とソビエト政府の樹立、私兵暴動組織、紅軍創設などを重点事業にし、朝鮮人共産主義者たちを正式に中国共産党に吸収した。満州での李立三路線の実践は、主にこれら朝鮮人中国共産党員によって成し遂げられた。彼らは31年、李立三路線が極左冒険主義との批判を受けて、破棄された後にも活動を継続したが、満州事変後には中国共産党指導下に抗日武装闘争に参加した。

東北人民革命軍 1933年9月に組織された中国共産党満州省委員会の武装部隊。当時、満州には池青天が率いる韓国独立軍と梁世奉が指揮する朝鮮革命軍が日本の掃蕩作戦に押され、中国本土に退却した。しかし、朝鮮人は日本軍の「大討伐」に抵抗し、自衛部隊を組織し、農民たちの蜂起が各地で起こった。このような蜂起が発展し、抗日遊撃隊が組織された。彼らは日本軍と正面から戦いながら、32年後半期から33年春にかけて東満州地域に遊撃根拠地を建設した。このような抗日部隊の発展に呼応して、この地域の中国共産党満州省委員会は東北人民革命軍を組織するようになった。これは、満州地域に散在するさまざまな武装部隊の統一的軍事力で、とくに南満州地域の第1軍、東満州地域の第2軍の各軍の朝鮮人が主役となった。彼らは祖国解放のために絶えず国内(朝)進攻作戦を行った。35年2月、第1軍第1師長・李紅光が率いる平北東興攻撃がその代表的な例である。35年7月、コミンテルン第7回大会で帝国主義のファシズムに対抗して、反ファシズム人民戦線と植民地での民族統一戦線方針が提示されると、中国共産党は国民党に対して内戦停止と抗日統一戦線結成を訴え、同時に東北人民革命軍は東北抗日連軍に拡大・改編された。東北抗日連軍の朝鮮人武装部隊は、活発な遊撃活動を展開し、祖国光復会とともに国内進攻作戦を展開した。37年の普天堡の戦闘がその代表的な例である(北朝鮮では、こうした一連の抗日独立運動は、すべて金日成の指揮するパルチザン部隊が主役を担ったとしている)。しかし、40年代に入り、関東軍・満州軍を動員した日本軍の「大討伐」により、その活動は萎縮し、シベリア方面に移動した。

間島共産党事件 日本の官憲が間島で活動していた共産主義運動家を検挙した事件。1927年から30年まで3度にわたる。第1次検挙事件は27年10月に起こった。当時、ソウルで進行中だった朝鮮共産党の公判の公開を要求するデモが計画されていたが、日本の間島領事館警察により関係者が検挙された。朝鮮共産党満州総局責任秘書代理組織部長・崔元沢、東満区域局責任秘書・安基成をはじめとし、李周和・金知宗ら29名が懲役1年から8年までの実刑を宣告された。第2次検挙事件は、28年9月、高麗共産青年会満州総局東満州幹部と党員に対する検挙である。日本の領事館警察署は、彼らが9月2日の「国際青年の日記念集会」を開催することを察知し、会場で72名が検挙された。このうち、李正萬・金鉄山・崔鍾浩ら49名が実刑を宣告された。第3次検挙事件は、30年3月に張周璉・尹福松・姜錫俊ら満州総局および東満州の幹部50余名が逮捕された事件である。30年の3・1運動11周年記念を迎え、農民・学生・労働者に

よる大々的デモ運動を組織、これを武装蜂起へと発展させる準備中に日本の領事館警察署に発覚、検挙された。この事件で130名以上が逮捕され、うち49名が起訴され、実刑を宣告された。

間島5・30事件　1930年5月30日、間島一帯での朝鮮人共産主義者の抗日武装蜂起。「第4次間島共産党事件」ともいう。中国共産党満州省委員会延辺東部が指導した。コミンテルン「12月テーゼ」により、朝鮮共産党と朝鮮共産党満州総局はすでに解体され、満州の朝鮮人共産主義者たちは一国一党の原則に従って中国共産党に入らねばならなかった。当時、中国共産党は極左的な李立三路線をとっていたが、満州省委員会もこの路線に従っていた。満州地域の情勢が不利になると、中国共産党満州省委員会は、日本と張学良軍閥勢力を追い出すために、上海5・30事件記念日に武装蜂起を計画し、この蜂起に朝鮮人共産主義者を総動員する目的で、彼らを中国共産党に加入させるという方針を発表した。当時、満州省委員会が掲げたスローガンは、①延辺のすべての中朝の革命的民衆は5・30蜂起にともに決起せよ、②日本帝国主義およびすべての帝国主義打倒、③国民党軍閥政府打倒、④地主の土地を没収し、民族の区別なく農民に分配しよう、⑤白色テロ反対、⑥韓族連合会・正義府・新幹会・槿友会打倒、⑦朝鮮革命援助、⑧朝鮮人民会・光明会・『民声報』『日日新報』打倒、⑨地主・資本家の手先打倒、⑩8時間労働制を勝ち取ろう、などである。30日夜、龍井・延吉・頭道溝の各地で同時に激烈な蜂起が展開され、領事館、日本の官庁、電灯会社、鉄道施設などが破壊された。以後1年余にわたり、間島一帯で大衆蜂起が現出。この事件により金槿ら39名が実刑を受けたのをはじめ、2000余名が逮捕され、700余名が実刑を受けた。

京城コム・グループ　1939年に結成された社会主義団体。朴憲永・李観述・李順今・金三龍・張順明・権五稷・鄭泰植・金台俊・金応彬・李寅東らがそれまでの派閥の枠を超えて結集し、大邱刑務所から出獄した朴憲永を指導者として迎えて活動した。この当時、日本の弾圧はますます強化され、社会主義運動はもちろん、すべての民族運動が窒息状態に陥っている状況で組織された京城コム・グループだったが、秘密裏に活動を展開したものの、40年末から翌年末まで大部分の構成員が検挙された。朴憲永は逮捕を免れ、全羅南道光州に身を隠し、煉瓦工場の人夫として働きながらひそかに地下活動をつづけた。解放後、この京城コム・グループ構成員を中心として、現在の韓国の地域(南朝鮮)で朝鮮共産党が再建された。

8. 日帝統治下の労働運動

労働運動 労働者の生活と社会的環境の改善を目的にした社会運動。日本資本の流入にともなう植民地産業の一定の発達により、労働者の数は増加したが労働条件は日増しに悪化する状況のなかで、激しい民族間の差別待遇は労働者の自覚を促し、労働争議が急増した。とくに1920年代後半期には、労働者の質的量的成長と、組織運動の発展に力を得て、争議件数、参加者数が急増し、20年から30年の間に合わせて891件、7万3450名が争議に参加した。20年代に入り、全国各地の工場では労働組合が生まれ、地域別の労働者連合体が全国的組織へと発展しはじめた。これにつづいて25年の平壌・ソウル・釜山の印刷工ストライキ、26年の木浦製油労働者ストライキ、28年の永興ゼネスト、29年の元山ゼネストなどが起こった。労働争議の要求は、賃上げと賃金引き下げ反対、8時間労働制、団体交渉権の獲得など、根本的かつ包括的な労働条件改善要求に整理され、ストライキが長期化する場合が多く、地域の小作争議などの農民運動とともに展開された。

労働運動は30年代に入り、日本のファッショ的抑圧に抵抗しながらさらに熾烈となり、従来の公開的な合法活動から非合法活動へと転換し、より戦闘的な「赤色労働組合」へと再組織された。これは、日本の弾圧とコミンテルンの「10月テーゼ」、プロフィンテルンの「9月テーゼ」、汎太平洋労働組合秘書部の「10月通信」などが及ぼした影響のためである。30年代の労働争議は、日帝の兵站基地化政策により、重化学工業が北部地域に集中的に建設されると、平安道や咸鏡道を中心に展開され、ことに賃金引き下げ反対の要求が多かった。30年代前半期に毎年150～200件、参加者1万2000～1万8000名の争議が発生し、活発な様相を見せたが、30年代末の日本の侵略戦争の拡大にともない、次第に下火になった。しかし、厳格な戦時統制下でも抵抗は絶えることなく、43年の興南港湾チッソ化学工場爆破事件、44年の清津日鉄製鉄所ストライキ、城津（現在の金策）高周波工場ストライキなどが発生した。

朝鮮労働共済会 1920年2月7日に組織された最初の全国的労働団体。ソウル忠正路（当時は竹添町）に金思容・朴重華・朴珥圭ら50名が集まり、発起準備委員会を結成、4月3日の発起総会を経て4月11日、600名以上の参加のなかで創立総会が開かれた。役員は会長・朴重華、総幹事・朴珥圭、理事長・呉祥根、執行委員は朴珥圭、車今奉、申伯雨らの25名、評議委員は張徳洙、金明植ら17名を選出した。初期には労働者出身である車今奉、申伯雨・金明植らの社会主義的思想家よりは、実業家・医師・弁護士・商人などが多く、したがって労資協調的な社会改良団体としての性格が強かった。主要活動は講演会の開催、消費組合の設立・運営、労働者向けの夜学設置、労働争議の真相調査および仲裁などで、機関誌『共済』を発行した。2年目に20以上の支部、会員1万5000名の全国的組織へと発展した。社会主義思想の普及とともに、労働運動にも左右の対立が生まれ、22年10月15日に解体された。車今奉らは解体を不服として労働共済会を維持しようとしたが、尹徳炳らは朝鮮労働連盟会を組織した。

朝鮮労働連盟会 1922年、朝鮮労働共済会が解体された後、結成された労働団体。

10月18日、ソウル東洋染色会社工友協会・労友会・理髪組合・電車従業員組合・洋服職工組合・晋州労働共済会・安東労働共済会・甘浦労働共済会・半島ゴム職工組合など10団体の代表が集まり、結成大会を開き、綱領として「新社会の建設、生活改善のための知識の啓発と進歩、階級意識による一致団結」を掲げ、朝鮮労働共済会の啓蒙運動的性格を克服して、労働者の団結を通じた解放を宣言した。主要人物としては、白光欽・金商震・姜達永・尹徳炳らがいた。のちに朝鮮労農総同盟に吸収された。

朝鮮労農総同盟 1924年4月に結成された全国的な労働者・農民組織。朝鮮労働連盟会をはじめ、全羅労働連盟や南鮮労働連盟など全国167団体の代表204名が集まり、統一された労働者、農民組織として結成された。鄭雲海・尹徳炳・徐廷禧・姜達永・申伯雨・車今奉ら50名の中央委員を選出し、総務・財務・教育・調査・編集・労働・小作農部を置いた。参加団体の資格は15名以上の小作農か労働者を持つ団体で、綱領としては「労働階級の解放」「完全な新社会実現」「資本家階級と徹底的に闘争」「労働階級の福利増進および経済的向上を図る」を掲げた。労農総同盟は日本の弾圧にもかかわらず、加入団体260、会員数5万3000名余に達し、労働争議や小作争議に積極的に取り組んだ。しかし、ソウル青年会や火曜会派の間でふたたび主導権の争奪戦が起こり、労働運動と農民運動を分離させねばならないという主張に従い、27年9月、朝鮮労働総同盟と朝鮮農民総同盟に分離された。

釜山埠頭運搬労働者ゼネスト 1921年9月、釜山の埠頭石炭運搬荷役労働者たちが起こしたゼネラル・ストライキ。1920年代に起こった最初のゼネストである。埠頭で荷役作業に従事していた労働者2000名余が賃金引き上げ要求の嘆願書を会社に提出、会社側が黙殺すると、釜山の荷役運搬労働者5000名余が9月26日、一斉にゼネストに突入した。当時、埠頭運搬労働者の状態は悲惨で、1ヵ月に15〜16日しか働けなかったうえに、賃金は1ヵ月平均10〜15円に過ぎなかった。このような状況にもかかわらず、その年1ヵ月の運送労働者の賃金は、3割ほど引き下げられ、労働者たちの忍耐は限界に達し、ストライキに入った。ストライキが10日以上つづいたのち、釜山商業会議所が仲介に入り、賃金を1割ないし1割5分引き上げることで合意に達し、一段落した。

永興ゼネスト 1928年11月から3ヵ月間、永興地方の労働者たちが繰り広げたゼネラル・ストライキ。発端は咸鏡南道永興郡・永興工業所の鉱山労働者ストだった。28年10月21日、220余名の鉱山労働者が賃金引き上げ、労働時間短縮を要求し、ストライキに入った。会社側はこれを黙殺、労働者の新規募集を行って業務をつづけた。永興警察署は3名の労働者代表を扇動罪の容疑で拘束し、いっさいの集会を禁止したが、11月30日、「黒鉛鉱ストライキ支持、労働者代表の釈放」を要求して、永興印刷工組合と運輸労働組合、牛車部組合員500名余がゼネストを宣言した。鉱山労働者はこのゼネスト宣言に力づけられ、翌日には永興でデモを繰り広げた。一般市民も鉱山労働者のデモに呼応し、電気労働者、農場労働者、穀物貿易商組合までもゼネストに加勢、永興地域の全産業が麻痺状態に陥った。警察が仲裁に入り、会社側は拘束労働者の無条件釈放と賃金引き上げに応じ、3ヵ月間続いたゼネストは労働者の勝利で終わった。

元山ゼネスト　1929年1月から4月6日までおよそ3ヵ月間にわたって元山の全労働者が行ったストライキ。20年代の労働運動史上、最大規模の組織的闘争。元山では早くから労働運動が盛んで、25年11月に元山労働連合会が結成され、加盟団体54、組合員総数2000名に達した。ストライキは28年9月、英国人が経営する文坪ライジング・サン製油会社で日本人監督が朝鮮人労働者を蔑視して悪罵したことに端を発した。労働者たちは暴行に対する抗議とともに生活条件改善などを要求し、ストライキに突入した。20日以上たった9月28日、会社側が労働者の要求を受け入れ、ストライキは一段落した。しかし、3ヵ月が過ぎても会社側は約束を履行せず、これを追及する労組と元山労働連合会などすべての労働団体を無視して、団体交渉権を否認した。これに憤った300名以上の労働者は29年1月14日、最低賃金制確立・8時間労働制実施・監督官の罷免・待遇改善・団体交渉権確立などを要求し、ストを決行した。日本人資本家たちの集団である元山商業会議所が、この機会に元山労働連合会を破壊しようと画策すると、元山労働連合会はこれに正面から立ち向かい、1月22日、ゼネストを宣言し、傘下24労組がゼネストに入った。「外国資本の搾取を追い出そう」「団結はわれわれの武器である」などのスローガンを掲げ、元山地域のほとんどの労働者がゼネストに参加した。官憲は元山商業会議所と手を結んでストライキの首謀者を逮捕する一方、咸南労働会という親日派御用労働団体をつくり、労働者たちを分裂させようとした。ストライキが長期化し、労働者たちの生活が困窮すると、朝鮮の全土から寄付金や食糧が送られた。しかし、指導部の大半が検挙され、ストライキ継続が困難になった元山労働連合会は、4月6日、組合員に無条件自由就業を指示し、4ヵ月目に入ろうとするところでゼネストは終了した。要求条件のうち、とくに団体交渉権を確立できず、闘争としては敗北したといえる。しかし、元山ゼネストは朝鮮労働者の意識を覚醒させ、植民地統治者に朝鮮労働者階級に対する認識を新たにさせた。しかし、当時は民族解放運動を率いるほど統一された指導勢力がなかったため、元山ゼネストは民族解放運動へと進展できなかった。

プロフィンテルン（赤色労働組合インターナショナル Profintern: International Professional' nikh Soyuzov）　1921年7月、モスクワでコミンテルンの提唱により、従来の国際労働組合連盟（IFTU）の改良主義に対抗すべく結成された国際労働組合組織。ソ連とアジア・アフリカの労働組合、国際労働組合連盟内の反対派、除名された左派労組などが集まって結成された。プロフィンテルンは植民地従属国の労働運動を積極的に支援し、朝鮮の30年代労働運動に大きな影響を及ぼした。こうして国際労働運動は国際労働組合連盟とプロフィンテルンに二分されたが、プロフィンテルンは37年12月に、国際労働組合連盟は第2次世界大戦中にそれぞれ解体された。

プロフィンテルン「9月テーゼ」（「朝鮮の革命的労働組合運動の任務に関する決議」）　1930年9月、プロフィンテルン第5次大会で採択された。汎太平洋労働組合秘書部の「10月通信」とともに、30年代の労働運動全般に大きな影響を及ぼした。その内容は、世界恐慌の余波により、朝鮮労働者の状態がさらに悪化したが、その間の労働運動は改良主義的で小市民的な指導によって脆弱化したため、革命的労働組合運動へと転換しなければならず、朝鮮労働運

動の当面の任務は革命的労組建設と、赤色労働組合への転換であり、非合法運動を合法活動と結合しなければならないというものであった。「9月テーゼ」の影響と日本の強化された弾圧のために、30年代の労働運動は非合法的な赤色労組運動中心に変わった。

汎太平洋労働組合 プロフィンテルンの指導下に、太平洋沿岸国家の左翼労働組合が参加して開催された会議。第1回大会は、1927年5月、中国の漢口で開かれた。朝鮮代表として曺奉岩らが参加した。この大会の決議により、常設機関として汎太平洋労働組合秘書部が上海に設置され、機関誌として『パン・パシフィック・マンスリー』が発行された。第2回大会は、29年8月、ウラジオストックで開かれ、朝鮮代表として金栄萬らが参加した。

汎太平洋労働組合秘書部「10月通信」
1931年10月、汎太平洋労働組合が発表した朝鮮労働運動に対する指針。正式名称は「朝鮮の汎太平洋労働組合秘書部支持者たちに対する同秘書部の通信」である。朝鮮労働運動の現況を分析・批判し、当面の任務を規定した。すなわち、朝鮮労働運動は大衆的支持を得るほどの組織的、政治的指導力が不足し、改良主義的労働組合のなかで強力な大衆闘争を展開しなければならないと批判し、広範囲な労働大衆のなかに入り、闘争を通じて革命的労働組合を組織しなければならないと指摘した。そのためには、要求条件として「賃金引き下げおよび労働期間の延長反対、8時間労働制実施、性・年齢・民族の区別なく同一労働に対する同一賃金の支払い、社会保険の実施、解雇反対」などを提示し、「ストライキ権、労働者の団結権確立、出版集会の自由、政治犯の釈放、日本軍の撤退、中国革命支持」などの政治要求へ発展しなければならないとした。この「10月通信」は、「9月テーゼ」とともに、朝鮮の30年代の労働運動に大きな影響を及ぼした。

赤色労働組合運動 1930年代に起こった非合法的労働組合運動。世界恐慌後、日本の兵站基地化政策による労働条件の悪化と弾圧の強化は、朝鮮の労働運動を沈滞期へと導き、指導部の弱体化と変質がつづいた。この時、プロフィンテルン「9月テーゼ」と汎太平洋労働組合秘書部「10月通信」の影響を受け、非合法的な「革命的」赤色労働組合運動が起こった。これは、労働運動の政治闘争への発展、改良主義反対、産別（産業別）組織と工場中心の労組活動、日本および中国労働運動との連携を強調し、教養・宣伝・組織活動に主力を注ぐものだった。興南赤色労組をはじめとし、元山・平壌・海州・龍山・麗水・馬山の港湾赤色労組などが日本の官憲によって検挙された代表的な赤色労働組合である。それらに共通する要求項目を見ると、「賃金引き下げおよび労働時間延長反対、賃金引き上げ、8時間労働制の実施、性・年齢・民族の区別なく同一労働に対する同一賃金の支払い、社会保険の実施、解雇反対、毎週1日の有給休暇、青年は毎年2週間、少年は毎年1ヵ月の有給休暇、ストライキ権、労働者の革命的団結権の確立、出版・集会の自由、すべての政治犯の即時釈放、朝鮮・満州からの日本軍撤退」などである。赤色労組運動は、30年代の労働運動の主流をなし、朝鮮共産党再建運動と結合され、日本の弾圧にさらされながらも活動を継続した。

元山赤色労働組合 1934年、咸鏡南道元山で組織された非合法労働組合。1934年9

月以来、南重根、崔同善らが元山労働連合会、咸南労働会などの合法団体に加盟し、赤色労働組合を組織。元山埠頭労働者、朝鮮モーター会社、咸興チッソ肥料工場、元山大村製材所、大化正北朝鮮ゴム工場労働者を組織し、機関誌『労働者の旗』を発行して宣伝教養事業を繰り広げた。『労働者の旗』は16号まで発行されたが、日本の侵略戦争に反対する強烈な政治闘争を展開することをアピールする文章が掲載された。35年初、官憲に発覚し、南重根・崔同善・蔡喜容ら24名が拘束された。

太平洋労働組合事件 1930年から34年まで咸興・興南・元山などで4次にわたって起こった労働組合員検挙事件。第1次事件は30年12月頃、金虎班が工業労働者が集中している咸興にプロフィンテルン朝鮮支部咸興委員会を組織し、赤色労組結成を企てたために検挙された事件で、金虎班をはじめ17名の労働者が関与した。第2次事件は秘密組織を再建・拡張し、秘密結社「興南左翼」と「興南自由労働組合」を組織し、興南チッソ肥料工場をはじめとする興南・元山・平壌・新興の工場や運輸部門労働者を同志として確保し、機関誌『労働新聞』『赤い拳』などを発行した、などにより、32年5月1日のメーデー記念闘争時に張喜建ら500余名の労働者が総検挙された事件である。第3次事件は任珉鎬、高京仁らが咸興平昌製紙、興南チッソ肥料工場、興原本宮缶詰工場などで赤色労組を再建し、30名余が検挙された。第4次事件は、李景徳が赤色労組再建を推進したが、20名余が検挙された事件。この太平洋労組闘争は、他の赤色労組運動と異なりすべてプロフィンテルンの直接的な指導を受けた点が特徴である。

国際労働機構(ILO: International Labor Organization) 各国労働者の労働状態改善を目的に、第1次世界大戦後、ベルサイユ条約によって設置された国際機構。第2次世界大戦後の46年、新しい国際労働機構憲章が採択され、48年からその憲章に従って運用されている国連の専門機構である。国際労働総会・国際労働理事会・国際労働事務局から構成されており、総会には加盟国の政府代表2名、労使代表各1名が参加する。本部はスイスのジュネーブにあり、96年8月現在の加盟国は173か国である。韓国は低賃金・長時間労働などの劣悪な労働条件のため長い間加盟できずにいたが、84年にオブザーバーとして参加、92年には正式加盟国となった。

9．日帝統治下の農民運動と女性運動

農民運動 農民の生活条件、社会的環境改善を目的にした社会運動。3・1運動によって政治的・社会的に覚醒した農民たちは、1920年代に入ってから反日民族運動の主体として成長し、小作争議を中心に農民運動を展開した。小作争議の原因は、土地調査事業による農民の土地喪失、小作農化、小作料の高率化、小作権の不安定、中間収奪の激化、公課金の負担加重、朝鮮総督府および日本人地主に対する抵抗心などである。農民運動の組織化に力づけられ、全国的に展開された。初期には面単位の小作人組合のような自発的な組織として出発。22年頃には30余の小作人組合があり、33年には1301に増加した。分散的に組織された小作人組合は朝鮮労働共済会と結合し、労働共済会は支部に農民部、小作農部を置いて小作争議を指導した。労働共済会の解体後は、朝鮮労農総同盟の指導を受け、ここから労働総同盟が分離するにともない、27年農民運動の全国的中央組織である農民総同盟が発足した。この農民総同盟は32の参加団体、2万4000名を超える会員を持った。同時に農民団体は従来の南部地方中心から抜け出し、北部地方にまで拡大した。小作人組合は自作農を含む農民組合に改編された。当時、農民は民族解放なしには自分たちの立場は改善されないと確信し、ほかの政治・社会運動と緊密な連帯を持ち、その下で日本との闘争を繰り広げた。小作争議の発生件数は、1920年から40年までの20年間に合わせて14万969件で、年平均7048件に及んだ。このような農民運動は、30年代に入り、非合法的運動、すなわち「赤色農民組合」運動へと転換し、より暴力的な様相を帯びるようになった。赤色農民組合は、小作権剥奪、高利貸し搾取、親日派団体反対闘争を展開したが、30年末、日本が戦争を拡大しながら弾圧を強化すると次第に弱体化した。しかし、40年の江原道洪源事件、41年の城津農民組合事件など、厳格な戦時統制下にあっても、農民の抵抗は絶えることなくつづけられた。

岩泰島小作争議 1923年9月から24年9月まで全羅南道務安郡（現在の新安郡）岩泰島の小作農と地主の間で起こった争議。20年代の代表的な小作争議である。島の人々を養うのにさえ不十分な年々の収穫量のうえに、収穫高の7〜8割が小作料として徴収され、岩泰島の小作農はつねに飢餓線上にあった。彼らは小作会を結成し、地主の文在喆を相手どって小作料引き下げ闘争を行った。文在喆は日本の庇護を受けた大地主で、岩泰島での闘争はおのずと抗日民衆運動の性格を強く帯びた。23年9月、小作料4割への引き下げ要請を地主の文在喆が黙殺すると、小作会は24年3月、面民（村民）大会を開き、4月10日開催予定の全国労農大会に代表を派遣した。しかし、日本の警察の妨害によって代表が大会に参加できずに帰ると、小作会はついに5月22日、頌徳碑（讃称碑）を叩き壊し、地主側と衝突

小作争議の原因別比率

原因	1927〜29	1930〜32	1933〜36	1937〜39
小作権・小作地関係の争議	47.3%	58.2%	78.8%	82.8%
小作料関係の争議	48.5%	30.5%	18.5%	16.1%
その他	4.2%	11.2%	2.7%	1.2%

した。この事件によって小作会幹部13名が木浦刑務所に拘束された。すると、男女農民600余名が子供まで連れて木浦警察署と裁判所で2度にわたり集団籠城を繰り広げた結果、「小作料4割の引き下げ、地主は小作人会に2000円寄付、未納小作料は3年間にわたって無利子で償還、拘束者は双方が控訴取り下げ、石碑は小作人会の負担で復旧」という内容の妥協がなされ、1年間にわたる小作争議は終わった。この岩泰島小作争議は全国に大きな反響を起こし、近隣の荏子島・都草島・慈恩島・梅花島・智島でもつぎつぎに小作争議が起こった。

不二農場小作争議　1929年から31年までつづいた平安北道龍川郡不二農場の小作争議。不二農場は企業の形態をとった小作制農場で、所有者は日本人だった。もともと干拓地だったが、「永久小作権、開墾費支払い、3年間小作料免除」の条件で農民を募集。彼らの資金によって開墾した。開墾を終え、農民たちは農場主に開墾費を要求したが、農場主は逆に小作料を徴収した。反抗する人々には小作権を剥奪すると脅迫した。29年秋、小作人組合は、2000名余の小作農名義で開墾費の返還、永久小作権の承認、小作料50パーセント引き下げなどの要求を提示。農場主がこれに応じないと、小作料不納同盟を結んで抵抗した。しかし、警察が介入し、小作農を一方的に弾圧するなかで、30年、農場側が警察立ち会いの下で小作料を強制徴収すると、300名余の農民は武装した警察隊を包囲し、要求条件を貫徹しようとしたが、幹部をはじめとする150名が検挙された。その後も農民は粘り強く闘ったが、32年、警察の弾圧により、小作人組合は解体された。

朝鮮農民総同盟　1927年9月に結成された全国的な農民運動団体。朝鮮労農総同盟が朝鮮労働総同盟と朝鮮農民総同盟に分離して成立した団体。25年11月中旬に開かれた朝鮮労農総同盟第6回中央執行委員会で分離を決定したが、日本が分離のための全国会議を認めず、書面大会を通じて9月7日、正式に分離された。朝鮮農民総同盟結成後、全国各地で農民組合が組織され、小作争議が頻発すると、日本は「農会」を作り小作争議に対応した。

赤色農民組合運動　1930年代に起こった非合法農民組合運動。30年代に入り日本の弾圧が強化され、朝鮮農民総同盟が指導部の分裂によって有名無実化すると、農民運動は地方農民組合を中心に、非合法的な「革命的」農民組合へと変質した。この運動は、コミンテルン「10月テーゼ」の影響を受け、共産主義の運動家たちが非合法運動に転換、労働者・農民の組織化に進んでいくことによって活発化した。赤色農組は小作権剥奪、高利貸搾取、土地・食糧略奪反対、親日団体反対運動を展開した。咸鏡南道端川農民組合、咸鏡南道定平農民組合、江原道三陟農民組合、慶尚南道梁山農民組合、咸鏡北道明川農民組合などがその代表的なもので、30年代後半に入り瓦解しはじめた。37年、明川農民組合の崩壊を最後に弱体化した。

定平赤色農民組合　1930年6月、咸鏡南道定平で組織された非合法農民組合。27年に結成された定平農友会が、朝鮮農民総同盟定平農民同盟を経て定平農民組合へと再編された。郡内9面に支部を設置し、支部単位に活動して、組合員は4147名、組織率は自作農20パーセント以下、小作農53パーセント、自・小作農27パーセントであった。行動綱領に、「小作料の減免、小作権強制

移動反対、労働者・農民運動弾圧法令撤廃、官僚の職権濫用監視、農会の自主化、苗木の強制配分・不当賦課反対、農民団体強化、労働者階級との同盟」などの26項目を掲げ、青年・婦人・少年部の３部を設置。非合法、合法活動を並行して行った。とくに夜学の運営や教会の運営などの教育活動は活発だった。31年１月から検挙がはじまり、51名が公判に付され、懲役２年から８年までを宣告された。李載弼らを中心とする再建運動が起こったが、34年に400名余が逮捕され、64名が１年６ヵ月から７年の実刑を宣告された。

女性運動 女性の政治・経済・社会的権利と地位確立のための社会運動。朝鮮の女性運動は、1920年代、社会主義思想が入ってから大きくその様相を変えた。それまでの女性運動は、封建的抑圧撤廃のための教育啓蒙運動の次元で展開されていたが、女性運動の理念を提示しながら組織的運動を繰り広げたのは、マルクス主義を受け入れた社会主義の女性運動が初めてだった。社会主義女性運動は当時、急増する女性労働者の自発的な闘争に加えて、進歩的思想を受け入れた女性知識人が増え、彼女らが労働者・農民の闘争に触発されて、活発に展開された。24年に結成された朝鮮女性同友会はその最初の組織である。女性運動にもほかの社会主義運動と同様に派閥対立があったが、これを止揚し、24年、中央女性青年同盟へ統合し、これとキリスト教信者の女性たちが27年５月、朝鮮の女性運動で初めての統一戦線である槿友会を結成した。31年、槿友会解体後、社会主義女性運動は、赤色労働組合と赤色労働組合女性部を中心に展開された。解放直後、女性運動家を総網羅した建国婦女同盟などが結成されたが、右翼系がすぐに脱退し、韓国愛国婦人会・独立促成中央婦人団などを組織し、李承晩追従勢力として機能した。左翼系女性たちを中心とする朝鮮婦女総同盟は、広範囲な女性たちの支持・参加の下に活動を展開したが、米軍政の左翼弾圧政策により、非合法化され、次第にその勢力が弱まっていった。その後、南の大韓民国樹立過程を経て親米反共的女性運動だけが生き残り、その結果、体制御用団体的色彩の強い女性運動のみとなり、女性大衆の真の問題解決とはほど遠い次元での運動へと転落していった。

朝鮮女性同友会 1924年５月７日に創立された朝鮮最初の社会主義女性団体。20年代に入ってきた社会主義の影響を受け、京城ゴム、仁川精米所女性労働者ストライキなどの大衆運動の高揚に力を得て、朱世竹・丁七星・許貞淑・鄭鍾鳴・朴元熙らを中心に組織された。彼女らは女性問題の根源は基礎的な経済組織の不合理にあると見て、女性解放のためには無産階級の解放が前提とならねばならないとし、女性運動の目標は、女性の独立と自由の確保・母性の保護・男女同権の社会制度の実現にあると主張した。それまで主にキリスト教女性たちによる啓蒙活動にとどまっていた女性運動を、社会運動の次元に引き上げた。それにより、女性問題の講演会や出版活動など、啓蒙活動と会員教養事業に力を注いだ。27年、槿友会が結成され、解体された。

槿友会 1927年５月27日に創立された女性運動団体で、朝鮮最初の女性運動統一戦線。新幹会が組織された直後、女性運動の２つの流れとなってきたキリスト教系女性運動と社会主義女性運動間の統一組織として組織された。金活蘭・兪玉卿・黄信徳・劉英俊・鄭鍾鳴・朱世竹・許貞淑・崔恩喜ら著名な女性運動家が総結集した。綱領と

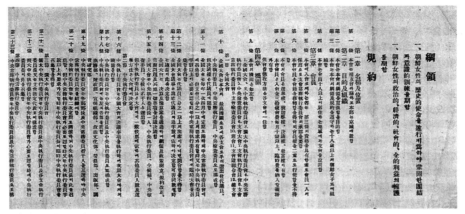

槿友会の綱領と規約

して、「朝鮮女性の固い団結、朝鮮女性の地位向上」を掲げ、宣言文では「朝鮮女性をとりまく各種の不合理は、その本質上、朝鮮社会に害をなさんとする日帝の存在と結びついており、全女性は団結して闘争し、勝利を収めねばならない」と主張した。また、現段階の女性運動の目標は、「民族の置かれている状況からの脱皮と封建遺制からの脱皮であり、朝鮮の民族運動は反帝・反封建・ブルジョア民主主義を獲得する運動であるから、すべての階級階層は、民族統一戦線に結合しなければならず、女性大衆は槿友会に結集する。全運動と結合するために槿友会はすべて新幹会の会員とならなければならない」とした。槿友会は全国に70の支部を置き、東京や間島にも組織を拡大して、機関誌『槿友』を発刊した。第2次大会(1929年7月)で採択された修正行動綱領は、次のようである。①教育の性差別撤廃および普通教育の拡張。②女性に対する封建的・社会的・法律的差別の撤廃。③封建的因習と迷信の打破。④早婚廃止および結婚離婚の自由。⑤人身売買および公娼の廃止。⑥農村婦人の経済的利益の保護。⑦婦人労働者の賃金差別撤廃および産前産後の休養とその間の賃金支払い。⑧婦人および少年労働者の危険労働および夜間作業廃止。⑨言論・出版・集会・結社の自由。⑩労働者・農民のための医療機関および託児所の制定確立。しかし30年、いわゆる槿友会事件(女学生の万歳デモ指導事件)で鄭鍾鳴・丁七星・許貞淑ら多数の社会主義系幹部が検挙され、キリスト教系が槿友会の主流を握るようになると、女性解放を階級解放、民族解放と結合させる路線から離脱し、体制内での女性の権利拡張を主張する傾向が強化された。この時、コミンテルン「12月テーゼ」および新幹会の解消運動とともに、槿友会でも解消論が台頭し、女性運動の統一戦線だった槿友会は31年、ついに解体した。のちに社会主義系女性運動家たちは、工場・農村に入り、赤色労働組合と赤色農民組合の女性部を組織する活動に力を注いだ。「女権拡大」を主張していたキリスト教系を中心とする女性たちは、農村女性啓蒙運動などへと立ち上がったが、結局、日本の植民地政策に利用される結果を生んだ。

鄭鍾鳴〔チョンジョンミョン〕　1896～?

第2章　日本帝国主義の支配と民族の抗戦　1910▶1945

左端・許貞淑、右から3番目の女性・金正淑、その右隣・金正日（1948年11月）

女性運動家。ソウル出身。貧しいキリスト教徒の家庭で生まれ、11歳で培花学堂（現、梨花女子大）に入学したが中退した。17歳で結婚したが、2年後、夫は病死。実家に帰り伝道師の助手となって伝道活動をした。セブランス病院看護婦養成所を経て、25歳で看護婦になる。22年、朝鮮女子苦学生総助会を組織し、全国巡回講演に回り、23年、高麗ビューロ（コミンテルンの朝鮮支部）国内組織に加わり、社会主義思想学習を本格的にはじめた。24年、朝鮮女性同友会を組織。本格的な女性運動を開始し、北風会の委員として北風会館に住み込んで、機関誌『解放運動』の記者としても活躍した。27年、槿友会が組織されると、宣伝組織部に籍を置き、女性問題講演会・討論会・宣伝会組織などで活発な活動を展開して、槿友会解消後に朝鮮労働組合全国評議会準備会婦人部責任者となったが、この時、検挙され、懲役3年の刑を受けた。出獄後の活動はよく知られていない。解放直後、朝鮮婦女総同盟中央委員を務めたが、その後消息が途絶えて、生死不明である。

金活蘭［キム ファルラン］　1899～1970。女性運動家、教育家。仁川の人。9歳で梨花学堂に入学し、20歳で米国に渡り、ウェスリオン大学、ボストン大学を卒業し、帰国。梨花女専教授となった。26年、キリスト教系女性運動の代表資格として槿友会に参加したが、社会主義系女性運動の勢力との対立で、すぐに脱退した。槿友会解体後、合法的な枠内で活動していたキリスト教系女性運動家たちは次第に日本の協力者に転向し、放送宣伝協会など、親日派組織の要職で活躍するようになった。このとき、金活蘭も兪珏卿・李淑鍾・任永信・盧天命・毛允淑・黄信徳らとともに朝鮮臨戦報国団婦人隊幹部職に就き、女子挺身隊、学徒兵志願を宣伝し、「皇国婦人」として生きるべき自己錬磨と覚醒を促す講演活動に出た。解放後には、主に教育事業に従事し、45～

61年まで梨花女子大総長。以後も名誉総長を務めた。そのほか、大韓キリスト教青年連合会理事長、大韓赤十字社副総裁、韓国女学生士協会会長など、多くの社会団体に関与し、63年、東洋人として初めてマグサイサイ賞(アジアで公共福祉などに貢献した個人・団体に与えられる賞)を受賞した。生涯結婚せず、独身で過ごした。

許貞淑［ホジョンスヶ］ 1902〜1991。女性運動家、共産主義運動家。政治家の許憲の長女。日本・米国・中国の各地で学んで帰国。黄信徳・任永信らと槿友会を組織した。全国的な女性運動統一組織として、機関誌『槿友』を発行し、活発な活動をしていた槿友会が日本の弾圧を受け、内部の解消論で解体すると、許貞淑は中国に渡り、金枓奉、崔昌益らとともに朝鮮民族革命党で活動していたが、37年、崔昌益と結婚した。38年、武漢が日本によって陥落すると延安に入り、40年、抗日軍政大学政治軍事科を卒業。翌年、八路軍120師団政治指導員となった。42年には朝鮮独立同盟に参加し、45年、朝鮮革命軍政学校教育課長に就任した。解放後、ソウルに入り建国婦女同盟を組織したが、すぐに北に入り、朝鮮共産党北朝鮮分局宣伝煽動部副部長に就いた。48年に文化相・司法相、57年に対外文化連絡委員長、59年に最高裁判所長、72年に祖国統一民主主義戦線書記長、最高人民会議副議長、81年に秘書局秘書(書記局書記)などを歴任した。彼女は56年に夫の崔昌益が粛清された後も、上記のような要職に就き、また、海外の親北社会団体と活発な交流を行い、中国・ソ連を訪問した。北朝鮮で最後まで活動をつづけた少数の「延安派」指導者の一人で、1991年に死去するまで党中央委秘書(書記)、海外同胞援護委員長、祖国統一民主主義戦線議長などの要職にあった。

10. 日帝統治下の文化運動

『朝鮮日報』 1920年3月5日創刊の日刊紙。3・1運動ののち、文化政治の時代に、『東亜日報』『時事新聞』とともに発刊が許可された新聞。創刊当時は親日派団体・大正実用親睦会がスポンサーとなり、社長・趙鎮泰、発行人・芮宗錫、編集人・崔岡の陣容で出発したが、その抗日的論調により、同年8月、最初の停刊を命じられた。24年9月、社長・李商在、副社長・申錫雨が就任。「朝鮮民衆の新聞」と標語を掲げて革新を行い、のちに申錫雨・安在鴻・兪鎮泰・曹晩植らが社長に就任した。33年、方応謨が社長に就任した後、資本金50万円の株式会社に改編、ソウルの太平路に新社屋を建設した。29年末から「知は力、学ぶべし」というスローガンを掲げて識字率の拡張(「文盲退治」)と農村啓蒙運動を繰り広げた。これは、『東亜日報』の「ヴ・ナロード運動」(「民衆のなかへ」というロシア語)とともに「文化政治」に便乗する運動でもあった。40年8月10日、日本の圧力で廃刊となったが、解放後の45年11月23日に復刊された。朝鮮戦争時、社長の方応謨が北に連行された後、張基栄が社長となり、64年以降は方一栄と方又栄が経営を引き継いだ。維新体制時代の75年に言論自由守護闘争を闘い、大量解雇事件を起こした。90年現在、韓国最大の発行部数(約400万部)を誇る朝刊紙となった。姉妹誌に『週刊朝鮮』『月刊朝鮮』『家庭朝鮮』『月刊山』『スポーツ朝鮮』などがある。

方応謨［パンウンモ］ 1890〜? 言論人。平安北道定州の人。鉱山業に身を投じて財

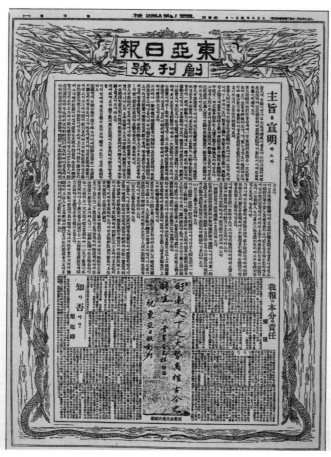

『東亜日報』創刊号

産をつくり、1932年、経営難に陥った『朝鮮日報』の経営を引き受け、曹晩植を社長に据え、みずから経営局長となった。1ヵ月後、社長に就任し、同時に東方文化学園を設立。理事長となった。40年、『朝鮮日報』の廃刊ののちに朝光社を設立し姉妹誌『朝光』の発行を継続したが、次第に親日へと傾いた。解放後、すぐさま『朝鮮日報』を復刊。社長に就任したが、朝鮮戦争時に北に連行された。

『東亜日報』 1920年4月1日に創刊された日刊紙。3・1運動後、日帝が「文化政治」を標榜のアドバルーンとして、『朝鮮日報』や『時事新聞』とともに発行を許可した。「朝鮮民衆の表現機関、民主主義、文化主義」を社是に掲げて出発。初代社長に朴泳孝を推戴。金性洙が中心となり、21年9月に株式会社組織となった。宋鎮禹・李昇薫・白寛洙らが社長を務めた。36年の日章旗抹消事件による停刊をはじめ、日本統治下で4度にわたって停刊処分を受けている。31年11月、月刊誌『新東亜』、33年1月、女性誌『新家庭』を創刊し、30年代に

入ってからは識字率の拡張とハングル普及のための「ヴ・ナロード運動」を繰り広げた。これは、『朝鮮日報』の「文盲退治運動」とともに日帝の文化政策に同調する事業だった。40年8月10日、『朝鮮日報』とともに廃刊となり、解放後の45年12月1日に復刊され、社長・宋鎮禹を先頭にして「反共反託（反共産党・反信託統治）」運動の先陣を切った。50年代には、李承晩の長期執権に反対する野党紙として、発行部数30万部を超えた。60年代に入り、東亜放送を開局し、『少年東亜日報』『東亜年鑑』を創刊した。74年末、記者たちの「自由、言論、実践宣言」により、政府の広告弾圧の事態が起こると、経営側はそれに屈して記者の大量解雇を行った。長年夕刊紙として発行されてきたが、93年4月から朝刊紙となった。

朝鮮語学会 1921年12月3日、朝鮮語と文字の研究を目的にして組織された団体。現在のハングル学会。創立当初は「朝鮮語研究会」。会員は張志暎・金允経・李允宰・李克魯・崔鉉培・李秉岐らで、研究発表と講演会を持ち、ハングルの優秀性を宣伝する一方、27年2月から機関誌『ハングル』を発刊した。29年には『朝鮮語辞典』編纂事業に着手したが、日本の弾圧によって出版できなかった。31年、学会名を朝鮮語学会に変え、33年に「ハングル統一綴字法案」を発表した。これは、今日でもハングル表記の基準になっている。42年10月、朝鮮語学会事件により、会員30名が官憲によって検挙され、投獄された。解放後、45年に「ハングル学会」と改称した。29年の『朝鮮語辞典』の編纂事業につづき、1957年には6巻に及ぶ『大辞典』を発刊した。1992年に増補改訂版を刊行。

李允宰［イ ユンジェ］

1941年頃

1888〜1943。朝鮮語学者。慶尚南道金海の人。平安北道延辺の崇徳学校に在職中、3・1運動に参加し、懲役3年の刑を受ける。出獄後、中国に向かい、北京大学史学科を卒業して24年に帰国。五山学校・培材学堂などで教え、また、雑誌『ハングル』を編纂した。27年、朝鮮語学会の『朝鮮語辞典』編纂委員となり、震檀学会に加入した。37年、修養同友会事件に連座してふたたび投獄され、出獄後は延禧専門学校・監理教（メソジスト）神学校教授などを務めた。国語運動をつづけたが、42年、朝鮮語学会事件により逮捕され、咸興刑務所で服役中に獄死した。著書に『聖雄李舜臣』『文芸読本』などがある。

金允経［キム ユンギョン］

1968年頃

1894〜1969。朝鮮語学者。京畿道広州の人。1911年、周時経にハングルを学び、13年、馬山の昌信学校で教えた。21年、朝鮮語学会の創立時に会員となり、延禧専門学校文科を終えた後、26年に日本へ渡り、29年に立教大学史学科を卒業。帰国して培花女子高等普通学校(女学校)教員となった。37年、修養同友会事件により逮捕され、41年、無罪判決を受けたが、42年に朝鮮語学会事件でふたたび逮捕され、43年、起訴猶予で釈放。解放後の47年、延禧大学総長代理となり、53年、同大学院長に就任。61年に定年退職し、学術院終身会員となった。著書に『朝鮮文学および語学史』『ハンギョル国語論集』『新国語学史』などがある。

ハングルの日 ハングル発布を記念して、その研究と普及を奨励するために定められた日。ハングルは1443年(世宗25年)に発布されたが、その時は「訓民正音」と呼ばれた。のちには諺文・牝文字・半切・カカ文字・国文とも称された。1926年11月4日、初めて発布祝賀記念式が挙行され、その時には「カカの日」(カカはka、gyaと発音し、日本の50音の「あ、い」に相当)と呼ばれたが、27年に朝鮮語学会記念誌『ハングル』が創刊されると、「ハングルの日」と改められた。その後、朝鮮語学会で10月9日をハングルの日と定めた。1970年には大統領令によって国民の祝日とされた。

『ハングル』 1927年創刊のハングル研究誌。朝鮮語学会の機関誌。もともと周時経の弟子によって組織された朝鮮語研究会の機関誌として創刊されたが、同誌は創刊9号で休刊となった。31年、朝鮮語研究会が朝鮮語学会と改称されると、翌年5月に復刊され、42年10月、朝鮮語学会事件が起き、同誌も廃刊となった。解放後の46年4月から再度復刊されて現在に至っている。日帝時代に最後まで抵抗した学術誌であり、その意義は大きい。

オリニナル(子供の日) 1922年、児童文

朝鮮少年軍(隊)
(少年斥候隊、1933年5月5日)

化運動団体「セットン会」の主導で、子供たちに民族精神を鼓吹するための日として定められた。方定煥をはじめとする日本留学生によって結成された「セットン会」は、5月1日をオリニナル（子供の日）と定め、民族精神を鼓吹するための記念行事を開いた。25年のオリニナルの行事には、全国から約30万人の子供たちが参加した。オリニナルは27年に5月の第1日曜日に変更されたが、39年、日本の弾圧により中断され、解放後の46年から5月5日に変更され、現在にいたっている。57年には韓国童話作家協会が作った「オリニ憲章」を基礎に、「大韓民国オリニ憲章」を創設した。現在は児童の人格を尊重し、幸福を祈念する行事が開かれている。70年の大統領令によって国民の祝日と定められた。

方定煥［パンジョンファン］

1930年当時

1899〜1931。児童文学者。児童文化活動を推進した。ソウルの人。善隣商業学校を中退し、普成専門学校と日本の東洋大学哲学科で学んだ。1922年、日本で馬海松・尹克栄・尹石重らとともに最初の児童文化運動団体である「セットン会」を組織し、5月1日をオリニナル（子供の日）に定めた。23年、最初の児童雑誌『オリニ』を創刊した。ほかにも『新青年』『新女性』『学生』などの雑誌を発行する一方、青年クラブや少年運動協議会を組織した。童話大会、少年問題講演会、児童芸術講習会、少年指導者大会などの啓蒙運動と児童文化運動の先頭に立ち、創作童話、翻訳、翻案童話、随筆、評論など多数の著作を残した。死後、『小波全集』（小波は方定煥の号）、『小波童話読本』が発刊された。

趙喆鎬［チョチョルホ］ 1890〜1941。児童文化活動を組織。京畿道の人。李朝末の武官学校を経て、日本の陸軍士官学校を卒業。1910年、中尉に任官。11年、五山学校教師を経た後、14年、中国に亡命したが、逮捕された。出獄後、中央高等普通学校（旧制中学）教諭を経て21年に北京で開かれた極東ジャンボリーに代表として参加。これがきっかけとなって児童文化活動をはじめ、24年には朝鮮少年軍（隊）を創設。26年6月、6・10万歳運動に関与し、北間島に亡命。32年にはふたたび逮捕された。38年、朝鮮少年軍の解散とともに投獄され、40年、普成専門学校講師に在職中、死亡した。

圓仏教 1916年、朴重彬が起こした仏教系新宗教。幼い頃から朴重彬は宇宙と人生に対して大きな懐疑を抱き、長い求道生活を経て、1916年4月、ついに宇宙と世界の新しい秩序を悟り、「覚者」となった。彼はその秩序を「万有が1つの体性であり、万法がその根源」と表現し、仏性仏名と因果応報の真理を明らかにした。のちに儒・仏・仙の3教の教典と旧約・新約聖書をともに研究した後、とくに仏教の「金剛経」がみずから悟った真理と一致するのを知り、根本的真理を明らかにするには仏法が第一だとし、釈迦牟尼仏を先覚者として尊重すると同時に、仏教徒の因縁をみずから定めた。しかし彼は、伝統的な仏教とは大きく

異なり、仏教の現代化、生活化を主張し、信仰の対象を仏像ではなく、法身仏の一圓相（〇で表現）にし、お布施・托鉢・仏供（一種の寄進）などを廃して各人が正業につき、そのうえで教化事業に従事するという、いわゆる生活仏教を掲げた。16年には教団を開き、宋奎（のちに1代従法師）をはじめ9名の弟子を得た。24年、全羅北道裡里に「仏法研究所」を設立。朴重彬がみずから総裁に推戴された。38年には『仏教正典』を刊行し、基本原理である一圓相の真理を明らかにしたが、日帝の弾圧により、やっと教団を維持していた。43年、教祖が入寂し、宋奎が従法師として教統を継承した。解放後の47年には教団名を「圓仏教」と改称し、教育・慈善・教化の3大実践目標を立てて布教に力を注いだが、62年、1代目の従法師が入寂すると、金大挙が2代相法師に就任した。圓仏教の主要な教理は、法身仏一圓相を最高の宗旨として戴くが、一圓相の信仰は「處處仏像、事事仏供」で、つまり、どんな所にあっても、どんな時においても信仰を離れてはならず、天地・父母・同胞・法律の四恩に報いることを仏功と定め、「自力養成、智者本位、他子女教育、公導者崇拝」の四要を実践することにより、福楽の道を磨くのである。また、修行の四大綱領は、「正覚正行、知恩報恩、仏法活用、無我奉公」としている。

朴重彬［パク チュンビン］ 1891～1943。宗教人、圓仏教教祖。全羅南道霊光の人。幼い頃から漢学を学び、9歳のとき、宇宙の自然現象に深い疑心を抱き、修道した。26年、大悟覚醒し、覚者となった。3・1運動前後に「仏法研究会」をつくり、一圓を最高宗旨とし、これを信仰の対象と修行の教本となし、大諦（圓仏教における悟り）を明らかにした。43年に「大法門」を力説して入寂した。著書に『圓仏教教典』『仏祖要経』などがある。

朝鮮仏教維新会 親日派仏教教団に対抗して組織された仏教改革運動団体。1921年12月20日、ソウルの仏教青年会館で創立された。これより先に20年6月20日、ソウルの寿松洞覚皇寺で、金尚昊・都鎮浩らが中心となって朝鮮仏教青年会が結成された。建議案提出などの改革運動を繰り広げたが、とくに目新しい反応は得られず、さらに積極的な活動のために仏教維新会を組織した。22年1月5日から200名余の代表が集まり「政教分離」を決議。2700名以上の署名を得て建議文を採択した。その内容は、寺刹令（1911年6月、日本が朝鮮仏教の管理支配をはかり、全国の寺を31の本寺と1200余の末寺に整理統合した命令）以降の各種の混乱と弊害を指摘し、寺刹令を廃止し、仏教自体の自己革新に任せよというものだった。しかし、親日管権住職たちの妨害と日本当局のあいまいな態度でとくに成果がえられないと悟ると、住職討論大会を開催した。後には管権住職の圧迫と日本の弾圧により際立った活動を展開できなかった。30年、韓龍雲を党首とし、金法麟・金尚昊らが組織した「卍党」もやはり寺刹令廃止と仏教改革運動を展開したが、寺刹令は解放時まで存続した。

朝鮮民立大学期成会 1922年11月、民立（私立）大学設立のために李商在らが中心となってつくった団体。1922年2月の朝鮮教育令改定により、朝鮮にも大学を設置できるようになると、朝鮮人による民立大学を建てようとする運動が活発に起こった。民立大学設立運動は、まず法科・文科・経済科・理科の4科を設け、次に工科、3番目に医科・農科を設置する計画を立て、朝鮮

民立大学期成会を中心に当時の金額で1000万円の募金運動を推進した。しかし、日本の当局の妨害と、当時頻発した洪水や日照り、飢饉などの災害で募金は思うように集まらず、運動は失敗した。のちに五山学校・延禧専門学校・普成専門学校などを大学に昇格させようという動きもあったが、これも日本の妨害によって実現されなかった。民立大学設立運動を朝鮮支配を揺るがすものとして重大視した日本は、その代案として、官立大学である京城帝国大学を設置した。

京城帝国大学　1924年、日本がソウル（当時は京城）に設置した官立総合大学。日帝は植民地朝鮮に高等教育機関の大学を設置するのは、植民地支配政策上役立つことはないと考え、徹底的に抑圧的な植民地教育政策を行った。しかし、3・1運動以降、朝鮮人の高等教育熱が高まり、民立大学設立運動が展開された。総督府はこれに脅威を感じ、法文学部・医学部から構成される京城帝国大学を設立し、24年、予科を開校した。初代総長には服部宇之吉が任命された。28年までに予科・医学部・法文学部の建物が建てられ、朝鮮総督府の病院が医学部付属の建物に移管された。29年4月、最初に法文学部第1期の卒業生を出した。日帝の大陸侵略が本格化すると、高級技術者の必要性が高まり、38年に理工学部が増設され、大学院も設置された。45年、解放とともに京城大学と改称されたが、46年、ソウル大学となった。京城帝国大学は、植民地朝鮮の唯一の大学だったが、朝鮮人だけのための大学ではなく、かえって日本人の学生数のほうが多かった。

土月会　1923年2月、日本で設立された新劇運動団体。22年11月、あるいは23年5月に創立されたという説もある。東京の留学生だった朴勝喜・金基鎮・李瑞求らが主な創立時の会員である。第1回公演を23年7月4日に朝鮮劇場で行い、以降は『熊』『吉植』『復活』などの翻訳劇や創作劇を連続公演して、新劇運動を展開した。徐月影・卜恵淑・石金星・尹心悳らがこれに参加し、『生ける屍』『春香伝』『カルメン』などを公演した。朝鮮の新劇史上最高の87回の公演回数を記録した後、32年に「太陽劇場」と改称した。

尹心悳　[ユン シムドク]　1897～1926。歌手。平壌の人。1918年、京城女子高等普通学校師範科を卒業。原州公立普通学校の教師となった。総督府留学生として日本の東京音楽学校に留学。声楽を専攻し、帰国した。京城師範付属学校音楽教師を務めながら音楽会に出演し、声楽家としての地位を固めた。25年、劇団・土月会で活動していたが脱会し、ラジオとレコードをとおして大衆的人気を獲得した。とくに、『死の賛美』が有名である。26年、レコード吹き込みのため日本に赴き、帰途、玄海灘で俳優の金祐鎮と投身自殺した。

羅雲奎　[ナ ウンギュ]　1902～1937。映画俳優。咸鏡北道会寧の人。16歳で間島に渡り、苦学して中学校に通っていた頃、3・1運動に参加した。日本の弾圧により学校が閉鎖されると小作生活をしながら満州・沿海州を放浪し、1920年に洪範図の大韓独立軍に入った。21年、朝鮮に帰ったが逮捕され、

1938年までの京城帝国大学の卒業生数

	法文学部	医学部
朝鮮人	278名	155名
日本人	404名	445名
合計	682名	600名

1936年頃

1年6ヵ月間服役した。監獄生活で彼の思想と現実認識はさらに高められ、24年、朝鮮キネマ社に入社して芸術活動を開始した。『沈清伝』『長恨夢』などで優れた演技を見せ、26年『アリラン』の製作・監督・主演を引き受けて大成功を収めた。しかし朝鮮キネマ社は経営難で2年目に解散した。36年の『アリラン3篇』ではトーキー映画に挑戦し、朝鮮映画のトーキー時代の発展に貢献した。彼の1930年以前の作品は、徹底した写実主義に立脚し、日帝への憎悪と抵抗、未来志向精神を反映していた。しかし、後には主に財政窮迫のため、興行主体の作品に比重がかかり、かえってそのために成功しなかった。彼はカップ（朝鮮プロレタリア芸術同盟）の構成員ではなかったが、抗日民族精神を映画で完璧かつ具体的に表現することにより、カップ映画運動の中軸となった。主な作品に『アリラン』『風雲児』『ドルチ』『達者でな』『愛を探して』『唖の三龍』などがある。

『アリラン』　1926年、朝鮮キネマ社制作。羅雲奎の脚本・監督・主演による朝鮮映画史上の記念碑的作品。続編が製作されて、3部作のシリーズとなった。2作目(1930)は無声映画、3作目(1936)はトーキー映画として制作された。羅雲奎が演じた「狂ったヨンジン」は、オギホ（村の人々を悩ませる悪徳地主であり、日本の手先でもある）が姉を強奪しようとするのを見て、斧で打ち殺した。人を殺してしまった衝撃で正気を取り戻したヨンジンは、逮捕され縄でくくられてアリラン峠を越えて行くというのが前篇のあらすじである。プロローグで「猫と犬（犬は朝鮮では権力の卑劣な手先のたとえ）」という字幕を入れ、束縛する側とされる側との対決を暗示した。写実主義に徹し、植民地朝鮮民衆の抵抗の意志をあますところなく表現したこの映画は、日本の抑圧の下で苦痛を受けて虐げられている当時の民衆たちに熱い感激を抱かせ、新派調の通俗愛情物語がほとんどだった当時の朝鮮映画界に新鮮な刺激を与え、後の朝鮮映画に大きな影響を残した。

崔承喜［チェスンヒ］　1912〜1966？　舞踏家。夫の安漠、兄の崔承一はともにプロレタリア文学者として知られている。モダンダンスの石井漠の下で研鑽を積み、1930年代から日本・朝鮮、そして欧米にも渡って1000回以上の民族舞踏公演を行った。この時期に朝鮮名を名乗り、朝鮮の民族舞踊を公演するには相当の困難がともなったが、崔承喜の類まれな技量と幅広い人間的ネットワークがそれを可能ならしめ、「半島の舞姫」としてその名を世界に轟かせた。解放後は北朝鮮を選択し、50年代には朝鮮舞踏家同盟中央委員会委員長に就任、功勲俳優などの称号を受け、舞台でも現役の舞踏家として活躍した。しかし、50年代末には第一線を退く。これには彼女の「ブルジョア思想」に対する批判や、夫の安漠の粛清などの事情が大きくかかわっていると見られる。代表作に「草笠童」「エヘヤ・ノアラ」「剣の舞」「石窟庵の菩薩」「半夜月城曲」「朝鮮の母」などがある。

「薩埵菩薩」の舞い

『朝鮮語辞典』編纂会　1929年、国語（朝鮮語）の保護・普及運動の1つとして国語辞典編纂のために結成された団体。門戸開放後、外国人によって漢仏、漢英辞典などがつくられたが、肝心な朝鮮語辞典はまだ編纂されていなかった。ただ1冊の朝鮮語辞典もないという民族的恥辱を拭うために、朝鮮語学会が主体となり、108名の発起人によって「朝鮮語辞典編纂会」を組織した。李克魯・李允宰・鄭寅承らが編纂責任委員となって準備作業を進め、まず「査正（調査して間違いを正すこと）朝鮮語標準語集」(1936)と「外来語表記法統一案」(1938)などを発表し、同時に辞典編纂事業を進めた。しかし、日帝の朝鮮語抹殺政策が進行し、朝鮮語学会は弾圧を受けて活動は中断された。解放後はハングル学会がこの事業を引き継ぎ、57年に『大辞典』6巻を発刊した。92年に『大辞典』の増補改定版（4巻）が発刊された。

ハングル統一綴字法案　1933年10月19日、朝鮮語学会が発表したハングル表記法（正字法もしくは正書法）と文法体系の統一案。金允経・李秉岐・李熙昇・李允宰・崔志暎・崔鉉培らが2年余にわたって作業をつづけ、完成した。総論・各論7章63項と付録で構成され、「現時点でソウルの中流社会で使われている言葉」を標準語とした。ハングル統一綴字法案は、のちに何度も修正を加えられ、今日の綴字法の根幹となった。その統一案の決定は朝鮮の文化史において画期的な成果とされる。

朝鮮語学会事件　1942年10月、日本が朝鮮語と文字の研究に対する弾圧策として、朝鮮語学会会員らを検挙・投獄・拷問し、獄死させた事件。事件の背景には、日帝が1939年4月から学校や公式的な集りなどで朝鮮語をしゃべったり書いたりすることを禁止し、具体的には『東亜日報』『朝鮮日報』をはじめとする朝鮮語新聞を廃刊させるなどの、朝鮮語を抹殺しようとする企みがあった。事件の発端は、咸興永生女高の朴英玉らが車中で朝鮮語を話しているの聞いた警察がこれを不穏とし、彼女たちを取り調べた。その結果、背後に女学校の教員丁泰鎮がいると決めつける。彼が朝鮮語学会の事典編纂の事務をやっているということだけで検挙されるというところからはじまった。そして、丁泰鎮を拷問の末、朝鮮語学会が学術団体を仮装し、独立運動を目的としているという自白を無理矢理させる。これによって、李允宰・李克魯・崔鉉培・李熙昇・韓澄・李殷相・安在鴻ら30余名が検挙された。彼らは1年間、警察署の留置

所であらゆる拷問を受けた後、「学術団体を仮装した独立運動団体」という罪名(治安維持法違反)で起訴され、そのうち李允宰・韓澄・崔鉉培・李熙昇・丁泰鎮・李克魯・李重華・金良洙・金度演・金法麟・李仁・張鉉植ら13名が公判に回され、他は釈放された。李允宰と韓澄は厳しい拷問の末に獄死し、10名はそれぞれ2年から6年の懲役を宣告され、張鉉植は無罪となった。

　実刑を宣告された人々は、控訴中に1945年8月15日、解放を迎えて釈放された。しかし、この事件によって朝鮮語学会は解散させられ、それまでの血と汗の結晶である朝鮮語辞典の原稿の一部が紛失・毀損するという憂き目にあった。

朝鮮声楽研究会　1933年、伝統声楽の発展と後進養成のために組織された団体。近来の名匠5人と呼ばれる宋萬甲・李東伯・金昌龍・丁貞烈・韓成俊が中心となった。36年、専用劇団「唱劇座」(唱劇とはパンソリのこと)を設立し、唱劇運動を広げ、『春香伝』『沈清伝』『興夫伝』などを公演した。

洪蘭坡　[ホンナンパ]

1940年頃

1897～1941。音楽家。水原の人。1912年、YMCA中等部を卒業し、15年、朝鮮正楽伝習所洋楽部を修了後、日本に渡り、上野の東京音楽学校で2年間学んで帰国した。20年、「鳳仙花」を作曲。22年、研楽会を組織し、雑誌『音楽会』を発刊した。26年、ふたたび東京音楽学校に編入し、翌年、東京新交響楽団のバイオリン奏者を務めた。31年、帰国、中央保育学校教授などを経て米国ショートウッド音楽学校で研究した後、40年、朝鮮初の管弦楽団を組織。西洋音楽の普及に力を注いだ。朝鮮の草創期の楽団の先駆的開拓者として、「静物寺の夜」「幼き頃の山に上がりて」などの民族的抒情と哀愁のこもった歌曲や「月迎える」「昼に出た半月」「故郷の春」などの童謡を残した。著書に『音楽万筆』『世界の楽声』などがある。

安益泰　[アン イッテ]　1905～1965。作曲家、指揮者。平壤の人。崇実学校在学中、3・1運動に参加し、退学処分となった。のちに日本に渡り、国立音楽学校でチェロを学んだ。32年、米国フィラデルフィアのトピース音楽学校に入学。チェロと作曲を学んだ後、34年、ハンガリーに渡り、作曲家トヤニーから民族主義の精神と技法を学び、35年、オーストリア、ウィーンでリヒャルト・シュトラウスに指揮を学んだ。36年、「愛国歌」を作曲し、つづけてドイツで活動していたが、45年、第2次世界大戦が終わるとスペイン女性と結婚し、スペイン国籍を取得。マドリードのマジョルカ交響楽団常任指揮者となった。57年、帰国し、自作曲の「韓国幻想曲」(コリアン・ファンタジー)を指揮した。65年、スペインで病死。ほかに「降天聖楽」「愛国先烈追悼曲」などの作品がある。

愛国歌　韓国の国歌。作詞者未詳。作曲・安益泰。16小節の簡潔で荘重な曲である。日帝侵略時には、現在の歌詞をスコッ

トランド民謡「オールド・ラング・サイン」の曲にあわせて歌った。1948年8月15日、大韓民国政府樹立とともに安益泰が36年、オーストリアのウィーンで作曲した曲が国歌とされた。

高義東［コ ヒドン］　1886～1965。東洋画家。ソウルの人。1903年、官立漢城法語学校卒業後、安中植・趙錫晋らに書画を学び、1908年に日本に渡って朝鮮最初の美術留学生として東京美術学校で西洋画を学んだ。15年に帰国。徽文・普成・中東高等普通学校（旧制中学）で西洋画を教え、18年には書画協会を創立。以後、「協展」を18回開催。解放後には朝鮮美術家協会・全国文化団体総連合会の会長を務めた。48年、韓民党常任委員、49年、国展審査委員長を経て、民国党常任委員・芸術院終身会員・民主党顧問・民権守護連盟委員長などを歴任した。60年、民主党公認で参議院に当選したが、5・16軍事クーデター後に引退した。伝統的南画に西洋画の彩色と明暗法を導入して新しい絵画表現をめざした。代表作に「金剛山真珠ダム瀑布」「探勝」などがある。

高裕燮［コ ユソプ］　1904～1944。美術史学者。京畿道の人。1925年、普成高等普通学校（旧制中学）卒業後、27年から京城帝国大学哲学科で美学・美術史を専攻し、同大学研究室の助手となった。27年、開城博物館長となり、のちに延禧専門・梨花女専などの教授を務めながら朝鮮の名勝・遺跡・名刹などを踏査・研究した。著書に『松都古跡』『朝鮮塔婆の研究』『朝鮮美術史論争』『高麗青磁』『韓国美術史』『美術論考』などがある。

李仲燮［イ ジュンソプ］　1916～1956。西洋画家。平壌の人。五山高等普通学校（五山学校の後身）を卒業して日本に渡り、東京文化学院美術科に在学中の37年に、日本の前衛美術団体である自由美術協会展に出品して太平洋賞を受賞した。39年、自由美術協会会員となり、45年、帰国。元山で日本人女性と結婚して元山師範学校の教師となった。朝鮮戦争時は南に下り、従軍画家団員として活躍した。釜山・統営・済州島など各地を転々として、煙草の紙に絵を描くような貧窮を嘗め、52年、生活苦に耐えきれず、夫人は2人の息子を連れて日本に帰った。その後は沖仲士などの肉体労働で暮らし、55年にようやくソウルに上って、美都波画廊で生涯で一度だけの個展を開いた。別れた家族への思慕の情に生活苦が重なったせいか、精神を病み、56年に赤十字病院で肝炎のため死亡した。野獣派（フォービズム）の影響を受けた彼の作品の題材は、つねに郷土的・家族的なものだった。代表作に「牛」「白牛」「闘牛」「月と鳥」「父と二人の息子」「統営風景」「チョンドハと幼子たち」などがある。

全鎣弼［チョン ヒョンピル］　1906～1962。文化財収集家、教育事業家。ソウルの人。1926年、徽文高等普通学校（旧制中学）を出て、29年、早稲田大学法学部を卒業し、帰国。文化財収集に力を注いだ。40年、普成高等普通学校の経営を任され、解放後に校長となった。54年、文化財保護委員、56年、教育功労者として表彰を受けた。収集した文化財は彼の個人博物館である葆華閣に保存されている。『訓民正音』原本をはじめ、書籍・書画・石像物・磁器など多くの文化財を収集し、そのうち10点余は国宝である。彼の個人博物館は現在、彼の号を取って澗松美術館と呼ばれている。

柳宗悦　1889～1961。民芸研究家、宗教

哲学者。東京出身。雑誌『白樺』創刊に加わり、東京帝国大学卒業後はウィリアム・ブレイクに関心を寄せ、宗教学や神秘主義を研究した。のちに民芸運動を提唱。1909年に柳ははじめて李朝白磁に心を奪われ、1916年から40年にかけて、およそ20回も朝鮮各地を旅行し、朝鮮の文化・民芸について多くの文章を著し、紹介した。その内容はそれまで朝鮮人さえも気づかなかった朝鮮磁器と木工品、生活雑器などへの愛情であり、朝鮮民芸の持つ心の温もり、人間的暖かさであった。柳の深い洞察力と神秘主義に結びついた生活美学は、民芸運動へと発展し、29年にはそれまで収集した朝鮮の民芸品や生活雑器をもとに景福宮内に民族美術館を開設した。柳はそれにとどまらず、人間的温もりのある民芸品を作り出した人たち、すなわち朝鮮民族へ心を寄せた彼が「失なはれんとする一朝鮮建築のために」(『改造』、22年9月)を発表したり、19年の3・1運動の弾圧や23年の関東大震災での朝鮮人虐殺を悲しみ批判したのもこの延長線上にある。柳のこうした関心と活動の大きなきっかけとなったものとして、朝鮮に在住していた浅川伯教・巧兄弟の存在も忘れることはできない。

民族主義歴史学 日帝の植民地歴史学に対抗して民族主義の観点から展開された朝鮮史研究の総称。代表的な学者に朴殷植・申采浩・鄭寅普・安在鴻・文一平・孫晋泰らがいる。彼らは一身を投げうって民族解放運動に献身した活動家であり、その歴史研究自体が民族主義運動の一環でもあった。申采浩は民族主義の歴史学を名実ともに近代歴史学として確立させ、民衆主体の闘争史観を提示した。鄭寅普・安在鴻・文一平は申采浩から深い影響を受け、朝鮮精神・民族精神の回復を第一の実践的目標として、精神史観を発展させた。また、民衆の歴史的役割に注目し、民族史を大衆的なものとする作業および、国学運動を繰り広げた。民族主義史学が主な研究対象にしたのは、古代史と実学の領域だった。鄭寅普の『五千年間の朝鮮の魂』、安在鴻の『朝鮮上古史鑑』はその代表的業績として、日帝が集中的に歪曲している古代史を正しく確立するのに寄与した。しかし、民族主義歴史学は観念的な文化史観にとどまり、素朴な民衆主義に立脚した民族精神の回復を主張した。申采浩が観念的ブルジョア民族主義の限界を克服し、歴史を動かす主体としての民衆を発見したのは例外的で、多くはその限界内での理論と実践を模索した。国学運動がまさしくそれである。すなわち、新幹会解体後、非妥協的民族主義の勢力は文化運動として運動方向を変えたが、国学運動はこの文化運動の一貫であった。これは、日帝の民族抹殺政策(皇民化政策)に対抗するものでもあったが、一方では社会主義運動とマルクス主義の歴史学に対抗する自衛策でもあった。

植民地主義歴史学(植民地史観) 日帝の植民地侵略と支配を正当化し、抗日民族意識の成長を食い止めるため、植民地政策の一貫として進められた朝鮮史研究の総称。19世紀末以降の侵略過程を通じて確立され、植民地支配全期間にわたって展開された。1890年代に入ると、日清戦争を前にして、大陸侵略の気運が高まった。これをにらみながら日本の東京帝国大学の学者たちによって、国策に奉仕するための朝鮮史研究がはじまり、いわゆる「満鮮史観」が捏造された。これは、後に朝鮮史の独自的発展と主体性を否定する「他律性論」に発展した。満鮮史観とは、朝鮮半島の歴史を満州史の一部と見做し、満州史に対する従

属を強調するものである。また、「神功皇后の三韓征伐説」や、「任那日本府説」などを主張。これを継承した「日鮮同祖論」を作りあげ、植民地侵略を正当化し、民族抹殺政策（皇民化政策）に理論的根拠を与えた。すなわち、古代において日本は朝鮮半島を支配しており、ゆえに朝鮮が日本に吸収されるのは当然という理屈が展開された。また、彼らが主張するところの「朝鮮社会停滞性論」は、朝鮮史には封建制社会がかつて存在せず、したがって朝鮮は自力での近代化ができない後進社会であり、日本の植民地統治こそが、これを近代的社会へと発展させることができるとした。「他律性論」の登場である。この「停滞性論」「他律性論」が、植民地史観が最後まで堅持した歪曲された歴史認識の本質であり、総督府はこのような歴史認識の下に併合直後から「取り調べ局」を置いて資料調査に着手し、20年代中頃からは本格的な整理作業に入った。朝鮮史編修会をつくり、『朝鮮史』の編集をはじめた。ここでは研究機関、京城帝国大学と日本の各大学の日本人学者たちが参加し、崔南善・李能和・玄采ら一部の朝鮮人学者も参加した。このような植民地主義歴史学に対抗し、民族的で科学的な近代歴史学を確立したのが民族主義歴史学とマルクス主義歴史学である。

不咸文化論　東洋文化は白頭山からはじまり、朝鮮族が文化の中心を形成したという崔南善の説。日本の学者の「檀君抹殺論」「日鮮同祖論」「文化的独創性欠如論」などに対抗し、歴史・宗教・神話・民族学・人類学などを通じて古代文化の源流を明らかにするのに焦点を置いている。崔南善は東洋文化の源流を「パ始祖」という。崔によれば白は「パ」に変わる古語で、神・天・太陽を表す。また、「パ」のもっとも古いのが「不咸」であるという。朝鮮民族の祖先である東夷族の地名にもっとも多く登場する「白山」は、太陽神の祭事を行う場所を意味し、太白山がその中心となるという。白（不咸）を祭るすべての文化圏は不咸文化圏であり、朝鮮はその中心にあたると主張する。その証拠には太白山・小白山など朝鮮半島の各地に「白」がつく山が多いといっている。崔南善は朝鮮半島周辺地域の地名を分析し、黒海から東の、日本と韓国、朝鮮半島を含む地域を「不咸文化圏」と規定した。しかし、この崔南善の説は社会に対する認識が欠如した観念的な文化主義にとどまっているという批判もある。

日本の朝鮮史観　日本における朝鮮史研究は、朝鮮・大陸への侵略と植民地支配の過程と歩調を同じくした。それは「他律性史観」と「停滞性史観」という言葉で表される。「他律性史観」とは文字どおり他の要素によって朝鮮史の発展が律せられたという史観、見方である。すなわち、朝鮮史には独自の自立的発展はなく、中国・満州史の一つの枝葉として朝鮮史をとらえようとする見方である。さらに、「日鮮同祖論」に至っては「日→鮮」とあるように「兄」の日本から下って「弟」の朝鮮に歴史の発展が下ったという見方がある。こうした観点に立つと、朝鮮には独自の歴史も文化もないことになる。一方、「停滞性史観」は、朝鮮史には封建時代がなく、律令体制のまま停滞し、近代に至ったという論法である。李朝を日本の平安朝の藤原氏時代になぞらえ、朝鮮史において封建時代を抹殺することによって日本の植民地統治を正当化した。この論は「他律性史観」よりは少しは理論武装がなされていて、古くは福田徳三がドイツ留学後、日本の幕藩体制がドイツのラント的封建諸侯体制と類似していると規定

し、日本こそが「朝鮮(人)を同化して進歩に導く命運と義務がある」とした。さらに、15年戦争期にはK.A.ウィットフォーゲルの「東洋社会特殊性論」を朝鮮に機械的に適用し、朝鮮史の「停滞性」を決めつけたのであった。解放後、南北朝鮮史学界ではこうした日本帝国主義の「朝鮮史観」を克服することに主眼がおかれ、朝鮮史のなかに独自の文化が発達し、さらに封建制が内在的に発展し、近代に至っては資本主義の萌芽が全般的に存在していたことを論証することに多大な努力が払われた。そして、質量ともにすぐれた研究がなされた。しかし、国土の分断は朝鮮史研究にもいちじるしく影を落としており、歴史研究においても「南北合作」が望まれている。

青丘学会 日本によって設置された親日派御用学術研究団体。1930年、京城帝国大学国文学部と朝鮮総督府の朝鮮史編修会の学者たちが集まり、植民地主義歴史学の観点から、朝鮮および満州の歴史、文化を研究した。機関誌『青丘学叢』を発刊し、講演会と講習会の開催、学術研究旅行、研究資料出版事業などを行った。植民地主義の歴史学は、日本の侵略を正当化し、植民地支配の理論的、イデオロギー的根拠を作り上げるのに大きく寄与した。青丘学会には朝鮮人会員も多数おり、崔南善・李能和・李丙燾・申奭鎬らが代表的人物とされる。

実証史学(実証主義歴史学) 日帝時代の歴史研究の1つの流れとして、資料批判、解釈を強調する歴史研究。文献考証史学ともいう。代表的学者としては、李丙燾・李弘稙・李相佰・金庠基・申奭鎬・柳洪烈らである。彼らのほとんどは日本の東京帝国大学や早稲田大学、あるいは国内の京城帝国大学で学んだ学者たちで、資料に対して主観的解釈を排する立場から、史観と理論を排除し、資料の表面的な文言解釈・真贋批判のみを強調した。その結果、日本の植民地体制を黙認、同調するなかで、官辺研究機関(官立もしくは官立に準じるその周辺の機関)に従事しながら日本の朝鮮史歪曲に直接的・間接的に協力することになった。34年、震檀学会を作り、日本人学者と学問的競争をしたが、彼らの研究は事実上、植民地歴史学の方法論と叙述体系を継承し、解放後の今日も大きな影響力を持っている。解放直後は新しい歴史学を模索し、韓国史の未来を定めるためのきわめて重要な時期だったが、米軍政の3年間、進歩的・民族的勢力が弾圧を受け、南北分断が現実化され、分断体制が固まっていくなかで、このような模索が挫折してしまった。そして、植民地主義歴史学に対抗し、成立した民族主義歴史学とマルクス主義歴史学の学者たちの大部分が北に連行されるか、自発的に北に移り住んだ。このため韓国では反植民地主義歴史学の伝統は断絶し、実証史学の伝統だけが残り、歴史学会の主流となった。その結果、日帝植民地主義歴史学の清算および自主的・民主的・民族的な朝鮮史認識の樹立という課題が残された。

震檀学会 1934年5月11日、朝鮮の歴史研究のために組織された学術団体。実証史学の立場に立ち、朝鮮の歴史、文化、言語などを研究した。その年11月28日、機関誌『震檀学報』を創刊。季刊で発行した。40年、日本の弾圧により学会が解体され、学報も14号で終刊となった。発起人は高裕燮・金庠基・李秉岐・李丙燾・李相佰・李瑄根・李殷相・李熙昇・孫晋泰・崔鉉培などである。解放後、学会を再建、活動を再開し、『韓国史』全7巻を刊行した。

マルクス主義史学（社会経済史学）　日本の植民地主義歴史学に対抗し、マルクスの唯物論に立脚して朝鮮史を研究した歴史研究の総称。20年代後半以降、反植民地主義歴史学の地平を拡張させた。代表的学者は白南雲・李清源・金洸鎮・李北満らで、マルクス主義歴史学を朝鮮近代社会研究の一学派として開拓し、最高の理論的達成を見せたのは白南雲である。彼の『朝鮮社会経済史』と『朝鮮封建社会経済史』は当時の古代・中近世に関するほとんど唯一の通史で、史的唯物論に立脚し、朝鮮歴史の普遍的発展過程を体系的・科学的に明らかにした点で重要な意義を持つ。これは植民地主義歴史学の「他律性史観」と「停滞性史観」を正面から否定し、朝鮮史の普遍的・合法則的発展を体系化したものである。マルクス主義歴史学は朝鮮史に対し、科学的認識を通じ、歴史認識と現実変革の問題を統一し、とくに封建制社会の実際を明らかにすることによって、日帝が主張する封建社会欠如論を克服した。以後、社会経済史研究の基礎をかたちづくった。しかし、マルクス主義を教条的に理解することにより、植民地での民族問題を過小評価し、階級の問題を必要以上に強調し、民族主義歴史学の反動性ばかりを浮かび上がらせ、これらを排撃する誤謬を犯した。マルクス主義の歴史学は、解放後、活発な活動を繰り広げたが、南北の分断と朝鮮戦争を経て、大部分の学者たちがみずからの意思で北に入り、あるいは連行され、韓国ではその系統は断絶した。

史的唯物論（唯物史観）　マルクス主義の歴史観であり、弁証法的唯物論を社会生活と歴史に適用した文明社会の発展法則に関する理論。史的唯物論が登場する以前には、歴史発展の原動力を運命や神の摂理など、超自然的な物や偶然的な物と見る観念的歴史観が支配的だった。これに対し、史的唯物論では、政治・法律・宗教・学問などの観念を発展させた基礎は、人間社会に必要不可欠な物質貨財の生産であり、このような物質財貨を生産する生産様式の発達により、社会と歴史が発展するとした。人類の歴史は、絶えず進歩発展し、原始共産制社会・奴隷制社会・封建制社会・資本主義社会を経て共産主義社会へと入るとしたのである。こうした史的唯物論と弁証法的唯物論はマルクス主義の哲学的基礎となっている。

朴殷植　［パクウンシク］

1925年当時

1859～1926。歴史学者、言論人、独立運動家。1898年、張志淵らと『皇城新聞』を創刊して主筆となり、つづいて『大韓毎日申報』や『西北学会月報』の主筆も務めた。3・1運動後、シベリアに亡命。抗日運動をしながら民族独立運動を鼓吹するために、歴史研究に力を注いだ。『韓国痛史』を書いて日帝の侵略過程を暴露した。またその姉妹篇とされる『韓国独立運動之血史』で、朝鮮民族の闘争過程を叙述した。また、民族の魂の振興のため、古代史と偉人伝の叙述にも力を注いで民族精神を呼び起こし、独立を勝ち取る方法を追求した。彼の歴史

認識は、観念的神秘主義、英雄史観から抜け出ることはできなかったが、朝鮮の民族主義歴史学において先駆的な役割を果たした。上海の大韓民国臨時政府の特務総理大統領職を歴任し、1926年11月に病死した。上記以外の代表的著作に『朝鮮古代史考』『東明王実記』『渤海太宗実記』『安義士重根伝』などがある。

『韓国独立運動之血史』　朴殷植著の朝鮮独立闘争史で、漢文で書かれた。3・1運動を中心とし、1884年の甲申政変から1920年の抗日武装独立軍の戦闘まで、日本の侵略に対抗した抗日独立闘争史を叙述した近代史の古典である。20年12月、上海の朝鮮人経営の出版社・維新社から刊行された。それより10年前に刊行された『韓国痛史』とともに広く読まれ、民族意識と独立闘争の決意を高らかに謳った。『痛史』は、3編114章からなる大作で、1864年から1911年までの日帝侵略史を叙述。大同編訳局という中国人経営の出版社から刊行された。『痛史』が問題意識を呼び起こす本であるとすれば、『血史』は実戦と行動を訴えた本として、日本帝国主義の罪状を激烈な筆致で告発、批判する一方、歴史の大勢と国内外の情勢が日帝の敗亡を促しているとして、楽観的な未来を展望した。日本のあらゆる弾圧にもかかわらず、ひそかに国内に持ち込まれて広く愛読された。

申采浩　[シンチェホ]　1880〜1936。歴史学者・言論人・独立運動家。忠清南道大徳の人。朝鮮の民族主義歴史学を確立した。貧しい儒学者の家に生まれ、1905年、成均館博士となった。乙巳条約以降、『皇城新聞』や『大韓毎日申報』に民族意識を呼び起こす論説を書く一方、愛国心を奮い立たせようと『イタリア建国三傑伝』『乙支文徳伝』

1935年

『崔都統伝』などの英雄伝を発表し、民族精神を鼓吹した。1910年、ウラジオストックに亡命。『勧業新聞』の主筆として活動し、満州白頭山一帯を踏査した。19年、上海で大韓民国臨時政府に参加したが、米国に委任統治を請願した李承晩を大統領に推戴することはできないとし、臨時政府と決裂した。外交論・漸進論を主張する李承晩や安昌浩の独立路線に反対した彼は、北京に入り、金元鳳らからの依頼を受けて23年、『朝鮮革命宣言』を起草した。ここで彼は、参政権請願運動や自治運動などの妥協的民族主義の論説を痛烈に批判し、民族解放運動の主体勢力としての民衆を強調し、武力による独立闘争および社会改革を主張した。26年に完成した『朝鮮上古史』では日本の植民地主義歴史学が主張する他律的事大主義的朝鮮史の認識を批判し、民族史の独自な発展を解明しようとし、民衆主体の闘争史観を提示した。歴史を「我と非我の闘争の記録」とし、民族と国家の主体性を強調し、歴史発展の主体は民衆にあると宣言した。27年、無政府主義団体「東方連盟」を設立。資金調達のための活動中に逮捕され、36年、旅順監獄で獄死した。『読史新論』『朝鮮上古史』『朝鮮史研究草』など多数の著書、論説、小説がある。

『朝鮮上古史』　申采浩が書いた朝鮮民族の古代史。檀君朝鮮から高句麗・百済・新羅の三国時代までを扱った古代史の古典である。本来、『朝鮮史』と題して『朝鮮日報』に連載されたものだが、1948年に出版されたときに『朝鮮上古史』と変えられた。執筆時期は、1924年頃と思われる。総論で「歴史は我と非我の闘争の記録」であると明らかにしたように、彼の歴史研究は、朝鮮民族と他民族、民族的なものと非民族的なもの、主体的なものと事大（従属）的なもの、革新的なものと保守的なものとの間の闘争を究明するというスタイルで記述されている。『朝鮮上古史』は、『読史新論』ですでに提示された新しい学説を発展させた。すなわち、箕子朝鮮説の否定、任那日本府の否定、満州領土説、三国文化の日本輸入説、新羅による三国統一、および金春秋批判論、渤海・新羅両国時代論、金富軾批判論などがそれである。『朝鮮史研究草』『朝鮮上古文化史』とともに既存の王朝中心史を批判、克服し、日本の植民地史観による朝鮮史歪曲を痛烈に論駁した。

文一平　［ムン イルピョン］　1888〜1939。歴史家。平安北道義州の人。1910年に日本に渡り、早稲田大学政経学部に学んだが、中退。つづいて中国に渡って上海の『大共和報』に勤務した。帰国して中東・中央・培材・松都などの高等普通学校（旧制中学）で教え、『中外日報』記者を経て33年『朝鮮日報』編集顧問となった。歴史研究に力を注ぎ、民族精神の回復と民族史を大衆的なものとする作業を追求し、民族精神としての「朝鮮心」を主唱した。著書に『朝鮮史話』『湖巖全集』『韓国の文化』などがある。

鄭寅普　［チョン インボ］　1892〜1950。歴史学者。ソウルの人。1910年、中国で東洋学を学び、18年、帰国。延禧専門・梨花女専・中央仏教専門学校などで国学、東洋学を講義した。また『時代日報』と『東亜日報』の論説委員を務める一方で、歴史研究に没頭した。『朝鮮史研究』で歴史の本質を「魂」すなわち民族精神とし、「魂史観」を主張。民族主義歴史学の伝統を継承した。彼のいう歴史的事実とは、歴史を貫き支える脊椎としての魂の反映であり、歴史研究はすなわち魂の筋道を明確にすることだった。解放後には、45年、全朝鮮文筆家協会会長、48年、国学大学長を歴任した。朝鮮戦争の初期、北に連行され、のちに死亡したことが知られている。著書に『朝鮮史研究』『薝園文庫』（薝園は鄭寅普の号）『朝鮮文学源流考』などがある。

孫晋泰　［ソン ジンテ］　1900〜？　歴史学者、民俗学者。慶尚南道の人。1927年、早稲田大学文学部史学科を卒業して帰国。延禧専門・普成専門学校の講師を歴任した。解放後は安在鴻の影響を受け、新民族主義歴史学を継承。階級和解に立脚した新民族主義が朝鮮の進むべき道と主張した。ソウル大学師範学部学長を経て文理科大学学長に在職中、朝鮮戦争が起こり、北に連行された。著書に『朝鮮民俗文化の研究』『朝鮮民俗説話の研究』『朝鮮民俗史概論』『国史大要』などがある。

朝鮮史編修会　日本が植民地統治に活用する目的で朝鮮歴史を編纂するために設置した朝鮮史の研究機関。総督府は1922年、歴史教育を通じて日本民族の優位性を立証し、朝鮮人の民族意識を抹殺しようとし、朝鮮史編纂委員会を設置した。これをより権威ある機構につくり上げるために、25年、朝鮮史編修会に拡大改編した。会長・顧問・委員・幹事と修史官3名・修史官補4

名・書記2名を置いた。32年から28年の間に『朝鮮史』37巻、『朝鮮史料叢刊』20集、『朝鮮史料集真』3巻などを刊行した。これらはすべて、いわゆる植民地主義歴史学に基礎を置いたものとして、朝鮮の歴史学に大きな影響を及ぼした。

『朝鮮史』 朝鮮史編修会が編集した朝鮮の古代から李朝時代までの編年体の歴史。1932年から38年にわたって刊行された。総目録・総索引・本文35巻の合わせて37巻からなり、本文は2万4111ページ、図版395ページ、各事項に年月日時を付け、年代順に配列し、そこに件名や史料を添えた。全体を6編に分け、高麗までを3編11巻、李朝を3編24巻とした。この全集の編纂史料は朝鮮、日本、中国側の史料4950種を参考とした。植民地主義史観に立脚して叙述された代表的な歴史書である。

『朝鮮古蹟図譜』 日帝時代、朝鮮総督府が刊行した朝鮮古蹟の図案を集めた本。15巻で大きさは31.2×42.1センチ。総督府の後援で日本人学者の関野貞・谷井済一・栗山俊一らが1915年から35年まで20年間にわたって編集した。楽浪時代から李朝時代までの古蹟と各種遺物の図版が収載されている。

白南雲［ペクナムウン］ 1895〜1979。歴史学者。全羅北道高敞の人。史的唯物論に立脚し、朝鮮史を体系化したマルクス主義歴史学の先駆者。水原高等農林学校を卒業した後、東京商科大学を卒業。帰国して延禧専門学校で経済史を講義した。1938年3月、同校教授時代に彼と李順鐸・盧東奎らが指導し、共産主義教育運動を行ったとして学生が検挙される、いわゆる「経済研究会事件」が起き、教職を追われた。彼は日本の植民地主義歴史学が朝鮮史の普遍的発展を否定し、「他律性」と「停滞性」を強調するのに対抗し、朝鮮史は世界史的歴史発展方式によって普遍的発展過程を経てきたと主張し、この立場から畢生の大作『朝鮮封建社会経済史』を著した。このなかで白は「停滞性論」の根拠である朝鮮史における封建制社会欠如論を徹底的に批判し、朝鮮史の合法則的発展過程を体系化した。また、民族主義歴史学に対しても、観念的文化史観、神秘的・感傷的な「特殊事情論」だとし、その階級的本質を暴いた。解放後はソウル大学・東国大学・延禧大学などで講義を行い、一方では活発に政治活動を展開した。朝鮮学術院院長、民族文化研究所長、祖国統一民衆戦線議長、新民党委員長、勤労人民党副委員長などを務め、48年、越北（自分の意思で北朝鮮に入ること）した。北朝鮮では初代の内閣で教育相を務め、また第1期最高人民委員会代議員となった。その後、科学委員長、放送大学総長、祖国統一民主主義戦線議長などを歴任した。著書『朝鮮社会経済史』『朝鮮封建社会経済史』などのほか、多数の論文がある。74年当時まで祖国統一民主主義戦線に所属していたという記録がある。それ以降は消息不明だったが、現在は1970年代末の死去が確認されている。

『創造』 朝鮮最初の文芸同人誌。1919年2月1日に発刊され、21年5月30日まで通刊第9号を発行した。発行は、創刊から7号までは日本の東京で、8〜9号はソウルで発行され、体裁は菊判で120ページ前後だった。朝鮮の新文学誌で、それまでの主流だった啓蒙主義的性格を清算し、新しい文学思潮である自然主義および事実主義の文学を開拓し、本格的な自由詩の発展に大きく寄与、口語体文章を確立。朝鮮の新文

学の発展に大きな役割を果たした。朝鮮の近代文学で最初の小説に数えられる金東仁作『弱き者の哀しみ』(1919)と『ペタラギ』(1921)などがこの時、発表され、また、朱耀翰の象徴詩『プルノリ（火遊び）』(1919)、金素月の叙情詩『懐かしくて』(1920)などが発表されて現代詩壇が出発した。同人には金東仁・李光洙・金観鎬・金億・金瓚永・金煥・田栄沢・呉天錫・朱耀翰・崔承萬・林長和などがいた。

『開闢』　1920年6月25日に創刊された月刊総合誌。26年8月1日、第75号で日帝によって強制的に廃刊させられた。3・1運動後、文化政治の下で天道教を背景に発行された。新傾向派文学の金基鎮、朴英煕の評論をはじめ、玄鎮健・金東仁・李相和・崔鶴松・羅稲香らがこの雑誌を通じて初期文学活動を展開した。廃刊後、何度か復刊が試みられたが、すべて失敗した。

『白潮』　1922年1月9日、創刊された文芸同人誌。編集人・洪思容、発行人・アッペンゼラー。京城文化社から発行された。洪思容・朴鍾和・玄鎮健・李相和・羅稲香・朴英煕・盧子泳・安夕影・元雨田・李光洙・呉天錫らが同人となり、3号から金基鎮が加わった。朝鮮近代浪漫主義の花園と呼ばれたが、通刊3号で終わった。哀愁と恨（ハン。過去の苦痛からくる葛藤とその昇華）、自暴自棄的な詠嘆、耽美探求傾向の作品が多く掲載された。

『青春』　1914年9月に発刊された朝鮮最初の本格的な月刊総合誌。崔南善が青年を対象にした啓蒙誌『青年』が廃刊されたのち、その後身として発刊された。新文館発刊で、創刊号は当時としては破格の菊判300ページにのぼる超大型雑誌で、啓蒙と教育を発刊主旨とし、封建的なものに対する大胆な批判、近代化の要求・主張などを行う一方、西欧文化の紹介・普及にも力を注いだ。とくに現代的な文芸作品を発表、育成するのに貢献し、李光洙の初期作品である『金の鏡』『少年の悲哀』『彷徨』などはすべてこの雑誌を通じて紹介された。民族主義の思想を鼓吹するもので一貫した、朝鮮初期の代表的な雑誌だったが、日本の弾圧により、18年9月、15号で廃刊された。

『唯心』　1918年9月1日、韓龍雲によって創刊された仏教雑誌。編集兼発行人・韓龍雲。『唯心』は仏教専門誌の性格を帯び、仏教に関する啓蒙と近代的な理解と解説を主として発刊されたが、韓龍雲の詩が発表され、タゴールの詩と彼の『生の実現』などが翻訳・掲載された。また、毎月、文芸作品を懸賞付きで募集した点などは他の仏教誌ではみられない特異な編集姿勢といえる。菊判60ページ前後の月刊誌で、通刊3号で廃刊となった。

『ニムの沈黙』　韓龍雲の詩集。1926年、東書館刊行。四六判の洋装・ハードカバーで168ページ。表題作「ニムの沈黙」をはじめ、「わからないよ」「初めての傷」「ニムの顔」など、彼の初期作品がすべて収載されている。ほとんどが仏教的比喩と高度の象徴的手法をもって書かれた叙情詩で、その思想的深さと高い芸術性は、朝鮮詩の歴史に重要な位置を占める。

焰群社　1922年11月に組織された社会主義的傾向の文人たちの団体。「無産階級の文化の研究および運動」を目的とし、機関誌『焰群』を発行。プロレタリア文学の初期作品を発表した。宋影・沈大燮・李赤曉・李浩・金永八・崔承一・朴世永らが活

躍した。文学以外にも、「焰群劇団」を組織して演劇公演活動を行い、また、「焰群合唱団」を結成して巡回講演も行った。機関誌『焰群』は24年3月、第3号が日帝によって押収され、廃刊された。焰群社は25年、別の社会主義系文人組織であるパスキュラ(新傾向派文学の同人団体)と統合してカップを結成した。

新傾向派文学 1923年頃、当時、『白潮』派的、あるいは『創造』派的感傷主義と退廃性を批判して起こった社会主義的傾向の文学。カップ成立以前のプロレタリア文学運動前期に該当する。朴英熙が月刊総合誌『開闢』で「新傾向派の文学とその文壇的地位」という文学論を発表したことから、新傾向派と呼ばれるようになった。1922年11月、焰群社が組織されて機関誌『焰群』を発行し、プロレタリア文学の初期作品が発表されるようになり、23年9月には同人団体パスキュラが組織された。パスキュラは既成文人中心の団体だったが、新傾向派文学の代表と見なされる李相和らが輩出し、24年頃からは韓雪野・李箕永・趙明熙・崔鶴松らが活躍をはじめた。新傾向派文学の主要作品には、金基鎮の『赤い鼠』、朴英熙の『戦闘』、崔曙海の『脱出記』、李箕永の『農夫　鄭道龍』、李相和の「奪われた野にも春は来るか」、金昌述の『蝋燭の灯』などがある。

カップ(朝鮮プロレタリア芸術同盟 KAPF: Korea Artista Proleta Federatio) 1925年8月、結成されたプロレタリア文学芸術運動団体。文学をはじめ、演劇・映画・音楽・美術など各分野でプロレタリア文芸運動を展開した。当時、日本は文化政治を標榜しながら弾圧を巧妙に強化し、過酷な検閲制度により、あらゆる言論・出版・文化・芸術活動を抑圧する一方で、植民地支配に有用な改良主義の思想および文化を積極的に宣伝、助長していた。3・1運動後、社会主義思想が浸透して労働者、農民の闘争力が急速に成長するに従い、この思想を受け入れた芸術家たちは当時の退廃的で感傷的な文学芸術の流れを批判し、いわゆる新傾向派文学運動を展開した。この運動はさらに発展し、25年には朴英熙・金基鎮らを中心に、各分野の進歩的芸術家たちがカップを結成した。27年、「無産階級芸術運動は政治運動に積極的に参加し、大衆組織へと変貌して、闘争の活性化をはかる」ことを標榜し、「封建的資本主義的観念の徹底排撃、専制勢力に対する闘争、知識人による運動、女性運動の遂行」などの新綱領を採択する一方で、開城・元山・平壌などの各地に支部を設置した。会員数は約200名を擁したが、民族改良主義の文学および無政府主義の文学との闘争、芸術の大衆化問題、創作方法上の問題などをめぐって活発な論議が展開された。この頃、韓雪野の『過渡期』『角力』、李箕永の『ウォンボ』、趙明熙の『洛東江』などが発表された。31年、カップは組織改編を行い、文学同盟・演劇同盟・映画同盟・美術同盟の各分野を独立させ、中央協議体として、プロレタリア芸術同盟を設け、それぞれの刊行物として『文学創造』『演劇運動』『軍旗』『集団』などを発刊した。日本はカップの活動を注視しつづけ、2度にわたる総検挙に出た。弾圧がいっそうきびしくなったこの時期に発表された作品としては、李箕永の『故郷』、韓雪野の『黄昏』、宋影の戯曲『一切面会拒絶とせよ』、朴世永の詩集『生きた燕』、映画作品では『地下村』『野鼠』『新しい友達』などがあり、その他、美術や音楽の分野でも優れた作品が発表された。カップは35年に強制的に解散させら

れたが、その活動は抗日民族運動の一環として、朝鮮リアリズムの文学芸術の伝統を発展させた。

カップ検挙事件　1931年と34年の2度にわたった日本の官憲によるカップ同盟員の検挙事件。日本は30年代以降の侵略戦争拡大のなかで、植民地朝鮮においてはその兵站基地化と民族抹殺計画を推進し、その一環として抗日文学活動を徹底して弾圧し、親日文学運動を積極的に支援したが、カップ同盟員の検挙は抗日文学活動に楔を打ち込もうとする意図から起こされた事件である。31年7月の第1次検挙では朴英煕・金基鎮・高敬欽・林和・安漠・李箕永・李平山らが検挙されたが、そののちカップ内部では運動の非合法化を主張する側と、合法の範囲内での活動を主張する側に分裂し、両者の対立が深まり、32年には合法運動論者が脱退し、転向した。これによってカップの活動は萎縮し、34年7月の第2次検挙後、35年5月に解散した。

朴英煕（朴懐月）　［パクヨンヒ（フェウォル）］
1901～?　詩人、小説家、評論家。ソウルの人。培材高等普通学校(旧制中学)を経て日本の東京正則英語学校で学び、21年、詩の同人誌『薔薇村』を発刊。22年に文芸同人誌『白潮』の同人となり、ロマン主義の耽美的詩人として出発したが、25年に月刊総合誌『開闢』に短編小説『猟犬』を発表し、新傾向派文学運動へと転換をはかった。同年、金基鎮とともにカップを組織して主導的役割を担った。しかし、カップ内部でのプロレタリア文学理論に関して理論的対立が起こり、33年、カップを脱退。39年には親日御用文学団体・朝鮮文人協会の幹事となって、芳村香道と改名し、親日文学運動を推進した。50年の朝鮮戦争のさなかに北朝鮮に連行（拉致）され、以降の消息は不明。著書に『懐月詩抄』、短編小説『戦闘』『血の舞台』『事件』などがある。

趙明煕（趙抱石）　［チョミョンヒ（ポソク）］
1894～1942。小説家。筆名は抱石。忠清北道鎮川の人。幼い頃に父を亡くし、次兄の家で成長した。鎮川小学校卒業後、1910年にソウルの中央高等普通学校(旧制中学)に入学し、3・1運動に参加して投獄された。釈放後は日本に渡り、東洋大学哲学科に入学。その頃から創作をはじめた。23年、卒業を目前にして貧窮のため帰国。『戯曲集』を刊行し、24年、詩集『春草の上にて』をペンネームで発表。25年、カップに参加し、自伝的小説「土の中へ」、そして27年には「洛東江」を発表したが、身辺の危険を感じ、28年7月にソ連に亡命した。36年にはハバロフスクでソ連作家同盟極東支部常務委員となって活動したが、42年2月に死去した。

李箕永（李民村）　［イギヨン（ミンチョン）］

1970年頃

1895～1984。小説家。筆名は民村。忠清南道牙山の人。幼い頃に天安に移り、1911年、忠清南道天安の私立学校を卒業後、5年の間、朝鮮各地をめぐり歩いた。17年、論山で女学校の教員となったが辞職し、湖西銀

行に勤務した。22年に日本に渡り、東京正則英語学校在学中に関東大震災に遭遇し、帰国。24年、月刊総合誌『開闢』に『兄の秘密の手紙』を発表して文壇に出た。25年、カップ創立に参加。第4次共産党機関誌『朝鮮之光』の編集人となったが、31年のカップ第1次検挙で拘束された。33年、『書画』『故郷』を発表。34年、カップ第2次検挙でふたたび拘束されて1年間の獄中生活を送り、出獄後に『人間修行』『新開地』『春』などを発表した。解放後は朝鮮プロレタリア芸術同盟結成に参加したが、ほどなく越北し、北朝鮮文学芸術総同盟に参加し、中央委員長を務めた。48年には北朝鮮文学史での初の長編小説『土地』を発表し、54年から57年にかけては長編『豆満江』（1、2部）を書いた。60年に『豆満江』によって人民賞を受賞。つづいて67年に長編『祖国』、74年に長編『歴史の夜明け道』（上巻のみ）を発表した。84年8月9日に病死。のちに金日成を讃える遺稿集『太陽に従って』が出版された。

韓雪野（韓秉道）［ハン ソルヤ（ピョンド）］

1900〜？　小説家。本名は韓秉道。咸鏡南道咸興の人。咸興高等普通学校（旧制中学）を卒業後、3・1運動に参加して投獄された。釈放後は咸興法律専門学校に進学したが、同盟休校事件を起こして除籍され、北京で英文学を学んだ。21年に帰国し、次いで日本に渡ったが、日本大学社会学科に在学中の23年に帰国。その年から文学を志した。25年、処女作『その夜』を発表し、カップ結成に参加。27年には『階級対立と階級文学』を発表し、本格的な文学理論家との評価を得た。33年に『朝鮮日報』に入社して編集部に勤務。34年のカップ第2次検挙で逮捕され、1年間服役した。釈放後は帰郷し、長編小説『黄昏』を発表。つづい

て『青春期』と『塔』を発表した。解放後は朝鮮プロレタリア芸術同盟を再結成したが、越北し、46年3月に北朝鮮文学芸術総同盟を組織した。48年、第1期最高人民会議の代議員となり、教育文化相も務めた。51年には長編『溺死』によって人民賞を受賞している。63年の国内派粛清によって、すべての公職から追放された。

李相和［イ サンファ］

1900〜1943。詩人。慶尚北道大邱の人。ソウルの中央高等普通学校（旧制中学）在学中に3・1運動に参加し、大邱の学生デモを指揮した。日本に留学し、アテネ・フランセで学ぶ。1922年、文芸同人誌『白潮』同人として「マルセの歓嘆」「私の寝室へ」などを発表。24年には「奪われた野にも春は来るのか」を発表して、新傾向派の詩人として活躍した。35年から2年間にわたって中国を放浪。帰国後は大邱矯南学校教員となって英語と作文を教えた。40年以降は『春香伝』の英訳と朝鮮国文学史の執筆を志したが、完成をみることなく死去した。その他の作品に「悲運の諸氏」「心の花」「秋の風景」「嘲笑」などがある。

崔鶴松（崔曙海）［チェ ハクソン（ソヘ）］

1901〜1932。小説家。新傾向派文学の代表的作家。咸鏡北道城津（現在の金策）の人。貧しい家に生まれ、幼い頃から各地をめぐり歩いて日雇いや樵、豆腐売りなどの底辺の労働を経験し、この体験が彼の文学の基盤を形成した。1920年には『朝鮮文壇』に『故国』を発表し、『脱出記』『飢餓と殺戮』によって新傾向派文学の旗手と目された。『脱出記』は生き延びるために間島に移住した貧しい一家の極限状況を迫力に満ちた筆致で描き、新傾向派の代表的作品となった。彼の作品のすべては、貧困とそれがも

たらす苦痛を、簡潔で直截的な文体で表現したものといってよい。『十三円』『錦鯉』『朴の死』『洪水の後』『公園』『結婚』『生きようとする人たち』などが代表作とされる。

金基鎮(金八峰)［キㇺ ギジン(パルボン)］1903〜1985。小説家、評論家。忠清北道清源の人。立教大学英文科を中退して帰国。文芸同人誌『白潮』同人となり、また、カップで主導的役割を果たした。1930年代にはカップを脱退し、40年代にはジャーナリストとして活躍した。解放後は、60年に『京郷新聞』主筆、66年に再建国民運動中央会長、72年、ペンクラブ顧問などを務め、文化勲章を受けた。作品に『統一天下』『群雄』『青年金玉均』『海潮音』などがある。

洪命熹(洪碧初)［ホン ミョンヒ(ビョクチョ)］1888〜1968。小説家、言論人。忠清北道槐山の人。東京の大成中学を卒業し、徽文高等普通学校(旧制中学)講師、延禧専門学校講師などを務め、のちに『東亜日報』編集局長や『時代日報』社長に就任した。23年に新思想研究会に参加し、27年には新幹会中央執行委員となった。解放後は朝鮮文学家同盟委員長、民衆独立党委員長、『ソウル新聞』顧問となる。左右の中間派統合を目指し、48年には南北連席会議に参加して、そのまま北に残留。のちに朝鮮民主主義人民共和国副首相を務めた。著書に小説『林巨正伝』のほか多数の論文がある。英語とスペイン語に堪能であった。洪命熹は崔南善、李光洙と並んで当時、朝鮮の三大天才といわれた。

国民文学運動 プロレタリア文学運動に対抗して、1926年前後から提唱された文学運動。文学活動における民族的国民意識の

左・洪命熹、右・金日成　当時、洪命熹は副首相、金日成は首相(1958年)

必要性を力説し、その基礎の上に文学芸術が論議されるべきだと主張した。運動の主導者は崔南善・李光洙・李秉熙・廉想渉・曺雲・李殷相・梁柱東・朱耀翰・金永鎮らである。「階級以前の民族的存在」を主張して作品の素材を主に歴史にもとめ、同時に時調（朝鮮の伝統的短詩）復興のための運動を行った。しかしこの運動は復古的傾向があまりに強く、植民地支配を脱するための抵抗の契機が欠如しており、日帝統治の下でいくら過去を回想、賛美しても、真の民族主義文学としての力は持ちうるはずはなかった。

梁柱東［ヤン ジュドン］ 1903～1977。朝鮮文学者。京畿道開城の人。28年に早稲田大学英文科を卒業し、平壌で崇実専門学校教授となった。カップが唱導するプロレタリア文学運動に真正面から立ち向かい、国民文学運動を主導し、新羅郷歌の研究など、朝鮮古代文学や国語学の分野で大きな業績を残した。45年、東国大学教授、54年、学術院終身会員、58年、延世大学教授となった。著書に『朝鮮古歌の研究』『麗謡箋注』『国文学古典読本』『国語研究論考』があり、詩集に『朝鮮の脈拍』、随筆集に『文酒半生記』などがある。また、訳書に『T・S・エリオット全集』『英詩百選』『世界奇文選』などがある。

親日文学論 日本帝国主義による侵略戦争が本格化した1930年代後半に登場した、日本に積極的協力をしようとする文学活動とその理論をいう。主導的役割を果たしたのは崔載瑞と李光洙。41年11月に創刊した『国民文学』において、崔載瑞は「国民文学」を定義し、「国民文学とは……ヨーロッパの伝統に根をおいた、いわゆる近代文学の一延長としてではなく、日本精神によって統一総合された東西文化を地盤として、新たに飛躍せんとする日本国民の理想を謳った現代の代表的文学」であるとした。この宣言によって「国民文学」を標榜する親日文学運動が具体化した。『国民文学』は42年からは日本語版のみが刊行され、名実ともに「内鮮一体」政策の尖兵となった。つづいて日本の短歌を模倣した「国民詩」も登場した。親日文学運動のなかから、金龍済の詩『学徒兵の花』や鄭人沢の小説『清涼里界隈』などの、民族抹殺政策（皇民化政策）を積極的に信奉し、支持する作品が相次いで発表されたが、この文学的暗黒期においても、李陸史や尹東柱らの抵抗詩人、作家によって文学的抵抗運動は、たゆむことなく継続された。

『国民文学』 1941年11月1日に創刊された親日派文学雑誌。崔載瑞によって人文社から発行され、日本帝国主義の侵略戦争に加担・協力する親日文学者の作品活動の舞台となった。当初は日本語版（年4回刊行）と朝鮮語版（年8回刊行）が発行されたが、2巻5号からは日本語版のみとなった。詩では金龍済・朱耀翰・金東煥・金基鎮、小説では李光洙・鄭人沢・李無影、評論では崔載瑞・李光洙・李秉熙の活動が目立った。

親日（文学） 「親日」という言葉は、朝鮮語では文字通り「日本と親しむ」、もしくは「日本に親しむ」という友好親善の肯定的な意味ではない。否定的に使われる言葉で、意訳すれば「日本にへつらう」「日本に阿附する」「日本の植民地政策を賛美し、協力する」というほどの意味である。そして「親日」のシンボルとして、朝鮮史では売国奴のシンボルでもある李完用が定番となっている。したがって、相手から「親

日派（チニルパ）」といわれれば、指弾されたことになり、そういわれた本人は大変な屈辱を覚え、必ずといっていいほど反発する。親日的な動き、とくに文学活動は1941年12月8日の日米開戦以後顕著に現れるが、それからすでに60年を経た現在も、韓国では「親日」は生きている。2001年の韓国政界では、野党ハンナラ党の李会昌総裁に対し、彼の父が戦前、検察書記職であったとして、総裁自身ともども「親日派」であると攻撃されたことがあった。「親日」の反対語に当たるのは「日本帝国主義に反対する」という意味の「抗日」である。

　日本の戦争遂行政策にともなうファシズムの下では、一部の抗日文学者を除いて、多くの文学者は親日へとなびいていった。とくに、有力な人ほどファシズムの風当たりが強く、親日を強いられ、創氏改名し、戦争政策に協力した。その代表として、崔南善、李光洙、李石薫、金龍済、朱耀翰、張赫宙、金東煥、金文輯、金重漢、金八峰、朴英熙、白鉄、鄭寅燮、崔載瑞らがいる。そして、これらの人たちは、国民精神総動員朝鮮連盟、時局対応全鮮思想報国連盟、皇軍慰問作家団、国民総力朝鮮連盟、皇道学会、朝鮮臨戦報国会、朝鮮文人報国会、朝鮮言論報国会などを組織し、戦争政策に協力した。こうした彼らの行為を、それがなければ朝鮮人に加えられたであろう日本の弾圧を少しでも軽減する役目を果たしたとする見方もある。李光洙が戦後、反民族行為特別調査委員会の糾弾に対し、「戦争に協力しても結局日本が敗北すれば独立が得られるし、日本が勝ったら日本人と同等の権利を要求できたのだから、戦時下の抵抗には意味はなく、親日以外の選択肢はなかった」とうそぶいたのは有名である。しかし他方において、尹東柱、卞栄魯、呉相淳、黄錫禹、李秉岐、李熙昇、趙芝薫、朴木月、朴斗鎮、朴南秀、李漢稷、洪霜雀、金永郎、李陸史、韓黒鴎らの抗日文学者がいたことも事実である。

親日派　日本に親近感を抱き、その朝鮮侵略・植民地支配に協力しようとする朝鮮人の総称。もっともさかのぼったものとして、金東仁、金玉均など日本に接近した開化派を本人の意図にかかわりなく結果的に日本の勢力を引き入れたものとして、これに含めることがある。また併合を朝鮮人の民間レベルで推進した李容九・宋秉畯などの一進会グループや、乙巳条約（日韓保護条約）に進んで賛同した李完用ら5名の閣僚（乙巳五賊）は典型的な「親日派」とみなされ、売国奴の代名詞として、今日でも非難の的になっている。しかし、これらもさることながら、朝鮮近現代史においてもっとも問題とされるのは、1919年の3・1運動後、「文化政治」のなかで、総督府によって組織的に養成されたグループである。すなわち、総督府は実力養成運動や自治請願、参政権請願運動など、即時独立派とは一線を画した運動に着目して、これを懐柔・援助した。また逮捕した独立運動家を獄中で懐柔。さらに妥協の可能性がある指導者には発言の機会を与えたり、高い地位を与えて、対日協力者に転換させていった。このようにして、3・1独立宣言の起草者である崔南善や2・8独立宣言の起草者の李光洙が続々と親日派に転じていった。さらにこれを継承して、1936年の南次郎総督の着任以後に台頭した玄永燮、李覚鍾（「皇国臣民の誓詞」の原案を作成したとされる）は「内鮮一体」を唱え、日本人以上に日本帝国に忠誠を誓うことを鼓吹した。彼らは将来の独立準備として日本に協力した前の世代と異なり、未来永劫日本と一体化し、朝鮮人としての自己を消滅させることを標榜

した。そして日本の中国、さらには東南アジア・太平洋地域への侵略にきわめて積極的に協力したのである。戦後の大韓民国建国後、反民族行為処罰法が成立し、これら対日協力者の追及がはじまった。しかし、独裁体制構築のために親日派の軍人、警察官僚を温存しようとした李承晩のもとでは追及は徹底されず、これらの領域で戦後長く親日派の人脈が継承されることになった。

崔載瑞（石耕牛）［チェ ジェソ（ソッキョンウ）］ 1908～1964。英文学者・文芸評論家。黄海道の人。京城帝国大学英文科卒業後、ロンドン大学に留学。帰国後は京城大学講師、普成専門学校教授などを務めた。34年から文学評論を書きはじめ、40年代には「国民文学論」を提唱して、親日文学運動の先頭に立った。解放後は延世大学・漢陽大学教授を務めた。著書に『文学言原論』『シェークスピア芸術論』、訳書に『アメリカの悲劇』『緋文字』『ハムレット』『ポー短編集』などがある。

朝鮮文人協会 1939年10月29日に結成された親日御用文学団体。この団体の結成によって組織的な親日文学活動が本格化し、いわゆる「国民文学」の建設、「内鮮一体」の具現、「総力戦遂行」への積極協力などのスローガンの下に、朝鮮語抹殺政策が展開された。李光洙・崔南善・朴英熙ら多数の親日派文学者が参加し、43年4月には朝鮮文人報国会へと吸収された。

朝鮮文人報国会 1943年4月17日、「皇道文学」の樹立を掲げて結成された反民族的親日派文学団体。既存の朝鮮文人協会・朝鮮俳句作家協会・朝鮮川柳協会・国民詩歌連盟など、4団体の発展的解消により結成された。「大東亜戦争決戦段階に世界最高の皇道文学を樹立しようとする文学者の堅い決意を表明、聖恩に報いることを誓う」との宣言文を発表し、従軍作家講演会・日本作家歓迎懇談会・海軍称揚詩朗読会・出陣学徒激励大会などを開いたが、解放とともに消滅した。

金東仁［キム ドンイン］

1948年頃

1900～1951。小説家。平壌の人。日本の明治学院中学部と川端画学校を卒業。19年、東京で発刊された同人誌『創造』に処女作『弱き者の悲しみ』を発表した。帰国後、出版法違反容疑で4ヵ月間投獄された。出獄後は『命』『ペタラギ』『じゃがいも』『足の指が見ている』などの珠玉のような短編を発表し、芸術至上主義を主張して新傾向派文学やプロレタリア文学と論争をくりかえした。24年には初の創作集『命』を出版。その後も長編『若い彼ら』(29)、『狂炎ソナタ』(30)、『狂画師』(30)などを発表し、35年には月刊誌『野談』を発行した。小説執筆に全精力を傾けたが、生活は困窮し、麻薬に溺れる日々がつづいた。解放後は、長編『乙支文徳』や短編『亡国人記』執筆に精根をこめたがいずれも中断され、朝鮮戦争中に病死した。

廉相渉［ヨム サンソプ］ 1897～1963。小説

家。ソウルの人。普成学校在学中に日本に渡り、京都府立中学を卒業。慶応大学史学科に入学したが、3・1運動に加わった嫌疑で投獄され、帰国して『東亜日報』の記者となった。20年に『廃墟』同人となり、21年、月刊総合誌『開闢』に、朝鮮文学史上初の自然主義的手法を駆使した作品とされる短編『標本室の青蛙』を発表した。22年からは崔南善の主催する週刊総合誌『東明』や『時代日報』『毎日新報』などに勤めた。46年、『京郷新聞』が創刊されると編集局長となり、朝鮮戦争中は海軍政訓局に勤務した。53年、芸術院終身会員となり、55年、ソラボル芸術大学長に就任した。代表作に『標本室の青蛙』『万歳天』『忘れ得ぬ人々』『三代』『二つの破産』『驟雨』『吠えない犬』などがある。朝鮮の自然主義文学を確立した作家として今も評価されている。

玄鎮健 [ヒョン ジンゴン] 1900〜1941。小説家。慶尚北道大邱の人。東京独逸語学校を卒業後、上海外国語学校で学んだ。1920年、月刊総合誌『開闢』に短編小説『犠牲花』を発表して文壇に登場。21年、『貧妻』で認められ、文芸同人誌『白潮』同人となって『運のよい日』『火事』などを発表、朝鮮近代短編小説の先駆者となった。ジャーナリストでもあり、『時代日報』や『毎日申報』で記者として働き、『東亜日報』社会部長在職中には日章旗抹消事件(36)で1年間投獄された。代表作として短編に『酒を勧める社会』『祖母の死』『B舎監とラブレター』、長編では『赤道』『無影塔』『黒歯常之』(未完)などがある。

沈薫 [シム フン] 1901〜1936。小説家、映画作家。ソウルの人。京畿第一高等普通学校(中学)在学中に3・1運動に参加。4ヵ月間獄中生活を送ったのち、上海に渡った。元江大学で学んで帰国。23年から『東亜日報』『朝鮮日報』『朝鮮中央日報』などの記者として働きながら詩と小説を書いた。25年、『東亜日報』で小説『仮面劇』を連載したのが契機となって映画界に入り、26年、『棍棒を振り上げる時』では原作・脚色・監督を務めた。その後も『不死鳥』『永遠の微笑』『織女星』などの作品を発表し、35年の『常緑樹』では一躍脚光を浴びた。小説のほかにも詩「痛哭の中で」(26)などで民族の現実を告発し、独立と解放を待望する作品を書いた。

朴鍾和(朴月灘) [パク チョンファ(ウォルタン)] 1901〜1981。詩人、小説家。ソウルの人。1920年、徽文義塾(徽文高等普通学校(旧制中学))卒業後、21年、詩の同人誌『薔薇村』に「乳色に光る道」を発表して詩壇に登場。22年には文芸同人誌『白潮』同人となった。初期は主に詩を書いたが、のちに歴史小説にも手を染め、『金山の血』(32)、『待春賦』(37)、『多情仏心』(40)などを発表した。解放後には右派文学運動の指導者として登場し、全国文筆家協会、全国文化団体総連合会で指導的役割を果たした。49年に『ソウル新聞』社長、55年に芸術院会長に就任した。その後も長編『壬辰倭乱』(57)、『女人天下』(59)、『寝て行くあの雲よ』(62)、『月灘三国志』(63)と旺盛な執筆活動をつづけ、『譲寧大君』『世宗大王』などの作品もある。韓国歴史小説の品格と地位を高めた作家として評価されている。

羅稲香 [ナ ドヒャン] 1902〜1926。小説家。ソウルの人。培材高等普通学校(旧制中学)を卒業し、京城医専に入学し、中退。のちに日本に渡ったが学費に窮して帰国した。1921年、文芸同人誌『白潮』同人となり、

『若者の頃』『星を抱いても泣くんじゃない』『歓喜』などの作品を発表した。この時期の作品は作者の感情の流露が激しすぎ、ときにセンチメンタリズムに陥ったが、23年の『17円50銭』や『下僕の息子』で冷静で客観的な筆致をわがものとした。25年の『水車小屋』『桑の葉』『唖の三龍』などでは、明晰なリアリズムの手法を駆使して社会的現実を暴露し、いっそうの成熟を期待されたが、惜しくも夭折した。

蔡万植［チェマンシク］ 1902～1950。小説家。全羅北道沃溝の人。中央高等普通学校（旧制中学）を経て日本に渡り、早稲田大学英文科を卒業して帰国。『東亜日報』や『朝鮮日報』に記者として勤務した。25年、短篇『新しい途上で』が『朝鮮文壇』に推薦され、文壇に出た。初期は短篇『トラック』『豊かな村』などでプロレタリア文学運動の同伴者的立場をとった作品を発表し、34年には『レディーメイド人生』『インテリアとピンデトク』などの風刺性の強い作品を世に問い、社会の不条理と葛藤を写実的に描写した。長篇『濁流』は、1人の女性の身に起きた悲劇を通して、社会の不条理を風刺した代表作である。解放後は、『女の一生』『黄金狂時代』『生まれのいい人』などの作品を発表した。50年に宿痾の肺結核が悪化して死去した。73年には遺稿となった小説『過渡期』と戯曲『家畜ポソン』が発見され、『文学思想』に掲載された。著書に『蔡万植短編集』『濁流』『天下泰平』『家』などがある。

金裕貞［キムユジョン］ 1908～1937。小説家。江原道春川の人。徽文高等普通学校（旧制中学）を経て延禧専門学校文科に入学したが、中退した。35年、小説『にわか雨』と『ノダジ（金鉱）』が『朝鮮日報』と『中外日報』の新春文芸にそれぞれ当選して文壇に出た。貧しさと肺結核に打ちひしがれながら、わずか2年の間に30編余りの優れた作品を残した。農村を背景に土俗的な人間像を描いた作品が多い。代表作に『春・春』『椿の花』『タラジ』『金を摘む豆畑』などがある。

李箱（金海卿）［イサン（キムヘキョン）］ 1910～1937年。詩人、小説家。ソウルの人。普成高等普通学校（旧制中学）を経て京城工業高等専門学校建築科を卒業後、朝鮮総督府内務局建築課に技手として就職した。31年に処女詩「異常な可逆反応」と「破片の景色」を『朝鮮と建築』誌に発表した。翌32年にも同誌に「建築無限六面角体」を李箱というペンネームで発表した。33年3月、結核に冒されて内務局を辞し、黄海道の白川温泉で療養しながら、本格的な文学活動を開始した。療養地で知り合った妓生（キーセン）の錦紅をともなってソウルに帰り、34年、長編詩「鳥瞰図」を『朝鮮中央日報』に連載したが、未完に終わった。36年には『朝光』に「翼」を発表して一躍注目を浴び、同年に『童骸』『逢別記』などを発表した。のちに東京に渡り、客死した。主な作品には、小説に『失花』『幻視記』、詩に「鏡」「紙碑」「正式」、随筆に『山村旅情』『朝鮮点描』『倦怠』などがある。

金素月（金廷湜）［キムソウォル（キムジョンシク）］ 1902～1934。詩人。平安北道亀城郡の人。五山学校を経て培材高等普通学校（旧制中学）を卒業し、東京商科大学に入学したが、関東大震災に遭遇して中退、帰国した。1920年、文芸同人誌『創造』に「浪人の春」「懐かしい」などの作品を発表して文名を高めた。その後も相次いで「のちの日」「クンダンジ」「つつじの花」「昔は知らなかっ

たよ」「生きた油絵」「生と死」などの作品を発表した。25年には彼の唯一の詩集『つつじの花』(チンダルレコッ)が刊行された。のちに亀城郡南市で東亜日報の支局を経営したが、34年12月24日、服毒自殺した。その詩作活動はわずか5年ほどに過ぎなかったが、154編の作品を残した。優美な抒情性に満ち、伝統的な民衆の情感に基盤を置いた写実的な作風は民族的良心に裏打ちされ、日帝に踏みにじられた郷土のへの悲しみを歌いあげている。

李陸史（李源禄）［イユクサ（イウオンノク）］ 1904～1944。詩人。慶尚北道安東の人。幼い頃から漢学を学び、1925年に義烈団に加盟。26年、北京士官学校に入学した。27年、帰国後に朝鮮銀行大邱支店爆破事件に連座して大邱刑務所で3年間服役した。獄中での囚人番号が64(朝鮮語で「ユクサ」と読める)だったので、以後、「陸史」と号した。出獄後はふたたび中国にわたって北京大学史学科に入学し、独立運動に挺身したが、33年に帰国。詩・論文・シナリオなどを書いた。37年には金光均・尹崑崗らとともに同人誌『子午線』を発刊、同時期に「青葡萄」「絶唱」「荒野」などの代表作を発表した。43年に中国に渡ったが、帰国後逮捕され、北京に押送されて、翌年44年に北京監獄で獄死した。日帝統治の暗黒期において、牧歌的だが強靭な筆致で民族の志を歌い、日本の民族抹殺政策に抗って、民族的良心を守りつづけた詩人である。安東の洛東江岸に詩碑がある。

尹東柱［ユンドンジュ］ 1917～1945。詩人。北間島の出身。龍井で中学を卒業し、延禧専門学校を経て日本の同志社大学英文科、立教大学英文科に学んだ。43年、夏期休暇で帰京直前に思想犯容疑で逮捕され、2年

1941年

の刑を宣告されて九州福岡刑務所で服役、獄死した。41年に延禧専門学校卒業後、日本に渡る前に19編の自作の詩をまとめ、詩集をつくろうとしたが果たせず、自筆の詩集3部を残した。48年に遺稿30編を集めて、詩集『空と風と星と死』が刊行され、民族抵抗詩人として高い評価を得た。民族の憂愁と理想を歌った彼の詩には、祖国を失った鬱憤と自責、そして春(光復、解放)を待つ切なる願いが、象徴的な技法によって込められている。没後も解放後一貫して韓国ではもっとも大衆的人気の高い詩人であり、彼の詩集はつねにトップクラスの売れ行きを見せている。日本でも、モラル・レジスタントの詩人として知られており、1995年2月には母校同志社大学キャンパスに記念碑が建立され、翌3月11日にはNHK総合テレビで詩人の生涯が放映された。

金素雲［キムソウン］ 1907～81。詩人、随筆家、翻訳文学者。本名は金教重。歌手の沢知恵は孫。釜山の影島で、度支部の官僚の子として生まれる。父は暗殺され、母はシベリアに亡命。叔父のもとで育つ。1920年に日本に渡り、開成中学校夜間部に通っていたが、23年に関東大震災に遭い帰国。この間、日本と朝鮮の間を往き来しつつ、

第2章　日本帝国主義の支配と民族の抗戦　1910▶1945　259

1974年頃

貧しい生活の中でも、旺盛な詩作、翻訳活動を展開。この頃の主な作品として、『朝鮮口伝民謡集』(29)、『朝鮮童謡選』『朝鮮民謡選』(ともに33)、『乳色の雲』(41)、『朝鮮詩集』(43) などがある。20年代、30年代の作品は、東京の深川や本所といった在日朝鮮人労働者がたむろしていたドヤ街をめぐり、彼らから直接採集する作業によるものであった。45年2月の東京大空襲の後、満州を経て帰国。戦後の52年、ベニスの国際芸術家会議に出席し、帰路日本で李承晩批判をしたため、韓国に帰国できなくなる。以後、日本にとどまり、65年、ようやく帰国を許された。晩年になっても執筆意欲は衰えず、『韓日辞典』を編纂したほか、『現代韓国文学全集』(5巻) を1人で翻訳した。なお、その頃、一時金巣雲とペンネームを変えた。その活動範囲は多岐にわたるが、なかでも重要なのは朝鮮の詩と韓国の現代文学の日本語への翻訳であろう。金素雲の訳詩や文学から、朝鮮・韓国の「詩心」や現代文学の流れを学んだ日本人は多い。さらに彼の日本語訳から日本語の奥行きと語感を学んだ日本人もまた多いといわれている。この意味で、彼は文学の面で玄界灘を架橋し、日本語の発展にも寄与したともいえる。日本の「比較文学賞」は金素雲を記念して設けられたものである。

第3章
民族分断と独裁体制の出発

1945 ▶ 1961

李起鵬国防長官の就任祝いに梨花女子大生が合唱。
右からムチョー駐韓米大使、李起鵬夫人、コールド将軍（1951年6月釜山にて）

●概観

　1945年8月15日、朝鮮民族はついに日本帝国主義の支配から脱して独立を獲得した。解放された朝鮮が進むべき道は、植民地社会構造と封建的遺制の打破と、「民衆を主人公とする自主独立の民主国家の建設にある」と誰もがそう信じた。しかしその解放から間もなく、超大国・米ソの圧倒的な影響力の下に、朝鮮は南北分断への道をひた走ることになる。南朝鮮においては、米国のエゴイスティックな利害優先策が解放後も生き残った親日勢力と李承晩の野合を助け、親米反共独裁国家の誕生を招いた。8・15解放(1945)から4月革命(1960)に至る時期は、外勢の支援を得て南北分断を固定化しようとする独裁権力の支配の進行と、この歴史の進路歪曲に抵抗する民衆の闘争の歴史であるといえよう。

　解放後3年間、38度線の北はソ連、南は米国がそれぞれ軍政を敷いた。この米ソに

朝鮮全土で解放の喜びに沸き返った(全羅南道光陽邑木城里にて、8月16日)

よる軍政の時期は、朝鮮民族の進むべき方向が決定される歴史的時期であった。在外独立運動家が担った大韓民国臨時政府、国内の左翼と中道勢力、民族主義派など多数の人々が参加し組織された建国準備委員会を母体として、朝鮮人民共和国建国が宣言されたのは1945年9月6日である。人民共和国は日本とその追随者(民族反逆者)の財産の没収、主要生産機関の国有化、没収した土地の農民への無償分配を基本施策として提示した。この基本施策は民衆の政治的・経済的要求を積極的に反映させていた。

しかし、米軍政は臨時政府の正統性を認めず、同時に朝鮮人民共和国も否認して親日派勢力をふたたび軍政の要職に登用した。また、反共主義者・李承晩を擁立し、南の単独政権樹立をはかった。その後の李承晩政権が米軍政の政策に忠実であったのはいうまでもない。

米軍政が実施した日本帝国主義の帰属財産払い下げや農地改革の実態は、米国の対朝鮮半島戦略の一環であり、米国の南に対する影響力拡大を企図するものといえた。親米反共国家樹立のための整地作業がこの時期に行われたのである。

1946年初頭のモスクワ3国外相会談で、朝鮮半島に対する信託統治案が決定されると、金九・李承晩を中心として反託運動(信託統治反対運動)が高揚し、一方で左派は民主主義民族戦線を結成してモスクワ3国外相会談決定を支持した。信託統治の是非をめぐって右派と左派の激突がはじまり、こうした状況下で右派の李承晩派は、南だけの単独政府樹立案を打ち出す。この露骨な朝鮮半島分断案に対し、左右それぞれの中道派が結集、統一臨時政府樹立をめざして左右合作運動が展開された。しかし47年に入って、モスクワ会談決定の履行を付託された米ソ共同委員会は事実上決裂、また左右合作運動での左翼側中心人物だった呂運亨が暗殺され、合作運動も四分五裂のありさまとなった。翌48年、米国はモスクワ3国外相会談決議を無視して朝鮮半島問題を国連に持ち込み、米国主導の国連臨時朝鮮委員団のもとで南朝鮮単独選挙が強行された。この選挙で李承晩政権が成立し、「統一臨時政府」運動はついに挫折した。

こうした米軍政の横暴に憤り、植民地統治の残滓と封建的遺制を撤廃する徹底的な改革(とくに土地改革)をめざし、統一政府の樹立を要求する民衆の闘争が全国各地に起こった。朝鮮人民共和国を支持する朝鮮労働組合全国評議会は、京城鉄道労働者たちのストライキを皮切りに、46年9月にはゼネストを断行し、米軍政に対立する全国的な政治運動が拡大した。これに呼応し、各地で民衆によって自発的に結成された人民委員会を拠点に、大邱を起爆点として大規模な民衆抗争が展開された。いわゆる10月抗争である。

48年には米軍政と李承晩派が画策する南単独政府樹立への反対闘争が激化し、こうした一連の闘争は、国連臨時朝鮮委員団の派遣反対と米ソ両軍撤収を主張する済州島民衆の蜂起(4・3事件)に至ってその頂点に達した。5年もの間継続された済州島民衆の闘争は、3万とも8万とも推測される犠牲者を出しながら、米軍政と李承晩政府によって鎮圧された。当時の民衆闘争は、直接あるいは間接に朝鮮共産党(46年に南朝鮮労働党と改称)の主導下にあったが、闘争を継続させたエネルギー源は、改革と統一政府実現を望む民衆の切実な要求であった。

48年5月10日、国連臨時朝鮮委員団の監視下で、南単独の総選挙がついに実施され、8月15日にはこの総選挙で選出された大統

領・李承晩によって大韓民国政府の樹立が宣言された。38度線以北では46年2月8日に金日成を委員長とする北朝鮮臨時人民委員会が発足。土地改革が実施され、48年9月9日には朝鮮民主主義人民共和国が成立した。これ以降、北朝鮮ではソビエト型の国家建設がさらに徹底された。こうして解放後の朝鮮は、米ソ両国による分割占領という条件下で左右の政治勢力が激突し、その混乱に乗じた米ソそれぞれにおもねる政治勢力の策動によって、分断国家という悲劇的出発をせざるをえなくなったのである。また、南北における独裁体制形成の過程で多くの知識人・政治家などが南から北に、あるいは北から南にそれぞれ移動した（越北・越南）。

米軍政の庇護を得て、金性洙などの旧親日派（韓国民主党）と李承晩派を中心とする親米勢力によって反共の旗印の下に樹立された新政府は、解放の時点での歴史的課題を放置したことで、社会の諸矛盾を内部に抱え込んだままの出発となった。自主独立と民主主義、そして統一を渇望する民衆側は新政府に対して激しい闘争で臨んだ。

1950年6月25日に勃発した朝鮮戦争は、分断がもたらした民族最大の悲劇だった。南の政治的・社会的・経済的混乱と米ソ冷戦の緊迫のなかで、北が強行した武力統一路線によって引き起こされた朝鮮戦争は、南北約150万名の死者と360万名の負傷者、120万名の行方不明者を出す凄惨な戦いとなった。しかもその犠牲がもたらしたものは冷戦体制の固定化であり、「朝鮮特需」によって弾みをつけた日本の経済的成長と再軍備の動きであり、李承晩の極端な反共論理による独裁権力の強化であった。南北分断はさらに固定化される結果となった。

その後の李承晩政権は米国の政治的・軍事的影響力と経済援助にひたすら依存した。政敵への弾圧やテロは、進歩的大衆運動とその指導者たちを激高させ、彼らをいやおうなく左翼の側へと追い込んだ。李承晩政権は釜山政治波動を大弾圧によって乗り切り、「四捨五入改憲」など常軌を逸した策謀を繰り返し、ついに長期独裁のレールを敷いた。

60年3月15日に実施された第5代正副大統領選挙は不正腐敗の極みに達し、民衆の忍耐は限界を超えた。学生デモをはじめとする激烈な闘争が展開され、12年にわたった李承晩独裁に終止符が打たれたのである。

1960年4月19日の「学生革命」は、李承晩独裁政権打倒を第1の目標とし、目標達成後は民主的・革新的学生たちが中心となった統一運動へと発展した。しかし、この最大の民族的課題に向けて包括的な大衆運動が進められるべきこの時期に、闘争主体はその未熟さを露呈した。朝鮮半島分断をもたらした国際的政治力学と独裁政権出現の根本的原因に対する認識の不足、主導勢力の未成熟、そして第2共和国政府（大統領・尹潽善）の無能があいまって、ついに4・19は未完の革命に終わった。民主党が政権の座についた第2共和国は、新旧両派の分裂によって無為無策のまま時間が流れるばかりで、4・19の精神は政治過程にまったく反映されなかった。

翌61年5月16日、軍部少壮将校によるクーデターによって、第2共和国はあっけなく崩壊した。こうして韓国の歴史は、クーデターによって権力を掌握した朴正熙軍事独裁政権と、既成政治家が放置した4・19の精神をあらためて拾い上げ、発展的に継承しようとする民衆側との新たな闘争の局面へと入っていく。

1. 米軍政と親日派の台頭

冷戦（cold war） 武力以外のあらゆる手段を動員してなされる国家もしくは国家集団間の対立と、それによって引き起こされる緊張状態をいう。火戦（戦争）に対応する言葉として米国の政治評論家W.リップマンが論文タイトルに使用して以来、世界的に広く使われるようになった。第2次世界大戦後、社会主義陣営の成立や旧植民地での民族解放闘争と独立運動の激化、資本主義国家内での反体制勢力の成長などに危機感を抱いた米国は、資本主義諸国を主導して社会主義陣営を囲い込み（封じ込め政策）、同時に社会主義陣営内の分裂をはかってさまざまな策動を行った。社会主義諸国もこれに対抗して米国との対決姿勢を強めた。こうした一連の政治過程を冷戦と呼ぶ。1947年に欧州各国の経済復興政策と、東西ドイツ・南北朝鮮の統一問題を契機に表面化した。第2次世界大戦中の米ソの協力関係はあとかたもなく消滅した。米ソを軸とする東西両陣営は、外交・軍事・経済のあらゆる側面で対立を繰り返し、米国ではマッカーシズムの嵐が吹き荒れた。この過程でドイツと朝鮮の分断は固定化されることになった。北大西洋条約機構（NATO）、東南アジア条約機構（SEATO）、ワルシャワ条約機構などの軍事同盟が次々と締結され、欧州やアジア各国では米ソ両国の軍事基地化が進行し、全世界的な冷戦構造が成立した。50年代の朝鮮戦争、60年代のキューバ危機とベトナム戦争、70年代末から80年代にかけてのアフガン戦争と、東西冷戦は曲折を経ながら激化し、それにともない軍拡はさらにエスカレートした。80年代半ば以降、ゴルバチョフが「ペレストロイカ」と「グラスノスチ」という二大スローガンを掲げ、ソ連邦内の政治改革に着手した。対外政策も米国との対決姿勢から軍縮と平和共存志向へと転換し、1989年、マルタにおいて米ソは「和解と協力の時代」の開幕を宣言した。

トルーマン・ドクトリン 1947年3月、米大統領トルーマンが議会で宣言した対外政策の新原則。共産主義勢力の拡大阻止を謳い、自由主義諸国の独立維持のために軍事的・経済的援助を行うというもの。この原則は、マーシャル・プランと北大西洋条約機構によって具体化され、冷戦期米国外交の基本となった。

トルーマン、H.S. 1884〜1972。米国第33代大統領（在任1945〜53）。34年、ミズーリ州の上院議員に選出され、40年再選。各種の委員会委員および委員長を歴任した。44年副大統領に当選。45年、F.D.ルーズベルト大統領の急死によって大統領職を継承、米国の対外政策を冷戦へと導いた。欧州第一主義の立場から「トルーマン・ドクトリン」を宣言。「マーシャル・プラン」と北大西洋条約機構の締結を推進し、欧州資本主義国の復興と軍備増強を企てた。48年に再選、日本の経済復興政策にも力を尽くした。50年に朝鮮戦争が勃発すると、国連を米国主導で引き回し、米軍を中心とする国連軍の派遣を決定させた。著書に『回顧録』がある。

スターリン、I.V.（ジュガシュヴィリ、I.V.） 1879〜1953。ソ連の政治家。本名はI.V.ジュガシュヴィリだが、この名は一般にはほとんど知られず、スターリン（ロシア語で「鋼鉄の人」の意）という自称で

のみ知られる。ロシアのグルジア出身。靴職人の子として生まれる。神学校に在学中、社会主義運動に参加。1912年、ボルシェビキ党中央委員となった。この頃からスターリンと名乗る。10月革命後、民族問題人民委員（長官・大臣クラス）、労農国防会議委員などの要職を歴任。内乱後はレーニンの信任を得て、ソ連共産党中央委員会書記長となった。1924年、レーニンが死ぬと、ライバルのトロツキーら反対派を続々と排除。とくに30年代の大粛清は有名で、スターリンに反対する可能性があるとみなされた者はことごとく追放・処刑。秘密警察が市民生活を絶えず監視し、その目に止まった者は容赦なく処刑されるか、収容所に送られる恐怖政治が行われた。同時に強権的に社会主義経済建設を進めた。この権力を背景に、日本のスパイとなる可能性があるとして、沿海州の在ソ朝鮮人の中央アジアへの強制移住を命令。これにより1937年以降、およそ18万名が貨物列車で移送。その過程で多数の死亡者を出した。ほとんど生活基盤を与えられなかった移住民は極貧と苦難の生活を強いられた。41年には人民委員会議長（首相に相当）・国防人民委員となり、独ソ戦を指導する過程で、その権力は絶頂に達した。これによって個人崇拝の促進と独断的な判断・決定の傾向はいよいよ強まった。45年、日露戦争で失った権益の回復を条件に、日ソ中立条約を破って満州に侵攻。千島・サハリン（樺太）・朝鮮半島北半部を占領。この時、ソ連が送り込んだ指導者、金日成は北朝鮮に独裁政権を樹立する。さらに千島・サハリンを軍事基地化するとともに、東欧をはじめとする世界各地の社会主義国・発展途上国の政治に干渉。革命の輸出を抑止しようとする米国との冷戦を展開した。スターリンによってソ連にもたらされた思想・体制・政策はトロツキーらによって「スターリン主義（スターリニズム）」と呼ばれた。この語はスターリン批判以後、西側でもより広義で使われるようになった。これは社会主義運動の誤った路線、ないしは社会主義が内包している（とみなされる）悪を象徴する用語となり、右派が極左を、また左翼内部の各党派が互いを非難する際の決まり文句になった。広義のスターリン主義は、社会主義国家で支配政党が国家と癒着し、専制的指導者の独裁機構になった状態をいう。権威主義と個人崇拝、一国社会主義によるナショナリズム、外交面での大国主義・事大主義などによって特徴づけられる。国民の自主的活動は抑制され、思想統制と弾圧・テロによって体制が維持される。経済発展は停滞し、社会主義国相互の対立を生じる。このような傾向自体はスターリン批判後のソ連でも、連邦崩壊まで改まらず、東ドイツやルーマニアなどにも社会主義政権崩壊まで存在した。また厳格な社会主義体制に固執している諸国には今日でも典型的な形で見られる。北朝鮮はその代表的な例の1つと見られている。

マッカーシズム　1950年から54年にかけて米国で展開された反共運動。ウィスコンシン州出身の共和党上院議員マッカーシー（1908〜57）が主導したことからこの名がある。50年2月、「国務省に205名の共産主義者がいる」という彼の議会演説がその発端となった。彼の主張は、社会主義陣営の拡大に危機感を抱いた反共勢力によって熱烈に支持され、以後の米国の対外政策は、硬直した反共路線を歩むようになる。

コミンフォルム（共産党情報局 Cominform: Communist Information Bureau）
共産党情報局。第2次世界大戦後、米国の

反ソ反共攻勢が次第に強化され、これに対抗して47年9月、ソ連・ポーランド・チェコスロバキア・ハンガリー・ルーマニア・ブルガリア・ユーゴスラビア・フランス・イタリアの9ヵ国の共産党代表がポーランドのワルシャワに集まり、創設した。コミンフォルムはコミンテルンと異なり、「情報の相互提供と活動の調整」を目的とする組織で、ユーゴスラビアのベオグラードに本部を置いたが、48年にユーゴスラビアが除名されると、ルーマニアのブカレストに移った。機関誌『恒久平和と人民民主主義のために』を発行。56年4月に解散。

ココム（対共産圏輸出統制委員会 COCOM: Coordinating Committee for Export Controll to Communist Area） 冷戦時代、西側諸国が共産圏諸国の軍事力の向上を抑えるために、兵器や原子力関連、ハイテク製品などの高度な技術を使った素材・製品などの輸出を規制した紳士協定。1949年に発足し、冷戦崩壊後の94年3月に解体され、「ポスト・ココム＝新ココム」体制（96年7月）へ移行した。正式名称、新国際輸出管理機構（ワッセナー・アレンジメントWssenaar Arrangement）。ポスト・ココムとは、通常兵器と関連汎用品の輸出を管理する新しい体制（機構）。かつてのココム加盟国は、米、日、英、西独（90年以降は独)、仏、伊、カナダ、ベルギー、オランダ、ルクセンブルク、デンマーク、ノルウェー、ポルトガル、ギリシャ、トルコ、オーストラリアの17ヵ国。規制対象国は、ソ連、中国、北朝鮮、東独、チェコ、ポーランド、ハンガリー、ブルガリア、ルーマニア、アルバニア、ベトナム、キューバ、モンゴル、アフガニスタンの14ヵ国。ところで、ポスト・ココム体制に入っている現在も、北朝鮮、イラクなどは冷戦期のココム体制と同様の規制を受けている。なお、ポスト・ココム（新ココム）には、従来のココム加盟国に加え、韓国のほかにロシア、ポーランド、ウクライナ、ブルガリアなどのかつての東側諸国も新たに参加し、現在33ヵ国。規制対象品目は約百余で、ココム時代に比べるとほとんどの分野で緩和されている。

アメリカ合衆国（米国、美国） 北アメリカ大陸中央部・南部・アラスカとハワイなど南太平洋の諸島の一部を占める国家。日本では米国・米合衆国などと略称される。中国大陸・台湾・韓国では、漢字では共通に「美国」と略記される。米国・美国の朝鮮音はミグクで「米国」と同音。現在の政権の歴史的起源は、17世紀前半に北米大陸中央部の大西洋岸につくられた英領植民地。1776年、植民者が本国に対して独立を宣言。1781年、イギリスとの戦争に勝って独立を果たした。以後、戦争や他国からの譲渡、開拓を通じて拡大膨張を重ね、19世紀半ばには大西洋から太平洋にまたがる巨大な領土を獲得した。イギリス人入植から大陸制覇に至る建国過程で、ヨーロッパ系入植者は多数の先住民族を迫害・虐殺し、またアフリカから強制連行されてきた人々を奴隷として酷使・虐待した。以後、20世紀後半に至るまで、米国社会では先住民族系・アフリカ系住民など少数民族に対する差別・迫害がつづく。

19世紀前半には産業革命を開始し、急速に工業化を進めた。これによって資本力と軍事力を蓄積。1861～65年の内戦（南北戦争）を乗り切って国内の統一を固めると、海外に進出した。1898年にはスペインとの米西戦争に勝利。ハワイ・フィリピンなどを植民地とし、名実ともに帝国主義列強の仲間入りを果たした。さらに第1次大戦後

は経済力・軍事力において急成長し、世界最大級の国力を獲得した。第2次世界大戦では、とくに後半の反攻期に連合国の先頭に立って日本・ドイツなどと戦い、戦後は核軍備を中心とする強大な戦力で、西側のリーダーとしてソ連と対峙（冷戦）。この過程で多額の財政支出を軍備・戦争に投入した。しかし、1965〜75年のベトナム戦争介入では共産側によるベトナム統一を阻止できず、事実上の敗戦。国際的威信を大きく低下させた。また莫大な戦費支出、石油ショック以後の不況などによって、70年代には深刻な経済危機に陥り、財政赤字と貿易赤字という「双子の赤字」に悩まされる。それでも1980年代には対ソ強硬姿勢を強めた。80年代後半以降、ソ連側は体制危機を露呈し、対米姿勢を軟化させた。米国側も過剰な軍事費支出に耐えきれず、冷戦終結へ向けた外交を展開せざるをえなくなった。結局89年12月の米ソ首脳会談で、米国優位のうちに冷戦終結が宣言されるに至る。以後、91年の湾岸戦争勝利にみられるように、「世界の警察官」として冷戦後の世界秩序維持の指導権を強めた。また90年代半ば以降、急速に経済力を回復させた。

2001年1月のブッシュ政権登場、9月11日の同時多発テロ事件を契機に「テロとの戦い」を掲げ、同年10月、アフガニスタンを軍事攻撃。2003年には、イラクが大量破壊兵器を開発していると主張し、国連決議によらずに「制裁」の軍事攻撃を行い、フセイン独裁政権を倒した（イラク戦争）。その「単独行動主義」は開戦に反対したロシア・フランス・ドイツなどからの非難を浴びた。その後もイラン・北朝鮮などに対し、大量破壊兵器開発や人権抑圧、テロ行為などの中止を強く求め、「テロとの戦い」をつづけている。

朝鮮半島との関係では、1866年のシャーマン号事件以降、朝鮮を開国させることを企図し、71年にはロジャーズ艦隊による攻撃を加えたが、撃退された。結局、江華島条約締結後の1882年に不平等条約である朝米修好通商条約によって、正式の外交関係を結んだ。フィリピンを確保した後の1905年には日本と桂・タフト密約を結んで、フィリピン支配承認と引き換えに日本の朝鮮侵略を黙認。しかし太平洋戦争開戦後は態度を変え、朝鮮の日本からの解放（連合国による信託統治とその後の独立）を提案するようになる。1945年9月には朝鮮半島の38度線以南を占領。反共産主義勢力の育成に努め、1948年の大韓民国成立以後は同国政府を積極的に支援。1950〜53年の朝鮮戦争では韓国を助けて、北朝鮮・中国義勇軍の両軍と戦った。53年に韓米相互防衛条約を締結した。以後一貫して、韓国と同盟関係にあるが、21世紀に入ってからは、南北融和政策をとる韓国政府との間で足並みの乱れが生じている。なお米国は世界最大の軍事超大国の1つであり、全地球的規模で戦力を展開している。日本・韓国には、米太平洋軍（USPACOM）が展開されており、日本には約4万3000、韓国にも約3万6000の兵力が駐留しているが、米軍の戦略の変化にともない、在韓米軍は08年までに段階的に大幅削減される予定である。また世界各国から多数の移民を受け入れ、それによって国力を増進させてきた「移民の国」でもある。1980年代以降、韓国からの移民が急増している。

中華人民共和国 1949年10月、中国大陸に樹立された社会主義国家。毛沢東の率いる中国共産党が、蔣介石の国民党政府軍との内戦に勝利し建国された。清の領土から外モンゴルと台湾を除いた、広大な地域を領有している。この中華人民共和国の成立

により、社会主義圏に属する国土と人口は一気に拡大し、国際政治秩序に大きな影響を与えることになった。50年2月の中ソ友好同盟相互援助条約締結によって、社会主義国家としての国際的地位を確保した。以後、ソ連の援助の下に社会主義国家建設が開始された。同年、朝鮮戦争が勃発。人民義勇軍を派遣し、米軍が主導する国連軍と戦った。一方、アジア近隣諸国との平和共存を打ち出し、54年にインドと共同で「平和5原則」声明を発表、またインドシナ停戦に関するジュネーブ協定に参加した。55年にはインドネシアのバンドンで開かれたアジア・アフリカ会議で積極的な役割を果たし、アジアの平和秩序維持に貢献した。60年代初めに中ソ論争が開始され、ソ連共産党の影響力から離脱。66年には文化大革命がはじまり、リーダーシップを毛沢東とその側近グループに一元化して急進的な社会主義路線による強権的な経済開発を進めた。しかし、70年代末以降は鄧小平を指導者として政府主導の「改革・開放」を唱え、市場経済への接近を示した。とくに90年代以降、江沢民・胡錦濤政権下の経済成長はめざましく、安価な賃金を武器に日本や欧米からの投資を積極的に受け入れ、「世界の工場」の様相を呈している。71年、米国と接触を開始し、72年、ニクソン大統領の訪中を受け入れて外交関係を結んだ。同年、日本とも国交を正常化し、79年には友好条約を締結した。北朝鮮とは、61年に朝中友好協力相互援助条約を結ぶなど一貫して友好関係を保ち、韓国との間の緩衝国家としてその体制維持を支援している。韓国とは88年のソウル・オリンピック以降、民間レベルの交流が活気を帯びるようになり、1992年8月に国交を結ぶに至った。

8・15解放 米国による広島・長崎への原爆投下とソ連の参戦によって、1945年8月15日、日本はポツダム宣言受諾を発表し、連合国に無条件降伏した。朝鮮は日本の降伏によって、1910年8月29日の「日韓併合」から満35年目にして植民地支配から解放された。しかしこの解放は、朝鮮民族による独立国家の自主的建設をもたらしはしなかった。戦後の新世界秩序を担うと自負する米ソ両超大国の思惑により、朝鮮は南北分断を強要される。大戦中のカイロ・ポツダム会談では朝鮮半島の自主独立が重ねて確認された。しかし、その過程で朝鮮民族の意思は徹底的に排除された。米国はこの両会談において、歴史的に列強の利害関係が交錯してきた朝鮮半島での特定国の単独支配の排除と、自国の影響力拡大を企図して信託統治案を積極的に提案、ソ連もこれに同意した。しかし信託統治の具体的方針や協定が成立する前に日本は降伏、ソ連軍は一気に国境を越えて北に進駐した。米国はやむなく38度線を暫定的な軍事境界線として提案し、ソ連がこれを受諾して、米ソによる朝鮮半島分割占領が行われた。このように8・15は、日本支配からの朝鮮民族の解放をもたらしたが、同時に米ソ両超大国支配からの脱却、朝鮮民族・民衆の主体的努力による完全な民主独立国家の建設という新たな難問を全朝鮮民族に課した。

38度線 8・15の日本無条件降伏の後に米ソ両国が朝鮮半島を分割占領した境界線。北緯38度線を境界として北はソ連軍が、南は米軍がそれぞれ進駐し、日本軍を武装解除した。45年8月、ヤルタ協定での米国との秘密了解事項にもとづいて対日参戦したソ連は、満州の関東軍を撃破しつつ南進、8月12日には清津に上陸し、20日には元山上陸作戦を敢行した。この時期、米軍部隊は朝鮮半島から約1300キロ離れた沖縄にあ

り、朝鮮半島到達には相当の日数を要した。米国は朝鮮半島全体がソ連軍に掌握されるのを恐れ、38度線を境界とする朝鮮半島分割案をソ連に提案、ソ連はこれに同意し、すでにソウルまで進出していたソ連軍先鋒部隊を38度線以北に即刻撤収させた。ソ連の譲歩は、その見返りとして北海道占領を米国に承認させるためのものだったが、これは米国の強硬な反対によって実現しなかった。38度線は日本軍の武装解除から信託統治への移行までの臨時境界線とされたが、のちに南北それぞれに政府が樹立され、実質的な国境線となった。このように38度線は、ソ連の南下に慌てふためいた米国の妥協策からはじまり、日本領土の一部占領をねらったソ連の野心によって追認され、これに加えて、即時独立にはやった朝鮮民族の感情が複合的に絡み合った産物だといえよう。

建国同盟　1944年8月10日、日本の敗戦を予測し、民族解放を準備するために組織された秘密結社。呂運亨を中心に趙東祐・玄又現・黄雲・李錫玖・金鎮宇らが加わった。活動は細心の注意を払って秘密裡に展開され、民族的良心の有無を成員の資格として、拠点となる工場・学校・企業に対し組織化をはかった。内務・外務・財務部門と地方別委員を置き、最高責任者である呂運亨だけが全体の活動状況を把握した。日本の敗色が色濃くなると、抗日軍事行動を準備するために、延安の独立同盟と連携を結び、軍事委員会組織を開始した。45年8月初頭には李傑英・李錫玖・趙東祐ら多数の幹部と会員が日本官憲に逮捕されるが、解放を迎えて出獄し、彼らの活動は建国準備委員会結成へと向かった。

建国準備委員会（建準）　1945年8月15日に組織された政治団体。8月14日、日本のポツダム宣言受諾が決定されると、朝鮮総督阿部信行は80万名の在朝鮮日本人の安全と財産の保護、10万名の日本軍人のすみやかな撤収について、無条件降伏後の事態を憂慮し、声望ある朝鮮民族の政治指導者に行政権を引き渡そうとした。総督府は呂運亨を適任者とした。すでに日本の敗戦を確信しながら建国同盟を結成してその後の事態に備えてきた呂運亨はこれを受け入れた。彼は行政権引き渡しの条件として、①全朝鮮の政治犯・経済犯の即時釈放、②京城市内での3ヵ月分の食糧確保、③治安維持と新政府建設事業に干渉せず、④学生・青年の組織化に干渉せず、⑤朝鮮国内各企業や事業所の日本人労働者を建設事業に協力させることなどの6項目を提示。総督府はこれを受諾した。こうして8・15解放の日に、建国同盟委員を中心に朝鮮建国準備委員会は発足した。17日には主要部署の決定を終え、委員長に呂運亨、副委員長に安在鴻、総務に崔謹愚らが選任され、25日に宣言と綱領を発表した。建国準備委員会は、治安の確保と建国事業に向けての民族の力の結集、交通・通信・金融・食糧などの安定を当面の課題とし、組織からは反民族的親日勢力だけを除外するとした。左右を問わず朝鮮各界各層を網羅した統一戦線といってよい。これに加わらなかったのは、宋鎮禹ら一部の右翼陣営で、彼らは日帝下で民族改良主義を叫んだ親日派であり、また寄生地主の利害の代弁者でもあった。彼ら

8・15直後の建準の壁上内閣（内閣構想）

主席	李承晩	軍事部長	金元鳳
副主席	呂運亨	財務部長	曺晩植
国務総理	許憲	司法部長	金炳魯
内務部長	金九	文教部長	金性洙
外務部長	金奎植	通信部長	申翼熙

は「臨時政府奉戴」(金九らの臨時政府を迎えるという意味)を掲げて参加を拒否し、後に韓民党を結成した。建国準備委員会はその設立を全朝鮮に知らせるための声明文を発表、朝鮮総督府から治安維持の権限と放送局・言論機関などの管理運営を委譲された。ところが時をおかず総督府は態度を急変させた。行政権委譲を取り消し、警察署・新聞社・学校などをふたたび接収した。米軍の先発隊が密かにソウルに到着し、総督府に対し「日本の統治機構をそのまま米軍に引き渡すこと」を指示したためだった。しかし建国準備委員会の活動は続き、8月末までに全国に支部としての人民委員会145ヵ所が設けられ、朝鮮民衆の支持を受けた唯一の全国的政治勢力を形成した。活動が進むと、一方では朴憲永ら朝鮮共産党員の発言権が増大し、安在鴻など古参民族主義者の脱退事件も起きるが、米軍進駐2日前の9月6日、建国準備委員会は全国人民代表者大会をソウル市内の京畿女高で開催するところまで漕ぎ着けた。この会場で朝鮮人民共和国樹立が宣言され、14日には内外独立運動家を網羅した政府閣僚名簿が発表されたが、右翼陣営はこの組閣を「机上の空論」と非難した。こうして朝鮮人民共和国成立の宣言とともに、建国準備委員会はその役割を終えて解体された。

建国治安隊 1945年8月16日、解放直後の政治的空白における治安維持と生命・財産の保全を目的とし、建準が組織した臨時警察機構。YMCA体育部幹事で柔道師範だった張権を隊長に、青年学生2000名が徽文中学校講堂に集まり、発足を宣言した。建国治安隊は地域別、職場別に治安隊を組織し、重要な資源や機関、水源地などの保護、人員や物資輸送の円滑化などに力を注いだ。9月2日、建国準備委員会に編入された。

呂運亨 [ヨウニョン]

1945年頃

1885~1947。独立運動家・政治家。京畿道楊平の人。15歳で培材学堂に入学、後に官立郵遞学校に移るが、1905年、乙巳条約の締結に憤激して退校。1908年に父が死去すると、相続した小作契約書をすべて火中に投じて小作人を解放した。この頃、キリスト教に入信。京城の神学校で学んだが、14年に中国に亡命した。南京の金陵大学で学び、17年に上海に移って新韓青年党を組織。金奎植をパリ講和会議に代表として派遣した。20年、高麗共産党に加入し、翌年にはモスクワで開かれた極東人民代表大会に参加。29年、日本の警察に逮捕され、3年間服役。出獄後の33年春、『朝鮮中央日報』社長に就任した。36年7月5日、同紙は「日章旗抹消事件」に連座し、廃刊処分となった。44年、朝鮮建国同盟を秘密裡に組織。日本の敗北を予測し、民族独立のための政治組織づくりに入るが、45年8月12日、朝鮮総督府政務総監・遠藤柳作の提案による日本降伏後の治安と秩序維持の移行を請け負う。安在鴻らとともに建国準備委員会を組織。米軍進駐前の9月6日に朝鮮人民共和国の樹立を宣言するが、米軍政はこれを認めなかった。その年12月、人民党

を結成。46年には12団体を糾合して、朝鮮民主主義民族戦線(民戦)を組織し、勤労人民党を創立して左右中間勢力の結集に努めた。47年7月19日、右派の青年・韓智根によって暗殺された。

安在鴻 [アンジェホン]

1964年頃

1891〜1965。歴史家、独立運動家。京畿道平沢の人。1914年に早稲田大学を卒業。16年に中国に亡命し、申采浩とともに活動した。帰国後中央高普(旧制中学)教官となり、大韓青年外交団を組織するが逮捕され、3年間服役。出獄後は『朝鮮日報』社長兼主筆を務め、新幹会総務職となり、ふたたび逮捕され8ヵ月後に釈放。42年には朝鮮語学会事件に連座し、またも1年間投獄された。申采浩の影響を受け、朝鮮の歴史を研究し、民族主義歴史学の確立に尽力した。古代史研究に業績があり、日帝の植民地主義歴史学の克服に努めた。解放後は新民族主義歴史学を提唱した。安在鴻の思想は、朝鮮国内においては民主主義の普及と社会階層間の対立の解消を呼びかけ、対外的には朝鮮民族としての自主的立場を堅持するもので、当時の統一民主国家建設についての中道右派の見解を代表するものといえる。呂運亨とともに建国準備委員会を組織し、委員長となったが脱退。その後は韓国独立党中央委員を経て左右合作委員会委員、南朝鮮過渡立法議員などを歴任した。朝鮮戦争の時期に北に連行され、65年に平壌で死亡。主な著書に『朝鮮上古史鑑』がある。

阿部信行

1875〜1953。日本の政治家・軍人。第10代朝鮮総督(在任1944.7〜45.8)。石川県出身。陸軍大学を卒業し、23年、関東大震災の時期に戒厳令府参謀長を務めた。33年、陸軍大将。37年、予備役に編入。39年8月、内閣総理大臣となるが日中戦争早期妥結、第2次世界大戦不介入政策をとり、軍部の支持を失って5ヵ月目に内閣総辞職した。のちに中国特派全権大使を経て、44年に最後の朝鮮総督に着任。翌年9月8日、ソウルに進駐した米軍司令官ホッジ中将に対する降伏文書に調印した。

朝鮮人民共和国 (人共)

1945年9月6日に建国準備委員会が中心となり樹立した、解放後の最初の共和国政権。しかし、実権を持たなかったとしてカウントされないことが多い。米軍進駐の2日前、「米軍当局と折衝すべき人民総意の結集体」を創建するため、1000名あまりの民衆代表がソウル市内の京畿女学校に集結。全国人民代表者大会を開き、その場で共和国の成立が宣言された。14日には国内外独立運動家の左派・右派を網羅した中央政府閣僚名簿が発表された。

主席・李承晩、副主席・呂運亨、国務総理・許憲、内務・金九(代理・許憲)、外務・金奎植、財務・曹晩植、軍事・金元鳳、経済・河弼源、農林・康基徳、保健・李万珪、交通・洪南杓、保安・崔容達、司法・金炳魯(代理・許憲)、文教・金性洙、宣伝・李観述、通信・申翼熙(代理・李康国)、労働・李冑相、書記長・李康国、法制・崔益翰、企画・鄭栢。

また、日本帝国主義によって押しつけられた法の完全破棄、親日協力者など「民族反逆者」の土地の没収、鉄道・通信、金融機関の国有化などを内容とする政治綱領と27ヵ条の施政方針を発表した。しかし、米軍政は人民共和国を認めず、朝鮮総督府からの直接の統治権受け継ぎをはかり、米軍政のみが38度線以南での唯一の統治機構であると宣言。南の全政党の綱領と幹部名簿の登録を進め、朝鮮人民共和国も一政党として登録するように命令した。人民共和国はこれを拒否し、米軍政によって解体された。こうして米軍の直接統治を排した自主的な統一政府樹立の試みは、一部の右派勢力の妨害と米軍政の強硬な否認によって挫折した。

人民委員会 解放直後、全国各地で組織された民衆自治機構。地方組織から出発し、1945年8月末には全国145ヵ所で人民委員会が結成された。なかには建国準備委員会による組織を経ず、地域民衆の手によって結成された委員会もあった。ほとんどの委員会が組織・宣伝・治安・食糧・財政部を備え、地域によっては保健・厚生・帰還同胞・消費問題・労働問題・小作料問題などを扱う部署を置いた。綱領はほぼ似通ったもので、慶尚南道統営郡の人民委員会の場合を例にとれば、①日本人の財産はすべて朝鮮人に返す、②全朝鮮の工場と土地は朝鮮の労働者・農民に帰属する、③朝鮮のすべての男女は平等な権利を持つ、などを主要な綱領とした。人民委員会は民衆から大きな支持を受け、慶尚北道英陽郡の場合、郡民の80パーセントが人民委員会に属した。ほとんどの地域で人民委員会は自主的に統治機能を発揮し、親日派を除外した多様な各階各層を包括した。なかには富裕な右派の地方地主が委員会を率いた場合もあった。しかし、米軍政が朝鮮人民共和国を否認し、全朝鮮の軍政統治を宣言すると、人民委員会の活動は次第に衰退した。

米軍進駐 1945年9月8日、日本軍の降伏を受諾するため北緯38度以南の地に米軍が進駐した。9月8日、ホッジ中将率いる第24軍団4、6、7歩兵師団の約7万2000名は仁川に上陸、ソウルに入り、同年11月までには、南の主要地域の隅々にまで米軍が配置された。進駐翌日の9月9日、進駐

左から、ホッジ南朝鮮軍政庁長官、マッカーサー、李承晩

1．米軍政と親日派の台頭

軍司令官ホッジと朝鮮総督・阿部信行は降伏調印式を行い、以後3年間にわたる米軍政がはじまった。これに先立つ7日、米軍は米太平洋方面陸軍総司令官マッカーサーの名において布告第1号を発布、「北緯38度線以南の朝鮮領土と朝鮮人民に対する統治の全権限は、当面、本官の権限下で施行され」、「占領軍に対する反抗や秩序攪乱は容赦なく厳罰に処す」としていた。ホッジは9日にこれを発表し、南朝鮮に対する軍政を宣言した。この時点ではほとんどの民衆は米軍を「解放軍」と見なしていたが、米軍政は「占領軍」としての性格を明らかにしつつあった。最初にソウルに進駐した米軍は、ソ連と同じく朝鮮に対する明確な政策を持っていなかった。進駐当初、司令官ホッジは日本の総督府統治をそのまま残そうと考えていたほどだったが、解放に沸き上がる朝鮮民衆と総司令部の意向によって、総督府の行政機構と朝鮮人官吏のみを引き継ぐことにした。一部の日本人官吏が顧問として留任した。

米軍政 1945年8月15日の日本無条件降伏後、9月8日、北緯38度線以南に進駐した米軍が、48年8月15日の大韓民国樹立までの3年間にわたって実施した軍事統治。ホッジ中将指揮下の米陸軍第24軍団は9月8日、仁川に上陸し、ソウルに入った。翌9日には朝鮮における日本の降伏を正式に受諾し、「マッカーサー布告」を発表して38度線以南の地域に対する軍政を宣言した。つづく12日、アーノルド少将が軍政庁長官に就任した。軍政実施に必要な準備と朝鮮に対する予備知識もないまま南に進駐した米軍当局は、以後の軍政を大戦後の米国の利害に沿った政策で一貫させることになった。すでに建国を宣言していた朝鮮人民共和国をはじめ、重慶臨時政府など米軍政以外のいかなる権力機関も認めなかった。解放直後に朝鮮の各地で続々と創設された人民委員会や治安隊などの自治機構を強制的に解体させ、当初は日本の植民地統治の事実上の存続さえ画策し、それが不可能とわかると、その統治機構をまるごと継承することをはかって、朝鮮人行政官吏の留任を許した。また、一部の日本人官吏が顧問として留任した。同時に、西洋的価値観を理解し、英語に堪能な地主出身の保守層を行政顧問に任命した。かつての親日官僚・警官・地主など、反民主的・反民族的人物を再登用し、一方では社会主義者はもちろん、金九など臨時政府の民族主義者と目される人々をも徹底的に排除した。米軍政は日本の植民地支配下で朝鮮民衆を苦しめた治安維持法や思想犯予防拘禁法などは廃止したが、新聞紙法や保安法などは存続させ、占領統治に活用した。治安維持と効率的な統治という論理で貫徹された米軍政の占領政策は、植民地統治の完全な清算を要求する民衆と独立運動勢力に打撃を加え、親日勢力に対してはその復活を許すという役割を果たしたのである。

こうした米軍政下で信託統治案が提起された。反託・賛託をめぐって左右の対立が激化し、南全域が政治的・社会的混乱状況へとなだれこんだ。左派勢力の共産党・人民党・新民党が合党して南朝鮮労働党（南労党）を結成（1946年11月23日）、一方、右派は金性洙・宋鎮禹・張徳秀らを中心に韓国民主党（韓民党）を組織（1945年9月16日）した。また11月には、重慶から帰国した金九が指導する韓国独立党が国内での組織化を進めるなど、政局は錯綜した。右派政党・団体は、45年10月16日に米国から帰った李承晩を中心として左派に対抗し、建国青年会・西北青年会など右派青年団体の活動も活発に展開された。金奎植・呂運亨ら

が左右の合作を試みたが成果は得られず、ついに米軍政によって南労党は非合法化された。つづいて呂運亨が暗殺され（1947年7月19日）、左派と中道勢力は次第に衰退した。この間も米軍政当局は、米軍統治に都合のよい指導者38名による南朝鮮民主議院を組織し（46年2月）、軍政の諮問に応じるようにしたのにつづき、46年12月には、官選議員・民選議員90名により、南朝鮮過渡立法議院を発足させた。47年2月には軍政長官の下に民生長官の職を置き、安在鴻を任命。その年の6月には軍政府の名称を南朝鮮過渡政府と改めた。この米軍政下で、米ソ共同委員会が決裂すると、国連の決議に従って総選挙を準備させ、南の地域に限って実施した（1948年5月10日）。こうして大韓民国政府が樹立され（1948年8月15日）、満3年に及ぶ米軍政は幕を閉じた。

南朝鮮民主議院（民主議院） 1946年2月14日に発足した米軍政司令官の諮問機関。モスクワ3国外相会議で信託統治案が決定されると、金九らの臨時政府系は、即座に反託運動を展開。2月1日、非常国民議会を開いた。左翼側が民主主義民族戦線の結成を推進すると、米軍政は非常国民会議の最高政務委員会を民主議院に再編し、軍政司令官の諮問機関とした。議長・李承晩、副議長・金九、金奎植が選出され、左翼系を除外した人々が網羅された。46年、米ソ共同委員会が開設され、李承晩が辞退すると、金奎植が代理議長となった。しかし、李承晩は南だけの単独政府を主張し、金奎植らは左右合作運動を推進することによって、民主議院の機能は事実上、停止された。その後身として、南朝鮮過渡立法議院が成立した。

南朝鮮過渡立法議院 解放後の米軍政下での臨時立法機関。1946年12月、米軍政法令118号によって設置された。民選議員45名、官選議員45名、総勢90名によって構成され、12月12日、開院式を行った。民選議員は間接選挙で選出されたが、不正選挙により、李承晩と韓民党系が大部分当選し、官選議員は左右合作委員会系など、中道路線の各系の人々が任命された。議長に金奎植、副議長に崔東昕、尹琦燮が選任された。ここで審議制定された法律は、未成年者労働保護法、立法議院議員選挙法、親日派（「民族反逆者」）や対日協力者、買弁資本家に対する特別法など、50余にのぼった。南朝鮮過渡立法議院は中道勢力の基盤を固め、米軍政に対する支持を広めるために設置されたが、米国の政策が単独政府樹立支持に変わると、左右合作運動は成果を収めることができず、それにともない、その機能を十分に発揮できないまま、48年5月29日に解散された。

南朝鮮過渡政府 1947年2月5日に発足した民政移管までの過渡政府。第1次米ソ共同委員会が決裂すると、米軍政が左右合作運動を支援するために、南朝鮮過渡立法議院とともに設置。安在鴻を民政長官に任命し、8部6署を設けた。しかし、軍政長官の拒否権行使のため、民政長官は無力な存在だった。過渡政府はその機能を発揮することができないまま、48年8月、南だけの単独政府が樹立されるとその行政権を移管し、吸収された。

帰属財産払い下げ 解放後に行われた日本人所有の財産（帰属財産、敵産〔敵性財産〕）の売却や払い下げ。米軍政は45年12月6日に軍政法令33号を発表し、あらゆる日本人財産を接収し、朝鮮人官吏を採用してその管理に当たらせたが、彼らの大部分は親日

経歴を持った保守層だった。米軍政は48年7月12日、軍政法令210号（米軍政によって敵産〔敵性財産〕として凍結された財産の解除）を発表し、帰属財産の払い下げを開始した。この時、企業体513件、不動産839件、その他916件、合計2268件の帰属財産が払い下げられ、残りは「韓米間の行政および財産に関する協定」によって、李承晩政権に引き渡された。李承晩政権は約33万件の帰属財産を処理したが、その一部は国営・公営企業体に指定され、残りは個人や法人に売却し、縁故者・従業員・国家功労者とその遺族に優先権を与えた。独立運動の過程で各運動団体間でほぼ合意されていた敵産国有化方針とは異なり、解放後、米軍政と李承晩政権がこれを民間に売却し、特定の人物の私有財産としてしまった。そのうえ、米軍政の管理令のために、大部分の敵産が日本人所有者と密着していた親日的管理者によって占有されていた。それがそのまま引き渡された結果、帰属財産は親日・親米の企業家たちが解放後、韓国資本主義経済の中心へと成長する基盤となった。

帰属農地払い下げ　解放後、米軍政庁が実施した日本人所有農地の分配。米軍政は、1946年2月21日、米軍政法令第52号により、新韓公社を設立し、かつて東洋拓殖会社が所有していた日本のすべての財産を引き受け、小作料3・1制（小作料の上限を全収穫の3分の1とする）に定めた。しかし農民は、日本人や民族反逆者の土地没収と小作料3・7制（小作料の上限を全収穫量の3分の1未満とする）を主張した。こうして土地制度の全面的改革を望む声が日増しに高まった。北朝鮮で「無償没収・無償分配原則」による土地計画が実施されると、米軍政も土地計画政策を急ぐようになる。47年12月、土地改革法案が南朝鮮過渡立法議院に上程されると、右派議員たちは審議を拒否し、議会開催は不可能となった。米軍政は、全面的農地改革は単独政府樹立以降へと後回しにし、日本人所有地だけの売却に着手した。これは農民たちを抱き込み、将来、単独政府を円満に樹立するためであった。48年3月、新韓公社を解体し、中央土地行政庁を設置。「耕作地あるいは小作地が2町歩以下の場合に、売却地の小作人に優先権を与える。それ以外の農民・農業労働者、海外からの帰国農民、北から移住した人々に売却した場合、農地の価格は当該地の主生産物の年間生産高の3倍とする。支払いは20パーセントずつ15年間の年賦で現物納入し、分配された土地の売買、賃貸借、抵当権設定は一定期間禁止する」という条件で売却した。新韓公社が管理していた土地は、耕作地27万余町歩、宅地・山林合わせて32万余町歩だったが、米軍政が売却分配したのは田畑に限定された不徹底なものだった。李承晩政権樹立まで、約85パーセントが売却分配された。

新韓公社　1946年2月21日、米軍政法令第52号により設立された米軍政庁の土地管理会社。東洋拓殖会社の所有財産と米軍政庁所有のすべての土地を管理した。法令によれば、社長には米軍将校が就き、「米国の利益に関係ある政策問題を決定する全権」を持ち、公社の解散権は軍政庁だけが保持していた。新韓公社は、耕作地27万余町歩、果樹園・山林など合計32万余町歩の土地と55万4000余戸の小作農家を管理する巨大地主となった。新韓公社の土地を小作する農家は南半部農家の27パーセントで、小作地面積は耕作面積の13パーセントを占め、47年、新韓公社所有地の米生産高は、全体の25パーセントに達した。米軍政は3対1制の小作料を取り立て、この莫大な収

入の相当部分を米軍政庁と駐韓米国人の扶養に必要な費用に充当した。

教育審議会　1946年3月7日、米軍政によって設置された教育諮問機関。安在鴻を委員長とする10の分科委員会から構成された。「弘益人間」（檀君神話以来、朝鮮では理想的人間像とされた。社会的に有為な人を指す）にもとづく教育理念を採択し、学制を改編、米国式の6・3・3・4制にした。米軍政期に教育適齢者が急増し、施設が追いつかず、また、教員の絶対数も不足していた。日本の植民地教育を担った教員たちが、再教育なしで教育現場に復帰する場合もあり、民主主義的教育を要求する学生との間で摩擦が起きることもあった。教育審議委員会で採択された「弘益人間」理念および学制は、単独政府樹立後、49年12月、制定された新教育法にそのまま継承された。

国立大学案反対運動　1946年9月、国立大学案に反対し、起こった同盟休校運動。46年8月23日、米軍政法令102号により、京城帝国大学・京城医専・歯専・法専・京城高工・京城商工・京城農工・水原高等農林その他を統合し、国立ソウル大学を創設した。総長に米国人を任命する国立大学校実施令が発表されると、「植民地教育反対」「学園の自由と民主化」を掲げ、教授・教職員・学生らが反対運動に乗り出し、以後、事態は拡大しつづけた。12月初めにソウル大学の9学部で一斉に反対運動が起こった。米軍政長官アーノルド少将は、商大（商学部）、工大（工学部）、文理大（文理学部）に3ヵ月間の休校命令を下した。それ以前に、ソウルの各大学では、11月1日から登録拒否を訴えて同盟休校がはじまり、47年2月には運動は最高潮に達した。漢陽大・延禧大（延世大の前身）・東国大などの各大学と景福・中東・培材高・徳寿商業・善隣商業などの高校、実業学校や東明女子高などでも同盟休校が起こり、各地に拡大した。47年5月12日、ソウルの国立大学学生総数の半ばにおよぶ4956名が除籍され、国立大教授総数の3分の2に当たる380名が解任された。米軍政は5月末に修正法令を公布、同盟休校運動はようやく鎮静化し、8月14日、除籍学生3518名が復籍した。こうして国立大学案反対運動は1年目に一段落した。

『ソウル新聞』　1945年11月25日、『毎日新報』の後身として刊行された日刊新聞。45年11月10日、『毎日新報』が北寄りとされ、米軍政によって停刊させられたのち、社員と理事委員が妥協し、11月23日に『ソウル新聞』と改称して続刊された。社長・呉世昌以下、河敬得、金東準、曺重煥、李寬求らが新幹部を構成し、49年5月にふたたび発行停止となるまで進歩的民主主義を標榜する反政府的立場の新聞として活動した。その年6月、名誉社長に呉世昌、社長に朴鍾和が就任して続刊され、以後は政府の機関紙的役割を担う立場となって言論の公正を守ることはできなかった。4月革命のときには自由党の代弁人と見なされ、民衆の手によって社屋が燃やされた。60年6月、呉宗植を社長にし、機構を改編して続刊。歴代政権の御用新聞として機能した。5・16軍事クーデター以後は夕刊紙となったが、80年12月2日から朝刊に変わり、姉妹紙として『スポーツソウル』『テレビガイド』などを発行している。98年から『大韓毎日新聞』と紙名を改めたが、また元の名に戻った。

韓国独立党　1930年頃、中国上海で安昌浩・金九・趙素昂・李始栄らによって結成

され、40年5月、金九を中心として改編された独立運動団体。臨時政府との協調関係のなかで、抗日民族解放闘争を地道に展開した。解放後、帰国した韓国独立党勢力は、金九を中心に、単独政府反対、自主独立国家樹立運動を展開したが、南北にそれぞれ政府が樹立されると、その意思は挫折し、49年6月29日、金九が暗殺され、衰退に向かった。

権東鎮［クォンドンジン］　1861〜1947。独立運動家。京畿道抱川の人。李朝末の咸安郡守、陸軍参領などを務め、開化党に入ったが、壬午軍乱の後は日本に亡命。以後は天道教に入信して道師となった。3・1運動の民族代表33人の1人として逮捕され、3年の刑を宣告された。出獄後は新幹会副会長を務め、1929年の光州学生運動のときに逮捕されて1年間服役した。解放後は新韓民族党党首、民主議院議員を務めた。

金九［キムグ］

1946年当時

1876〜1949。独立運動家・政治家、号は白凡。黄海道海州の人。15歳まで漢学を学び、1893年、17歳で東学に入って接主（地方責任者）となり、東学農民革命に参加した。95年、日本人に殺害された閔妃の敵を討つため、日本の陸軍中尉・土田譲亮を刺殺して死刑を宣告されたが、高宗の特赦によって減刑された。98年に脱獄。一時、公州・麻谷寺の僧となったが還俗し、1903年、キリスト教に入信した。10年には新民会に参加し、11年、「105人事件」により終身刑を宣告されたが、減刑され、14年出獄した。3・1運動後、中国に亡命。大韓民国臨時政府の警務局長・内務総長・国務領を歴任し、28年、韓国独立党を組織、党首となった。また、韓人愛国党を結成し、李奉昌・尹奉吉らのテロを指揮した。40年、臨時政府が重慶に移ると韓国光復軍を組織。44年、臨時政府主席となった。45年、特殊部隊を訓練させ、本土侵入作戦を準備していたところ、日本の降伏を迎えた。帰国後、韓国独立党を率いて統一自主独立路線を志向し、李承晩の単独政府樹立路線と対立した。48年、南だけの単独総選挙を実施するという国連の決議に反対し、「南北協商」のために北に入り金日成らと会談したが成果を収めることができずに帰った。単独政府樹立には参加しなかった。49年6月26日、自宅の京橋荘で、陸軍歩兵少尉・安斗熙に暗殺された。これには、米軍政、米CIAが深く関与していたことが最近提起されている。国民葬が行われ、孝昌公園に埋葬された。著書に『白凡逸志』がある。

金昌淑［キムチャンスク］　1879〜1962。独立運動家、儒学者。慶尚北道星州の人。幼い頃から儒学を学ぶ。3・1運動後、中国に渡り、臨時政府議政院委員となった。22年、北京で申采浩とともに雑誌『天鼓』を発刊し、25年、議政院府副議長となった。27年、日本領事館員に逮捕され、14年の刑を受け、服役中に解放を迎えた。解放後民主議院議員を務め、儒道会を組織、財団法人成均館と成均館大学を創立し、初代学長に就任。53年に総長、56年に辞任。李承晩政権下の

1960年頃

「下野警告文」事件で釜山刑務所に40日間収監されたこともある。

朝鮮共産党再建 1945年9月11日、日本支配下で解散させられた朝鮮共産党が再建された。28年に朝鮮共産党が解散させられて以来、地道な党再建運動が行われたが、統一的な組織を建設できないまま、いくつかの共産主義のグループに分散。非合法的な活動を継続してきた。45年8月15日、朝鮮が解放されると、彼らは合法的な活動を開始した。まず8月16日、前ソウル中央会系の李英・鄭伯・崔益漢らがソウルの長安ビルに集まり、朝鮮共産党再建を宣言した（長安派共産党）。一方、朴憲永を中心にした京城コム・グループは、9月8日、ソウル桂洞の洪増植の家で共産主義者の「熱誠者大会」を開き、朝鮮共産党再建準備委員会を発足させた（再建派共産党）。これに対して長安派は8月24日、党解体を決議。再建派を中心に、9月11日、両派の統一された朝鮮共産党が正式に再建された。主要人物は、総秘書に朴憲永、政治局には朴憲永・金日成・李舟河・金武亭・姜進・崔昌益・李承燁・権五稷、組織局には朴憲永・李鉉相・金三龍・金炯善、書記局には李舟河・許成沢・金台俊・金貴勲・李順今・姜文錫らが就いた。闘争目標として、①労働者、農民、都市貧民、兵士、インテリ層が結集して、一般勤労人民の政治、経済、社会的利益を擁護し、生活の急進的改善のために闘争する、②朝鮮民族の完全な解放と封建的残滓の一掃、自由発展のために最後まで闘う、③革命的・民主主義的人民政府の確立、などを提示した。再建された朝鮮共産党はすぐに活発な活動を展開。全評・全農・婦総・青総などの外郭団体を組織。大衆運動を率いる一方、民主主義民族戦線（民戦）を結成。統一戦線運動を指導した。解放直後、多様な政治勢力が登場したが、大部分が確固とした大衆的土台のない名望家を中心に組織されたため、大衆基盤を持っていた社会主義勢力は、指導的役割を果たすことができる唯一の位置にあった。しかし、米軍政によって彼らの活動は弾圧を受け、非合法化された。46年11月、朝鮮共産党は朝鮮人民党、新民党と合党し、南朝鮮労働党に統合された。

8月テーゼ 解放直後、朴憲永によって提示された朝鮮共産党の政治路線。正式名は「現情勢とわれわれの任務」。8月20日、ソウルで朝鮮共産党再建準備委員会を結成する席で朴憲永が提示した。朝鮮共産党の暫定的政治路線として採択されたもので、その要点は以下のようなものであった。「朝鮮解放は進歩的民主主義国家である米・英・ソ・中など連合国によって実現された。現在、朝鮮はブルジョア民主主義革命段階にあり、今後、第2段階の社会主義革命へと転換されなければならない。主な課題は、民族の完全独立、土地問題の革命的解決である。われわれの任務は、かつての革命運動の派閥を克服し、大衆運動の展開、労働者・農民中心の組織、左右日和見主義者との闘争、プロレタリア階級のための闘争、民族統一戦線による人民政権樹立闘争

である」。再建準備委員会の発足と「8月テーゼ」の発表により、すでに共産党再建を宣言していた長安派は、8月24日、党解体を決議し、9月11日、朝鮮共産党が正式に再建された。

朴憲永［パッホニョン］　1900〜1955。共産主義運動家。忠清南道礼山の人。1919年、京畿高等普通学校を卒業。3・1運動後、上海に渡り、イルクーツクの高麗共産党に入党した。22年、モスクワで開かれた極東人民代表者会議に参加した後、金丹冶、林元根らとともに国内浸透を試みたが、新義州で逮捕され、1年6ヵ月間、収監された。出獄後、『東亜日報』『朝鮮日報』などで記者を務めたのち、25年4月、朝鮮共産党を結成した。つづいて翌月、高麗共産党青年会を結成した。朝鮮共産党は、結成7ヵ月目に大部分の幹部が逮捕され、事実上、瓦解した。このとき逮捕された彼は精神異常を装って保釈され、ただちにソ連に亡命した。ソ連でアジアの共産主義者のための政治教育機関であるモスクワ共産主義大学で2年間教育を受けた後、33年、ふたたび上海を経由して国内に浸透しようとしたが、またしても逮捕された。39年、大邱刑務所から釈放後、全羅南道光州市月山洞(現在の白雲洞)で煉瓦工として働きながら身を潜め、8月15日を迎えた。解放直後、朝鮮共産党を再建。呂運亨が率いる建国準備委員会と連合して人民共和国を樹立した。李承晩と金九をそれぞれ主席と閣僚に推戴。米軍進駐に歓迎声明を出し、米軍司令官ホッジと会見して協力の旨を表明した。この行動が後に粛清される原因となった。しかし、米軍政は人民共和国を認めず、共産党活動も容認しなかった。46年5月、朝鮮精版社偽札事件を契機に朝鮮共産党幹部に対する逮捕令が下されると、朝鮮共産党は9月ゼネスト・大邱10月抗争によって対抗した。46年11月、朝鮮共産党・人民党・新民党が連合し、南朝鮮労働党を結成。朴憲永は李基錫とともに副委員長となった。米軍政の逮捕令が出されると、46年9月に南を脱出して越北。南労党を指導しながら金剛政治学院でゲリラを養成した。しかし、南労党の中心人物である金三龍・李舟河が逮捕されるなど、南労党の活動は顕著に弱

朴憲永と妻の朱世竹　中央は娘の朴ビバ・アンナ
1929年、モスクワ共産大学留学の頃

化した。53年、朝鮮戦争が膠着状態となって休戦が近づくと、金日成除去工作の首謀者・李承燁らが逮捕、起訴された。クーデター後の首班に予定されていた朴憲永もスパイ容疑で逮捕された。朴憲永に対する軍事裁判は55年12月に開かれた。「19年、米軍情報部CIC要員の宣教師アンダーウッドと接触し、25年に日本警察に逮捕された後、組織を裏切ってスパイ行為を働いた。解放後は米国に買収されて極左的な闘争を行い、革命戦力を破壊した。反党分派主義者として、朝鮮戦争当時、南で50万余の党員が戦時体制を備えているという虚偽の事実を流布した。政権転覆のためのクーデター運動を画策した」などとされ、死刑に処された。

韓国民主党（韓民党）　1945年9月に結成された宋鎮禹・金性洙らを中心とする保守右翼勢力の政党。左派勢力が朝鮮人民共和国を樹立すると、韓国国民党・朝鮮民族党・臨時政府歓迎国民大会準備会などの右翼勢力が統合。9月16日、天道教会館で、韓国民主党を結成した。党首に、李承晩・金九・李始栄を推戴、首席総務に宋鎮禹を選出した。ほかに、許政・白南勲・張徳秀らが幹部となった。旧親日派系の地主層が中心となった韓民党は人民共和国打倒を最優先課題にし、臨時政府を支持してその正統性の継承をはかった。10月16日、帰国した李承晩を迎え、独立促成中央協議会の中心勢力となり、反託運動を猛烈に展開し、46年2月、米軍政の最高諮問機関格として設置された民主議院に絶対多数の議席を占めた。また、李承晩の単独政府路線と、臨時政府側の左右合作運動、南北協商路線をめぐって態度を変え、李承晩支持に回り、南だけの単独政府樹立に中枢的な役割を演じた。しかし、その後は李承晩との権力闘争に敗北。李承晩勢力を牽制し、党のイメージ刷新のため、申翼熙を中心とする大韓国民党、池青天の大同青年団とともに49年2月、民主国民党（国民党）を結成し、発展的解消となった。

宋鎮禹［ソンジヌ］　1889～1945。独立運動家・政治家。全羅南道潭陽の人。幼い頃から漢学を学ぶ。1907年に英学塾に入学し、金性洙らとともに英語・数学を学んだのち日本に渡り、10年、早稲田大学に入学。日韓併合となるや帰国したが、ふたたび渡日して明治大学法学部に入学。留学生親睦会総務となり、『学之光』発刊に参加した。15年に卒業して帰国。翌年、金性洙が中央高等普通学校の経営者となると、その校長に就任した。3・1運動時に李昇薫を民族代表に推薦、逮捕され、1年半投獄された。出獄後、『東亜日報』社長に就任し、以後、30年間在職した。25年7月、汎太平洋会議の朝鮮代表として参加し、26年9月、ふたたび投獄された。45年、解放後、呂運亨らの建国準備委員会と人民共和国に対抗して右派勢力を糾合、韓国民主党を結成。首席総務となって単独政府樹立に奔走中の同年12月30日、鍾路区の自宅で韓賢宇に暗殺された。

金性洙［キムソンス］　1891～1955。独立運動家、政治家、教育家。全羅北道高敞の人。宋鎮禹とともに右派勢力の代表的人物である。1914年、早稲田大学政経学部を卒業後、帰国して中央高等普通学校の経営者となった。19年、京城紡績を設立、20年には『東亜日報』を創刊。32年、普成専門学校（現在の高麗大学）を譲り受け、校長に就任した。解放後は米軍政庁首席顧問官となり、宋鎮禹とともに右翼勢力を糾合。韓国民主党（韓民党）を結成し、46年1月、首席総務となる。合わせて大韓独立促成国民会副会

1953年頃

長を務め、46年9月に韓民党党首、47年には信託統治反対闘争委員会副委員長、49年には民主国民党最高委員を歴任し、50年、第2代副大統領に当選したが、李承晩の独裁に反対して、翌年に辞任。52年12月、民主国民党顧問。55年病死。国民葬が執り行われた。

張德秀［チャンドゥス］　1895～1947。独立運動家・政治家。黄海道載寧の人。1916年、日本の早稲田大学政経学部を卒業した後、中国に渡った。18年、臨時政府樹立のために国内の独立運動家と連絡をとる目的で申奎植とともに国内に入ったが検挙された。翌年、呂運亨とともに日本政府を訪問。韓国独立の妥当性を力説した。20年、『東亜日報』初代主幹となり、つづいて労働共済会幹部、普成専門学校教授を歴任した。28年、米国に渡り、コロンビア大学でPh.Dの学位を取り帰国。36年、『東亜日報』副社長。解放後、宋鎮禹・金性洙・金炳魯らと韓国民主党を結成し、外交部長・政治部長を歴任。李承晩の単独政府路線を支持し、金九ら臨時政府系との関係が急速に悪化していくなか、47年12月2日、鍾路署の刑事・朴光玉と無職の青年・裵熙範によって自宅で暗殺された。

独立促成中央協議会　1945年10月、李承晩を中心として組織された各政党団体の協議体。韓国民主党・国民党・朝鮮共産党を

1946年頃
右端、張德秀
左端、金性洙
左から2人目、申翼熙

はじめとする各政党および団体200余が集まって構成された。独立を勝ち取るために、共同の路線をとり、共同して闘争することを決議し、総裁に李承晩を推戴。しかし、11月16日、朴憲永の朝鮮共産党は協議会で親日派の追放を要求し、受け入れられず脱退。統一戦線は崩壊した。つづいてモスクワ3国外相会議で信託統治案が決定されると、46年2月、協議会は大韓独立促成国民会と合流し、李承晩がその総裁となった。

大韓独立促成国民会（独促） 1946年2月8日、組織された右派団体。李承晩の独立促成中央協議会と金九が中心の信託統治反対国民総動員中央委員会が合流して発足。総裁・李承晩、副総裁・金九、金奎植、顧問・権東鎮、金昌淑、咸台永、曺晩植、呉華英、会長に呉世昌が推戴された。独促国民会は汎国民的反託運動と、米ソ協同委員会の活動反対、左翼運動封鎖などを目標として活動した。同年6月下旬、民族統一本部に改編された。

李承晩［イスンマン］ 1875〜1965。独立運動家・政治家。第2〜3代大統領（1948〜60）。黄海道平山の人。1895年に培材学堂を卒業し、英語教師となった。国母（閔妃）復讐事件に連座したが、米国人女性医師の助けで危機を免れ、その後、キリスト教に入信。開化思想に心酔して徐載弼が設立した独立協会の幹部となって活動した。98年に逮捕される。服役半ばの1904年、閔泳煥のはからいで釈放された。その後、米国へ渡って、米国政府に日本の侵略の実態を訴えたが、その政策を動かすには至らなかった。そのまま米国に留まってジョージ・ワシントン大学、ハーバード大学に入学。10年、プリンストン大学でPh.Dの学位を受けた。14年、ハワイで雑誌『韓国－太平洋』

1941年頃

を創刊。韓国の独立には西欧列強、ことに米国の支持が必要と主張し、武装闘争を主張した朴容万らと対立、僑胞社会で主導権争いを繰り広げた。19年、上海臨時政府の要職に就いたが、ひきつづき米国に留まり、ワシントンに欧米委員部を設置し、みずから大統領と名乗ったが、21年には上海臨時政府から不信任を受けた。また、在米朝鮮人社会では李承晩の支持派と安昌浩支持派（島山派）が形成され、両派は対立した。34年、オーストリア出身のフランチェスカと結婚。解放後、帰国し、独立促成中央協議会を結成。米軍政を背景に、左翼および金九をはじめとする民族主義陣営と対立した。46年6月、南の単独政府樹立計画を発表。渡米して支持を訴えた。48年、南だけの単独政府樹立とともに国会で初代大統領に当選し、徹底した親米反共主義者として国内共産主義運動粉砕の先頭に立った。朝鮮戦争中の52年、釜山で「抜粋改憲」により、憲法改定。大統領に再選され、54年には終身大統領制改憲案を出し、「四捨五入改憲」を通じて大統領に3選された。58年、国家保安法と関係法令を改悪し、60年、不正選

挙により大統領に4選されたが、60年の4月革命により辞任。65年、ハワイに亡命中死亡した。

朝鮮人民党　1945年11月12日、呂運亨を中心として結成された政党。建国同盟勢力を中心に、高麗国民同盟・人民同志会など、いくつかの団体が統合し、呂運亨を党首にして結成された。「勤労大衆を中心にした全民族の完全解放を理念とし、完全独立と民主国家の実現を現実的な課題にする」と宣言し、綱領に「計画経済制度を確立し、全民族の完全解放を期する」と謳った。朝鮮人民党は自主独立国家建設のための各種の事業を繰り広げると同時に、左右合作運動に参与した。しかし、右翼勢力を牽制するのに失敗し、朝鮮共産党・南朝鮮新民党と合党して南朝鮮労働党を結成した。このとき合党に賛同しなかった勢力は、呂運亨を中心に、46年11月、社会労働党を組織した。

新義州学生事件　1945年11月23日、新義州で起こった反共学生デモ。11月16日、龍岩浦で開かれたキリスト教社会民主党地方大会での左右勢力間の衝突が発端となって起こった。龍岩浦の右翼系学生が左翼糾弾デモを展開。23日には新義州の6つの中学校がつづいてこれに加勢し、人民委員会・保安所などを襲撃した。この事件により、50名の死傷者が発生し、80余名が投獄された。

モスクワ3国外相会議　1945年12月、米・英・ソ3国の外相が集まり、朝鮮半島の信託統治案を決定した会議。米国のバーンズ国務長官、英国のベヴィン外相、ソ連のモロトフ外相が参加した。朝鮮半島に対する信託統治方針は、すでに戦争中、米国によって構想され、カイロ・テヘラン・ヤルタの各会談で提案された。日本が予想外に早く降伏すると、米・英・ソの3国は朝鮮半島問題処理のため、モスクワ3国外相会議を開催した。会議では米国が朝鮮人の参加を制限した「統一施政機構」を設置し、「米・英・中・ソ4ヵ国代表から構成される執行委員会で権限を遂行すること」「統治期間は5年を超えないこと」などを骨子とする案を提示した。この提案に対してソ連は、「朝鮮に独立を付与するための臨時政府樹立と、その前提としての米ソ共同委員会の設置」などの4項目の修正案を提示した。会議はソ連の修正案を若干手直しして最終決定を採択した。決定の全文は次のとおり。

> **モスクワ3国外相会議の決定**
>
> 1. 朝鮮を独立国として復興させ、朝鮮を民主主義の原則の上で発展させ、長期にわたる悪辣な日本の統治の結果を速やかに清算する諸条件を創造する目的で、朝鮮民主主義臨時政府が創建されるであろう。臨時政府は朝鮮の産業、運輸、農村経済および朝鮮人民の民族文化発展のために必要なあらゆる方策を講究するであろう。
> 2. 朝鮮臨時政府組織に協力し、これに適応する諸方策をあらかじめ作成するために、南朝鮮米軍司令部代表と北朝鮮ソ連軍司令部代表により、共同委員会を組織する。委員会は自己の提案を作成するときは、朝鮮の民主主義の諸政党および社会団体と必ず協議するであろう。委員会が作成した建議文は、共同委員会の代表で

ある両国政府の最終的決定がある前に、米・英・ソ政府の審議を受けなければならない。
3. 共同委員会は朝鮮の民主主義臨時政府を参加させ、朝鮮民主主義諸団体を招いて、朝鮮人民の政治的・経済的・社会的進歩と民主主義的自治の発展、朝鮮の独立が確立されるよう援助協力（後見）する諸方策も作成するであろう。共同委員会の提案の効力は、朝鮮臨時政府と協議後、5年以内を期限とする。朝鮮に対する4ヵ国後見の協定を作成するためには、米・英・中・ソ政府の協同審議を受けなければならない。
4. 南北朝鮮と関連する緊急な諸問題を審議するために、そして、南朝鮮米軍司令部と、北朝鮮ソ連軍司令部の行政および経済部分においての日常的調整を確立する諸方策を作成するために、2週間以内に駐屯する米ソ両国司令部代表によって会議を招集されるであろう。

信託統治案 第2次世界大戦後、日本の敗戦によって解放された朝鮮半島を、米・英・中・ソ4ヵ国の信託統治下に置くという案。信託統治は、本来、国際連合監視下で特定国家が特定地域に対して実施する特殊統治制度をいう。統治国はこの制度の基本目的に従って、平和増進・住民保護・人権尊重・自治あるいは独立を援助することになっている。朝鮮半島に対する信託統治問題が、公式的な外交の席上で初めて議論されたのは、1943年ワシントン会議における英国外相イーデンと米国大統領ルーズベルトの会談で、のちにカイロ・テヘラン・ヤルタ・ポツダムの各会談を経て具体化された。信託統治構想は、米国によってなされ、ソ連はこれに受動的に同意する態度をみせた。しかし、日本の降伏が予想外に早くなされると、朝鮮半島を米ソ両国が分割占領するようになり、両国が中心となって朝鮮半島問題を処理するためにモスクワ3国外相会議が開かれた。ここで、米国が提示した信託統治案にソ連が修正案を提出し、次のような内容を採択した。①朝鮮を独立国家として再建するために、臨時的な朝鮮民主政府を樹立する。②朝鮮臨時政府樹立を助けるために、米ソ共同委員会を設置する。③米・英・ソ・中の4ヵ国は共同管理する。④最高5年間の信託統治を実施する。このようなモスクワ3国外相会議の内容が国内で報道されると、国内の政治勢力は賛託・反託の両論に分裂し、保守右翼系列は言論機関の買弁的変節、歪曲報道に力を得て、モスクワ3国外相会議の決定を支持する左翼を反民族主義者、売国奴と規定するに至った。信託統治案は、元来、米国の戦後処理方針の1つとして、植民地の民主主義勢力を穏健に発展させながら、米国の影響力を拡大しようという政策であった。しかし、結果的に選択された信託統治案は、冷戦下で米国を支持する反共独裁政権と南北分断に道を開くきっかけになった。この問題は国内政治勢力の分裂および単独政府樹立という民族分断の契機をつくり、親日分子と右翼勢力に即時独立派としての道義的名分を付与することにもなる。

賛託・反託運動 解放直後、信託統治案をめぐって起こった左右の対立。モスクワ3国外相会議の内容が国内に知らされたのは、1945年12月27日で、最初の米国発報道は、「米国は即時独立を主張し、ソ連は信託統治を主張する」というものであったが、これは事実と正反対であるばかりか、信託

統治と独立の対立を装いながら左右を対立させ、民衆の支持を西側に吸収する内容だった。これに対して、金九と臨時政府が反託・即刻独立を掲げ、反託運動の先頭に立った。金九は「臨政を中心とする過渡政権樹立」を表明。米軍政を否認し、「政府」と自称した。このような反託運動は民族感情に訴えるものとなり、広範囲な大衆的支持を得た。明確な立場を明らかにしなかった左翼勢力は、統一政府樹立のための統一委員会設置を提議した。これに対して臨時政府は「非常政治会議の招集を通じて統一工作を推進しよう」と提議、両派は決裂した。他方、人民共和国と朝鮮共産党は、46年1月2日、3相会議の支持を公表し、2月15日、民主主義民族戦線（民戦）を結成。左翼だけの統一戦線を結成した。右派は韓民党を中心に、非常政治会議準備会を開き、李承晩の独立促成中央協議会がこれに加わり、左翼が加わらないなかで、非常国民会議を開催した。これにより、左右の分裂は頂点に達した。事実上、3国外相会議の決定は、「信託統治と臨時政府樹立および、それを通じた独立」という内容であったが、これをめぐる親日勢力と民族勢力の対立構図が左翼と右翼の対立構図に変わり、金九らの統一政府樹立の努力は、李承晩の南だけの単独政府樹立路線に敗北、挫折した。こうして信託統治案は、親日分子および右翼勢力に即時独立派としての大義名分を与えるきっかけとなった。

民主主義民族戦線（民戦） 1946年2月15日に組織された左翼統一戦線。45年2月、モスクワ3国外相会議で朝鮮半島信託統治案が決裂すると、各政党・社会団体は、信託統治問題をめぐって賛託と反託に分かれ、正面から対立するようになった。民戦は、人民党など、左翼系政党および朝鮮共産党の外郭団体を網羅した左翼統一戦線体で、「モスクワ3国外相会議の総体的支持」を主張し、「親日派民族反逆者・ファシスト・民族分裂主義者などを排除した民主主義民族統一体である」ことを宣言し、朝鮮の完全自主独立、民主主義的共和制実施、ファシズムの根絶、婦女の解放と男女平等、土地・農業問題の反植民地主義的解決、8時間労働制と最低賃金制実施、中小商工業の自由な発展と国家による保護指導、食糧および生活必需品の公平な配給などを行動スローガンとして掲げた。これに先立って、右翼は2月1日、反託を主張する右翼統一戦線である非常国民議会を開催し、信託統治問題をめぐって左右が分裂。それぞれが統一戦線を結成したことにより、民族統一戦線はついに形成されなかった。民戦は続けて賛託運動を展開したが、朝鮮共産党が李承晩と米軍政の単独政府樹立路線に対抗していわゆる「新戦術」を採択すると、これを契機に活動が萎縮。49年、北朝鮮側の民戦と統合。祖国統一民主主義戦線に吸収された。

世界労働組合連盟（世界労連 WFTU: World Federation of Trade Unions） 帝国主義、植民地主義に反対し、社会の進歩・民族独立・平和守護を掲げて結成された国際労働組合組織。略称は世界労連。第2次世界大戦中にファシズムと闘うなかで形成され、1945年10月3日、フランス・パリで56ヵ国の代表が集まって創設された。米国労働総連盟（AFL）を除外し、資本主義・共産主義の体制を問わず、植民地従属国の労組もすべて参加した労働組織である。ファシズムの根絶・平和の確立・労働者の生活条件改善・植民地制度の根絶などを目標に掲げた。しかし、49年以降、冷戦体制が強化されるなか、マーシャル・プランを支持

する英国の労組会議(TUC)、米国の産別(産業別)労組会議(CIO)、オランダの労組総同盟(NVV)などが脱退し、米国労働総同盟(AFL)とともに49年12月、反共産主義的労使協調主義の立場をとる国際自由労組連盟を結成した。世界労連は、本部をプラハに置き、83年当時は66ヵ国、137団体、1億9000万名の組織員が加盟していた。朝鮮では戦後の一時期、朝鮮労働組合全国評議会(全評)が世界労連に加入していたことがある。現在の韓国労総は、国際自由労連に加入している。90年代に入ってからは、世界労連の活動ぶりはほとんど伝わってこない。

朝鮮労働組合全国評議会(全評) 1945年11月、ソウルで組織された全国規模の労働団体。解放直後、労働運動は爆発的に成長し、45年11月1日、鉱山労働組合員の結成をはじめ、16の産業別労働組合が組織された。これらの組織を統合した全評は、傘下に1134の分会を持ち、組織員は50万名を数えた。産業別原則に立脚した労働者大衆組織として、11月5日と6日、ソウル中央劇場で南北40地域から505名の代表代議員が参加し、結成大会を開催。名誉部長に朴憲永、金日成、毛沢東、レオン・ジュノ(世界労働組合連盟書記長)を推戴し、執行部を選出した。全評は「進歩的民主主義に立脚した民族統一戦線への参加」「民族資本の良心的な部分との協力を通じた産業建設」「労働者の利益擁護」を実践要項に設定し、「最低賃金制の実施」「8時間労働制の実施」「工場閉鎖反対」などを行動綱領に採択した。16の産別労組を基本にしながら、11の地方協議会と主要地方に支部を置く方式で、地域を結合させ、北朝鮮には全評北朝鮮総局を別途に置いた。北朝鮮総局は46年5月、北朝鮮職業総同盟に改編された。

朝鮮共産党の大衆組織の1つであった全評は、産業建設運動、米獲得闘争などを活発に繰り広げた。全評に正面から立ち向かった大韓独立促成労働総同盟は右翼および米軍庁の庇護の下に結成され、両団体は熾烈な衝突を繰り返し、その対決は46年9月、ゼネスト中に最高潮に達した。全評の活動は47年、米軍政が南労党を非合法化するにともない、弾圧を受けるようになり、次第に弱体化し、48年半ばには消滅した。

大韓独立促成労働総連盟(大韓労総)
1946年3月10日、組織された右翼労働団体。米軍政の庇護下で朝鮮労働組合全国評議会に対抗した。各職場はもちろん、各種の集会でも全評打倒の先頭に立った。総裁は李承晩、副総裁は金九、初代委員長は洪允玉。48年、大韓民国樹立とともに、唯一の労働団体としての立場を固めた。54年、大韓労働組合総連合会と改称した。現在の韓国労働組合総連盟(韓国労総)の出発点である。

全国農民組合総連盟(全農) 1945年12月8日に組織された農民団体。解放直後、農民委員会・農民組合・農民同盟などのさまざまな形態で存在していた自生農民組織が結集し、農民大衆組織として結成された。全農の発表によれば、全国13道に道連盟、郡単位に188の支部、面単位に1740余の支部が置かれ、組合員数は約330万名に達した。北朝鮮では全農北朝鮮連盟が置かれたが、これは46年5月に、北朝鮮農民同盟と改称された。全農は「日帝および民族反逆者の土地没収と貧農への土地分配」「親日派民族反逆者を除く良心的朝鮮人地主の小作料は3・7制にすること」「親日派民族反逆者の山林・河川・沼沢地などを没収し、国営にすること」「水利組合を国営にし、管理は農民にさせること」などを実践課題

として掲げた。全農は朝鮮労働組合全国評議会とともに、朝鮮共産党の大衆組織として人民共和国支持とその死守を掲げたが、米軍政の左翼運動弾圧により、次第にその勢力は衰え、48年半ばには消滅した。

建国婦女同盟 解放直後に組織された女性団体。1945年8月16日、YMCAで左右両翼の女性運動家が結集して組織された。委員長に劉英俊、副委員長に朴順天、ほかに黄信徳・許河白・趙元淑・李珏卿・任永信・兪珏卿らが幹部となった。綱領には目標として、①朝鮮女性の政治的・経済的・社会的解放、②朝鮮女性は団結を強め、完全な独立国家建設の一翼を担うこと、③朝鮮女性の意識的啓蒙と質的向上、などを掲げ、次のような行動綱領を定めた。①男女平等の選挙権および被選挙権の確保。②言論・集会・出版・結社の自由獲得。③女性の自主的経済生活の確立。④性差別撤廃。⑤公私の娼妓制度と人身売買の撤廃。⑥妊産婦の社会的保護施設設置。⑦女性大衆の文盲根絶と迷信打破。⑧創造的女性となろう、など。しかし、右派女性はすぐに建国婦女同盟を脱退し、韓国婦人会、独立促成愛国婦人団、朝鮮女子国民党などを結成。女子国民党は、任永信の政治的立場に従って李承晩支持のために行動した。ほかの団体もやはり、李承晩に追従する勢力となった。これら右派女性勢力は、46年には反託運動、47年には単独政府樹立に積極的な支援活動を行った。建国婦女同盟はより広範囲な女性大衆を網羅するため、45年12月、全国婦女団体代表者大会を開き、朝鮮婦女総同盟を結成した。

大韓女子国民党 1945年9月18日、結成された女性中心の政党。任永信・李恩恵・金善・朴賢淑らが発起人となって設立された。「男だけではつくれない民主社会の建設」「勤労者と女性生活を向上させる民衆経済確立」「民族文化向上、世界平和、人類繁栄に寄与」などを綱領にした。党首・任永信、副党首・李恩恵、金善、総務・朴賢淑らで、7つの執行部署を置いた。しかし、李承晩の政治的影響下にあった任永信の指導により、女性中心の政党という独自性は発揮できず、李承晩支持勢力として活動した。52年5月、任永信が副大統領選挙に落選した後、党勢は衰退し、党員の離脱、自由党の圧迫などで、ようやく名目だけは維持していたものの、1961年の5・16軍事クーデター後に解散した。

任永信〔イムヨンシン〕 1899～1977。女性運動家・教育家。忠清南道金山の人。1930年、米国南カリフォルニア大学、同大学院で学んだ後帰国。31年、中央教育学校校長となった。解放直後、大韓女子国民党を結成して党首となり、李承晩の強力な支持者として活動した。48年、商工部長官に抜擢され、49年、安東補欠選挙で当選。制憲議員（～50年5月）となった。50年、第2代国会議員に再選。この時、国連総会に韓国代表として参加。53年、中央大学総裁に就任。61年、大韓女子青年団長となった。63年、韓国婦人会会長、65年、大韓教育連合会会長、69年、再建国民運動中央会副会長、71年、大韓教員共済会初代理事長を歴任した。著書に『My Forty Years Fight For Korea』がある。

朝鮮婦女総同盟（婦総） 1945年12月、組織された全国的規模の女性大衆組織。略称は婦総。全評・全農・青総とともに朝鮮共産党の外郭大衆組織として、建国婦女同盟を母体にして結成された。45年12月22～24日、全国婦女団体代表者大会を開いて結成

され、同盟員約80万に達する左翼女性運動の結集体だった。委員長・柳英俊、副委員長・丁七星、許河白が選出された。人民共和国の死守と民主主義民族戦線（民戦）への参加こそが朝鮮女性の真の解放の道であると宣言した。当面の課題として、①帝国主義の残滓および封建的遺制の払拭、②進歩的民主主義国家建設、③女性の政治的・経済的・社会的平等権の獲得、④勤労女性の条件改善、⑤一夫一婦制実施、⑥公私の娼妓制度と人身売買の撤廃、などを定めた。綱領として、①朝鮮女性の政治的・経済的・社会的完全解放、②進歩的民主主義国家建設と発展に積極的に参加し、活動する、③朝鮮女性は国際的提携をはかり、世界平和と文化向上に努力する、などを掲げた。婦総は、勤労女性、農民女性、小市民婦女、知識人女性など、広範な女性の参与と支持のなかで、日常活動と政治活動を展開した。米軍政が左翼運動を弾圧すると、47年2月、組織を改編して南朝鮮民主女性同盟と改称、合法闘争を展開したが、左翼運動が非合法化されるにともない、次第にその勢力は衰退した。51年1月、南朝鮮民主女性同盟は、北朝鮮民主女性同盟と統合。朝鮮民主女性同盟に改編されて消滅した。のちの南の女性運動は事実上御用・官製化され、長い沈滞期を迎える。

全国青年団体総同盟（青総）　1945年12月、朝鮮共産党の大衆組織の1つとして組織された青年団体。略称青総。全国13道の2397団体、72万3305名の会員の代表639名のうち、602名が参加し、結成された。委員長に李好済、副委員長に王益権、金楊春を選出した。青年の大同団結と民主主義国家建設に積極的に参加、日帝の残滓と封建的要素の除去および反動勢力の徹底粛清、青年の政治・経済、文化的地位の向上、心身鍛練・真理探求・人格向上、民主主義祖国建国運動と青年との相互協力・強化、世界平和建設に貢献するなどを綱領に掲げた。この左翼の青総に対抗し、右翼青年団体が総結集し、大韓青年団が結成された。

全国学生総連盟（全国学連）　1946年7月31日、ソウルで結成された右翼青年学生団体。在京学生行動統一促成会と左翼学生団体に対し、反共反託運動を展開するために反託学連、独立学生青戦などの右翼学生団体が集まり結成。北朝鮮出身の学生団体である西北学連と手を握り、反共反託運動の先頭に立つ一方、全国巡回啓蒙運動を展開した。当時、指導的な役割を果たした人物は、委員長の李哲承をはじめ、李仁世・李東元・朴容萬・呉洪錫らがいる。

朝鮮民族青年団（族青）　1946年10月、李範奭が組織した右翼青年団体。創立当時の団員は300名だったが、9ヵ月後には20万、2周年目には120万の団員を擁する大組織に成長した。「非軍事・非政治」を標榜する青年運動団体として出発したが、政治運動に加わり、46年、あらゆる青年団体を統合、単一化せよという大統領李承晩の指示により、大韓青年団に吸収・解体された。しかし、内的結束を維持しつづけ、51年、李範奭が自由党副党首となると、党内「族青」系列が強力な勢力を形成し、主導権を掌握した。「釜山政治波動」の折には大きな役割を果たし、李承晩の執権保持を下から助けた。ところが党首である李承晩は、族青系の勢力拡大に不安を覚えて総裁体制に党を改編。つづいて53年、族青系粛清を宣言した。これにより、李範奭と族青系は事実上、その勢力を失った。

李範奭　［イボムソク］　1900〜1972。独立運

1944年頃

動家・政治家。ソウルの人。1915年、中国に亡命。19年、雲南陸軍幹部学校騎兵科を卒業し、青山里闘争に参加した。中国洛陽軍官学校、韓人将校隊長、中央訓練隊中隊長を経て、41年、韓国光復軍参謀長となった。解放後、帰国し、46年、右翼団体・朝鮮民族青年団（族青）を組織、団長に就任。48年、大韓民国樹立とともに第1共和国初代国務総理兼国防長官となった。後、駐中大使、自由党副党首、内務部長官を歴任した。52年8月、第2代正副大統領選挙で自由党副大統領候補に指名されたが、族青系の勢力拡大に危機感を抱いた李承晩は、咸台永を推して副大統領に当選させた。53年、李承晩の族青系粛清宣言により追放された。著書に回顧録『焚木』がある。

朝鮮文化団体総連盟（文連） 1946年2月24日に結成された文化団体。解放後に組織され、あわせて25の文化芸術団体が網羅された。朝鮮学術会（45年8月16日結成、委員長・白南雲）、朝鮮科学者同盟（45年10月21日結成、委員長・朴極采）、朝鮮産業医学研究会、朝鮮法学者同盟、朝鮮言語学会、朝鮮科学女性会などの13の学術団体、朝鮮文学家同盟、朝鮮演劇同盟（45年12月20日結成、委員長代理・趙演出）、朝鮮音楽同盟、朝鮮映画同盟（45年12月16日結成、委員長・秋民）、朝鮮美術家同盟（46年2月23日結成、委員長・金周経）などの9芸術団体、朝鮮新聞記者協会、朝鮮教育者協会、朝鮮体育会などがその構成団体である。文連は綱領として、①民族文化の正統な継承および世界文化の批判的摂取、②進歩した科学の輸入研究および、その理論的確立、③人民の民主主義的教育および科学的啓蒙、④非科学的、反民主的文化傾向の排除、を掲げて民主主義民族戦線支持を標榜した。このため、右翼系文化芸術人らは文連から離脱し、全国文化団体総連合会を結成した。

全国文化団体総連合会 1947年2月13日、結成された文化団体。全朝鮮文筆家協会（46年3月13日結成、会長・鄭寅普、副会長・朴鍾和、薛義植）、朝鮮美術協会、全国音楽文化協会、朝鮮青年文学家協会（46年4月4日結成、会長・金東里）など、33の右派系（民族主義系）文学団体の連合体である。綱領は①独立国家建国に対するあらゆる障壁を撤廃し、完全自主独立を達成しよう、②世界文化の理念から民族文化を創造し、全世界弱小民族の尊厳確保と自主性を高揚しよう、③文化遺産の権威と文化人の独自性を擁護しよう、など。会長に高義東、副会長に朴鍾和、蔡東鮮を選出した。これにより、解放後の文化芸術会は左翼系の朝鮮文化団体総連盟と右翼系の全国文化団体総連合会に二分された。

大同青年団 1947年9月、池青天を中心に結成された右翼民族主義青年団体。青年団体を統合。大同団結を為すというスローガンのもとに組織され、李範奭の朝鮮民族青年団と競った。団長に池青天、副団長に李成柱・李瑄根・呉光鮮らが選ばれた。49年12月19日、大韓青年団に統合された。

大韓青年団 1949年12月19日に結成された青年団体。大同青年団・青年朝鮮総連盟・国民会青年団・大韓独立青年団・西北青年会など、12余の右翼（民族主義）青年団体が統合したもので、総裁に李承晩、最高委員に張沢相・池青天・田銭漢・柳珍山・盧泰俊・徐相天・姜楽遠・申性模らを推戴した。広範な組織網を利用し、200万名の団員を擁し、李承晩の支持勢力として文化・啓蒙活動とともに、一方では郷土防衛として軍事訓練も実施した。これは反体制的な運動を弾圧するための新たな上からの組織であった。50年1月、内部分裂で最高委員制を廃止し、団長に申性模を任命した。のちに国民防衛軍に改編され、第2国民兵該当者全員をメンバーとするに至った。51年1月、国民防衛軍事件を起こし、物議をかもし非難された。「釜山政治波動」のとき李承晩の官製デモに動員され、いわゆる「抜粋改憲」を成功させるのに大きな役割を果たしたが、大統領選挙後、内紛が激化して解体した。

2. 南単独政府（大韓民国）の樹立

米ソ共同委員会 モスクワ3国外相会議の決定に従って組織された朝鮮問題解決のための米ソ両軍の代表者会議。1946年1月16日、ソウル・徳寿宮石造殿での予備会談の後、同年3月20日に第1次会議を開いた。米軍代表はアーノルド少将、ソ連軍代表はシュトゥイーコフ上将（ソ連軍で大将に次ぐ官位）だった。当時、信託統治をめぐって左右の対立が深刻化するなかで開かれた米ソ共同委員会の目的は、①朝鮮の政党・社会団体との協議による臨時政府の樹立、②臨時政府傘下での4ヵ国信託統治協約の作成であったが、ともに協議すべき政党・社会団体を選択するうえで難関に直面した。ソ連は3国外相会議の決定に反対する政党・社会団体は協議対象にできないと主張。さらに、米国の提出した南側の招待対象団体20のうち右翼系は17で、これらはすべて3国外相会議決定内容に反対しており、また一方では60万の労組員を抱えた全評と30万会員のいる婦総などの全国的大衆団体が抜けていると指摘した。双方の意見対立により、5月6日、第1次米ソ共同委員会は決裂。翌年5月21日、第2次米ソ共同委員会が開催されたが、やはり臨時政府傘下勢力の問題をめぐっての意見の差は縮まらなかった。南北それぞれに立法機関を設置し、臨時政府を公選するという米国の提案を、南北分裂を助長するとしてソ連が拒否し、10月20日、ついに第2次会議も決裂した。その後米国は「朝鮮問題」を国連の場に移した。

国連臨時朝鮮委員団（UNTCOK: United

Nations Temporary Comission of Korea）1947年11月14日の第2次国連総会で、朝鮮問題の解決のために設置された団体。米国側は、モスクワ3国外相会議の決定を放棄して朝鮮問題を国連の場に移し、「国連臨時朝鮮委員団を設置。その監視下で48年3月末まで自由選挙を実施。国会および政府樹立後、米ソ両国が撤収する」という決議案を提出した。ソ連側は、これはモスクワ3国外相会議の決定に違反するものであり、朝鮮問題は米ソ両国が撤収した後、朝鮮人自身で解決するのがもっとも望ましいと反対した。当時、米国の絶対的影響下にあった国連は、「国連臨時朝鮮委員団設置、信託統治を経ない独立、国連監視下での南北総選挙」を可決し、オーストラリア・カナダ・中国・エルサルバドル・フランス・インド・フィリピン・シリアの8ヵ国から構成された委員団が韓国入りした。しかし、ソ連側が38度線以北の地域への入国を拒否すると、国連は小総会を開き、「可能な地域だけの総選挙」を可決。これに従って38度線の南だけで選挙が実施された。委員団は48年12月、第3次総会で国連朝鮮委員会（UNCOK）と改称されたが、50年10月、国連朝鮮統一復興委員会（UNCURK）に吸収された。国連朝鮮統一復興委員会は、73年12月、第28回総会で解体された。

井邑発言 1946年6月3日、李承晩が全羅北道井邑で南だけの単独政府樹立を公式に主張したこと。モスクワ3国外相会議の決定に従って開設された米ソ共同委員会第1次会議が決裂し、左右合作運動が展開されていた頃、米軍政が南だけの単独政府樹立を計画しているという噂が国内に広まった。その後、地方旅行に出た李承晩は井邑で「無期休会された米ソ共同委員会が合意に達する気配も見えず、統一政府をじっと待っていても思うようにならない。南だけでも臨時政府あるいは委員会のようなものを組織し、38度線以北でソ連が撤退するように世界の世論に訴えなければならないだろう」と発言した。李承晩はこの発言後、南の単独政府樹立に本格的に動き出し、その年12月から47年4月まで米国に渡って南の単独政府樹立を促す外交活動を繰り広げて帰国した。

左右合作運動 解放後に展開された南北統一政府樹立運動。解放直後、南で左右の対立を決定的に激化させたのは、信託統治問題で、これをめぐって李承晩勢力は信託統治反対、南の単独政府樹立を、金九系列は信託統治反対、南北統一政府樹立を、左翼系列は信託統治賛成、南北統一政府樹立を主張した。中道勢力は信託統治問題をいったん保留し、統一された臨時政府樹立を主張した。46年5月、第1次米ソ共同委員会が休会となり、左右の対立が激化するなかで、李承晩を中心とする右派勢力の一部の単独政府樹立計画が本格化されると、これを阻止するために呂運亨・金奎植らは左右合作委員会（主席・金奎植）を発足させ、合作運動を展開した。左右合作運動は、一般民衆と政治指導者たちの大きな関心を集めて進行したが、合作原則のうち信託統治問題、土地改革および主要産業処理など、経済政策問題、親日派処理問題をめぐって左翼系の民戦側と右翼系の韓民党側が激しく対立。左翼系は「合作5原則」を、右翼系は「合作8原則」を主張して互いに合意をみることができず、運動は停滞状態に陥り、影響力を喪失していった。米軍政は、初期にはモスクワ3国外相会議の決定に従い、反託を主張する極右勢力を排除し、中間派を中心に、米国に友好的な政府を樹立しようとする構想下で、左右合作運動を支

援した。しかし、米国の朝鮮半島政策が南だけの単独政府樹立へと転換するに至って、左右合作運動は失敗に終わった。

左右合作委員会 1946年7月25日に発足した左右合作運動団体。李承晩中心の一部右翼勢力の南単独勢力樹立説が外信で報道され、また「井邑発言」で李承晩が単独政府樹立の必要性を発表するなど、その計画が本格化するにともなって、これを阻止し、南北の統一政府を樹立するために組織された。6月14日、右翼の元世勲・金奎植、左翼の許憲・呂運亨が左右合作4者会談を開き、7月25日、右翼代表の金奎植・元世勲・安在鴻・崔東昕・金朋濬、左翼代表の呂運亨・成周寔・鄭魯湜・李康国らが集まり、左右合作委員会を結成。金奎植が主席となった。第1次左右合作会談で、信託統治、親日派処理問題をめぐって左右双方の意見の差が縮まらず、左右合作委員会は両者の意見を折衷した「左右合作7原則」を発表した。しかし、韓民党が土地の無償分配に反対し、運動自体を嫌がり、左翼側が曖昧な中間路線であることをあげて反対した。これにより、左右合作運動は次第に停滞状態に陥り、米軍政の政策は、左右合作支持から単独政府樹立に変わり、この運動は失敗に終わった。

左右合作7原則

1. 朝鮮の民族独立を保障するモスクワ3国外相会議の決定により、南北を通じた左右合作で、民主主義的な臨時政府を樹立すること。
2. 米ソ共同委員会継続を要請する共同声明を発すること。
3. 土地改革において没収、条件付き没収、逓減して算定された価格による買上げなどにより、土地を農民に無償分与し、市街地の大土地および大建造物を適宜に処理。重要産業を国有化し、社会労働法令を整備し、政治的自由を基本とする地方自治体の確立を早急に実施。通貨ならびに民政問題などを迅速に処理し、民主主義の建国事業の完遂に邁進すること。
4. 親日派民族反逆者を処分する条例を本合作委員会で立法機構に提案し、立法機関による審議決定を経て実施すること。
5. 南北を通じて現政権下で検挙された政治運動者の釈放に努力し、合わせて南北左右の「テロ」的行動を即時に停止するよう努力すること。
6. 立法機関においては、すべての機能と構成方法を本合作委員会で作成し、すみやかに実行に移すこと。
7. 全国的に言論、集会、結社、出版、交通、投票などの自由を絶対的に保障するよう努力すること。

金奎植 [キム ギュシク]

1946年12月

1877～1950。独立運動家・政治家。ソウルの人。米国に留学し、Ph.Dを取得して帰国。1910年、日韓併合と同時に亡命した。

上海で呂運亨と新韓青年党を組織し、14年4月、臨時政府外務総裁となり、パリ平和会議に参加した。21年、満州で高麗革命軍を組織し、35年、申翼熙・梁起鐸らと南京で民族革命党を結成した。40年、臨時政府副主席となり、重慶に移った後、金九とともに光復軍養成に力を注いだ。解放後に帰国。李承晩・金九らと右翼陣営を率いたが、李承晩の単独政府路線に反対し、左右合作委員会を組織、主席となって合作運動を繰り広げた。48年、南だけの単独政府樹立に反対。金九とともに南北協商に参加した。単独政府樹立後は公的活動から退いていたが、朝鮮戦争時、北に連行され、死亡した。著書に英文詩集『揚子江』がある。

南朝鮮新民党（南朝鮮新民党中央委員会）
1946年7月、結成された政党。中国延辺で活動していた朝鮮独立同盟メンバーが解放後に帰国。46年2月16日、北で朝鮮新民党を組織し、ソウルに京城特別委員会を設置した。この委員会はその年7月、南朝鮮新民党中央委員会と改称し、独立政党として活動するようになった。北の朝鮮新民党は金枓奉・崔昌益らが、南朝鮮新民党は白南雲が主要人物だった。のちにそれぞれ北朝鮮労働党、南朝鮮労働党に合流した。

南朝鮮労働党（南労党） 1946年12月23日にソウルで結成された共産主義政党。朝鮮共産党・南朝鮮新民党・人民党の3党が合党した。8月28日、北朝鮮労働党が結成された後、南での左翼勢力を再整備するために組織され、委員長に許憲、副委員長に朴憲永・李基錫が選出され、民主主義的な自主独立朝鮮国家建設を目的とし、土地改革、8時間労働制実施、日本人と親日派朝鮮人の財産および各種の機関の国有化などを掲げた。南労党は、南の共産主義者と左翼勢力を糾合し、労働者・農民・各界各層の大衆が網羅された大衆政党として、合法的に南の共産主義浸透工作をつづけ、47年9月には民主主義民族戦線を結成し、モスクワ協定を支持して賛託運動を展開した。しかし、米軍政の弾圧を受け、多くの党員が逮捕された。党は非合法化され、主要指導者たちが大挙して越北し、49年6月、北朝鮮労働党と合党。朝鮮労働党が結成されることにより、南労党は事実上、金日成の支配下に入った。これら南労党系列は、指導者朴憲永をはじめ、55年末までにさまざまな名目で粛清・処刑され、その勢力は完全に除去された。

勤労人民党 1947年5月に呂運亨らを中心に結成された政党。朝鮮人民党は、南朝鮮新民党・朝鮮共産党と合党。南朝鮮労働党が結成されると、この合党に賛同しない呂運亨・白南雲らは46年11月に社会労働党を組織したが、党の進路を決定できず四分五裂し、47年2月に党を解体、5月24日には勤労人民党を結成した。臨時議長団として、呂運亨・白南雲らを選出。南朝鮮労働党と協力関係を維持して活動した。南労党が勢力を失うと、それとともに次第に弱体化した。

許憲［ホホン］ 1885～1951。独立運動家・共産主義運動家。咸鏡北道明川の人。漢城中学・普成専門学校を卒業後、日本の明治大学法科を卒業した。新幹会中央執行委員長、普成専門学校校長を歴任。解放後、建国準備委員会副委員長、南朝鮮民主主義民族戦線主席議長、南朝鮮労働党初代委員長を歴任した。48年に越北。最高人民会議第1期代議員に選出され、同時に議長となり、また金日成大学総長に就任した。49年、祖国統一民主主義戦線中央委員会議長。51年、

1947年頃

最高人民会議議長在職中に病死した。許貞淑の父でもある。

朝鮮精版社偽札事件　1946年5月、朝鮮共産党が党費を調達する目的で1300万円の偽造紙幣を作り、市中に流通させた事件。「精版社事件」ともいう。5月15日、米軍政庁公安部によって一般に公表された。発表によれば、共産党機関紙『解放日報』社長・権五稷は、李観述が植民地時代の末期に朝鮮銀行の100円券を印刷していた近沢印刷所の後身である朝鮮精版社社長・朴洛鍾と副社長・宋彦弼に偽札の印刷を頼んだ。朴洛鍾の指示によって朝鮮精版社製版課長・金昌善が総額1300万円の偽札を印刷、市中に流したが、警察に発覚し、関連党幹部など16名が逮捕、起訴された。米軍政庁は事件発表後に共産党本部に対し強制捜査を行い、精版社を閉鎖して、『解放日報』を無期停刊とした。これに対し、朝鮮共産党は声明を発表。「本事件は計画的なでっちあげ事件であり、朝鮮共産党はこの事件とまったく関係がない」と主張した。しかし、逮捕された李観述・朴洛鍾・宋彦弼・金昌善は無期懲役、申広範・朴相根・鄭明煥は懲役15年、その他数人は懲役10年が宣告された。この事件を契機に、米軍政当局は、共産党に対する強硬策をとるようになり、このときから南での共産党活動は衰退しはじめた。

9月ゼネスト　1946年9月、朝鮮労働組合全国評議会が指導した全国的規模のゼネスト。同年2月の警務部による全評本部強制捜査・検挙など、米軍政の弾圧に直面した左翼陣営が、米軍政に対する従来の態度を全面的に修正、「新戦術」の一環として展開したストライキである。9月24日、ソウルをはじめとする全鉄道従業員4万名は、労働者・事務員に1日4合、あらゆる市民に1日3合の米の配給、物価騰貴に見合った賃上げ、工場閉鎖ならびに解雇絶対反対、労働運動の絶対的自由、検挙投獄中の民主主義者の釈放などの要求を掲げてゼネストに入った。25日には出版労組1277名と大邱郵便局従業員400名、27日にはソウル中央郵便局600名、中央電話局1000名がストライキに突入し、つづいて交通・通信・食糧・電気・土建・造船・金属・海運などの全評傘下各産別労組員がストライキに合流した。米軍政は警察・右翼青年団体・大韓労組を動員してストライキ本部を鎮圧し、1200名の労働者を検挙した。のちに全評が提示した要求条件を、大韓労総はそのまま提案し、米軍政はこれを受諾して9月ゼネストは一段落したが、全国各地で各種のストライキが起こり、10月抗争へと発展した。

新戦術　朝鮮共産党と朝鮮労働組合全国評議会が1946年7月に採択した新しい戦術を指す名称。「守勢から攻勢への転換」、すなわち、それまでの米軍政に対する態度を全面的に修正した結果とられた戦術である。解放直後、朝鮮共産党は米国をソ連と同じく進歩的な国家とみて、米国との友好的関係を維持しながら民族統一戦線を結成する目的で合法的な活動に主力を注いだ。

しかし、右翼勢力が米軍政の庇護の下に勢力を拡大し、米軍政の左翼弾圧が強化されると、新しい戦術を採択した。それは、大衆闘争を通じ、米軍政の正体をより直接的に暴露、批判する路線で、9月ゼネストと10月抗争はその一環として展開された。しかし、新戦術により、地方人民委員会は大部分破壊され、右翼勢力が優位に立つ勢力関係の変化をもたらし、失敗に終わった。以後、朝鮮共産党は南労党という大衆政党に変貌し、合法的な政治闘争を展開した。

10月抗争 1946年10月2日、大邱で発生した警察・市民間の大規模な流血衝突事件。10月1日、ストライキに対する軍・警察・テロ団の暴行に抗議する民衆集会に警察が発砲、1名が死亡した。翌日、労働者・学生・市民が合流し、犠牲者の遺体を担いで警察署を襲撃した。大邱地域には戒厳令が発布され、米軍政と警察に対する強力なデモは、星州・高霊・永川・慶山の各地へと飛び火し、慶尚南道・全羅南道・全羅北道・江原道へと広がった。初期のゼネストは全評の指揮下で行われたが、その後全国各地で発生した民衆の抗争は、すでに共産党の指導・統制を離れ、民衆自身のつもりつもった不満の噴出となっていた。この事件で各地の警察署や派出署、面事務所が破壊され、多数の犠牲者が出た。9月ゼネストと10月抗争の結果、共産党は大打撃をこうむり、残存していた地方の人民委員会も徹底的に破壊された。

2・7救国闘争 1948年2月7日、国連臨時朝鮮委員団の入国に反対し、全国各地で起こったデモとストライキ闘争。「朝鮮問題」が国連に移され、事実上、南の単独政府樹立が具体化されると、国連臨時朝鮮委員団の入国に反対し、全国的な抗議デモとストライキが発生した。スローガンは、①国連朝鮮臨時委員団反対、②南の単独政府樹立反対、③米ソ両軍同時撤退と朝鮮人による統一民主主義政府の樹立、④親日派打倒、⑤労働者・事務員を保護する労働法、社会保険制即時実施、⑥政権を人民委員会へ、⑦地主からの土地の没収と農民への無償分配、などであった。当時の警察発表によれば、蜂起70件、デモ103件、放火204件、ストライキ50件、同盟休校34件が起こり、8479名が逮捕され、1279名が送検された。

野山隊 1948年の2・7救国闘争以降、南半部各地で活動した南朝鮮労働党の小規模武装闘争。2・7救国闘争を契機に本格的に組織された。1つの郡に50～100余名の規模で、武器は警察署襲撃などで奪取した小銃・槍が主なものだった。日本の徴兵・徴用による軍隊経験があり、10月抗争で警察の追跡を受けた人たちを中心に構成された。当時、南朝鮮労働党は合法的政治活動を展開しており、野山隊は単独政府樹立反対、人民共和国支持闘争などの党活動を円滑化するための自衛的性格が強く、本格的な武装遊撃隊(パルチザン、ゲリラ)ではなかった。しかし、麗順(麗水・順天)反乱事件を契機に、軍の将兵が合流して、武装遊撃隊へと転換していった。

済州島4・3蜂起 1948年4月3日、済州島で南だけの単独政府樹立に反対して起こった武装蜂起。米軍政初期から継続してきた人民委員会および大衆と、警察・右翼団体との葛藤が武装蜂起に至ったもので、漢拏山を根拠地とする遊撃戦へと発展し、49年までつづいた。済州島では、単独政権反対闘争に起ち上がった島民に対する警察・西北青年会・右翼団体の無差別テロが横行し、島民の憤激を買っていた。4月3日、①米

軍即時撤収、②当局の単独選挙絶対反対、③獄中の愛国者釈放、④国連臨時朝鮮委員団は即刻帰れ、⑤李承晩売国徒党打倒、⑥警察隊とテロ集団の即時撤収、⑦朝鮮統一独立万歳、などのスローガンを掲げ、島民が武装蜂起した。鎮圧部隊は焦土化作戦を展開し、遊撃隊(パルチザン、ゲリラ)と住民を区別せず、無差別攻撃・集団虐殺を行った。遊撃隊は抵抗をつづけたが、鎮圧軍の圧倒的な武力と地理的孤立、兵力と補給物資の途絶などにより、勢力は弱化。49年半ばにはほぼ壊滅させられた。鎮圧部隊の発表によれば、「暴徒刺殺約8000、捕虜約7000、帰順約2000、軍隊警察の死者209、負傷1142、罹災民9万、民間死傷者3万」という膨大な犠牲者が発生した。この事件により、済州島では5・10総選挙を行うことができず、また、済州島派兵を拒否した左翼軍人などを中心に全羅南道の麗水、順天で麗順反乱事件が起こった。

南北協商 1948年4月、南だけの単独政府樹立に反対し、金九・金奎植らが南北統一政府樹立のために平壌に行き、北側の政治指導者と協商(協議、会談)したこと。米国の朝鮮半島政策が「中道勢力による統一政府樹立」から「南の単独政府樹立」へと変化し、朝鮮半島問題が国連に移ると、金九と金奎植は金日成、金枓奉に南北実力者会談を提議する指針を送る一方、国連臨時朝鮮委員団に南北協商法案を提示した。また金九は、南単独政府樹立に反対する声明「3000万同胞に泣告する」を発表した。これに対し、北側は南北政党社会団体代表者連席会議の開催を提議した。しかし、米軍政庁は金九一行の平壌行きに反対し、青年団体・学生団体・キリスト教団体・越南者などの団体までが激しく反対した。しかし、金九一行は北行きを強行。48年4月19日から23日まで平壌で開かれた連席会議で米ソ両軍の撤兵要請書を単独政府樹立に反対する同胞に送る決議文を採択し、金九・金奎植・金日成・金枓奉の4者会談を別に開いた。ソウルに帰った金九・金奎植は協商の経緯と合意事項を説明する共同声明を発表し、5・10選挙に参加しなかった。南で選挙が実施されると、北は第2次南北協商を提議したが、これには、北の単独政権を樹立しようとする民族分断行為だとして、金九らが応じず、南北協商は失敗に終わった。

5・10総選挙 1948年5月10日実施された大韓民国最初の国会議員選挙。国連臨時朝鮮委員団の監視下で、北緯38度線以南の地域で実施された。これにより統一自主独立国家の樹立は挫折し、南北にそれぞれの単独政府が樹立され、分断が既成事実となる。選挙を前に、南だけの単独選挙に反対、拒否する運動が全国各地で起こり、左右合作運動、南北協商を推進していた勢力は選挙に参加しなかった。これに対し米軍政は特別戒厳令を宣布し、選挙反対者に弾圧を加えた。総有権者数813万2517名、選挙人名簿登録者784万871名だった。95.5パーセントの投票率を記録。立候補者942名中、無投票当選者11名を含み、198名が選出。当選者の所属は大韓独立促成国民会53名、韓国民主党29名、大韓青年党14名、民族青年党6名、他団体11名、無所属85名だった。5月31日、制憲国会が構成され、議長に李承晩、副議長に申翼熙を選出した。

制憲国会 5・10総選挙によって構成された大韓民国最初の国会。この国会で憲法が制定されたので「制憲国会」と呼ばれる。南だけの選挙により、総立候補者942名のうち198名が当選。5月31日に開院した。議長に李承晩、副議長に申翼熙、金東元が

選出された。制憲国会議員は、補選を含めると209名であった。

憲法制定　1948年7月17日に大韓民国憲法が制定、公布されたこと。5月10日の総選挙で構成された制憲国会は、憲法起草に着手。6月3日、兪鎮午ら専門委員10名と憲法起草委員30名により憲法起草委員会を構成した。委員会は兪鎮午の案を原案とし、権承烈の案を参考案として草案を作成したが、これは議院内閣制国会両院制だった。しかし、李承晩の反対によって大統領制国会単院制に変わった。草案が国会に上程されると、修正案が続出し、8月15日まで政府樹立を宣布する必要性に追われて、7月12日、国会通過、17日に声明公布され、その日から発効した。この憲法は、旧日本帝国憲法と、ドイツのワイマール憲法を模範にしたもので、三権分立を規定し、単院制国会を設け、大統領を国会で選出するようになっていた。これまであわせて12回の改憲案が提出され、9回の改憲を経て今日にいたっている。

兪鎮午［ユジノ］　1906〜1987。法学者・小説家・政治家。ソウルの人。1929年、京城帝国大学法文学部を卒業。普成専門学校法学部教授となった。27年頃から小説を書きはじめ、文壇に出た。プロレタリア文学全盛期には同伴作家（プロレタリア文学のシンパ）と目され、『カプスの恋愛』『ビルディングと黎明』などを発表した。48年、政府樹立のための憲法を起草し、法制処長を務めたのち、52年に高麗大学校大学院長を経て総長に就任。5・16軍事クーデター後には再建国民運動本部長、国連韓国協議会長を務め、67年に新民党党首、70年に新民党顧問、80年には国政諮問委員会を歴任した。著書に『憲法会議』『憲法講義』『民主政治の道』。小説に『兪鎮午短編集』『金講師とT教授』『滄浪亭記』。随筆集『雲の上の妄想』『若い日の自画像』『養虎記』などがある。

大韓民国樹立　1948年8月15日、南半部に資本主義国家・大韓民国の建国が宣布された。45年8月15日、日本が降伏すると、朝鮮半島では北緯38度線を中心に南北にそれぞれ米ソ両軍が進駐し、占領政策を敷いた。戦後の冷戦体制が次第に激化するにともない、米国の対朝鮮政策は信託統治による統一政府樹立から南単独政府樹立へと変わり、その結果、朝鮮半島問題は国連に移された。国連の決議により、48年5月10日、南地域だけの総選挙が実施され、5月31日、最初の国会が開かれ、7月17日、憲法を公布した。7月20日、国会で実施された正副大統領選挙により大統領に李承晩、副大統領に李始栄が当選し、7月24日、就任式が行われ、つづいて建国内閣が構成された。解放3周年を迎えた8月15日、政府樹立宣布式を開催。大韓民国樹立が宣布され、第1共和国が発足した。

禹長春［ウ ジャンチュン］　1898〜1959。韓国近代農業の父。農学者、育種学者。禹長春の父、禹範善は金玉均・朴泳孝らの開化派に属し朝鮮王朝の軍人として閔妃暗殺に参加。事件後日本に亡命した父の範善と日本人女性酒井ナカとの間に生まれた禹長春は広島県立呉中学を卒業する。父のパトロンであった朴泳孝の経済的支援を受け東京帝国大学農科大学実科（旧制専門学校）に進学する。その後、東京都北区の農林省西ヶ原農事試験所に就職し、朝顔の遺伝研究に心血を注いだ。1924年、新潟県出身の渡辺小春と結婚し、父・範善の恩人で朝鮮からの亡命者を支援していた須永家の養子と

なり（妻も養女となった）、日本名を須永長春としたが、長じて禹長春を名乗った。26年、埼玉県鴻巣市試験地に転任し、菜種を研究。坂田武雄（坂田種苗、現在のサカタのタネの創立者）からペチュニア（つくばあさがお）の種子を提供され、八重咲きペチュニアは単一の優生遺伝子に支配されているという遺伝メカニズムを解明した。坂田はこの研究を応用して八重咲きペチュニア「オールダブル」を作出し、欧米に輸出して世界的名声を得た。36年、論文「種の合成」で東京帝国大学から農学博士号を取得したが、この論文は「禹長春のトライアングル」とも称され、それまでに存在しなかった新種の植物を作出する可能性を裏付けして、世界的に育種学の古典と知られている。37年、タキイ種苗が京都府乙訓郡長岡町（現在の長岡京市）に新設した研究農場に初代場長として招かれ、京都に移住。十字花科（アブラナ科）植物の育成に努めた。45年の終戦直後まで、禹は長岡で過ごし、十字花科植物の育成、そのほかの野菜や草花の育種、採種などを行い、タキイが創刊した雑誌『園芸と育種』（1942～44年）の出版にも尽力した。終戦後農場長を辞め、約4年半無職で過ごす。48年、当時韓国社会では激動期で食糧が不足し、農村は種子、肥料・農薬不足で苦しんでいた。これを打開するため韓国で禹長春帰国要請運動が起こった。日本生まれの禹長春は韓国語を話せなかったが、妻と子どもを日本に残し、50年、52歳で韓国へ渡った。韓国農業研究所の所長に就任し、ソウル大学校農科大学の金浩植教授と全国各地にある農業試験場を巡回し、農村を視察。渡韓間もなく勃発した朝鮮戦争中も野菜の種子作りの研究を進め、野菜の固定品種をつくり、大量生産、品種間交雑を行い、雑種強制の強く現れる雑種第一代（F1）品種を育成した。53年には最愛の母を亡くすが、李承晩大統領は禹がふたたび韓国へ戻らないのではと懸念し、出国許可を出さなかったため、帰国は叶わなかった。57年頃には大根や白菜の自給体制が整うに至った。また済州島には密柑の大生産地となる基礎を築いた。

朝鮮戦争休戦後は無病種馬鈴薯の生産着手、稲の栽培研究などを精力的に推進した。大統領からの農林部長官（農林大臣）就任要請も受けず、研究に没頭したが、59年6月ソウルのメディカルセンターに入院し、胃と十二指腸の潰瘍の術後、病状悪化のため8月10日亡くなる。享年61。亡くなる直前に韓国政府は大韓民国文化褒章を贈った。葬儀は国葬に準じる社会葬として行われた。父・範善の行いのため当初はきびしい目もあったが、白菜などの種子の自給体制を確立したため、現在では韓国の道徳の教科書に載っており、一般的に「種無しスイカ」の発明者として広く知られ（発明は日本の木原均博士だが禹が育種学の説明のため種無しスイカを作ってみせたことにより）、高い評価を受けている。

朝鮮と韓国 「朝鮮」と「韓国」という用語は、いま不用意には使えない状況にある。「朝鮮」を使えば北朝鮮シンパと見られ、「韓国」を使えば韓国シンパと見られるからである。こうした状況から、あえて英語を借りて「コリア」、「コリアン」という言い方も出てきた。かつて太祖・李成桂は、国号を決める際に宗主国の明に対し、「和寧」と「朝鮮」のいずれにすべきかと伺いをたてた。明がこれに答えて「朝鮮」のほうを選択したという歴史的経緯がある。「和寧」は安寧（アンニョン）にも通じ、いかにも平和と安定・安全を願う弱小民族には相応しい国名である。一方、「朝鮮」は「鮮やかな朝」の意で、檀君神話の時代

の「アサダル」(漢字では阿斯達と書き、アサは日本語の訓である朝に通じ、神聖で霊的存在を感じさせる地のこと)に由来する。「朝鮮」が明の選択であったとしても決して屈辱的な国号ではなかった。また、「韓国」も三国時代から使われており、「大きく立派な国」を意味する。「朝鮮」も「韓国」もそれぞれ意味するところは違っても、雅称である。近代に入ると、李朝は中国(清)の軛から脱したことの証として、1897年に「大韓帝国」と国号を変更し、かたちのうえでは清(中国)や日本と同格になる。ほどなくして日本の植民地に転落すると、ふたたび「朝鮮」という呼び名が復活した。

ともあれ朝鮮、韓国のいずれの名称も、歴史を遡ってみれば民族的誇りをもって呼びならわされてきた国名であり、民族名であった。日本の左翼詩人・槇村浩は「間島パルチザンの歌」(1941年)のなかで「大韓独立万歳」と歌い上げており、また、明治初期の日本留学生は、朝鮮と韓国の両方をなんら分け隔てなく使っている。こうした両国名の併用は解放後もつづき、韓国陸軍士官学校の前身は「南朝鮮軍事英語学校」「南朝鮮国防警備隊」「南朝鮮国防警備士官学校」などであり、解放後に南で結成された有力な右派青年団の名称は「朝鮮民族青年団」だった。さらに米軍政下で組織された立法・行政府は「南朝鮮民主議院」「南朝鮮過渡立法院」「南朝鮮過渡政府」と称した。この時期、南においても「朝鮮」という名称は、イデオロギーにかかわりを持つものではなかった。日本でも、現在の民団の前身は「在日本朝鮮人居留民団」「新朝鮮建設同盟」と称し、「朝鮮」という文字が入っていた。「朝鮮」と「韓国」という呼び名がイデオロギー的色彩を帯びるようになったのは、1948年、南と北に「大韓民国」と「朝鮮民主主義人民共和国」と称する分断国家が樹立され、冷戦が激化した後のことである。この後遺症はその後ますますひどくなっている。

「朝鮮」と「韓国」もそうだが、「京城」という固有名詞もけっして日本がつけたものではない。漢江のことを別名として昔から京江といっている。写真はソウル市中区乙支路2街の小規模の印刷工場。2012年

3. 朝鮮民主主義人民共和国の樹立

朝鮮共産党北（部）朝鮮分局 1945年10月、北に設置された朝鮮共産党の分局。10月10日〜13日に開催された「北朝鮮西北5道代表者および熱誠者大会」において朝鮮共産党北朝鮮分局が設置され、責任秘書に金容範、第2秘書に金武亭と呉淇燮が選出された。この時期の北朝鮮の主な政治勢力としては、中国東北地方で武装闘争を展開してきた金日成らのパルチザン勢力、玄峻赫・呉淇燮・朱寧河らの国内派勢力、曺晩植らの民主主義勢力、許哥而・朴昌玉らのソ連出身勢力、金武亭・崔昌益・金枓奉ら、中国で活動していた朝鮮独立党勢力などがあげられる。朝鮮共産党北朝鮮分局は国内、ソ連、中国で活動していた共産主義者たちを網羅し、形式的にはソウルの朝鮮共産党中央に所属していたが、実質的には独立性を維持していた。北朝鮮分局は民主基地路線に立脚し、一連の「民主改革」を実施した。46年4月、北朝鮮共産党と改称した。

金日成 ［キムイルソン］ 1912〜1994。共産主義運動家・政治家。平安南道大同の人。本名は金成柱。「金日成」は間島地方の朝鮮人社会に伝わる伝説上の英雄の名。彼の抗日闘争時期の経歴は諸説紛々としているが、北朝鮮政府の主張によれば、1926年、打倒帝国主義同盟を組織、指導。30年、哥倫会議で反帝、反封建、民主主義革命路線、武装闘争路線、反日民族闘争路線を発表した。32年、抗日遊撃隊を創建し、35年には全民族的統一戦線組織である祖国光復会を組織、金東名という名で会長職につき、37年の普天堡の戦闘をはじめとする多くの戦闘を指揮し、勝利を収めたという。40年代に入り、日本の追撃が激しさを増すとソ連領に難を避けた。42年からは「極東ソ連軍第88独立狙撃旅団」の第1隊長（大尉級）として、200名ほどの同志とともにハバロフスク郊外（ヴャーツコエ）に駐屯した。解放後の45年9月19日、ソ連軍とともに平壌に入り、ソ連軍政を背景に朝鮮共産党北朝鮮分局を率いた。46年、北朝鮮労働党を創立。48年、朝鮮民主主義人民共和国建国とともに内閣首相となった後、4次までこれを維持した。49年6月には南朝鮮労働党と合党して朝鮮労働党を結成した。朝鮮戦争中の51年以降、反対派の除去・粛清に努め、周囲をパルチザン出身のエリート党員で固めていった。61年、第4次党大会後、金日成唯一指導体制を構築した。72年、第5期最高人民会議で国家主席中心制に政府組織が改編されるにともない、国家主席に就任、死ぬまでその地位にあった。軍においては、53年に元帥の称号と英雄称号を受け、還暦を迎えるに当たり、二重英雄賞を受けた。政策面では、46年に土地没収と再配分・重

金日成と許哥而（右）。1949年3月

要産業国有化・男女平等権と労働保護法などを成立させ、54年から農業集団化、商工業集団化を実施した。58年8月以降の北朝鮮は、たゆまぬ革命と建設によって封建的農業国家から社会主義工業国家へと移行し、社会主義の完全な勝利をめざしていると主張している。80年、第6次党大会で、互いに異なる思想制度の差異を認めた基礎の上に民族大団結で統一を成し遂げ、中央政府を樹立し、南北の地域自治を実施しようという、一国家二体制統一法案である高麗民主共和国案(いわゆる高麗連邦制)を提起した。主体思想に立脚した自主的社会主義路線として、ソ連、中国などの社会主義国家や第三世界国家と活発な外交活動を繰り広げてきた。1989年以降の社会主義圏の急激な崩壊と韓ソ・韓中正常化や国際的な開放圧力を受けながらも、「われわれのやり方で(ウリ式)」という自主的立場と社会主義建設路線を標榜した。しかし、社会主義の盟主ソ連の崩壊後は、金日成は、食糧危機や改革派の圧力に押されつつ、体制維持のために西側諸国との関係修復に腐心し、原子炉への国連の査察を忌避する「核外交」で西側の譲歩を引き出そうとした。カーター元大統領との会談後まもなく、南北首脳会談を目前に、1994年7月8日没した。

北朝鮮臨時人民委員会 1946年2月に発足した北朝鮮の最初の中央権力機構。当面、改革事業を推進するために、中央権力機関樹立の必要性を感じ、46年2月8日、「北朝鮮各政党、社会団体、各行政および各道・市・郡・人民委員会代表拡大協議会」を開催。「朝鮮統一政府が樹立されるまで」という但書のもとに組織された。委員長に金日成、副委員長に金枓奉が選出された。綱領として、①完全な独立国家建設、②全民族の基本要求を実現する民主主義政権の樹立、③一時的過渡期における国内秩序を自主的に維持し、大衆生活を確保することなどを掲げた。当面の課題(達成目標)として、地方政務機関の強化、無償分配による土地改革の実施準備、私企業の発展を図る親日派の処断などの11ヵ条を提示した。そして、この当面する11の課題を裁決するために、3月23日、20ヵ条の政綱を発表し、これに立脚していわゆる「民主改革」を実施。46年末にこれらが完成されると、47年2月、北朝鮮人民委員会が設立され、北朝鮮臨時人民委員会は解体された。

20ヵ条の政綱 1946年3月23日、北朝鮮臨時人民委員会が発表した、今後樹立されるべき臨時政府の政綱。45年12月末、モスクワ3国外相会議で「信託統治および朝鮮臨時政府樹立」が決定されるにともない、今後、樹立されるべき統一臨時政府が推進する改革の方向を提示した。北朝鮮臨時人民委員会委員長金日成の放送演説で発表された「20ヵ条の政綱」の内容は次のとおり。①朝鮮の政治・経済生活で、かつて日本統治のあらゆる残滓を徹底的に粛清すること。②国内にいる反動分子と反民主主義的分子との容赦ない闘争を展開し、ファッショ的反民主主義的政党団体および個人の活動を禁止すること。③全人民に言論・出版・集会および信仰の自由を保障すること。民主主義的政党・労働組合・農民組合そのほか、民主主義的社会団体の自由な活動条件を保障すること。④全朝鮮人民は一般的・直接的・平等的秘密投票による選挙により、地方の行政機関である人民委員会を結成する義務と権利を持つこと。⑤全公民に性別・信仰・財産の有無を分別し、政治・経済活動で同等な権利を保障すること。⑥人格、住宅の神聖不可侵を主張し、公民に財産と

個人の所有物を法的に保障すること。⑦日本統治期に使用し、またその影響を受けているすべての法律と財産機関を廃止し、人民裁判機関を民主主義原則で選挙し、一般公民に法律上、同等権を保障すること。⑧人民の福利を向上させるため、工業・農業・運輸および商業を発展させること。⑨大企業・運輸機関・銀行・鉱山・山林を国有にすること。⑩個人手工業と商業の自由を許可し、奨励すること。⑪日本人、日本国家、売国奴および継続的に小作経営を行ってきた地主の土地を没収して、小作制を撤廃。没収した土地を農民に無償で分配して、彼らの所有とする。また、灌漑業に属するすべての施設を無償で没収し、国家が管理すること。⑫生活必需品に対する市場価格を制定し、投機業者および高利貸業者などと闘争すること。⑬単一で公正な納税制度を制定し、累進的所得税制度を実施すること。⑭労働者と事務員に8時間労働制を実施し、最低賃金を規定すること。13歳未満の少年の労働を禁止し、13歳から16歳までの少年たちには6時間労働を実施すること。⑮労働者と事務員の生命保険を実施し、労働者と企業の保険制度を実施すること。⑯全般的義務教育を実施し、国家経営の小・中・専門・大学などを制度的に拡張すること。国家の民主主義的制度に従って人民教育制度を改革すること。⑰民族文化、科学および芸術を積極的に発展させ、劇場・図書館・ラジオ放送局・映画館の数を拡大すること。⑱国家機関と人民経済の各部門に要求される人材を養成する特別学校を広範に設置すること。⑲科学と芸術に従事する人々の事業を奨励し、彼らに援助すること。⑳国立病院の数を拡大し、天然痘を根絶し、貧民を無料で治療すること。以上である。

民主基地路線 解放直後、北の共産主義者たちがとった革命路線。「朝鮮半島を米ソ両国が分割占領している状況下で帝国主義国家である米国が占領した南に革命根拠地を設けることは不可能なので、北を政治、経済、軍事的に強化させ、朝鮮革命の根拠地とする」路線として、建党・建国・建軍の3つの課題を提示した。これは米ソを等しく進歩的な協力国と考えた朴憲永ら南の共産主義者とは根本的に認識を異にし、北朝鮮共産主義者のなかでも抗日パルチザン勢力によって提示された。この民主基地路線は初期にはきわめて慎重に提起されたが、南で米軍政が親日派の再登用、左翼運動弾圧政策を強化すると、公式的方針として固まった。

民主改革 解放直後、北朝鮮臨時人民委員会が推進した一連の改革措置。臨時人民委員会は46年3月23日、20ヵ条の政綱を発表。これに依拠し、「北朝鮮で反帝反封建的民主革命を完遂し、人民民主主義制度を確立することによって北朝鮮を強力な革命的民主基地に転変」させるために、「民主改革」を実施した。「民主改革」は土地改革法令（3月5日）、労働者および事務員に対する労働法令（6月24日）、農業現物制に関する決定書（6月27日）、男女平等権に関する法令（7月30日）、重要産業国有化法令（8月10日）などを通じて実現された。そのなかでも土地改革と重要産業国有化は「民主改革」の成否に狙いを定めたもっとも重要な計画だった。「民主改革」を通じ、北朝鮮の共産主義者たちは広範囲な大衆的基盤を構築した。事実上、その内容は大韓民国臨時政府をはじめとするさまざまな独立運動団体が政策として掲げたものととくに変わらなかった。46年末、「民主改革」を完遂した北朝鮮は、「反帝反封建民主革

労働法令の実施を支持し、デモを繰り広げる勤労者たち

命」を達成し、新しい段階である「社会主義への過渡期」に入ったと発表し、臨時人民委員会を解体。北朝鮮人民委員会を樹立した。

土地改革　1946年3月5日、北朝鮮臨時人民委員会が発表した「北朝鮮土地改革法」によって無償没収、無償分配原則に従い実施された土地改革。貧農・小作農を中心とした農村委員会を各地に組織し、その主導下で実施された。日本人・親日派・5町歩以上の土地を所有した大地主の土地を無償没収し、土地がなかったり、不足している農民に家族の数に従い無償分配した。分配された土地は、すべての債務や負担額などが免除されたが、一方では、土地の売買や小作、抵当権の設定は禁止された。地主のなかでも抗日独立運動に貢献した場合は特別な恩恵が付与され、土地改革に友好的にみずから土地を放棄する場合は家屋と一定の土地を所有し、故郷に住むことが許された。しかし、反抗する地主に対しては、有無をいわせず土地を没収し、他の地域へ強制移住させた。これにより、全耕地面積の50パーセントに達する98万1390町歩が72万4522戸の農家に分配された。土地改革の結果、北朝鮮の農村の階級関係は大きくさま変わりし、地主階級が精算され、富農が萎縮させられた反面、小作農・貧農・農民・労働者が農村の主要階級として登場、党と政権の支持基盤となった。

北朝鮮労働党（北労党）　1946年8月28日に北朝鮮で結成された政党。北朝鮮共産党と朝鮮新民党が合党し、合党宣言では「北朝鮮の労働大衆の利益を擁護する大衆的政党」の必要によって結成されたとしている。綱領として、民主主義的な朝鮮自主独立国家の建設、日本人・民族反逆者・地主の土地を没収し、土地のない農民たちに無償分配すること、日本人および民族反逆者所有の工場・公団・鉄道・運輸通信機関などの国有化、8時間労働制の実施、男女同等の賃金支給などを掲げた。委員長に金枓奉、副委員長に金日成、許哥而が選ばれた。49年6月30日、南朝鮮労働党と統合し、朝鮮

労働党と改称して現在に至る。

南朝鮮人民代表者大会 1948年8月21日から6日間、黄海道海州で南地域の最高人民会議の代議員選挙のために開かれた大会。6月に開かれた第2次南北政党社会団体指導者会議で最高人民会議の代議員選挙の実施を決議したのにともない、南地域は各市・道別に5〜7名の代表を選び、人民代表者大会を開き、ここで360名の代議員を選出した。会議は、8月21日から海州人民会堂で開催され、代表者1080名のうち1020名が参加。8月25日、360名の代議員を選出した。これにより、北地域の221名、南地域の360名の最高人民委員の代議員がそれぞれ選出され、9月2日から平壌で第1次最高人民会議が開かれた。最高人民会議は憲法を制定し、9月9日、首相・金日成、副首相・朴憲永、洪命憙、金策らからなる朝鮮民主主義人民共和国の樹立を宣布した。

朝鮮民主主義人民共和国樹立 1948年9月9日、北半部に樹立された社会主義国家。45年8月15日、日本が降伏すると、朝鮮半島には38度線を境にして、南北にそれぞれ米ソ両軍が進駐した。ソ連軍占領下の北朝鮮では臨時人民委員会が組織され、農地改革・産業国有化など、一連の「民主改革」が遂行された。48年、南に単独政府が樹立されると、北朝鮮でも最高人民会議の選挙を実施。憲法を採択し、9月9日、朝鮮民主主義人民共和国を宣言した。首相・金日成、副首相・朴憲永、洪命憙、金策、内相に朴一禹、外相に朴憲永（副首相兼任）、民族保衛相（国防相）・崔庸健、国家計画委員長・鄭準沢らが選任された。朝鮮民主主義人民共和国は、ソ連をはじめとする共産国家の承認を受けた。南と北にそれぞれ互いに敵対的な政府が成立することにより、朝鮮半島は分断され、朝鮮戦争を経て分断体制はいっそう固まった。

朝鮮人民軍 1948年2月8日に創設された北朝鮮の軍隊。45年10月に組織された保安隊に基盤をおいて陸軍が編成され、海軍は従来の水上保安隊を46年12月に海岸警備隊と改称した。47年6月、元山に海岸警備隊幹部学校を設立したが、これが海軍士官学校と改称して北朝鮮の海軍の母体となった。空軍は45年10月、新義州航空隊が発足し、46年5月に航空中隊に改編され、47年8月、ソ連留学から帰国した新義州航空隊出身者を中心に飛行隊を創設、北朝鮮の空軍となった。48年初めに北朝鮮人民委員会内に民族保衛局（国防局）を設置し、初代局長に金策が就任。2月8日、総司令官に崔庸健が就いて、朝鮮人民軍創設が宣言された。80年代に入ってから、北朝鮮では朝鮮人民軍は1932年4月25日の創設と改められ、現在ではこの日が祝日となっている。

朝鮮民主党（朝民党） 1945年11月3日に北朝鮮で結成された政党。党首に曺晩植、副党首に李允栄・崔庸健をはじめ、104名の中央執行委員と34名の常務執行委員を選出し、機関紙『朝鮮民衆報』を発行。同年12月、モスクワ3国外相会議で信託統治案が決定されると、曺晩植ら右派勢力は強力に反託を主張。46年1月5日、党首の曺晩植が軟禁されるに至った。副党首の崔庸健を中心とする左翼勢力は熱誠者大会を開き、党を改編すると、李允栄ら右翼は7月25日、集団的に越南。ソウルで党組織を再整備し、越南した北の青年たちを中心に平安青年会（後に西北青年会に発展）が組織され、反共の前衛部隊となった。48年、5・10選挙で李允栄を国会議員に当選させ、党活動

を継続していたが、61年の5・16軍事クーデターによりその機能が停止された。

曺晩植［チョマンシク］

1945年当時

1882～1950。独立運動家・政治家。号は古堂。平安南道江西の人。1905年、平壌崇実学校に入学し、キリスト教に入信した。卒業後は日本の正則英語学校を経て明治大学法学部で学んだ。その頃、インドの独立運動家ガンディーの無抵抗主義、人道主義に感銘を受け、独立運動の手本とした。帰国後、五山学校校長となり、3・1運動時に逮捕され、1年間投獄された。21年、平壌キリスト教青年会総務、山亭峴教会長老となり、22年に物産奨励会を組織。国産品奨励運動を繰り広げた。23年、金性洙・宋鎮禹らと研政会を発起し、民立大学期成会を組織したが、日本の弾圧により成功しなかった。30年、関西体育会長、32年、『朝鮮日報』社長となり、無抵抗民族主義運動を繰り広げた。解放後、平安建国準備委員会、人民政治委員会委員長を歴任し、45年11月、朝鮮民主党を結成した。信託統治案が知らされると、反託運動の先頭に立って軟禁された。越南せず北朝鮮に留まったが、朝鮮戦争時に死去した。

崔庸健［チェヨンゴン］　1900～1976。軍人・共産主義運動家・政治家。平安北道泰川の人。1921年、五山中学を中退し、中国に渡る。25年、雲南軍官学校を卒業後、黄埔軍官学校教官となった。27年、広東コミューンに参加し、中国共産党の古参でもある。36年から東北抗日連軍の第2軍参謀長となった。解放後に帰国し、45年、平安南道自治準備委員会、朝鮮民主党などで曺晩植とともに働き、曺晩植の軟禁後、朝鮮民主党委員長となった。46年、北朝鮮臨時人民委員会保安局長、47年、朝鮮人民軍総司令官に就任し、47年、第1期最高人民会議の代議員に選出された。以後、その死まで代議員に選出されつづけた。47年、第1次内閣で民族保衛相（国防相）となった。50年、朝鮮戦争勃発と同時に党軍事委員となり、ソウル防衛司令官となり、53年に副首相兼民族保衛相、55年に最高裁判所軍事裁判部裁判長として朴憲永事件を担当した。56年、ソ連共産党第20回大会に朝鮮労働党代表として参加し、72年、副主席兼中央人民委員会委員となった。76年9月19日に死去。

金策［キムチェク］　1903～1951。共産主義運動家・政治家。咸鏡北道鶴城郡（現在は金策市）の人。中国東北延吉地方に移住。中学在学中に非合法の反日青年組織に参加し、27年逮捕。西大門刑務所に服役。以後も何度も獄中生活を経験。31年出獄後、金日成の抗日遊撃隊に参加。45年、朝鮮労働党北朝鮮分局中央委員会政治委員、46年、平壌政治軍事学校委員長。47年、北朝鮮人民委員会副委員長兼民族保衛局長、48年、北朝鮮労働党中央政治委員、最高人民会議の代議員、内閣副首相兼産業相などを歴任。51年、朝鮮戦争で戦死。金策市と金策製鉄所、金策工業大学は彼の名にちなむ。

許哥而［ホガイ］　1900～1953。政治家。

前列右から、許貞淑、崔庸健、朴憲永、金日成、洪命熹、金策

咸鏡北道の人。幼い頃、父母に従ってソ連に移住。モスクワのロモノソフ大学を卒業。ウズベク共和国、タシケント州党秘書（書記長）。解放後、帰国し、46年に北朝鮮労働党中央委員会組織部長、常務委員兼政治委員となり、最高人民会議の第1期代議員。49年、朴憲永とともに労働党中央委副委員長となり、51年、副首相。53年、分派主義を理由に粛清され、自殺した。

崔賢［チェヒョン］　1907〜1982。軍人、共産主義運動家・政治家。咸鏡南道豆山の人。1932年、満州延吉地方で抗日遊撃闘争活動をはじめ、82年に死去するまで主に軍系統で活躍した。30年代の日本の警察記録には、崔賢部隊の激しい抵抗活動が記録されている。とくに日本軍と激戦を演じた茂山遊撃戦は有名である。解放後に帰国。48年、朝鮮人民軍初代総政治局長となり、朝鮮戦争当時には第2師団、51年の後退時には第2軍団長であった。55年、民族保衛部副相、58年、逓信相となり、67年、英雄称号を受け、68年、民族保衛相となった。その後、死ぬまで中央人民委員会、国防委員会副委員長のポストにいた。82年2月死去、国葬が執り行われた。

祖国統一民主主義戦線（祖国戦線）　1949年6月に南北の民主主義民族戦線が統合し、ほかに右翼政党や社会団体も網羅されて結成された組織。南北の各民主主義民族戦線から選ばれた代表たちで準備委員会を組織した後、6月25〜28日に平壌で結成大会を開催。結成大会には南北の71の政党、社会団体代表700余名が参席し、綱領と宣言を採択、幹部を選出した。議長団には金枓奉・許憲・金達鉉・李英・李克魯ら、中央常任委員に金日成・金枓奉・李英・崔庸健・朴昌玉・洪命熹・李克魯・朴貞愛・韓雪野、そして書記局と組織連絡部を置いた。機関紙『祖国戦線』の主筆には洪淳哲

前列右から、許哥而、金日成、ソ軍政レベデフ少将、金枓奉、ソ軍政イグナチフ大使、金策
後列右から、宋寧河、朴一禹、崔昌益

らが選出された。祖国戦線は「祖国統一に関する宣言書」を採択。外勢の撤収と朝鮮人による統一、南北政党・社会団体による選挙委員会の構成と、南北総選挙実施を主張。以後、南北の統一問題の担当窓口の役割をした。

朴憲永・李承燁の粛清　1953年、南労党系列の朴憲永、李承燁ら13名をスパイ行為などの嫌疑で拘束、起訴し、粛清したこと。52年12月15日、労働党中央委員会第5回全員会議で、党の組織的思想的強化と分派主義の残滓精算を強調する金日成の報告があった後、労働党は各政党団体の統制を検討する一方、朴憲永、李承燁らを逮捕、拘束した。53年7月30日、李承燁・趙一明・林和・朴勝源・李康国・裵哲・尹淳達・李源朝・白亨福・趙鏞福・孟種鎬・薛貞植の12名が起訴され、8月3日から6日まで審議が行われた。起訴状には、①米帝国主義のために敢行したスパイ行為、②南の民主力量の破壊・弱化・陰謀・テロ・虐殺行為、③共和国政権転覆のための武装暴動行為など、3つの内容の罪状が提示された。これらのうち、李源朝は懲役12年、財産没収、尹淳達は懲役15年、財産没収、残りの10名はすべて死刑と財産没収を宣告された。朴憲永は55年12月に起訴され、彼の裁判のために最高人民会議の常任委員会が特別裁判所を設置し、崔庸健を裁判長に任命した。朴憲永の起訴内容は、①米帝国主義者たちのためのスパイ行為、②南の民衆力量の破壊・弱化行為、③共和国政権転覆陰謀行為などであった。12月15日に開かれた公判で

の朴憲永に対する宣告は死刑および財産没収で、同年中に刑が執行されたという。

これらの金日成派による一連の粛清劇は、朝鮮戦争の野望が当初に意図どおりに展開しなかった責任転嫁のために行われたものであった。この粛清後も党内には反金日成派である延安派（中国共産党下で抗日運動をしていた人士）が残っていたが、彼らも1958年8月に粛清の憂き目に遭う。

4．反民族行為特別調査委員会の挫折

第1共和国　1948年8月15日、政府樹立後、60年4月革命により第2共和国が誕生するまで存続した韓国最初の共和憲政体制。

［統治構造の特色］ 三権分立の原則により、大統領中心制であった。本来の憲法草案は内閣責任制だったが、李承晩の反対により大統領中心制に変わり、混合型の憲法となった。行政府は国務院と国務総理で、外務・内務・法務・国防・財務・商工・農林・文教・社会・交通・逓信の11の部（省）を置いた。国務総理の下には総務・公務・法政・企画の4部、大統領直属機関としては審計院・高試委員会・監察委員会の1院2処を置いた。行政区域はソウルを特別市、地方は道に区分し、道の下は市・郡・邑・面とした。立法部は、制度上は、制憲当時の単院制を改憲によって両院制としたが、実際は最後まで単院制だった。議員の任期は4年、小選挙区で普通・平等・直接・秘密投票で選出された。司法部は大法院・高等法院・地方法院の3審制で構成。司法院の独立性・自主性・専門性が憲法によって保障された。しかし、大法院長は大統領が任命し、国会の承認を得るとしたのは、行政立法部の人事関与を意味するものであった。以後の共和国とは異なり、選挙管理機構を別途に設置しなかった。

［主要施策］ 徹底した反共主義を掲げ、国家保安法を制定。共産党を非合法化し、国際的承認と米国の支援の獲得に力を注ぎ、国連の承認を得る一方、米国と相互防衛援助協定および各種の協定を締結し、国防力増強に力を注いだ。国民経済安定策として、

数十億ドルに達する米国の援助を受け入れた。しかし、物価暴騰・農産物価格と賃金の低下によって民衆生活の苦しさは極限に達した。

[政治・社会状況] 韓民党の財力と組織を基礎にして政権を掌握した李承晩は、内閣責任制を推進しようとする韓民党とすぐ手を切り、帰属財産払い下げにより成長した新興商工業勢力を基盤とする自由党を組織し、一党独裁の道に進んだ。自由党の主な人的基盤は、植民地時代の総督府官僚・警察出身者で、李承晩の庇護の下に処罰を免れ、朝鮮戦争を経て警察と行政機構および政権の核心をなした。李承晩政権は新しい国家建設と戦後の経済復興という火急の課題を負っていたにもかかわらず、みずからの長期執権のための政治的牙城を築くのに汲々とし、国民生活は不景気・失業・物価高のなかで最悪の状態に陥った。そのうえ「重石拂事件」「国民防衛軍事件」「居昌良民虐殺事件」「言論弾圧国会フラクション事件」「進歩党事件」など、不正腐敗と執権延長のための各種の政治的不条理や捏造事件が相次いで起こった。「抜粋改憲」や「四捨五入改憲」によって、李承晩と自由党の独裁政権を企んだ第1共和国はついに1960年の4・19学生革命で倒れ、第2共和国が誕生した。

反民族行為処罰法（反民法） 植民地時代に日本に協力し、民族反逆行為をした親日分子を処罰するために、韓国で制定された法律。48年8月5日、制憲国会第40回本会議で発議され、数度の修正の後に9月22日、公布された。憲法第101条の「国会は1945年8月15日以前の悪質な反民族行為を処罰する特別法を制定することができる」にもとづいて制定され、その法律に従って反民族行為特別調査委員会、反民族行為特別検察部、反民族行為特別裁判部などが設置された。しかし、李承晩政府の非協力、親日勢力の妨害工作などにより、これといった成果を収めることができず、3度にわたる改訂ののち、51年2月14日、「反民族行為処罰法等廃止に関する法律」によって廃止されることにより、植民地の遺制の精算に失敗した。

反民族行為特別調査委員会（反民特委）
反民族行為処罰法を執行するため、48年9月29日に制憲国会で設置された特別機関。反民法第8条・9条にもとづいて設置された。委員長に金尚徳、副委員長に金相敦が選ばれ、趙重顕ら8名の委員が選出された。つづいて特別裁判部・特別検察部・事務局などが構成され、各市、道に支部が設置された。49年1月8日、和信財閥の総帥朴興植に対する検挙をはじめとし、本格的な活動に入った。さらに崔麟・李鍾炳・李勝宇・盧徳述・朴仲陽・金秊洙・文明琦・崔南善・李光洙・裵貞子らが逮捕された。何人かの良心的な者たちは進んで罪過を認め、自首するものもいた。反民特委は国民の厚い支持を受けたが、親日勢力と李承晩勢力、そして大部分が日本警察出身である警察幹部などの妨害により、実質的な成果を収めることはできなかった。実際に処罰された反民法該当者はわずか7名にすぎず、彼ら

もすぐに釈放された。反民特委は49年8月22日、廃止動議が国会を通過し、正式に廃止された。これにより、親日および親日的残滓処理問題はついに解決されず、今日まで課題として残されたままである。

麗順反乱事件 1948年10月20日、全羅南道麗水に駐屯だった韓国軍第14連隊で起こった反乱事件。4月3日、済州島で南だけの単独政府樹立をめざした5・10選挙に反対する武装蜂起が発生、ゲリラ戦化すると、政府はこれを鎮圧するために麗水駐屯14連隊を済州島に急派することにした。これに対して、池昌洙・金智会ら左翼系軍人を中心にした反乱軍が済州島出動を拒否、警察打倒・南北統一などを掲げて、出港直前の20日夜明けに蜂起した。彼らはただちに麗水市内を掌握し、「済州島出動拒否兵士委員会」を設置し、順天まで進出した。しかし、そこで共産党員と市民が合流、麗水・順天地域は反乱軍と人民委員会の勢力下に入った。政府は22日、麗水・順天一帯に戒厳令を敷き、米軍事顧問団長の協力を得て鎮圧作戦に出て、22日に順天、28日には麗水をそれぞれ占領した。このとき、多くの民間人が犠牲となった。反乱軍は智異山一帯に入り、遊撃隊(パルチザン、ゲリラ)となって本格的な遊撃戦を展開した。

遊撃隊(パルチザン、ゲリラ) 1948年以降、南半部の各地で遊撃闘争を繰り広げた武装部隊。各地で組織され野山隊に麗順反乱事件の反乱軍主翼部隊が合流し、武装遊撃隊へと急成長した。遊撃隊は、49年5月には主に遊撃戦区創設に主力を注ぎ、湖南(全羅道)・智異山・太白山・嶺南(慶尚道)・済州島など、南部の133郡のうち118郡に遊撃戦区を形成。7月以降、遊撃隊は本格的な攻勢に出たが、その間、散発的に展開された遊撃戦をより組織化・大規模化し、各地の遊撃隊を統合して人民遊撃隊に再編成した。その結果、8月末から9月初めまで、五台山・智異山・太白山を中心とする3地区に3つの兵団が編成された。智異山地区の第2兵団の場合は、総司令部(司令官・李鉉相)の下に4つの連隊があり、各連隊ごとに活動地域を設置した。李承晩政府は大々的な掃蕩作戦を展開。遊撃隊と地域住民の分離をはかり、遊撃地区内の住民を強制移住させ、集落を消滅させたうえで包囲攻撃を加えた。遊撃隊は大きな損害を受け、「越冬闘争」と呼ばれる後退作戦に転じるが、翌年春にふたたび攻撃に出た。50年4月には、1ヵ月間の交戦回数は2948回、参加人数は6万5000名に達する戦闘を繰り広げた。南半部地域の遊撃闘争は、政府の大規模な攻撃により大きな損害と犠牲・破壊をこうむったが、粘り強くつづけられ、李承晩政権に少なからぬ打撃を与えた。その年6月、朝鮮戦争が勃発し、南進

パルチザン活動統計(1949年5月~11月)

月別	5	6	7	8	9	10	11
動員人数	17,730	23,037	30,023	44,256	77,256	89,924	77,900
交戦回数	502	594	657	759	1,776	1,330	1,260
警察署襲撃	—	—	—	6	15	—	—
支署襲撃	52	33	50	62	110	—	—
軍警射殺	1,140	1,059	1,302	810	1,272	1,512	1,800
武器鹵獲	129	288	218	523	1,300	951	637

出典:金點坤『韓国戦争と労働党の戦略』244ページ

麗水で虐殺された遊撃隊（パルチザン）。1948年10月23日

していた北朝鮮の人民軍が国連軍の参戦によって後退すると、遊撃隊が再組織された。戦争が小康状態に入ると南半部地域の遊撃隊は南部軍団として再編成され、最後まで闘争した。

南朝鮮国防警備隊（国防警備隊） 1946年1月15日に創設された大韓民国陸軍の母体。米軍政庁は1月11日に臨時事務所を設置し、国軍準備隊・建国治安隊など、既存のすべての軍事団体を解体した後、1月15日に国防警備隊を発足させた。2月7日には総司令部を設置、総司令官にマーシャルを任命した。6月に名称を朝鮮警備隊に変え、兵力強化に力を注ぎ、48年5月まで5個旅団を編成した。幹部養成のために、米国に留学生を派遣、また軍事英語学校と警備士官学校を設立し、その大部分に日本軍・満州軍出身者をあてた。その結果、国防警備隊は日本軍下級将校出身で抗日独立軍攻撃の先頭に立った人々が相当数入り、高位職を占めた。48年4月3日、済州島で武装蜂起が起こると、警備隊第9・第11連隊が鎮圧に出動し、最初の武力作戦を開始した。大韓民国樹立後の48年9月1日には国軍に改編され、9月5日より大韓民国陸軍とその名を改めた。

国軍準備隊 解放直後、日本軍に徴兵されて復員した将兵を中心に組織された軍事団体。1945年8月17日、帰還将兵隊として出発し、9月7日、国軍準備隊に名前を変えた。その年、12月26日〜27日の2日間、中央高校の講堂で全国大会を開催した。当時、国軍準備委員会は総司令部、各道の司令部を備え、常備軍1万7000、予備軍7万の組織で、京畿司令部のほか、8個の司令部、仁川地域、ほかに82地域の代表160名が大会に参加した。総司令に李赫基、副司令に朴承煥を任命し、名誉議長として金日

成・金武亭・金元鳳・池青天を推戴した。「民主主義的朝鮮国軍の建設」「日帝のファッショ的軍閥的形態の軍事活動排撃」「軍事訓練と政治訓練の統一に立脚した革命軍の育成」という綱領と宣言を採択した。しかし、米軍政は国軍準備隊を不穏視した。46年1月12日、解散命令を下し、不法軍事団体として警察行動をし、左翼大会で警備に立つことは治安法違反であるという罪名で、総司令・李赫基をはじめ、幹部8名に懲役1年6ヵ月〜2年の実刑を宣告した。国軍準備隊を解体させた米軍政は、南朝鮮国防警備隊を組織したが、これが大韓民国国軍の母体となった。

国軍 1948年8月15日に創設された韓国の軍隊。解放後、米軍政によって設立された南朝鮮国防警備隊がその母体である。国防警備隊は46年1月の設立当時にはわずか1個大隊の兵力だったが、6月15日には朝鮮海岸警備隊が発足した。48年8月15日、大韓民国政府樹立とともに正式に国軍が編成され、国防警備隊は陸軍に、朝鮮海岸警備隊は海軍に編入された。49年5月5日、海軍内に海兵隊が発足し、同年10月1日、陸軍所属だった航空部隊が空軍として独立。陸・海・空の3軍体制が形成された。国軍は63万の大軍に成長して今日に至っている。それぞれの軍ごとに記念日があるが、56年、大統領令1273号により、10月1日を国軍の日と定めた。

国家保安法 国家の安全を脅かす反国家的活動を規制して、国家の安全・国民の生存と自由を確保するという名分で制定された法律。①反国家団体の構成とその目的を遂行するスパイ、そしてその支援勢力を処罰する規定、②反国家団体やその構成員、もしくはその指令を受けた者の活動を鼓舞・称揚・同調する行為者を処罰する規定の2つの部分に分かれる。1948年12月に初めて制定され、李承晩政権の権威主義体制の最大の法的武器となった。その猛威はすさまじく、49年だけで11万8621名が逮捕された(国会議員16名を含む)。その後、幾度かにわたって改定されたが、1958年12月24日、李承晩政権の単独強行採決、いわゆる「保安法波動(2・4波動)」を経て、ほぼ現在のかたちの新国家保安法が制定された。4・19直後には悪法とされて一時廃止され、60年6月にはふたたび新たに制定されたが、これは大幅に修正緩和されたものだった。5・16軍事クーデター後、61年7月に反共法が制定され、国家保安法も改定強化されたが、現実的には多くの場合、反共法が優先的に適用された。現行国家保安法は、国会機能の停止という状況下で、国家保衛立法会議によって、80年12月31日に法律3318号として制定された。当時の国保委(国家保衛非常対策委員会)は反共法を廃止して国家保安法に吸収させた。廃止理由は、両法の間に重複する点が多いという法執行上の技術的問題ばかりではなく、長年にわたって韓国は「反共法」という名称の法律をもつ唯一の国という批判を受けてきており、それが非敵性共産圏国家との関係正常化推進の障害となってきたという実際的な問題があった。人権弾圧の悪名高い同法を廃止することで、クーデターの名目を国内外に宣伝しようという動機もあった。制定当時から悪用されてきた反国家団体規定のあいまいさなどの根本的な問題点は放置されたまま、第5共和国発足以降、国家保安法は各種の事件で民主勢力弾圧の道具として利用され、「政権保安法」とも呼ばれた。「6・29宣言」と第6共和国発足以後、学生と在野勢力を中心として、現在(2014年)もなお、民主化運動の懸案の1つとして廃止

への闘争が展開されている。

民主国民党（民国党）　1949年2月10日に結成された政党。韓国民主党の親日派イメージ刷新と、李承晩勢力を牽制するために申翼熙の大韓国民党と池青天の大同青年団を統合し、新たに発足させたもの。韓国民主党の構成員・政治綱領・政策などをそのまま継承した民国党は、解放後、最初の保守野党として発足。内閣責任制と改憲を推進してきたが、李承晩と自由党に敗北しつづけた。いわゆる「四捨五入改憲」により、李承晩の終身政権が可能になると、護憲同志会を中心とし、民主党が結成され、民国党は55年9月18日に発展的に解体した後、民主党に加わった。

国会フラクション事件　1949年4月、いわゆる南労党フラクション（工作員）として制憲国会に入り込み、諜報工作した嫌疑で、金若水ら13名の議員が逮捕された事件。当時、国会副議長だった金若水をはじめ、盧鎰煥・李文源ら進歩的少壮派議員が外国軍の完全撤収と、南北政党や社会団体代表から構成された南北政治会議の開催を主要内容とする「平和統一法案7原則」を提示すると、「平和統一」「自主統一」の文言が不穏視され、「北進統一」だけを主張していた李承晩政権は、彼らが南労党の工作員と接触し政局を混乱させたという容疑で金若水ら13名を検挙した。この事件は徹底した秘密保持のなかで調査され、7ヵ月後の11月17日、初公判が開かれた後、3ヵ月間審議された。彼らには最高10年から最低3年の実刑が宣告され、2審が行われている間に朝鮮戦争が勃発し、西大門刑務所に入っていた彼らはソウルを占領した北朝鮮人民軍の政治犯釈放によって、拘束を解かれた。

金若水〔キムヤクス〕　1893～1964。独立運動家・政治家。慶尚南道の人。徽文義塾を経て京城工業学校を卒業した後、金陵大学（中国）と日本大学で学んだ。21年帰国し、朝鮮最初の労働団体である朝鮮労働共済会を組織。日本に渡り、朴烈らと黒濤会を結成した。黒濤会が分裂すると北星会を組織し、帰国後には北風会を結成した。国内で社会主義思想を普及するのに力を注いだ。24年、金思国らと朝鮮労農総同盟を創立し、25年、朝鮮共産党を結成した。26年、新義州事件により検挙され、6年4ヵ月間、投獄されたのをはじめ、そのほかにも合わせて3度検挙され、9年7ヵ月間、監獄生活をした。日本の警察官採用試験の問題に出るほどその名を轟かせた。解放後、建国準備委員会の幹部として選ばれたが、これに応ぜずに左翼運動と訣別し、南の単独政府樹立に参加。韓国民主党組織部長を歴任した。5・10総選挙で当選し、制憲国会副議長になったが、国会フラクション事件で逮捕され、拘禁された。朝鮮戦争のとき、ソウルを占領した北朝鮮人民軍によって西大門刑務所から解放されて越北、1964年1月に没した。

金九暗殺事件　1949年6月26日、韓国独立党党首・金九が陸軍歩兵少尉安斗熙に拳銃で殺害された事件。26日午前11時30分頃、陸軍の制服姿の安斗熙は、金九が住んでいた京橋荘（現ソウル市鍾路区の京郷新聞社の向かい）を訪ねて面会を求めた。金九が応ずると、拳銃を発射し殺害した。安斗熙はその場で逮捕されたが、かねてから尊敬していた金九が南北協商に応じ、政治と社会を混乱させたため、殺害したと動機を陳述。8月7日、中央高等軍法会議で彼は無期懲役を宣告されたが、朝鮮戦争中に釈放され、軍に復帰、中将にまで昇進し、大き

な疑惑を残した。安は96年に殺害されたが、2001年9月に米国立公文書館で、安が駐韓米国防諜部隊（対スパイ部隊、CIC）の要員だったことを示す文書が発見され、事件に米国が関与していた可能性も指摘されている。

韓米間の財政財産に関する協定　1948年9月11日に締結された米軍政管理下の財政および財産に関する協約。解放後、米軍政は日本人財産を凍結し、それを帰属財産として接収管理した。その内訳は企業体513件、不動産839件、その他916件、合計2268件を帰属財産払い下げによって売却し、残りをこの協定によって李承晩政権に移管した。合わせて米政府が関心を持っていた財産およびその附属物の取得所有権を米軍政の要求に応じ、移転することを規定した。その結果、この協定によって半島ホテル・貞洞・新堂洞・龍山一帯が米軍所有地となり、すべての土地・建物の使用を無料とし、その維持費と人件費を韓国政府が負担することになった。

韓米相互防衛援助協定　1950年1月26日、条約第4号を発行した韓米間の経済および軍事援助に関する協約。49年に制定された相互防衛援助法にもとづいて米国の軍事援助を提供し、韓国がこれを接受することに関する相互了解事項を明示する目的で締結された。この協定に従い、同年3月末、具体的な軍事援助品目が決定された。

農地改革　1950年、南で実施された農地に対する改革措置。日本植民地時代と解放直後を通じてもっとも重要な問題のうちの1つであった土地改革問題は、南の場合、米軍政下で実現されず、李承晩政権に引き継がれた。北ではすでに1946年初め、無償没収・無償分配原則による全面的土地改革がなされたが（しかしこれは一時的に土地が人民所有になっただけである。農業協同化推進（1953～58年）にともない分配された土地はすべて没収され、協同組合の所有となる。今日、北朝鮮の食糧問題の解決策の1つとして、もう1度法的に土地を個人所有とすることによって、農民の生産意欲を高めることができるといわれている）、南では単独政府樹立後、紆余曲折を経た末、50年3月にやっと農地改革法が公布され、朝鮮戦争勃発直前に実施された。これは有償没収・有償分配原則に立脚し、事実上、農民よりは地主に有利な改革だった。また、改革実施まで時間を引き延ばし、その間、多くの小作地が個別に売買され、改革の成果を減少させる結果をもたらした。45年末の小作面積は、144万余町歩だったが、5年後に実施された農地改革によって分配された土地は約55万町歩、すなわち解放当時の小作地の38パーセントだけが分配され、62パーセントはすでに私的に売却されていた。農地改革の本来の目的は、自作農養成にあったが、実際には分配農地に対する税金と償還益加重により、分配された農地を転売するケースも多かった。したがって、名実をともなった農地の農民的所有がなされないまま、ふたたび土地の集中化と小作地が生まれた。その結果、農地改革は不完全な補償とインフレにより、大地主を除く中小地主を没落させ、投機的な資本家を養成する結果となり、農家1戸当たりの耕地規模をさらに零細化させる不徹底な結果となった。

5．朝鮮戦争と釜山政治波動

アチソン・ライン　1950年1月、米国務長官アチソンが発表した太平洋での米国の防衛線。対中共政策上、太平洋での米国の防衛線をマーシャル列島－日本－沖縄－フィリピンを結ぶ線に定めるという内容である。その結果、韓国と台湾が防衛線から除外された。これが朝鮮戦争勃発の誘因となったという批判がある。

朝鮮戦争　1950年6月25日に勃発し、3年1ヵ月にわたり朝鮮半島を舞台として戦われた。解放5年後に起こった朝鮮戦争は、民族統一を目標とする戦争だったが、かえって民族の分裂と対立を深化させ、分断体制を半ば固定させる決定的な契機となった。

［背景］左翼はもちろん、中道勢力や右翼勢力の一部さえ反対したにもかかわらず成立した李承晩政権は、発足当時からさまざまな不安要素を抱えていた。第1に、米軍政が維持させた親日勢力をそのまま受け入れ、彼らを庇護しており、植民地から解放された民族国家としての大義を打ち立てることができなかった。親日派を処断するために設置された反民族行為特別調査委員会が李承晩政権の弾圧により、その目的を達成できなかった事実はその顕著な例である。第2に軍部の反乱と民衆の抵抗が高まった。解放後、高揚した民族運動は、5・10総選挙を前に、選挙反対闘争、2・7救国闘争などによっていっそう激化し、麗順反乱事件当時、智異山一帯が反乱軍勢力下に入り、大邱でも第6連隊の軍人が反乱を

1950年9月、ソウル

起こした。反乱軍は山岳地帯に入り、遊撃隊となり、本格的な遊撃戦を展開した。第3に、李承晩政権ははなはだしい政治・経済的不安定期を迎えていた。49年の場合、政府歳出の60パーセントが赤字歳出だったし、通貨量の膨張により、物価が2倍に跳ね上がり、工業生産は44年当時の18.6パーセントに過ぎなかった。50年5・30選挙の結果、李承晩支持勢力は国会議員210議席のうち、30余議席を占めるにとどまった。李承晩は脆弱な支持基盤と深刻な経済危機を打開するために米国の援助を導入する一方、北進政策を公然と主張し（北進統一論）、「昼飯は平壌で、夕飯は新義州で」と豪語した。実際、戦争勃発の1年前から38度線では南北間の小規模な武力衝突が相次いで発生していた。米国は朝鮮半島を太平洋地域の防衛線から除外するといういわゆるアチソン・ラインを発表する一方、「韓国が共産主義者たちと闘うことになればすべての援助を提供する」と約束するなど、朝鮮半島政策の不確実性を露わにした。このような李承晩政権の不安定さとは裏腹に、北では土地改革を完成させ、南解放の必要性を力説していた。

[経過] 1950年6月25日午前4時頃、38度線の複数の地点からの北の攻勢（南侵）によって戦争が勃発。戦争の過程は、おおよそ4段階に分けられている。第1段階は、北側が緒戦に勝利し、南半部の大半を制圧した時期である。人民軍は開戦4日目にソウルを占領し、3ヵ月目に大邱・釜山・慶尚道の一部を除く全地域を掌握した。人民軍は占領地域に党と人民委員会を再建。土地改革をはじめとする一連の改革措置を断行した。すると、米国は国連安全保障理事会を開催、国連軍の参加を決議させた。これにより、戦争は国際戦となった。当時の安全保障理事会は、ソ連が中国問題に関連して参加していなかったので拒否権の行使もなく、米国案が通過した。当時、地上軍はすでに韓国戦線に投入されていた。第2段階は、国連軍を中心とする西側の反攻の時期である。米軍を主とする国連軍が仁川に上陸（50年9月15日）、ソウルを奪還し（9月28日）、38度線を越えて平壌を占領（10月13日）、韓国軍の一部は鴨緑江近くの楚山まで進撃（10月26日）した。戦争の焦点は38度線以北への進撃問題だった。李承晩は北進を主張。米軍も同じく北進が有利と判断し、38度線を越えた。米軍の影響下にあった国連は、総会で38度線以北への進攻を承認し、朝鮮統一復興委員会（UNCURK）を設置した。第3段階は、国連軍の北進に脅威を感じた中国人民解放軍義勇軍の介入の時期である（10月25日）。これにより戦況が逆転し、韓国軍は京畿道烏山付近まで後退、北朝鮮軍はふたたび38度線を越え（51年3月24日）、鉄原・金化一帯まで進出した（6月11日）。ソ連が休戦を提議（6月23日）、休戦交渉に入った。中国軍の介入によって戦争が新しい局面にさしかかると、国連軍総司令官マッカーサーは満州を攻撃し、中華民国の蒋介石軍を動員、中国南部地方に第2戦線を設定することを主張した。マッカーサーの戦争拡大論は、世界大戦への拡大を憂慮した米国政府により押さえ込まれ、マッカーサーは総司令官を解任された（4月11日）。第4段階は、休戦会談進行と、休戦協定の成立時期である。ソ連の国連代表の休戦提議を米国が即座に受け入れ、15日目に開城で予備会談が開催され（7月8日）、つづいて本会議が開かれた（7月10日）。主な問題は非武装地帯設置のための軍事境界線の設置、休戦監視機関の形成、捕虜交換などであった。休戦会談に、戦闘続行中も進められた。李承晩は休戦反対運動を展開する一方、反共捕虜を釈放して会談を危機に陥れ

た。米国は韓米相互防衛条約の締結による経済援助、韓国軍増強などを条件に李承晩をなだめ、53年7月27日、国連軍と北の人民軍の間に休戦調停が調印され、ようやく戦争は終わり、休戦状態に入った。休戦調停にもとづいて、朝鮮半島の将来の問題を論議する政治会議が翌年4月26日、ジュネーブで開かれたが、何らの成果もなく決裂した。

[**結果および影響**] 朝鮮戦争は南北双方に約150万名の死者と360万名の負傷者を出し、国土の疲弊をもたらした。とくに米軍の攻撃により、北朝鮮地域の被害は激しく、米軍指揮官が「目標とすべきものはもう残っていない」と公言するありさまだった。そのうえ南北の敵対意識は極度に深まり、民族分断体制がさらに固定化し、南の場合、反共イデオロギーが権威を持ち、社会を支配するようになる。対外的には東西冷戦を激化させ、日米安保条約体制を推進させて、日本の再軍備強化を促進するイデオロギーの基盤を用意するとともに、戦争景気を通じて後の高度経済成長の基盤整備を準備することになった。

国際連合（国連） 第2次世界大戦後に成立した国際機構。1945年6月、国際連盟の後身として、世界平和と人類の福祉向上を目的に設立された。総会・安全保障理事会・経済社会理事会・信託統治理事会、国際司法裁判所・事務局の6つの主要機関と傘下専門機構が設置されている。加盟国は185ヵ国（1996年8月現在）である。朝鮮戦争時、国連で初めて16ヵ国から構成された国連軍を出兵させ、大韓民国を支援し、50年10月、国連朝鮮統一復興委員会（UNCURK）を設置し、韓国の経済復興を助けた。分断状態にある韓国と北朝鮮は1991年9月に同時加盟した。現在（2014年）の加盟国は193ヵ国。

国連安全保障理事会 国連の中心機関の1つ。国際平和と安全の維持を目的とする機関。米・英・ソ（ロシア）・仏・中の5ヵ国の常任理事国と任期2年で選ばれた10ヵ国の非常任理事国から構成されている。安全保障理事会は、平和を脅かし破壊する侵略行為を判定し、それに対する軍事的措置を含む各種の制裁措置を決定することができる。そのほかに加盟国の加入、除名にも関与する。評決方法は、手続き事項については任意の9ヵ国の同意を得ればよく、他の事項については5ヵ国常任理事国すべてを含む9ヵ国以上の同意を得なければならない。これを常任理事国の拒否権という。したがって、拒否権保有国に対しては、事実上、制裁を加えることはむずかしい。この制度的制約は、国連がその理念に反して大国間の抗争の場となる背景をなしている。傘下補助機関として、軍縮委員会がある。

国際連合軍（国連軍） 世界平和の安定と維持のための軍事的制裁を加える必要があるとされたとき、国連安全保障理事会の決議に従って構成される非常備。1950年の朝鮮戦争時、はじめて組織された。これは、国際連合憲章が本来定めた国連軍ではなく、安全保障理事会の決定に従って勧告に応じた加盟国の軍事行動であった。名称は国連軍であったが、米国政府が任命した司令官が国連軍を指揮し、実際には空軍の98パーセント以上、海軍の83.3パーセント、地上軍の88パーセントは米軍によって構成されていた。朝鮮戦争当時の国連軍は、理事会の勧告に応じた英国・オーストラリア・ニュージーランド・フランス・カナダ・南アフリカ共和国・トルコ・タイ・ギ

リシャ・オランダ・コロンビア・エチオピア・フィリピン・ベルギー・ルクセンブルクの15ヵ国の軍隊と国連安保理の決議に先立って軍事行動をとっていた米軍によって構成された。

マッカーサー、D． 1880～1964。米国の軍人。1903年、陸軍士官学校を首席で卒業。30年に陸軍大将となった。極東専門家として知られ、41年、米国極東軍司令官としてフィリピンに勤務していたとき、太平洋戦争を迎えた。42年1月、日本軍にマニラを奪われ、オーストラリアに移動。44年秋から反撃を開始し、45年7月、フィリピンを奪還した。つづいて8月には日本を降伏させ、日本占領軍最高司令官となった。50年に朝鮮戦争が起こると、国連軍最高司令官として赴任。仁川上陸作戦により戦況を逆転させた。しかし、中共軍の介入により、ふたたび後退すると、満州爆撃と中国沿岸の封鎖を主張した。これによって戦争拡大を避けようとするトルーマンと対立。51年4月、司令官を解任された。帰国後、共和党大統領候補となったこともある。

大田協定 1950年7月12日、戦時下の駐韓米軍の指揮および裁判管轄権に関して締結された韓米間の協定。正式名称は「在韓米国軍隊の管轄権に関する大韓民国と米合衆国間の協定」である。臨時首都大田で書類交換の形式でなされた。①駐韓米軍とその構成員に対する排他的裁判権を米軍法会議で行使する。②米軍の韓国人に対する拘束は、韓国人が米軍とその構成員に加害行為を行った場合に限る。③米軍以外のいかなる機関にも服従しない、などの要求条件を韓国政府が受諾して成立した。これによって米軍の違法行為に韓国政府は何らの措置もとることができなくなった。これとともに、李承晩大統領は、7月14日、国連軍最高司令官マッカーサーに「韓国軍の主権を譲渡」し、作戦権を引き渡した。これは正式条約も国会の批准もないにもかかわらず、50年7月17日から実施されて今日までつづいている。

国連朝鮮統一復興委員会（UNCURK: United Nations Commission for the Unification and Rehabilitation of Korea）
1950年10月、第5回国連総会決議に従って設置された委員会。オーストラリア・チリ・オランダ・パキスタン・フィリピン・タイ・トルコの7ヵ国から構成された。委員会は朝鮮の統一と独立、民主政権の樹立および、朝鮮の救助と再建を目的とし、朝鮮内の政治・経済・軍事の主要問題に関する調査、報告活動をした。以後、国連では朝鮮問題は同委員会の報告を審議するかたちで進められた。ソ連および東ヨーロッパ諸国から数度にわたって解体が提起され、73年12月の第28回総会で満場一致の決議で解体された。

韓米経済調整協定 1952年5月24日に締結された「大韓民国と統一司令部間の経済調整に関する協定」の通称。「マイヤー協定」ともいう。朝鮮戦争中に臨時首都の釜山で締結された。国連軍総司令部の軍事兵力の有効な支援保障であり、韓国国民の苦難の救済、韓国経済の樹立とその維持のための経済問題調整にその目的を置いた。朝鮮戦争勃発直後の50年7月7日、韓国に軍事援助とその他の援助を提供するという国連の安全保障理事会の決議にもとづいて、計画された協定である。主要内容は次のとおり。①双方の各1名から構成される合同経済委員会を設置。②統一司令部の責任は提供された資料の範囲内での食糧・医療・

住宅などの基本的な必需品の供与、天然痘やそのほかの疾病の予防措置、必需品の国内自給のための事業支援など。③韓国側責任者は通貨の膨張と投機行為抑制措置、健全で総合的な財政および金融政策実施、賃金、物価安定推進、外貨の有効な使用、輸出用生産の増大などである。

保導連盟事件　朝鮮戦争初期、国民保導連盟員に対する予備拘束・即決処分を断行した事件。国民保導連盟は49年10月、左翼転向者を中心につくられた組織として、左翼勢力に対する統制と懐柔を目的としていた。49年末まで、この組織の加盟者は30万名に達し、ソウルにも1万9800名の加盟者がいた。朝鮮戦争が勃発すると、政府・警察は初期の後退過程で彼ら保導連盟員に対する無差別検束と即決処分を行った。50年7月21日、慶尚北道聞慶郡虎渓面仙岩里の場合、山中で200名余、永順面浦内村では裏山で300名余が集団虐殺された。類似の事態は京畿道平沢以南の全地域で発生し、朝鮮戦争中に行われた最初の集団的な民間人虐殺であった。これはまた、北朝鮮人民軍の占領地域で起こった左翼勢力による報復虐殺事件の主な原因となった。

国民防衛軍事件　1951年1月、国民防衛軍の集団抗争および収容に関連して起こった国庫流用事件。朝鮮戦争中の50年12月21日、国民防衛軍設置法が公布され、第2国民兵に該当する満17～40歳の男子がこれに編入された。ところが、戦線の後退がはじまると、防衛軍を集団的に後方に移送するようになり、防衛軍幹部たちはこの機会を利用して、莫大な金と物資を不正処分し、私腹を肥やした。この結果、補給不足により千数百人の死亡者と病気患者が発生した。彼らが不正処分した金と物資は、あわせて24億ウォン、穀物5万2000石に達した。国会では真相調査を始めたが、一方で4月30日、防衛軍の解散を決議、5月12日、防衛軍を解散し、事件を起こした金潤根ら4名を死刑に処した。

居昌良民虐殺事件　1951年2月、慶尚南道居昌郡神院面で起こった大量虐殺事件。50年12月、中国軍の参戦で戦局が変わると、山岳地帯に隠れていてた北朝鮮人民軍残留兵がゲリラ活動を展開した。とくに、智異山一帯はその活動が活発な地域だった。付近の山村では昼間は国軍が、夜は人民軍が支配する状況が生じた。そのうえ、青少年は大部分、軍警あるいは人民軍に編入され、村には老人と病弱者、婦女、子供だけが残されていた。居昌郡の神院面もこうした地域の1つだった。政府は遊撃隊を「共匪」と呼び、その共匪討伐のために陸軍第11師団を創設。師団長に崔徳新中将を任命した。51年2月初、11師団9連隊（連隊長・呉益慶）は智異山南部の共匪掃蕩作戦を展開。第3大隊（大隊長・韓東錫）は2月10日に神院面を掌握した。第3大隊は大峴里・中楡里・臥龍里の住民800から1000余名を神院国民学校に収容した。2月11日、大隊長の韓東錫は、大部分が老人・病弱者・幼児・婦女の収容住民のうち、軍と警察の家族や地方有志の家族を除いた後、残りの600名を裏山に連行し、機関銃で射殺して、死体にガソリンをかけ焼却した。のちに共匪および通匪（共匪と通じている者）分子187名を処刑したという虚偽報告を提出した（実際は719名を虐殺）。しかし、この事件は居昌出身の国会議員・慎重穆によって暴露された。国会は現地調査団を派遣したが、憲兵部司令官兼慶尚南道地区戒厳民事部長・金宗元大領（大佐）は、麾下の兵力を共匪に仮装させ、彼らに威嚇射撃を加えたので、

第3章　民族分断と独裁体制の出発　1945▶1961　321

韓国政府の
「居昌事件調査報告書」

調査団は恐れをなして撤収する。居昌事件は国防長官・申性模の解任後に再捜査され、51年に金宗元は懲役3年、呉益慶は無期懲役、韓東錫は懲役10年を宣告された。しかし、全員が1年後に釈放され、呉益慶・韓東錫は現役に復帰、金宗元は警察の高級幹部として再起用され、多くの疑惑を残した。第6共和国〈盧泰愚政権〉になって再調査が行われ、ある程度の疑惑が解消されたが、まだ不透明な部分が多い。

老斤里虐殺事件　朝鮮戦争当時、米軍が韓国の民間人多数を虐殺した事件。朝鮮戦争勃発初期の1950年7月26日、大邱を占領して、南下進撃中の北朝鮮軍に追われた米軍は忠清北道永同郡黄澗面老斤里に陣を張った。米軍は北朝鮮の協力者が1人でもいるかも知れないという恐怖心と過剰防衛意識から、住民および避難民への無差別爆撃につづき、400名をトンネルに押し込んで虐殺した。この一連の殺戮によって、500名以上が殺され、多くの負傷者が出た。しかし、この事件は居昌良民虐殺事件のように公けにされたり、再調査されることもなく、44年間も封印され続けた。韓国陸軍士官学校編の『韓国戦争史』では、このときの老斤里における虐殺を次のように記している。「……7月26日、北傀（北朝鮮軍）第9連隊は数百人の善良な避難民を横隊列に並ばせて、戦車と銃剣で威嚇し、地雷地帯へと追い込み、地雷を爆発させておいて、みずから接近していくという、史上類例のない残忍非道な作戦を繰り広げていた。……」

当時、警察官で、この事件を一貫して追及し、訴えつづけてきたジャーナリストの鄭殷容は上述の引用部分の主語である「北傀第9連隊」を「米第1機甲師団第5機甲連隊」にするとつじつまが合うという。鄭が1994年に出した著書『主よ、われらの痛みを知りたまえ』によって、事件の真相は初めて韓国社会に広く伝えられた。しかし、この事件を世界的に有名にしたのは1999年9月30日、米国のAP通信の調査報道だった。これとともに、韓国で民主化が進行していたこともあって、真相究明・責任追及の動きが活発化した。冷戦、さらに湾岸戦争に勝利して世界の警察官を気どっていた米軍は思わず旧悪をむし返され、冷水を浴びせられたかたちとなった。これを

きっかけに、老斤里以外の事件も注目されて、証言も相次いだ。こうして、朝鮮戦争中の韓国における米軍の民間人虐殺や無差別爆撃などの実態がおぼろげながら明らかになってきた。広く知られるようになったものに谷安里虐殺事件(1950年8月)、助場里空襲事件(1950年8月。村の堤防に集団で避難していた住民を狙い撃ちしたもの)、永春誤爆事件(1951年1月)などがある。

米軍が韓国で犯した犯罪、問題行動はこうした戦時中の例にとどまらない。朝鮮戦争前には和順炭坑労働者虐殺事件(1946年8月)、独島(竹島)漁民爆撃事件(1948年6月)、戦後には坡州強姦虐殺事件(1957年3月)、抱川郡2少年虐殺事件(1964年2月)、「金スミさん事件」(1965年1月。医務隊のプレイヤー大尉が同棲相手で妊娠6ヵ月の金スミに繰り返し残忍な暴行を加えたもので、最も残酷な米軍犯罪の一つといわれる)など、無数にある。

民主主義と人権を高くかかげる米国が、もっともそれにもとる行為を韓国や日本(沖縄)などの在外基地周辺で行っているという現実がある。これに関連して、韓国で事実上の治外法権を可能にしている在韓米軍行政協定の修正が議論されるようになっている。

巨済島捕虜騒擾事件　1952年5月9日から6月10日にかけて、巨済島に収容されていた共産軍捕虜たちが起こした一連の騒擾事件。当時、巨済島には国連軍最大の捕虜収容所があった。5月9日、第76捕虜収容所の共産軍捕虜たちは、収容所長ドートゥ中将を拉致し、その釈放条件として、①処遇改善、②自由意思による捕虜送還方針撤回、③捕虜審査中止、④捕虜の代表委員団認定の4項目を提示した。彼らは6月20日を期して、一斉蜂起する計画まで立ててい

た。新しく国連軍司令官として任命されたクラーク大将は、事件の再発防止のため捕虜の分散収容を決定し、ボトナー中将を収容所長に任命。6月10日、抵抗する捕虜を武力で鎮圧した。この作戦により、多くの死傷者が発生した。

反共捕虜釈放事件　1953年6月18日、南の各地に収容されていた北朝鮮出身の反共捕虜が釈放された事件。この年6月8日、板門店の休戦会談で国連軍と共産軍は捕虜送還協定を締結。帰国を望む捕虜は休戦後60日以内に召還することにした。しかし、李承晩は韓米防衛条約締結前に休戦は不可能で、反共愛国同胞を北に送ることはできないとし、18日正午を期して、永川・大邱・論山・馬山・釜山などの7つの収容所の3万7000名の反共捕虜のうち、2万7000余名を釈放し、さらに韓国側の要求が貫徹されなければ、休戦交渉破棄のために強力な措置をとると態度を硬化させた。この事件は国際的な物議をかもし、北朝鮮側では捕虜の再収容を要求した。米国は韓米相互防衛条約の締結、長期間の経済援助、韓国軍増強などを条件にして、李承晩の休戦同意を得て会談が継続され、ついにその年の7月27日、休戦協定が締結された。

板門店会談　朝鮮戦争を終結させるために板門店で開かれた休戦会談。板門店はソウルから統一路で北へ約50キロ、現在は北側にある開城から8キロ、北緯38度線の南側5キロに位置した地点にある。休戦会談は、はじめ1951年7月、開城で本会談を開いたが、中立地帯に決定されている会談場所が何度にもわたって共産軍に脅かされると、この年9月6日、板門店に会談場所を移した。53年7月27日、ここで前文5条、36項からなる停戦調停が調印され、開戦後

3年、会談開始後2年1ヵ月目に朝鮮戦争は、完全な停戦ではなく、休戦状態で終結を迎える。

板門店　京畿道長湍郡津西面の軍事境界線上にある集落。京義線沿いの一村落で、ソウルから統一路で北へ約50キロ、開城から8キロ、北緯38度線の南5キロに位置している。地理的位置は、北緯37度57分20秒、東経126度40分40秒。朝鮮戦争以前は義州街道と、砂川が交差する地点の藁葺きの農家が数軒しかない山村だったが、1951年10月25日、ここで休戦会談が開かれると、世界の話題の焦点として浮上した。休戦協定が53年7月27日、ここで調印され、これにより、板門店は国連と北朝鮮側の「共同警備地域」に定められた。その年8月から9月初までの捕虜交換も板門店を通じてなされ、それから50年近く過ぎた現在、共同警備区域のなかには軍事停戦委員会本会議場をはじめ、国連側の「自由の家」、北朝鮮側の「板門閣」など10棟の建物が建っている。また、西側に「帰らざる橋」が架けられている。71年8月の南北赤十字予備会談、72年7月の7・4共同声明により、板門店は南北同胞の関心を集め、76年8月18日には北側が板門店斧蛮行事件(いわゆる「ポプラ事件」)を引き起こして緊張を呼び起こした後、双方が軍人たちの衝突を防止するために、この地域内に軍事分界線(軍事境界線)を引き、双方が分割警備するようになった。89年8月15日には、全国大学生代表者協議会代表として平壌での祝典に参加した林秀卿と文益煥神父が板門店を通じて韓国に帰還するなど、板門店は2015年は分断70年を迎える朝鮮半島の負の象徴であり、統一の玄関口としても注目されている。

文総救国隊　朝鮮戦争当時に組織された従軍慰問団。全国文化団体総連合会は1950年6月27日、非常国民宣伝隊を組織し、南下した文化人らと大田で合流して文総救国隊を結成。政訓局(軍の教養・報道・宣伝を担当)に所属して活動した。のちに大邱を中心に3ヵ月の間、各国の軍に従軍したが、9月28日、ソウル奪回後はいったん解散された。しかし、実態としては各国への従軍文人団は休戦時まで継続・活動した。

重石ドル事件　1952年6月、政府が重石ドル(専売品の重石=タングステンを外国に売って獲得したドル)を民間商社に払い下げ、小麦粉と肥料を輸入させ、これを農民に高価で売り付け、農民に被害をおよぼした事件。重石ドルによる穀物や肥料の輸入は禁止されていたが、政府は大韓重石、高麗興業、南鮮貿易など13〜14の商社に重石ドルを融資し、彼らは小麦粉9940トン、肥料1万368トンを輸入した。輸入された小麦粉と肥料の処分をめぐって、政府と商社側は結託し、8割を商社側が自由販売して、総計500億余ウォンの不当利益を得た。これを、戦争中の凶作と肥料不足によって窮乏のなかにあった農民に1袋3〜4万ウォンもの高値で売りつけて儲けた。この事件には国会議員も相当数が関与しており、商人との結託の嫌疑をかけられて国会調査団が構成されたが、形式だけの調査に終わった。財務部長官・咸仁燮が辞職しただけで、暴利取得罪で起訴された商社側も、翌年5月には全員が無罪釈放となり、事件はうやむやとなった。李承晩政権下の代表的な非理(不正)事件の1つ。

釜山政治波動　1952年夏、政府は第2代大統領選挙で李承晩が再度政権に就くために直選制改憲案を強圧的に通過させようとした。この過程で政府の暴力行為により発

生した一連の事態をいう。当時、政府は朝鮮戦争勃発により、釜山に避難していたが、戦争中に発覚した行政上の無能力、不正腐敗、国民防衛軍事件、居昌良民虐殺事件などが李承晩大統領の権威を失墜させ、来るべき第2代大統領選挙でつづけて任命されるのをあやうくさせていた。これに対し李承晩は再執権のため、大統領直接選挙と国会の上下両院制を骨子とする改憲案を推進する一方、新党運動を推進し、51年11月、自由党を結成した。直選制改憲案は52年1月18日、国会に上呈され、出席163名中、賛成19、反対143、棄権1で否決された。李承晩は国民会、朝鮮民族青年団（族青）、大韓青年団、労働総連盟など、御用団体を動員して官製デモを繰り広げ、政治ゴロ集団の白骨団・タンポルテ（土蜂の意で、政治ゴロの隠語）・民衆自決団名義のポスターやビラで釜山一帯を埋めつくした。52年4月、李承晩は国務総理・張勉を解任し、張沢相を任命。彼が率いていた新羅会を改憲支持側に引き入れた。5月25日、釜山を含む慶尚南道、全羅北道一帯に戒厳令を布告。李範奭を内務長官に、元容徳を嶺南（慶尚道）地区戒厳司令官に任命し、内閣責任制改憲推進議員の逮捕に出た。26日、国会議員50余名が乗ったバスを憲兵隊のもとに強制的に連行し、一部議員に国際共産党と結託したという嫌疑をかぶせた。こうして政局が険悪になると、6月20日、李始栄・金性洙・張勉・趙炳玉・金昌淑ら野党議員60名余が国際クラブで「護憲救国宣言」を企てたが、暴力団の襲撃によって潰された。このとき張沢相が抜粋改憲を推進し、52年7月4日、警察に包囲された議事堂で出席者166のうち、賛成163、棄権3で通過させた。7月7日、改憲憲法が公布され、28日、非常戒厳令が解除された。

抜粋改憲 朝鮮戦争中の1952年7月4日、臨時首都釜山で決定され、7月7日、公布された第1次改憲。大統領直選制と両院制に国務総理の要請による国務委員の任命、国務委員に対する国会不信任決議権を付け加えて調整した。第2代大統領選挙で再執権するための李承晩の大統領直選制改憲案に反対し、国会が内閣責任制改憲案を主張すると、官製デモや国会議員拉致騒動が起こり、釜山一帯には戒厳令が布告された。抜粋改憲案は当時、国務総理の張沢相によるもので、7月4日、警察と軍隊が国会議事堂を包囲するなかで、起立投票によって出席議員166名中賛成163、棄権3で通過した。この抜粋改憲により、8月5日、大統領直選を実施。圧倒的な支持で李承晩が当選した。この時、内務長官として改憲過程で李承晩の右腕の役割をした李範奭は、自由党副大統領候補となったが、その後、李承晩が李範奭の勢力が大きくなるのを恐れ、選挙途中で無所属の咸台永をランニング・メイトとして支持し、副大統領に当選させた。

自由党 1951年12月に結成された保守政党。李承晩が民主国民党の挑戦を防ぎ、執権をつづけるために自分を支持する政党を作る必要性により結成した。議院内に共和民政会・院外の国民会・大韓青年会・大韓労組・大韓婦人会・農民総合連盟などの代表が集まり、「新党発起準備協議会」を構成したが、党の主導権をめぐって院内派と院外派に分裂した。51年11月、李承晩の再執権のため、大統領直選制および両院制改憲をめぐって賛否両論がたたかわされたが、院内派は李甲成を、院外派は李範奭を中心にそれぞれ自由党を発足。同一名称の2つの政党が同時に結成されるという変則的な形で自由党が結成された。これらは政治的

波乱を引き起こし、いわゆる「抜粋改憲案」を通過させた釜山政治波動を誘発、自由党の情実政治と非理(不正)の第一歩が踏み出された。自由党は院内対院外、族青会対非族青会の覇権争いにもかかわらず、李承晩政権の庇護下で第一党の位置を占め、李承晩の執権を与党として下支えしたが、4月革命によって、李承晩政権とともに崩れ去った。しかし、彼らは1961年の5・16軍事クーデターの後、大挙して共和党に転身し、政界に再進出した。

釜山朝鮮紡織労働争議 1951年12月から52年3月まで、釜山朝鮮紡織会社で起こった労働争議。朝鮮紡織は政府の帰属企業で、李承晩の熱烈な支持者である社長の姜一邁が20年以上勤続した熟練工20名と労働組合幹部を理由なく解雇し、労働組合を破壊しようとした。労働者たちは「暴君姜一邁は退陣せよ!」をスローガンとし、12月19日から争議に入った。姜一邁が検察と結託し、李承晩の庇護を受けて弾圧を強化すると、右派労働団体である大韓労働組合総連合会は、姜一邁退陣・自由労働保障・労働者の人権擁護を内容とする争議調停案を政府に提出した。政府側はいったん労働者の要求条件を受諾したが、のちにこれを翻し、労働幹部を拘束して姜一邁は留任した。これに対し、ゼネストを決意した6000名以上の労働者は、大韓労総のストライキ返上宣言にもかかわらず、3月12日、一斉にストライキに突入。しかし、警察の弾圧により、多くの犠牲を出し、3月14日を峠に、闘争は弱まり、結局失敗に終わった。この朝鮮紡織争議は、李承晩政権の樹立後、最大の大規模ストライキとして、以降の労使関係、労働団体と政府の関係に大きな影響を及ぼし、労働法制定の決定的契機となった。

大韓労働組合総連合会(大韓労総) 1954年4月8日、大韓独立促成労働総連盟を改編・再発足し、60年の4月革命まで存続した労働団体。大韓独立促成労働総連盟は朝鮮労働組合全国評議会(全評)に対抗するために、右翼労働団体として、総裁に李承晩を推戴し、反共・全評打倒の先頭に立った。54年4月8日、大韓労働組合総連合会と名称を変え、機構を改編、再発足した。当時の大統領・李承晩は、これを自分の政治基盤とするため、みずからの腹心を大韓労総の幹部に就け、自由党所属の国会議員にした。その結果、大韓労総は代表的御用労働団体として指弾された。3・15不正選挙に積極的に荷担、4月革命で解体された。その後身として、韓国労働組合総連盟が結成される。

労働法 労働基準法、労働組合法、労働争議調停法、労働委員会法などの労働関係法を指す。韓国で、労働法が最初に制定公布されたのは、解放直後の45年10月、米軍政下によってである。米軍政はこのとき、日本の治安維持法を廃止し、「一般労働賃金に関する法」「労働問題に関する公共政策および労働府設置に関する法令」「児童労働放棄」「最高労働時間に関する法令」などを発表した。しかし、これらの諸法規は有名無実で、ほとんど守られなかった。48年、大韓民国樹立後、労働運動緩和政策の一環として、勤労基準法など労働関係法の草案が完成されたが、朝鮮戦争の勃発でその施行は引き延ばされた。反面、解放後、労働運動が急激に発展成長し、朝鮮労働組合全国評議会など全国的な労働者組織が樹立され、朝鮮戦争中にも釜山朝鮮紡織争議、釜山埠頭労働者ストライキなどの労働争議がつづけて起こると、韓国政府は53年3月、労働組合法、労働争議調整法、労働委

員会法を公布した。ひきつづき5月、労働基準法を制定公布した。以後、労働法は数次にわたり改訂された。とくに60年代以降、軍事政権下で労働者の勤労条件の政府による維持、改善要求とこれに対する資本家側の譲歩、御用組合設立と労働争議の抑制、弾圧を法制化する方向へ進められた。現行労働法で問題条項として争点となっているのは、第3次介入禁止条項、政治活動禁止条項、公務員労組不認定条項、私立教員労組禁止条項などである。

6．援助経済

援助　一般に、政府が他国の政府に対して行う資本の無償供与や借款、兵器の提供などの物資・貨幣供給をいう。第2次世界大戦後、米国は第三世界や西欧資本主義諸国に各種の物資および用役あるいは貨幣資本を無償で提供した。援助は資本輸出の一形態ではあるが、直接的に剰余価値を実現しない。とくにこの時期の米国の援助は政治的・軍事的目的を持っていた。すなわち、戦後の米国援助は、冷戦体制を維持させるための戦略的な手段であり、西欧と第三世界へのソ連の浸透を阻止し、それらの地域を永続的に米国の影響下に置くための対外政策、いわゆる「封じ込め政策」の一環として実施された。しかし援助を通じて、これらの地域の資本主義体制を安定的に維持するために、長期的にそれら諸国を自国の商品市場および資本市場、そして原料供給地として確保しておくという点で、究極的には経済的目的を貫徹させるものだったといえる。援助は物資の素材的内容に従って、軍事援助と経済援助、供与方式によって無償供与と借款に分けることができるが、軍事援助は被援助国の経済構造に及ぼす影響が少ない。借款は元利金償還がきわめて不振なのが実情なので、実際に重要な意味を持つのは物資の無償供与による経済援助である。

[経済援助]　韓国が米国から受けた最初の経済援助は、ドイツ・日本・オーストリアなどを主要援助対象とし、食糧援助を主とした占領地行政救護資金（GARIOA）援助だった。その後、李承晩政権の成立とともに韓米援助協定により、GARIOA援助はECA

援助に変わり、朝鮮戦争を契機にSEC援助に変わって、1953年度までつづけられた。さらに、戦時緊急救援物資の提供と戦後復旧のために国連の名でCRIK援助、UNKRA援助などが提供された。韓国に対する米国の援助が本格的になされたのは休戦以降で、FOA援助・ICA援助・AID援助・PL480援助などへと継承されていく。しかし米国の国際収支が悪化する58年を境として次第に縮小し、有償借款方式に変わっていく。45年から経済開発5ヵ年計画がはじまる前年の61年まで、米国の援助総額は約31億ドルに達し、そのうち約42パーセントが主に製造業と社会間接資本部門に使われる原材料および中間製品、25パーセントが小麦、とうもろこしなどの農産物で、資本財に属するものは全体の9パーセント、技術貿易に関するものが5パーセントを占めた。解放後、約17年間、提供された米国の無償援助は第2次大戦後の混乱期と朝鮮戦争期を通じた深刻な食糧危機、および極度に減退した工業生産力を回復し、韓国の資本主義経済体制を安定させるのに寄与した。しかし食料品と原綿などを中心とする消費財の援助だったため、一方では自立した経済構造の形成を阻害する結果をもたらした。また、経済援助を基盤とする独裁政権の存立を可能にし、それと癒着した独占資本の形成を導き、非民主的政治権力と経済構造を定着させる役割を果たした。

韓米援助協定 1948年12月10日に韓国と米国の間で調印され、12月14日に発効した援助協定。61年、韓米経済援助協定に代替された。前文と12条からなるこの協定の主な内容は次のとおり。①米国政府の韓国政府に対する援助提供。②援助物資の有益な使用。③米国の援助代表とその使節団に外交特権と免税を付与。④韓国政府を安定させるために経済復興計画を推進。⑤商業・産業・海運その他、営業上の行為に関する第三国国民に付与する待遇と同一の待遇を米国国民に付与。

余剰農産物援助 1955年5月、韓米余剰農産物協定締結を契機に、米公法480号によって行われた援助。米国側の過剰生産による農業恐慌を防ぐ一方、解放以後の海外在住朝鮮人の帰還などによる人口急増と朝鮮戦争で生じた韓国の深刻な食糧危機を解消し、物価を安定させるために導入された。56年にはじまり61年まで合計約2億300万ドルに値する額が導入され、販売収益の10〜20パーセントを米国が使用し、残りの80〜90パーセントは韓国の国防予算に充当した。導入された農産物は、小麦は全体の40パーセント、原綿・大麦・米などは合わせて全体の5パーセントを占めた。剰余農産物の導入は、国内の食糧事情緩和の助けとなった。しかし、権力維持の基盤として継続的に過剰導入されることにより、国内の穀物価格を下落させ、農業と工業の間の不均衡を激化させ、経済発展の障害要素として作用した。また、穀物の低価格を維持して農家の所得を減少させ、農民の生産意欲の減退を招き、韓国を慢性的な食糧輸入国にした。また、工業原料を高価な援助農産物で充当することにより、米穀以外の農業生産を犠牲にし、農業生産構造の跛行性をもたらした。

米公法480号（PL480） 米国の農業輸出振興および援助法。米国は、自国の農産物価格を維持し、農産物輸出を振興する一方、第三世界の食糧不足を緩和するため、1954年にこの法律を制定し、その規定に従って余剰農産物を各国に提供した。韓国は55年、この法の第1条に従って協定を締結。56年

から余剰農産物援助を受けはじめ、61年には国土建設事業のため、第2条による余剰農産物援助を受けたこともあるが、81年に終了した。

韓米経済技術援助協定（韓米経済協定）
1961年2月8日に締結され、2月28日に発効した協定。米国政府が韓国政府に供与する経済および技術援助に適用する了解事項を規定した協定で、その主要内容は以下のとおり。①韓国政府は米国が供与した援助の最大限の効率化を図るために、米国と協調しなければならず、米国が韓国に対する援助事業の範囲と性質を決定するために行う米国援助使節団の活動に最大限の協調と便宜を提供しなければならない。②援助使節とその構成員は、米国外交使節の一部とみなし、経済的・政治的外交特権を付与しなければならない。③米国の援助事業と関連して導入する自動車および資金、あらゆる物資に対し、韓国政府は内国税と関税を免除しなければならない。協定の「合意議事録」では、この協定が既存の諸協定、すなわち李承晩政権下の48年12月10日に締結された「韓米援助協定」、52年5月24日の「韓米経済調整協定」に添付された交換覚書および議事録、53年12月14日の「経済再建と財政安定計画のための合同経済委員会の協約」およびその付録を代替する協定であると規定した。この協定は学生から、対米従属的な経済の継続として激しく指弾された。

韓米経済協定反対闘争
1961年2月8日に締結された「韓米経済技術援助協定」が対米隷属性を強化させる不平等条約であるとし、これに反対して起こった一連の闘争。この協定が締結されると野党の新民党は「韓国を支配しようとする米国の侵略政策の一部」と糾弾し、社会党議員もこの協定を「反逆的暴力的なもの」と訴えた。また学生たちは、この協定が、①経済的隷属化と内政干渉を強要し、②治外法権濫用により、統治権を蹂躙し、③税金の暴奪によって財政主権を侵害し、④援助物資の法的中断を口実に、政治的従属を強要することができる、などの点をあげ、「偏頗的で不平等」な条約であると規定した。以後、3年間つづけられた集会や抗議デモで学生は米国大使館の前でこの撤廃を要求し、市民は「張勉政府打倒」を叫びながら市街デモを繰り広げた。しかし、この闘争は革新政党と学生が主軸となったにとどまり、その反米的色彩により、広汎な国民大衆の支持は得られなかった。

三白工業
1950年代に韓国工業の三大成長部門の製粉・精糖・綿紡績工業を指していわれた言葉。李承晩政権から払い下げを受けた帰属財産を施設基盤とし、安い援助物資と特恵物資に依存して急激に成長した。三白工業の経営上の特徴は、原料カルテル（原料共同購入制）の結成にあったが、これは原料を取得する過程で市場での原料の均衡価格形成を阻害し、農産物と工業生産物との価格差を拡大する一因となった。50年代韓国の経済成長を主導した原料加工型消費財工業を代表するこれらの業種は、生産原価のうちで原料費が占める比率がほとんど90パーセントに達するため、原料を低い価格で購入することが利潤を高める決定的要因となった。このようにして結成された韓国製粉工業会・大韓精糖協会・大韓紡織協会などは業界への新規加入を制限して原料を独占する一方、公定価格と市場価格間の格差を利用し、莫大な利潤を貪った。一方、これらの業種は、原料の分配において保有施設規模を有力な基準としているた

め、競争的に施設を拡大し、50年代末には、設備過剰状態に陥った。このような設備拡大競争の結果、各産業において資産の潤沢な少数の企業が市場を寡占的に支配するようになった。57年を頂点にして米国の対外援助政策の変化にともなう援助削減により、財閥企業さえ生産が亭滞し、経済は長い間、激しい不況状態に陥った。

7．李承晩独裁体制の構築

韓米相互防衛条約　1953年10月1日、ワシントンで締結され、54年1月13日に発効した韓米両国間の相互防衛条約。韓国側の全権委員卞栄泰と米国側全権委員J.ダレスによって調印されたこの条約は、前文と6条からなり、その骨子は次のとおり。①韓米両国は国際平和と正義を脅かす武力行為を慎むことを約束する。②両国のうち、いずれかの一国が外部から武力攻勢の脅威を受けたときは、両国が相互協議し、侵略を防止する適切な処置をとる。③両国は自国の領土および自国の領土を脅かす太平洋地域においての武力的侵略に対処し、共同闘争を展開することを宣言する。④両国は相互防衛により、米国の陸・海・空軍を大韓民国領土内とその付近に配置する権利において、大韓民国はこれを許容し、米国はこれを受諾する。⑤本条約は、両国がそれぞれ自国の憲法上の手続きに従って批准する。⑥本条約は無期限に有効であり、いずれかの一国がこの条約を破棄するためには、その意思を相手国に通告してから1年後に破棄することができる。本条約は1949年6月に一時的に廃棄されたが、朝鮮戦争を契機にふたたび進駐した駐韓米軍の永久駐屯を法的に支えた。

日本国憲法第9条　日本国憲法第9条は「戦争放棄条項」もしくは「国際平和主義条項」とも呼ばれる。条文は以下のとおり。①日本国民は、正義と秩序を基調とする国際平和を誠実に希求し、国権の発動たる戦争と、武力による威嚇または武力の行使は、国際紛争を解決する手段としては、永久に

これを放棄する。②前項の目的を達するため、陸海空軍その他の戦力は、これを保持しない。国の交戦権は、これを認めない。この条文と日米安保条約の軍事力による安全保障は大きく矛盾している。日本は朝鮮戦争(1950年6月勃発)以来、極東において冷戦が顕在化するにともない、なし崩し的な拡大解釈によって憲法、ことに第9条を骨抜きにしてきた。そして日本の防衛費は、けっして少ない額ではない。これはよくわれる「日本は物価が高いから」ということにのみよるものではない。自衛隊が配備しているF15戦闘機やイージス護衛艦などの主力兵器はいずれもアジアで最高水準のものである。ところが他方で、日本は唯一の被爆国として、また「民主的平和憲法」を持つ国として自己を世界にアピールしている。しかし冷戦後の国際秩序の混乱、北朝鮮の脅威に対する世論の危機意識の高まりなどでその存在意義を問われており、2000年1月に国会に憲法調査会が設置されるなど、憲法改正論議も本格化しているが、安倍内閣(第1次、2次)は憲法解釈によって第9条を骨抜きにしようとしている。しかし、こうしたやり方に対しては、国内はもとより近隣諸国からも批判されている。

サンフランシスコ平和条約(対日平和条約) 太平洋戦争終結と国交回復のため、日本と旧連合国の一部の間に結ばれた条約。サンフランシスコ講和条約、対日講和条約などともいう。なお、たんに対日平和(講和)条約という時には、日華平和条約(1952)などを含む、日本と旧連合国の間の平和条約の総称として使われることもある。サンフランシスコ平和条約は1951年9月4～8日のサンフランシスコ講和会議で討議され、9月8日、米国・英国など、48ヵ国と日本との間に調印された。東西冷戦下の米ソ対立の影響で、ソ連・ポーランド・チェコスロバキアは、会議に出席したが、調印はしなかった。インド・ビルマ・ユーゴスラビアは招請に応じなかった。また中国は、中華民国・中華人民共和国のいずれも会議に招請されなかった。この条約により、日本は連合国(実質的には米国)の占領から脱して独立、主権を回復した。またこの時、日本の朝鮮放棄が確認された(第2条a項)。米国は1947年以来、数次にわたって、対日平和条約案を作成していたが、大韓民国成立後の1949年以降は出席予定国に韓国を含めており、1951年1月には正式に出席要請の公文を韓国に送った。しかし日本は、韓国は日本との交戦国ではなかった、在日朝鮮人が連合国人となって補償の権利を有するのは不都合、などとして反対。英国も、韓国は対日交戦国ではなかったとして反対した。これらの主張を受けて、米国は態度を変更、韓国招請の法的根拠である1941年12月9日の大韓民国臨時政府の対日宣戦布告について、米国は同政府を承認していなかったとして、51年7月韓国に、条約署名国とはされないと通告した。驚愕した韓国は上記の宣戦布告や抗日武装闘争などを理由として抗議したが容れられず、結局ゲストとして会議に参加した。しかし米国との協議で韓国は、独島(竹島)の領有、マッカーサーライン存続、在韓日本資産の米国による韓国への引き渡しを要求。このうち、日本資産問題が第4条a項に反映されることになったが、これは解決を日韓二国間の協議に委ねることを明記したに過ぎなかった。韓国の不参加によって、日韓間の戦後処理問題はすべて、後の日韓会談・日韓条約に引き継がれることになったのである。

日米安全保障条約(日米安保) 冷戦下

において、対ソ封じ込めを第1の目的とし、同時に日本の防衛と極東での米国権益の確保、極東有事の際の対応、日本の軍事大国化阻止などを志向し、日米間で締結された軍事同盟。朝鮮半島、中国地域での将来の戦争勃発を想定して、サンフランシスコ講和条約調印(1952)と同時に同市内の米軍基地で調印された。条約の具体的な要は、日本国内の米軍駐留と基地の治外法権的使用であり、また、米軍の日本国内での内乱鎮圧を認める条項（内乱条項）もあった。これはとりもなおさず、米軍による日本での警察権行使の容認であり、締結当初からその不平等性が指摘されていた。1960年の第1回改定で、両国が軍事的脅威に共同で対処することが確認されたとはいえ、日本にとって、これは吉田茂以来の「軽武装・経済優先」方針、すなわち「安保ただ乗り」路線の継承という意味合いが大きかった。日本のこうした路線を許したのは米国の世界戦略であり、それはまた米ソ冷戦体制の産物ともいえよう。しかし、日本の「安保ただ乗り・経済優先」と裏腹に、朝鮮半島は冷戦体制の重圧をその総身で受けとめねばならなかったのである。韓国では同年の4月、学生・青年が先頭に立ち、こうした重圧に抗して李承晩政権を打倒し、同時に「ヤンキー・ゴー・ホーム」を叫んだ。この韓国民の決死の闘いの意味を、日本国民は正面から受けとめることをしなかった。60年安保闘争で頂点を迎えた日本の政治闘争は6月末の条約自動承認と岸内閣退陣を境に急速に冷め、池田内閣による「高度経済成長政策」の提示に沿うように、賃上げ優先の経済闘争へ転化していく。

　60年代日本の高度成長期は、米ソ冷戦の激化の時期でもあった。キューバ危機(62)につづいてトンキン湾事件(64)が起こり、米軍の大規模なベトナム介入がはじまった。

「極東」の範囲をめぐって日本国内でも激論が戦わされたが、日本政府はこうした議論拡大を封じるかのように、「武器輸出3原則」と「非核3原則」を打ち出す。しかし、後の「ラロック証言」(74)はこの時期の政府発言（「核持ち込みはさせない」）がまったくのまやかしであったことを暴露した。当時の首相はノーベル平和賞を受賞した佐藤栄作であった。70年の安保改定も自動延長となり(6月)、折りからデタント（東西緊張緩和）の時代を迎えて、日本の防衛費はGNPの1パーセント以内に抑えることも決められたが、日本経済の規模からすれば、1パーセントの防衛費でもアジア諸国にとっては脅威であった。かつての侵略の記憶も癒されぬアジア諸国から、「日本軍国主義の復活」が叫ばれるようになったのもこの時期である。78年には、極東有事の際のガイドライン（米国が攻撃し、日本が防御を担当する）が策定され、翌79年からは、米軍駐留経費の日本の一部負担措置（思いやり予算）が開始された。95年当時では米軍人1人当たり1600万円の経費を日本が負担した。この当時の在日米軍約4万4800名の内訳は、陸軍1900名、空軍1万5000名、海軍7300名、海兵隊2万6200名である。一方、在韓米軍は約3万6250名で、その内訳は陸軍2万6500名、空軍9750名となっている。

　80年代に入ると、「日米は運命共同体」との中曽根発言を引き金として、「防衛費1パーセント枠」が外されたが、80年代末から90年代初頭の冷戦終結によって、ソ連の脅威への対処を第1の目的とした日米安保はその本来の目的を失った。しかし、40年間のなし崩し的な既成事実の積み重ねで維持されてきた日米安保は、すでに日米の政治経済構造のなかに強固にビルトインされており、その解消は容易ではない。また

朝鮮半島においてはいまだに冷戦状況がつづいていることなどから、1994年以降、朝鮮半島有事（具体的には北朝鮮の軍事行動）を想定した新たな日米安保の「再定義」がはじまった。1995年2月、米国防総省は「東アジア戦略報告」（EASR）を発表し、北朝鮮の武力侵攻の可能性を示唆した。同年4月、北朝鮮の核開発疑惑で緊張が高まると、在日米軍は日本の防衛庁に対し、朝鮮半島で万一武力衝突が起きた場合の掃海艇派遣などを打診している。日本側は「集団的自衛権は憲法で認められていない」とこれを拒否したが、情報提供や後方支援に限った協力には応じる方針をとった。こうして日米安保は北朝鮮の動向を焦点としはじめたが、翻って考えてみれば、国際的に孤立した北朝鮮側にとって、米日韓軍事体制こそが恐るべき脅威と映るのは無理からぬことであろう。1997年9月に決定された新ガイドラインでは、日本の「周辺」における有事の際の日米協力がより具体的に方向づけられた。日米安保「再定義」は日本を、冷戦後の世界戦略にさらに深く組み込むものとなりつつある。また、これにもとづいて1999年5月24日、日本側の協力内容を定めた「周辺事態に際して我が国の平和及び安全を確保するための措置に関する法律」（周辺事態法）が成立した。これにより日本は「わが国周辺の地域におけるわが国の平和および安全に重要な影響を与える事態」に際して、米軍の補給、輸送、修理および整備、医療、通信などについて物品・役務を提供することになった。「専守防衛」を旨としてきた日本はこれによって集団的自衛権行使の制度整備に向けて大きく踏み出した。

ジュネーブ政治会議　朝鮮の統一問題とインドシナ問題を討議するために、1954年4月26日、スイスのジュネーブで開かれた会議。朝鮮問題の討議には米・英・仏など国連参戦16ヵ国と韓国・北朝鮮・ソ連・中国が参加した。韓国側代表は卞栄泰、北朝鮮側代表は南日。開会のはじめに英国が提案した「国連監視下の朝鮮統一5原則」によって討議し、韓国代表卞栄泰は5月22日、国連監視下で南北で自由選挙を実施、自由選挙のために言論の自由・人権保障・投票の秘密保障がされなければならない、このような円満な成果が確認される以前には、国連軍の完全撤収は不可能であるという内容を骨子とする「朝鮮統一に関する14ヵ条原則案」を提案した。これに対してソ連は6月5日、あらゆる外国軍の撤収が優先されなければならないという5ヵ条の提案をし、北朝鮮は6月15日、①外国軍撤収および兵力削減、②あらゆる手続きを討議するための全朝鮮委員会の構成、③経済および文化交流など、6項目を提案した。会議が進展せず、決裂状態に入ると、国連参戦16ヵ国は15日、「共産主義者がひたすら自由選挙を不可能にすることに固執しているから、われわれはこれ以上、朝鮮問題を討議することができなくなったことを遺憾に思う」という旨の共同宣言を発表して代表団が帰国し、会議は何の成果もなく終わった。

朝鮮（半島）統一に関する14ヵ条原則案
卞栄泰韓国代表がジュネーブ政治会議に提出した統一方案。その内容は次のとおり。①統一独立民主朝鮮を樹立する目的で国連の従前の決議による国連監視下の自由選挙を実施する。②自由選挙が不可能だった北朝鮮地域では、自由選挙を実施し、南では大韓民国の憲法手続きによる選挙を実施する。③選挙はこの提議が採択される日から6ヵ月以内に実施する。④選挙実施前、選

挙期間中および選挙後を通じて全選挙地域の自由な雰囲気を保障するための諸条件を視察する国連監視委員団職員などの移動・言論などの完全な自由を保障し、地方行政当局は、彼らにあらゆる可能な便宜を提供する。⑤選挙実施前、選挙期間中、選挙後を通じて立候補者、選挙運動員は、移動・言論などの完全な自由を供与され、一般の民主国家で認められている人権の保障を受ける。⑥選挙は秘密投票と普通成人投票の原則による。⑦全朝鮮を通じた立法部の代議員は人口比例による。⑧全選挙区を通じた代議員数に厳格な人口比例原則を適応させるために、国際連合監視下で国勢調査を実施する。⑨選挙実施直後、全朝鮮立法部をソウルで開会する。⑩以下の事項はとくに全朝鮮立法部で解決すべき問題と見なす。(a) 統一された朝鮮の大統領は再選されるかどうか。(b) 現存する大韓民国憲法の改定について。(c) 軍隊の武装解除について。⑪現存する大韓民国憲法は、全朝鮮立法部で改定されない限り、効力をそのまま持続する。⑫選挙実施1ヵ月前に、中共軍は朝鮮半島から完全に撤収する。⑬国連軍の撤収は選挙前に開始することはできるが、統一された朝鮮政府の樹立が完全に達成され、国民によって確保されるときまで撤収を完了してはならない。⑭統一された民主朝鮮の領土の保全と独立は国連によって安全が保障されなければならない。

第3代民議院選挙 1954年5月20日に実施された国会議員選挙。「抜粋改憲」を通じて長期執権の道を開いた自由党政権は、独裁体制確立の制度的装置を用意するため、いま一度改憲を断行する必要性に迫られていた。こうして自由党政権は改憲可能のラインである3分の2の議席を確保するために、第3代民議院選挙で金権と暴力による大規模な不正選挙を行った。巨額の選挙資金をかき集め、有権者を買収する一方、暴力団を雇って野党の遊説場を襲撃し、野党候補および無所属候補にテロの脅威を加えるなど、あらゆる不法行為を行った。とくに曺奉岩は出馬候補登録書類を何者かに奪われ、立候補さえできなかったし、呉緯泳は候補を辞退しなければならなかった。このような不正選挙の結果、自由党は114議席を獲得。民国党は15議席、大韓国民党3議席、国民会3議席、政憲同志会1議席、無所属67議席であった。このように、自由党は圧倒的な勝利を収めたが、当初の目的とした改憲定数を超えるのには失敗した。

四捨五入改憲 李承晩の終身執権のため、1954年11月29日、不法に憲法改定案を通過させた事件。韓国の憲法史上、第2回目の改憲。これに先立って5月に実施された第3代民議院選挙で大規模な不正選挙により議員の圧倒的な多数を占めた自由党は李承晩の永久執権を企んで、初代大統領に限って再任制限を撤廃するという内容を骨子とする憲法改訂案を国会に提出した。改憲案の主要内容は次のとおり。①国民投票制の加味、②純粋な大統領制への還元、③経済政策の自由経済体制への修正、④大統領が死亡した場合の副大統領の昇格制度、⑤初代大統領に限って再選制限条項撤廃。この改憲案を通過させるために、李承晩政権は「ニューデリー密談説」をでっち上げ、極右反共の総本山である民国党をあたかも容共政党のごとく印象づけるなど、手段と方法を選ばなかった。11月27日、国会で評決に付した結果、在席者203名のうち、賛成135票、反対60票、棄権7票により、改憲定足数の136票に1票足らず、否決が宣言された。しかし、自由党政権は「国会議員の在席203名の3分の2は135.333…だか

ら、0.333…という小数点以下の数字は1人の人間にはなりえないとして四捨五入し、203名の3分の2は135名となる」と強弁して、2日後の25日に否決宣言を覆し、改憲案の可決を宣布した。四捨五入改憲は手続き上でも定数に満たない違憲行為であった。個人の終身政権を保障する改憲だった点で現代憲法としての韓国憲法に対する冒瀆であり、韓国憲政史上、もっとも恥辱的な事件の1つだった。この改憲波動により、孫権培・金泳三・金載根・金智泰・閔寛植・成元慶・朴永鍾・申泰権・李泰鎔・韓東錫・金亨徳・都晋熙ら自由党少数派議員が一斉に脱党する一方、民国党は無所属国会議員を糾合し、「護憲同志会」を構成することにより民主党成立の契機をつくった。

護憲同志会（護同） 四捨五入改憲運動を契機に対与党闘争を展開するため、民国党と無所属同志会および準無所属議員60名によって構成された野党系列の統一院内交渉団体。護同は対与党闘争を活発に繰り広げる一方、与党である自由党を分裂瓦解させるための裏面工作を展開。金泳三、閔寛植ら自由党少壮派議員たちの集団脱党を誘導するのに成功し、のちにつづけられた政治的弾圧のなかで新しい統合野党の成立を模索した末、55年初め、「新党促進委員会」を結成し、ついに9月18日、民主党を発足させ、その使命を果たして解体された。

民主党 四捨五入改憲を契機に反李承晩勢力が保守連合として結束、発足した政党。民主国民党を母体とし、興士団系列、自由党脱党議員、第2代国会末期の無所属クラブなどの反与党勢力が糾合し、1955年9月18日に成立した。初代代表最高委員は申翼熙、最高委員は趙炳玉・張勉・郭尚勲・白南薫らであった。成立当初から強力な野党として護憲闘争を展開し、司法組織に力を注ぎ、56年、正副大統領選挙にそれぞれ候補者を指名した。5月5日、大統領候補申翼熙が急死し、大きな打撃を受けたが結局、張勉を副大統領として選出、当選させるのに成功し、ひきつづき自由党政権の独裁に立ち向って粘り強く闘った。その結果、民主党は58年、第4回国会議員選挙で76議席を占めるいわゆる「護憲線」を維持するのに成功、とくに都市部で勝利して、野党体制の基盤を固めた。60年、正副大統領選挙に趙炳玉と張勉をそれぞれ正副大統領候補として選挙戦に臨んだが、趙炳玉の急死と自由党政権の不正選挙によって敗北。つづいて起こった4月革命により、自由党が崩壊したのちの7月の選挙では3分の2をはるかに超える議席を占め、大統領に尹潽善が選ばれ、国務総理に張勉が選出されて、民主党の全盛時代を迎えた。しかし、執権党となった後、長く燻りつづけていた新旧派間の覇権争いの末、旧派が新民党として離れることになった。民主党は表面上、院内安定勢力を維持していたが、老壮派・少壮派・合作派・中道派の各派閥間の紛争が激化し、行政力の弱体化をもたらした。民主党政府は執権後約9ヵ月間に3度も内閣改造を行ったが、政局の安定を実現できないまま、1960年の5・16軍事クーデターにより解体した。63年1月、政治活動が再開され、7月18日、再建されて朴順天が総裁となり、11月の総選挙で13議席を獲得し、院内第2与党となり、64年10月、国民党を吸収した後、65年6月14日、院内第一野党である民生党と合党した。

ニューデリー密談説 1954年、自由党政権が保守野党の民国党を容共と決めつけて改憲反対運動を制圧し、改憲容認世論を育

成するために企図・流布した南北協商の政治デマ。この年10月27日、前民国党宣伝部長の咸尚勲が新聞紙上で発表し、一般に知られた。それによれば「申翼煕国民党委員長は53年6月2日、当時国会議長の資格で英国のエリザベス女王の戴冠式に参席した後、帰国途中のインド・ニューデリー空港で朝鮮戦争時に北に連行された趙素昂と密談。非共産・非資本主義の第三勢力を糾合し、南北協商を推進し、韓国の中立化をはかることを計画した事実がある」というものだった。この南北協商説は当時、陸軍特務部長の金昌龍が仕組んだ脚本という説が飛び交い、国会で密談の如何が論議されたが、事実無根とされて一段落した。しかし、自由党政権は「ニューデリー密談説」を改憲に利用しようとはかった。南北協商であれ中立化であれ、それは国家保安および国体変更と直結する重要な事項であり、これを国民投票に付そうという今回の憲法案は、国民の基本権を拡大しようという意図によるもので、個人長期執権のためではないと、宣伝攻勢を繰り広げたのである。自由党政権が極右保守派の国民党を容共と論難して窮地に追い込み、また、国民投票制を口実に「初代大統領に限って再任制限規制撤廃」を貫徹させる意図で、この密談説を仕組み、流布した可能性は高い。

大邱毎日新聞襲撃事件 1955年9月14日、大邱毎日新聞社がテロの襲撃を受け、主筆が拘束された言論弾圧事件。朝鮮戦争の休戦協定後、国連の決議に従って韓国に派遣された休戦監視団(中立国監視委員団)にはチェコ・ポーランドなど、共産国家の代表も含まれていた。これに対し自由党政権は全国各地で学生を動員し、連日「チェコ、ポーランド出て行け！」という官製デモを繰り広げた。これにより、学生たちは学業に支障をきたしたうえ、9月10日、国連代表部常任大使・林炳稷が大邱を訪問すると、中高等学校生を動員し、激しい残暑のなかで3、4時間も立たせ、市民の怨嗟を買った。これに対し、『大邱毎日新聞』の主筆兼編集局長の崔錫采は9月13日、「学生を道具に利用するのは止めよ！」という題目の社説を発表すると、「大邱毎日の利敵行為を糾弾する！」「大邱毎日社説筆者の崔錫采を処断せよ！」という壁新聞が市内のあちこちに貼り出された。翌日、9月14日朝には国民会慶尚北道本部名で「社説のなかで問題となった一部を取り消し、執筆者を処断し、謝罪文を大邱市内の日刊4紙に掲載すること」を要求する通告文が『大邱毎日新聞』に送られた。大邱毎日がこの通告を黙殺すると、この日の午後4時10分頃、国民会慶尚北道道本部総務次長・金民、自由党慶尚北道監察部長・洪英燮ら20余名の青年が市内巡回バスを奪い、『大邱毎日新聞』を襲撃。社員たちに重軽傷を負わせ、印刷施設を破壊した後、逃げ去った。事件発生後、3日して慶尚北道道視察課長は国会真相調査団の前で「白昼テロはテロではない」という暴言を吐き、テロ犯たちは検挙されず、逆に崔錫采を国家保安法違反嫌疑で拘束した。また自由党は、国会真相調査団によるテロを行った者の処罰と言論の自由を保障せよという内容の対政府建議案提出を阻止する一方、『大邱毎日新聞』テロ事件を愛国的行為と規定した。結局、崔錫采は大法院判決で無罪釈放された。この事件は政権に批判的な新聞社の社説が自由党の逆鱗に触れて起こったもので、言論に対する権力のテロとして記憶された。

金昌龍暗殺事件 1956年1月30日、陸軍特務部隊・金昌龍少将が軍服姿の2名の人

物によって狙撃、暗殺された事件。調査結果、暗殺教唆犯として陸軍大領（大佐）・許泰栄（前特務隊大田派遣隊長）、実行犯として申初湜・宋龍高らが検挙された。彼ら全員が死刑を宣告されたが、刑執行前に許泰栄夫人の嘆願により、金昌龍暗殺の背後に姜文奉（前第2軍司令官）中将がいるという事実が明らかにされた。しかし、許泰栄・宋龍高・申初湜の死刑は執行され、姜文奉は死刑から無期に減刑されたが、1960年の4月革命以降に釈放・復権した。金昌龍暗殺事件は捜査過程でも具体的動機が明らかにされなかったが、李承晩の絶対的信任を受けて、軍内での命令系統を無視し、業務をほしいままに行っていた金昌龍に対する軍部の反感がその根底にあったものと推測される。金昌龍は平素、高級将校たちの身元調査で将校たちの不満を買ったうえ、暗殺直前の55年にも軍内の厚生や車両の監督管理と減免事件調査などで将軍たちの恨みを買ったことがあった。暗殺直後、金昌龍は一階級特進して中将となり、犯人逮捕を厳命する大統領談話が発表され、葬儀は陸軍特務隊長として執り行われて弔旗が掲揚されるなど、異例の措置がとられた。

金昌龍［キムチャンヨン］　1920〜1956。軍人。咸鏡南道永興の人。1940年、日本の関東軍憲兵隊に入隊。満州を中心に謀略・諜報業務に従事し、共産主義運動など、反日独立運動の摘発で頭角を現した。解放後、「民族反逆者」として指弾され、北の共産統治下で2度も死刑宣告を受けたがそのたびに脱出し、ついに越南。47年、朝鮮警備隊士官学校3期生に入学した。少尉任官と同時に軍隊の左翼勢力を撲滅する情報小隊創設の任に就き、1948年8月の大韓民国樹立後は麗順反乱事件など、軍隊内の南労党組織を把握、摘発するのに大きな功を立て、李承晩の絶対的信任を受けた。粛軍作業とともに、昇進を繰り返した金昌龍は李承晩の密命に従って秘密情報業務につき、56年、陸軍特務部隊長に栄転。大きな権力をふりかざして「造兵廠火災事件」「東海岸反乱事件」「ニューデリー密談説」など、軍内外の多くの事件を仕組んだといわれている。53年に准将、55年には少将となったが、権力を濫用し、軍の命令系統を無視して勝手に行動するのに不満を抱いた軍によって56年に暗殺された。

5・15選挙　1956年5月15日に実施された第3代正副大統領選挙。大統領候補としては、自由党の李承晩、民主党の申翼熙、進歩党の曺奉岩が、副大統領候補には、自由党の李起鵬、民主党の張勉が出馬した。結果は、大統領に李承晩、副大統領に張勉が当選した。選挙を前にして李承晩は「不出馬宣言」と「出馬要求」の官製デモにより作り上げた疑似世論を背景に、選挙戦ではテロ・脅迫・恐喝・買収・選挙妨害など、あらゆる不正行為をほしいままにした。このようななかで、選挙の10日前、民主党の候補者申翼熙が急死し、李承晩の当選が確実視された。しかし、開票結果は李承晩504万6437票、曺奉岩216万3808票、申翼熙185万票であった。この空前の不正選挙によって李承晩が総得票の80パーセントを獲得するものと予想されていたが、結果は52パーセントの線にとどまった。これは4年前の得票率よりも22パーセントも下回る数字で、棄権票と無効票まで合わせれば、多数の国民が李承晩を拒否したことを示していた。さらに副大統領選挙では、民主党の張勉が401万2654票を獲得。380万5502票を獲得した李起鵬をおさえて当選し、自由党はこの選挙で実質的に敗北した。「生きていけない、変えてみよう」という民主党の

スローガンが大衆の爆発的な歓呼で迎えられ、第3代正副大統領選挙の結果は民心が与党に背を向けたことを見せつけた。

申翼熙［シンイクキ］

1956年

1894〜1956。独立運動家・政治家。京畿道広州出身。1908年、漢城外国語学校を卒業し、日本に渡り、早稲田大学政経学部に入学。韓国留学生と学友会を組織するなどの学生運動を行った。17年、普成法律商業学校教授に就任。3・1運動の際に海外との連絡任務を担当した。同年、上海に亡命し、臨時政府樹立に参加、内務次長・外務次長・国務院秘書長・外務総長代理・文教部長などを歴任した。45年、帰国した後には金九ら臨時政府勢力と路線を異にして、政治委員会を組織し、李承晩と手を握った。46年、大韓独立促成国民会副委員長、自由新聞社社長、国民大学初代学長などを兼任。同年、南朝鮮過渡立法議院代議員に選出された。47年、立法議院議長となり、池青天の大同青年団と合作し、大韓国民党を結成し、代表最高委員となった。制憲国会議長および第2代国会議長を歴任し、49年には韓民党の金性洙の提案を受け入れて民主国民党を結成、委員長に就任した。55年、民国党を民主党に拡大発展させ、代表最高委員となった。翌年、民主党の公薦（公認）により、大統領に立候補した。反李承晩派の国民の熱烈な支持を受けたが、全羅道への遊説途上の車中で脳溢血のため急死した。日本でもヒットした「大田ブルース」は彼の急死をモチーフにしているという。

李起鵬［イギボン］ 1896〜1960。政治家。ソウルの人。普成学校を経て延禧専門学校を中退。宣教師ムースの通訳を務め、上海を経由して米国に行き、アイオワ州デイバー大学文科を卒業し、ニューヨークで許政らとともに『三一新聞』の発刊に参加し、1934年に帰国した。解放後、米軍政裁判長の通訳官を経て、李承晩の秘書として政界に身を投じる。49年、ソウル特別市長、51年、国防部長官となり、国民防衛軍事件を処理した。51年、李範奭とともに自由党を成立させたが、2年後、李範奭の族青系勢力を追放して中央委員会議長に就任し、実権を掌握した。54年5月、第3代民議院選挙で当選し、民議院議長となり、李承晩の終身執権のために四捨五入改憲を強行した。56年、自由党公薦（公認）で副大統領候補となったが、民主党の張勉に敗北し、落選。60年3月15日の副大統領選に当選したが、4月革命により辞任。民衆の襲撃を避けて景武台（現在の青瓦台大統領官邸）に身を隠したが、長男の康石によって拳銃で殺され、一族が集団自殺した。

張勉副大統領狙撃事件 1956年9月28日、民主党第2次政党大会が開かれたソウル明洞の市公館で副大統領・張勉が狙撃された事件。張勉は左手に銃弾1発を受けたが暗殺は免れた。事件直後、警察は犯人が28歳の除隊軍人・金相鵬で、動機は「民主党が分派闘争ばかりするのに失望した。とくに張勉はわれわれの敵である日本と親しくしようとしているため」だと明らかにした。

狙撃動機を民主党の内紛に求めようとする警察側の発表にもかかわらず、世間の疑惑は李起鵬国会議長に集中した。その年、実施された5・15選挙で張勉が李起鵬を押さえて第4代副大統領に当選し、李起鵬の最大の政敵に浮上したからである。捜査が膠着状態に陥っている状況で、犯人の兄の金相鳳が、弟の就職を斡旋してくれた自由党の秘密党員崔勲が背後にいると『京郷新聞』に通報した。これにより、事件の全貌が浮かび上がりはじめた。崔勲は、副大統領・張勉の殺害の誘いを、自由党政策委員である李起鵬の側近・任興淳から受け、その細部の計画は城東署視察主任・李徳信が行うという指示を受け、暗殺謀議の工作資金は任興淳と内務長官・李益興から受けたと自白した。しかし、検察は捜査を拡大する意欲を示さず、李徳信・崔勲・金相鳳の死刑宣告によって事件は完結された。この事件は国会にも飛び火し、民主党は内務長官・李益興の不信任動議と「大統領警告決議案」を提出した。しかし自由党の阻止で案件が否決され、議案上提ができないまま終わってしまった。事件関係者として死刑宣告を受けた崔勲・金相鳳・李徳信は4月革命以後、張勉政権によって無期に減刑され、一方では任興淳・李徳信ら背後操縦の容疑者はすべて死刑をいいわたされた。しかし、5・16軍事クーデターの後、彼ら背後操縦者6人は全員特赦となった。

張勉〔チャンミョン〕 1899～1966。政治家。仁川出身。1917年、水原高等農林学校を終え、19年にYMCA英語学校を卒業し、渡米。20年、マンハッタン・カトリック大学文科を卒業した。後に法学博士号を得る。帰国後には教育界とカトリック界で活躍。31年から15年間、東星商業学校校長を務めた。46年に政界に身を投じ、民主議院過渡政府

1950年頃

立法議院を経て48年、制憲国会議員に当選。第3次国連総会韓国主席代表、バチカン派遣大統領特使を経て、49年、初代駐米大使となった。51年、国務総理となったが翌年辞任。55年、申翼熙・趙炳玉らと民主党を創設して野党の指導者として台頭。56年、副大統領に当選した。この年9月、民主党全党大会で狙撃されたが、軽傷で事なきを得た。59年、民主党代表最高委員に当選。60年、民主党大統領候補・趙炳玉のランニング・メイトとして副大統領に立候補したが落選した。4月革命ののちは第5代民議院議員（1960年7月～61年5月）を経て責任内閣制下の国務総理に選出され、政権を握ったが政局安定に失敗。61年5月、5・16軍事クーデターにより、総理就任9ヵ月目にして失脚した。その後、政治浄化法によって政治活動を禁止され、一時、進歩党事件により投獄されていたが、釈放された。以後は宗教活動に専念し、病死した。

進歩党事件 1958年1月、委員長・曺奉岩をはじめとする進歩党の全幹部が北朝鮮工作員と内通し、北の統一方案を主張したという嫌疑で拘束・起訴された事件。56年、5・15選挙で大統領候補に出馬した曺奉岩は落選したが、4年前から集計すると実質は3倍以上の得票を得ており、自由党に対

する強力な競争者として登場した。これに大きな脅威を覚えた李承晩と自由党は曺奉岩を除去するために事件を仕組み、一連の政治裁判を進めた。58年1月12日と15日、検察は、進歩党幹部が朴正鎬ら14名の北朝鮮工作員と接触した嫌疑があり、進歩党の平和統一の主張が北の主張と同じで彼らと内通した嫌疑が濃厚だとして、幹事長・尹吉重、組織部長・金基哲ら全幹部を検挙、送検した。この頃、北朝鮮工作員の梁明山が軍の捜査機関に検挙されたが、当局は曺奉岩が梁と接触して工作資金を受け、北の指令に従ってスパイ行為を働いたと発表した。また、当局は裁判が開かれる前の2月25日、①平和統一論、②北が秘密派遣したスパイ・密使・破壊工作隊との接触、③党員を議会に進出させ、大韓民国を破壊しようとする企てなどの理由を掲げ、進歩党の登録を取り消した。しかし、7月2日に第1審判決公判で大部分が軽い刑を受けると、一団の青年が裁判所庁舎に乱入し「親共判事を罷免せよ」「曺奉岩をスパイ嫌疑で処罰せよ」と叫びながら大騒ぎを演ずる事態が起こった。この騒動の後、抗訴審と上訴審は1審とはまったく異なった雰囲気のなかで進められ、59年2月27日、大法院確定判決で曺奉岩は死刑、他の幹部は無罪を宣告された。のちに弁護人団の再審請求や曺奉岩の娘の悲痛な救命運動の甲斐もなく、曺奉岩は7月31日に絞首刑に処された。この事件を転機にして、平和統一論と統一政策に対する公開的な論議が凍結され、革新政党の活動は大きく萎縮した。

進歩党 1956年11月、曺奉岩を中心とする進歩勢力が組織した革新政党。民主党の成立過程で排除された曺奉岩・徐相日・朴己出・申粛ら、革新勢力は別に革新系新党を組織することを協議し、56年1月26日、「進歩党推進委員会」を構成した。つづいて同年5月、曺奉岩と朴己出がそれぞれ大統領・副大統領候補として出馬したが、選挙の中盤に朴己出候補は野党の連合戦線形成のために辞退し、曺奉岩候補は開票結果、216万票を得、李承晩についで次点となった。しかし、組織上の意見の対立で徐相日系が中途脱退し、曺奉岩系が単独に11月10日、ソウル市公館で進歩党の結党式を開催した。この日の結党式では、①責任ある革新政治、②収奪のない計画経済、③民主的平和統一の三大政治綱領を採択し、委員長に曺奉岩、幹事長に尹吉重らの役員を選出した。進歩党の政治綱領と政策のうち、とくに「平和統一論」とその具体的な方案である「国連監視下の南北の総選挙案」は北の主張する「中立監視委員団監視下の総選挙案」と同一の主張であるという容疑をかけられ、58年2月に政党登録を取り消される口実となった。曺奉岩は自由党政権によって捏造されたスパイ嫌疑で死刑に処され、党は解散された。

曺奉岩［チョボンアム］

1958年頃

1898～1959。独立運動家・政治家。京畿道江華の人。江華で普通学校と農業補修学校を卒業し、郡庁で働きながら上京、YMCA中等部で1年間学んだ後、1919年、3・1

運動に参加して1年間服役した。日本の中央大学で1年間、政治学を学び、秘密結社である黒濤会に参加し、社会主義理念による独立奪取を目標に抗日運動を展開したが帰国した。24年、朝鮮青年総同盟中央幹部、25年、朝鮮共産党中央幹部として活躍したが、このとき、共産青年会代表として上海に渡り、モスクワに行ってコミンテルン総会に参加。モスクワ東方労働者共産大学に2年間学び、帰国した。以後、上海でコミンテルン極東部朝鮮代表として任命され、ML党を組織、活躍していたが、30年、日本の警察に捕まり、新義州刑務所で7年間服役した。出獄後、仁川で地下運動をしていたが、45年1月、ふたたび検挙され、解放とともに出獄。朝鮮共産党中央幹部兼仁川地区民選議長に就任した。46年、朴憲永に忠告する公開書簡を発表した後、共産党を脱退、右翼陣営に急旋回した。制憲国会議員・初代農林部長官・第2代議員・国会副議長を歴任し、第2・第3代大統領選挙に出馬したが落選。56年、進歩党を結成し委員長となったが、58年1月、国家保安法違反嫌疑で逮捕され、大法院で死刑宣告を受け、59年7月に処刑された。

近年、曺に対する評価は高く、初代の農村部長官として陣頭指揮した農地改革は、彼の手腕によるところが大きいといわれている。2011年には再審公判で無罪判決がいわたされた。

協商選挙法 1958年1月、第4代国会議員(民議院)選挙を目前にして通過した選挙法改訂案。その骨子は次のとおり。①民議院選挙区を小選挙区とし、全国の選挙区数を233に拡大し、参議院選挙区は中選挙区とする。②選挙委員会は与野党代表の同等比例で構成する。③立候補供託金制を実施し、候補者の乱立を抑えて有効投票の6分の1を獲得できなかった候補者の供託金は没収する。④選挙運動と選挙費用を制限する選挙公営制を採択する。⑤選挙期間中の偏向的報道を規制する。この協商選挙法は自由党と民主党の利害が折衷された法案である。言論報道制限規定については、違憲の疑いまで起こったが、民主党が目前の利益に汲々としてこれを黙認し、無事に通過した。当時、民主党は小選挙区制および選挙区増設、無所属と群小政党候補に打撃を与える立候補支度金などについて自由党と利害が一致していた。民主党は強力に要求していた選挙参観員の拡大を選挙法改定に含める代わりに、選挙公営制と言論規制条項の挿入で譲歩した。この協商選挙法に従って実施された選挙では、両党は事前の計画どおりに圧倒的な議席を占め、無所属と群小政党は大きく後退した。この協商選挙法の言論規制条項挿入には自由党が本格的に言論および国民の議論権を規制する道を開く結果をもたらした。

第4代民議院選挙 1958年5月2日に実施された国会議員選挙。協商選挙法が作用した結果、自由党と民主党は圧倒的議席を占めた反面、無所属と群小政党は大きな打撃を受けた。選挙結果は自由党126議席、民主党79議席、無所属27議席、統一党1議席だった。また、この選挙で特筆すべき事項は、自由党が議席数において足踏み状態を免れなかった反面、民主党の進出が顕著であり、とくに都市部での野党の支持数がきわめて高く表れた点である。実際の例として、当時のソウル市の16選挙区のうち、自由党が獲得した議席は西大門乙区の崔奎南ただ1人だった。東大門区の与党系無所属の閔寛植を除外した残りの14区では、ことごとく野党が占めることによって「与小野大」の現象が顕著に表れた。

保安法波動（2・4波動）　1958年12月24日、国会で警衛権発動のなかで、与党の単独で新国家保安法を通過させた事件。2・4波動ともいう。56年の正副大統領選挙と58年の第4代民議院選挙の結果、民心の急速な離反の危機を察知した自由党は、その原因を野党と言論の煽動的批判のためだと断定し、言論と国民の批判を抑える方法を検討した。その結果、自由党は全文42条の国家保安法改訂案を作成し、58年8月5日の国会に提出した。その骨子は次のとおり。①保安法適用対象の拡大、②利敵行為概念の拡大、③政府を僭称したり紊乱する目的で構成された結社もしくは集団の指令を受けてその利益のための宣伝・煽動する行為の処罰規定の新設、④軍人および公務員の犯罪・煽動行為の処罰規定の新設、⑤憲法上、政府機関に対する名誉毀損行為の処罰規定の新設、⑥司法検察官の調書、証拠能力の認定および拘束期間の延長可能、⑦軍情報機関のスパイ捜査に関する法的根拠を用意するなど。さらにこれに付け加え、政府は11月8日、「虚偽事実を提示あるいは流布、事実を歪曲し、提示あるいは流布」という行為に対する処罰条項を挿入した。この改訂案は、国会に上程されると、言論の自由と市民的権利の保障を侵害する悪法として、野党および法曹界、言論界の猛烈な反対にあったが、自由党は「反共闘争委員会」を構成し、野党および社会各界の反対を容共とみなすとの脅迫を加えた。その一方で、12月19日、司法委員会で野党議員たちが昼食のため席を立った隙に、自由党単独で改訂法案をわずか3分間で通過させ、本会議に配布した。憤った民主党と無所属議員84人が国会本会議場で無期限籠城に入ると、12月24日、自由党の韓熙錫国会副議長は決議権を行使し、300名余の警備隊を使い、籠城議員を強制退去させ、自由党議員だけで30分間で保安法改定案をはじめ地方自治法改定案、予算、各種の税法などを一挙に通過させた。これに対し、民主党は「国家保安法通過は無効」という声明を出した。全野党と社会団体、在野人士から構成された「保安法反対国民大会準備委員会」は糾弾声明を発表した。59年初めには全国的な糾弾大会、街頭デモが企てられたが、警察の阻止によりいずれも失敗した。こうして新国家保安法は、院内外の強力な闘争にもかかわらず、59年1月15日付で発効した。

京郷新聞廃刊事件　自由党政権下での最大の言論弾圧事件。政府は1959年4月30日、当時もっとも強力な野党紙だった『京郷新聞』に対して米軍政法令88号を適用し、廃刊命令を出した。表面上の理由は次のようであった。①59年1月11日付社説「政府と与党の支離滅裂相」でスクリプト博士と李起鵬国会議長の会見事実を捏造し、虚偽報道した。②2月4日付短評「余滴」で暴力を煽動した。③2月15日付の江原道洪河郡の某師団長のガソリン不正処分記事は虚偽報道である。④4月3日付で報道されたスパイ河某の逮捕記事が共犯者の逃走を助けた。⑤4月15日付の、李承晩大統領の会見記事「保安法改定に反対」は虚偽報道である、などであった。しかし、実際の理由は『京郷新聞』が56年の正副大統領選挙、張勉副大統領射撃事件、保安法波動などの報道に際し、露骨に政府批判記事を掲載したこと、同紙がカトリック財団によって経営され、民主党の張勉副大統領を積極的に応援したためであった。廃刊という報復措置に先立ち、ソウル市警は短評「余滴」の筆者・朱耀翰と発行人・韓昌愚の内乱煽動容疑を立件した。政府のこのような弾圧に対し、『京郷新聞』は行政訴訟を提起するな

ど、粘り強い法廷闘争を繰り返した結果、法院の判決により、6月26日から再発行可能になった。しかし、法院判決直後、政府が廃刊処分を停刊処分に変え、復刊した『京郷新聞』は、復刊7時間目にふたたび無期停刊となった。これに対し、『京郷新聞』側は新たな段階の法廷闘争を展開する一方、米軍政法令88号に違憲申請を出した。結局、この事件は大法院にまで上告され、大法院特別部は連合部を構成し、米軍政法令88号に対する違憲審査を検討委員会に提出することに決定した。大法院の確定判決前に4月革命が起こり、4月26日、大法院連合部は『京郷新聞』に対して「発行許可停止の行政処分執行を停止する」という決定を下した。これにより、『京郷新聞』は廃刊されてから361日目の60年4月27日付の朝刊から復刊された。

ハングル波動　形態音素を原則とする現行のハングル表記法を旧式の表記法に戻そうとする政府側の企てに対し、在野学会が一斉に反発した事件。「ハングル簡素化波動」ともいう。1949年10月9日のハングルの日、李承晩大統領はハングル表記法を旧綴字法に戻したいとの談話を発表した。53年4月、これが国務会議に上程され、政府文書と教科書の表記法を旧綴字法にすることを決議した。これが国務総理訓令として通達されると、猛反発が起きた。学術団体はもちろん、国会にまでこの問題で騒ぎが起こったが、政府はこれを無視し、54年7月、「表記法簡素化共同案」を正式発表した。しかし、各界の反対世論により、日増しに騒動は大きくなり、収拾の気配もなかった。政府はついに屈服し、55年4月、「民衆が望むとおりにするように自由に直そうと思う」という大統領談話が発表され、2年余継続されたハングル波動は終止符を打った。

『大辞典』　1947年10月に第1巻が出版され、57年10月に第6巻が出て完成した韓国語・朝鮮語の大辞典。乙酉文化社から刊行された。第1巻初版の標題は『朝鮮語大辞典』、編者は「朝鮮語学会」だった。49年7月、朝鮮語学会がハングル学会に改称され、標題は『大辞典』に、編者が「ハングル学会」に変わった。『大辞典』の編纂の歴史は1929年まで遡る。その年の10月31日、李克魯が中心となって、各界の有志108名の意思を代表して「朝鮮語辞典編纂会」を結成したのが直接的な契機となり、その後、36年春、朝鮮語学会が朝鮮語辞典編纂会を吸収し、事業一切を引き受けることにより、本格的な辞典編纂作業に着手した。しかし、この作業は朝鮮語学会事件、朝鮮戦争、53年4月の「国務総理訓令8号」(いわゆるハングル波動)など、民族史のあらゆる受難を経ながら幾度も挫折、遅延を繰り返してきた。16万4125項目で、そのうち純朝鮮語は7万4612項目も収録されている『大辞典』は、朝鮮史上に燦然と輝く文化業績の1つに数えられている。朝鮮語辞典編纂会が結成されてから29年目に成し遂げられた『大辞典』の発行は、国語の標準化事業が完成されたという文化史的意義のほかにも、日本の侵略に抗って起こった民族運動の1つの流れだった韓国語・朝鮮語運動がついにその結実を結んだという点で社会運動史的意義も大きく評価されている。なお、この増補改訂版が1991年に語文閣から出版された。

崔鉉培〔チェ ヒョンベ〕　1894～1970。慶尚南道蔚山出身。ハングル学者、教育学者。号はウェ ソル。若い頃から周時経が主宰していた朝鮮語講習院でハングルとその文

1960年頃

法を学び、研究。また、その近代化に心血を注いだ。漢城高普を経て、広島高等師範に進み、京都大学哲学科を卒業。26年に延禧専門学校(現在の延世大学の前身)の教授に就任。1929年10月、訓民正音頒布記念会で大辞典の編纂が発起され、41年10月、朝鮮総督府はこの編纂事業を治安維持法違反として崔ら33人を逮捕、投獄した。李允宰・韓澄らは拷問と飢えのために獄死した。崔鉉培も3年余りの獄中生活に耐えた後、解放を迎えた。そして彼を中心として辞典の編纂に再び着手する。朝鮮戦争を経、ロックフェラー財団などの援助を得た後、57年に『大辞典』(6巻、16万語)は完成される。この『大辞典』は、南北の国語辞典づくりにはもちろん日本にも影響を与えた。例えば、『朝鮮語大辞典』(大阪外大朝鮮語研究室編)がそれである。92年に改訂版(4巻、45万語)が刊行された。彼は、ハングルの近代化、体系化のみならず国語(朝鮮語、韓国語)の整理および教育方法政策にも多大な業績を残した。

8. 4月革命と第2共和国

4月革命(4・19革命) 1960年4月19日を前後して起こった一連の反独裁政治変動。李承晩独裁政権を崩壊させ、第2共和国を発足させる歴史的転換点となった。5・16軍事クーデター以降は「義挙」と規定されたが、民衆の街頭行動の圧力により、国家元首が退陣を余儀なくされたものとして、これを革命としてみる視点が支配的で、4月19日に頂点に達したことから「4・19革命」とも呼ばれる。

[原因] 4月革命の根本的な原因は、援助経済の矛盾に求めることができる。50年代の経済構造は原料加工型消費財工業の肥大化として特徴づけられるが、この過程で財閥は権力と援助を背景にあらゆる特恵を享受して急成長し、一方では中小企業は没落の道をたどった。また、余剰農産物導入にともなう低穀価政策は農村を荒廃させ、広範な離農を誘発した。こうして都市に流入してきた農民は都市下層を形成した。過剰労働力が都市に集中し、労働力市場の競争激化と人口の累積的増大、資本の特定企業への集中は低賃金構造を定着させた。大企業と中小企業、工業と農業の有機的関連性と均衡を喪失したまま、すべての部門が援助だけをあてにする経済構造は、57年、援助が大幅に削減されると世界的な不況の余波をまともにこうむり、一大危機を迎えた。そこへ、自由党の長期独裁に対する民衆の不満が爆発し、革命の炎が燃え上がったのである。したがって4月革命は、援助経済の矛盾が政治的側面から爆発したものといえる。

4月革命の直接的契機は、李承晩独裁と、

自由党の不正・腐敗に対する国民の不満の爆発だった。政権獲得以降の数度にわたる政治波動を経て永久政権を画策していた自由党政権は、58年12月、保安法波動を起こし、国民党など野党と言論の批判を封鎖した。しかし、民心の離反により、60年、正副大統領選挙で敗色が色濃くなると、官憲を総動員し、大規模な不正選挙を行った。このようにして行われた3月15日の選挙の結果、李起鵬の支持率が90〜99パーセントにも上るなど途方もない数字が出た。当惑した李承晩は内務長官・崔仁圭に得票率を水増し調整せよとの指示を下し、結局、李承晩88.7パーセント、李起鵬79パーセントと仕組まれた得票率で当選が発表された。しかし、国民は3・15不正選挙の結果に承服せず、馬山が発火点となった不正選挙糾弾デモは、全国各地へ燎原の火のように広がった。

[展開過程] 4月革命の発端は、2・28大邱学生デモまで遡る。野党の演説会場に行けないように、日曜日の登校を強要されたことに反発して起こった大邱市内高校生のデモ事件は、自由党政権に対する国民の極度の不満が広範囲に拡大していることを示した。このような不満を爆発させた導火線となったのが、3・15不正選挙である。不正選挙糾弾デモが馬山をはじめソウル、釜山

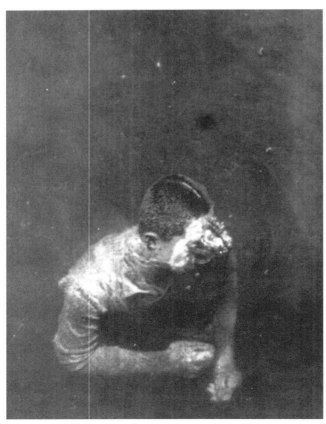

馬山港に水死体となって発見された金朱烈少年、1960年4月11日

の各都市に拡大し、学生を主軸にして多くの民衆がこれに加わって激烈さを増すと、警察は無差別発砲でこれに対応した。その渦中の4月11日、馬山でのデモの途中、失踪していた金朱烈が目に催涙弾を打ち込まれた死体で海に浮かんでいるのが発見された。ここに李承晩政権の暴力性は完全に明らかになった。馬山市民の第2次デモを契機にデモはふたたび全国に広まった。つづいて4月18日には高麗大学生3000名余が国会議事堂前で座りこみデモの後、校内に戻る途中、政治ゴロの襲撃を受け、1名が死亡、数十名が負傷する事件が発生した（高麗生デモ隊襲撃事件）。この日の高麗生のデモは、スローガンを不正選挙糾弾から独裁政治打倒に変え、翌日の4月19日を期して大学生たちが総決起するきっかけとなった。火曜日の4月19日、高校生・大学生をはじめとする10万名余のソウル市民がデモに参加し、デモ隊の一部が景武台（現在の青瓦台大統領官邸）に向かった。驚いた李承晩は戒厳令を公布し、戒厳軍によってようやくデモ隊の官邸襲撃を防ぐことができたが、この日1日だけで全国で186名が死亡し、6026名が負傷するという最悪の事態に至った（血の火曜日）。戒厳令下で次第に秩序が戻るかにみえたので、李承晩と自由党は李起鵬を退陣させる線で事態を収拾しようとしたが、4月25日、大学教授などのデモが起こり、米国はこれを盾についに李承晩に退陣を勧告した。4月26日、ふたたび大規模な民衆デモが起こり、翌日、李承晩は退陣声明を発表。ここに12年の独裁政権は終幕を迎えた。28日には李起鵬一家の自殺が確認され、29日、李承晩は密かにハワイに逃亡した。李承晩の退陣後は許政を首班とする過渡的な内閣が成立し、責任内閣制改憲による7・29総選挙の結果、張勉を国務総理とする民主党政権が成立して、第2共和国が誕生した。

［意義］韓国の歴史上、民衆による政権打倒を最初に成功させた4月革命だったが、広汎な民衆の参加による全面的社会活動へと発展せず、学生が中心となって李承晩独裁政権を打倒したという表面的な成功にとどまった。当時の学生運動には組織性と理論の欠如、意識の低さという明白な限界があった。革命主体勢力のこうした限界は、4月革命の成果を民主党が独り占めする結果をもたらし、革命過程で提起された反外勢・民族統一・自立経済などの課題を完遂できないまま、ついに未完の革命となった。しかし、4月革命は冷戦イデオロギーのなかで埋もれていたこのような革命的課題を前面に押し出すとともに、民衆を政治的に覚醒させ、民衆が歴史の主体として社会に出ていく契機となったという点で、韓国現代史において1つの分水嶺をなす大きな意義を持つ。

2・28大邱学生デモ 1960年2月28日、当局が野党の選挙演説会場に行けないように日曜日を登校日としたことに反発し、大邱市内の高校生らがデモを起こした事件。民主党大統領候補の大邱遊説日28日は日曜日だったが、大邱市内のすべての小・中・高校生は当局の指示で登校を強要された。これは、野党の選挙遊説への間接的妨害であり、選挙演説を聞く権利を封じる行為だった。憤った大邱高校と慶北高校、慶北大師範付属高校の学生は学校に集結し、スクラムを組んで「民主主義を生かそう」「学園の自由を返せ」「学生を政治の道具とするな」と、口々に叫びながら市街行進した。この事件の後、ソウル・大田・水原・釜山などの各地で学生デモが連続して発生した。これは4月革命の先駆けをなす事件となった。

3・15不正選挙 第4代正副大統領を選出するために1960年3月15日、実施された選挙。史上例のない不正選挙で4月革命の導火線となった。第3代正副大統領選挙の結果を分析した自由党政権は、公平な選挙ではまったく勝算がないことを知り、官憲を動員して総力を投入した不正選挙計画を立てた。自由党は民主党の大統領候補である趙炳玉が病気治療で渡米した隙に乗じて、5月中に実施することになっていた正副大統領選挙を2ヵ月も早めて3月15日に実施すると公告した。内務長官・崔仁圭を中心とした公務員総動員の不正選挙計画の内容は次のとおり。①4割事前投票、②3人組による半公開投票、③腕章部隊を動員し、有権者を脅迫、④野党参観人を追い出す、④幽霊有権者の組織と棄権の強要、および棄権者の代理投票、⑤内通者を係官とする投票所の設置、⑥投票箱のすり替え、⑦開票時の混票と票のすり替え、⑧得票数の操作発表など。このような不正計画は、正義感に燃えた1人の現場警察官が「不正選挙指令書」の写しを民主党に提供することによって暴露された。この渦中で趙炳玉が米国で急死すると、李承晩の4選は確実視され、副大統領立候補者の李起鵬の当選だけが問題となった。李承晩の後継者をもってみずから任じていた李起鵬は、妻の朴マリアを背後操縦のリーダー、内務部長官・崔仁圭を直接実行者として、集中的に選挙不正を行わせた。その結果、3・15選挙は前例のない不正選挙となった。この日、馬山では義憤を抑えきれない市民と学生が起ち上がり、デモを繰り広げた。3月17日、自由党政権は李承晩、李起鵬の両候補が80パーセントを越える高い得票率で当選したことを発表したが、大多数の国民は選挙結果を信用できないばかりか、民主党の選挙無効の主張に呼応し、不正選挙糾弾デモが全国に広がった。

趙炳玉 [チョビョンオッ]

1950年代

1894〜1960。政治家。忠清南道天安の人。公州永明学校を経て1911年、平壌崇実学校を卒業。14年に延禧専門学校を卒業後ただちに米国に渡り、コロンビア大学で政治経済学を専攻した。25年、同大学でPh.Dを取得。のちに韓人会・興士団などに参加。帰国して延禧専門学校専任講師となったが、左翼的教育の潮流に対立し、辞職した。27年、新幹会創立委員・財政総務を務め、29年、光州学生運動の背後操縦者として逮捕され、3年間服役した。37年には修養同友会事件でふたたび2年間服役した。45年、宋鎮禹・張徳秀らと韓国民主党を結成。米軍政庁の警務部長に就任。左翼勢力摘発に力を注いだ。48年、大統領特使、国連韓国代表、50年の朝鮮戦争時には内務部長官として大邱死守の指揮に立った。李承晩との意見の衝突で辞職し、その後、反李承晩勢力の主要人物となった。54年、第3代民議院、58年、第4代民議院に当選。56年、民主党代表最高委員に選出され、60年、民主党の推薦で大統領に立候補したが、選挙戦中に病を得て、治療のため渡米。ウォルトリート陸軍病院で死亡した。

馬山デモ事件 3・15不正選挙に抗議して起こった馬山市民デモと警察の衝突事件。1960年3月15日、不正選挙に抗議する市民、学生が起こした平和的デモ隊は、これを強制解散させようとする警察と投石戦を繰り広げ、警察の無差別発砲と逮捕・拘禁によって多数の犠牲者が出た。憤激した市民・学生は派出所をはじめとする警察官舎や国会議員および警察署長の自宅を襲撃した。この過程で80名余の死傷者（死者7名）が発生した。首謀者として拘束された26名は共産党のメンバーとされ、拷問を受けた。さらに4月11日、行方不明となっていた金朱烈の死体が、左目に催涙弾を打ち込まれた無残な姿で海に浮かんでいるのが発見されると、ついに多数の市民が決起し、警察の蛮行糾弾に立ち上がった。3日間に及ぶ激烈なデモが敢行され、馬山の公共施設が多数破壊された。馬山市民の抗議デモは、不正選挙を糾弾し、当局の姿勢の是正を要求するデモを全国的に拡散させ、ついに李承晩独裁政権を崩壊させる4月革命の導火線となった。

高麗大生デモ隊襲撃事件 1960年4月18日、高麗大生3000名余が国会議事堂前で座りこみ、解散して学内に戻ろうとした時に暴力団の襲撃を受け、1名が死亡、90名が負傷した事件。新入生歓迎会の日だったこの日、午後12時50分、全学生は「青年学徒だけが神聖な民衆の歴史創造の導き手になることができることを肝に銘じ、総決起しよう」という内容の宣言文を採択し、校門の外に出て、国会議事堂に向かった。議事堂の前で座りこみ、警察の学園立ち入りの禁止と馬山事件の責任者の処断などを要求するデモを行った後、学内に戻るために行進し、先頭が鍾路四街の天一劇場付近に至った頃、鳶口や金具、鉄槌などで武装した50〜60名の暴力団が学生に襲いかかり、無差別に殴りつけた。暴漢と学生の間で約30分にわたる乱闘が行われ、学生・韓相哲が

高麗大学生たちのデモ（1960年4月19日）

死亡し、50名余の学生が負傷した。また、現場で取材していたカメラマン3名がカメラを奪われて殴打された。この4月18日に起きた高麗大デモ隊襲撃事件は、翌4月19日に学生が一斉に決起する直接的な契機となった。デモの主役を地方の高校生からソウルの大学生へ拡大させ、デモ目的を不正選挙糾弾から独裁打倒へと転換させたことの意義は大きい。

4・19学生革命　1960年4月19日に起こった大規模な反独裁闘争。この日を前後して、学生主導で行われた反独裁闘争は「4・19学生革命」「4・19学生義挙」「4・19義挙」などと呼ばれている。また流血の事態となったこの日を「血の火曜日」とも呼ぶ。前日の高麗大生デモ隊襲撃事件に刺激されたソウル市内の大学生は、数日前から計画されていたデモを早めてこの日の午前、各大学別に総決起宣言文を朗読し、中央庁に向かって市街行進に突入した。これにつづいて高校生と市民がデモ隊に合流。午後1時頃にはソウル市内全域でデモ群衆10万名を越えるまでになった。一方、警察は李承晩との会見を望む学生の要求を無視したまま、市内の孝子洞入り口にバリケードを築き、無差別発砲による死傷者多数を出した。興奮したデモ隊は自由党政権の手先と見なされていたソウル新聞社と反共青年団本部、そして自由党本部を襲撃し、放火・破壊した。さらに西大門の李起鵬宅もデモ隊の襲撃を受けた。ここでは自由党の私兵の暴力集団が棍棒をふりまわして学生たちを殺傷した。この日のスローガンは「3・15不正選挙をやれるものならもう一度やってみろ！」「個人独裁反対！」「李承晩は下野しろ！」など、独裁政権退陣と民衆守護を要求するものだった。ソウル市内は完全に無政府状態となり、恐れをなした政府は午後3時を期してソウル一円に戒厳令を公布し、流血の事態が展開する釜山・大邱・光州・大田にも戒厳令を敷いた。夜遅くまで散発的につづけられたデモは、戒厳司令官・宋尭賛を筆頭に戒厳軍がソウルに進駐したためいったん収まった。この日のデモでソウルで100名余、釜山で19名、光州で8名の死者を出し、全国で総計すると死者186名、負傷者6026名の犠牲者を出した。そして、この4月革命は、4・25大学教授団デモへと引き継がれた。

大学教授団デモ　3・15不正選挙を糾弾する学生デモが4月革命によって絶頂に達した後、1960年4月25日、全国の大学教授代表が集まって時局収拾のための宣言文を発表し、デモを行った事件。この日の午後3時、ソウル大学教授会館に集まった27大学258名の教授たちは、「大統領をはじめとする与野党国会議員と大法官は3・15不正選挙と4月革命の事態の責任をとり、すみやかに退陣して再選挙を実施せよ」という主旨の14ヵ条の時局宣言文を発表した。つづいて400名余の教授たちは、「4・19義挙で亡くなった学生の死に報いよう」というスローガンを掲げ、戒厳令下で平和的なデモを行い、ソウル市内を行進した。この教授団デモは市民と学生の圧倒的支持を呼び起こした。その日の夜からふたたび市民、学生が決起し、26日に大々的なデモが行われ、李承晩退陣の決定的な契機となった。

責任内閣制改憲　1960年6月15日に実施された第3次改憲。内閣責任制（議院内閣制）を骨子としており、形式上では「改憲」だが、実質的には「憲法制定」といってよいほどの大幅な改訂が行われた。第2共和国憲法となったこの改憲案の主要内容は次のとおり。①法律留保条項を削除した基本

権保障の強化、②複数政党制の保障、③責任内閣制の採択、④憲法裁判所の設置、⑤大法院長・大法官の選挙制度採択、⑥中央選挙委員会の憲法機関化、⑦警察の中立規定、⑧地方自治団体長の選挙制採択など。この改憲案が採択された後、初めて民議院と参議院の選挙が実施され、責任内閣制が行われた。

7・29選挙 1960年7月29日に実施された第5代国会議員選挙。民議院233名、参議院58名が同時に選ばれた。自由党の崩壊によって生まれた政治的空白状態のなかで群小政党が乱立したが、選挙結果は民主党の圧倒的勝利となった。民主党は民議院233席中175議席、参議院58席中31議席を占めたが、残りの議席は民議院の場合、無所属46議席、社会大衆党4議席、自由党2議席、韓国社会党1議席、他群小政党5議席であった。参議院の場合、無所属20議席、自由党4議席、社会大衆党1議席、韓国社会党1議席、民主進歩連盟1議席だった。しかし、無所属当選者のうちの相当数が民主党立候補者の公薦(公認)洩れ候補だったため、無所属で出馬した候補者の多数が国会開院と同時に民主党に再入党した。この点を考慮すると、民主党の実際の議席数は上述の統計をはるかに超えたものとなろう。13の選挙区で不正選挙が摘発され、ただちに再選挙が実施されるなど、従来の選挙に比べて、ずっと自由で公正な雰囲気で実施された総選挙の結果、民主党は両院で絶対多数を占め、8月12日、民議院・参議院合同会議で民主党旧派の尹潽善議員を大統領に選出し、19日に国会で民主党シンパの張勉が国務総理として承認された。

民議院 両院制国会の下院。上院の参議院に対応する。制憲国会では単院制を採択したが、1952年7月4日の大統領直選制と両院制を骨子とする、いわゆる「抜粋改憲案」が通過することにより、国会は参議院と民議院の両院制となった。しかし、当時、自由党政権はさまざまな理由をあげて憲法を無視し、参議院の編成を遅延させ、民議院だけを立法機関としてきた。民議院は普通、秘密選挙の原則により、選出された233名(制憲国会は200名)の議員から組織され、議長1名、副議長2名と14の委員会を設置し、予算案審議、法律案審議、国務委員信任権、自立権などの権限を持った。4月革命後、両院制が実施され、第5代民議院が構成されたが、5・16軍事クーデターによって解散させられた。

参議院 両院制国会の上院。下院である民議院に対応する。韓国では4月革命後に成立した第2共和国で初めて両院制を実施し、特別市と道を選挙区とし、民選で選ばれた参議院議員によって上院である参議院を構成、下院の民議院とともに両院を形成した。民議院で提出された法案などを審議し、大法官・検察総長・審計委員長・大使・公使・その他の法律により規定された公務員を任命する認証権を持った。61年の5・16軍事クーデターで解散させられた。

第2共和国 4月革命によって第1共和国が崩壊した後、6月15日に改定憲法が通過し、8月、民議院・参議院合同会議で大統領に尹潽善、国務総理に張勉が選出された。この内閣の組閣によって第2共和国は発足し、61年の5・16軍事クーデターまで、民主党が政権を握った、韓国で2度目の共和国体制。

[統治構造の特色] 責任内閣制を採択した第2共和国の形式的統治構造の特徴は、ほぼ次のとおり。①国民の基本権保障を強化

し、居住・移転の自由、通信の秘密、言論・出版・集会・結社の自由などに対する法律留保条項を削除。②大統領は儀礼的な国家元首とし、政治的実権を国務総理に集中させる。③責任内閣制とし、行政権を国務院に帰属させ、国務院は民議院に対し連帯責任を持つ。④国務院の民議院解散権と、民議院の国務院不信任権を正常化し、責任政治を施行。⑤国会は民議院と参議院から構成される両院制を採択し、民議院にさらに多くの権限を付与。⑥市・邑・面と地方自治団体の長を住民の直接選挙で選出。⑦警察中立化の制度化。

[主要施策] 明確な政策は提示できなかったが、特筆すべき施策としては次のようなものがある。①不正選挙関連者処罰法・不正蓄財者特別処理法・特別裁判所・特別検察部設置法・公民権助言法などの革命立法の推進。②地方自治制実施。③国民から屈辱外交との反発を買うほど対米外交を重視した点。

[政治・社会状況] 民主党政権は新旧派の紛争、長老と少壮派の対立など、党内派閥争いと無能により、9ヵ月という短い政権期間に3度の全面的な内閣改造を行わねばならないほどで、政局は混乱に次ぐ混乱という状況となった。また、党内の結束に欠け、一貫した政治理念を提示できず、国民の要求を満たすこともできず、積極的な改革政治を展開することもできないままで、弱体政権の状態を免れなかった。「経済開発第一主義」を標榜したにもかかわらず、経済政策において無能無策ぶりを露呈し、物価は38パーセントも跳ね上がり、失業率は23.7パーセントに達し、経済成長率は人口増加率にも及ばない2.1パーセントに停滞するなど、経済的沈滞は民衆の生活をさらに困窮に陥れた。このような経済政策の失敗は、張勉政権の対米屈辱外交と緊密な関連性を持つ。張勉は執権後、米国の圧力に屈し、対ドル・レートを引き上げ、援助の割当と支出を米国が直接監督できる韓米経済協定を締結した。対ドル・レートの引き上げとともに、政治資金確保のための日本商品輸入許可措置が国内の経済をさらに悪化させる決定的な要因となった。このような弱体性により、民主党政権は軍部に対する効果的な統制にも失敗し、5・16軍事クーデターを招来する直接的な原因を準備したのである。このような政治経済情勢により、国民の不満が高まった。そのうえ、4月革命の精神を進展させる実質的な改革もなされなかったので、民衆はふたたび街頭に出た。この期間に起こった街頭デモは合わせて2000件にのぼり、参加人数は総計100万名に達した。当時の社会運動において特記すべき点は、夜間の松明デモにまで発展した2大悪法反対闘争、「行こう北へ、来れ南へ！」というスローガンの下に、革新系政党と学生たちを中心に活発に展開された統一運動、そして、労働運動の新しい地平を拓きながら熾烈な様相で展開された教員労組運動がある。しかし、これらすべての動きは、61年の5・16軍事クーデターによる第2共和国の終末とともに消え、韓国はふたたび長い暗闇のなかへと入る。

新旧派紛争 民主党の党内派閥闘争。自由党政権が倒れ、民主党が議院の絶対多数議席を占め、執権党となるとすぐに表面化した。新派と旧派は出身背景や政治的性向において一定の違いがあった。旧派は民主党の前身である民国党系でいわゆる野党陣から構成されているのに対し、新派は無所属あるいは自由党出身の新参の派閥だった。民国党が韓民党と上海臨時政府系列の人々が連合して結成された政党であるだけに、旧派では地主出身者が多いのに比べ、

新派は官僚出身者が多かった。この新派の革新勢力は、張勉を中心とする興士団系の人々であり、彼らは主に平壌地方出身で、かつて米国に長く住み、親米的傾向が強かった。これらの新旧派の対立が露呈したのは1960年8月、第2共和国第1次内閣が構成されたときだった。すなわち、象徴的な意味の大統領に選出された旧派の領袖・尹潽善が、副領袖格の金度演を国務総理に指名すると、新派議員は暗黙のうちに談合投票を行い、総理指名認証案を否決した。尹潽善は仕方なく新派の指導者の張勉を総理に指名した。国務総理となった張勉は火に油を注ぐようなやり方で内閣閣僚から旧派出身1名、無所属2名を除外し、新派一色で構成することにより、内部対立を激化させた。張勉のこの処置に対して旧派が民主党を分裂させる姿勢を示すと、張勉は妥協案を提示してなだめようとしたが、ついに金度演をはじめとする旧派は民主党を離脱。10月18日、新民党を結成することにより、新旧派の軋轢は分党状態として表れ、結末を迎えた。

尹潽善［ユン ボソン］ 1897～1990。政治家、第4代大統領（1960～61）。忠清南道牙山の人。英国エジンバラ大学を卒業し、その後臨時政府で活動し、解放後、米軍政庁農政局顧問となった。南だけの単独政府樹立後は初代ソウル市長に抜擢され、49年、商工部長官に選ばれた。第3代、5代、6代国会議員を務め、59年、民主党最高委員に選出され、60年8月、第4代大統領となった。63年、民政党を結成し、同党大統領候補として出馬。朴正煕に僅少差で破れた。67年、第6代大統領選挙にも大統領候補として朴正煕と接戦を演じたが敗北した。70年、国民党総裁となり、76年3月1日、明洞聖堂で金大中らとともに「3・1民主救国宣言」

第4代大統領就任演説（1960年8月17日）

を発表。緊急措置9号違反の嫌疑で立件されるなど、在野民主化運動の先頭に立った。しかし80年、5・17クーデターにより全斗煥が実権を掌握すると、新軍部との密接な関係を持つようになり、在野から批判された。

下剋上事件 4月革命を契機に、軍内の腐敗した高級将校を追放するために展開された下級将校による整軍（粛軍）運動。1960年5月8日、金鍾泌・金炯旭・吉在号・呉致成ら陸士8期生の中領（中佐）8名が整軍謀議をはじめた。この少壮将校たちが暫定的な行動方針として採択した内容は次のとおり。①3・15不正選挙を助けた軍の高級将校に対する責任追及、②不正蓄財した将軍の処断、③無能・破廉恥な指揮官の除去、④派閥醸成のあらゆる要因の除去、軍の政治的中立の保障、⑤待遇改善など。この謀議は事前に発覚し、首謀者が「国家反乱陰謀罪」に問われて逮捕されたが、当時の戒厳司令官兼陸軍参謀総長・宋尭賛中将は辞

任することで逮捕を免れた。のちに海兵第1上陸師団長・金東河准将が、上官の海兵隊司令官・金大植中将の解任を建議するなど、整軍運動は海兵隊、空軍、海軍などに広がり、こうした支援に鼓舞されて、前述の整軍運動の指導者8名を含む11名の中佐は、5月10日、国防長官・玄錫虎に対し、全軍のすみやかな整軍の断行を公式請願したのにつづき、21日には陸士7期、9期、11期の16名から構成された代表団が連合参謀総長・崔栄喜に対し、整軍と辞任を強硬に申し入れた。当初は軍部粛清を約束した民主党政権は、軍部最高位者に対するこのような露骨な挑戦は、軍の指揮体系を破壊する恐れがあるとの米国の警告に従って、この16名の将校を全員逮捕し、軍法会議にかけた。このとき懲役3ヵ月を宣告された大領(大佐)・金東馥が事件の首謀者を明らかにし、翌年2月12日には金鍾泌・金炯旭・石正善の3名の中領が逮捕された。彼らは軍法会議には付されないという条件で「志願予備役」に下り、下剋上事件は一応の終結をみた。しかし、彼ら整軍運動の首謀者は、のちに1961年の5・16軍事クーデターの主導的な勢力としてふたたび登場する。

9. 民衆運動の高揚

革新運動　進歩党事件以後、息をひそめていた革新勢力は4月革命の変革の熱気に勢いを得て政治の第一線に突出した。最初の動きは革新団体の再建に表れた。旧進歩党幹部と民主革新党(民革党)の一部が社会大衆党を結成したのにつづき、民革党の一部と労働組合運動系が韓国社会党を、また張建相・金昌淑らが革新同志会総同盟を結成した。これらは国会進出を目標に7・29総選挙に臨んだが、時間が逼迫し、また内情は四分五裂だったため、惨敗した(民議院233議席中6議席)。総選挙で敗北したのを契機に革新勢力は大きく3つに分かれて再編された。左派革新系の社会大衆党と社会党、中道革新系の統一社会党、右派革新系の民族統一党の3つである。これら革新勢力は、第1に、南の資本主義の現存社会経済秩序が経済的不平等を惹起しているばかりでなく、これをさらに深めている、第2に、経済的不平等は究極的に分断に起因している、第3に、米国の南の植民地化が統一に障害をもたらしているという認識の下に、このような矛盾と不平等を解決するために、①民主社会主義体制の施行、②北との経済交流、③米国との不平等な経済関係の是正、などを主張した。また、彼らは統一を韓国社会のさまざまな矛盾を解決するための最良の方法とし、張勉政府の「先建設、後統一論」は「統一をしない」という主張と同様だと批判しつつ、中立化統一運動を活発に展開した。しかし、院内にごく少数の議席しか確保できない革新勢力がこのような理念を実現させるには、国民大衆と直接結合して闘争に出るしかない

と判断。三大院外闘争と呼ばれる「反米経済協定反対運動」「二大悪法反対運動」「南北協商統一闘争」を展開し、言論界・労働界・学生から広汎な支持を受ける一方、内部団結を図った。しかし、このように活発に展開された革新運動は、5・16軍事クーデターを迎え、指導者クラスの人々が一挙に拘束あるいは処刑されて、ふたたび沈滞期を迎えることになった。

韓国社会党 4月革命直後に、銭鎮漢を中心に結成された、穏健な社会民主主義の路線を志向する政党。1960年5月21日に発起され、6月14日には「韓国社会党結成準備委員会全国代表者大会」が開催された。しかし、結成大会も開かれないまま総選挙を戦い、民議院19名、参議院2名の候補を出したが、民議院、参議院にそれぞれ1名ずつの当選者を出しただけで、結成準備委員長の銭鎮漢さえも落選するという惨敗を喫した。落胆した銭鎮漢は脱党の意思を明らかにし、一部の党勢力は社会大衆党内の進歩党系と結合し、「独立社会党」の結成を推進するなど、組織の分裂を抑えることができず、事実上、解体した。

社会大衆党 4月革命以降、革新政党の再建を目標に旧進歩党幹部と民主革新党の一部が結成した政党。1960年6月17日、創党準備委員会を組織し、徐相日・尹吉重らを幹部に選出して結党作業に着手。同年11月24日に発足した。結党宣言文で「4月民主革命の完遂を阻止・反転させようとする反動勢力と、革命の進行を抑制・沈滞させ、狭小な党派的利益だけを得ようとする日和見主義的保守勢力と果敢に戦うこと」を誓い、また、「農民・労働者・勤労インテリ・中小商工業者および良心的資本家などの代弁者となるも、それは決して階級主義的立場を意味しない」ことを明らかにし、「民主革命の完遂と平和的統一の実現および民主的福祉社会の実現という歴史的民族的課題を担当、完遂すること」を決議した。また、政治綱領および政策として、①国連監視下の自由選挙を通じた平和的民主的国土統一達成など4ヵ条の統一および外交政策、②3・15不正選挙の法律違反者の処断、③不法蓄財没収など6ヵ条の4月革命完遂政策、④不在地主の土地兼併の違法化、⑤主要農産物に対する価格保障制度実施など3ヵ条の農漁村振興政策、⑥計画経済と自立経済を混合させた計画性のある経済体制の確立など、5ヵ条の財政・金融・経済建設政策を掲げた。結党の途上で総選挙を戦ったが惨敗。その後は離合集散を繰り返し、統一社会党が創党されると自然解消した。

統一社会党 1961年1月21日に結成された革新政党。7・29総選挙の惨敗で政治的基盤を失った革新勢力は分裂し、離合集散を繰り返していたが、南北統一運動と労働運動の活発な展開に力を得て、ふたたび新党結成のために結束した。徐相日・金成淑・鄭華岩らのベテラン活動家を擁立し、李東華・尹吉重・宋南憲・高貞勲らが実務責任者となるなど、革新系の人物が大挙して参加した統一社会党は、その結成宣言文で、まず「閉鎖的割拠性を志向し、理念の実践を試みるいとまもなく、散漫で無力な態勢で7・29選挙に臨んだこと」を徹底的に自己批判した。つづいて、「祖国統一を自主独立の立派な民主的福祉国家に発展させる歴史的課題を担い、監視できる……民主的社会主義路線を志向する……大同的で単一化された革新政党を創建しよう」とすることを明らかにした。後に5・16軍事クーデターによって政治活動を停止させられた。1965年6月に日本から帰った金哲によって

再建されたが、共和党政権の弾圧と国会進出が思いどおりいかず、これといった活動もなく党の命脈だけを辛くも維持した。80年、5・17クーデター以降の政治的構図の再編のなかで、革新系の人々が「民主社会党」を結成するとその流れに合流したが、10月にはふたたび憲法によって解散させられた。

民族自主統一中央協議会（民自統） 1960年9月、社会大衆党・韓国社会党・革新同志会総同盟・天道教・儒教会・民主民族青年同盟・統一民主青年同盟・4月革命学生連合会などの革新系政党と社会団体が連合して結成した統一運動組織。民自統は同年9月30日を期して「自主・平和・民主」の3大原則の下に、南北統一を実現するための国民運動を展開することを決議し、その具体的な実践方法として、①できる限りすみやかな南北政治協商、②南北民族代表による民族統一建国最高委員会の構成、③外国勢力の排撃、④統一協議のための南北代表者会談の開催、⑤統一後、オーストリア式の中立、あるいは永世中立や他の形態の選択可能性の選定などの中立化統一案を主張した。それとともに民自統は学生による南北学生会談提議も積極的に支持し、61年5月13日、「南北学生会談歓迎および統一促進決起大会」を開催した。1万名余の市民と学生が参加したなかで行われたこの日の大会は、①南北学生会談全面支持、②南北政治協商準備など6ヵ条の決議文を採択し、「行こう北へ、来れ南へ！」というスローガンが叫ばれるなかで、統一への熱気を高めた。

中立化祖国統一運動総連盟 1961年2月21日、統一社会党・社会革新党・三民会・光復同志会などの民自党を離脱した政党、社会団体が結成した統一運動組織。これらの団体は、民自統の「自主・平和・民主」という原則はあまりにも曖昧勝手な解釈を許すものであり、それゆえに統一の基本方向になりえないという点を挙げ、脱退理由とした。彼らが提示した「永世中立化案」は、①国際会議を通じた国際的保障の下に永世中立と統一を期さねばならず、また、②永世中立化を勝ち取るための国民運動を展開しなければならないというものだった。なお日本でも、同じような中立化構想が金三奎によって提唱された。

二大悪法 張勉政権が制定しようとして民衆の激しい抵抗にあい、立法を留保した反共法とデモ規制法の通称。
［反共法］ 史上空前の悪法といわれたこの法律は、平和統一を主張する政党、もしくは団体の結成をスパイ活動とみなし、終身刑から死刑までの処罰ができるうえ、公民権剥奪に対する抵抗や飢餓・貧困を打破するための動きを「反逆罪」と規定し、それに同調する人まですべて「国家保安を危うくする行為」として起訴できるというものであった。5・16軍事クーデター直後、軍事政権によって制定された。
［デモ規制法］ 公共建造物から20メートル以内でのデモと集会はもちろん、警察の許可や指導のないデモをすべて禁止する法律。外国人の所有もしくは接収した建物や邸宅に立ち入ること、日没以降のデモ、拡声器を設置して人々に呼びかけ、あるいは拡声器の使用を助ける行為などは、それだけでも犯罪の要件が成立すると規定された。

二大悪法反対闘争 張勉政権の反共法・デモ規制法の計画に対して、これを阻止するために革新政党を中心に民主勢力が総結集して展開した共同闘争。社会大衆党・社

会党などの革新政党と被虐殺者遺族会・民主民族青年同盟・統一民主青年同盟・韓国教員労組連合会など社会団体および学生が61年2月、「二大悪法反対共同闘争」を結成。闘争の隊列を備えた後、3月22日、1万名余の市民が参加したなかで、「二大悪法反対ソウル市民決起大会」を開いた。この日の大会では、①反共法・デモ規制法および国家保安法の即刻撤廃、②張勉政権の総退陣、③反共法およびデモ規制法が国会に上程された場合の国会信任闘争展開などの5ヵ条の決議文が採択された。翌3月23日、39の政党、社会団体所属の市民2万名余がソウル国会議事堂前の広場に集まり、長時間の抗議集会を開催した後、日が暮れると松明を掲げて「張勉内閣打倒」を叫び、張勉の自宅を目指して街頭デモを行った。この日のデモで123名の市民が逮捕された。張勉政権は全警察に非常警戒体制を命じて、民衆の抵抗を早期に鎮圧しようとしたが、デモの火の手は釜山・大邱・光州など全国主要都市に広がった。張勉政権はこの民衆闘争に屈服し、二大悪法の制定は保留となったが、後の5・16軍事クーデターで実現する。

4・19以後の学生運動　4月革命以後、学園民主化・国民啓蒙・新生活運動・統一運動などの多様な領域で、学生たちが主導する運動は展開された。4月革命の主導的な勢力だった学生は、当面の目標だった自由党独裁政権打倒に成功すると、革命の後の処理を保守政治勢力の過渡的政権に任せ、いったん学内に戻った。その後に最初に展開したのが学園民主化運動であり、一時期は活発に展開された。一方、学外においては国民啓蒙運動と新生活運動の両者を展開したが、これは「革命精神を正しく継承するためには新生活、新道徳の確立が急務」という視点から行われた。しかし、学生たちのこの2つの運動は、国民からは支持を得ることはできなかった。一時期、方向をつかめないまま漂流していた学生運動にふたたび活力を与えたのが統一運動である。1960年11月1日、ソウル大民族統一連盟発起大会を起点として5・16軍事クーデター直前まで、活発な様相を見せながら展開された。しかし、統一運動は、5月16日を迎えると一夜にして中断された。このように、4月革命以降の学生運動が方向をつかめないまま漂流し、軍事クーデターにより挫折したのは、当初、運動主体が4月革命の反外国勢力、反独裁理念を認識できず、単純な政権交代程度に理解する一方、過剰な期待を抱き、独裁政権を生み出した土壌を掘り崩すことができなかったためである。また、過渡的政権としての張勉政権の性格を把握できず、代替勢力の形成にも失敗した。このため国内民主化の政治的基盤の形成ではなく、一足飛びの統一に課題を置くことになった。このような学生運動の理論的、組織的限界性は、軍事クーデター直後の61年5月23日、ソウル大学生会が軍事クーデターの支持宣言を発した点からも端的に見てとることができる。

学園民主化運動　李承晩独裁政権を崩壊させ、学内に戻った学生たちが最初に展開した運動。自由で自律的な学生組織の形成、御用教授の退陣、学校行政体系の民主化という3つの流れで展開された。1960年5月3日、御用学生団体・学徒護国団が結成11年目にしてようやく解体され、自律的な学生会組織が誕生すると、学生たちはこれを基盤に活発な活動を展開した。まず、御用教授退任と学園内行政体系の民主化を要求した。このような学園民主化闘争は、全国各大学で同盟休校や断食闘争など熾烈な様

相を見せて展開され、私立大学の場合、財団、理事会との摩擦によって流血事態にまで発展するなど、さらに激烈で長期的な様相を帯びた。とくに延世大学の学園民主化闘争は教授団と学生が団結し、財団理事会と正面から闘った末に勝利した事例として、運動理念を民衆、民族主義にまで高めた学園民主化闘争の代表である。

国民啓蒙運動 1960年6月10日、ソウル大学生会の決議を起点にして推進された学生主導の国民啓蒙運動。ソウル大文理学部の「農村へ入る運動」や延世大の「地域社会開発隊」活動もこの一環である。4月革命の主役だった学生たちは李承晩独裁政権の基盤には国民の無知があると分析し、これを啓蒙することを決議、7月6日、ソウル大国民啓蒙隊を結成。8日から11日の間に7000名余を全国各地に派遣した。国民啓蒙隊は、①4月革命精神の普及、②国民の政治意識と主権意識の高揚、③経済福祉の追求、④新生活体系の樹立、⑤民族文化の創造を綱領とし、「祖国と民族の福祉達成の根本は新生活、新道徳にあり……、祖国と民族の将来が永遠に貧困と無知の深海のなかに遺棄されたままではありえないとするならば、その根本方法は4月革命精神の完遂と国民啓蒙にある。これを確認してここに国民啓蒙隊を組織する」と宣言した。しかし、このような熱意にもかかわらず、学生には農村生活と労働の経験があまりに不足しており、「国民一般の政治意識を高揚」する具体的な計画もなく、意欲だけが先走り、所期の成果は収められなかった。国民啓蒙運動はふたたび学生運動主体の意識的限界をみせたもので、彼らは革命の事後処理を過渡政府に任せたまま、国民啓蒙運動を革命の延長と考え、これに飛び込んだのである。

新生活運動 国民啓蒙運動と軌を一にする4月革命以降の学生運動。1960年7月16日、ソウル大新生活運動班の学生たちがソウルの世宗路で輸入煙草を焼却したのを皮切りにはじまった。その年の9月23日、政府が新生活運動班活動を不法行為と断定し、拘束する方針を明らかにすると幕を閉じた。自由党政権を倒した学生たちは輸入煙草の焼却、ぜいたく追放運動などを4月革命精神の継承と考え、60年8月18日、ソウル大新生活運動学生が官用車91台を告発したのにつづき、9月22日には国会議事堂前に駐車している仮ナンバーの乗用車51台を市庁舎前に引っ張り出し、官専用車の廃止と新生活運動の立法化を要求した。しかし、官専用車に乗っているのは立法担当者である国会議員で、学生たちの「新生活運動」は不法と断定されるしかなかった。新生活運動は国民啓蒙運動とともに、当時の学生運動の意識的限界を露呈するものだったが、「対外依存」を排撃する国産品使用運動でもあり、腐敗官吏の浄化運動、独占財閥に反対する経済的民主化運動として、その肯定的側面も見逃せない。

統一運動 1960年11月1日、ソウル大民族統一連盟発起大会を起点とし、軍事クーデター直前まで活発に展開された学生運動。学園民主化運動や新生活運動などの失敗の経験から、4月革命の理念継承の困難さに悩んでいた学生たちは、民族統一こそ4月革命の究極的目標だと確信するにいたった。こうした意識は、61年4月に4月革命1周年を迎え、ソウル大生が発表した「4月革命第2宣言」に明らかである。学生たちは「宣言文」のなかで「この地の歴史を前進的に変革させるためには、反封建・反外圧勢力・反買弁資本の上に建てられる民族革命を成し遂げるだけ」と前提し、

「この民主民族革命遂行の前途に開かれる祖国の民族統一という大きな宿題が残されている」と宣言した。このような意識的覚醒とともに、組織化運動も活発に展開され、60年11月18日、「ソウル大民族統一連盟」が結成されたのに続き、翌年2月16日には成均館大学をはじめとする全国10余大学で「民族統一研究会」が発足。5月5日には全国17大学代表54名が参加するなかで、「民族統一全国学生連盟結成準備大会」を開き、南北学生会談開催を要求するところにまでこぎつけた。学生たちのこのような要求に対し、張勉政府は即刻これを不法と見なす方針を明らかにしたが、これは統一を熱望する勢力をかえって一点に結集させる契機となり、5月13日には民自統主催で「南北学生会談歓迎および統一促進決起大会」が開かれた。このように、4月革命以後の学生運動の質を高め、各界各層の支持と呼応を得て展開された学生の統一運動は、軍事クーデターによって、6ヵ月あまりでその幕を下ろすことになった。

民族統一全国学生連盟準備委員会 1960年11月18日、「ソウル大民族統一連盟」結成を契機に台頭した全国学生の統一運動の求心体的組織。61年5月5日、全国17大学代表が参加して開催された「民族統一全国学生連盟結成準備大会」の共同宣言文を通じて、学生たちは「世界史的現段階の基本的特徴は、植民地・半植民地の民族解放闘争の勝利」と前提し、「わが社会は李朝と日帝統治の遺産である植民地的・半植民地的・半封建制の様相を是正できないでいるが……、4月革命を契機に民族大衆勢力は買弁官僚勢力を、統一勢力は反統一勢力を、平和勢力は戦争勢力を圧倒」できるという基盤が用意されたと明らかにした後、したがって「いまや残ったものは決定的な打撃により、統一の獲得を完遂させること」だと宣言した。そして、具体的な実践方法として、南北学生会談の開催を提議し、①北の学生および当局への積極的な呼応、②政府の便宜提供などの5ヵ条を決議した。しかし、公式結成大会を行うこともできないまま、軍事クーデターを迎え、準備委員会段階で挫折した。

4・19後の労働運動 1960年、4月革命前後の時期の労働運動。①御用労組民主化闘争、②民主労組の全国組織結成、③新規労組結成および事務職労働者の進出と、大きく3つの流れに分類できる。それぞれの具体的な内容を見ると、まず第1の流れは、御用労組民主化闘争である。4月革命直後の釜山埠頭労組をはじめとして、仁川自由労組・鉄道労組・軽電労組・郵船労組などが相次いで御用執行部を改編していった。これは、当時の社会的雰囲気を反映して、李承晩政権下で権力の手先の役割をしていた大韓労総と単位労組(単産)の御用幹部らに対する組合員の憤懣と民主化の熱気が集約された闘争だった。第2の流れは、大韓労総の御用化と派閥闘争を批判する民主的な組合幹部の運動である。59年8月11日、全国労働組合協議会を結成したのにつづき、自由党政権が打倒された後の労働団体の再統合論議に従って、全国労協・大韓労総・無所属を合わせた名実ともなった全国労働者組織として韓国労働組合総連盟が誕生し、具体化された。第3の流れは、4月革命直後の開かれた雰囲気のなかで、新旧労組の結成が政府樹立後もっとも活発に展開されたことである。59年末現在で588組合、28万438名の組合員だったのが、60年には914組合、組合員32万1097名に急増した。このような量的な増加とともに争議件数も60年4月から60年5月までで、282件に達

し、53〜59年の年平均41件の約7倍に達した。同盟ストライキも年平均7パーセント未満から19パーセント以上に増加するなど、個別単位事業を越えて連帯闘争が活発に展開された。4月革命直後、労働運動のもっとも顕著な特徴は、ホワイトカラーの労組結成の動きである。教員・銀行員・記者などがかつて権力の手先の役割を果たしていたことを反省、自己批判して、社会の民主化と権益擁護を目的に活発な労組運動を展開していった。ホワイトカラーの労組運動は、その政治的性格により、社会全体に大きな波紋を投げかけ、労働運動の新しい地平を開いたという点で、大きな意義を持っている。

全国労働組合協議会(全国労協)　保守系の大韓労総と大別される民主労組の全国組織。大韓労総の御用組合的性格から脱皮し、民主的な労働運動を展開する目的で1959年8月11日、全国37の労働組合連合体中、24連合体の代表32名が集まり、仮称「全国労働組合協議会設立準備委員会」を構成し、最初の試みがなされた。準備委員会は「この地の真の自由かつ民主的な労働組合運動の発展を期す」という設立目的を声明したのにつづき、①自由で民主的な労働運動を通じて労働者の人権守護と福利増進のために闘争する。②民主労働運動を通じて健全な国民経済の発展を期し、労使平等の均等社会建設に尽くす。③民衆労働運動を通じ、民族の主権を確立し、国際労働運動と提携し、世界平和に寄与するという綱領を採択した。59年10月26日、金末龍を中央委員会議長に選出し、正式に結成された全国労協は、大韓労総の組織破壊工作と李承晩政権の懐柔策をはねのけて地道に組織を拡大。4月革命を契機に御用労組民主化闘争が爆発し、60年5月の1ヵ月間だけでも170の単産を包接・改編し、16万名の組合員を吸収する成果を収めた。一方、4月革命直後の5月1日には、①官憲と企業の手先の大韓労総幹部退任、②労働組合の民主的改編、③警察の労働運動干渉解除、④労働行政責任者の辞任を要求する署名書を発表した。60年11月25日、発展的に解体、韓国労組総連盟に吸収・統合された。

韓国労働組合総連盟(韓国労連)　4月革命により、自由党政権が崩壊した後、労働団体の再統合論議が高まるとともに結成された労働組合の全国組織。大韓労総・大韓労連とも呼ばれる。1960年11月25日、大韓労総系代議員439名、全国労協系代議員86名、無所属(4月革命以降大韓労総から脱退するか新しく結成された労組)代議員198名が参加したなかで公式に発足した。この日、大会では、①民主的労働運動を通じた労働者の人権擁護と経済的社会的地位の向上のための共同闘争、②生産性の高揚を通じた産業経済の再建と労使平等の均等社会の建設、③市民的権利の確立を通じた完全な国家的自由の具現および国際自由労働組織との提携を通じた世界平和への貢献の3項目の綱領とともに、8時間労働制実施・団体交渉権確立・ストライキ権確立・最低賃金制実施・不当解雇反対・強制労働禁止・労働立法改善・労働運動への不当な干渉の排除などの21項目の共同綱領が採択された。規約審議では、集団指導体制である運営委員会制度を採択、13名の運営委員を選出し、第1次運営委員会では議長に金末龍を選出し、労働運動の新しい転機を準備した。しかし、韓国労連は本格的活動を開始する前に5・16軍事クーデターを迎え、3年目に強制的に解散させられた。

教員労組運動　李承晩政権の下で腐敗し

た独裁政権の手先の役割を強要されていた教員たちが、1960年の4月革命直後、「学園の民主化を期して良心に恥じない教育者の役割を果たそう」という趣旨で推進した労働組合結成運動。60年4月29日、大邱の公立・私立の中学・高校教員60名以上が集まり、大邱教員組合結成準備委員会を結成したのをきっかけに、教組結成の動きがソウル・釜山など全国各地に拡大した。5月22日には教員組織の全国的連合体である韓国教員労組連合会が結成されるに至った。しかし、政治的中立と学園の自由と民主化の要求など、教員労組が持っている強い政治的性格は、許政過渡内閣とひきつづき登場した張勉政権にとってきわめて脅威的な要素として受けとられ、5月29日、政府は国家公務員法および教育公務員法によってこれを違法とし、解散命令を下した。このような政府の強制措置に対して、教員労組は抗議糾弾デモを組織するなど、激しい合法闘争を展開した。全国労働組合協議会を中心とする労働者と学生の支援連帯闘争も相次いだ。60年8月9日、教員労組運動の革新勢力である慶尚北道の小・中・高教師400名に対し、他の地域への転勤を発令する露骨な弾圧策がとられた。これに対して教員労組は8月20日、大邱の達城公園で「教員労組弾圧反対全国組合員決起大会」を開催し、街頭デモを繰り広げ、総辞職も辞さず、弾圧に正面から闘うことを誓った。このような抵抗に直面すると、張勉政権は、団結権は認めるが、団体行動権は認めることができないとの妥協的態度を示しながら、他方では労働組合法を改悪し、教員労組の違法化を企図した。このような動きが知られると、組合員たちの憤りは高まり、断食闘争へとエスカレートした。結局、労働法改定案は国会で廃案となったが、1年余にわたる粘り強い闘争にもかかわらず、

教員労組は設立申告用証書を公布しないまま、ついに軍事クーデターを迎えて挫折した。大きな社会的反響を呼び起こした教員労組運動は、労働運動をホワイトカラーにまで拡大させたという点で重要な意義を持つが、中途で挫折し、89年、全国教職員労組が結成されるまで約30年断絶する。

韓国教員労組連合会 1960年5月22日、大邱、ソウル、釜山の小・中・高教師および大学教授300名余が集まり結成された教員労組の全国的連合体。この結成大会において、連合会は、①教員の経済的、社会的地位向上のために闘う、②学園の自由と民主化を期する、③民主国家建設により、世界平和に貢献する、という3項目の綱領と、さらに、①教育行政の腐敗官吏と無能な御用学者排撃、②組合内の政治的な外部干渉排撃、③不当解職、無断解雇排撃、④学園内での集会の自由、研究の自由、討論の自由などの3大原則の貫徹など、合わせて6項目の決議文を採択した。連合会は御用化された大韓教育連合会に代わる民主的全国組織であることを主張し、一方では二大悪法反対闘争に積極的な参加と南北学生会談の支持を宣言するなどの革新陣営の一員として政府の激しい弾圧のもとで活動した。

言論労組運動 4月革命以後の民主的雰囲気のなかで推進された言論人たちの労働組合結成運動。1960年5月15日、『大邱日報』の記者たちが、技術工などの職員とともに『大邱日報』労働組合を結成したことを契機として、同年6月17日には『連合新聞』、22日には『平和新聞』がそれぞれ職場労組を結成した。しかし、言論労組運動は、いくつかの新聞社で労組を結成するにとどまり、全国的な組織に発展できないまま軍事クーデターを迎え、その痕跡さえ消

される事態となった。この言論労組運動は、労働運動においてホワイトカラーの運動という新しい局面を開いたことにその意義が認められる。

金融労組運動　4月革命直後、銀行を中心とする金融労働者が金融民主化と自身の権益擁護を目的に推進した労組結成運動。自由党政府は、1956年を前後し、銀行民営化の口実のもとに、帰属財産によって所有していた銀行株式をいくつかの財閥に払い下げた。このため、自由党治下の銀行は、自由党政権の政治資金調達窓口として不正貸付などを強行した。独裁政権の資金源として金融不正運営の手先の役割を押しつけられた行員たちは、金融秩序の民主化のための闘争の必要性を切実に感じるようになった。これは自由党政権の崩壊とともに、即座に労組結成運動として表れた。60年6月1日、朝興銀行労働組合の結成を筆頭として、8日には韓国産業銀行、11日には第一銀行と韓一銀行でそれぞれ労組が結成され、ほかの銀行でも行員労組結成が相次いだ。つづく6月28日には大韓証券去来（取引）所労働組合、6月28日には第一生命保険労働組合が結成され、金融界の労働組合結成運動が活発に行われて、ついに単位労組をその基盤とする上向式の手続きに従って7月23日、「全国銀行労働組合連合会」の結成という成果へと収斂された。このようにして結成された金融労組は、金融民主化という初期の進歩性にもかかわらず、その後、労働運動から政治性を排除することにより、4月革命後結成された労組のなかでは唯一、軍事政権のなかでも生き残った。

全国銀行労働組合連合会　1960年7月23日、結成された銀行労組の全国的連合体。結成大会は朝興銀行・韓国商業銀行・第一銀行・韓一銀行・ソウル銀行の5つの銀行労組で、それぞれ5名ずつの代表25名が参加。「いっさいの政治性を排除し、労働者の共通する利益に慎重に臨むこと」「金融秩序の浄化のために貢献すること」を宣言し、①不当な外部干渉を排撃し、共通利益の擁護に尽力しよう、②金融秩序の浄化のために従来の不健全で陰性的な競争状態を改善しよう、③金融民主化の基礎をなし、民族経済の正常な発展に寄与・貢献しようとの3ヵ条の綱領を採択した。

10. 北の社会主義建設

朝鮮労働党中央委員会第6回全員会議
朝鮮戦争休戦協定が正式調印された後、1953年8月5～9日に開かれた労働党中央委員会会議。この会議で金日成は「すべてを戦後人民経済復旧建設のために」という報告を通じ、「戦後経済対策の基本路線」を提示した。金日成はまず、停戦に対する労働党の原則的立場を明らかにし、停戦は完全な平和ではないから平和的建設を先送りにしようという傾向を批判する一方で、停戦が完全な平和をもたらすと錯覚し、安逸を貪る傾向も同時に批判した。すべての力を総動員し、人民経済復旧建設に力を注ぐことを強調した。つづいて金日成は「戦後の経済建設の基本路線」として、農業協同化と重工業の優先的復旧・発展を保障しながら、軽工業と農業を同時に発展させる路線を採択することを提案。その遂行のための3つの基本段階、すなわち、①半年ないし1年の全般的復旧建設のための準備段階、②人民経済のすべての分野で戦争前の水準を回復する3ヵ年計画の遂行段階、③社会主義工業化の基礎を固める5ヵ年計画の遂行段階を設定し、戦後の人民経済復旧建設についての基本方針を提示した。「重工業と軽工業の同時発展路線」は、スターリンの重工業化優先論や中国の走資派（穏健派）の軽工業優先論と区別されるもので、重工業化のなかで自立的経済の土台を固めることと、人民生活の向上に直接関連する部門、すなわち石炭・金属・電力・機械・造船・化学・建設に重点を置き、機械製造部門では、工作機械と鉱山・紡績・飼料・農業機械に重点を置き、重工業を建設すると同時に、重工業と軽工業・農業を有機的相互関係のなかで発展させるという積極的な均衡路線である。これに対し、内閣副首相・崔昌益らの延安派・ソ連派はこの方針を時機尚早として反対し、経済建設路線闘争は一方で熾烈な党内闘争をともなうことになった。他方、当時の社会主義国家間のパワーバランスのなかで、金日成の自主路線はソ連と北朝鮮間の関係に深刻な葛藤を誘発した。しかし、金日成が提示した「基本路線」は勤労大衆の熱意に力を得て大きな成果を収め、56年には工業、農業の各部門ですべて戦争前の水準に回復した。

戦後人民経済復旧発展3ヵ年計画　1954～56年まで人民経済を戦争前の水準に回復させ、工業での植民地的歪みを撲滅し、社会主義的工業化を実施できる条件整備を目標とした復旧建設の第2段階計画。計画期間中、工業生産力は49年に比べ1.5倍に、食糧生産は1.2倍に高まった。このために、242ヵ所の大規模工場、企業所を復旧、拡張し、80余の近代的工場、企業所を新設。3000以上の商店、470万平方メートルの住宅建設が計画された。このような計画の完遂のために54年5月、党中央全体会議で「産業運輸部門の労働者たちの指導水準を高めるための対策」が立てられ、都市と農村・工場・企業所および建設現場で増産競争運動など生産者たちの創意工夫運動が繰り広げられた。

北朝鮮政府の主張によれば、計画の成果は以下のとおりである。3ヵ年計画の工業総生産額を2年8ヵ月目に完遂し、56年末には122パーセントに超過達成し、56年工業生産額は53年に比べ、2.8倍、49年に比べ、1.8倍に増加した。生産手段の生産が年平均59パーセント、消費財の生産が21パーセントに成長したし、植民地時代の44年

に工業生産額がそれぞれ1.6パーセント、6パーセントを占めていた機械製作・金属工業と紡織工業が、56年には17.3パーセント、18.4パーセントに高まり、植民地的歪みと不均衡が克服され、工業部門構造の質的改善がなされた。人民生活の面からいうと、56年、国民所得は53年に比べ、2.1倍、消費財の生産は大幅に増加し、この期間中、6回にわたり平均45パーセントも消費財価格が下落し、労働者・人民の賃金が158パーセントに上昇した。実質賃金はすでに戦争前の水準を越えるようになった。また、この期間に約20万戸の貧農は中農の水準に上昇したし、1340万平方メートルの住宅が建設され、5455校の学校が復旧・拡張・新設され、54年から初等義務教育制が実施された。北朝鮮政府の公表データは以上だが、その真偽や具体的過程、問題点などについては、今後の北朝鮮の情報公開を待たなければならない。

4月テーゼ 1955年4月、朝鮮労働党中央委員会全員会議で、金日成が発表した「すべての力は祖国の統一独立と、共和国北半部での社会主義建設のために」というテーゼ。「朝鮮革命」の性格と課題、社会主義の基礎建設に関する思想を体系化した綱領的文献。このテーゼで金日成は南北が統一され、全国的に反帝・反封建・民主主義革命が完遂されるまで北で革命をさらに進展させてはいけないという主張を批判し、かえって北朝鮮に社会主義の基礎建設課題を徹底的に遂行することが南の人々の闘争を大きく鼓舞し、力を与え、祖国統一を戦い取るために決定的な力となると主張した。このテーゼは以下の3つの課題を提示した。①朝鮮革命の基本任務として、米帝国主義の侵略勢力と、その同盟者である南の地主・隷属資本家・親日親米派・民族反逆者打倒を通じた祖国の民主主義的統一と完全な民族的独立の達成。②社会主義基礎建設の総体的課題として、人民経済のすべての分野で商品経済形態を次第に社会主義的に改造。③社会主義経済形態の支配的地位をさらに拡大・強化し、社会主義の物質的・技術的土台をしっかりと積み上げるために、生産力をさらに発展させる。「4月テーゼ」は発表された後、労働者・農民の階級意識を高めるために、いわば聖典として学習・研究され、農業共同化、個人商工業の社会主義的改造を積極的に推進するための指針となった。

主体路線 いわゆる事大主義・教条主義・民族虚無主義を排撃し、思想事業における主体を確立するという路線。社会主義建設路線は「革命的群衆観点」に依拠しなければならず、そのためには、まず主体を確立しようという主旨からはじまった。1955年12月28日、金日成が宣伝・煽動の責任部署にいる人々を集め、「思想事業で教条主義と形式主義を排除し、主体を確立させることについて」という題目で演説した。「われわれはいかなる国の革命でもない、まさしく朝鮮革命をしている」のであり、「すべての党思想事業は必ず朝鮮革命の利益に服従させなければならない」と強調した。これが金日成の主体思想についての最初の言及である。これによって、党員と勤労者に対する思想教養事業で「事大主義的教養をなくし、自分のものを精緻に研究し、達成し、新しい問題を実情に合うように、創造的に解決」することが要求された。この「主体路線」の確立は、「主体思想」の本格的な形成、発展を予告すると同時に、社会主義革命と建設の基本路線で対立してきたソ連派・延安派の粛清事件である「8月宗派(分派)事件」につづいて金日成支配

体制構築の分岐点となった。一方、反対派の粛清は、単純な党内権力闘争というより、北に対するソ連と中国の影響力を遮断するために、ソ連や中国に傾いている党内勢力を除去しようとする意味が大きかった。

主体思想　人民大衆が革命と国家建設を遂行するうえにおいて、その主人にふさわしい態度を堅持、マルクス・レーニン主義の一般原理を自国の歴史的条件と民族的特性に沿うように、創造的に適用し、自主的・創造的に革命を遂行しなければならないという思想。1930年代、抗日武装闘争時からその萌芽が形成されたといわれており、社会主義建設路線をめぐる延安派・ソ連派との闘争過程で金日成が「事大主義、教条主義」を排撃し、主体路線を提示することにより、初歩的な形態で思想の輪郭が現れはじめた。60年代、中ソ紛争の渦中で、北朝鮮が内外に明らかにした「自主路線」により具体化され、政治・経済・文化・軍事などの各分野の路線と政策の基本方針として、定められたのにつづき、72年の新憲法に主体思想を国家の活動指針にするということが明記された。74年、「全社会の主体化」が新しい課題として提示され、それ以降、主体思想が金日成唯一指導体制構築の有力な武器となった。金日成は主体思想が「革命と国家建設を成功的に遂行するためのもっとも正確なマルクス・レーニン主義的思想であり、共和国政府（北朝鮮を指す）のすべての政策と活動の確固不動たる指針」とし、「マルクス・レーニンの段階で提起されなかった、さらに時代の条件が重なり、予見することができなかったものごとをわれわれが自分の頭で考え、自分の力で解決する」ということを主張した。

文化語　北朝鮮が標準語と定めている平壌中心の言葉。「標準語」という用語は「ソウル言葉」に誤解されやすいという理由から、金日成がみずから発案したといわれている。文化語は平壌言葉を中軸としているが、かなりの数の咸鏡道方言が入り込んでいて、濃音が多く、なめらかな言葉だとはいいにくい。北朝鮮は文化語を中心に、66年以来内閣直属の国語辞典委員会や社会科学院国語辞典指導部などの言語学研究者を動員し、語彙を査定して民族語を確定している。文化語と標準語、平壌言葉とソウル言葉の併存・対立は南北の言語の異質化を促進したものといえる。

朝鮮労働党第3回大会　1956年4月23〜29日まで平壌で開かれた党大会。社会主義基礎建設を完成させるための第1次5ヵ年計画(1957〜61)の樹立と党の集大成的指導方式に対する問題、平和統一問題が討議され、社会主義経済建設の基本路線を5ヵ年計画期間にも徹底的に貫徹することが強調された。この大会で金日成はフルシチョフの登場、彼によるスターリン批判、平和共存路線など、世界共産主義運動において新しく台頭した潮流を「現代修正主義」と規定し、「それは帝国主義と無原則に妥協することであり、党とプロレタリア独裁、戦争と平和、革命に関するマルクス・レーニン主義の原則を拒否するもの」と批判し、朝鮮労働党の組織的思想的強化と朴憲永・許哥而の粛清を正当化する一方、党内の分派分子とその余波がまだ残っていると警告した。金日成は第3回党大会を通じて国際的にはソ連の修正的傾向、国内的には分派主義の残滓を批判することにより、社会主義の建設路線をめぐる党内の意見の統合を図った。第3回党大会で金日成のこのような試みは難なく貫徹された。党中央委員会でも金日成派が安定多数を占めるようにな

った。

8月宗派（分派）事件　1956年8月、朝鮮労働党中央委員会全員会議で発表された「反党反革命的宗派陰謀策動」事件を指す。崔昌益・朴昌玉らの延安派・ソ連派がソ連共産党第20回大会のテーゼを盾にとって一部地方党組織を動員し、党政策を批判。党内民主主義と自由、ひいては社会主義への移行期全般にわたる「修正主義的」主張により、金日成一派に挑戦する事件を起こした。彼らは人民民主主義から社会主義への移行期に、プロレタリア独裁の必然性と人民政権に関する党の指導的立場を否定し、党の民主集中制原則（すなわちプロレタリア独裁イデオロギー）に反対。党内総和（総括）活動の自由と、宗派（分派）有益説を主張した。これに対し、金日成派は「崔昌益一派は教条主義に反対するという口実のもとに修正主義に陥ってしまい、右翼投降主義者にまで転落した。われわれは教条主義、修正主義にともに反対し、その根源にある宗派主義に反対する」と批判。崔昌益・朴昌玉・尹公欽らを「反党宗派分子」と規定し、除名処分とした。この事件を契機に、北朝鮮は56年末まで中央党集中指導という名目で「反宗派闘争」を展開し、58年末に崔昌益一派を投獄・軟禁することにより、ML派あるいは延安派・ソ連派などに対して歴史的に展開されてきた「反宗派闘争」を完成させ、政治指導部を一元化し、金日成の権力基盤を強化した。

農業協同化　1953〜58年まで、北朝鮮で推進された農業経理（経営）の社会主義的協同化。これは「農村で資本主義的要素を清算し、農民を搾取と圧迫から解放し、農業生産力を私的所有にもとづいた古い生産関係の拘束から完全に解放させる社会革命」として53年の朝鮮労働党中央委員会第6回全員会議で決定した「戦後人民経済建設基本路線」にもとづいて推進された。社会主義建設で外国の援助を期待できなかった北朝鮮は、工業化に必要な食糧と原料の供給を増やすと同時に、農業労働力を工業部門に移転させるため、4〜5年の短期間で農業協同化を完了させた。このように迅速な農業協同化を成し遂げられたのは、戦争を通じて徹底的に破壊された農業生産基盤を復旧させることが農民たちの個々人の努力では現実的に不可能だったという点、土地改革以降、農地売買の停止、「耕作検地」制度により富農の成長を抑制できた反面、貧農（かつては全農家の40パーセント）の力量が強化された点が大きく作用した。北朝鮮は、「自願性の原則」（みずから進んで協同化に参加する原則）のもとに、まず農民に対する思想教育事業を強化する一方、「経験的段階」を設定し、実践的模範を通じて農民に協同経営の優越性を見せ、広汎な農民大衆、とくに中農たちがみずから進んで協同組合に入るようにした。協同化の形態としては、労働相互扶助隊を基礎に、農業労働だけを集団的に行い、収穫は個別農家が占める第1形態、土地統合と協同農業管理下に労働量と投資された土地量に従って収穫率を分配する第2形態、土地・農機具・家畜などの基本的な生産手段をすべて統合経営し、労働量に従って分配する完全な社会主義形態の第3形態を設定し、農民の意識水準に合わせて選択できるようにした。協同農場は、資金・肥料・農機具の優先的割り増し配給を受け、食糧、種穀の貸与や農繁期の動力支援など、国家の支援に力を得て、54年末頃には全農家の約3分の1程度（そのうち78パーセントは第3形態）、56年までで農家の80パーセント、耕地の77.9パーセントが協同組合経営下に入

り、58年8月、平均300戸（里単位）を1単位とし、3843の協同組合が組織された。これに従って、食糧生産は56年の287万トンから、60年には380万トンに増加し、食糧の自給自足は達成されたという。

個人商工業の社会主義的改造　生産市場に対する私的所有を社会主義的所有に転換させ、手工業者・商人・企業家などを社会主義的勤労者に変化させる社会主義革命の重要な構成部分。北朝鮮における個人商工業の社会主義的改造は、1947年からはじまり、戦争により中断したが、戦後、労働協同化とともに本格的に推進され、58年、農業協同化とほとんど同時に完成された。個人商工業の社会主義的改造は、55年4月、朝鮮労働党中央委員会全体会議のテーゼ（4月テーゼ）の方針に従い、社会主義基礎建設事業の一部分として、その課題は農業協同化と同時に推進された。これは、「人民経済の領域において、搾取の基盤を完全になくし、社会主義の政治形態の全的支配を目標」としたためであった。労働党は、個人商工業のみならず、資本主義的商工業に対しても没収せず、「改造」するという方針を掲げたが、これは北朝鮮では資本主義的商工業者たちが一定の革命性を持っていると判断したからである。すなわち、植民地支配下では民族資本が反帝・反封建民主主義革命と利害関係を同じくしていたと理解された。また、もともと零細なうえに、破壊された経営を個別的な力で復旧するということはまったく不可能と考えられたからでもあった。協同化過程は「階級路線」と「群衆路線」（大衆路線）を結合。少数の敵対分子を孤立させ、政治的条件を整えて、「自願性の原則」で、業種別に協同化させ、56年からは個人商工業の協同化を終結し、資本主義的商工業の協同化へと進んだ。この過程は農業協同化過程とまったく同じで、生産協同班的形態、反社会主義的形態、社会主義的形態を設定。商人または企業家がみずからの意識レベルや経営形態に従って選択・利用するようにし、手工業者たちによって組織された組合を強固にしたうえで、中小企業家たちを漸次受け入れることになっていた。まず販売協同組合、または生産販売協同組合としてはじまり、生産の比重を高め、生産協同組合として改編する方向を踏んでいった。北朝鮮はまた、56年「農村消費協同組合基準規約」を訂正し、中間搾取を除去し、都市－農村の直接的な経済的連携を強化するために、全農民を消費協同組合に加入させ、個人商工業に決定的打撃を与えた。協同化過程は不可避的に尖鋭的な階級闘争をともなったが、きわめて迅速に進行され、工業総生産額のうちで46年に27.6パーセント、49年に9.3パーセントを占めていた商品資本主義経営形態は、58年には完全に消滅し、小売り商品の流通額の所有形態別構造で46年に96.5パーセント、49年に43.5パーセントを占めていた個人商業も、58年には消滅した。

千里馬運動　1956年12月、朝鮮労働党中央委員会全体会議で最初に提唱され58年から本格化された、大衆の増産意識を高めるための北朝鮮の大衆動員による社会主義労働経済運動であり、思想改造運動である。経済建設路線をめぐる党内権力闘争の過程で反金日成派のクーデター（8月宗派事件）とそれを支持するソ連の経済援助削減により、深刻な危機に直面した北朝鮮は、資本・物資・技術の不足などの条件上の劣勢を「人民大衆の革命的熱情と創造的努力」により克服し、経済建設を推進するために、12月の全体会議直後、金日成をはじめとする政治委員会委員が全国の生産現場に赴き、

人民大衆に直接自力更生の意思を持つよう訴える一方、「千里馬の速度で進軍しよう」というスローガンを広く提唱し、大衆の増産意欲を高めた。これにより大衆的熱気が大きく高揚し、主要工業生産達成量が4年内に超過達成され、主要工業部門で5ヵ年計画の目標が2年6ヵ月で達成されるなど、大きな成果を収めた。北朝鮮は千里馬運動を単純な増産運動としてでなく、新しい共産主義の人間型の創造を目標とする改造運動に活用する一方、工場・企業所・農業協同組合など、狭い意味での生産現場に極限させるのでなく、社会のあらゆる分野を包括し、社会主義建設において、「党路線」にまで格上げさせ、個人間の競争でなく、作業班・職場・工場・集団的運動に発展させ、以後「千里馬作業班運動」に連結させた。千里馬運動は、北朝鮮が中国とソ連の影響力から抜け出し、自主路線を堅持しながら社会主義的工業化を達成するための重要な原動力となった。しかし、この運動は大衆動員には力を発揮したが、知識人・技術者を犠牲にしたうえで行われたことから、多くの問題を残した。

千里馬作業班運動 生産と生活の拠点である作業班を単位として、労働者が共産主義的生活原則を持つようにした大衆高揚運動。1958年からはじまったこの運動は、生産での集団的革新運動と労働者を教化・改造する事業を有機的に結合させたことにその特徴がある。金日成はその基本作業として、①1つの事業をよくすること、②設備・資材との作業をよくすること、③読書作業をよくすることなどを掲げ、労働者を内部においては消極的・保守的・技術神秘主義を払拭し、「思想革命・技術革命・文化革命」を起こそうとした。千里馬作業班運動は、何よりもまず勤労者たちの思想改造運動を通じて生産で集団的革新を起こし、これを通じて経済建設を速い速度で推進させる運動として、60年8月、「千里馬作業班先駆者大会」を契機に作業班の範囲を次第に超えて、職場・工場へと拡大される一方、工業ばかりでなく、経済・文化のすべての分野に拡散された。

全般的無償治療制 全人民に対する医療保険を国家負担により、無償で実施する制度。北朝鮮はすでに1947年から労働者、農民に無償治療制を実施したのにつづき、60年2月27日から全人民を対象に全般的無償治療を実施した。とくに、農村住民に対する医療奉仕事業を改善するために、郡の病院と農村女性による産院施設を強化する一方、あらゆる里・洞に児童病院を設けると

千里馬運動銅像

同時に、すべての労働者に対して「医者担当区域制」を実施することを保険医療事業の核心として組織していった。61年、「朝鮮労働党第4回大会党中央委員会事業報告」によれば、全般的無償治療制によって、60年に医者の数は56年に比べて2倍に、病院および診療所の数は2.9倍に増加。解放前に比べ、死亡率は半分に減った反面、平均寿命は26歳も伸び、人口の自然増加率は2.7倍に高まったという。

朝ソ友好協調および相互援助条約　条約当事国のうち、いずれか一方が武力侵攻を受けた場合、援助と支持を提供することを骨子とし、1961年7月6日、モスクワで北朝鮮とソ連の間で締結された条約。この条約は、南の5・16軍事クーデターと反共軍事政権の登場を背景に締結されたが、双方の義務としては、両国の利害関係と関連する重要な国際問題に対して抗議することと、「朝鮮の統一」に関する立場などを規定している。一方、北朝鮮は7月11日、北京でこれと類似した内容の「朝中友好協調および相互援助条約」を中国と結んだ。朝ソ条約は1991年12月のソ連崩壊後もロシア連邦との間で継続されたが、96年に失効し、延長はなされなかった。このため、北朝鮮とロシアの関係は一時冷却した。しかし2000年2月9日、北朝鮮・ロシア友好協力条約が締結され、関係は修復された。同条約は朝ソ条約とは異り、相互軍事援助条項はなく、代わりに経済協力を謳っている。これに加えて、2001年4月27日には北朝鮮・ロシア軍事協力協定が調印された。他方、朝中条約は2001年現在でも軍事同盟条約として有効であるが、中国が開放路線を進め、韓国との関係を深めるなかで形骸化し、中国が西側と共通の立場で北朝鮮に外交圧力をかける際のカードとなっている面もある。

労農赤衛隊　「人民こそ革命的軍事事業の主人であり、不撓不屈の力と国家のすべての潜在力を組織し、動員しなければならない」という金日成の指示にもとづいて、朝鮮戦争に参戦した中国軍が完全撤収した翌年の59年1月に創設された北朝鮮最初の民間軍事組織。満47歳から60歳までの労働者・農民・事務員（おもに男子）を対象とし、職場および行政単位別に編成されている。その当時の最大動員数は約480万。軍の指揮官は該当職場と地域の労働党責任書記が受け持ち、労働党の人民保衛部長が参謀長を兼任した。訓練と動員時に個人が持つ火器はAK小銃、共用火器としては機関銃や高射砲、迫撃砲などが支給され、訓練時間は動員訓練が120時間（15日間）、自衛訓練120時間で、合計240時間だった。民防委業務とともに職場主要施設の警戒と地域防衛、そして対空防御が主な任務である。野外訓練は週末や年末に実施され、年末には正規軍との大規模な合同訓練も実施されているようである。

第4章
軍事独裁体制と民主化運動

1961 ▶ 1979

朴大統領狙撃事件（文世光事件）、夫人の陸英修は被弾後死亡（1974年8月15日）

●概観

　朝鮮・韓国の歴史においても特定の歴史的時期を画する力はつねに民衆の主体的な力量であった。しかし韓国の歴史が飛躍を果たすべき決定的時期であった解放以降の過程は、米国の武力を背景とした李承晩独裁政権によって蹂躙された。それから15年目に民衆はふたたび起ち上がった。しかし、4月革命は内包された限界によって、5・16軍事クーデターで挫折した後、米国を先頭とする新植民地主義は、軍事独裁政権と従属資本の積極的育成によって対外依存的輸出主導経済を確立し、民衆収奪を構造化させた。1961〜79年は、このような従属的な軍事独裁政権とそのまやかしの経済成長イデオロギーと、それに対抗する民衆の民主化運動によって規定された時期だといえよう。

　第2次世界大戦後、超大国として登場した米国のパワーは、この時期にさしかかってベトナム戦争を契機として次第に後退の道を歩みはじめた。このため米国は自国の軍事費負担を減らしながら、同時にこれまでの地位を確保できる新しい世界政策を必要とした。この要請から米国は韓国での強力な反共政府の定着を願い、その政策によって日本との関係を正常化させようとした。

　1961年5月16日の軍事クーデターは、こうした内外情勢の妥協の産物だった。クーデターによって実権を握った朴正熙は、クーデターの1ヵ月後に中央情報部を設置、それを背景に民主共和党を組織して1963年12月17日には大統領に就任、第3共和国を発足させ、軍事独裁の幕を開いた。

　彼は「反共」を国是に掲げて政権を安定させ、当面の課題だった大多数の国民の絶対的貧困を解決するため、「先建設、後統一」「自立経済」などのスローガンの下に、経済開発計画を発表した。しかし、経済開発に必要な莫大な財源は、米国の東アジア戦略に力を借りて解決するしかなかった。全国民の激しい反対にもかかわらず、屈辱的な「日韓国交」の正常化がなされた(1965年)。こうして導入された外国資本を中心に輸出主導型工業化政策を展開。輸出額は急増して経済成長率は高まったが、輸入額も輸出額以上の伸びを示した。貿易赤字幅はさらにふくらみ、外債の悪循環が60年代末から経済全般に大きな影響を与えるようになった。

　このような急激な高度経済成長政策は社会に「富益富・貧益貧(富める者はますます富み、貧しい者はますます貧しくなる)」をもたらし、民衆の不満が高まった。穀物価格抑制政策と米国からの余剰農産物輸入によって窮乏した農民は離農・脱農化し、都市周辺に「タルトンネ(山の上の月の村、貧民窟)」という貧民居住地域を形成した。この過程で、経済成長の主役であった労働者は低賃金・長時間労働という劣悪な労働条件へ追いやられ、一方、軍事独裁政権と独占財閥の力と富はさらに強まった。

　1967年に第6代大統領に再選された朴正熙は、1968年1月の「1・21事態」とプエブロ号事件などで緊張する南北情勢に乗じて3選改憲を強行して長期執権の準備を、71年には3選を果たして第7代大統領に就任した。朴正熙軍事政権に対する民衆の抵抗は日韓会談反対闘争、いわゆる「6・3事態」において本格化しはじめた。しかし、60年代の社会運動は主に青年・学生が中心となったため、歪んだ産業化の進行過程での経済的・階級的矛盾を肌で感じる民衆と

結合できず、挫折を繰り返した。

　軍事独裁政権が主張する虚構の経済成長論理の最大の犠牲者は、労働者・農民・都市貧民などの民衆であった。70年代に入ると、軍事政権のいう「祖国の近代化」や「先成長・後分配」は、彼らにとって幻想にすぎないことが露呈した。1970年11月3日、「私の死を無駄にするな！」という叫びとともに立ち上がった清渓被服労働者・全泰壹の焼身自殺と、つづいて起こった広州大団地での都市貧民層の運動は、長期政権を目指す軍事独裁政権と独占財閥に正面から闘争を挑む70年代の民衆運動の方向を決定づけるものとなった。

　60年代末になると国際情勢は急変した。キューバ危機以降のデタントの潮流のなかで、50年代・60年代を支配した米国の冷戦戦略は一定の転換を余儀なくされ、朝鮮半島をめぐる東アジア圏にも緊張緩和が兆しはじめた。これは「日米韓3国安保体制」の放棄を意味するものではなかったが、朴正煕の反共を口実にした民主勢力弾圧の大義名分は弱まった。政治的存立基盤を揺さぶられた朴政権は、一方では「国家安保の危機」を掲げて永久政権を準備し、一方では統一問題を持ち出して、北朝鮮に南北赤十字会談を提議した。

　1972年、南北の合意下で「自主・平和・民族大団結」を原則とする7・4南北共同声明を発表し、8月からは南北を交互に会場とする赤十字会談が開催された。10月17日には南北対話と統一のための政権維持を謳って「10月維新」を宣言、いわゆる「維新体制」に突入した。11月に正式に発足した南北調節委員会の活動は、1年ももたずに南北の相互非難のなかで中断された。朴政権は維新体制を確立するために、「韓国的民主主義」（もしくは土着的民主主義）なる概念を大々的に宣伝し、欺瞞的な経済成長と民衆の抵抗に対する弾圧を継続するために、農村改造・管理徹底を目指す「セマウル運動」を展開した。

　これに対して反維新・民主化運動が韓国全土に沸き起こった。軍事政権は恐怖に駆られ、1974年1月に緊急措置第1号と第2号を、ひきつづいて第3号と第4号を発動したが、反維新運動はいっこうに衰えなかった。1975年5月には維新体制をかろうじて支えてきた緊急措置を集大成し、緊急措置第9号を発動するに至った。しかし、相次ぐ緊急措置は、民衆の反発を強める役割しか果たせなかった。在野では民主化回復国民会議が発足し（74年11月27日）、「3・1民主救国宣言」の発表（76年3月1日）へと継承され、民主化勢力の結集をうながした。

　1977年の清渓被服労働組合の闘いは、緊急措置9号発動後の維新独裁政権に立ち向かった労働者のもっとも壮絶な闘争だった。70年代労働運動の起爆剤となった烈士・全泰壹などを輩出した清渓被服労組は、文字どおり闘いに生命をかけ、労働組合と労働者の教育施設を守り抜いた。また、2年余にわたる統一紡績女性労働者たちの労働組合死守闘争と、「咸平サツマイモ事件」と呼ばれる激烈な農民闘争も起こった。こうした民衆のねばり強い闘争は維新体制の壁を徐々に突き崩しはじめた。1979年8月9日、YH貿易女性労働者らの新民党本部占拠籠城によって維新体制への民衆の憤りと抵抗は最高潮に達した。つづいて「釜馬民衆抗争」が10月に発生した。朴政権はもはや米国が期待した安定性を確保できなかった。10月26日、朴は腹心の部下・金載圭によって殺害され、20年間にわたった朴正煕軍事独裁政権はついに自滅した。

1．5・16軍事独裁の開幕

5・16軍事クーデター　1961年5月16日、陸軍少将・朴正熙を中心とする青年将校の一群が引き起こし、第2共和国＝民主党政権を崩壊させた軍事クーデター。

[背景と原因]　クーデターの社会的背景として以下の3点を挙げることができる。①自由党政権の不正腐敗と独裁、それを引き継いだ民主党政権の旧態依然とした政治手法と無能さ、不正腐敗と派閥抗争などが、軍事クーデターに大義名分を提供したこと。②民主主義的改革に対する民主党の微温的態度と、経済沈滞にともなう国民の不安。③民主化運動の高揚と統一運動の拡大が軍部の危機感を高めたこと。次に、クーデターの直接的な引き金となった軍内部の問題がある。①朝鮮戦争と分断の固定化が招いた軍部の肥大化。②高級将校の不正腐敗と不合理な進級制度にともなう下級将校らの不満の蓄積。③もっとも直接的な原因・動機として、整軍運動の失敗。こうした背景の下に、「下剋上事件」の首謀者・金鍾泌中領(中佐)をはじめとする陸士8期生の佐官級将校がクーデターを主導した。

[クーデター計画]　クーデター計画は不正選挙をきっかけに計画された。陸軍参謀総長不在中の隙を狙い、60年5月8日決行と決めたが、4月革命によって大義名分が失われ、断念。以降、61年の4・19計画、5・12計画などが相次いで立ち消えとなり、5月16日未明についに決行された。

[進行過程]　決行数時間前に計画が漏れ、張都暎陸軍参謀総長は反乱指導者の逮捕と反乱軍の侵入阻止を命じたが、逮捕命令を受けた李光善大佐が逆に参謀総長を説得、クーデターの側に参加させた。こうしてクーデターの第一歩はなんとか進められた。海兵隊空輸団第23師団から出動した反乱

朴正熙少将（前列中央）、車智澈(右端) 1961年5月

軍は、釜山地区軍需基地司令官・朴正煕少将の指揮の下に16日の早朝3時、漢江河口にたどり着き、小規模の戦闘ののち、計画より約1時間遅れてソウル入城に成功した。反乱軍は、中央庁(行政府)やソウル中央放送局などの目標地点を一挙に占拠し、午前5時のニュースでクーデターの正当性を訴え、6項目の「革命公約」を内外に宣言した。つづいて9時には「軍事革命委員会」の布告令によって、全国に非常戒厳令を敷き、午後7時を期して張勉内閣からの統治権継承を宣言した。こうしてクーデターは成功したが、韓国軍の作戦指揮権を握る国連軍司令官マグルーダー大将はクーデター否認の声明を発表し、反乱軍は最大の難関にぶつかった。しかし、尹潽善大統領は「来るべきものが来た」と軍事クーデターの必然性を認め、マグルーダー大将のクーデター阻止要求を退けた。クーデターは既成事実化した。一方、身を避けていた張勉総理は18日、密かに国務会議(閣議)を開き、内閣総辞職と軍事革命委員会への政権委譲を決議した。尹潽善大統領は国務会議の決定をそのまま採可した。同日、米国務省も韓国の軍事革命委員会の指導者が反共親米であることを指摘、クーデターを事実上承認することにより、軍事革命委員会は最終的に既成権力から承認された。

軍部 軍組織が無視できない政治勢力と見なされる場合、軍全体の力を背景とする軍首脳部を指していう。韓国軍部の成長過程は、国軍の歴史と軌を一にする。南に国軍を創建したのは米軍政である。解放後、南に進駐した米軍は米軍政庁を設置し、その傘下に国防司令部を設け、国防部の組織・編成・訓練などの準備作業に着手した。国防司令部の最初の事業は軍事英語学校の設立で、英語を理解する幹部候補生を養成することだった。のちに米軍政庁は1946年1月15日を期して南朝鮮国防警備隊を発足させ、5月には軍事英語学校に代わる南朝鮮国防警備士官学校を新設した。6月には前者が朝鮮警備隊、後者は朝鮮警備士官学校と改称され、48年の政府樹立とともに国軍と陸軍士官学校として正式に発足した。建軍当時には1個大隊の兵力にすぎなかった国軍は、48年8月には5万名に膨れ上がり、50年6月には10万名を超えた。朝鮮戦争が始まると国軍は急速に膨張し、52年には25万名、55年には70万名に迫る人員を擁した。一方、米国軍事顧問団と李承晩の人事政策により、建軍以降1960年までの軍指揮官のほとんどは、旧日本軍もしくは旧満州軍出身者で占められていた。米国の積極的な育成政策と戦時動員体制に力を得て飛躍的に成長した軍部は、休戦以降、南北分断が固定化されると、分断体制のもっとも重要な支柱となり、また韓国社会の巨大な勢力として浮上した。軍部は朝鮮戦争中に居昌良民虐殺事件、国民防衛軍事件などを引き起こしたが、第1共和国の時代(李承晩政権)には比較的静寂を保った。しかし、5・16軍事クーデターを契機に政治舞台の前面に躍り出た。以後30年にわたって軍部は実質的に国家権力を掌握しつづけ、政治・社会・経済のあらゆる分野に巨大な影響力を行使した。1992年12月の第14代大統領選挙で金泳三が当選し、クーデター後31年目にして文民大統領が出現し、軍部による事実上の直接支配は終焉した。

軍事革命委員会 1961年5月16日早朝5時、反乱軍がソウルを掌握した直後、クーデター主導勢力によって設置された最初の権力機構。議長には陸軍参謀総長(当時)の張都暎、副議長にはクーデターの実質的指

導者・朴正熙が選出された。軍事革命委員会は「行政・立法・司法の三権を完全に掌握した」との声明を発表し、6項目の公約を掲げ、午前9時を期して韓国全土に非常戒厳令を宣言すると同時に、布告第1号を発表した。その内容は、屋内外の集会禁止、国外旅行の不許可、言論に対する事前検閲実施、夜間通行禁止時間の延長（夜7時〜早朝5時）などだった。5月18日に国家再建最高会議と改称された。

国家再建最高会議　5・16軍事クーデター直後、クーデター主導勢力が権力掌握を企図して設置した国家最高権力機関。当初は軍事革命委員会として発足した。5月18日に国家再建最高会議と改称。6月6日、国家再建非常措置法が公布され、最高権力機関としての法的根拠を得た。これにより、立法権・行政権の一部と司法・行政に対する統制権を掌握した。国家再建最高会議は、法律・司法・内務・外務・国防・財政・経済・交通・逓信・文教・社会・運営・企画の分科委員会から構成され、直属機関として中央情報部、再建国民運動本部、首都防衛指令部および幹事院を設置し、本格的な軍政の体制を整えた。また、革命裁判所と革命検察部を通じて「容共分子」の洗い出しを命令し、革新勢力を大々的に検挙する一方、4月革命以降に登場した各種の民主主義政党と社会団体、言論機関、労働組合を強制解散させるなど、民主勢力に対する暴力的な弾圧を加えた。63年12月、第3共和国の発足とともに解体された。

革命公約　5・16軍事クーデター直後に軍事革命委員会が発表した軍事クーデターの理念と性格を述べた6ヵ条の声明。内容は以下のとおり。①反共を第一の国是とし、スローガンのみの従来の反共防衛態勢を再整備し強化する。②国連憲章の遵守と国際協約の忠実な履行を約し、米国をはじめとする自由主義友邦国との紐帯をさらに強める。③韓国社会のすべての腐敗と旧悪を一掃し、退廃した国民道義と民族の正気（正しい精神）を確立するために、清新な気風を振起する。④絶望と飢餓線上であえぐ民生苦を速やかに解決し、国家自主経済再建に総力を傾ける。⑤民族の宿願である国家統一のため、共産主義と対決できる実力培養に全力を集中する。⑥われわれ軍人の課題が達成されれば、斬新かつ良心的な政治家にいつでも政権を委譲し、われわれは本来の任務に復帰する準備を整える。

国家再建非常措置法　軍事クーデターの主導勢力が創設した国家再建最高会議に対し、法的な最高権力機関としての正当性を付与するために制定された統治基本法。1961年6月6日公布。全文24条と付則からなるこの法律は、「憲法中の国家再建非常措置法と抵触する規定については、国家再建非常措置法が優先する」とし、憲法の一部規定の効力を停止した。また、「国家再建最高会議は、国会が構成され、政府が樹立されるときまで、大韓民国の最高統治機関としての地位を持つ」と規定した。国会を廃止し、国家権力を国家再建最高会議に集中させたこの国家再建非常措置法は、議会主義を正面から否定し、軍部独裁に法的根拠を与えるものであった。また、この非常措置法は、軍事クーデター以前か以後かを問わず、反国家的・反民族的不正行為もしくは反革命的行為を行った者を処罰するための特別法を、最高会議が制定することができるとした。同時に法遵守のための革命裁判所と革命検察部を設けることも定めており、軍事政権の基盤を固めるうえで決定的な役割を果たした。

革命裁判所 5・16軍事クーデター以降、国家再建非常措置法にもとづいて設置された特別軍事裁判制度。クーデター勢力は、自由党と民主党治下の不正腐敗および5・16前後の反革命事件を総括的に立件・処理するために、1961年7月12日、革命裁判所と革命検察部を設置。以後290日間にわたり、1000回を超える公判を開き、250件の裁判を行った。裁判所長・崔英圭以下43名の裁判官と検察部長・朴蒼岩大領（大佐）以下31名の検察官が動員され、3・15不正選挙、反国家行為、反革命行為、不正蓄財および密輸、公務上の横領、政治暴力団による暴力行為など、関連者697名の容疑が立件された。この裁判により、3・15不正選挙の指揮者であった崔仁圭、景武台（現青瓦台）前での発砲責任者・郭永周、政治暴力団員・李丁載、林和秀、申廷植、社会党組織部長・崔百根、『民族日報』社長・趙鏞寿、「特殊密輸」容疑者・韓弼国らは死刑を宣告され、刑が執行された。

朴正熙 ［パクチョンヒ］ 1917〜1979。軍人・第5〜9代大統領（在任1963〜79）。5・16軍事クーデターの指導者。慶尚南道善山の人。1937年に大邱師範学校を卒業。国民学校教師として3年間の勤務後、満州軍官学校を経て日本の陸軍士官学校を卒業した。解放後は韓国国軍創設に参加。46年、陸士2期を卒業し、陸軍歩兵学校長、第5師団長、第6師団長、第1軍参謀長、第6管区司令官、陸軍軍需基地司令官、第1管区司令官、陸軍本部作戦参謀部長など軍の要職を歴任した。61年、第2軍副司令官として5・16軍事クーデターを指揮。7月に国家再建最高会議議長に就任、62年3月、大統領権限代行を兼任、63年8月、陸軍大将に昇進した。つづいて民主共和党総裁となり、同年12月、第5代大統領に就任。さらに、67年7月に第6代大統領に選出さ

夫人の陸英修と、大統領選の清州での遊説先にて。1971年4月

れた。一方、外交面では国民の激しい反対を押し切って日韓会談を推進し、日韓条約を締結し、ベトナム派兵を行うなどの反共主義にのっとった親米・親日外交を展開した。第1・2次経済開発5ヵ年計画を成功裡に遂行。平均して年10パーセントの経済成長をもたらし、京釜高速道路をはじめ全国の産業道路網を建設、全国を「1日生活圏」に再編成した。しかし、量的経済成長のみを追求するあまり、低賃金・低穀物価格政策に基盤をおいた財閥中心の輸出主導型経済政策で経済の対外従属性を強め、分配の公正に背を向けて民衆の苦痛と不満を増幅させた。このような国民の政治的・経済的不満を懐柔するため、南北赤十字会談、7・4南北協同声明などの南北対話を再開した。69年9月、3選改憲案を国会で強行通過させ、翌年ふたたび第7代大統領に就任。つづいて72年に永久執権を企て、前例のない個人独裁体制「10月維新」を断行。暴圧的な方法によって反政府民主勢力を弾圧した。78年12月には第9代大統領に就任。しかし79年10月、釜馬民衆抗争をきっかけに18年間の軍事独裁体制に対する民衆の不満が爆発し、政権打倒の声が全国に拡大して体制危機が深まるなか、10月26日に中央情報部長・金載圭に射殺された。11月3日、国葬。著書に『わが民族の進むべき道』『民族の底力』『演説文集』などがある。

金鍾泌〔キムジョンピル〕 1926〜 軍人、政治家。忠清南道扶余の人。ソウル大師範大数学科2年終了後中退。韓国陸軍士官学校第8期生となり、卒業後は陸軍本部情報局戦闘情報課に勤務した。5・16軍事クーデター当時、陸軍中領(中佐)として朴正熙の片腕的役割を果たし、初代中央情報部長となる。民主共和党設立準備委員長として

1992年頃

党組織整備に努めるが、政治資金調達の過程で「4大疑獄事件」を引き起こし、63年2月25日、党結成の前日に政界を引退、外遊の途についた。第3共和国成立とともに共和党議長として政界に復帰したが、「金・大平メモ」が一般に知れわたり、64年6月に公職を辞退してふたたび海外に渡った。65年12月、党議長職に返り咲くが、「国民福祉研究会事件」に連座し、3選改憲を前にした68年5月に公職を辞した。当初は3選改憲に反対の立場をとったが、後にそれを修正し、71年6月には国務総理、10月26日には共和党総裁となった。80年の5・17非常戒厳拡大措置により、権力型不正蓄財者名簿の1位にあがり、公職を辞退。国家保衛立法会議で制定した「政治風土刷新のための特別措置法」により、政治活動を禁止されたが、85年3月に解禁。87年10月、新民主共和党を結成。その年12月、第13代大統領選挙に出馬し、落選。90年1月、民正・新民・共和の3党が合党して民自党が発足すると、民自党最高委員となった。金泳三政権時代には、与党の党務最高責任者として1995年1月まで活動をつづけた。しかし、金泳三総裁(大統領)との政局運営、権力配分、長期的な政策の構想の違いなどによって、紳士協定が崩れ、民自党を脱党。1995年3月、自由民主連合

(自民連)を結成した。忠清道地盤に保守層を取り込み、反金泳三の立場で政治活動をつづけた。1998年3月から2000年1月まで、金大中政権の下で首相を務めた。2000年4月の総選挙で金大中と一時袂を分かったが、その後関係を修復したが、また2001年9月に林東源統一相の責任問題をめぐって与党を離脱。2004年4月15日の第17代総選挙で落選し、政界を引退した。

軍政 1961年5月18日、クーデターの成功と軍事革命委員会の国家再建最高会議への改編とともにはじまり、63年12月17日、第3共和国発足直前までつづいた軍部による統治をいう。第3共和国以後の統治基盤を固めた軍部が米国と保守勢力の支持を確保するために最初に着手したのは、民主勢力の大々的検挙だった。検挙された人々は、61年末までに3333名に及んだ。これに加えて軍事政府は、戒厳布告令・国家再建非常措置法・反共法・労働者の団体活動に関する臨時措置法・集会に関する臨時措置法など、民衆の抵抗を封殺するための各種の制度的装置を備える一方、農漁村高利債整理法・再建国民運動に関する法律・不正蓄財処理法・農業協同組合法などを公布、また経済開発5ヵ年計画を発表、民衆の不満を懐柔するとともに、軍備拡張の経済的基盤を整備した。同時に軍内部の反乱事件を矢継ぎばやに発表して軍の粛清を図った。こうして実権を掌握した軍事政権は、クーデター直後から中央情報部創設作業に力を注いだ。軍の粛清と情報機関の設置で統治の枠組みを固めた軍事政権は、政治活動浄化法により既成政治家の手足を縛り、貨幣改革を断行して旧政治家の資金源を除去する一方、民政移行後も継続して政権掌握をはかり、民主共和党を秘密裏に組織した。中央情報部は民主共和党の組織化と日韓会談の背後での交渉を陣頭指揮し、その後の情報政治・工作政治の本格化を予告させた。こうした機関や制度の設立によって政治舞台登場の準備を整えた朴正熙は、大統領中心制の新憲法の下での第5代大統領選に勝利し、第3共和国を発足させ、軍政の幕を閉じた。

中央情報部(KCIA: Korean Central Intelligence Agency) 1961年6月10日、法律第619号「中央情報部法」により設置された、国家再建最高会議直属の情報捜査機関・政治警察機構。この法律によれば、中央情報部は「国家安全保障に関連した国内外の情報事項および公安捜査と、軍を包括した政府各部署の情報・捜査活動を監督」し、「他の国家機関に所属する職員を指揮監督」する権限を持つとされた。中央情報部は大統領直属の最高権力機関であり、同時に現役軍人の直接的な参加を認めていたので、非戒厳状態のなかでも軍部があらゆる機関・分野に対して実質的な統治力を行使できた。当初、中央情報部は金鍾泌中領(中佐)が指揮する特務部隊要員3000名を中心に組織されたが、のちに急激に要員を拡大。3年後の64年には37万名に達した。中央情報部はこの膨大な組織を活用して対共産主義活動と内乱罪・外患罪(国家の対外的地位を侵害する罪)・反乱罪・利敵罪などの情報収集と捜査を担当した。また、反政府勢力への広範な監視・統制・摘発を行い、独裁政権維持のための暴力装置として機能するとともに、政府の諸施策を有利に進めるための世論誘導など、権力の末端神経の役割をも果たした。維新政権末期の79年10月26日、現職の中央情報部長・金載圭が朴大統領を暗殺する事態が発生。第5共和国発足直前「国家安全企画部」(安企部)に改組された。1998年、金大中政権の

発足とともに権限が縮小され、名称も国家情報院と改められた。

反共法　共産主義者の活動に加担、あるいは補助した者を処罰する法律。1961年7月4日、法律第643号として公布された。国家保安法は一般的な反国家行為を処罰する法だが、反共法は国家保安法に付属する特別立法である。全文16条と付属の条文からなる。この法律は、かつて張勉政権が制定を試みたが、反共の名のもとに民主的諸権利を抑圧・剥奪するための制度的装置であるとして民衆の強力な抵抗に遭い、保留された経緯がある。主な内容は以下のとおり。第3条　①反国家団体に加入し、あるいは加入を勧誘した者は7年以下の懲役に処する。②前項未決は処罰する。③第1項の目的をもって、準備活動や共謀を行った者は、5年以下の懲役に処する。第4条　①反国家団体やその構成員と、国外共産主義者の活動の賛揚・鼓舞・同調その他の方法によって反国家団体を利する行為を行った者は、7年以下の懲役に処する。②前項の目的で文書・著書その他の表現物を製作・輸入・複写・保管・配布・販売もしくは取得した者は、前項と同様の刑に処する。第5条　①反国家団体や国外共産主義団体の利益となることを知りながら、その構成員や指示を受けた者との会合、通信その他の便宜をはかり、あるいは金品の提供を受けた者は7年以下の懲役に処する。このように政権側の恣意的な解釈を許す反共法の施行によって、政府政策批判は事実上禁止され、言論弾圧は日常化した。しかも、5・16軍事クーデター以前の平和的統一運動に参加して逮捕・拘束された人々すべてに対し、この反共法が遡って適用された。反共法に対する批判の声が頂点に達した80年12月、国家保衛立法会議は反共法を廃止したが、その実質は国家保安法に引き継がれ、弾圧体制を継続させた。

政治活動浄化法　国家再建非常措置法に依拠し、1962年3月16日に公布された政治活動規制法。朴正熙・金鍾泌ら軍事政権の主導勢力が、既成政治家や軍内反対派の手足を縛るために制定したもので、この法によって4374名の政治活動が禁止された。政治活動禁止の名簿に挙がった人々は、軍高級将官、軍事政権に批判的な言論人、自由党・民主党・新民党・進歩党・その他政党の主要な指導者、高級官僚、不正蓄財者、南北学生会談関連の学生指導者らであった。同法は6年間有効の時限立法で、この間、立候補や選挙運動はもちろん、政治集会での演説や政党活動一般に参加することが禁じられた。この法の目的は、軍事クーデターを担った勢力が政治の第一線に登場するまでの一定の期間、旧政治家を政治の舞台から追放することにあった。施行期間を6年としたのは、その間に行われる2度の選挙を通じて国民に軍事クーデターの正当性を認識させ、第1次経済開発5ヵ年計画の成果を基礎として、国民的信望を得ることができると考えたからであろう。68年8月15日、失効した。

再建国民運動　5・16軍事クーデター後に軍事政権が主導し、国民福祉の成就と国民道義の再建を目指して繰り広げた汎国民運動。この大義名分の裏には、クーデターの目的が新たな社会建設にあるかのように見せかけ、支持勢力を結集しようとする政略があった。61年5月、国家再建最高会議の傘下機関として、再建国民運動本部が設置され、本部長に高麗大学総長の兪鎮午が任命された。ほかにも主要民間団体・役員・著名言論人・一般人・教育者・演芸家（芸

能人)・宗教家などをこの運動の指導的位置につけた。運動の目標は、①耐乏生活の実践、②勤勉精神の鼓吹、③生産と建設意欲の増進、④国民道義の高揚、⑤秩序観念の純化、⑥国民体力の向上などの6項目を掲げ、全国の市・邑・面に支部を設置し、各家庭から1名は会合に参加するよう強制した。このような上からの強制によって組織は急速に拡大拡張され、63年には390万の会員を擁した。しかし反面では発足3ヵ月目に兪鎮午が再建国民運動を「全体主義的」と批判、本部長職から退いた。国民も積極的に活動することは少なく、運動開始当時の勢いも失せて、うやむやのうちに終息を迎えた。運動本部は後に母法である国家再建最高会議法の廃止によって、64年7月、社団法人再建国家国民中央会として再発足。しかし時をおかず廃止された。この運動は新しい政党組織に充当する指導者の輩出に寄与するなど、民主共和党成立の基礎となった。

韓国労働組合総連盟(韓国労総) 1961年8月、軍事政府が「御用幹部を排除し派閥を止揚する」という大義名分のもとに上意下達的に組織させた全国単一産業別労組。大韓労総・大韓労連・韓国労連などとも呼ばれる。つづいて下部組織として産業別労働組合が結成された。このような産別労組の建設過程は異質の企業別労組を機械的に結合し、単位労組を上から支配するのに便利なように組み立てたものにすぎなかった。労働者の自主的意思とは無関係に組織された韓国労総は、創立決議文を通じて「5・16軍事革命を全面的に支持し、革命作業の完遂に総力を傾ける」と宣言して以来、朴正熙・全斗煥政権とつづく労働法改悪措置を黙認。87年「4・13護憲措置」支持声明を発表するなど、最後まで官製的、御用的性格から抜けられず、政権の反民主的、反労働者的政策を支持。政府に反対した場合でも、形式的な反対意思のみを表明するにとどまり、かえって政権の労働者統制機構の役割を担うことが多かった。また「労組の革新浄化」という設立当時の名分にもかかわらず、派閥争いと腐敗を繰り返した。

第5次改憲 1962年11月、民政移管のための憲法改定案が国家再建最高会議で議決された後、12月17日、国民投票によって確定し、26日、公布された憲法改正。翌年12月16日から発効したこの改憲は、憲法に規定された改正方法に従わず、非常措置法に従って、国民投票に回され、前文をはじめ内容が全面的に改定されたという点で、実質的には新憲法制定に等しいものだった。第3共和国の憲法となったこの改憲案の主要内容は、①大統領制の採択、②小選挙区制の採択、③国会の一院制と政党国家化にともなう国会活動の弱化、④法院に違憲立法審査権の付与、⑤憲法改定に対する国民投票制採択、⑥経済科学審議会議・国家安全保障会議の設置など。

民主共和党 第3、4共和国の与党。5・16軍事クーデターの主導勢力を中心に、「革命理念の継承と、民族的民主主義の具現」を標榜し、1963年2月26日、結成された。8月31日、朴正熙国家再建最高会議議長が入党して総裁に就いた後、権威主義的指導体制下で各派閥を押さえ、組織・宣伝などを専門化・一本化して強力な大衆政党体制をめざした。民主共和党は経済開発と反共イデオロギーを掲げ、民主主義を圧殺し、統治者をカリスマ化し、個人独裁体制を構築した。また、野党の政治活動を抑圧した。とくに第4共和国では体制論争と改憲要求を徹底的に封鎖し、維新憲法の正統性を宣

伝するのに総力を傾けた。79年、10・26事態によって朴正煕が射殺されると、結成の産婆役を務めた金鍾泌が党総裁に就任したが、80年10月27日に公布された第5共和国憲法付則によって解散した。党の財産は第5共和国の与党である民主正義党に継承された。

民政党　5・16軍事クーデター以降の政治規制措置が解かれ、1963年1月27日、結成発起人大会を経て、5月14日、発足した保守野党。自由民主主義と平和的政権交替実現を基本路線とし、代表最高委員に金炳魯、大統領候補に尹潽善を選出した。尹潽善候補は大統領選挙に挑戦したが、民主共和党の朴正煕候補に15万余票という僅少差で敗れた。しかし、民政党はその余勢を駆って第6代国会の第1野党となり、「対日屈辱外交反対、汎国民闘争委員会」を組織。日韓会談反対闘争を野党共同で強力に推進し、「対日野党」結成の土台をつくった。その結果、64年12月26日、自由民主党を吸収・統合したのに続き、第2野党の民主党と統合。65年5月3日、第3共和国発足後、最初の統合野党である民衆党を発足させた。

国民の党　5・16軍事クーデター後、発足した政党。軍事クーデター主導勢力が民政移管後の実質的な与党になるとみて、これを阻止するために新政、民友の2政党と無所属および民主、民政党系の一部が合同。1963年1月の創党準備委員会を経て、その年9月5日、結成された。代表最高委員は金炳魯。64年9月17日に民主党に統合され、解散した。

10・15選挙　軍事政府の民政移行方針に従って、1963年10月15日に実施された第5代大統領選挙。その年8月30日に予備役編入し、民主共和党候補となった朴正煕は、前大統領の尹潽善候補を15万票という僅少差で押さえ、第5代大統領に当選した。9月15日に締め切られた候補登録状況では、共和党の朴正煕をはじめとし、民政党の尹潽善、国民の党の許政、獄中から出馬した前戒厳司令官・宋尭讃（自由民主党）、秋風会の呉在泳、李承晩政権下で国務総理を務めた卞栄泰（正民会）、新興党の張利錫らの7名だった。これらのうち、許政と宋尭讃が土壇場で立候補を辞退したため、選挙戦は実質的には朴正煕候補と尹潽善候補の対決となったが、朴正煕候補は投票数1100万票のうち、41.61パーセントの470万2642票（有効投票の46.65パーセント）を得たのにすぎず、次点の尹潽善候補とはわずか15万6028票の差であった。このように、僅少差ではあったが、朴正煕候補が勝利できた原因としては、野党が資金難に喘いでいたのに対し、与党民主共和党が巨額の選挙資金を投入した点と、野党の悪癖である分派抗争や中央情報部の工作による野党候補の乱立という2点を指摘することができる。

11・26選挙　軍事政府の民政移管方針に従って1963年11月26日に実施された第6代国会議員選挙。民主共和党は総投票数の32.4パーセントしか得られなかったが、175議席中110議席を占めて圧勝した。民主共和党圧勝の要因は、他の政党に比べ、莫大な選挙資金を使った点と、野党が11に分裂し、選挙区ごとに平均6名が立候補したなどの点が挙げられる。とくに、この選挙で注目すべきことは、民主共和党公薦（公認）で出馬した党員はすべて当選し、民主共和党が李承晩政権の遺産をそっくり引き継いだ点である。

第3共和国 1963年12月17日発足。72年「10月維新」直前まで存続した韓国3度目の共和憲政体制。

[**統治機構の特色**] ①議院内閣制廃止と大統領中心制への復帰、②緊急命令権、緊急財政弊害処分権などの強力な権限を大統領に付与、③国務会議を議決機関から審議機関に移行、④両院制国会を単院制に変更、⑤憲法改正時の国民投票必須化、など。

[**主要施策**] ①経済開発5ヵ年計画推進、②日韓国交正常化推進、③ベトナム派兵、④8・15平和統一宣言発表、⑤南北対話推進、⑥京釜高速道路建設、⑦8・3金融措置断行、など。

[**政治・社会状況**] 第3共和国は5・16軍事クーデター主導勢力が民間人へと衣替えし、発足させた体制として、4月革命の民族、民衆理念に逆行する道を歩んだ。朴正熙政権は外勢に依存し、南北間の対立および体制闘争を繰り広げる一方、政権維持のため外資依存の経済開発を推進した。経済開発に必要な莫大な資金を確保するために、国民の激しい反対を押し切って日韓会談を推進し、65年8月、衛成令発動という強圧策によって反対勢力を抑圧し、日韓条約を批准させた。またベトナム派兵によって韓国の若者を強大国の代理戦争の犠牲とした。莫大な外資導入、日本や米国の輸出市場となる条件の醸成、財政金融税制上の特恵、開発事業の増加と諸般の要因が重なって第1次、第2次経済開発計画は成功裡に遂行され、年平均10パーセント以上の高度成長を達成した。これにより、朴正熙政権は67年の選挙で国民の全幅的な支持を得たが、60年代末から財政の窮状、貿易赤字幅の拡大、借款企業の独寡占化と中小企業の萎縮、インフレなど、従属独占資本主義の矛盾が一気に噴出し、経済的危機は深刻化した。一方、「先成長、後分配」という論理に立脚した高度成長政策と、これを下支えするための低賃金、低穀物価格政策は民衆の犠牲を強要し、年ごとに50万名以上の離農者が発生した。労働者人口の急速な増加にもかかわらず、全体の国民所得に占める労働者所得の比率は減るなど、社会的不均等と構造的矛盾が深化した。69年9月、共和党議員だけで早暁に国会第3別館で3選改憲案を強行可決させ、71年にかろうじて再執権に成功した朴正熙は、国際的冷戦秩序の再編成、国内情勢の不安など内外からの挑戦に直面すると、南北対話を推進し、国民の不満を懐柔しようとした。そして72年12月、国会非常事態宣言などの強硬策によって、執権延長を企てた。この時期、社会運動としては、4月革命の理念を継承した日韓会談反対闘争、不正選挙糾弾闘争、3選改憲反対闘争などが熾烈に展開されたが、依然として学生運動の次元にとどまっていた。しかし、70年代初めにさしかかると、社会の構造的矛盾が深化し、全泰壹焼身自殺事件、広州大団地事件などの基層民衆の生存権闘争が爆発的な様相で表れ、運動が新しい段階にさしかかっていることを予感させた。

先建設・後統一論 「自立経済」と「祖国近代化」達成が統一論議に先行しなければならないという朴正熙政権の統一論。軍事クーデター直後、軍事革命委員会は革命公約第5項を通じて「民族の宿願である国土統一のために、共産主義と対決できる実力培養に全力を集中する」との基本方針を示した。さらに67年1月17日、国会で表明した大統領年頭教書で朴正熙が「今日の段階において、統一の道は経済建設であり、民主力量の培養」と宣言。この統一論により、4月革命以降かまびすしかった南北交流を通じた平和統一論議が全面的に中止さ

れ、本格的な南北間の体制競争の幕が上がった。

三粉暴利事件　小麦粉・砂糖・セメントを生産するいわゆる「三粉財閥」が価格操作と脱税によって莫大な暴利を貪り、これを黙認する代わりに、民主共和党政権が巨額の政治資金を取得した事件。1964年1月15日、野党院内交渉団体である三民会代表・朴順天議員が国会で暴露して公となり、真相究明に積極的に立ち上がった民主党の閔昌烈議員と三星財閥間の争いへと拡大した。また、民主党側では2月5日、国会第10回本会議で「特別国勢監視実施に関する決議案」を上程したが、民主共和党の反対により破棄された。この事件は、小麦粉・砂糖・セメントはすべて国民の実生活と緊密な関係がある品目であるうえ、62年の凶作で食糧難が深刻な状況下で起こっただけに、全国民の怒りを買った。

[小麦粉暴利] 63年の小麦粉の表示価格は1袋当たり（15キロ程度）370ウォンだったにもかかわらず、市場価格は1200ウォンまで上がった。これにより、1袋当たりの平均利潤を最低500ウォンで計算しても、846万袋の販売によって製粉業者と小麦粉販売業者らが稼ぎ出した利益は43億ウォンという莫大な額に達した。とくにこの事件は、全国民が食糧難に喘いでいるときに起こったため、国民の不満は絶頂に達した。

[砂糖暴利] 精糖協会の発表によれば、63年の内需用砂糖供給量は3万4000トン、販売高は18億ウォンだった。この発表を基礎に砂糖1トンの値段を計算してみると5万3000ウォンとなり、1斤（約375グラム）当たり33ウォン12銭の計算になる。しかし実際の卸売り価格は3月から12月の間に35ウォン55銭から98ウォンへと高騰し、卸し売り価格は1斤当たり平均80ウォンだとしても、3万4000トンの値段は43億5200万ウォンと推算された。これは、協会の発表より25億ウォンも高い数字であった。当時、国内の精糖業者は2つだけで、そのうち三星系列の第一精糖は約60パーセントを占めており、三星財閥は暴利を貪った。

[セメント暴利] 63年中に東洋セメントと大韓窯灰が国内に生産供給したセメント量は2220万袋に達した。このうち、軍事用40パーセントを除外し、自由販売量1213万袋に限定してみても、1袋当たりの利潤を100ウォンと計算して12億ウォン。セメント波動以前までの80ウォンと計算しても9億7000万という暴利を得た計算になる。

四大疑獄事件　5・16軍事クーデター後の軍政期間中に、韓国中央情報部が民主共和党の政治資金を確保するために起こした事件。具体的に、証券波動、ウォーカーヒル、セナラ自動車、回転撞球（パチンコ）の各事件をさす。この事件で軍政のナンバー2であり、初代中央情報部長だった金鍾泌は政界を引退し、外遊の途についた。5・16以前の「旧悪」に対し、「新悪」という流行語まで飛び交った。1964年、国会国政監査を通じ、この内幕が一部暴露された。疑獄事件として歴史に残ったこれらの事件は、脱税・政府予算流用・証券詐欺など、その手法が極めて稚拙であったばかりでなく、その直接的な被害が民衆に及んだという点で、軍事政府の恥部を露呈した事件である。

[証券波動] 1962〜63年に中央情報部が大韓証券取引所を直接掌握し、株価操作を行って莫大な不当利益を得た事件。中央情報部の行政次長・李永根、鄭管理室長らは呉農協中央会長と権副会長に圧力をかけ、当時、農協が保有していた人気株・韓国電

力株12万8000株を時価より5パーセント安い価格で放出し、そこから得た8億6224万6400ウォンを証券業の経験のある尹応相に資本金として貸し出して、統一・一興・東明の3つの証券会社を設立、大韓証券取引所取扱い株の約7割を占有させ、尹応相の腹心を証券取引所理事長とした。こうして尹応相の独壇場となった大韓証券取引所は、証券取引法と取引所の事業規定などを無視し、尹応相系の証券会社を不法に支援し、それらの株を暴騰させた。しかし、これらの会社は約束した決済を履行しない方法で株価を暴落させ、5340名に達する善意の小規模投資家らが138億6000万ウォンという膨大な損害をこうむり、自殺騒動まで発生して大きな社会的物議をかもした。この事件により、李永根・尹応相らは「特定犯罪処罰に関する臨時特令法」違反容疑で63年3月11日、陸軍普通軍法会議に送られた。

[ウォーカーヒル事件] 中央情報部が外貨獲得を狙い、駐韓米軍用総合娯楽施設建設資金(政府出資)の相当額を横領した事件。1961年、当時の中央情報部第2局長・石正善らが中心となり、ソウル市城東区広壮洞所在の敷地18万余坪を収容し、総規模60億ウォンのいわゆる社団法人ウォーカーヒル観光事業施設を着工した後、交通部に観光工事法を作成させて観光公社を設立。交通部長官がそれを主管するようになった。しかし、産業銀行の融資拒否により、工事が進まなくなると、交通部長官の朴春植、観光公社社長の申斗泳らは62年8月13日から63年2月21日の間に法的にも業務上何ら関係のない政府株式出資金5億3090万9795ウォンをウォーカーヒル理事長の林炳柱(当時中央情報部第2局第1課長)に転用して前貸しし、ウォーカーヒルを建設し、林炳柱がそこから莫大な政治資金を横領した。のみならず、交通部長官と軍の工兵を動員して、61年9月から62年2月の間に4158台の各種の装備を使って延べ2万4078名を無償労働させるなどの不正行為を行った。この事件により、石正善、林炳柱は他人の権利行使妨害と横領、申斗泳は業務上背任などの罪で63年3月13日、ソウル地検に送致された。

[セナラ自動車事件] 中央情報部が日本製乗用車を不法搬入した後、これを時価の2倍以上で国内市場に販売、巨額の暴利を得た事件。1961年12月、金鍾泌中央情報部長が日韓会談で訪日した際、日本の「安田商事」社長・朴魯禎(在日韓国人)に会い、自動車産業に関しての意見交換を行い、朴魯禎は専務の安櫟珪を韓国に派遣することにした。安櫟珪は中央情報部次長補の石正善と接触。彼の助けを借りてセナラ工業株式会社を設立し、政府には観光用自動車400台を輸入させるように設定させ、これをセナラ社が代行し、輸入販売するようになった。この過程で、石正善はセナラ社の敷地選定と購入を斡旋してくれるように仁川市長に圧力をかけ、同時に自動車部品輸入に必要な自動車保護法案を提出するように管轄部署である商工部に圧力をかけた。この事件で石正善は、63年4月10日に業務上横領・脅迫・贈賄罪で陸軍高等軍法会議に拘束送致された。

[回転撞球事件(パチンコ事件)] 法的に禁止されている賭博機械である回転撞球機(パチンコ)100余台を在日朝鮮人の財産搬入を装って税関を通して国内に入れ、ソウル市内の33ヵ所の撞球所開設を承認させようとした事件。この事件により、金泰俊らが関税法違反、文書偽造および同行使罪で63年3月15日、首都防衛司令部普通軍法会議に送検された。

言論波動 朴正熙政権が言論規制のために「言論倫理委員会法」を制定したが、言論人（マスコミ側）の激しい反対に遭い、施行を全面保留した事件。戒厳令下の1964年7月30日、民主共和党は政府に批判的な言論を抑圧するために「言論倫理委員会法案」を単独で発議し、8月2日、戒厳令解除を条件に野党が傍観するなかで法案を通過させた。これに対して、新聞・雑誌の発行人たちは闘争委員会を結成。光復節（8月15日）などの祝祭日の大統領演説など、いっさいの政府宣伝記事を掲載しないという決議案を採択した。すると、政府はすべての広告掲載および言論に対する補助・便宜提供を取り消し、公務員に『京郷新聞』『朝鮮日報』『東亜日報』などの野党系新聞の自宅購読中止を命じ、さらに新聞社に対して銀行貸出しや特恵の中断などの報復措置をとった。このような広範な報復が決定されると、闘争委員会と4社の編集局長はそれぞれ声明を発表し、最後まで闘争することを誓った。国際新聞人協会は同法の不当性を指摘した宣言文を発表。政府の報復措置を糾弾する反対運動が全国的に広がり、釜山の『国際新報』、大邱の『嶺南日報』、大田の『中東日報』と『大田日報』などの記者が闘争を宣言するなかで、各界の代表者による国民大会を9月10日に開くことに決定。情勢は日増しに険悪化していった。意外に激しい抵抗に直面した朴正熙は、闘争委員会代表者たちと会い、収拾策を協議した末、事実記載を条件に言論倫理委員会法の施行を全面留保することと、倫理委員会招集の無期延期を指示することで言論波動は幕を下ろし、闘争委員会は解散した。

2．民族の分裂と隷属の激化

平和共存 社会体制の異なる複数の国家が、互いに武力に訴えることなく平和的に共存する状態、もしくはその状態を実現しようとする主張。ソ連邦成立後、レーニンは資本主義国家と社会主義国家の平和共存が可能と主張し、スターリンもこの主張を継承したが、とくに平和共存論を政策の基本として強調したのはフルシチョフである。1954年の周恩来・ネルーの「平和5原則」によって平和共存が現在の国際関係の一原則として定式化された後、60年代にさしかかり、米ソ間の冷戦が緊張緩和へと向かうと、平和共存の理念が広く受け入れられるようになった。侵略の否定、内政不干渉、主権尊重などからなる平和共存の理念は、実際に大国に対する従属的な協調外交となる場合もあり、両陣営ともに批判の声がある。

地域統合戦略 米国が日本の工業化を支援、工業化した日本が韓国に援助を行い、韓国の近代化を完成するという構図の下に、日韓両国を東アジアの「反共の砦」とするための米国の東アジア政策。1940年代後半以来この政策は一貫して継続されてきたが、米国が慢性的な財政赤字に陥った58年以降から本格化し、60年の日米安全保障条約改定と65年の日韓条約によって枠組みが完成された。第2次世界大戦後の世界で大きな政治的・経済的・軍事的影響力を獲得した米国は、ソ連・中国などの社会主義圏の成立と旧植民地諸国の独立、そして資本主義国家間の競争によって50年代半ばからその勢力を衰退させた。その後も米

日韓会談に反対する学生（1964年6月）

　国は、激化する冷戦下で社会主義圏に対抗すべき同盟勢力形成を図り、莫大な経済的・軍事的援助を行うが、57年にドル危機に直面し、慢性的財政赤字に悩まされはじめた。危機打開のため米国は対外援助を大幅に削減、ソ連との平和共存政策を推進し、東アジアでは日本との軍事同盟を固め、ベトナムと韓国を足場として中国を包囲する戦略を立てた。この東アジア戦略は2つの方法によって具体化された。1つは日米新安保条約によって日本に自国防衛の責任を分担させ、同時にベトナム戦争への日本の公的支援（米軍基地用地と資金などの提供）を確保しようとした。もう1つは日韓国交正常化によって日本資本を韓国に進出させ、朝鮮半島の分断・冷戦体制を軍事的・経済的に安定化することだった。東アジアで米国が担ってきた経済的・軍事的負担を日本に肩代わりさせ、同時に太平洋地域の支配権を確保しようとする米国の戦略は、日本の対外的経済膨張の欲求や韓国軍事政権の利害とも一致し、日韓会談が推進され、65年に日韓基本条約は締結された。こうして地域統合戦略はその枠組みが整えられ、韓国政府は米国側の要請に応えてベトナム派兵を行った。

日韓会談　日韓国交正常化のための両国間の外交交渉。米国の東アジア戦略の一環として推進された。1952年2月、第1次会談が開催された後、65年6月22日に日韓条約が締結されるまでの14年間、6回にわたって開催された。第1次会談は、連合軍最高司令部外交局長シーボルトの仲介で51年10月20日から開かれた予備会談を経て、翌年2月15日から当時の李承晩政権

と日本の吉田茂政権の間で本会談がはじまったが、双方の主張は大きく隔たり、4月25日、中断された。第2次会談は53年4月15日に開かれたが、平和線（李承晩ライン）問題、在日韓国・朝鮮人の強制退去問題などで7月23日、ふたたび決裂。同年10月15日から再開された第3次会談も日本側の首席代表久保田貫一郎の「日本の35年間の朝鮮統治は朝鮮人に恩恵も与えた」という妄言により、10月21日、ふたたび決裂した。長期の中断期間をおいて、第4次会談は57年12月29日から開かれた予備会談を経て、58年4月15日にはじまり、在日朝鮮人の北朝鮮帰国問題により、難航したあげく、60年の4月革命による自由党政権の崩壊により、三たび中断された。のちに民主党政権は日韓会談再開を推進し、同年10月25日に第5次会談が開かれたが、翌年の5・16軍事クーデターにより中断された。しかし、米国の援助が大幅に削減された状況で、経済開発計画に従って大規模投資財源を確保しなければならなかった軍事政権は、日本資本の融資を得るため日韓会談の早期妥結に全力を集中した。このような軍事政権の方針は、日本を同盟勢力とし、朝鮮半島の安定化をはかって、中国を牽制しようとする米国の東アジア戦略および日本資本の海外進出の欲求とも一致した。これにより、61年10月20日、第6次会談が再開されたが、合意事項をめぐる日韓両国の利害と両国内の激しい反対闘争により、妥結が遅れると、政府は中央情報部長金鍾泌を特使として派遣し、秘密会談によって妥結条件についての合意を引き出そうとした。このとき交換されたメモを根拠に、65年2月20日、日韓条約が仮調印された。しかし、主要議題だった対日請求権問題、漁業問題、文化財問題などで韓国側が過度に譲歩するなど、陰謀的で屈辱的な日韓会談推進過程に対する反対闘争が激しく起こったため、軍事政権は64年6月3日、非常戒厳令を宣布し、これを武力で鎮圧した。65年6月22日に日韓基本条約およびその付属協定が正式に調印され、8月14日には民主共和党議員だけの国会でこれを批准することにより、14年間にわたって継続されてきた日韓会談は終結した。

対日請求権問題　日本の植民地支配、とくに太平洋戦争時の戦時動員にともなう日本の賠償問題。韓国の請求権問題は1952年に「対日請求権要項」細目が提示されたが、その内容は次のとおり。①1909〜45年まで朝鮮銀行を通じて日本に搬出された地金249トン、地銀67トン、②朝鮮総督府が韓国国民に返済すべき各種の郵便局の貯金・保険金・年金、③日本人が韓国（朝鮮）の各銀行から引き出した貯金、④在韓金融機関を通じて韓国から振替もしくは送金された金品、韓国に本社および事務所のある韓国法人の在日財産、⑤徴兵・徴用を受けた韓国人の給与・手当と補償金、⑥終戦当時、韓国法人や個人が所有していた日本法人の株式、各種の有価証券および銀行券など。しかし、これらは法的根拠を持つ最低限の請求でしかなく、35年間の日本統治で韓国人が受けた精神的・物質的被害に対する補償はまったく含まれていなかった。対日請求権問題は日韓会談の中心的な議題となったが、韓国側が要求する8億ドルと日本側が提示した最高額7000万ドルの差が縮まらず、交渉は難航した。62年11月12日、金鍾泌特使と大平正芳外相の秘密会談でようやく合意をみた。無償供与3億ドル、財政借款2億ドル、商業借款1億ドルで、対日請求権問題を落着させたいわゆる「金・大平メモ」を根拠に、65年6月22日、日韓基本条約の締結と同時に「財産と請求権

左、金鍾泌 右、大平正芳外相
「金・大平メモ」の現場
(1960年11月)

に関する問題解決と経済協力に関する協定」が正式調印された。これにより、長い歳月をかけて議論されてきた対日請求権問題と日本の植民地支配・戦争責任問題に一応の区切りがつけられたが、以後この問題を「解決済み」として、個人補償などを拒否する論理の根拠を日本側に与えることになった。

金・大平メモ 韓国の金鍾泌中央情報部長と大平正芳日本外相の対日請求権問題に関する秘密覚書。日韓会談を早期に妥結させようとする軍事政府の特命を受け、日本に派遣された金鍾泌中央情報部長は大平外相との秘密会談の末、1962年11月12日、対日請求権問題に関する合意を引き出した。その内容は、日本は無償で3億ドルを10年にわたり支払い、経済協力の名目で韓国資金援助を行うとともに、政府間の借款2億ドルを年利3.5パーセント、7年据え置き20年償還という条件で10年間貸し与え、民間商業借款として1億ドル以上を提供するというものだった。2人はこの合意事項をメモとして交換した。後にこれが暴露され、韓国では激しい国民的反発を招き、これを理由の一つとして、金鍾泌は一時、政界を引退して外遊の途についた。

平和線(李承晩ライン) 1952年1月18日に李承晩大統領が朝鮮半島周辺水域に韓国の主権を宣言した海洋線。海岸線から平均60マイル(約53カイリ)を規定した李承晩は、その理由として、①日韓間の漁業上の格差、②漁業資源および大陸棚資源保護、③世界各国の領海拡張および主権的専管化にともなう修正、④日本周辺に宣布された領海線(マッカーサー・ライン)撤廃にともなう補完策などを挙げた。これによって漁業問題での利害関係が尖鋭化した日本は、日韓会談を通じて継続してその撤廃を主張した。会談の早期妥結に汲々としていた朴政権は一方的に譲歩し、65年の日韓条約の締結とともに廃止された。

日韓基本条約 韓国と日本の国交正常化を規定した条約。1965年6月22日、韓国

外務部長官・李東元、日韓会談首席代表・金東祚と日本外相・椎名悦三郎、同首席代表・高杉晋一によって調印された「大韓民国と日本国間の基本関係に関する条約」(基本条約。これと付属する4協定、25の文書を総称して「日韓条約」「日韓協定」ともいう)。日韓基本条約の締結は韓国国民からは屈辱外交、日本国民の側からは軍国主義の復活と批判された。その具体的な内容と問題点は次のとおり。①基本条約は、日韓両国間の外交および領事関係の開設(第1条)、日韓併合条約など日本と大韓帝国の間で結ばれた条約の無効確認(第2条)、韓国を朝鮮唯一の合法的政府とする確認(第3条)などを規定した。両国関係正常化の前提となる植民地時代の罪状についての日本側の公式謝罪が一言も含まれていない。また第2条について、韓国政府の国会答弁では、併合条約は1910年の締結当初から無効だったのであり、植民地支配が国際法違反だったことが確認されたと説明された。これに対して日本政府の国会答弁では、併合条約は1948年の韓国建国によって無効になったのであり、日本の植民地支配は国際条約にもとづいた正当なものであることが確認されたと説明された。②付属協定の一つである請求権および経済協力に関する協定では、日本が韓国側に請求権の名目で無償援助3億ドル、経済協力の名目で財政借款2億ドルを10年間にわたって提供するとした。金額も問題とされるべきだが、その「独立祝賀金」という名目は、東南アジア諸国が戦勝国としての賠償を得たことと対照をなす。③この協定によって

朴大統領、日韓条約批准書に署名。左から丁一権、朴正熙、李東元、金東祚

平和線(李承晩ライン)は撤廃され、韓国側の主張する40カイリ専管水域が退けられ、日本の主張どおり12カイリ専管水域が設定された。また、魚卵まで根こそぎにさらう底引き網の使用が認められた。④在日韓国人の法的地位および待遇に関する協定では、永住権問題、強制退去問題などの在日韓国人に対する差別待遇を日本政府の任意処分に任せてしまった。⑤文化財および文化協力に関する協定は、日本が不法に収奪した韓国文化財を日本の所有と認定した。韓国政府は内外の情勢に押され、拙速に締結したため、上記の問題点以外にも「従軍慰安婦」「朝鮮人戦犯」などへの補償を積み残す結果となり、問題を残した。2005年1月17日、日韓会談の請求権関連文書が一部公開され、個人補償については韓国政府が負うことを両政府で確認していたことが明らかにされた。

日韓会談反対闘争(6・3闘争)　日韓国交正常化会談が本格化された1964年から日韓基本条約が調印された65年まで、学生と野党を主軸にして展開された闘争。64年6月3日にピークをなしたことから「6・3抗争」ともいう。64年3月に入り、韓国政府が日韓会談の3月妥結、4月調印、5月批准の方針を立てると、野党は即刻これに反発。3月6日、全野党と社会・宗教・文化等の各界代表200余名が「対日屈辱外交反対、汎国民闘争委員会」を結成した。全国を巡回する遊説に突入したのにつづき、3月24日、ソウル大などの学生約3500名は「韓日会談の即刻停止」を要求する集会を開き、池田勇人首相と李完用のワラ人形を燃した後、街頭デモに移った。デモは25日から26日にかけて全国に波及し、4月に入って次第に反政府的性格を露にした。5月20日、ソウル大文理学部でソウル市内の大学生の連合によって、軍事政権が掲げる「民族的民主主義」の葬礼式を挙行。「5月軍事クーデターは4月の民族民主主義に対する全面的な挑戦であり、露骨な大衆弾圧の始まりだった」と規定し、激しいデモを繰り広げた。これに対する警察の弾圧により100名余が負傷、200名余が連行された。5月25日には全国主要都市で学生デモが行われ、30日、ソウル大文理学部で40名からはじまった断食籠城には参加学生が増えつづけた。これら一連の過程を通じて火がついた日韓会談反対学生運動は、6月3日になると1万余名のデモ隊が光化門前まで進出。派出所に放火、軍事クーデター・不正腐敗・情報政治(秘密警察による支配)・買弁独占資本・外国勢力依存などの本質的な問題提起が行われて拡大・高揚し、政権退陣要求が掲げられた。危機に陥った朴政権は、同日夜8時を期してソウル市一帯に非常戒厳令を宣布、弾圧を開始し、384名の民主人士と学生が拘束された(6・3事態)。この日の武力鎮圧でデモは一時的に鎮静させられたが、65年に入って日韓条約締結が政治課題となると、学生はふたたび調印反対闘争・批准阻止闘争・批准無効化闘争を激しく展開した。この6・3闘争は、学生運動が国家の基本政策と正面から衝突したものだったが、戒厳令が宣布されるなど、政権の強硬弾圧と野党の分裂、大衆組織基盤の未成熟によって挫折した。

3・24デモ　1964年3月24日、学生を中心に展開された日韓会談反対闘争。ソウル大文理学部等の学生約3500名が「帝国主義者および民族反逆者の火刑式」と称して日本の池田勇人首相と李完用のワラ人形を燃やし、「民族反逆的韓日会談の即刻中止」を要求し、街頭デモに突入した。これを皮切りに、ソウル・釜山・大邱の三大都市の

学生が街頭に進出し、大々的な抗議デモを展開。500余名の高校生が米国大使館の前で座り込みに入った。学生の主張は、①日本の帝国主義的進出反対、②日本の経済圏編入反対、③対日請求権の額と条件批判、④平和線（李承晩ライン）死守、⑤文化財返還要求、⑥米国の日韓会談強要反対、⑦日本に滞在中の金鍾泌中央情報部長の召還などであった。数万人の学生と市民が参加したこの日のデモは、4月革命以来最大の規模となり、また、民政移管後の最初のデモとなった。この日1日で288名の学生が逮捕された。

6・3事態　1964年6月3日、韓国政府が戒厳令を宣布、学生の日韓会談反対デモを武力で鎮圧した事件。3・24デモ以降、激化の一途をたどった日韓会談反対闘争は、反政府闘争へと発展。6月3日には学生と市民約1万名が朴正煕の退陣を要求し、警察の阻止線を越えて光化門に進入。青瓦台（1960年尹潽善の時代に青瓦台と変更）の防衛線を突破したことで頂点に達した。同日、地方の大都市でもデモが起こり、光州では警察と道庁、共和党党舎に激しい投石が行われた。政権存亡の危機に直面した朴正煕大統領は、バンカー米大使とハミルトン駐韓米軍司令官との2時間にわたる緊急会議を開き、同夜8時、ソウル市一帯に非常戒厳令を布告した。ソウル市内の夜間通行禁止令と休校令をともなうこの日の戒厳令によって屋内屋外の集会とデモが禁止され、言論・出版・報道は事前検閲を強制された。市民と学生の抵抗は戒厳軍の進駐で鎮圧され、この日1日で200名のデモ隊員が負傷、1200余名が逮捕、384名が拘束された。この非常戒厳令は、後に反対勢力弾圧に軍隊を動員する軍事統治手法のさきがけとなった。

日韓漁業協定　65年6月22日、日韓基本条約とともに締結された日韓間の漁業問題に関する協定。これにもとづき、12海里の韓国専管水域（77年以降からは領海）の外に両国の共同漁業水域が設定された。この水域での操業は日韓漁業共同委員会が規制措置を勧告してきた。しかし、1996年7月の国連海洋法条約批准にともない、日本は200海里の排他的な経済水域の境界線画定交渉を韓国と開始した。日本は交渉をスムーズに進めるため竹島（独島）領有問題を棚上げしようとしたが、韓国側はこれを認めず、交渉は紛糾。竹島を中心とする暫定協同規制水域の設定で合意したものの、その範囲については交渉が難航。98年1月、日本は一方的に交渉打ち切りを通告。同年4月には実務者レベルの協議が再開されたが、容易には妥結に至らなかった。9月8日、小渕首相は韓国国会副議長と会談。同年10月に予定されていた金大中大統領の大統領就任後初訪日までに合意するよう努力することで一致。24日、金善吉海洋水産相が来日。小渕首相らと協議。翌25日、独島（竹島）を暫定水域として、領海問題を棚上げした新漁業協定締結で両国が合意。領海問題では以後も対立がつづく。

在日本大韓民国民団（民団）　1994年までは「在日本大韓民国居留民団」と称していたが、在日韓国人の定住化傾向の深化、すなわち「在日性」を考慮して「居留」をはずした。前身は1946年1月に結成された新朝鮮建設同盟。46年10月には朝鮮建国促進青年同盟などと合同し、在日本朝鮮人居留民団（民団）を結成、48年8月に大韓民国が樹立されると、「朝鮮」を「大韓民国」と差し替えた。民団はその結成以来、政治的には一貫して「反北朝鮮」路線をとり、日本においてはその延長線上で「反朝

「総連」の政策をとりつづけた。それゆえ、本国の政治動向につねに左右された。この点は敵対している朝総連と同じであった。しかし、朝総連よりも相対的に独自性を持っていたといえよう。それだけ「在日」という状況をより重視したといえる。これが「居留」という用語をはずした理由でもあるし、また現在、積極的に取り組んでいる地方参政権獲得闘争や地方公務員採用における「国籍条項」撤廃運動にも見られるとおりだ。この地方参政権については、1995年2月、日本の最高裁が参政権を在日韓国人に与えるのは違憲ではないという判断を下しているし、日本の地方自治体の3分の1が、与えるべきだとする意見書を日本政府に提出している。だが、こうした取り組み方がややもすると在日韓国人の民族性を風化させはしないか、という批判もある。しかし、現実には朝総連支持者を凌駕し、在日同胞68万（韓国・朝鮮籍。日本への帰化者を含めると、およそ100万人以上になるといわれる）のうち50万近い支持（韓国籍と国民登録所有者の実数）を得ている。1995年末、登録在日外国人のうちで韓国・朝鮮籍の割合が初めて50パーセントを割り込み、48.9パーセントとなった。これは在日外国人（1995年末で、136万名強）が相対的に増加したからである。

在日韓国人3世問題　1965年に締結された日韓基本条約の原則によれば、永住申請期間満了日である71年1月まで、日本に居住しているか生まれた韓国人を1世とし、その直系の子女を2世と区分される。このことから生まれた、日韓の過去の歴史の特殊性にともなう永住権付与の問題。3世に対する待遇は91年までの事項があるのみで、その後の3世韓国人に対する処遇問題が主要な懸案となった。この問題の解決のために86年6月、東京で「在日僑胞に関する実務者会議」が開催され、当事国の事務当局間で意見が交換された。88年12月に第1次会議（東京）につづき、89年7月19日に開かれた「在日韓国人後孫に関する第2次日韓政府間の高級実務者会議」で韓国政府は在日韓国人が一般外国人とは異なる特殊性を持っていると前提し、①永住権の子々孫々自動付与、②強制退去および再入国許可制の適用排除、③指紋押捺制と外国人登録証の常時携帯義務の破棄、④就業における差別撤廃などについて日本政府の保証を要請した。日本側は両国の友好関係によってこのような基本認識面では同感することを表明しながらも実行は保留するという二重性を見せたが、91年1月に海部首相が訪韓したとき、以上の条件について基本的に合意した。

ベトナム戦争　1954年のジュネーブ協定以降、17度線以北のベトナム民主共和国（北ベトナム）・南ベトナム解放民族戦線と以南のベトナム共和国（南ベトナム）間の内戦に米国が介入し、展開された戦争。米国の支援を受けた南ベトナムのゴ・ディン・ディエム政権はジュネーブ協定を無視し、56年に予定された南北統一選挙を実施せず、弾圧を行った。民族主義勢力は60年12月に南ベトナム解放民族戦線を結成。ゲリラ戦で政府軍を攻撃、民衆の支持を獲得しつつ、支配地域（解放戦線側は「解放区」と称した）を拡大した。米ケネディ政権はこの事態を共産主義浸透の常套手段とみて、南ベトナムへの軍事援助、特殊部隊派遣、経済援助を推進した。63年、軍事クーデターでゴ・ディン・ディエム政権が崩壊すると米国の介入はさらに積極化し、64年の「トンキン湾事件」以後、ジョンソン大統領は北爆を開始。65年3月に米地上軍がダ

ナンに上陸、直接戦闘に参加するに至った。後に韓国・オーストラリア・フィリピン・ニュージーランドなどの軍も動員され、戦争はエスカレートし、最盛期には米軍54万名が投入された。スーパーナパームなどの新型爆弾による、解放区や北ベトナムに対する無差別爆撃も行われた。69年に成立したニクソン政権は米地上軍の撤退と現地軍の強化（「ベトナム化」政策）、砲撃の強化、戦争のインドシナ全域への拡大などの政策により、大々的に殺戮戦を強化する一方、70年にはカンボジア、71年にはラオスに侵攻したが、民衆の支持を得た解放民族戦線の抵抗を抑えることはできなかった。ソ連と中国からの武器援助を受けた北ベトナムが果敢な攻勢に出て、同時に米国内で反戦運動が高まり、国際世論の悪化とドル危機に遭遇した米国は、戦争終結を模索しはじめた。73年1月27日、米国・北ベトナム・南ベトナム臨時革命政府（69年成立）間に停戦協定が調印され（パリ協定）、米軍は撤退したが、停戦協定以後も南ベトナムとカンボジアでは激しい戦闘が続いた。75年4月30日、臨時革命政府はサイゴンを占領、南ベトナム臨時政府の主権が確定され、76年7月2日、南北は統一され、ベトナム社会主義共和国が成立した。

トンキン湾事件 1964年8月4日、ジョンソン米大統領が「米第7艦隊の駆逐艦マドックスが北ベトナムの魚雷艇3隻から攻撃を受けた」と発表した。この事件を契機に米国はベトナム戦争に直接介入し、65年2月から北ベトナムに対する大々的な爆撃を開始。米議会は大統領に侵略阻止に必要なあらゆる措置をとることができる特別権限を付与する「トンキン湾決議案」を可決した。しかし、72年に米マスコミは「国防総省秘密文書」によって、この「トンキン湾事件」は米軍が北ベトナム領土に接近し、奇襲攻撃作戦の一環に見せかけて、挑発したことによって誘発されたものだと暴露した。

ベトナム派兵 ベトナム戦争が激化しはじめた1965年から停戦調停が調印された73年まで、韓国軍をベトナムに派遣、米国とともに戦争を遂行させたこと。65年2月、後方支援部隊2000名を派兵したのを皮切りに、7月には2万人規模の陸軍の猛虎部隊と海兵隊の青龍部隊が、66年には米国側の追加派兵要請とそれにともなう保障措置である「ブラウン覚書」を条件に、2万名規模の陸軍白馬部隊が追加派兵された。派兵人員はピーク時の68年には約5万名。総派兵数は、1964～75年までに延べ31万2853人に達し、韓国は米国に次ぐ第2の派兵国となった。ベトナム派兵は条約上の義務ではなく、米国側が派兵の見返りに韓国軍の戦力増加と経済開発に必要とされる借款供与を約束することによりなされたものである。米国が韓国軍を参戦させたのは、一時的に米国内で広範囲に起こっていた反戦世論を沈静化させ、同時に人件費が米軍の3分の1の水準である韓国軍を戦線に投入することにより、戦費の削減ができると計算したからだった。韓国軍のベトナム派兵を通じてなされたベトナム特需は60年代末から70年代初めにかけて、外貨獲得の主要な源泉で、経済開発に一定程度寄与した面もあるが、ベトナム派兵は韓国の若者たちの犠牲と対非同盟国外交での孤立をもたらした。

ブラウン覚書 韓国軍のベトナム追加派兵に関する米国側の保障措置を約束した16ヵ条の文書。1966年3月7日、ブラウン米大使が韓国政府に伝えたその主な内容は以

下のとおり。①追加派兵の費用は米国政府が負担する。②韓国陸軍17個師団と海兵隊1個師団の装備を近代化する。③ベトナム駐在韓国軍の物資と用役はできるだけ韓国で調達する。④ベトナムで実施される各種の建設・救護事業に韓国人業者を参加させる。⑤米国は韓国に平和維持借款と臨時援助を提供し、ベトナムと東南アジアへの輸出増大のための借款を追加貸与し、ほかの経済開発目的に使用するための新規借款も提供する。⑥韓国の弾薬生産を拡大するのに必要な資材を提供するなど。

ベトナム特需 ベトナム派兵の見返りとして韓国が獲得した戦時特需。ベトナム戦争参戦によって、韓国は対外援助削減政策に転換していた米国から、軍事援助削減中止と1億5000万ドルの長期借款導入に成功した。韓国からはピーク時の68年には約5万名の戦闘要員と約1万6000名の労働者・技術者ら民間人がベトナムに派遣された。これにともない、ベトナムとの貿易額が増加すると同時に、ベトナム特需という巨額の貿易収入が発生した。その内容は、軍への物品・サービス納入（軍納）・ベトナム派兵将兵の送金・ベトナム派兵技術者送金などで、金額は1966年1年間で6949万ドル、66～70年まで総額6億2502万ドルに達した。65年の輸出総額は1億5000万ドル程度だったことを考えれば、この規模は無視できない。ベトナム特需は60年代末～70年代初め、外貨獲得の下支えとなった。

ライ大韓（テハン） ベトナム戦争に参戦した韓国軍兵士と、ベトナム人女性との間に生まれた子供。現在のベトナムには、5000～2万名の「ライ大韓」と呼ばれる子供たちが存在すると推定されている。

民衆党 1965年5月3日、院内第1野党の民政党と第2野党の民主党が統合して結成された政党。第3共和国発足後、最初の統合野党で、初代代表最高委員は朴順天だった。しかし、65年8月、日韓条約批准案とベトナム派兵案の処理をめぐって党論は二分し、議員辞職と党解散を主張する民政党系と院内闘争を主張する民主党系が決裂し、66年3月30日、強硬派が新韓党を結成。統合5ヵ月目に分裂した。第6代大統領候補として民衆党は兪鎮午を、新韓党からは尹潽善を指名したが、野党圏の大統領候補単一化・野党統合推進にともない、67年2月、民衆党と新韓党が合党して新民党を結成し、野党勢力の再統合がなされた。

新韓党 1966年3月30日、尹潽善系列の民衆党内の改憲派が「鮮明野党」の旗を掲げて結成した保守野党。67年2月7日、民主党と統合。「新民党」を結成することによって解体された。65年6月22日、「日韓基本条約」が締結され、8月14日、民主共和党単独で条約が国会で批准されると、これに反発して議員職を辞退した尹潽善系列の民衆党内強硬派は、民衆党から脱党し、67年に予定されていた大統領選挙と国会議員総選挙に備え、民主党クラブ、旧自由党系、一部革新系および学会代表を結集し、66年2月15日、結成発起大会を開き、首席代表に尹潽善、代表委員に金度演・鄭一亨を選出した後、3月30日、創立大会を開き、尹潽善を党総裁および次期大統領候補に指名した。以後、新韓党は民政のための政権交替を当面の最大目標に設定し、全国各地で民主共和党政権の非理（不正）を暴露、糾弾する大衆集会を開催するなど、与党に対する強硬な闘争を展開したが、67年、大統領選挙で野党の単一候補を立てなければならないという名分に押され、民主党大

統領候補兪鎮午の候補辞退を条件に、脱党に合意し、67年2月、新民党結成とともに自動的に解体した。

大衆党 1967年3月9日、民主社会主義の理念の下に政治、経済、社会の現代化を掲げて結成された革新政党。66年12月に組織された民主社会党がその前身であり、正義党、統一社会党の一部と東学党を統合して結成された。徐珉濠が最高議員だったが、後に李東華が権限を代行した。10月維新後の73年6月29日に大衆党政治委員会でみずから解散を決意し、翌日、中央選挙管理委員会に政党解散を申告した。

新民党 第3、第4共和国下の第1野党だった保守政党。67年の第6代大統領選挙と第7代国会議員選挙を目前に、民衆党・新韓党などの保守野党勢力を統合、67年2月7日結成された。韓民党・民国党・民主党など、保守野党の伝統を受け継いだ新民党は、反独裁と平和的政権交替の二大闘争目標を掲げ、与党・民主共和党との政治闘争を展開した。69年の3選改憲阻止闘争をはじめ、10月維新以降の体制批判と民主回復闘争など、新民党は多くの政治変動をひき起こした。67年、第6代大統領選挙戦で敗北した尹潽善が党の一線から退き、兪鎮午総裁の指導の下に旧民主党系が主導権を握ったが、69年末に兪鎮午が総裁を辞任すると、70年1月の臨時全党大会で、柳珍山が総裁に選出された。71年の大統領選挙を狙って「40代旗手論」が台頭し、70年9月29日の全党大会で金大中が大統領候補に指名され、与党の朴正熙候補と白熱の争いをみせたが、敗れた。その後、党は柳珍山系と反柳珍山系に二分され、主導権をめぐって法廷闘争を起こす事態にまで発展した。72年の10月維新で国会が解散された後、73年1月、反柳珍山系の梁一東・尹済述・柳青らが合党し、民主統一党が創党され、統合野党はふたたび分裂した。74年4月、柳珍山が死去し、8月に金泳三が総裁となった。しかし、党内抗争によって権力を失い、75年5月、李哲承が党権を掌握。集団指導体制で対与党穏健路線を施行した。78年12月12日の第10代総選挙では、新民党は絶対有利と思われた与党・民主共和党よりも有効投票数において1.1パーセント多く獲得し、野党に対する国民の支持をみせつけ、3年目に党の主導権をふたたび掌握した金泳三は対与党強硬路線を堅持し、国会議員除名処分を受けるまで闘った。これにより、釜馬事態が触発され、79年10月26日、朴正熙の暗殺により、金大中が復権すると、新民党内閣は金泳三系(上道洞系)と金大中系(東橋洞系)に分裂・対立したが12·12事態後、権力を握った新軍部の登場により、80年10月27日、第5共和国憲法付則により、解散させられた。

5·3選挙 1967年5月3日に実施された第6代大統領選挙。民主共和党の朴正熙、新韓党の尹潽善、民主党の柳珍山、民主社会党(67年3月9日大衆党に改編)の徐珉濠ら8人が立候補したが、新韓党と民主党が統合して新民党を結成、徐珉濠候補が立候補を辞退して新民党の尹潽善候補を支持し、選挙戦は第5代大統領選挙につづいてふたたび朴正熙と尹潽善候補の対決となった。しかし選挙結果は63年のそれと様相が変わり、朴正熙候補が有効投票の51.4パーセントを獲得、尹潽善候補は41パーセントにとどまり、票差は100万票に達した。63年の選挙では朴候補は南部で勝利し、北部で敗北したのに反し、67年には東部で勝利、西部で敗北。都市地域でも総投票数の50.4パーセントを獲得、63年の37.7パーセ

ントからいちじるしい進展をみせた。朴候補勝利の原因は、第1次経済開発5ヵ年計画が比較的成功して、第2次計画をひきつづき成功させるためには共和党の再執権が必要との宣伝が功を奏したからである。一方、湖南地方(全羅道)での敗因は、経済開発計画推進過程で嶺南地方(慶尚道)でのみ集中投資する政府方針に、湖南人が反発したためとみられる。

6・8総選挙 1967年6月8日に実施された第7代国会議員選挙。11政党の候補が乱立したが、第3党の当選者は1名のみで、民主共和・新民二大政党体制が固まった。民主共和党が129議席(地域区102席、全国区27席)を獲得し圧勝した。新民党は42議席(地域区25議席、全国区17議席)、第3党の大衆党が地域区1議席を獲得した。この選挙で、民主共和党は3選改憲に必要な3分の2の議席を確保するために、事前不正票・票の売買・脅迫投票などの不正行為を行った。不正選挙に抗議する学生デモが起こると、民主共和党総裁朴正煕は民主共和党議席の1つを新民党に引き渡すことを指示し、6名の民主共和党議員に不正選挙の責任をとらせ、党から除名した。新民党所属当選者たちは再選挙を要求し、6ヵ月間登院を拒否した。

6・8不正選挙糾弾デモ 1967年6月8日の国会議員選挙での共和党の不正を糾弾し、全国各地で約1ヵ月間にわたって行われた学生デモ。6月9日、延世大の不正選挙糾弾を皮切りに、13日の高麗大などソウル市内の8大学が、15日には全国25高校と5大学がデモに突入し、3大学は断食闘争に入った。政府は14日、市内の11大学に休校令を下し、16日には全国28大学と219の高校に休校令を拡大したが、学生の闘争は鎮まらず、22日にソウル大、高麗大、延世大、成均館大、建国大などの学生代表が集まって「不正腐敗一掃、全学生闘争委員会」を結成、不正選挙糾弾討論大会を開いた。デモは7月3日、頂点に達し、ソウル市内の14大学1万6000名がデモに参加。6・3闘争以来の学生運動の実力を誇示、民主主義に対する熱望を表明した。この日からソウル市内の高校が無期限休校に入り、4日からは各大学が早期に休学を実施することによってデモは中断された。

国民福祉研究会事件 後継者選定問題をめぐる民主共和党内の派閥闘争。1968年5月25日、民主共和党国会議員・金龍泰が、71年退任予定の朴大統領の後継者として金鍾泌議長の擁立を図り、民主共和党から除名された事件。党紀律委員会は彼の除名理由を、金鍾泌議長の政権掌握のために「国民福祉研究会」という名目で、数百余人の前事務局要員を組織したためと発表した。国民福祉研究会は朴大統領の3選改憲に反対する戦略文書を準備していた。朴正煕の個人独裁を支持する党内反主流派議員は、金龍泰が70年まで後継者闘争を自制せよという朴大統領の命令を拒否したばかりか、党内に党を作って分派活動を行ったと非難した。この事件をきっかけに、党中央に強硬に抗議した金鍾泌議長は5月30日、党議長職を辞任し、脱党した。以後、反主流派が党権を掌握するようになった。

3選改憲 1969年、共和党が朴正煕大統領の3選を狙って強行した第6次改憲。主な改憲内容は、①大統領の3選を認める、②野党議員の集団辞任で議員数が法定最小人員以下となる事態をあらかじめ防ぐため、最小人員規定を削除、③大統領に対する弾劾訴訟発議規定を議員30名以上から

50名以上に調整、④国会議員の閣僚・政府ポストの兼任、などである（大統領制をとる韓国では、総理や閣僚は国会議員を兼任することができない）。この改憲案を通過させるため政府与党はさまざまな手練手管を駆使し、新民党議員3人を変節せしめ、122名の改憲支持署名を作成した。野党・新民党は変節議員を辞任させるため、9月7日に党解散宣言を行うが、20日に解散を撤回。この期間中は新民会という名の国会交渉団体として登録した。改憲支持に署名した議員は、改憲阻止を主張して国会本会議場での籠城をつづけていた新民党議員を避け、9月14日（日曜日）の早朝2時、国会第3別館にひそかに集まり、国会議長の司会の下、2分間で改憲案を強行可決させた（賛成122、反対0）。秘密投票は無効という野党の主張と学生の激しい改憲反対デモにもかかわらず、改憲案は10月17日、国民投票に付された。有権者の77.1パーセントが投票。そのうち、65.1パーセントの賛成で可決された。この改憲案にもとづき、朴正熙は71年4月の第7代大統領選挙にあらゆる方法を動員して勝利し、長期執権の道に入った。

3選改憲反対闘争 1968年6月21日、ソウル大生500余名が「憲政守護討論大会」を開催、以後69年12月までつづいた学生の改憲反対運動。ソウル大につづいて6月27日には大邱の啓明大で憲政守護討論大会が開かれ、以後69年まで大邱はもっとも激烈な護憲闘争の舞台となった。ことに慶北大では朴政権の性格をファシズムと規定、「黄牛ファシズム火刑式（黄牛とは朝鮮牛を意味し、また朴大統領を指す）」を敢行した。これに対し、朴政権は休校令・学科統廃合などの手段を用いて学生のデモを阻止した。学生は街頭デモ・火刑式・討論大会・断食闘争など多様な闘争を展開した。しかし、このような学生の粘り強い反独裁民主化闘争にもかかわらず、69年3月、3選改憲案が国会で変則的に通過し、これとともに3選改憲反対運動も衰微して60年代の学生運動はその幕を下ろした。

学徒兵助命嘆願運動 恋人からの手紙を軍の上官が回覧して冷やかしたことが糸口となり、学徒兵が上官に銃撃を加えた事件とその容疑者の助命嘆願運動。この事件は「信書の秘密」と軍隊の問題が関連し、社会的問題となった。ソウル大文理学部天文気象学科4年に在学中の崔泳伍は、1961年8月3日に学徒兵として陸軍に入隊。62年4月5日からは歩兵第15師団106無反動銃中隊第1小隊で服務した。崔泳伍の母と恋人から部隊によく手紙がきたが、同中隊の古参の上官らは、しばしば勝手にその手紙を開封し、隊員の前でさんざん冷やかし、時には崔に「気合い」を入れる（リンチ的な暴行や懲罰をいう）こともあった。7月7日の夕刻点呼の際に、ささいなことで上官に殴打された崔は、その日の夕方から司令部で開かれる慰問公演を見ようと練兵場へ向かう2名の上官を銃撃し、殺害した。崔泳伍は62年8月3日、陸軍第1000部隊普通軍法会議で上官殺害で死刑宣告を受け、家族と社会各層の助命嘆願運動もむなしく、処刑された。

坡州樵襲撃事件 1962年1月6日、京畿道坡州で米兵士が民衆を銃撃し、殺害した事件。この事件を特ダネとしてつかんだ金千秀特派員と人権擁護委員会の活動によって社会問題となり、66年7月、韓米行政協定を締結する契機となった。京畿道坡州郡臨津面雲千里の住民が、薪拾いのため、約3キロ下の臨津川を渡り、米軍第1機甲師

団8連隊D中隊が駐屯する長湍郡津東面下浦里の裏山に登った。仕事をすませて山から降りる途中、周囲から銃声が起こり、住民は米兵に包囲された。この事件で黄光吉(25歳、農業)が即死し、柳基勇(38歳、農業)は重傷を負って入院、治療中死亡した。事件直後、米軍当局は「非武装地帯に入ってきた樵2人が巡察兵の停止命令を聞かずに逃亡したため射殺した」と簡単に発表した。しかし、2月9日の韓国人権擁護委員会真相調査班の調査結果で、以下の事実が明らかにされた。①現場は出入り禁止区域でなく、非武装地帯ではない。②M1小銃や機関銃ではなく、猟銃で殺害されている。③衣服に血痕がないことから、裸にされて射殺されたと見られる。韓国人権擁護委員会は2月12日、「明白な殺人行為」という正式抗議文を米国大使とメロイ国連軍司令官に提出し、事件の資料を米軍側に請求した。当初、米軍側は「賠償金支払いを十分に考慮したい」という声明を発表したが、3月24日、一転して「賠償金を支払うことはできない」と通告。遺族に見舞金として100万ウォンを送っただけで、誠意のない態度を見せた。にもかかわらず、この事件は韓米関係の政治的配慮による政府と米国側の圧力により、これ以上拡大しなかった。この事件以降も波州や楊州では米軍による暴行事件が引き続いて起こり、6月に入り高麗大、ソウル大生がこれに抗議、韓米行政協定の即時締結を要求するデモに立ち上がった。

韓米行政協定(韓米地位協定) 1966年7月9日、ソウルで李東元外務部長官とラスク米国務長官が調印し、67年2月9日に発効した「駐韓米軍の身分に関する協定」。韓米相互防衛条約第4条によって米軍が韓国に永久駐屯するにともない、韓米両国は53年、共同声明を発表。行政協定の必要性を認めた。米国側が熱意を持たなかったため、締結は遅れたが、60年代に、駐韓米軍による銃撃事件・リンチ事件・坊主刈り事件など韓国人に対する暴行がたてつづけに起こると、大学生を中心に行政協定締結促進デモが至るところで起こりはじめた。国内世論に押され、政府は81回にわたる粘り強い交渉の末、行政協定を締結したが、その内容は屈辱的で、各界から抗議の声があがった。刑事裁判権と民事請求権、労働条項をはじめとして、軍票使用と課税・PX(米軍の売店)の管理などの広範囲な問題を含む韓米行政協定で、ことに問題となる部分だけでも次のようである。①裁判管轄権問題に関して本文だけをみれば、米軍に対する裁判権が韓国に属しているが、付属文書である合意議事録と了解覚書、了解事項などによって、韓国側は裁判権を事実上放棄したことになっている。すなわち、米軍関係被疑者は刑が確定するまで韓国側に引き渡さなくてよいとされた。②民事請求権問題で、公務執行中の損害は請求権を放棄し、非公務中の損害に対する請求は米軍に責任のある場合、米軍側75パーセント、韓国側が25パーセント負担することになっている。③業務条項に依拠し、米軍機関に雇用されている韓国人労働者も労働三権を持つようになった。しかし、韓国人労働者は雇用主の米軍を相手にデモをするには韓国労働庁(現在は部に昇格)、韓米合同委員会に事前通告せねばならず、ここで調停がなされなければ70日後にストライキに突入できる。そのうえ、韓米合同委員会が軍事作戦をいちじるしく害すると判断すればデモは不可能となる。韓米行政協定は内容上の不平等性にもかかわらず、形式的に韓国を主権国家と認定したことにその意義を認めることができる。なお2001年

1月18日の第2次改定で裁判管轄権問題は改善され、殺人など12の凶悪犯罪に限り、起訴時点での韓国側への引き渡しが定められた。また、米軍による韓国の環境関連法の尊重が合意議事録に盛りこまれた。

メサトン麻薬事件 合成麻薬メサトン入りの鎮痛剤の不法製造・販売事件。韓国保健社会部は医薬品のなかから検出された物質の正体を解明できず、国立科学捜査研究所に鑑定を依頼。65年5月7日、研究所はこの物質を合成麻薬メサトンと特定した。この間にメサトン入り鎮痛剤は農村・漁村・離島・私娼街など各地域に蔓延し、当局の公式推計では、65年3月末時点で1万5000～2万名（専門家の見解では10万名）の中毒者を生んだ。5月23日、保健社会部麻薬監視班は清州のクットウ製薬社が麻薬を密造しているという情報を入手し、社長の朴仁善を緊急逮捕した。後の捜査で麻薬製造犯はソウル大薬学部出身の任国善で、麗南ユニオン、白十字など10企業が関連していることが明らかになり、忠清北道の薬務係長や保健社会部職員、民主共和党国会議員・申官雨が収賄の容疑で起訴された。この事件は、許可された医薬品に麻薬を混ぜて製造販売したという点と、政府官吏や国会議員が賄賂を受けて黙認したという点で、社会に大きな衝撃を投げかけた。

韓国肥料献納事件　「韓国肥料」の国有化過程で三星財閥と政府が衝突した事件。66年9月22日、「韓国肥料を国家に納めることを決心」したという李秉喆三星財閥総帥の声明が発端となり、1年2ヵ月後に三星側が株式51パーセントを政府に献納することで幕を閉じた。当初、李秉喆は政府に献納の意思を明らかにした覚書を書いたが、途中でその内容を否認する一方、サッカリン原料密輸事件（三星財閥がサッカリン原料のOTSAを密輸し時価約1800万ウォンに相当する1403袋を市場に流布させた事件により、9月22日、国会では金斗漢議員による汚物投擲事件と内閣総辞職が起こった）や献納事件は、政府と一部マスコミの不当な言論操作によるもので、問題の覚書も自分の意思によるものではなかったと表明した。政府に全面対決の姿勢をみせたこの李秉喆の発言に対し、「政府を愚弄するもの」と激怒した朴正熙は交渉に当たっていた張基栄経済企画院長官を解任し、政界に一大波紋が起こった。結局、李秉喆は67年10月11日、株式51パーセントを献納し、降伏の意思を表明した。韓国肥料の国有化に対する政府の意思は一貫していたが、三星側が長期間これを遅延することができた理由、密輸事件に関する検察側の不徹底な捜査、この絶好の政治問題に対して野党が総選挙期間中に沈黙を守った理由など、さまざまな疑惑を残して、この事件は闇に葬られた。

黄龍珠筆禍事件　文化放送社長・黄龍珠の論文が国是違反とされ、政治問題化した事件。「統一論筆禍」とも呼ばれる。文化放送社長・黄龍珠は『世代』誌65年11月号に、論文「強力な統一政府への意思－民族的民主主義の内容と方法」を発表した。論文の骨子は、①北朝鮮政府を政府として認め、②南北の国連同時加入を推進し、③国連警察監視下で南北の総選挙を行った上での連邦制度を考慮すべし、というもので、一部野党議員はこれらの主張を国是違反とし、執筆者の拘束を要求した。野党議員が黄龍珠の統一論に強く反発した理由は、彼が朴正熙の側近であり、民主共和党が提唱した民族的民主主義の実態が彼の論文を通じて明らかになったと判断したからだっ

た。野党はこの事件を政治的に拡大しようとしたが、金炯旭中央情報部長は、この論文は朴大統領の考えとはまったく異なるものだと答弁し、与野党間の思想論争にまで拡大することはなかった。黄龍珠は64年11月11日に拘束され、30日には反共法違反で懲役1年、資格停止1年、執行猶予3年の判決を受けた。

徐珉濠拘束事件 1966年6月3日、仮称民衆社会党結成準備委員長・徐珉濠が反共法違反容疑で拘束された事件。65年、日韓条約締結に抗議して議員を辞任した徐珉濠は民衆社会党(民社党)を結成し、その趣旨文で「南北間の書信交換と、スポーツ関係者および言論人の交流」を主張し、もし自分が政権につけば金日成と会談する用意があることを明らかにすると同時に、日韓条約の破棄、ベトナム派遣軍の撤収を強力に要求した。中央情報部は彼の発言とベトナム派兵反対声明に反共法違反容疑をかけ、拘束延長を申請したが、証拠不十分で棄却されたため、「民社党が朝鮮総連の資金100万円を持ち込んで結成準備に使った」という新しい容疑を追加し、拘束延長をいいわたした。これに対し野党は「北朝鮮称賛や利敵目的のない政治的発言に対し、政治的応酬で応えず、法的追及を行うのは野党弾圧」であると主張し、国会内務委員会を招集し、反共法運用問題を追及した。論議の核心となったのは、第4条2項の「反国家団体賛揚鼓舞」および第5条の「利敵行為」に関する規定で、野党はこのような規定が「耳につければ耳輪で鼻につければ鼻輪(勝手な解釈の意)」というやり方で濫用される恐れがあると非難した。政府側は反共法の不備な点を是認しながらも改定の意向はないと言明した。一方、徐珉濠本人は「金日成との面談」云々の部分が有罪と認められ、懲役2年・資格停止2年の実刑を宣告された。

人民革命党事件(人革党事件) 1964年8月14日、中央情報部が、都礼鍾ら41名の民主派人士・言論人・教授・学生が人民革命党を結成し、国家転覆を図ったと発表した事件。「検事抗命事件」ともいう。中央情報部が事件を公表すると韓国人権擁護委員会はただちに特別調査団を構成して事件の真相究明に立ち上がり、無料弁護を引き受けた。一方、この事件の捜査に当たったソウル地検公安部検事は約20日間の捜査の後に不起訴方針を立てたが、検察上層部はこれを黙殺し、都礼鍾ら26名を国家保安法違反容疑で拘束起訴した。担当検事らは一斉に反発して辞表を提出。この事件は国会に飛び火した。この頃、人革党事件関係者らに対する拷問真相が暴露され、激しい世論の指弾に直面した検察は、ソウル高検でこの事件の再捜査に着手した。捜査の結果、スパイとの接触の確証はつかめなかったが、北朝鮮の平和統一論を強力に含むなど、北朝鮮の活動を称揚し、鼓舞し、同調した容疑は認められるとし、14名に対しては控訴を取り下げ、残りの12名について控訴状を変更。国家保安法の代わりに反共法を適用したと発表した。検察幹部は辞意を表明した検事らの辞表を返却した。65年1月20日に開かれた一審公判で都礼鍾に懲役3年、楊春遇に懲役2年、ほかは無罪となったが、5月29日の控訴審では一審が破棄され、被告全員に有罪判決が下された。

東ベルリン工作団事件 1967年7月8日、金炯旭中央情報部長が発表した「東ベルリンを拠点とする北朝鮮対南赤化工作団事件」。東ベルリン事件関係者の1人であ

る林碩鎮（34歳、明知大助教授・哲学博士）が帰国して自首したことで明らかにされた。当局の発表によれば、ヨーロッパに留学中の大学教授・留学生・音楽家・画家・知識人ら315名が東ベルリン駐在北朝鮮工作団に包摂され、58〜67年に平壌に赴いて北朝鮮労働党に入党、巨額の工作資金を受けとって東西ベルリンで利敵活動を行ったというものである。この事件は大韓民国成立以来の最大のスパイ事件となり、拘束者107名、関係者とされた学界・文化界の著名人は190余名に達した。67年12月13日の公判で関連者たちに国家保安法・反共法・刑法・外貨管理法などが適用され、趙栄秀・鄭奎明の2人に死刑、康彬九・鄭河龍・尹伊桑・呉準の4名に無期懲役、最高15年までの実刑13名、執行猶予11名、刑免除3名、宣告猶予1名を宣告し、被告34名すべてに有罪判決を下した。

民族主義比較研究会事件　ソウル大の学生サークル「民族主義比較研究会」が反国家団体とされ、関係者が拘束された事件。1967年7月11日、中央情報部長・金炯旭は東ベルリン工作団事件の第2次捜査発表で、民族主義比較研究会が工作団の一工作部門であり、反国家団体であること、また指導教授・黄性模は対南スパイであり北朝鮮の指示に従ってソウル大学文理学部政治学科の学生を集めて民比研を発足させたと発表した。また、サークルの学生メンバーである金重泰・朴才一・宋哲元・玄勝一・崔恵成・陳治男らは、日韓会談反対闘争を背後操縦して第3共和国の打倒を企て、各種の宣伝文の作成と「黄牛式民族的民主主義（黄牛は朴正熙を指す。朴政権式民主主義）」の葬礼式、不法街頭デモを煽動し、利敵行為を行ったとした。事件関係者は、64年に人革党事件に連座し控訴棄却となった学生であり、すでに拘束された状態にあった。しかし、指導教授の黄性模が民主共和党の前身・再建同志会の時期から関与しており、また、事件後にも国立大教授、精神文化院教授を歴任した点、会長の李鍾律が朴政権の下で維政会国会議員を歴任したことなどから推測し、この事件は仕組まれたデッチ上げではないかとの疑惑を残した。

統一革命党事件（統革党事件）　1968年8月24日に中央情報部が発表した地下党組織事件。158人が検挙され、50人の拘束者を出した60年代最大の公安事件。中央情報部長・金炯旭は統一革命党を以下のように規定した。「首謀者の金鍾泰は戦後4回にわたり北朝鮮の金日成と会談。対南事業総局長・許鳳学から米ドル7万ドル、韓国ウォン2350万ウォン、日本円50万円の工作資金を受け取り、その指示に従って仮称『統一革命党』を結成した。革新政党を装って合法的に反政府、反米デモを展開するなど、韓国政府攻撃と反政府的騒乱を誘発するのを主な目的とした」。捜査当局によれば、統革党事件の概要は次のとおり。65年11月初め、金鍾泰・金瓆洛・李文奎は「マルクス・レーニン主義で武装し、中央党の指導の下に革命を遂行するため、統一革命党の結成を宣言」した後、それぞれ委員長・民族解放戦線責任者・祖国解放責任者を称して指導部を構成、組織拡大に着手した。金瓆洛は李鎮永と申永福を、李文奎は李在学と呉貞哲を包摂して戦線指導部を構成。この戦線指導部が、任重彬・権五昌らを中心とする学生運動出身者たちを党細胞として組織した。党員は以下のサークルを基盤に大衆活動を展開した。新文化研究会・青年文学家協議会・仏教青年会・民族主義研究会・経友会・同学会・キリスト青年経済福祉会・学士酒場（60年代学士会）

など。また、統一革命党の活動は、以下のとおり。①各種学術研究サークルの組織。②民族統一戦線の構成のための連合戦線。③合法・非合法および暴力・非暴力など各種の戦術の研究。④武器庫の設定と武器獲得および備蓄方法の研究。⑤特殊戦術攪乱要員の養成。⑥6・8不正選挙反対闘争。⑦米国副大統領ハンフリーの訪韓反対闘争など。当局は統一革命党を、地下党スパイ団事件・虚偽法スパイ戦事件とともに、韓国に大規模地下党組織の構築をはかる北朝鮮の対南戦略の一環と規定した。

青瓦台襲撃事件（1・21事態、北朝鮮ゲリラソウル侵入事件） 1968年1月21日、北朝鮮当局が青瓦台を襲撃するために武装スパイをソウル市内の洗剣亭峠まで侵入させた事件。一般には「北朝鮮ゲリラ青瓦台襲撃事件」として知られるが、正確には襲撃未遂というべきだろう。韓国政府の中枢・青瓦台襲撃・政府要人暗殺の指令を受けた北朝鮮の特殊部隊・124部隊所属31名は韓国軍服を着用、手榴弾と機関銃で武装して休戦ラインを越え、夜間山岳行軍の後にソウル侵入に成功した。洗剣亭峠の地下門を通過しようとした瞬間、非常勤務中だった警察の検問を受け、正体が明らかにされると、警察官に手榴弾を投げつけて機関銃を乱射、通行中のバスにも手榴弾を投げ、帰路につく多くの市民の命を奪った。韓国軍・警察は非常警戒体制を敷いて現場に出動。28名を射殺、1名を捕らえて、事件は終わった。市民多数が巻き添えとなり、現場で非常勤務を指揮していた崔鍾路警察署長は武装スパイの銃弾に殉職した。この日、ただ一人生け捕りにされた金新朝は帰順（亡命）した。この事件は韓国国民の軍事的な危機意識を高め、郷土予備軍の創設と学生軍事訓練実施の契機となった。

プエブロ号事件 1968年1月23日、米海軍情報収集補助艦プエブロ号が北朝鮮によって拿捕された事件。23日正午頃、北朝鮮哨戒艇がプエブロ号に接近して停止を求めると、プエブロ号は公海上であることを理由にこれを拒否。約1時間後、3隻の北朝鮮哨戒艇と2機のミグ戦闘機が現れ、海軍将校と水兵、民間人、計83名を乗せたプエブロ号を拿捕した。これに対して米国はソ連を通じての外交交渉と板門店会談を求める一方、空母エンタープライズの東海（日本海）派遣などの軍事作戦を展開、朝鮮半島は戦争直前の緊張状態に陥った。ソ連が仲介を拒否し、正規の外交交渉が暗礁に乗り上げると、米国は韓国政府の反発を押し切って2月2日から板門店で北朝鮮との秘密交渉に入った。北朝鮮は乗務員釈放の前提条件として、プエブロ号の北朝鮮領域侵犯を認め、領海侵犯を謝罪し、以後の領海不侵犯の確約することなどを主張。米国は乗務員釈放を優先条件とし、交渉は進展しなかった。後に28回の北朝鮮と米国との秘密交渉が行われ、米国は領海侵犯を認めて謝罪し、ふたたび侵犯しないことを文書に署名し、事件発生から満11ヵ月目の12月23日、板門店で乗務員82名と死体1体が送還され、プエブロ号事件は一応の解決をみた。

郷土予備軍 郷土防衛のために組織された韓国の非正規軍。1968年1月21日の青瓦台襲撃事件（1・21事態）と23日のプエブロ号事件を契機に、国民の安全保障意識を高め、同時に北の「四大軍事路線」に対抗するために創設された。68年4月1日、250万名の郷土予備軍を創設し、5月29日、「郷土予備軍設置法」を公布・施行して、その体系が完成された。郷土予備軍の任務は、①国家非常事態下で現役軍部隊の役割、

②浸透地域での武装共匪の撃滅、③警察力だけで鎮圧できない武装暴動鎮圧などで、予備役将校・準士官・下士官・予備役兵・補充兵で組織された。居住地や職場を単位に地域予備軍や職場予備軍が編成され、国防部長官がこれを統括する。政府与党による郷土予備軍の政治的利用や、国民生活に重大な支障をもたらすとの理由で、野党によって郷土予備軍の廃止がしばしば選挙公約として掲げられているが、曲折を経ながらも今日まで存続している。

ソウル師範大読書会事件 1968年4月3日、反国家地下組織画策容疑でソウル大学師範大学(教育学部)の学生たちが拘束された事件。中央情報部の発表によれば、彼らは「読書会」という反国家団体を組織。不穏書籍を耽読し、共産党地下組織を画策する一方、共産党式の拠点組織(細胞)を拡充しようとし、「われわれの任務は韓国でプロレタリア革命を起こすこと」という内容の講座を行いながら、北朝鮮労働党の下部組織としてソウル大師範大学のなかに中央委員会なる反国家団体をつくることに合意したというものである。しかし、これはあくまでも中央情報部の発表によるものであり、その真偽は長く謎に包まれたままであった。しかし盧武鉉政権に発足した「真実・和解のための過去事整理委員会」によって、捏造事件であることが明らかにされた。

3. 経済開発と民衆収奪

経済開発5ヵ年計画 国民経済発展を目的に、5年単位で組まれ推進された経済計画。外国資本の積極的導入を通じた工業化が「自立経済」と「祖国近代化」に帰結するという近代化理論にもとづいて、政府指導下で外資および輸出・低賃金・低穀価政策に依存して推進された。5・16軍事クーデター直後、軍事政府は民主党政権による経済開発5ヵ年計画を土台に1961年7月、総合経済再建5ヵ年計画を発表した。これにつづき、62年1月、第1次経済開発5ヵ年計画の青写真を提示、実行に着手した。経済開発計画が推進されるにともない、「漢江の奇跡」という新造語が生まれるほどの高度成長を韓国経済は成し遂げたが、一方で経済の対外依存が深化し、貧富の格差など社会矛盾を激化させた。

[**第1次経済開発5ヵ年計画**] 1962〜66。骨子は以下のとおり。①農業生産力の増大、②電力・石炭などのエネルギー供給源の拡充、③基幹産業拡充と社会間接資本の充足、④遊休資源の活用、⑤輸出増大で、国際収支改善、⑥技術振興と精油・肥料・化学・電気・機械などの基幹産業と社会資本の拡充など。これらのために集中的な投資がなされた。初期には投資財源を確保できず、計画遂行に支障をきたしたが、日韓会談妥結と経済開放措置によって、日本の資本をはじめとする外国資本導入に成功し、高度成長が軌道に乗った。外資依存度は60パーセントに上り、当初の目標値である7.1パーセントを超える年平均8.5パーセントの経済成長率を達成し、1人当たりのGNPは83ドルから123ドルとなった。

経済開発5ヵ年計画の主要指標とその成長率

(年平均増加率:%)

	第1次計画 (1962～66)		第2次計画 (1967～71)		第3次計画 (1972～76)		第4次計画 (1977～81)		第5次計画 (1982～86)
	計画	実績	計画	実績	計画	実績	計画	実績	計画
国民総生産	7.1	7.8	7.0	9.7	8.6	10.1	9.2	5.6	7.6
産業別成長									
農林漁業	5.7	5.6	5.0	1.5	4.5	6.1	4.0	-0.7	2.6
鉱工場	15.0	14.3	10.7	19.9	13.0	18.0	14.2	9.2	10.8
製造業	15.0	15.0	―	21.8	13.3	18.7	14.3	9.4	11.0
社会間接資本およびその他	5.4	8.4	6.6	12.6	8.5	8.4	7.6	6.0	7.3
人口	2.8	2.7	2.2	2.2	1.55	1.7	1.6	1.55	1.55
1人当たりGNP	4.2	5.0	4.7	7.3	7.0	8.2	7.5	4.0	5.9
固定投資	14.6	24.7	10.2	17.9	7.6	11.1	7.7	10.5	9.0
商品輸出	28.0	38.6	17.1	33.8	22.7	32.7	16.0	10.5	11.4
商品輸入	8.7	18.7	6.5	25.8	13.7	12.6	12.0	10.3	8.4
就業人口	4.7	3.2*	3.3	3.6	2.9	4.5	3.2	2.3	3.0

* 1963～66年平均 (資料:韓国企画院 第5次経済社会発展5ヵ年計画 1982～86)

[**第2次経済開発5ヵ年計画**] 1967～71。重点目標は次のとおり。①食糧自給・山林緑化・水産開発、②化学・鉄鋼・機械工業建設による工業高度化および工業生産の倍化、③7億ドル輸出達成、④家族計画推進による人口抑制、⑤国民所得増大、⑥人的資源開発など。この期間の年平均経済成長率は目標値7パーセントをはるかに上回る9.7パーセントに達したが、穀物輸入は4000万ドルから2億7000万ドルに急増し、外資導入の増加と国際収支の慢性的赤字という問題を孕むようになった。

[**第3次経済開発5ヵ年計画**] 1972～76。高度成長と重化学工業化を目標に推進されたが、71年8月の「ニクソン・ショック」による国際通貨秩序の崩壊、73年10月の第1次石油波動(石油ショック)などにより、危機を迎えた。しかし、外資導入と輸出ドライブ政策、中東建設ブームにより危機を乗り越え、年平均10パーセントの高い成長率を維持した。

[**第4次経済開発5ヵ年計画**] 1977～81。「成長・公平・能率」の基調のもとに、自立成長構造確立、社会開発を通じた水平化増進(貧富の格差の是正)・技術革新・能率向上を目標に掲げた。77年には輸出100億ドル達成。1人当たりのGNPは944ドルとなったが、78年には物価高と不動産投機、生活必需品の不足など、高度成長政策の副作用が現れた。79年の第2次石油波動により経済が沈滞の泥沼から抜け出ることができないなかで、80年には社会的不安と凶作が重なり、マイナス成長になった。81年からは次第に回復をみせ、7.1パーセントの実質成長率を記録した。

[**第5次経済社会発展5ヵ年計画**] 1982～86。「安定・能率・均衡」の理念のもとに、①経済安定基盤政策と国民生活の安定による経済力の強化、②雇用機会の拡大による所得増大、③所得階層間・地域間・均衡発展による国民福祉増進に目標を置いた。その具体的な発展戦略として、①10パ

ーセント以内の物価安定による構造的インフレ要因大幅整理、②7～8パーセントの持続的成長のための投資効率極大化と貯蓄の増進、③経済促進を通じた市場機能の活性化、④輸出指導政策の持続および対外開発政策積極化、⑤比較優位産業育成、⑥国土の均衡ある開発と環境保全、⑦国民の基本需要の充足および社会開発の積極推進を掲げた。

[高度成長の要因・成果・問題点] 高度成長の要因として、①良質で豊富な労働力と低賃金、②順調な外資導入、③政府の積極的支援による輸出増大、④ベトナム特需、中東建設ブームのほか、一般的な需要増大を挙げることができる。高度成長の成果としては、①経済規模の拡大と経済構造の高度化、②雇用の増大と所得増大などを挙げることができる。高度成長がもたらした副作用としては、①資本・技術・市場など経済の対外依存度の深化、②外債の累増、③慢性的貿易赤字、④農業・工業間、大企業・中小企業間、工業部門間の不均等な発展、⑤階層間所得格差の拡大、⑥物価上昇、⑦贅沢・浪費・退廃の風潮蔓延などの問題点を残した。しかし、もっとも大きな問題点は、低賃金・低穀物価格・長時間労働に基盤を置く輸出工業化政策による民衆の犠牲と「先成長、後分配」論理で民衆の生存権闘争を弾圧するなどの政治的・経済的な民主主義の後退であった。

西江学派 西江大学の教授たちが中心となった学派。彼らの大部分は60年代末から70年代初めにかけて米国で経済学の学位をとって帰国した。しばらく学界にいたが、その後、経済閣僚として韓国の高度成長の時期に活躍した。政府の経済政策は事実上この西江学派、もしくはこの学派と立場を同じくする経済学者たちによって左右されてきた。

外資導入 資本の国際間移動を導入国の立場からみた場合の表現。資本供与国の立場からは資本輸出という。無償贈与と有償貸与に大きく分けられる。韓国では1957年以降、米国の対外援助政策が従来の無償援助から借款に転換するにともない、積極的な取り組みが必要な課題とされるようになり、62年、経済開発5ヵ年計画が推進されるとともに本格化された。政府は既存の「外資導入促進法」を強化した「外資導入法」を66年に制定公布する一方、65年の日韓条約締結および66年のベトナム派兵を通じて積極的に外資を引き入れた。このような政府の政策により、59年以来82年6月現在まで公共借款149億3500万ドル、商業借款128億7000万ドルなど、合わせて278億500万ドル規模に達している。このように、外資導入が急増した背景には、経済成長の加速化のための投資拡大、工業構造の高度化を志向する重化学工業集中投資などの要因があった。韓国の外資導入は高度成長の原動力となったが、元利金償還にともなう外債負担、巨額の本国への送金(過失送金)、産業部門間の不均等配分などの問題を生んだ。

外資導入法 外国資本の国内融資と保護を目的として1966年8月3日に制定された法律(法律第1802号)。外資依存型経済開発戦略をとった朴正煕政権は、産業借款の累増にともなう元利金償還負担を避けると同時に、雇用機会の創出や先進技術導入など複数の副次効果を見越し、外資導入法を制定・公布して外資企業の国内進出を積極的に推進した。外資導入法の内容のなかには、①所得税、法人税、不動産・建物などの所得税、財産税、配当所得、技術使用

料に対する最短5年間全額免除、向こう3年間半額免除制度、②関税・物品税など輸出入税の免税など、税制上の破格の優遇措置。これら以外にも、利益の再投資および他産業への出資許容、出入国の便宜、土地取得優先権付与、工場敷地確保と各種の特恵措置が含まれていた。外資導入法の制定につづいて70年1月、外資企業の労働運動を源泉封鎖（工場内にとどめて社会問題化させないこと）する「外国人投資企業体の労働組合及び労働争議の調停に関する臨時特例法」の制定により、72年から外国企業直接投資が本格化され、韓国労働者に対する外国資本の搾取と過度の本国送金の問題が社会的に台頭した。政府は83年12月31日を期して外資導入法を改正。ネガティブ・リスト・システムを採択することにより、外国人直接投資をほとんど自由化する一方、税制上の優遇措置を下方調整した。

借款 国際間の資金融通。期間によって長期借款・短期借款、主体によって公共借款・商業借款に分けられる。韓国は1959年、米国の開発借款基金（DLF）による借款をはじめとして莫大な借款を導入してきたが、当初の目的は急速な経済開発に必要な財源を充当するためだった。韓国に入ってくる外国資本の形態が50年末を境に無償援助から借款に変わりはじめたのは、当時、世界経済のなかで米国の地位が相対的に低下し、それにともなってドル危機が進行し、無償援助→公共借款→商業借款→直接投資という資本輸出の固有な循環論理が貫徹されたためであった。現在、韓国の代表的な借款形式としては、AID借款とプログラム・ローン、スタンド・バイ借款、銀行ローンなどを挙げることができる。AID借款とプログラム・ローンはすべて援助形式をとるが、前者が施設財に限るのに対し、後者は一般資源財に限られる。スタンド・バイ借款は、IMFとその加盟国の間で締結された協定に従って、加盟国が必要によって引き出し使用できるもので、資金限度が定められた借款である。銀行ローンは銀行間で行われる借款で短期的信用であり、ほかの銀行借款に比べ、金利や付帯条件が有利なことが特徴である。

輸出工業化戦略 1960年代にメキシコ、ブラジルをはじめとする南米独裁政権と韓国の朴正熙政権が行った経済開発戦略。後進国に進出する先進国資本の形態が、初期自由貿易時代の商品資本の国際化段階から帝国主義時代の金融資本の国際化段階を経て、生産資本が国際化される多国籍企業段階へと変化していくことを背景にしている。植民地時代の農業・軽工業の分業関係から抜け出て、先進国が製造工程の大部分を後進国に引き渡し、先進国は技術集約的、資本集約的高付加価値生産だけを担当する形態へと、世界資本主義の分業構造が再編されるに従ってとられた政策である。この輸出工業化戦略は、先進国の援助と技術に対する絶対的依存のため、政治権力と経済構造が先進国の影響圏内に編入されるのはもちろん、援助と技術配分過程での特恵によって、政経癒着・国内資本の独占化などの不正を招いた。しかし、一方では強力な政府至上主義的政策の強行によりGNPを増大させ、開発独裁を合理化させる要因としても作用した。朴政権の輸出工業化政策は天然資源の不在、低い段階の技術、資本の不足などの現実のなかで、初期には脚光を浴びたが、輸出工業化政策を下から支えるために持続的な低賃金政策と穀物の低価格維持政策がとられ、労働者・農民の絶対的貧困と劣悪な労働条件など、社会の構造的矛盾と不平等を深化させた。また、輸出

企業に対する減税措置、融資優待策、輸出自由地域設置と輸出開放工業団地の開発などの各種の特恵措置は、物価上昇と税負担増加をもたらし、民衆は二重の圧迫を強いられるようになった。輸出工業化戦略は現在も韓国の経済政策の中心的位置を占めており、中国のような後発開発途上国家との輸出競争により、生産日削減要求など経営リストラの進展に従って賃金上昇が圧迫されている。

GATT（関税と貿易に関する一般協定：General Agreement on Tariffs and Trade）

第２次大戦前の報復関税の相次ぐ引き上げによる世界経済の停滞の反省にもとづいて、関税障壁と輸出入制限を除去し、国際貿易と物資交流の増進を目的として、1947年にジュネーブで23ヵ国が調印し、翌年１月に発効された貿易協定。IMF（国際通貨基金）、WB（世界銀行）とともに戦後の西側世界の経済体制を支えた３本柱の１つ。1993年12月、ウルグアイ・ラウンド終結時には、正式加盟国は125ヵ国（EUを含む）。韓国は、60年代の経済開発措置に従って貿易自由化を進展させる目的で67年４月１日、正式に加入した。GATTが国際貿易の拡大を計るために加盟国間で締結した主要協定内容は次のとおり。①会員国相互間の多角的協商により、関税率を引き下げ、会員国同士は最恵国待遇を相互に承認し、関税の差別待遇を除去する。②既存の特恵関税制度（領域連邦内）は認定する。③輸出入制限は原則的に廃止する。④輸出入手続きと代金支払いの差別待遇をしない。⑤輸出を拡大するため、補助金を禁止するなど。世界貿易の拡大に大きく寄与してきたGATT体制は発展的に解消し、1991年１月、81ヵ国・地域が参加して世界貿易機関（WTO）の発足をみた。

ネガティブ・リスト・システム 輸入自由化が認められた貿易制度の下で、例外的に特殊な品目の輸入を制限、または禁止する制度。対立概念はポジティブ・リスト・システムで、これは原則的に輸入が制限された貿易制度で、例外的に特殊な品目の輸入を認める方式をいう。韓国は1967年から従来のポジティブ・システムからネガティブ・システムへと転換したが、これはGATT加入とともに貿易自由化を加速化するためであった。現在、商工部で発表している輸出入比別公告はまさにこのネガティブ・リストであり、輸出入禁止品目と制限品目が列挙されている。したがって、これに該当しない品目は、一般輸出入が自動的に承認されるという意味である。

離農 農民が他産業に就職する機会を求めるために農村を離れ、都市へ移動する現象。近代資本主義の発達にともなう他産業の労働力需要増加、農民層の分解、農民の賃金労働者化などを背景にしている。資本主義的発展の道を歩んできた諸国家に共通した現象である。韓国の場合、60～70年代の経済開発計画推進過程で政府が農業と工業の均衡的発展を度外視したまま、「工業立国」という経済政策の下に工業の全般的拡大を試みることにより、とくにこの期間に集中的に離農現象が起こった。低賃金に基盤を置く輸出工業化政策は必然的に農産物低価格政策をともない、農家所得が停滞し、農家所得と都市住民の所得の格差が拡大した。食糧自給率も年々低下し、62年に93.4パーセントだったのが71年には74.6パーセントとなり、食糧不足が深刻化すると、政府は安い外国農産物を輸入し、不足した食糧を埋め合わせた。その結果、農産物価格が下落する悪循環が繰り返された。このような諸般の要因により、農民の生活

条件は悪化の一途をたどるようになり、負債農家の比率が71年には全農家の75.7パーセントに達し、小作農家の比率も70年に全農家の33.5パーセント、小作地の比率が全農地の17.6パーセントに拡大するなど、農村は困窮し、農民は次第に下降分配（資産の切り売り）を繰り返して没落し、毎年50万名以上が都市に流入した。このような離農現象は都市の過剰労働力を作りだし、低賃金の構造的原因となる一方、70年代以来の都市貧民問題を起こす根本的な原因となった。

セマウル運動　「勤勉・自助・協働」のスローガンの下に意識改革とライフスタイル革新、環境改善、所得増大を通し、都市にくらべ生活水準の低い農村を近代化させようとする主旨で、1971年から全国的規模で展開された政府主導の地域社会開発運動。70年4月20日、朴正煕大統領が全国地方長官会議で「セマウル」（朝鮮語で「新しい村」の意）を作る運動を提唱し、同年5月6日、セマウル運動推進法案が作られ、本格的に展開された。71～84年まで、セマウル運動に投入された物量は、あわせて7兆2000億ウォン（年平均5177億ウォン）で、総額の57パーセントが政府投資、11パーセントが住民負担、残りの32パーセントは民間団体からの寄付で調達され、用途別投資内訳は、生産基盤22.2パーセント、所得増大42.8パーセント、福祉環境27.5パーセント、「精神開発」2.8パーセント、都市および工場セマウル運動4.7パーセントである。セマウル運動の成果としては、河川の整備・橋梁建設・水利施設の拡充・農地拡張などによる食糧自給基盤の整備、農漁村の電化、農家所得増大などが挙げられる。農家所得が相対的に増加したのは、伝統的に与党の票田だった農村で、地域間・産業間・所得格差による不満が累積され、これを解消するための政策的配慮として、政府が二重穀価制を実施したことに相当部分起因している。このようなセマウル運動の成果は維新体制を支えるテコの1つとなった。しかし、78年を境に、政府の経済政策の変換にともない、農産物の価格が急落、「豚波動」（養豚業は韓国農村での主要な副業となっているが、豚肉の価格が急落したことによって生じた事態。政府の畜産・養豚政策の失敗によるもの）に米価の凍結が重なり農村経済は破綻の状況に置かれた。しかも、内務部がセマウル事業の重点を農村住宅改良に置くと、各農家は莫大な負債を抱え、脱農・離農が続出した。毎年40万余の青少年層が農村を捨てるようになった。後にセマウル運動は、セマウル指導者大会のような見せかけだけの年中行事に転落した。第5共和国時代にはその本来の意味からかけ離れ、全斗煥の実弟・全敬煥がこの組織を牛耳り、セマウル運動中央本部をつくった。彼は組織拡大と予算拡充に奔走し、1000万名の組織員と500億ウォンの資産、各種の寄付と基金を私的に流用するなど、腐敗の温床をつくった。

京釜高速道路竣工　ソウルと釜山を結ぶ4車線高速道路の竣工、開通。京釜高速道路の正式名称は「ソウル―釜山間高速道路」。全長428キロ、平均道路幅22.4メートル。1968年2月1日に着工、70年7月7日に竣工したこの高速道路は、韓国の技術と資本により、二大経済圏域である漢江流域と洛東江流域を「1日生活圏」として結びつけ、港湾と主要都市を連結し、産業発展に決定的な寄与をする一方、高速道路近隣の所得向上はもちろん、道路建設技術の蓄積により海外建設進出の足場を築いたという評価を得ている。「檀君以来最大の

1970年7月7日に全線開通した京釜高速道路

道路工事」と呼ばれた京釜高速道路の工事には、総工費429億ウォン（１キロ当たり１億ウォン）、延べ人員890万人が投入され、とくに難工事区間には工兵隊を投入。当時、民間保有機材よりも優秀だった軍装備を活用する一方、工事費節減の効果を収めた。77名の人身被害を出して完工した京釜高速道路は、産業発展に大きく役立った肯定的な側面以外に、開発ブームに乗って不動産投機を全国的に拡散させ、激しい地価の上昇を招き、地方都市の商業圏さえ大企業が掌握してしまうなどの否定的な側面も生んだ。また、東南圏開発を促進した反面、西南圏開発を遅らせた地域不均等開発の象徴という批判も受けた。開通当初は１日１万台にすぎなかった利用車両は、90年現在では１日21万台に増加し（93年末では30万台を超え、2014年現在では300万台突破）、このうち、乗用車の比率が70パーセントに至っている。現在、韓国は京釜高速道路をはじめ、全部で11の高速道路、総延長1558.9キロの高速道路網を備え、世界12位の高速道路保有国となっている。

地下鉄開通　1974年８月15日、ソウル駅－清涼里間の地下鉄が開通し、韓国の地下鉄時代が開幕した。急速な産業化過程で派生した大都市への人口集中現象により、70年度のソウルの人口は60年度の２倍を越える550万名に達した。このような急激な人口増加を、道路交通でまかなうことができなくなると、70年初め、ソウル市は地下鉄建設計画を立案し、建設部に提出した。この計画に従ってソウル駅から清涼里に至る9.54キロ区間の地下鉄第１号線は、71年４月に着工、74年８月15日に開通し、本格的な地下鉄時代の開幕となった。つづいて、通称循環線と呼ばれる総延長54.2キロの第２号線が78年３月着工、84年５月に開通し、85年10月には旧把撥駅－良才駅間の27キロに達する第３号線と、倉洞駅－舎洞駅間の30キロに達する第４号線が開通した。さらに1994年に設立された都市鉄道公社により、2005年２月現在、５

第4章　軍事独裁体制と民主化運動　1961 ▶ 1979　409

試運転中の地下鉄電車

～8号線が開通しており、総延長距離は大幅に延びた。また釜山市でも老圃洞駅から西大新洞駅に至る総延長25.9キロの地下鉄が88年に開通した。地下鉄開通の意義をまとめると以下のとおり。①郊外と都市部を直結させる高速大量の輸送力として、大都市の交通難を解消するのに大きく寄与した。②韓国技術陣の技術が蓄積され、建設の経験も獲得できた。③土地の効率的利用がはかれる。④社会的費用の減少。しかし地下鉄は、莫大な建設費用を必要とする。86年末の時点で、ソウル地下鉄の負債は2兆7663億ウォンに達し、これは総建設費3兆966億ウォンに肉薄している。また建設途上において、関係官庁の職員と建設会社の結託と非理（不正。受託収賄など）があったことがその後明らかにされ、一時、関係官庁職員の引責など社会的に物議をかもした。

低賃金政策　物価安定と国際競争力の強化を名分に、労働者の賃金引き上げを抑制する政策をいう。これは、李承晩政権時代から「87年労働者大闘争」までの間、韓国の歴代政権が採用した経済政策である。70年代前半、朴正熙政権が低賃金を武器にした輸出志向型の開発戦略を追求したとき、この政策は極限に達した。70年代の低賃金維持政策は、おおよそ3つの軸からなっていた。第1の軸は、労働運動弾圧法である。外資系企業労働者の労組結成と労働争議を政府の厳重な管理下に置いた（外国人投資企業の労働組合および労働争議の条項に関する臨時特例法）。また、団体交渉権、団体行動権の行使を主務官庁に申請し、調停を受けるように規定した（国家保衛に関する特別措置）。そして、維新憲法、および73年3月と74年12月の労働法改悪、緊急措置による労働三権剥奪などもこれに該当する。第2の軸として、農村セマウル運動を73年頃から工場に適用し（工場セマウル運動）、反共および労使協調の思想教育を通じて、生産性向上の成果を収めるための手段とした。第3の軸は、農産物低価格政策の遂行である。この政策は、主食である穀物価格を統制することで、労働者の生計費を低く維持すると同時に、没落した農民たちの離農を促し、労働力過剰の状態をつくりだして、低賃金を構造化させるという二重の役割を果たした。低賃金政策は、賃

金の決定基準を労働力再生産費用の概念から導き出さず、「生産性賃金制」と物価水準あるいは企業の支払い能力に置いた。こうした資本家と政府の賃金観の上に立った政策では、賃金上昇が生産力の上昇を引き出すことはない。そればかりか、製造原価に占める人件費の平均比率はせいぜい10パーセント内外だから、賃金引き上げが物価上昇に及ぼす影響はきわめて少ない。したがって、低賃金により低物価が維持されているとは必ずしもいえず、いたずらに労働者の生活水準上昇を抑え、その潜在能力の発揮を阻害する面もあった。こうした事実は各種の資料によって立証されており、この点でこの政策は批判されている。

外国人投資企業の労働組合および労働争議調停に関する臨時特例法 1970年1月1日、朴正煕政権が公布した労働運動弾圧法。60年代末から、外債の累積と貿易逆超(貿易赤字)の増大、借款企業の独占化・寡占化と中小企業の萎縮、借款企業の財務構造の悪化など、隷属資本主義の矛盾が一挙に噴き出した。深刻な経済危機に遭遇した朴政権は、その打開策として、従来の借款のやり方ではなく、外国人の直接投資形式による外資導入を通じた輸出主導型経済への転換を模索しはじめた。その前提となったのが低賃金労働力を外資企業に提供するための制度的装置であり、すなわち労働者に対する政治的弾圧の強化だったのである。こうして「外国人投資企業の労働組合および労働争議調停に関する臨時特例法」が制定・公布された。同法第4条は、労働組合の設立を従来の「申告制」から当局の「許可制」に変え、その権限を行政当局に一任し、外資企業での労組設立をきびしく制限している。また第5条では、争議発生時に「外国人投資企業体労働調停委員会」の調停を必要とすると定め、申告後20日経過しても調停が成立しなかった場合は、中央労働委員会の仲裁を受けることを規定しており、実質的に争議行為を禁止した。つまり、この法によって外資企業の労働者の団結権と団体行動権は事実上全面否定され、「馬山輸出自由地域」(全企業の9割以上が日系企業)の場合、公団設置後10年間は労組の設立が許可されなかった。外資企業の労働者を政治的無権利状態としたこの悪法は、87年の労働法改正でようやく廃止された。

低農産物価格政策(農産物低価格政策)
低賃金政策を下支えするため、国家権力によって一方的にとられる農産物価格政策。米穀中心の韓国農業の特性上、低米価政策とも呼ばれる。李承晩政権による米国の剰余農産物の導入によって農産物価格が暴落して以来、歴代政権はこの政策を低賃金維持のための手段としてきた。ことに60年代以降の高度成長政策のなかでは、低賃金に基盤をおいた輸出先行の工業化政策を支えるための中心的な経済政策とされた。この政策の効果は、以下のように分析されよう。①低賃金を維持するため、労働者の主食である穀物価格を統制し、労働力の再生産費を抑制できる。②農村を低所得、低生活水準のままとすれば、農村から流出する労働者の賃金を低く抑えることができる。③農民の所得を相対的に減少させることで、低賃金労働力の主体となる零細農民をつくりだし、その労働者化を促進できる。しかし、70年代にさしかかると、この低農産物価格政策にもとづく経済開発計画は、地域間や産業間の所得格差を拡大し、農村経済の相対的貧困を深化させて、農村の不満は一触即発の危機を孕んできた。農村は与党・民主共和党の大票田でもあるから、朴

正熙政権はその不満をなだめるために、コメと小麦を対象に「糧穀二重価格制」を実施し、以前よりは相対的に高い農産物価格政策を実施した。しかし、激しいインフレの進行によって、政府買い上げ価格は一般農家の生産費と生活費の上昇についていけず、しかもその赤字の幅は年々拡大し、70年代を通じて農家の負債が継続的に蓄積される結果をもたらした。

8・3措置 1972年8月2日の夜11時40分、朴正熙大統領が突然発表した「経済安定と成長に関する緊急命令第15号」の通称。60年代の外資導入による高度成長政策が限界に達すると、60年代末から借款企業の不実化(経営悪化)が続出し、政府は私債凍結と金利引き下げにより、独占企業の財務構造を改善するためにこの措置を発表した。その内容は以下のとおり。①企業は私債の償還を中止し、私債規模を政府に申告しなければならない。②企業は私債を月利1.35パーセント、3年据え置き、5年分割償還の条件で使用できる。③金融機関は2000億ウォンの特別金融債券を発行し、資金を放出する。また、企業の短期高利貸出金の30パーセントを長期低利貸出金に転換する。④政府は企業の投資促進のために、法人税と所得税を減免し、交付税の法定交付率を廃止する。この財政緊急命令の発動により3500億ウォン規模の私債が凍結され、1460億ウォンの一般貸出と520億ウォンの特別貸出、350億ウォン以上の産業合理化資金を供給されるなど、企業は莫大な特恵を得た。一方、私債の貸し主である小資産家たちは瞬時にして財産を強奪され、銀行貸出の増加にともなう物価上昇の圧迫は庶民生活に悪影響を及ぼすなど、中産層と庶民はこの措置により大きな被害をこうむった。72年8月3日から81年7月20日まで行われたこの措置は、民衆を犠牲にして独占資本の危機を打開しようとした国家権力の暴挙とされている。

付加価値税 国税の一つで、取引段階別に商品やサービスに付加される価値、すなわちマージンに付加される多段階一般消費税。この税制は第1次世界大戦後から、ドイツ・米国・日本などで主張されてきたが、55年にフランスで初めて法制化され、現在はEU諸国やオーストリア・ノルウェー・スウェーデンおよびメキシコなど一部の中南米諸国で施行されている。韓国では76年10月28日、政府が国会に「付加価値税法案」を提出、12月22日に法律第2934号として付加価値税法が公布され、翌77年7月1日から施行された。当初、政府が付加価値税を導入した基本的な意図は、77年からはじまった第4次経済開発5ヵ年計画の推進を下支えするための税収確保にあった。すなわち政府は、第4次5ヵ年計画の経済成長率を年平均9.2パーセントとし、投資率を26.2パーセントに高める一方で、財政規模を76年国民総生産の27.1パーセントから、81年には27.9パーセントに拡大すべく計画した。また、同期間中に増税分の負担率を従来の18.3パーセント水準から21パーセントに高めることとした。間接税である付加価値税の導入は、このような計画にもとづく増税政策への国民の不満と抵抗をあらかじめ回避しつつ、投資財源を確保し、財政規模を拡大するための方便として行われた。それとともに付加価値税には付随的効果も期待された。それは、間接税の完全還給として輸出と投資を促進し、累積課税の排除により物価の累積的上昇要因を除去すると同時に、企業の垂直的統合利益を排除してその系列化を推進し、また、税金計算書の授受による根拠課税を具現す

るなどの付随的効果もあった。こうして付加価値税は、現在の韓国の税収入の最大部分(89年度予算基準21パーセント)を占めるようになったが、その弊害は大きく、低所得であるほど租税負担が多くなる逆進性と、物価上昇の誘発による生計の圧迫など、民衆に二重の負担を強いている。

石油波動(石油ショック) OAPEC(アラブ石油輸出国機構)とOPEC(石油輸出国機構)の原油価格引き上げと原油生産制限により、世界各国で引き起こされた経済的混乱。オイルショックともいい、第1次石油波動は73〜74年に、第2次石油波動は79年に起こった。

[**第1次石油波動**] 73年10月16日、ペルシャ湾岸の6つの石油輸出国は、OPEC会議で原油時価を17パーセント引き上げ、従来の1バーレル当たり3ドル2セントから3ドル65セントとすると発表した。翌17日、同会議は、イスラエルがアラブの占領地域から撤収し、パレスチナ人の権利が回復されるまで、原油生産を前月比5パーセントずつ削減することに決定したと声明した。こうして戦闘状態の中東で、石油を政治的な武器として使用することが公式に宣言され、この決定により西欧世界に「エネルギー危機」が醸成されはじめた。ペルシャ湾沿岸のOPEC諸国は、74年1月1日を期して1バーレル当たり5.119ドルから11.651ドルにふたたび引き上げ、基幹産業の大部分を石油に依存していた西欧世界の経済は、製品生産の不足と製品価格の上昇という不況とインフレーションにあえぐようになった。その結果、西欧世界の中東外交路線は親イスラエルから親アラブへと傾き、従来は国際石油資本(オイルメジャー)が独占していた原油価格決定権をOPECが掌握し、「資源ナショナリズム」が強化された。

[**第2次石油波動**] 78年12月、OPEC会議が1バーレル当たり12.7ドルだった原油価格を段階的に14.5パーセント引き上げることを決定したと同時に、イランが国内政治と経済の混乱を理由に原油生産を大幅に削減し、輸出を中断したことで、原油価格は1バーレル当たり20ドルの線を突破し、現物市場では40ドルに肉薄した。こうして第2次石油波動がはじまった。これにより先進国の経済成長率は78年の4.0パーセントが79年には2.9パーセントに落ち込み、消費者物価上昇率は10.3パーセントを記録し、OECD(経済協力開発機構)各国の経常収支は78年の116億ドルの黒字から、79年には322億ドルの赤字へと反転した。

[**石油波動と韓国経済**] 第1次石油波動(石油ショック)は、ほかの諸国に比べれば、韓国経済にはさほどの影響を与えなかった。しかし第2次石油波動では大きな被害を受けた。79年の経済成長率は6.5パーセントに下落し、80年には5.2パーセントというマイナス成長を記録した。物価上昇率は30パーセント、経常収支の赤字は79年に42億ドルで、80年には53億2000万ドルと史上最高を記録した。第1次石油波動以降、100億ドルを越えた外債は、第2次石油波動を契機に200億ドルに上昇し、外債の問題が深刻化した。韓国経済がこのように深刻な打撃を受けた原因としては、第1次波動以降、経済の体質改善を行わないまま重化学工業化政策を進め、経済規模の拡大にのみ比重を置いたことが考えられる。石油波動による経済的危機は、政治的社会的危機を激化させ、10・26事態(朴大統領の暗殺事件)と維新体制の崩壊をもたらす大きな要因となった。

日韓大陸棚石油共同開発鉱区 74年1月

に締結された日韓共同開発協定にもとづいた東シナ海大陸棚の石油鉱区。位置は韓国と日本の中間ラインから沖縄海溝まで。面積は8万2000平方キロでソウルの面積の約125倍に達する。日本石油・テキサコなど日韓両国が認めた企業が地域別にグループを組み、費用の均衡負担、原油の均等分配などを原則に操業することになっている。協定調印から6年3ヵ月目の80年5月に共同開発がはじまったが、いまだにこれといった成果は上がっていない。現在(2014年)は開発が停止されている。

4．北朝鮮の自主路線

朝鮮労働党第4回大会　1961年9月11〜18日に平壌で開かれた労働党大会。この大会で金日成は5ヵ年計画の早期完遂に力を得て社会主義の全面的建設を宣言し、その基本的課題として7ヵ年計画(61〜67年)を提示した。また、4月革命以降の韓国の情勢を分析し、南で労働者農民が革命政党と「反米救国統一戦線」を結成し、北朝鮮の社会主義勢力との結合を実現しなければならないと強調した。金日成が明らかにした7ヵ年計画は、社会主義工業化の完遂と全面的な技術革命・文化革命を通じて、人民の生活を画期的に改善し、北朝鮮を社会主義工業国家に変貌させるという目標のもとに、計画期間の間に工業総生産を3.2倍(年平均18パーセント)に増加させ、農業の機械化を通じて穀物生産を600〜700万トンへと引き上げ、国民所得を2.7倍にし、労働者と事務員の世帯当たりの実質収入と、農民の実質収入をそれぞれ2倍以上高め、無料教育・無償治療・有給休暇制・国家負担による定期的休養制の実施など、労働者が国家と社会による恩恵を享受することが提示された。この計画は7ヵ年では完了せず、10ヵ年計画となった。成果については正確な数字は公表されていない。この計画を推進した指導部は、56年の第3回党大会に比べてより若い層だった。この大会で新たに選出された中央委員の大部分は金日成のパルチザン派かその関係者だった。延安派やソ連派など金日成に対する反対派はすでに徹底的に粛清されていたのである(党委員長には金日成、副委員長には崔庸健・金一・朴金喆・李孝淳・金昌満らで、

延安派の金昌満以外はすべてパルチザン派)。また、この計画を実行するために、科学技術幹部を大幅に増やし、科学技術を迅速に発展させるための「全般的9年制技術義務教育」を実施することが計画された。

青山里方法　1960年2月、金日成が平安南道江西郡(青山里共同農場)に15日間滞在して「現地指導」(現地指導とは、金日成が直接現場に下り、大衆と話し合うなかで現状を把握し、指導すること)、集団化した農村でのより効果的な農業管理方法はどうあるべきか検討した後に提示した農業経営の指導方針で、「青山里精神」とも呼ばれる。その後、農業だけではなく、全党事業の基本方針となり、憲法前文にも明示された。青山里方法とは、「上部が下部を助け、つねに現地に赴いて実情を深く理解し、問題解決の正しい方向を立て、あらゆる事業で政治事業、人との事業を前面に立てて、大衆の自覚的な熱誠と自発性を動員し、革命作業を遂行」するというものである。北朝鮮では青山里方法は抗日革命闘争期に成し遂げた「革命的大衆路線」の伝統にもとづいており、当面の革命作業を成功裡に遂行できるような方法ばかりではなく、「全社会の革命化を速やかに終える共産主義的教養方法」(「教養」は教化、教育の意)と評価している。

大安の事業体系　経済管理における「革命的大衆路線」の具体化をめざし、1961年12月、金日成が「大安電気工場」での現地指導後に確立した工場管理システム。当時、北朝鮮では社会主義制度が実現されるのにともない、工場を総合化・大規模化する必要性が生じていたが、機械を工場内で自給する政策しか推進できなかった。1つの工場がいくつかの職場と数千名の労働者から構成されるケースがたくさんあったが、計画化事業・技術指導・生産指導が分離されていて、現代的生産のための指導体系(システム)と方法が確立されていなかった。これに対して、大安の体系の骨子は以下のようなものだった。①従来の工場支配人1名による管理体制から管理幹部・工場党幹部・技術者を含めた工場党委員会による集団指導制に変える。②総合的・集中的生産指導を行い、資材供給の管理を中央に集中させ、合理化する。各職場が生産のみに専念できるようにする。③工場経営委員会が周辺の農場などと連携。工場労働者のための食料品・サービス・日用品部門の供給を保障する。すなわち工場において党の指導性を確立したうえで、工場と労働者の一体化、労働者の全生活過程を緊密に結合した形態に体系化した点が特徴で、農業も企業的に管理するという農業管理体系とともに、北朝鮮の社会主義経済の基本管理体系を確立した。

朝鮮労働党中央委員会第4期第5回全員会議　1962年12月10〜14日に開催された会議で、「醸成された情勢と関連し国防力をなおいっそう強化することについて」(いわゆる「並進路線」)と「四大軍事路線」が採択された。当時の国際情勢は、61年の韓国軍事クーデター、62年のキューバ危機、米国の介入によるベトナム戦争の拡大、中国・インド国境紛争、日本における軍備拡大と反共・冷戦体制の強化など、北朝鮮には全般的に不利に展開していた。とくに中ソ論争の激化のなかで、北朝鮮がソ連を「現代版修正主義」と批判すると、ソ連は援助を中断した。これにより北朝鮮は、これまで追求してきた思想・経済・政治分野の「自主路線」を国防分野にも拡大しなければならなくなった。この会議では、金日

成が提示した「一方の手には銃を、もう一方の手には鎌とハンマーを!」というスローガンのもとに、「経済建設と国防建設の並進」方針（実質的には経済建設より軍事力強化を優先する方針）が採択され、また国防における自衛の原則を実現するための「全軍の幹部化、全軍の現代化、全人民の武装化、全国土の要塞化」という「四大軍事路線」が登場した。

四大軍事路線　1962年12月の朝鮮労働党中央委員会第4期第5回全員会議で採択された路線。「全軍の幹部化、全軍の現代化、全人民の武装化、全国土の要塞化」を基本内容とする。四大軍事路線の背景は、韓国の反共軍事政権の成立、キューバ危機、ベトナム戦争拡大など、60年代に入って国際的な緊張が高まったことによる。四大軍事路線の具体的な内容は、以下のようなものである。①人民軍の隊列を政治思想的、軍事技術的に鍛練、有事に戦士から将領（将官）に至るまで、全員が現在より1等級以上高い職務を遂行できる「幹部軍隊」へと育成する。②自立的国防工業基地に依拠し、人民軍を現代的武器と戦闘技術資材で武装、すべての軍人がみな最新武器を自由に使えるようにする。③労農赤衛隊の隊列を強固にするために戦闘、政治訓練を強化し、全人民が軍事訓練に積極的に参加するようにする。④前線と海岸はもちろん、後方にいたるまで鉄壁の防衛施設を構築し、全国土を鉄壁の要塞とする。以上の四大路線を推進するため、北朝鮮は軍需産業を発展させ、有事にはすべての経済をいちはやく戦時態勢に改編、戦時にも生産をつづけられるように準備をはじめた。

並進路線　韓国での軍事クーデターやキューバ危機、中ソ論争の激化など不安定な国際情勢を背景に、1962年12月の朝鮮労働党中央委員会第4期第5回全員会議で採択された「経済建設と国防建設の並進」方針。「並進路線」とは、経済建設と国防建設のいずれの1つも弱化させず、ほとんど同量の比重で発展させていくことをいう。しかしこの路線の採択は、多くの人的・物的資源を国防部門にまわすことになり、当初から国防建設を強調する「軍事派」の強硬路線と国防路線の偏重を招いた。実際、同会議では「人民経済発展の上で一部の制約を受けるにしても、まず国防力を強化しなければならない」と決議されていたのである。これによって経済発展の遅延と市民生活の沈滞が起こったとして、これに反対する穏健路線の「党僚派」（党の実務官僚派）との間で政策論争が起こった。この論争は66年10月に開催された党代表者大会での、ベトナム戦争の激化と韓国軍のベトナム派兵、およびソ連首相フルシチョフの失脚などの状況を踏まえた、金日成による「並進路線」の再確認によって一段落した。その結果、自主自立政策にもとづいた経済建設とともに、国防の強化が引き続き拡大・追求されることになった。

しかし、「並進路線」の再確認と貫徹による国防費の持続的増大は、経済計画の遅延と7ヵ年計画の3年延長をもたらし、66〜69年にかけてふたたび党内論争を再燃させた。この過程で穏健派の朴金喆らは、「経済が発展し、その規模が大きくなった状態で、これ以上その発展速度を高めることはできない」と主張し、「経済建設の速度を遅らせ、過度な国防費負担を減らすための政策の優先順位を調整し、重工業と軽工業をバランスよく発展させること」を要求した。これに対して金日成は、「社会主義体制下で党と国家が思想革命を強化し、国家の経済組織（管理）者的機能を高め、大

衆を動員すれば、経済をたえず速い速度で発展させることができる」と主張、朴金喆らを「消極主義分子」と批判した。その後、「並進路線」を貫徹しながら社会主義工業化を完遂するために、67年6月に開かれた党中央委員会第4期第16回全員会議は、金日成の独裁を保障する「唯一思想体系」の確立を背景に、「走る千里馬に拍車を加えて」というスローガンとともに、社会主義建設の新しい革命的高揚を起こすことが提起された。また7ヵ年計画の完遂のために、70年には生産量を前年比の2倍とする、新時代の「千里馬運動」が提唱された。そのスローガンとして、「降仙速度」(降仙製鋼所の労働者、陳王元が同僚を激励した結果、割当量を超過達成したとの報告にもとづく言葉)が提起された。こうして7ヵ年計画を締めくくることで、北朝鮮は社会主義工業化と社会主義建設を完遂できると主張した。

三大革命力量強化方針　北の社会主義勢力と南の革命勢力、および国際革命勢力の団結と強化によって、朝鮮半島の統一と「朝鮮革命」の全面的勝利を実現するという戦略方針。1964年2月、朝鮮労働党中央委員会第4期第8回全員会議で採択された方針で、「南朝鮮革命」という、さらなる地域革命を前提とする統一戦略である。これは韓国内部の革命勢力を重要視し、その政治勢力が主役となってまず革命を成し遂げ、人民政権を樹立したのち、その人民政権と北朝鮮の社会主義勢力が合作し、統一を成し遂げるというものである。このような地域革命論が提示されたのは、北朝鮮が社会主義革命を完成したうえで、継続してある程度自立した革命を追求しているのに対し、韓国では米国による事実上の植民地化が深化し、両者の発展段階の格差が顕著となり、ついに2つの地域の革命が性格的な差異を生じるに至ったという判断に根拠を置いている。すなわち北朝鮮は、韓国の民衆自身の力で、いわゆる米国の韓国支配を撤廃しなければ統一が達成できないとみたのである。したがって統一のためには以下の3点が必要とされた。①北朝鮮で社会主義建設を立派に成し遂げ、革命基地を政治・経済・軍事的にさらに強化させる、②韓国民衆を政治的に覚醒させ、しっかりと束ねる、③韓国民衆と国際革命の2つの力量の団結を強化する。これを三大革命力量強化方針として定式化したのである。これに立脚し、北朝鮮は60年代後半、統一革命党の地下工作とゲリラの武装浸透など、いわゆる南朝鮮革命力量強化のための事業を展開した。

社会主義農村問題に関するテーゼ　1964年2月25日、朝鮮労働党中央委員会第4期第8回全員会議で金日成が発表したテーゼ。社会主義下での農村問題解決の基本原則と方針、社会主義農村建設における地域的拠点についての思想を提示した重要なテーゼである。このテーゼで金日成は、農民問題、農業問題を成功裡に解決することが、革命の勝利と社会的進歩の要だと宣言し、農村に成立した社会主義制度を強化し、それにもとづいて農業生産力を発展させるために農民の生活を潤沢にし、革命前の搾取社会が残した後進性を一掃し、都市と農村の格差をなくすことを強調した。このための基本原則として、①農村では「技術革命」「思想革命」「文化革命」を徹底的に遂行すること。②農民に対する労働者階級の指導、農業に対する工業の支援をあらゆる方面から強化すること。③農村経理(経営)に対する指導・管理を工業の先進的な技術管理水準へと絶え間なく接近させ、全人民的所有

と共同的所有の連携を強化し、共同的所有を全人民的所有へ不断に接近させることなどが提示された。また、あらゆる分野で都市と農村を連結し、地方工業と農村経理、地方の供給事業、教育文化、保健事業を統一的に指導する拠点として、地方行政区の「郡」の役割が新しく決定された。このような方針に従って、64年3月に開かれた最高人民会議第3期第3回会議では、①農村現物税を66年までの3年間で廃止する、②農村建設資金はこれまで協同農場の自己資金としていたが、今後は国家資金とする、③国家負担で農村に「文化住宅」を建設するという3つの方針が法令として採択され、農村において工業と都市の支援による農業の「水利化（水利設備の拡充）・機械化・電気化・化学化（化学肥料の使用）」が本格的に推進されるようになった。

70年、朝鮮労働党第4回大会で報告された「農村技術革命」の「実績」を見ると、水利化はすでに50年代末に完成し、すべて水利安全水田となったし、60年に全農村の92パーセント、農家の62パーセントだった電化率が70年にはほとんど完成され、年間合計10億キロワット時の電力が大部分生産用として使用されるようになったという。機械化については、15馬力換算のトラクター台数が4万3000台（100町歩当たり3台）と、60年代に比べ3.3倍に増加し、トラックも4.6倍に増加したとされた。化学化の実績は60年代と比べ3.2倍となり、69年には1町歩あたり水田674キログラム、畑477.8キログラムが施されるようになったという。穀物生産は62年には500万トン、68年には568万トンに増加したと報告された。北朝鮮では「社会主義の農村問題に関するテーゼ」は農民を労働者階級化し、農業を工業化する戦略的路線として、「社会主義の完全勝利」を成し遂げるための指針となった。しかし、これが発表された64年前後から穀物生産量はストレートには公表されなくなり、他の統計データもそれまで以上に秘密にされるようになり、その「成果」は検証されていない。

自主路線　主体思想に立脚し、社会主義建設の独自性を確保するための「思想における主体、政治における自主、経済における自立、国防における自衛」路線。50年代の農業共同化と5ヵ年計画推進の時点でのソ連の干渉と、56年の「8月宗派事件」（宗派とは分派のこと）当時の中ソの介入に北朝鮮は不満をいだき、中ソの影響力を脱して自主路線を堅持し、独自の社会主義的工業化を達成しようとする努力をつづけてきた。60年代に入ると、この自主路線は、覇権主義的色彩を帯びはじめたソ連との対立を避けがたいものとし、国際的な論戦と相互批判を呼び起こした。

北朝鮮の対ソ批判は、64年に平壌で開催された「第4回アジア経済セミナー」で採択された「自力更生による自立的民族経済建設について」、いわゆる「平壌宣言」で絶頂に達した。「平壌宣言」は、コメコン（経済相互援助会議）を強化して、社会主義的国際分業を実現しようとするソ連に批判の的を絞ったものだった。すなわち、ソ連は経済的に立ち遅れた国の自立的民族経済建設に反対し、跛行的（バランスがとれていないこと、不均等）な植民地経済の古い枠のなかにとどまらせ、ソ連に物質的に依存させることで独立国の自主的発展と繁栄の道を妨害していると批判したのである。すると、64年8月18日、ソ連共産党の機関紙『プラウダ』は「だれの利益のためなのか」という論説を掲載し、アジア・アフリカ民族運動の分裂を策したとして平壌での経済セミナーを非難した。これに対し、

朝鮮労働党の機関紙『労働新聞』は9月7日に、「なぜ平壌経済セミナーの成果を中傷するのか」という激烈な反駁文を掲載し、ソ連の経済援助の従属主義的性格を批判した。また、北朝鮮は66年8月12日付『労働新聞』で「自主性を擁護しよう！」という論説を通じて、中国の「教条主義、左翼日和見主義」に対しても批判を加えた。金日成が64年の「社会主義農村問題に関するテーゼ」をはじめ、67年に「資本主義から社会主義への過渡期とプロレタリア独裁問題について」、69年の「社会主義経済のいくつかの理論的問題について」など一連の理論的文献をつづけて発表したのも、自主路線を追求する過程で北朝鮮社会主義建設の独自性を確保するための努力だったといえる。

農業現物税制廃止に関する法令 1966年4月、北朝鮮最高人民会議第3期第5回会議で公布された法令。農業現物税とは、農業生産物の一部を一定の比率に従って国家に供出するように定めた現物租税で、46年6月の土地改革にともなって、北朝鮮臨時人民委員会が制定した法律により、農民たちが収穫高の25パーセントを収めるようにしたものである。しかし、56年からは実収穫高に関係なく固定現物税制を実施し、税率を20.1パーセントに下げ、59年にはさらに税率を8.4パーセントに下げた。山間地域の共同農場に対しては次第に現物税を廃止する方向へと向かった。64年、金日成が提起した「社会主義農村問題に関するテーゼ」に従って、最高人民会議では、66年までの3年間で農業現物税を完全に廃止する方針を定め、66年にこの法律が公布された。農業現物税の廃止は共同農場の物質的土台を強化し、農民の生活を向上させる転換点となるはずだった。しかし、64年前後から穀物生産量はストレートには公表されなくなり、ほかの統計データもそれまで以上に公表されなくなったので、その「成果」は検証されていない。それは収穫高がいちじるしく低下したためとみられている。

朝鮮労働党第2回代表者会議 1966年10月5～12日に開催された党代表者会議。この代表者会議で金日成は、反帝国主義・反米闘争路線と国際共産主義運動の団結のための原則と方法を提起した。同時に「並進路線」を再確認するなど、党の対内外の活動方針を明らかにした。当時は韓国軍のベトナム参戦直後であり、ベトナム戦争は国際的に拡大、激化の様相をみせ、また日本、西ドイツの経済復興と軍備拡大、反共・冷戦体制強化により、国際情勢の緊張が高まっており、中ソ紛争も起こった。こうしたなかで、国際共産主義運動の統一がさらに遠のく反面、アジア、アフリカ、ラテン・アメリカなど第三世界での民族運動が活発に展開されていた。このような国際情勢は、北朝鮮をして米国の「各個撃破戦略」に対する危機感を抱かせ、国際労働運動と第三世界の反帝・民族解放運動の団結と進展を急いで回復する必要性を感じさせた。これに加えて金日成は、世界革命の基本戦略として「米帝（米国帝国主義）の体を食いちぎるための戦略」を提起する一方で、「すべての社会主義国家と平和を愛好する人民が第三世界の反帝・反植民地の闘争を積極的に支援し、反帝共同行動と反帝統一戦線に向けて団結すること」を強調した。また、この代表者会議では経済建設と国防建設の「並進路線」を再確認し、これと関連して7ヵ年計画の3年延期を計画した。このような党代表者会議の決定は、続く67年12月の最高人民会議第4期第1回会議で採択された政府の十大政綱へと受け継が

れた。「国家活動のすべての分野で自主・自立・自衛の革命精神をさらに徹底的に具現化しよう」というスローガンが謳われ、北朝鮮はいわゆる「自主路線」にさらに深く足を踏み入れていった。

全般的9年制技術義務教育　8歳から12歳までのすべての青少年が、正規学校において無料で技術義務教育を受けられるようにした制度。7ヵ年計画を遂行するため、朝鮮労働党第4回大会で計画された。ことに農村での思想革命・技術革命・文化革命を徹底的に貫徹するための「社会主義農村問題に関するテーゼ」の方針に従って、67年から実施された。全般的9年制技術義務教育は人民学校4年制と中学校5年制を一つの教育体系に統合し、「すべての青少年を、一般的知識と科学的技術知識を所有し、革命的世界観がしっかりと確立した社会主義・共産主義建設の働き手として準備させるために」一般教育と基礎技術教育、教育と生産労働を密接に結合させ、彼らの「革命化」と「労働階級化」をいっそう速めるようにしたものである。

在日朝鮮人総連合会（総連、朝総連）　60万在日朝鮮人の民主主義的民族権利を擁護し、祖国の実質的平和統一のために闘争することを標榜し、1955年5月25日に結成された親北系の在日朝鮮人団体。北朝鮮は朝総連の課題として、①在日同胞の北に対する積極支持・擁護、②在日同胞の民主的民族権利擁護、③南の民衆の民主主義運動を積極支持、④日本の民主勢力と日本民衆をはじめとする世界の革命的民衆との団結強化などを設定し、在日朝鮮人の法的地位として、日本で居住する権利、北へ自由に来訪し、帰国する権利、民族教育機関を管理・運営する権利、職業と経営活動で日本人と平等な待遇と条件の保障を受ける権利、民主主義的民族的権利と自由を実質的に擁護するための組織体の形成・運営の権利を日本政府に要求した。93年現在、朝総連は東京の中央本部と48の都道府県本部、300余の地方支部、3000余の分会から構成されているといわれるが、70年代後半以後、北朝鮮の社会主義の実態が帰国者の縁者や日本のマスコミなどを通じてリアルに伝えられるようになると、急速にその組織力を低下させた。とくに、朝総連のもっとも基礎ともいわれている分会の多くは機能しておらず、民族学校の生徒数および学校数も近年激減している。その原因は、日本を「敵国」ととらえて「帰国統一論」で「在日問題」は解決し、日本の社会・地域社会に相対的に関心が薄いことだといわれている。88年のソウル・オリンピック、そして冷戦崩壊による北朝鮮社会主義経済の行き詰まりは、この傾向に拍車をかけた。「在日本朝鮮青年同盟」「在日本民主女性同盟」「在日本朝鮮人中央教育会」「在日本朝鮮人教職員同盟」「在日本朝鮮人商工連合会」など傘下に13の団体があり、『朝鮮新報』など34の定期刊行物を出版している。現在、①南からの米軍の即刻撤収、②日本軍国主義の韓国再侵略策動反対、③韓国民衆の闘争支持などの運動とともに「主体思想」の宣伝普及事業を展開している。結成以来の議長韓徳銖は2001年2月に没した。

北朝鮮帰還　韓国では「北送」という。1959年8月13日、カルカッタで日本赤十字社と北朝鮮赤十字社との間で在日朝鮮人の北朝鮮への帰還協定が結ばれた。朝鮮戦争後、在日朝鮮人（とくに青年・学生）の間で北朝鮮への帰国希望者が出るようになった。55年に朝鮮総連が結成されると、帰国運動が組織的に展開され、11万余名が帰国

当時の国鉄による「帰還専用」列車。1960年末

希望者として登録した。59年12月14日から帰還が始まり、67年11月まで155回の配船で8万8611名が帰国した。「民族の大移動」と形容されるほど、当初は在日朝鮮人の多くが先を争ったのである。次の表からもわかるように、およそ2年間で帰国者総数9万3000余名のうち80パーセントが帰国している。在日朝鮮人はなぜ帰国を急いだのか。帰国とはいっても、帰国者の90パーセント以上の人々の故郷は南半部であったのにである。まず挙げられるのは、社会主義北朝鮮への憧れ、希望である。加えて、当時、在日朝鮮人は1世が生活の主体であったから、子弟たちをこのまま日本で成長させていいものか、という不安もあった。北朝鮮での社会主義経済建設に積極的に参加し、遠からず統一さえすれば南側の故郷に帰れるものと信じられたのである。こうした思惑を支えたのは、朝鮮総連や日本の関係諸団体・機関の帰国促進の宣伝であり、また、戦中・戦後とつづいた不安定な生活、将来への不安だった。とくに57～8年はいわゆる「なべ底不況」であったことが挙げられる。雇用で民族差別を受ける朝鮮人にとって、日本で暮らしつづけるかどうかはリスクをともなう深刻な選択だった。総連はこの帰還を通じ、物的・人的に勢力をつけたのだった。このとき在日朝鮮人の夫について一緒に北朝鮮に行った日本人妻は1831名といわれるが(日本人夫、日本国籍の子供を含めると6000名以上ともいう)、彼女たちの消息、生活苦などが日朝間で問題になっている。

北朝鮮への帰国者累計(1959～90)

年度	帰還者数	累計
1959	2,942	2,942
1960	49,036	51,978
1961	22,801	74,779
1962	3,497	78,276
1963	2,567	80,843
1964	1,822	82,665
1965	2,255	84,920

1966	1,860	86,780
1967	1,831	88,611
1971	1,318	89,929
1972	1,003	90,932
1973	704	91,636
1974	479	92,115
1975	379	92,494
1976	256	92,750
1977	180	92,930
1978	150	93,080
1979	126	93,206
1980	40	93,246
1981	38	93,284
1982	26	93,310
1983	0	93,310
1984	30	93,340
1985	0	93,340
1986	0	93,340
1987	1	93,341
1988	2	93,343
1989	3	93,346
1990	0	93,346

民族日報社長、趙鏞寿。1961年12月21日処刑された。処刑前頃

『民族日報』事件と趙鏞寿　1961年、5・16軍事クーデター勢力は、当時「民族自主統一」などを掲げて革新系の声を代弁した『民族日報』に対して廃刊の処置を下し、社長の趙鏞寿を「北韓（北朝鮮）の主張に同調した」として、国家保安法違反などの嫌疑で処刑した事件。

1960年4月19日を前後する一連の反独裁政治闘争、4月革命（4・19革命）によって李承晩政権が崩壊し、責任内閣制改憲による7・29総選挙の結果、張勉を国務総理とする民主党政権が成立した。4月革命は韓国の歴史上、民衆による政権打倒を最初に成功させたが、広汎な民衆の参加による全面的な社会運動へと発展せず、学生が中心となって「李承晩独裁政権」を打倒したという表面的な成功にとどまった。革命の過程で提起された反外勢・民族統一・自立経済などの課題は完遂できなかった。しかし、この精神は韓国の現行憲法の「前文」に生かされ、明記されている。そしてこのため、民主党政権は不正腐敗と派閥抗争を繰り返して国内の政治的、社会的混乱を収拾できず、経済は沈滞し、国民の不安が高まっていった。

その一方で、この時代には北朝鮮が「急激な生産の高揚をみせている」「人民の生活水準は遠からずして先進国家の水準に達するであろう」としきりに宣伝を繰り返し、またソ連の人工衛星打ち上げに象徴されるように社会主義に対する幻想的な期待も世界的に強く、韓国でも若者を中心に北朝鮮への憧れが強まっている時代であった。そのことは「在日」も例外ではなく、北朝鮮を支持する朝鮮総連の勢力は韓国支持の民団よりもずっと大きく、当時朝鮮総連の「帰国運動」の宣伝を信じて北朝鮮に渡る人も多かった。

こうした状況のなか、4月革命を「義挙」と認めたうえで、その精神を継承するとして、朴正煕を指導者とする5・16軍事クーデターが起こった。クーデター政権は反共防衛体制の整備・強化と、米国をはじめとする自由主義友邦諸国との紐帯強化、韓国社会の腐敗と旧悪の一掃、国家自主経済再建を「革命公約」として掲げた。北朝鮮も非公式ではあるが、これを前向きに受けとめて朴正煕らとの接触を試みている。「革命公約」は、こうした課題が達成されれば、「斬新かつ良心的な政治家にいつでも政権を委譲」すると謳ったが、しかしながらこれを新たな独裁政権として反発する世論も少なくなかった。

『民族日報』は1961年2月、4・19革命を背景に創刊され、進歩的新聞として急成長し、3万5000部まで部数を伸ばした。しかし、クーデターから3日後の5月19日、92号を最後に強制的に廃刊させられた。宋志栄論説委員、安新奎幹事らは無期懲役となり、趙鏞寿は同年12月21日、刑場の露と消えた。当時32歳であった。彼らの主張は朴正煕らが掲げた「革命公約」ととくに矛盾するものではなかったが、しかし38度線で南北が対峙する冷戦状況がきびしい韓国の政治・社会のなかで犠牲になった。

盧武鉉政権下の2006年4月からこの事件を調査してきた「真実・和解のための過去事整理委員会」は1961年当時、革命裁判部が死刑宣告を下すなかで、認定した嫌疑内容が大部分事実でなく、法理内容が誤ったものと結論づけた。08年1月16日、47年ぶりに無罪判決が下された。

趙鏞寿は1930年、慶尚南道咸安の生まれで、51年9月に渡日し、明治大学政経学部に入学し、在学中から政治的関心が強く、実践運動にも直接かかわった。54年に民団中央本部組織局次長、59年に民団栃木県本部事務局長、副団長を歴任し、60年4月の学生革命後、本国に戻り、慶尚北道青松から総選挙に立候補するも落選した。翌年2月、民族日報社を設立し、わずか3ヵ月間ではあったが、祖国の統一、不正腐敗の剔抉、勤労大衆の権益擁護などを掲げ、民衆の圧倒的な支持を得て、急激に部数を増やした。

61年、朴正煕を中心とする5・16軍事クーデターの2日後、連行され、58年1月にスパイ容疑で拘束中、病気を理由に保釈されている間に、「日本に逃亡した曺奉岩の秘書・李栄根（『統一朝鮮新聞』、現『統一日報』初代社長）の指令を受けて朝鮮総連系の資金でソウルに新聞社を設立し、北朝鮮の主張に同調する論調を掲載し、韓国の存立を危うくした」として国家保安法違反容疑で死刑宣告を受けた。

当時、ともに死刑判決を受けた宋志英と安新奎はのちに減刑され、釈放後に統一院顧問や民主正義党国会議員、民族統一促進中央会最高委員などを歴任する。また李栄根は『統一朝鮮新聞』の論調を変更して『統一日報』を発刊、朴政権から一時資金援助も受けた。死後、国民勲章・無窮花章を追叙された。

5. デタントと朴政権の危機

デタント（緊張緩和）　フランス語で「弛緩、緩和、ゆるくなること」を意味し、とくに米ソの緊張緩和と協調関係を指す。大量の熱核兵器とその運搬手段をもつ米ソ両国は、戦争は自滅を意味するという認識のもとに、1962年のキューバ危機を契機にデタントの方向に進んだ。とくにニクソン、キッシンジャーの対ソ外交の基本戦略となった。72年5月、ニクソンが米ソ首脳会談のためモスクワを訪問したことはこの傾向をもっとも端的に象徴する事件だった。このようなデタント体制が形成された背景では、中華人民共和国とドイツの両国が重要な要因をつくった。72年に西ドイツが東西ドイツ基本条約を締結し、つづいてソ連との不可侵条約を締結すると、米国はこれを意識せざるをえなくなり、ソ連もまた72年のニクソンの北京訪問を意識せざるをえなくなった。デタント体制の成立の結果、戦略兵器制限協定（SALT）が締結され、また、ベトナム戦争が終結した。デタント体制が持続している間、米ソ両国は直接的に衝突することはなかったが、第三世界では熾烈な米ソ代理戦争が戦われた。79年12月、ソ連のアフガニスタン侵攻によりデタント体制は幕を降ろし、81年、米国のレーガン政権の登場とともに米国の対ソ強硬策が復活し、「新冷戦」体制がはじまった。

ドル危機　第2次世界大戦以降、米国をはじめとするドル地域からの輸入代金を決済する手段だったドルが絶対的に不足し、世界各国は危機に陥った。このような危機のなかで、国際経済において圧倒的に有利な地位を占めていた米国は、ヨーロッパや日本のめざましい経済成長と対米輸出の伸張などで、慢性的な国際収支の赤字を記録するようになり、それにともなって相当量の金が米国から流出しはじめた。このようなドルの地位の動揺を防ぐため、71年8月15日、ニクソン大統領はドルの金兌換停止宣言を発表した（ニクソン・ショック）。これによって従来の固定レート制は崩壊し、新たなドル本位制が導入されることになった。この措置によって、国際通貨制度は混乱に陥り、世界貿易は萎縮したが、それにもかかわらずドル危機はさらに深刻化し、後進国の経済に大きな打撃を与えることになった。

ニクソン・ドクトリン（グアム・ドクトリン）　1969年7月25日、米大統領ニクソンが発表したアジアに対する新政策。グアム・ドクトリンともいい、その主な内容は以下のとおり。①ベトナム戦争のような米国の直接的な軍事介入の回避、②海外駐在米軍の段階的撤収、③超大国の核脅威を除外した内乱や侵略に対するアジア各国の協力対処、④同盟国の自主国防努力の強化と米国の側面支援など。米国がニクソン・ドクトリンを発表した背景には、過度の海外での軍事費支出とベトナム戦争の長期化による経済力の急速な弱体化があった。ニクソン・ドクトリンは戦後の冷戦体制を壊し、デタント（緊張緩和）という新しい国際秩序を樹立するのに寄与した。

韓米定例安保協議会議　米国のワシントンで1968年5月27日に開催された韓米国防長官会談をきっかけに、毎年定例化されるようになった両国国防長官会議。朝鮮半島の安全保障に関するさまざまな問題を重点的に協議するこの会議の構想は、68年1

月21日の「青瓦台襲撃事件（1・21事態のこと）」と同年1月23日の「プエブロ号事件」を契機として醸成された危機に共同で対処するため、68年2月11日にジョンソン大統領の特使バンスが訪韓した際の共同声明で、韓米国防長官会談の例年開催が合意されたことからはじまった。つづいて同年4月17日、ホノルルで開かれた朴大統領とジョンソン大統領との韓米首脳会談であらためて合意され、具体化された。第1回会議はワシントンで開かれ、韓国国防長官と米国の国防長官が両国代表として参加し、アジア情勢と北朝鮮の侵攻に備えた韓国の防衛、国防装備現代化の問題などが討議されて、共同声明が発表された。第1～3回会議までその名称は「韓米国防長官会談」だったが、71年ソウルで開催された第4回会談から、「韓米定例安保協議会議」と呼ばれるようになった。その後、毎年開催されている。

韓米連合司令部　韓米両国政府の合意により、1978年11月7日に創設された韓国軍と駐韓米軍を統括する軍事機関。国連軍と駐韓米軍の撤収にともなう作戦指揮体系を効率化するという名目で、韓国軍をより直接的に米軍指揮下に編入するためにとられた措置である。韓米連合司令部は戦争遂行本部として位置づけられ、ほとんどの韓国軍と駐韓米陸空軍、兵站部隊を統制指揮し、65万名の兵力を擁する。とくに駐韓米軍の主力である米第8軍歩兵第2師団と13の韓国軍師団は、韓米連合司令部の核心となる野戦司令部を構成し、そこから除外された戦車・訓練部隊・第2軍は、野戦司令部の指揮は受けないが、やはり韓米連合司令部の指揮下に置かれている。韓米連合司令部の最高指揮権者である最高司令官は駐韓米軍司令官が兼任し、韓米連合司令部がいかなる目的のために使用されるかを決定できる参謀長と作戦・軍需・企画担当参謀はすべて米軍の将軍によって占められている。韓米連合司令官はただ米国の合同参謀本部だけに報告義務があり、またその指示を受けるだけでよく、韓国政府に対しては報告をする必要はない。つまり、駐韓米軍と韓国軍を統括する韓米連合司令部は、全面的に米国の統制下にあるといってよい。このように韓国軍のすべての作戦指揮権を米国が掌握しているため、軍部隊を投入した光州民主化運動の流血の鎮圧に対する米国の責任問題が論議に上り、80年代の反米闘争の原因ともなった。

駐韓米軍　1945年9月8日、日本軍の武装解除のために初めて米軍が南朝鮮に進駐して以来、45年11月まで各地に米第24軍団兵力7万名余が配置され、48年8月に単独政府が樹立されるまでの2年11ヵ月にわたり、南朝鮮は米軍の軍政下にあった。国連総会の決議に従って、米軍の部隊はそれ以前の48年6月29日までに、500余名の軍事顧問団を残して完全撤収した。しかし50年6月25日、朝鮮戦争が勃発、米軍は国連軍の一員としてふたたび韓国に駐留するようになった。53年7月27日に休戦が成立すると、李承晩大統領は駐韓米軍の継続駐留と朝鮮半島で武力衝突が発生した場合の即刻介入を要請、この年10月1日に「韓米相互防衛条約」が締結された。この条約で駐韓米軍の永久駐屯の基礎がつくられた。つづいて米国は閣僚級国防会談を定例化し、71年、「韓米定例安保協議会議」とその名称を変え、89年まで21回の会議を開催。78年11月、韓米連合司令部が創設され、駐韓米軍が韓国軍の作戦指揮権を統制できる具体的なシステムが完成、これによって、80年代に光州民主化運動の流血の鎮圧につ

いての米軍の責任問題が論議を呼んだ。駐韓米軍は韓国政府樹立直後の第1次撤収につづき、71年には「ニクソン・ドクトリン」に従って第7師団2万名余が撤収、77年にはカーター政権のもとで1000名余が撤収するなど、5回にわたって部分的に撤収が行われた。現在、駐韓米軍は空軍1万余人を含む3万6000余名の規模で、そのうち2万7000余名が第2歩兵師団と各種の戦闘支援部隊に配属されている。

チーム・スピリット 駐韓米軍撤収と米国の新しい軍事戦略に従って、1976年から毎年実施されている韓米両軍の合同軍事訓練。朝鮮半島に非常事態が勃発した場合、共同対処するという韓米相互防衛条約を根拠に、韓国本土と海外基地に配置されている米陸・海・空軍部隊を迅速に韓国に投入し、韓国軍と有機的な共同体制を組み、機動性のある連合作戦を遂行できるようにするための訓練である。駐韓米軍第7師団の撤収を契機に69年から実施された「フォーカス・レチナ」作戦がその機縁となり、71年に「フリーダム・ボルト」、76年に「チーム・スピリット」とその名称が変わった。米陸・海・空軍部隊の迅速な戦略的移動をはじめ、地上作戦を支援するための各種の空軍作戦、韓国領海域での韓米連合海上作戦、野戦機動訓練、連合上陸作戦、機動部隊に対する上陸作戦、機動部隊に対する支援作戦など、「チーム・スピリット」ではほとんどの軍事訓練が行われる。「核先制攻撃」「迅速な空爆」「敵前上陸」「化学戦」「積雪冷地訓練」などの訓練も含まれており、北朝鮮からは戦争挑発行動だと非難されている。また、80年代に入ってから反米闘争が拡大し、学生運動の一部からはチーム・スピリット中止が要求されている。

日米韓三角安保体制 米国を三角形の頂点とし、韓米相互防衛条約と日米安保条約を両辺として、日韓関係を底辺とする軍事同盟体制。60年代以降の米国の東アジア地域統合戦略の延長線上で構想されたもので、81年1月にレーガン政権が登場すると、そのSDI（戦略防衛構想）の一環として、80年代に入ってから本格的に推進された。同盟国を米ソの核対決に引き入れ、対ソ全面攻撃を可能とするこの構想に従って、米国は朝鮮半島で起こりうる戦争状態の相当部分を日本に委託しようとしたが、これはこの間、ひそかに軍事大国として成長しつづけてきた日本の東アジアでの軍事的地位向上の欲求に沿うものだった。83年1月22日、米陸軍参謀総長エドワード・マイヤー大将がソウル訪問中に、「日米韓3国の緊密な軍事協力体制は東北アジアの防衛能力強化の助けとなるばかりではなく、3国間の協力は米国と日本の防衛負担を減らし、軍事的効率を高める」と言明したことで公の議題となった。日米韓3国安保体制は、韓国を日米韓同盟に編入すると同時に、南北クロス承認によって朝鮮半島の分断を固定化させ、南北の軍事的対決を持続させようとする米国と日本の対韓政策に一脈通じるものである。このマイヤー発言につづき、同年3月5日、日韓議員連盟は、①朝鮮半島有事の際の日本の安保協調、②相互反共情報交換、③朝鮮半島周辺海域における自衛隊による封鎖、④共同訓練などの議題を掲げ、日韓安保協力関係を討議すると発表した。

韓国条項（朝鮮条項） 東アジアにおける韓国の安全保障と関連した日米の認識を意味する。両国の外交・安全保障政策を決定する基本的な条件の1つ。この条項が初めて言及されたのは、沖縄返還について協議

した1969年11月の佐藤・ニクソン共同声明であった。両首脳は、「朝鮮半島に依然として緊張状態が存在していることに注目」し、佐藤首相は「韓国の安全は日本自身の安全に緊要である」と言明した。74年8月、木村外相は国会答弁のなかで韓国の安全と日本の安全を直結させる認識は冷戦的な思考にもとづくものとして、それまでの政府解釈から一歩退いた。75年8月の三木・フォード共同声明では、いわゆる「新韓国条項」が登場した。すなわち「韓国の安全が朝鮮半島における平和維持に緊要であり、朝鮮半島の平和維持は日本を含む東アジアの平和と安全に必要である」というものである。このとき、三木首相は後段に力点を置き、前段に力点を置いた宮沢外相と意見の違いをみせた。77年3月の福田・カーター共同声明では、「韓国の安全」という表現はなくなり、「日本および東アジア全体の安全のために朝鮮半島の平和と安全の維持が重要」だと表明した。83年1月の中曽根首相訪韓で、韓国との共同声明が発表されたが、それは「朝鮮半島の平和と安全の維持が日本を含む東アジアの平和と安全に緊要」だとし、ほぼ従来の路線を踏襲した。90年代に入り、米ソ冷戦体制は崩壊したが、東アジア、とくに朝鮮半島における緊張は解けないでいる。こうした状況のなかで、極東配備の米軍は当分のあいだ従来のまま維持されることになり、日米の防衛協力体制は2国間の安全保障で危機に対応するという考えに立ち、さらに強化されようとしている。これは相互依存体制にもとづく多面的安全(多国間安保)へと向かいつつあるヨーロッパや東南アジアなどの流れに逆行している。日米安保の強化に対する警戒は、北朝鮮・中国からはもとより、友邦の韓国からも発せられている。

40代旗手論 1971年の第7代大統領選挙をめざして、野党新民党の大統領候補指名選に立った金泳三議員(当時44歳)が、大統領候補の条件と資格について主張した論理。彼はかつて野党が高齢の候補を指名した点を批判し、新民党が国民に活気にあふれたイメージを植え付けるためには、「40代の旗手」にリーダーシップを引き渡すべきだと提言した。この主張に賛同し、金大中議員(当時46歳)、李哲承議員(当時48歳)も出馬を宣言。大統領候補指名選は「40代旗手」の三つ巴の戦いとなった。70年9月に開かれた新民党全党大会で、柳珍山総裁は自分と同じ多数派の金泳三議員を候補に指名したことで、第1次投票で金泳三議員は次点候補に大差をつけて最多得票者となった。しかし、総裁のやり方に憤慨した李哲承議員は、自派閥の者に金大中議員への投票を勧め、第2次投票では少数派の金大中議員が指名を受けた。金泳三議員はこれに譲歩し、自派の人々に金大中候補支援を要請した結果、金大中議員が新民党大統領候補となった。

金大中 [キムデジュン]

1994年頃

1925～2009。政治家・第15代大統領(在任1998～03.2)。全羅南道新安出身。木浦商業卒。1953年、建国大学政治外交学科3年

中退。69年、慶煕大学大学院修了。50年、『木浦日報』社長となり、60年、民議院に当選後、71年まで第6、7、8代国会議員を歴任。65年、民主党代弁人（スポークスマン）。66年、民主党政策審議会議長。67年、新民党代弁人。68年、新民党政務委員など、野党の要職を一通り経験した。71年、第7代大統領選挙で新民党候補となり、「3段階統一論」など革新的スローガンを掲げて朴正熙と戦い、約100万票差で敗北したが、善戦。73年8月、日本の東京で韓国の工作員によって拉致され、ソウルに連行された（金大中拉致事件）。維新体制下では政治活動を禁止された。79年10月26日の朴大統領暗殺事件後、80年初頭に政治活動を再開したが、その年7月には、権力を掌握した新軍部勢力によって内乱陰謀罪で死刑を宣告された。82年12月、刑執行停止により釈放され、米国に渡った。85年に帰国。民主化推進委員会共同議長となり、87年7月、赦免復権。同8月に統一民主党に入党、常任顧問に就任した。大統領選挙を前に金泳三との候補単一化に失敗すると統一民主党を脱党。11月に平和民主党を結成、総裁兼大統領候補に選出され、87年12月、第13代大統領選挙に出馬したが3位で落選した。88年3月、野党統合のため総裁職を辞任。4月には13代国会議員選挙に出馬、当選し、5月に総裁に復帰した。

92年12月、民主党候補として第14代大統領選挙に出馬したが敗れ、政界を引退。半年間の英国留学の後に帰国。「アジア太平洋平和財団」を設立し、アジアの平和と朝鮮半島の統一促進のために力を注いだが、政界引退後2年7ヵ月目の95年7月に政界復帰。新政党の「新政治国民会議」を結成。97年12月の第15代大統領選に立候補。与党ハンナラ党の李会昌を約40万票の僅差で破って当選。翌年2月、正式に大統領に就任。韓国史上初の与野党政権交代を実現させた。就任演説ではみずからの政権を「国民の政府」と位置づけ、経済危機克服のための大胆な改革を提唱。また、南北統一問題については、北を吸収する考えはない、和解と協力を可能な分野から推進するなどの対北3原則を示し、以後「太陽政策」と呼ばれる南北和解促進の融和政策を促進した。2000年6月13〜15日、北朝鮮の平壌を訪問。金正日国防委員長と史上初の南北首脳会談を実現。共同宣言を行った。以上のような業績により、同年、ノーベル平和賞を受賞。朝鮮民族初のノーベル賞受賞者となった。しかし、政権末期から退任直後にかけては親族の不正や北朝鮮への不正送金問題で批判を受けた。2002年5月6日、新政治国民会議の後身で与党の新千年民主党を離党した。

金泳三［キムヨンサム］　1927〜　政治家・第14代大統領（在任1993〜1998）。慶尚南道巨済出身。52年、ソウル大学文理学部哲学科卒業後、張沢相総理の人事担当秘書となった。55年、最年少（25歳）で第3代民議院に当選。その後第5、6、7、8、9、10、13代国会議員を歴任。民主党スポークスマンに2回、民主党など野党の院内総務（国会対策委員長）に5回選ばれ、74年、79年の新民党、87年の統一民主党など野党総裁に3度就任。80年以降、新軍部勢力が国民の民主化要求を抑え、反動的な弾圧政治を繰り広げた時期に、2度にわたって計2年間の自宅軟禁措置を受けた。83年5月18日から6月9日まで、民主化を要求して断食闘争を行った。自宅軟禁を解かれ民主化闘争の足場を築き、84年に民主化推進協議会共同議長に選ばれ、85年1月には新韓民主党を結成。つづいて2・12選挙で大躍進を遂げ、「制度圏」（既成体制の意。「運動圏」

に対する語)の政治構造を切り崩した。87年、金大中との大統領選挙野党候補統一化に失敗し、統一民主党候補として第13代大統領選挙に出馬、次点で落選した。88年2月、第13代総選挙を目前にして、野党統合のために総裁を辞任したが、統合には失敗した。第13代国会議員選挙では釜山西区から出馬し、当選。5月には総裁職に復帰した。90年1月、3党合党による「民主自由党」発足のため、統一民主党は民自党に統合解消された。金泳三はこのように与党へと大転換を行い、民自党代表最高委員となった。

92年12月、大統領選挙に民自党候補として出馬し、当選。93年2月、第14代大統領となった。本格的な文民政権としてはおよそ30年ぶりであり、しかも民主化運動の指導者が公正な選挙にもとづいて就任したという意味では、韓国史上初の名実ともなった「文民政権」として期待を集めた。金泳三政権は「新韓国創造」のスローガンのもとに矢継ぎばやに民主化政策を断行した。金融実名制、情報公開法(1996年11月制定、97年1月施行)などが例として挙げられる。また、1980年の光州事件の根本的解決をはかって、全斗煥元大統領・盧泰愚前大統領を逮捕拘禁し、再調査を開始した。こうした一連の決断・実行については「文民独裁」との評もある。事実、政権末期の97年に入って「韓宝疑獄」が発覚し、巨額の不正融資にともなう不透明な政治献金と、それを陣頭指揮した大統領の次男・金賢哲の横暴な権力行使などが一挙に噴出し、「文民政権」ならぬ独裁政権の実態が露呈し、93年8月には支持率約80パーセントだったものが、97年1月には約14パーセントに低下。経済的にもIMF危機を招来し、晩節を汚して、大きくイメージダウンした。なお、94年夏に金泳三大統領が平壌を訪問し、金日成主席と会談することで、南北が合意していたが、同年7月の金日成急死のため、実現に至らなかった。

大統領選に勝利した翌朝、地域住民の支援者らと(金泳三、右から3番目。1992年12月19日)

4・27選挙 1971年4月27日に実施された第7代大統領選挙。野党大統領候補・金大中は、郷土予備軍廃止・労使共同委員会の創設・非政治的南北交流・四大国保障案などを選挙公約に掲げ、朴正熙の安保論と経済成長論の虚構性を正面から攻撃し、予想外の支持を集めた。「（大統領選出馬は）今度が最後」と繰り返し強調した朴正熙は、この選挙戦で総得票の51.2パーセント（有効投票の53.2パーセント）を獲得、43.6パーセント（有効投票の45.3パーセント）を得た金大中に95万の票差をつけたが、不正不法・官憲選挙と非難された。金大中は全都市票の51.5パーセント、ソウルでは58パーセントの票を獲得し（朴正熙は39パーセント）、都市部での圧倒的支持を得た。この選挙では、第6代選挙で顕在化しはじめた地域的な票の偏在がさらに進み、金大中は全羅北道で58.8パーセント、全羅南道では58.4パーセント、朴正熙は慶尚北道で68.6パーセント、慶尚南道では70.8パーセントをそれぞれ得た。この選挙を契機に金大中は、朴政権にとって脅威となり、「金大中拉致事件」の原因ともなった。

5・25総選挙 1971年5月25日に実施された第8代国会議員選挙。204議席中、共和党113議席（地方区86、全国区27）、新民党89議席（地方区65、全国区24）、無所属その他が2議席を占め、野党が際立った進出をみせた。この結果は、朴正熙の説得で党副総裁に復帰した金鍾泌が画策したとの分析もある。共和党が立法府を統制するための過半数（103議席）だけは確保し、改憲に必要な3分の2（136議席）にはあえて得票が至らないように、共和党の選挙不正を金鍾泌が牽制したというものである。

「五賊」筆禍事件 金芝河の譚詩（朝鮮の伝統的な物語形式の詩）「五賊」は当初『思想界』（1970年5月号）誌上で発表されたが、その後、野党・新民党の機関誌『民主戦線』（6月1日号）にも転載された。これにより作者の金芝河をはじめ発行人、編集人らが反共法違反の容疑で拘束され、与野党対決にまで発展した。1970年6月2日早朝、中央情報部部員が新民党本部に乱入、『民主戦線』を押収したことを発端に、この事件は与野党の険悪な声明合戦に発展し、6月3日の国会では新民党議員が提出した「言論の自由の妨害に対する質問」を議事日程に載せた。『民主戦線』押収事件について政府質疑に立った新民党院内総務・鄭海永議員の発言途中で、民主共和党議員が集団で壇上の鄭議員に押し寄せ、同議員を殴打した。その後、与野党議員間の乱闘劇となり、新民党の金応柱議員が負傷して入院するという事態にまで発展した。しかし、乱闘劇以降も、①質疑の放棄、②柳珍山党首の『民主戦線』事件に対する謝罪などを要求する民主共和党側の立場、③政府に対する質疑を敢行しようとする新民党の立場で、両者はそれぞれの立場を譲らず、73回臨時国会は5件の議案を処理しただけで閉会した。

咸錫憲［ハム　ソクホン］

1982年当時

1901〜1989。民族主義者・宗教思想家・民主化運動活動家。平安北道龍川生まれ。1928年、東京高等師範文科に入学。在学中より、内村鑑三の無教会主義キリスト教活動に傾倒。卒業後、母校の五山中学教師、平壌郊外の松山里農事学院長などを務めて解放を迎える。45年、平北自治委文教部長などを歴任するが、45年11月の新義州学生事件によって追われ、南に入る。47〜60年にかけて、各学校・団体で聖書講論活動。60年以降、没するまでクエーカー教韓国代表。70〜80年、月刊『シアレソリ（種子の声。人民・蒼生の意）』編集人兼主幹。83年、文益煥らとともに「緊急民主宣言」を発表。84年、民主統一国民会議顧問を務める。キリスト教徒の立場から反独裁民主主義を唱え、民衆の与望を担う。主な著書として『意味からみた韓国歴史』『死ぬまでこの歩みで』などがある。

金芝河 ［キム　ジハ］

1992年頃

1941〜　詩人・思想家。本名は金英一。「芝河」は筆名で、「金地下」と称したこともある（芝河も地下も朝鮮語の発音は同じ）。昔の筆名「地下」は、ソウル大生時代に溜まり場としていた喫茶店「地下」からとったという。全羅南道木浦生まれ。ソウル大美学科卒。1960年の4・19革命に積極的に参加。61年の5・16軍事クーデター以後は朴正熙政権に対する反政府・民主化運動を担い、65年の日韓会談反対運動のピークである「6・3事態」を主導した。70年5月、月刊総合誌『思想界』に権力と財閥の不正腐敗を痛烈に批判・風刺した譚詩「五賊」を発表し、韓国内はもとより日本でも大きな反響を呼んだ。当局は反共法を適用、金芝河は逮捕され、『思想界』も廃刊に追いやられた。譚詩とは、古くから民衆の間で伝承されてきたパンソリの調べを踏んだ語り形式の長詩をいう。その後も弾圧に屈せず、「アジュッカリ神風」(71)、「桜賊歌」(71)、戯曲「銅の李舜臣」(71)、「糞氏物語」(73)、「鎮悪鬼」(73) などを発表、韓国の行方と日韓条約以降の日本の経済侵略に対して警鐘を鳴らした。民主化運動をつづけながら、地下潜伏や結核療養のための入院を繰り返し、7年間の獄中生活にも耐えた。釈放されたのは光州事件直後の85年末である。こうした悲運と弾圧にも屈せず、「良心宣言」(75) などを通して民主化と南北統一の決意を表明するなど、粘り強く運動をつづけた。金芝河の闘争に応えて日本をはじめ世界各地で救援運動が沸き起こった。80年代から90年代に入ると、生命・環境問題へも視野を広げ、「大説・南」(82)、「飯」(84)、「南の地の船歌」(84)、「哀憐」(86)、「渇きから生命の海へ」(91)、「生命」(92) など旺盛な創作活動をつづけている。1998年12月、それまでかたくなに拒否していた訪日を実現し、さらに99年4月と2001年4月にも再来日を果たし、現在は「生命」「環境」の問題に関心を寄せている。

臥牛アパート崩壊事件

1970年4月8日、ソウル市麻浦区臥牛地区の市民アパート15棟が崩壊、33人が死亡し、39人が重軽傷

を負った事件。69年12月26日竣工後、わずか4ヵ月目に起こったこの事故の原因は、アパートの基礎柱に鉄筋を規定どおり使用せず、柱が重量に耐えられなかったためである。この不正工事の責任問題は国会に飛び火し、金玄玉ソウル市長の退任にまで発展した。事故が発生すると、警察・軍・予備軍・米第8軍など1000名余りが動員され復旧作業が行われた。この事故を契機に、警察は全国397のアパートに対する安全検査を行い、85棟について工事規定が守られていないことが判明して、一時アパート忌避現象が起こった。この事件以後、都市貧民(生活困窮者、不法占拠のバラック生活者)の住宅問題がようやく陽の目を見るようになった。

広州大団地事件 1971年8月10日、広州大団地の住民3万名余が、政府の無計画な都市政策と拙速行政に反発して起こした貧民暴動事件。ソウル市は市内の無許可住宅整理事業の一環として、京畿道広州郡(現・城南市)に広州大団地を造成し、ソウルの衛星都市にするため、無許可住宅から退去させた住民たちを集団移住させる計画を立てた。当初、ソウル市は追い出された住民に1世帯当たり20坪、坪当たり2000ウォンで分譲し、その代金は2年据え置き3年償還とした。しかし、当時の土地投機ブームのあおりを受けて、大団地には6343世帯の専有住者(投機・売買のために住宅を取得した者)が定着しているという調査結果が出たので、彼らに坪当たり8000～1万ウォンの代金を一時払いで支払うように命じ、同時に取得税・財産税・営業税・所得税など各種の税金を課した。広州大団地に入居した住民はその大半が失業中で、自給自足の都市を育成するという政府の宣伝だけを信じて集まった人々だった。

しかし、いざやって来てみれば、彼らを生業につける対策も用意されておらず、それどころか、追い打ちをかけるようにこの措置が出された。これに対して住民は猛反発し、7月17日に「払い下げ価格是正対策委員会」を設立、払い下げ価格を1500～2000ウォンとすることと、課税延期の緊急救済策、職場斡旋などを要求した。しかし、当局はこれを黙殺し、8月10日11時、住民との会談を約束した梁鐸植ソウル市長がその場に姿を見せなかったため、ついに住民の不満は爆発した。「腹がへって死にそうだ」「働き場所をくれ」などのプラカードを掲げて、住民は警察と激突を繰り返し、出張所や官用車・警察署などに放火、派出所を破壊した。こうした暴動状態は6時間つづき、この間広州大団地の全域は住民の手に委ねられた。この解放以後最初の大規模な都市貧民闘争は、午後5時ごろ、ソウル市長が住民の要求を無条件に受け入れると約束し、その幕を閉じた。この事件で住民と警察に100名余の負傷者が出て、住民23名が拘束された。

司法波動(司法ショック) 1971年7月28日、ソウル地方検察庁が、ソウル刑事地方法院控訴3部裁判長・李範烈部長判事と陪席判事・崔公雄、立合書記・李南栄を被疑者として、拘束延長を申請したのに反発、現職判事たちが集団で辞表を提出した事件。被疑者の容疑は、上記の控訴3部が国家保安法違反事件の審議中に済州道に出張した際、担当弁護人から往復航空料金と酒代などの名目で9万7000ウォン余の供応を受けたというものだった。これに対し、ソウル刑事地方院の判事全員は、これは法曹界の儀礼的慣行にすぎないとし、それでも法官を拘束するのは、この事件直前の大法院の国家賠償法違憲判決、刑事司法の無

罪判決に対する感情的報復であると反発し、辞表を提出した。「証拠湮滅および逃走の恐れはない」として延長申請が棄却されたが、その後も2度にわたって延長を申請するなど、検察側は執拗な姿勢をみせたので、刑事地方法院以外の現職判事も、これを明白な司法権の侵害として集団辞職を決議した。こうしてソウル民事司法判事たちが辞表を提出したのにつづき、家庭法院と全州・清州・大邱・釜山の地方法院判事も辞表を提出し、司法権擁護の闘争は全国的に拡大した。刑事・民事地方法院判事は合同会議の決議に従って、司法権の侵害7ヵ条の是正要求と検察関係者の引責辞任を要求した。

　この事件は国会にも飛び火し、立法府が議会に上程して政治問題となった。すると検察側は当初の強硬方針を撤回、「判事供応事件はいっさい白紙に戻し、不起訴処分とする」とその立場を後退させ、解決の糸口が見え始めた。大法院(最高裁)判事会議では「検察の司法権侵害」を認定、大法院長が大統領と面会して、7ヵ条の是正と司法権の独立に必要な具体的事項に対する保障を大統領から受けることを合意し、事件発生後8日目に一段落した。しかし、大法院長の大統領面会と検察関係者の引責は結局果たされなかった。

10・2抗命波動　1971年10月2日、野党側が提起した呉致成内務部長官解任動議に与党民主共和党議員の一部が賛同して解任動議が可決され、民主共和党の粛党へと及んだ事件。71年9月30日、院内第1野党の新民党が、物価高・実尾島軍特殊班乱闘事件・司法波動・広州大団地事件などの責任を追及し、金鶴烈経済企画院長官、呉致成内務部長官、申稙秀法務部長官の解任動議を発議した。翌10月1日、朴正熙大統領は民主共和党幹部を青瓦台に招集して解任案否決を指示するとともに、党内結束と議員の団結を求めた。しかし、金鍾泌が指導する主流派にかねてから不満を抱いていた金成坤・吉在号ら非主流派議員は野党新民党と手を結び、主流派の呉致成内務部長官らの解任案を可決させた。共和党幹部はこれを重大な党規違反とみなし、党内に粛党旋風が巻き起こった。10月5日には、抗命を指導した金成坤・吉在号議員が共和党を脱党、議員を辞任した。また、金昌槿・文昌鐸・康誠元議員が党命不服従、呉致成議員も党論を分裂させたという理由で6ヵ月の党権(党員権)停止処分を受けた。しかし、事態はこれにとどまらず、議員身分侵害の是非をめぐり、与野党の対立状態がつづいた。この事件は、69年4月8日、新民党が提起した権五柄文教部長官の解任動議が民主共和党議員の同調で可決されたのにつづく2度目の抗命波動であり、執権以来継続してきた共和党内の主導権をめぐる暗闘を白日の下にさらけだした象徴的事例だったといえよう。

民主守護国民協議会　1971年4月19日、ソウル大成ビルにおいて正式に結成された70年代最初の在野知識人の連合体。70年末、3選改憲の後遺症もようやく癒えはじめた各界各層は、71年4月の大統領選挙を目前にして戦列を整えはじめた。71年を民主守護の年と定め、公明選挙によって1人長期独裁を阻止するために、71年4月8日、ソウルYMCAに、学界・言論界・法曹界・宗教界・文化界などの著名人が集まった。4・27大統領選挙と国会議員選挙の公明な実行を誓う「民主守護宣言」を採択した後、「民主守護国民協議会」の結成が合意され、金在俊・千寛宇・李丙燾ら6人で結成準備委員会が構成された。4月19日

には同協議会が正式に発足し、金在俊・千寬宇らが代表議員に、李浩哲・趙香綠・金正禮・法頂・韓哲河・桂勳梯が運営委員に任命された。協議会はこれ以後、講演会・座談会・声明発表・人権弾圧の事例調査・公明選挙のための選挙監視団結成などの活動を展開し、また、学園正常化のための法律改正案作成にも着手した。この「民主守護国民協議会」は、最初の在野民主勢力の求心点であり、その後の「民主回復国民会議」や「民主主義と民族統一のための国民連合」など、緊急措置時代の在野団体の母体となった。その意味では大きな意義を持つが、知識人運動の枠内から踏み出すことはなく、ついに汎国民運動へと発展できなかった限界は指摘しておくべきであろう。71年10月15日、衛戍令発動とともに協議会の活動は徐々に萎縮しはじめ、72年10月17日、維新の旋風が吹き荒れるなかで、その活動は中断された。

民主守護全国青年学生連盟 民主守護運動の一環として、1971年4月14日、ソウル大・高麗大・延世大・西江大・成均館大・慶北大・全南大代表の200名余がソウル大学商学部図書館に集まって結成した70年代最初の学生運動連合体。この日の結成大会で、学生代表はソウル大学商学部3年・沈載権を委員長に選出し、「学生連盟」を中心に、軍事教練撤廃運動と公明選挙キャンペーンを繰り広げることを決議した。また、たとえ大学が閉鎖されることがあっても、最後まで教練撤廃闘争を継続し、公明選挙を阻害するあらゆる不正腐敗を司法当局に告発し、大学単位で選挙監視運動を展開するなど、10項目の行動綱領を採択した。以後、学生連盟は4・19革命11周年を迎えて、共同時局宣言文を発表し、選挙監視団結成・不正選挙糾弾闘争・学園自律化（自由化）・教練撤廃闘争などを展開した。しかし、5月17日、ソウル大師範学部学生たちが大統領警護車に集団で投石したことを口実に機動隊がソウル大師範学部に乱入、学生や教授に無差別暴行を働いた事件以後、学生連盟は直接的な暴力による弾圧を受けはじめた。5月27日には、ソウル大文理学部・師範学部・商学部・法学部に休校命令が出されて学生連盟は打撃を受け、各大学単位の学生運動へと分散した。

軍事教練撤廃闘争 1970年代初頭、朴正熙政権による軍事教練強化に反対して、学生たちが展開した闘争。政府が69年に正規科目として採択した教練教育を、71年1学期から、従来の2時間から3時間に増やし、集体（集団）教育まで実施、在学中合計71時間の軍事教育を制度化し、教官も全員現役軍人を充てた。学生たちはこれを学園の兵営化とみなし、教練反対実力行使に突入した。4月2日、延世大500名余の教練拒否討論大会を皮切りに、4月6日、成均館大・高麗大・ソウル大の1000余名の学生が街頭デモに突入したのにつづき、4月15日にはソウル市内で大学生2万余名が街頭デモを展開、教練反対デモは最高潮を迎えた。2学期に入ると教練撤廃と現役軍人教官の学外退去を叫ぶデモが大学街を揺り動かしていたが、10月5日の夜明けに、首都警備司令部所属軍30余名が高麗大に乱入、学生5名を不法連行のうえ殴打した事件が発生した。10月8日、ソウル大学生会は「中央情報部の廃止、軍の政治的中立」を要求する声明を発表し、11〜14日には全国の大学生5万余名が「高麗大に乱入した軍人の処断」を要求し、街頭デモを敢行した。これに対して朴政権は一貫して弾圧で応え、10月12日、「教練拒否学生は全員徴兵する」という談話を発表したのにつづ

き、15日にはソウル全域に衛戍令を発動し、「学園秩序確立のための特別命令」を発表。1889名の学生を連行し、うち119名を拘束した。文教部（1990年に教育部と改称）はデモ指導学生の除籍を各大学に強要し、23大学で117名を除籍させ、彼らに即刻入営措置をとる一方、各大学の74のサークルを解体、ソウル大学法学部の『自由の鐘』など14の刊行物を廃刊とした。これにより、教練受講拒否からはじまり、7ヵ月間続いた学生の自由化・自立化・社会民主化闘争へと発展した教練撤廃闘争は幕を下ろし、学生運動は冬の時代に入った。

大学自主化宣言運動　ソウル大文理学部教授たちの「大学自主化宣言」を皮切りに、全国大学に波及した教授たちの学園自由化運動。1971年8月11日、ソウル大文理学部の教授たちは「現在の学園の動揺は、学園内のもろもろの現実が根本的な欠陥を内包しているというところに主な原因があり、このような欠陥を除去し、不健全な学園の秩序を正常化するのが教授に与えられた本来の使命である」という主旨の「大学自主化宣言」を発表した。8月23日には、ソウル大教授600名余がソウル大教授評議会臨時緊急総会を開き、①ソウル大運営の文教部からの独立、②総長・学部長任命制の撤廃と民主的選任制の採用、③教授会の権限強化などを要求するなど、大学自主化宣言運動は本格化され、23日には慶北大教授協議会の「大学の自主性確立のための教育自治要求」につづき、25日には忠南大・忠北大教授たちの「自主宣言」、27日には釜山大教授評議会の「自由の決議文」採択、9月4日には済州大・晋州農大教授協議会の「自主宣言」など、全国の国公立大学に波及した。私立大学教授たちも「私学の自主化宣言」を発表、この運動に参加した。

学生たちの熱烈な支持と呼応のなかで展開された「大学自主化宣言運動」は学生たちの教練撤廃闘争とともに、70年代初頭の学園自由化運動の二大山脈をなした。

国家非常事態　外敵の侵略や内乱、大規模な天災の発生により、国家の治安秩序が重大な脅威を受け、通常の方法では公共の安寧秩序を維持することが不可能な状態。国家非常事態が宣布されれば、警察権の強化・集中でこれに対処する場合が一般的だが、特定地域を区画し、衛戍令、さらには戒厳令を宣布することもある。韓国の場合、大統領が非常措置権と戒厳宣布権を持つと憲法に規定されており、71年12月6日、朴正煕大統領は国家安保を最優先とし、すべての社会不安を許さず、最悪の場合には国民の自由の一部も留保する決意を持たなければならないという内容の国家非常事態宣言を発表した。これは翌年10月の維新独裁体制確立に至る一連の過程の第1歩となった。79年の10・26事件（朴正煕暗殺事件）以降も、再度宣布された。

国家保衛に関する特別措置法　非常事態の下で国家の安全保障と関連する内政・外交および国防上必要な措置を迅速にとるという目的で制定された法律。1971年12月27日、法律2312号として制定。全文12条と補足から構成されたこの法は、大統領に超憲法的な非常大権を付与した。この法によれば大統領は非常事態の下で、①経済規制命令、②国家動員令、③屋外集会とデモの規制、④言論出版に対する特別措置、⑤労働者の団体行動権規制、⑥軍事的目的での歳出額調整などの措置をとることができる。

6. 維新独裁体制の樹立

8・15宣言 1970年8月15日、光復25周年祝賀の席で、朴正煕大統領が行った対北朝鮮宣言。世界的な緊張緩和の趨勢と国際情勢の変化、「ニクソン・ドクトリン」にともなう米国の対韓政策の変化、基層民衆（低所得者層）、貧困者の生存権闘争と長期執権陰謀に対する各界各層の反発など、不安な国内外情勢がその背景となった。宣言の内容は以下のとおり。①緊張緩和なしには平和統一は不可能である。②北朝鮮は武装共匪（共産ゲリラ）南下などの戦争挑発行為を即刻中止し、武力による赤化統一の野望を捨てなければならない。③このような要求を北朝鮮が受諾・実践するなら、人道的見地と統一基盤の醸成に寄与すべく38度線の人為的長壁を段階的に除去する用意がある。④北朝鮮が国連の権威と権能を受諾すれば、国連での朝鮮問題討議に北朝鮮が参加することには反対しない。⑤北朝鮮はこれ以上戦争準備に狂奔せず、より善意の競争へと向かわなければならない。この「8・15宣言」は、以後の南北赤十字会談や7・4南北共同声明、6・23平和統一外交政策宣言などへとつづく対外政策の転換点となった。

南北赤十字会談 南北の離散家族探しのための赤十字会談。1971年8月12日、大韓赤十字社総裁崔斗善が提起し、2日後に北朝鮮赤十字会が受諾することで成立した。9月20日、板門店で開催された第1次予備会談では、常設連絡事務所の設置と直通電話架設などを合意、会談は順調に進捗するようにみえた。しかし、北朝鮮赤十字会は、家族・親戚・親友など民族分断によって犠牲となったすべての人々はいかなる制約条件もなく自由に往来できるようにしなければならないと主張した。一方、韓国側は、政府の斡旋をうけた離散家族に限って相互接触を認めると主張して、会談は難航した。73年7月13日、平壌で開催された第7次本会談を最後に、会談は特別な成果もなく膠着状態となり、12年目の85

朴大統領と握手する
朴成哲北朝鮮副首相
（右端は李厚洛中央
情報部長）

年、第8次本会談をソウルで開き、南北の離散家族らの交換訪問推進が合意された。双方の実務代表は3回の接触の末に、8月22日、双方はそれぞれ151名（団長1名、故郷訪問団50名、芸術公演団50名、記者30名、支援人員20名）の交換訪問（9月20～23日）に合意することになって、分断40年目にしてソウル・平壌同時訪問が実現した。

7・4南北共同声明　1972年7月4日午前10時を期して、南北の当局がソウルと平壌で同時に発表した共同声明。米中の和解ムードと「ニクソン・ドクトリン」にともなう駐韓米軍の撤収、底辺民衆の生存権闘争と各界各層の民主化闘争など内外からの強力な挑戦に直面した朴政権は、民衆の統一への熱望を利用し、国内政治の安定をはかって、長期執権の土台をつくりあげようとした。「8・15宣言」により対北協商（協議）の用意があることを表明したのにつづき、南北赤十字会談を推進し、ひそかに対北朝鮮接触を試みた。その結果、72年5月、当時の中央情報部長李厚洛と北朝鮮第2副首相朴成哲がソウルと平壌を相互に極秘訪問し、「自主・平和・民族大団結の三大統一原則」をはじめとして、相互中傷・誹謗および武力挑発の中止、多方面にわたる交流の実現などに合意した。そしてこのような合意事項を推進し、南北間のさまざまな問題を改善・解決して、合意された統一原則にもとづいて統一問題を決着する目的で、ソウル側の李厚洛・中央情報部長と平壌側の金英柱・労働党組織指導部長を共同委員長とする「南北調節委員会」を設立、運営することに合意した。この7・4南北共同声明は国民の目からは隠され、密かに政府当局者間で進められたため、統一問題を形だけ処理したという限界性と、統一論議を自身の権力基盤強化に利用しようとする南北の権力者たちの政治的意図があったにもかかわらず、既存の外勢依存的、軍事的イデオロギー的対決を絶対視してきた統一路線を全面的に拒否し、祖国統一の正しい原則を提示したという点で、その歴史的意義は大きい。

南北調節委員会　7・4共同声明の規定に依拠し、南北相互間の合意事項を推進し、南北間に発生するさまざまな問題を解決し、祖国の統一問題を協議・解決する目的で、南北が共同で設置した公式の対話機構。72年11月30日、「南北調節委員会の構成および運営に関する合意書」に双方が署名し、正式に発足。11月30日と12月1日の2日間にわたって開催された第1次会議を手始めに具体的な討議に入った。ソウル側は委員会の実務的機能を整備するのが急務であることを指摘、南北調節委員会運営細則および監査委員会運営細則、共同事務局設置規定などをすみやかに制定することを提起し、経済・社会・文化などの分科委員会をまず設置し、科学・学術・通信などの実現可能な分野から交流を始め、その成果を見て漸次交流を拡大していくことを提起した。しかし、平壌側は双方の軍備縮小、駐韓米軍撤収、武力増強と軍拡競争の止揚、武器および軍事物資の搬入中止、平和協定の締結など軍事5項目と、「南北政党社会団体連結会議」の開催を提案するなど、双方の主張は平行線をたどり、73年6月12日の第3次会議を最後に、調節委員会は膠着状態に陥った。以後、8月28日、平壌側共同委員長・金英柱は、6・23宣言が祖国統一三大原則に違反するとし、金大中拉致事件も理由に南北対話の中断を宣言し、対話再開の前提条件として、6・23宣言撤回、反共法と国家保安法の廃止、政治活動

南北調節委員会（1972年11月2日）

の自由の保障、投獄人士の釈放などを要求した。こうして南北調整委員会は事実上中断されてしまった。

6・23宣言 1973年6月23日、祖国の平和統一および開放・善隣外交を標榜した朴正熙大統領の特別声明。6・23平和統一外交宣言を縮めたもので、「6・23外交宣言」または「平和統一外交政策宣言」ともいう。その具体的な内容は以下のとおり。①祖国の平和統一を勝ち取るためにすべての努力を継続して傾注する。②南北は互いに内政に干渉しない。③南北対話の具体的成果実現のために、誠実と忍耐をもってあらゆる努力を傾ける。④緊張緩和のために北の国際機構参加に反対しない。⑤統一の妨害とならないかぎりにおいて、南北国連同時加盟に反対しない。⑥互恵平等の原則の下に、すべての国々と互いに門戸を開放する。⑦平和善隣を基本とした対外政策で、友好国との既存の紐帯を固める。このように南北クロス承認と国連同時加盟を骨子とする「6・23宣言」は、国際的な緊張緩和の潮流に足並みをそろえ、閉鎖的な外交路線を脱皮しようとするプラス面があったが、「7・4南北共同声明」の統一原則から後退し、朝鮮半島に2つの国家を認定することにより、南北分断を永久化させるものだとして、統一運動勢力から批判を受けた。この宣言を契機に北側は南北対話の中断を宣言した。

10月維新 1972年10月17日を期して断行された政治的処置。軍部隊を動員し、憲法機能を麻痺させ、反対派の政治活動を全面的に封鎖したという点で、事実上のクーデターといえる。同日午後7時、朴正熙は「国際的勢力均衡の変化と、南北間の事態進展にともなう平和統一と、南北対話を推進する主体が必要であるが、現行憲法下の体制は冷戦時代の産物で、今日の状況に適応できない。また、代議機構は寡占と政略の犠牲となり、統一と南北対話を下から支えることはできない。したがってやむをえぬ非常措置として体制改革を断行する」との主旨の、いわゆる「大統領特別宣言」を

発表し、全国に非常戒厳令を宣布した。これによって国会の解散、政党の政治活動の停止、非常国務会議設置などの非常措置を断行した。これ以降、朴正煕は自身の永久執権を保障する後続措置を続々と断行。10月27日、「祖国の平和統一を志向する憲法改正案」（維新憲法）を公布。11月21日、国民投票により「維新憲法」を確定し、12月23日、統一主体国民会議を代表して大統領選挙に単独出馬して第8代大統領に当選、維新体制を発足させた。

朴正煕が、このように武力発動などの非常手段を用いて体制改編を断行しなければならなかったのは、①3選改憲にひきつづき、ふたたび改憲を断行するのは現実的に不可能であり、②71年の大統領選挙で予想外に苦戦し、国会議員選挙の結果、野党勢力が伸張し、国会の批判機能が活性化され、正常な方法では再度の執権は不可能であり、③南北対話の再開という名分が生まれたなどの要因が複雑に作用したからである。平和統一を実現するための強力な統治体制の構築という名分を掲げ、専制的独裁体制をつくりだすことを目的とした維新体制は、「維新憲法」により独裁を制度的に支えることになったが、その内容は以下のとおり。①大統領選挙制度を、直選制から統一主体国民会議の代議員による間接制に変える。②大統領に緊急措置権、国会解散権など超憲法的権限を付与する。③大統領は定数の3分の1に該当する国会議員および法官（裁判官）の任命権を持つ。④国会議員選挙制度を小選挙区から2人選出区制に変え、与野党が同時に当選するシステムをつくって、国会の批判機能を麻痺させるなど、維新憲法は大統領に権力を集中させ、立法府と司法府を政権の侍女（補助機関）へと転落させるという反民主的悪法だった。その後、10・26事態（朴正煕暗殺事件）により維新体制が終結するまで、民主主義の根幹を否定する維新体制に対する全国民的抵抗と政権側の弾圧という悪循環が続いた。

維新憲法　「10月維新」以後の1972年12月17日の国民投票で成立した、「祖国の平和統一を志向する憲法改定案」の一般的呼称。韓国憲政史上7度目の改定となる第4共和国の憲法である。10月27日、平和的統一の志向、韓国的民主主義の土着化を標榜した改定案が、非常国務会議で議決・公告され、改憲反対発言が完全に封鎖されたなかで、11月21日、国民投票により、投票率91.9パーセントのうち91.5パーセントの賛成により成立。大統領就任日の12月27日に公布・施行された。前文と12章126条および補則11条からなる維新憲法の特色は、①前文に平和統一の理念を規定、②法律留保条項として基本権を制限、③緊急措置権、国会解散権など大統領に超憲法的権限を付与、④大統領の任期を6年に延長、再選無制限、⑤国会会期の短縮およびその権限の弱体化、⑥司法的憲法保障機関である憲法裁判所を、政治的憲法保障機関である憲法委員会へと改編、⑦裁判官と一部国会議員を大統領が任命、⑧統一主体国民会議による大統領間接選挙、⑨憲法改定手続きの二元化、⑩地方議会の構成の改革（地方自治の実現）は統一以降に保留する、などである。

緊急措置　災害や重大な財政経済上の危機、あるいは国家の安全保障、公共の安寧秩序などが重大な脅威にさらされる恐れがあり、迅速な措置をとる必要があると判断される場合、大統領が内政・外交・国防・経済・財政・司法などの国政全般にわたって下す特別措置をいう。維新憲法第53条に規定された大統領措置権は、たんなる行

政命令によるだけでも国民の自由と権利に無制限の制約を加えることができる超憲法的な権限であった。このような緊急措置権の発動を要する非常事態が発生したかどうかは、すべて大統領の判断に頼るもので、事実上は反維新勢力に対する弾圧の道具として悪用された。維新体制はこの緊急措置により支えられていたといってよく、74年から75年にわたり、たてつづけに宣布された大統領緊急措置がそれをよく示している。74年1月8日、いっさいの憲法改正論議を禁止する緊急措置第1号と非常軍法会議設置を定めた第2号が宣布され、つづいて74年4月には、民青学連事件を口実に緊急措置第4号が宣布された。75年には、高まる維新体制撤廃運動に対処するため、高麗大学休校令およびその収拾に軍隊投入を決定した緊急措置第7号が、そしてついに75年5月には、維新憲法の否定・反対・歪曲・誹謗・廃棄の主張や請願、あるいはそれらについての報道さえもすべて禁止し、その違反者は令状なしで逮捕できることとした緊急措置第9号が宣布された。この第9号は10・26事態(朴正熙暗殺事件)直後に破棄されるまで4年以上も継続され、国民の基本権を踏みにじり、800名にも上る知識人や青年学生の拘束者を出した。

統一主体国民会議 維新憲法第35条に依拠して組織された憲法機関。「祖国統一の神聖な使命を持つ、国民主権の受任機関」を標榜する統一主体国民会議は、その代議員の候補者には既成政党の党員は参加できないと規定された。これは国民の直接選出による統一主体国民会議の代議員選挙に野党が関与できないようにするとともに、官憲の選挙操作を可能とするための規定だった。統一主体国民会議の主な任務と権限は大統領選挙と3分の1の国会議員の選出にあったが、この国会議員選出方法は、大統領が一括して推薦した候補者全体に対する賛成・反対を問うものだった。そのほか、大統領が必要と認める主要統一政策の審議と国会が発議した改憲案の議決、確定権がある。72年12月15日に実施された第1期統一主体国民会議の代議員選挙で2359名の代議員が選ばれ、彼らによって統一主体国民会議が構成されるや、12月23日、その第1回会議において、第8代大統領に朴正熙候補が選出され、以来この機関は官制機構の役割を忠実に遂行した。80年10月27日に公布された第5共和国の憲法補則によって解体された。

維新政友会(維政会) 維新体制下で、大統領の推薦により、統一主体国民会議が選出した国会議員が構成した準政党的な院内交渉団体。1973年3月7日、統一主体国民会議で第9代国会議員として選出された73名の議員は、院内での政治的談合と歩調をあわせることを目的として院内交渉団体を構成し、3月10日に創立集会を開いた。議員総会、院内総務団、代弁人会長、政策委員会、国会常任委員会に対応する各分科委員会、政策研究室、行政室など、政党組織に準ずる組織体系を備えた。維政会は、政治的組織でありながら政党でもなく社会団体でもないという性格を持ち、維新憲法体制の守護と発展、国会の職能代表的機能にその活動目標を置くとしたが、実質的には大統領が国会を掌握するための院内前衛部隊だった。維政会所属国会議員の任期は3年で、維政会自身も3年ごとに改編され、3期までつづいた。80年10月27日、第5共和国憲法の発効とともに解体された。

第4共和国 維新憲法に依拠して、1972

年12月27日から80年10月27日まで存続した、韓国の第4番目の共和憲政体制。

[統治機構の特色] 朴正熙大統領が三権を掌握し、その絶対的権限を行使する前提として、以下のような統治機構を整備した。①国会と別途に、統一主体国民会議を代議員機構として設置。これに大統領選挙と一部国会議員の選出権を付与した。②大統領に国会解散権、緊急措置権など超憲法的権限を付与した。③大統領の改憲案は国民投票で確定し、また国会発議の改憲案は統一主体国民会議で議決するよう憲法改正手続きを二元化した。④大統領の任期を6年に延長した。⑤国会議員選挙制度を地方区と全国区に区分し、前者は任期6年、後者は3年としたが、全国区議員は大統領が一括して推薦した。⑥地方区議員の選挙制度は中選挙区制に変え、与党議員が各地域で万遍なく選出されるようにした。

[主要施策] ①セマウル運動、②重化学工業育成政策、③地下鉄建設、④6・23宣言など。

[政治・社会の状況] 維新体制期は、民主勢力に対する維新独裁政権の暴力と弾圧によって綴られた民主主義の暗黒時代といえる。朴正熙政権は相次ぐ「緊急措置」発動によって、いっさいの反政府活動と体制批判を封じ込める一方、中央情報部などの抑圧的統治機構を強化し、国民に不信と相互監視、沈黙と屈従を強要する強権統治を一貫させた。しかし、弾圧の激化はかえって民主化を熱望する国民の抵抗を強め、「維新撤廃」と「政権退陣」を要求する各界各層の反独裁民主化闘争はその勢いを増し、政治家・宗教家・文人・学者・言論人などの知識人は徐々に「在野」という特殊な範疇を形成するようになった。「民主守護国民協議会」や「民主主義と民族統一のための国民連合」などの汎国民的連合運動の求心的団体がつくられ、こうした組織的連帯の下に闘争が展開された。この時期の社会運動の特記すべき点としては、民主的労組運動など、底辺民衆の組織的闘争を挙げることができる。なかでも権力・御用労組・企業主の結託による労組弾圧に立ち向かい、「徒手空拳」で労組を死守した東一紡績闘争や、維新体制崩壊の導火線となったYH事件、社会的世論の喚起と連帯闘争により勝利した咸平サツマイモ事件などは、70年代を代表する底辺民衆の闘争として挙げられる。重化学工業偏重の過剰投資による経済政策の失敗に第2次石油波動が重なり、70年代末の経済は危機的局面を迎えた。一方、こうした経済政策の直接的犠牲者である底辺民衆の生存権闘争が激化すると、維新体制はついに崩壊しはじめた。権力層の内紛や朴正熙政権の外交的孤立などの要素が重なり、ついに10・26事態が発生し、独裁者の悲惨な死とともに維新体制はその幕を下ろした。しかし、維新体制崩壊後の権力の空白期は、民主勢力がその戦列を整える以前に、新軍部勢力に襲われる。79年の12・12事態、80年の5・17非常戒厳拡大措置、光州民主化運動流血鎮圧などの一連の過程を通じて、新軍部勢力は武力で権力を掌握し、維新体制につづく民主主義の暗黒時代である第5共和国を発足させた。

社会安全法 特定犯罪をふたたび犯す危険性を予防する一方、社会復帰のための教育矯正が必要だと認められる者に対して保安処分を施し、国家安全と社会の安寧を維持するという名目で制定された法律。緊急措置第9号の宣布とともに、1975年7月16日に法律2769号として制定された。保安処分対象者は、①刑法上の内乱罪・外患罪、②軍刑法上の叛乱罪・利敵罪、③国家保安法上の反国家団体構成罪・目的遂行

罪、または献金支援・金品収拾罪、潜入・脱出罪、煽動・鼓舞罪、会合・通信罪、便宜提供罪を犯し、禁固以上の刑の執行を受けた者とされている。保安処分は検事の請求によって法務部長官が保安処分審議委員会の議決を経て決定し、期間は2年だが更新することができる。この法律は、政権によって思想犯や保安法違反者と規定された人々が、その刑期を終えて社会に復帰する途を根元から封鎖した悪法として、憲法違反論議の対象となり、87年6月の抗争以降、国家保安法とともに廃止運動が広範に展開された結果、89年3月に廃止、「保安監察法」に代替された。

防衛税法 国防力増強のための財源確保を名目として制定された法律。緊急措置第9号の宣布とともに戦時立法体制が整備され、75年7月16日に公布された。この法律による納税義務者は、関税・所得税・法人税・相続税・贈与税・特別消費税・酒税・電話税・均等割住民税・財産税・自動車税・登録税・馬券税などの納税義務者で、課税標準は輸入物品の価格とそれぞれの税額、それに電話税が付加される電話使用税であり、税率は各税額に従ってそれぞれ別に規定されている。賦課と徴収は、納税義務者がその税金納付時に防衛税を同時に申告し、納税するシステムとなっている。当初は、80年12月末日までに付加するとした時限的目的税だったが、継続延長され、90年12月まで付加されることとなった。

民防衛基本法 敵の侵攻により、全国あるいは一部地域の安寧秩序が危機に陥った時に、住民の生命と財産を保護するために民防衛に関する基本的な事項、民防衛隊の設置と組織・兵制・動員などに関する事項を規定した法律。戦時立法体制の一環として、1975年7月25日、法律2776号として制定され、全文33条と付則から構成されている。この法律によれば、地域および職場単位別に民防衛隊を設置することとなっており、民防衛隊は17歳（当該年の1月1日より）から50歳（当該年の12月31日まで）までの大韓民国国民男子（国会議員などは除外）で組織された。また民防衛隊員は年に10日、あわせて50時間の範囲内で教育および訓練を受けることとされている。

金大中拉致事件 1973年8月8日、東京で韓国の野党指導者・金大中が拉致され、日韓間の外交問題に発展した事件。事件発生の日、金大中は野党統一党党首・梁一東との会見のため、東京のグランドパレス・ホテルに赴いたが、待機していた韓国の情報機関要員5名によって拉致された。金大中はスパイ船「龍金号」から海中に投げ込まれる直前に、米国の警告によって救出されたといわれている。事件発生から129時間後の8月13日夜10時にソウルの自宅に送り返された。71年の大統領選挙以降、朴正熙の最大の政敵として登場した金大中は、病気療養目的での日本滞在中に72年10月の維新体制宣布の報を聞いた。彼は帰国を断念し、海外での反維新活動展開をめざし、米国と日本を往来して精力的に反体制民主化運動を繰り広げた。73年7月6日には、在米韓国・朝鮮人の反政府団体・韓国民主回復統一促進国民会議（韓民統）を結成して名誉会長となり、8月13日には東京でも韓民統を結成する予定だった。金大中の活動は朴政権の機嫌を損わせるに十分といえた。拉致事件が発生すると、内外の世論は一斉に朴政権非難へと傾いた。韓国政府は当初から自国公権力の事件への関与を否定し、日本の警視庁が事件現場で犯人の指紋を採取するなどの決定的な証拠を

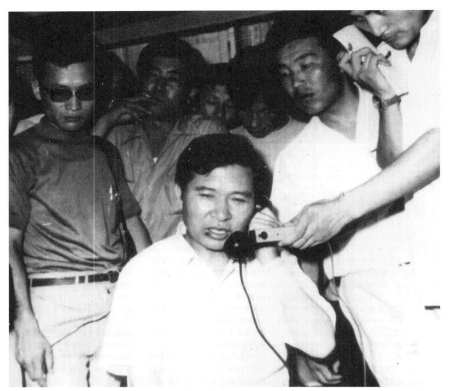

事件後5日目に生還した金大中。ソウル市麻浦区東橋洞の自宅にて（1973年8月13日）

つかみ、事件関係者の出頭を韓国政府に対して要求しても頑強に拒否した。日本国内では韓国政府の主権侵害を非難する世論が台頭し、日韓定期閣僚会議の延期、大陸棚石油探査のための日韓交渉の取り消し、経済協力の中断など、蜜月期を維持してきた日韓関係は一気に冷却状態に陥った。以後、米国の背後からの影響力行使や日韓両国政府の裏面での政治工作によって日韓関係の正常化が試みられ、①金東雲一等書記官の解任、②金大中の海外滞在中の言動に対する免責、③金鍾泌総理の訪日陳謝などの条件によって、事件発生後86日目に政治的決着をみた。無期延期とされた日韓定期閣僚会議は12月22日に開かれ、借款も再開されたが、日本の主権侵害問題、韓国中央情報部関与説、犯人の出頭問題、金大中の原状回復問題などは、事件の真相とともに歳月のなかに埋もれた。しかし、1993年2月の金泳三文民大統領誕生を契機に新たな真相解明の努力が始まった。そして1998年2月20日、東亜日報が独自に入手した政府の極秘内部文書の内容を報道。韓国中央情報部の要員が犯行に直接加わったほか、中央情報部による事件隠蔽工作がなされていたことが明らかとなった。なお、金大中は日本政府のこの事件に対する不透明な対応を不満とし、事件から22年後の95年4月まで日本訪問を拒否してきた。

8・15大統領狙撃事件　1974年8月15日ソウル国立劇場で挙行された光復節記念式典で、朝鮮総連系在日朝鮮人・文世光が朴正熙大統領を狙撃した事件。この日午前10時頃、観客席後方から飛び出してきた身元不明の青年が、光復節慶祝の辞を朗読中の朴正熙に向かって拳銃を発射。銃弾ははずれ、朴正熙は演説台の陰に隠れて無事だったが、続いて発射された第2弾は壇上の大統領夫人・陸英修女史の頭部に命中、陸女史は即死した。また、合唱団の1女性団員が流れ弾に当たって息を引きとった。調査の結果、現場で逮捕された犯人の文世光は朝鮮総連系人士との接触もあった在日2世で、74年に北朝鮮の対日工作船であり、また在日朝鮮人の北への帰還船を兼ねていた「万景峰号」の船内で、光復節記念式場で大統領を狙撃せよという指令を受け、これを実行したということが明らかにされた。また、犯人の使用した拳銃は日本の警察署から盗み出されたものだったこと、犯人が所持していた偽造旅券を見逃した責任、日本人が共犯者としてかかわっていたという事実などから、一時的に日韓関係は緊張状態に陥った。しかし9月12日、日本政府は椎名悦三郎自民党副総裁を陳謝のための特使として派遣し、これによって両国関係は原状回復された。犯人の文世光は同年12月20日に死刑を執行されたが、しかし、犯人が拳銃を所持したまま、厳重な警戒網をくぐり抜けて式場に入ることができた点や、壇上で発見された弾丸の数が、犯人の拳銃から発射された弾丸数より1発だけ多い点など不透明な部分が多々あり、近年に至って、この事件の真相は論議の対象となっている。

8・18板門店斧蛮行事件（ポプラ事件）
1976年8月18日、板門店共同警備区域内の国連軍側の第3歩哨付近で、ポプラの枝を落とす作業を監督していた米軍将校2名が、北朝鮮兵50～60名によってマサカリで殺害された事件。この日午前10時頃、米軍将校2名と兵士4名、韓国軍将校1名と兵士4名の11名が、「帰らざる橋」南側の国連軍側の第3歩哨付近で、前面の視野をふさぐポプラの枝落としを行っていた韓国人労働者6名の作業を警護・監督していると、北朝鮮軍将校2名と数名の兵士が現れ、「木の枝を切るな」と主張した。韓国側の兵士がこれを無視して作業を継続したところ、突然、北朝鮮兵士数十名がトラックに乗って接近、斧・鉄槌・棍棒などをふりかざして迫った。北朝鮮軍将兵は米国将校2名をマサカリで殺害し、他の9名に重軽傷を負わせて逃げ去った。事件直後、駐韓米軍と韓国軍は「警戒体制突入」を発令し、戦闘準備に入った。F4・F3戦闘爆撃機大隊が韓国に派遣され、つづいて海兵隊が出動した。また、航空母艦ミッドウェーが韓国海域に向かい、B52爆撃機も出動するなど、戦争突入寸前まで至ったが、北朝鮮の金日成主席が謝罪文を国連軍側に送ったことで事件は一段落し、同年9月1日より、ふたたび板門店地区での分割警備が始まった。

申相玉・崔銀姫事件　1978年1月、香港映画社と映画製作を協議するため香港を訪問していた女優・崔銀姫が北朝鮮工作員によって北朝鮮に拉致された。7月にはその夫で映画監督の申相玉も拉致されたが、その後彼らは北朝鮮で映画製作を行っていた。それから8年後の86年3月にオーストリアのウィーンで同夫妻は米国大使館に駆け込み、韓国へ脱出した事件。夫妻は北朝鮮にとどまって文化宣伝隊として『帰らざる密使』などの20本ほどの映画を直接製作

あるいは製作指導を行っており、モスクワ映画祭などの各国映画祭にも参加、賞を得たこともある。彼らは北朝鮮脱出後は米国で生活していたが、89年5月に帰国し、韓国の国家安全企画部の調査を受けた。彼らは北朝鮮での生活を記録した『金正日王国』(日本語訳は『闇からの谺』)を出版した。

朴東宣事件(コリアゲート事件)　『ワシントン・ポスト』紙による在米実業家・朴東宣の米議会ロビー活動暴露が発端となり、韓米間の外交摩擦にまで拡大した事件。1976年10月15日付の『ワシントン・ポスト』は、在米実業家・朴東宣が70年以降、韓国中央情報部員として、年間50万ドルから100万ドルの賄賂を90名あまりの米議会議員や公務員に贈ったと報道した。同月26日、韓国政府は朴東宣とは何の関係もないとの声明を発表したが、同月27日付の『ワシントン・ポスト』が米FBIによる青瓦台盗聴情報によって、朴東宣らの工作が朴大統領の指示によっていたことを暴露、前報道の根拠を提示した。韓国政府はこれを主権侵害行為とみなして、米国政府による事件究明を要求した。米国政府はロビー活動に対する徹底調査の意向を表明し、韓国に逃げ帰った朴東宣の召喚を要求したが、韓国政府はこれを拒絶した。こうして両国の立場は真っ向から対立したが、ついに韓国側が譲歩し、朴東宣の免責特権を条件に、米司法省の証言要請に応じることとした。しかし米国側は満足せず、ふたたび朴東宣の議会での証言と、前駐米大使金東祚の議会証言を強硬に主張した。韓国側は金前大使の議会証言を最後まで拒絶したが、米議会はこれに対し対韓食糧借款(PL480)の5600万ドルの全額削減などの圧力を加えようとした。以上のような経緯を経て、78年10月16日、85万ドルの選挙献金を32人の前・現職議員に提供したという朴東宣の証言と、金銭授受の事実を否定する金前大使の書面答弁を土台にした調査報告書を米国上院倫理委員会が発表し、米国側の関係者については、ハナー前下院議員が実刑判決、その他77人が懲戒処分を受けることとなり、2年にわたった朴東宣事件は終結した。この事件が、実際に比べるとやや過大に報道され、問題となったのは、「ウォーターゲート事件」の余波が米国政界に依然として残っており、さらに一方では、維新体制に対する米国側の韓国政府への不満が鬱積していた当時の状況を反映したものであろう。

金炯旭失踪事件　1979年10月初めに、前中央情報部部長・金炯旭がパリで失踪した事件。金炯旭は、63年7月に第4代中央情報部部長に就任してから6年の間、中央情報部の最高責任者の地位にあった。在任中は、統一革命党事件、東ベルリン工作団事件、武装共匪浸透事件(北朝鮮ゲリラの青瓦台襲撃事件、1・21事態)、李穂根事件など重要な公安事件の処理にあたり、3選改憲に先立つ一時期には、朴政権内部で朴正煕に次ぐナンバー2のポストにあった。しかし彼は、3選改憲案が通過した直後の69年10月、突如、中央情報部部長を解任され、一夜にして権力の座から追われた。金炯旭がその権勢の時代につくった敵は多く、権力を失った時点で彼らからの報復の不安に耐えられなかったのか、73年4月、彼は秘密裡に亡命の途についた。ところが75年頃から、彼はふたたび世間に姿を現しはじめた。前非を悔い、同時に自分を見捨てた朴正煕に報復するという意志で、積極的にみずから手を染めた朴政権の恥部を暴露し、朴東宣事件や金大中拉致事件の証言者として米議会の証言台に立つなどした

が、彼の行動はそれだけにはとどまらなかった。朴正熙の私生活まで暴露した回顧録の出版計画を進めていたところ、10月7日、パリ旅行中に消息を絶ったのである。この事件の真相は今日までついに明らかにされずミステリーとなっているが、失踪直前に金炯旭が東洋人と一緒に出ていったのを見たという目撃者の証言もあり、米議会での証言や回顧録出版に対する報復として、朴政権によって暗殺されたのではないかという噂が広まった。現在もこの事件は、維新体制末期の権力内部の暗闘の端的な例として記憶されている。

栗谷事業 76年当時、維新体制下の人権弾圧に対して、米カーター政権は朴政権に警告を発し、軍事援助中断などを含む制裁措置も辞さない姿勢を見せた。朴大統領は自主国防路線を模索し、兵器と装備の現代化プロジェクトを進め、このプロジェクトは暗号名で「栗谷事業」と呼ばれた。外国製最新兵器でようやく国防力を維持してきた韓国軍の体質を転換し、高度な兵器製造技術を基礎から導入することで、国産兵器の現代化をはかったのである。この「栗谷事業」の成果は、M16小銃の国産化、K1（88式）戦車、練習機「制空」などの開発として現れた。技術導入生産のために国内に工場が建てられた空軍の次世代戦闘機（KFP）選定と、海軍の駆逐艦（KDX）・潜水艦の建造も重要な成果であった。しかし、93年4月に始まった不正調査により、この「栗谷事業」での次世代対戦闘機選定をめぐる汚職事件が摘発され、大きな政治社会問題となった。なお、栗谷とは李朝中期の大儒者・李珥の号で、彼は秀吉の朝鮮侵略の前に、10万の養兵論を唱えたことで知られる。「栗谷事業」の名はこれにちなむ。

YH事件 1979年8月9日、YH貿易の女性労働者170名余が会社運営の正常化と労働者の生存権保障を要求し、新民党党舎4階講堂に籠城した事件。66年に設立され、韓国最大のかつら輸出業者として急成長したYH貿易は、70年代中頃から、輸出の鈍化と社長の資金流用、無理な事業拡張などで深刻な経営難に陥った。75年に労組が結成されて積極的な活動を展開したが、79年3月30日に、YH貿易はついに倒産・廃業を宣言した。これに労組は反発して、4月9日、代議員代表を召集。会社正常化案を決議した後、これを関係機関に発送するなど、会社再建に力を尽くした。しかし、会社側と政府当局はこれに終始誠意のない態度で臨んだので、4月15日から長期籠城に突入、強制解散させようとする警察と籠城を継続しようとする労働者たちの揉み合いがつづいた。8月9日に至ると、労働者は膠着状態を打破するため、都市産業宣教会の斡旋により、社会的波及効果を期待して野党・新民党党舎での籠城を敢行した。このYH貿易事件が国会で政治問題化されると、内外からの挑戦に直面して極度の緊張状態にあった朴政権は、8月11日早朝に「101号作戦」を開始、警察官1000名余を新民党党舎に乱入させ、籠城する労働者172名を強制解散させると同時に、新民党議員および新聞記者に無差別暴行を加えた。このとき、労働者・金敬淑が墜落死し、100名余りが負傷した。事件直後、新民党議員がこの暴挙を糾弾し、18日間の抗議籠城に突入したのを受け、宗教界、言論人、自由実践協議会、解職教授協議会、民主青年協議会など、多くの民主勢力が反維新闘争に起ち上がった。こうしてYH事件は、労働者から保守・野党に至る汎民族勢力の共同戦線を形成させる契機となった。この事件は金泳三新民党総裁除名波動や釜馬民

金泳三総裁議員職除名波動　1979年10月4日、与党議員が金泳三新民党総裁の『ニューヨーク・タイムズ』による記者会見での発言を問題とし、金泳三総裁の議員除名案を変則的に国会で通過させた事件。総裁就任以降、「闘明野党」と「民主回復」を旗印として掲げ、南北朝鮮問題に関する発言やYH事件など、たてつづけに朴政権との正面対決姿勢を示した金泳三総裁は、『ニューヨーク・タイムズ』との記者会見で、米国が公開的・直接的な影響力を朴政権に対して行使し、朴政権の反民主的行動を制御してほしいと要求したことが韓国内に知れ渡った。共和党と政友会は即刻この発言を問題とし、10月1日には合同調整会議を開催し、金総裁を国会から除名することを決議した。同時に9ヵ条に上る懲戒理由を発表したが、その内容は、①金氏は反民族的事大主義的言動を行った。②駐韓米軍の存在をあたかも韓国に対する米国の内政干渉であるかのように主張した。③韓国選挙に対する無分別な言及は韓国政治家の名誉を損傷した、などであった。与党側はこの金総裁懲戒案を国会司法委員会に提出し、電撃的に処理を行った。新民党議員が国会本会議場と壇上を占拠して、懲戒案絶対阻止の構えを見せると、民主共和党と政友会議員159名は午後4時7分、警護権を発動して数百名の武装警護員を出動させ、国会別室で金総裁除名案を10分余で慌ただしく通過させた。10月12日には新民党議員66名全員と統一党議員3名が、議員辞任願いを提出し、抗議の意思を示したが、この変則的な除名決議が、後に朴政権の崩壊をもたらした釜馬民衆闘争の直接的な導火線となった。衆抗争へと連動し、10・26事態への導火線となった。

釜馬民衆闘争　1979年10月16日から20日まで釜山と馬山の学生・市民が展開した反独裁民主化闘争。金泳三総裁議員除名案が変則的に国会を通過した直後から、釜山では反独裁の直接行動が起こりはじめ、10月16日、釜山大学学生4000名余りの校内デモを契機に学生は街頭に進出した。午後8時頃、釜山市庁舎前に集結した3000名を越す学生・市民は、「維新撤廃」「独裁打倒」「野党弾圧の中止」などを要求して警察と対峙し、ついに暴力闘争に突入した。派出所や御用新聞社に投石し、警察車両に放火するなど翌朝2時まで熾烈なデモが展開された。17日夜にも市内の南浦洞・光復洞・忠武洞一帯でデモはつづき、忠武派出所・KBS・西区庁舎・釜山税務署が破壊された。2日間の激烈なデモにより、警察車両6台が全焼し、12台が破損、12の派出所が破壊あるいは放火された。また、学生・市民1058名が連行されて、58名が軍事裁判にかけられた。警察力だけでは事態鎮圧は不可能と判断した朴政権は、18日0時を期して釜山地域に非常戒厳令を宣布し、空挺部隊を投入、デモを繰り広げる学生と市民を無慈悲に鎮圧したが、デモは馬山に飛び火した。馬山大学学生と慶南大学学生を先頭に、デモに立ち上がった市民は警察と衝突し、共和党舎・派出所・放送局を襲い、激烈なデモを展開した。19日夜には馬山自由輸出地域の労働者・高校生までデモに加わり、デモが底辺民衆へと拡大する兆しを見せると、政府は20日を期して馬山・昌原に衛戍令を宣布、505名を連行し、59名を軍事裁判にかけるなど強硬な武力鎮圧を行った結果、2日間にわたった馬山デモはようやく鎮静化した。しかし、この釜馬民衆抗争の火種は消えることなく、16日には梨花女子大学学生デモ、19日にはソウル大学学生デモ、全南大学学生デモ、24日には

啓明大学(大邱市)学生デモなど、学生たちの反独裁闘争を全国的に広げる契機となる一方で、権力内部での暗闘を引き起こし、10・26事態を触発させる決定的な要因となった。

朴正熙大統領暗殺事件(10・26事態)

1979年10月26日、大統領・朴正熙が現職中央情報部部長・金載圭の狙撃によって暗殺された事件。その真相は今日でも不明だが、当時の軍捜査部の発表によれば事件の概略は次のようである。朴正熙の信任によって中央情報部部長となった金載圭は、以前より業務遂行上の無能を理由に朴正熙から再三叱責され、また、大統領に提出する報告書や建議書が車智澈大統領警護室長の下で止められるなどの事態が重なって、朴正熙と車智澈に対する不満を募らせていた。10月26日に、宮井洞の中央情報部秘密室で朴正熙と晩餐をともにする予定があったので、この機会に彼は暗殺決行を決意し、その準備を進めると同時に、暗殺実行後、即座にクーデターを起こすべく、鄭昇和陸軍参謀総長と中央情報部次長補らを宮井洞の別館に待機させた。午後5時40分ごろ、金桂元大統領秘書室長が先に到着したので、金載圭は彼に大統領暗殺を暗示したところ、ふだんから車智澈に反感を抱いていた金桂元はこれに同調した。午後6時5分に晩餐会がはじまったが、その席上で朴正熙は、釜馬の事態を中央情報部の情報不足のためとして金載圭を非難し、これに加えて車智澈が声を荒げて彼を責めたてた。興奮した金載圭は晩餐会を中座して2階の執務室から拳銃を持ち出し、晩餐会室に戻る途中、直属部下の朴善浩と朴興柱に「銃声が聞こえたら警護員を射殺せよ」と指示した。7時35分頃、すべての準備が完了したことを確認した彼は、朴正熙と車智澈に向かってそれぞれ2発ずつ銃弾を発射

10・26事態の再現写真。銃を構えているのが金載圭

し、絶命させた。18年間の個人独裁と維新体制はこうしてその終末を迎えたのである。

事件直後、全斗煥保安司令官は金載圭を大統領殺害犯として逮捕し、崔圭夏大統領権限代行は27日早朝4時を期して、全国に非常戒厳令を宣布した。この事件により、金載圭・金桂元・朴善浩・朴興柱に死刑が宣告され、金桂元を除く全員に刑が執行された。10・26事態の発生原因についてはいまだに正確な究明が行われていない。①朴正煕と車智澈に対する金載圭の私怨とする説、②また金載圭自身の供述によるところの、釜馬事態の残酷な状況を見て、朴正煕の正統性に懐疑を抱くようになったことを暗殺理由とする説、③事件前日の25日、アジア協会主催の晩餐会における駐韓米軍司令官ジョン・ベシー陸軍参謀総長の発言を根拠とする米国の介入説など、さまざまな議論がある。この事件の歴史的意味は、民衆抗争の激化によって危機に直面した政治権力内部の暗闘が表面化したものと見るべきで、YH事件、金泳三総裁除名波動、釜馬民衆闘争からもたらされた歴史の流れの必然的な帰結だったといってよいだろう。

金載圭［キムジェギュ］　1926～1980。軍人出身の政治家。慶尚北道善山の人。朴正煕大統領の同郷の後輩。1943年、安東農林学校卒業後、45年に現在の慶北大学校農学部中等教員養成所を卒業。国軍創設時に朝鮮国防警備士官学校に入学、46年12月に第2期生として卒業した後、しばらく教職についた。54年、第5師団36連隊長。57年、陸軍大学副総長。63年、第6管区司令官。68年、陸軍保安司令官。71年、第3軍団長など軍の要職を一通り歴任した後、5・16軍事クーデター直後に湖南企業社長に就任した。73年には維政会から国会議員として政界に進出、76年12月には中央情報部長に任命され、朴正煕の側近となった。維新体制末期に政治勢力間の葛藤が先鋭化すると、79年10月には直属部下の朴善浩・朴興柱などとともに朴正煕を暗殺、「10・26事態」を引き起こした。彼が「10・26事態」を起こした動機については、YH労働者の新民党舎籠城事件や金泳三総裁の議員職除名波動、釜馬民衆闘争など一連の事件を通じ、朴政権の正当性に懐疑を抱くようになったという説、あるいは大統領警護室長車智澈に対する反感が高じたものだという説、米国の介入説などがある。軍事裁判で殺人および内乱未遂罪で死刑を宣告され、80年5月に刑の執行を受けた。

崔圭夏［チェギュハ］

1980年頃

1919～2006。政治家・外交官・第10代大統領。江原道原州の人。1941年、日本の東京高等師範学校英文科卒業。45年、ソウル大学師範学部教授に就任したが、46年に学会から政界へと転じて、中央食糧行政庁企画課長に就任した。農林行政に従事した後、51年に外務部通商局長となり、外交官の途に入った。52年、駐日代表部総領事。59年、駐日代表部公使。同年、外務部次官となった。63年、国家再建最高会議議長、外交担

当顧問。67年、外務部長官。71年、大統領外交担当特別補佐官に就任。72年、南北調節委員会ソウル側委員として平壌に赴いた。75年、国務総理。79年の10・26事態直後は大統領権限代行職につき、同年に第10代大統領に就任したが、80年の5・17非常戒厳拡大措置直後に辞任した。81年4月、国政諮問会議議長。87年の「6・29宣言」後に、野党や国民世論から、光州民主化運動と第5共和国発足過程に関する真相究明のための国会政務会に出席し、証言せよとの追及を受けたが、最後までこれを拒否した。全斗煥・盧泰愚逮捕後も証言を拒否しつづけた。

12・12事態 1979年12月12日、全斗煥を中心とする軍部内の少壮将校強硬派が敢行した既成軍部勢力に対する粛軍クーデター。青瓦台・警護室・保安司・首都警護司・特戦団など首都圏中心地域で、朴正煕の庇護の下に勢力を伸ばしてきた陸軍士官学校11期生出身のいわゆる「政治将校」たちは、10・26事態以降、軍内に「この際、政治将校を除去しなければならない」という主張が台頭するのを危機感をもって見守っていた。時あたかも鄭昇和陸軍参謀総長が戒厳司令官に就任し、首都圏地域の軍部主要機関を自派の勢力で固めはじめると、「政治将校」たちはこれに不満を抱き、保安司令官兼合同捜査本部長だった全斗煥少将を中心にクーデターを断行した。12月12日夕刻7時ごろ、鄭昇和戒厳司令官は金載圭を内乱幇助罪で逮捕したが、この過程で鄭昇和参謀総長側の兵力と全少将側の兵力との衝突が起こった。参謀総長公館のある漢南洞や三角地、景福宮一帯では夜どおし銃撃戦が繰り広げられ、漢江にかかる11の大橋が遮断されるなど、恐怖が首都を覆ったが、全斗煥側が事態を鎮圧し、13日夜明けから、国防部・陸軍本部・首都警備司などの国防中枢部が「12・12」主導勢力によって掌握され、各放送局・新聞社・通信社などが彼ら「政治将校」の統制下に置かれた。鄭昇和をはじめ彼の追従勢力であった前3軍司令官・李建榮、前特戦司令官・鄭炳宙、前首都警備司令官・張泰玩らは、80年1月20日付ですべて予備役に編入され、鄭昇和は懲役10年の刑を宣告された。

「12・12」主導勢力は、勝利の余勢を駆って新体制を整えた。陸軍参謀総長兼戒厳司令官には李嬉性中将が就き、首都警備司令官に盧泰愚少将、特戦司令官に鄭鎬溶少将をそれぞれ置いた。このほかにも、柳炳賢・黄永時・金復東・兪学聖・朴俊炳らの側近勢力が軍の要職を占めた。彼らはその後、全斗煥少将の中央情報部長署理(代行)就任を勝ち取り、「5・17戒厳令拡大措置」と「光州民主化運動流血鎮圧」によって政治舞台の前面に躍り出して、第5共和国軍事政権の中心勢力となった。この事件は「10・26事態」以降の国民の民主化への熱望に冷水を浴びせ、歴史を後退させた反動クーデターと見るべきであろう。

全斗煥 [チョンドゥファン] 1931〜 軍人・政治家・第11代、第12代大統領(在任1980〜88)。慶尚南道陝川の人。大邱工業高校を経て、55年、陸軍士官学校第11期を卒業。60年、米国に留学し、米国歩兵学校を修了。65年、陸軍大学を卒業した。61年、国家再建最高会議議長室秘書官。63年、中央情報部人事課長。69年、陸軍参謀総長室主席副官を歴任し、70年には第9師団第29連隊長としてベトナムに派遣された。71年に帰国して第1航空特戦団(空挺部隊)長。76年、大統領警護室次長補。78年、第1師団長を経て、79年には国軍保安司令官に就任。「10・26事態」では戒厳司令

6. 維新独裁体制の樹立

夫人の李順子と百譚寺にて（1989年11月）

部合同捜査本部長として、朴正熙大統領暗殺事件の捜査責任者として捜査に当たり、この過程で、「12・12クーデター」を起こして実権を掌握した。80年4月、中央情報部長署理（代行）に就任し、本格的に政治の舞台に躍り出た。80年の「5・17非常戒厳拡大措置」と「光州民主化運動流血鎮圧」を通じて武力で政権を掌握。6月に国家保衛非常対策委員会常任委員長に就任したのにつづき、9月1日には第11代大統領に就任。81年1月、民主正義党総裁に推戴された。その年の2月25日には第12代大統領に当選。第5共和国を発足させて以来、鉄拳政治で一貫し、言論機関の統廃合など、民主主義を圧殺する諸般の措置をとり、拷問・拘束・投獄などで反対勢力を無慈悲に弾圧する一方、弟・全敬煥の疑獄事件など、親戚血縁による大型非理（不正）事件を続出させ、社会的非難の対象となった。87年、4・13の護憲声明で権力延長を企てたが、全国民がこれに反発し、全国各地で「6月闘争」と呼ばれる民主化闘争が燃え盛ると、87年6月、盧泰愚を次期大統領候補として推薦し、88年2月25日第6共和国に政権を委譲した。退任後、光州民主化運動と第5共和国非理に対する究明とその責任問題が議論され、88年11月、国民に謝罪した後、江原道白潭寺に隠遁した。金泳三文民政権が発足した後も、検察は一時光州事件に関連して全斗煥らを不起訴としたが、国民世論は納得せず、政府は特別法を制定してついに1995年12月3日、軍刑法上の反乱首謀・上官殺害未遂・収賄などの容疑で逮捕。96年8月26日、ソウル地裁で死刑が宣告されたが、同年12月16日の控訴審判決で無期懲役に減刑された。97年12月、金泳三大統領による特別赦免措置で釈放された。2005年現在、破産宣告の立場にある。そして、2013年9月未払い追徴金約164億円を納付する意向を示した。

盧泰愚［ノテウ］ 1932～ 軍人・政治家・第13代大統領（在任1988～93）。慶尚北道達城郡の人。慶北中学校を経て55年、陸軍士官学校第11期を卒業。全斗煥とは同期。防諜隊情報課長を経て、68年、陸軍大学を卒業。ベトナム戦争に首都師団猛虎部隊大隊長として参戦。70年、陸軍参謀総長主席副官。74年、光州特戦旅団長。78年、大統領警護室作戦次長補。79年には第9師団長として「12・12事態」当時、前線の直属兵力を動員、ソウルに入城して全斗煥とともに主導勢力をなした。80年の光州民主化運動時には国軍保安司令官の任にあった。81年7月、大将で予備役編入となった後、政界へと転じ政務第2長官を経て、83年にはソウル・オリンピックおよびアジア大会組織委員長、84年に大韓体育会長と韓国オ

1989年12月

リンピック委員長を歴任した。85年、民正党全国区議員として第12代国会議員に当選し、同党代表委員に選出され、87年6月民正党大統領候補に選出されると、直選制改憲など8項目の「6・29宣言」を発表し、反体制民主勢が歴史的な妥協を演じた。また、「偉大な普通の人の時代」を提唱、12月16日、第13代大統領に当選した。しかし大統領就任後には、選挙公約として掲げた中間評価、経済改革措置などは事実上ほとんど実現されなかった。90年1月、野党の統一民主党と新民主共和党との合党を行い、改憲のために必要な議席数を超える巨大な与党を発足させたが、国民の反発や住宅難・物価高などさまざまな政策的失敗により、国内的には次第に政治的統合力を失っていった。外交政策では、「7・7宣言」以来の北方政策を地道に推進して、90年6月には、サンフランシスコでゴルバチョフソ連大統領との首脳会談を行い、のちに済州島でふたたびゴルバチョフと会談して、国交を修復した。また、92年8月には中国との国交正常化も果たした。1995年10月、財閥企業から受託した3000億ウォン規模の大統領時代の収賄が暴露され、11月に逮捕、反乱主要任務従事・上官殺害未遂・収賄の容疑で起訴され、96年8月26日、ソウル地裁で懲役22年6ヵ月を宣告されたが、同年12月16日の控訴審で懲役17年に減刑された。97年12月、金泳三大統領による特別赦免措置で釈放された。2002年11月、訪中して江沢民主席と会談し、話題をまいた。のちに、未払い追徴金230億円を2013年4月に完納した。

7. 維新体制下の民主化運動

10・2デモ　「金大中拉致事件」を契機に、維新宣布後最初に展開されたソウル大学文理学部学生の反独裁民主化闘争。1973年10月2日、ソウル大学文理学部学生250余名は、校内の4・19記念搭の前に集まって臨時集会を開き、自由民主主義体制の確立を要求する宣言文を朗読した後、政府のファッショ的統治の即刻中止と自由民主体制の確立、対日経済隷属関係の即刻中止と民族自立経済の確立、国民の生存権の保障、中央情報部の即刻解体と金大中事件の真相究明、既成の政治家と言論人の覚醒を促すなどの4項目を決議し、2時間にわたってスローガンを叫びながらデモを繰り広げた。この事件は「維新体制批判」に対するタブーを打ち破り、維新発足以来、敗北主義やニヒリズムに陥っていた学生運動家や社会運動家を奮起させ、全国大学の維新撤廃デモや在野人士の時局宣言文発表、新聞社・放送局記者の自由言論実践宣言へと引き継がれる反独裁闘争の起爆剤となった。

改憲請願100万人署名運動　維新憲法撤廃のための在野人士の改憲請願運動。1973年12月24日、咸錫憲・張俊河・桂勳梯・白基玩らの各界の民主人士が連合、ソウルYMCAで「改憲請願運動本部」を発足させて開始し、10日間で30万名の署名を集め、さらに拡大する勢いを見せた。当惑した政府は12月29日に大統領談話を発表、改憲署名運動の即時中止を命令したが運動側は応ぜず、74年1月7日には李熙昇・白楽晴・李浩哲・朴泰洵ら61名の文人が支持声明を出して、改憲運動は日増しに拡大していった。政府は1月8日を期して、憲法を否定・反対・歪曲・誹謗するいっさいの行為、および憲法の改廃を発議・提案・請願するあらゆる行為を禁止する緊急措置第1号を宣布し、非常軍法会議を設置した。これによって、最初の緊急措置違反事件の被疑者として張俊河と白基玩が拘束された。

緊急措置第1号　在野民主人士の維新憲法改憲請願署名運動を阻止するために、1974年1月8日に宣布された緊急措置。この措置の内容は以下のようである。①憲法の否定・反対・歪曲・誹謗行為の禁止、②憲法の改正・廃止・発議・請願行為の禁止、③流言飛語の捏造・流布の禁止、④禁止行為の扇動・宣伝・放送・報道・出版などの禁止。これら措置の違反者および誹謗者は、逮捕令状なしで逮捕・拘束・押収・捜査でき、非常軍法会議で15年以下の懲役・15年以下の資格停止に処することができるなど。この措置によって、張俊河・白基玩・李圭相および西江大生らが拘束され、改憲請願運動は一時中断された。74年、大統領狙撃事件を契機に、同年8月23日を期して廃止された。

民青学連事件　政府当局が、たんなるデモ指導機関を国家変乱を目的に暴力革命を企てた反政府組織へと歪曲・捏造した事件。1974年3月、各大学で維新撤廃デモが頻発した時期に、政府当局はすでに全国大学の反独裁連合デモ計画についての情報を入手していた。4月3日、ソウル大学・延世大学・成均館大学・梨花女子大学などの主要大学で小規模なデモが行われ、「全国民主青年学生総連盟」（民青学連）名義の「民衆・民族・民主宣言」と「民衆の声」などのビラが一斉に撒かれたが、政府はそ

の日の午後、「民青学連事件」についての特別談話を発表した。その内容は、「共産主義者に操られた民青学連は、点の組織(いわゆるアジト、細胞)をつくって、暗号を使用しながら200回以上の謀議を重ね、火炎ビンと角材を使って市民を暴動へと誘発し、政府を転覆して労農政権を樹立せんと、国家変乱を企図した」というものだった。これにつづいて政府は、同日夜10時を期して、緊急措置第4号を発表した。この事件で非常軍法会議にかけられた人々は、尹潽善前大統領・池学淳司教・朴炯圭牧師・金東吉教授・金燦国教授・詩人金芝河をはじめ、人民革命党再建関連者21名、日本人2名を含む253名に及んだ。軍法会議の結果、李哲・金芝河ら14名に死刑が宣告され、その他16名に無期懲役刑、その他は20年から5年の懲役刑という史上例のない重刑が宣告され、内外に大きな衝撃を与えた。以後、拘束者の釈放を要求する集会やデモが学界や宗教界を中心に広範に広がり、各界各層の民主化闘争が激化し、米国議会では対韓軍事援助の大幅削減が論議されるなど、国際世論の韓国政府批判も激しさを増した。これに当惑した政府は、事件発生10ヵ月目にして、人民革命党事件関係者と反共法違反者の一部を除いた事件関連者の全員を釈放したが、この措置によって、はからずも事件が捏造されたものだったことが暴露された。当初計画された反独裁連合デモはついに行われなかったが、拘束者釈放運動を通じて宗教界、学界などの広範囲な勢力の連帯が成立し、また、知識人の労働現場への進出が行われたことで、出版文化運動などの各分野で運動を活性化させる契機となった民衆の生存権問題を前面に押し出し、民主主義志向の変革運動の方向が明確化し、大きな社会的意義と余波を残した。

民衆民族民主宣言 民青学連事件の発端となったビラ。①腐敗、特権、「族閥」の致富(蓄財)のための経済政策を是正し、不正・腐敗・特権の元凶を遮断すること、②市民の税金を大幅に減免し、勤労大衆の最低生活を保障すること、③労働悪法を撤廃し、労働運動の自由を保障すること、④維新体制を廃止し、拘束されている愛国人士を釈放し、真の民主主義体制を確立すること、⑤すべての情報暴圧政治(言論抑圧)の源泉である中央情報部を解体すること、⑥反民族的対外依存経済を清算し、自立経済体制を確立すること、などの民主回復と民衆の生存権保障に関する6項目を要求した。

緊急措置第4号 民青学連事件を口実に、学生の反独裁闘争に足枷をはめるため、1974年4月3日に宣布された緊急措置。その内容は以下のようである。①全国民主青年学生総連盟(民青学連)と関連する諸団体を組織するか、これに加入、あるいは会合・通信・便宜提供など、構成員の活動に直接的間接的に関与するいっさいの行為の禁止、②民青学連と関連団体の活動に関する文書・図書・レコードなどの表現物を出版・制作・所持・配付・展示・販売する行為の禁止、③正当な理由なく授業の出席を拒否したり、学校関係者の指導監督による正常な授業や研究活動以外の学内の集会・デモ・討論・籠城その他の個別の事情にかかわる集団行為の禁止、④この措置を批判・誹謗する者に対しては、5年以下の懲役から死刑までの刑を執行することができ、違反者が所属する学校は、違反者を退学処分とすることができるなど。この緊急措置第4号は、74年8月23日に緊急措置第1号とともに解除された。

言論自由守護運動　維新体制下の言論統制に正面から抵抗した第一線記者によって展開された民主民権運動。1971年4月の『東亜日報』記者をはじめとする14の言論機関による「言論自由守護宣言」、73年の『京郷新聞』をはじめとする新聞10社、放送局記者による「言論自由守護宣言」などの言論自由守護闘争は必ずしも実効ある運動とはならなかったが、74年以降、こうした言論の自由をスローガンとした運動はいよいよ実践運動へと本格化し始めた。74年1月8日、改憲運動とその報道までも禁止した「緊急措置1号」が公布され、10月19日には「協力要請」という名目で、民主団体の闘争とベトナム戦争の真相などの報道を規制しようとする当局の指示が行われた。10月23日には、『東亜日報』の宋建鎬編集局長をはじめとする幹部3名が、「ソウル大学農学部学生300人デモ」の記事にかかわる容疑で情報機関に連行される事件が発生した。これに抗議して『東亜日報』の記者たちは籠城作戦で応えた。同日、『韓国日報』の発行人・張康在社長以下幹部3人が、ベトナムの真相に関する記事で中央情報部の召喚調査を受けたが、これに対して『韓国日報』記者たちも籠城し、この事実を報道した。この2つの事件を契機に、『東亜日報』の編集局・放送局・出版局の記者200名あまりが「自由言論実践大会」を開催し、「自由言論実践宣言」を採択したのにつづき、『朝鮮日報』と『韓国日報』は「言論自由守護宣言」を採択するなど、11月7日までにこれら宣言に賛同した言論機関は35社に達した。ことにこの闘争において『東亜日報』は各部別に選出された代表により、自由言論実践特別委員会を構成、「アルリム（お知らせの意）」というビラを通じて実践事項を点検し、注目させるなど、実践活動に力を注ぎ、キリスト教放送や『中央日報』などもこれに類した実践機構をつくった。また、記者協会も「言論自由守護のための細部実践事項」をつくり、全国の記者たちの指針として呈示した。このような実践闘争は、『東亜日報』と『韓国日報』などの労組結成へと進展する一方、『東亜日報』に報復弾圧の事態をもたらし、言論史上類例のない大規模な記者の退職（146名）という事態を招いた。

自由言論実践宣言　1974年10月24日、『東亜日報』記者の「自由言論実践大会」で採択された宣言。この日の大会において記者たちは、「自由な言論に逆行するいかなる圧力にも屈せず、自由民主社会存立の基本要件である自由言論実践にすべての努力を傾けることを宣言」した後、新聞・放送・雑誌に対するいっさいの干渉の排除、機関員の出入りの拒否、言論人の不法連行の断固拒否の3項目を決議した。

『東亜日報』広告弾圧事件　自由言論実践の先駆けとして強力な闘争を展開した『東亜日報』に対する報復として、政府が各企業体と機関に『東亜日報』との広告を解約するように圧力を加えた事件。『東亜日報』は、1974年10月24日の「自由言論実践宣言」によって、言論自由守護闘争の先駆けとなり、報道を禁止されていたデモや集会、キリスト教教会の動向などを報道することにより、改憲問題に対する事実究明を開始した。これに対して政府は、各企業体や諸機関に圧力をかけ、力ずくで大幅な広告契約の解約を強要して、『東亜日報』の報道姿勢を封じ込めようとした。12月16日以来7ヵ月間にわたったこの広告弾圧に対して、『東亜日報』は3面にわたる白紙の紙面を発行（12月26日付）するなどの抵抗をつづけたが、75年1月25日には新

聞広告の98パーセントが、2月8日には放送広告の92パーセントが解約された。しかし、『東亜日報』弾圧をみせしめとして、言論自由守護運動を一気に圧殺しようとした政府の意図とは裏腹に、この事件はかえって言論自由守護運動と民主化闘争を国民運動として拡大させる結果をもたらした。事件直後の12月28日の記者会見では、抗議声明を発表。①『東亜日報』に対する政府の迫害中止、②後援運動の展開、③広告解約会社の製品不買、④『東亜日報』の解約広告を掲載した新聞の不買、などの行動綱領を発表し、全国民に抵抗運動を訴えた。これに呼応して、民主団体と一般市民の激励広告が『東亜日報』に殺到し、また、国際新聞人協会、国際記者連盟など世界の言論諸団体が韓国政府の弾圧に抗議し、弾圧中止を促した。しかし、このような国民的抵抗運動にもかかわらず、75年3月、『東亜日報』の経営者はついに政府の圧力に屈伏し、114名の記者は一挙に解雇された。この事件は、広告主側を脅迫し、出稿停止に追い込むことで言論機関の経営者に圧力をかけ、それによって言論支配を行うという手法の先例となった。

文人101人宣言 1974年11月18日、「自由実践文人協議会」の結成式で発表された宣言。この宣言で文人(文学者、文化人)たちは「今日のわれわれの現実は、民族史を通じて最大の危機を迎えている」と前置きし、「社会の矛盾と不条理は必ず克服しなければならないが、それは数人の政治家の独断的な決定に任すのではなく、全国民的な知恵と勇気によってのみ可能なこと」と宣言した。協議会は、①詩人金芝河をはじめとする緊急措置で拘束された知識人・宗教人・学生の即刻釈放、②言論・出版・集会・結社・信仰・思想の自由の保障と知識人の自由の守護、③庶民大衆の基本権・生存権の保障と現行労働法の改正、④自由民主主義の精神と手続きにもとづいた新憲法の準備、⑤この主張は政治的党利党略に利用されない文学者の純粋性の発露であり、いかなる弾圧のなかでも継続される人間本来の真実の叫びであることの5項目を決議した。

自由実践文人協議会(自実) 文学を通した実践参加と民主化運動のため、1974年11月18日、民族文学系列の文人(民族主義的立場の文学者)たちが結成した団体。結成大会で文人たちは、代表幹事に高銀、幹事に申庚林・廉武雄・朴泰洵・黄晢暎・趙海一を選出して、「文人101人宣言」を発表した。拘束者の釈放、基本的人権の保障、自由民主主義の精神と手続きに従った新憲法の準備などの5項目の決議文を採択した後、ソウルの世宗路でデモに突入し、高銀・趙海一・尹興吉・朴泰洵ら7名が警察に連行された。以後、自由実践文人協議会は、75年3月15日の「165人宣言」、78年4月24日の「民族文学の夕べ」、79年4月27日の「拘束文人のための文学の夕べ」などの活動を展開する一方、同年7月4日には「世界詩人大会」が開かれているウォーカーヒルに集って、「韓国の詩は死んだ」と叫びながらデモを行い、李時永・李文求・宋基源ら9名が警察に連行された。このような文人たちの闘争過程で、宋基淑(全南大教育指標事件)、梁性佑(『奴隷手帳』事件)、高銀(YH事件)、金炳傑(YMCA偽装結婚式事件)などが獄苦を味わい、白楽晴・朴泰洵・廉武雄・黄晢暎らが当局の弾圧を受けた。

民主回復国民会議 1974年12月25日、ソウルYMCAで正式に発足した汎民主陣営

の連帯組織。「汎国民的な非政治団体であり、政治活動ではない国民運動」を展開するものとみずからを規定、「自主・平和・良心」を行動綱領とし、「民主回復」を目標として結成された。同年8月23日、緊急措置1、4号が解除されると、野党・宗教界・在野・学界・文人・言論界・法曹界・女性界など各界代表71名がソウル鍾路五街のキリスト教会館に集まり、民主回復宣言大会を開催、「民主回復国民会議」の発足を決議して、その結成が推進された。この日の大会では、現行憲法の合理的手続きを経たうえでの民主憲法への改正、服役・拘束・軟禁中のすべての人々の釈放と政治的権利の回復、言論の自由の保障など6項目の「国民宣言」を採択した。その後、国民会議の運営方法と持続的組織化のために、李丙憙・咸錫憲・千寛宇・金弘壹・姜元龍・李煕昇・李兌栄が7人委員会を構成した。民主回復国民会議は以後、在野民主勢力の中心として活発な活動を展開し、民主回復を念願する国民の声に力づけられ、また、各地方で「民主回復国民会議支部」の結成が相次いだが、75年5月の緊急措置9号の発動とともに、国民会議の活動は権力によって全面的に封鎖・遮断された。

金相鎮割腹自殺事件　1975年4月11日、ソウル大学農学部学生金相鎮が維新体制と緊急措置に抗議して割腹自殺した事件。この日午後11時、ソウル大学農学部構内で、維新憲法撤廃と朴政権退陣などのスローガンを掲げて、自由討論大会が開催された。3番目に演壇に登場した金相鎮は、民主化のための祭壇にみずからの生命を捧げる覚悟を示し、良心宣言を朗読した後に割腹。病院に移送されたが、翌朝息をひきとった。遺骸は火葬され、家族に引き渡された。事件発生後約1ヵ月たった5月22日に緊急措置9号が宣布されると、「金相鎮烈士追悼式」が1000名を超える参列者の下に挙行され、追悼式の後に緊急措置9号の撤廃を叫ぶ大規模なデモが行われた。デモの結果、韓沁錫ソウル大学総長が辞任、治安本部長と南部署長が更迭され、29名の学生が拘束された。

緊急措置第9号　「金相鎮割腹自殺事件」を契機に、維新憲法撤廃と政府退陣を要求して激化した民主化運動を弾圧するために宣布された緊急措置。その内容は以下のとおり。①流言飛語の捏造・流布と事実の歪曲や伝播行為の禁止、②集会・デモ・新聞・放送・通信などによって憲法の否定や廃止を請願する行為の禁止、③授業・研究もしくは事前の許可を受けたもの以外のいっさいの集会・デモ・政治的勧誘行為の禁止、④この措置に対する誹謗行為の禁止、⑤禁止・違反の内容を報道・放送などで伝播したり、その内容の刊行物を制作、所持する行為の禁止、⑥この措置の違反者と所属学校・団体・事業体に対する除籍・廃刊・免許取り消しなどの権限の司法長官への付与、⑦これらの命令や措置は司法的審査の対象とはならず、違反者は令状なしで逮捕できる、などであった。79年12月7日に解除されるまでの4年間は民主主義の暗黒時代であり、この措置によって800名を越す拘束者を出し、「全国土の監獄化」「全国民の囚人化」という流行語が生まれた。

3・1民主救国宣言事件（明洞事件）　1976年3月1日、明洞大聖堂での3・1節記念ミサを口実として、政府が在野の指導者たちを政府転覆扇動容疑で大量拘束した事件。事件直後、検察は「一部在野人士が反政府分子を糾合、民主回復国民会議、カルリル

リ教会などの宗教団体や社会団体をつくり、各種祈祷会・修練会・集会などの宗教行事を隠れ蓑にして随時合議しながら、緊急措置撤廃や政権退陣要求などの不法なスローガンを掲げ、政府転覆を扇動した」と発表した。事件の発端となったのが、この日の祈祷会の最後に朗読された「3・1救国宣言」だった。その内容は、①この国は民主主義の基盤の上に立たなければならない、②経済立国の構成と姿勢が根本的に再検討されなければならない、③民族統一はこの国が担うべき最大の課業である、というものだった。この事件が仕組まれた背景には、同年1月23日の原州祈祷会事件と原州宣言、2月16日の全州祈祷会での金芝河に関する発言とビラの内容が問題とされた事件などがあった。起訴されたのは、政治家の尹潽善・金大中・鄭一亨をはじめ、『シアレソリ』の発行人である咸錫憲・尹攀熊牧師・文益煥牧師・咸世雄神父・申鉉奉神父・金勝勲神父・李文永教授・徐南同教授ら18人に達し、裁判所に対する忌避申請、弁護団の総辞任などの波瀾を起こした。文益煥・金大中・尹潽善・咸錫憲らに懲役5年・資格停止5年が宣告されるなど、関連者全員に実刑が宣告された。被告が社会の指導階層の人々であったという点でも内外に投げかけた波紋が大きく、裁判中も政治的・法律的な体制論議や攻防が熾烈に展開されるなど、維新体制に対する集中的な拒否と抗議が行われた点でその意義は大きい。一方では、70年代の名望家中心の運動を代表する事件であることから、その限界が指摘されたが、この事件を契機に在野と政治家、カトリックとプロテスタント、韓国教会と世界教会の連帯が強化された。

全南大教育指標事件 1978年6月28日、全南大学で金得鎮をはじめ11名の教授が、政府の「民主教育憲章」を批判する「われわれの教育指標」を共同で発表した事件。教授たちは「今日の教育の失敗は、わが教育が民主主義に根ざすことができなかったところに由来する」と主張し、①人間尊重の教育、真実を学び教える教育のための日常生活と学園の人間化・民主化、②教育者自身の人間的良心と民主主義に対する献身的情熱をかけた教育、③外部干渉の排除、拘束学生の釈放と除籍学生の復学のための努力、④3・1精神と4・19精神の継承伝播、自主平和統一のための民族力量を養うための教育などの4項目に合意し、その実践を誓った。「われわれの教育指標」に署名した11人の教授は、これによって全員解職され、この事件と関連して宋基淑教授と延世大学の成来運教授が拘束された。

民主主義と民族統一のための国民連合

1979年3月1日に結成された汎民主陣営の連帯組織。3・1運動60周年に際して、尹潽善・咸錫憲・金大中ら在野人士は、成長しつつある民衆の力を背景に、維新体制撤廃と民主政府樹立という当面の目標を勝ち取るための民主救国宣言を発表した。「民主回復国民会議」と「民主主義の国民連合」の活動を継承発展させ、「この地に民主主義を平和的に確立し、ひいては民族統一の歴史的大業を民主的に果たすための自発的、超党派的な全国民の組織」として民主主義と民族統一のための国民連合を結成した。国民連合の組織は、尹潽善・咸錫憲・金大中を共同議長とする議長団と総会、文益煥を議長とし高銀、咸世雄を副議長とする中央委員会、下部の中央常任委員会で構成された。また、中央常任委員会の下部には実務を担当する事務局と、中央委員会直属の代弁人等特別委員会制度を設けた。国

民連合には、韓国人権運動協議会、天主教正義具現全国司祭団、解職教授協議会、自由実践文人協議会、NCC人権委員会、民主青年協議会など13団体が加入していた。

南民戦事件（南朝鮮民族解放戦線準備委員会事件）　1979年10月1日、16日、11月3日の3回にわたり当局が発表した事件。当局の捜査進行状況の発表によれば、南朝鮮民族解放戦線準備委員会（南民戦）は、78名で構成される朝鮮戦争以来最大規模の地下組織で、「表面上は反体制を仮装していたが、実質はベトコン方式を導入し、デモとテロを扇動しつつゲリラ活動によって社会を混乱させ、国家変乱を企図した赤色団体」と規定した。一方、事件関係者全員は「維新政権を打倒しようとする反独裁民主化運動」に過ぎないと主張し、太倫基・黄仁哲・洪性宇らの弁護士は、南民戦は綱領や規約からみても反国家団体ではないと主張し、法廷で検察と弁護側の間にその実体についての論争が起こった。南民戦傘下の「韓国民主闘争国民委員会」と「韓国民主学生救国連盟」には60年代・70年代の学生運動家が大挙して参加しており、激しい弾圧下で学生運動が地下運動化したことを示していた。この事件により死刑宣告を受けた李在文は獄死し、1名は死刑を執行され、1名は病気保釈後に病死した。1・2審で39名が釈放され、その後、満期・特赦で88年以前にすべて出獄した。

YWCA偽装結婚式事件　戒厳令下の1979年11月24日、民主人士が結婚式を偽装してソウル明洞のYWCA講堂に集まり、「統一主体国民会議による暫定大統領選出阻止国民大会」を開催、維新撤廃と戒厳令解除を要求して街頭デモを敢行した事件。明洞集会事件とも呼ばれる。朴正熙暗殺（10月26日）後に大統領権限代行となった崔圭夏は、維新憲法に従って新大統領を選出するという談話を発表し、性急に民主化を求める人々は戒厳布告令にもとづいて引き続き拘束された。このように維新勢力が新しい支配体制を構築しようとする動きを見せ始めると、戒厳下の12月24日、民主主義と民族統一のための国民連合、解職教授協議会、民主青年協議会会員500余名が明洞YWCA講堂に集まり、崔圭夏・金鍾泌の維新政府退陣および建国民主内閣の組織化、共和党・維新政友会・統一主体国民会議の解散を要求、維新大統領をふたたび選出するのは国民に対する反逆であること、韓国の民主化に対する外部勢力の介入をいっさい否定するという声明を発表し、街頭デモを繰り広げた。この事件により、咸錫憲・楊淳植・朴鍾泰・金炳傑ら96人が戒厳布告令違反で検挙された。

8. 70年代労働運動と農民運動

全泰壹焼身自殺事件　1970年11月13日、ソウル平和市場の裁断師全泰壹（22歳）が、劣悪な労働条件に抗議し、勤労基準法遵守を要求して焼身自殺した事件。17歳で平和市場被服工場の労働者となった全泰壹は、採光・通風施設もない狭い作業場に押しこめられ、最低生活費の5分の1以下の低賃金で、1日15時間以上の労働に打ちひしがれている同僚労働者の惨状を目撃し、一生をかけて平和市場労働者の労働条件改善のために闘争することを決心した。彼は「勤労基準法」を勉強する一方、親睦会を組織した。また、平和市場労働者の状態を徹底して調査して、それにもとづく「労働時間の短縮、週休制の実施、屋根裏部屋作業場の撤廃、換気扇の設置、賃金引き上げ、健康診断実施」などの要求を労働部に提出した。しかし、労働条件改善の兆しは見えず、ついに70年11月13日にピケ戦術（人海戦術による妨害行動）による労働争議を繰り広げたが、警察によって解散させられた。全泰壹はこの時、みずからガソリンをかぶって火をつけ、炎に包まれたまま「勤労基準法を遵守せよ！」「われわれは機械ではない！」と絶叫して倒れ、病院に運ばれると「私の死を無駄にしないでほしい」という遺言を残して息をひきとった。「先成長、後分配」の経済政策のもとで、「高度成長政策」の害毒と、現場労働者の惨状を真正面から告発したこの事件が社会に与えた衝撃は大きく、言論機関は一斉に労働問

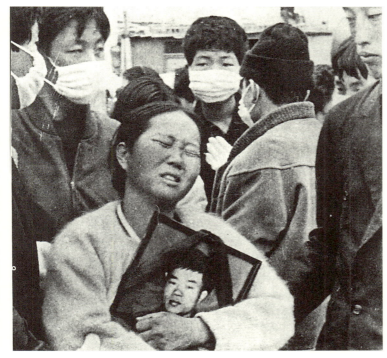

息子（全泰壹）の遺影を抱く母の李小仙

題を特集記事として扱い、学園と宗教界では連日追悼集会とデモ、徹夜籠城闘争などがつづけられ、11月27日には全泰壹の遺志を受け継いで、「全国連合労組清渓被服支部」が結成された。この事件は70年代労働運動の激発を予告し、同時に韓国社会変革運動の主体に社会の科学的認識の必要を教え、労学連帯、知識人の現場参加などの、社会運動の新しい地平を開いたものとして評価されている。

KALビル放火事件　1971年9月15日、韓進商社所属ベトナム派遣技術者未払い賃金清算闘争委員会会員400余名が、未払い労賃の支払いを要求して、KALビルを占拠し放火した事件。韓進商社は66年5月以降、週60時間勤務、賃金月額340ドル（宿泊費・食費100ドルは別途）という契約条件で4000余名の労働者を就業させたが、延長労働をさせたうえ賃金を払わないなど、勤労契約に違反した。会社側のこのようなやり方に憤った技術者たちは、69年11月に闘争委員会を結成、3年間に12件の賃金訴訟を起こすなど、多角的な手段と方法を講じて闘争を行ったが、何ら実効を収めることはできなかった。技術者たちはついに韓進商社本社のあるKALビルのなかへ突入し、149億ウォンの未払い賃金支払いを要求して、激烈なデモを繰り広げたが、出動した警察によって即座に解散させられた。この事件は、その闘争の激烈さにもかかわらず、未組織労働運動の限界性を端的に象徴したものといえよう。闘争に加担した労働者69名を拘束するなどの当局の強硬な対応によって運動は瓦解させられ、ついに継続することがなかった。10月14日、ソウル民事訴訟院は判決を下し、訴訟を起こした原告11名の「各種手当と1197万7000ウォンを支給せよ」という訴えに対し、1人当たり要求額の10パーセント支給を会社側に命じ、闘争はその幕を閉じた。

現代造船暴動事件　1974年9月19日、蔚山現代造船所技能工2500名余が、能率給という名目のもとに、期限付請負制の導入をはかった会社側の方針に反発して工場本館に集まり、投石放火した事件。労働者は本館前と作業場で会社側のやり方を糾弾する一方、①請負制の撤廃、②社員と技能工の差別待遇撤廃、③不当解雇の禁止、④時間当たり賃金の100パーセント引き上げ、⑤賞与の支給、⑥労働組合の結成保障、⑦臨時雇工員の昇格保障など、13の要求項目を掲げて籠城した。しかし、鄭周永会長がこの要求を拒否するや、労働者は激烈な闘争を展開して警察と衝突、激しい乱闘の後、9月20日午前1時ごろ、警察力でついに鎮圧された。この事件で労働者と警察官合わせて100名余りが重傷を負い、663名の労働者が連行され、21名が拘束された。未組織労働者の不満が一気に爆発したこの事件は、その規模と激しさによって70年代労働運動史上最大の闘争となったが、いわば消耗戦であり、払った犠牲に比べて成果はあまりにも少なく、未組織的自然発生的闘争の限界を見せつけたものとなった。

民主労組運動　1970年代前半に発生し後半期に大きく成長した、労働組合の自主性と民主性を回復するための運動。底辺民衆の犠牲の上で推進された経済開発計画は、さまざまな矛盾を労働現場にもたらした。こうした矛盾を乗り切るため、朴正熙政権は70年代初頭に労働者弾圧法を続々と制定し、労働条件は日増しに悪化した。こうして労働者大衆は、みずからの生存権闘争を主導する労働者組織の必要性を痛切に感

ずるようになってきたのである。こうした要求は70年代初頭に爆発的に表面化し、未組織的自然発生的な闘争の限界を経験しながらも、民主労組運動へと収斂されていった。ストライキ・デモ・籠城などによって政権と企業の弾圧に対抗しながら、新労組の結成や、既存の御用労組を民主化させる運動が活発に展開された。この時期に活躍した代表的な労組は、清渓被服・東一紡織・三元産業・半島商事・韓国毛紡（後に元豊毛紡）・YH貿易労組などである。この時期の民主労組組合員の大部分は軽工業の女性労働者だった。輸出振興策のためのダンピング輸出維持には、女性労働者の犠牲が必要とされ、その当然のリアクションとして民主労組運動が活発化したのである。民主労組運動のもう１つの特徴は、宗教運動や知識人運動との結合である。ことに都市産業宣教会、カトリック労働青年会（JOC）などの宗教団体は、組織結成から闘争に至るまで献身的な支援を惜しまなかった。民主労組運動は維新体制末期の政治的経済的危機の激化の時期にはさらに熾烈に展開され、「捨て身」の抵抗と「糞尿」弾圧によって世界労働運動史上でも伝説的事件となった東一紡織事件や釜馬民衆抗争、10・26事態の導火線となったYH事件などが相次いで発生した。しかし、70年代労働運動を代表するこの民主労組運動はその後組織温存主義に陥り、政治闘争との連帯を拒否するようになった。こうして80年5月17日の戒厳令全土拡大以降は、コントロール・データと元豊毛紡労組の争議を最後に、全斗煥政権によってすべて各個撃破された。

清渓被服労組労働教室死守闘争 全泰壹焼身自殺事件を契機に、1970年11月27日に結成された清渓被服労組（正式名称は全国連合労組清渓被服支部）が展開した民主労組運動。経営者側と警察の労組弾圧に抗議し、全泰壹の母・李小仙ら労組幹部12名が「かかしの勤労基準法」と書きつけた血書を労組事務所の壁に貼り、みずからガソリンをかぶって集団自殺を試みるなど、結成当初から警察および経営者とのはりつめた緊張関係のなかで労組活動を行ってきた清渓被服労組は、全泰壹の遺志を引き継いで、73年5月に労働教室を設立。近隣労働者たちの学舎として活用をはかったが、当局がこれを強圧的に閉鎖しようとしたので、労働教室死守闘争が起こった。77年9月9日、180名の組合員は労働教室へ向かい、そのうち50名は警察の阻止線を破って労働教室に入り、籠城して李小仙の釈放と労働教室の返還などを要求した。警察は彼らを暴力的に鎮圧したが、このとき数人が3階から飛び降りて脊椎に重傷を負った。また、何人かがガラスの破片で腕と腹部に負傷した。女性労働者たちは「みんな一緒に炎のなかで死のう！」と叫んで、事務室の備品に火をつけるなどの激しい抵抗をつづけた。この日、警察は53名を連行し、申順愛・李淑喜ら5名を拘束し、9名を即決審判に引き渡した。清渓被服労働者たちのこの決死の闘争は、緊急措置第9号に屈伏させられ、沈滞状態に陥っていた各界民主勢力に大きな活力を与えた。その後の清渓被服労組は、81年1月6日にソウル市長から解散命令を受けると激烈な抗議闘争を展開し、合法性獲得のために粘り強い努力の末、ついに84年に法外労組（存在は承認されているが、法律による保護は受けられない組合）としての位置を獲得した。

韓国毛紡労働者闘争 韓国毛紡績、後に元豊毛紡労働者の労組民主化闘争。1日当たり320ウォンの低賃金（当時のレートで

およそ100円弱)、賞与の未払い、10分の遅刻に対して特勤(時間外特別勤務)1時間、勤続3年未満で退職するものには退職金から昼食代金を控除するなど、会社側のあらゆる横暴に立ち向かう一方、無能な労組を正常化させるために、韓国毛紡労働者たちは1972年7月8日に「韓国毛紡模範労働者組合・毛紡労働組合正常化闘争委員会」を結成した。8月17日、紆余曲折の後に開かれた代議員大会で池東鎮が支部長に当選すると、経営者側は翌日、解雇14名、部署異動25名など熱心な労組員を一挙に懲戒処分にした。また、池東鎮を殴打し、全治2週間の傷を負わせるなど、労組の全面的な弾圧を始めた。これに憤った労組員は、8月22日明洞大聖堂で籠城に突入、6ヵ条の要求事項の受諾合意を勝ち取って帰社したが、会社側は報復措置をしないという当初の約束を破り、労組幹部を告発、9月8日には労組幹部14名が国家防衛に関する特別措置法違反容疑で警察に連行された。これに抗議して労組員がふたたび籠城する構えをみせると、警察は教宣部長・朴容碩と総務部長・鄭相範の2名だけを拘束し、支部長など残りの12名は釈放した。これ以降、労組員たちはサボタージュなどのしぶとい闘争を展開し、賃金引き上げを勝ち取り、団体協約(団体交渉権)を締結、闘争を勝利に導いた。後に元豊毛紡労組と名称変更した韓国毛紡労組は、カトリック労働青年会(JOC)など宗教界の支援を受け、70年代民衆労組のもっとも強力な部分としての位置を固めたが、80年5月17日の戒厳令全土拡大以降、全斗煥政権の激しい弾圧のなかで、労組を守ろうとする組合員たちの2年余の粘り強い闘争が続けられたが、82年9月30日に解体され、70年代最後の民主労組はここに崩れ去った。元豊労組の解雇者は84年以降、労働者福祉協議会建設の中心軸となった。

半島商事労働者闘争 半島商事女性労働者の労働条件改善と民主労組結成闘争。ラッキー(金星)財閥の系列会社である半島商事は、男性労働者200名、女性労働者1200名という規模の企業だったが、低賃金と劣悪な労働環境に対して労働者の不満が募っていた。1974年旧正月の前日、労働者たちの帰省の折に所持品検査が行われ、抗議した女性労働者に対して会社側警備員が暴行を加える事件が発生すると、鬱積した労働者の不満がついに爆発した。2月16日に1000名ほどの労働者が、賃金の60パーセント引き上げ、暴行の禁止、作業環境の改善、強制的残業の撤廃などを要求して全面ストライキを決行、断食籠城闘争に突入した。酷寒のなかでの14時間の闘争が行われ、ようやく会社側から賃金の引上げと労組結成に対する約束を取りつけることに成功した。しかし会社側は全国繊業労組と結託し、籠城を傍観していた男性労働者を中心に御用組合の結成を工作し始めた。3月5日、労組結成大会が開かれているなかで、1人の女性労働者が良心宣言をした後、会社側の買収工作と御用組合・繊業労組争議部長の欺瞞性を暴露すると、大会会場は瞬く間に憤激した労働者の籠城の場に変わった。翌朝、警察が出動し、女性労働者を強制的に解散させ、韓順任ら4名は中央情報部に連行されて産業宣教会との関係を調査され、調書をとられたうえで釈放された。しかし、4月25日には労組結成大会がふたたび開かれ、韓順任が支部長に選ばれて、民主労組が発足した。以後、半島商事労組は、民主的指導者のもとに強力な民主労組として成長したが、81年3月16日、ラッキー・グループは半島商事を閉鎖し、労組も解体された。

東一紡織労働者闘争 全国繊業労組東一労働者支部の女性労働者たちの民主労組死守闘争。東一紡織仁川工場の労働者1300名のうち1000名は女性労働者で、すでに1946年に労組が結成されていたが、それまでに目立った活動はなかった。しかし、72年2月に韓国最初の女性支部長・朱吉子が選出されると、都市産業宣教会の支援もあって、民主労組として着実に成長を始めた。77年7月23日、労組支部長・李英淑が警察に連行された隙を狙って、会社側にそそのかされた者が会社側に忠実な代議員24名だけに呼びかけて電撃的に代議員大会を開催し、みずからを支部長に選出させた。この事態が発生すると、数百人の女性組合員たちは即刻籠城闘争に突入し、会社側の卑劣なやり方に抗議の意思を表明した。籠城闘争は3日間続き、25日に入ると、籠城中の組合員を解散させるため警察が介入した。70人余の組合員は作業服を脱ぎ捨て、徒手空拳で抵抗したが、警察は棍棒をふりかざし、拳を浴びせて女性労働者を無差別に連行した。この際に、女性労働者40余名が気絶、14名が負傷するなど、籠城現場はまたたく間に阿鼻叫喚の場となった。78年に入ると、「東一紡織紛糾対策会議」の合意事項に従って構成された新執行部は、78年2月21日を代議員選挙の日として公告し、その準備に入った。選挙当日に会社側に買収された男性労働者4名が投票所を奇襲し、その場にいた女性労働者たちに手当たり次第に人糞をふりかけ、つづいて労組事務室を襲撃して、組合員たちに集団で暴行を加えた。警察もこの蛮行を手助けし、また御用組織の全国繊業労組は、3月6日、東一紡織労組を不適格支部と見なし、支部長・副支部長2名、そして総務部らの4名を「都市産業宣教会」と関連のある反組織行為者として除名した。同時に会社側は124名の組合員を解雇した。解雇された労働者は各地の祈祷会、デモ、籠城闘争などを通じて当局と会社側の蛮行を糾弾する闘争を展開し、各界各層はこの闘争を支援した。東一紡織労働者闘争は、こうした「徒手空拳」での抵抗と「人糞」に象徴される激しい弾圧で世界の耳目を集め、70年代韓国労働運動の象徴的事件となった。

都市産業宣教会 個人を救うためにはまず社会を救うべきだという進歩的な解放神学に理論的な基礎をおいた宣教団体。1957年初頭、米国長老会H.ジョーンズ牧師が渡韓し、産業界での伝道に関する講演会を開催したことが契機となり、韓国では同年4月、聖教会の米国人司教J.P.シェル・テイラーが、ソウルで永登浦都市産業宣教会を創立したのがその始まりである。63年、監理教会（メソジスト）と長老会統合派の教育者たちが韓国都市産業宣教会を結成し、本格的に態勢を整えて、76年には新教と旧教が連合して結成した韓国教会社会宣教協議会の傘下団体となって組織を拡大した。都市産業宣教会は主に労組設立支援、勤労者の意識啓発のための労働運動の指導訓練、労使紛争の調整などの活動を展開し、仁川・永登浦・九老地域一帯の職場に多くの労組をつくり、あるいは既成労組の民主化を行った。また、半島商事・東一紡織・YH貿易など70年代民主労組の代表的な闘争を支援した。都市産業宣教会の代表的な人物を挙げておけば、既成労組から「アカ」との激烈な非難を受けながら仁川で活動した趙和順牧師と、ソウルの清渓川・中浪川やソウル郊外の城南市一帯の貧民を対象に、住宅・医療・衛生問題の解決に積極的な努力を傾けた首都圏特殊地域宣教会会長・朴炯圭牧師であろう。彼らの活動は、一面では宣教のための手段であったともいえるが、

同時に、産業現場での正義具現を通じて産業民主主義の実現にその目的をおいていたことは疑えない。

カトリック労働青年会（JOC: Jeunesse Ouvriére Cathorique）　労働者の権利伸張と民主化を目指したカトリック労働運動団体。1925年、ベルギーの枢機卿カルディンが創設したのを始まりとし、韓国では朴成鍾神父が58年に初めて組織した。JOCの会員はカトリック信者であるか否かは問われないが、必ず労働者でなければならなかった。その組織構成は、細胞→チーム→セクション→教区→韓国宣教区（12区）となっており、70年代には全国の組織委員が5万を超えた。JOCは「勤労者自身の意識啓発によって、彼らの力で彼ら自身の問題を解決する方向に導く」という原則のもとに、第1段階・人間の変化（意識啓発）、第2段階・社会の変化（労働条件、労働環境）、第3段階・社会の変化（組織悪や構造化された悪などの混濁した社会的状況の除去）という目標を設定し、活動を展開した。当初は救済、教育、調査などの活動に限定されていたが、68年、江華島にあった信島織物の労働問題に金ミカエル神父が関係して以来、全泰壹事件、金鎮秀殺害事件、韓国毛紡事件など70年代の大小の労働者闘争を直接・間接に支援した。

咸平サツマイモ事件　1976年11月から78年5月まで、全羅南道咸平郡の農民が、農協と政府当局を相手に展開したサツマイモ被害補償闘争。農協全羅南道支部と咸平郡農協は、1976年生産のサツマイモをすべて買い上げると公約しておきながら、それを履行しなかったので、生産農家はサツマイモを腐らせたり、あるいは捨て値で売りさばかざるをえず、莫大な被害をこうむった。そこで咸平郡のカトリック農民会員たちは、ただちに「被害補償対策委員会」を組織し、被害の調査に着手した。その結果、76年11月30日の時点で4つの面と1つの邑（面とともに、日本の町に相当）、9つの村合わせて160戸の農家の被害額は309万ウォン、咸平郡全体の被害額は1億4000万ウォン余りに達することが明らかとなった。しかし、農協はこれを補償するどころか、被害調査の過程で農民への懐柔・脅迫を行い、補償問題解決の糸口さえ見えない状況となったので、対策委員会は77年4月22日、光州市桂林洞天主教会で500名ほどの農民とともに祈祷会を開催し、つづいて農協道支部に押しかけて補償を要求、また、道支部長との面談を要請したが、機動警察隊の無差別警棒攻撃によって退散させられた。この事件の処置としては、農水産部と農協中央など関係当局道支部長の更迭が弥縫策として行われただけで、農民の要求からは目をそむけた。憤った農民はソウル・大田・釜山などの大都市や農村を巡回して事件の真相を暴露し、78年4月24日から光州市北東天主教会で60人あまりが無期限断食闘争に突入、カトリック農民会全国指導神父団もこの籠城に合流した。当局は4月28日に対応策を提起、農民は当初の要求どおり309万ウォンを補償され、8日間の断食闘争は終わった。こうして、6ヵ月間にわたった「咸平サツマイモ被害補償闘争」は一段落した。この過程で政府は、農協が11の国定会社と結託して、サツマイモの買い上げ資金415億ウォンのうち80億ウォンを不正流失させた事実を明らかにし、農協道支部長、郡組合長、単位組合長など658人を解任あるいは懲戒した。50年代、60年代の農民運動の断絶の歴史を打開し、日常闘争によって農業問題の構造的解決を志向する実質的な農民運動

の火種となった点で、その意義は大きい。

呉元春事件 1979年5月5日、安東の農民運動指導者・呉元春が、白昼、情報機関員によって拉致された事件。78年慶尚北道英陽郡靑杞面の農民は、郡と農協から斡旋されたジャガイモの種（シマバラ種）を植えたが発芽せず、その年のジャガイモづくりを放棄せざるをえなくなった。農民は真相を調査した後、当局に被害補償を要求し、その時点では比較的たやすく被害額全額の補償を受けた。しかし、79年5月に至って、この被害補償運動の先頭に立った呉元春が機関員によって拉致・監禁されて拷問を受ける事件が発生した。呉元春は「犠牲を覚悟しても農民運動のための真実を明らかにしなければならない」と良心宣言を行い、安東教区カトリック農民会と司祭団は、この事実を全国に暴露した。これに当惑した当局は、事実を隠蔽するために、呉元春をはじめ安東教区のカトリック農民会幹部と神父を緊急措置第9号違反で拘束する一方、大統領特別調査令、マスコミを通じた事実の歪曲、農民会と教会への誹謗など、あらゆる弾圧をほしいままにした。こうした弾圧は事件を全国的な問題とし、維新憲法撤廃と宗教弾圧中止を要求する祈祷会や断食祈祷、ロウソク・デモがカトリック信者を中心に各地で展開された。事態が拡大すると、カトリック農民会全国会長の拘束など、農民運動に対する激しい弾圧が相次いだが、この呉元春事件は、全国的な連帯闘争の形成を通じて農民運動の質的発展をもたらした契機となったといえよう。

カトリック農民会 農民みずからの団結と協力により農民の権利と利益を擁護し、人間的発展をはかり、社会正義の実現を通して農民社会の福音化（キリストの恩寵が下され、救済されること）と、人類共同体の発展に寄与することを目的として結成されたカトリック農民運動体。1964年10月、カトリック労働青年会（JOC）の農村青年部として出発。66年10月、カトリック農民青年会（JAC: Jeunesse Agricole Catholique）を発足させ、72年にカトリック農民会として正式に活動をはじめた。農民の権利と利益の擁護、民主意識の高揚のための農村の民主化、共同化活動、そして各種の教育・調査・広報活動に主力をおいた。カトリック農民会は、弾圧によって民主的な農民組織が壊滅させられていた朴政権時代には、唯一の農民運動体だった。カトリックは、韓国では一般的に天主教と呼ばれ、改新教と呼ばれるプロテスタントに比べて穏健的だといわれているが、軍事独裁体制下のきびしい政治社会情勢のなかで、宗教的装いをとりながら人々は集まり互いの意志を疎通し、力を結集して一定の力を発揮した。70年代半ばから農協民主化闘争、咸平サツマイモ被害補償闘争、耕地整理被害補償闘争、強制耕作反対闘争、乙類農地税不当性改善闘争、セマウル事業強制執行反対運動、農産物低価格化反対闘争、農民運動弾圧阻止闘争などの生存権闘争を組織的・集団的・持続的に展開するうえでの中心的役割を担い、80年代に入っても農畜産物輸入反対運動、収穫買い上げ価格引き上げ闘争など各種の農民運動を主導した。しかし、90年4月、全国農民運動団体の単一組織として全国農民総連盟が発足すると、これに吸収統合された。

9. 民族文化運動の形成

『思想界』 1953年4月、張俊河の主宰で創刊された月刊総合教養誌。52年9月、避難地の釜山(北の人民軍によってソウルが占領され、大韓民国政府組織は一時釜山に置かれた)で創刊された『思想』(国民思想指導院発行)創刊4号を引き継いだもので、政治・経済・文化・社会・哲学・教養・文学・芸術など多方面にわたる権威ある文章を掲載し、50年代以降の知識人、学生から熱狂的な支持をもって迎えられた。『思想界』は文芸面に比重をおき、新人文学賞と東仁文学賞を制定して力量のある新人を発掘、作家の創作意欲を惹起することに努めた。一方では、5・16軍事クーデター以降、軍政の延長反対、日韓会談反対、ベトナム派兵反対、不正腐敗追及など、鋭い筆法をふりかざして正論を導き、一時国内最高の発行部数を記録するなど奮闘したが、政権から敵視され、政治的操作による返品攻勢などのいやがらせで窮地に陥ったこともあった。70年5月号掲載の金芝河の譚詩(劇詩)「五賊」が問題となって、発行人の夫琓爀が拘束されるなどの筆禍事件が起こり、また、税務査察などの政治的弾圧が相次いだ。70年9月26日には文化公報部(文化・芸術・言論・放送などを所管)が「印刷施設の不備」を理由に同誌の登録抹消処分を下し、ついに廃刊を余儀なくされた。

1968年1月号

『創作と批評』 1966年1月、白楽晴を中心に冬号から創刊され、70年代〜80年代の民衆民族文化全般に大きな影響を与えた季刊総合文芸誌。創刊当初はリアリズム理論など海外の理論の紹介と普及に力を注いだが、70年代に入ると李文求の『長恨夢』、黄晳暎の『客地』、申庚林の詩と廉武雄の評論などが掲載され、民族・民衆的傾向を定着させて、詩・小説・評論などの文芸の全分野で指導的役割を果たした。とくに小説は、初期リアリズムが黄晳暎の『客地』のような労働現場を舞台とした小説、金春福の『サムジッ村』、方栄雄『糞礼記』などの農村小説に継承され、民衆文学を発展させるうえで重要な成果を収めた。また、文学以外でも文化論、政治・経済評論を通じて70年代から80年代前半にかけての民族・民衆主義的傾向に土台をおき、その理論的基礎を形成するのに力を注ぐ一方、80年代以降誕生した民衆文化運動の母体となった。80年代に言論統制措置の一環として通巻56号で廃刊となったが、88年春に復刊され、現在に至っている。

『シアレソリ』 宗教家・咸錫憲が発行した月刊評論誌。70年4月創刊。2号を発行後、文化公報部の登録抹消処分を受けた。この処分を不服として、文化公報部を相手どり行政処分取消訴訟を提訴、大法院で勝訴して、71年8月に復刊第3号を発行した。宗教教典の再吟味、文明批評、歴史的回顧

『シアレソリ』
1979年12月号

や反省、時事論評などによって健全な常識を育て、民主主義の発展に寄与するとの主旨で発刊され、その政府批判的な論調が知識人に愛読された。80年7月、当局の言論統制措置の一環である定期刊行物登録取消措置により廃刊された。

『文学と知性』 1970年代に発展した季刊誌。70年秋に創刊され、文学の純粋性と文学の自由の擁護を編集方針とした。文学の純粋性と参与問題（現実参加の問題）、そしてリアリズム論争に至る70年代の文学論争において、季刊誌『創作と批評』と対立する編集姿勢を保った。創刊以来同誌は一潮閣が発行し、発行人は韓万年だったが、77年夏から独立、発行人も金炳翼に変わった。編集同人は金炳翼・金ヒョン・金治洙・金柱演の4人。彼らの選定により、3ヵ月を単位として、他誌に発表された問題作を再掲載するページを設けた。80年夏の通巻80号まで発行され、当局の言論統制廃合措置によって廃刊。88年春、『文学と社会』と誌名を変えて復刊された。

純粋・参与文学 1960年代、文学の社会参与問題をめぐって展開された文学論争。代表的なものとしては、63年と64年にわたる金宇鍾・金炳傑と李炯基の間で行われた論争と、68年の李御寧と金洙暎（1921～68）との論争をあげることができる。63年から64年にかけての論争は、63年に金宇鍾が発表した「破産した純粋文学」（『東亜日報』63年8月7日）で、当時蔓延していた純粋文学を「苦痛に満ちた現実と民衆の生から目をそらしている」と批判、「純粋との決別」を宣言したことからはじまった。この文章に共感した金炳傑は、「純粋との決別」（『現代文学』63年10月号）を発表、アンドレ・マルロー、サルトルなどヨーロッパの社会参与文学の大家の理論を紹介しながら、「社会参与論」の理論的土台を整えた。すると李炯基は「文学の機能に対する反省－純粋擁護のノート」（『現代文学』64年2月号）を発表、社会参与論争はすでに解放期に終わったという前提の下に「文学は本質的に徒労であり、焚きつけのようなものであり、玩具だ」との主張を展開した。この論争は、解放以後初めて「文学とはすなわち純粋文学」式の固定観念を打ち破り、社会参与がふたたび文学の主要な課題として提起された点に意味がある。以降、文壇内では、社会参与の問題は基本的に受け入れられ、その方法をめぐって議論が展開されたが、68年の李御寧と金洙暎との論争で、ふたたび純粋文学と社会参与文学の論争が再燃した。李御寧は「今日の韓国文学を脅かすもの」（『朝鮮日報』68年2月20日）で、社会参与論が次第に受容されつつある状況を危機と見なし、参与論者たちを「大衆の検閲にひざまずき、文学を政治活動の隷属物へと売り渡す誤れる人々」と批判した。これに対して金洙暎は「実験的文学と政治的自由」（『朝鮮日報』2月27日）において、「すべての前衛文学は穏やかなものではなく、生命を持ったあらゆる文学は

本質的に不安なものである」と語り、文学をイデオロギーと結合させることが問題ではなく、ただ一つのイデオロギーに縛りつけようとする傾向こそが問題だと反駁した。60年代の純粋・参与論争は、当時、一世を風靡した実存主義のアンガージュマン(社会参与)論の影響下にあったが、本質的には4・19を経た社会意識が文学に投影された結果だと見ることができ、70年代のリアリズム文学を誕生させる重要な母体となったといえるだろう。

70年代リアリズム文学　70年代の小説・詩・評論などの文学全般に浸透したモダニズムに反対し、社会的現実を文学のなかに盛り込もうとした文学思想。70年代リアリズム論は白楽晴の「市民文学論」(『創作と批評』69年夏号)から出発し、70年代初期の文壇内では活発なリアリズム論争が展開された。白楽晴は「市民文学論」のなかで、ヨーロッパの歴史においてリアリズムが定着する過程を幅広く紹介しながら、4・19を経てようやく成熟した歴史意識を母体とする「市民文学」を主張し、最初にリアリズム論争を提唱する役割を担った。また、金ヒョンは「韓国文学の可能性」(『文学と知性』70年秋号)において、ヨーロッパのモダニズム理論を土台にして、リアリズムが美学よりも社会的功利性に偏り、芸術性と創造力を抹殺する道具へと転落していると批判した。この後リアリズム論争は、廉武雄の『リアリズム論』(74)を通じて、一時代の思潮はたんなる描写論ではなく、「人間のあらねばならない真実の生の具体的な方式を明らかにする」普遍的な文学精神として一段階高く発展し、70年代以降の文学の中心的な流れとして定着した。このリアリズム論は70年代半ばから「民族文学論」へと発展しはじめ、白楽晴・具仲書らはこのような実践的観点を第三世界の民衆的リアリズムと結合させながら、「第三世界文学論」を試み、「人間解放運動」という運動論の次元で発展させようとした。70年代のリアリズム文学は文学論以外にも小説の分野で刮目すべき成果を残したが、その代表的な作品は黄晢暎の『客地』、千勝世、李文求、金春福らの農漁村小説、朴景利の『土地』を挙げることができる。詩の分野では金芝河の譚詩(劇詩)と申庚林の『農舞』、そして主に『創作と批評』に発表された高銀・李盛夫・鄭喜成らの作品がある。

70年代の詩　1970年代初頭のリアリズム論の台頭により、60年代と区分される70年代後半までの詩。70年代の詩は3つの流れに分類できよう。第1は、リアリズム論の影響を受け、労働者農民など疎外された階層の苦悩を形象化した高銀・金芝河・申庚林らの流れ。第2は、個人的苦悩を通じて時代の痛みを表現した黄東奎・鄭玄宗・金光奎らの流れ。そして第3は、伝統的な抒情詩を引き継いで発展させた朴在森・朴龍来などの流れである。第3の流れを除外した第1と第2の流れは、ともにリアリズムの影響を受けながら形成された新しい流れである。第1の流れは、主に『創作と批評』によって作品を発表した。彼らは民謡、語りなどの要素を導入した譚詩・連作詩などの技法によって新たな抒情の様式をつくりだし、「やさしい詩」を普遍化した。第2の流れは『文学と知性』によって、時代の苦痛を美学へと昇華させるためさまざまな努力を傾けた。このようにリアリズムにもとづく新たな美学の探求と、伝統的な抒情詩という固定観念からの脱出は、抒情の様式の変化・発展をもたらし、80年代前半の豊かな詩の世界を開く基盤となった。

70年代の小説　韓国の70年代後半までの小説は、リアリズム文学を中軸として、その質的発展と進化をもたらした。リアリズムを土台として、歴史小説・分断小説（祖国の分断をテーマとした小説）・農村小説・労働小説へと具体化され、民衆文学の誕生という質的変化をもたらしたが、その形態の面でも、「短編から長編へ」あるいは「連作短編小説の誕生」という変化が見られる。歴史小説は、黄晳暎の『張吉山』や劉賢鍾の『灯』を経て、朴景利の大河歴史小説『土地』へと発展し、疎外されてきた民衆を歴史小説の主人公として浮上させた。分断小説は、李炳洙が『智異山』において、解放後禁止されてきたイデオロギー問題を扱い、金源一の『ノウル』、尹興吉の『長雨』、洪盛原の『6・25』などが戦争と祖国分断の苦痛を形象化し、その後の分断克服文学の基礎を形づくった。次に、農村を扱った小説としては李文求の『カン村随筆』『わが村』、宋基淑の『チャラン村の悲歌』、金春福の『ナムジッ村』などが主に『創作と批評』に発表され、近代化の進展で破壊されていく農村の現実を描き出した。労働小説は、工事現場を舞台に劣悪な労働の現状を告発した黄晳暎の『客地』が出発点となり、趙世熙の『侏儒たちが上げた小さなボール』や尹興吉の連作小説『9足の靴を残した男』が、高度成長の陰で疎外された労働者の生とその苦痛を見事に形象化した。70年代の小説のなかで特記すべきは農民小説と労働小説であろう。それらは文学的側面以外でも、民衆運動の次元から労働者・農民などの底辺民衆を歴史の主体として浮上させるうえで貴重な成果をもたらし、80年代の民衆文学を導いた。

民衆文学　1970年代の民族文学によってはじまり、80年代の民主運動の成長とともに発展した新しい文学潮流。70年代の民族文学は、80年代以降の民衆運動と民族統一運動の進展とともに、労働文学・農民文学・分断克服文学などへと具体化され、労働者・農民と結合、民衆文学へと発展した。労働文学は70年代の黄晳暎の『客地』や尹興吉の『9足の靴を残した男』から出発し、趙世熙の『侏儒たちが上げた小さなボール』以来、運動との結合を模索しはじめ、80年代に入って朴ノヘ（労解、労働者解放の意味）の『労働の曙』が文学分野を超えた社会総体に新鮮な衝撃を与え、現場労働者の創作という時代を本格化した。80年代末から、朴ノヘをはじめ白無産、鄭仁和ら労働者自身の文学活動が活発に展開された。農村文学は、宋基淑の長編小説『岩泰島』に始まり、70年代の『創作と批評』による金春福・朴栄雄らの小説、鄭仁和の「夕暮れの河に薪を積んで」などの詩、廉武雄の「農村文学論」などが発表され、大きな進展があった。文学論の分野では、民衆文学論は労働文学論・労働解放文学論などの多様な試みがなされ、「民衆によって創造され、民衆によって享受される民衆運動としての文学」が模索されている。

民衆文化運動　1970年代後半の民主化運動のなかで芽生え、80年代民衆運動の活性化を本格化させるためにはじまった文学運動の潮流。70年代の民族文学の胎動など文学運動を中心として成長しはじめた民衆文化は、70年代中盤以降、仮面劇・マダン劇・歌声運動と多様な発展を見せ、労働者・農民などの民衆運動と直接的な結合を模索した。70年代末までは学生のサークル活動的色彩を払拭できなかったが、80年代に入ると労働運動をはじめとする民衆運動の急速な発展に力を得て、労働者・農民の生の哀感を描写するため闘争現場と直接結合し、

急激に政治化した。仮面劇とマダン劇は、クッ（幸運や快癒を祈る民俗儀式）・農楽・民謡などの伝統的要素と演劇や歌声運動などが結合され、労働現場や農村のなかで「現場劇」「状況劇」などの多様な形態へと発展した。これらは民衆が日頃の鬱憤を晴らす娯楽となった。そして同時に、抑圧・搾取などの問題の意識化と闘争の武器として定着していったのである。歌声運動は、70年代初頭に金民基を中心としたフォークソングから始まったが、80年代以降、ソウル大学の「メアリ」、延世大学の「こだまの地」など各大学の歌声サークルによって戦闘的な運動歌が創作され、それらは次第に労働・農村現場の生活と闘争をこめた運動歌として定着していった。現在の民衆文化運動は、民衆文化運動論の確立、文化運動団体の組織化などの課題を孕んでいる。

尹伊桑 [ユン イサン]

1985年頃

1917〜1995。作曲家。慶尚南道統営（現・忠武）出身。幼い頃から音楽と楽器を覚え、18歳の時、本格的な音楽修行のために日本へ留学し、作曲とともにチェロを学ぶ。専門の音楽の殻に閉じこもる器でなかった彼は、独立運動にも深い関心を寄せていた。帰国後、故郷の統営で音楽教師となるが、1944年、「不穏分子」として逮捕される。

解放後、釜山・統営などで孤児院や高校の教師を勤めた後、ソウル大学に招かれる。1956年渡欧し、パリ音楽院・西ベルリン音楽大学などで作曲・音楽理論を研鑽。60年代初めにオーソドックスな主要音・主要音響からなる独自の技法で、西洋音楽におけるみずからのスタイルを確立。同時に、朝鮮・東洋についても決して目を閉じることなく、音楽活動とともに現実の政治・社会問題にも深い関心を寄せていた。67年5月、東ベルリン工作団事件にかかわったとされ、当時の中央情報部に逮捕され、2年間獄中生活を送る。西ドイツ政府の尽力もあっていち早く出獄でき、釈放後は西ドイツに戻り、ハノーバー音楽大学・ベルリン芸術大学などで教えた。88年には分断の象徴・板門店での南北音楽祭を提案するなど、音楽を通じて、「朝鮮の平和的統一」運動にかかわり、力を尽くそうとした。90年に平壌で「南北統一音楽会」を主催するなど、音楽による南北の掛け橋としての情熱を失わなかったが、あくまでも北寄りの活動だった。しかし、94年12月に日本を訪問した折、今後は「政治」から退き、音楽活動に専念すると発表。その直後に急逝した。代表作に「沈清」（オペラ）、「光州よ、永遠に」（交響詩）、「わが国土、わが民族よ」（カンタータ）などがあり、20世紀を代表する作曲家として評価されている。また著書に『傷ついた龍』などがある。平壌に「尹伊桑会館」がある。

10. 北朝鮮の主体思想確立

朝鮮労働党第5回大会 1970年11月2〜13日まで平壌で開催された党大会。道をはじめとする地方団体など各党組織から選出された、決議権を持った代表1734名と発言権だけがある代表137名、そのほかの傍聴者を含め、合わせて3071名が参加した。主要議題は、①朝鮮労働党中央委員会の事業総括、②朝鮮労働党中央臨時委員会の事業総括、③朝鮮民主主義人民共和国人民経済発展5ヵ年計画について、④朝鮮労働党主要機関の選挙など。金日成は党中央委事業総括報告を行い、党中央委総秘書（総書記）に推戴された。彼は、社会主義制度を強固に発展させ、社会主義の完全な勝利を速めるための闘争課業（課題）として6ヵ年計画（1971〜76）を提示し、次に三大技術革命、11年制義務教育、全社会の革命化・労働階級化・知識化、党の四大軍事路線の継続堅持、そして農業・工業間の水準格差の解消などを課題として提起した。この党大会に顕著に表れた特徴は、「南朝鮮革命」の性格を民族解放人民民主主義革命（NLPDR）と規定したことにある。60年代以降から南朝鮮革命、朝鮮革命、祖国統一を区分しはじめた北朝鮮の主体思想に立脚して、これについての理論定立を完結させたのである。

民族解放人民民主主義革命（NLPDR:National Liberation People's Democratic Revolution） 1970年11月の朝鮮労働党第5回大会で金日成が提示した「南朝鮮革命」路線。従前の「反帝・民主主義革命」を、韓国の工業化の進展などを背景に、修正したもの。この路線は南朝鮮革命の性格と任務を次のように規定している。①南朝鮮革命は、米帝国主義の侵略勢力と、それと結託した地主・買弁資本家・反動官僚たちを一方とし、南朝鮮労働者・農民・インテリ・青年学生をはじめとする各界各層の人民をもう一方とする、2つの勢力間の矛盾から生成された反帝反封建民主革命であり、全朝鮮革命の重要な構成部分である。②南朝鮮革命は、米帝国主義侵略者たちに反対する民族解放革命であると同時に、米帝の手先である地主・買弁資本家・反動官僚とそのファッショ統治に反対する人民民主主義革命である。③南朝鮮革命の対象は、米帝国主義者をはじめ地主・買弁資本家・反動官僚であり、南朝鮮革命の担い手は、労働階級と農民、進歩的青年学生・知識人・愛国的軍人・一部愛国的資本家たちと小資産階級（プチ・ブルジョア）である。④南朝鮮革命の基本任務は、米帝の植民地統治を清算し、南朝鮮社会の民主的発展を保障し、北半部の社会主義勢力と合同して、民族統一を達成することにある。このような戦略を遂行するための具体的戦術としては、①反米救国統一戦線の構築、②政治闘争と経済闘争、合法闘争と非合法闘争、暴力闘争と非暴力闘争などの原則に従った組み合わせ、③大衆の感情と水準に見合った大衆的な闘争戦術、④創造的で多様な闘争形態、などを強調した。この路線は86年前後の韓国で主体思想派を中心とする運動圏に広く受け入れられ、87年の民主化闘争と88〜89年の統一闘争を主導する基本方針となった。韓国ではこれを支持するセクトをNL派と略称する。

6ヵ年計画 1970年11月の朝鮮労働党第5回大会で金日成が提示した71〜76年までの北朝鮮の社会主義建設課業（課題）。金

日成は6ヵ年計画の基本課業を「社会主義の経済建設分野における工業化の成果を強化・発展させ、技術革命を新しい高次元の段階へと前進させるための社会主義の物質的・技術的土台をさらに強固にし、人民経済のすべての部分において、勤労者たちを骨身にこたえる労働から解放させること」と規定した。このような方向性にもとづいて大会で討議決定された6ヵ年計画の具体的な目標は、計画期間中に工業総生産を2.2倍にし、工業の部門別内部構造を完備して、工業での自立性と主体性を高め、農業では穀物生産を700～750万トンまで高める、などだった。以後、北朝鮮は、6ヵ年計画の中心課業である「三大技術革命」の円滑な遂行のために工作機械の生産に拍車をかける一方、農村技術革命に必要な自動車とトラクター、農業機械生産に主力をおいて、6ヵ年計画の目標を期限内に完遂するための土台を整え、計画を進めていった。やがて政府は工業生産額目標は計画期日の1年4ヵ月前に、農業生産額目標はその2年前に、それぞれ達成することができたと発表した。また、74年期の農業生産統計によれば、1町歩当たり5.9トンの米が産出され、日本の1町歩当たり5.8トンを凌駕する水準にいたったという。ただし、76～77年は「調整の年」とされ、新しい長期計画に入れなかった。また、西側諸国からのプラント輸入で生産と建設が促進された反面、74年頃から代金支払いが遅延しはじめ、北朝鮮の支払い能力に対する国際的な信用を失墜させた。

三大技術革命 1970年11月の朝鮮労働党第5回大会で提唱された技術革新運動。その目標は、①重労働と軽労働の差異をなくし、②農業労働と工業労働の格差を縮小し、③女性を家庭労働の負担から解放することにあり、労働力の不足という悪条件を克服しながら、経済建設の速度を速めるために推進された。この三大技術革命の遂行において北朝鮮が力点をおいた分野は、工作機械の生産とそれを基礎とする生産工程の全面的自動化だった。とくに工業や輸送業など危険な作業環境下での重労働が要求される分野と、金属・化学・セメントなど有害・高温環境下での労働が要求される分野での、生産工程の自動化・遠隔操作化が集中的に行われた。これによって、黄海総合製鉄所の場合、2～3倍の生産力の増大と4分の1の労働力の削減ができたという。農業においては、農業労働の合理化と、労働力削減のための「灌漑化・機械化・電気化・化学化」の四大事業が推進された。この結果、70年代中盤には、全国3万7000キロの灌漑路の保有、農村の100パーセント電化、トラクター8万台供給という成果を収めるに至った。また、女性の家事労働の負担を軽減するため、60年代までの重工業優先政策に圧迫されて、供給がきわめて制限されていた洗濯機・冷蔵庫などの消費財品目の生産が増大し、加工食品と厨房用品の生産拡大も積極的に推進された。

8項目の統一方案 1971年4月12日の最高人民会議第4期第5回会議で、許錟外相が行った報告。「現在の国際情勢と祖国の自主的統一を促進する」ために提起された北朝鮮の統一方案。許錟はこの報告で、南北の政党と社会団体の代表による平和統一会談を板門店もしくは第三国で開くことを提案し、同時に平和統一のための8項目の前提条件を提示した。その内容は以下のとおり。①南朝鮮からの米軍の撤収、②米軍撤収後は南北の軍隊をそれぞれ10万以下に削減、③韓米相互防衛条約・日韓条約など南朝鮮のすべての売国的・隷属的条約お

および協定の破棄あるいは無効宣言、④米軍撤収後の自由な南北総選挙の実施、および統一中央政府の樹立、⑤自由な南北総選挙実施のための、南北朝鮮全地域での政党・社会団体および個人の政治的活動の自由の保障、南朝鮮の政治犯および愛国者の無条件釈放、⑥完全な統一に先立って、必要ならば過渡的措置として南北朝鮮の連邦制の実施、⑦南北間の通商と経済的援助、科学・文化・体育などの多方面にわたる総合的交流と援助、南北間の書信の交換、自由往来など人的交流の実現、⑧以上の問題を協議するための、各政党・社会団体と全人民的性格を帯びた人々（各界各層の人民代表）による南北朝鮮政治協商会議の推進。「許錟8方案」として知られるこの統一法案は、三大原則（自主・平和統一・民族大団結）、五大綱領、8項目に圧縮される北朝鮮の統一問題に関連する主張のうち、重要な位置を占めている。

許錟［ホ ダム］　1925～1992。北朝鮮の政治家。金日成のいとこ筋の姪の夫。48年、外務省参事となり、外務省局長、外務省部長を経て、70年に外相。同年、第5回党大会で党中央委員となった。71年4月、最高人民会議第4期第5回会議で8項目の統一方案を提示。5次内閣から7次内閣に至るまで副総理兼外交部長（外相）を務める。74年3月、対米平和協定締結を提起。80年の第6回党大会で党政治委員会公報委員、83年11月、対南事業担当秘書。許錟が対南事業を担当してから、対南事業は秘密工作の次元から祖国統一委員会管轄の公的活動へと転換された。彼はこうした立場から、84年1月には最高人民会議で「自主的平和統一を促進するために」を報告し、つづいて85年4月には南北国会会談を提起した。88年、金日成が提案した南北連席会談の北朝鮮側準備委員長に任命され、90年8月には労働党政治委員兼秘書（書記）、祖国平和統一委員会委員長などの職責にあったが、92年に没した。

社会主義憲法　1972年12月27日、北朝鮮最高人民会議第5期第1回会議で採択された憲法。北朝鮮は、48年9月に制定された人民民主主義憲法は「反帝反封建民主主義革命の成果を固め、過渡期の初期的課業を遂行していた時点での現実を反映したもので、社会主義革命が勝利し、社会主義の完全勝利に向かって前進しつつある新しい現実にはそぐわなくなった」と判断し、72年12月、前文と11章149条から成る社会主義新憲法を採択した。新憲法の特徴は、①北朝鮮が社会主義体制であることを明らかにした（第1条）、②北朝鮮が労農同盟にもとづいた全人民の政治思想的統一と、社会主義的生産関係が自立的民族経済の土台に依拠した体制であるということを明示した（第2条）、③主体思想が全人民の指導的思想であることを鮮明にした（第4条）、④北朝鮮の主権が労働者・農民・兵士・勤労知識人にあることを具体的に明示した（第6条）、⑤生産手段の所有を国家および共同団体の所有と規定し、個人所有はこれ以上認めない（第18条）などをあげることができる。また、社会主義制度を強化・発展させるための権力機関の強化措置として、中央人民委員会を新設した。その下には部門別の委員会が置かれたが、この機構改革を通じて、地方行政機関が強化された。これまでは（地方）人民委員会が立法機能と行政機能を同時に遂行していたが、新たに行政委員会を設置し、行政機能を専門的に担当するようにさせたのである。また、里単位の権力機関を廃止し、郡単位の権力機関を末端機関として位置づけ、社会主義農村建

設の過程で成し遂げた農村集団化の成果を反映させた。さらに新たな役職として、「朝鮮民主主義人民共和国主席」、いわゆる「国家主席」が設けられた。これは、国家の首班にして代表、中央委員会の首位であるとともに、全般的武力の最高司令官、国防委員会委員長を兼ねるものとされた。当然、金日成みずからその地位に就いた。こうして新しく制定された社会主義憲法を土台に、「朝鮮民主主義人民共和国幼児保護教養（教育）法」（76年4月）、「朝鮮民主主義人民共和国土地法」（77年4月）、「朝鮮民主主義人民共和国社会主義労働法」（78年4月）、「朝鮮民主主義人民共和国人民保健法」（80年4月）などの多くの法律が制定された。1998年9月5〜7日の最高人民会議で憲法は大幅に改定され、国家主席の地位は廃止され、国防委員長を国家最高の地位とすることが定められた。

朝鮮民主主義人民共和国土地法　1972年に制定された社会主義憲法に依拠し、77年4月29日の最高人民会議第5期第7回会議で新たに採択された土地法。国土を効率的に管理し、土地に対する関心を高め、前年の党中央委員会第5期第12回全員会議で決定された「自然改造五大方針」を成功裡に実現するための制度的枠組みとして整えられた。前文と6章80条から構成されている。内容は第1章・朝鮮民主主義人民共和国の土地は革命の高貴な成果、第2章・土地所有権、第3章・国家建設総計画、第4章・土地保護、第5章・土地建設、第6章・土地管理など。この土地法の特徴は、①北朝鮮で社会主義的土地所有関係が全面的に確立されたことを明示した（第2条）、②土地所有を国家および共同団体の所有に限定し、共同団体の所有する土地を次第に全人民的所有に転換させていくことを明らかにした（第9条・第12条）、③人民経済発展と人民福利増進のために国土建設総計画を樹立し、その徹底的な実現を規定した（第14条）、④革命戦跡地・革命史跡地などを特殊土地とし、特別保護・管理するように規定した（第75条）、などを挙げることができる。自然改造事業は、1980年の朝鮮労働党第6回大会事業総括報告で特別に強調されたことがあるが、所期の目的は達成されていない。

朝鮮民主主義人民共和国社会主義労働法
　革命発展の条件の変化に合わせて労働者の社会的役割を再認識させ、労働参加意欲を高めるため、1978年4月18日、最高人民会議第6期第2回会議で新たに採択された労働法。前文と8章79条からなる。第1章・社会主義労働の基本原則、第2章・労働は公民の神聖な義務、第3章・社会主義労働組織、第4章・労働による社会主義的分配、第5章・労働と技術革命、勤労者の技術技能向上、第6章・労働保護、第7章・労働と休息、第8章・勤労者の国家的および社会的特典。46年制定の労働法令との相違は、①資本主義的要素を完全に排除し、集団主義の原則に立脚した集団的労働（第3条）、②国家計画による社会的労働の組織化（第10条）、③労働の量と質による社会的分配原則（第11条）など、生産と労働における社会主義理念を全面的に具体化したこと。また、①主体思想に立脚した労働（第6条）、②思想・技術・文化の三大革命促進と千里馬運動の深化発展による労働生産効率の向上および生産の急速な発展（第6条）など、農民を含んだ全勤労者の労働力動員的性格をいっそう強化した。

三大革命　社会主義樹立後、共産主義建設に至るまでに労働者階級が遂行しなけれ

ばならない継続革命の基本内容と、課業（課題）としての思想・技術・文化革命。1960年代末、北朝鮮の社会主義経済建設は形のうえでは一定程度達成されたが、軍事的危機感はいっそう高まり、その負担に圧迫されて経済成長は鈍化しはじめた。保守主義・官僚主義が復活する兆しを見せるなど、社会的停滞現象も現れ、北朝鮮は73年から、旧社会の遺物を清算し、共産主義的思想・技術・文化を創造するための三大革命に本格的に着手した。思想革命は、主体思想教養（教育）・革命伝統教養・階級教養などの思想教養と思想闘争、そして組織闘争と実践を通じてなされ、勤労大衆をあらゆる旧思想の拘束から解放し、共産主義思想で武装させ、主体性ある共産主義革命家をつくるとされている。その具体的課題は、「全社会の革命化・労働者階級化・知識化」にある。技術革命は、古い技術を新しい技術に置き換え、生産力を発展させ、勤労人民の物質的福利を増進させ、彼らを重労働から解放させるために革命へと導くためのものである。その具体的方法は、①重労働と軽労働の差異をなくし、②農業労働と工業労働の格差を縮小し、③女性を家事労働の負担から解放する（三大技術革命）ことにある。文化革命は、勤労人民の一般的知識水準と技術文化水準を高め、彼らの創造的能力を増大させ、社会のすべての成員を発展した共産主義的人間につくりあげ、共産主義的文化を創造するための革命である。その主要課題は、勤労者が1つ以上の技術を所有し、一般的知識水準を1段階高め、全般的技術文化水準を向上させる社会主義的生産様式・生活文化を樹立することにある。すなわち三大革命は、社会主義の完全な勝利と全社会の主体思想化を基本的課題とするものだった。これを効果的に遂行するために、「三大革命小組運動」と「三大革命赤旗争取運動」が提唱され、その成果として、北朝鮮は70～79年の間、労働生産の年平均成長率は15.9パーセントの水準を維持し、工業総生産額が3.8倍へと増大するなど、注目すべき経済成長を達成したという。三大革命の推進は今日でも北朝鮮の社会主義建設のための基本路線とされている。

三大革命小組運動 三大革命遂行の一環として、近代的科学技術と社会主義建設の成果に立ち遅れた旧幹部の技術・実務水準を高め、彼らを次第に青年層と交代させるために提起された運動。1973年2月、党政治委員会拡大委員会における金日成の提起からはじまったとされている。すなわち、工場・企業所・共同農場に、主体思想によって武装し、政治思想的に準備され、近代的科学技術を所有した青年知識層と党核心（党幹部）で編成された三大革命小組を派遣し、下部単位に対する政治思想指導と科学技術指導を成功裡に遂行する、というものである。背景には、72年秋の試験的な指導グループ派遣があったという。その後、三大革命運動は、中央委員会の直接的かつ統一的な指導の下で末端単位に至るまで整然とした事業体系が立てられ、これにもとづいた党核心と青年知識層で構成された数万名規模の三大革命小組が20～30名、あるいは50名単位で編成された。彼らはそれぞれの能力・専攻・技術水準に従って全国の工場・企業所・共同組合・各種の国家機関へと派遣され、現地幹部の保守主義・経験主義・官僚主義など「旧思想」との闘争と、近代科学に立脚する新技術を導入する運動を展開した。この運動は「三大革命赤旗争取運動」とともに、北朝鮮経済を60年代後半の相対的沈滞から脱出させるうえでの活力源となり、同時に新しい革命世代

育成の重要な契機となった。また、この運動を通じて、金正日が新たな青年幹部隊列のなかに指導力を構築し、北朝鮮体制のナンバー2として浮上した。

三大革命赤旗争取運動　1975年12月から始まった三大革命推進運動（大衆的思想改造運動、技術革新運動、文化改造運動）。企業・協同農場・軍・国家機関など、あらゆる職場を単位にして、それぞれにおける三大革命の推進ぶりを競い合わせ、優れた成果を挙げた単位に対して「三大革命赤旗」（とくに貢献した者には「三大革命旗手」の称号）を与えるもの。金正日によって発起・展開されたといわれる。社会主義の完全勝利と全社会の主体思想化のための基本課業（課題）として提示された三大革命を、大衆のなかで強力に推進するために提唱された運動で、北朝鮮はこの運動を「千里馬作業班運動を新たに高い段階へ深化発展させたもので……社会主義の完全勝利を速めるための全人民的大進軍運動」と定義した。北朝鮮はこの事業を党の中心的事業と規定し、他の党事業と密着させて指導を行い、三大革命小組と勤労団体をこの運動に結合させ、積極的に組織した。「思想も技術も文化も主体の要求どおりに！」というスローガンのもとに展開されたこの運動は、剣徳（咸鏡南道）と青山里（平安南道）で始まり、全国の工場・企業所・共同農場はもちろん、教育・文化・保健機関などに拡大して、6ヵ年計画の早期完遂の原動力となった。三大革命小組運動が幹部政策の一環だったとするなら、三大革命赤旗争取（獲得）運動はそれを大衆運動へと展開したところに顕著な特徴がある。また、この運動はそれ以前の千里馬作業班運動を継承発展させたものともされているが、同作業班運動が生産現場における増産を主目的とした運動だったのに対して、三大革命赤旗争取運動は参加者の思想・文化生活まで対象とする、より包括的な大衆動員運動だった。

祖国統一五大綱領　1973年6月23日、チェコ代表団北朝鮮訪問歓迎平壌市大衆大会で金日成が行った演説「民族の分裂を阻止し、祖国を統一しよう」のなかで提唱された北朝鮮の「平和統一五大綱領」。73年6月23日、朴正熙の「平和統一外交政策特別演説」（6・23宣言）が発表されると、金日成は同日夕刻にチェコ共産党フサーク書記長歓迎大会での演説で6・23宣言に反対し、①南北間の軍事的対峙状態の解消および緊張状態の緩和、②政治・軍事・外交・経済・文化など多方面での合作と交流の実施、③統一問題のための大民族会議の召集、④「高麗連邦共和国」の国号による南北連邦制の実施、⑤南北同時国連加盟への反対、「高麗連邦共和国」の単一国号による国連加盟を推進の5項目を提示した。この統一方案で特記すべき点は「高麗連邦共和国」という国号を使用した点で、80年代以降の北朝鮮の統一方案となった「高麗民主連邦共和国」の原型として注目される。また、大民族会議の構成については、南北各界各層の人民、各政党・社会団体の代表によって構成されるとし、南北の労働者・農民・知識人・学生・軍人および韓国の「民族資本家」・「小資産家」が参加するとされた。

全社会の主体思想（金日成主義）化　1974年2月、金正日が党宣伝員講習会で提示した課業（課題）。金日成の主体思想を唯一の指導的指針として革命を前進させ、「金日成の革命思想にもとづいて共産主義社会を建設し、完成させること」を目的とした。その課業の具体的遂行方案として、党の組織思想を強化すること、党の戦闘力と指導

的役割を十分に高めること、党員と勤労者の唯一思想教養（教育）・革命教養・階級教養を強化することを提示し、なかでも党の戦闘力と指導的役割を高める課題を強調した。これによって北朝鮮は74年以降、「幹部を徹底的に革命化し、あらゆる党員を革命の精鋭分子として育て、全党の幹部化・精鋭化と、唯一思想にもとづいた全党の統一と団結を確固として保障」するという原則の下で党の強化に努力した。「全社会の主体思想化」という課業の実現のために、党は思想事業と宣伝扇動事業を強化する一方、全国各地で「金日成同志革命史跡館」「金正日同志革命思想研究会」を設置した。これを拠点として各種の政治宣伝事業が繰り広げられ、各地で革命博物館・革命戦跡地・革命史跡地などが指定され、大衆が動員されて参観が行われた。このほかにも革命史学習、金日成の部門別教示についての集中学習・抗日パルチザン回想記研究・映画観賞・討論会・問答式学習法などの多様な学習形式と方法を通じて、唯一思想教養が強化され、北朝鮮の人々は学習を生活化・習慣化しなければならなくなった。この全社会の主体思想化課業は、北朝鮮における教育の重要性をひときわ浮上させ、75年には「全般的11年制義務教育制度」が全面的に施行され、77年7月、金日成が「社会主義教育に関するテーゼ」を発表する契機となった。

朝鮮労働党中央委員会第5期第8回全員会議 1974年2月11日に開催された労働党中央委員会会議。主要議題は、①すべての力を社会主義大建設に総動員することについて、②税金の廃止および工業製品価格引き下げ問題だった。この会議で金日成は、米国の朝鮮半島政策の変化、韓国での維新体制発足などの国際情勢の変化に対処するため、国防力の強化を強調し、また、社会主義建設を加速化させ、6ヵ年計画を早期に達成するための「社会主義大建設方針」を提示した。この会議の決定に従って、「住民からの税金」を完全に廃止し、工業製品価格を大幅に引き下げる措置がとられたが、北朝鮮はこの措置が「（北朝鮮が）人類の歴史で税金のない最初の国となった歴史的事件」であり、「世界的な経済波動（不況）にもびくともしない社会主義自立的民族経済の強固さを全世界に広く示したもの」だと豪語した。これよって北朝鮮の国家財政収入は「国家企業利益金」「協同団体企業利益金」など「社会主義経営からの収入」（一種の法人税）に全面的に依存することになった。これは全国民を単一の経済共同体に組み込もうとするものだった。また、この全員会議では、全社会を社会主義大建設に総動員することをアピールする内容の、全党員に送る中央委員会からの手紙が採択された。なお、この会議において、金正日は党中央委員会政治委員に選出された。これは、彼が金日成の後継者となることを前提としたものだったとされており、北朝鮮における最高指導者の地位の世襲継承の第一歩と考えられている。

社会主義大建設方針 6ヵ年計画の早期完遂を目標に、1974年2月、党中央委員会第5期第8回会議で金日成が提示した方針。金日成は、米ソ間のデタント、韓国での維新体制樹立などの国際情勢の変化に対応し、北朝鮮の政治・経済・軍事力を強化するために、社会主義建設事業に総力を傾注することをアピールした。その具体的方針として、以下の「高地」（達成目標）の「攻略」が目標とされた。1200万トンの鉄鋼高地、100万トンの有色金属（非鉄金属）高地、1億トンの石炭高地、500億キロワ

ット時の電力高地、2000万トンのセメント高地、500万トンの機械加工品高地、500万トンの水産物高地、500万トンの化学肥料高地、10万町歩の干拓地開墾高地、1000万トンの穀物高地。この社会主義経済建設のための十大展望目標を実現すべく、基本建設戦線・工業戦線・農業戦線・輸送戦線・水産戦線の「5つの戦線」も同時に提示された。なかでも基本建設戦線は、6ヵ年計画の成否を左右する要素として強調され、金策製鉄所拡張工事をはじめとする現代的な大規模冶金基地の建設、鉄鉱山の拡張および建設、動力・化学・建材・軽工業基地の大々的な拡大などの膨大な建設課業(課題)が提出された。また、「社会主義の大建設方針」を実現するために、社会主義経済管理の改善・強化と「速度戦」(計画よりも速く目標に到達しようとする社会主義建設の競争)が実施され、同時に各企業所の創設・運用などの新しい社会主義経済管理体制も実施され、経済に対する党と国家の中央集権的・計画的指導はいっそう強化されることになった。北朝鮮は、6ヵ年計画の早期完遂のために、「社会主義建設の基本的戦闘形式」である速度戦や100日間闘争、70日間闘争などへの労働力動員を訴え、この強行軍方式によって、6ヵ年計画を予定よりも1年4ヵ月早め、78年8月末までに完遂することができたという。

全般的11年制義務教育 1972年7月、朝鮮労働党中央委員会第5期第4回全員会議で決定され、73年8月から22の市・郡区域で実施され始め、75年から全国で実施された北朝鮮の教育制度。70年、第5回党大会の主要課題として採択された全社会の知識化を目標として推進されたこの制度の実施で、満5歳から16歳に至る北朝鮮のすべての青少年が、幼稚園1年、人民学校(小学校)4年、中学3年、各種高等学校3年の無料教育の恩恵を受けられるようになった。この第5期第4回全員会議で決定された11年制義務教育は、全般的10年制の学校義務教育と1年制学校前義務教育に分けられている。全般的学校義務教育の対象は満6～16歳までのすべての青少年で、その教育内容は、社会主義教育学の原理を具体化し、新しい世代の革命的世界観の骨格を打ち立て、現代科学技術の基礎知識を幅広く深く修得し、1つ以上の技術を持って社会に巣立つことができるように教育するものである。1年制学校前義務教育は、満5歳の知識教育以前の段階にある幼児たちを対象に、「集団主義の精神を育て、同時に人民学校入学の準備教育」を行うというものである。北朝鮮の全般的11年制義務教育は、「9年制技術義務教育で得た成果を、革命と現実発展の将来的要求に沿うように完成させた先進的かつ人民的な教育制度」とされており、北朝鮮は、この制度の実施によって世界最高水準の義務教育が施行されるようになったと主張した。

社会主義教育テーゼ 1977年9月5日、朝鮮労働党中央委員会第5期第14回全員会議で金日成が発表したテーゼ。社会主義建設と革命発展に従って内容を修正してきた教育政策を新たに整理し、公式の教育綱領とした。74年に「全社会の主体思想化」という課題が党の基本目標として設定され、教育の重要性がひときわ浮上してきた時期に、その社会的要請に見合うものとして発表された。社会主義教育学の基本原理・教育内容・教育方法・教育制度・教育機関の任務と役割・教育事業に対する指導と支援などの内容を含むこのテーゼのなかで、金日成は「共産主義の思想的要塞を攻略するためには、教育事業を立派に行わな

ければならない」と前置きし、「社会主義教育は、必ず人々を革命化・労働階級化する思想革命の過程とならなければならない」と強調し、「学生たちを主体思想でしっかりと武装させる」ための「政治思想教養（教育）」が社会主義教育の核心だと提示した。北朝鮮で「主体教育思想・理論・方法を集大成した不滅の教育体系」と評価されるこのテーゼの発表直後、金日成は各道・直轄市党委員会全員会議の拡大会議を招集、テーゼに沿った教育綱領と教科書の改編作業を推進させた。

軍検制度　有事に必要な物資を調達するため、主要工場と企業所に現役軍人を常駐させ、生産物を直接検閲するようにしている制度。不良品を減らし、工場と企業所の能率を高めるために導入された。金日成の指示に従い、70年代初頭からスムーズに生活必需品を供給するために、小規模・地方工場を除くほとんどすべての工場と企業所で実施されている。しかし、80年代半ばにはソ連東欧諸国との貿易量が激減し、エネルギー不足もあいまって稼働しなくなり、現在ではほとんど機能していないといわれている。

「よど号」乗っ取り事件　1970年3月31日、富士山上空で日本の極左テロリストグループ、赤軍派のメンバー9名が日本航空の旅客機・福岡行き351便、通称「よど号」（乗員乗客129人）を乗っ取って北朝鮮に渡航した事件で、日本国内初のハイジャック事件。機体は同日、福岡の板付空港に着陸して給油した後、北朝鮮に向かったが、誤って韓国の金浦空港に着陸（何者かに偽装誘導されたとされる）。ここで日本政府との交渉の結果、4月3日、人質の乗客が全員解放された。その身代わりに山村新治郎運輸政務次官が人質として搭乗し、同機は北朝鮮に向かった。同日、19時20分、平壌の美林空港に着陸。乗務員と山村次官は5日に日本に帰国したが、実行犯全員が北朝鮮に留まった。なお実行犯の氏名は以下の通りである。田宮高麿（リーダー）、小西隆裕、岡本武、赤木志郎、若林盛亮、魚本（安部）公博、田中義三、吉田金太郎、柴田泰弘。このうち、田宮・吉田が死亡しており、岡本も死亡したものと推定されている。また柴田が88年に東京で、田中が96年にカンボジアでそれぞれ逮捕された（田中は日本に送還され、東京で収監）。2014年11月現在、小西ら元メンバー4人と妻2人が北朝鮮に在住し、支援者を通じて情報発信をしている。彼らはこの間、ひそかに日本人女性と結婚し、子どもまでもうけていた。これら犯人とその妻がヨーロッパで日本人拉致に関与したとして、国際手配されている。元メンバーの何人かの妻や娘たちが日本に帰国している。米国は北朝鮮の「テロ支援国家」指定解除の条件として、これら犯人の国外追放をあげており、北朝鮮が冷戦後の国際社会に迎えられるために、この問題の解決が重要な課題の1つになっている。

第5章
民主化運動と統一への模索

1979 ▶ 1993

1987年の「6月抗争」(ソウル市鍾路5街)

●概観

　1980年代は解放以後の韓国の歴史における重要な転換期となった。60年代・70年代の経済成長の論理の犠牲となった労働者・農民などの民衆がみずから起ち上がり、歴史の主人公として変革の先頭に立つための重要な契機がつくられた。

　70年代末から80年代初頭にかけて、成長した民衆の力におびやかされて一大危機を迎えた支配勢力は、ふたたび体制再編を試みることになった。10・26事態（1979年の朴大統領暗殺事件）以降、崔圭夏が第10代大統領に就任すると、全斗煥を中心とした軍部内の強硬派将校は12・12クーデターを強行した。彼らによって改編された軍部を背景に、崔圭夏政権は1980年劈頭に、「議員執政府制（議員内閣制）」への改憲を検討中だと発表した。このように軍部と維新体制の残党が、外見的な「民主化」によって維新独裁の実質的温存をはかる挙に出ると、政局不安はいっそう高まり、民衆の闘争は空前の高揚期を迎えることとなった。

　10・26事態以降、政治的抑圧は弱体化したが、同時に経済的不安が深刻化しはじめたので、民衆運動はそれ以前の時期よりもさらに高揚した。いわゆる「霧のなかの政局」という混乱のなか、民主勢力には変革への意思を奮い立たせ、支配勢力には戦慄をもたらした事件が、まさしく舎北炭鉱労働者の闘争だった。舎北炭鉱労働者闘争は、その集団性と連帯性によって労働運動の様態を質的に変化させる契機となり、80年代労働運動の新たな始まりを告げる序曲となった。つづいて労働運動は一部暴力的な様相を帯びながら、地域的・全国的連帯運動としても展開され、80年の1年間で労働争議は2168件に達した。しかし、高揚した運動は同年の5・17クーデター以後の強権的な弾圧体制の前に挫折し、急速に萎縮させられた。労働者自身の政治組織を持たず、運動の自主性を確立できなかった70年代労働運動の限界がここに集約的に現れたのである。

　80年5月15日、ソウル駅前の広場を埋めつくした数十万の学生市民は、「維新撤廃」「戒厳令解除」などをスローガンに民主化を叫んだ。しかし、「ソウルの春」と呼ばれる民主化要求の高揚もつかの間、17日深夜を期して非常戒厳令が全国に宣布され、「保守反動」の流れが進行しはじめた。この措置は歴史上前例のない残酷な悲劇をもたらした。5月18日、光州の学生は「非常戒厳令解除」を叫んで街頭デモを行った。70年代の朴政権による経済発展から疎外されてきた光州市民も参加し、闘争は高揚した。こうした光州市民の闘争についての報道や言論がすべて統制されるなかで、ついに武力鎮圧がはじまり、流血の事態となった。戒厳軍の無差別発砲によって状況は市街戦の様相を呈した。光州市民は光州を「解放共同体」（コミューン）とすべく戦った。市内は制圧され、光州民衆抗争は挫折したが、その歴史的意義は大きい。それは、第5・第6共和国を正統性のない政治集団と規定する根拠となったし、70年代の政治的・制度的な「反独裁民主化運動」を80年代のより包括的な社会変革運動へと直接転化させるもっとも大きな契機となった。また、これまで反共イデオロギーのなかに閉じ込められていた「米国」に対する問題意識を改めて自覚させたし、運動方針の科学的指導という課題を提起するに至った。

　1981年2月25日に間接選挙によって大

統領に就任した全斗煥は、70年代末の経済危機を克服するという名目で、積極的に国内市場を開放した。米国、日本などの国際独占資本は従来にもまして韓国内で自由に活動できるようになり、また、全斗煥政権は、「不実企業整理」を名目として、国内の独占財閥にも大きな特恵を分け与えた。当然、これに対する見返りは莫大なもので、全斗煥・盧泰愚の2人の大統領は主要財閥の総師以上に資金をかき集め、私腹を肥やしたといわれる。同時に、成長する民主勢力の弾圧のため、ファッショ的暴力をふるい、拷問などさまざまな非民主的行為をほしいままにし、各種の弾圧法を残した。

光州民衆抗争以後、新しく展開される局面に対する認識の解釈と展望をめぐって、運動陣営の間で多様な論議が闘わされていた。とくに光州の事態において韓国軍に対する緊急指揮権を持ちながら鎮圧を支持した米国への不信感が高まりつつあった。1982年1月、釜山米文化院（アメリカ文化センター）放火事件が起こり、大きな衝撃を与えた。この事件は、韓国民に対し、米国は韓国にとっていかなる存在なのかという問題を改めて提起した。しかし当時はこうした問題が深められることもなく、これに対する回答もなされなかった。この問題が本格的に提起され、反米意識の拡大へと深化していくのは80年代中盤以降である。韓国社会の性格と運動路線などに対してより社会科学的な認識が備わり、光州抗争以降衰退した主体的力量が一定程度取り戻される状況に至って初めて可能となった。

力による弾圧一辺倒で歩んできた全斗煥政権は、1984年に至ると長期政権を維持する目的で一時的な融和的雰囲気をつくった。このような開かれた状況は、つかの間ではあったが、その間の抑えられた運動勢力に戦列を整えさせる契機となり、学生運動の先頭に立った。デモ・占拠・籠城など各種の闘争戦術を動員して、学生運動は継続的な問題提起を主導し、維新時代に弾圧を受けた民主化運動家を中心に各種の在野団体も発足した。こうして民主化運動家が、労働者・農民・都市貧民などの生活現場における運動に積極的に進出しはじめた。85年に展開された九老同盟ストライキは、80年代前半期の労働運動の力量をはかる重要な事例だったといえよう。

1986～87年は、ソウル郊外の富川警察署性拷問事件、朴鍾哲拷問致死事件など、前例のない狂暴な弾圧事件が発生し、全国民を憤らせた。ファッショ権力に対する国民の抵抗が激化すると、政権は「平和的政権交代」という名目を前面に掲げて、4・13護憲措置を宣言したが、かえって6月民主化闘争という全国民的抗争を誘発し、これによって6・29宣言という妥協的措置がとられた。6月抗争の成果はその後につづく7～9月の労働者闘争へとつながっていくが、ついに民主化闘争と労働者運動は結合できず、運動の限界もあらわになった。しかし、87年以降、年々飛躍的に発展してきた労働者の進出は、解放以後の韓国の歴史で初めて、自主的で政治的な労働者を出現させ、すべての変革運動の新しい出発を知らせる里程標となった。

このような過程のなかで、ソウル・オリンピック以降の88年以降からは分断と統一に対する論議も本格化し、ついに民間人を中心とする「統一運動の時代」が開かれたのである。

このような成果に力を得て、89年初頭、全国民族民衆運動連合という在野運動の中心軸が形成され、その後、労働運動・農民運動の全国的求心組織である全国労働組合協議会、全国農民会総連盟も形成されていく。これらを中心とした90年代民衆運動

の新しい展望が提示された。これに対して支配勢力は、「保守大連合」という欺瞞的方式で90年代を準備した。従来は学生・知識人が中心となっていた民主化運動は、こうして90年代を迎えて、労働者・農民など民衆中心の変革運動へと新しく生まれ変わろうとしているのである。

1. 光州民主化運動と新軍部

ソウルの春 1979年の10・26事態(朴正煕大統領暗殺事件)から80年の5・17非常戒厳令施行までの政治的過渡期を指す言葉。チェコスロバキアの「プラハの春」からとった言葉で、民主化運動が活発に起こったことから、民主化への希望の時期としてこのように呼ばれる。「民主化の春」とも呼ばれる。

[**学生運動**]　80年3月の新学期から各大学で学生会と教授会が復活し、「2・29復権措置」によって緊急措置で解職あるいは除籍されていた教授や学生が学園へ戻ってくると、学園内では「学園民主化」を求める討論会・籠城・構内デモが起こりはじめた。3月27日には朝鮮大学(全羅南道光州)構内デモを皮切りにソウルや地方の各大学にデモが拡大し、そのスローガンも学園内の言論の自由、御用教授の退任、財団(理事会)運営の改善へと具体化していった。4月にさしかかると学生運動は、兵営の「集体訓練」の廃止(学生の集団入営訓練の廃止)を新しい争点として掲げたが、政府当局の強硬なイデオロギー攻勢と学生の動きに批判的な世論に遭遇すると、兵営集体訓練に参加せざるをえなくなった。4月14日には全斗煥保安司令官が中央情報部長署理(代理)を兼任するなど維新残党と新軍部体制の体制改編の陰謀が露骨になると、学生たちは学園民主化闘争から社会民主化闘争へと闘争の方向を転換し、5月2日、1万余名の学生が参加したソウル大「民主化大総会」を契機に、各大学は「民主化大行進」に突入、維新勢力退陣・戒厳令撤廃・二元的政府反対・政府主導の改憲反対など

の政治スローガンを掲げ、街頭に進出し始めた。このような学生たちの街頭デモは、5月15日の全国大学生の戒厳令解体要求デモで頂点に達したが、「5・17非常戒厳令拡大措置」による大学休校令と学生運動の指導部を新軍部勢力が大量検挙することによって鎮圧された。

[労働運動] 10・26事態以降、急変する政治情勢と79年の第2次石油波動以降のきびしい経済不況により、80年上半期に企業の操業短縮や休廃業（倒産や操業停止）が急増する一方、80年4月と5月に民主化の熱気が高まると、労働運動も激烈な展開を見せはじめ、80年5・17クーデター直前までに維新体制全期間の争議件数と匹敵する897件の労働争議が発生し、延べ20万名がこれに参加した。この期間中、労働者は新規労組の結成、御用労組の民主化、賃金引き上げ、労働条件改善などの闘争を活発に展開した。この時期の代表的な闘争としては、ヘテ製菓労働者の「8時間労働制獲得闘争」と清渓被服労働者の「10人以上の零細事業所における退職金獲得闘争」そして「舍北炭鉱労働者争議」などを挙げることができる。

5・15ソウル駅デモ 1980年5月13日に始まり、15日に頂点に達した戒厳令撤廃を要求する汎大学的街頭デモ。80年5月に入ると、学生運動圏の課題が大学街でのデモと学園問題から政治問題へと移り、学生の散発的な街頭進出が行われた。5月13日夜にソウルの光化門一帯で6大学2500名の学生が「戒厳令撤廃」を叫びながら街頭デモを敢行すると、ソウル内の27大学の学生代表は13日夜11時会議を招集、14日から一斉に街頭デモに突入することを決議した。学生代表の決議にともない、14日はソウル市内の21大学5万余名の学生が、雨のなかで夜遅くまで鍾路や光化門、市庁前などのソウルの中心地で街頭デモを繰り広げ、地方10都市11大学の学生も街頭デモを敢行した。デモは尖鋭化し、この日288名が負傷し（警察推計）、バス2台と警察機動隊装備192点が破損、警察バス1台が全焼し、3ヵ所の派出所が破壊された。15日にも全国で激烈なデモがつづき、この日の夕方にはソウル駅前広場に学生10万、市民5万が集結し、「戒厳令撤廃」と「維新残党退陣」を要求して激しいデモを展開、戦闘警察隊（機動隊）員1名が死亡、114名が負傷し、大型ガス車（催涙ガス弾発射用の車両）が全焼、車両7台が破損した。しかし、デモの規模の大きさに比べて市民の関心と支持は低く、軍隊が出動したという噂が飛びかいはじめると、萎縮した学生指導部は自分たちの意思は「当局に十分に伝わった」と判断し、学園に引き返すことを決定した。16日には梨花女子大学で第1回総学生会会長団会議を開催し、17日からは「正常授業を受けながら時局を見守る」ことに意見が一致した。17日は嵐の後の静けさが全国を覆ったが、戒厳司令部は学生デモが鎮静化した隙を狙って「5・17非常戒厳令拡大措置」を宣布し、18日午後1時を期して全国大学休校令を発動する一方、学生運動指導部の大々的な検挙を開始し、民主化学生運動はふたたび挫折した。

5・17非常戒厳令拡大措置（5・17クーデター） 1980年4月以降、全国的に拡大した学生の民主化闘争と労働者の生存権闘争を鎮圧する一方、軍部の執権のために戒厳司令部が80年5月17日を期して断行した戒厳令拡大措置。軍部が本格的な文民政権への移行を阻止するためにとった実力行使として、5・17クーデターとも呼ばれる。「戒厳令撤廃」と「維新残党退陣」を要求

する汎大学的街頭デモが5月15日に頂点に達し、16日から小康状態にさしかかると、戒厳司令部は崔圭夏大統領を前面に立て、5月17日を期して一部都市の戒厳令を全国戒厳令へと拡大し、戒厳布告令10条を発表、①すべての政治活動の中止および屋内外の集会・デモの禁止、②言論・出版・報道・放送の事前検閲、③各大学の休校令、④職場離脱およびストライキの禁止などの措置をとって合法的な活動手段を奪い、学生をはじめとする民衆の闘争に楔を打ち込んだ。18日には金大中・金相賢・金鍾泌・李厚洛など26名の政治家を学園・労使紛争の扇動と権力型不正蓄財の嫌疑で合同捜査本部に連行し、金泳三を軟禁するなど政治的弾圧を強行した。非常戒厳令拡大措置と政治家の連行・拘禁措置は、保安司令官兼朴正熙暗殺事件合同捜査本部長・全斗煥が指揮した。憲法に規定された国会報告の手続きを踏まないで戒厳軍を動員、国会を無力化してとられた超法規的措置は、非常戒厳令拡大および金大中連行に抗議する全南大生と戒厳軍の衝突を呼び起こし、光州民主化運動の直接的な発端となった。

光州民主化運動（光州事件、光州民衆抗争、光州民衆蜂起、光州事態） 5・17非常戒厳措置に抗議する学生たちのデモと、これを鎮圧するために光州に突入した空輸特戦団（空挺部隊）の武力鎮圧に対して光州市民が展開した民主化抗争。韓国現代史上最大の事件とされる。88年以降は光州民主化運動という名称が定着した。

[展開過程] 10・26事態（朴正熙大統領暗殺事件）以降の民主化スケジュールの遅れを不満とする光州市内の学生たちは、5月14日から道庁前に進出し、16日には「民主化討論会」と銘打って時局討論大会を開催、その後松明デモを敢行した。非常戒厳令拡大措置で学園から閉め出された全南大

銃剣で制圧された光州民衆

生は、18日午前9時に校門前で武装空挺部隊と衝突し、多数の犠牲者を出した。また、市の中心部からデモを繰り広げた学生も、空挺部隊の棍棒と銃剣で無慈悲に殺傷された。翌日、虐殺の報を聞いた学生・市民は錦南路一帯で警察と対峙したが、空挺部隊によってカトリック・センター、公用ターミナルなど市内各地で鎮圧・虐殺された。空挺部隊の蛮行に憤激した市民たちは、20日に市内バスとタクシーの運転手による車両デモ、負傷者の救出、光州文化放送局の放火、21日には戒厳軍の発砲に対抗して市民が銃で武装するなど積極的な持久策を講じることで、デモは市街戦の様相を帯びてきた。21日午後6時頃、ついに道庁を接収した市民は治安と防衛を担当する組織を編成し、「闘士会報」を発行して宣伝活動を行い、連日、市民決起大会を開催、市民の要求を即刻まとめるなど自治活動を開始した。市民は事態収拾をはかって軍出動停止、事後の報復禁止、死亡者の補償など7項目の要求貫徹を掲げ、武器の回収に立ち上がり「5・18事態収拾対策委員会」を設置した。しかしその活動を投降主義とみなして、現政府の退陣、戒厳令の撤廃、虐殺責任者の処断、拘束人士釈放と救国過渡政府の樹立、言論操作中止などの要求項目が貫徹されるときまで闘争することを宣言した決死抗戦派との対立が起こり、抗争指導部内に分裂が生じた。軍内強硬派は早期鎮圧を命令し、戒厳軍は27日深夜2時、極秘で作戦を開始、1時間40分後に道庁を占領した。この過程で道庁を守備していた決死隊員多数が殺害された。

[結果および意義] 光州民主化運動は、全斗煥保安司令官を中心とした新軍部勢力が武力で権力掌握を企図する過程で起こった事件であり、第5共和国政権の道徳性と正統性に致命的な汚点を残し、80年代反政府闘争および民主化運動の核心的争点となった。他方、光州民主化運動は民主勢力にも大きな衝撃を与えた。70年代民主化運動の限界を認識させ、韓国社会の民主化運動を資本主義の矛盾克服と「民族民主化」の変革運動の観点から把握させる一方、基層(底辺)民衆を不動の変革主体勢力として認識させる覚醒の契機となった。また当時、韓国軍の作戦指揮を執っていたジョン・ウィッカム駐韓米軍司令官が5月27日の光州デモ鎮圧作戦に指揮下の4個大隊の韓国軍を出動させ、また、米国が航空母艦と空中早期情報統制機(早期警戒管制機)を出動させた事実などが論議の対象となり、80年代の反米感情拡大と反米闘争の原因ともなった。88年、「与小野大」の国会で「光州虐殺真相糾明聴聞会」が開かれ、全斗煥(当時保安司令官)、鄭鎬溶(当時特戦司令官)など光州事態に直接的な責任があるとみなされた人々に対する証言聴取がなされ、公職辞退など一定の制裁が加えられたが、いまだに正確な死亡者数、発砲責任者などは明らかにされていない。1996年現在で明らかになっているのは、市民・軍人・警察官合わせて、死者193名、行方不明47名である。これは1960年の4・19革命の犠牲者186名を上回る。

「5・18光州事態」前後の政治日程

80.4.14	全斗煥保安司令官、中央情報部長兼任。
5.10	崔圭夏大統領、予定のない中東訪問出発。
5.15	学生デモが激化。申鉉碻総理時局談話発表。
5.16	国防部会議室で、非常全軍主要指揮官会議。鄭鎬溶特戦司

　　　　　令官は非常戒厳の全国拡大と大学の休学措置など提案。
　　　　　崔大統領急遽帰国、午後11時青瓦台で全保安司令官、李熺性戒厳司令官、周永福国防長官、崔侊洙秘書室長らと深夜対策会議。
5.17　午前9時、各軍別の主要指揮官会議。午前11時、周国防長官の主宰で第2回全国主要指揮官会議を開き、非常戒厳令を全国に拡大することを満場一致で可決。午後9時30分、中央庁の会議室で崔大統領主宰で非常国務会議を開き、非常戒厳令を全国に拡大実施。午後10時、金大中、文益煥らの在野指導者逮捕。
5.18　午前2時30分、7空輸特戦旅団33大隊、光州の朝鮮大学生43名逮捕。午前9時、全南大正門前で、200名の学生非常戒厳令撤廃要求デモ。
5.19　午前10時、前夜増強投入された11空輸旅団3個大隊1000余名、装甲車とトラックに分乗し、錦南路にて威嚇。午後CBS前、バスターミナル前、錦南路などで学生ら数万名、戒厳軍と対峙。午後5時光州高校付近で11空輸旅団63大隊初めて発砲。
5.20　午後2時頃、市民10万余名、道庁前に集まり、市庁前、バスターミナル、光州駅、全南大正門へと行進。午後11時、光州駅一帯に3空輸旅団、実弾配給後発砲。11空輸旅団、実弾配給。

5.21　午前、李戒厳司令官、談話文発表。午後1時、11空輸旅団、道庁前、錦南道で市民軍に対し、発砲。午後10時11分、光州〜木浦の国道でバスに乗った市民軍と20師団交戦。
5.22　午前、20師団追加投入。午後3時、統合病院前で市民軍と20師団交戦。
5.23　軍の鎮圧部隊投入説に対し、一部学生再武装。
5.24　戒厳軍、航空機を利用し、宣撫放送行う。
5.25　木浦市民、非常戒厳令糾弾デモ。蘇俊烈戦闘兵科教育司令官、作戦命令出す。
5.27　午前1時3・7・11空輸旅団、全南道庁などに投入、市民軍と交戦。午前5時10分、鎮圧作戦終了。午前の国務会議で国保衛設置議決。
5.28　全国の主要都市で軍・警察が一斉検問開始。
8.16　崔圭夏大統領下野。
8.21　全斗煥保安司令官、国家元帥推戴。全軍指揮官会議開く。
9.1　全斗煥、第11代大統領に就任。

「光州事態」処理日誌

87.7.1　盧泰愚、（当時の民正党代表）、光州事態の治癒策を指示。
88.1.11　民和委発足。
2.23　民和委、4項目の建議文を盧大統領（当選者）に提出し、解散。
4.1　政府、光州事態の治癒方案発

	表。光州事態を「民主化のための努力」と規定。
4.15	盧大統領、光州を訪問し、「光州市民の名誉回復に最善を尽す」ことを約束。
11.18	光州特委、光州聴聞会始まる。
11.26	盧大統領、特別談話を通じて、光州特別法制定を発表。
89.2.24	光州聴聞会終了。
2.27	「光州民主化運動関連者補償等に関する法律案」作成。
3.10	盧大統領・金大中(当時、平民党総裁)会談で治癒策合意。
12.15	民正・平民・民主・共和の4党総裁、11項目合意。
12.31	全斗煥前大統領、光州特委・5共特委の連席会議で証言。
90.7.30	光州補償法通過。
93.5.2	1980年の「5・18」を民主義挙と規定。1960年の4・19と同格にする。
5.13	金泳三大統領、5・18に関連する特別談話発表(全南道庁を移転し、その場所に記念公園を設ける。光州事態関連者の前科抹消など)。
03.1.21	当時検挙された被告18名に無罪判決。

「光州事態」の主な争点

争点	訴訟側の主張	被訴訟側の主張	検察側の結論
事前協議如何	新軍部側が政権奪取のために事前謀議	事前のシナリオがあったという主張は事実無根	事前協議の証拠捜しえず
5・17戒厳拡大の理由	軍が内閣を掌握し政局を動かすための措置	混乱に陥った社会秩序を立て直すための統治上の措置	非常措置、政治活動などを禁止するための事前の措置
集団発砲	新軍部側の発砲命令によって戒厳軍が先に集団発砲	デモ隊の発砲にともない、正当防衛のための発砲	射撃統制に相当な問題点があったことは事実だが、自衛目的で発砲したものと判断できる
国保委の設置	超憲法機関である国家保衛非常対策委員会を設置、各種の法律を制定・改定したことは明白な違憲	大統領令によって設置された合法的な機関。国家危機の状況において大統領補佐と国家保衛のためのもの	大統領補佐機構の形式をとってはいるが、事実上内閣を操縦・統制する機関
大統領下野過程	新軍部の強圧	崔圭夏大統領の恣意	崔前大統領が調査に応じないので、強圧如何については確認できず
法的判断	5・17戒厳拡大など新軍部側の一連の行為は内乱に該当		

金大中内乱陰謀事件　1980年7月4日、戒厳司令部が金大中を学園騒擾および光州民主化運動の「背後操縦者」と発表した事件。戒厳司令部は金大中が「執権欲に目がくらみ、自身の私組織である民主連合執行部に、復学した学生を吸収し、学生組織に連結させ、ソウル大学生・全南大生たちに総学生会選挙資金もしくはデモ資金を支給、自身は出身地域である湖南（全羅道）を政治活動の本拠地とし、他の地域に先立って学生デモと民衆蜂起を起こすべく支援、光州事態が悪化すると、湖南出身の在ソウルの暴力団を光州に送り、組織的に暴力デモを指導させ、これを背後から操縦したもの」と発表したが、これは当時民主勢力の支持を受けていた有力な政治家である金大中を除去するために捏造されたものであったことがのちに明らかになった。この事件により金大中は、内乱陰謀および国家保安法・反共法・戒厳法・外換管理法（外為法）違反に問われ、戒厳軍法会議で死刑を宣告され、文益煥・李文永・芮春浩・高銀・金相賢・李信範らは懲役10年以上の重刑を宣告されたが、のちにすべて赦免・復権された。

国家保衛非常対策委員会（国保委）　維新体制崩壊により生まれた権力の空白に乗じて、12・12クーデターの実行部隊を育ててきた新軍部勢力が、国政全般にわたる実権を掌握するために、1980年5月31日に設置した機関。形式上は大統領の諮問・補佐機関だが、内実は行政・司法の全般にわたる主要業務を指揮・監督・統制する執権機関で、通称「国保委」。5・17非常戒厳令拡大措置と光州民主化運動の流血鎮圧により、政治舞台の前面に躍り出た新軍部勢力は、自分たちの政治スケジュールを実行に移し、非常戒厳令拡大措置以前から構想していた国家保衛非常対策委員会を設置し、自派勢力の核心である全斗煥保安司令官兼中央情報部長署理（代行）を常任委員長に就任させ、国政全般にわたる実権を掌握した。主要行政閣僚10名と軍要職者14名の24名で構成されたこの委員会は、安保体制の強化、経済難局の打開、政治発展とその内容の充実、社会悪一掃を通じた国家機構確立という四大基本目標を掲げた。そして超法規的権力を行使して、権力型不正蓄財者を調査し、学園騒擾事態および労働争議の背後操縦（操作）・扇動嫌疑者を検挙するなどの名目によって、多くの既成政治家や民主化運動関係者を逮捕した。7月に入ると各部署別公職者に対する粛清作業にとりかかり、中央情報部要員300名余を整理したのにつづき、高級職公務員243名を含む5480名を整理し、政府傘下団体および国営企業役員3111名を免職するなど、広範な公職者粛清を断行、社会全体に恐怖感をもたらした。また、制度改革にも手をつけ、7月30日には「教育正常化および過熱課外（下校後の課外学習・補習・塾通いなど）解消法案」を発表、大学入試本考試廃止、卒業定員制の実施、課外禁止措置など場当たり的な教育改革を断行した。8月4日には「社会悪一掃特別措置」を発表、社会悪事犯と時局事犯の名目で、無実の市民を検挙し、「純化教育」という名目の下に、きびしい三清教育隊訓練を強要した。それ以外にも「重化学工業投資調整」「言論粛清および言論統廃合」など社会全般に対する非民主的改革措置により、全斗煥一派の執権機関の地固めをした国保委は、10月27日の第5共和国憲法発効とともに発足した国家保衛立法会議の発足により解体された。

社会浄化委員会　社会浄化業務の効率的な遂行のためという名目で、政府組織法第

2条の規定により、1980年11月1日発足した国務総理直属機関（発足当時の委員長は李春九全国保衛浄化分科委員長）。社会悪と社会非理（不正腐敗）の根絶のために社会浄化任務を統括一元化し、調整・統制するという名目で設置された社会浄化委員会は、委員長1名と委員6～8名から構成され、①社会浄化業務に関する検討および企画、②大統領および国務総理の命令による社会浄化業務に関する行政機関、公共団体およびその傘下団体に対する調整と統制、③社会浄化に関する教育および公報、④その他の社会浄化に関する受命事項を遂行するようにその任務が規定されており、委員長と委員は意欲のある国家公務員から補うことが規定されていた。

国家保衛立法会議　1980年10月27日に公布された第5共和国憲法の付則に従って、第11代国会が構成されるまで国会権限を代行するために10月29日に発足した過渡的立法機構。大統領が任命した81名の委員からなるこの立法会議で成立した主要な法律の内容は次のとおり。①既成政治家の政治活動を88年まで規制する（政治風土刷新のための特別措置法案）。②政党資格要件を緩和する反面、国会議員選挙で有効投票2パーセント未満の得票しか獲得できなかった政党の登録を取り消す政党法改正案。③政治資金の範囲を拡大し、中央選挙管理委員会の監督機能を強化する政治資金法改正案。④常習犯、犯罪団体の幹部、心身障害者、麻薬中毒者などの保安監視・保護観察を強化するという保護処分制度と社会安全法。⑤集会・デモに対する規制を強化した集示（集会・デモ）法改定案。⑥反共法を廃止し、その内実を吸収した国家保安法改正案。⑦大統領間接選挙制の選挙法案。⑧言論基本法案。⑨第3者介入を禁止した労働法改定案。⑩農漁村の後継者育成基金法案など。第5共和国政権統治基盤の構築のため、118件の法律案と動議案を処理した国家保衛立法会議は、81年4月10日、新国会の開院前夜の150日目に解散されたが、国家保衛立法会議が制定した法律とこれにともなって行われた裁判などは、憲法の付則によってその効力の持続が保障されたばかりでなく、提訴あるいは異議申し立てができないという規定も設けられた。

国家安全企画部（安企部、ANSP:Agency for National Security Planning）　国家安全保障に関連する情報保安および犯罪捜査の実務を担当するという名目で設置された大統領直属機関。中央情報部の後身。60年代から70年代にかけての中央情報部は、反維新勢力や反政府勢力弾圧のための朴正熙独裁政権の私兵的な秘密警察として機能した。そのため韓国の対外イメージも大きく損なわれた。そこで全斗煥政権は、1980年12月22日、中央情報部を国家安全企画部と改称し、一部機能を改編した。安企部は部長、次長、企画調整室長と職員からなり、部長は大統領が任命し、次長と企画調整室長は部長の推薦により大統領が任命した。「独裁政権の私兵」という評価を払拭するため、幹部の兼職と政党加入、政治活動は禁止された。安企部の業務は、①国外情報と国内情報の収集・作成・配付、②国家機密に属する文書・資材・施設・地域に対する保安業務、③刑法中の内乱罪・外患罪、軍刑法中の叛乱罪・利敵罪・軍事機密漏洩罪・暗号不正使用罪、軍事機密保護法・国家保安法に規定される犯罪の捜査、④安企部職員の職務に関連する犯罪の捜査、⑤情報と業務の企画調整を管掌、と規定されている。しかし、第5共和国体制下では一貫して全斗煥政権維持のための民主

勢力に対する弾圧機関として機能し、80年代中盤以降、安企部法の改廃や解体要求闘争が広範に展開された。金泳三政権の発足以降、国内政治に介入せず、北朝鮮をはじめとする対外情報収集などの業務を中心とするよう組織を縮小させられたが、96年末の安企部法改正で国内捜査権を強化するなど、組織再強化も進んだ。99年1月22日、国家情報院と改称された。

三清教育隊事件　国家保衛非常対策委員会の社会悪一掃方針により、各種の社会悪事犯や時局事犯はもちろん、なかには無辜の市民でさえ検挙され、彼らは純化教育という美名の下に軍隊内で苛酷な訓練を強要され、多数の犠牲者を出した。80年代最大の人権蹂躙事件といえよう。1980年8月4日、国保委は社会改革を名分に、各種の社会悪を短期間で効果的に浄化するとして「社会悪一掃特別措置」を布告し、暴力・詐欺・麻薬・密輸事犯に対する一斉検挙令を指示した。戒厳司令部は布告令第13号によりこれを施行した。この布告令によって81年1月までの5ヵ月間で、4回にわたり6万7555名が検挙された。検挙された人々は、検事・警察署長・保安司要員・中央情報部要員・憲兵隊要員・地域浄化委員らで構成された審査委員会によってABCDの4等級に分類され、A級の3252名は軍法会議にかけられた。B級とC級の3万9786名は、B級は4週間の教育後6ヵ月の労役、C級は2週間の教育後に訓戒放免とされた。またD級の1万7712名は警察で訓戒され放免された。三清教育隊の入隊者は、手当たり次第に検挙されたあげく、反論の権利はまったくなく、しかも入所後手ひどい虐待を受けた。88年6月5日、当時の被害者たちが「三清教育隊真相究明全国闘争委員会」を結成し、真相究明と責任者の処罰を要求した。この事件は同年の定期国会で国政検査の対象となったが、この時点で国防部は初めて、54名の死亡者が発生したと発表した。

言論統廃合　1980年11月12日、全斗煥を頂点とする軍部が言論を掌握するために物理的強制力でマスメディアを廃止、もしくは統廃合した措置。5・17非常戒厳令拡大措置により権力を掌握した軍部はただちに言論掌握計画を推進、80年春、「言論検閲

「滅共棒」をかつがされ、体育教練を強要されている入隊者

撤廃と自由言論実践」運動をリードする「記者協会」幹部を大量検挙し、同時に中旬から言論人に対する大々的な粛清を断行し、8月9日までに反政府的言論人711名を解職させた。同時に文化公報部は7月31日に172の定期刊行物の登録を取り消すことで、『シアレソリ』『創作と批評』『プリキップンナム（根の深い木）』などの有力月刊誌を廃刊させた。軍部の言論掌握のための陰謀は、11月12日の言論統廃合措置と12月31日の言論基本法の制定によって完了した。言論統廃合の具体的内容は、『新亜日報』は『京郷新聞』に、『ソウル経済』は『韓国日報』に、また地方紙は「1道1紙」原則で統廃合され、合同通信と東洋通信は合併して聯合通信として再発足し、東亜・東洋放送はKBSに統合され、KBSとMBCの二つの放送局だけを残した。また、地方駐在特派員制度を廃止し、新聞が発行されている地域のニュース情報は、政府支配下の通信社に依存するように制度化した。一方、いわゆる公営放送システムとして官営KBSと、KESが株式の70パーセントを所有する準官営のMBCの2局で全国ネットワークを二分し、放送メディアを完全に掌握した。このように軍部は軍事統治体制の重要な基本要素である「体制言論」を手際よくつくり上げる体制を整えた。言論機関には権力との相互協調のもとに独占財閥化する「権言複合体」（権力と言論が複合した政治体）が形成され、言論機関の労働者は体制擁護の宣伝担当者へと転落する代わりに、経済的保障を受けるようになった。なお、ソウル五輪後の91年に純民間会社による全国ネットワークであるSBS（ソウル放送）が誕生した。

言論基本法 全斗煥軍事政権の統治基盤構築の一環として、言論規制の制度的装置を備えるために1980年12月31日、国家保衛立法会議で制定された法律（法律3347号）。言論の権利と義務、言論企業と言論人、定期刊行物・放送・言論・新聞に対する規制、罰則などについて規定している。前文と57条、付則4条からなるこの法律は、「国民の表現の自由と知る権利を保護」という立法主旨とは正反対に、①定期刊行物の登録義務制（事実上の許可制）、②文化公報部長官の発行停止命令権と登録取消権限などの特殊条項で、表現の自由を抑圧すると同時に、「編集人と広告責任者もしくはその代理人は、定期刊行物を編集したり、広告を掲載する際に、犯罪を構成する内容を排除する義務がある」と規定して、国民の知る権利を制限し、さらに放送委員会・放送審議委員会・言論仲裁委員会の設置を強制することで、放送メディアに対する権力の統制を合法化した。また、この法によって、文化公報部内に設置された公報政策室では連日「報道指針」をつくり、言論媒体にそれを下達し、言論に対して厳格な統制を加えた。この事実を暴露した『マル（言葉）』誌の「報道指針記事事件」と関連して、86年12月、金周彦・金泰弘らのジャーナリストが拘束された。83年以降、在野勢力と野党は一貫してこの法律の廃止を要求、「6・29宣言」以降に廃止された。

政治風土刷新のための特別措置法 新軍部勢力の政権維持のための布石として、既成政治家の政治活動を封鎖するため、1980年11月3日、国家保衛立法会議で制定された法律。68年以降、政治的社会の腐敗と混乱に顕著な責任があると判断された政治家の政治活動を、88年6月30日まで規制するとしたこの法律に従い、「政治刷新4人委員会」が構成された。この委員会が政治家たちを審査し、567名の「旧時代の政

治家」が政界から強制的に引退させられた。このなかには民主共和党の金鍾泌・丁一権・具泰会・吉典植・金昌槿・金沢寿・陸寅修・李孝祥、旧維政会の崔栄喜・太完善・白斗鎮、新民党の金泳三・李哲承・高興門・李敏雨・李忠煥・辛道煥・黄珞周ら政界の中心人物がほぼ網羅されていた。全斗煥政権は、83年2月に「国民和合措置」の一環として、一時この措置の解禁をしたのにつづき、84年2月と11月に第2次・第3次の解禁を行い、85年3月6日を期して金大中、金泳三など14人を最後に政治活動規制対象から解除し、全面的に解禁した。

80年の労働法改正　1980年12月30日、国家保衛委員会で決定された労働関係法の改正。既存の労働基準法・労働組合法・労働争議調整法・労働委員会法に新たに労使協議会法を追加した。これは、①生産性向上と労働者福祉の増進に関する事項、労使紛糾予防に関する事項などを労使協議会で議論するように規定、②経営方針と実績、分期別（1年を3ヵ月ごとに区分した期間）の生産計画と実績、人員配分計画などを使用者側が報告するように義務づけた。この国保委による労働法改定の特徴は、①企業別労組だけを認め、労組設立のための最低人員を設定すると同時に、ユニオンショップ制度を廃止して団結権を顕著に弱体化させたこと。②第三者の介入禁止条項を設定し、外部からの支援や連帯を遮断したこと。③争議行為を規制する複雑な手続きを設け、団体行動権を大きく制限したこと。④労働組合に対する行政官庁の干渉を合法化。⑤労使合意による勤労時間延長、勤労者との話し合いが解決した後の解雇予告・免除条項などを設定した。この結果、勤労条件は悪化した。この改悪は80年代初頭の労働運動を大いに萎縮させた。しかし80年代中盤以降、労働運動はふたたび活性化し、この改定労働法も有名無実となって、88年に一部改定が行われた。ただしこの改定でも、第3者の介入禁止など、問題とすべき条項は依然として残された。

第8次改憲　1980年10月22日の国民投票で確定され、27日に公布・発効された第5共和国の憲法制定。前文と10章131条、および補則から構成されている。改憲の主な内容は次のとおりである。①前文で、「4・19義挙」「5・16革命」の理念継承を削除し、「3・1運動」精神継承と第5共和国の発足を明記した。②総綱で、伝統文化の育成、在外公民の保護、国家の政党補助金支給条項の新設を謳った。③基本権の個別留保条項を削除し、連座制を禁止し、環境権と幸福追求権を新設した。④選挙人団による大統領の間接選挙制と7年単任制を制定し、大統領の緊急措置権・国会解散権の発動条件を強化した。⑤国会議員の比例代表制を採択し、任期を4年とした。⑥大法院長に一般法官の任命権を付与し、大法院に行政・租税・労働・軍事などの専門担当部を設置し、その法的根拠規定を定めた。⑦産業の独占・寡占を禁止し、中小企業や消費者の保護規定を新設した。⑧統一主体国民会議を廃止し、憲法改正手続きを一元化した。⑨補足的・過渡的な立法機関として国家保衛立法会議を設置した。

民主正義党（民正党）　1981年1月、民族・民主・正義・福祉・統一の五大理念を掲げて発足した与党。10・26事態（朴正熙大統領暗殺事件）以降の権力の空白期を突いて実権を掌握した軍部勢力は、戒厳令下で権正達・李鍾賛らのいわゆる改革主導勢力を前面に立てて政党結成を推進し、81年1月15日に民正党を発足させた。ソウル

蚕室体育館で開催されたこの日の結成大会では、当時大統領だった全斗煥を初代総裁に推戴し、第12代大統領候補に指名する一方、①民族自主性の確立、②統一民主福祉国家の建設、③南北対話の積極的推進、④国民の基本権の保障と長期個人独裁の排除、⑤自助組織の育成と地方自治制の実施、⑥正義社会の実現などの十大綱領を掲げた。81年の3・25総選挙で151議席を獲得し過半数を制したが、全斗煥政権の正統性の問題と強権統治により、人気は凋落し、85年2・12選挙で新韓民主党の躍進を許し、88年の4・26総選挙では韓国の議会政治史上初の「与小野大」の国会となり、官製与党の限界を露呈した。90年1月22日、民自党発足とともに民自党に吸収された。

民主韓国党（民韓党） 1981年1月1日、批判牽制政党、政策政党を標榜して発足した保守野党。第5共和国憲法によって解散させられた既存政党の1つ。新民党の所属議員のうち、「政治刷新」という名目の政界追放を免れた政治家を中心に80年12月1日発起され、81年1月1日、ソウル世宗文化会館で結成大会を開催し、柳致松結成準備委員長を初代総裁および大統領候補に推戴した。この創党大会で民韓党は自由民主主義の本山たるべきことと、民主制度の定着に力を注ぐ方針が鮮明にされたが、結成過程に官製的性格が見られ、与党に対する牽制機能や批判機能を発揮できないまま、「やらせ野党」としてその命脈を維持するのみだった。81年3・25総選挙では81議席を確保し院内第一野党となったが、85年に新韓民主党（新民党）が結成されると、その年の2・12選挙では現役議員44名が落選し、さらに主要幹部32名が集団脱党して新民党に合流した。ついに院内3議席という群小政党へと没落し、解体への道を歩むことになった。

韓国国民党（国民党） 第5共和国発足後、旧与党に所属していた国会議員の一部が結束し、81年に結成された保守政党。旧民主共和党と維政会所属の議員の一部が前民主共和党党務委員金鍾泌を中心に結束し、81年1月27日に結成大会を開き、金鍾泌を党総裁および第12代大統領候補に推戴した。3月25日の第12代国会議員総選挙で合計25席（議員定数276議席の9パーセント）を確保、民正党（151議席）、民韓党（81議席）につづく第3党となった。国民党はその結成発起主旨文で「極限的な対立論理と政治不在の惰性をともに排撃し……健全な政策政党としての任務を尽くそうとする」とみずからの役割を明らかにしたが、実際には法的・政治的制約に従ってこれといった活動もせず、「体制圏」（韓国の議会権限の枠内）野党として命脈を維持するのみで、85年の2・12選挙以後は没落の道を歩んだ。

第5共和国 1980年10月27日に公布・施行された第5共和国憲法に従って、81年3月3日、全斗煥が第12代大統領に就任したことで正式に発足し、88年2月25日に第6共和国が発足するまで7年つづいた韓国で5番目の共和憲政体制。
[統治機構の特色] ①大統領7年単任制・選挙人団による間接選挙、②国会議員任期4年・比例代表制。
[主要施策] ①日米など関係各国への招聘・訪問外交、②86年アジア大会・88年オリンピック誘致などの体育立国、③民族和合・民主統一法案・南北の高位代表会談提起、④物価安定政策・「不実企業」の整理・輸入自由化・資本の自由化、⑤学校制服の自由化・海外旅行の自由化。

[政治・社会状況] 5・17非常戒厳令拡大措置と光州民主化運動の流血鎮圧を通じて暴力で権力を掌握した第5共和国政権は、国民からその政権の正統性と道徳性をついに認められなかった。それに加えて、統治期間中に李哲熙・張玲子事件、丁来赫事件、大統領親族の不正事件などの権力型不正事件が相次ぎ、これに対する国民の抵抗に直面せざるをえなかった。全斗煥政権はこうした抵抗への対応策として、民主勢力には拘束や拷問などの激しい弾圧で報い、一般大衆に対してはスポーツブームや享楽的風潮を扇動するなどの愚民化政策をとった。しかし、政権の意図にかかわらず、国民の政治意識はすでに成熟しつつあり、それが「選挙革命」と呼ばれる2・12総選挙と直選制改憲運動の原動力となった。支持基盤を失った全斗煥政権は、公権力に依存して権力を維持しようとし、この過程で富川警察署性拷問事件や朴鍾哲拷問致死事件などが起き、その暴力性をますますあらわにすると同時に、4・13護憲措置によって国民の改憲論議を封殺した。こうした弾圧は「6月抗争」と呼ばれる全国民的民主化運動を呼び起こした。

この時期の代表的な経済施策としては、重化学工業への投資調整や不実企業の整理などを通じた独占資本の再編成と、輸入自由化・資本の自由化などの開放経済政策の導入を挙げることができる。こうした経済措置は国内の財閥と海外独占資本の利益を保障し、彼らの経済基盤を強化する方向に働き、当然のことながら、政経癒着による非理(不正)が空前の規模で行われた。「政治献金」の名目で動いた金額は、それ以前とは桁違いの数字となった。第5共和国政権下での顕著な社会的特徴としては、反体制運動の大衆化・普遍化・組織化が挙げられる。維新体制以来の民主化運動体験の蓄積と、光州民主化運動の挫折の経験は、反体制運動圏を理論・組織・闘争面で豊かに成熟させる契機となり、運動の科学化・理論化・組織化が本格的に進められた。闘争の様態においても投身・焼身自殺など、民衆の捨身の、いわば極限的な闘争形態が現れた。これらに加えて占拠・籠城などの多様な戦術も試みられた。変革主体勢力の形成と関連して注目すべき点は、労働者農民など基層(底辺)民衆の政治的な進出を挙げることができよう。ソウルの九老同盟ストライキとソウル労連の結成、農民の「牛追い闘争」や、自主的農民組織の結成などがその代表的なものである。また、政権によって助長された頽廃的な商業主義や倭色(日本的)文化に反対し、民族文化の見直しが始まった。こうした傾向が社会運動と合流し、その一部分として機能する民衆文化運動の流れが登場したことの歴史的意義は大きいといえよう。

平和統一政策諮問会議 平和統一政策の樹立に関する大統領の諮問に応ずるために、81年5月7日に設置された機関(憲法68条にもとづく)。大統領が委嘱した7000名以上の人々から構成され、議長は大統領。議長は議員のなかからその出身地域と職能を参考にして15名以内の副議長を任命し、会議の事務処理のために事務所を設け、会議から委任された事項と議長が命じた事項を処理するための常任委員会(300名以上500名以下)を置き、委員会は年1回以上開催されることとした。また、会議の運営に関する事項を審議するための運営委員会(議長が任命する50名以内の運営委員で構成)を設けた。

民族和合民主統一方案 1982年1月22日、全斗煥大統領が国政演説で提唱した統

一方案。その内容は、南北間の民意を代弁する南北代表によって「民族統一協議会議」（仮称）を構成し、その機構において統一憲法を起草、南北の自由選挙によってこれを確定・公布した後、憲法が定めるところに従って総選挙を実施、統一国会と統一政府を樹立する、というものだった。こうした民族和合を実現するための具体的な措置として、①互恵平等の原則、②武力・暴力の行使禁止、③異なる政治社会制度の承認と内政不干渉、④軍備競争の止揚と軍事的対峙状態の解消措置協議、⑤相互交流と相互協力による社会開放の推進、⑥国際条約と協定尊重、および民族の利益に関する問題の協議、⑦ソウルと平壌での常駐連絡代表部の設置など、7項目の南北暫定協定の締結が提議された。

李哲熙・張玲子事件 最高権力者・全斗煥大統領の姻戚で、維新体制以来、独裁政権の庇護を受け、私債市場（アングラマネー市場）の「大物」として君臨してきた張玲子とその夫の李哲熙が引き起こした巨額の手形詐欺事件。1982年5月20日、検察がその全体像を発表した。それによれば、全斗煥大統領夫人の叔父・李圭光（当時工業振興公社社長）の妻の弟である李哲熙（陸士2期出身で中央情報部次長と維政会議員を歴任）・張玲子夫妻は、権力との密接な繋がりを前面に立て、資金難にあえぐ建設業者グループと接触。有利な条件での資金調達を仲介する見返りとして、担保がわりに貸付額の2倍から9倍に相当する額の手形を発行させた。その手形を私債市場で割引して現金を調達、株式投資の資金とするなどの手口で、81年2月から82年4月ま

張玲子（中央）
1994年1月

での間に6404億ウォンの巨額な一連の手形詐欺を行ってきた。張玲子の資金集めのもう1つの方法は、まず、「権力型不正蓄財者」から資金を集めて1700億ウォンに上る預金を銀行に預け、ここでも権力との繋がりを利用して、銀行から自分の関連する企業に手形帳を発給させ、銀行から関連企業へ、実質的には巨額の無担保貸付をさせるというものだった。「建国後最大規模の金融詐欺事件」といわれたこの事件は、社会全体に途方もない衝撃を与え、大きな波紋を巻き起こした。光栄土建や一信製鋼などはこの事件に巻き込まれて倒産し、朝興銀行総裁や産業銀行総裁が拘束されるなど、金融街に寒風が吹き荒れた。国会では「政治資金授受説」や「権力との癒着関係」をめぐって一大論戦が展開され、その結果、権正達民正党事務総長が更迭され、内閣が改造を余儀なくされるなど、権力構造の内部改編が起こった。また、金融実名制（グリーンカード）の実施方針に関連して、経済界にも波紋を投げかけた。張玲子の姻戚や民正党幹部など権力側近の人間が多数関与していたので、この事件は権力型不正事件の代名詞となったが、執権初期からその正統性と道徳性に疑義を抱かれてきた全斗煥政権にとっても、大きな痛手となった。裁判の結果、李哲熙・張玲子夫妻には法定最高刑の懲役15年と米ドル40万ドルの没収、追徴金1億6254万6740ウォンが宣告され、李圭光には懲役1年6ヵ月、追徴金1億ウォンが宣告された。10年後の1992年3月、張玲子は仮釈放されたものの、ふたたび手形詐欺に手を染め、94年1月に発覚。「第2張玲子事件」として世間を驚かせた。

明星グループ事件　金融不正・脱税・賄賂の供与および授受の容疑で明星グループ会長金澈鎬をはじめ、明星グループ幹部、銀行員、公務員が大挙して拘束された事件。1983年8月17日、大検察庁（最高検察庁）中央捜査本部は明星グループ会長金澈鎬を特別犯罪加重処罰法などに関する法律違反（脱税・租税犯処罰法違反、業務上横領）などの容疑で拘束し、また、金澈鎬のために1000億ウォン余の私債資金を不正調達した商業銀行恵化洞支店の金東謙代理（副部長）を、業務上横領の容疑で拘束した。検察によれば、金澈鎬は79年4月から金東謙代理と結託し、銀行預金を引き出して企業の拡張を始めたが、元利金償還もせずに1066億ウォンを横領、21の企業グループを率いる財閥会長でありながら詐欺劇を演じ、脱税額だけでも46億ウォンに達した。また検察は8月29日、明星雪岳カントリークラブ事業計画に関連して金澈鎬から8500万ウォン余の賄賂を受け取った前交通部長官の尹子重をはじめ、朴昌權大韓住宅公社副社長などの公務員10名を、特定犯罪加重処罰法および賄賂授受などの容疑で拘束した。金澈鎬は懲役15年、罰金92億3000万ウォン、尹子重は懲役7年、追徴金8186万9400ウォン、金東謙は懲役12年をそれぞれ宣告された。この事件は82年5月の李哲熙・張玲子事件、83年10月の永東開発振興事件とともに、第5共和国下の三大大型金融不正事件の1つに数えられている。

日本歴史教科書歪曲事件　1982年7月、日本の文部省が、83年度版の小・中・高校の歴史教科書のなかの韓国・朝鮮関連部分をはなはだしく歪曲した事実が明らかとなり、日韓両国の外交問題となった事件。問題の教科書は、朝鮮の古代史・近代史・現代史を歪曲して記述していたが、とくに日本の侵略を含む近現代史の歪曲がもっとも

はなはだしく、日本の朝鮮侵略を「進出」に、外交権剥奪と内政掌握を「接収」という言葉で微温化した表現で記述し、土地所有権の掠奪を「土地所有権確認・官有地への接収」、独立運動弾圧を「治安維持をはかる」、朝鮮語抹殺政策を「朝鮮語と日本語を共用語に使用」、神社参拝強要を「神社参拝奨励」と歪曲するなどの記述があった。この事件が発生すると、韓国内世論はもちろん、日本のマスコミ・知識人からも、日本の過去の暴力を記憶から抹消しようとするものとして日本政府のやり方を強く批判して是正を求める声が上がった。しかし、日本の政府官僚は是正どころか「韓国の歴史教科書にも誤りはあるようだ」などの暴言を吐いて、悪化した韓国国民感情をさらに刺激した。これによって韓国内の世論は沸騰し、反日運動が大々的に展開された。教科書問題に直接的な介入を避けていた韓国政府は、7月22日、ようやく歪曲部分是正を徹底させる方針をとりはじめ、日韓経済協力会議をキャンセルして、是正を促すメモを送った。こうした韓国政府の強硬対応と国際世論の非難は、8月26日、日本側の「教科書の問題となる部分を政府の責任において是正する」という約束を引き出すに至った。これによって事態は収拾の方向に向かい、11月24日、日本の小川文相が新しく改訂された「教科書の検定基準」を確定・発表した。こうして教科書是正の約束の実務的措置がとられることで、事態はいったん落ち着いたが、歪曲部分の是正についてはいまだに満足すべき水準に至っておらず、ひきつづいて問題となっている。しかし、その後に日韓両国にまたがる歴史的事件について、両国の歴史家・教育者間で認識を同じくしようとする地道な努力が始まり、現在も継続されている。また、同じ問題が2001年にも起きた。

克日 日本を克服すること。日本帝国主義の朝鮮・中国・東南アジア侵略を美化した82年の日本歴史教科書歪曲事件が国際的な非難を受け、韓国社会で反日感情が全国民的に昂揚したのに対して、その熱気を外交的観点から方向づけ、緊張を調整し中和させようとする一部言論から唱えられたスローガン。朝鮮日報社が最初にキャンペーンとして展開した。独立記念館の設立もこのキャンペーンの所産である。克日の論理は韓国の実力を育てていこうとするものだが、日韓の癒着と政治的経済的支配従属の構造問題を単純な経済競争の問題にすりかえているとの指摘もある。

アウンサン廟爆破事件（ラングーン事件）
1983年10月9日、全斗煥大統領の東南アジア・太平洋6ヵ国公式訪問の最初の訪問地であるビルマ（現ミャンマー）のアウンサン廟で発生した爆弾テロ事件。大統領の廟参拝に参列するため同伴していた公式・非公式随行員のうち、徐錫俊副総理、李範錫外務部長官、金東輝商工部長官、徐相動資部（動力資源部）長官、咸秉春大統領秘書室長など韓国人17名、ビルマ人4名が死亡し、47名が重軽傷を負うという惨事となった。捜査の結果、この爆発事件は北朝鮮軍偵察局特攻隊所属の陳某少佐ら3名の軍人によって遂行されたことが判明した。彼らは9月9日に北朝鮮の黄海南道甕津港を出発。22～23日ごろビルマのラングーンに到着して、ビルマ駐在北朝鮮大使公邸に潜み、爆破計画を進めていた。全斗煥一行がビルマに到着する前日夜明け2時にアウンサン廟に潜入し、屋根裏に2個の爆弾を仕掛けたことが明らかにされた。ビルマ側はこの事件の捜査を終えると、11月8日午後1時を期して北朝鮮との外交関係断絶の声明を発表、ラングーン駐在北朝鮮大使館

アウンサン廟爆破事件の前。李範錫（中央）

員に対し、48時間以内の出国を勧告した。韓国政府は国民葬直後の10月14日、金相浹国務総理の辞表を受理し、陳懿鍾を新国務総理とする内閣改編を行った。

鶏龍台 大田市西北25キロの鶏龍山のふもと（忠清南道論山郡豆磨面夫南里）に「6・20計画」という暗号名で83年から建設が進められた韓国陸海空3軍の統合基地。89年7月に陸軍・空軍が移転し、93年6月には海軍も移転を完了して完成した。敷地900万坪。米国防総省（ペンタゴン）に似た地上5階・地下3階、5角形の建造物を中心に、3軍の統合本部機能ばかりか、軍人や軍属の家族のための学校・病院などの福祉施設や生活環境も整備された巨大な軍事都市が現出した。

世界キリスト教統一神霊教会（統一教会） 1954年に文鮮明がソウルで布教を開始。教理書は「原理公論」。宇宙の根本原理は1つであり、この原理を解明することで世界のすべての教会を統一し、1つの神を中心とする人類大家族社会を建設することを目標としている。宣教活動を「原理運動」ともいい、72年以降、宣教本部を米国に設置し、世界133ヵ国で宣教運動を行ってきた。84年7月に教祖・文鮮明が脱税容疑で米連邦法院で有罪判決（懲役1年6ヵ月）を受けて服役したこともある。また、この教会は日本では合同結婚式と霊感商法によって社会的に物議をかもしている。

丁来赫事件 1984年6月、民正党代表委員丁来赫の不正蓄財を暴露する匿名の投書により、丁来赫がすべての公職を辞任した事件。84年6月13日、民正党と政府の主要機関4ヵ所宛に陳情書が届けられた。それによれば、前国会議長で民正党代表委員の丁来赫の蓄財額が180億ウォンに上り、また彼は外貨の持ち出しや不動産投機、地域産業介入を行ったという。陳情書は149枚に及び、各種の証拠物件が添付され、陳情者は民正党委員一同と署名されていた。この陳情書によれば、丁来赫の一族は、確実な証拠書類があるものだけでも、ビルデ

ィング4棟などを含む16件の不動産（総額178億4000万ウォン）を所有しており、彼らは安値で土地を買い入れては、土地転がしや建物の用途・地目の変更などの方法で利益を得、蓄財がなされたという。関係機関は極秘で内部調査した結果、投書の張本人は全羅南道の和順・潭陽・谷城地域選挙区の民正党公認で、丁来赫と競合関係にある文亨泰予備役陸軍大将であるという事実を明らかにし、同時に丁来赫の公職者財産登録事項を確認した。その結果、投書で告発された財産はすべて登録済みで、第5共和国発足以降に財産が増えた事実はないと発表した。しかし、この事実が言論機関で報道されると、社会的指導層の道徳性を激しく非難する世論が起こり、野党も、臨時国会の場で丁来赫の蓄財過程における権力の介在を明らかにせよと要求し、政治的攻勢をかけると、6月25日に民正党総裁全斗煥は、突然、丁来赫を代表委員から更迭した。同29日、丁来赫自身が声明を発表。財産の社会還元、議員職辞任、民正党離党などすべての公職を辞任する意思を明らかにすると、この事件は終息に向かった。しかし、権力の恥部を露呈したこの事件は、第12代総選挙を前にした民正党の道徳性と威信を致命的に損なう結果をもたらした。

大盗（義賊）・趙世衡脱走劇　1983年4月14日、無期懲役を求刑された大盗・趙世衡（39歳）が法院（裁判所）内の拘置監から脱走し、彼の一連の泥棒行脚とその手口、被害者の身元などが明らかにされ、世間の耳目を集めた事件。政府高官や元老級の政治家、あるいは財閥の邸宅を選んで巨額の盗みを働き、大盗（義賊）の異名をほしいままにした趙世衡は、前科11犯で、82年3月までに通算16年間を獄中で送った。金持ちだけを狙い、ドライバー1本で10億ウォン以上の金品を盗んだことから、「企業型窃盗」という新語が彼のためにできたほどだった。この大盗の脱走がきっかけとなって明らかにされた被害者は、総理兼経済企画委員長の金埈成をはじめとして、前国会議員で大韓教科書会長の金光洙、前国会議員・申東寛、韓国化粧品社長・林光庭、朝陽商船社長・朴南奎、高麗病院院長・趙雲海、東亜自動車社長・河東煥など政財界の錚々たる名士で、盗まれた物品も大型ダイヤモンドなど数千万ウォンの貴金属品が大半だった。趙世衡は義賊と見なされていたので、彼の脱走劇は庶民の心情的支持を得たが、脱走5日後の15日に一市民の通報によって検挙された。社会に蔓延する貧者と富者の断絶感と、金持ちの非理（不正）を懲らしめたいと願う庶民大衆の心情をさらけだした事件だったといえよう。

大韓航空007便撃墜事件　1983年9月1日午前3時26分、サハリン島隣接海域の1万メートル上空で、ソ連のスホーイ15型戦闘機が発射した2発の空対空ミサイルが大韓航空機007便ジャンボ旅客機を撃墜し、乗員乗客269名の全員が死亡した事件。8月31日0時5分（韓国時間午後1時25分）にニューヨーク・ケネディ空港を離陸した大韓航空007便は、31日午後8時37分、アンカレッジ空港に着陸。乗務員全員が交代（機長・千炳寅、副機長・孫東輝）した後、午後9時59分にふたたび運行を開始し、R-20航路（アラスカ南端からカムチャツカ半島南を抜け、日本の本州上空を越えて江原道江陵ーソウルをつなぐ）に入ったが、アンカレッジを出発した直後からR-20航路の右側（北側）へと離脱し、ソ連が管轄する飛行情報区域内に隣接する公海上空に入った。つづいてカムチャツカ半島とサハリンおよびその周辺のソ連領内沿岸上空へと

入った。この007便をスパイ機と誤認したソ連防空軍はミサイル攻撃を加え、007便はそのままサハリン西南の公海に墜落、269名の乗客乗員全員が死亡する惨事となった。犠牲者の国籍は韓国をはじめ、日本・台湾・米国など13ヵ国にのぼった。事件発生直後の83年12月、国際民間航空機構(ICAO)は、限られた証拠と状況設定による推測にもとづいて、以下のような調査結果を発表した。①ソ連迎撃機はカムチャツカ半島上空とサハリン付近で007便を迎撃しようと待ち構えていた。②ソ連当局は大韓航空機を「スパイ機」とみなしたが、肉眼観察によってそれを確認しようとする努力を怠った。③大韓航空機は迎撃直前に、1万600メートルから1万700メートルへとあたかも逃避行動のように上昇し、「スパイ機」という疑いを与えた。④大韓航空機乗務員の行動は、ソ連機の迎撃を誘発したようだ。

しかしこの事件は、ソ連はなぜ非武装の民間旅客機を撃墜したのか、撃墜命令はだれが下したのか、RC-135米国スパイ機が似かよった時間に偵察行動を行ったのはなぜかなどの多くの疑惑を残した。旅客機の飛行記録が収められたブラックボックスはソ連側によって83年10月末に回収され、93年1月にICAOに引き渡されたが、パイロットの誤操作による航路離脱が明らかになるにとどまった。韓国政府は事件発生直後からソ連を激しく糾弾し、ソ連領土内の国際行事への代表団派遣を取り止めたが、ソウル・オリンピックへのソ連参加については言及せず、問題拡大を回避する姿勢を見せた。こうして民間航空史上例のない惨劇は、外交問題化することなくうやむやとなったが、事件の真相を究明する遺族の努力はいまもつづいている。ソ連崩壊後も、事件の核心はいまだ闇のなかである。大韓航空の責任については85年8月、乗客14名の遺族(27名)が訴訟を起こした。このうちカナダ人2名は訴訟を取り下げ、その他21名は和解した。しかし残る4名(全員日本人)については97年7月16日、東京地裁が大韓航空に1億3600万円の損害賠償を命じた。

南北故郷訪問団 1985年9月20日から23日まで、南北双方の離散家族故郷訪問団と芸術公演団それぞれ151名が、相互に交換訪問を行った。84年9月、北朝鮮が韓国の水害被災民に対して救援物資の提供を申し出、韓国が受諾したことをきっかけに再開された南北対話は、85年に入って、南北赤十字会談・経済会談・国会議員会談予備折衝や体育会談など、4方面にわたって活発に展開されるようになった。とくに85年5月28日から30日にかけて、12年ぶりにソウルで開かれた南北赤十字社会談第8次本会談では、「光復節40周年を前後し、離散家族故郷訪問団と芸術公演団の交換訪問を推進すること」に合意し、全国民の胸をときめかせた。その後、3次にわたる実務者代表折衝が行われ、①訪問団の規模は151名(団長1名、故郷訪問団50名、芸術公演団50名、記者30名、支援人員20名)、②訪問地域はソウルと平壌、③訪問期間は9月20～23日の3泊4日、④交換方法は同時交換、⑤公演回数は2回、⑥公演内容は政治的性格を排除、伝統民族歌舞中心などの具体的問題が合意され、南北間の故郷交換訪問は実現した。9月20日に金相浹大韓赤十字社総裁が引率する韓国側訪問団151名と、孫成弼北朝鮮赤十字社委員長が率いる北側訪問団151名が板門店を経由して平壌とソウルを交換訪問した。韓国側の故郷訪問団50名のうち35名が41名の北側家族と、北側故郷訪問団30名が51名の韓

第5章　民主化運動と統一への模索　1979▶1993

池学淳主教と北朝鮮の姉（1985年9月）

国側家族や親戚とそれぞれ面会を果たし、21～22日には平壌大劇場とソウルの中央国立劇場で芸術公演が開催された。両訪問団はふたたび板門店を通過して各自の地へと帰ったが、この相互訪問は民族統一に対する国民の熱望を爆発させ、韓国全土は興奮の坩堝と化した。しかし、国民の期待とは裏腹に交換訪問は以後15年間断絶し、2000年6月の南北首脳会談における合意にもとづいて、あらためて継続的な事業として開始されることになる。

ソウル・アジア大会　1986年9月20日から10月5日にわたって開催された第10回アジア大会。36ヵ国のアジア・オリンピック評議会（OCA）会員国のうち、北朝鮮などの共産圏国家を除外した27ヵ国がこの大会に参加した。例外的に参加した中国が金メダル94個を獲得して総合1位となり、韓国は金メダル93個で2位、日本は金メダル58個で3位となった。第10回アジア大会は歴代大会史上最大規模の4839名の選手と役員が参加し、競技種目は新たに正式種目として採択されたテコンドー（朝鮮古来の武術）を含む25種目となった。269の競技が開かれたが、世界新記録11、世界タイ記録2、アジア新記録90、アジア・タイ記録8、大会新記録224、大会タイ記録32をそれぞれ樹立、82年のインド大会を超えるはなばなしい記録を残した。韓国は、84年のロサンゼルス・オリンピック以降めざましく向上したスポーツ水準を基礎に、自国での大会での審判判定（ホーム・ディシジョン）の利点、競技種目での有利さなどが重なって、体育関係者・選手と全国民が驚くほどの記録を樹立した。このように韓国のスポーツ水準が刮目すべき進展を見せたのは、第5共和国発足以後に体育部（省）の新設（82年3月20日）、体育振興、財政的支援の拡大、メダル獲得選手に対する年金制度導入など、スポーツ発展のための集中的支援を行った結果だった。こうし

てアジア大会の開催により、韓国はいわゆるスポーツ外交で一定の成果を収めた。しかし、民生問題を取り残したまま莫大な予算をかけてアジア大会開催に漕ぎ着けた「展示行政」に反発する学生や社会運動圏(議会外での反体制運動)は、激しい反対デモを展開した。また、大会に向けての街路環境整備という名目で、屋台などの露店商を、救済措置を講ずることなく撤去したことで、民衆の生存権(生活権)を要求する学生と都市貧民の連帯闘争が頻発した。政府はこうした学生デモを防止するため、大会期間中、10大学の休校措置をとるなどした。

2. 6月抗争と第5共和国の没落

国民和合措置 全斗煥政権の強権政治に対抗して反独裁民主化闘争が活発に展開されるなかで、1983年11月のレーガン米大統領韓国訪問、85年5月のローマ法王韓国訪問、86年のアジア大会、88年のソウル・オリンピックの開催を前にして、国際世論を意識せざるをえなかった全斗煥政権が、83年2月から1年余の期間にわたって段階的に行った融和措置。政治家、学生、大学教授など民主勢力の政治活動解禁・特赦・復学・復職などがその内容だったが、政権の意図とは裏腹に民衆運動を活性化させる契機となり、85年9月にはふたたび弾圧措置がとられるようになった。

［解禁］ 全斗煥大統領は83年2月25日に、政治活動規制者555名のうち250名に対する解禁を行ったのにつづき、1年後の84年2月25日に202名を追加解禁した。この1次・2次解禁により、政治活動規制対象措置を解かれた人々は、前国会議員140名(旧与党83名、旧野党57名)をはじめとして、旧政党員と幹部160名、公務員22名、学界・言論界・宗教界・文化界の人々130名。これにより旧時代の政治を主導した中心的人物とその側近、在野の署名運動に参加した人々など99名を除いた全員が解禁措置を受けた。

［解職教授の復職を許容］ 文教部(現教育部)は83年12月5日に80年戒厳期間中に教職を奪われた解職教授に対し、84年の新学期から復職を許したが、かつて所属していた大学への復職は認めなかった。

［除籍学生の復学を許容］ 文教部は、83年12月21日に80年の5・17非常戒厳令拡大

措置以降の学園騒擾事態と関連して除籍された全国65大学1363名に対し、84年の新学期から復学を認め、同時にこれまでの処罰主義の学園対策から善導主義へと方針転換し、学園自律化（自由化）措置を行った。これによって全国各大学で除籍された学生727名が学園に帰ったが、彼らの復学は84年の学生運動の起爆剤となった。

[特赦]　政府は83年8月12日、学園騒擾事態、釜山アメリカ文化センター（米文化院）放火事件、学林事件（民労連・民学連事件）、南民戦事件、金大中内乱陰謀事件、および光州民主化運動関係者695名などをはじめ、一般刑事犯1249名を対象に、特別赦免・減刑・復権・刑執行停止などの措置を行った。これにつづいて12月22日には、公安事犯172名と一般刑事犯1451名など1623名の刑確定者を特別赦免・刑執行停止とし、142名の公民権失効者に対しても特別措置をとった。また、84年3月2日には、学園騒擾と関連して服役中の学生159名を追加釈放し、こうして学園騒擾関係者のほとんど全員が釈放された。

学園自律化（自由化、自治）措置　1983年12月21日に文教部がとった除籍学生の復学許可を骨子とする一連の融和措置。これに従って84年の2月末には、学園内に常駐していた警察部隊は撤収し、新学期には1363名の除籍学生のうち復学を希望する727名が学園に戻った。この学園自由化措置は学生運動を活性化させる契機となり、4月になると、学生たちは「学園民主化推進委員会」（学民推）と「学園自由化推進委員会」（学自推）を構成し、「除籍学生復学推進委員会」とともに、指導休学制の廃止と強制徴兵撤廃、軍に服務中に死亡した学生の死亡原因の究明、「学園自由化推進委員会」あるいは総学生会の公式認知、平教授評議会の復活、解職教授の原籍大学への復職、学園への視察中止、学徒護国団の解体、言論基本法の撤廃、解職労働者の復職、労組弾圧の中止、集示（集会とデモ）法の廃止など、学内民主化と社会民主化の要求を掲げ、構内デモや街頭デモ、徹夜籠城などの活発な闘争を展開した。政府当局の自由化方針に呼応しながら、指導休学制の廃止、解職教授の原籍大学への復職などの学園問題と関連した要求事項の相当部分を貫徹して2学期を迎えた学生たちは、学生会を復活させるなど学内大衆組織を拡大していく一方、社会運動団体との連帯闘争を広範に組織していった。また、11月5日に「民主化闘争全国学生連合」を結成。政治的要求を掲げて大学間の連携デモを展開し、14日には高麗大・延世大・成均館大を合わせて264名の「民正党党舎占拠籠城闘争」を組織した。同時に総選挙にも積極的に参加し、85年の第12代総選挙の新民党ブームを起こす原動力となった。

民主化推進協議会（民主協）　金泳三系と金大中系（上道洞系と東橋洞系。それぞれの指導者の自宅所在地からこう呼ばれる）の野党人が連合し、1984年5月18日に発足した在野政治団体。83年5月、軟禁状態にあった金泳三が、「民主化5項目」を掲げて断食闘争を展開したのを契機に結成された。断食中断後にようやく自宅軟禁を解かれた金泳三は、上道洞系の親睦団体である民主山岳会をつくった。また同時に、東橋洞系との提携を模索し、両系列の合作によって結成された民主協は、84年夏に拘束を解かれた人々によって補強され、新韓民主党結成の母体となった。新民党が第12代国会議員総選挙で院内第1野党へと浮上した後も、民主協は院外にあった金泳三・金大中の活動基盤として、新民党とは同伴

者的関係を維持してきたが、金泳三の新民党入党以後はその役割は縮小した。同協議会は、両金氏を共同議長とし、副議長19名、運営委員452名、16の局、32の部署という膨大な機構によって組織され、一時は在野民主団体と連合して民主化運動を展開したが、88年末の大統領選挙をめぐる両金氏の分裂の余波を受けて解体した。

新韓民主党（新民党）　民主協と旧新民党最高委員連合側が在野単一新党結成方針に合意して、1984年12月20日に創立発起人大会、85年1月18日に創党大会を開催し、発足した野党。略称は新民党。解禁された旧新民党の人々と、各界各層の民主化人士からなる創立発起人は、発起主旨文において「文民政治の確立」を掲げ、①政治活動規制法の廃止と全面解禁、②平和的政権交代のための制度改革、③総選挙勝利などの5項目の決議文を採択し、創立大会では総裁に李敏雨創立準備委員長を、副総裁には金緑永・李基沢・趙淵夏・金守漢・盧承煥の5名を選出した。新民党は、党結成宣言文において、「民主化熱望と民主的力量を総結集し、民族の主体勢力として、あらゆる反民主勢力とその要素を果敢に除去するための闘争の先頭に立つ」と宣誓。政治綱領として、①大統領中心制と大統領直選制、②任期4年で再選は1回のみとする統治機構、③独裁と独占の排除、④地方自治制の早期実施、⑤言論基本法の廃止、⑥軍の政治的厳正中立などを採択した。新民党は国民の民主化への熱望に力を得て、短い選挙運動期間と組織・資金面での圧倒的劣勢にもかかわらず、結成20日余の2・12総選挙で大都市票をさらい、第1野党に浮上した。しかし、87年の改憲闘争路線、「李敏雨構想」（議院内閣制を前提として、与野党の妥協をはかる構想）などをめぐって党内紛争が起こり、金泳三・金大中支持議員73名が離党を宣言して統一民主党を結成したことで、実質的には新民党は有名無実となった。

2・12総選挙（第12代国会議員選挙）
1985年2月12日に行われた第12代国会議員選挙。政治活動を解禁された政治家を中心とした新韓民主党が、結党後20日余のこの選挙で第1野党に浮上し、与党に対する国民の不信と民主化への熱望を反映した選挙となった。選挙の結果、執権与党である民正党は32.2パーセントの得票率で148議席（全国区61議席）を獲得、新民党は29.4パーセントの得票率で67議席（全国区17議席）を獲得した。また、民韓党は19.9パーセントで35議席（全国区9議席）で、第1野党の地位から転落し、国民党は8.9パーセントで20議席（全国区5議席）、新社会党は1.5パーセントで1議席をそれぞれ獲得した。この選挙で特記すべきは、新民党が大都市票をさらったことである。ソウルの14選挙区、釜山の6選挙区、光州・仁川・大田の5選挙区で全員当選を果たし、ことにソウル・釜山などでは、新民党候補がほとんど1位当選となり、大都市での得票率で与党民正党を抑えて気勢をあげた。新民党自身が「選挙革命」と呼んだこの総選挙で、新民党ブームが起きたのは、学生運動圏の支持などの若い層の政治的関心の高まりと支援に力を得たことが大きく、既存制度圏や野党、そして正統性を欠く全斗煥政権の強圧政治と不道徳性に対する国民の不満が一気に爆発したからだと分析できる。この総選挙によって、権力に偏った他律的政治環境はより自由な政治環境へと改編された。この環境変化は、民正党内の穏健派が力を得る背景を準備し、また同時に新民党の「改憲署名運動」など対与党の強硬な闘争を可能とさせて、「6・29宣言」を導き

出し、第5共和国の終末を早める原動力の1つとして作用した。また、第5共和国の政治地図は大幅に塗り替えられ、「やらせ野党」だった民韓党の解体をもたらした。

社会民主党（社会党）　第12代国会議員総選挙以後変化した政局のなかで、1985年3月1日に金哲が結成した革新政党。結党後、同党は革新系政党の統合運動を繰り広げたが、同年4月11日には新生社会党は韓国社会党との統合に成功した。その後は汎国民的な民主化闘争に参加し、基層（底辺）民衆への宣伝活動を活発に行ったが、広範な大衆の支持を得ることはできなかった。86年11月11日に「体質改善」を目標として、中央委員長に権斗栄を選出し、「社会主義青年同盟」などの新たに形成された革新勢力を党内に吸収する一方、反共イデオロギーを打破し、国民に社会主義理念を植えつけるのに力を注いだ。政治綱領は、①自由・平等・人間愛が具現化された社会主義社会の建設、②主要産業に対する社会的統制装置の整備、③南北対話の推進、④国家保安法の廃止、⑤議院内閣制と地方自治制の実施、⑥自主的全方位外交、⑦自主国防体制の強化、⑧軍の政治的中立化、などを掲げた。

学園安定法波動　1985年8月7日、政府が学園安定法試案を公表し、この立法化をめぐって与党と野党が激突した事件。85年に入って、「ソウル米文化院（アメリカ文化センター）占拠籠城事件」や「三民闘委事件」などが相次いで発生し、学生運動は激化の一途をたどった。政府当局はこの事態に対応すべく、85年春から学園安定法の制定を極秘裡に進めていた。8月1日、民正党内部の穏健派で学園安定法制定に反対の意思を表明した李漢東事務総長と李鍾賛総務が突然更迭され、後任事務総長に鄭順徳、後任総務に李世基が任命（8・1党職改編）、学園安定法立法化が本格的に推進されはじめた。8月5日、民正党幹部党政会議で学園安定法制定が決定されたのにつづき、7日には、①学園騒擾に関連する問題学生を対象に6ヵ月以内の善導教育を実施し、②反国家団体の思想や理念を伝播・教育したり、その思想や理念が表現された図書・文書・その他の表現物を制作・印刷・輸入・複写・所持・運搬・配付・販売・取得し、学園騒擾を煽動・助長した者には7年以下の懲役、もしくは700万ウォン以下の罰金に処するという内容を骨子とする、前文と11条・副則3項から成る「学園安定法試案」が公にされた。これに対して新民党は8月7日に声明を発表し、このような反民主的法律の立法化は、「司法部の権威と憲法の尊厳性を同時に破壊」するものと激しく非難した。また、同時に民主化推進協議会を中心とした「学園安定法阻止対策委員会」が構成され、「すべての民主勢力と共同闘争」する決意を明らかにし、在野39団体も学園安定法撤回を要求する共同声明を発表した。このように各界各層が激しい抵抗姿勢を見せると、14日に3党代表会議が開かれ、15日には新民党李敏雨総裁が大統領と会談するなどの一連の過程を経て、17日、ついに全斗煥大統領は「立法保留」の方針を明らかにせざるをえなくなった。こうして85年の夏の政局をいっそう熱くした「学園安定法波動」は下火となった。

改憲署名運動（直選制改憲1000万署名運動）　政府与党の「89年改憲」方針に抵抗するため、新民党が議会外闘争の展開を企図し、2・12総選挙1周年を期して、政府与党の虚をついて始めた。「直選制改憲

1000万名署名運動」が正式名称。1986年末までに1000万名署名確保を目標に推進された。そのためにもっとも重要な手段とされたのが、3月から5月まで全国主要都市で開かれた改憲推進指導支部の結成と、こうしたにわかづくりの署名運動だった。新民党は党舎捜索や封鎖、また国会議員の自宅軟禁や強制帰宅措置などの政府当局の妨害をかいくぐって、3月11日にソウル支部結成大会を手始めに、市道支部結成大会を強行した。この市道支部結成大会は市民の爆発的な支持によって力を得た。各地で数万名の市民が大会に参加し、光州の大会会場では30万名余の人波で埋まり、ときには深夜まで街頭デモが繰り広げられた。

こうした新民党改憲署名運動のもっとも重要な支持基盤となったのは、新民党と在野勢力の提携関係のなかで結成された「民主化のための国民連絡機構」(民国連)だった。3月17日、李敏雨と金泳三・金大中が、文益煥民統連議長、朴炯圭韓国NCC人権委員、李敦明カトリック正義平和委員長などに呼びかけて結成したこの団体によって、新民党は運動圏の闘争力と組織力を改憲署名運動に引き入れることに成功した。しかし、この提携関係は、運動圏の側が新民党の合法性と大衆動員力を利用して、大会場外で「軍事独裁打倒」「民主政府樹立」などの別途のスローガンを掲げながら別個の集会を開催すると、亀裂を生じはじめた。その後、4月29日の民国連記者会見、4月30日の青瓦台での民正党と新民党の党首会談、5・3仁川事態などの一連の過程を経て、新民党と運動圏の関係はついに回復不能の状態に陥った。こうした運動圏との関係が悪化するなかで、全斗煥が青瓦台両党首会談を通じて、「任期内の改憲に反対せず」の立場を表明した。ここに至って新民党は、6月24日、国会での「憲法改正特別委員会」の成立を機に、直選制改憲闘争の舞台を場内(国会内)へ移すことになった。

5・3仁川事態 1986年5月3日、新民党の「直選制改憲1000万名署名運動」仁川・京畿道支部結成大会が、運動圏の激烈なデモと公権力の暴力鎮圧によって中止となった事件。4月29日の「民主化のための国民連絡機構」(民国連)記者会見で、金大中民主化推進協議会共同議長が、「少数学生の過激な主張を支持することはできない」という意味の発言を行い、4月30日には、青瓦台での両党首会談の席上で李敏雨新民党総裁が、「左翼学生を断固取り締まらなければならない」という要旨の発言を行った。こうして新民党は、運動圏学生の反帝国主義スローガンの下での急進的傾向に対して、距離を置く立場を鮮明にした。在野運動圏はこれを「保守野党が本来の姿を現した」と規定し、5月3日に予定されている新民党の仁川・京畿道支部結成大会に向けて新民党への非難を本格化した。

この日、仁川市民会館で開催される予定だった大会は、4000名あまりの在野人士・学生・労働者たちによって午後1時から5時間にわたってつづけられた激しいデモと警察の暴力鎮圧によって中止に追い込まれた。ソウルと仁川に在野運動圏が総集結したこの日のデモで、各団体署名による39種のビラが撒かれたが、その骨子は、①反米、②反独裁、③保守大連合糾弾などだった。デモ隊は改憲署名運動の過程で潜在的同盟者の位置にあった新民党を「日和見主義集団」と規定し、「新民党は改憲闘争の主体ではありえない」と主張、①三民憲法(三民とは「民族統一・民族解放・民主戦取」のこと)制定、②憲法制定民衆会議の招集など、改憲に関する彼らの立場を提示

した。この5・3仁川事態は、新民党と在野運動圏の離反をもたらしたばかりではなく、運動圏に対する政府の弾圧を本格化させ、労働者階級による政治闘争を強調しつつ「三民憲法獲得」を主張したソウル労働運動連合（ソ労連）、仁川職業労働者連盟（仁労連）に対する大々的な弾圧と検挙を呼び起こし、検挙の過程で富川署性拷問事件を引き起こす契機ともなった。

富川署性拷問事件 住民登録証を偽造し、偽装就業（経歴詐称）したという容疑で京畿道富川署で取り調べを受けていた権仁淑（23歳、ソウル大学衣類学科4年在籍）が、同警察署の文貴童警官から性的凌辱と暴行を受けた事件。文貴童は5・3仁川事態に関連して手配された容疑者の所在を尋問するために、1986年6月6日早朝4時30分ごろから2時間半の間、また7日夜9時30分ごろから2時間の間、権仁淑に性的拷問を加えて陳述を強要した。事件発生約1ヵ月後の7月3日、権仁淑は文貴童を強制猥褻罪容疑で仁川地検に告訴、5日には権仁淑の弁護人団9名が文貴童と玉鳳煥富川署長ら事件に関連した警察官6名を職権乱用・暴行と苛酷行為（公務員特別凌辱罪）などの容疑で告訴したが、文貴童は事実を明かさぬまま、逆に権仁淑を名誉毀損と誣告罪で告訴した。当初、検察と公安当局は、権仁淑の性的暴行の主張は「革命のためには性すらも道具とする」という急進勢力の常套戦術だとして権仁淑を逆に非難した。しかし、真相究明と公正な捜査を望む世論が高まるとようやく捜査を開始し、事実をほぼ究明したにもかかわらず、8月21日には文貴童を起訴猶予、玉鳳煥ら関連警察官5名については不起訴処分とした。9月1日、この処分を不服として権仁淑の弁護人団166名は仁川地検に再捜査申請を行っ

たが、仁川地検とソウル地検はこれを棄却し、容疑事実を大部分認めたソウル高等法院（高裁）でもついに再捜査の申請は棄却された。その後、この事件は大法院（最高裁）に再抗告されて、3年間にわたって審理が行われた後、89年、ついに文貴童に懲役5年の実刑と権仁淑に対する慰謝料支払いの判決が下された。この事件の真実の確認過程で、公権力の横暴と不道徳性、人権弾圧の事実が暴露され、第5共和国の終末を早めることになった。また、在野・政界・宗教界・女性解放運動団体は、「性拷問容共捏造汎国民暴露大会（性的拷問による共産主義者でっち上げを暴露する国民大会）」を開催し、「富川警察署性拷問共同対策委員会」を発足させた。こうした過程において民主勢力の連帯が強化され、87年の民主化闘争の下地がつくられた。

朴鍾哲拷問致死事件 1987年1月14日、ソウル大生・朴鍾哲（21歳、言語学科4年）が、治安本部南営洞対共分室（対共産主義分室）で、「民主化推進委員会事件」に関連して手配されていたソウル大生・朴鍾雲（26歳、社会学科4年）の行方を尋問されていたところ、捜査員の趙漢慶警衛と姜鎮圭刑事の拷問によって死亡させられた事件。当初、警察は「机をトンと叩いた瞬間、オッといって倒れた」と状況を説明し、単純なショック死だと発表した。しかし、最初に検死を行った呉演相が水拷問と電気拷問が行われた疑いがあると証言し、これに副検死医の証言がつづき、尋問の真相が報道されると、警察は捜査に乗り出さざるをえなくなった。事件発生後5日目の1月19日に、水拷問が行われた事実を警察は公式に是認。趙漢慶と姜鎮圭を特定犯罪加重処罰法違反（拷問致死）容疑で拘束した。こうして事件の真相の一部が公開されると、新

民党が臨時国会召集と国政調査権の発動を要請するなど、政府与党に対する大々的な攻勢が開始された。また、在野宗教団体の糾弾声明発表や真相究明要求の籠城、各界人士9000余名で構成された「朴鍾哲君国民追悼会準備委員会」の発足と「2・7追悼会」「33・49祭」(拷問死した日から33日と49日目に催した追悼集会とデモ)など、政局は拷問政権の糾弾と民主化闘争が日を追って高まる状況となり、政権の基盤は動揺の極みに達した。これに対して全斗煥政権は、金宗鎬内務部長官と姜汶昌治安本部長の速やかな解任と拷問根絶対策の樹立などを発表して事態の収拾をはかろうとした。しかし、5月18日、天主教正義具現全国司祭団の声明発表が契機となって、この拷問事件には5名の警察官が加わっており、朴処源治安官・劉井邦警正・朴元沢警正などの対共分室幹部3名がそれを隠蔽あるいは矮小化したという新事実が明らかにされると、政権に対する国民の怒りと、84年以降久しくくすぶっていた民主化の熱気が爆発した。政府は5月26日、この事件の責任者として盧信永国務総理と張世東安企部長、鄭鎬溶内務部長官、金聖基法務部長官、徐東権検察総長など権力内の中心的人物を問責処分したが、反独裁民主化闘争は収まらず、ますます激化し、6月抗争へと拡大発展、第5共和国没落の起爆剤となった。

4・13護憲措置 1987年4月13日、全斗煥大統領が特別談話で明らかにした護憲を旨とする政局運営方針。この日の談話で全斗煥は、「平和的な政権委譲とソウル・オリンピックという国家的大事業を成功裡に終えるためには、国力を浪費・消耗させるだけの改憲論議を一時中断する」と宣言し、第5共和国憲法に従って、88年2月に政権を委譲することと、それにともなう大統領選挙人団選挙と大統領選挙を年内に実施すること、そして改憲論議はオリンピックの後に行うべきことを明らかにした。これに加えて、こうした護憲措置に対して予想される国内外からの反発などを考慮し、全斗

朴鍾哲君国民追悼会(1987年2月)

煥は彼の任期内での地方自治制の段階的実施を示唆した。しかし、この措置に反発した野党・在野連合は「民主憲法争取（奪取）国民運動本部」を結成し、「6・10国民大会」および「6・26民主憲法争取国民平和大行進」を呼びかけ、全国各地で民主化デモが爆発した。政権側はついに屈伏し、「6・29宣言」を発表してこの「4・13護憲措置」を撤回し、野党の直選制改憲案を受諾した。

6月抗争 1987年6月10日から、「6・29宣言」が発表されるまでの約20日間にわたる民主化デモ。87年4月13日に全斗煥大統領が改憲論議の中止と第5共和国憲法による政権委譲を骨子とする「4・13護憲措置」を宣布すると、宗教界や在野各団体からその撤回を要求する声明が相次いだ。政府批判の世論が激化するなかで、新たに結成された統一民主党は在野との共同闘争のための連携を模索し、5月27日に汎野圏連合組織（反政府人士の総連合体）として「民主憲法争取（奪取）国民運動本部」を発足させた。また、5月18日に天主教正義具現全国司祭団を代表して金勝勲神父が発表した声明によって、朴鍾哲拷問致死事件が「捏造・縮小」された事実が明らかにされて以来、政府に対する国民の憤りは高まるばかりだった。民主憲法争取国民運動本部は6月10日に、「朴鍾哲君拷問殺害の捏造・隠蔽糾弾と護憲撤廃国民大会」を開催し、糾弾闘争を民主憲法争取闘争と結合するのに成功した。この日、6万余の武装警察官を動員しての源泉封鎖（キャンパスや建造物から戸外へ出させないこと）にもかかわらず、デモに全国18都市で一斉に起こった。車両行列（自動車デモ）は警笛を鳴らして呼応し、沿道の市民は拍手で激励した。市庁1ヵ所、派出所15ヵ所、民正党地区党舎2ヵ所など21ヵ所の公共施設がこの夜のデモで破損させられ、警察官708名、一般人30名の負傷者（警察統計）を出した。夜遅くまでつづけられたデモは、夜10時に至ると、6月抗争の「台風の目」となった「（ソウル市）明洞大聖堂占拠籠城」へと引き継がれた。この籠城は6月15日に解散するまで5日間にわたって続き、大聖堂の外では連日、大学生と彼らを支援する近隣のサラリーマンのデモが繰り広げられた。一方、6月9日には、構内デモ中の延世大生・李韓烈（20歳、経営学科2年）が、警官が放った催涙弾の直撃を受けて瀕死の重傷を負う事件が発生（その後死亡）。12日に延世大生が「殺人的な催涙弾乱射に対する全延世大学関係者の糾弾大会」を開催すると、これを受けて全国各地に「催涙弾発射糾弾デモ」が拡大。民主憲法争取国民運動本部は18日を「催涙弾追放の日」として、大々的に運動を展開し、この日、全国14都市で24万名がデモに参加した。ソウルでは戦闘警察が武装解除され、南大門警察署が投石と火炎ビンの洗礼を受け、釜山では西面から釜山駅に至る幹線道路約4キロがデモ隊によって6時間の間占拠された。19〜20日にはデモの波は光州・順天などへと移って、激しいデモが展開された。デモのスローガンも「護憲撤廃」から「独裁打倒」「民主争取」「軍部独裁を支援する米国は出ていけ」などへと激化の一途をたどった。

20日になると、軍出動の噂が飛び交うなかで、民主憲法争取国民運動本部は声明を発表し、①4・13措置撤回、②6・10大会拘束者および良心囚（政治・思想犯）の釈放、③集会・デモ・言論の自由の保障、④催涙弾使用の中止などの4項目を要求した。また、これらの要求が受け入れられなければ、「国民平和大行進」を決行することを明らかにした。24日に行われた全斗煥と金泳三

民主党総裁の与野党党首会談が具体的な成果なく終わると、26日に民主憲法争取国民運動本部は平和大行進を敢行、全国33都市と4つの郡・邑で少なくとも20万余名（国民運動本部推算180万名）がデモに参加し、警察署2ヵ所、派出所29ヵ所、民正党地区党舎4ヵ所が破壊、あるいは放火され、3467名が逮捕・連行された。6月抗争のなかでも最大規模となったこの日のデモは、執権勢力をしてついに「6・29宣言」を発表せしめ、直選制改憲と諸般の民主化措置の施行を約束させる直接的な契機となった。こうしてサラリーマンなどの中産階層が大挙して参加し、国民すべてが権力に背を向けたことを意思表示した6月抗争は、第5共和国発足以来鬱積していた国民の民主化への熱意が頂点に達した事件となり、第5共和国の実質的な終末をもたらした。

6・26国民平和大行進　民主憲法争取国民運動本部は、「護憲撤廃」と朴鍾哲拷問致死事件隠蔽糾弾のために6・10大会を開催し、政府に回答を要求したが政府はこれといった動きを見せなかった。これに対して国民運動本部は、民意を確認する目的で、非暴力国民平和大行進を計画し、87年6月26日に実行に移した。この結果、全国33都市と4郡で、少なくとも20万名以上（警察発表5万8000名、国民運動本部推算180万名）という第5共和国発足以来最大の人々が、「軍部独裁打倒」「民主憲法獲得」を叫んでこの大行進に参加した。しかし政府はこれを不法集会と見なし、警察力を動員して正面から封鎖を断行した。こうした官憲の実力阻止にもかかわらず、全国240ヵ所でデモが行われた。事態の深刻さを痛感した政府・与党は盧泰愚民正党議員の「6・29宣言」を発表することで事態の収拾をはかった。この宣言は明らかに国民運動

「軍部独裁打倒」、「民主化と人権回復」の民主化運動

本部の要求に対して大幅な譲歩を示したもので、その意味でこの大行進の果たした役割は大きなものだったといえる。

民主憲法争取国民運動本部（国民運動本部、国本）　1987年、改憲闘争の過程で民族民主運動陣営の全勢力が総結集して誕生し、87年6月抗争を主導した反独裁国民戦線。86年の「5・3仁川事態」以降、集中的な弾圧に直面した民国連（民主化のための国民連絡機構）は実質的な活動遂行に困難をきたしはじめた。こうして運動陣営は、従来の民国連や宗教運動団体などの在野団体と、新民党、民主協を網羅した全国民的な闘争戦線を構築する必要を痛感し、87年5月27日、民主憲法争取国民運動本部を

結成した。同本部は発起宣言において「民主化はこの地でだれもが拒絶することのできない滔々たる歴史の大勢となった。いまやわれわれは、これまで孤立分散的に行われてきた護憲反対民主化運動を一本の太い奔流となし、国民のなかで拡大発展させるべく意思を結集できた」とアピールした。これによって6月10日の「汎国民糾弾大会」、6月18日の「催涙弾追放の日」、そして「6・26平和大行進」など、全国的な反独裁国民抗争が組織され、ついに執権勢力から「6・29宣言」を引き出した。

6・29宣言 1987年6月29日、盧泰愚民正党代表委員が発表した時局収拾特別宣言。①大統領直選制改憲と88年の平和的政権委譲、②大統領選挙法改正による公正選挙の実施、③金大中赦免復権と時局関連事犯の釈放、④拘束適否審（適法かどうかの審議）の拡大など基本権の強化、⑤言論基本法の廃止、地方駐在記者制の復活、プレスカードの廃止など言論制度の改善、⑥地方自治体および教育自由化の実施、⑦政党活動の保障、⑧社会浄化措置の実施、流言蜚語の追放、地域感情の解消などによる相互信頼の共同体形成などの8項目に及んだ。盧代表委員は、もしこの構想が受け入れられなければ、民正党大統領候補をはじめとする党代表職を含むすべての公職から引退すると言明し、民正党はこれを党の公式的立場として追認した。7月1日、全斗煥がこの盧泰愚の構想を「すべて受容する」と声明して、「6・29宣言」は政府与党の公式的立場となった。これによって「4・13護憲措置」は正式に撤回され、6月抗争の成果として、直選制改憲案が貫徹された。

『三千里』（在日・季刊雑誌）の役割 1975年2月から1987年5月にわたって13年間、50号出版された在日韓国・朝鮮人の季刊雑誌。戦前に本国朝鮮で発刊された文芸誌の『三千里』とは別。三千里とは、朝鮮半島の異称で南北のもっとも長い距離である三千里（1200キロ、朝鮮里は1里400メートル）から採られた。社主（スポンサー）は広島県の篤志家、徐彩源。発足時、編集は姜在彦・金達寿・金石範・朴慶植・尹学準・李進熙・李哲らの在日を代表する文学者、歴史家が務めた。在日を代表するといっても、彼らはもとは朝鮮総連に属していた人たちで、組織の硬直化のなかで自由に発言ができなくなってしまったことが、雑誌発刊の背景の1つにあった。そうしたことがありながらも、『三千里』はたんに既成組織に対抗するといった狭い枠組みや、また在日問題に関することだけにとらわれず、日本社会および南北朝鮮、東アジアにまで視野を置く、自由闊達でイデオロギーに左右されない編集方針を採った。当時、軍事政権下の韓国にも多大な影響を与えた。それだけに多くの支持を得、日本の著名な知識人はもとより、日本と隣国の韓国・朝鮮

「6・29宣言」を発表する盧泰愚

に関心を寄せる幅広い人々の意見が反映され、日本人の固定的な「朝鮮観」を変えるのに一定の役割を果たした。本誌にしばしば寄稿した田中宏氏は、のちに『三千里』についてこう述懐している。「一般の雑誌では在日の市民運動に関する議論は、特殊な問題だけに、いわばフォーカスされてしまうこともあり、原稿を書くうえで配慮を強いられます。『三千里』は、編集者が原稿依頼の際に明確な問題提起をされましたし、また『三千里』を通して、朝鮮問題にかかわる論者に向かって日本人として何が発信できるのかということがありましたので、ぼくとしては一所懸命書いた覚えがあります」。また、戦後の韓国・朝鮮史をリードし、当時斯界の泰斗であった旗田巍は、『三千里』終刊にあたり「地道な努力」と題して次の文章を寄せている。「季刊『三千里』の創刊以来、私はずっと愛読し、これに載った論文や記事から多くのことを学んできた。それが終刊になる。まことに惜しい気がする。しかし考えてみると、本誌の刊行には口に出せない苦労、苦心があったと思う。そのなかで13年間にわたって50号を出したことに対して、よくぞ健闘したと讃えたい……」。後代にもし、『日本雑誌史』というものが編まれるなら、『三千里』ははじめての本格的な在日の雑誌として永遠にその名が残るだろう。

3. 第6共和国の発足

統一民主党（民主党）　「『先民主化論』が前提とされる限りで議院内閣制に応ずる用意がある」ことを公にした新民党総裁の「李敏雨構想」が発表されると（87年1月）、議院内閣制支持へと新民党の党方針が傾きはじめた。この方針を真正面から批判した李哲承・李宅熙議員に対する懲戒問題をめぐって内紛が起こり、その結果75名が新民党を脱党し、うち69名（上道洞系＝金泳三系37名、東橋洞系＝金大中系32名。上道洞は金泳三の自宅所在地、東橋洞は金大中の自宅所在地）が、1987年5月1日に新保守野党・統一民主党を結成した。4月9日に結党準備委員会を結成し、13日に結党発起人大会が開かれ、5月1日には結党大会という超特急スケジュールで民主党は金泳三を総裁に選出、赦免復権に至っていなかった金大中を常任顧問に推戴し、①軍事独裁の終息、②大統領直選制改憲、③文民政治伝統の確立などを綱領に掲げた。結党当時、全斗煥政権が「4・13護憲措置」を発表するなど強硬な立場に旋回すると、民主党は民国連などの在野勢力と連合し、民主憲法争取国民運動本部を結成、全国的規模の場外（国会外）改憲闘争を展開、与党から直選制改憲の合意を引き出した。しかし、金泳三・金大中が大統領候補の一本化に失敗し、金大中系が脱党して、党は全面分裂状態となった。分裂後の民主党は、10月28日の国民投票で確定された大統領直選制改憲案に従い、12月16日実施された第13代大統領選挙に、金泳三を出馬させたが次点に終わった。90年1月22日、民正党・民主党・共和党の3党合党により民

自党が発足すると、吸収統合された。

平和民主党（平民党）　1987年の「6・29宣言」による金大中の赦免復権（7月9日）と第13代大統領選挙を目前にして、民主党内の候補単一化の話し合いが決裂すると（10月20日）、民主党から東橋洞系（金大中派）の議員が脱党し、1987年11月12日に保守野党・平和民主党を結成した。10月29日に結党準備委員会が構成され、30日に創党発起人大会、11月12日に結党大会開催という猛烈な勢いで結成された平民党は、金大中を党総裁と大統領候補に選出し、①民主主義理念を基盤とする真の民主政府の樹立、②中小企業主・労働大衆・農民の利益代弁、および富の公正な分配を通じた経済正義の実現、③軍の中立、④非同盟国家との交流を通じた自主外交、⑤平和共存・平和交流・平和統一の3段階統一政策の推進という5項目の綱領を掲げた。第13代大統領選に金大中が出馬したが3位で落選。選挙1ヵ月前に野党を割り、結果的に軍政終息に失敗した責任を問う世論の批判にさらされた。しかし、88年の4・26総選挙では院内第一野党に浮上した。巨大与党・民自党発足以後、ふたたび少数野党となったが、90年7月、与党の変則的国会運営に反発した野党議員の議員職辞退書提出波動を契機に、地域党の限界から抜け出るため、旧統一民主党の残留派を中心に結成された民主党との合党に力を注いだ。なお、1992年12月に行われた第14代大統領選挙に立候補した金大中は、かつての盟友だった金泳三民自党候補に敗れた。その後、党首には李基沢がついた。

新民主共和党（共和党）　「6・29宣言」以降、旧共和党総裁・金鍾泌の政界復帰宣言を契機に、旧共和党時代の閣僚議員たちを中心として1987年10月30日に発足した政党。10月5日の結党発起人大会を経て、10月30日結党大会兼大統領候補指名大会では金鍾泌を総裁および大統領候補に推戴する一方、「民主共和党の輝かしい理念と伝統を継承し、新たな近代化を主導する」ことを鮮明にした。①自由民主主義の理念、②自由経済体制、③農漁民と勤労者の中産階級化などを綱領として採択した。金鍾泌は第13代大統領選挙で180万余の票を得たが4位に終わり、4・26総選挙で共和党は35議席を確保して、平民党・民主党に次ぐ第3野党となった。13代国会初期にはほかの野党と協調関係を維持し、野党としての役割を遂行したが、次第に保守的性向をあらわにして、与党民正党と結託する方向へと進み、90年1月22日に民自党が発足すると吸収統合された。

ハンギョレ民主党　60〜70年代の学生運動出身者たちを中心とする新政治の集い（代表・諸廷坦）と芮春浩・金承均らを中心とするハンギョレ社会研究所が中軸となった汎民衆単一政党結成推進委員会を母体に、1988年3月29日結成された政党。常任代表委員は芮春浩。結党大会では「腐敗しきった政治的な現実を打開し、国民の現実に沿った新しい政治を建て直すために、ハンギョレ民主党の第一歩を踏み出す」と宣言し、自主・民主・統一を核心とする十大綱領と五大基本政策を採択した。第13代国会議員選挙には63名を立候補させたが当選者は朴亨午ただ1人（全羅南道新安）で、しかも朴亨午は当選後ただちに脱党して平民党に移った。その後は党としての命脈を維持するのみという状態だったが、89年11月10日、「民衆の党」と統合して「進歩的大衆政党建設のための準備の集い」を発足させた。

直選制改憲　1987年の6・29宣言により与野党が合意して改憲案が議決され、87年10月27日、国民投票(賛成93.1パーセント)で確定、29日に公布、88年2月25日から施行された第9次改憲。第6共和国の憲法となったこの改憲の主要な内容は次のとおりである。①前文では、大韓民国臨時政府の法的正統性と4・19民主理念の継承および祖国の民主改革の使命を明示、②総綱では、国軍の政治的中立、自由民主的基本秩序に立脚した平和統一規定の新設を謳い、③基本権では、拘束適否審査請求権の全面保障、犯罪被害者に対する国家支援制の新設、刑事被疑者の権利拡大、許可・検閲の禁止による表現の自由拡大が明記された。また、④国定監事・監視権の復活、国会会期制限規定の削除、⑤大統領直選制と5年単任制、大統領の非常措置権と国会解散権の廃止、⑥大法官(最高裁長官)は国会の同意を得た上で大統領が任命、⑦憲法裁判所を新設し、違憲法律を審判、弾劾審判、国家機関間の権限争議審判、憲法訴願を管掌すること、などが主な改正点である。

第13代大統領選挙　1987年の6・29宣言と10月27日に確定された直選制改憲案に従って、同年12月16日に実施された大統領選挙。直選制選挙は16年ぶりである。遊説会場は人波であふれ、国民の高い政治的関心と民主化の熱気のなかで選挙が進められたが、盧泰愚候補が第13代大統領に当選し、軍部統治の清算と文民統治の実現という国民的要望は挫折した。民正党の盧泰愚、民主党の金泳三、平民党の金大中、共和党の金鍾泌、社会民主党の洪淑子、無所属の白基琓、韓主義党の申正一、一体民主党の金善積の8名が立候補し、このうち白基琓、洪淑子、金善積が投票前に立候補を辞退して、残る5名の候補が大統領の地位をめぐって闘った。その結果、盧泰愚候補が有効投票の36.6パーセントに当たる828万2738票を獲得して当選し、金泳三候補は28.0パーセントの633万7000票余り、金大中候補は27.0パーセントの611万3000票余り、金鍾泌候補は8.1パーセントの182万3000票余りを獲得した。また、この選挙の特徴としては、各候補者の得票がいちじるしく地域的に偏るという傾向が改善されず、盧泰愚候補は大邱と慶尚北道で69.8パーセントと64.8パーセント、金泳三候補は釜山と慶尚南道で55パーセントと50.1パーセント、金大中候補は光州と全羅南道で93.8パーセントと87.9パーセント、金鍾泌候補は忠清南道で43.8パーセントと、縁故地で集中的な支持を受けた。全国民的要望だった軍事政権の交代に失敗した最大の理由は、民主勢力の候補単一化の失敗といわれているが、政府与党の官憲動員による巨大な組織力と、莫大な資金の配付などをもう1つの大きな原因として挙げることができる。大韓航空858便爆破事件などが及ぼした社会的心理的影響も作用したものと思われる。この選挙が残した問題点としては、36.6パーセントという低い支持率で大統領に当選した盧泰愚の政権基盤の脆弱さと、深刻な様相として表れた地域感情問題などを挙げることができる。団結して6月抗争を主導し、6・29宣言を引き出した在野民主勢力が、この選挙の過程で候補一本化を批判的に支持する者、あるいは民衆候補支持にまわる者などに分裂し、それぞれが政治勢力化して、四分五裂の様相を呈したことも問題となった。また、選挙不正に抗議して「九老区庁不正選挙抗議占拠籠城事件」などが発生し、コンピュータ操作による選挙不正説も一時期噂として取り沙汰された。

九老区庁不正選挙抗議占拠籠城事件

1987年12月16日、第13代大統領選挙九老甲区で投票中に不正投票箱密搬出事件が起こり、市民と学生数千名が投票場の九老区庁で、4日間の籠城を行った事件。投票が進んでいたこの日の午前11時頃、九老区選挙管理委員会が不正投票箱を食パン用の箱に隠して密かに搬出しようとしていたことが、ある女性の通報によって発覚した。この通報によって、午後1時30分頃、投票不正操作を調査するために区庁3階の選挙管理委員会事務所にかけつけた市民と学生によって、投票箱1個、ボールペン60本、新しい印肉70個、政党代理人の印鑑と、朱肉がついている手袋6個、白紙投票用紙1506枚が発見され、ボールペン・キャップには真新しい印肉が付着していた。これから推察して、直前まで不正工作作業が行われていた痕跡が明らかになった。5000名余の市民・学生は、問題となった投票箱の開封・公開を要求し、また、午後4時頃に不正投票に抗議して籠城に突入した。以後、連日数千名の学生・市民が押しかけ、「不正選挙糾弾大会」などを開き、徹夜籠城体制に入った。政府当局は18日午前6時ごろ4000名を超える武装警官を投入し、催涙弾を無差別乱射して全面鎮圧作戦を開始した。2時間余りで1034名の籠城者を連行し、うち208名を大統領選挙法違反、暴力行為などの処罰に関する法律違反、放火などの容疑で拘束した。この日、2000余名の労働者が追いつめられた5階屋上は2時間余りの警察の暴行による大惨事に至った。暴力鎮圧によって屋上から墜落し、下半身麻痺や肋骨骨折などの重傷者が発生し、激しい殴打と直撃催涙弾による負傷者や全身を火傷する者も続出した。この無慈悲な鎮圧は全国民の憤激を呼び起こしたが、選挙敗北の衝撃で無気力化していた野党と民主勢力は適切な対応をとれず、事態はそれ以上拡大されないまま埋もれてしまった。

大韓航空858便爆破事件

1987年11月28日夜11時27分、バグダッド空港を出発し、アラブ首長国連邦の首都アブダビを経由した後、機首をバンコクに向けて飛び立った大韓航空(KAL)858便ボーイング707機が、29日午後2時5分ごろ、ビルマ(現ミャンマー)近海のアンダマン海域上空で空中爆発を起こし、乗客115名全員が死亡した事件。捜査の結果、テロ犯は蜂谷眞一・蜂谷真由美という偽名で日本人になりすました北朝鮮工作員・金勝一(70歳)と金賢姫(26歳)であることが明らかにされた。金賢姫の自白によれば、事件の経緯は以下のようである。金勝一と金賢姫は「88年ソウル・オリンピック参加申請妨害のために大韓航空機を爆破せよ」という金正日直筆の工作指令を受け、11月13日北朝鮮を出発、28日バグダッドに到着し、KAL858便に搭乗、ラジオとウイスキーに見せかけた高性能爆弾を座席の上の棚に残したまま、アブダビ

金賢姫

空港で降りた。その後、バーレーン空港を抜け出ようとしたところ偽造旅券が発覚し、金勝一はタバコのフィルターに隠しもっていた毒物を飲んで自殺した。金賢姫が飲んだ毒物は少量だったため、命をとりとめ、韓国政府当局に逮捕された。しかし、北朝鮮はこの事件を「南朝鮮当局の自作自演劇」と主張した。また第13代大統領選挙を目前にしたデリケートな時期にこの事件が起こり、選挙日の前日に爆破犯の金賢姫が韓国に移送されたことから、一時人々の疑心を呼び起こした。金賢姫は死刑を宣告されたが、特赦によって刑を免れ、後に安企部嘱託職員となった。事件発生の約2年後、機体の一部が引き上げられて韓国側に引き渡された。

第6共和国 1987年10月27日、国民投票によって確定された第6共和国憲法に従って12月16日実施された第13代大統領選挙で民正党の盧泰愚候補が当選、88年2月25日に大統領に就任し、発足した。1993年2月まで継続した韓国の6番目の共和憲政体制。

[統治構造の特色] ①大統領直選制と5年1期制、②国会議員小選挙区制、③国政監査権の復活。

[主要施策] ①88年オリンピックの開催、②「北方政策(北方外交)」(共産主義諸国との国交修復)、③7・7宣言、④韓民族共同体統一方案、⑤「土地公概念」の導入、⑥一山・盆唐新都市建設(ソウル郊外の都市開発)。

[政治・社会状況] 第5共和国の清算と民主主義改革の課題を抱いて発足した第6共和国政権は、党利党略に埋没した野党との妥協のなかで第5共和国の清算を形式的に終わらせ、保守大連合構築のために政界再編を行い、90年1月22日、巨大与党・民自党を発足させた。ソ連のペレストロイカ、東欧圏の民主化により国際情勢が急速に変化するなかで、盧泰愚大統領は社会主義圏の市場開拓を行う一方、朝鮮半島の平和定着と統一論議をリードすることで弱化した統治基盤を挽回し、長期執権の基礎を固めるために社会主義圏との修好と南北交流を提起するなど北方政策を積極的に推進した。しかし、政府は南北交流を主張しながらも、文益煥牧師の北朝鮮訪問事件や徐敬元議員の北朝鮮密入国事件など、一連の北朝鮮訪問事件を口実として「公安政局」(対北朝鮮に関連する緊急事態)をつくり出し、北朝鮮訪問者たちに国家保安法を適用し拘束するという論理的矛盾を露呈した。また政府は当初、国民の経済民主化要求にそって「土地公概念」を導入し、同時に金融実名制を実施しようとしたが、独占財閥とその代弁者である民正党の圧力に押され、土地公概念を原案から大きく後退させて立法化した。また、金融実名制実施を全面的に留保し、民自党発足以後には財閥中心の経済成長論に回帰して、経済民主化の意思に疑念を抱かせた。また、87年後半期から盛んになった財閥の不動産投機、住宅投機の余波により、90年春には住宅難と物価高がピークに達し、国民の不満は高まった。この時期の社会運動の特徴としては、7・7宣言と平壌式典をきっかけにした統一運動の活性化を挙げることができる。また、全民連・全労協・全農・全資連(露天商らの組合)・全教組など、民衆の全国的な組織化の進展とともに、民衆党(仮称)という民衆勢力の合法政党建設の動きなどを挙げることができる。

第13代国会議員選挙 1988年4月26日に実施された国会議員選挙。16年ぶりに小選挙区制が復活され、地域区224議席と全

韓国の憲法改正

	主な内容	契機・目的	特徴
憲法制定 [制憲国会] (1948.7.17)	・国民の基本的権利の保障 ・大統領制 ・国会単院制 ・国会による大統領間接選挙 ・憲法委員会 ・統制経済	・大韓民国建国	・制憲憲法
第1次改憲 [2代国会] (1952.7.7)	・国会の両院制採択 ・正副大統領の国民直接制選挙 ・国務院(内閣)責任制の採択	・李承晩大統領の継続的執権のため	・抜粋国会(国会側と政府側の2案を折衷
第2次改憲 [3代国会] (1954.11.29)	・主権の制約、領土の変更をもたらす重大事項に対する国民投票制採択 ・国務総理に対する連帯責任制廃止 ・初代大統領再任制限撤廃 ・経済条項の自由主義化 ・軍法会議の憲法的根拠付与	・李承晩大統領の長期政権	・四捨五入改憲 (在籍議員203名中、賛成135票、反対60票、棄権7票) ＊203票の3分の2は136票
4月革命(1960年)により第2共和国誕生			
第3次改憲 [4代国会] (1960.6.15)	・大統領制を廃止、議院内閣制を採択 ・中央選挙管理委員会を新設 ・憲法裁判所を新設 ・国民の基本権の保障を強化 ・警察の中立性保障 ・司法権の独立と民主化の強化	・第2共和国の誕生 ・議院内閣制の採択	・4月革命直後与野党の合意改憲 ・第2共和国憲法
第4次改憲 [5代国会] (1960.11.29)	・選挙違反に対する処罰のための刑罰不遡及の原則に例外規定	・3・15不正選挙違反(元凶)処罰	・憲法付則改正
5・16軍事クーデターによって憲政が中断し、非常措置法による軍政実施(1961.5.16～1962.12.26)			
第5次改憲 [最高会議] 国民投票 (1962.12.26)	・前文の改正 ・政党の国家的傾向を強調 ・単院制国会の採択 ・大統領制の採択 ・司法に違憲法律審査権付与 ・憲法改正に対する国民投票制採択 ・経済科学審議会議、国家安全保障会議の実施	・第3共和国の誕生 ・形式の変更	・5・16軍事クーデター後、第3共和国憲法 ＊前文改正によって実質上憲法改正

第6次改憲 ［7代国会］ 国民投票 (1969.10.21)	・大統領の3期継続を認める ・国会議員の定員増加 ・国会議員の閣僚兼任を認める ・大統領への弾劾手続きを厳格化	・大統領3期政権	・3選改憲と朴正熙大統領の新任
10・17非措置 (1972年) により憲法の一部効力停止、国会解散 (1972.10.17～1972.12.27)			
第7次改憲 ［非常国務会議］ 国民投票 (1972.12.27)	・平和的統一指向 ・統一主体国民会議の新設 ・大統領間接選挙と権限の強化 ・国会と司法の権限の弱化 ・政党の国家的傾向の指向 ・憲法委員会の新設 ・憲法改正の手続きの二元化 ・非常措置権の新設 ・基本権の多くを制限	・第4共和国の誕生 ・平和統一の指向 ・朴大統領の継続政権と大統領独裁	・10月維新後、第4共和国国憲法（維新憲法） ＊前文改正により事実上の憲法改正
第8次改憲 ［立法会議］ 国民投票 (1980.10.27)	・政党運営費の国家負担 ・基本権の不可侵性の強調および幸福追求権の新設 ・大統領の間接選挙制、任期7年1期制 ・非常措置権の発動、要件の厳格化 ・統一主体国民会議の廃止 ・国会議員の比例代表制採用 ・独寡占規制条項の新設 ・憲法改正手続きの一元化	・第5共和国誕生 ・大統領間接選挙制と権威主義体制の樹立	・10・26 (1979) 事態により緊急措置解除 ・民主化運動展開 ・5・17 (1980) 非常戒厳令拡大による軍事政権と国保委と戒厳統治 (1979.10.26～1980.10.27) ・第5共和国憲法 ＊前文改正により事実上の憲法改正
6月 (1987年) 民主抗争によって6・29宣言。合意憲法			
第9次改憲 ［12代国会］ 国民投票 (1987.10.29)	・大統領直選制、5年一期制 ・大統領権限の弱化 ・国会解散権の削除 ・国政監察権の復活 ・国会の権限強化 ・司法権の独立強化 ・憲法裁判所新設 ・国民の基本権強化 ・経済の民主化指向	・第6共和国誕生 ・大統領直選制と民主化達成	・6・29宣言後第6共和国憲法 ＊前文改正により事実上の憲法改正

国区75議席を合わせた299議席のうち、民正党が125議席（全国区38議席）、平民党が70議席（全国区16議席）、民主党が59議席（全国区13議席）、共和党が35議席（全国区8議席）、ハンギョレ民主党が1議席（総選挙直後平民党に入党）、無所属が9議席をそれぞれ占め、政党政治が定着して以来初めて、政権与党が過半数確保に失敗し、いわゆる「与小野大」の政局となった。第13代総選挙は、それ以前に行われた大統領選挙に対する国民の失望感と野党候補一本化失敗に対する批判的雰囲気によって、歴代平均投票率79.6パーセントを下回る75.8パーセントの低調な投票率となり、民正党33.9パーセント、民主党23.8パーセント、平民党19.3パーセント、共和党15.6パーセント、その他の政党2.6パーセント、無所属4.8パーセントの順に得票した。「与小野大」の政局が形成され、平民党が院内第1野党に浮上した理由は、地域別没票現象（特定地域に票が偏ること）が重要な要因として作用したが、平民党は、もともと強い地域である光州・全羅南道・全羅北道地域の37議席すべてとソウルでの17議席を占め、得票率では第3位となったのにもかかわらず、院内第1野党となった。この選挙では、在野運動圏勢力がハンギョレ民主党、民衆の党を結成し、立候補したが、実質的には1名の当選者も出すことができないまま国会進出に挫折した（ハンギョレ民主党から当選した朴亨午は当選後ただちに平民党に移籍）。反面、在野勢力のなかで平民党に入党した文東煥・朴英淑・趙昇衡・徐敬元・梁性佑・朴錫武・李喆鎔・李相洙・金泳鎮・鄭祥容・李海瓚と、民主党に入党した姜信玉・盧武鉉・李仁濟らが議会に進出し、現実政治の壁の厚さを実感することになった。第13代総選挙は「与小野大」の国会を生み、第6共和国の国会活動を活性化させる直接的な契機となったが、90年1月22日の3党合党により、この構図は崩れた。

5共清算 第5共和国非理（不正）清算のための政府と国会の活動。1988年3月31日、セマウル運動中央本部の非理と関連し、全斗煥の実弟である全敬煥が拘束されたのを手始めに、6月13日には当局が全斗煥一族の非理調査に着手し、「5共政治権力型非理調査特別委員会構成決議案」を発議し、27日に通過、11月3日、5共特別委員会の発足および第1次聴聞会などにはじまり、89年12月31日の全斗煥国会証言に至るまで約2年間つづいた。

［聴聞会］ 韓国言論史上初のテレビ特設生中継（国会生中継）により、全国民あげての注目と声援のなかで進められた「5共非理（第5共和国の政治における不正活動）」「光州問題」「言論問題」聴聞会は、予想をはるかに超える不正と陰謀の実態を部分的ではあるが暴露し、国会の機能を活性化させ、密室政治を公開政治へと導き、大衆の政治参加意識を高めた点において歴史的意義があった。しかし、証人たちの偽証と不誠実な答弁、議員たちの資質問題、後続措置の不十分さなどが問題点として残った。88年11月4日から5回にわたって進められた「日海財団政問会」（日海は全斗煥の号）の場合を例にとると、張世東前安企部長と鄭周永現代グループ名誉会長らが重要な証言者として召喚され、①基金、募金の強制性、②政経癒着の実態、③青瓦台警護室、保安司などの権力による横暴や専横などを暴露した点については成果として数えられる。しかし、88年以降の長期執権構想（大統領引退後、院政を敷こうとしたこと）については明らかにされなかった。11月18日にはじまった「光州民主化問題聴聞会」

は、光州虐殺被害者をはじめ金大中、李熺性、鄭鎬溶ら65名の証人を出席させ、6度にわたって進められた。この聴聞会では、①1980年の5・17非常戒厳令拡大措置の不法性、②空挺部隊の過剰鎮圧などが実証されたが、③空挺部隊指揮責任者、④発砲責任者、⑤正確な死亡者数などは明らかにされなかった。また、許文道・李相宰・許三守らが証言者として召喚され、11月21日から5回にわたって進められた「言論聴聞会」では、言論人粛清・言論統廃合などが新軍部の言論掌握の陰謀から始まったことが明らかにされ、陰謀遂行過程が対外的には言論の自由化を推進するかのように緻密に「偽装」された事実が明らかにされた。

[処理とその結果] 聴聞会を通じて各種の非理が暴露される一方、全斗煥の実兄・全基煥、妻の弟・李昌錫ら一族がつぎつぎに拘束されたことで、批判世論が極度に高まると、全斗煥は11月23日に対国民謝罪文を発表。政治資金139億ウォンとソウル市西大門区延禧洞の自宅などを国家に献納し、江原道の百潭寺に隠遁することを声明した。つづいて盧泰愚大統領が特別談話を発表し、全斗煥に対する「政治的赦免」を訴えると同時に、①政治犯の全面釈放、赦免復権、②光州事件被害者の名誉回復、③政治資金の陽性化(情報公開・明朗化)、④非民主的法律制度改廃などの6項目の時局収拾方案を提示した。一方、盧泰愚の指示で発足した「5共非理特別捜査部」は、張世東をはじめ車圭憲前交通部長、金宗鎬前建設部長官など47名を拘束して、89年1月31日に「5共捜査」を終結させようとした。これに対して野党圏は一斉に反発し、全斗煥と崔圭夏の国会証言、鄭鎬溶・李元祚・許文道・張世東・李熺性・安武赫ら5共の核心人物の司法的処理を5共清算の前提条件に掲げた。しかし、民正党の非協力

的態度、証人の不誠実な証言や光州事件の真相究明の不十分さによって国民の間に失望感が生まれ、聴聞会の熱気も薄れていった。同時に中間評価に対する立場の違いと、文益煥牧師の北朝鮮訪問にともなう「公安政局」(対北朝鮮に関連する緊張状況)がつくり出されると、ついに野党圏協調体制が崩れ、5共清算作業はうやむやとなった。つづく89年の「12・15青瓦台与野党党首会談」では、①全斗煥の1度だけの国会証言と生中継、②鄭鎬溶・李熺性の公職引退、李元祚の告発、③光州市民の名誉回復と補償のための11項目の妥協案によって、5共清算の年内終結が合意された。しかし、紆余曲折の末になされた12月31日の全斗煥国会証言は、光州での発砲問題を「自衛権発動」と強弁するなどの弁明に終始し、野党議員の嘲笑と罵倒のなかで、当初、証言予定時間は14時間とされたにもかかわらず、実質的証言時間はわずか2時間にとどまり、所期の成果は得られなかった。

光州特委(5・18光州民主化運動真相調査特別委員会) 88年7月13日、第13代国会に設置された。聴聞会開催を通じて、5・17非常戒厳拡大措置の事実究明につとめた。そして、一部の政治家・軍人が事前に緻密に謀議したものであるという可能性を明らかにした。また、金大中内乱陰謀事件の真偽、光州事態での米国の役割、空挺部隊の指揮責任、発砲命令などを重点的に追及した。しかし、核心部分の発砲命令と関連して、野党側は鄭鎬溶前特戦団司令官を現場総指揮官と名指しながらも、全斗煥ら新軍部勢力の中枢を狙った。これに対して、当時の戒厳軍側の将軍たちは「発砲命令はなかった。ただ、当時の危急の状態では自衛権発動として発砲せざるをえなかった」と反論した。また、指揮体系の二元化

や死亡者数についても被害者側の証言と戒厳軍側証人の証言が食い違い、これといった進展はなかった。しかし、投入された空挺部隊員による過剰鎮圧があり、これが事態悪化の主な要因だったということが、多くの証人や野党議員の追及を通じて明らかになった。一方、89年12月31日の与党と野党の合意によって、「5共非理および光州特委連席聴聞会」が開催された。全斗煥前大統領は光州問題と関連し、51の質問事項に対する答弁のなかで、軍の発砲を「自衛権の発動」と強弁した。これに対して、野党議員たちのブーイングが高まり、結局、証言をすべて終えられないまま、聴聞会は散会してしまった。こうして争点が明確にされないまま光州特委の活動は事実上終止符を打った。

国政監査 国政監査権に従って国会が国政全般に対して実施する監査。担当の常任委員会別に毎年定期国会の翌日から20日間施行され、本会の議決によってその時期を延長することができ、その対象機関は、①国家機関、②特別市、直轄市、道、政府投資機関(国有会社)、韓国銀行、農水地区協中央会、③本会議がとくに必要だと議決した監査委員の監視対象機関、とされた。国政監査権の効率的な監査の遂行のために、委員会には、関連する書類の提出要求、証人・鑑定人・参考人の出頭要求、聴聞会の開催などの権限が付与され、要求されたすべての人がこれに協力しなければならないように規定されている。維新憲法以降廃止された国政監査権は、87年「直選制改憲」以後復活され、88年10月の定期国会で16年ぶりに国政監査が実施された。この国政監査では日海財団、セマウル運動中央本部、新世代育英会、心臓財団、牛価波動など全斗煥一族の非理(不正)をはじめ、三清教育隊事件の人権蹂躙、言論統廃合の強行過程、朴鍾哲拷問致死と隠蔽・捏造事件、権仁淑性拷問事件、金槿泰拷問事件などにおける公務員陵辱行為と人権蹂躙問題、不実企業整理過程の違法性、ソウル市などの公共機関の不正契約、ソウル地下鉄の一貫性のない計画など、多くの第5共和国の不正(5共非理)が集中的に暴かれた。こうした88年の国政監査は、国会が16年ぶりに対政府牽制機能をある程度回復した点と、各種の非理の温床と目されながら聖域化されてきた青瓦台(大統領府)や安企部、保安司など一部国家機関に対する監査を通じ、これ以上の治外法権状況の放置は許されないことを明らかにした点に大きな意義があった。しかし、うわべだけの形式的監査、議員たちの専門知識の不足、ロビー活動などの問題点により、実務的には不十分なものに終わった。

7・7宣言 1988年7月7日、大統領・盧泰愚が発表した「民族自存と繁栄のための大統領特別宣言」の通称。88年春から在野団体と学生を中心に統一論議が拡大し、「6・10南北青年学生会談」の弾圧による学生と警察の衝突など、統一運動の熱気がみなぎるなかで、盧泰愚は北朝鮮・中国・ソ連に対する開放政策を意味する6項目の政策を発表。「自主・平和・民主・福祉の原則に立脚し、民族構成員全体が参加する社会・文化・経済・政治共同体をつくりあげることにより、民族自存と統一繁栄の新時代を切り開いていくことを約束する」と宣言した後、①南北同胞間の相互交流、海外同胞の自由な南北往来、②離散家族の書信往来と相互訪問、③南北間の交易、④非軍事的物資については韓国の友好国と北朝鮮との交易に反対せず、⑤南北間の消耗的な対決外交の終結、⑥北朝鮮と韓国の友好国

との関係改善、社会主義国家への韓国側からの関係改善の6項目を実践方針として提起した。盧泰愚政権の統一外交政策の基本方針を示したこの宣言は、北朝鮮を敵視せず、積極的な対北朝鮮協力の意思を表明すると同時に、各種の対北朝鮮提案にはつねに付随していた前提条件をはずしたという点において画期的な措置と評価された。一方では、統一論議と対北接触の窓口を事実上政府の独占とし、在野と学生の統一論議を抑圧するものという批判的な見方も台頭した。ともあれ7・7宣言は、北の対話方針と噛み合って、南北国会会談や南北高位級会談のための予備会談など南北対話の触媒となり、社会主義圏との経済交流や修好など北方政策を推進するための出発点となったといえよう。

汎民族大会　1988年8月1日、韓国の各界人士1010余名が発起人となり、「韓半島の平和と統一のための世界大会、および汎民族大会推進本部発起趣旨文」を発表。汎民族大会で、南北と海外の同胞が参加するなかで祖国統一方案を検討し、実際的な統一プロセスを論議しようと提案したところからはじまった。その年の12月9日、北朝鮮の祖国平和統一委員会は、汎民族大会推進本部に公開書簡を送り、汎民族大会支持を表明した。89年3月にはヨーロッパ地域、北米地域、日本地域で、それぞれ汎民族大会推進本部が結成された。その後予定された3回にわたる予備実務会談は、韓国政府の妨害によってこれといった成果を見ることはなかったが、南・海外、北・海外のそれぞれの会談で進められた。こうして汎民族大会は、ソウルと板門店に分散して開催されたが、同胞の高い関心のなかで広範な社会団体が積極的に参加し、民間統一運動の基礎を固める転機となった。大会の成果をもとに、その年の11月ベルリンで南北・海外の3者が合意し、「祖国統一汎民族連合」が結成された。

北方政策（北方外交）　朝鮮半島の平和安定をはかるための安全保障と、社会主義圏の市場確保を目的として、盧泰愚政権が1988年から推進した外交政策。保護政策による対外貿易摩擦と市場の限界による経済的危機状況に突破口を用意する一方、このような経済的成果を基礎に統一論議での主導権を確保しようとする第6共和国政権の構想が基本動力となり、東欧圏の民主化の進展および中国の開放政策など、東北アジア情勢の変化が外的要因となった。政府は88年6月、経済構造調整懇談会で社会主義圏との具体的な交流方法を協議し、中国については、①担当地区設置と民間主体の交流の支援、②労働集約産業の移転と資源開発振興などを徹底し、ソ連については、①東海（日本海）を経由したソ連政府・商工会議所・企業との接触拡大、②東欧と中国を引き入れた三角貿易の推進を決定した。7月には南北間の自由往来と、北朝鮮と西欧、韓国と社会主義圏との関係改善協力などを主要骨子とする「7・7宣言」を発表して北方経済交流促進を確認し、10月7日には対北経済開放7ヵ条の措置を発表した。また、88年ソウル・オリンピックと前後して、ユーゴスラビアとの相互貿易事務所開設、ハンガリーとの常駐代表部設置を行い、89年2月1日にはハンガリーと正式の外交関係を樹立した。11月1日にはポーランドと、12月28日にはユーゴスラビアと正式に国交を樹立し、12月8日には、双方の外交官から構成される領事館をソウルとモスクワにそれぞれ設置することでソ連と合意した。90年1月7日にはチェコ、2月15日にはブルガリアとの修好議定書に仮調印し、90

年6月の韓ソ首脳会談の結果、9月30日、ついにソ連との国交樹立が成立した。また、9月の北京アジア大会を契機に中国との修好にも弾みがつき、92年10月には正式国交関係が樹立された。

韓ソ修好 1990年9月30日に行われた韓国とソ連との国交樹立。韓国の崔幸中外務部長官とソ連のシェワルナゼ外相が、国連で両国の国交樹立合意議定書に署名し、成立した。1904年、日露戦争直前に両国は事実上国交を断絶しており、86年ぶりの国交回復となった。1990年6月5日、サンフランシスコでの盧泰愚・ゴルバチョフ会談で具体化された。東北アジアでの冷戦構造の根本的変化を意味するこの国交樹立は、ソ連の朝鮮半島政策と盧泰愚政権の「北方外交」とが一定の政策的合致をみたことで行われた。ゴルバチョフにとっては、朝鮮半島での平和の定着と韓ソ経済協力の拡大を基礎とするソ連の経済発展をはかることで、みずからのペレストロイカなどの改革開放政策の正当性を確保する意図があり、韓国もまた、社会主義圏との経済交流を行うことで、経済的沈滞の克服と朝鮮半島の平和構造を定着させようとはかったのである。国交樹立後の90年12月31日に、盧泰愚大統領はソ連を、91年4月にはゴルバチョフ大統領が韓国をそれぞれ訪問した。91年12月にソ連邦が解体し、独立国家共同体（CIS）が誕生すると、旧ソ連の条約を継承したロシア共和国との外交関係は自動的に継続され、92年11月18日、エリツィン大統領が訪韓。19日には15ヵ条からなる「大韓民国とロシア共和国の基本的関係に関する条約」を締結した。エリツィン大統領は大韓航空機撃墜事件と、朝鮮戦争における旧ソ連の責任などを謝罪し、その事実解明の進展を約束すると同時に、原油・電子・山林開発・木材加工など23のプロジ

盧泰愚大統領とゴルバチョフ大統領。済州島にて　1990年6月

ェクトを提案した。そのほか、二重課税防止協定・両国税関間協力協定・経済共同委員会構成規定・文化交流協定・韓ロ関係発展のための軍事交流合意書など6つの協定が結ばれた。

韓ソ首脳会談　1990年6月5日、サンフランシスコで盧泰愚大統領とソ連大統領・ゴルバチョフが行った会談。1904年の日露戦争直前に両国が事実上断交して以来、86年ぶりに国交樹立が行われ、同時に東北アジアでの冷戦構造の根本的な変化を予告した「歴史的会談」と評価されている。会談直後、韓国政府側は両首脳が両国間の修好に原則的に合意し、朝鮮半島の緊張緩和のために努力したとし、会談の成果を発表する一方、韓ソ修好推進のための政府準備代表団と韓ソ経済交流協力団を構成し、具体的な実務作業を鋭意進めることを明らかにした。この韓ソ首脳会談は、ソ連の朝鮮半島政策と盧泰愚政権の北方政策が符合したことでなしえたものだった。ゴルバチョフは、朝鮮半島の平和安定と韓ソ経済協力拡大を基礎にソ連の経済発展をはかることで、ペレストロイカ(改革開放政策)の正当性を確保しなければならないという課題を持っていた。韓国側もやはり(旧)社会主義圏への市場拡大を通じて経済沈滞を克服しながら、韓ソ修好を通じた朝鮮半島の平和構造の定着が必要だった。この会談の結果、南北クロス承認の問題が活発に議論され、国家保安法の撤廃と北朝鮮訪問人士の釈放の要求が提起された。同年9月30日に韓ソ修好が実現した。

韓ロ基本条約　92年6月29日、韓国とロシア両国の外相会談で確定され、92年11月19日、エリツィン大統領の訪韓の際に直接署名された両国間の基本関係に関する条約。主な内容は前文と本文14条からなり、①友邦国としての友好協力関係発展の明示、②両国間の武力行為と武力行使の禁止、紛争の平和的解決規定、③産業・貿易・投資・科学技術・文化などさまざまな分野での協力推進などである。

韓中修好(中国との国交回復)　1992年8月24日、韓国と中国はこれまでの敵対的関係を清算し、国交正常化を行った。韓国代表・李相玉外務部長官と中国代表・銭其琛外相は北京市内迎賓館の釣魚台において、①相互不可侵、内政不干渉、②中国唯一の合法政府として中華人民共和国の承認、③朝鮮半島統一問題の自主的解決、などを骨子とする5項目の「大韓民国と中華人民共和国の外交関係樹立に関する共同声明」を交換した。83年の「中国民航機事件」で初めて公式に接触した両国は、90年1月の貿易代表部設置以来、数度にわたって外相会談を進め、修好交渉を本格化したが、北朝鮮の存在と朝鮮戦争参戦における中国側の立場の問題、「1つの中国」原則による韓国の台湾との断交問題などで難航を極めた。こうした争点がようやく合意に達して修好がなされたが、その修好の後続措置として台湾との断交が行われ、9月に盧泰愚大統領が中国を訪問し、朝鮮半島非核化問題などを討議した。この韓中修好は東アジアの安全保障問題に一大変化をもたらし、北朝鮮と日本との修好を促した。

延辺朝鮮族自治区　中華人民共和国吉林省にある朝鮮族の行政自治区。中国国内の少数民族は5000万人にすぎないが、国土の3分の2を占める地政学的な重要性と関連して、自治が認められている。そのうち中国国内の朝鮮族の人口はおよそ220万人。延辺周辺に170万人、それ以外には遼

寧省、黒竜江省などに点在する。延辺は満州東南部豆満江流域の地域で、戦前は間島と呼ばれていた。日本の圧制から逃れるため、この地に入植した朝鮮族は満州一帯に稲作技術を普及させ、勤勉で誠実な働きぶりで、中国内では比較的高い生活水準を維持している。大半が農業に従事しており、朝鮮語と伝統文化を母国に劣らずよく保存しており、現在は韓国と中国の間の交流が活発化するにともなって、その母国訪問が増加しつつある。また、この地に住む朝鮮族は地域的には北朝鮮出身者が多く、したがって北朝鮮との縁戚者も少なくない。現在の北朝鮮の食糧危機をめぐっても、親戚縁者として多大の援助を与えているという。

ソウル・オリンピック 1988年9月17日から10月2日までの16日間、ソウルで開催された第24回オリンピック。159のIOC加盟国から8465名の選手が参加し、241個の金メダルをめぐって競技を繰り広げ、ソ連が金メダル55個を獲得してメダル順位で1位となり、東ドイツは37個で2位、米国は36個で3位となった。開催国の韓国は金メダル12個、銀メダル10個、銅メダル11個で4位となった。80年のモスクワ・オリンピックは米国をはじめ西側諸国が参加を拒否し、84年のロサンゼルス・オリンピックでソ連をはじめとする東側諸国が参加を拒否して2度にわたって片肺オリンピックがつづいたが、ソウル・オリンピックはミュンヘン以来16年ぶりに全世界の国と地域が参加したオリンピックとなった。この世界的なスポーツ祭典の場は世界新記録33、オリンピック新記録225が達成され、洪水のような記録ラッシュとなった。88年オリンピック誘致を目標とした体育部の新設、86年アジア大会の開催など、第5共和国政権のスポーツ振興政策の延長線上で開催されたソウル・オリンピックは、ハンガリーとの修好、ソ連との貿易代表部設置など、社会主義圏との経済交流、文化交流の

メインスタジアムとなった蚕室（チャムシル）総合運動場

契機となり、韓国民の冷戦・反共イデオロギーの解消に寄与するなどの肯定的な側面とともに、国内的には、過剰消費と贅沢・享楽の風潮を蔓延させるなどの否定的側面も生んだ。誘致決定当初から、暴力的な都市再開発を進めるなど、民衆の生存権を無視し、国民の血税を濫用するものとして学生・在野の反発を呼び起こした。またソウル・オリンピックは、全斗煥政権と盧泰愚政権によって「オリンピック以後まで改憲論議を留保」「オリンピック以降に漸次問題処理」など、国民の政治意識を民主化要求抑制に誘導し、民主化の嵐を抑圧するために戦略的に利用された。「露店商強制取り締まり」などの民衆の生存権を弾圧する施策は広範な反対デモを引き起こし、また、オリンピック開催が現実化した時点でも、「南北共同開催」「南北単一チーム参加」などの政治的・社会的問題による統一闘争が展開された。

文益煥牧師北朝鮮訪問事件 1989年3月25日、「全国民族民主運動連合」（全民連）の顧問・文益煥牧師が統一民主党党員・劉元琥と在日僑胞の評論家・鄭敬謨をともなって平壌を秘密訪問した事件。この事件が発生すると在野・進歩的知識人・学生たちは文牧師の北朝鮮訪問を「純粋な統一への熱情」から出発したものとし、統一論議の新紀元を開いたとして、積極的な歓迎の意を表した。しかし、韓国政府は文牧師が政府との事前協議なしで独自に北朝鮮訪問を行ったうえ、平壌に到着した時の声明で「尊敬する金日成主席」などの表現を使用し、また、「南の民衆は独裁勢力と巨大な軍事力、経済力を駆使する外勢と闘いながら……」などの表現によって韓国政府を一方的に誹謗したことは、国家保安法上の「反国家団体潜入罪」に当たるとして、法的措置をとる姿勢を見せた。つづいて政府は、「公安合同捜査部」を設置し、全民連の主要幹部を連行・調査し、詩人の高銀、全民連祖国統一委員長の李在五を拘束するなどの「公安政局」をつくり出した。文牧師は金日成と2度にわたって会談。北朝鮮の祖国平和統一委員会委員長・許錟との共同声明の後、帰国。国家保安法違反容疑で拘束された。この事件の処理過程で政府は、鄭周永現代グループ名誉会長が金剛山共同開発プロジェクトなどの推進のために行った北朝鮮訪問は許容しながら、文牧師に対して苛酷な処置をとるのはおかしいという社会的非難を受けた。この密入国事件により文牧師には、指令捜査、潜入・脱出容疑が適用され、懲役7年が宣告されたが、1993年2月の金泳三文民政権発足直後に特赦によって釈放された。

東義大事態 1989年5月3日、釜山の東義大の学生たちが、図書館に突入した警官を阻止しようと投げた火炎ビンが燃え広がり、大火災となって、警察官7名が焼死、学生と警察官の17名が重傷を負った事件。5月1日、東義大生50名余がこの日の街頭デモで連行された鄭成源（経営学科3年）を救出しようと、釜山鎮警察署伽耶第3派出所に押しかけたのがこの惨事の発端となった。警察側はカービン銃で24発の威嚇射撃を行って学生たちを解散させたが、翌日、東義大生300名余は、銃を発射した警察官の問責と連行された学生の釈放を要求してデモを繰り広げ、その際に学生たちのなかに潜入していた私服警官5名を摘発・拉致した。学生たちは彼らを中央図書館閲覧室に監禁し、連行された学生9名との交換を要求したが交渉は決裂した。警察側は、3日朝5時15分を期して700名余の警官を投入し、図書館を包囲して拉致された警察

官の救出と籠城鎮圧作戦を開始した。図書館4階の閲覧室で徹夜籠城していた学生たちは9階屋上に避難し、7階のセミナー室に火炎ビンを投げつけた。火は燃え広がって大火災となり、身をかわすことができなかった一部の学生と警察官20名余が惨害をこうむった。この事件によって71名が拘束・起訴され、一審宣告公判で火炎ビンを投げた尹帽浩には無期懲役、総学生会企画部長の呉泰峯には懲役15年が宣告され、35名に懲役5年以上の重刑が宣告された。この後、「火炎ビン使用等処罰に関する特別法」が立法化された。

李哲揆変死事件 1989年5月10日、全羅南道光州にある朝鮮大学校の学生新聞『民主朝鮮』創刊号の北朝鮮同調論文掲載事件と関連して、国家保安法違反容疑で光州・全羅南道地域の公安合同捜査部の指名手配を受けていた編集長・李哲揆(電子工学科4年)が光州市北区清玉洞第4水源地上流で変死体として発見された事件。李哲揆が死体で発見されると、朝鮮大生と在野圏(議会外の社会運動団体)は遺体に手錠の痕跡があり、捜査当局に連行されて殺害されたのは明らかだと主張し、「李君死因究明対策委員会」を結成した。また、全南大病院霊安室前と全羅南道道庁前の広場で大規模な大衆集会を開催し、「李君死因究明」「公安合同捜査部即刻解体」などを要求してデモが繰り広げられた。この事件は光州民主化運動9周年を10日後にひかえて発生しただけに、きわめてデリケートな問題となり、国会では維新以降初めて国政調査権が発動され、政治問題へと飛び火した。警察は事件発生後20日目の5月30日に、李哲揆の遺体から多量のプランクトンが検出されたことから、溺死したものと推定されるという国立科学調査研究所の発表に依拠し、李哲揆は夜間に不審尋問を受けて山中に逃げ込み、道に迷って「水源地にはまり、溺死したもの」と最終結論を下した。「国会李哲揆変死事件調査特別委員会」は、検問されて逃走した李哲揆を逮捕できなかった理由とこれを隠蔽した事実、李哲揆を取り逃がした後、勤務規定時間内にもかかわらず早期に撤収した理由など、警察の対応に対する多くの疑問点を解決できないまま、調査活動を終了した。その後、鄭東年・裵宗烈・知誐・金鉉奬ら死因究明対策委員側の在野人士が相次いで検挙され、11月4日、望月洞の5・18墓地のそばに李哲揆が葬られて、事件は終了させられることになった。

徐敬元議員北朝鮮訪問事件 平民党所属の農民運動出身議員・徐敬元が1988年8月に2泊3日で北朝鮮を秘密訪問し、金日成・許錟らと会談した事件。89年6月末に徐議員自身が密入国の事実を公表し、安企部にみずから出頭することでようやく明らかとなった。この事件は、現職政治家にもかかわらず、徐議員の北朝鮮秘密訪問が10ヵ月以上も隠されたままだったという点で大きな衝撃と波紋を呼び起こした。文益煥牧師の北朝鮮訪問以降にかもし出された公安政局と社会の保守化傾向を増幅させたこの事件により、徐議員は拘束された。また、対北朝鮮への親書伝達説により金大中平民党総裁に拘引状が発布され、不告知罪(国家保安法違反の行為を知って、なお当局に通知しない場合に適用される)と外換管理法違反容疑で不拘束のまま起訴された。金壽煥枢機卿や咸世雄神父などの聖職者も不告知罪嫌疑を受けた。事件直後、徐議員の5万ドル受領説、平民党議員が2人ないし3人北朝鮮に入国したという説、平民研(平民党内の在野出身者の集まり)スパイ

団事件説、金大中総裁対北朝鮮親書伝達説などさまざまな説が飛び交い、平民党は結党以来最大の危機を迎えた。都合14名が拘束されたこの事件により、徐議員は大法院で懲役10年を宣告され、議員職を喪失した。

世界青年学生祝典 第2次世界大戦直後、ファシズム・軍国主義と闘った米国やソ連などの連合国側の青年たちが主体となって第3次世界大戦を防ぎ、恒久的な世界平和を定着させるという理念のもとに開かれた行事。政治・文化芸術・スポーツなどの祝典が同時に開催される。第1回大会はチェコのプラハが会場となり、89年には第13回大会が平壌で開かれた。平壌祝典には170ヵ国30万名以上が参加し、全大協(全国大学生代表者協議会)代表・林秀卿もこの平壌青年学生祝典に参加し、国内外に反響を巻き起こした。

林秀卿平壌祝典参加事件 1989年6月30日、全国大学生代表者協議会(全大協)代表・林秀卿(外国語大フランス語科4年)が単身で平壌に到着し、「第13回平壌世界青年学生祝典」に参加した後、板門店を経由して韓国に帰還した事件。当初は平壌祝典参加を認める姿勢を見せていた政府は、文益煥牧師北朝鮮訪問事件が起こると突然態度を変え、参加封鎖へと方針を転換した。そこで全大協は、極秘裡に林秀卿代表を第三国を経由して平壌に派遣した。平壌に到着した林秀卿は北朝鮮の人々の熱烈な歓迎を受け、平壌祝典参加中に北朝鮮の学生委員会委員長・金昌龍とともに、1995年までに祖国統一の偉業を実現するための共同闘争を謳った8項目の「南北青年学生共同宣言文」を発表した。また、白頭山から漢拏山に向かって国土を縦断する「朝鮮半島の平和統一のための国際平和大行進」にも参加した。祝典が終わると、林秀卿は天主教正義具現司祭団から派遣された文奎鉉神父とともに8月15日に板門店を通って帰国した。統一運動の正当性を内外に鮮明にし、「統一の花」と呼ばれた林秀卿の平壌祝典参加は、全大協幹部の大々的な検挙旋風を巻き起こしたが、国民の統一に関する関心を高め、冷戦イデオロギーを払拭させる起爆剤となった。この事件により林秀卿と文奎鉉神父は国家保安法違反に問われ、2審で懲役5年を宣告されたが、93年2月、文民政権の実現により釈放された。

南北青年学生共同宣言文 89年7月7

韓国の青年学生の代表朴秀卿による帰国記者会見
(1989年8月)

日、平壌で韓国の全大協と北朝鮮の朝鮮青年学生委員会が南北統一を促進する8項目を採択した共同宣言文。「祖国は1つ」というタイトルのもと、前文と8項目から成っている。①自主・平和・民族大団結の統一原則、②反統一勢力に反対、③休戦協定の平和協定への代替と南北不可侵宣言の採択、駐韓米軍の段階的撤収、④南北クロス承認と国連同時加盟などの「2つの朝鮮政策」に反対、⑤双方の思想と制度を認める基礎の上で統一国家を創建する、⑥南北の政府レベルの対話と民間レベルの対話の並行推進と、当局の対話独占反対、⑦南北学生間の政治的交流推進、⑧95年までの統一実現などである。この宣言文で全大協代表として第13回世界青年学生祝典に参加した林秀卿と朝鮮学生委員会委員長の金昌龍が双方を代表して署名した。

韓民族共同体統一方案 1989年9月11日、大統領国会演説によって示された盧泰愚政権の統一方案。82年の「民族和合民主統一方案」の中間過程を補強するもの。自主・平和・民主の三大原則のもとに、過渡的体制としての南北平和連合を実現するための民族共同体憲章採択段階と、南北連合段階を経て、統一民主共和国実現段階へ向かうという3段階統一方案である。その第1段階は、南北首脳会談を開いて民族共同体憲章を用意する段階で、ここで採択された憲章は統一憲法と民主共和国を建設する時までの南北関係を導く基本的機能を遂行する。第2段階は、共同体憲章を土台とする南北連合体制の最高決定機構である南北首脳会議と、その実現機構である南北閣僚会議、そして統一憲法の基礎と統一実現方法とその手続きを用意する南北評議会(制憲議会)などの過渡的機構を設置する。そして最終段階は、南北評議会で用意した統一憲法を基礎として、総選挙を実施、統一国会と統一政府を構成することにより、統一の最終段階に至ることになるという。この統一方案は「7・7宣言」で鮮明となった南北の相互協力の理念を明らかにしたという点で、また、歴代政権の統一方案のうち、北側が主張する「高麗連邦制統一案」との距離を縮めたという点で、その意義は大きい。

民衆党建設論議 在野運動圏勢力の進歩的合法政党建設の動きを示す言葉。合法政党の結成を主張してきた李佑宰・張棋杓ら全国民族民主運動連合(全民連)の人々は、合法政党の必要性を提起し、1989年9月26日の全民連第2回中央委員会で全民連を脱退し、「新政党結成のための臨時連絡事務所」を設置。民衆政党建設の主体となる人々を結集しはじめた。以降この連絡事務所は、89年11月に民衆の党とハンギョレ民主党が合党して結成された「進歩的大衆政党建設のための準備の集い」と統合し、「民衆政党結成のための政治連合」を発足させた。全民連第2回代議員大会で合法政党建設案が否決された後、90年3月12日、白基琓・桂勲悌・朴炯圭・李小仙ら全民連顧問の4名が民衆民主政党結成を促す声明を発表し、李富栄・李在五・呂益九ら各界代表16名が「民衆の政党建設のための民衆連合推進委員会」(民連推)結成を提案。3月21日、進歩政党準備集会が記者会見を通じて、「民連推」結成に賛同したため活動の基礎が整った。4月13日に447名の「民連推」推進委員会が参加し、白基琓・李佑宰・高泳坵を共同代表として選出するなど、公式的な体系を備えて発足した。以降、「民連推」は「野圏(議会外の社会運動団体)統合推進、独自的な民衆政党建設(小党派の分裂主義)反対」を主張した。高

泳垉・李富栄・朴啓東・諸廷垉らが脱退したなかで、6月21日、李佑宰民連推共同代表と金相基慶北大教授を結成準備委員長に選出し、①民衆主体、②民主政治の獲得、③民権守護、④民主勢力連合を主導、⑤民主財政の確立、⑥進取的な党風の確立など、六大創党原則を鮮明にした後、組織作業に着手、党創立発起人大会を開催した。

民衆党　労働者・農民・都市住民・中小商人・自営業者・在野民主化運動家が中心となって民衆自身の政治勢力化をはかり、「民衆のための政治の具現」「民衆の利益の実現」「韓国での政党的な歴史変革の追求」を目的として、90年11月10日に発足した。民衆党はみずからの立場を既存の政党とはっきりと区別するため、「民衆政党」をスローガンとしつつ、制度政治圏への進出を試みた。こうして、それまで議論の段階だった合法政党結成に向けての活動が具体的に進められることになった。89年10月4日に設置された「新政党結成のための臨時連絡事務所」を皮切りに、89年11月10日には「進歩的大衆政党建設のための準備会」が、90年4月13日には「民衆の政党建設のための民衆連合推進委員会」が、90年6月には「民衆党結成準備委員会」が順次形成され、90年7月に民衆党創党へと至った。92年の14代大統領選挙には白基浣を擁立して選挙戦を闘ったが、全投票者数の1パーセントの支持を得るにとどまった。進歩的勢力の制度政治圏への進出の困難さをあらためて実感した民衆党は、その後解体を余儀なくされた。

民主自由党（民自党）　与野党首脳の政治協議によって民主正義党、統一民主党、新民主共和党の3党が合党し、1990年1月22日に発足した巨大与党。与野党妥協のもとに鄭鎬溶議員の辞任と全斗煥国会証言を最後に第5共和国の清算を終えた与党勢力は、4党構造打破のための政界改編作業に本格的に着手しはじめた。1月11日から13日までの三金総裁（統一民主党＝金泳三、平和民主党＝金大中、新民主共和党＝金鍾泌）と青瓦台で個別に党首会談を開き、政界再編問題を論議した後、3党統合に関する合意を引き出し、民自党を発足させた。民自党は2月9日に合党大会を開催し、「世界秩序の再編のなかで、多くの国々が自己改革の奔流のなかに置かれている現実は、われわれの政治が創造的改革によって新しく生まれ変わることを要求しており、清新な国民政党の登場こそこのような要求に呼応する道であることを固く信ずる」と宣言し、①成熟した民主政治の具現、②持続的な経済成長、福祉経済の実現、③共同体社会の構築、④教育の自律性と機会均等の保障、民族文化の発展、⑤平和的民主統一と自主的外交努力など、5項目を綱領として採択した。5月9日、全党大会では盧泰愚を総裁に、金泳三を代表最高委員に選出した。「究極的決断」「新思考」など3党合党の主導勢力の主張と、①4党構造の不合理とその弊害、②内外の急激な政治状況の変化、③人物と地縁による政治圏の分裂現象、などの合党の名分を掲げたが、政界改編で疎外された平民党と在野の側では、長期執権のために国民の意思を無視したまま、密室で野合した一種の政治的クーデターだと非難した。結成以降、民自党は党内の派閥抗争により国民の指弾を受けるなかで、不動産価格暴騰事態・物価高・経済沈滞などの経済的難局を加速化させたところで、「土地公概念」の後退と金融実名制の留保などにより、当初約束した創造的改革に逆行し、国民の人気を失い、4・3補欠選挙では事実上敗北を喫した。また、7月の臨時国会で

放送法・国軍組織法・光州関連法・追加予算などの一方的な通過により、野党国会議員全員の議員職辞退を招き、政局を危機的状況に追いやった。その後、金泳三はこの政党を基盤にして大統領に当選したが、党務責任者の金鍾泌と党運営や次期大統領選などの思惑をめぐって対立、金鍾泌は95年1月、民自党を飛び出し、2月に自由民主連合を結成した。また、民自党自体も95年6月の地方選挙での後退や盧泰愚前大統領拘束をきっかけに12月に人心一新をはかり、「新韓国党」と改称した。しかし、経済不振や韓宝事件などで低落する支持を回復できず、大統領選を目前にした97年11月、民主党と合同。「ハンナラ党」となった。

4・3補欠選挙 1990年4月3日に実施された大邱・西甲区と忠清北道鎭川・陰城地域の国会議員補欠選挙。大邱の西甲区の場合、盧泰愚にもっとも近い参謀だった文喜甲候補が4万1970票(得票率51.5パーセント)を得て次点の民主党・白承弘候補(得票率42.1パーセント)を7728票の僅差でかわし、辛くも当選した。また、忠清北道鎭川・陰城では3万7441票を得た教員出身の民主党・許沍候補は、前道知事の民自党・閔泰求候補を6263票の差で抑えて当選するという予想外の結果となった。この補欠選挙は与党の牙城である大邱と忠清道で行われたため、民自党の楽勝が予想されたが、3党合党への国民の審判の指標となるこの選挙での勝利を得るために、民自党は党を挙げて選挙運動を繰り広げた。にもかかわらず、民自党が惨敗した理由は、3党合党以降に顕著になった住宅難、物価高騰、金融実名制の実施保留、農産物輸入波動、農政の失敗など、さまざまな政策的失敗への国民の不満と、鄭鎬溶候補辞退事件、民自党員の現役議員殴打事件、金入り封筒是非事件などに対する国民の嫌悪感に原因があると分析されている。この選挙の結果、鄭鎬溶候補辞退でようやく当選者を出し、傷だらけの勝利を得た与党・民自党は内紛に揺さぶられ、実質的な勝利を得た野党・民主党は大きく浮上した。

民主党 1990年6月15日、旧統一民主党残留派と87年大統領候補単一署名派グループを主軸に、「新生野党」を標榜して発足した政党。結成4原則として、①民主政府の大同団結、②党運営の体質改善、③世代交代、④野圏統合努力などを掲げ、「1・22政界改編努力」(与党民正党と野党統一民主党・共和党の合党による民自党結成)によって壊滅状態となった野党を再建し、巨大与党に立ち向かうと誓った朴燦鍾・李哲・盧武鉉・金光一議員ら、いわゆる「聴聞会スター軍団」を中心に2月27日には結成発起人大会、6月15日に結成大会を開催し、初代総裁に李基沢創党準備委員長を、副総裁に金鉉圭・洪思徳前議員を選出した。4・3補欠選挙の勝利によって急浮上した民主党は、以降7月の臨時国会で民自党がさまざまな悪法を手当たり次第に通過させたのに抗議し、所属議員たちが議員職辞退書提出を主導。91年9月、平民党との野党統合を果たした。金大中は14代大統領選に敗れた後、李基沢に党首のポストを譲って引退したが、自派勢力は党内に温存した。95年9月、金大中はこの民主党内支持者を基盤に政界に復帰し、国民会議(新政治国民会議)を結成。有力議員を失った民主党は骨抜きの状態となった。その後も勢力を回復できず、大統領選を目前にした97年11月、民自党と合同。「ハンナラ党」となった。

李文玉監査官拘束事件　1990年5月15日、監査院監査官李文玉が公務上の機密漏洩嫌疑で拘束された事件。5月11～12日付の『ハンギョレ新聞』に、財閥のロビー活動によって監査院の監査が中止された事実と、財閥企業の非業務用不動産保有比率が銀行監督院公表の1.2パーセントよりずっと高く、43.3パーセントに達すると推定されるという記事が連続的に報道された。財閥企業の土地投機に対する非難が高まり、政府当局は、この事実を情報提供した李文玉監査官を「公務上の機密漏洩」の嫌疑で拘束した。しかし、李文玉は23日の拘束適否審の審理で、87年の大統領選挙と88年の国会議員選挙の際に、ソウル市の予算88億ウォンが選挙資金として流用された事実と、財閥企業のロビー活動によって監査が中断された事例を挙げ、「監査員に圧力を加える外部権力機関はそのほとんどが青瓦台である」と暴露した。25日、検察が李文玉を起訴すると全国民族民主運動連合（全民連）・経済正義実践市民連合（経実連）など在野団体が中心となって、監査官釈放運動が市民運動として展開されはじめた。6月30日、ソウル刑事司法は被告は逃走の恐れなしとして釈放を決定、李文玉を釈放した。監査院の独立保障問題と野党の国政調査権発動要求まで進み、論議が紛糾したこの事件は権力内部の人間がその非理と政財界癒着の実態を暴露した最初の事件として記録されている。

7・20宣言　1990年7月20日、盧泰愚大統領が発表した南北交流問題に関する宣言。宣言の骨子は、解放45周年に際して、8月13日から17日までを「民族大交流」の期間とし、「この期間中は板門店を開いて北朝鮮の同胞を制限なしで受け入れ、また韓国民のだれもが自由に北朝鮮を訪問できるようにしたい」というものだった。韓国政府はこの宣言の後続措置として、同期間の北朝鮮訪問者が北朝鮮を誉めたたえ、また鼓舞するなど利敵性国家保安法違反事項に対していっさい処罰しないこと、文益煥・林秀卿など北朝鮮訪問によって処罰された人々の特別赦免措置などを検討すること、ひいては北朝鮮側の公安関係刑事法と韓国側の国家保安法の同時廃止協議、南北軍縮協議などを提案した。これに対して北朝鮮側は、38度線上のコンクリート障壁の除去、国家保安法など法律的制度的装置の撤廃、拘束された人々の釈放などを民族交流の先行条件として主張し、盧泰愚の提案を拒否した。しかし、この宣言により北朝鮮側は8月15日に板門店で開催される予定の「汎民族大会」に韓国側の全国民族民主運動連合（全民連）などの団体の参加が認められたとした。韓国政府も23日には韓国側からの参加を条件付きで認める方針を発表。韓国側の主宰者・全民連を母体とする推進本部が北朝鮮の代表団との間の「汎民族大会第2次予備会談」の開催に参加することを認めた。しかし、8月4日になると第3次予備会談への参加を不許可とした。15日の板門店行きも政府によって阻止され、韓国からの参加は実現しなかった。

南北高位級会談　南北の緊張緩和と関係改善のために首相級政治家が政治・軍事問題を協議する会談。88年12月16日、北朝鮮の延亨黙首相は核兵器を含む駐韓米軍の撤収と南北の軍縮、南北と米国が参加する三者会談の開催、南北間の相互誹謗と中傷の中止、軍事境界線沿いの非武装地帯の「平和地帯」化、大規模な軍事訓練中止などを議題とする副首相級を団長とした南北高位級政治軍事会談を提起した。韓国側はこれに対して姜英勲首相が12月18日に南

北の相互誹謗中傷の中止、相互尊重と不干渉、多角的交流と協力、軍事的信頼の構築、南北頂上会談の開催などの軍事問題を含む南北関係改善に関する問題を包括的に扱う南北首相会談を提起した。これに北側が同意し、89年2月8日に初めての予備会談が開催された。予備会談はチームスピリット問題と文益煥牧師・徐敬元議員の北朝鮮訪問事件により難航したが、90年7月に南北高位級会談第7回予備会談の事務会議で南北高位級会談についての議題と開催時期・場所などに合意し、同年9月5～6日、南北首相を団長とする南北高位級会談がソウルで開催された。その後、第2回(90年10月17～18日、平壌)、第3回(90年12月12～13日、ソウル)、第4回(91年10月23～24日、平壌)を経て、第5回(91年12月11～13日、ソウル)の会談で南北合意書を採択・署名し、第6回(92年2月19日、平壌)では合意文書を正式交換して発効させ、第7回(92年5月6～7日、ソウル)を経て、第8回(92年9月16～17日、平壌)では南北合意書の付属合意書を双方首相の署名によって発効させ、第9回会談を92年12月21日に平壌で開催することに合意した。しかし、第9回南北高位級会談は「南朝鮮労働党スパイ事件」の発生により、南側の「スパイ団事件の謝罪要求」と北側の「チームスピリット再開の撤回」という主張が対立し、結局は霧散して当分の間凍結状態に陥った。これが本格的に再開され、成果をあげるようになるのは、金大中政権成立後、とくに2000年6月の南北首脳会談以後のことである。この時点では北朝鮮が内閣制に復帰したため、南北閣僚級会談と呼ばれる。

南北国連同時加盟 1991年9月18日(現地ニューヨークでは17日)、第46回国連総会で、南北それぞれが同時に国連加盟国となったこと。加盟の順序は国名のアルファベット順に従って、北朝鮮(DPRK)は160番目、韓国(KR)は161番目の加盟国となった。この日、南側の首席代表・李相玉外務部長官と北側首席代表・延亨黙政務院総理はそれぞれ加盟受諾演説を行った後、国連本部前広場で太極旗と人共旗(北朝鮮の国旗)掲揚に立ちあった。国連加盟後の慣例に従って、両国首脳の国連総会基調演説が行われたが、盧泰愚大統領はこの場で南北正常化3原則を明らかにした。①休戦体制の平和体制への転換、②軍事的信頼の蓄積を基礎とした実質的な軍縮、③人的物質的交流と自由な情報交換の拡大、がその要旨である。また、延亨黙政務院総理は南北首脳会談の可能性を示唆した。この南北国連同時加盟と南北首脳演説によって、国際社会は南北双方の「国家像」を認めたことになり、これによって朝鮮半島での両政権の正統性と合法性論争に終止符が打たれ、和合と共存の時代へと入った。これについては歴史的意義が認められる。しかし、両国が国連においてそれぞれの議席を占めれば南北分断はほぼ永久的に固定されるのではないかとの憂慮の声もある。ともあれ、休戦体制が平和体制へと転換されたことの意味は大きく、南北ともに実定法の整備など内部での制度整備を急がねばならなくなった。

南北女性交流 分断後初の南北女性代表の連続交流。1991年11月25～30日に、ソウル恩平区ラマダ・オリンピックホテルで開催された「アジアの平和と女性の役割」会議に、北朝鮮最高人民会議副議長・呂燕九(呂運亨の娘)をはじめとする北朝鮮代表15名が参加し、分断後初めて南北の女性が顔を合わせることになった。南北および日

本からの代表が参加したこの会議では、東アジアでの男女不平等の起源とその解決方法が討論され、また、南北統一問題を展望するに際して、それぞれの立場に差異はあるが、「その差異を確認することが和解への出発点」であることを確認し、持続的な交流を約束した。つづく92年9月1～6日に平壌で開催された同会議第3回討論集会では、李愚貞・李効再・尹貞玉ら韓国側代表30名が参加して、「従軍慰安婦問題」解決のための連帯活動に合意。また、93年には日本で第4回目の討論集会を開いた。

南北和解と不可侵の合意書(南北間の和解と不可侵、および交流協力に関する合意書) 1991年12月13日にソウルで開催された第5次南北高位級会談で採択された。分断以後初めて南北間の政治的法的関係を検討し確定した基本枠組みであり、南北間の関係を「国と国との関係ではなく、統一を志向する過程で暫定的に形成される特殊関係」と規定し、なおかつ双方の「国家性」を認めたもの。序文、第1章・南北和解、第2章・南北不可侵、第3章・南北交流協力、第4章・発効のための条件の5分野で構成されている。各分野の主要内容は、序文では自主・平和・民族大団結という民族統一3原則を再確認し、第1章・南北和解においては、①相手側の体制尊重、②停戦状態にある南北間の平和体制への転換、③南北連絡事務所を板門店に設置すること、④南北政治分科委員会の構成などを述べ、第2章・南北不可侵では、①武力不使用、②南北軍事共同委員会の設置、③軍事分科委員会の構成などが定められた。第3章・南北交流協力では、①新聞・ラジオ・テレビの交流、②離散家族の自由往来、②電話回線の連結、③南北経済交流協力共同委員会の構成、④南北協力分科委員会の設置、などを骨子としている。この合意書は1992年2月、平壌で開催された第6次南北高位級会談で発効された。

朝鮮半島非核化宣言(朝鮮半島非核化に関する共同宣言) 1991年12月31日、南北間で国際的な争点となっていた朝鮮半島の非核化を妥結、採択したもの。第5次南北高位級会談での核問題の進展にともなって行われたこの宣言は、前文および、①核兵器の実験、受け入れ、貯蔵、配備、使用の禁止、②核エネルギーの平和的利用、③核再処理および濃縮施設保有の禁止、④核統制共同委員会の構成、⑤非核化検証のための相互同時視察、⑥発効のための条件、などの6項目で構成されている。

地方議会議員選挙 地方自治体復活の一環として1991年3月26日に実施された区・市・郡(基礎単位)議会議員選挙と、同年6月20日に実施された市・道(広域)議会議員選挙を合わせていう。基礎単位の選挙区は全国の邑・面・道単位の3526区、議員定数は選挙区別に1～4名で、合計は4304名。候補者の供託金は200万ウォン。政党は候補者の推薦を禁じられた(政党排除選挙)。投票率は55パーセントと低調で、結果は与党系候補者の得票率が70パーセントを超え、当選者は4月15日に全国260区の区・市議員を構成し、政治活動に入った。広域議会議員選挙の選挙区は総計866区。1区1人制で候補者は事実上1名に制限された。

姜慶大暴行致死事件 1991年4月26日、明知大総学生会長の逮捕に対する抗議デモに参加していた、延世大生・姜慶大が戦闘警察の集団殴打によって殺害された事件。事件発生の翌日、政府は安応模内務部長官

第5章　民主化運動と統一への模索　1979 ▶ 1993

光州に向かう姜慶大の遺体
（1991年5月）

を更迭し、すみやかな事態の収拾をはかったが、全国民族民主運動連合（全民連）・国民連合など在野団体は「汎国民対策会議」を結成。大統領に「5・1運動記念行事および姜慶大事件糾弾大会」「白骨団（武装私服警察の通称）解体決起大会」「民自党解散決起大会」など、「公権力による殺人」を糾弾する集会とデモを組織し、延べ10万名以上が参加する大規模な政権退陣要求闘争が相次いだ。この過程で、全南大生・朴勝熙、安東大生・金映均、江原大生・千世容らと、遺書代筆の疑惑を招いた全民連社会部長が抗議の焼身自殺を遂げ、また安企部介入の疑惑を呼び起こした韓進重工業労組委員長・朴昌洙が投身自殺を行うなど、事態は凄惨な様相を呈した。紆余曲折のすえに、5月20日、姜慶大の遺体は光州望月洞の5・18墓地に埋葬され、デモも鎮静化に向かって、第6共和国政権成立以来最大の危機は回避されたかとみえた。しかし、5月25日、成均大生・金貴井（25歳、仏文科3年）がデモ中に圧死するという事件が発生、ふたたび公権力の過剰警備に対する批判が沸き立った。状況は緊張の度を加えたが、6月3日、韓国外語大で最終講義を行った鄭元植国務院総理に対し、学生たちが生卵を投げつけるという事件が発生。世論はこれを運動圏（反体制グループ）学生

の道徳的低下と受けとめ、一挙に運動圏に対して批判的となり、「デモ政局」は急速に冷え切ってしまった。これに助けられて第6共和国政権は、ようやく情勢の挽回を果たした。しかし、国民の不信感をぬぐい去ることはできず、盧泰愚政権は軍部政治家への権力継承を断念し、民主化運動内部の穏健派リーダー、金泳三を後継者として選ばざるをえなくなった。

4．産業構造の調整と独占資本の再編

9・27措置 1980年9月27日、政府が企業体質の強化と企業風土刷新のためにとった経済措置。第2次石油波動以降の企業の財務構造の悪化に対処するため、財閥の系列企業の整理と非業務用不動産の処分促進をはかったもの。その骨子は、①企業と企業主が所有する非業務用不動産の処分とその所有制限、②財閥所有系列企業の整理、③会社整理制度の補完と企業救済金融の抑制、④外部監視制度の導入、⑤企業関連税制の確立など。9・27措置発表当時の整理対象企業は166社、処分対象とされた非業務用不動産は8400万坪に上った。

教育税法 教育基盤整備の一環として、学校施設の拡充と教員処遇改善のために必要とされる財源の確保を目的とし、政府予算と財政拡大を目指して1981年12月5日に制定された法律（法律3459号）。当初は82年1月1日から86年12月31日までの時限立法だったが、現在も有効とされている。全文18条・付則4条。この法律は、納税義務者を①所得税法で規定される分離課税による利子所得、および分離課税における配当所得を得た者（所得額の100分の5）、②酒税法で規定される酒税の納税義務者（酒税の100分の10、マッコルリ［濁酒］・薬酒・焼酎は除外）、③タバコ製造業者および外国産タバコ輸入業者（販売価格の100分の10）、④国内で金融保険業を営む者（収益の1000分の5）のうち別に規定する者（3条）と定めている。しかし租税減免規制法、またはそのほかの規定により、利子所

得あるいは配当所得に対して所得税が賦課されなかったり、減免されたりした者に対しては教育税が賦課されず、そのほか、輸出用タバコやタバコ価格が1箱280ウォン未満の場合、債券や証券の利子と割引額、国民貯蓄組合貯蓄の利子、土地開発債券の利子などに対しては非課税規定があり、酒類製造用アルコールに対しては免税規定がある（4・5条）。

資本の自由化　資本の国際間の移動を自由にすることで、貿易の自由化、外国為替の自由化とならぶ、いわゆる「開放経済体制」運用の三大基本政策の1つ。その具体的内容は証券市場の開放、直接投資の誘致強化、技術導入の活性化などであり、韓国においては1980年代に入って現実化した「外債危機」（対外債務の拡大）がその推進の背景となった。70年代の重化学工業政策の破綻と第2次石油波動の衝撃による経済危機で、78年末に149億ドルだった外債が83年末に400億ドルを超え、80年代に入って外債が急速に膨れ上がった。政府は外国人の直接投資の拡大と資本市場の開放によって、非債務性外資の導入を積極的に検討しはじめた。80年9月、外国人投資の許容業種拡大・認可手続きの簡素化、金利引き下げを骨子とする「外国人投資誘致拡大方針」を発表し、81年1月には「証券市場の国際化方針」を発表、81年から90年代初頭まで、外国人の証券市場投資と韓国人の外国証券市場投資を段階的に認めることを明らかにした。

　こうした政策の結果、80年代に入ると外国人企業による直接投資あるいは合作投資が増大し、資本市場開放のための先行措置として国内株式・証券市場の政策的育成と金融構造の改編が行われ、投資信託や証券など「第2金融圏」も急速に成長し、82年に市中銀行の民営化措置を手始めに、「金融自由化」がなされた。資本の自由化は国内の資本比率を海外競合企業の水準に接近させ、国際経済力を強化させると同時に、国内資本市場を活性化させるのにプラスの効果があったが、一方では国内企業の競争力強化のための生産と資本の集中現象を加速化し、独占資本の金融機関掌握と国内独占資本の支配を強化する結果を招いた。また、外国資本の従来の技術的優位、原材料と市場の独占による支配から一歩進み、公式の経営権参加による生産過程自体の統制にまで拡大される可能性が大きく、経済的対外隷属の深化が憂慮されている。

輸入自由化　国内産業保護のために輸入を制限した品目を、輸入承認品目へと転換する措置。米国を中心とする貿易相手国の市場開放圧力と、1983年から台頭しはじめた官辺（外郭）研究機関による比較優位論（ここでは、韓国製品は一般的に外国製品よりも優れているという説）に立脚した全面的な輸入自由化の主張がその推進の背景となった。政府は84年の輸入自由化法案の採択とともに、本格的な輸入開放政策を実施し、84年7月1日時点では、輸入制限品目1203点のうち、85年に235点、86年に302点を自由化して輸入自由化率を91.6パーセントに高め、88年までは農水産物を主軸とする輸入制限品目を367点に縮小させて自由化率を95.4パーセントまで高める方針をとった。つづいて85年末から、米国の米通商法301条を武器とした通商圧力に屈伏し、86年7月21日にはタバコ・知的所有権（工業特許・ソフトウェア・著作権など）・保険市場開放に関する通商交渉を一括して妥結する対米譲歩合意文書に署名した。86年に71億ドル、87年に96億ドルという対米貿易黒字にともなう米国側の

ウォン切り上げ圧力と、牛肉・オレンジ・ブドウ・リンゴなどの高付加価値農産物と小麦・トウモロコシ・大豆などの大量購買農産物を91年1月までに3段階で自由化し、飼料・原料・穀物に対する輸入クォータ制を88年末までに廃止することを内容とする農畜産物輸入開放圧力により、農畜産物の輸入自由化は90年現在で84.9パーセントに達し、農産物の輸入量と輸入額は大幅に増加した。当初、輸入自由化の主張は、自由化されれば商品の需給が円滑になって物価が安定し、これは各種の製造原価の節減を通して国際競争力を強化させる要因として作用するから、長期的に輸出増加が可能となるという論理に立脚していた。しかし結果的には、まだ脆弱な国内産業を保護する法的・制度的装置が未整備な状況で施行されたため、農業をはじめとする全産業に直接的な打撃を与えたばかりではなく、輸入消費物資の過剰消費を助長し、農業構造や産業構造の調整を呼び起こす要因として作用している。

米通商法301条（スーパー301条） 1974年制定の米通商法のなかで、貿易対象国の不公正貿易慣行の是正と報復措置を規定した条項。大統領や産業界の提訴にもとづいて米通商代表部（USTR）が調査し、相手国の不当不合理な貿易によって米国の権利の侵害があったと認められた場合に、当該国からの輸入制限や関税引き上げなどの報復手段の行使を大統領に勧告することができる。この条項は、貿易相手国の不公正な商行為として、①米国商品に対する不当な関税その他の輸入制限、②米国の通商を制限する差別政策とその実行、③米国との競争を防止するための補助金支給、④食糧・原材料・製品・半製品と関連して、米国の通商に圧力をかければ供給を制限するなどの4項目をあげている。とくに84年に通商関税法が制定され、301条の適用範囲がサービス・ハイテク・投資にまで拡大され、大統領が独自に調査を開始する権利と発動権を与えられるなど、その条項がさらに強化されると、米国は対抗措置を濫用して、各国の経済的力量に即した自由貿易の公正な運営をめざすGATTの理念を死文化する結果を招き、自由貿易秩序保護という名目のもとに国家エゴイズムを強化させて、国際的摩擦を大きくしている。

不実企業整理 不実企業（財務構造が極度に脆弱な企業や負債返済の能力を失った企業）を対象に全斗煥政権がとった経済措置。全斗煥政権は1980年の「9・27措置」を発表し、不動産売却などによる不実企業の自己整理を指導したが、格別の成果をあげることができないとみると、85年の定期国会において民正党単独で「租税減免規制法改正案」を通過させた。この改正案によって韓国銀行特別融資制度が実施され、政府介入によって不実企業整理を本格化する制度が整い、86年に入ると旧国際商事グループ23社をはじめとする、慶南企業・南光土建・三湖建設・大成木材など56の企業を対象に不実企業整理が断行された。56の不実企業の総貸出金5兆ウォンのうち3兆ウォンに対し利子徴収猶予措置がとられた。4000億ウォン余の貸出金が帳消しとなり、4600億ウォンの新規資金が種子金（事業立ち上げ資金）という名目で支援される一方、不実企業への貸し倒れとなった銀行損失を埋め合わせるために、韓国銀行は関連銀行貸出金9844億ウォンを韓国銀行特別融資という名目で年利3パーセントの低利で貸し付けた。不実企業整理は、その対象と引受人選定での客観性問題以外にも、莫大な金融と税制上の支援にともなう国民経済へ

の負担、引き受け条件をめぐる各種の特恵や政経癒着、財閥企業への経済力集中などの深刻な問題を抱えており、政治的社会的に疑惑と非難の対象となった。

韓国銀行特別融資　韓国銀行が金融機関支援のために提供する特別融資。韓国銀行法第69条にもとづく一般貸出ではなく、特別法による貸金融機関特別貸出で、かつては「8・3措置」と呼ばれる1972年の「経済の安定と成長に関する緊急命令」という特別法71条にもとづいていた。82年4月3日に「8・3措置」が廃止され、韓国銀行特別融資が法的には存在しなくなると、85年現在で4兆ウォンに達した企業の不実(不良)債券(うち回収不可能額2兆ウォン)を帳消しにするために韓国銀行特別融資制度を新設した。これにより韓国銀行は貸出金の利子を年3パーセントから3パーセントに下げ、市中銀行に資金を供給し、市中銀行は年11.5～13.5パーセントの利率で企業に貸し付け、その差益で銀行の収支改善をはかり、これをもとに不実企業などの不実債券を整理できるようになった。とくに85年に実施された特融制度は、長期的に「8・3措置」によって支援された資金規模1300億ウォン余の数十倍に達する数兆ウォンに及ぶもので、対象銀行と対象企業がきわめて広範囲なために、国民大衆の負担によって、一部大企業と銀行に特恵を施すものだとして批判された。特融の特恵に対する厳格な基準が設定されておらず、政府の恣意的な判断にもとづいてなされたという問題点を残した。

三低好況　低ドルレート・低原油価格・低金利の「三低現象」により、1986～88年にわたって韓国経済がこれまでにない活況を呈したことを指す。これに対して80年代前半の高ドルレート・高原油価格・高金利を「三高現象」という。三低現象は海外原油・外資・輸出に大きく依存して経済発展をつづけてきた韓国にとって予想外の好機だった。これを通じて86年以来3年間、年10パーセント以上の高度成長が持続し、史上初の貿易収支の黒字を達成した。とくに韓国経済に大きな比重を占める輸出の場合、85年9月の先進5ヵ国蔵相会議(プラザ会議)での合意によって行われた各国通貨の平価切り上げ措置が大きな影響を与えた。この合意によって日本の円と西ドイツのマルクが70パーセント以上切り上げられ、台湾の元もやはり36パーセント以上切り上げとなった反面、韓国のウォンの切り上げは11.2パーセントにとどまった。これにより輸出競争力が相対的に強化され、86年以降、年平均30パーセント以上の急激な伸長を見せた。対ドルレート以外でも、85～86年に国際原油価格が1バレル当たり28ドルから14ドルへと暴落し、一時、原資材の国際価格もやはり平均12パーセント以上下落し、韓国ウォンの切り上げにより原資材導入価格が下落するなど、さまざまな要因が複合的に作用し、費用の節減効果をもたらすことによって貿易収支が黒字となった。また、86年以降の輸出の急伸張は、オリンピック特需など内需の刮目すべき拡大をともない、生産全般の拡大再生産をあおって韓国資本主義をそれまでにない好況へと導いた。しかし、88年以降の米国政府の韓国ウォン切り上げ圧力や原資材の国際価格上昇など外的条件が変化し、また、三低好況期に稼いだ莫大な利潤が生産への投資ではなく、不動産投機へと集中されるなどの内的要因が加わって輸出競争力が急速に鈍化し、輸出が落ち込んで赤字となるなど、ソウル五輪後、89年以降の韓国経済はふたたび沈滞に陥った。

三高・三低時代　80年代の初め、高価格原油・高金利・高いドルを「三高」と呼び、これらが韓国経済の発展を阻害しているとみなされた。しかし、85年から86年にかけて、原油価格とドルが下落し、国際金利も低下して、「三低」現象が現われ、それまでの「三高」現象は解消された。これは海外原油・外資・輸出に大きく依存して経済発展をつづけてきた韓国としては好機となった。ところがこの「三低」現象を活かすためには、国内の「三高」現象につなげなければならないとの主張が起こった。国内の「三高」とは貯蓄率・技術水準・経営能力をいうが、この三高はすでに80年代に入ってからの不況下で相当の実績を積み上げたとみなされていた。ここで新たに「三高・三低時代」という言葉が、韓国経済が直面する課題を集約的に表現するものとして、86年2月から急速にクローズアップされることになった。

産業構造の調整（産業合理化）　東アジア国際分業構造の再編に適応する一方、国際競争力を高めることにより輸出拡大と韓国資本主義の長期的蓄積をはかるために、韓国政府が1986年以来本格的に推進している政策。先端産業化、成長産業の高付加価値化、限界業種の転換、海外進出など、産業基盤の再編と技術開発、自動化、経営多角化など生産過程の再編をその内容とする。80年代に入り、米国と日本の間での国際収支不均衡拡大が日米経済摩擦の要因として登場、85年のプラザ合意をはじめとする米国、ECなどの圧力により円高が加速された。同時に韓国・台湾・シンガポールなどアジアのいくつかの国が新興工業経済（NIEs）として急速に台頭してきた。これに対して日本は自国内の産業を高付加価値部門を中心に再編しはじめた。すなわち貿易摩擦を避けるために海外での生産を本格化し、機械・金属・繊維などの諸部門を近隣新興工業国に引き渡し、半導体などのエレクトロニクスやソフト・情報・サービス部門に重点を置く方向で、東アジア国際分業構造を再編したのである。

こうして国際経済秩序が変化するなかで、韓国産業は88年以降、ウォン切り上げの加速化と賃金上昇にともなう国際競争力の低下により輸出が鈍化していった。韓国政府は経済力の強化を通じた輸出至上主義的成長戦略を持続させる計画を立てた。87～91年に第6次5ヵ年計画の基本目標の1つとして「産業構造の調整」と「技術立国」を掲げ、現在の産業を有望先端産業、成長産業、経済力弱化産業などに区分し、①半導体・コンピュータ・生命工学などの先端産業に対する特別外貨貸出の拡大、②中堅企業自動化設備資金支援の拡大、③機械・電子・電気・自動車などの成長産業を高技術・高付加価値品目への発展戦略として選択、④靴・玩具・繊維・衣服などの経済力弱化産業は業種の転換および海外投資による支援など、それぞれに対する金融財政的支援の方法を提起した。しかし、このような産業構造調整は対外的には大規模な外国技術および外国資本の導入の必要性にともなう従属深化の問題を内包していた。そればかりではなく、国内的にも独占大企業中心の経済支配構造強化と、中小企業の下請系列化もしくは没落、斜陽産業の業種転換にともなう解雇、失業者の増加などの問題点をともない、89年以降は中小企業の休廃業の増加により、労働者の休廃業反対闘争をもたらした。

土地公概念　不動産投機の根絶を目的として、個人の土地所有、開発、利用処分に一定の制限を加えるため、1989年春、盧泰

愚政権が拡大導入した概念。土地は本来公共の財産であるという観念をいう。これにより地価決定や土地利用決定に積極的に干渉しようとする政策が推進された。87年の下半期以降、不動産投機が蔓延し、地価や住宅価格、家賃の急激な上昇によって国民の不満は極点に達した。同時に土地寡占化現象（上位5パーセントの土地所有者が全私有地の65.2パーセント、林野の84.1パーセントを占めている）と、不労所得規模（87年は34兆8000億ウォンで被雇用者報酬の84.6パーセント、88年は67兆6000億ウォンで被雇用者報酬の135パーセント）が抑制できない状態に至ると、政府は短期的には節制などの道徳を守るよう訴えて社会・経済的不平等に対する国民の不満を抑える一方、長期的には資本の正常な蓄積と産業構造の調整をはかるため、土地公概念を幅広く導入する方針を立て、「宅地所有上限に関する法律」「開発利益徴収に関する法律」「土地超過利息税法」などの関連3法案を用意し、89年9月定期国会で通過させた。89年12月30日に公布された3法案のうち宅地所有上限税（追徴税）は、90年から六大都市の宅地面積を200坪に制限し、これを超過する宅地に関しては超過保有負担金を賦課することを骨子としている。開発利益徴収税は観光地・温泉地などの各種の開発事業と用途変更などによって発生する開発利益の50パーセントを開発負担金の名目で徴収するというのが主要内容になっている。土地超過利得税は地価上昇がいちじるしい地域を対象に地価上昇分の50パーセントを国税として徴収することを骨子としている。しかし、これらの法案は立法化の過程で民正党の強硬な反対により、200坪以上の宅地の新規取得禁止と上限超過宅地に対する「売却義務化」規定を削除し、莫大な開発利益が生じるゴルフ場を開発利益徴収対象から除外し、生活・生産活動に活用される土地を土地超過利得税対象からはずすなど、政府原案が大幅修正された。そのうえ、各種の除外条項と曖昧な規定など、財産税、課標現実（予測収益税）化など関連制度の未整備などの多くの問題点を残し、当初の政府発表や国民の期待とは異なり、形だけの「ハリコの虎」に成り下がったという評価を受けている。

農漁村発展総合対策　1989年4月29日、政府が発表した農業発展のための基本構想。農業構造改善計画と農村工業化政策をその基本骨子とする農漁村発展総合対策である。具体的な内容は、①農業構造改善と生産性向上を目的に農地の長期賃貸制度を導入、農地購入資金拡充、2兆ウォン規模の「農地管理基金」助成などによって「商業的専業農家」を育成し、国際競争力を高める、②農作物を淘汰作物と育成作物に区分し、淘汰作物については価格指示をせずに輸入に置き換え、代替作物を積極的に開発する、③農耕団地開発、農漁村複合団地育成、農村観光地の造成などにより、保有地1ヘクタール未満の脱農零細農民に農業以外の就業機会を用意するというものである。しかし、この対策は、①高い農地価格と農産物輸入開放による低農産物価格により農業収益性が低く、農業経営拡大による農地購入が不可能な現実のなかで、財閥（大企業）と非農民の投機目的の農地購入へと帰結せざるをえない、②「商業的専業農家」を育成するにしても、その規模は米国の1農家当たりの平均耕地面積の100分の1にすぎず、規模拡大の意味はない、③淘汰作物を選定して輸入を拡大すれば、現在38パーセントにすぎない食糧自給率をさらに低下させ、ほかの作物で代替する場合、代替作物の過剰生産により価格暴落が引き

起こされる、④農村工業化政策は基本的に大都市と特定地域の工業偏重にともなう工業用地の不足、地価高騰、賃金上昇などに対処するための工業政策にすぎないということなど、その非現実性と反農民性により農民たちの激しい反発を呼び起こした。

洛東江廃棄物汚染事件　斗山グループ傘下の斗山電子工場から大量のフェノール原液が流出し、大邱・釜山・馬山など慶尚道全域の飲料水をまかなう洛東江が汚染された事件。1991年3月14日夜10時ごろ、斗山電子（慶尚北道亀尾市九浦洞）のフェノール貯蔵タンクと生産ラインを結ぶパイプが破裂、管理ミスから発見が遅れ、15日朝6時ころまでに30トンのフェノール原液が洛東江支流の玉渓川に流れ込んだ。大邱では水道水から悪臭がするという苦情が殺到したので、市当局は上水道に塩素を大量に投入（塩素をフェノール消毒に用いるのは禁止されている）、フェノールと塩素が結合してクロロフェノール（フェノールより毒性・臭気ともに強い）が発生、事態はいっそう悪化した。調査の結果、斗山電子では90年10月からフェノールが多量に含まれた溶液325トンを玉渓川に違法に垂れ流してきた事実が明らかになり、市民による斗山グループ製品不買運動が始まった。当局も事態を重視して、大邱地方環境庁職員7名、斗山電子社員6名を拘束、関連部署公務員11名を懲戒処分とするなど、環境汚染事件としては前例のない厳重な処分を行った。とはいえ4月8日、環境庁は輸出拡大政策優先の見地から斗山電子の操業再開を認めた。しかし4月22日、フェノール貯蔵タンクの送出パイプの継ぎ目が破裂し、原液2トンが流出するという事故が再発。斗山グループの朴容昆会長は引責辞任し、環境庁長官は更迭された。大邱市民は斗山グループに対し3475件170億1000万ウォンの損害賠償を請求、斗山グループは1万1036件10億1800万ウォンの賠償を支払ったが、妊産婦などに対する精神的補償や確認しがたい物質的被害の請求については支払いを拒否した。

このフェノール汚染事件によって、市民は飲料水の安全の重要性に目覚め、環境問題は生存権問題であることを改めて確認した。当局は企業が故意に有害物質を排出した場合は最高刑無期懲役という「環境犯罪の処罰に関する特別措置法」や「環境改善費用負担金法」「自然環境保全法」などを制定、同時に中央環境紛争調整委員会を発足させ、上水道の水質改善のための総合対策を発表した。しかし、経済成長優先の論理は根強く、この時期に成立した法は以後、1つとしてまっとうに適用されず、94年1月、ふたたび洛東江水源地で多量のベンゼンとトルエンが検出され、水道水から臭気が発生するという事故が起きた。70年代以降、低コスト生産優先によって世界市場に参入をはかった韓国資本主義が国内環境にもたらした負荷は大きく、洛東江汚染問題は氷山の一角といえよう。

5．80年代以降の労働運動と農民運動

舎北事態　10・26事態（朴正煕大統領暗殺事件）以降、1980年の「ソウルの春」から高潮しつつあった民主化の嵐のなかで発生し、80年代労働者闘争の発火点となった東原炭鉱舎北鉱業所鉱山労働者のストライキ闘争。ストライキの遠因は、危険な坑道内で石炭を掘り、命を抵当にしてようやく低賃金を得るという劣悪な労働条件だったが、その発端は、10年以上も御用労組の支部委員長を務めてきた李載基が、全国鉱山労連の賃金引き上げ率42.75パーセントを無視して会社側と談合し、1980年4月15日に20パーセントの引き上げを一方的に決定したことにあった。全国的な民主化の熱気に励まされた労働者は、ただちに「委員長の退任」「賃金引き上げ」などを要求し、事態は暴動化して、警察車を阻止しようとした労働者1名が車に轢かれて重傷を負った。興奮した労働者数千名が警察に押しかけ、また、かねてから批判の的とされていた御用労組幹部の自宅を襲撃し、李載基委員長の妻をリンチするなど、常軌を逸した行動に走った。この闘争は武装警察と炭鉱労働者の武装闘争へと発展し、舎北一帯は無政府状態となったが、その後は、労働者の自主的な統制によって1件の治安事件も発生しなかった。事態は24日、「李載基支部委員長は退任し、警察は実力行使を控える」との合意に達して終結したが、すでに当局は31名の労働者を拘束していた。労働者の潜在的闘争力を誇示し、変革主体に対する新しい認識を呼び起こした舎北事態は、その後各地で労働者ストライキを触発し、80年代労働運動の起爆剤となった。

韓国労働者福祉協議会　1970年代に民主労組運動を主導してきた元豊毛紡・東一紡織・清渓被服などの解雇労働者が結成した最初の公的な労働運動団体。80年の5・17非常戒厳令拡大措置以降、正常化措置という名目での労働運動の弾圧は、元豊毛紡をはじめとしたあらゆる民主労組を解体、もしくは御用化し、中心幹部は三清教育隊に送られるなどの獄苦を嘗め、その後も「ブラックリスト」に載せられて正業に就くことができなかった。解雇された労働者は83年末から宗教運動や学生運動と結合し、「ブラックリスト」撤廃運動を大衆的に拡大することで労働運動を活性化させた。一方、84年3月10日には「韓国労働者福祉協議会」を発足させ、運営委員長に方容錫を選出した。創立とともに採択された「労働運動の新しい出発のための宣言」では、「維新独裁の暗黒の時代に民主化労組を守るため地道に運動し、権力の残忍な弾圧の犠牲となった当事者として、組織もなく孤立分散している現状の限界点を克服し、労働運動の主体性、統一性、連帯性を高める」ことを宣言した。80年代労働運動の里程標となったこの韓国労働者福祉協議会は、のちに民主化運動青年連合（民青連）などと共闘して「ブラックリスト」撤廃闘争、労働法改正闘争などを展開し、89年1月22日、韓国民主労働者連盟へと改編された。

大邱タクシー運転手デモ　1984年、国民和合措置によって政治・社会的規制が緩和された状況の下で、大邱市地域を拠点としてソウル・釜山などの大都市に波及したタクシー運転手による街頭デモ。過重な社納金と就業カード制に耐えかねたことと、6部制（6日に1日の非番）など劣悪な労働条

件への不満が累積して起こった。何度もデモ計画が立てられたが実行には移されなかった。大邱のタクシー運転手たちは、和合措置以降の1984年5月25日、「社納金引き下げ、部制の緩和、就業カード制撤廃」などの要求を掲げ、大邱市庁前の道路を500余台の車で封鎖して街頭デモを繰り広げた。警察はこのデモを強制的に解散させようとしたが、頑強な抵抗にあって失敗。一部運転手が10余台のタクシーを破壊し、デモがその激しさを増すと、大邱市長と警察が仲裁に立って、社納金引き下げとLPGガス充塡の自由化、集団行動を不問に付すなどの約束をとりつけ、デモは鎮静化の兆しを見せた。しかし、当局は約束を履行せず、デモに参加した運転手たちが多数連行される事態が発生すると、抗議デモが27日まで継続した。大邱のデモは大規模な連行により一段落したが、以後5月末から6月初旬にかけて、慶尚北道の慶山・亀尾、忠清南道の大田、ソウルのセハン・コール・タクシー(呼出タクシー)、釜山などへ波及し、各地で大規模なデモが行われた。これらのデモは自然発生的なものに終わったが、この過程でタクシー労組が多数結成され、84年以降の民衆労組運動を覚醒させる契機となった。

大宇自動車ストライキ闘争 ある大学出身の労働運動家に対する弾圧が発端となり、賃金引き上げ、労組民主化を要求する大規模大衆闘争へと発展した大宇自動車労働者たちのデモ闘争。1984年8月、会社側は、社員の宋京平(ソウル大卒)が大卒であることを理由に部署の異動を行い、労組員から外して管理職とした。宋京平はこれを拒否し、折から大衆の不満を集めていたボーナス問題と郷土予備軍問題を提起し、労働者の抗議を組織した。こうして組織された集団は次第に労組民主化闘争の主体となり、84年12月には民主派代議員を中心として執行部不信任案を提出するまでに成長した。この時点では、民主勢力は労組民主化には失敗したが、85年に入ると「労働者の喊声」というパンフレットを発刊するなど、賃金闘争を独自に準備しはじめた。こうして基本給の18.7パーセント引き上げを提起し、大衆からの信望を集めたうえで、執行部を闘争へと向かわせた。会社側は5.7パーセント引き上げ案に固執し、交渉が決裂すると、執行部は組合員の熱気に押されて85年4月16日にストライキを断行した。しかし、実質的なストライキ指導は民主勢力によって行われ、この過程で2000名余の工場労働者たちは「18.7パーセント固守、諸手当引き上げ」を要求して一斉にストライキに突入した。4月18日からストライキは大宇自動車仁川工場および事務職にまで拡大し、警察が強制介入の動きを見せると、労働者は19日夕刻から技術センター3階で徹夜籠城に入った。事態の波及を憂慮した会社側は23日から積極的に交渉に臨み、25日に労使双方が基本給10パーセントの引き上げで合意し、10日間全国の耳目を集めた大宇自動車ストライキは終結した。この過程でストライキを指導した学生出身活動家など8名が拘束され、1名が解雇された。独占財閥の中枢工場において学生出身の活動家たちの指導で10日間以上も繰り広げられた大宇自動車ストライキ闘争は、その後、男性中心の大工場労働者に経済闘争の典型と見なされ、九老同盟ストライキなど学生出身活動家を中心に変革志向の労働運動を活性化させた。

九老同盟ストライキ 大宇アパレル労組の金俊容委員長の拘束という、民主労組弾圧に対し、連帯して闘争するために起ち上

がった九老地域民主労組の同盟ストライキ。1985年6月22日、九老地域の中心労組だった大宇アパレルの金俊容委員長に対する政府の拘束措置がストライキの発端となった。84年の結成当初から共同教育・賃金闘争支援など連帯活動を強化していた大宇アパレル・暁星物産・加里峰電子・鮮一の各労組は6月23日に対策会議を開き、大宇アパレルに対する弾圧を民主労組弾圧の兆候と認識し、連帯ストライキの実行を決定した。6月24日の大宇アパレル労組のストライキ突入を合図に、暁星物産・加里峰電子・鮮一労組も即刻ストライキに入った。25日には南星電気・ロームコリア労組が、28日には富興社労組が同盟ストライキに参加し、先鋭労組は合わせて10労組・約2500名余に達した。また、26日には同盟ストライキを支持する労働者・学生・在野団体が加里峰5街で街頭デモを繰り広げ、籠城解散命令が出されると、10名余の学生が屋根を乗り越えて籠城現場に入り、アパレル労組に合流した。こうした状況のなかで籠城をつづけていた大宇アパレル労組だが、29日午前8時、会社側によって籠城現場の壁が破られた。労組幹部と中心組合員1200名が逮捕され、九老同盟ストライキは多くの犠牲を払って終結した。この同盟ストライキは、拘束者釈放や労組弾圧阻止など政治的要求を掲げた、1946年以降最初の同盟ストライキであり、その後ソウル労働運動連合を誕生させ、変革を志向する労働運動の出発点を準備した。

ソウル労働運動連合（ソ労連） 「政治的ストライキ」としての九老同盟ストライキの成果を継承し、労働者階級の政治闘争を推進するために結成された半合法の労働者大衆組織。九老地域解雇労働者グループの「九老地域労働民主化推進委員会」、九労同盟ストライキの実行者だった「連闘グループ」、京仁地域労働運動家が結成した「労働運動弾圧阻止闘争委員会」「清渓被服労組」の4団体の連合体であり、委員長に閔種徳、指導委員に金文洙が選ばれて、1985年8月25日に発足した。ソ労連は「労働者が主人となる社会改善」などのスローガンを掲げ、初の地域労働者向けの地域新聞『労働者新聞』を発行し、また、「全国労働者三民憲法争取闘争委員会」を構成して、三民憲法争取闘争を展開。IMF・IBRD（国際復興開発銀行）総会開催中に日本の全学連と共闘して日米経済侵略阻止闘争を展開するなど、労働者の政治闘争を主導する役割を果たした。86年の賃金闘争では「生活賃金争取」をスローガンに掲げ、工業団地街頭デモを組織した。ソ労連は86年5月3〜6日に『労働者新聞』編集者をはじめソ労連中心幹部13名が連行された「ソ労連事件」により、指導部は大きな打撃を受けた。また、誤った大衆観と先導闘争（前衛意識が先行した闘争）の一面的強調によって、86年の賃金闘争の失敗、組織内の官僚主義、権威主義などの問題が一挙に噴出し、「ソ労連創立1周年記念集会」を最後に解散した。

教育民主化宣言 韓国YMCA中等教育者協議会傘下のソウル・釜山・光州・春川地域協議会所属の中学校教師546名・小学校教師20名が、86年5月10日を期して一斉に発表した宣言。「生徒とともに真実を追求しなければならないわれわれ教師は、今日の惨憺たる教育の現実を見るとき、胸がかきむしられるのを覚える」という言葉からはじまるこの宣言は、教育民主化の条件として以下をあげた。①教育の政治的中立性の保障。②教師の教育権と市民的諸権利の保障。③教育行政の非民主性と反動性の

排除。④自主的な教育団体設立と活動の自由の保障。⑤補充授業と深夜学習の撤廃。宣言発表直後の5月15日に教師たちは「民主教育誌事件」によって解職された教師を中心に、「民主教育実践協議会」を結成。教育民主化運動に拍車をかけた。一方、5月21日に「自殺学生慰霊祭」、7月17日に「民主教育弾圧阻止大会」、8月29日には「民主教育誌1周年に際しての民主教育実践大会」などの実践活動を展開した。教師たちのこうした動きに対し当局は一貫して弾圧措置をとり、韓国YMCA中等教育者協議会全国会長・尹永奎ら3名の教師（全羅南道地域協議会）を島嶼・僻地などへ転任させるべく画策し、これに抗議する教師たちを拘束した。86年5月から87年4月にかけて11名を拘束、6名を他道の学校に転出させ、26名を解任、9名を停職に処すなど150名余の教師を教育民主化運動と関連して処罰した。このような当局の弾圧に抗議し、在野団体の教育民主化支持宣言はつづき、野党・宗教界・在野団体が連合して「教育民主化弾圧阻止共同対策委員会」が構成されるなかで、教育民主化運動は全国の教師・学生・父母へと波及していった。教育民主化宣言は、内申書導入にともなう反教育的副作用、年々過熱化する入試競争、補充授業などの強制実施、私学財団の不正など、80年代に入ってさらに深化した教育矛盾の症状が学生たちの相次ぐ自殺などに現象するなどの危機的状況に対応して出されたものだった。これを解決しようとする第一線の教師たちの教育民主化運動は一定の成果を収めた。89年5月には韓国の教育現実を分析、学校教育の問題点を公式に提起するために集団筆禍事件となった「民主教育誌事件」。87年9月に自主的教員団体である「全国教師協議会」（全教協）の結成と既成組織である「大韓教連」

からの脱退運動。そして89年5月、「全国教職員労働組合」（全教組）結成。86年の教育民主化宣言とその支持宣言は本格的な教育運動へとつづく橋頭堡であり、教育民主化運動の分水嶺と評価されている。

87年労働者大闘争　1987年の6月抗争以降、7月から9月まで全地域と全業種にわたって爆発した労働者たちの大規模ストライキ闘争。6月抗争によって高揚した民主化への熱気は、「6・29宣言」以降は労働者たちの生存権確保と組織結成の動きへと分岐し、7月5日、労組不毛の地だった現代グループで現代エンジンが労組結成に成功したのにつづき、7月16日には現代美浦造船労組結成申告書類奪取事件が発生。会社側が全国民的な指弾を受けるなかで、ストライキ闘争は独占大企業事業所を中心に本格化していった。7月下旬に慶尚道へと波及した闘争は「統一」を中心に馬山・昌原の大工場地域を震撼させ、8月17～18日には4万名余りが参加した蔚山現代グループ労組連合街頭デモで絶頂に達した。その後、釜山にも波及したストライキ闘争では、8月22日の玉浦大宇造船労働者街頭デモ中に李錫奎が催涙弾の直撃を受け死亡する事件が起こり、「李錫奎烈士民主国民葬」をきっかけとしてデモは首都圏へと拡大した。その後、闘争は首都圏の中小企業や非製造業へと発展したが、8月11日の全国経済人連合会の「暴力・破壊・不法活動非難」と「公権力」要請により、政府の物理的介入とイデオロギー攻勢が強化され、闘争の波は9月に入って次第に鎮静化に向かった。しかし、製造業労働者たちの闘争がやや失速を始めた8月末から運輸・鉱山・事務・販売・サービス・技術職などの非製造業労働者たちのストライキ闘争が9月以降までつづけられた。7～9月までに

ストライキに参加した労働者の延べ人数は200万人、ストライキ件数は3300件に達し、1200以上の新労組が結成された。87年の労働者大闘争は、合わせて3ヵ月間、韓国の全地域、全産業にわたって発生した空前の規模の労働者大衆闘争であり、大部分の労働法の枠を超えて、「先ストライキ、後交渉」で一貫した脱法闘争(非合法闘争)、街頭デモへと発展した。87年の闘争は以後、全国労働組合協議会の設立へと進展する自主的で民主的な労働者の新しい流れを形成する根源となり、この過程で結成された新労組の労働者たちは民主労組運動の礎(いしずえ)となった。

88年労働法改正闘争 1987年労働者大闘争以降結成された地域・業種別労働組合協議会、全国労働運動団体協議会など民主労組陣営が、88年労働法改正のために共闘した全国的な闘争。87年以降めざましい成長を見せた民主労組運動は、地域労組協議会と業種協議会へと結集する過程で、労働運動発展のためには53年に制定されて以来改悪の一途をたどってきた労働法の悪法条項の改正もしくは撤廃が必須であるとの見解で一致した。88年6月3日、ソ労協・馬昌(馬山・昌原)労連・事務金融労連などが中心となって「労働法改正全国労働組合特別委員会」を結成した。以降、同委員会は10月6日に全国労運協労働法特別改正特別委員会と統合し、「全国労働法改正特別委員会」を結成した。同委員会は組織体制を整え、10月9日に全国登攀大会(この頃の韓国は労働運動に対する官憲の監視がきびしく、活動家はしばしば登山の名目で山中で集会や会合をもった)、11月13日には全国労働者大会などの下半期の闘争スケジュールを確定することで、労働法改正闘争への本格的取り組みが始まった。10月9日、嶺南圏(慶尚道地方)、湖南圏(全羅道地方)、首都圏などで全国的に展開された登攀大会では1万余名の労働者が参加し、労働法改正を実現するための労働者の熱気を見せつけ、11月13日の「全泰壹烈士精神継承・労働悪法改正全国労働者大会」には3万余名の労働者が参加し、汝矣島までデモを行い、88年労働法改正闘争の絶頂となった。この闘争は労働法改正までには至らなかったが、制度改善の要求を掲げた民主労組陣営初の全国的な共同闘争として、労働者の連帯意識と政治意識の向上に大きな役割を果たした。また、のちの全国労働組合協議会創設の出発点となり、87年以降の労働運動を一次元高めた重要な闘争として記録されている。

全国労働運動団体協議会(全国労運協) 1987年以降発展をとげた労働者大衆運動を土台に新たに結成された自主的労働運動団体の全国的な常設共同闘争団体。80年代半ばの労働運動を主導したソウル労働運動連合などの組織が崩壊し、その後は労働運動は求心点を失ったかに見えた。87年7～9月の労働者大闘争においても、労働運動団体は、労働者大衆の闘争に対して特別な支援を行うことができなかった。しかも、それ以降2度の選挙過程で分裂したが、その克服もできない状態だった。88年2月、現代エンジン労組弾圧に立ち向かい、慶南労働者協議会・国民運動本部労働者共同委員会などの労働運動団体が中心となり、「労働組合弾圧阻止全国労働者対策協議会」(全対協)を結成した。さらに、88年6月7日「全国産業の持続性と責任性」を高めるために全対協を発展的に解消し、全国労働運動団体協議会を結成した。以後同会は自己の立場を「全国的・公開的・常設共闘体で、民主労組よりも一歩進んだ自主的な運動

体」と規定し、88年の労働法改正闘争を労組とともに闘った。大衆活動と全民連活動などの連帯活動を中心的に担った。

現代重工業ストライキ闘争　1988〜89年と90年初頭の2度にわたって公権力が出動するに至った現代重工業労働組合のストライキ闘争。88年のストライキは6月9日から始まった。会社側との団体交渉が最終的に決裂した12月18日にふたたびストライキに入ったが、表面的には穏やかに進行した。89年1月8日に李元健委員長をはじめ労組幹部が合宿していたソンナム社と「現代解雇者福祉実践協議会」事務所に対し会社側がテロを行うと、事態は急展開した。2月13日、現代グループ連帯闘争本部が設置され、2度目のテロ（2月21日）後の3月2日には、「現代重工業闘争汎国民支援対策会議」が発足した。闘争の波及を憂慮した政府は3月30日、1万4000名の兵力を動員し、陸海空3面立体作戦という史上例のない大規模な作戦によってストライキを強制解散させたが、これがきっかけとなって蔚山の現代労働者・家族・市民との激烈な市街戦に発展した。以後10日以上にわたって蔚山市内全域は火炎ビンと催涙弾の攻防がつづき、戦場を髣髴させる光景となった。一方、この間には会社内でくすぶっていた現代重工業闘争は90年に入って再燃し、4月25日に組合委員長、副委員長ら指導部が拘束された。現代重工業労組はこれに対抗し、「拘束幹部に対する告訴告発撤回」を要求して全面的なストライキに突入した。政府は5月1日のメーデーでのストライキ波及を防ぐため、4月28日にふたたび1万8000名の大兵力による陸海空治安作戦を展開、数百名の労働者を連行した。この過程で執行部を含む100名余の労組員たちは現代重工業内のクレーンに上り、「要求貫徹のときまで闘争をつづける」と宣言し、20日間以上にわたって警察と対峙した。この苦闘のなかで病人が発生し、外部との連絡も絶えたため、ついに籠城を解いてクレーンから降りた。現代重工業ストライキは90年代後半に入りふたたび全国的な労働者闘争の先頭の役割を果たすことになる。

真の教育運動（チャム教育運動）　全国教職員労働組合（全教組）の結成に前後して、「真の教育」（チャム教育）を主張する教師たちによって展開された民族・民主・人間化のための教育運動。全教組結成闘争と合法性獲得闘争、全教組の一連の活動などもこれに含まれる。80年代に入り教育現場の底辺で地道に「教育民主化闘争」を展開してきた第一線の教師たちは、政治権力が教師たちを独裁体制の手先、あるいは教育技術者へと転落させており、これを是正するためには労組の結成が避けられないという認識に同意し、1989年5月28日に全教組を結成した。しかし、全教組問題を体制擁護の次元で対処する方針を固めた政府当局は、労組設立申告書を差し戻し、同時に大々的な弾圧を開始した。1527名の教師を罷免・解任・職権免職などによって重懲戒に処し、85名を拘束した。全教組はこの弾圧に抗して在野運動団体と連帯し、「全教組の合法性獲得のための汎国民大会」「汎国民全教組支持署名運動」「全教組弾圧阻止と労働悪法・教育悪法撤廃のための第2次国民大会」「真の教育実現のための徒歩行進大会」など熾烈な合法性争取闘争を展開。断食授業・断食籠城などの極限的な闘争を繰り広げた。この過程で、「真の教育運動」に同調する学生たちの抗議デモがひきつづいて起こり、ソウルの九老高等学校ではデモを指導していた学生2名が身を投

げ、重傷を負う事件も起こった。「真の教育運動」は学生・父母たちの立場も二分した。革新派の「真の教育実践のための全国学生父母会」と保守派「大韓初中等育成連合会」が結成されるなど、両勢力間の対決の様相を帯びた。全教組結成と真の教育運動は、劣悪な教育環境と教育界の不条理、政権維持を目的とする教育、入試主体の非人間化教育など教育現場の問題点を改善し、正しい教育を実現しようとするもので、「教育民主化運動」を継承するものだった。

全国教職員労働組合（全教組） 1989年5月28日に結成された小・中・高・大学教職員たちの全国単一労働組合組織。全国教職員労働組合の母体となった全国教師協議会は87年9月創立され、以後労働三権の保障などを要求して教育法改正運動を展開し、公聴会・署名運動などの活動を繰り広げ、88年11月20日、民主教育法争取全国教師大会では解放以後最大規模で教師たちが集結し、民主教育奪取の熱気を誇示した。教育法改正運動を通じて、教育環境の改善と教職員の処遇改善、教員の労働三権の保障などを要求して継続してきた教師の運動は、全国教師協議会が有志の団体として有する限界により、効果的な教育環境改善と権益向上を勝ち取るのは困難だという認識へと至った。88年12月、全国役員研修で、教職員労組を改善することを鮮明にし、全国代議員大会決議と各市道別決議大会、89年5月14日には1万5000名の参加で開かれた準備委員会結成および全国教職員労組発足人大会を経て、5月28日に結成に至った。全教組は結成宣言文で「民族・民主・人間化教育実践のための真の教育運動をさらに熱意をもって展開していく」という意思を明らかにした。90年7月現在、145の支部と1万4000名の組合員から構成されているが、金大中政権下の1999年7月に教育労働法が立法化され合法団体となった。現在（2014年）では組合員は2万人を超えている。なお、この組織は現在の韓国民主化運動のなかでは先鋭的で、一部の過激派には「従北」と目されているグループもおり、教科書問題や2014年4月16日のセウォル号事件に対する政府への抗議でも先頭に立っている。

全国労働組合協議会（全労協） 韓国労総とは別個に、自主的で民主的な労働組合運動を志向する民主的労組の全国協議会。87年労働者大闘争以後に結成された労働組合は、労働者の権利と利益を擁護するための自主的で民主的な労働運動の流れを定着させはじめ、87年11月の韓国自由金融労連（後に事務金融労連と改称）以降、87年12月の馬山・昌原労働組合総連盟（馬昌労連）の結成を筆頭に地域労組協議会と業種労組協議会を独自に結成した。このような地域・業種協議会が全労協の結成へと発展した重要な契機は、88年の労働法改正闘争により、その年の12月12日、全州で全国の労働組合と労働運動団体代表者が集まり「地域・業種別労働組合全国会議」を構成し、その傘下に「全国労働法改正および賃金引き上げ闘争本部」を設置して全国組織結成に拍車をかけたことにある。以後、労働者たちはこの全国会議と闘争本部を中心に賃金引き上げ闘争やメーデー闘争などを行いながら、89年12月19日に全国労働組合協議会創立準備委員会、90年1月22日には全国労働組合協議会を正式に結成した。この全労協は48年に全協が瓦解して以来、初めて結成された自主的な労組の全国組織であることを明らかにし、①労働者の基本権と労働三権確保、生活諸権利の確保、②民主勢力との連帯強化などを骨子とする綱領

を発表。議長に段炳浩ソウル労連議長（東亜建設倉洞労組委員長）を選出した。結成当時の全労協の組織は13地域および2業種600の労組、合わせて26万名の組合員で構成されていた。

KBS事態　徐基源社長の就任をめぐるKBS労組の番組制作拒否に端を発し、公共放送確立のための言論人と在野団体の社会運動へと発展した一連の事態。1990年3月18日に政府が、ソウル新聞社長などを務め、歴史小説家でもある徐基源を社長に任命すると、KBS労組は彼の体制寄りの言動に反発、反対闘争を宣言した。4月12日、KBS社員3000余名が「徐基源社長出勤阻止デモ」を展開すると、これに対抗して徐基源側が警察力投入を要請して事態は拡大した。KBS社員はただちに「徐基源社長退陣」を主張、番組制作拒否を行い、実質的なストライキに突入した。4月18日にMBC労組、20日にはCBS労組がこれに同調して制作拒否を決議。一方、19日には「KBS放送民主化支持ソウル市民大会」が開かれるなど闘争は次第に拡大していった。政府は28日、「正常化しなければ公権力を投入する」と警告し、KBS非常対策委員会代表に対し事態の正常化を求めたが、KBS社員は30日の社員総会で妥協案を否決。事態は30日午後2時の公権力投入へと発展した。この警察出動を契機に、MBC・CBS労組がKBS労組に同調して制作拒否闘争に入り、KBS闘争は全言論人の闘争へと拡大した。以降、KBS労組は20日間以上にわたって制作拒否闘争を継続、その間は臨時番組が放送されるという公共放送史上初の事態がつづいた。5月18日に労組は制作に復帰し、KBS事態は峠を越えたが、労組員は「制作を通じた闘争」を宣言し、再燃の火種を残した。

牛追い闘争　牛肉価格の暴落に抗議して、1985年7〜8月にかけて全国各地の農民が展開した牛肉価格暴落被害補償と農畜産物輸入自由化阻止闘争。83〜84年に米国産牛肉の過剰導入により、83年に平均100万ウォンだった朝鮮牛（韓牛、黄牛、アカ牛）の仔（牝）の産地価格が84年には22万ウォン前後に暴落するなどの牛肉価格波動（価格急落）が起こった。この事態に抗議して、85年4月22・23日の両日にわたって、キリスト教農民会議会員が先導し、「米大使館突入」闘争が試みられ、7月11日に忠清北道陰城郡農民50名余が耕耘機に牛を乗せて、「犬より安い牛価格」（韓国では「犬」はもっとも卑しいとされる）というビラをまきながら街頭デモを繰り広げた。7〜8月には全国的に農民の牛肉価格暴落被害補償闘争と農畜産物輸入自由化阻止闘争が展開された。全国20以上の市と郡では2万名以上の農民が参加した。耕耘機・トラクターはもちろん牛まで駆り出しての街頭デモは、警察の阻止線を突破して国道を遮断、邑内市場（郡最大の市場）を掌握するなどこれまでになく闘争的で、1945年8月の解放以降最初の全国的大衆的農民闘争となった。牛追い闘争は農民運動の力量が質量ともに飛躍的に成長したことを反映すると同時に、その後の農民運動の活性化と農民大衆組織拡大の契機となった。

汝矣島農民デモ　1989年2月13日、全国99郡の農民1万5000名以上がソウル漢江の中州の汝矣島に集まり、「水税の廃止とトウガラシ全量買い上げ争取全国大会」を開催、激しいデモを繰り広げた事件。87年以来、トウガラシの値段の暴落と水税制度の不合理、そして農地改良組合の非民主的運営に抗議する農民たちの闘いが全国で400回以上も展開された。しかし事態はい

っこうに改善されず、トウガラシの値段は日増しに下がり、農民たちは国会会期に合わせ、自分たちの逼迫した生存権問題を大々的に知らせる一方、4党代表との対策討論集会後、国会議事堂へと行進した。警察は催涙弾射撃でこれを阻止し、激怒した農民たちは幟や旗用の竹竿を武器として対抗しながら、KBSや政府の業務用車両に火をつけ、激烈なデモを展開した。農民たちの積もり積もった不満が一気に噴出し、爆発的な闘争が展開されると、政府は農民運動指導者、全民連議長、全大協議長など民族民主運動勢力に対する検挙令を下した。しばしば「竹槍デモ」と呼ばれるこの汝矣島農民デモは、60〜70年代の開発独裁(開発途上国において政府が強権的に経済成長と社会的「近代化」を推進する政策)の下で産業化の過程から疎外され、80年代に入って農畜産物輸入自由化措置によって断崖へと追いやられた農民たちの現実の必然的結果だった。また、この闘争は、カトリック農民会やキリスト教農民会など既存の全国的農民運動組織と、80年代下半期から広範囲に結成されはじめた自主的農民大衆組織の一部が連合し、3月1日に「全国農民運動連合」を発足させる契機となった。

水税 農民が支払う農業用水の使用料金。貯水池や溜池のような灌漑施設は多くの資金と特殊な技術を必要とするため、農民たちは共同で資金を出し、組合を設立してその施設の管理を任せるが、これを農地改良組織組合という。灌漑施設の改良・補修、管理職員に対する費用、負債の元金償還に必要な経費を農地改良組合費といい、組合はこれを農業用水を利用する農民に賦課・徴収する。農民はこれを水税と呼ぶが、現実には多くの場合、農地改良組合の運営に参加できないうえ、水税がその年の上水道料金よりも高く、また、水を使用しなくてもこれを徴収されたため、80年代以降になると農民は農地改良組合の民主化と水税引き下げ運動を本格的に展開した。

全国農民会総連盟(全農) 1990年4月24日結成された自主的農民団体の連合体。45年12月に結成された統一組織「全国農民組合総連盟」が米軍政庁によって瓦解させられて以来、その活動を停止していた自主的農民運動は70年代にカトリック農民会を中心に「農協民主化運動」「咸平サツマイモ被害補償運動」などの展開によって成長し、80年代を迎えた。80年代初頭には農民運動の成長により「韓国キリスト教農民会総連合会」のような全国組織が誕生する一方、宗教運動から独立した自主的な組織として、郡単位の農民会の結成が始まった。80年代の農民闘争は「牛追い闘争」などのような輸入自由化反対運動と農産物応分奪取闘争が中心となり、87年2月、郡単位の自主的な大衆組織の全国的結集体である「全国農民協会」が結成された。さらに、農民たちは88年11月11日に汝矣島で「農産物輸入自由化措置および応分奪取全国農民大会」を開催するなど活発な闘争を展開し、89年3月1日、カトリック農民会などが中心となって「全国農民運動連合」を結成した。89年3月から展開された米価補償と全量買い上げ闘争は「全国農民運動連合」「全国農民協会」と、それまで独立的な立場をとっていた「独自農」を1つに結集させる契機となった。89年10月、100以上の郡組織が結集し、「米価補償と全量買い上げ対策委員会」を結成、共同闘争を展開して統一的単一組織設立に向けて運動をつづけ、90年2月の「全国農民会総連盟準備委員会」を経て、90年4月24日に正式に結成された。

6. 80年代以降の学生運動と在野団体

民労連・民学連事件（学林事件） 非合法労働運動組織である「全国民主労働者連盟」（民労連）と学生組織である「全国民主学生連盟」（民学連）を反国家団体と規定、関係者を国家保安法違反の嫌疑などで拘束した事件。学林事件ともいう。1981年6月から8月まで2ヵ月余りにわたる関係者の不法連行、拷問の末に発表された検察側の捜査結果によれば、李泰馥（当時、光民社代表）は韓国社会のさまざまな矛盾を解決するためには労働者が歴史の主体として登場しなければならず、そのためには、①資本主義イデオロギーの虚構性を暴露し、大衆の政治・歴史意識を涵養する意識化作業を行わなければならない、②労働運動が主体となり、学生運動は労働運動の補助集団、および問題提起集団として機能しなければならない、と主張した。このような問題意識を現実化するため、李泰馥・尹祥源らは80年5月、みずからを中央委員とする民労連を結成、同時に李泰馥に革命的学生集団を組織することを指示し、81年2月、李泰馥らが民学連中央委員会を結成。81年3月から同年6月まで組織拡大・組織員の教育・学生デモ背後操縦などの活動を遂行したというものである。この事件により首謀者・李泰馥に無期懲役、関係者25名に実刑が宣告されたが、李泰馥・尹祥源（88年10月仮釈放）を除く全員が83年8月までにすべて釈放された。この事件は、労働現場での知識人と労働者の結合、労働運動と学生運動の組織的結合など80年代の運動方法の先駆的形態を示すものとなった。

釜山アメリカ文化センター（米文化院）放火事件 1982年3月18日、釜山高神大学生たちが光州民主化運動流血鎮圧と独裁政権庇護をめぐっての米国の責任を問い、釜山のアメリカ文化センターに放火した事件。この日、放火と同時に現場付近では、米国を「民主化、社会改革、統一を実質的に拒否するファッショ軍部政権を支援し、民族分断を固定化させる」帝国主義勢力と規定し、「米国勢力の完全な排除のための反米闘争を絶え間なく展開しよう」という内容のビラ数百枚がまかれた。事件発生後14日目の82年4月1日、主犯の文富軾（23歳、高神大4年で除籍）と彼の恋人金恩淑（23歳、高神大4年）が自首、さらに放火犯3名とビラをまいた者3名、ともに思想学習を行った者3名の11名が検挙された。翌日には光州民主化運動関係者として手配中で、カトリック原州教育院において文富軾や金恩淑に思想学習をさせた金鉉奬が放火事件の背後操縦容疑で逮捕された。また、原州教育院院長の崔基植神父が国家保安法違反と犯人隠匿嫌疑で逮捕され、事件関連被疑者15名が拘束された。国家保安法、戒厳法、現住建造物放火致死傷、集会およびデモに関する法律違反として文富軾と金鉉奬に死刑、その他全員に実刑が宣告されたが、83年に減刑された。この事件は闘争の過激さと大胆さにより、一般の人々だけでなく運動圏にも大きな衝撃を与え、80年代の反米闘争と光州や大邱などで引き続くアメリカ文化センター放火や占拠籠城闘争を先導するものとなったが、そのテロリスト的闘争方式は運動圏の一部からも批判された。

ソウル・アメリカ文化センター（米文化院）占拠籠城事件 1985年5月23日から26日まで、学生運動の非合法闘争機関であ

る三民闘争委員会の主導の下でソウルの5大学の男女合わせて73名の学生が連合してソウルのアメリカ文化センターを奇襲・占拠し、籠城闘争を繰り広げた事件。2・12総選挙から「旋風」を起こした学生たちは、4月17日、高麗大で大衆組織として全国学生総連合（全学連）を結成した。同時に前衛的闘争組織である三民闘委を大学別に結成、民生問題と外債問題、全斗煥訪米反対などの政治的・社会的課題を掲げて闘争を展開していたが、光州民主化運動の記念期間（5月10～30日）を迎えて光州事態に対する米国側の責任を糾弾するためにアメリカ文化センターでの籠城を計画した。同センター内の図書館に入った学生たちは「光州事態の責任をとり、米国は公開謝罪せよ」などのスローガンを掲げ、駐韓米大使との面談を要求して籠城を繰り広げたが、72時間目に籠城を解き、警察に連行された。この事件により、ソウル大三民闘争委員会委員長・咸雲炅（21歳、物理学科4年）ら20名が拘束・起訴されたが、司法史上初めての被告による裁判拒否、黙秘権行使、裁判忌避申請、弁護人団全員辞任など裁判の過程も波乱を極めた。この事件では韓国人が10・26事態（朴正煕大統領暗殺事件）以降に米国政府がとった態度を公衆の面前で批判し、内外の注目を集めた。尹誠敏国防部長官は国会国防委員会の答弁で「光州事態の全貌」を発表しなければならなくなり、ウォーカー駐韓米大使も「光州事態は韓国内の問題であって、米国が責任をとるものではない」という釈明発言を行った。一方、警察は84年の学園自由化措置以降、「大学総長の要請なしには警察を大学に出動させない」という原則を破って、6月29日夜明けにソウル大、高麗大、延世大など9大学に467名の警察部隊を投入、三民闘争委員会関係者66名を連行することで、学園に対する政府の強硬方針への旋回を通告した。

救国学生連盟（救学連）　86年10月、ソウル大学で発生した不穏大字報（壁新聞）に対する警察捜査によって明らかにされた反米左傾学生勢力。警察の捜査結果によれば、救学連はソウル大運動圏の2つの大きな勢力の1つである自民闘（反米自主化・反ファッショ民主化闘争委員会）の上部地下組織として「反米救国」と「軍部ファッショ打倒」を目標とする反米民主主義革命路線を掲げているが、実際には北朝鮮の路線である「民族解放民衆民主主義革命」を志向していると発表した。救学連は86年3月29日、ソウル大で約70人が参加して結成式を行った。組織は中央委員会を頂点として組織部・闘争部・海外事業部・宣伝部の4部門を設け、組織部の傘下には各学部単位の「地域」、その下には「地帯」という支部を置いた。また、闘争部の傘下に「自民闘」を置いている。

三民闘争委員会（三民闘委）　民族統一・民衆解放・民主獲得の三民理念の具現を行動目標に結成された学生運動圏内の非合法闘争組織。1985年3月から各大学で総学生会傘下機構として発足したが、同年4月に全国学生総連合（全学連）が結成されるとその傘下団体となった。全国34大学で組織され、各大学別にその名称や組織形態は異なったが、三民理念の具現をその行動目標としている点では同一である。85年5月のソウルアメリカ文化センター占拠籠城事件以降、当局はこれを容共利敵団体と規定、委員長の許仁会（高麗大学生会長）をはじめとする各大学委員長を拘束した。

民主化推進委員会事件　1985年10月29

日、検察がソウル大学生運動の非公開指導組織である民主化推進委員会（民推委）を利敵団体と規定し、関連者26名を国家保安法違反嫌疑で拘束し、3名を不拘束送検、17名を指名手配した事件。84年6月、学林事件関係者・朴文植とその後輩の文龍植は、民族民主革命（NDR）理念を実践するために、労働運動と学生運動の前衛的基幹組織を建設し、それらを統一的に組織化することで合意した。これに従って文龍植は後輩の安秉龍・尹聖柱・黄仁相・朴勝鉉らとレーニンの革命理論を学習した後、10月7日に「民主化推進委員会」を結成、「労働問題闘争委員会」「民主化闘争委員会」「広報委員会」「大学間連絡体」の4つの傘下機構を設け、各大学の三民闘争委員会結成、ソウルアメリカ文化センター占拠籠城事件など政治闘争を主導する一方、清渓被服労組合法性獲得大会、大宇アパレル籠城デモなど民主支援闘争を展開した。前衛主義と革命を主張し、検察から「自生的社会主義者」と規定された民主化推進委員会は、韓国社会革命運動の戦略戦術を民族民主革命路線とし、これを機関誌『キッパル（旗）』を通じて宣伝し、その後、反帝民主主義革命論（AIPDR）・民族解放民衆民主主義革命論（NLPDR）など韓国社会の変革論をめぐり一大論争を誘発した。この事件により金槿泰・前民青連議長が文龍植にNDR理念を注入した容疑で拘束され、10回以上にわたって電気拷問、水拷問など苛酷な拷問を受けたほか、民主化推進委員会関連手配者・禹鍾元の疑問死と、民闘組織責任者・朴鍾雲の所在地把握のための参考人調査が事件の発端となった朴鍾哲拷問致死事件を引き起こす原因にもなった。

反帝反ファッショ民族民主化闘争委員会（民民闘）

1985年の全国学生総連合・三民闘争委員会事件により学生運動組織が崩壊させられた後の冬期休暇中に理論的体系化がなされ、86年3月からソウル大学人文学部を中心に結成されはじめ、延世大・成均館大などへ波及した。民族民主革命（NDR）を志向し、「先ファッショ打倒」を掲げたという点で、同じ学生組織であっても自民闘と差異がある。傘下の闘争機構として、「親米の走狗どもを処断し、民主的権利を獲得するための闘争委員会」と「労働者解放運動支援連帯闘争委員会」という機構を設け、『民族民主宣言』を機関誌として発行した。「自民闘」と「民民闘」は、85年に全学連傘下の三民闘争委員会で学生運動圏諸勢力間での闘争路線の差異により二分され、その後数度の改編と集合離散を経て、88年の南北学生会談などの統一運動を契機に統合の動きを見せた。

金世鎮・李載虎焚身（焼身）自殺事件

1986年4月28日、ソウル大生の金世鎮と李載虎が最前線での兵役拒否のデモ中に焚身（焼身）自殺した事件。86年4月に入ると大学街のデモには「反戦・反核・ヤンキーゴーホーム」「米帝駆逐」などの反米スローガンが登場し、反米闘争が激しく起こりはじめた。ちょうど2学年の前線での兵役訓練が各大学別に始まると、大学生は反米闘争の延長線上でこの訓練を「ヤンキーの傭兵教育」とみなし、拒否する事態が相次いだ。4月28日午前、ソウル大学付近の新林洞のロータリーでソウル大生2名が「前方入所（前線入所）拒否デモ」の途中で焼身自殺するという事件が起こった。ソウル大2年生の前線訓練予定日のこの日、入所を拒否した400名以上が集まってデモを行っていた途中、ソウル大反戦反核平和擁護闘争委員長・李載虎（22歳、政治学科4年）と自然学部学生会長・金世鎮は、「ヤン

キーの傭兵教育・前線入所決死反対」のスローガンを叫んで、全身にシンナーを混ぜたガソリンを浴びて火をつけた。2人は病院に運ばれたが、すでに息をひきとっていた。金世鎮と李載虎は反帝民族解放思想を優先課題とするNLPDR論（民族解放民衆民主主義革命論）にもとづいて、86年3月29日に結成された学生運動指導組織「救国学生連盟」（救学連）傘下の闘争組織である「反米自主化・反ファッショ民主化闘争委員会」（自民闘）の幹部だった。この事件は86年の1年間、激しく展開された反米闘争とその後もつづいた学生たちの焚身・投身自殺事件の起爆剤となった。しかし、その主張の観念的急進性と過激さにより市民たちの支持を得られず、運動圏の一部からの批判の対象となることもあった。

反米自主化・反ファッショ民主化闘争委員会（自民闘）　民民闘とほとんど同時に現れた学生運動内の非合法闘争組織。民族解放民衆民主主義革命（NLPDR）を理念に掲げ、反米・反帝闘争を優先課題とする点で民民闘とは戦略の相違がある。傘下の闘争組織には、「反戦反核平和擁護闘争委員会」「民主憲法争取闘争委員会」「労働者解放運動支援連帯闘争委員会」「祖国の自主的平和統一のための自主的闘争委員会」があり、機関誌『解放宣言』を発行。1986年4月10日、ソウル大学社会科学部で結成されたのを皮切りに高麗大などに波及し、当初は保守野党排撃、改憲闘争拒否などの過激な主張を行ったが、6月に入って5・3仁川事態を反省して改憲闘争側に急旋回した。以後、学生運動内では自民闘という組織はなくなったが、その流れは88年の統一闘争へと引き継がれ、「祖国統一特別委員会」などの名称で統一運動を主導する役割を果たした。

建国大占拠籠城事件　1986年10月28日、ソウル大、高麗大、延世大など全国26大学の学生2000名余が建国大に集まり、「全国反外勢反独裁愛国学生闘争連合」（愛学闘）の結成式を行ったが、構内に侵入した3000名余の警察部隊に押され、本館や社会科学館などを占拠し、4日間に及ぶ徹夜籠城を行った事件。学生運動指導部である「救国学生連盟」（救学連）の決定により、大衆組織として結成された愛学闘は、ビラを通じて、①朝鮮戦争は民族解放闘争である、②解放当時の信託統治賛成は統一と解放を保障したものであったのに反して、信託統治反対は南を米帝支配に帰属させるものであった、③反共イデオロギーは分断イデオロギーであり、植民地イデオロギーである、などの北側の主張そのままの論理を展開し、公安当局のイデオロギー攻勢と政治的弾圧を引き出す呼び水となった。公安当局は学生たちの徹夜籠城を「共産革命分子の建国大暴力占拠乱動事件」と規定し、電気や水道を止め、大々的な鎮圧作戦を展開し、126中隊1万8900名の警察部隊を投入して催涙弾を発射、消防車30台とヘリコプターまで投入して、1525名を連行、このうち1295名を拘束し、世界学生運動史上最大規模の拘束者を出した。10月10日と14日のソウル大「大字報（壁新聞）事件」とこの「建国大占拠籠城事件」の相次ぐ衝撃で救学連は事実上の解体状態に陥り、学生運動圏の空洞化を招くことになった。事件直後、学生運動圏は自己反省を通じて、①情勢判断の誤りとそれによる過大な量的損失、②知識人的な性急さがもたらした左翼偏向、③虚弱な大衆的基盤の上に無理やり政治的組織を建設しようとした点などを批判し、大衆路線を根本的に新しく建て直す一方、各界各層の連帯のなかで運動の統一性をはかることに努力を傾けることにより、87年民

主化闘争では大衆の全幅の支持を受けて闘争を主導することができた。

主思派 北朝鮮の金日成の主体思想を指導理念とし、北朝鮮の「民主基地」を現実的な土台として「南朝鮮革命」を遂行しようとする韓国の大学政治勢力。この場合の主体思想とは、「人間中心の哲学」という哲学もしくは世界観という一般的な意味での概念ではなく、北朝鮮の歴史観・社会認識・政治哲学・経済理論・革命理論・大衆指導理論などを総称する特殊な狭義の概念であり、このうちとくに北朝鮮の南朝鮮革命路線である「民族解放民衆民主主義革命論（NLPDR）」がその思想の核心として受容されている。主思派の動きは前衛指導部である韓国民族民主戦線（韓民戦）として知られている。主思派はその初期において韓国社会の性格を「植民地封建社会」と規定していたが、このような主張は韓国が米帝国主義の植民地という点を過度に強調するあまり、現実を無視した牽強付会の詭弁であるとの批判を受け、「植民地半資本主義社会」に修正した。1980年末頃から運動圏内に根を下ろしはじめた主思派は、大衆路線と品性論（人間の品性を重んじる考え方。その背後には資本主義社会の貧富の差、拝金主義による人間性軽視を批判する思想がある）により運動圏内で広範な同調勢力を確保し、急激に勢いを拡張した。86年10月、「愛学闘」結成と関連する建国大占拠籠城事件により大きな打撃を受け、一時雌伏していたが、87年の6月抗争で主導的な役割を果たし、ふたたびその勢いを盛り返した。その後、野党単一候補が分裂した第13代大統領選挙で「批判的支持論」を掲げて失敗し、次第に後退したが、88年春から統一運動を高潮させ、運動圏内において主要な派閥の1つとなっている。

全国大学生代表者協議会（全大協） 全国各大学総学生会会長の協議体。1987年7月5日、延世大で故李韓烈（87年7月、民主化運動の先頭を切って闘い、催涙弾の直撃で死亡）の葬儀の方法をめぐって論議するため学生代表が集まり、全国的な大衆組織結成の必要性に合意し、3回にわたる事前協議を経て8月19日に発足した。全大協は発足宣言文で「青年学徒の全国的大同団結は、軍部独裁政権と帝国主義者を韓国から一掃するだろうし、それによって歴史の巨大な変化が急速にもたらされよう」と宣言し、活動方案として、①自主的民主政府樹立のために外勢を排撃し独裁を終息させること、②祖国の自主的平和統一の促進に寄与すること、③民衆が主人となる世界をつくるため、彼らとの強力な連帯を強めること、④学園の自治と自由を取り戻すこと、⑤「全国学生総連合」設立の基礎をつくること、などを明らかにした。その後、全大協は宣言文のように、反独裁・反米闘争、平和統一論議、学園民主化、労働問題をはじめとする社会民主化運動に積極的に参加し、88年には2度にわたって南北学生会談を実現しようとしたが、当局の源泉封鎖（元から絶つこと。この場合は延世大内に活動家を閉じこめること）により雲散霧消した。

民主化運動青年連合（民青連） 1983年9月30日、第5共和国政府の強権統治を突破して70年以降の民主化運動を主導してきた青年活動家たちが「闘争拠点の回復」をスローガンとして、合法活動の道を切り開いて結成した最初の公然とした民主化運動団体。80年の光州民主化運動以降、民主化運動の沈滞下で70年代学生運動を通じて輩出した青年活動家たちは、「闘争性の回復」を旗印に「民主化運動青年連合」を

結成、金槿泰を議長に選出した。この日の結成宣言を通じて民青連は「外勢とこれに便乗する暴力的な少数権力集団によって強制されている民族分断」と現状を規定し、①民族統一の大きな課題を成就するための真の民主政治の確立．②不正腐敗特権経済の清算と民族自立経済の達成、③創造的な教育文化体系の形成．④内戦態勢の解消と核戦争防止のために闘うこと、を宣言した。民青連は85年の政府の弾圧にもかかわらず、87年以降の青年大衆運動を指導し、城南・安養・東ソウル・南ソウルなど6地域に産業別(ホワイトカラーを含む)職場青年連合、付設研究所として民族民主運動研究所を持ち、「青年が起ち上がってこそ祖国は生きる」というスローガンの下に青年学校を開設するなど青年大衆組織化事業に力を注いだ。92年9月に本部が解散し、傘下組織は「韓国民主青年団体協議会」(92年9月結成)に加盟。

民主統一民衆運動連合（民統連） 1984

年の国民和合措置以降活動を始めた合法的な民主化運動諸団体が結集した最初の連合体。80年に全斗煥政権の苛酷な弾圧により方向をつかむことができず漂流していた民族民主運動圏は、83年9月30日に民主化運動を主導していた青年活動家たちの結集体である民主化運動青年連合を結成し、初めての合法運動団体を発足させた。以降各分野の運動において民主化運動諸団体が続出した。こうした背景を踏まえて合法運動圏の統合が積極的に模索されることになった。その過程で基層運動(労働者・農民への宣伝・組織活動)の強化と組織的な活動をかかげる各種の運動が民衆民主運動協議会(民民協)としてまず統合された。また、これとは別に、在野人士たちが結集した民主統一国民会議(国民会議)という運動体が設立された。このように2つに分かれた運動陣営は、2・12総選挙を経て統合についての論議を活発に展開しはじめた。そして85年3月29日に両団体が統合され、「民主統一民衆運動連合」(民統連)が結成された。「民主化運動と民族統一運動は1つである」との理念の下に、25の団体が加盟。以後、民統連は反独裁民主化闘争、反外勢自主化闘争、民衆生存権闘争を展開し、民族民主運動の急進的役割を担い、86年から「民統連民主憲法争取闘争委員会」を設置し、以降は新民党のにわかづくりの改憲集会と結合、全国民的改憲運動を触発するなどの役割を担った。86年5月3日、新民党改憲推進仁川支部での集会以降、集中的な弾圧に直面した民統連は、その後の6月抗争を主導するうえで決定的な役割を遂行した民主憲法争取国民運動本部を結成し、89年1月に全国民族民主運動連合(全民連)結成の過程で解体した。

民主化実践家族運動協議会（民家協）

1980年以降の民主化運動の過程で、当局に拘束されたり生命を落とした学生・労働者・在野人士の家族たちが民主化運動参加を企図して結成した協議会。1985年5月のアメリカ文化センター占拠籠城事件が内外に波紋を起こし、急増した拘束学生の父母がその年の8月に拘束学生父母協議会を結成し、「これ以上釈放を乞わず、堂々と息子たちの志に加わり、民主化運動に献身することのみが根本的な解決方法」であることを宣言し、拘束者家族運動が活発化した。それ以降、同協議会は拘束された労働者家族の集まりである拘束労働者家族協議会、在野人士および青年運動により拘束された者の家族の集まりである青年民主人士家族協議会、南民戦事件、在日同胞留学生スパイ団事件などの長期囚家族協議会、民主化

運動の過程で亡くなった運動家などの遺族の集まりである遺家族協議会など5団体を統合し、85年12月12日に「民主化実践家族運動協議会」を設立した。以降、この協議会は釈放事業、良心囚支援事業、民主烈士追慕事業を中心的に展開してきた。

民主化のための全国教授協議会（民教協）

民主化運動に賛同し参加する大学教授の全国的協議組織。1987年の6月抗争で、時局宣言などの積極的な活動により国民的な闘争を呼び起こすのに重要な役割を担ってきた民主的立場の教授は87年7月21日、「学問の自由と大学の自治が社会の民主化と表裏関係にあることを直視し、両者の同時的達成のために共同で努めること」を明らかにし、「民主化のための全国教授協議会」（民教協）を結成。以後、社会と大学の民主化のための声明、学問・思想・出版の自由に関する公聴会、諸般の悪法反対運動に関して指導的役割を果たしてきた。89年5月には「教職員労組創設汎国民支援会」に加入し、積極的な活動を展開した。また、全教組が結成された後にはこれに加入し、大学委員会を構成して小・中等教員と大学教員との橋渡しの役割を担った。90年6月現在で77大学1万1770名の教授が加入しており、大学別組織基盤の構築と専門研究領域別の社会改革案樹立などを当面の課題に掲げている。

韓国民族芸術人総連合（民芸総）

民族芸術を志向する芸術人たちの相互連帯と共同実践のために1988年12月23日に創立された連合体。87年以来、労働者をはじめとする民主陣営の活発な進出に対して、民族と民主芸術を志向する芸術家たちの間で、民衆の生き方にもとづいた民族文化建設のための共同実践と相互連帯を強化する必要性についての論議が展開されはじめた。88年9月30日に文学・演劇・舞踊・美術・音楽・建築・映画芸術人たちが懇談会を開き、民族民主運動の原則を堅持しながら大衆運動を展開できる組織体を設立すべきだとの認識で一致した。以降、幾度かの懇談会が開かれた後、88年11月26日、韓国民族芸術人総連合会発起人大会が開かれ、88年12月23日の創立総会を経て発足した。この日、民芸総は創立宣言文に「民衆と強固に結合された闘争の現場で……民衆の情緒、民衆の美意識を学び、民族民主運動、統一祖国建設運動の大義を体験し……少数の芸術家だけではなく、民衆全体がより高い芸術的価値を共有することができる真の民衆的民族文化芸術の柱を建設すること」を明らかにした。以後、民芸総は高銀共同議長を中心に89年4月の南北作家会議を主導し、韓国の進歩的芸術運動の対外窓口として活発な国際交流活動を展開している。

全国青年団体代表者協議会（全青協）

1987年6月抗争以降に結成された民主化運動青年団体の全国的な協議会。87年以来、青年大衆運動が発展すると、青年諸団体のなかでは全国青年の統一と団結が切実に要求された。87～88年には新しい青年団体が全国各地に結成され、以前から活動していた民青連など青年諸団体間の現況把握、共闘活動についての要求が高まると、11月25日、全国青年団体代表者会議で連合組織を結成することに合意し、民青連・全南民青・婦民青・忠南民青の4団体が準備小委員会を構成した。のちに、この準備小委員会にナラサラン（愛国の意）青年会と仁川民主青年会が加わり、「全国青年団体代表者協議会」（全青協）の結成を企図。89年1月14日に14の傘下団体と3つのオブザーバ

一団体が集まって発足した。その後、89年5月の光州巡礼や平壌世界青年学生祝典への参加闘争などを行ってきた。

全国民族民主運動連合（全民連） 1989年1月21日、労働者、農民などの各部門団体と全国の地域団体を網羅して結成された最大規模の民族民主運動連合体。87年の大統領選挙、88年の国会議員選挙を通じて激しい分裂現象を見せた民族民主運動諸団体は、労働者・農民など基層大衆運動の成長を土台として、87年10月頃から民族民主勢力の求心点を形成するために、「全国民主運動連合」の建設論議を開始し、88年9月2日には「全国民族民主運動協議会推進委員会」を発足させ、89年1月21日に「全国民族民主運動連合結成大会」を持った。その結成宣言では、「勤労民衆の中心となり、青年学生たちの闘争の動力となり、良心的な教師・文人・宗教人・法曹人・言論人・医療人・科学者たちと中小の商工人や海外の同胞たちが参加する愛国的民族民主運動力量の総結集体として……この地の真の民衆解放と自由平等社会のために、自主化運動、反独裁民主化運動、祖国統一運動に邁進すること」を謳った。労働者・農民など8つの部門団体と全国12の地域団体の連合として結成され、個別団体200以上を網羅した解放以後最大の民族民主運動団体で、70年代の名望家主体の在野運動の限界を克服し、民衆運動の土台の上で民族民主運動を新しく発展させようと努力するところに重要な意義を持っている。結成以降、全民連は労働者・農民などの生存権闘争支援、汎民族大会推進などの祖国統一運動を指導、反独裁民主化運動の求心点として民族民主運動の中心的な役割を果たしてきた。

全国貧民連合（全貧連） 1980年代に入ってますます深刻化する都市貧民問題を解決するため、87年以降に結成された露店商連合会・撤去民協議会など貧民諸団体が連合した組織。都市露店商は、83年のIPU（国際議会同盟）総会当時に環境美化を名目とした政府の露店商取り締まりへの抗議を行ったことを契機として結集しはじめ、86年のアジア大会以降、「露店商福祉会」を結成し、88年のオリンピックを目前に控えた87年11月に「全国露店商連合会」（全露連）を誕生させた。貧民運動のもう１つの軸となった撤去民（区画整理などに際して、スラムの住居を強制撤去された住民）たちは、80年代以降の政府の都市計画と無分別な投機旋風のなかで、撤去に反対し、住居を取得するための闘争をつづけながら、87年7月17日に「ソウル市撤去民協議会」（ソ撤協）を結成、全露連と共同して都市貧民の生存権の獲得と弾圧反対の運動を展開するとともに、「貧民たちの露店撤去問題だけではなく、医療・教育・福祉など全般的問題をともに解決し、民衆運動の主体として社会変革運動に主導的な役割を遂行しなければならない」という共通認識によって、89年11月11日に全国露店商連合会、ソウル撤去民協議会、日雇労働組合の結集体として「全国貧民連合」（全貧連）を結成した。

民自党一党独裁粉砕と民衆基本権争取国民連合（国民連合） 民正・民主・共和の3党合党により誕生した民自党に対抗するために、労働者・農民の大衆運動団体と全民連などの在野諸団体が総結集して結成した最大規模の一時的な共同闘争機構。1989年の文益煥牧師北朝鮮訪問から始まった「公安政局」以来、民自党を中心として推進されはじめた保守大連合の企てが、90年1月22日に民正・民主・共和の3党合党発表へと帰結すると、全民連などの在野団

体と全労協は、「民自党は保守大連合の核心として民主陣営をはじめとするあらゆる民主勢力に対する全面的弾圧の性格を帯びており、民衆の生存権と民主的基本権利を守るために、あらゆる民主勢力が結集した大衆闘争前線の構築が緊急に求められている」と判断し、２月１日から21日まで４度にわたって「民自党長期執権陰謀粉砕と民衆基本権争取対策会議」を開催した。この会議は２月24～25日に全国的に「反民主３党野合粉砕と民主基本権争取国民大会」を開催し、「すべての民主勢力を結集するために優先的に民族民主勢力の共同闘争機構を構成すること」で合意し、４月21日に結成大会を行った。国民連合はみずからの立場を、「当面は民自党一党独裁粉砕と民衆の基本権争取のための一時的な共同闘争体」と設定し、全国的に組織された基層（底辺）民衆の大衆運動体を中軸に、女性・言論・宗教・法曹などの団体と市民および個別人士を広範に参加させることを定めた。結成以降、国民連合は３月31日の「物価・土地・住宅問題解決のためのキャンペーン」と「KBS・現代重工業労働者支援闘争」、５月９日の「民自党解体・盧泰愚政権退陣促進国民決起大会」開催につづき、５月20日には「民衆運動弾圧粉砕、財閥主体の経済政策根絶」などを主要内容とする十大当面闘争綱領を発表し、民族民主運動を主導した。

経済正義実践市民連合（経実連）　学界・宗教界・法曹界・文化芸術界など、社会の各分野の市民が結集し、韓国社会に蔓延する深刻な経済不正を摘発し、経済正義を樹立・実践するために、89年７月に結成された市民運動団体。ラディカルな社会改革の実現をめざすが、暴力的手段による民衆革命路線は否定し、合理的で穏健な路線をとっている。最近では、2000年の「落選運動」（落選運動の項を参照）でも一定の役割を果した。経実連の活動目標は、以下の８点に絞られる。①地価高騰など不動産問題の解決。②賃金格差の解消あるいは縮小。③公正な労使関係の確立による産業民主主義の定着。④政経癒着と公務員の汚職の追放。⑤公正な金融と租税制度の確立。⑥公害防止と環境保護。⑦バランスのとれた国土の開発。⑧中小企業の育成と独占・寡占の規制を通じた公正な市場経済秩序の確立。

7．北朝鮮の開放の動き

朝鮮労働党第6回大会　70年代までの社会主義建設過程を総括し、80年代の基本政策と課題を決定するために、1980年10月10～14日まで平壌で開催された党大会。決議権を持った代表3062名と発言権のある代表158名が参加し、118ヵ国177団体が招待されたこの大会の主要議題は、①党中央委員会事業総括報告、②党検査委員会事業総括報告、③党規約改正、④党指導機関の選挙などだった。北朝鮮が「社会主義の完全勝利を成し遂げ、祖国統一を促進するための課題提示を行った歴史的大会」と主張するこの大会で、金日成は事業報告において、「全社会の主体思想化」「全社会の革命化、労働者階級化、インテリ化」「人民経済の主体化、現代化、科学化」など70年代から積極的に推進してきた課題を80年代にも継続して行うことを課題として提示した。また、この大会を特徴づけるもっとも重要な内容として、新たな統一方案である高麗民主連邦共和国案を発表した。一方、この大会では金日成の長男・金正日を党大会執行委員28名のうち序列5番目に選出し、事実上の金日成の後継者として公認したが、これによって北朝鮮は西側諸国ばかりか、一部の社会主義諸国からも「封建的世襲体制」との非難を受けた。

高麗民主連邦共和国統一方案　1980年10月10日、朝鮮労働党第6回大会中央委員会事業総括報告で金日成が明らかにした統一方案。「高麗連邦制統一案」と通称される。その内容を要約すれば、①南北が相手側の制度と思想を認め合うことを前提に、民族統一政府を樹立する。その下で同一の権限と義務により、韓国と北朝鮮がそれぞれの地域を統治する連邦共和国を樹立し、祖国を統一する、②南北同数の代表と適当な数の海外同胞代表により最高民族連邦会議を構成し、そこで連邦常設委員会を組織して、南北の地域政府を指導する、③連邦国家の国号は、過去の朝鮮半島の統一国家の名前を生かして、民主主義を志向する政治理念を反映し、高麗民主連邦共和国とする、などである。このような連邦制実施の前提条件として金日成は、①ファッショ悪法の廃止、暴圧統治機構の撤廃、政党・社会団体・個別人士の政治活動の自由保障、拘束者の釈放、民主主義的政権の前提としての政権交替など、南朝鮮の軍事統治の清算および社会の民主化、②平和協定の締結、南朝鮮の米軍撤収など緊張状態の緩和、③米国の「2つの朝鮮」策動の中止、および内政干渉の終息を主張し、つづいて次のような連邦統一政府の十大施政方針を明らかにした。①自主性の堅持と自主的政策の実施。②民主主義の実施と民族大団結をはかる。③南北交流の実施と民族経済の自立的発展保障。④南北科学文化交流。⑤南北間の交通・郵便の整備と自由な利用の保障。⑥全人民の生活安定をはかり、福利を増進する。⑦南北の軍事的対峙の解消と民族連合軍の組織。⑧海外同胞の民族的権利と利益の擁護。⑨統一以前の海外関係処理と2つの地域の政府活動の統一的調節。⑩平和愛好的対外政策の実施。北朝鮮は60年8月14日以降、一貫して1国家2体制の連邦制案を主張してきたが、「高麗民主連邦共和国案」はこれまでの主張を補完し、政治・軍事交流を組み込んだ。またこれまでの連邦制案が完全な統一に至るまでの過渡的形態として規定されていたのに対して、この新連邦制案は統一の完成された形態と

されていることが特徴である。

80年代速度創造運動　1982年7月6～7日、職業同盟第6期第3回会議で金正日が提示、7月9日の金策製鉄所労働者たちの集会を手始めに北朝鮮全域へと拡大した労働力動員運動。78年から実施された第2次7ヵ年計画を期限内に完成し、第6回党大会で提示された十大展望目標を達成する一方、82年に金正日が、金日成の70歳の誕生日に合わせて主体思想塔・凱旋門・金日成競技場・人民大学習堂・平壌産院・蒼光院・氷上館などの建築物と蒼光通りを完成させるなど、金正日の指導によって提起された「建設速度」を拡大、具現化することを目標とした。これにより、強力な後継体制を構築することが企図された。50年代の千里馬運動と70年代の速度戦を継承した80年代の速度創造運動を指して、党機関誌『労働新聞』は「千里馬大高潮式（千里馬運動の最高潮当時のような）気勢を堅持しながら、そこに速度戦の気勢をさらに加える意欲ある速度」と表現し、「80年代速度」を創造するための三大根本要素として、①党政策に対する絶対性、無条件性の精神、②自力更正の革命精神、③緻密で責任のある組織と政治事業を提示した。こうした手法は従来からの大衆動員方法の延長線上にあるが、別の側面から見れば、国民の労働意欲の刺激策あるいは北朝鮮国家の将来性を誇示する方法ともいえよう。

朝鮮民主主義人民共和国合営法　1984年9月8日、北朝鮮最高人民常設会議で採択された外国との経済技術交流および合作投資を支えるための合作会社法。全文5章26ヵ条からなるこの「合営法」の基本骨子は、西側資本主義の国家を含むあらゆる国家から資本と技術を誘致し、北朝鮮地域内での合作会社の経営活動を認め、保護し、一定の所得税を除外した合作企業所得の本国実質送金を認めるというものである。北朝鮮は第2次7ヵ年計画（1978～84）を遂行する過程で、自国の力と技術、資源のみでは経済開発に限界があると判断し、西側世界の技術と資本を導入できるように中国の「対外合作経営企業法」と類似したこの法律を制定したが、法の運用の基礎となるべき政治的・社会的秩序の不安定さに加え、対外債務不履行、内需市場の狭さ、自力経済路線固守などの難題が重なり、海外からの活発な経済協力はいまだしの感がある。なお、この合営法には94年1月に修正が加えられ、先端技術企業の振興、国際競争力を持つ製品生産、社会的インフラストラクチャー整備、科学技術研究振興などの分野での合作投資推進が追加された。

韓国民族自主宣言　1985年8月9日、北朝鮮の『労働新聞』に掲載された「韓国民族民主戦線」（韓民戦）の宣言文。北朝鮮はこの宣言文を発表すると同時に、64年3月に組織化に着手して以来、69年8月に中央委員会を結成し、南朝鮮の地下党として活動してきた統一革命党を「時代の要求に沿うように」85年7月、「韓国民族民主戦線」に改編し、「モクソリ放送」（モクソリは朝鮮語の声の意）を「救国の声放送」（85年8月）に名称変更をしたと主張した。この宣言で韓民戦は「今日韓国民衆が進むべき道は民族解放」であり、「民族解放運動で高く掲げるべき旗印は反米自主化」であり、「反米自主化のための民族解放戦線において韓国民族民主戦線と愛国民衆がともに推し進めなければならない歴史的課題は反ファッショ民主化と統一」であることを明らかにし、民族自主の偉業を遂行するための当面の十大綱領を提示した。その内容は次

のとおり。①民族自主政権の樹立。②民主政治の実現。③自立的民族経済の建設。④国民生活安定。⑤民族教育の発展。⑥民族文化の建設。⑦斬新な社会気風の確立。⑧自主国防の実現。⑨自主外交の施行。⑩祖国の自主的平和統一。韓国民族自主宣言は一時、韓国の学生運動を中心とする韓国の一部の民族民主運動勢力の理念的指標ともなった。

後継者問題 北朝鮮の権力継承のために金正日を後継者として擁立しようとするさまざまな動きを指す言葉。1970年代の「三大革命小組運動」と「全社会の主体思想化」を通じて北朝鮮のナンバー２へと浮上した金正日は、80年６月の党大会で事実上の後継者としての地位を固め、以降「80年代速度創造運動」などを指導、自身の指導体制構築のための動きを本格化していった。このような後継体制構築強化と関連して、86年はとくに重要な意味を持つ年だった。５月31日、金正日は「金日成高級党学校」創立40周年を迎え、「朝鮮労働党建設の歴史的経験」と題する論文を発表。「党の偉業を継承するための基本は政治的首領の後継者問題を正しく解決すること」と述べ、「後継者問題」について公的に言及。以後、北朝鮮は党権力の核である党政治局常務委員に金日成・金正日・呉振宇の３人を留任させ、最高人民会議第８期第１回会議と党中央委員会第６期第12回会議を通じて党行政要職メンバーを大幅に改編する一方、第８次内閣を発足させて、金正日の指導体制を固めるための権力改編を断行した。この内閣改編の顕著な特徴は、総理に党秘書出身の李根模を起用、金煥・蔡熙正・朴南基ら金正日側近のテクノクラート出身党官僚を政務院部署長に就任させるなど、金正日の統治影響力を党と政府の各レベルで強力に下支えしたところにある。また、11月２日には最高人民会議第８期代議員選挙を実施し、80年代後半の金正日指導体制を支える代議員655名を選出した。

金正日〔キム ジョンイル〕

2006年

1942～2011。北朝鮮の政治家。金日成と金正淑の長男として生まれた。出生地は不明だが、金日成の逃亡先のロシアのハバロフスク近郊で生まれたことは間違いないとみられている。解放後、北朝鮮に入り、平壌南山高級中学、万景台革命学院、金日成総合大学政治経済学部で学んだ。64年、大学卒業と同時に党中央委員会に配置され、60年代末から「親愛なる指導者同志」と呼ばれた。73年９月、党中央委秘書（書記）

2000年における金正日の現地指導

1月	2月	3月	4月	5月	6月	7月	8月	9月	10月	11月	12月	計
4	5	7	7	4	5	4	6	4	12	7	8	73

＊経済分野：25回、軍関係：21回、その他：27回

となり、74年5月に政治委員に選出された。80年の第6回党大会で党中央委政治委員・秘書・軍事委員に選出され、実質的な後継者として登場した。74年には「全社会の主体思想化」を推進したのをはじめ、唯一思想体系の確立に力を注ぎ、主体思想塔・凱旋門・牡丹峰競技場・南浦閘門などの建築土木工事を現地指導し、三大革命小組運動、隠れた英雄に学ぶ運動（模範的労働者を探し出し、顕彰する運動）などを推進し、「血の海」などの革命歌劇・映画・演劇創造運動を繰り広げた。文芸分野に関心と造詣が深く、歌劇「血の海」「党の真の娘」「密林よ語れ」「花を売る乙女」「金剛山の歌」などは彼が直接指導して制作された作品として知られている。著述としては82年金日成の70歳の誕生日祝賀討論会で発表した「主体思想について」などの論文があり、彼の著作「映画芸術論」は古典的な労作として評価されている。40歳の誕生日に二重共和国英雄称号が与えられ、党中央委政治委員・秘書・軍事委員職に就いた。94年7月、金日成死去の時点では、金正日は政治局常務委員、国防委員会委員長、党事業総括秘書の役職にあり、父金日成に次ぐ地位にあった。権力完全掌握のためには国家主席と党総秘書（総書記）に就任する必要があった。97年7月、北朝鮮当局は金日成の「喪明け」を宣言。同年10月、金正日が朝鮮労働党総秘書（総書記）に就任したと発表した。さらに98年9月5～7日の第10期最高人民会議第1回会議では、国家主席にこそ就任しなかったものの、「国家の最高職責」と位置づけられた国防委員会委員長に選出された。2000年6月13～15日、韓国の金大中大統領と史上初の南北首脳会談を行った。実質的な最高指導者の地位についた金正日だが、彼をとりまく情勢はきびしい。最大の課題である食糧危機克服の目途は立っていないとみられる。しかも金正日にとって、かつての中ソからの援助に代わる西側世界、ことに日米韓からの援助は無条件に歓迎しうるものではない。経済開放は必然的に西側世界からの情報・思想流入をともなうからだ。現時点でそれ以外の道は彼の前には残されておらず、その後、北朝鮮は金正日を表に立て、「ウリ（われわれ）式社会主義」と「制限的開放」という際どい道を歩まざるをえなくなった。

呉振宇［オジヌ］　1917～1995。共産主義運動家・軍人・政治家。咸鏡南道北青出身。33年満州で金日成の抗日遊撃隊に合流し、抗日闘争に参加。解放後入国。人民軍創設当時、その母体となった保安幹部訓練に参加し、朝鮮戦争中は第3師団長として活躍した。56年の労働党第3回大会で中央委員会広報委員となり、57年に軍団長、60年に集団軍司令官、61年の第4回党大会で中央委員、63年に民族保衛省副相、64年に大将に昇進した。党中央委員会第4期第15回全体会議で朴金喆・李孝淳らが粛清された後、67年4月に軍政治局長となり、69年1月に軍総参謀長・崔光をはじめ、金昌奉・許鳳学（対南工作総責任者）ら軍首脳部が対南事業の失敗により失脚すると軍総参謀長へと昇進、70年の第5回党大会で党中央委政治委員兼秘書、71年に中央人民委

呉振宇（左）
金正日（右）

員会委員、国防委委員長となって党・政府・軍にわたる強力な実力者として浮上した。80年に政治局常務委員、85年4月には崔庸健に次ぐ次帥（元帥と大将の間の地位）、9月には2度目の軍総政治局長となった。最晩年には、党中央委政治局常務委員・秘書（書記）・軍事委員・中央人民委員・人民武力部長・軍総政治局長・最高人民会議代議員を務め、朝鮮人民軍の最高司令官として君臨したが、金日成の死から間もなく世を去り、その権力は金正日に委ねられることとなった。

「社会主義の完全な勝利のために」
1986年12月30日、最高人民会議第8期第1回会議で金日成が行った施政演説。社会主義の完全な勝利を志向する過渡期革命段階で提起される政治的課題を含んだ戦闘的綱領とされている。この演説は、①自主性の実現、②無階級社会の実現とそのための労働者階級と農民の階級的差異の除去、共同的所有の全人民的所有への転換、③社会主義経済建設のための第3次7ヵ年計画の完遂、④人民政権の強化とその機能と役割を高める、⑤三大革命路線と革命的群衆路線の貫徹、⑥自主的平和統一などの内容を含んでいる。北朝鮮はこの施政演説を「不滅の総括文書」と規定し、そこで提起された課題を貫徹するための具体的な諸方案を集中的に討議し、その実践を促進している。

第3次7ヵ年経済計画　1987年4月21～23日に開催された最高人民会議第8期第2回会議で発表された87～93年の北朝鮮の社会主義経済建設計画。78年から実施された第2次7ヵ年経済計画が84年に完了すると、自立経済政策の限界と軍事費の負担、2度にわたる石油波動（石油ショック）と輸出商品の価格下落などさまざまな要因により、予想よりも実績は下回り、80年代当

初から経済沈滞に苦しむようになる。85〜86年の準備期間を経て、87年4月に拡張して発表された。北朝鮮は第3次7ヵ年計画の経済指標として、80年10月の第6回党大会で提示した「十大展望目標の実現と科学技術の積極推進」を掲げ、国民生活の向上を通じて「人民経済の主体化・現代化・科学化を引き続き力強く推進し、物質的・技術的土台を用意する」などの重点を設けたと強調した。北朝鮮は第3次7ヵ年計画の目標を、計画期間中に経済成長は1.7倍、年平均成長率を7.9パーセントに設定し、このためには工業総生産は1.9倍、農業は1.4倍に増大させ、労働者の実質所得は1.6倍、農民は1.7倍に向上させるとした。このような目標実現のためには基幹工業と交通運輸分野を最重点分野とした。北朝鮮が第3次7ヵ年計画で提示している経済成長目標は第2次7ヵ年計画での年平均経済成長率の9.6パーセントに比べ1.7パーセント下方調整されている。工業成長もやはり第2次の12パーセントに比べて2パーセント下方調整され、かつての経済計画よりも現実的だとの評価を受けているが、貿易危機の拡大にともなう難関、合営法の成果不振などによりその実現可能性は見通しが立っていない。

平壌祝典 1989年7月1〜8日に開催された第13回世界青年学生祝典。「反帝国主義連帯と平和親善」というスローガンの下に、平壌「5月1日競技場」(陵羅島競技場)で開幕したこの行事には、全大協代表・林秀卿をはじめ170ヵ国以上から2万名余りの代表が参加した。韓国の88年ソウル・オリンピック開催に対抗したものである。世界青年学生祝典は、47年2月チェコスロバキアのプラハで初めての大会が開かれた。平壌祝典は東洋で最初に開かれた世界青年学生祝典として世界の注目を浴びた。7月1日に15万名の群衆を収容した「5月1日競技場」での開幕式につづき、2日から本格的に進行した平壌祝典行事は政治・文化芸術・体育行事などに分けられて進められたが、政治行事プログラムは83パーセント、文化芸術行事は16パーセントを占めた。政治行事は「平和・軍縮・核兵器のない世界安全センター」(2日、平壌文化宮殿)など8つの討論センターを設け、主題別に文化討論会を進行させ、7日の「祖国の平和的統一のための朝鮮人民と青年学生たちの闘争を支持する連帯集会」で全大協代表・林秀卿と北朝鮮の学生委員会委員長・金昌龍が「南北青年学生共同宣言文」を朗読した。この祝典は、北朝鮮のいわば「面子外交」によって開催されたもので、祝典開催費は一説によれば40億ドルを超えたとも伝えられる。これは90年代以降の経済困難に拍車をかけたと見られている。

羅津・先鋒自由経済貿易地区(経済特区) この経済特区開発構想は1991年7月に初めて公表された。北朝鮮の政務院決定第74号によって1991年12月に決定した。設置の目的は、外国投資を誘致し、①国際的な中継貿易貨物輸送基地、②総合的な輸出加工基地、③観光・金融基地として同地区を開発することであった。この対外経済開放への政策転換は、北朝鮮が従来の自力更正路線、および中ソ依存型の経済政策と訣別し、西側依存型の経済開発をスタートさせたことを意味する。豆満江は北朝鮮・中国・ロシアが国境を接する大河で、その河口は中国東北部、モンゴル、ロシア極東地方にとってまたとない良港を提供している。それゆえ、この豆満江の経済開発については各国の思惑が複雑にからんでいる。

最近、UNDP（国連開発計画）などが仲介に入って調整が行われ、ようやく足並みがそろい出した。こうして土台づくりが進むと、まず韓国企業が食指を動かし、羅津と釜山の間に1995年10月から週1便の定期コンテナ航路が開設された。この航路は中国・韓国の貿易目的に限定されており、現在は中国の延吉・琿春からのコンテナ貨物をトラックで羅津まで搬送し、羅津で船積みして釜山に送る便となっている。北朝鮮は港湾の使用料とシッピング（船積）手数料を徴収するのみで、南北が定期的な貿易を行うものではない。しかし、これが今後ある程度の具体的な南北交易にはずみをつけることは十分に考えられる。金日成の死や食糧危機などによって開発は多少もたついてはいるが、経済特区・自由貿易地域づくりの体裁もかなり整ってきているのは事実で、羅津・先鋒のおよそ750平方キロ地域の周囲を鉄条網で囲む作業を終え、将来の見通しを、北朝鮮側も「中継貿易港と輸出加工団地、さらには国際金融センターや観光・サービス産業の混在する自由貿易地帯としたい。複合型という点で、中国の深圳と同じモデルと見ることができる」といっている（金日成総合大学経済学部・金秀勇教授の発言、1995年10月、東京）。日本も、ようやく重い腰を上げて投資意欲を見せるようになった。

とはいえ、北朝鮮は外国の投資に過度に依存することはないと見られている。外資誘導のためには、北朝鮮は本腰を入れて社会資本を整えなければならないし、中国の経済特区の例でも、華僑資本が進出意欲を見せて初めて外国資本も乗り出してきた。この意味で、まず韓国資本を誘致することを考えているようだ。とくに北朝鮮は、95年までの対外債務は110億ドルを超えている。この額は北朝鮮のGNPの70パーセント以上である。1998年度のGNPは前年比28.8パーセント減で、126億ドル規模と見られている。北朝鮮の国際的信用度は極端に低いだけに、今後、韓国企業を誘致することによって信用回復に努めていくだろうと見られている。しかし、北朝鮮の政治社会状況はつねに流動的であり、そのためにいわれているほど進捗していないのが実状である。なお、羅津・先鋒両市は2000年9月に合併し、羅先市となった。

豆満江流域共同開発計画　国連開発計画（UNDP）の指導下に進められている、豆満江下流域を対象とした東北アジア諸国の国際的経済特区開発構想。北朝鮮・ロシア・中国の流域3ヵ国と韓国・モンゴルが参加しており、資金不足からUNDPは日本にも参加を呼びかけている。91年10月15〜21日に平壌で開かれたUNDP主催の会議でUNDPの報告書が発表された。この報告書によれば、豆満江開発計画は羅津－琿春－ポシェトを結ぶ約1000平方キロの三角地域（北朝鮮とロシアにまたがる）を対象とする。この地域への国際資本導入、観光開発などのために、20年間で総額300億ドルの資本を投下し、10の現代的設備を整えた埠頭と人口50万ほどの新産業都市、そして関連工業施設と後方施設を建設するというのが、開発計画の骨子であった。しかし、地域的および経済的主体である北朝鮮の政治的スタンスにぶれがあるため、現在では計画倒れとなっている。

第6章
文民政治の発足と統一への展望

1993 ▶ 2014

コンピュータに向かう老人（韓国公報室発行の雑誌から）

●概観と展望

　解放後の南北の統一と民主化をはばんできた最大の外的障害、それは何といっても、東西冷戦と、その外的要因を奇貨として権力を保持しようとしてきた内的要因であった。しかし、限られたなかで、韓国ではしぶとく民主化闘争がつづけられた。その過程でともあれ、その冷戦状況は世界的には1990年代に入ってようやく一応の終息をみたが、朝鮮半島においては冷戦構造は相変わらず持続した。何よりも、南北自体が冷戦の産物であり、民族相食む癒しがたい戦争を経験していたから、冷戦氷解は容易でなかったのである。それだけ、朝鮮半島における冷戦状況はきびしかったのだ。それは94年に金日成が死去したあとさえも、北朝鮮に劇的な揺るぎがなかったことにもよく表れているし、2012年4月に3代目を引き継いだ金正恩の「先軍政治」体制でも明らかである。

　韓国においては、93年の金泳三文民政権成立以降民主化はさらに進展し、先進国に準ずるまでになった国際的地位の向上、これに対応した政治・経済・社会など、すべての領域における大改革が進められた。金泳三政権が掲げた「新韓国の創造」は今日に至るまで、いまなお韓国の課題となっているといえよう。

　民主化運動の右派と軍部が妥協して結成した民主自由党の力を背景にし、1992年12月、金泳三は大統領に当選し、翌年2月、正式に第14代大統領に就任した。1961年の5・16軍事クーデター以来、実に32年ぶりの文民政権の誕生であった。ともかく表立った暴力や不正・謀略の介在しない選挙によって選ばれ、民主主義を信条とする非権威主義的な指導者による政権が保障されたという意味で、解放後初の本格的な文民政権の誕生といえた。

　この政権の最大の課題となったのは、永年の軍政の結果、社会の隅々まで浸透した非合理な「軍事文化」の一掃であった。言い換えれば、それまでの軍部の権威がすべてに優先し、それにもとづく秘密主義、情実主義、不正腐敗が横行する体制の清算である。これなしには、公約として掲げた先進国の地位を獲得することは不可能だった。具体的には、全斗煥・盧泰愚政権を含む軍政時代の不正事件の清算であり、汚職関係者の追放であった。そして、そのハイライトとなったのは全斗煥と盧泰愚という2人の元大統領の逮捕と処断である。金泳三政権は「野合」で成り立ったといわれたが、しかし身内を切って捨てたのだから、韓国はもとより世界を驚かせるに十分だった。この政権は、権威主義的な軍事独裁国家から実質的に近代的な民主国家に生まれ変わる決意を内外に示したのである。さらに、情報公開法や金融実名制を施行し、政治・経済活動の透明性を高め、それを実践した。

　これらの努力は、経済面にも反映される。1996年、韓国はさらなる制度改革の推進を条件に、先進国（あるいはそれに準ずる国）としての国際的地位の証明とされるOECD（経済協力開発機構）加盟を実現した。しかし、社会全般にわたる急激な変化は、一方でひずみをはらみつつ政権末期においてIMF（国際通貨基金）危機を招くにいたった。

　北朝鮮との関係においては、盧泰愚政権の遺産である1991年の「南北不可侵に関する基本合意書」を背景に、94年に南北首脳会談開催で北朝鮮と合意するという画期的な成果をあげた。しかし、金日成は会談

を目前にして死去したうえ、金泳三政権は北側の核疑惑、それにつづく絶えざる軍事的挑発への対応に追われた。このために、不可侵合意書の内容を具体的な和解促進政策へと発展させることはできなかった。これは、軍部との妥協（いわゆる「野合」）によって成立したこの政権の限界でもあった。

政権末期の1997年に入り、それまではらんでいた諸問題が急速に顕在化する。韓宝財閥をめぐるスキャンダルの発覚をきっかけに、政権内部で大統領の次男もからむ汚職が進行していた事実が明らかになると、看板に掲げた「新韓国」と裏腹の事態に国民は深く失望した。この頃から大企業グループ（財閥）各社の無謀な拡張は限界に達し、経営破綻が相次いだ。とどめを刺したのは、東南アジアの通貨危機のあおりを受けて97年末に発生したウォンの大暴落であった。これにより、韓国はIMFの緊急支援を受けることになり、その経済運営は以後約2年半にわたってIMFの管理下に置かれる。

こうしたなかで国民の期待を集めたのは民主化運動最大の英雄、金大中であった。97年12月の大統領選で金大中が当選、これは韓国史上初の、基本的に軍部の意思が介在しない政権の誕生であった。しかし、金大中政権は金鍾泌から（忠清道の）票をもらうことによって獲得したことを忘れてはならない。これももう1つの「野合」であった。

翌98年2月の政権発足に当たり、金大中は自己の政権を初めての「国民の政府」と規定した。その緊急の課題はIMFの管理下での経済構造改革で、金融機関整理や人員削減による合理化を推進し、政権2年目には高い経済成長率の回復をもたらした。

この政権が歴史的な業績をあげたのは何といっても統一政策、南北和解の分野であった。これについて、金大中は解放後50年以上にわたる敵視政策を原則的に撤回し、「吸収統一はせず、北側に与えるべきものは与え、その代わりに要求すべきものは要求していく」という融和的な「太陽政策」を謳い、食糧危機下の北朝鮮に積極的に食糧をはじめとする物資の援助を進めるとともに、韓国企業の対北投資の法的政治的条件を整えた。さらに南北をめぐるすべての問題は構造的に連関しているとし、食糧・エネルギー危機、核問題、ミサイル問題、日朝・米朝国交正常化などの諸問題の「一括妥結」方式を提起し、米国や日本も原則的にこれに協力するよう合意をとりつけた。その努力は、2000年6月の歴史的な南北首脳会談とその後の和解ムードの急速な進展をもたらした。この政策は次の盧武鉉政権に継承される。

この間、韓国社会も大きな変容を遂げた。持続的な経済成長により、大企業のホワイトカラー（中産層）を中心とした物質的に豊かな社会が実現された。そこから心のゆとりもある程度生まれ、韓国社会の課題は体制転覆的な民主化運動や戦闘的な労働運動から、女性や障害者など社会的弱者に対する差別や身近な生活環境の改善へと力点を移していった。政治運動も落選運動に代表されるように、草の根市民運動の性格を持つものが強い影響力を示すようになった。とくに教条的な左翼思想、あるいは親北的な反体制学生運動の後退ははなはだしく、97年の延世大学籠城事件以降、ほとんど大きな動きを示していない。その一方で、過剰な「豊かさ」の弊害としての過度の欲望と行き過ぎた浪費、そして人間としての基本的な道徳の揺らぎなどが顕著となった。また、「路宿者」と呼ばれるホームレスが象徴するように、貧富の格差が政治・

社会的な課題とされるようになったが、いまだそれらは基本的に解決されていない。

2003年に発足した盧武鉉政権は「386世代」をはじめとする新しい世代の支持を基盤としており、旧世代の反発を受けたが、一方移り気な新世代は政権を安定させるには脆弱さをはらんでいた。04年3月の大統領弾劾は覆されたとはいえ、こうした政権の問題点を端的に象徴していた。それは急激な経済成長と民主主義化のなかで韓国が進む道を見定めかねているということでもあった。

こうした流れのなかで、盧武鉉政権下では親族への不正資金流用（不正政治献金）が行われ、これがのちに発覚すると、それが引き金となって盧武鉉大統領は退任後の2009年5月24日に自殺する。この事件が象徴するように、韓国における民主主義は「社会」ではたゆみなく進んだが、「政治」の民主化はまだ闇のなかであった。いうまでもなく、「文民政治」と謳った政権下でもそれは変わることがなかった。

急激な民主化は制度上は先進国並みに整えられたが、2012年4月の総選挙時に政治社会問題となり、争点ともなった「査察問題」に見られるように、韓国の民主主義はいかにも脆弱であった。さらに資本主義のグローバリズムのなかで生き残りをかけようとして、大企業を優遇したことも見逃せない。

日韓関係では、2002年の日韓ワールドカップ共催、日本における「韓流」ブームなどにみるように、日韓間の民間レベルの交流が拡大するが、一方で小泉首相の靖国参拝、竹島（独島）問題、従軍慰安婦問題、対北朝鮮政策での足並みの乱れなどにより、政治関係は冷却し、「政冷経熱」の様相を呈した。さらにこれは2014年の現在まで持ちこし、いっそうきびしさを増している。たとえば2005年の日韓友情年に際し、700あった記念イベントのうち、政治的な軋轢のあおりで開催中止になったものが17しかなかったことは、「経熱」の流れをよく表している。2012年現在では、竹島（独島）問題や従軍慰安婦問題が日韓の政治上ではくすぶっているが、とくに問題となっていない。

この時期の北朝鮮を規定したのは冷戦終結にともなう孤立化と、恒常的な食糧危機であった。非合理な官僚主義と中央集権型統治機構、たび重なる大衆動員とそれによる疲弊がもたらした結果だが、国民のみならず、北朝鮮の国家体制に大きな打撃を与えた。この2つの問題を一気に解決するべく、北朝鮮は対外的には核兵器や弾道ミサイル開発の推進を梃子にして西側の援助を引き出そうとし、国内的には「先軍体制」によって再編成をはかった。94年7月の金日成の死去以後は、この傾向にさらに拍車がかかった。98年の「テポドン」発射、憲法改正による金正日体制の強化はこのような流れを表すものである。

当座の体制の安定を整えた北朝鮮は、対外的に協調路線をとるようになり、次第に西側との接触をはかる。95年3月のKEDO（朝鮮半島エネルギー開発機構）の発足は象徴的なできごとであり、当初は将来の「朝鮮問題」を占う画期になると期待された。一方でまた、新しく船出した金大中政権の打ち出した「太陽政策」に対しても、初めは冷やかに受け止めていたが、ついに2000年6月には南北首脳会談へと漕ぎ着けると、大きな期待が寄せられた。北朝鮮は、中国の改革開放政策にも高い評価を示し、自身の開放の可能性をアピールした。このような北朝鮮の行動は当初、西側からも好感をもって受け容れられた。しかし、その後の弾道ミサイル発射、核問題をめぐる北

朝鮮の強硬な豹変の姿勢に、西側諸国は不信感を強めた。

　クリントン政権時代、米国は韓国の太陽政策を原則的に支持し、北朝鮮との和解を進めようとした。政権末期には北朝鮮ナンバー３の趙明禄を招き、さらにオルブライト国務長官を訪朝させ、94年の核危機に続き、懸案のミサイル問題に決着をつけようとした。それは、クリントン大統領の訪朝さえ取り沙汰されたことにより、きわめて現実味があるように見えた。しかし、2001年に成立したブッシュ政権は「テロ支援国家」北朝鮮への不信感をあらわにし、この間の米朝関係改善の蓄積をご破算にして、仕切り直しを行った。ブッシュ政権は末期において、対北朝鮮政策を180度変え、軟化させた。

　また韓国では逆に、太陽政策は軍部の流れをくむハンナラ党や国内的な経済政策優先を望む少なからぬ国民の批判にさらされるようになり、その将来は予断を許さない。冷戦後の歴史の評価はなお今後を待たなければならないといえようが、この間に築きあげた事実は、わずかではあるがとにかく現在も浴しているし、「南北の小康」状態の１つの担保となっている。

　北朝鮮については、その後、核開発やテロ、国内の人権問題がますます国際社会に公になっている。米国は表面的には強硬姿勢をとっているものの、体制転覆よりは軟着陸を優先させており、日本も基本的にはこうした米国の姿勢に追随する姿勢をとっている。それを端的に表しているのが2003年以降の６者協議（６ヵ国協議、６者会談）である。中国は最大の輸出相手国である米国の意向を意識し、北朝鮮に対する支援をかつてより目立たないものにするとともに、核問題で北朝鮮を牽制し、譲歩を促す方向にある。また2005年には国連総会で北朝鮮の人権状況に対する非難決議が採択されるなど、北朝鮮の民主化を促す国際環境が形成されつつあるが、北朝鮮のリアクション（反発）もしぶとい。

　2011年12月17日、金正日総書記の急死につづく金正恩体制の船出によって北朝鮮の今後の行く末はますます不透明になっており、「朝鮮情勢」は予断を許さない状況に入ったといえるだろう。金正恩体制は、現在のところ「遺訓政治」という独特のやり方を引き継ぎ、統治している。これは軍部の意向だといわれるが、この亡霊の縛りから果たして解放されるのだろうか。2012年はメルクマールになる年だと思われたが、2013年、2014年を経て、いよいよその兆しははっきりしてきたように見える。

　近現代史のなかで、朝鮮民族が世界史的な転換期に遭遇したことは過去に２度あった。１度目は19世紀末から20世紀初頭にかけての帝国主義の成立と展開であり、その結末は朝鮮半島の植民地化と第２次世界大戦の惨禍であった。２度目は1945年の大戦終結と冷戦の開始であり、その結果は南北分断であった。そして、これら悲劇的結果の内的要因の最たるものは、朝鮮民族が打って一丸となって事態に当たることができなかったからにほかならない。そして21世紀初頭の今日こそ、おそらく３度目の転換期であるに違いないだろう。

　このような時代に、朝鮮民族がなさなければならないことは何であろうか。かつての蹉跌の原因が民族の団結の失敗にあったとすれば、今日の最優先課題は何であろう。いうまでもなく民主主義の拡大であろう。言い換えれば、一人ひとりの意思が自由に発露される政治的社会的環境が少しでも広くつくられることである。

　このことは、程度の差はあっても北朝鮮社会はいうに及ばず、韓国社会に対しても

そういえるし、日本に対してもまたそうである。韓国における民主化は、国内の定住外国人に対して地方選挙権を与えたし、最近の韓国大統領の新年辞では、韓国全体を構成する人々として、韓国人だけでなく定住外国人も入れて表現している。日本のマスコミはこうした韓国における現実をニュースとしてなぜ知らせようとしないのか、疑問である。

韓国の第19代国会議員選挙では、「北風」（北朝鮮による韓国の政治・社会への影響力）による「南々葛藤」はさほどなかった。それは韓国社会の成熟の程度を表すものであろうが、今回の総選挙での争点はいまひとつはっきりせず、いわゆる「査察問題」で与野党がいい争ったように、民主化が進んだとはいえ、いまだに「軍事文化」の残滓が幽霊のように幅を利かせていることを端的に示した。

政治におけると同じように、韓国経済は「サムスン共和国」、「ヒュンダイ帝国」に代表されるように、きわめていびつな経済構造である。激しさを増すグローバリズムの潮流のなかで、この独特の韓国型の経済構造は、危機を何度も乗り越えた。一見強く見えるかもしれないが、けっしてそうではないであろう。親亀こけたら、子亀、孫亀もみなこけることにもなりかねない。

ひるがえって、在日社会に目を転じてみる。日本社会の民主主義を「在日」に焦点をあてて見てみよう。1980年代を通じて、日本の国際化はこれまでのように「在日」の存在を隠し、思いのまま操ることを許さなくなった。「在日」の状況は世界に知れわたった。冷戦崩壊後はいよいよその傾向を加速している。

振り返ってみるとき、1つの例として終戦直後の「外国人登録令」（1947年）→「外国人登録法」（1952年）などは言語道断であった。冷戦という「神風」を奇貨にして、日本政府は「在日」を勝手に都合よく操作した。「国籍条項」なるものを設けて、かつての「非国民」のようなレッテルを貼りつけ、当然受けるべき民主的権利を入り口で拒否した。

総体として日本は「在日」に対して一体であったが、「在日」は本国の分断に拘束され、南北の争いを愚かにも日本でも演じた。それは半世紀以上に及び、いまなおその余韻はつづいている。

人間個人の生き方、人としての権利、それらは確かに民族という1つの大きな塊に引きつけられ、縛られることはあっても、その限りではけっしてない。一人ひとりには地域社会があり、職場とその人間関係がある。この半世紀以上を経る間、1世の数は激減し、その後の世代は民族という縛りから徐々に距離を置くようになった。しかし、民族を拒否するようになったわけでなく、1世や上からの押しつけによるものでなく、みずからの意思によって、民族性を勝ち取り、それによる人生観の確立へと向かう新しい動きもある。

こうした新しい人生観を模索している新世代は数のうえではけっして多くはないが、在日の既成組織は彼らを十分に吸収しているとはいえない。既成組織の目は、在日の現状よりもいまもなお本国に向いていたり、一部の者は過去のしがらみから受ける政治的経済的価値に関心がある。逆にまた、一般の「在日」にとっては、既成組織のトップが死のうが、取って代わろうが無関心であるのもまた事実である。

南北における世代交代

2012年初めごろまで、次の総選挙で「100議席」も取れないだろうという見方もあったセヌリ党だったが、2012年の4・11総選

挙で152議席を確保し、民主統合党と統合進歩党の野党連帯に対して勝利した。この選挙で朴槿恵は、2012年1月に就任した非常対策委員長として党を率い、「選挙の女王」であることをまたもや見せつけた。朴槿恵は余勢を駆って大統領候補に選出され、12・19大統領選挙では、実に51.6パーセントの票を得て、民主党の文在寅（48パーセント）を108万票引き離して当選した。若年層や無党派層から高い支持を受けている無所属の安哲秀（前ソウル大学融合科学技術大学院長）候補が、投票日直前になって立候補を取りやめて文在寅側につき、一大ブームを引き起こすかと見られたが大勢を覆すことにはならなかった。1992年の民主化以降の大統領選挙では、初めて当選者得票数が過半数を上回った。投票率は75.8パーセントで前回選挙を12.8パーセント、前々回を5パーセントあまり上回り、関心の高さを裏付けた。党名をハンナラ党からセヌリ党（セヌリとは新しい世界の意）に変更するなどイメージチェンジしたことや内部改革・刷新などが功を奏したといわれている。地域別で見た場合、朴槿恵はソウル市と全羅道を除く全地域で、一方、文在寅はソウル・全羅道でそれぞれ最多支持を得た。また大邱・慶尚北道では朴槿恵、全羅道では文在寅がそれぞれ80パーセント以上の支持を得る結果となり、解放後の韓国政治を一貫して左右してきた「地域主義（あるいは地域感情）」にもとづく投票行動が、今回の選挙でも如実に現れた。年代別では20〜30代は文支持、50代以上では朴支持がそれぞれ多数を占め、人口で多数を占めている50代以上の有権者の投票行動が大きく左右する結果となった。

2012年4月の4・11総選挙につづいて、大統領選挙でも在外国民選挙制度が初めて導入された。4・11総選挙では世界107ヵ国・地域、158ヵ所の在外公館（日本では10ヵ所）で行われ、登録率は全体の約5パーセント、登録者の投票率は45.7パーセントであった。今回の大統領選挙では110ヵ国・地域、164ヵ所で行われた。登録率は全体の約10パーセント、登録者の投票率は前回を大きく上回り71.2パーセントにものぼった。

大統領就任後、与野党対立で新政府組織の改編案が成立しないという政治的空白の長期化や情報機関・国家情報院のスパイ事件捏造、訪米中の大統領府報道官のセクハラ行為、総理・大統領国家安保室長や国家情報院長らの更迭などが立て続けに起きたものの、なんとか無事に乗りきった。大統領に就任して2年目を迎えた2014年1月11日の定例の年頭記者会見で、朴槿恵は南北の「統一のテバッ（大当たり）」を打ち上げ、南北の統一は単なるスローガンではなく、現実に克服すべき課題であることをにじませた。そして3月28日、訪問先のドイツ・ドレスデン工科大学で「統一論」を世論化させた。統一論の骨子は、南北間の軍事的対立・不信、社会・文化の障壁、そして北朝鮮の国際社会との断絶の解消というもので、いわゆる「南北統一」は国土の統合から、さらに一つの体制づくりへともっていくにしても、その過程としては実利のある文化交流と経済協力などが前提として必要であるというのだ。こうした課題を実現的に担保するため、まず可能なことから手をつけるべきだとした。離散家族再会の定例化と妊婦・乳児支援事業、南北複合農村団地の造成、北朝鮮への交通・通信インフラ投資と地下資源の開発、そして歴史・文化・芸術・スポーツ交流などである。こうしたことを1つ1つ積み上げながら、南北経済共同体を築こうというのである。

このように大胆ではあるが、具体的な構

想を描く背景には、近年の韓国が内外での位相（韓国語で存在価値、存在感の意）のランクが上がったことにある。たとえば、2009年9月、ゴールドマン・サックスのレポートによれば、南北が両体制を維持しながらお互いに協力しあえば、相乗効果（シナジー効果）で2050年には現在のG7のうち、米国を除いたどの国よりも経済規模が大きくなり、所得も韓国が9万6000ドル、北朝鮮は7万ドル、平均して8万6000ドルで世界第2位になるとの予想を打ち出した。その根拠に北の優秀な労働力と地下資源、韓国の技術・資本力、そしてシナジー効果による生産性を飛躍的に向上させている。もちろんこの前提にはいうまでもなく北の改革・開放と南北間の相互信頼や平和、それに近隣諸国および国際的な支援と協力がなければならない。しかるのちに南北が協力しあえば初期の5年間、北は少なくとも年間7〜8パーセントの成長があると説く。韓国も人口減少などで低下する成長動力を回復できると考えている。夢のような話であるが、日本から北への戦後賠償としての経済援助（約100〜200億ドル規模）、それに韓国が絡むことにより一層の効果があるという思惑だ。この巨額な資金に日本企業もただ傍観するのでなく食指を動かして能動的に協力していくと、東アジア圏では大変な経済的・政治的ダイナミズムを呼び起こすかもしれないという予想がある。

2012年、事実、韓国経済は歴史的な成果を次々にあげた。同年6月、1人当たり国民所得2万ドル、人口5000万以上を意味する、先進国グループ「2050グループ」へ世界で7番目に加入した。9月には世界三大信用評価会社（格付け会社のうちの1つ）ピーチの国家信用等級でAA−と格付けされ、初めて日本のA＋に先んじた。10月には仁川の松島新都市がドイツのボンに競り勝ち、開発途上国の温暖化対策を支援する新国際機関「グリーン気候基金（GCF）」事務局の誘致に成功した。190余ヵ国の会員国をもつGCFはアジアが誘致した最大規模の国際機構である。また折からのウォン高に見舞われたのにもかかわらず韓国の輸出は増大し、経常収支は、大統領就任の2013年は650億ドル近くになり、日本の600億ドル規模に比べて50億ドルも凌駕し、初めて日本を抜いた。しかし、サムスン（三星）やヒュンダイ（現代）、LG（金星）、SK（鮮京）などの世界的に知名度の高い四大財閥のイメージは実像よりも大きく世界に映っているのは確かだ。これらの財閥の動静によって韓国経済が左右されるということは、きわめて危険なことだ。5月上旬、サムスンの総帥、李健熙が病に倒れたことは韓国経済にとって危険信号がついたと騒がれた。それは、2014年に入ってサムスンが岐路に立っていると噂されており、サムスンの岐路は韓国の岐路といわれるほど、一極に集中しすぎている。事実、サムスングループ（財閥）の輸出額は韓国の輸出額の20パーセント以上も占める。先の四大財閥だけで総輸出額の約60パーセントにものぼっている。今後は韓国経済の飛躍か停滞かの別れ道といわれている。もし、サムスンが失速すれば韓国経済はドミノ倒しのように崩れ、日本が味わっている「失われた10年、20年」を嘗めるのではないかと一部の専門家は予測しているからだ。

ところがここへきて発生したのが、「4・16事態」（珍島郡の観梅島沖におけるセウォル号沈没事故）である。この事故によって、韓国の政治・社会構造、システムなどの負の構造が暴露され、一見強いと見られていた韓国の社会組織・秩序は意外にもろく、国の制度は思った以上に腐敗しており、脆弱であることを露呈した。このような騒

ぎのなか、5月29日、北朝鮮は日本と「拉致被害者に対する全面的再調査をすることに合意」し、これを受けて北朝鮮は7月4日、最高権力機関である国防委員会の管轄の下に「特別調査委員会」を設けることとし、日本は同日、閣議で独自の制裁措置を一部解除した。この日朝の動きに対して周辺国は、表面上は一定の理解の意向を示したものの内心は複雑であったに違いない。「日本と北朝鮮の接近は、北の核問題と弾道ミサイルに対する国際社会の足並みを乱すのではないか」、という懸念が周辺国にはあるからだ。

　この日朝の急激な接近は一体何を意味するのだろうか。2002年9月の小泉訪朝にはミスターXという人物が存在したが、今回もまた別のミスターXが動いたとされている。正常な外交関係がない国家間ではこうしたその場その場で動くキーマンが必要なのであろう。とくに政治・官僚体制が寡頭的である北朝鮮ではなおさらそういえるだろう。いわゆる「拉致問題」によって、北朝鮮は突破口を求めようとしているのである。北朝鮮にとって「拉致問題」は、日朝間における「喉に刺さったトゲ」というよりも、それどころかいまや体制維持のための重要な「カード」になっていると見るべきだろう。北朝鮮の突破口の狙いは何よりもまず、「体制保障」であり、その担保となる経済的基礎であり、差し当たっては国民の食糧問題である。この問題の理解のために、この少し前のことを考えてみよう。

　2011年5月から6月にかけて、金正日は重篤な体を引きずって中国、ロシアへと詣でた。しかし金正日自身はその半年後に死ぬとは思っていなかったのか、後継者を同道することはなかった。伝統的に中・ロ（ソ）外交を軸に、難局を切り開こうとしたのだ。そして国内的には徐々に改革・開放を進めようとした。こうすることにより中・ロとの関係はさらに良好となり、道が開けるという思惑であった。この路線の推進を妹婿の張成沢と李英鎬ラインに任せたのであるが、これはこのときにはじまったのでなく、10年以上も前から進められてきたものであるが、軍の一部強硬派からは白い目で見られていた。金正日は金日成死後と前後して、軍の一部と金日成以来の古参たちの反発を予想し「深化組」という新たな超権力的部隊を組織し、彼らを統制した。しかし軍の強硬派は多大な痛手を負いながらも、長らく潜伏しつつ、じっと時機がくるのを待っていたといわれる。金正日の死がその時であったが、それから2年を経ずして、返す刀で粛軍が行われ、さらにその勢いでもってまず李英鎬が粛清され、「張成沢処刑」へとつづき、強硬派は息を吹き返した。現在考えられるところでは、この強硬派がいま年若い金正恩を担ぎ、動かしているといわれている。そのトップが軍のなかでは相対的に若く力のある金英徹－崔龍海ラインではないかという推理が一部でなされている。軍の強硬派だけに中国の意向も無視し、核兵器開発・ミサイル開発に力を注いでいる。体制維持と軍営国家の存立にはこれしかないと思っているのだろう。核実験や弾道ミサイル、多連装ロケット弾の発射を繰り返しているが、これは単に日米韓に向けての示威にとどまらず、中国に対する牽制行動ともいえる。中国とは朝鮮戦争をともに戦った「血で固められた友誼」の関係だったが、それも今は昔の話だ。象徴的なのは、2014年7月3日～4日、習近平国家主席は北朝鮮に先んじて韓国を訪問して朴槿恵大統領と会談し、内々には北朝鮮で今後起こるであろう事態を具体的に話し合ったといわれる。また韓中は、「歴史問題」について共同で日本に対応しようとしている

し、米国や日本が嫉妬するほどかつてない蜜月時代を迎えている。この時機これまでになく、北朝鮮は威嚇するかのように弾道ミサイルを、まさしく異次元的に多発し、一方では日本と「拉致問題」を解決すべく、大幅な歩み寄りをみせ、電撃的な合意をした。北朝鮮のこの硬軟織り交ぜたやり方から推察すると、ここへきてすべての有効と思えるカードを切ろうとしていることが透けて見えるが、八方破れのように見えるだけに予測がなかなかつかない。とにかく、流動化している北朝鮮軍部の動きには目を離せないが、北朝鮮が恒常的かつ高度な「危機」を孕む国の形になっていることは確かだ。政治・経済・社会制度については、改めていうには及ばず、農業ひとつとっても、トップ（首領）の思いつきによる「主体農業」という国土改造によって、伝統的に積み上げられた朝鮮農法は無視されている。

この「主体農法」というものは1970年代半ばからはじまり、およそ10年間はうまくいったかにみえたが、洪水にはまったく無力で多くの農地は荒野と化し、それによって国土も破壊された。そのため80年代後半以降、北朝鮮は毎年のように食糧危機に陥っている。「主体主義」という無謬神話のゆえ、誤りを批判し、正そうとすることは「国家反逆」にされてしまう。かつて素人であるトップの農法方針について日本の川田信一郎という農学博士が「一国の農業はかくありたい」と褒め称えたことがひとり歩きしてしまい、広く北朝鮮農業に対して幻想を抱かせたことがあった。しかし、朝鮮農法については、戦前、高橋昇という農学者が身をもって朝鮮全土を隈なく踏査し、農民と親しく語り合いながら現地調査をして、伝統農法の優れた点を科学的に実証し、より進化させようとしたことがあるが、彼の命をかけて築いた業績は生かされることがなかった。

ところで「統一のテバッ」はさらに磨きをかけて、今後南北は接触していくのだろうか。前政権の掲げた「大運河構想」のように、支持率上昇だけを狙ったかけ声で尻つぼみとなる可能性は十分にある。「大統領5年制」の限界も確かにあるが、北朝鮮という扱いにくい相手と対峙しなければならないからだ。足元の現実政治では「4・16」事態以降、朴槿恵に対するバッシングはつづき、支持率はピークに比べて一時20パーセントも低下している。これには「4・16」事態の責任をめぐる関係当局の責任のなすりあいや、総理候補ら閣僚人事などの相次ぐ失態も響いた。しかし7月30日に行われた過去最大規模の15選挙区を対象とする国会議員の再・補選でセヌリ党は11選挙区で勝利し、なんとか与党の面目を保った。選挙後の議席数は定数300のうち158を占め、過半数を辛くも守った。とにかくこの再・補選の時点で「4・16」事態の傷口を一応表面上では癒したが、まだその後遺症は疼いており、朴槿恵のあげた「統一のテバッ」にもいい作用を及ぼすことはなかった。「4・16」事態における政府の不手際な収拾策によって、遺族と野党はセウォル号特別法の立法化において、捜査権および起訴権を求めて国会を長期空転させた。こうした特別法の要求はやや行き過ぎた韓国民主主義の表れという見方が一部に強く、ややもすると国論を二分し、本質的な問題が置き去りにされかねない。

2015年をいかに迎えるか

2015年は日本の敗戦（終戦）、朝鮮・韓国の光復（解放）から70年、朝鮮戦争勃発から65年であり、日韓の国交回復から50年の節目に当たる。70年前、3000万同胞

は光復によって独立・統一がすぐにやってくるものとばかり思っていたが、冷戦というマグマは朝鮮半島で集中的にたまり、やがて熱戦（火戦）へと転化して爆発し、同族相食む悲劇を3年間も繰り返した。そして、いまなお38度線を境に南北は軍事力で相対峙しており、さらに北朝鮮の核保有によって緊張がますます高まっている。そういう意味では21世紀を迎えた今日においてなお「光復はいまだならず」であろう。

この朝鮮半島の状況を日本はどう見ているのか。1910年に日本は朝鮮を植民地として「合併」したが、1945年8月15日の敗戦時に「合併」前の形で朝鮮へ返還されることは叶わなかった。朝鮮半島は日本から解放されたとはいえ、冷戦とともに米ソのバランス・オブ・パワーの犠牲になり分断されたが、その責任の一端は日本にあることを日本（人）は認識する必要がある。しかし、現在の日本は、そんなことは知ったことではないという社会的雰囲気である。それは、日本の閣僚たちによる靖国参拝に象徴的に表れているように、戦前日本の賛美である。何よりも日本は、戦前日本と縁を切った「平和憲法」を順守すべきだろう。

朴槿恵大統領が唱えた「統一のテバッ」は真の意味での光復を目指すものであり、2014年の光復日（8月15日）に大統領が2015年の「50周年」を新たな元年の第一歩とするための前提条件として従軍慰安婦問題の解決を繰り返し求めたのは当然のことであった。

従軍慰安婦問題で基本的に押さえるべきは、「慰安婦」制度自体が強制性をともなって多くの女性を集め管理しなければ成り立たなかったことだ。『「慰安婦」は捏造』と説く論者は、「その存在を示す日本政府筋の公的な文書がない」というが、そのような文書があったとしても、敗戦時に焼却されたに違いない。また、「慰安婦」とされた女性の証言には、オランダ領東インド（インドネシア）・フィリピン・中国では、レイプされて「慰安婦」になることを強制された事例が報告されている。国連の「クマラスワミ報告書」（1996年）でも、オランダ領東インドの女性が強制連行によって「慰安婦」とされた例が報告されている。

2014年8月5日・6日付けの朝日新聞が2日間にわたり「吉田証言」が虚偽であったと認めたことによって、「河野談話」が蒸し返され、それが問題視された。「吉田証言」は虚偽、他の証言もすべて虚偽と捏造論者は極論するが、それは、南京大虐殺に対する否定論者が「大虐殺の証拠とする写真のなかには疑わしいものがある。だから大虐殺自体が捏造だ」と極論するのと軌を一にする。国連を通して世界の多くの国々で、日本軍の「慰安婦」制度は強制的な、女性の人権を無視する問題として認識されており、これを否定するのは、捏造論者とこれに同調する少数の外国人のみだろう。

しかし日本軍が関与して設けられた慰安婦は現実に存在したし、そこに出入りした日本人兵士が数多くいたことははっきりしている。さらに、「「慰安婦」制度は日本以外にも存在した。日本だけが悪いのではない」と居直り、日本では戦後、敗戦という破局に対して国民のうちの多数が真剣な反省を怠ったことにより、過去に犯した国の犯罪に対して何の責任も感じないとする限り、戦後は「永続敗戦」として継続するだろう。「吉田証言」の真偽は別にして、ここに問題の核心を解く糸口があると思われる。かりに吉田清治の証言が嘘だとしても「慰安婦」や「慰安所」がなかったということにはならない。問題なのは体験した元軍人や軍関係者が多くいたのにもかかわら

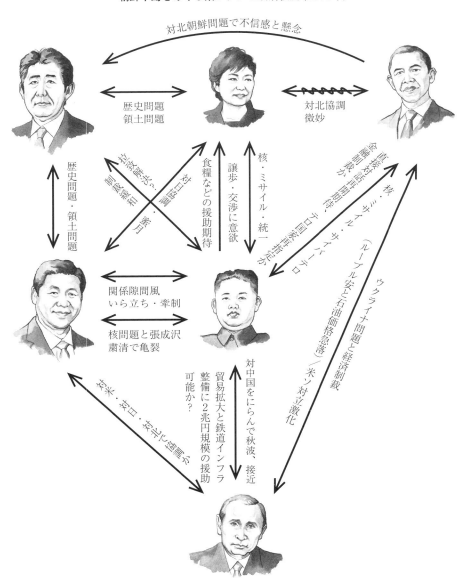
朝鮮半島をめぐる東アジアの政治状況（2014年）

ずまったくといっていいほどその体験者や証言者が現れないことだ。

1941 (昭和16) 年当時、後方担当参謀だった原善四郎少佐は朝鮮で「従軍慰安婦」を1万人規模で集め、各部隊へ配属した事実を語ったことがある。また、総理を務めたことのある中曽根康弘もかつて、『終りなき海軍』(松浦敬紀編、文化放送センター、1978年) のなかで、海軍主計士官だった23歳のときに「慰安所」づくりに関与したことを自慢気に語っている。おそらく当時、中曽根はのちに従軍慰安婦のことが現在のように問題になることはまったく考えていなかったのだろう。ところがそれから30年後の2007年3月23日、日本外国特派員協会で会見をした際、米国の新聞記者から前掲書のくだりを質問されると、「旧海軍時代に慰安所をつくった記憶はない」「事実と違う。海軍の工員の休憩と娯楽の施設をつくってほしいということだったのでつくってやった」「具体的なことは知らない」といって完全否定している。

こうした事実を明らかにすると、日本では「自虐史観」だとか「売国奴」と叩かれるのが必至であるし、ましてやかつて自分の犯した間違いを蛮勇をふるって公けにする者は皆無に近い。事実、先年亡くなられた尾下大造氏が、かつて隣国で略奪や虐殺を目の当たりにした自分には軍人恩給をもらう資格はないといって受給拒否をすると、「かっこいい真似をするんじゃない、国賊!」だと誹謗中傷を浴びる始末であった。

日本および日本人のことを、今は故人の外務事務官を務めたどちらかといえば体制寄りの人(法眼晋作)が「偏狭でひとりよがり。国際的な視野に欠け、哲学をもたない。いわばオポチュニズムの上の咲いた花。根がないのだから『ひ弱な花』といわれるのも当然かもしれない」といったことがある。

ところで、朝鮮特需で潤い、GHQ (占領軍) の軛(くびき)から解かれた日本は、1953年に軍人恩給を復活させたが、2014年までの給付総額は55兆円を越えているという。一方、朝鮮人の旧軍人・軍属に対しては、巧妙かつ狡猾な法的手段を使って一銭も支給していない。これこそひとりよがりで世界には

韓国・中国修交以降の経済交流

	1992年	→	2013年
貿易額	64億ドル(約6560億円)	43倍	2700億ドル (約28兆円)(2013年対中輸出依存度は26.1パーセントと過去最高)
相互訪問者数	13万人	64倍	829万人 (2014年上半期は530万人)

2014年にロシア・北朝鮮で合意した主な措置

貿易	2020年までに年間貿易総額を10倍にする目標
金融	ロシアルーブル建ての貿易決済を開始
インフラ	北朝鮮国内の鉄道網を両国で改修
資源	北朝鮮の鉱物資源を共同開発
投資環境	ロシアのビジネスマンに複数回入国できる査証

通じない日本的なスタンダードだろう。かくして、日本は敗戦をうまく、いや実は姑息に繕っているだけでは「戦後」はなかなか終らない。朝鮮語に「易地思之」という四字熟語がある。これが意味するのは、相手の立場に立ってものごとを考えてみるということだ。この百数十年の歴史を日本(人)は相手の国の立場に立って改めて考えてみれば己の歴史がよくわかるのではないだろうか。この「軍人恩給」についての事実は日本人の多くは知らないでいるし、世界の人が知ったら驚くに違いない。

かつて「日本医学の父」と呼ばれるベルツは、帝国憲法発布の前夜の様子について、その『日記』のなかで、「東京全市は、(2月)11日に憲法発布を控えてその準備のため、言語に絶した騒ぎを演じている。……だが、こっけいなことには、誰も憲法の内容をご存じないのだ」。いま世間(社会)に喧しい「従軍慰安婦」や「集団的自衛権」の問題にしても、その実態を絵空事としてとらえている向きが多い。集団的自衛権行使容認は、北朝鮮・中国の軍事的脅威に対応するために必要だとして単純に同意するのは大いに問題がある。そこには、国際関係の現実を踏まえて具体的にいかに軍事的衝突(あるいは戦争)を回避して平和を保つのか、具体的な方策が提起されていないし、日本と米国との同盟強化のみが語られる一方で、韓国も同盟国でありながら、日本と韓国とがいかなる協力関係を築くかについても、本格的な議論はなされていない。たとえば安倍首相が国会で「重要な同盟国(すなわち米国)の艦船が攻撃を受けた場合、自衛艦が防護しなくてよいのか」と発言したが、ここではどのような状況が想定

東アジアの核状況

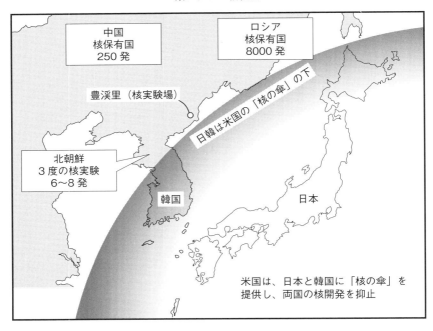

されているのかおよそ具体性がないし、要するに米国との軍事的提携をより密にするために、集団的自衛権をダシに使っているに過ぎない。また抑止力論（強大な軍事力によって他国を恫喝し黙らせることが可能だとする説）によっても、北朝鮮の核開発が示すように、「力の平和」は実現できない。他方、「憲法９条を守れ」「戦争反対、平和を守れ」と非戦のスローガンのみを叫んでも、中国や北朝鮮を引き入れて軍事問題をも含めた具体的な不戦と相互安全保障の環境を創り出さなければ、アジアにおける対立と軋轢はなくならない。

民主主義社会を維持・発展させるには、各人が日常的に意識的でなければならないだろう。思考を停止し、反民主主義的なことに対して行動を起こさず、過去・現在・未来について体制（政府）に委ねようとする態度はファシズムへの第一歩となるだろう。その点、韓国社会は民主主義社会のあり方について体制に委ねず、自らの判断や行動が大切であるとの意識がきわめて強い。ややもすると行き過ぎることもあるが「民主主義」は与えられるのではなく、血で購って勝ちとらなければならないと考えてきた。

2014年の年初、朴大統領は「統一のテバッ」を打ち上げて自信をうかがわせたが、１年を経ずして足元の大統領府（青瓦台）の統治能力とセキュリティーを問われる事態を招いた（十常待ゲート、あるいは鄭允会ゲート）。

北朝鮮は金正恩政権２年目を迎え、内外にその「強さ」をアピールしているが、体制の脆弱さはたんなる「軍事優先と対外依存」に頼る弥縫策では繕えないほどの事態になっている。

一方、在日社会に目を転じると、一部日本人による「ヘイトスピーチ」や「嫌韓」「呆韓」「恥韓」など活字によるバッシングがある。このような韓国、在日叩きは結果的には日本（人）を愚民化することを知るべきであろう。このことを知ってか知らずか、一部の出版社は当面はただ経済的に帳尻が合えばいいとばかり、これでもか、これでもかと同種の本を出版しており、あげくは韓国人もその尻馬に乗ってか、あるいは乗せられてか、出版社の意向に流されていることは否めない。放送・放映についてもこの傾向である。出版社は売れ行きを気にし、電波メディアは視聴率が気がかりである。この背景には日本の政治・社会の右傾化があるが、それは格差社会における日陰におかれた一部の人たちのどうしようもない鬱積した状況があり、「在日」はそのカタルシスに使われている。こうした状況であるのにもかかわらず、それに抗することなく「在日」の日本国籍への帰化は増えつづけ、「在日」の人口は、1991年をピークに減りつづけ、1945年以降、帰化の総数は40万以上に達している。また、日本人との結婚は、現在、男女平均70パーセント以上にも及んでいる。もし、帰化した人がいなかったと仮定したら、「在日」（韓国籍・朝鮮籍合わせて）の総数は確実に100万人を突破していたであろう。「在日」はすでに日本社会の日常に定着し、溶け込んでいて、それに流され、本国の動きとは直接かかわることがなくなっている。しかしながら、既成の民族団体は従来と同じく本国指向であり、在日の行く末を具体的なかたちで呈示できなくなっている。ここで今一度原点に立ちかえって、朝鮮人とは、「在日」とはというふうに、新たな時代環境におけるアイデンティティを見つめなおす時機にきている。

東アジアの兵力状況（ミリタリーバランス、世界軍事情勢2013年度版などを参照）

	北朝鮮（人民軍）	韓国（国軍）	在韓米軍	日本（自衛隊）
総兵力	約119万人	約68万7000人	約2万8000人	22万7000人
陸軍				
兵	102万人	約56万人	1万7000人	15万1000人
戦車	T-34、54、55、59、62等3500両	T-80、88、M-47、48等2330両	M-1約120両	90式など800両
装甲車	約2500両	約2480両	約170両	
大砲	2万1000門以上	1万1000門以上		
海軍				
兵力	約4.6万人	約6.8万人	2万人	4万2000人
総艦艇	650隻 10.9万トン	180隻 14.1万トン	米第7艦隊 63万トン	144隻 44.8万トン
イージス艦		2隻	横須賀11隻	
駆逐艦	なし	6隻	佐世保7隻	45隻
フリゲート	3隻	12隻	グアム3隻	6隻
攻撃型潜水艦	22隻	12隻		
小型潜水艦	28隻			
海兵隊	特殊作戦部隊約8.8万人	2.5万人、主力戦車M-47、60両	約1.5万人	
空軍				
兵力	約11万人	約6万4000人		約4万7000人
作戦機	約620機	約610機	約400機	約340機
第3/4世代戦闘機	Mig23　46機 Mig29　18機 Su25　34機	F4　70機 F16　164機 F15　47機	（在日130機）、在韓70機 7 F200機 乗員3200人 航空要員2480人	F4　67機 F16　40機 F15　202機
人口	2400万人	5000万人		1億2700万人
兵役	陸　10年 海　10年 空　3～4年	21ヵ月 23ヵ月 24ヵ月		
その他	予備役470万人 労働赤衛隊350万人 保安隊20万人 特殊部隊5万人			

北朝鮮の弾道ミサイル

地図上のラベル:
- モスクワ
- サンフランシスコ
- アンカレッジ
- ムスダン（射程 2500〜4000 km）
- スカッドB（射程 300 km）
- スカッドC（射程 500 km）
- テポドン2（射程約 6000 km）
- テポドン1（射程 1500 km 以上）
- ノドン（射程 1300 km 以上）
- 北京
- 東京
- 沖縄
- ハワイ
- グアム
- （射程約 1 万 km）

- スカッド……射程約300〜500km。韓国全土が射程に入る。
- ノドン………射程1300km。日本全土が射程に入る。
- ムスダン……射程2500〜4000km。米軍拠点の1つグアムが射程に入る。
- テポドン1…射程約1500km。ノドンを1段目、スカッドを2段目に使った多段式ミサイル。
- テポドン2…射程約6000km。テポドン1の後継2段式弾道ミサイル。2012年12月にはテポドン2を改良した3段式ミサイル銀河3号の打ち上げに成功。射程約1万kmに及ぶと米国は分析している。
  この弾道ミサイルに小型化した攻撃用弾頭を搭載すれば米西海岸を射程に収めるICBMとなり、これがあと3000km延びれば米全土が射程に入る。

1. 金泳三政権の成立と展開

第14代国会議員選挙　1992年3月24日に実施された総選挙。投票率は71.9パーセントとそれなりの数字を示したが、選挙結果は民自党が149議席（地域区116、全国区33）を占めたが、過半数の150にはわずかに及ばなかった。民主党は97議席（地域区75、全国区22）、新たに結成された国民党は31議席（地域区24、全国区7）、無所属が21議席で野党と無所属候補の進出が目立った。民自党がこのような惨敗を喫した要因としては、党内内訌、地方自治団体長選挙の延期、つまり公約不履行に対する国民の不満、李智文中尉（陸軍第9師団所属、24歳）の「軍不在投票不正」暴露などによる世論の悪化をあげることができる。

第14代大統領選挙　1992年12月18日に実施された大統領選挙。民自党の金泳三、民主党の金大中、国民党の鄭周永の3者対決となったが、金泳三が997万票（有効投票の41パーセント）を獲得し、金大中804万票（34パーセント）と鄭周永388万票（16パーセント）を抑えて大統領に当選した。「新韓国の創造」をキャッチフレーズに掲げた金泳三は、安定を求める韓国国民の心をとらえ、「釜山機関長対策会議」（釜山フグ屋事件）の波紋や「テレビ討論の回避」などから選挙戦中は劣勢と見られたが、勝利を収めた。金大中は「ニューDJ像（DJは大中をいう）」と合理的政策の提示などで奮闘した。しかし、選挙戦終盤に慶尚道でにわかに「地域感情」が高まりをみせたことで、劣勢を余儀なくされた。さらに、反金大中勢力のキャスティングボートを握った鄭周永が予想外に不振で、ついに金泳三が勝利することになった。巨大な組織と資金を駆使して選挙戦前半に旋風を巻き起こした鄭周永は、途中から「金権選挙」批判の集中攻撃を受け、また政治的な経験の不足から挫折せざるをえなかった。この選挙は憲政史上初の選挙管理内閣のもとで行われ、これまでと比較すれば選挙戦は公明正大に闘われたと評価されている。しかし、実は史上最大の札ビラ選挙だったという説も根強く、また韓国の宿痾ともいえる「地域感情」の激発を克服することはできなかった。結果として、この選挙により、5・16軍事クーデター以来32年目にして韓国国民待望の文民政府発足をみた。金泳三新大統領とともに今日の韓国の民主化に多大の影響力を与えてきた金大中は、敗北後に政界引退を正式に表明したが、その2年7ヵ月後（1995年7月）に復帰を宣言した。

金泳三政権の改革措置　1993年2月に発足した第14代金泳三大統領政府が実施した一連の改革措置。金泳三大統領はみずから、1961年の5・16軍事クーデターによって軍事独裁が始まって以来、32年目に誕生した文民大統領であり、文民政府であると規定した。そして、政治・経済・社会・文化・教育・軍事などの分野に根深く巣食う「軍人文化」の清算を政治目標として、一連の改革措置を行った。就任第1日目にそれまで通行禁止区域だった青瓦台（大統領府）前の大通りと北漢山を市民に開放したのを手始めに、公職者（公務員）の財産公開、不正腐敗と各種の社会的非理（不正）の摘発、金融実名制の実施、公営企業の民営化と統廃合などが矢継ぎばやに実施され、その過程で不正が露見した政治家・公職者・軍首脳（引退者も含む）らの更迭や拘束も矢継ぎばやに行われた。同時に軍事政権下で歪曲

された歴史の再評価もなされ、4・19は「義挙」から「革命」に、5・16は「革命」から「軍事クーデター」に改められた。また、1979年の12・12事態は「下剋上的軍事クーデター事件」と規定された。

この一連の果敢な改革措置には、韓国社会が抱える積年の「膿」を一挙に絞り出し、解決しようとする意気込みがうかがわれ、国民の支持率は一時90パーセントを超えた（大統領選得票率は41パーセント）。しかし、こうした改革措置のなかには性急過ぎて事態を悪化させる場合もあった。たとえば金融実名制については、当初の措置（93年8月）を徹底できず、短資会社（私債、地下金融）のマネーフローの実態を把握し、摘発することができなかった。さらに、新政権が打ち出した新経済政策がこれといった成果を得られず、ウルグアイ・ラウンドについては無策と定見のなさを露呈し、南北問題についても金日成死去への対応のもたつきが目立った。こうした失策が重なり、94年に入って支持率は低迷するが、95年末には行革を断行、若干持ち直した。この時期には、改革措置は、さながら人気取りの打ち出の小槌であった。その後も、非経済分野の省庁や外部団体の行革、地方分権や規制の緩和など、改革すべき課題は目白押しといえた。こうした一連の改革の総仕上げというべきは、95年12月の全斗煥・盧泰愚の2人の元大統領の逮捕・拘禁であった。1996年4月の第15代国会議員選挙という政治日程をにらみながら、旧民正党系議員の集団的脱党を覚悟し、「5・18特別立法」を用意して、2人の逮捕に踏み切ったのである。「5・18特別立法」には、79年12月12日以後に行われた犯罪については、「行為日から93年2月24日（金泳三政権発足の日、すなわち全・盧政権期間）まで公訴時効の進行は停止されていると判断

する」と特記されている。つまり、全・盧の2人の大統領を確実に内乱罪で処罰できるように定めていたのである。

5・18特別立法　1995年12月19日に成立した「憲政秩序破壊犯罪の公訴時効などに関する特例法」と「5・18民主化運動などに関する特別法」の制定をいう。これにより、全斗煥・盧泰愚の両元大統領を1980年の光州事態の責任者として裁くことが可能になった。「特例法」は軍事クーデター再発防止のため、刑法の内乱罪、軍刑法の反乱罪などを「憲政秩序破壊犯罪」と定め、これらの犯罪と集団殺害については時効を定めないものとする。また、「特別法」は特例法を準用し、79年12月12日のクーデターと光州事態の関係者について、盧大統領が辞任した93年2月24日まで時効を停止させることを定めた。

韓国の情報公開法　1996年11月に制定、97年1月から施行。アジアで初めて制定され、特殊法人も対象に含めるなど日本の情報公開制度よりも法的に進んだ面も少なくない。民主化の進度を表す具体的な法整備の1つである。ただ、国家安全企画部（現・国家情報院）が適用対象から除外された点は、南北分断、すなわち「冷戦」の残影がいまなお残っていることを端的に示している。主な条文は以下のとおりである。第1条この法律は、公共機関が保有・管理する情報の公開義務および国民の情報公開要求に関して必要な事項を定めることにより、国民の知る権利を保障し、国政に対する国民の参与と国政運営の透明性を確保することを目的とする。第2条③「公共機関」とは、国家、地方自治団体、政府投資機関管理法第2条による政府投資機関、その他大統領令が定める機関をいう。第4条③国家

安全保障に関する情報及び保安業務を管掌する機関においては国家安全保障と関連する情報分析を目的に収集もしくは作成された情報については、この法律を適用しない。

第15代国会議員選挙　1996年4月11日に実施された総選挙。投票率は63.8パーセントで、比較的低調だった。与党新韓国党は139議席、金大中率いる国民会議は79議席、金鍾泌の自民連は50議席を獲得した。与党は善戦したものの、過半数を割った（総議席数は小選挙区制と比例代表制を合わせて299議席）。この総選挙の争点は不透明だったが、あえていえば、いわば韓国政治・社会の宿痾ともいうべき「地域主義」を払拭できるかというところに課題があった。1人当たりの国民所得が1万ドルを突破し、豊かな国の仲間入りを果たそうとする韓国民の動向が注目された。国際化傾向にある現在、きわめてドメスティックな地域主義・地域感情はなおのこと発展の障害にしかならない。金泳三大統領は2年後に「名誉ある引退」さえできればいいのだから、与党は悪しき地域主義を進んで批判し、「三金時代に幕を！」と声高に叫んだ。ここで「三金時代」とは慶尚道、全羅道、忠清道という3つの大きな地域がそれぞれ金泳三、金大中、金鍾泌を代表として立て、その勢力が拮抗対立して、国論がまとまらない状態を指す。これに対して、金大中・金鍾泌陣営は正論を提示することはできず、地域感情（全羅道と忠清道）に頼って票を取り込もうとした。国民全体の意識向上とともに、選挙中に突発した北朝鮮の板門店連続侵入事件が安定を望む国民を刺激し、与党に追い風をもたらしたのである。しかし、与党は過半数を割ったため強引な多数派工作を展開。金大中と金鍾泌は手を結んでこれに対抗した。これが「一金」対「二金」と呼ばれた構図であった。「汝矣島」（韓国の「永田町」）では「三金時代」は健在（2000年の時点まで）であり、翌年の急坂を転がり落ちるような政変、金大中の大統領当選はその支持者にとってすら、いまだ希望的観測でしかなかった。

第15代国会議員選挙の立候補者招待討論会（京畿道高陽市一山）

新政治国民会議(国民会議) 1995年9月に結成された金大中系の政党。金泳三大統領率いる巨大与党・新韓国党に対する野党として発足。98年2月の金大中の大統領就任とともに与党になった。金大中は92年12月の大統領選挙で敗北すると、ただちに政界引退を表明したが、その派閥は民主党内に温存されていた。95年7月18日、政界復帰とともに新党結成を宣言。翌日には金大中傘下の議員17名による創党準備委員会の委員長に金大中を選出。9月5日には創党大会を開催。ここに新政治国民会議(国民会議)が結成された。国民会議は翌年4月の第15代国会議員選挙で79議席を獲得。たちまち野党第1党となった。97年の第15代大統領選挙では金泳三大統領の支持率低下、自由民主連合との候補統一成功などが追い風となり、金大中総裁が大統領に当選した。しかし同選挙の結果、反金大中連合として、新韓国党と民主党が合同した巨大野党・ハンナラ党が誕生。国民会議は少数与党として困難な国会運営を強いられることになった。2000年1月20日、国民会議を母体として、外部からも人材を集めた新党、新千年民主党(民主党)が発足した。新党名は2000年の新ミレニアム開始にちなむものであった。

2. 世界経済の再編とIMF危機

ウルグアイ・ラウンド 1987年から進められたGATT(関税および貿易に関する一般協定)の8番目の多国間の貿易交渉。80年代以降、農産物過剰生産にともなう在庫処理のために、米国など農産物大量輸出国が争うように輸出補助金を支給するなど、歪んだ農産物貿易の秩序を新しく立て直す一方、新しい分野として登場したサービス、知的所有権などの貿易問題を解決するために86年9月、ウルグアイで開催されたGATT閣僚会議で多国間貿易交渉開始を宣言。87年2月からスイスのジュネーブで協議に入った。もっとも重要な問題である農産物分野をめぐる各国の利害関係が先鋭化して対立。このため、妥結が遅れた。先進7ヵ国首脳会議(サミット)でウルグアイ・ラウンドの有意義な妥結のための相互交渉に同意することで、90年末までの妥結が期待された。しかし、農産物交渉で主導権を持つ米国が、農産物輸出の不振とおびただしい貿易赤字の解消のために、90年に入ってから国内補助金削減、非関税障壁の完全撤廃など、農産物貿易の完全自由化を要求。そのうえ、90年7月初めに作成された議長草案には、開発途上国優遇措置と農業の非交易的考慮事項(各国の農業事情の特殊性)にともなう例外措置が明示されておらず、農産物を合法的に輸入制限したり、国内産業を保護できる余地はまったくなかった。このため、ウルグアイ・ラウンドの交渉の妥結は韓国の農村に大きな打撃を与えることが予想された。この交渉が妥結され農産物市場がさらに開放されれば、大豆・アズキ・トウモロコシなど主要農産物価格は最

高では85.7パーセント、最低でも65.3パーセントまで下落し、生産量も最高35.3パーセント、最低22.4パーセントまで減少するものと分析された。また、肉牛としての朝鮮牛（韓牛・黄牛）はその競争力を完全に失い、93年から増産が全面的に中断される危機を迎えることが予測されるなど、農民たちは交渉の妥結は「農業基盤を根こそぎ破壊するもの」とし、激しく反発して政府に強力な対策を要求した。しかし、93年12月、ウルグアイ・ラウンドは7年目にして、米国の路線をほぼ踏襲して妥結した。その結論をもとに創設された世界貿易機関（WTO）は多くの開発途上国農民から、その生活を圧迫するものとして敵視された。自由化による利益を発展させつつ、公正な分配をどのように実現していくかが21世紀の多国間貿易交渉の最大の課題となった。韓国農民は農協が主体となり、「身土不二」「地産地消」のスローガンのもとに国産品愛用を呼びかける一方、品種改良や作付品目の合理化による輸出競争力強化を進めるなど、農産物貿易自由化への対応に努めた。なお、日本では近年、キムチなどの朝鮮・韓国料理が日常的に普及し、日本の農村が村おこしのためにキムチを生産しようとするケースも増えている。他方、韓国では日本向け野菜の生産に力が注がれている。この結果、技術協力や切磋琢磨のための、日韓の農村・農家の交流が活発である。新時代の国際貿易環境に建設的に対応する動きとして注目される。

アジア太平洋経済協力会議（APEC: Asia Pacific Economic Cooperation）

1989年、オーストラリアの提案によって、キャンベラで初の閣僚会議が開催された。93年にはシアトルで首脳会議が開かれ、94年のボゴール宣言で貿易・投資の自由化と経済協力を宣言、先進国は2010年、開発途上国は2020年を期して自由化を行うとの目標が設定され、加盟国は12ヵ国から18ヵ国・地域に増えた。この頃には、この地域は世界のGDPの56パーセント、輸出の46パーセントを占める経済圏を形成していた。1995年11月に開催された大阪会議では、自由化や経済協力の道筋を定めた行動方針を採択した。その概要は以下のとおり。①貿易・投資の自由化はすべての分野を対象に柔軟に進める。各国・地域の自由化の進展は同程度にし、成果は広く地域内外へ適用するように努める。②関税引き下げなど15分野の自由化で、各国・地域は協調的な自主的行動とともに、共同行動をとる。③1996年秋に開催予定のフィリピン会議では、各国・地域はそれぞれ自由化についての行動計画を持ち寄り、1997年1月以降5年間のプログラムを明らかにする。④人材養成・中小企業育成などの13分野で、経済・技術協力を推進する。⑤食糧・人口・エネルギー・環境などの長期的かつ地球的規模の課題にも共同で対処する。これにより、96年のマニラ会議では、参加各国が個別行動計画を提出。合わせて全加盟国が共同して取り組むべき共同行動計画が策定された。2002年のロス・カボス会議では北朝鮮に核放棄を要求する異例の声明を採択。03年のバンコク会議でも6者協議（6ヵ国協議）の重要性を指摘し、04年のサンチアゴ会議でも北朝鮮の「核問題」を議論した。

世界貿易機関（WTO: World Trade Organization）

1994年4月、GATTのウルグアイ・ラウンド閣僚会合で設置が決定され、95年1月に設置された世界貿易の推進と問題処理機関。本部はジュネーブ。加盟国は2001年11月現在で142ヵ国。モノに加えて、サービス・知的所有権も対象にした貿易自

由化、そのためのルールの整備、貿易・金融・財政などにおける政策調整、貿易問題をめぐるトラブルを仲裁する貿易裁判所的機能などを有する。しかし、WTOが主導する貿易自由化は、現代世界における先進国と開発途上国の貧富の差を固定化ないしは拡大するとしたり、その経済利益至上主義が地球環境の破壊を促進したり、文化の民族的多様性、価値の多元性を損なうとの批判が絶えない。それが推進しているとみなされている「グローバリゼーション（世界規模の基準統一）」はアメリカナイゼーション（アメリカ化）と同一視された。WTOがこうした批判に応えて、自由貿易による公正な世界経済の実現を可能にするにはいかにすればよいかがきびしく問われている。なお、中国は発足後長らくこれに加盟を許されていなかったが、2001年11月に加盟を果たした。

金融実名制　金融取引の正常化と合理的課税基盤を整えるための制度。日本ではグリーンカードの名で知られている。銀行預金や証券投資、金融取引の際には必ず実名で行い、仮名や無記名での取引は認められないとするもので、私金融（私債、地下金融）など陰性的（アングラ）金融取引を防止するのが目的。韓国では60年代の経済開発計画推進にともなう国内資金調達の一環として、1961年7月、「預金、積立金などの秘密保障に関する法律」が制定され、無記名取引が公式に認められて以来、勢いを拡張しつづけてきた私債市場が、82年5月に李哲熙・張玲子手形詐欺事件によってこれまでにない大きな打撃をこうむった。7月3日、政府は「7・3措置」を断行し、私債の陽性化（情報公開・透明化）と金融実名制の実施を公布した。これにともない82年末に「金融実名化取引に関する法律」が制定された。しかし、資本側の反発で証券市場は沈滞し、不動産投機などの逆作用が発生したうえ、与党民正党も激しくこれに反対したので、等差課税だけが導入され、実名制の実施は保留となった。その後、87年の6月抗争、7～9月の労働者大闘争を経て、民主化闘争が経済の民主化を求める闘争にまで発展すると、盧泰愚大統領は大統領選挙公約として金融実名制の実施を掲げた。88年以降経済成長が退潮して投機が盛んになると経済危機の兆しが出はじめ、政府は韓国資本主義の長期的発展をはかるため、90年に土地公概念、91年に金融実名制の実施を計画した。土地公概念は立法化されたが、90年1月22日の3党合党以降、執権層（政権与党）の保守化潮流のなかで成長論者たちが勢いを得て、4月4日景気活性化措置により金融実名制はふたたび留保された。しかし、14代大統領となった金泳三は、公約どおり、大統領就任半年後の1993年8月12日、地下経済の一掃を狙って抜き打ち的に金融実名制を実施し、韓国社会はもちろん日本にも少なからぬ衝撃を与えた。とはいえ、現状の施策は当初の構想よりは後退しており、その実行は拙速に過ぎたとの批判もあり、その後有名無実化した。

韓宝事件　韓国の財閥・韓宝グループの中心企業、韓宝鉄鋼への不正融資疑惑事件。1997年1月、韓宝鉄鋼（現在は、現代グループの傘下に入っている仁川製鉄）は事実上倒産した。韓国の大検察庁（最高検察庁）の発表では、同グループの鄭泰守総会長は新製鉄所建設など採算の見込みのない事業拡大を理由に5兆ウォンにのぼる不正融資を受けたほか、その許認可を得るための政財界工作、不動産・社債・偽装会社などの購入のために2136億ウォンを不正に流用

したとされた。このため、鄭総会長は同月31日、詐欺などの疑いで逮捕された。捜査によって、政財界のトップクラスが汚職を行っていたことが明らかとなり、事件は大規模な汚職事件に発展した。2月11日、金泳三大統領の首席補佐官だった洪仁吉ら、2名の国会議員が韓宝からの収賄容疑で逮捕された。また13日には内相・金佑錫が辞職、同日、収賄容疑で逮捕された。これら大物を筆頭に、19日までに合計8名の政財界人が逮捕され、一括起訴された。これに対して政府は内閣改造で臨み、3月、李寿成首相、韓昇洙副首相兼財政経済院長官ら8名が更迭され、高建を首相とする新内閣が発足した。その間にも疑惑の範囲は広がり、5月17日、金泳三大統領の次男・金賢哲が斡旋収賄・脱税の容疑で逮捕された。6月12日、ソウル地裁は鄭泰守に懲役15年の判決を下すなど不正融資事件の被告全員を有罪とした。これには国会議員4被告も含まれ、議員職を失った。10月13日には金賢哲に懲役3年、罰金14億4000万ウォン、追徴金5億2000万ウォンの判決を下したが、金はこれを不服として控訴した。収賄罪の6被告の上告は棄却された。11月3日、ソウル地裁は金が提出した保釈申請を保釈金1億ウォンで承認、即日保釈した。

大田EXPO 忠清南道大田で開かれた万国博覧会。開催期間は1993年8月7日～11月7日（93日間）。「新しい跳躍への道」というテーマを掲げ、世界108ヵ国と33の国際機構が参加した。入場者総数は1400万名で万博史上最大規模となった。アジアでの開催国となったのは日本の大阪万博に次いで2番目であった。万国博覧会は1851年、ロンドンのクリスタルパレス（水晶宮）で開催された博覧会を起源とし、国際博覧会機構（BIE）によって開催運営されてきた。10年に1度の総合博覧会とやや小規模な専門博覧会とに分かれ、大田EXPOは専門博覧会。大田EXPOではリニア・モーターカーやニューロ・コンピュータなどの先端科学技術の展示と、ギャラクシー・パーク、触覚芸術展、テクノ・アート展、リサイクル展、各国の民族文化祭典など60種類2400回を越える文化芸術公演が行われた。国内展示館では情報通信館と電気エネルギー館、国際館では中国館が人気が高く、合わせて300万人以上の入場者を数えた。総経費は1兆6000億ウォン、敷地総面積は25万5000坪。会場建設と行事費などの直接事業経費は4170億ウォン、参加企業展示館建設などが3000億ウォン、高速道路拡張と大田一帯の施設拡充費9000億ウォンが投入され、2万5000名以上の運営要員と716名の補助員、8000名余りのボランティアによって運営された。しかし、準備期間はわずか2年で、大部分の展示館は外国技術に依存し、純粋な国産技術をもって参加した国内中小企業館には人気が集まらず、外国人入場者は4.8パーセントと予想を大幅に下回った。また、開催期間中に1980名の外国人バイヤーが訪れ、6000万

韓宝グループ総会長、鄭泰守（1990年頃）

EXPO会場

ドル規模の商談が行われたが、実際の契約成立額は500万ドルだった。

90年代の大災害　ソウル漢江の聖水大橋崩壊（94年10月）とソウル市内の三豊デパート崩壊（95年6月）に代表される大型人災が、90年代に入って韓国各地で連続的に発生した。主なものを挙げると、新幸州大橋崩壊（92年7月）、セマウル号脱線事故（93年3月）、黄海沖フェリー沈没（93年10月）、忠州湖遊覧船火災（94年10月）、大邱地下鉄ガス爆発（95年4月）などがある。60年代末から30年間にわたって馬車馬のように息せききって駆けてきた「韓国式資本主義」のツケが、金泳三文民政権発足に歩調を合わせて、回収を迫られているかのようだった。かつて朴正熙大統領は、誇り高く「韓国式民主主義」を標榜し、冷戦の最前線に置かれている韓国では、民主主義の制限もやむなしと公言した。しかし、その実態は、国民の政治的自由に対してだけ制限が加えられ、政商的企業の経済活動には勝手気ままが許されるというものであった。こうした経済活動における民主的統制の無視は、必然的に野放図な営利追求偏重を生み出したのだ。日本資本主義が100年をかけて築き上げた社会的基盤と資本主義体制を、韓国は植民地体制を脱することから出発し、南北分断と戦争を経て、身の丈以上の軍事費負担に耐えながら30年余りで成立させた。当然ながら経済活動におけるチェックは甘くなり、その遺漏は至るところに見え隠れしていた。たとえば韓国では食品・衣服などは、国内向けよりもたいていは輸出製品のほうが低廉で良質であるという国民軽視の事態が出現した。国際競争で生き残るために、輸出製品については企業みずからきびしいチェックを課しており、橋梁や建造物なども同様だった。つまり、海外からの発注については国際基準でのチェックを怠らなかったが、国内での規制は無視される場合が多かったのである。こうしてもたらされた90年代の人災事故のうち、100名以上の死者を出したのは、

三豊デパート崩壊(502名)、黄海フェリー沈没(292名)、大邱地下鉄ガス爆発(101名)などである。

オレンジ族　父母の世代がもたらした物質的な豊かさをバックに、ソウルの江南地域で退廃的な消費文化を享受する若い世代をいう。彼らは70年代から80年代にかけての経済成長の恩恵で江南地域に定着した豊かな階層の２世・３世で、父母の富をもとに海外旅行や留学経験のある若者が大部分である。いわゆる「格差社会」によってもたらされたことはいうまでもない。

　彼らの周辺には彼らの形態をまね、退廃的で享楽的な文化をともに楽しむ20代前半の大学生・予備校生・OLなどが布陣している。オレンジ族は、感覚的でオレンジのように軟らかく明るくすべすべしたものを望むといわれた。思慮深く考えたり、主義主張を叫んだりしない。父母からかすめた金銭を湯水のように使い、すべての問題を金銭に換算して解決しようとする。享楽的で、その意味では徹底的ともいえる個人主義になじんでいる。既成世代の価値観を否定し、父母の金銭で車を買い、自由奔放に生活する彼らの価値観は一言でいえば「いかに人生を楽しむか」であり、男女を問わず首輪・腕輪・耳飾り・茶髪などの豪華な装飾を身にまとい、ファッショナブルな容姿と強烈な化粧などのトータルファッションでみずからを表現した。オレンジ族という言葉は、江南一帯に集まる若者たちが、オレンジジュースでプロポーズするということから生まれたという説と、ある雑誌社がつくりだしたものだという説がある。オレンジ族は政治的社会的開放と一部の既成世代の金権万能主義が消費をあおる社会風潮によって複合された状況から登場したと、社会学者は分析している。海外に留学していて夏休みなどを利用して一時帰国し、高級乗用車、西洋式の言動、湯水のようなお金の使い方で脱線した毎日を送る富裕層の２世たちを「輸入オレンジ族」ともいう。また、オレンジ族と姿形は似ているがお金の使い方はそれほどでもない若者をテンチャ族ともいう。こうした退廃文化を模倣し、自由奔放に行動している若年女性を「ジャモン族」とも呼んだ。いわゆる「韓流」のトレンディドラマの背景は、この層を背景にしていることが多い。

IMF危機(IMF事態)　1997年後半以降の、韓国経済の危機的状況を総称していう。「IMF時代」「IMF寒波」などとも称され、その解決のための経済構造改革がIMF(国際通貨基金)の監督下に置かれたところから「金融信託統治」とも呼ばれた。

[背景]　1960年代の第１次経済開発５ヵ年計画以降、韓国は政府主導の輸出工業化政策推進によって、急激な輸出部門の拡大・製造部門の発展を続け、1970年代以降、台湾・香港・シンガポールなどとともに、NICs(新興工業化諸国。88年のトロント・サミット以降、NIEs[新興工業経済地域]と用語変更)の一角として、欧米・日本など先進国の注目を浴びるまでになった。80年代初頭には、第２次石油ショックの影響で一時景気が急落したが、その後盛り返し、86～88年にかけては年率12パーセント台の高い経済成長率を達成。また86～89年にかけて爆発的に輸出を拡大、経常収支の黒字化を経験した。以後、景気は乱高下しながらも、輸出主導から内需主導への転換の様相を呈し、大衆消費ブームを巻き起こした。世界経済におけるパフォーマンスも向上した。91年の時点で国内総生産規模2380億ドルと、世界13位の経済力を示すに至ったのである。これらの動きを契機と

第6章 文民政治の発足と統一への展望 1993▶2014 597

国家に貴金属を献納する人びと

して、韓国は開発途上国としての特権を放棄し、先進国への仲間入りをめざした。88年11月、IMF（国際通貨基金）8条国に移行。国際収支悪化による為替介入などの特別措置を受けることができなくなった。また、90年初めからGATT18条によって与えられた輸入制限発動特権を放棄した。さらに、93年に登場した金泳三政権は、同年7月、成長の持続や国際競争力の強化などの課題、欧米・日本かうの強い要請を受けて、年平均6.9パーセントの安定成長、インフレ克服などを標榜した「新経済5ヵ年計画」を発表。「規制緩和」「経済構造調整」を進める意思を表明。96年12月には、経済構造改革の推進を条件に、ついにOECD（経済協力開発機構）に加盟。名目的には先進国の一翼を担うことになった（アジアで2番目、世界で29番目）。

しかしこのような華やかな外見にもかかわらず、韓国の急速な経済成長は重大な矛盾を孕んでいた。第1の問題は金融・資金面の問題である。韓国の急速な重工業化は資金面では、少数の大企業集団「財閥」に対する政府の資金援助・特別減税、野放図な外資導入、私債・ノンバンクなどによる未組織の金融市場に依存してきた。しかも企業の財源の中心は短期金融であり、長期的な展望にもとづいたものではなく、いずれ韓国の経済運営にとって重大な足枷となることは明らかだった。とくに対外債務の問題は深刻だった。金泳三政権発足当初の93年で、すでに約439億ドルの巨額債務を抱えていた。さらに3年後の96年には、倍以上の約1047億ドルに膨張した。これに対し経常収支は、93年には約3億8000万ドルの黒字だったが、翌年には約45億ドルの赤字に転落し、96年には約237億ドルの大赤字を記録した。すなわち韓国では実態として恒常的に外貨不足の状態にあったのである。しかも短期・未組織金融への依存から、韓国における企業経営では内部資金が十分に蓄積されてこなかった。したがって大企業の華やかな多角経営の外見とは裏腹に、多くの企業は自転車操業だったのである。そしてこのような金融の逼迫を糊塗するために財閥各社は、さらに外債を

導入したり、海外に無計画に投資して資金を流失させるという悪循環を繰り返した。この結果、96年末には、13の財閥が赤字を出した。加えて、資金が大企業に集中したことは大企業と中小企業との格差を拡大させ、産業構造を脆弱なものとした。

第2に労使関係の問題がある。韓国の急速な輸出主導型経済成長を根底で支えたのは、徹底した反共政策・労働運動抑圧を背景とした低賃金だった。しかし深刻な所得格差、民主化運動の発展の波のなかで、80年代後半以降、労働運動が高揚、これを受けて賃金も急速な上昇を余儀なくされた。実質賃金の伸びは88年の7.8パーセントから、89年には14.5パーセントに高騰。その後は低落傾向となり、94年には6.1パーセントまで下落、その後も低めの安定した水準で推移した。しかし中小企業の労働条件はなお劣悪であり、大企業においても所得格差・分配不公正への不満は根強かった。労働争議は大企業ホワイトカラーにまで拡大した。このなかにあって、企業は内部資本蓄積の課題と人件費枠の拡大要求の板挟みにあった。また南北対立を背景として、軍備に多額の財政資金を投入してきた韓国には十分な社会保障政策を展開するだけのストックがなかった。したがっていったん大不況の波をかぶれば、国民生活が直撃されることは明らかだった。

第3は技術面の問題である。韓国は当初、欧米・日本の最新技術の摂取・改良を通じて、製造業の国際競争力を急速に高めた。しかし、80年代以降、タイ・インドネシアなどの東南アジアNIEsに追い上げられるようになり、技術開発の強化、自主技術開発の必要に迫られていた。人材育成・研究開発投資の拡大が急務であるにもかかわらず、企業は資金不足、日本・欧米の情報閉鎖に悩まされていた。以上の諸事情を背景として、1997年下半期以降の経済危機が発生したのである。

[展開] 1997年の韓国経済は中堅財閥「韓宝」の主力企業・韓宝鉄鋼が1月に事実上倒産、会社更生法の適用を申請するなど最初から波乱含みの様相で始まった。3月、同じ中堅財閥「三美」が米国・カナダへの投資の失敗による経営悪化で、会社更生法の適用を申請。4月には「真露」の経営危機が明らかになった。さらに7月、自動車業界第2位、全財閥中第8位の大手財閥「起亜」が経営危機に陥った。販売不振のなかでの投資拡大で資金繰りが悪化し、11兆ウォン以上の負債返済の見通しが立たなくなった。大財閥の破綻に、韓国内外の経済関係者は強い衝撃を受け、韓国経済が深刻な危機に直面しているという認識が広まった。これらに加えて、「起亜」の取引銀行である「第一銀行」など一部の銀行が不良債権を抱えて危機に陥った。金融不安拡大で、韓国金融機関は韓国金融市場での資金調達ができない状態に追い込まれた。この頃からウォンの対ドル相場下落が深刻化し始めた。7月のバーツ危機に始まる東南アジア通貨危機は、中国返還後間もない香港を経て、韓国に波及。ウォン下落・外貨流失に拍車をかけた。また日本の不況、金融機関の相次ぐ破綻も韓国の金融を逼迫させた。危機到来は時間の問題となった。11月17日、ドル急騰でウォンはついに暴落し、1008.6ウォンのストップ安を記録。韓国変動相場制史上初めて、1ドル1000ウォンを突破した。慌てた政府は11月19日、約10兆ウォンの公的資金投入による不良債権整理、為替変動幅修正などを柱とする金融安定化策を発表したが、かえって火に油を注ぎ、翌20日には為替相場は1130ウォンで、新変動幅のストップ安を記録した。並行して、株価の下落も進行した。5〜6

月には700ウォン台だった総合株価指数は、11月末には400ウォンにまで下落した。13年からの急激な円安、ウォン高に韓国経済は悲鳴をあげている。

11月21日、韓国政府はIMFへの緊急支援要請を発表。同日IMFも、韓国政府に全面的な支援を約束すると発表した。12月3日、韓国政府とIMFは融資条件で合意。翌4日IMF理事会は3年間で210億ドルに上る異例の巨額融資を承認した。このうち55億6000万ドルはただちに投入されることになった。これをはじめとして、世界銀行・アジア開発銀行・先進国13ヵ国も支援に加わり、IMFを含めた支援予定総額は98年2月末までに約583億ドルとなった。しかしIMFは融資条件として、経済成長率抑制・財政支出削減・増税などきびしい構造調整を要求した。これによって、98年2月25日に就任した金大中新大統領はこの構造調整の実行者としての役割を担わされることになった。他方、国民生活は甚大な影響を受けた。第1の影響はウォン下落を主因とする輸入関連商品の値上がりである。ガソリンは11月末から12月末にかけて、リッター当たり800ウォン台から1000ウォン台に値上がり、同期間に小麦粉も4割以上も値上がりした。第2の影響は大量倒産と失業の増加である。ソウルの月間の倒産企業が98年1月に1200社を超えて過去最高を記録。各企業は生き残りのために人員整理を進めた。経営上の理由による解雇、いわゆる「整理解雇(リストラ)」の対象者は97年11月には457名だったが、98年1月には3878名に増加した。韓国では1996年末まで、整理解雇は法律に制度として明文化されていなかった。そして97年の労働法改正でも、その実施は99年まで猶予されていた。しかし政府は経済危機を受けて、企業の人員削減を強力に推進する方針をとった。98年2月6日、金大中の呼びかけによる、労組・財界・政府による「労使政委員会」が整理解雇制早期導入で合意。2月14日、国会は勤労基準法の同制度実施猶予条項を削減する改正案を可決。その後も失業者は増加した。

国際通貨基金(IMF: International Manetary Fund) 1944年のブレトンウッズ協定にもとづいて、1946年3月に設立された国際通貨・金融協力機構。本部はワシントン。加盟国は1999年末現在で182ヵ国。加盟国は割り当て額に応じて自国通貨などを出資するほか、国際収支が赤字になった場合などに、割り当て額に応じて外貨を引き出すことができる。ただし、借り入れ国は赤字が解消でき次第、これを返済しなければならない。また、借り入れに先立ち、通常の返済期間である3～5年(10年まで延長可能)以内に返済を終えるための赤字解消計画を明示しなければならない。80年代には累積債務国の救済、90年代には東欧・旧ソ連諸国の市場経済移行援助、94年のメキシコ、97年のアジアの通貨危機で中核的な役割を果たした。その融資制度には、経済構造要因により国際収支困難に陥った国を対象とする拡大信用供与、外発的な偶発要因による国際収支困難を救済する輸出変動・偶発補償融資、急激な市場の信用喪失による短期資本流失に対応する補完的準備融資など、さまざまなものがある。

日韓フォーラム 日韓両国関係を未来志向と内実のともなうパートナーシップを築くことをめざした、民間レベルの日韓ワイズマン会議。21世紀を迎えるにあたり、隣国という単純な関係を越え、未来志向的な関係を打ち立てることを目的に、政治・経済・文化など多方面にわたって忌憚のない

対話の場を提供するのが設立主旨で、学者・文化人・ジャーナリスト・政治家・実業家を網羅しているのが特徴。93年12月にソウルで第1回会議が開催され、以来毎年開催されている。2001年8月31日から9月2日の第9回フォーラムでは、議長は韓国側は崔侊洙元外務部長官、日本側は小和田恒外務省顧問がつとめた。2013年は8月22日から24日にかけてソウルで第21回フォーラムが開催され、韓国側34名、日本側35名の過去最多の参加者数であった。

戦後50年と日本の政治家の妄言　日本の政治家（国会議員、閣僚）は、いうまでもなく日本国民によって選ばれている。日本国民の意思を代表しているともいえる。その彼らの朝鮮・韓国に対する妄言や暴言が戦後一貫してつづいた。戦後日本は米国占領下で、ファシズムや軍国主義をけっして許さない民主国家を標榜した。また、世界に冠たる「平和憲法」を誇っている。しかし、実際は当初予想したように民主化されなかった。それはなぜか。民主化は1日にしてなるものではない。君主や特権階級の専制支配の伝統が制度的にも、また国民の精神においても克服されて初めて達成される。したがって本来は何世代もかかるもので、長い時間を必要とするが、しかし戦後日本が民主化を推し進めようとしたすぐあと、米ソの冷戦が開始され、米国は日本を民主主義のショーウインドーにしようとした政策から中ソとの対決の砦とすることに政策を転換した。かくして日本の「民主化路線」は冷戦によって封印され、頓挫した。いわゆる「逆コース」である。以下、戦後の日本の政治家の妄言内容を拾ってみよう。

これらの発想の起源は敗戦前にあるが、直接には「冷戦」思考に支えられている。すなわち、「冷戦」を奇貨として、「戦前」が戦後までつづいたのである。「36年間の日本の朝鮮統治は朝鮮人にとっても有益だった。朝鮮の経済がこのような情けない状態から併合後わずか30年余の間に今日のような一大発展を遂げることができたのは確実に日本が指導した結果だといっても過言ではない。朝鮮民族の奴隷化について述べたカイロ宣言は、連合国の戦時ヒステリーの表現であり、私はそう思っていない」（久保田貫一郎・1953）。「私は日本の朝鮮植民地統治が朝鮮民族にとって不幸だったと思ったことはない」（岸信介・1958）。「台湾を経営し、朝鮮を併合し、満州に五族共和の夢を託したことが帝国主義というのなら、それは栄光ある帝国主義である」（椎名悦三郎・1963）。「日本の朝鮮に対する過去の統治はよいことをしようとしたものだ。もう20年くらい朝鮮を持っていればよかった。創氏改名にしても朝鮮人を同化し、日本人と同じに取り扱おうとして取った措置であって、悪いことばかりではない」（高杉晋一・1965）。「韓国併合は対等な立場で自由意思によって調印された併合条約の結果であって、強圧的にしたものではない」（佐藤栄作・1966）。「日本は朝鮮で義務教育を行うなど立派なこともたくさんした」（田中角栄・1974。なお、植民地支配下の朝鮮では義務教育が実施されたことはない）。「日韓併合は双方の自発的意思によるものだ。大韓帝国当時独立国家を維持する能力はなかった。日韓併合が日韓の不幸な歴史だというなら、韓国側にもいくらかの責任がある」（藤尾正之・1986）。「われわれはアジア各国と戦争したのではない。日本はアジアを侵略しようという意思は持っていなかった」（奥野誠亮・1988）。「南京事件はデッチあげだと思う。あの戦争を侵略戦争だというのは間違っている。植民地解放、大東亜共栄圏の確立を真面目に考えていた。

……従軍慰安婦問題については、いま女性蔑視とか朝鮮人差別というのはどうかと思う」(永野茂門・1994)。「日本は侵略しようと思って戦ったのではない。全体のことは謝罪する必要はあるが、日本だけが悪いという考えで取り組むべきではない」(桜井新・1994)。「日韓併合条約は円満に結ばれたもので武力で成されたものではない」(渡辺美智雄・1995)。「日韓併合条約は当時の国際関係など歴史的事情のなかで法的に有効に締結され実施されたものであると認識している」(村山富市・1995)。「(先の戦争が)侵略戦争じゃないかというのは考え方の問題だ」(島村宜伸・1995)。「植民地時代に日本はよいことをたくさんした。すべての市町村に学校を建て教育がまったくなかった韓国の教育水準を一気に引き上げたし、鉄道を500キロ建設し、港湾整備や干拓水利をし、木も植えた。創氏改名も全国民に強要したとは考えられない」(江藤隆美・1995)。「従軍慰安婦は商行為に参加した人たちで、強制になかった」(奥野誠亮・1996)。

日本の自由主義史観(歴史修正主義)

1990年代に登場した新しい歴史観。とくに日本の近現代史を主要なポイントとして展開され、近現代における日本とアジアの関係についての認識も重要な問題として掲げた。戦後の日本の歴史学は、戦時中の国家主義的な歴史認識・教育への反省から、民主主義やマルクス主義など、近代日本の問題点を明らかにしようとする考え方が大きな影響力を持った。当然、これを批判し、近代日本国家のあり方を擁護しようとするグループも存在し、植民地支配や戦時中の残虐行為への認識・評価をめぐって論争が繰り返された。

自由主義史観は当初、これらの論争の止揚を掲げて出発した。1994年、東大教授の藤岡信勝は自己批判的な日本の歴史教育・研究を批判して、日本近現代史の肯定的側面を中心に教えようとする授業改革を提唱。翌年7月、イデオロギーからの自由、ナショナリズムとリアリズムの堅持、官僚主義批判などを基調として掲げ、「自虐的」な「東京裁判史観(戦後民主主義・マルクス主義的価値観にもとづく諸研究)」と「大東亜戦争肯定史観(近代日本国家の行動を無条件で称賛し、都合の悪いことは無視しようとする認識)」をともに批判するとして、「自由主義史観研究会」を結成した。1996年6月、次年度以降採用予定の中学校の歴史教科書がすべて従軍慰安婦問題に言及して検定をパスすると、同会はこれに反対する態度をとった。藤岡は賛同者とともに同年12月2日、「新しい歴史教科書をつくる会」の創設記者会見を行い、翌97年1月21日、任意団体として発足、設立総会を行った。ドイツ文学者の西尾幹二や評論家の西部邁、漫画家の小林よしのりらがこれに参加した。

藤岡信勝や西尾幹二らの議論から、日朝関係史についての自由主義史観、ないしはそれを包み込む「新しい歴史教科書をつくる会」の議論には以下のような傾向と底意が認められる。まず、日本人による朝鮮人への差別・抑圧があったことは否定していない。しかし、植民地支配一般については当時の欧米帝国主義との対抗関係のなかではやむをえなかったとし、関東大震災時の朝鮮人虐殺についても自警団による虐殺を止めようとした警察署長の例を挙げて、虐殺自体からは焦点をそらしている。自由主義史観は確かにファナティックな右翼、天皇主義とは一線を画するものであり、少なくとも韓国や北朝鮮、中国を意識的に劣等視・侮辱して日本の優越性を誇示しようと

するものではない。しかしいずれにせよ、日本の植民地支配を肯定するということは、とりも直さず植民地時代の朝鮮の独立運動や民族主義・文化を批判、否定することになり、これが教育現場で支配的になれば、在日韓国・朝鮮人の心に与える痛みは重大である。また日本の対外政策における加害の側面の教育がおろそかになれば日本と韓国・北朝鮮などアジア諸国の相互理解はますます困難になる。このような歴史認識が影響力を持つのは、実証主義やマルクス主義が最近の青少年を説得するに十分な研究や教育技術を蓄積できていないという問題もあり、日本の歴史学がアジアとのかかわりで（それこそ自由主義史観のグループがしばしばいうように）建設的な論争を整えていくことが求められた。

日本の「戦後50年」　1995年は朝鮮半島にとっては「解放・光復50周年」であり、日本にとっては「戦後50年」であった。50年前、1945年8月、朝鮮は日本の植民地統治から脱して、独立国家として出立するはずだった。一方、日本は「戦後」という文言では決して表現できない「敗戦」のなかで、戦前の天皇制国家を否定していくことでしか、その存在を認められない状況に置かれていた。50年前、朝鮮と日本の置かれた状況は、まさしく「光と影」の対極にあった。ところが日本は、1995年を「敗戦50年」ではなく「戦後50年」として迎えた。「敗戦」ではなく「戦後」と粉飾して迎えたのである。こうした日本の「曖昧さ」は、言い換えれば、日本の「戦後民主主義の曖昧さ」でもあるが、それがどうして可能になったのだろうか。

50年前、米占領軍は日本の武装を解除し、「平和憲法」を与え、「民主主義のショーウインドー」にしようと試みた。しかし、これは3年ももたず、いわゆる「逆コース」がはじまった。日本の民主化は止められたのである。その最大の原因は米ソ冷戦であった。この「冷戦」のお陰で、日本は民主化への歩みを封印する。日本の民主化とは、戦前の完全否定、すなわちその国家観、および諸国民との関係の認識の転換、そして国家・社会・組織・家庭・個々人のトータルな民主化の実践であるはずだった。しかし、アジア諸国に対する侵略戦争への償いは、きわめて「曖昧」な形でなされた。

日本政府は戦後、戦争により死亡した日本人の推定数「約300万」名を繰り返し掲げ、日本の被害の側面を強調してきた。しかし死者2000余万ともいわれるアジアの戦争被害のことは言及しようとせず、韓国・フィリピンなどの政府に対しては冷戦下の政治的必要から「経済協力」などの「賠償」を行ったが、個人補償は原爆被爆者を除いて行っていない。しかも、日本の「戦後賠償」にはつねに「黒い霧」がともなった。日本の与党と賠償を受ける側の執権層との政治資金ルートとなった。さらに、賠償を具体的に扱った日本商社・企業は自分たちの尺度で賠償金の代替として経済建設を行ったため、当該国民の利益となることは少なかった。「日朝交渉」にしても、いまだ解決を見ておらず、国交すらもないのが現実だ。韓国とは30年以上も前に一応の妥結を見ているのに、北朝鮮については放置したままである。これは日本の自主外交が発揮されないからで、米国主導にまかせておくのが得策だったからだ。

冷戦状況における日本の国内システムは「55年体制」と一般に呼ばれているが、これは主に政党レベルの「形」だと言い換えることができる。つまり、このシステムは自民党万年与党と社会党万年野党の二大政党制に集約できる。しかし、その内実は極

右から極左までさまざまな小勢力がともかく存在だけは認められた政治秩序であり、冷戦状況に日本なりに効率的に対応した体制であった。

一方、同民族が血で血を洗い、相食む戦争を体験した後、38度線で軍事力で相対峙している南北（韓国と北朝鮮）は、冷戦の緊張度がもっとも高い状況のまま、「解放・光復」→「分断」の50周年を迎えた。この間、朝鮮半島の南北ではともに軍事力によって秩序が保たれ、軍事独裁がつづいた。悲しいかな、冷戦が集約された地域に相応しい統治形態だったのである。つまり韓国では長らく軍事独裁が支配し、1992年までそれがつづいた。北朝鮮においては、94年7月に金日成が没したが、その長男である金正日が権力を譲り受け、きわめていびつな政治形態が維持され、3代目の金正恩になってもそのままである。すなわち、軍事政権時代には言論や政治活動はいちじるしく制限されており、それを批評すると投獄、死刑、社会的抹殺の危険がつねに待ち構えていた。北朝鮮に至っては、こうした自由は表向きにすぎず、実態はほぼ絶無に近い。大多数の北朝鮮国民は、自国の体制を他国と客観的に比較することを通じて、自分たちに対する人権抑圧が不当であることを学ぶ機会すら与えられていない。

以上のように見てくると「戦後50年」を経て朝鮮半島と日本は50年前の「解放と敗戦」という「光と影」の位置が逆転し、「影と光」になっているといえよう。民主主義・平和という価値観からすると、戦前・戦中に朝鮮半島は苦境のなかで豊かな理念を育み、その実践をめざした。一方、日本は一般的にいって、それを押し潰そうとする「悪玉」であった。ところが戦後、日本は新憲法の下で、しかも「冷戦」の盾に守られ、思いのままさまざまな可能性を追求したのに対して、韓国と北朝鮮は冷戦体制を基軸とする全体主義におおわれてしまった。しかしながら、日本は一見「光」のように見えるが、95年における村山富市首相の「日韓併合条約は法的に有効だった」、島村宜伸文相の「先の戦争が侵略戦争じゃないかというのは考え方の問題」、あるいは江藤隆美総務庁長官の「植民地時代には日本が韓国によいこともした」などの一連の発言は、日本の戦前のある部分の意思を反映するものであろう。こうした発言は戦前との連続を感じさせ、韓国をはじめとするアジアの人々に脅威を感じさせるに十分だった。ポツダム宣言は、すべての植民地の放棄を日本に要求していた。また、同じことをより具体的に規定したサンフランシスコ条約には片面的であるが日本は調印していった。

日本はこれらを受け容れていくことで侵略戦争を認め、その後徐々に国際社会に復帰していったのである。その観点から見るなら、これらの植民地支配を肯定する発言は国際社会の倫理への挑戦であり、日本をふたたび平和に対する脅威に変えようとしているものと見られてもしかたがないだろう。

3．「国民の政府」・金大中政権

第15代大統領選挙　第15代大統領選挙を年末にひかえた1997年1月、金泳三大統領率いる新韓国党政権は深刻な苦境に立たされていた。前年に公約どおり、経済協力開発機構（OECD）加盟を果たし、外見上国威を発揚したものの、経済は低落傾向をたどるばかりだった。しかも企業経営合理化を推進する労働法改正は労組から強い反発を受けていた。文民政権として期待を集めた民主化の問題では、不正が露見した軍人・政治家などの処罰で一定の成果を挙げたが、体制改革ではかえって後退し、安企部の再強化にまで至った。その背景には、北朝鮮の「核疑惑」問題や江陵潜水艦侵入事件などの一連の事件がつづき、自主的な統一促進外交ができず、北との緊張関係を緩和できなかったという事情があった。同政権に対する国民の幻滅は大きく、就任1年目の93年8月には約80パーセントもあった大統領支持率は、97年1月には約14パーセントにまで落ち込んだ。大統領の次男である金賢哲の犯罪まで暴露された韓宝事件が、この傾向に拍車をかけた。

金賢哲逮捕から間もない5月19日、野党第1党の新政治国民会議（国民会議）は金大中総裁を大統領候補に指名し、実質的な選挙戦がスタートした。野党第2党・自由民主連合（自民連）は金鍾泌総裁を候補に指名。遅れて7月21日、新韓国党は最高裁判事出身の李会昌を候補に選出した。さらに9月11日、民主党はソウル市長の趙淳を候補に指名、9月13日には京畿道知事の李仁済が新党から立つことを宣言する（11月4日、国民新党結成）など、候補は乱立の様相を強めた。当初支持率トップだった李会昌は8月以降、子息の兵役忌避疑惑で評価が下落。代わって金大中が一貫して支持率トップに立った。新韓国党は、前哨戦となる9月4日の国会議員補欠選挙で自民連に敗北。9月24日、金泳三はついに党総裁を辞任。30日、李会昌が後任総裁に選出された。巻き返しを図る新韓国党は10月以降、金大中が出所不明金を選挙資金としていると主張して揺さぶりをかけたが、十分な効果を挙げることができなかった。一方、野党間の票分散による敗北を懸念した国民会議と自民連（金鍾泌派）は、政権獲得後すみやかに「内閣責任制」に移して大統領の権限を緩和することで合意し、選挙協力することになった。11月3日、金大中を統一候補とする合意書に調印した。対する新韓国党も反金大中の票まとめを進めた。11月21日、新韓国党と民主党が合同した「ハンナラ党」が結成され、総裁は趙淳、大統領候補は李会昌とすることを決定。選挙戦は終盤に入り、金大中と李会昌の二大候補対決という様相で12月8日の投票日を迎えた。

結果は金大中が約1033万票（得票率40.3パーセント）で、2位の李会昌とは約39万票の僅差だった。11月から本格化した経済危機（IMF危機）は与党への不信感をいやが上にも高め、国民に政権交替を希望させた。これを追い風にして、金大中側は保守野党に食い込んで反与党票の結集に成功した。これに対して、李会昌は子息の兵役忌避疑惑で票が伸び悩んだうえに、反金大中票の一部を若手の李仁済に食われたため敗北を喫したのである。98年2月25日、金大中は正式に大統領に就任。長年にわたる民主化運動指導者としての実績を背景に、史上初の「国民の政府」を標榜。経済危機克服を第一の課題に揚げ、多数派野党とな

ったハンナラ党にも協力を求めた。なお、この選挙では全国民主労働組合総連合（民主労総）系の政治組織「国民勝利21」から、民主労総委員長の権栄吉が立候補した。韓国史上初の、労組独自の大統領候補である。金鍾泌は、金大中政権下で首相（国務総理）には就任したものの、選挙協力の合意であった「内閣責任制」を金大中政権によって反故にされた。

太陽政策 金大中政権が推進した融和的な対北朝鮮政策。イソップ寓話の「北風と太陽」にあるように、外交圧力や経済制裁など北朝鮮を苦しめる「北風」によって態度を変えさせるのではなく、食糧・経済援助など北朝鮮を満足させる「太陽」で同国の対外開放を進めようとした。包容政策、融和政策、平和共存政策などとも呼ばれ、韓国では俗に「南風」とも呼ばれる。

金大中は1998年2月25日の大統領就任とともに、対北朝鮮政策の基本原則として、「北朝鮮によるいかなる武力挑発も認めない、吸収統一は行わない、南北間の和解と協力は可能な分野から積極的に進めていく」という3原則を発表。また、北朝鮮の米国・日本などとの交流協力の支援、韓国政府・民間による合理的方法での食糧支援を行う意思があるとした。これにもとづいて、韓国政府は同年3月9日、北朝鮮にトウモロコシ5万トンを支援すると発表。また、現代グループの鄭周永名誉会長が北朝鮮に食用牛を大量に提供する計画を承認。これにより、6月16日には鄭周永は500頭の牛とともに板門店を越えて北朝鮮に入った。さらにこのとき行われた北朝鮮政府との協議の結果、北朝鮮の金剛山への韓国人観光ツアー計画が承認された（同年11月には観光船第1号が出発）。またさかのぼって同年4月30日には韓国政府が、対北投資額の上限1000万ドルの枠を撤廃すると発表。民間企業の北朝鮮への融資に拍車をかけた。7月3日、北朝鮮の工作員らしき男の死体が韓国の海岸で見つかった事件についても金大中は、北側に関係者処罰・謝罪を求めるものの、経済交流などはこれまでどおり進める方針を表明した。そして、12月7日、米国のペリー北朝鮮政策特別調整官との会談で、金大中は、核査察、ミサイル問題、食糧支援、北朝鮮に対する経済制裁の緩和などを米朝双方で「一括解決」することが望ましいとし、とくに経済制裁の緩和を求めた。ここに「与えるものは与えて、要求すべきものは要求しながら」すべてを同時に解決するという、太陽政策の中心概念である「一括妥結方式」が前面に押し出され、その進め方や評価をめぐって、激しい論争や外交作戦が展開されることに

現代名誉会長の鄭周永（左）は「太陽政策」を切り拓いた

なった。以後も金大中政権は経済援助や「一括妥結方式」の有効性を唱えたが、IMF危機下の韓国にはもとより支援の余力がなく、援助はいきおい韓国企業が遊休・余剰している設備・機材を北朝鮮開発に投入するという形態をとった。これを不況脱出策や安全保障政策の選択としてどう見るかで韓国国民の意見は大きく分かれ、北に対する国民感情も絡んで、広く社会に波紋を呼んだ。加えて、肝心の北側は太陽政策を平和攻勢の一種として、欺瞞的と批判するばかりで期待されたほどの柔軟化を見せなかった。さらに98年12月18日の「北朝鮮潜水艦撃沈事件」や翌年6月15日の「黄海銃撃戦事件」など、小競り合いは一向に収まらなかった。それでも2000年6月には金正日の協力を取りつけて、史上初の南北首脳会談を実現。これによる和解ムードの流れに乗って、南北間の鉄道(京義線)連結事業開始などの成果が挙げられた。オルブライト米国務長官訪朝など、同年における朝米和解に向けた動きも太陽政策の流れのなかでより促進されたものということができる。しかし、2001年に成立した米国のブッシュ政権は一転して北朝鮮に対して強硬な姿勢をとっており、日本の対北朝鮮外交の姿勢もいまひとつ不透明であった。2001年6月6日の韓米外相会談で韓国の韓昇洙外相はパウエル米国務長官に対し、南北和解の流れを損なわないように促した。さらに不況克服や北朝鮮による国家犯罪の追及の優先を求める国内世論も根強く、困難にぶつかりながらも方針としては次の盧武鉉政権に継承された。

ベルリン宣言　2000年3月9日、韓国の金大中大統領がヨーロッパ4ヵ国歴訪の途上、ドイツのベルリンで発表した宣言。①韓国は北朝鮮に対して社会資本整備援助の用意がある、②朝鮮半島の当面の目標は統一よりも冷戦終息と平和定着、③離散家族問題への積極的対処を北朝鮮に要望、④以上の問題解決には南北当局間の対話が必要で、北朝鮮は特使交換を受け容れるべし、などの4項目から成る。

第16代国会議員選挙　2000年4月13日に実施された総選挙。韓国の選挙史上初めて、兵役や納税、前科記録といった候補者の情報公開、そして市民団体による「落選運動」が展開されるなかで行われた。野党・ハンナラ党と与党・民主党(新千年民主党)の激しい第1党争いとともに、「386世代」(30代で、80年代に大学を卒業した、60年代生まれの世代)という若手の台頭も注目された。投票日目前の4月7日、歴史的な南北首脳会談開催合意という電撃的な発表があり、ここでも「北風」(北朝鮮が韓国の内政を左右しようとして行使する何らかの政治力、政治的アピール)に影響されるのではないかという観測もあった。金大中政権の折り返し点であると同時に、21世紀をにらむ重要な選挙であった。ハンナラ党と民主党はそれぞれ善戦し、議席数を増やしたが、両党とも過半数には及ばなかった。選挙結果は、ハンナラ党は小選挙区(全227議席)で112、比例代表(全46議席)で21の計133議席を獲得し、改選前の122議席を上回った。対する民主党は小選挙区96、比例代表19で、改選前の98を上回る115議席を得たが、「北風」はさほど影響しなかったといえよう。第3党の自民連は、民主党と袂を分かって選挙に臨んだが、改選前の50議席から一挙に17議席に転落し、院内交渉権も失った。しかし、最低限の議席確保、ハンナラ・民主両党がともに過半数を確保できなかったことにより、ついに連立与党のキャスティングボートを握るに

至った。一方、韓国政治の宿痾ともいうべき地域感情(地域閥)は今回の選挙でも如実に表れ、ハンナラ党は地盤の慶尚南北道で29議席中25議席を得た。なお投票率は史上最低の57.2パーセントを記録した。また選挙違反は過去最高の3000件近くに上った。

落選運動　政党公認・選挙投票の過程で、議員に不適格な人物をあげて、公認・当選を阻止しようとする韓国の市民運動。1999年末から約400の市民団体が集まって、来たる第16代国会議員選挙(2000年4月13日実施)における政党公認不適格者名簿(2000年2月末で約20人の現職議員)を公表し、選挙時の不投票を呼びかけた。1月12日には「2000年総選挙市民連帯」が発足した。公表手段は記者会見およびインターネットのホームページであり、集会・署名運動も行った。これは原則的に選挙法違反である。しかし、こうした市民(主にソウル近辺に限られ、釜山などの大都市を除く、地方では比較的低調)の動きに対し、金大中大統領は国民の政治への関心が高くなっている「時代の流れ」として、新年の辞でも評価した。事実、ウェブサイトにも1日1万件以上のアクセスがあり、一般からの反応はおおむね良好だった。また、この思いがけない市民の声に押されて、中央選挙管理委員会は4月6日、韓国の選挙史上初めて候補者の前科記録を公表した。

市民団体の不適格基準はかつて軍事政権に加担した者、議員としてあるまじき行動をした者、国会活動が低調な者などであるが、この基準にもっとも反発したのは自民連だった。指導者の金鍾泌が対象に含まれるからである。この運動への大統領の評価も関連して、自民連は目前に迫っていた国民会議との合党を中止し、さらには政権与党からも離脱した。また、この運動をめぐって、趙淳、金潤煥らハンナラ党の一部は党首脳部の反応に反発し、脱党して新たな政党組織、民主国民党の結成に向かった。結果は、4月3日に最終結論として発表された落選対象者86名のうち、59名が落選し、新時代にマッチした市民運動としての

落選運動のリーダーのひとり張元(右端)

高い影響力を示した。なお2002年9月26日には、落選運動の被害を受けたとして幹部4名に賠償を求めた金鍾賛元候補が勝訴し、ソウル地裁は被告に1000万ウォンの損害賠償命令を出している。

第1回南北首脳会談　2000年6月13〜15日に平壌で行われた、韓国の金大中大統領と北朝鮮の金正日国防委員長・労働党総書記の会談。韓国と北朝鮮の最高首脳の間で行われた史上初の会談。

[背景] 1998年の「テポドン」ミサイル発射実験を機として高まった北朝鮮と西側諸国の緊張は、1999年2月の黄海における南北軍事衝突と3月の日本海への国籍不明船(北朝鮮のものとされる)侵入事件でピークを迎えた。しかしそれ以後、緊張は急速に緩和へと向かった。99年9月のベルリンでの米朝高官協議で北朝鮮はミサイル発射凍結を事実上約束。これをもとに米国は朝鮮戦争以来つづけられてきた北朝鮮への経済制裁を緩和する方針を発表した。韓国は民間経済交流の後押しを軸とする「太陽政策」を継続。日本もテポドン発射に対してとった日朝間チャーター便運行禁止措置を解除するなど制裁緩和へ進み、同年末には国交正常化へ向けた日朝予備交渉を再開した。他方、北朝鮮は国際的孤立からの脱却をめざして積極的な外交アピールを展開。99年1月から9月までに延べ43ヵ国に代表団を派遣したといわれる。そして2000年1月4日、イタリア政府はG7(主要7ヵ国)としてははじめての北朝鮮との国交樹立を発表。つづいて5月8日にはオーストラリアと北朝鮮の25年ぶりの国交回復が合意された。また、5月29〜31日には最高指導者の金正日が非公式に中国を訪問。総書記就任以後の初の外国訪問であり、国外に出ることはおろか、国内においても海外のメディアにいっさい姿をさらさなかった「テロ国家の謎の独裁者」は神秘化されたそのイメージを大きく変えはじめた。こ

歓談する両首脳

れら一連の流れを背景に6月の南北首脳会談への動きが進められた。

[展開]　会談実現へ向けた秘密交渉は2000年3月17日から朴智元統一相が責任者となって進められた。交渉は難航し、韓国側は3月22日、次回の接触は北側の会談実現の意思が固まった段階で合意のために行うとする最終通告を発した。以後、北側の関係部局間でどのような協議が進められたかは不明だが、4月7日には会談開催で南北が合意。上述のオーストラリアとの国交回復、金正日の訪中などは以後の会談準備過程と並行して行われたものである。6月5日には統一相・財政経済相・文化観光相の3閣僚を含む公式随行員10名、経済人・文化人の有力者を多数含む特別随行員24名の名前が韓国から北側に通知された。金大統領の訪朝は当初6月12日から14日にかけて開催される予定だったが、北朝鮮は10日になって「技術的な問題の準備」のため、日程を1日ずつずらしてほしいと申し入れた。韓国政府部内にはこれに不審感を抱く声も上がったが、大統領は「55年間待った対面だ。1日くらい待てる。問題ないよう対処するように」と指示したといわれる。

13日午前9時、金大統領はソウル近郊の軍用空港から出発、同10時25分、平壌郊外の順安空港に到着した。空港には金正日委員長が直接出迎え、そこから宿舎の百花苑招待所までの沿道は大統領を歓迎する平壌市民（朝鮮中央通信によれば60万）で埋め尽くされた。なお、大統領訪朝を伝えるこの日の韓国のテレビ特別番組は史上最高の視聴率を記録。韓国国民も当然のことながらこの会談に絶大な関心と期待を抱いていることをうかがわせた。10時45分から30分間、1回目の首脳会談がなされた。午後の芸術公演鑑賞、夜の歓迎晩餐会を経て翌14日、午後3時から6時50分まで3時間50分にわたって2回目の首脳会談が行われた。そして同日11時20分、両首脳は南北共同宣言に署名した。翌15日午後4時、金大中は金正日と抱き合って別れのあいさつを交わした後、北朝鮮を離れ、5時半にソウル空港に到着。30分間演説し、国民に南北共同宣言をはじめとする成果を説明した。

[その意義]　この会談は1945年に朝鮮が南北に分断されて以来初の南北朝鮮の首脳間の直接対話であり、緊張緩和・平和統一をめざした各種の合意は東アジアの冷戦構造を大きく揺るがす世界史的意義を持つものであった。とくに、同年10月の歴史的な米朝共同コミュニケ、そして米国務長官の訪朝はこの会談なくしては考えられなかったものである。共同宣言は91年に調印された「南北の和解と不可侵の合意書」の相互尊重の精神にもとづき、実際に着手すべき課題を示したものである。またこれまでの宣言・合意書は最高でも南北の首相級の会談で合意されたものであり、時の最高指導者の意向で容易にくつがえる可能性があった。これに対して、この共同宣言は南北双方の最高指導者が統一政策について互いの共通点・合意可能点を探ろうとする姿勢を確認し合った点で画期的なものである。これは南北和解の方針が双方にとって後戻りの困難なものとして確定したことを意味した。もちろん、それぞれの問題について具体的な解決策が示されたわけではなく、南北統一の困難を世界の人々に改めて意識させるものでもあった。

また、この首脳会談が与えた効果として、西側の北朝鮮イメージのいちじるしい改善を見逃すことはできない。北朝鮮は「テロ国家」として西側、とくに米国・韓国・日本から非難を浴びつづけてきた。とくに80

年代以降、恐い国、危ない国というイメージが強化され、核疑惑やテポドン・ショック、日本人拉致疑惑などがこれに拍車をかけた。その大きな要因の1つとして、実質的に世襲で最高指導者の地位についた金正日が外交のステージにまったく姿を現さず、なおかつその姿も肉声も西側のマスメディア、とくにテレビにほとんど露出しなかった（西側のカメラに直接収められたことは皆無）ことがあげられる。これは北朝鮮を非難する人々が提示する非人間的・悪魔的な独裁者としての金正日像に強い説得力を与えることになった。しかし、初めて西側に生の姿・声をさらした金正日は多分に政治的演出によるものとはいえ、その印象を大きく変えた。会談前の5月31日に東亜日報などにより行われた世論調査では韓国国民の金正日イメージは「独裁者」34.6パーセントなど否定的なイメージが圧倒的であり、肯定的なイメージは「力がある」0.9パーセントなどわずかなものであった。これに対して、会談後には否定的なイメージは「独裁者」9.6パーセントなど激減。肯定的なイメージは「おだやかだ」8.1パーセント、「おしゃれだ」7.9パーセントなど急激に上昇。とくに容姿に好意的な回答が目立った。これは会談が南北の心理的接近に果たした役割を示すものであるとともに、現代世界の外交においてテレビメディアがその結果を決める本質的な要素の1つとなっていることを物語っている。なお、金大中大統領はこの会談を受賞理由の1つとして、同年のノーベル平和賞を受賞した。

南北閣僚級会談　2000年6月の南北首脳会談以後に開催された、南北両政府の長官クラスによる会談をそれ以前の同種の会談と区別して、このように呼ぶ。それ以前のものは高位級または高官級会談と呼ばれる。1972年以降、北朝鮮は内閣制をとっておらず、西側の省庁に当たる各機関の長は政務院（これが強いていえば内閣に相当する）の下で実務を担当する官僚だった。その実質的権限はきわめて不明瞭で、高位級会談の成果も不安定なものだった。しかし、98年の憲法改正で内閣制が復活、行政は内閣に一本化され、各行政機関の長は制度的には一応の政策決定権を確保するに至った。したがって、その成果は以前と比べて安定しており、南北和解ムードのなかで大きな成果も得られると期待されたところから、このように呼ばれたと考えられる。

第1回南北閣僚級会談は2000年7月29～30日にかけて、ソウルで開催された。南北共同宣言履行に向けた共通認識形成、京義線復旧に向けた協議開始など6項目で合意がなされた。第2回会談は8月30日から9月1日にかけて平壌で開催された。年内に離散家族再会を2回行うこと（手紙の交換についても協議）、軍事当局者会談開催など7項目で合意。第3回会談は9月27～30日に済州島で開催され、南北経済協力推進委員会設置について協議された。第4回会談は12月13～16日にかけて平壌で開催され、南北経済協力推進委員会開催など8項目の共同報道文をまとめて終了した。

しかし、翌2001年3月13日、予定されていた南北閣僚級会談は急遽延期された。折しも米国で成立したブッシュ政権が、北朝鮮に対する強硬姿勢を明示しはじめていた時期であり、やはり南北対話もここまでかとも思われたが、韓国側は太陽政策を堅持し、9月6日、閣僚級会談を提案。北側は即日で受諾を回答。同月15～18日にかけて第5回南北閣僚級会談がソウルで開催された。第4回離散家族相互訪問が10月16～18日、第2回経済協力推進委員会が

10月23～26日、延期されていた金剛山陸路観光協議が10月4日、臨津江水防対策現地調査は11月中に実行などと決定された。その後、米国における同時多発テロ事件への対応をめぐる対立から、会談の継続が危ぶまれたが、2001年11月には再開され、同9～14日にかけて金剛山で第6回会談が開催された。以後も回数を重ね、2005年12月14～16日には済州島で開催された。

南北離散家族相互訪問　南北分断・朝鮮戦争などによって、離別したまま再会が不可能になった韓国・北朝鮮の人々（離散家族）が互いに相手国にいる家族・親族を訪問することをいう。離散家族は南北合わせて1000万規模にのぼるとみられている。韓国と北朝鮮は法的には休戦状態にあり、相互に敵国であるため、離散家族相互訪問は人道的見地から赤十字を窓口として事実上両国政府の事業としてなされた。

史上初の南北離散家族相互訪問は朝鮮戦争後30年以上を経た1985年9月、金日成・全斗煥の各政権下で行われた。これはこのとき再会を果たした個人には人道的に大きな意義を持った（「南北故郷訪問団」の項参照）。しかし1回だけの単発にとどまり、核疑惑をはじめとする南北関係悪化も手伝って、離散家族問題解決への進展は長らく見られなかった。ところが、2000年6月の南北首脳会談で、8月15日の離散家族相互訪問実施が合意されると、事態は急速に展開した。6月28日、北朝鮮の金剛山で南北赤十字会談が開始され、①8月15～18日、南北それぞれ100名の離散家族がソウルと平壌を相互訪問、②離散家族面会所の設置・運営などが合意された。7月5日には再会希望申請者7万5900名からコンピュータで訪問候補者を確定し、身元再確認などの作業に入った。7月16日、南北双方は訪問候補者200名のリストを交換。そして8月15～18日、南北各100名ずつの離散

高齢の離散者はこぞって北への訪問を申請

家族のソウル・平壌相互訪問、親族との再会が行われた。さらに、これを単発に終わらせないために、相互訪問定着のための作業が開始された。9月20日には金剛山でふたたび南北赤十字会談が開催され、ひきつづき相互訪問を行うための交渉が開始された。11月10日、板門店で南北双方の赤十字が再会候補者200名の縁故者調査結果を交換し、同月30日から12月2日に第2回の相互訪問が実施された。さらに、2001年2月26日には3回目の相互訪問が実施された。また2001年3月15日には離散家族の手紙交換も行われた。しかし1000万離散家族からすると、遅々たる歩みにすぎないし、この「離散家族」問題を北朝鮮はその後もカードとして小出しにしながら政治的手段として使っている。2014年2月20日、3年ぶりに北朝鮮はこの手を使ったが、朴槿恵政権としては離散家族の再会を常設化したい意向である。

第1回南北国防相会談 2000年9月25日から26日にかけて韓国の済州島で開かれた、史上初の南北国防相会談。韓国の趙成台国防相と北朝鮮の金鎰喆人民武力相の間でなされた。2000年8月30日から9月1日にかけて行われた第2回南北閣僚級会談で、軍事当局者会談開催が合意された。さらに9月11日、北朝鮮の金容淳アジア太平洋平和委員会委員長が訪韓。これに朝鮮人民軍の朴在京副局長が同行。韓国国家安全保障会議の関係閣僚との昼食会で、朴は趙国防相と10分余り対話。ここで北朝鮮が国防相会談に応じることが確認されたといわれている。北朝鮮の金人民武力相は同月13日、趙国防相に親書を送り、国防相会談に応じることを正式に表明。25日から26日にかけての会談の結果、軍事的緊張緩和・恒久平和実現への努力の原則確認、非武装地帯内での鉄道・道路の連結工事の安全保障を当面の課題とすることなどを盛り込んだ共同宣言文に合意した。

ソウル宣言（朝鮮半島の平和のためのソウル宣言） 2000年10月20日、ソウルで開催されたASEM（アジア欧州会議）の第3回首脳会合で採択された宣言。ASEMはアジアとEU（ヨーロッパ連合）諸国、および欧州委員会がアジア・ヨーロッパの地域間協力を話し合う会議で、この会合では韓国・日本などアジア10ヵ国の大統領・首相、イギリス・フランスなどヨーロッパ13ヵ国の首脳が出席した。宣言は南北朝鮮への和解の取り組みを支援し、アジア・ヨーロッパも北朝鮮との関係正常化をめざす決意を表明したもので、主な内容は以下のとおり。①ASEM首脳は朝鮮半島の平和と安定がアジア太平洋地域と世界全体の平和と安定に密接に関連しているとの認識を共有。②同年6月の南北首脳会談を歓迎。③離散家族再会・経済協力など、南北共同宣言の履行措置がすでに実行されていることを評価し、今後の進展を期待。④南北朝鮮の問題解決のために対話の持続が必要と認識。同地域の平和と安全保障のため、南北首脳会談の成功をもとに、このようなプロセス継続に向けた声援を表明。米朝関係の最近の発展を歓迎。⑤朝鮮半島の平和と安全保障を増進し、信頼醸成に寄与しようとするASEM参加国の意思を確認。対話と人的交流、経済的連携のみならず、北朝鮮の多国間対話への参加を通じて、ASEMとその参加国による北朝鮮との関係改善に向けた努力の強化が重要だと強調。

金大中大統領のノーベル平和賞受賞 2000年10月13日、ノルウェーのノーベル賞委員会は同年のノーベル平和賞を韓国の

金大中大統領に贈ると発表した。これは韓国初であるのみならず、朝鮮民族として史上初のノーベル賞受賞であった。ノーベル賞委員会のグンナール・ベルゲ委員長の記者会見発表によれば、受賞理由は①北朝鮮への太陽政策を通じて、50年間の南北分断と互いの憎しみの克服に挑んだ。その北朝鮮訪問は南北の緊張緩和に弾みをつけ、朝鮮半島にようやく冷戦終結が訪れる希望を与えた。②韓国の強権的な政権のもとで、たび重なる生命への脅迫や長い亡命生活にもかかわらず、民主化の先頭に立ち続けた。大統領就任後は民主主義をより強固なものにし、国内の和解を呼びかけた。③ミャンマーの民主化支援など、アジア地域における人権侵害に反対の立場をとり続けた。また近隣諸国との和解・関係改善に積極的に取り組み、とくにかつての朝鮮の支配国、日本との和解に努力した。受賞理由の筆頭にある南北首脳会談のもう一方の当事者である、北朝鮮の金正日国防委員長は受賞対象とならなかったが、ベルゲ委員長は同じ記者会見で「朝鮮半島における和解と将来の統一に向けて前進させた北朝鮮、及び関係国の指導者たちの貢献に表彰の意を示したい」と述べた。ただし、北朝鮮はこの受賞をいっさい報道せず、公式のコメントも行わなかった。金大中は同日、受賞について「この間、苦難をともにしてきた家族、同志、親戚、そして民主主義と平和のために犠牲となり、献身してきたこの地の多くの方々と栄光を分かち合いたい」、「今日のこの栄光は、40年間、民主主義と人権、南北間の平和と和解・協力を一貫して支持してくれた国民の声援のおかげだ。この栄光を国民すべてに差し上げたい」とのコメントを発表した。なお、同年12月10日、ノルウェーのオスロで授賞式が行われた。

女性部 2001年1月29日、韓国の省庁再編で新設された部（省）。初代女性相には女性団体連合代表など、韓国女性運動のリーダーを長く務めた韓明淑が就任した。女性政策室、差別改善局、権益増進局、対外協力局などからなり、職員の編成は4対6の男女比で構成されている。儒教社会で、日本以上に男女差別が当然視されている韓国では、これはやはり画期的なことといわなければならないだろう。なお、同部の英語名はMinistry of Gender Equality（性平等省）で、その設置目的・理念を直接にいい表している。つまり社会全体に構造的に組

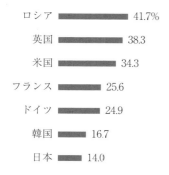

主要国の女性研究者の比率

ロシア 41.7%
英国 38.3
米国 34.3
フランス 25.6
ドイツ 24.9
韓国 16.7
日本 14.0

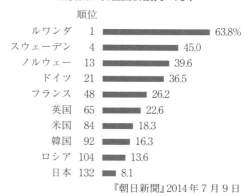

主要国の女性国会議員の比率

	順位	
ルワンダ	1	63.8%
スウェーデン	4	45.0
ノルウェー	13	39.6
ドイツ	21	36.5
フランス	48	26.2
英国	65	22.6
米国	84	18.3
韓国	92	16.3
ロシア	104	13.6
日本	132	8.1

『朝日新聞』2014年7月9日

み込まれた性差別(ジェンダーによる差別)を根本的に克服していこうという世界的な潮流に韓国政府も積極的に参加していこうということなのである。この流れに沿って、国会議員は15パーセント以上も女性が進出するようになった。地方議員もこの水準である。日本と比較するとおよそ2倍の率である。また女性研究者も日本よりもわずかながら先んじている。

しかし、韓国ではいまだ母性保護など、より基本的な女性の人権保護活動も必要とされている状態であり、女性の人権保護について幅広い役割を果たしていくために女性部と名づけられた。なお、2005年から女性部は女性家族部(Ministry of Gender Equality and Family)に改編・拡大され、また結婚のために韓国へ移住してきた人たちに「多文化共生社会・家族」をめざすために尽力している。

大手メディア脱税疑惑　ソウル地方国税庁は2001年2〜6月にかけて、ソウルを拠点とする新聞、放送、通信の計23社とその系列会社、社主、大株主らに対する税務調査を行い、調査対象すべてに申告漏れがあり、その総計は1兆3600億ウォンにのぼるとした。そして約5000億ウォンを追徴課税する方針をとるとともに、6月29日、朝鮮日報・中央日報・東亜日報・韓国日報・国民日報・大韓毎日申報(ソウル新聞)の6社と朝鮮・東亜・国民の3社主をソウル地検に告発。これとは別に同月21日、韓国公正取引委員会は主要全国紙10社と放送3社について、97年から5400億ウォンの不当内部取引があったとして、約240億ウォンの課徴金をとることを明らかにした。8月15日、ソウル地検は、韓国大手新聞社社長ら3人を脱税などの容疑で逮捕、9月4日に起訴した。韓国の大手マスメディアは伝統的に軍事政権の管理下にあって、時の政府と深く癒着しており、この事件は金大中政権がこうした保守的体質の払拭をめざしたものと受け取られ、野党ハンナラ党から、保守派に対する言論弾圧であるとの批判が出された。

医薬分業波動　薬事法改正にもとづく医薬分業体制は予定より1年遅れて、2000年7月から実施されることになったが、準備不足でさらに1ヵ月延期され、8月から開始された。医薬分業は医・薬の両業界の合意が必須の条件だったため、8年に及ぶ準備期間をおいても、医・薬・政府間の3者の意見の相違は縮まらなかった。なかでも医療界(医師会)は既得権(錠剤の販売権や注射にまつわる権限)を失うことに根強い反発を見せた。2000年4月と6月には診療所から大学病院まで休診ストライキを行い、国民医療を麻痺させた。地域医薬協力委員会の設置、注射制度などをめぐっては3者の間でなおくすぶりつづけている。医薬分業体制は金大中が大統領選で掲げた公約だったが、この改革は盧武鉉政権になっても終結しなかった。

林統一相解任問題　光復節(解放記念日)、平壌で行われた祝典に参加した韓国人の行動が韓国国内で問題とされ、林東源統一相の辞任にまで及んだ事件。2001年8月15〜16日、平壌での民族統一事業「民族統一大祝典」に韓国の民間団体が参加。さらに北朝鮮各地を観光するなどして、21日に帰国した(訪朝団311名、同行記者団26名)。そのなかにはかつて無許可で北朝鮮に行って問題となった黄晢暎・林秀卿らも参加し、南北首脳会談後の時代状況の変化を印象づけた。問題となったのは祖国統一三大憲章記念塔前での開幕式(15日)に一行のうち

約100名、閉幕式(6日)に約80名が参加したことであった。これは南北統一に関連した北朝鮮の主張を讃える施設で、そこで行われる行事も政治宣伝色が強いものだとして、事前にこれに参加しないという約束が訪問団と当局者との間にあったが、これに反して一部が参加した。また、金日成の生家観光の際、その精神を受け継ごうと記帳した参加者がいたことも伝えられ、問題とされた。これを同行韓国人記者団が問題にした結果、韓国内で政治争点となった。こうしたことは訪朝団の帰国前に政府の知るところとなり、20日には国家安全保障会議が開かれ、一行が帰国し次第、事情を調査することが決定された。

これにもとづいて8月21日、韓国国家情報院が5名、警察が11名、計16名を連行調査。その結果、すでに知られていた問題以外にも、金日成の像の前でひざまづいた参加者や、金正日を半ば神格化して賞賛した参加者がいたことが判明し、8月24日、公安当局は国家保安法違反の容疑で、姜禎求教授ら7名を逮捕した。かねてから太陽政策に反発していた野党ハンナラ党は激怒し、金大中大統領の最大の側近で、問題の団体に訪朝許可を与えた林東源統一相の責任を追及した。林は太陽政策の立案者で、南北首脳会談実現にも深くかかわっていた。北朝鮮を徹底的に憎悪する立場からすると「売国奴」にほかならず、保守派はこの機を逃さず林を徹底的に攻撃した。9月3日、韓国国会は林統一相解任決議案を可決。これを受けて翌日、内閣は総辞職した。しかし7日の内閣改造で統一相に就任したのは太陽政策の推進派で、元外相の洪淳瑛であった。また11日、林東源は韓国大統領特別補佐官に就任。保守派の激しい反発にもかかわらず、太陽政策を堅持しようとする金大中の強い姿勢を改めて示す結果となった。

金大中大統領の訪日　金大中大統領が1998年10月7日から10日まで日本を訪問したことを指す。これによって日韓両国政府は、植民地支配をはじめとする歴史の認識をめぐる問題を、政治問題としては以後取り上げないことで事実上合意した。

[背景] 1965年の日韓条約において、日韓両国政府は日本からの経済協力の体裁をとって、植民地支配の責任問題を政治的に決着させた。しかし、この時点では日本政府の公式の謝罪はなかった。その後、全斗煥大統領の訪日の際、天皇が「遺憾」の意を表明するなど、何度か反省らしき意思が表明されたことはあったが、そのたびに閣僚が植民地支配責任を否定したり、日本の侵略戦争を正当化する発言を繰り返したため、これらのメッセージは説得力を失った。こうした状況で金大中訪日の前提条件をなしたのは1995年8月15日の村山富市首相の談話だった。ここで村山は「わが国は、遠くない過去の一時期、国策を誤り、……植民地支配と侵略によって、多くの国々、とりわけアジア諸国の人々に対して多大の損害と苦痛を与えました」「ここにあらためて痛切な反省の意を表し、心からのお詫びの気持ちを表明いたします」と述べた。このような見解は細川非自民内閣時代にすでにあり、とくに目新しいものではない。また村山は天皇の戦争責任は問わない、元従軍慰安婦への国家補償をしないと明言するなど、内外のより尖鋭的なグループとは距離を置いている。しかし問題だったのは、これが法案や政令の作成過程と同列の「閣議決定」を経ており、この当時、社会党(現・社会民主党)とともに与党だった自由民主党をも拘束する結果になったことだった。自民党がこのように率直な「反省とお

詫び」の制度的義務を負わされたのは史上初の事態だった。このような経緯を背負ったまま、橋本龍太郎内閣を経て、小渕恵三を首相とした自民党内閣はかつての民主派の英雄にして日本での拉致事件の被害者・金大中をあろうことか「大統領」として迎えなければならなかった。しかし、対する金大中は長引く不況を打開するために日本からの投資を獲得しなければならなかった。このような両国の事情を背景にして、この時の交渉（取引）がなされた。

[**訪日と活動内容**] 金大中は大統領就任間もない1998年4月29日、日本の報道各社の政治報道部長と会見し、この秋の訪日で歴史認識問題を最終的に決着させ、信頼関係にもとづいた新しい日韓関係を築きたいと述べた。7月2日、日韓外務次官協議で、大統領訪日に過去清算の方向で臨むことが合意された。9月21日の日韓外相会談では訪日の際の日韓両首脳の「共同文書」の内容について協議がなされた。9月28日、ついに野中官房長官は、日韓の共同文書には村山談話をもとに「反省とお詫び」を盛り込むと述べた。これはもはやそこから後戻りできなくなった自民党の苦渋の選択だった。

そして10月7日、金大中大統領が来日した。さっそく迎賓館で歓迎式典が行われた。その後、金大統領は皇居で天皇と会見。次いで都内のホテルで在日韓国人と懇談した。その夜、皇居での歓迎晩餐会で天皇は「（植民地支配に対する）深い悲しみ」を忘れないとし、「未来に向かって芽生えつつある相互の評価と教学（教育と学問）の念を育てていく」ことを目標として掲げた。これに対して、金大統領は「われわれは歴史を正しく継承する両国となる」と述べた。翌8日、迎賓館で日韓首脳会談が開催され、「共同宣言」、および経済や安全保障など5分野での日韓協力の「行動計画」が合意された。共同宣言では基本方針として「21世紀に向けた新たなパートナーシップ」が掲げられた。歴史問題については共同宣言の第2項で「小渕総理大臣は、今世紀の日韓関係を回顧し、わが国が過去の一時期韓国国民に対し植民地支配により多大の損害と苦痛を与えたという歴史的事実を謙虚に受け止め、これに対し、痛切な反省と心からのお詫びを述べた」と記載された。小渕はこれについて「指導者の使命は過去の葛藤を克服し共通の価値観に立脚して真の友好協力関係を発展させること」などと述べ、金大中も「共同宣言の発表で新時代の友好関係が開かれた」「共同宣言には韓国の名が明記され、お詫びと反省が表明されている。形式と重みが過去とは異なる」と成果を強調した。同時に経済協力強化のための「日韓官民合同投資促進協議会」創設が決定した。折しもこの日、日本輸出入銀行が韓国財政経済部（省）との間で約30億ドルの融資を行う覚書に合意した。しかも「共同宣言」にはこれを歓迎する旨の内容が盛り込まれた。さらに経済団体主催の昼食会で、牛尾次郎経済同友会代表幹事は日韓両国間のモノや文化の自由な往来への期待を表明し、金大統領は「韓国の投資環境を世界で一番にしたい」とぶち上げた。その後、国会演説、総理主催歓迎晩餐会、大阪の在日韓国人との懇談、日本の文化人との懇談がなされたが、自身の具体的な歴史事件（金大中拉致事件）について金大中が積極的に追及することはついになかった。このため、彼の果たした役割は歴史問題の「決着」というよりは、より強力な政治的幕引きだった。

金大統領は10月10日に韓国に帰国。記者会見で、戦後補償問題は「歴史問題の終結」には含まれていないとの見解を示した

が、日本が自国民に与えた加害を追及する韓国政府の活動は公式には封じられた。11月5日、訪韓した深谷隆司自民党総務会長は金大中大統領に、歴史問題決着に謝意を表した小渕首相の親書を手渡した。

戦後補償訴訟運動 日本による植民地支配や戦争の被害者が裁判に訴えて日本国家や関係企業から謝罪や補償要求を勝ち取ろうとする運動。ここでは本事典の性質上、朝鮮・韓国人についてのみ概観する。なお北朝鮮の国家賠償請求については日朝交渉の項に譲る。

日本に強制連行された朝鮮人労働者は、解放直後、在日本朝鮮人連盟を中心に未払い賃金や補償を要求する運動を展開した。また、朝鮮でも各地で強制連行被害者の補償要求が相次いだ。これに対して米軍政庁保険厚生部は1946年3月1日から9月末日まで、強制連行されて帰国した労働者の申告を受け付けた。これに応じて申告した労働者約10万5000名、死者約1万2000名、未払い賃金、諸手当、賠償金など「諸未受金」は日本円で約5億6500万円に達したと見られている。48年1月頃には太平洋地域で強制的に使役された青年による「太平洋同志会」が組織され、調査を開始。同年8月の大韓民国樹立後は活動を活発化させ、太平洋戦争で徴用された韓国人は70万名、未払い賃金は30億円として、韓国外務部(省)や国会に、日本に補償を要求するよう陳情、請願した。同年11月27日にはその未払い賃金請求に関する請願が国会で採択された。同日には「中日戦争、太平洋戦争全国家族同人会」や「樺太・千島同胞救出同志会」の請願書も採択されている。こうした運動に対し、韓国政府は連合国の一員としてサンフランシスコ講和会議に出席して、賠償を勝ち取ることをめざし、米軍政庁に持ち込まれた申告から「対日賠償要求調書」を作成したが、結局日本やイギリスの反対で会議に参加することができなかった。

その後、交渉の場は日韓国交正常化交渉の場へと移されたが、日本は謝罪も国家への賠償、個人への補償もいっさいしようとしなかった。結局、1965年の日韓条約締結時に、韓国政府は「無償3億ドル、有償2億ドル、民間信用3億ドル以上」と引き換えにいっさいの対日請求権を放棄。無償資金のごく一部を使って、1971年に「対日民間請求権申告法」を、74年に「対日民間請求権補償法」を制定し、戦争被害者に対して、一応の救済をはかったが、適用資格がきびしく制限され、多くの戦争被害者が対象から除外された。とくに、71年の申告法で在日韓国人と8月15日以降の死亡者は適用から除外され、その後も給付対象とされることがなかった。このような状況を被害者が自力で解決しようと、韓国では73年に太平洋戦争遺族会が結成された。これをはじめとして、民間でさまざまな被害者やその組織が活動を展開した。そして、これらの運動は冷戦が終結した90年代以降、とくに大きく進展し、訴訟をともなう運動が活発化して、日本のマスコミからも注目されるようになった。

戦後補償訴訟には以下の4つの種類がある。①労務動員された本人とその遺族が日本国家または企業、もしくは両者に対してなされる訴訟(女子挺身隊の訴訟はこれに属する)。②軍人、軍属として軍事動員された本人とその遺族の日本国家に対する訴訟。③元従軍慰安婦の日本国家に対する訴訟。④在韓被爆者への被爆者援護法適用を求める訴訟。

日本は強制連行の事実や従軍慰安婦使役への軍の関与について、90年代の前半におおむね認めたが、それに対する謝罪と補償

朝鮮・韓国関係の戦後補償裁判

No	訴訟名	裁判所	提訴日	判決（取下日）
1	孫振斗被爆者健康手帳 交付請求裁判	福岡地裁 福岡高裁 最高裁	72.3.7	74.3.30 認容 75.7.7 認容 78.3.30 認容
2	サハリン残留者帰還請求訴訟	東京地裁	75.12.1	89.6.15 取下
3	サハリン残留韓国人補償請求訴訟	東京地裁	90.8.29	95.7.14 取下
4	韓国太平洋戦争遺族会国家賠償請求訴訟	東京地裁	90.10.29	
5	在日韓国・朝鮮人（鄭商根）の援護 を受ける地位確認等訴訟	大阪地裁 大阪高裁 最高裁	91.1.31	95.10.11 棄却 99.9.10 棄却 01.4.13 棄却
6	堤岩里事件公式謝罪・ 賠償義務確認請求訴訟	東京地裁	91.7.15	99.3.26 休止満了
7	サハリン上敷香韓国人虐殺事件 陳謝等請求訴訟	東京地裁 東京高裁	91.8.20	95.7.27 棄却 96.8.7 棄却
8	日本鋼管損害賠償請求訴訟	東京地裁 東京高裁	91.9.30	97.5.20 棄却 99.4.6 和解
9	韓国人BC級戦犯 国家補償等請求訴訟	東京地裁 東京高裁 最高裁	91.11.12	96.9.9 棄却 98.7.13 棄却 99.12.20 棄却
10	アジア太平洋戦争韓国人 犠牲者補償請求訴訟	東京地裁 東京高裁 最高裁	91.12.6	01.3.26 棄却 03.7.22 棄却 04.11.29 棄却
11	強制徴兵・徴用者等に 対する補償請求訴訟	東京地裁 東京高裁 最高裁	91.12.12	96.11.22 棄却 02.3.28 棄却 03.3.28 棄却
12	金順吉三菱造船損害賠償請求訴訟	長崎地裁 福岡高裁 最高裁	92.7.31	97.12.2 棄却 99.10.1 棄却 03.3.28 棄却
13	援護法傷害年金支給拒否決定取消訴訟 （石成基、陳石一）	東京地裁 東京高裁 最高裁	92.8.13	94.7.15 棄却 98.9.29 棄却 01.4.5 棄却

No	訴訟名	裁判所	提訴日	判決（取下日）
14	浮島丸被害者国家補償請求訴訟	京都地裁 大阪高裁 最高裁	92.8.25	01.8.23 一部認容 03.5.30 全面棄却 04.11.30 全面棄却
15	対不二越強制連行労働者に 対する未払賃金等請求訴訟	富山地裁 名古屋高裁 金沢支部 最高裁 富山地裁	92.9.30	96.7.24 棄却 98.12.21 棄却 00.7.11 和解 03.4.1 二次提訴
16	金成寿国家賠償請求訴訟	東京地裁 東京高裁 最高裁	92.11.5	98.6.23 棄却 00.4.27 棄却 01.11.16 棄却
17	シベリア抑留在日韓国人（李昌錫） 国家賠償請求訴訟	京都地裁 大阪高裁 最高裁	92.11.9	98.3.27 棄却 00.2.23 棄却
18	釜山従軍慰安婦・女子挺身隊 公式謝罪等請求訴訟	山口地裁 下関支部 広島高裁 最高裁	92.12.25	98.4.27 一部認容 01.3.29 棄却 03.3.25 棄却
19	在日韓国人元従軍慰安婦（宋神道） 謝罪・補償請求訴訟	東京地裁 東京高裁 最高裁	93.4.5	99.10.1 棄却 00.11.30 棄却 03.3.28 棄却
20	光州1000人訴訟	東京地裁 東京高裁	93.6.30	98.12.21 棄却 99.12.21 棄却
21	在日韓国人姜富中、法的な援護を 受ける地位確認等訴訟	大津地裁 大阪高裁 最高裁	93.8.26	97.11.17 棄却 99.10.15 棄却 01.4.13 棄却
22	金成寿恩給請求棄却処分 取消請求訴訟	東京地裁 東京高裁 最高裁	95.1.18	98.7.31 棄却 99.12.27 棄却 01.11.16 棄却

3．「国民の政府」・金大中政権

No	訴訟名	裁判所	提訴日	判決（取下日）
23	韓国人元BC級戦犯公式謝罪・国家補償請求訴	東京地裁 東京高裁 最高裁	95.5.10	99.3.24棄却 00.5.25棄却 01.11.22棄却
24	日本製鉄（日鉄）韓国人元徴用工損害賠償等請求訴訟	東京地裁 東京高裁 最高裁	95.9.22 （対政府）	97.9.21和解 03.3.26棄却 05.9.29棄却 07.1.29棄却
25	三菱広島・元徴用工被爆者未払賃金等請求訴訟	広島地裁 広島高裁 最高裁	95.12.25 05.2.1	99.3.25棄却 05.1.19一部認容 07.11.1一部認容
26	韓国人元女子挺身隊公式謝罪・損害賠償請求訴訟	静岡地裁 東京高裁 最高裁	97.4.14	00.1.27棄却 02.1.15棄却 03.3.27棄却
27	日鉄大阪製鉄所元徴用工損害賠償請求訴訟	大阪地裁 大阪高裁 最高裁	97.12.24	01.3.27棄却 02.11.19棄却 03.10.9棄却
28	在韓被爆者（郭喜勲）健康管理手当受給権者地位確認訴訟	大阪地裁 大阪高裁	98.10.1	01.6.1認容 02.12.5認容
29	三菱飛行機工場労働者損害賠償請求訴訟	名古屋地裁 名古屋高裁 最高裁	99.3.1	05.2.24棄却 07.5.31棄却 08.11.11棄却
30	崔圭明 日本生命の企業責任を問う裁判	大阪地裁	99.3.1	
31	在韓被爆者（李康寧）健康管理手当受給権者地位確認訴訟	長崎地裁 福岡高裁 最高裁	99.5.31	01.12.26認容 03.2.7認容 06.6.13棄却

No	訴訟名	裁判所	提訴日	判決（取下日）
32	韓国人徴用工供託金返還請求訴訟	東京地裁 東京高裁 最高裁	00.4.27	04.10.15 棄却 05.12.14 棄却 07.1.29 棄却
33	韓国人軍人・軍属・遺族 損害賠償等請求訴訟	東京地裁 東京高裁 最高裁	01.6.30	 09.10.29 棄却 11.11.30 不受理
34	元日本兵シベリア賃金補償	東京地裁	03.6.12	上記33に併合
35	在韓被爆者健康管理手当受給権者 地位確認訴訟（崔季澈裁判）	長崎地裁 福岡高裁	04.2.22	04.9.28 認容 05.9.26 認容 05.10.7 上告断念
36	在韓被爆者健康管理手当支給訴訟 （崔季澈）	長崎地裁 福岡高裁 最高裁	04.5.22	05.12.20 一部認容 07.1.22 棄却 08.2.18 棄却
37	在韓被爆者葬祭料支給却下取消・ 損害賠償請求訴訟	大阪地裁 大阪高裁	04.9.21	06.2.21 棄却
38	崔季澈在外被爆者葬祭料裁判	長崎地裁 福岡高裁	 05.3.16	05.3.8 認容 05.9.26 認容
39	三菱・韓国人元徴用工被爆者手帳 申請却下処分取消訴訟	広島地裁 広島高裁	05.6.15 06.10.5	06.9.26 認容 08.9.2 棄却

* 日本の裁判所に提訴された裁判のみを対象とした。ほかに韓国、アメリカなどで訴訟が行われている。
* 追加提訴がある訴訟については、控訴審以降の提訴年月日は原則として省略した。No.4は元軍人・軍属らによる、弁護士なしの「本人訴訟」。No.10はこれに弁護士をつけ、元従軍慰安婦を加えて提訴し直したもの。
* 2011年12月現在。
「戦争・戦後補償裁判一覧表」（在日の慰安婦裁判を支える会ホームページ「宋さんといっしょに」）
戦後補償ネットワーク、三菱広島・元徴用工被爆者裁判を支援するホームページ、『朝日新聞』、『世界』などの資料による。田中宏氏の協力によって作成。

は容易に進展しなかった。
　たとえば、本書第2章で取り上げた元BC級戦犯の韓国人による補償請求訴訟では96年9月に東京地裁で請求が退けられ、98年7月には東京高裁で控訴棄却、99年12月最高裁で上告棄却されている。また95年5月に提訴されたもう1つのBC級裁判は99年3月に東京地裁で請求棄却、2000年5月に東京高裁で控訴棄却の判決が出されている。従軍慰安婦については、1998年4月、

山口地裁下関支部で原告の慰安婦3名の訴えを一部認めて（政府が対策の立法義務を怠ったのは違法とする）、1人当たり30万円ずつ支払うよう命じる判決を出していたが、2001年3月の控訴審では広島高裁がこれを取り消し、原告の請求を全面棄却している。

こうしたなかで、企業を相手どった訴訟では和解による解決の事例が出ている。97年9月に新日鉄が爆撃などによる死者の韓国人遺族と和解して「慰霊金」支払いで決着したのを皮切りに、99年4月には日本鋼管、2000年7月には不二越を相手取った訴訟がそれぞれ会社側からの解決金支払いで決着している。これらは経済的救済という点では前進であるが、和解とは原告が訴えを取り下げることであり、責任の確認、謝罪はなされなかった。企業は「国の政策に従っただけ」、政府は「日韓条約で解決済み」とするのが主な弁明である。2001年6月30日、韓国人の元軍人、軍属とその遺族252名が損害補償24億円や、一方的になされた戦死者の靖国神社への合祀取り止めなどを日本政府に求めた。最大の戦後補償訴訟となるが、その先行きは未知数である。

とくに靖国神社への合祀問題については、神社側は教義上の理由を盾に、合祀取り止めを徹底して拒む姿勢をとっているが、2005年には実は戦死しておらず戦後長く存命していた韓国人を合祀していたことが明らかになるなど新たな問題が浮上している。

なお、朝鮮・台湾など旧植民地出身で在日の旧軍人、軍属とその遺族を対象とした戦後補償立法として、2000年6月、ようやく「平和条約国籍離脱者等である戦没者遺族等に対する弔慰金等の支給に関する法律」が公布され、2001年4月から申請の受付が始まった。在日を対象とした特別立法は弔慰金などの一時金（生存者には400万円、遺族には260万円）の支払いを定めたもので、それまで問題となってきた日本人の旧軍人・軍属やその遺族との格差（それまでは外国人やその遺族にはいっさい支給されなかった）をわずかながら是正しようとするものである（2001年10月末現在の受領者107名）。しかし、日本人との金額の格差は大きく、謝罪の意味もなく、問題の解決とはほど遠いものであった。

韓国の憲法裁判所は、2011年8月30日、日本軍従軍慰安婦の賠償請求権に関する憲法訴願審判および原爆被害者の賠償請求権に対する憲法訴願審判において、韓国政府の不作為を違憲とする決定を下した。また、2012年5月、韓国最高裁は元徴用工ら個人の賠償請求権を認める判決を出した。これを受け、2014年6月までの間に、日本企業を相手に7件の損害賠償請求訴訟が相次いで起こっている。そしてソウル高裁、釜山高裁、光州地裁などは日本企業に対して賠償命令を下している。日本政府は日韓請求権協定を否定するような賠償はしないと表明し、敗訴が確定し韓国側が日本企業の資産差し押さえに出た場合は請求権協定にもとづき協議を呼びかけ、これが不調に終わった場合は国際司法裁判所（ICJ）へ提訴するとしている。

韓国における戦後補償　2007年、「国外強制動員犠牲者等支援法」が成立し、植民地時代に海外に強制連行された韓国人被徴用者を対象に「慰労金」を支給することになった。これは2005年1月に盧武鉉政権下で1965年の日韓国交正常化交渉に関する外交文書が公開され、連行された韓国民への補償義務を韓国政府が負うと確認していたことが明らかになったことを受けて、過去の補償を補塡する人道措置として推進さ

れた結果だ。75〜77年に日本からの無償協力金を活用し、死亡者8852人に1人当たり30万ウォンが支給されて以来、約30年ぶり。今回は過去の支給で除外された負傷者や生存者、未払い賃金も支給対象に加わった。死亡、行方不明の遺族に2000万ウォン、負傷者には300〜2000万ウォンの「慰労金」、負傷しなかった者には「医療費」として死亡時まで年間80万ウォンが支給される。未払い賃金は当時の1円を2000ウォンで換算して支給。2008年までの強制動員被害者申告の認定者は3万8000人、そのうち2014年3月時点で1万2000人が慰労金を申請していない。被害者や遺族の大多数が高齢で、慰労金支給について情報が届いていない可能性が高いとみて、政府機関は各地方自治体に電話、郵便、自宅訪問など直接案内することを呼びかけている。

　一方、支援法成立過程で財源不足を理由に無傷の生存者が「慰労金」支給対象者からはずされたため、被害者団体の一部は財源確保のため、日本の経済協力資金で設立された韓国企業のポスコ（旧・浦項製鉄）に慰謝料を求める訴訟を起こした。ソウル高等裁判所は2009年1月、ポスコに被害者救済用の基金へ出資するよう求める和解勧告を出したが（韓国の裁判所が戦後補償関連訴訟で和解勧告を出したのは初めて）、ポスコは異議申請書を提出し、補償は国家の責任とした。しかし、国務総理直属機関の「対日抗争期強制動員被害調査および国外強制動員犠牲者う支援委員会」が2014年6月9日、政府の許可を受け「日帝強制動員被害者支援財団」を設立した際に、政府は30億3000万ウォン、ポスコが30億ウォン出資した。今後ポスコは、総額100億ウォン出資する見通しで、財団はほかにも日韓請求権協定で経済協力資金を受けた企業（韓国道路公社や韓国電力など）をはじめ、日本政府や日本企業にも募金協議をすすめる。この財団は戦時中強制徴用された韓国人とその遺族らのために福祉支援、文化・学術事業、犠牲者の追悼・慰霊、遺骨発掘・奉還、歴史記念館建設事業などを行うことを表明している。

女性国際戦犯法廷（日本軍性奴隷制を裁く女性国際戦犯法廷）　2000年12月8〜12日に東京で開かれた民間法廷。いかなる意味でも法的効力はまったくないが、冷戦終結後における、戦争責任の問いかけの新たなありようの定着、国際的拡がりを象徴した。1998年、ソウルでのアジア女性連帯会議で「戦争と女性への暴力」日本ネットワーク（Violence Against Women in War-Network Japan: VAWW-NET ジャパン）により提案され、各国の女性運動グループの賛同を受けて開催された。主催の国際実行委員会は日本のVAWW-NET ジャパン、被害国・地域（韓国、北朝鮮、中国、台湾、フィリピン、インドネシア）の支援団体、世界各地で武力紛争解決に携わっている女性活動家らによる国際諮問委員会から構成されている。法律顧問として、国際人道法の研究者であるオランダのテオ・ファン・ボーベン、米国のロンダ・カプロンが参加した。法廷は、各国の法律家の助力を得て作成された「法廷憲章」にもとづき、第三国の法律家から成る首席検事団、被害国・地域の法律家から成る検事団、国際法学などの世界的権威から成る判事団、証人などで構成された。

　12日に朗読された「判決要旨」は世界8つの国・地域から集まった約70名の性暴力被害者代表の証言と専門家の意見にもとづき、判事団が作成したものである。内容は、①慰安婦制度は戦時性奴隷制で、当時存在した強制労働禁止条約、売春のための

1991年8月、初めて従軍慰安婦であったことを公にした金学順（ソウル・パゴタ公園にて、1992年1月）

人身売買を禁ずる国際法、奴隷化禁止の国際慣習法に違反している。②これを踏まえて、戦時中の強姦や従軍慰安婦制度は「人道に対する罪」に当たり、当時の日本政府は「有罪」と判決。最高意思決定者である昭和天皇はこれらを知る立場にあり、犯行を止めるために何らかの手段を講じるべきだった。③日本政府に対し、以上の法的事実を認め、被害者に謝罪・賠償するよう勧告する。④附帯意見として日本政府に、情報の公開、教科書への真実の記載と次世代への教育、記念碑建立などによる被害者の尊厳回復などを求める。

こうしたきびしい判決内容の背景には冷戦後の世界におけるジェンダー（社会的・文化的な性差）に対する問題関心の広がりがある。つまり、戦時における売春強制を含む広義のレイプは、男性の強制労働と同列に位置づけることのできない性差別・人権侵害であるという理解が女性から主張されているのである。

2001年1月30日、この法廷についての特集番組がNHK教育テレビで放映された。そして4年後の05年1月12日の朝日新聞に、この番組の放送前日に安倍晋三・中川昭一の両国会議員が「番組内容が偏っている」と指摘し、それに応じて番組の改編が行われたという記事が掲載された。これに対してNHK側が「事実と異なる」と反論し、論争となった。議論の争点は朝日側の取材方法、NHKの放送内容の政治家への事前説明や政治家のコメントの是非などに集中したが、戦後補償報道における客観性を問う事件でもあった。

指紋押捺問題 在日朝鮮人らが「外国人」

とされた1952年4月28日に制定された外国人登録法によって初めて指紋押捺義務が定められた。実施は55年4月からだったが、当初から指紋拒否がみられた。しかし、指紋押捺拒否による制度撤廃運動は1980年代に入ってからである(1980年9月、新宿区での韓宗碩の拒否が第1号)。日本政府は、登録の大量切り替え期の最中の1985年5月、指紋インクを黒から無色へ、回転指紋を平面指紋に変えるなどの手直しを行ったが、反対運動の火を消すことはできなかった。1984年12月に完成した呉徳洙監督の記録映画「指紋押捺拒否」が各地で上映された。

1987年の法改定で、切り替えごとの指紋押捺から「1回限り」の押捺に変更されるなどの処置がなされたが、事態の鎮静化には至らなかった。1992年6月の外国人登録法の改定によって、在日韓国・朝鮮人ら特別永住者および永住者については、指紋押捺制度を廃止し、署名および家族の登録にとって代わられた。

さらに、1999年8月の同法改定によって一般外国人についても廃止され、ついに2000年4月以降、外国人なるが故に指紋押捺を義務づけられた制度は幕を閉じた。しかし、外国人登録証明書の常時携帯義務や、日本人を対象とする住民基本台帳に比べて重い罰則など、いまだに多くの問題は残されたままである。とはいえ、指紋押捺制度廃止に漕ぎ着けるまでの、日本人と在日外国人の共同の闘いは、新しい地平を切り開いたといえよう。

外国人参政権 外国籍を持った住民、とくに定住者が持つ参政権の問題。

[**背景**] 在日韓国人は日本に定住しているが、一般的に日本国籍は持たず、韓国国籍を保有した韓国人である。また、在日朝鮮人の「朝鮮籍」は、日本に定住する朝鮮民族で、韓国籍も日本国籍も有しない住民が便宜的に登録されている籍である。後者は朝鮮民主主義人民共和国(北朝鮮)の支持者が大多数を占めるといわれるが、日本は北朝鮮を国家として承認していないため、日本で北朝鮮国籍を登録することはできない。日本国は憲法により「国民主権」の国家と定められており、主権者たる国民(日本国籍保有者)は主として国会議員選挙を通じて、国政に参加する権利を持つ。定住者とはいえ、外国籍を持つ住民がこれに参加する権利を持つかどうかは、憲法解釈上の困難な問題を解決しなければならない。

しかし、地方自治体の首長や議会議員の選挙など地方参政権については、こうした憲法論とは別の問題と見られる。すなわち、定住外国人といえども、地方自治体が運営する水道・道路・学校・河川管理・災害対策などの行政サービスに依拠して生活しており、納税者として日本人と差別なく、健康で文化的な生活を営むためには、みずからの意見を行政に反映させるために一定の参政権を持つことには合理性が認められる。これに加えて、在日韓国・朝鮮人の場合、日本に居住している理由は、本人またはその両親や祖父母が植民地支配による収奪や戦時の強制連行を受けたためであるケースがほとんどで、必ずしも本人の意思によらない。そのほとんどは本国に生活基盤を持たず、日本で出生した2世・3世以上の人口が現在では相当の割合を占めるに至っている。一方、日本への帰化は過去の植民地支配とずさんな戦後処理からくる感情的反発、煩瑣で不快な手続きなどから、とくに在日韓国・朝鮮人にとっては困難なものとなっている。こうした悩みを抱える人々と、生活の場としての地域において、共生していくことは今日の日本の最大の課

OECD加盟国（30ヵ国）およびロシアの外国人参政権

国名	国政選挙 選挙権	国政選挙 被選挙権	地方選挙 選挙権	地方選挙 被選挙権	国名	国政選挙 選挙権	国政選挙 被選挙権	地方選挙 選挙権	地方選挙 被選挙権
オーストラリア	△	×	△▲	△	メキシコ	不明	不明	不明	不明
オーストリア	×	×	△	△	オランダ	×	×	○	○
ベルギー	×	×	○	△	ニュージーランド	○	×	○	×
カナダ	×	×	△	×	ノルウェー	×	×	○	○
チェコ	×	×	△	不明	ポーランド	不明	不明	不明	不明
デンマーク	×	×	○	○	ポルトガル	×	×	△	△
フィンランド	×	×	○	○	韓国	×	×	○	×
フランス	×	×	△	△	ロシア	×	×	○	○
ドイツ	×	×	△	△	スロバキア	×	×	○	○
ギリシャ	×	×	△	△	スペイン	×	×	△	△
ハンガリー	×	×	○	○	スウェーデン	×	×	○	○
アイスランド	×	×	○	○	スイス	×	×	▲	▲
アイルランド			○	○	トルコ	不明	不明	不明	不明
イタリア	×	×	△	△	英国	△	△	△	△
日本	×	×	×	×	米国	×	×	▲	▲
ルクセンブルク	×	×	○	△					

○：居住または永住権取得を条件として参政権を付与　△：居住または永住権取得以外の要件を条件として付与
▲：一部地域で付与　×：付与していない。
国名が白抜きの国はG8参加国。地方選挙×印は日本のみ。田中宏氏の協力によって作成。

題の1つである。こうしたことから、とくに80年代後半以降、定住外国人、とくに在日韓国・朝鮮人に地方参政権を付与することを求める運動が日本の一部政党や民団などによって行われるようになり、地方議会や政党からもこれに呼応する動きが表れてきた。また、これと連動した在日外国人の政治参加の条件整備として、地方公務員、とくに自治体職員採用試験の受験資格における日本国籍要件、いわゆる「国籍条項」の撤廃の動きがある。以下、この2点について歴史的経緯を概説する。

[地方参政権獲得運動の展開]　皮肉なことに、解放前には「内地」の朝鮮人には「帝国臣民」として国政・地方を問わず日本人と同等の選挙権・被選挙権が付与され、ハングルによる投票も可能だった。しかし、解放後、朝鮮半島が米ソ両国に分割占領される一方、1945年12月17日の衆議院議員選挙法改正で、在日朝鮮人の選挙権・被選挙権は停止されてしまった。これに対して在日朝鮮人連盟（朝連）は1947年3月1日、「在留朝鮮同胞に選挙権および被選挙権付与の要求」決議を行ったが効果はなかった。47年5月2日の外国人登録令公布・施行し、52年4月28日のサンフランシスコ平和条約発効を経て、在日朝鮮人は日本国籍を一方的に剥奪され、「朝鮮」は国籍ではなく当座の臨時的措置の符号として決められた。

65年の日韓条約締結を経て、70年代に入ると崔昌華牧師らをはじめとする選挙権・被選挙権請求運動が繰り広げられたが社会

的には大きな影響力を持ったとはいいがたい。在日韓国・朝鮮人団体による本格的な地方参政権獲得運動の起点は1987年6月に民団が団員および各自治体に配布した第6次権益擁護要望書にあるといってよい。ここで新たに「地方自治参与」の項目が追加され、在日韓国人最大の団体である民団で地方政治への参加が正式の課題と認められることになった。しかし、いわゆる「91年協議」(「在日韓国人3世問題」参照)で超世代的な永住権獲得に忙殺される民団の活動はこの方面ではけっして活発なものではなかった。

1993年9月、大阪の岸和田市議会が全国で初めて定住外国人への地方参政権を認める決議を行い、これによって運動は大きく加速された。同年10月5日、福井地裁が定住外国人の選挙権について「憲法の許容範囲内にある」との判断を示したことはその正当性を社会的に根拠づける大きな契機となった。さらに95年1月の阪神大震災では、地域社会が国籍に関係なく居住者全員の相互協力によって成立していることを社会に広く知らせた。岸和田市議会の決議から95年3月までの約1年半ほどの間に地方議会の外国人参政権支持決議は1000件に達した(2000年3月には1460件で全自治体の44.2パーセント)。

この間、95年2月28日には最高裁が「永住者などの地方参政権付与は憲法上禁止されていない」との判断を示し、同3月2日には新進党の「定住外国人の地方参政権プロジェクト」(会長・中野寛成衆議院議員)が民団と会合。この日、同党は定住外国人の入党を認めると決定した。他方、みずからをあくまで北朝鮮の在外公民と位置づける総連は参政権付与に反発し、96年以降、これに反対している。

98年10月、民主・平和改革両党が議員立法で初の外国人地方選挙権付与法案を衆院に提出。12月には共産党が被選挙権をも含む法案を提出したが、いずれも成立には至らなかった。2000年1月、公明・自由両党が法案を提出したが、これは適用対象から「朝鮮」籍を除外するもので、野党・市民団体をはじめ、総連からも猛反発を浴びた。自民党内では慎重派の勢力も大きく、状勢は不透明だった。2000年7月、公明・保守両党は衆議院にすべての永住外国人への地方選挙権付与法案を共同提出し「朝鮮」籍除外は姿を消したがいまだ成立には至っていない。

[自治体職員国籍条項撤廃運動の展開]
自治体職員の採用は、中小の自治体では70年代から進められてきた。しかし政令指定都市をはじめとする大都市や都道府県などでは、日本国籍保持を受験資格とする制限(以下「国籍条項」と呼ぶ)の撤廃は容易に進展しなかった。こうしたなか、戦後50年という節目の年の年頭所感で、橋本大二郎高知県知事が、県職員の採用の「国籍条項」を撤廃する意向を表明し、大きな波紋を呼んだ。96年12月に外国人市民代表者会議を設置して外国人市民の意見聴取をするなどの対応を進めていた川崎市は、同年5月、消防職を除く全職種で国籍条項を撤廃している。さらに同年11月22日、白川自治大臣が地方公務員国籍条項撤廃問題については各自治体に一任するとの方針を発表するに及んで、まるで待ち受けていたかのように、全国各地で国籍条項撤廃が相次いで実施された。明けて、97年3月25日には神戸市(消防職を除く一般事務・技術職)、4月14日に高知県(一般事務・技術職。都道府県レベルで初)、さらに各地で撤廃ラッシュがつづき、98年4月24日には、沖縄県が警察官・警察事務を除く全職種で国籍条項撤廃を発表した。以上の代表

例のほか、三重県、大阪府、名古屋市、鳥取県、広島市などの自治体が国籍条項を撤廃している。

なお、公立学校教員採用の門戸開放は、1980年6月に滋賀県教育委員会が、外国人の場合は帰化を条件とするという「帰化条件」を撤廃し、81年4月には、神戸市も教員採用試験において国籍条項を撤廃している。84年には国家公務員である郵便外務職（郵便配達員）採用の国籍条項が撤廃されている。他方、2005年1月26日、最高裁は都の保健師で在日2世の鄭香均が管理職試験の受験を拒否された事件について「拒否は合憲」との判決を下した。

[将来の展望] 90年代に入ってこのように国籍条項撤廃が相次いだ背景には、多民族国家としての日本社会の一定の成熟やアジア、とくに韓国に対するイメージの改善のほかに、91年11月の特別永住制度開始があるだろう。これにより、日本側の一方的な都合で在日韓国・朝鮮人に「帰国」や国外退去を強要することは名実ともに不可能となった。わかりやすくいえば、「嫌なら帰れ」とはいえなくなったのである。日本社会が地域において多数の朝鮮民族と永続的に共生せざるをえないことが確定した以上、在日韓国・朝鮮人が多数居住する地域の自治体が彼らのなかから有能な人材を求めるのは当然の流れだった。しかし、それは地方議会についてもいえることである。外国人・他民族を含む多様な人々に開かれた住みよい地域社会の建設のための制度づくりは21世紀の日本のもっとも大きな課題の1つである。こうした事情と関連して、制度的な整合性のためにやむなく行うのだから、韓国籍の人間だけに地方参政権を与えればよいとする議論があるが、これは本末転倒の論理であろう。地域住民が国籍や民族に関係なく、互いに人間として尊重し助け合おうというのが外国人地方参政権付与の本旨であり、そのことはけっして見失われてはならない。また、地方参政権の行使は本人の意思にゆだねられているのだから、これがただちに日本国家への一方的従属や祖国への背信であるかのように主張する総連の議論も硬直的で、理性を欠いたものであると見なければならない。繰り返すが、地方参政権は、生活に必要ということから要求されているのである。なお、韓国では2005年6月、「公職選挙および不正選挙防止法」で、韓国に永住権を得て3年以上韓国に住んだ19歳以上の外国人に地方選挙権を付与した。これはアジア初の外国人地方参政権付与である。日本の報道機関は、韓国において外国人が地方選挙に投票している場を取材し、日本の読者や視聴者に提供すべきであろう。マスコミ各社に働く人々の無神経さ、怠慢さを痛感する。

21世紀に入って国際化、グローバリズムの流れはますます加速し、海外の各地に住む日本人も多くなってきているし、日本に定住する外国人も増えている。日本に定住すると、彼らは外国人であるが定住地の住民・市民である。日本が、定住外国人に地方参政権を含む、当然の権利を与えないと、海外に住む日本人こそそのしっぺ返しをこうむるであろう。

4．社会と経済の変革

金大中政権の経済構造改革　1998年2月に大統領に就任した金大中が最優先で取り組まなければならなかったのは、前年末以来の大不況、IMF危機の克服であった。「IMF危機」の項で説明されているように、当時の韓国経済の問題点はまず財政資金や短期金融に依存した不健全な金融体質であり、それに依拠した財閥の無計画な経営だった。これに、国民経済を根底で支えるべき中小企業の弱体、実体ある利潤蓄積を欠いたままでの賃金およびウォン・レートの高騰が重なり、国際的な通貨危機に敏感に影響されて、経済の破綻を来したのである。これに対して、緊急援助資金を融資したIMFは根本的な経済の構造改革を求めた。金大中はこれに応えて、野党ハンナラ党を含む国民の協力を求めつつ、IMFの管理下で上からの強権的な改革を推進した。この結果、韓国経済は1999年には10.7パーセントの高成長率を達成し、同年末には金大統領は危機の終了を宣言。IMFからの評価も高く、翌年6月の定例協議を最後にその管理体制を離れた。また、2001年8月23日にはIMF融資を完済している。以下では、この間に展開された主な諸政策を概観する。

まず金融機関については抜本的な整理・再編が進められた。98年末までに、銀行25行中16行、総合金融会社30社中18社、証券会社37社中6社が売却・清算・合併・経営改善措置などの対象とされた。さらに保険・投資信託・リース・相互信用組合・信用金庫などでも不良経営とみなされた会社がM&A（合併・買収）の対象とされた。

他方、企業、とくに財閥の経営体質改善のために進められたのは、第1に放漫経営を可能にした一族経営の克服と経営の透明化、責任の明確化であった。このため、グループ全体の連結財務諸表の公開、一族による密室的な独裁経営を可能にした会長秘書室の解体と外部監査機能強化などが進められた。また、グループ内部での相互支払い債務保証解消や不正取引是正が求められ、情実に頼った非合理な会社運営の追放がめざされ、全体的な負債比率圧縮も求められた。さらに所有と経営の分離が求められ、グループ企業の分離独立、株主に責任を負う専門経営者による経営が要求された。

これと関連して改革の最大の焦点となったのは、野放図な事業多角化の整理であった。IMFと政府のこの要求に対して、現代(ヒョンダイ)・三星(サムスン)・大宇(テウ)などの5つのトップ財閥は傘下の同業種企業の統合や資産・事業の外資への売却で対応し、三星が自動車部門をフランスのルノーに売却し、大宇自動車がクライスラー傘下になるなどの動きが見られた。しかし、合理的改革の切り札とみなされた各財閥の事業交換による整理、いわゆる「ビッグディール」（M&Aと同義）は容易に進行しなかった。この結果、たとえば大宇は連結決算で返済不可能な有利子負債の存在が明らかになって事実上経営破綻するという結末を迎えることとなった。また、逆に最大手の現代財閥は当面の基盤の強さゆえに目立った改革を行わないまま、なし崩し的に今日に至っている。

他方、これも不正な情実経営の温床となっていた公共部門に対しては徹底した規制緩和策で臨み、政府機関の整理統合による公務員数大幅削減、通信・電力事業の民営化を進めた。また、98年11月には外国人投資促進法を制定し、大幅な規制緩和を実施した。外国人土地所有の全面自由化、国

防に関する一部業種を除く投資制限全廃を敢行。さらに、99年4月には外国為替管理法を廃止して、為替取引を原則として全面的に自由化した。この結果、日本・EU諸国・米国などからの外国人投資は99年1〜10月間で前年同期比85パーセント増の100億ドルを突破した。

しかし、これらの諸政策以上に、大多数の国民にとって重大な意味を持ったのは労働政策、とくに過剰人員の整理推進であった。このために、政府は改正労働法による整理解雇制承認を当初の予定より前倒しして実施した。こうした施策の結果、金融部門では従業員の3分の1が解雇された。もっとも、これは短期的に見れば労働力配分の再編成の様相を呈した。最悪時には170万に達した失業者数は99年11月には97万にまで減少した。しかし、2000年10月頃からふたたび産業活動の鈍化、景気悪化の傾向が表れ、金大中政権はIMF危機脱出後も経済再生を最優先課題とせざるをえない状況に置かれることになった。経済構造の抜本改革は現代財閥などの抵抗で進展せず、頼みの外資も2000年以降その様相を強めた世界同時不況のなかで思うようには入ってこなかった。しかも、最後の切り札と思われたIT（情報通信技術）革命（コンピュータ通信や国際電話・衛星回線などの質的・量的拡充による社会・経済システムの世界的革新）は必ずしも不況克服の特効薬ではないことが米国や日本の例から明らかになってきている。国民に大きな負担を強いながら、2001年以降も韓国経済は不況脱出のために奮闘をつづけている。なんとかリーマンショックを乗り切り、2011年に輸出1兆ドルを達成した。

韓国ベンチャーバレー　「386世代」（30代半ば〜後半）よりも若年層（20〜30代前半）が主体となって形成している韓国コンピュータソフト産業で、ソウルを中心に釜山・大田・群山などにある。アメリカのシリコンバレーにならってベンチャーバレーといっている。1997年末のIMF危機によって、活気を呈していたソウル江南地域（漢江の南）のテヘラン路は、1999年になるとにわかに昔日の賑わいを見せはじめた。いや、かつてよりも生き生きとして文化的で積極的な雰囲気を漂わせた。若者だけにフットワークもよく、ソフトウェアの開発、インターネットサービス、特殊半導体の設計を通して、コリアン・ドリームを夢みる若者たちが集まった。江南地域ではテヘラン路だけにとどまらず、新沙洞、瑞草洞、新林洞、地方では釜山の影島区や水営区、群山市などにベンチャーバレーが形成される。1998年末、この種の企業は331にすぎなかったが、1年後には1.5倍に増え、事業規模は10倍の7兆ウォンほどになった。しかし、国内総生産（GDP）に占める割合はまだ2〜3パーセントほどにすぎず、今後ますます規模の拡大が見込まれる。ベン

ハングルは「新しく！　力強く！　第2の建国」と書いてある

チャーといわれるものの内訳は、特許新技術企業38パーセント、ベンチャー評価企業31パーセント、ベンチャーキャピタル投資企業16パーセント、R&D（研究開発）投資企業15パーセントである。産業別では、情報処理30パーセント、機械類12パーセント、電子機器12パーセント、通信装備11パーセントである。類型別では、伝統製造業36パーセント、ITサービス30パーセント、先端製造業27パーセント。また、戦略類型では、技術主導型54パーセント、市場主導型15パーセント、原価節減型が4パーセント、複合型は28パーセントとなっている。現在、40万強の人々がこの分野に働いており、30代、40代が主流だ。

東アジア自由貿易圏構想　ASEAN（東南アジア諸国連合）10ヵ国と日本・韓国・中国3ヵ国から成る自由貿易圏設置による、同地域の貿易・投資促進構想。2000年11月24〜25日の「ASEAN＋3（日・中・韓）首脳会議」で、議長国・シンガポール（ゴ・チョクトン首相）がその創設に向けた作業部会設置を提案。これに対して、中国の朱鎔基首相はASEAN首脳との会議で、中国・ASEAN間の自由貿易圏検討を提案するなど、積極的に対応。これらにもとづいて、「貿易投資促進のための作業部会」設置が決定された。これは東北アジア（それまでのいわゆる「東アジア」）と東南アジアを合わせて「東アジア」とする、21世紀に向けた新しい地域枠組みを示すものであった。その具体的な実体はここでは必ずしも明らかにはなっていない。ただし、この当時、日本で構想されていた円の国際化＝「円通貨圏構想」とこれに反対する中国の対応が構想具体化の過程で大きな対抗軸になるであろうことは明らかである。なお、この会議ではこのほか、日本と中国がASEAN各国のIT革命への対応やメコン川流域開発への対応を約束し、韓国は通貨危機予防のための早期警戒システム構築を呼びかけた。WTOを中心とするグローバル化に対する反発が途上国を中心に広がるなかで、EU（ヨーロッパ連合）、NAFTA（北米自由貿易協定）の東アジア版ともいうべきこうした自由貿易圏構想の持つ意味は大きい。これによって、市場規模の拡大や貿易創出効果、産業構造調整の加速などの効果が期待できる。とくに日本と韓国の場合には、その文化的共通性を軸にして比較的容易にこうした連係を結ぶことができる。しかも、地理的に中国・台湾・ロシア・日本の交差点にある韓国がこの構想において占める役割はきわめて大きい。また、これによって、国際経済における日本や韓国をはじめとする東・東南アジア諸国は米国、カナダやヨーロッパに匹敵する発言権を得ることも可能である。反対に、これがうまくいかなかった場合、通商交渉・規格基準は不安定になり、域内の人材交流もスムーズには進まず、技術の発展も北米やヨーロッパに大きく立ち遅れることが考えられる。さらに、域内共通通貨が成立していないことは各国に為替差損を強い、21世紀における地球規模の競争で不利な立場をもたらすだろう。東アジア自由貿易圏をAPEC、さらにはWTOのシステムと連動させていくことによって、公正で安定した国際貿易、競争の条件を整えることが可能なのであり、そこで日本と韓国が果たす役割が大いに期待されている。2002年10月24日、韓国は初のFTA（自由貿易協定）を南米チリとの間で締結している。さらに、2014年7月現在ではインド、ペルー、シンガポール、米国、EUなどと締結している。

北朝鮮特需　1998年の金大中政権発足後、北朝鮮への融和政策によって、韓国経済の

北朝鮮への進出が進んだ。2004年現在、韓国と北朝鮮の貿易規模は約7億ドル程度。2000年当時の倍に迫る伸びを示している。加えて人の行き来も急速に進み、金大中政権以前は1000人規模に至らなかったのに、現在では20万人程度にまで急増している。「北朝鮮特需」の背景には、「敵性国家」であるのに、政府のこれまでにない積極的な後押しがあること、加えて同民族なので言葉の障壁がない、人件費が韓国の15分の1程度、不良品の発生率が3パーセント未満で労働力の質が良い、運搬コストが安いなどの利点がある。しかし、北朝鮮では行動の自由が制限されているほか、電力・通信・道路・港湾などのインフラが未整備であるという難点がある。2002年当時の主な投資先として、羅津・先鋒（LGのホタテ貝養殖）、新浦（韓国電力と韓国通信の軽水炉建設支援）、平壌（大宇の衣料・カバン製造、LGのテレビ組立、三星（サムスン）のテレビ組立）、通川（現代の軽工業団地造成）、南浦（三星の電子工業団地造成計画）、金剛山（現代の観光事業）、開城（現代の軽工業団地の造成）など。中小企業の進出も活発で、広告代理店などでは一部に北朝鮮キャラクターを使いだしているところもある。しかし、北朝鮮は市場としては有望でも、市場経済の論理が通用し、収益につながるにはまだまだ時間がかかるとみて警戒する向きも多い。

日本の大衆文化解禁　日本は植民地時代、朝鮮民族独自の文化を極力抑圧し、果ては絶滅させようとはかり、それに代えて日本文化を注入して、朝鮮人を「皇国臣民」に改造するよう努めた。映画や演劇、歌謡曲、軍歌などだれにでも理解できる大衆文化は、意図するとせざるとにかかわらず広範な朝鮮民衆に日本への好意を抱かせる装置として機能した。戦時中の国策宣伝映画はその代表で、戦意高揚の役割を果たした。このため、1948年の建国以来、歴代の大韓民国政府は一貫して日本の大衆文化が韓国に流入するのを原則として禁止する方針をとった。上演法などの法律、貿易規制により、日本映画の一般公開や歌謡曲など大衆音楽のコンサートはもちろん、AV（オーディオ・ビジュアル）、ゲームソフトやマン

日本の大衆文化開放策の骨子

第1次 1998年10月発表
- 映画　　4大国際映画祭受賞作に限って劇場上映可
- 出版　　日本語の漫画出版物・漫画雑誌

第2次 1999年9月発表
- 映画　　約70の国際映画祭の受賞作に上映範囲拡大
- 歌謡　　2000席以下の室内に限って日本語公演可

第3次 2000年6月発表
- 映画　　18歳未満鑑賞不可作品を除いて上映可
- 歌謡　　公演は全面開放（日本語CD販売は不可）
- アニメ　国際映画祭受賞作に限って劇場上映可
- 放送　　報道、スポーツ、ドキュメンタリー放映可
- ゲーム　パソコン用・事業用ソフト日本語版輸入可

第4次 2004年1月～実施
- 映画　　全面解禁
- 歌謡　　レコード、CD、テープの販売可
- 放送　　全面解禁

ガなどの輸入も原則として禁止され、大多数の韓国人は日本文化や日本語になじむことができないよう制度が整えられた。ところがこの禁止・規制をよそに、第2次大戦後に主として米国の影響下で独自に高度な発展を遂げた日本の映画、歌謡曲、ロックミュージック、マンガ、アニメーション、そしてゲームソフトが海賊版でひそかに続々と韓国に流入していたのである。これら（とくにロック、マンガ、アニメ、ゲーム）は90年代以降、インターネットと衛星放送の普及にともなう情報障壁の崩壊によってその流入が加速された。1995年の韓国政府の世論調査で国民の8割以上が、表向きには日本の大衆文化開放に否定的な回答を出すという動きもあった。しかし、とくに97年以降、IMF事態で弱り目にたたり目の韓国政府は対抗策も取れず、日本文化の規制は有名無実となった。

　金大中大統領の訪日後間もない98年10月20日、韓国の申楽均文化観光相が日本文化開放の方針を発表。映画、マンガ、ビデオを段階的に解禁するとし、映画についてはカンヌ、ベネチア、ベルリンなどの映画祭の受賞作などから解禁していくとした。これにもとづいて、同月27日、日韓合作映画「愛の黙示録」の輸入が許可された。これに代表されるように、日本映画の受け入れは順調に進められ、同年のカンヌ映画祭でグランプリを受賞した北野武監督の「HANA-BI」が12月5日に封切られた。さらにマンガや歌謡曲、国際的評価の高いアニメなどが解禁されている。

　しかし許可の対象になった作品への客足は、全体的に伸び悩んだ。日本の青少年に人気のある作品は、芸術的に一定の質を保っているものの、濃厚な性・暴力・感情表現などによって観客に生理的不快感を与えるものであり、ここに歴史的問題とは別に、韓国側が全面解放をためらう隠れた理由があった。すなわち、こうした作品が与える刺激にはある種の依存性があり、青少年の発達を歪めるとともに、それらの刺激から離れられなくする作用があり、これが「人気」の基礎的な条件となっていると考えられた。さらに韓国側の作品にも、商業的成功を狙って、日本作品のこうした傾向を模倣しようとするものが見られた。これは韓国社会の道徳秩序に対する大きな脅威であった。

　2000年にはソウルの有名大学生が、「無視されて、プライドが傷ついた」として、眠っている両親を殺害し、遺体を戸外に遺棄するという事件が起きた。礼節の国として知られた儒教国家・韓国にも高度成長後に特有の社会病理が蔓延しつつあることをうかがわせた。

　2004年1月1日に実施された第4次開放では、映画・歌謡・放送の各分野でほぼ全面開放に踏み切った。これにより、韓国政府は「低俗で幼稚」な作品を含めた日本文化の全面開放を余儀なくされることになったが、その影響は未知数である。

　この問題でもっとも深刻なのは日韓文化交流、文化の自由往来のためと称するこの政策が事実上、日本文化の韓国への一方的な流入という結果を生んでいることである。もちろん韓国側でも意識のある人たちによる民族文化の復興運動、国際的評価の高い映画などが登場しつつあり、植民地時代のような「日本化」の悲劇はまずありえないだろう。しかし当事者たちの意図とかかわりなく日本による文化帝国主義的侵略の様相を呈していることも事実である。韓国側のクリエイターのいっそうの奮起とともに、日本でも韓国の大衆文化への理解や関心をより普及させる努力が必要だとする意見がある。1999年には韓国を訪れた日本

人観光客数は200万人を突破し、2000年には270万人以上を記録した(2011年末現在で、350万前後と推定されている)。「韓流」ブームと円高によってこの流れはさらに強まるものと見られている。長らくハワイが独占してきた日本人の海外渡航先のトップとなった。しかし、2013年に入り円安、ウォン高や日韓関係の悪化により急減している。

「新しい歴史教科書」問題　1982年の歴史教科書問題を契機として、日本の教科書検定基準には「近隣諸国への配慮を求める条項」が追加され、日本はかつて植民地支配や戦争を通じて日本による被害をこうむった国々と歴史認識を共有するための第1歩を踏み出した。しかし、そのようなことは不要、あるいは国民国家として不健全と考える保守派の反発は根強かった。一方で、

戦争体験の風化や青少年の歴史離れが進み、過去に日本が犯した過ちを、高度成長後の豊かさのなかで育った新しい世代にどう教えればよいかについては、現場教員にとって非常に困難な課題となっていた。90年代に台頭した「自由主義史観」は本質的には安易な日本賛美によりかかろうとするものにすぎなかったが、平和教育に行き詰まった一部の教員を引きつけ、大きな勢力となった。東大教授の藤岡信勝は97年度から使用が開始される7社の中学校歴史教科書すべてに従軍慰安婦の記述が掲載されたことに反発し、ドイツ文学者の西尾幹二や評論家の西部邁、漫画家の小林よしのりらとともに、97年1月「新しい歴史教科書をつくる会」(以下、「つくる会」と略称)を任意団体として発足させ、その理念に合った教科書の制作に向かった。しかし、左翼と同時に伝統的な極右をも批判して、リ

金景錫(右)と李熙子(左)は内閣府を通じ、日本政府に「靖国合祀取り消し」申請書を提出(2001年8月14日)

ベラルな態度を打ち出していた藤岡に対して、西尾や西部は旧来型右翼の色彩が強い思想家であった。その強い影響の下で、「新しい歴史教科書をつくる会」は、かつて藤岡が批判した「大東亜戦争肯定史観」と似た極右的色彩を帯びていった。戦時中の日本の特攻作戦を賛美した小林よしのりの『戦争論』、朝鮮や中国を救いがたいいじめられっ子にたとえて、日本の韓国併合を正当化した西尾幹二の『国民の歴史』はその端的な例だった。しかし、これらはその内容の目新しさや刺激の強さから若者を中心に日本の大衆の一部を獲得し、いずれもベストセラーになった。とくに長期不況に悩まされるなかでは、かつての軍事的・物質的栄光の賛美は日本人にとってはわかりやすい慰安・娯楽となったのである。しかし、当然のことながら、現実の歴史においてその「栄光」の陰で苦しめられてきたアジア諸国にとって、日本社会に生じたこの風潮は日本の無反省、侵略主義復活の可能性を示すものだった。「つくる会」が本当に教科書を作成し、2000年に実施された政府の教科書検定にかけると、これはたんなる社会風俗の問題ではなく、日本の平和主義の国際公約にかかわる外交問題、ひいては安全保障にも及ぶ問題となった。

2001年2月28日、韓昇洙外交通商相が駐韓日本大使を招き、韓国政府が問題の教科書について懸念を抱いていることを伝えた。3月1日、日本側の河野外相は記者会見で「教科書検定では近隣諸国への配慮も必要」との認識を表明し、以後の外務省の立場を代表したが、当事者である文部科学省はこれとまったく相反する行動をとることになる。同日、町村文部科学相は記者会見で「教科書合否の公表を前倒しの方向」と表明。4月3日、文部科学省は「新しい歴史教科書」が文部科学省による137ヵ所の修正すべてに応じて検定を通過したことを発表した。さらに、「つくる会」はもとより、それ以外の7社の教科書のうち4社が従軍慰安婦問題を記述していないことが明らかになった。しかも、「つくる会」が受けた修正のなかには韓国併合をはじめとする戦前日本の対アジア政策を侵略行為と明示することは含まれていなかった。韓国政府が期待していたのはそのような教科書は検定を通過させないことであったから、強い反発は必至だった。4月11日、金大統領はみずから歴史教科書修正の要望を表明し、事態はいよいよ政治問題化の様相を強めた。4月16日、河野外相は、公明党の遠藤乙彦国際委員長を通じて、金大統領に親書を送り、歴史問題について日本政府の立場は98年の日韓共同宣言のそれと変わらないとの立場を表明。これはサンフランシスコ条約以来重ねられてきた、日本は過去の行動を反省し、国際平和を侵害しないという国際公約を政府レベルでは守りつづけると主張するものだったが、説得力をもたなかった。そのことは、4月19日に教科書問題で駐日韓国大使が河野外相に「日本は誠意ある措置をとる」よう求めたことに明らかだった。しかもこの最中に成立した新内閣の首相・小泉純一郎は8月15日に東条英機らA級戦犯が合祀されている靖国神社に参拝するつもりだと公言してはばからなかった。以後、韓国・中国は教科書問題と並行して、小泉首相の靖国神社参拝中止を要求していくことになる。

5月1日、アジア事情にうとい田中新外相は教科書問題の軟着陸に努力すると表明したが、韓国の要求を内政干渉とみなす文部科学省の対応はきわめて消極的だった。

5月2日、韓国は教科書修正を求める外交文書を日本へ送付。小泉首相は公明党の冬芝鉄三幹事長を通じて、金大統領に親書

を送り、河野前外相同様、歴史問題について日本政府の立場は98年の日韓共同宣言のそれと変わらないとの立場を表明したが、韓国政府はまったく納得しなかった。5月8日、韓昇洙外交通商相はついに具体的な教科書修正を求める要望書を寺田輝介駐韓大使に手渡した（35ヵ所。うち25ヵ所が「つくる会」の教科書に対するもの）。翌日には韓国国防部が教科書問題を理由に、日韓海上救難訓練延期を発表、要求貫徹の強い決意を示した。さらに5月17日には中国が教科書問題や小泉首相の靖国参拝への反対などで韓国と共同歩調をとるとの立場を表明した。ところが7月9日の日本政府の回答は、韓国・中国からの修正要求について、2ヵ所のみ訂正とするもので、しかももっとも問題とされた韓国併合、太平洋戦争に関する肯定的評価や事実隠蔽・歪曲についてはまったく是正されず、韓国側の怒りは頂点に達した。同日、駐日韓国大使は川島外務次官との会談で、教科書問題でこの回答に抗議。さらに7月12日、韓国政府は教科書問題における日本政府の対応に抗議して日韓防衛協力と日本大衆文化開放の停止、日韓教師・学生間交流の見直しを発表。翌日には、忠清北道で日本製品不買運動が開始されるなど、地方自治体・民間レベルでの抗議行動や日韓交流中止の動きが活発化した。しかしあくまで韓国からの要求を拒絶する日本の態度は変わらず、日韓関係の根本的悪化や民間の対日抗議行動の過激化への懸念もあって、8月2日、韓国の省庁間会議で、教科書問題での過剰反応を戒めることで一致。金大統領は8月15日の光復節の式典で、教科書問題について、日本には前向きな対応を、韓国国民には冷静な行動を求めた。8月16日の日本の新聞各紙の教科書採択結果報道によると、全国542のうち、「新しい歴史教科書」を採択したのは国立・市区町村立ではゼロであった（採用は私立中学6、都立養護学校2と病院内分教室1、愛媛県の養護学校2とろうあ学校2）。このことは日本の教育界の一応の良識を示し、以後対日抗議行動は韓国の官民ともに沈静化に向かった。

なお、これとともに問題視されていた小泉首相の靖国神社参拝は8月13日に実行された。8月15日という象徴的な日でこそなかったが、韓国・中国はこれに強く反発した。しかし、かねてから「韓国や中国には理解を求めたい」としていた小泉は念願の参拝を果たすと、一転して反省と謝罪の姿勢に転じた。参拝直後の8月15日の演説ではアジア諸国の被害者に対して型どおりの反省の意を表明。さらに10月15日には日帰りで訪韓し、政治犯が投獄されたことで知られる西大門刑務所跡を訪問するとともに、植民地支配が韓国の国民に「多大な損害と苦痛」を与えたことへの反省と謝罪の意を表明した。しかし、教科書問題ではほとんど具体的な対応をせず、靖国参拝で自己満足した後の「謝罪」はリアリティーを欠くものだった。訪韓の際に謝罪の意を示すことがあらかじめ表明されていたにもかかわらず、同日、ソウル市内14ヵ所で訪韓反対の抗議デモが行われた。10月20日には上海で小泉首相と金大統領の会談がなされ、歴史教科書に関する両国専門家による研究機関の早期設立、靖国神社に代わる参拝場所を検討する日本政府懇談会の年内設立などで合意した。しかし、小泉首相は2002〜05年にかけて毎年靖国神社に参拝し、その都度韓国は反発を示した。これは対北朝鮮政策の違いとともに、日本と韓国の間に軋轢を生じる原因になり、竹島（独島）問題がこれに拍車をかけた。なお、小泉首相の靖国参拝については05年9月30日に大阪高裁が違憲判決を出している。

なお、この問題に関する韓国・中国以外の動きとしては、2001年5月7日に北朝鮮の教育省スポークスマンが「歪曲教科書の修正」とこれを通過させたことについての国際社会への謝罪を要求するとの談話を発表している。また、同年7月18日、パウエル米国務長官がローマでのG8（主要8ヵ国）外相会議後の会見で「対北朝鮮政策共同歩調のためにも日韓教科書問題解決を期待する」と語った。

北方4島サンマ漁問題　21世紀に入った今日、世界的に水産資源の枯渇が懸念されており、漁獲量の抑制、養殖の奨励はもちろんのこと、ラディカルな立場からは消費の抑制さえ求められている。20世紀、とくに戦後の高度成長期以降、大型トロール（底引き網）漁船をはじめとする機械化漁業の乱獲によって、現在の危機を招いたのは、東アジアにおいてはほかならぬ日本であった。自然環境をめぐる問題では、経済力の強い者の責任が大きくならざるをえず、漁業問題も例外ではなかったのである。80～90年代にかけて、社会的な成熟や天然資源の有限性の認識の広まりなどによって、海洋生物の乱獲を批判する声が日本でも高まった。たとえば、特定の水域内にいる海洋生物を根こそぎにしてしまうトロール漁への批判が強まった。日韓新漁業協定の交渉に際して、日本側が韓国漁船のトロール漁をきびしく批判したのはこのためであり、自然科学的には日本側がまったく正論であった。しかし、歴史的に見れば、日本側がこのように東海（日本海）における両国の漁獲許容量を比較的低い水準に抑えようとするのは、韓国にとってはまったく納得できないことであった。植民地時代、資金面で優越し近代技術で武装した日本漁船によって、朝鮮の漁民はその活動の場を近海漁業に限定され、似たような状況は戦後の韓国でも長くつづいた。しかし70～80年代にかけて高度成長を達成するなかで、韓国漁民も東南アジアや南太平洋での出稼ぎ的な活動で資金や最新設備を蓄積していった。そして、いよいよ祖国の人々に心ゆくまで水産物を提供できる条件が整った段階で、すでに韓国人が利用できる水産資源は多くないと宣告されたのである。しかし、いまさら日本を糾弾しても何の解決にもならない問題であり、多数の漁民が廃業するなどの深刻な犠牲を払いながらも、日本と協調して過剰な漁獲を自粛することになった。

　この結果、高度成長下で豊かさに慣れた国民の食欲を満たすために、より広く漁場を求めることが韓国政府の切実な課題となった。韓国はその漁場をオホーツク海方面に求めた。交渉の結果、2000年12月、韓国とロシアは日本が領有権を主張している北方4島周辺水域で7～11月にかけて韓国にサンマ1万5000トンの漁獲枠を与えることに合意した。ところが6月19日、日本の農林水産省は、韓国政府の求めてきた三陸沖での韓国船のサンマ漁を認めない方針を表明した。韓ロの合意は北方4島を固有の領土とする日本政府の方針に抵触するというのである。これに対し翌20日、韓国の外交通商部は遺憾の意を表明。25日、韓昇洙外交通商相は駐韓大使と会談したが、この問題で日韓双方が互いに抗議して物別れに終わった。同日、韓国海洋水産相は、日本大使館に「日韓民間漁業協議の延期」を通告、その翌日には北方4島水域でのサンマ漁の入漁料で韓ロは合意した。7月2～20日にかけて、サンマ漁問題をめぐる日韓実務協議が断続的に開催されたが、妥結には至らなかった。この間、14日には、北方4島の日本主権を認めればサンマ漁許可、との日本提案に韓国が難色を示

した。韓国側は特定の領域を実効支配している国の許可があればよいという論理だったが、国策として戦後一貫して北方4島返還を追求してきた日本側はいかなる妥協もしなかった。承認すれば、ロシアから日本が北方4島を放棄した証拠とされる可能性を恐れたのがその一因と思われる。8月1日、日本を説得するのを断念した韓国海洋水産部は、韓国漁船が北方4島周辺水域での操業開始と発表。日本側の田中外相は、これに対しサンマ漁で韓ロ両国に即日抗議する談話を発表した。8月2日、韓国海洋水産部は「北方4島周辺水域での操業は日本の主権を損なうものではない」と表明したが、日本はこの見解に同意しなかった。さらに10月に入って事態は急転した。日本のマスコミの報道によって、9月の段階で日ロ両国が韓国の北方4島での操業を認めない方針で合意していたことが明らかとなったのである。これにより、金大中政権は見通しの甘さをきびしく追求されることになった。ロシアはこれに代替する漁場を韓国に提供する意向を示しているが、問題は解決に至っていない。

2002年W杯日韓共同開催　1996年5月31日、スイスのチューリッヒで、FIFA（国際サッカー連盟）が主宰するワールドカップが2002年6月、韓国と日本の大都市で開催されることが決定された。この当時、韓国は金泳三政権下だったが、大統領は共催に対して「韓日両国の友好協力関係を一段と堅固にするだろう」と、前向きな姿勢をみせたものの、国民の大半が韓国での単独開催が当然とみていただけに、国民をどう説得するかが問題だった。一方、日本もまたよく似た事情を抱えていた。元首相の宮沢喜一をワールドカップ招致国会議員連盟会長に据え、必勝を期していただけに、共

橋本首相と金泳三大統領の晩餐会での料理
（1996年6月23日）

催決定のショックは隠せなかった。しかし、日韓がともに激しい招致合戦を行ってきた結果、その名称や試合の割り振りにも駆け引きがつづき、名称はKorea-Japanとし、決勝戦は日本で開くことで譲り合った。結果として共催はイベントとして成功を収めただけでなく、韓国が4位（ワールドカップ史上、アジア最高）、日本も初の決勝リーグ進出という成績を収めるなど、両国のサッカー自体の実力の向上も示した。また日韓の選手、応援団の交流を通じて両国の長年にわたるさまざまなわだかまりや、しこりがほぐれつつあることが実感された。

全国労組代表者会議（全労代）　韓国労働運動のなかで、いわゆる民主労組を標榜してきた労働団体、すなわち製造業中心の全国労働組合協議会（全労協）、事務職中心で構成されている全国業種労働組合会議（業種会議）、および現代グループ労組総連合（現総連）など大工場労組などから構成された全国的労働組織。93年6月1日に結成大会が開かれて発足した。同年4月、韓国労総が使用者側の組織・韓国経営者総協議会

（経総）と賃上げガイドラインで合意したのを、不当な妥協であると反発した民主労組系組合が結集したものである。この結成大会で代表者会議は、「労働者の生存権確保と労働法の改正、雇用安定など、民主労組の当面する課題について共同で対処しつつ、民主労組の総団結のための新たな組織形成をはかるよう努力する」とし、財閥企業トップの財産公開、大企業の族閥体制解体、解雇者の復職など、当面の課題実現に総力を傾けることを決議、翌年3月には、参加各組合に韓国労総加盟費納入拒否・脱退を呼びかけ、95年の民主労総結成でも中心的な役割を果たした。

97年の労働法改正　1996年12月26日、韓国国会は安企部法・労働関係法の改正案を与党新韓国党単独で可決した。このうち、労働関係法案はそれまで禁止されていた企業内複数労組を将来承認すること（御用組合支配の後退）と引き換えに、週12時間以内の時間外手当なしの残業、整理解雇制（経営悪化を理由とする解雇。それまでは正当な解雇理由として明文化されていなかった）、争議期間中の代替労務員雇用などを使用者側に認めるものだった。これに対して労組側は強く反発。同日午後から民主労総系の、蔚山市の現代グループ8社の労組がストに突入した。韓国労総系労組もストに入った。その参加者数は、翌97年1月には72万人に達し、韓国史上最大規模のストライキとなった。またOECD（経済協力開発機構）も不満を表明するなど、改正内容は海外からも批判された。与野党の協議の結果、3月11日、複数労組制の即時承認（指導組織レベル。企業には個別に5年の実施猶予）を盛り込んだ再改正案が可決された。

全国民主労働組合総連盟（民主労総）
1995年に結成された民主労組史上初の本格的連合体。韓国における労組の連合体には朴正煕政権時代に結成された単産労組連合体・韓国労総があったが、これは政府の労働政策を側面から支持する御用組合団体の性格が強かった。徹底して労働者の権利を擁護することをめざす民主労組運動の側は、80年代後半以降、全国労運協、全労協などを結成して、結束の動きを強めた。しかし盧泰愚政権はこれに対して弾圧を強化することで臨んだ。93年2月に発足した金泳三政権は、「新韓国」の創造のために「苦痛を分かち合う」ことを訴え、賃上げ自粛を求めた。93年4月、韓国労総は、財界団体・韓国経営者総協議会（経総）と賃上げガイドラインで合意。これに対する反発を契機として、6月、全労協など民主労組関係団体4者によって全国労組代表者会議（全労代）が結成された。翌94年3月、韓国労総がふたたび経総と賃上げガイドラインで合意すると、全労代は参加各組合に対して、韓国労総への加盟費納入拒否、韓国労総脱退を呼びかけた。これに対して、4月にかけて、多数の組合が韓国労総から脱退。さらに6月、民主労組運動への合流を表明している国鉄・地下鉄労働者がストに突入。政府は機動隊を投入して実力で弾圧を行い、ここに政府・韓国労総と民主労組運動の対立は決定的となった。11月12日、ソウルの慶煕大で全国労働者大会が開催され、民主労総建設準備委員会結成と95年中の民主労総発足が宣言された。危機感を抱いた韓国労総・財界・政府は結成を中止させるため、民主労組懐柔を図った。韓国労総は民主労総との合同を呼びかけ、財界団体は「労使協力」を訴えた。政府は「95年賃金研究会」を設置して、賃上げ抑制方針を貫徹させるべく、介入をつづけた。しかし、

結成を止めることはできず、95年11月11日、延世大学で民主労総の創立代議員大会が開催された。861の労組、総勢42万名が正式加盟を表明。言論労組協議会議長・権永吉を初代委員長に選出した。1999年11月23日、韓国労働部は民主労総を合法的な団体と認定したと発表した。

延世大学籠城事件　1997年8月、韓国の延世大学で起きた学生の籠城事件。韓国大学総学生連合（韓総連）は13日からソウルで開催する予定だった祖国統一汎民族青年学生連合主催の統一大祝典に北朝鮮代表を招くため、学生2名を平壌に派遣。さらにこの2名を迎え入れるため、14日未明から延世大で統一大祝典を強行した。このため、機動隊が構内に入り、学生を強制的に解散させようとした。これに反発した一部の学生が大学内に立てこもったが、20日には排除された。この過程で、19日までに2300名以上の学生が警察に連行され、20日早朝の籠城学生強制排除では約2000名が警察に連行されたという。これは韓国学生運動史上最大の規模の連行者数であった。この後、444名が拘束起訴された（この人数も史上最大）。10月30日、このうち110名にソウル地裁で有罪判決が出され、なかでも51名には懲役8ヵ月から3年に及ぶ実刑判決が出された。

韓国大学総学生連合（韓総連）　韓国の急進的な学生の横断的な学生運動体。韓国社会の民主化の一翼を担ってきた全大協（全国大学生代表者協議会）は、90年代に入り、政治闘争一辺倒だったそれまでのやり方では、変容する新しい学生たちの要求に応えられないと認識し、発展的解消の後、93年4月に韓総連を結成した。これは一般学生を広範に網羅することをめざしたものだったが、主流は従来の全大協につながるグループが掌握した。97年6月の過激街頭デモで、死傷者が出た後、一般学生および社会からのきびしい批判を受け、急激に勢力を失ったまま、今日に至っている。

韓国NGO　NGOとはNon Governmental Organization（非政府団体）の略で、広義には政府や政党、企業以外で社会問題の解決、環境や社会的弱者の保護などのために運動する団体一般を指し、NPO（非営利団体）とほぼ同義である。その特徴はまず、政府から独立して、継続的・自発的に社会活動を行うところにある。また、活動は非営利目的であり、あくまで援助・保護の対象の利益を追求するとともに、広く公共の利益を実現しようとする。すなわち、原点となる価値基準が政府や企業はもちろん、政党一般とも異なっているところに最大の特徴がある。代表的なものとしては、環境保護団体「グリーンピース」、戦場・紛争地域で医療活動を行っている「国境なき医師団」などがある。

　韓国の場合、民主化にともなって1989年、企業運営の透明性や財閥改革を求めて経済正義実践市民連合（経実連）が結成され、これが政治的な発言力を持つNGOの第1号となった。97年からの通貨危機の下では各団体が結集して失業者救済運動を行った。1999年の調査では、本部組織だけで6159のNGOが確認されている。独裁政権時代に反政府活動をした在野団体リーダーや、30代で80年代に学生運動をした「386世代」、またはそれよりもやや年長の弁護士や学者らが主な担い手となっている。韓国の代表的なNGOとしては、情報公開・国政監査をめざし、落選運動の主な担い手ともなった「参与連帯」のほか、駐韓米軍犯罪根絶・韓米行政協定改正をめざす運

動、公害反対・環境保護運動も活発である。日本のNGOとの交流も盛んで、環境保護運動の交流には今日まで10年以上の歴史があり、従軍慰安婦問題や在韓被爆者援護など植民地支配責任を問うNGOでも連帯がある。98年に韓国NGOが音頭をとった地球規模の「断食デー」に参加した団体を中心に、99年には東京に韓国NGOを招いて北朝鮮人道支援フォーラムが開かれた。

韓国のNGOは行政に直接接触して積極的に政策を提言していくという、疑似政党的な特徴がある。これは近年の日本のNGOと行政が互いに歩み寄り、現実的な成果の挙がる活動に市民も直接参加していこうとするのに似ているが、これは成立した事情が逆であり、本質的に性格が異なる。日本の場合は市民と行政が互いに対立点を探し出そうとするのをやめたということであり、草の根的な生活防衛意識が従来の社会主義を機軸とした運動にとって代わったという側面が強い。これは戦後日本社会における戦闘的社会主義の挫折をも意味していた。

これに対して、韓国の場合にはとくに60〜80年代に軍事政権下で、市民の政治活動に対する政府のしめつけが徹底してなされたことが根本的な背景となっている。このため、人々の社会・経済的要求は今日のNGOの前身をなす在野の各種社会団体（いわゆる市民団体のこと）を通じて表現されるしかなかった。このため、それらの社会団体は環境保護団体や女性の人権運動団体であっても、体制の変革を第1の目標として掲げた。さらに民主化の進展で、合法の範囲内で、地下に潜んでいた活動が容認されるようになると、体制変革こそ目標とされなくなったが、行きがかり上、これらの団体は市民の要望を一身に受けとめ、代弁しなければならなくなった。このため、社会問題全般を扱う、あたかもデパートのような運動体（経実連はその例）が生まれ、そうでない団体も政策レベルまで積極的に踏み込んだ代案提示活動に力を注いだ。こうして疑似政党的な社会団体が発展成長して形成された韓国のNGOは自分で政策を立案し、これをできるだけ直接実行に移そうとする傾向を色濃く持ったと考えられる。韓国のNGOが日本のものより積極的かつ能動的で、活力あるように見えるのは、その民族的性格もさることながら、成立事情や社会的位置が大きく影響している。

他方で93年以降、政府側にも大きな変化が生じた。かつての民主化運動の指導者による文民政権の成立である。しかし、議会にも、軍・官僚・財界にも基盤を持っていない彼らはNGOにパートナーを求めた。NGO側もこれに呼応して、その活動はますます実社会に直接コミットする様相を示した。たとえば参与連帯と環境運動連合が共同出資しているカフェレストラン「ヌティナム（けやき）」は、毎月200万ウォン（約20万円）の黒字を出している。

これは、彼らが合理的な企業経営によって利潤を挙げることをイデオロギー的に悪とみなす硬直的な姿勢には立っていないことを物語っている。また、韓国政府は99年以降、NGO支援に多額の予算を拠出するようになった。

近年、NGOは国際社会にますます強い影響力を及ぼすようになっている。いまやNGOは立法・行政・司法・マスコミにつづく「第5の権力」であり、その職員は政府や企業の幹部に次ぐ「第3のエリート」ともいわれている。そこから政治家や高級官僚に転身するケースも少なくない。高齢化社会での地域のお年寄りの介護から国際的な地域紛争や環境汚染まで、21世紀には一国の政府や企業などが単独で解決するには

むずかしい問題がますます深刻になるであろう。そのなかで、一方では国境や国益に制約されることが少なく、他方では小回りがきき、きめ細かいケアが可能なNGOが占める役割はますます大きくなるであろう。とくに韓国ではそういえる。

韓米地位協定改正運動　解放後、一貫して韓国に駐留してきた米軍は確かに北朝鮮を最前衛とする東側に対抗する、韓国民にとって頼もしい防壁であり、基地の周辺に居住していない住民にとっては駐留自体のマイナス面について見聞きしても、必要悪とみなしがちである。しかし、基地周辺の住民にとっては、往々にして韓国人を蔑視し、軍務のストレスを韓国人をいじめて発散したり、有害廃棄物を垂れ流したり、騒音をまき散らし、あげくは爆発や飛行機の墜落事故さえ起こしかねないし、外国軍の基地が身近にあるというだけで耐えがたいことである。できることなら撤去を、それが不可能であれば、犯罪を犯した軍人の厳格な処罰や廃棄物の適正処理、騒音対策を求めるのは住民としては当然の権利である。しかし、自国民が米軍の行動を妨害することを好まない歴代軍事政権のもとで、周辺住民の要求は封じ込められてきた。とくに、駐韓米軍が韓国民に不法行為をなさないように制定されたはずの韓米地位協定（1966年7月9日制定）は実際には、米兵が韓国人に対して犯した犯罪は米軍が米国の法律によって裁くという事実上の治外法権を定めたものであった。これに対しては当初から反対意見があった。たとえば行政協定締結数ヵ月前にソウルで締結反対の単独デモを行った人物が、警察に逮捕されている。このような状況が克服され、不平等な地位協定の改正運動が本格的に展開されるようになったのは冷戦終結後、さらにいえば1993年の金泳三文民政権成立以降のことであった。そのもっとも代表的な運動団体は「駐韓米軍犯罪根絶運動本部」で、1993年10月26日に設立された。駐韓米軍の各種犯罪と弊害を調査して、根絶対策をつくり、

在韓米軍の犯罪を抗議する民衆（2000年10月）

韓米地位協定など不平等な韓米間の制度を改善することを目的としている。主な活動としては、米軍犯罪申告センター（1994年4月設立）による被害者相談・法律支援、米軍基地実態調査、そして地位協定改正運動である。韓国NGOの項で述べたように、韓国のNGOの特徴に積極的に政策を立て、提案していくところにある。この「運動本部」の場合も95年12月に韓米地位協定改正案を発表している。2000年12月には韓国政府と米軍との間で地位協定改正が妥結したが、殺人など重罪犯の韓国側への優先的な引き渡しなどを定めたにすぎず、治外法権の撤廃を求める運動側の要求とはほど遠く、強い不満が表明された。米軍基地の横暴を根絶しようとする在韓米軍周辺基地住民の運動は協定改正後もなお継続している。

在外朝鮮族（韓族）　朝鮮半島以外に居住する朝鮮民族。現在およそ700万以上にのぼると見られる。主な地域として、中国満州地方に350万、日本に100万（帰化者を含む）、米国に150万、ロシアに50万の朝鮮民族が暮らしている。韓国は高度経済成長を達成し、先進国に準ずる地位を得て、日本同様「国際化社会」への道を進みつつある。そのなかで、南北といういわば閉ざされた関係にとどまらず、世界に広く散らばった朝鮮族と手を取り合って、民族の新しい未来を切り拓いていこうとしている。そのような動きは冷戦終結後、とくに民間レベルで、柔軟な考え方を持った若い世代に顕著である。ビジネスに、あるいはボランティアにと、幅広い領域で活動がなされている。以下、新時代に大きな役割を果たすと思われる代表的な在外朝鮮族について、日本を除いて概観する。

[中国満州]　朝鮮と清の国境地帯は両国とも長い間定住を禁じていた。朝鮮側では満州族と結託した集団が発生し、政権を揺るがすことを恐れたからである。清朝側では満州地方は清朝発祥の聖地であったから、「禁封の地」としてきた。しかし、19世紀末に入り、朝鮮・清朝ともに権力が弱体化し、それと同時に秩序が紊乱すると、この肥沃で広大な地域へ朝鮮の農民が越境し、定着しはじめた。間島はまた、朝鮮語音でよく似た「墾島」、「墾土」ともいったが、それは文字どおり徒手空拳で新天地を求めた農民たちの開墾する土地だったのだ。韓国併合以後、朝鮮各地、とくに現在の北朝鮮の領域に属する農民たちは故郷を追われ、大挙してこの地に移り、開墾に励んだ。1930年初めには間島の人口100万のうち、80パーセント以上が朝鮮人で、満州全域では200万にのぼった。こうした朝鮮族農民の集落はいつしか抗日運動の拠点にもなり、龍井や頭道溝はその中心になっていた。1919年の3・1運動でも、国内に呼応して、反日独立運動を展開したことはよく知られている。一方、日本はこうした運動を取り締まるために、間島の商埠地以外に13ヵ所の警察分署を設置した。

戦後、49年に中華人民共和国が成立すると52年9月、間島の朝鮮人居住地域は中国で初めての少数民族自治州である延辺朝鮮族自治州となった。民族自治州は、軍事・外交を除くすべての権限を持ち、民族の伝統文化の保存と教育を独自に行っている。

[米国]　朝鮮族の移民が初めて米国（ハワイ）に渡ったのは1902年のことだったが、戦前の移民の数はわずかなもので、45年8月当時でせいぜい7000名を少し上回る程度であった。戦後も米国のクォータ制による移民制限で、正式には年間200名程度しか移民が認められず、65年に至っても3万5000名を数えるにすぎなかった。韓国から

ユジノ・サハリンスクのバザールにて（1992年8月）

の移民が大幅に増加したきっかけはベトナム戦争であった。これに参戦したことで、1966年以降、韓国は移民の特別枠を与えられ、以後急速に対米移民の数を増やしていった。現在は、「北朝鮮人権法」（2004）の恩恵で脱北者の韓国からの移民が増えているのが特徴的である。

[**ロシア(旧ソ連)**] 在口朝鮮族50万弱のうち、10パーセントに当たる5万人がサハリンに在住している。70～80パーセントはカザフ、ウズベキスタンなどの中央アジア一帯に住んでいるが、近年そこから元の定住地である沿海州に移住する人が増えている。

朝鮮族のロシアへの移住は満州と似ていて、日本の植民地支配によって生活ができなくなり、沿海州に流れていった。1920年代、沿海州を中心とした極東地域には20万ほどの朝鮮族がいて、大学を設立し、新聞も発行していた。しかし、30年代に入り、スターリンの独裁が彼らの上にも及び、1937年に中央アジアに強制移住させられる。その理由は、朝鮮人を日本のスパイと見たり、あるいは容貌が似ているのでスパイになりやすいと、身勝手に判断したからである。これに少しでも反対した者は逮捕・粛清され、その数は2000名を超えた。このとき、作家の趙明熙も処刑されている。この強制移住の事実が公然と語られるようになったのは、80年代後半のペレストロイカ以後のことである。なお、ロシアへの移民の2世のうち、知識人・官僚の一部が戦後北朝鮮に入り、建国の基礎づくりに大きな役割を果たした。代表的な人として、詩人の趙基天（1913～1951）や初期の北朝鮮の枠組みをつくった1人で「党博士」のあだ名をもつ許哥誼（哥而とも書く。1908～1953）らがいる。許はのちに、主流派の金日成らに追いつめられ、自殺を遂げる。

5．盧武鉉政権と南北融和

第16代大統領選挙　2002年12月19日に行われた大統領選挙で、新千年民主党（民主党。新政治国民会議の後身）の盧武鉉候補が当選した。当初、盧候補との「共同政府」を表明していた国民統合21の鄭夢準代表が投票日前日の18日夜に盧候補支持を撤回したところから波乱が予想されたが、結果は選挙運動期間中から優勢だった盧候補の勝利だった。投票率は70.8パーセントだった。盧候補は得票1201万票で、ハンナラ党の李会昌候補（1144万票）を下した。盧候補はソウル、京畿、仁川などの首都圏と、大田、光州など10の広域市、全羅、忠清、済州などの各道で勝利し、李候補は釜山、大邱、蔚山など6つの市と慶尚、江原などの道で盧候補を上回った。盧候補は開票序盤では李候補に立ち遅れたが、首都圏の開票がはじまると午後8時40分頃から李候補を上回りはじめ、結局優勢を守った。この選挙で注目されたのは、インターネット選挙という点である。前日の支持電撃撤回によってそれまでの優勢から一転して敗北必至と目された盧候補が当選したのは、20〜30代の若い有権者層が電子メールで支持を呼びかけ合った成果が大きいといわれる。すなわち旧来の地縁・血縁を基盤とするハンナラ党の優勢に対し、まさにインターネットを通じた若者のネットワークが情勢を揺さぶり、文字どおり一夜にして形勢を逆転させたのである。これは21世紀において、インターネットが政治の無視できない要素であり、韓国がその先端的な位置にあることを告げるものであった。

ネティズン　（インター）ネットとシティズン（市民）を合わせてつくられた造語。インターネット世代の若い有権者を指す。垂直的で一方的性格の強いテレビ、新聞などのメディアに対し、インターネットは分権性、双方向性、開放性などを特徴とする。そのなかにあってネティズンはかつて想像できなかった政治参加の形を見せている。韓国はブロードバンドの普及が人口比で世界一のネット大国となっており、これが韓国のネティズンの基礎となっている。ネティズンの政治参加は盧武鉉の支持者に顕著に見られた。2000年4月の総選挙頃からノサモ（盧武鉉を思慕する会）と呼ばれるインターネットで結ばれた支持の輪が急速に拡大し、これが2002年3月の大統領予備選では盧武鉉に勝利をもたらす。しかしネティズンの政治意識や投票行動はうつろいやすく不安定なことが特徴である。大統領選挙を目前にした2002年6月、ワールドカップ共催の興奮とともに、ネティズンの政治への関心は薄れ、これとともに盧武鉉の支持率は35パーセントまで低下した。しかし同年11月、米兵が起こした女子中学生死亡事件で、反米気分の高まりとともにネティズンの関心はふたたび盧武鉉の支持に傾く。とくに投票日、盧候補の苦戦を知ったノサモなどの支持者グループがインターネットや携帯メールを使って投票への参加を訴え、勝利に導いたことは、ネティズン独特の政治行動、その強い影響力を強く印象づけた。こうした動きは盧武鉉の支持者に限らず、インターネットを通じて広く有権者との対話の場を確保することは政治家にとって一般的なことになっている。これらがインターネット時代における新しい直接民主主義の可能性を示しているとの見方もある。しかし、大統領選挙をめぐる動きに端的に見られるように、ネティズンの

政治行動は理性的な根拠や論理以上に、そのときどきの気分や流行によって浮遊する傾向が見られ、支持基盤としては不安定であり、現代社会における価値観の揺らぎを反映しているともいえる。

脱北者 北朝鮮から国外に脱出した人々をいう。90年代半ばから急増し、理由もかつては主に政治的・思想的なものだったが、近年では経済的なものが中心になっている。北朝鮮から韓国への亡命件数は1993年に8名だったのが94年に突如52名に増え、97年には85名、99年には148名、2001年には583名に増加した。さらに02年にはついに1000名以上が韓国に入るに至った。これは、食糧危機、経済の悪化にともなうものである。韓国政府は99年、ソウル近郊に政府の支援施設「ハナ院」を開設し、社会適応教育や職業訓練を行った後、定着資金を提供して自立をめざす体制をとったが、脱北者の急増に対応が追いつかず、苦慮している。南北軍事境界線（38度線）を越えるのはほぼ不可能なため、脱北者のほとんどは中国に脱出した後、韓国をめざす。最近の実状では、最盛期の2009年から2011年には年間3000人くらいの脱北者がいる。金正恩政権に入って脱出することがきびしくなり、近年は年間1000人未満の規模となっている。これ以外に中国に潜伏する脱北者は40万とも50万ともいわれる。しかし、中国は脱北者を難民と認めておらず、密入国者として捕えて北朝鮮に送還する方針をとっているため、脱北者が置かれた状況はきわめてきびしい。中国から韓国への途次、東南アジアを経由する例も少なくない。04年7月27〜28日にかけて脱北者468名がベトナムから韓国に集団入国し、北朝鮮はこれを韓国が「拉致」したものとして態度を硬化させる事態も生じた。近年、中国当局は脱北者支援のNGOも「密入国幇助組織」としてきびしく取り締まることを表明しており、脱北者支援はますます困難になっている。03年8月7日に拘束された「北朝鮮帰国者の生命と人権を守る会」の山田文明代表などがその例である。

また中国や東南アジアで日本の在外公館に脱北者が駆け込む例も目立つ。02年5月8日には脱北者の一家5名が中国瀋陽の日本領事館に駆け込み、中国の武装警官がこれを連行するという事件が起きた。日本は脱北者を事実上見殺しにしたとして国際社会からきびしい非難を浴びた。1年余り後、03年7月31日にはバンコクの日本大使館に脱北者10名が駆け込み、その後韓国に送られた。日本は朝鮮人脱北者の受け入れは原則として行っていないが、帰還運動を通じて北朝鮮に移住した日本人、元在日朝鮮人の「帰国」受け入れは行っており、すでに少なくとも数十名が秘密裏に北朝鮮を脱出し、日本に居住しているといわれる。03年1月27日の衆院予算委員会で、川口順子外相は「邦人保護ということでやっている」と答弁する一方、「(脱北者は)中国政府にとっては不法入国者だ」とも述べている。しかし、05年2月3日に自民党がまとめた北朝鮮人権法案の骨子では脱北者の保護、受け入れも盛り込まれている。また、脱北者に偽装した北朝鮮側の工作員の存在も指摘されている。なお、韓国政府は04年末に語感の悪さから公文書では脱北者をセトミン（新しい土地の人々）としたが、この用語は定着するに至っていない。

14年末現在で、脱北者数はおよそ2万8000人に達しており、多くの者が韓国社会に馴染めないといわれている。脱北者は韓国に入国すると12週間ソウル近郊の安城市にある「ハナ院」で韓国社会に適応するための教育を受けるが、近年その数が増大

しているので、第2のハナ院がソウル郊外の始興に開設された。

朴賛浩［パクチャンホ］ 1973〜　韓国人で米国メジャーリーグの野球選手。忠清南道公州市生まれ。漢陽大学卒業後、1994年ロサンゼルスドジャースに入団し、95年、韓国人として初めてメジャーデビューを果たした。1998年のバンコクアジア大会では韓国代表として出場し、金メダル獲得に貢献、兵役免除を得た。2000年には18勝10敗の好成績をあげている。2002年、テキサスレンジャースに移籍した。その後もメジャーリーグで活躍し、アジア人最多勝記録をつくった。2006年にはWBCに出場。2011年、日本、韓国の各プロ野球界に所属したが、同年末に引退を表明した。

韓国のIT革命　韓国は現在IT（情報通信技術）の最先進国の1つである。韓国のIT革命の起源は1995年のKII計画に遡り、96年6月には法的基礎となる情報化推進基本法が施行された。97年のIMF事態（通貨危機）でこの構想は頓挫するかに見えたが、同年に大統領に当選した金大中は経済危機を乗り切るために「知識基盤国家の建設」を提唱し、IT革命をいっそう強力に推し進めた。金大中は大統領就任前後の演説でインターネットの重要性を強調し、全国民がインターネットを使う時代をめざすと言明した。99年4月、ハロナ通信が、6月にはKT（韓国通信）がADSL（非対称デジタル加入者線）サービスを開始し、韓国はブロードバンド時代に進んだ。金大中大統領は2000年の3・1節記念の辞で任期中に「韓国は知識十大強国になる」と発言、これを継承した盧武鉉政権下の2004年には韓国のインターネット人口は3067万にまで増加している（日本は2004年2月時点で6284万）。また、2003年末現在で100人当たりの超高速インターネット加入者数は23.3名で世界1位となっている（日本は11.7名で7位）。金大中政権下の韓国では学校、家庭、軍隊、さらには少年院でもIT教育が進められた。また国民のパソコン所有を国家が直接支援した。99年10月には、郵便局の「国民コンピュータ貯金」に2回以上貯金した利用者にパソコンを優先的に設置する制度を開始し、3ヵ月で100万名に達した。韓国のインターネットカフェ（PC房）は1997年には100軒ほどだったが、99年頃から急増し、2001年6月には2万軒近くになった。こうしてパソコン、インターネットの普及を進めた韓国は、日本に先駆けて放送デジタル化を進めた。まず、2001年1月には衛星デジタル放送会社「スカイライフ」が設立され、同年夏にはスカイパーフェクTVと提携、2002年3月5日に本放送を開始した。これに先立つ01年10月26日、SBSが日本に先駆けてソウル市で地上波デジタル放送を開始。11月5日にはKBSも地上波デジタル放送を開始した。

金剛山観光　1998年11月に開始された韓国から北朝鮮の金剛山への観光ツアー。韓国の現代峨山が主催するもので、当初は韓国東海岸の束草を起点に、豪華客船による海上ルートからスタートした。その後、2003年2月に陸上ルートがスタートした。陸上・海上両ルートとも南北関係の曲折によって、何度か中断している。2002年11月13日、北朝鮮は金剛山観光地区法を制定し、その公式的な管理を強化している。これによると、金剛山観光地区は国際的な観光地域をめざして運営され、観光客個人の車両、または徒歩を利用した自由な観光が明文化されている。関税は無税であり、認められた外貨が流通する。また外貨の搬

出入は自由である。管理機構には韓国および海外開発業者の推薦を受けた外国人が参加できる。賃貸期間は法律には明記されていないが、現代峨山が50年間の土地利用証の発給を受けた状態にある。譲渡、賃貸も可能である。韓国からの訪問者数は1日1000〜2000名にのぼったが、北朝鮮は05年9月からこれを1日600名に制限すると通告した。南北交流の拡大に北側から制限を加え、南からの情報流入を抑えて体制維持をはかるものと見られ、これにより事業継続が困難になるのではないかと危ぶまれた。しかも10月20日になると北朝鮮は、金剛山観光資金をめぐる疑惑で金潤圭現代峨山副総裁が辞任させられたことを問題にし、「現代とのすべての事業を見直さざるをえなくなった」との談話を発表した。北朝鮮は「現代と締結した七大協力事業合意書と、その合意の実体もすべて消えてしまった状態で、あえてそれにとらわれる理由はなくなった」とした。これにより、金剛山観光は一時中断したが、現代と北朝鮮当局の交渉で11月18日から訪問者数をもとに戻すことで合意し、危機は回避されたかに見える。しかし、これらにみられるように、南北経済協力事業は先行きが不透明な部分が多く、国民不在の政府主導という声がある。2008年7月11日、韓国人女性旅行者が北朝鮮兵に射殺される事件が起こった。これを受けて韓国政府はツアーを停止する措置をとった。その後観光再開の交渉が現代峨山会長の訪朝で行われたが、韓国政府が安全面を理由に許可しないため、いまなお韓国からのツアーは停止されている。

5億ドル不正送金事件　韓国政府が2000年6月の南北首脳会談の見返りに北朝鮮に5億ドルを送金したという事件。北朝鮮は韓国の現代グループに10億ドルを要求、これに対して韓国側は政府1億ドル、現代から現金3億5000万ドル、物品5000万ドル相当を北朝鮮に送る予定だったが、結局政府は1億ドルを負担せず、現代が全額北朝鮮に送ったという。疑惑発覚の発端は2002年3月、米議会調査局が米韓関係報告書のなかで「現代グループが北朝鮮に公式に払った4億ドルのほかに、裏金4億ドルを秘密送金した」と指摘したことだった。さらに同年9月、野党ハンナラ党の厳虎声議員が国会の国政監査で独自の情報をもとに現代グループの送金を追及、マスコミから注目された。2003年2月16日、現代峨山の鄭夢憲会長が記者会見で、北朝鮮への5億ドルが南北首脳会談に寄与したと発言した。政府は当初は疑惑解明を拒んだが、野党の追及はきびしく、「対北秘密送金特別検査法」が成立し、疑惑追及に動かざるをえなくなった。6月12日、金大中は退任後初のTV出演で、対北送金の司法処理に不快感を表明したが、同月16日、特別検察チームは南北首脳会談の立役者・朴智元前文化観光部長官を召喚、18日、収賄容疑で逮捕した。25日、5億ドルの対北不正送金がなされていたことが正式に発表された。同時に朴が現代から150億ウォンを不正に取得し、マネーロンダリングを経て金大中政権の関係者に配分していた疑惑も明らかにされた。これにより、朴に加え、林東源（会談当時国家情報院長）、鄭夢憲ら8名が即日起訴された。特別検察官は徹底究明のために任期延長を申請したが、6月23日、盧武鉉大統領は特別検察官の任期延長申請を拒否し、疑惑追及は強権によって中止された。なお、鄭夢憲は8月4日、ソウルの現代グループ本社の社屋から投身自殺した。その後、2004年3月28日までに朴智元を除く6名全員の有罪が確定している。

南北経済協力推進委員会　2000年6月の南北首脳会談を受け、南北共同宣言に謳われた南北経済協力を推進するために設置された。01年2月3日、「南北経済協力推進委員会の構成・運営に関する合意書」および「南北経済協力推進委員会第1回会議合意文」声明が交換されて開始された。以後主だった会議を挙げれば、2月7〜10日、第1回会議が平壌で行われた。02年8月27〜30日、第2回会議がソウルで行われ、京義・東海線の鉄道・道路連結工事の南北同時着工など、8項目が合意された。同年11月6〜9日、第3回会議が平壌で開かれ、京義線は開城で、東海線は金剛山地域で連結、四大南北経済協力合意書発効など、6項目に合意。03年5月20〜21日には第5回会議が平壌で開かれ、京義線・東海線の連結行事を6月10日に開催し、開城工業団地着工式を6月末に行えるよう支援することとした。また臨津江の共同水害防止と関連して、北朝鮮側地域の調査と共同水害防止資料の交換を速やかに行い、投資保障、二重課税防止、清算決裁、商事紛争など、すでに合意済みの四大経済協力合意書と海運手続き合意書を内部手続きを経て発効することとした。この会談で北側代表は「（南側が）対決方向に向かうなら、南側は測り知れない災難を受けるだろう」と発言して物議をかもした。8月26〜28日にはソウルで第6回会議が行われ、韓国が支援するコメの分配現場確認を9月中に実施、南北間の商品および賃加工直接取引の拡大、これに向けた協議ルート（中小企業事務所）開設など9項目の合意を盛り込んだ共同報道文を発表した。11月5日にはじまった第7回会議（平壌）では、8日、南北経済協力のための事務所を開城工業団地内に設置することで一致した。04年3月2〜5日の第8回会議（ソウル）では開城工業団地開発について、同年上半期内に1万坪規模のモデル地区で各企業が生産に着手するようにし、第1段階の100万坪開発区域のインフラ建設を積極的に進め、翌年から敷地造成工事の進度に応じて段階的に企業が進出できるよう協力することとした。これによって初めて同団地への企業入居時期が合意された。このほか、金剛山観光の活性化、直接取引拡大のための経済協力協議事務所開設・運営、臨津江水害防止などでも合意した。6月3〜5日の第9回会議（平壌）では南側が人道的観点からコメ40万トンを借款方式で提供することに合意した。また軍事的保障措置後、京義・東海線の南北間連結道路を同年10月末に開通させ、鉄道試運転を同時期に行い、翌年の両線連結区間開通をめざすことで合意した。また、開城工業団地のテスト団地（2万8000坪規模）で商品を生産するため、南北は電力とともに、南北を結ぶ光ケーブル伝送路を利用した通信などを9月から商業的方式で供給することで合意した。第10回は8月31日からソウルで開催される予定だったが、同日朝になっても北朝鮮からは開催について連絡がなく、延期された。第10回会議は05年7月9〜12日までソウルで開かれ、南側がコメ50万トンを借款方式で提供することなどで合意した。李明博政権以降は振るわなかったが、朴槿恵政権は幼児用の医薬品約3億円規模を、2014年7月に送る決定をした。

仁川国際空港とKTX　観光立国を進める韓国は周辺各国と国内観光地を結ぶ交通インフラの強化に力を注いでいる。2001年3月29日に開港された仁川国際空港は面積3550平方キロメートルで、最終的に1万4350平方キロメートルまで拡張される予定である。地上4階、地下1階で、44の搭乗

口を持つ。21世紀のアジアにおける航空ネットワークの中心となる空港(ハブ空港)をめざし、最先端の施設と機能を持ち合わせた未来型空港である。これに対し、ソウルと中部・南部を結ぶ新たな足として開発されたのが韓国版新幹線というべきKTX(韓国高速鉄道)で、04年4月1日に開業した。フランスのTGVを基礎とし、時速300キロでソウルと釜山を2時間40分で結ぶ。これにより、観光の便が図られるだけでなく、鉄道によるソウルと釜山・木浦の日帰り出張が可能になり、ビジネスの効率化も期待された。韓国に渡航する日本人の数は2014年現在、300万規模で、最大の渡航先となっている。こうしたインフラの拡充により、韓国は日本人にとってのみならず、世界的な観光の中心地として成長する可能性を示している。

国家人権委員会 韓国の人権状況を増進し、人権保護を促進するための委員会。2001年11月25日に設立された。韓国では文民政権の成立以後、かつての軍事政権時代と比べてさまざまな面で人権状況が改善されたが、公権力による人権侵害がなくなったとはいえず、その被害者の救済が国家人権委員会の主要な任務の1つである。また、委員会は人権侵害の恐れがあれば、国家の法令や政策に対して改善を勧告する。さらに中央官庁や自治体の長が人権に影響を及ぼす内容を含む法令を制定・改正する際には、あらかじめ委員会に報告して必要な意見を聞くことになっている。立法・司法・行政のどの機関にも属さない相対的独立機関であるが、これは政府の干渉排除、国家機関調査において重要な意味を持っている。委員は全員法律、人権の専門家、または民間の人権活動家である。また職員にも民間の人権活動家出身者を多数擁する。発足から翌年10月までに受理した陳情件数は2979件で、うち2411件(81パーセント)が人権侵害、138件(0.5パーセント)が差別に関するものである。また人権侵害のうち、842件が刑務所などの矯正施設によるもの、668件が警察、260件が検察によるものだった。

KTX(韓国高速鉄道)開通に合わせて新設された、新しいソウル駅舎

女子中学生死亡事件 在韓米軍の装甲車両が起こした事故で女子中学生2名が死亡し、大規模な反米運動にまで発展した事件。2002年6月13日、京畿道楊州郡広積面孝村里の路上で女子中学生の申孝順、沈美善が米軍第2歩兵師団工兵隊の架橋用軌道車両に轢かれて死亡した。市民団体はただちに事故を問題視し、「わが土地を米軍基地から取り戻すための市民連帯」、民主労総、議政府参加連帯などからなる汎国民対策委員会およそ500名が26日から議政府の米第2師団の正門前で糾弾大会を行った。この過程で、インターネット放送「民衆の声」の記者2名が米軍に連行され、議政府警察署に身柄を引き渡され、28日、軍事施設保護法違反で逮捕状が請求される。これに対し、「民衆の声」側は米軍の暴行、警察の人権侵害などについて国家人権委員会に陳情書を提出した。8月15日の光復節には、女子中学生追悼と主権回復のための人間の鎖集会が開かれた。その後、米軍が軌道車両管制兵フェルナンド・ニノ兵長や運転兵のマーク・ウォーカー兵長らに無罪判決を下したので、韓国世論は反発を強めた。このため、12月7日にはソウル市民約2万名が米大使館前でロウソク・デモ(ロウソクを点けた街頭デモ)を行い、12月14日には加害者の

花のような女子中学生、沈美善と申孝順

ソウル・明洞聖堂前で。ハングルは「反米反戦! 駐韓米軍撤去」。(2002年12月)

米軍兵士処罰と在韓米軍地位協定（SOFA）改正を求めるロウソク・デモが全国60ヵ所で行われた。12月21日にはソウルのロウソク・デモが米大使館を包囲した。また、事件は親米保守の色彩の強いハンナラ党に対する反発につながり、同年12月の大統領選挙での民主党の勝利に少なからず寄与したといわれている。

2002年の黄海銃撃戦　2002年6月29日、黄海の北方限界線（NLL）付近で発生した銃撃戦。韓国側に死者を出して大きな衝撃をもたらした。北方限界線は朝鮮戦争休戦後、国連軍側が北朝鮮との協議なしに一方的に設定した海上境界線である。また国連軍司令部は偶発的な衝突を防止するために、北方限界線の1〜15キロを緩衝地域とし、ここに侵入した場合は警告を加えることにしている。北朝鮮側はこれを認めず、自国領土から12海里を領海と主張したが、北方限界線を直接非難することはしなかった。しかし、1999年6月11〜15日、北朝鮮側の艦船がこれを侵犯しようとして韓国側と銃撃戦になる事件が発生した。北朝鮮側はこれについて、北方限界線は米国と韓国が一方的に設定したもので認められないとの立場を明確にした。そして2002年6月29日、北朝鮮警備艇2隻が北方限界線を越境。韓国側は警告を加えたが、北側はこれを無視し、発砲を開始。韓国側高速艇の操舵室を直撃した。さらに北朝鮮側兵士が機関銃を乱射し、韓国側も応戦。この結果、韓国側艇長ら4名が死亡し、1名が行方不明、多数の重軽傷者が出た。北朝鮮側は散発的に発砲しながら北上、逃走した。打撃を受けた韓国側高速艇は仁川港への帰途、沈没した。

釜山アジア大会と大邱ユニバーシアード　2002年から03年にかけて相次いで開催された大規模な国際競技大会。2002年10月には第14回アジア競技大会が釜山で開催され、大会史上最多の44ヵ国・地域、約9900名の選手・役員が参加した。北朝鮮が韓国開催の国際総合大会としては初参加したほか、内戦が終結したアフガニスタンや東チモール、そしてパレスチナも選手を派遣した。また、このアジア大会に際し、選手村に韓国初の北朝鮮国旗が掲揚された。2003年8月、大邱では第22回夏季ユニバーシアード大会が開催され、174ヵ国・地域、約6600名の選手と役員が参加した。これらの大会では北朝鮮の選手・応援団が注目を集めたが、それはとくにユニバーシアードにおいていちじるしかった。8月24日には韓国の市民団体と北朝鮮記者団が衝突、28日に北朝鮮応援団の女性たちが金正日の写真の入った歓迎横断幕を「首領様が雨ざらしにされている」として強引に撤去するなどの事件が相次いだ。大会委は「壁を越えて1つに」をスローガンとしたが、分断50年以上を経て、南北の間の壁には越えがたいものがあることを実感させた。

金大中親族不正事件　金大中の子息をはじめとする親族による不正事件。まず次男の弘業は元団体役員のベンチャー企業経営者の大型不正事件にからんで、多額の収賄を行った。また三男の弘傑は建設会社から10億ウォンを提供されたほか、サッカーくじ運営会社から収賄した。また、甥がワールドカップ関連のイベントにからんで、ケーブルテレビ局から10億ウォンをだまし取ったとされる。さらに夫人の甥・李亨沢は預金保険公社専務として、財宝を積んだ沈没船引き揚げ事業にからむ口利きを行ったのではないかとされた。また大統領の長男・弘一も不正事件への関与を疑う声があがった。2002年1月29日に、「ベンチャー企

業家らによる政官界ロビー疑惑」で李亨沢が事情聴取を受けたことを契機に、捜査が急進展し、同年11月には金弘業・弘傑兄弟が相次いで有罪判決を受けた。これにより、韓国では全斗煥政権以来、大統領退任後、本人または親族の不正事件を生じる結果となった。しかし、軍人出身の全・盧大統領は不正追及のために政権の交替を必要としたのに対し、文民政権以降、大統領の周辺に対して直接の追及が可能になったのは、韓国民主主義の一定の進歩を示すものといえる。しかし、他の先進国同様、こうした政治腐敗の根絶の見通しは立っていない。

盧武鉉［ノムヒョン］

1946～2009。韓国の政治家。第16代大統領。慶尚南道金海生まれ。釜山商高卒。高卒後、苦労して司法試験に合格し、大田地裁で7ヵ月間の判事生活の後、弁護士を開業する。その後、学生運動問題に関係するようになって政治とかかわるようになるが、88年の総選挙に金泳三の勧めで出馬し、初当選。同年の聴聞会で政府追及の急先鋒に立つ。90年、金泳三が与党と合同して民自党を結党すると、これに反発して金大中に接近。「抵抗の政治」の姿勢で熱狂的な支持者を獲得し、90年代半ばには政治家初のオンライン・ファンクラブ「ノサモ（盧武鉉を思慕する会）」が結成される。97年、金大中当選に貢献、金大中政権は盧を海洋水産部長官に任命する。2002年、与党・新千年民主党の大統領候補に選出され、当選。翌03年2月、第16代大統領に就任した。2004年、ウリ党支持発言が盧大統領の中立義務違反であるとして史上初の大統領弾劾訴追を受け、大統領権限が停止されるが、総選挙でのウリ党勝利、憲法裁判所での弾劾訴追棄却により、職務に復帰。5月20日にはウリ党に入党する。盧武鉉は事実上金大中の太陽政策を継承する「南北平和繁栄政策」を掲げ、北朝鮮に対して融和政策をとり、南北経済協力推進委員会を通じて対北朝鮮支援を進めた。また国家保安法の廃止を表明したが、これは北朝鮮の要求と合致するものだった。また2004年11月13日の米国ロサンゼルスで北朝鮮がみずからの核開発を自衛のための抑止力と主張していることについて「一理ある」などと発言し、物議をかもした。このように北朝鮮に融和的といわれるが、北朝鮮との戦争を恐れ、安全策を求める世論を代表しているといえる。野党保守派の盧武鉉攻撃も世論の大勢の支持を得られないのはこのためである。これが結果的に北朝鮮の独裁体制を正面切って批判できない曖昧な政策につながっているとの批判がある。

南北平和繁栄政策 盧武鉉大統領が金大中政権の太陽政策を継承して打ち出した対北朝鮮政策。盧大統領は2003年2月25日の就任演説で次のような四大原則を掲げた。①対話解決、②信頼と互恵、③当事者中心の国際協力、④国民的参加と超党派的協力。また、北朝鮮の核については、「北朝鮮の核開発は容認することができない。北朝鮮が核開発を放棄すれば、国際社会は北朝鮮が望む多くのものを提供するだろ

う」と呼びかけた。さらに就任式後、小泉首相と初の日韓首脳会談を行ったほか、パウエル米国務長官と会合し、北朝鮮の核問題に対する韓米日の協力体制について協議した。「平和繁栄政策」は金大中の太陽政策が北朝鮮に一方的に利益を供与するものとして内外の批判を浴びたことから、名称を変更したものといわれる。また盧大統領は就任演説で「東北アジアを繁栄の共同体、ひいては平和の共同体にしよう」と呼びかけ、「韓（朝鮮）半島が欧州とアジアと太平洋をつなぐ平和の関門、外交と金融の中心地となりうる」と述べている。これは「東アジア共同体」「東アジア共同の家」などの平和構想に通じるものだが、現実的な根拠を持たず、いたずらに北朝鮮の独裁体制維持、軍拡を許したと見る批判も強い。

開かれたウリ党（ウリ党）　盧武鉉政権下で与党として成立した韓国の新政党。盧政権は当初、新千年民主党（民主党）を与党として出発したが、2003年9月、党の分裂にともない、創党の準備を開始。大統領を積極的に支持する脱党組31名とハンナラ党の改革派議員・李祐在、李富栄ら、改革党・金元雄ら、新党連帯の連合で、「国民を代表する政党」を標榜。11月11日、ソウル市内で結党大会を開き、盧政権の実質的与党としてスタートを切る。当初、47議席で出発し過半数を占める野党ハンナラ党（149議席）、民主党61議席に次ぐ地位にあった。①新しい政治、②豊かな国家、③韓（朝鮮）半島の平和、④暖かい社会を四大綱領とし、とくに③については「わが党は南北の実質協力増進と軍事的信頼構築を実現し、周辺国家との協力、韓半島の平和と南北共同繁栄を追求する」と説明している。大統領弾劾問題の渦中、2004年4月15日の総選挙で勝利し、103議席増の152議席で、第1党に躍進し、「与小野大」の状況をなんとか克服した。しかし6月5日の広域地方選挙では惨敗した。さらに10月15日の地方選挙、05年4月30日の国会議員の補選でも敗北した。

この敗北や盧武鉉政権の支持率低下を受け党内で内紛が起き、離党議員が相次いだ。2007年2月6日、集団離党により第2党へ転落したウリ党はこれを打破すべく新党結成へと動いた。脱党勢力に加え民主党も含む党外勢力を統合する形で、8月5日に結成された「大統合民主新党（民主新党）」へと吸収された。そして4年余りの党の歴史に幕を閉じた。

大邱地下鉄大火災　2003年2月18日に大邱市で起きた放火による地下鉄火災。現場は大邱の地下鉄1号線中央路駅で、犯人は持っていたプラスチック容器の引火性物質を辺りにまき散らし、ライターで火をつけた。火は反対ホームに進入してきた列車にも燃え移り、2列車、計12両が全焼し、死者192名、負傷者148名の大惨事となった。警察当局は同日、56歳の男を拘束した。取り調べで、男は他人を巻き添えに自殺を図ったものと明らかにされた。運転手ら、現場の地下鉄職員の責任が問われ、運転手らが逮捕されるとともに、地下鉄の安全対策の不備が指摘された。しかし、その一方で地下鉄への投資は少なく、地下鉄職員の給与も少ない。また運賃も経営に支障をきたすほど安く抑えられているといえる。このために収入が不十分で、安全対策にかける費用が得られていない問題が指摘され、地下鉄の財政的な経営体質合理化が要求される事件ともなった。

SARS問題と鳥インフルエンザ　SARSとはSevere Acute Respiratory Syndrome

（重症急性呼吸器症候群）の略であり、2003年3月から中国、台湾、カナダを中心に世界各地で流行した。ウイルスにより急性肺炎を引き起こし、世界で約800名が死亡した。くしゃみなどによる飛沫で容易に感染するうえ、発生源が不明なため恐れられ、中国など発生国への観光旅行が激減し、中国は観光収入で大打撃を受けた。韓国では4月28日にはじめて感染可能性のある患者が発見された。中国国際航空で北京から入国したのであった。SARSの流行は幸いにも短期で終息したが、翌年冬から春にかけて鳥インフルエンザが猛威をふるった。これは鳥類がかかるA型インフルエンザの一種で、人が普通感染するインフルエンザとはウイルスの型が異なる。世界的に鶏などが大量死したほか、ベトナムなどで人が感染死したため、SARSと並び称せられる流行病として警戒されるに至った。韓国でも中部で鶏3500羽、アヒル1万4000羽などの被害が相次いだ。その後の研究により、日本の鳥インフルエンザ・ウイルスは韓国から渡り鳥などの野鳥によって持ち込まれたのではないかと推測されている。しかし、韓国の型は病原性が低く、人間への感染の可能性はないとの米国疾病対策センターの見解も発表されている。

北朝鮮については「2005年2月に平壌の養鶏生産工場で鳥インフルエンザが発生した」との報道が韓国でなされ、3月27日、朝鮮中央通信がこれを追認した。北朝鮮は国際社会に支援を要請し、これを受けて国連食糧農業機関（FAO）は専門家を派遣して対応した。この結果、少なくとも21万9000羽の鶏が処分され、4月25日、FAOは封じ込め成功を発表したが、同時に北朝鮮政府に国内監視の継続を強く促し、感染拡大の懸念がつづいたまま、2006年初めに至っている。なお、同年11月6日、朝鮮中央通信は「金正日総書記が鳥インフルエンザについて数回にわたり具体的な対策を指示した」と報じた。北朝鮮で発生したウイルスはH7型で、カナダで同型ウイルスの人への感染が報告されている。この型のウイルスの発見例は北朝鮮が東アジア初となった。

高句麗史問題　中国は2002年から「東北辺境歴史と現状系列研究工程（東北工程）」を通じて高句麗史を中国に帰属させ、高句麗を建国したのは中国民族で、その活動舞台だった朝鮮半島北部まで中国固有の領土だったと主張した。また古朝鮮史も認めず、渤海も古代中国の地方政権の一部だったとする。03年7月にこのことが明らかになると、韓国の歴史学界は強く反発した。12月には17の歴史関連学会がソウル歴史博物館で異例の共同声明を発表し、「中国が歴史歪曲をひきつづき推進するなら、相互不信が深まり、韓中関係はいっそう悪化するだろう」と警告した。これに対して中国側の「中国辺境史研究センター」は、「一部国家の研究機関と学者たち」が、中国東北部の戦略的重要性が高まるなかで歴史を歪曲し、少数の政治家が誤った議論を行っているとして、暗に韓国と北朝鮮を批判、牽制した。この間、北朝鮮はその高句麗遺跡群の世界遺産登録をめざしたが果たせず、議論が一段落した04年7月に中国東北部の高句麗遺跡とともにようやく登録することができた。これは中国が自国の遺跡の登録のために、北朝鮮の遺跡の登録を保留させたためといわれる。04年8月27日、盧大統領は訪韓中の賈慶林・中国政治協商会議主席との会談で、この問題について遺憾の意を表明し、「中国政府が高句麗歴史問題に対する韓国国民と韓国政府の考えを十分に認識して両国の政府間の合意による迅速で納得できる措置をとる」ことを要求し

た。これに対して賈主席は「この問題によって両国関係が傷つけられることがあってはならず、韓国側の関心を十分に考えて誠実で責任ある対処をとる」と答えた。

首都移転問題　韓国の首都をソウルから中部地方に移転するという盧武鉉政権の公約をめぐる問題。首都移転計画は朴正煕大統領時代に推進されたが、79年の大統領暗殺とともに白紙化された。盧武鉉大統領は「新行政首都建設計画」を選挙公約に掲げ、政権の最大の課題として強力に推進し、2003年12月、「新行政首都建設特別措置法」を成立させた。2004年7月5日、政府が忠清南道燕岐・公州地域を首都移転の最適地と内定し、8月11日に確定された。これに対してソウル市や首都圏の京畿道、野党、保守派などは強く反対した。政府側は「ソウル一局集中是正」「国土均衡発展」をスローガンとしたが、計画は大統領当選時から「移転先地域の票狙い」と批判されていた。さらに「既得権の象徴であるソウルからの移転によって国の権力を一変させようとするもの」とも指摘され、大統領の党利党略によるものという批判はぬぐえなかった。また、移転費用は45兆6000億ウォンとされ、一般会計の4割近くにのぼる財政負担も問題とされた。各種の世論調査でも、反対論が優勢だった。2004年10月21日、韓国の憲法裁判所は盧政権の首都移転計画について「憲法違反」との判断を下した。これにより、すでに移転先まで決定するなど、具体化に着手していた首都移転計画は全面的に中断せざるをえなくなった。一方で、移転予定地域では地価が高騰するという問題が生じた。移転予定地域には転入者が急増し、3.3平方メートル当たり5万ウォンだった農地地価は2004年8月には20万ウォンに上昇した。移転は違憲とされたものの、政府・与党は計画を放棄せず、大統領府と外交通商部、国防部などを除く大部分の省庁を燕岐・公州地域に移転させる「行政中心都市」計画を推進している。2005年6月には、ソウルと首都圏にある176の公共機関を地方に移転させる計画を発表した。

大統領選挙資金問題　大統領選挙の不正資金をめぐる問題。とくに第16代選挙をめぐるものをいう。韓国の大(最高)検察庁中央調査部は2004年3月8日、2002年の大統領選挙の不法行為に関する調査結果を発表した。これによれば、盧武鉉候補陣営が三星、現代自動車、SK、ロッテなどの企業から集めた不法資金が113億ウォンに達した。これはハンナラ党の李会昌候補側の813億ウォンの10分の1を超える。盧大統領が、自陣営の不正資金がハンナラ党の10分の1を超えれば政界を引退すると言明していたところから話題となり、この直後に野党が大統領弾劾に踏み切る背景の1つにもなった。この捜査で13名の政治家が在宅起訴され、8名が逮捕された。内訳は盧陣営が12名、李陣営が9名、自民連2名となっている。また、これとは別に崔導述前大統領総務秘書官らの不正資金疑惑についての強制捜査も行われた。

大統領弾劾問題　2004年3月、盧大統領が韓国史上初めて弾劾訴追された事件。韓国では憲法第65条で「在籍議員の過半数の発議と3分の2以上の賛成」で大統領弾劾ができるとされ、弾劾が議決されれば憲法裁判所に送られ、妥当との判決が出れば失職する。2004年2月24日、盧大統領は就任後1周年の記者会見で、総選挙を前にしてウリ党への圧倒的支持を期待すると発言した。これは公務員の政治的中立を定めた選挙法に違反するとして、中央選挙管理委

盧大統領 弾劾案 可決

賛 193・反 2…憲政史上 初 職務停止

고건총리 직무대행
헌재 180일내 결정

盧大統領の弾劾案が可決されたことを報じる号外（2004年3月12日）

員会が大統領に中立義務順守を要請。さらにこの発言を理由に、3月9日、ハンナラ・民主両党の議員59名が大統領弾劾訴追案の国会提出を表明した。しかし、背景には大統領選挙資金問題をめぐる盧大統領批判の高まりがあった。12日、弾劾訴追案は議長席で可決を阻止しようとするウリ党議員を排除して、賛成192、反対2で韓国史上初の大統領弾劾が可決された。同日、盧大統領は権限が停止され、高建首相が大統領権限代行となった。しかし、世論は弾劾反対が優勢でハンナラ・民主両党はかえって窮地に陥った。4月15日にはウリ党が総選挙で第1党に躍進し、弾劾反対の追い風となった。5月14日、憲法裁判所は弾劾訴追案を棄却し、盧政権の継続が決定した。

朴槿恵〔パククネ〕 1952年～ 韓国の政治家。朴正熙大統領の長女。慶尚北道大邱に生まれる。1974年、西江大学電子工学科卒。パリに留学するも、74年、母が暗殺されたため、帰国。以後、母に代わって朴大統領

大統領選当選時

の「ファーストレディ」の役目を果たす。98年、大邱広域市達城郡からの補選で国会議員初当選。同年11月から2001年12月にかけてハンナラ党副総裁。01年12月に2期目の国会議員当選。国会科学技術情報通信常任委員会委員、国会女性特別委員などを務める。02年2月、ハンナラ党離党。同年5月、新党・韓国未来連合代表に就任。この直前、欧州コリア財団理事として北朝

鮮を訪問、金正日と会談した。11月、ハンナラ党に復帰。第16代大統領選挙で李会昌候補の共同選挙対策委員長に就任。04年3月23日、ハンナラ党代表に就任。7月5日、党代表最高委員選挙に対等な立場で臨むため辞任。7月19日再選。04年4月の総選挙では、惨敗が予想されたハンナラ党を小幅の後退にとどめ、ハンナラ党の「ジャンヌ・ダルク」と呼ばれる。以後04年6月、10月の地方選、05年4月の国会補選などでハンナラ党を勝利に導いた。また野党外交にも積極的で、05年5月には中国を訪問し、胡錦濤主席と会談している。大統領候補選で李明博に敗れて以来、与党ハンナラ党と疎遠になっていたが、11年末ようやく和解し、党の非常対策委員長(臨時代表)に就任し、5年半ぶりに与党の顔となった。12年2月、ハンナラ党はセヌリ(新世界)党と改名し、彼女をトップに据え、4月の総選挙で勝利し、この勢いで12月の大統領戦を戦った。保守層の一部と高齢者の支持が依然として高いが、一方で「独裁者・朴正熙」のDNAを直接受け継いでいるので、民主化に逆行する政権になると懸念する向きもあったが、2012年12月の大統領選挙で勝利した。

第17代国会議員選挙　2004年4月15日の第17代国会議員選挙では、与党「開かれたウリ党」が103議席増の152議席で第1党に躍進し、「与小野大」の状況を克服した。これに対し、ハンナラ党は16議席を減らして121議席となったが、ウリ党に拮抗する勢力を確保した。また新たに登場した急進的な民主労働党が10議席を確保した。同じく左派の国民統合21も従来の1議席を維持した。これに対し、旧与党の新千年民主党は52議席を減らして9議席となり、大きく後退した。また自民連も6議席を減らして4議席とした。このように、既成政党が大きく後退した反面、新政党が躍進し、韓国における政党再編成の動きを告げた。しかしその後、ウリ党は地方選挙で敗北した。6月5日の広域地方選挙ではハンナラ党が慶尚南道、済州道の両知事選、釜山市長選で勝利、民主党は全羅南道知事選で勝利する一方、ウリ党は全敗だった。また総勢38名を選ぶ広域(地方)議員選挙でもハンナラ党が28の議席を確保した。さらに、10月15日の地方選挙でもウリ党は敗北した。5つの選挙区の市長・郡守選挙で、ハンナラ・民主がそれぞれ2選挙区で勝利したのに対し、ウリ党は1選挙区で辛勝するにとどまった。さらに全国7選挙区で行われた広域議員選挙ではハンナラ党が5選挙区で勝利し、ウリ党は全敗した。これは総選挙ではウリ党を支持した無党派的な中間票(浮動票)が急進的なウリ党の暴走に不安を感じ、保守派に流れたためと見られる。不況の一方で、北朝鮮の独裁体制、核開発問題などで南北関係も混迷するなか、韓国世論も揺らいでおり、いまだその方向性を定めかねているといえる。

政界再編と三金時代の終焉　2004年4月15日の総選挙で金鍾泌自民連総裁は落選した。自民連自体も惨敗を喫し、金鍾泌は責任をとって総裁を辞任、政界引退を表明した。金大中と金泳三はすでに政界の第一線を退いているうえ、金大中がかつて率いた民主党は52議席減の9議席で大敗した。また、金泳三も次男が立候補したが支持が集まらず、途中辞退した。これらは、韓国政界の「三金時代」の終幕を印象づけた。代わって、新政党ウリ党が圧勝し、これに朴正熙元大統領の娘・朴槿恵を党首とするハンナラ党が対抗する新しい構図が生まれた。しかし、獲得議席ではウリ党が勝利し

たものの、得票率ではウリ党38パーセント対ハンナラ党36パーセントという結果になり、実質的には世論の支持が拮抗している状況を示した。ただし地域別に見ると、拮抗しているのはソウル・仁川地域だけで、全羅南道ではウリ党が圧勝、慶尚北道大邱市ではハンナラ党が圧勝するなど、新たな地域差も生じ、「与西野東」とも呼ばれた。これは、金鍾泌に代表される忠清道、金泳三の慶尚道、金大中の全羅道という「人」による従来の地域主義が後退し、地域的利害や政策が選挙結果の要因になりつつあることを示すものでもあった。また当選者の若返りが進み、40代が6割増加した。ベテラン議員が若手、新人に敗北するケースも相次ぎ、初当選は最多の187名、2選以下が80パーセントに達した。さらに女性議員の割合が6パーセントから13パーセントに上昇し、日本の衆議院(7パーセント)を抜いた。選挙後の5月4日、ウリ党の鄭東泳議長とハンナラ党の朴槿恵代表が会談。腐敗政治との絶縁、経済回復や対北朝鮮政策での協力を約した。

在韓米軍再編　2004年6月6日、在韓米軍約3万7500名の再編問題を話し合う初の米韓公式協議が開かれ、米国が削減計画を正式に伝えた。これは海外駐留米軍の世界的再編の一環である。米軍側は削減にともない、韓国に配備している米軍兵器の近代化を進める一方、他地域からの米軍部隊投入能力を大きく向上させることなどで、韓国の防衛体制を維持すると説明した。さらに両国はこれと関連し、①韓米同盟の強化、②両国の連合防衛能力の強化、③米国は韓国が進める「協力的自主国防」に積極的に協力する、などの方針で一致した。その後協議を重ねた結果、08年9月までに1万2500名を段階的に削減し、米軍基地を南方に移転縮小すること、06年までに110億ドルを投じて在韓米軍の質的強化を図ることが合意された。これにより、C^4I(指揮、統制、通信、コンピュータおよび情報)と精密打撃能力、機動力が向上し、北朝鮮に対する柔軟な即応性が逆に高められ、国外への展開能力も高まるとされている。基地施設も2011年をめどに43ヵ所が統廃合され16ヵ所に再編、総面積は約3分の1に削減されることになった。また軍事境界線付近からソウル周辺にかけて展開する米軍司令部も、ソウル竜山から南方の京畿道平沢に移ることになった。同年10月の韓米安保協議の共同声明には「韓米同盟は、東北アジアとアジア太平洋地域全体の平和と安定に貢献する」という内容が盛り込まれた。こうした在韓米軍再編には、2001年の同時多発テロ事件後の新しい国際状況を受け、韓米両国が北朝鮮のみならず、アジア太平洋全域にわたって国際テロリズムなど新しい脅威への対応を求められていることがうかがわれる。また、これに対して韓国では米軍に依存しない「自主国防」の強化を謳う声も高まっている。2015年12月には在韓米軍の戦時作戦統制権が韓国へ移管される予定であったが、2014年10月、ふたたび延期された。

イラク派兵　イラク戦争終結にともなう復興支援、治安維持のための韓国軍のイラク派遣。韓国はすでに開戦翌日の3月21日、臨時閣議で工兵などの後方支援部隊約700名のイラク派兵方針を決定し、4月2日、国会でも可決された。これにより、4月17日、先発隊20名がイラクに向けて出発した。米国は2003年9月4日、韓国に追加派兵を要請。とくに戦闘要員の派遣を打診してきた。韓国ではその是非をめぐって国会などで激しい論戦が戦わされ、全国

70ヵ所で派兵反対の集会が開かれ、8万名以上が参加した。しかし、結局追加派兵を決定。これにより、まず工兵部隊の徐熙部隊がイラクに派遣された。さらに2004年6月18日、韓国政府は国家安全保障会議常任委員会を開き、韓国軍「ザイトゥーン(アラビア語でオリーブの意)部隊」をイラク・クルド人自治区のアルビルに派兵する計画を最終確定した。ザイトゥーン部隊は住民生活の改善、行政設備・物資の支援、道路の復旧工事、電力供給、上水道・下水道の改善、跆拳道(テコンドー)の普及、警察・民防衛軍の車両・服装・無電・建物の補修などに当たり、アルビル地域にセマウル運動を模したモデル村を建設することを任務とした。これに対して6月、米軍のイラク占領に反発するイスラム組織は韓国軍の撤退を求めて、民間韓国人の金鮮一を誘拐・殺害した。韓国社会は大きな衝撃を受けたが、盧武鉉政権のイラク駐留方針を覆すことはできなかった。8月25日、本隊が出発を開始、クウェートを経て9月22日にアルビルに着任した。日本も自衛隊をイラクに派遣したが、日本の派遣人員が600人規模であるのに対して、韓国は3600名を派遣しており、イラク問題において、韓国の負担はより大きなものとなっている。

韓国からの通信　岩波書店の雑誌『世界』に1973年5月〜1988年3月号にかけて連載されたルポルタージュ記事。日本で知識人、学生を中心に、韓国の軍事独裁政権、民主化運動に対する関心が高まるなか、外部からはうかがいしれない韓国の状況を伝えるものとして注目を集めた。筆者は匿名で「T・K生」と称した。当時、この時期の韓国現代史の第1級史料になるといわれたほど確度が高いものとして注目された。2004年7月、池明観が韓国の民主化運動家から寄せられた情報を元に主に執筆していたことを明らかにした。民主化運動への関心を喚起する役割を果たした。しかし、当時の韓国の状況を必要以上に暗く描き、「韓国＝独裁政権下の暗い国」といういびつなイメージを定着させた問題点も指摘されており、使用されている資料も民主化運動側に偏っており、政治的宣伝の意図が含まれ、信憑性に問題があるとの見方もある。

国家保安法廃止問題　2004年4月の総選挙後、多数当選したウリ党議員は国家保安法について「暗い時代の悪法」との発言を繰り返した。これには同党に、学生運動などを通じて国家保安法で弾圧された経験のある議員が少なからず含まれることも影響している。さらに同年8月24日、政府の人権擁護機関である国家人権委員会が国家保安法の廃止を法務省と国会議長に勧告した。2004年9月5日、盧武鉉大統領は北朝鮮を反国家団体と規定する国家保安法について「廃止するのが望ましい」と断言。同法の廃止問題が急浮上する。盧大統領は民放TVの特別番組で、「国家保安法は政権に反対する人を弾圧する法律として使われてきた」と明言。同法を「遺物」とし、「鞘に収めて博物館に入れるべきだ」と語り、「必要なら刑法などで補い、同法は廃止すべきだ」という立場を表明した。翌6日、ウリ党は党首・李富栄議長がこれに全面支持を表明。野党ハンナラ党は「南北首脳会談開催に向けた北朝鮮への御機嫌とり」だと非難した。以後、国家保安法廃止問題は国会を中心に与党ウリ党と野党ハンナラ党の間で激しい論戦が戦わされた。12月30日の交渉で、与野党は詰めの交渉を行った。与党は「廃止後は刑法改正で対応」、野党は「保安法の改正、存続」という立場で対立したが、相互に歩み寄り、代替法「国家

安全保障特別法」の立法で合意し、過去の反民族行為の真相究明、私立学校法改正、マスコミ関連法などとともに、「四大法案」として一括処理することとした。しかし、ハンナラ党議員の反対派が強く抵抗して最終合意に至らず、改正案は可決できなかった。このため、翌05年1月3日、李富栄議長らウリ党指導部は集団辞任した。さらに4日、盧大統領は内閣改造を行ったが、9日には内閣改造人事で就任した李基俊・副首相兼教育人的資源相が長男をめぐる不正疑惑で引責辞任する。この人事にかかわった金雨植秘書室長らも辞意を表明し、大統領が国民に謝罪するなどの迷走ぶりを示し、大統領のリーダーシップに問題があることを印象づけた。

宋斗律事件 ドイツ在住の韓国人社会学者、宋斗律が北朝鮮のスパイとして活動したという事件。宋斗律は1973年初めて北朝鮮に入り、以後北朝鮮の工作員としてドイツに留学してきた韓国人に働きかけて、北朝鮮に送り込んだり、反韓組織を築いたりするなどの活動に従事したと見られる。また1991年5月頃、北朝鮮工作員から政治局候補委員に指名されたことを通知された。この頃、金日成と面談し、金日成と2人で並んだ写真が『労働新聞』1面に掲載された。宋斗律は、国家情報院が確認しただけでも年2～3万ドル、合計約15万ドルを研究費の名目で北朝鮮側から受け取っている。また、2003年3月8日までに計18回北朝鮮を訪問した。1996年以降、共和国創建日、労働党創建日、金正日総書記の誕生日など、重要行事ごとに「将軍様の満寿無彊を祈ります」という忠誠誓約文も直筆で定期的に作成し、10回以上にわたって北朝鮮に伝達したともいう。またソウル五輪当時、『韓国は五輪を開催できない国』という本を出版した。

1998年、黄長燁が著書で宋が「労働党政治局候補委員」であることを初めて公開すると、宋はこれを否定し「虚偽の主張によって名誉を毀損された」として黄を相手に1億ウォンの名誉毀損民事訴訟を起こす。2003年9月22日、疑惑のなか30数年ぶりに帰国した宋は記者会見で疑惑はすでに裁判を通じて晴らされたと主張。しかし10月1日、国家情報院は宋斗律が北朝鮮国家序列第3位の政治局候補委員「金チョルス」であると国会で報告。1994年、金日成の葬儀の際、金正日の手を握って泣いている場面を撮った写真も情報委員会で公開された。10月22日、宋は逮捕され11月19日に起訴された。12月2日から公判が開始され、翌04年7月21日、執行猶予5年、懲役3年の判決が出され釈放された。

韓国の未申告核関連実験 韓国が国際原子力機関(IAEA)に申告せずに核関連実験を行っていた問題。①1982年のプルトニウム抽出、②80年代のウラン転換、③90年代のウラン濃縮関連実験、④2000年のウラン濃縮などの実験が明らかにされている。IAEAは2004年8月末～9月初め、9月下旬、11月上旬の3回、視察団を派遣した。韓国側は査察に対して、一連の実験を政府高官が承認していたなど、一部関与していたことを認めている。とくに問題視されているのは2000年の実験で、核兵器級に近い高濃縮ウランを製造していたことがIAEAによって報告された。こうした韓国の実験について北朝鮮側は、まず2004年9月8日、韓成烈国連次席大使が連合ニュースとの電話インタビューで「東北アジアの核軍備競争を加速化する危険な動きだ」と非難し、「米国は韓国のウラン実験について憂慮しないと表明する一方で、北朝鮮

についてはありもしない高濃縮ウラン型核兵器開発で査察を迫る二重基準を見せている」と米国を非難した。また6者協議について、「北朝鮮が核施設を凍結するのと引き換えに他の参加国が相応の措置をとるとの前回会談の合意事項を米国が覆したのだから、これ以上相手にする必要がない」とも述べた。さらに9月11日、北朝鮮の外務省報道官はこれらの実験について「明らかに軍事的性格を帯びたもので、米国に操作されていた疑いを強く抱かされる」「米国は同盟国には核技術を拡散させ、核兵器開発・保有を黙認し、わが国には平和的核活動までなくそうとする」「6者協議と結びつけて見ざるをえない」などと非難した。9月18日には、朝鮮中央通信が「米国は自国の核の傘の下にある同盟国の秘密裏の核活動は黙認、わが国には完全な核放棄を強要し、われわれを憤激させている」と非難した。さらに6者協議についても「核兵器で武装し、その能力を完璧に有する国が集まり、わが国だけの核問題を論議してきた」「米国が二重基準的な対応や敵視政策を放棄しないうちは（次回開催を）論議できないし、核抑止力も放棄できない」と述べた。11月26日、IAEAは、韓国が未申告実験を行ったことを非難したが、安保理付託は見送った。しかし、国際世論において、北朝鮮の核の脅威への認識を薄めることになったのも事実である。なお、韓国政府は9月19日、「核の平和利用に関する4原則」を発表し、信頼回復に努めている。その内容は以下のとおり。①核兵器開発・保有の意思がないことの再確認。②核の透明性の確保と国際協力の強化。③核不拡散の国際規範の遵守。④国際的信頼を基盤とする平和利用の拡大。

日帝強制占領下反民族行為の真相糾明に関する特別法

植民地時代の対日協力の実態を明らかにするために、盧武鉉政権下で成立した法律。2004年3月2日にいったん国会を通過した後、7月14日に改めて改正案が国会に提出された。これによれば、大統領府4名、国会4名、最高裁判所3名推薦による11名の委員からなる「真相糾明委員会」が5年にわたって「反民族行為」を調査する。調査対象は時期的には日露戦争開戦（1904年）から解放（1945年）までとされ、高等官（文官は郡守、警察は警視、軍隊は少尉以上）、創氏改名勧誘者、神社造営委員、言論・芸術などを通じて日本の植民地支配に協力した者とされた。委員会の召喚に応じない者に対しては同行命令状が発行できる。また関連機関には資料協力の義務も定められている。調査対象の選定議決には委員会の3分の2の同意が必要である。同法は「歴史の教訓」を遺すことが目的とされたが、対象に朴正熙元大統領、南北融和政策に批判的な『朝鮮日報』が含まれることになるため、朴正熙元大統領の長女を党首とするハンナラ党は「野党、メディアに対する弾圧であり、政治報復だ」と強く反発した。これに対して、与党側は「日本と親しい立場の人まで対象にしているわけではない」との姿勢を示すなど弁明に努めたが、批判はやまず、結局12月29日にようやく可決した。この議論の過中で、法案を推進するウリ党議員の「親日疑惑」が注目を集めた。ウリ党党首の辛基南議長は父親が植民地朝鮮時代に日本軍の憲兵だったことが発覚し、2004年8月19日、党首を辞任した。また9月には同法の立法の立役者の金希宣議員も父親が満州国の警察官だった疑惑が雑誌『月刊朝鮮』によって暴露され、きびしく批判されている。

また同法を設置根拠として2005年5月31日、親日反民族行為真相糾明委員会（委

員長・姜万吉高麗大名誉教授）が発足し、過去の「親日派」「対日協力者」を洗い出し、名簿を公開していくことになった。こうした動きと歩調を合わせ、同年8月29日、韓国の民間団体「民族問題研究所」と「親日人名辞典編纂委員会」が、1910〜45年に日本に協力した「親日派」の名簿第1弾3090名を公表した。ここには李完用、朴正煕、李光洙、金活蘭元梨花大学総長、方応謨元朝鮮日報社長のほか、ジャーナリストの張志淵、盧基南元天主教大主教、兪鎮午元高麗大総長ら独立運動関係者で、客観的には「親日」と思われない人物が含まれ、今回の「親日派」追及の政治的性格をうかがわせた。12月8日には「親日反民族行為者財産の国家帰属特別法」が成立し、植民地化や植民地支配に協力したとされる人々の子孫の土地や財産を国が事実上没収することが定められたが、徹底されなかった。

韓流 韓国大衆文化の海外、ことに日本での流行現象。その嚆矢はおそらく、半井桃水が明治初めに朝日新聞紙上で連載した「春香伝」や朝鮮舞踊で活躍した崔承喜、裵亀子、金永吉（永田絃次郎）らに求められるであろう。主に映画、TVドラマ、音楽（K-POP）の流行についていわれることが多い。もともと中国文化圏を中心に1990年代末からアジア各国で見られた現象で、これがマスコミを通じて韓国にも紹介されるようになった。近年では、TVドラマ「冬のソナタ」などのヒットをきっかけに日本でも使われるようになった。日本における韓流の走りとなったのは映画である。アクション映画「シュリ」が韓国映画としては初めて日本で観客動員数100万を突破したのを皮切りに、「JSA」「チング」「シルミド」「ブラザーフッド」などが続々とヒットを重ねた。これにより、ハン・ソッキュ（韓石圭）など韓国の有名俳優が日本でもよく知られるようになった。しかし、韓流ブームに火をつけたのは何といってもNHKで放映されたドラマ「冬のソナタ」と主演俳優ペ・ヨンジュン（裵勇俊）である。当初衛星放送で放映開始された段階ではさほどの人気でもなかったが、口コミでファンが拡大し、2004年8月21日、地上波放送の最終回では夜11時の深夜枠としては異例の高視聴率（関東20.6パーセント、関西23.8パーセント）を記録した。この間、主演のペ・ヨンジュンの人気が急激に高まり、同年11月に来日した際には成田空港に芸能人の出迎えとして史上最多の3500名（一説では5000名）が殺到した。ブームは韓国への日本人観光客の増加にも貢献し、ドラマのロケ地に日本人が殺到している。またペ・ヨンジュン以外の韓国人俳優も注目され、イ・ビョンホン（李炳憲）、ウォン・ビン（元斌）、チャン・ドンゴン（張東健）らが日本で固定したファンを得るようになり、彼らは「韓流四天王」と呼ばれた。こうした韓流ブームの経済効果も大きく、ペ・ヨンジュン人気（「ヨン様ブーム」）から得られた利益は日本側では2000億円、韓国側では1000億円と推計されている（韓国の現代経済研究院による）。なお、韓国映画は国際的にも高い評価を得つつあり、2004年には日本のマンガを原作とした映画「オールドボーイ」がカンヌ国際映画祭でグランプリを受賞している。2014年現在、韓流は一時の最盛期に比べて退潮気味である。

日本が韓国・朝鮮を先入観として下位にみなすのが一般的だった近現代史において、このような規模の韓国ブームは空前のことであり、朝鮮通信使以来の日韓の文化交流が沸騰しているといえる。しかし、その上滑りなお祭騒ぎの裏で、基本的な問題としての歴史や民族文化への認識が忘れ去

られていると、批判的に見る意見も少なくない。なお、日本にとって韓国は中国、米国に次ぐ第3位(2013年)の貿易相手国であり、韓国にとって日本は中国、米国に次ぐ第3位(同年)の貿易相手国である。

韓国の不動産バブルと社会不安　2002年以降の韓国経済は内需、輸出ともに成長が鈍化する一方、ソウルの江南地区を中心に地価の急騰が進み、不動産バブルの様相を呈した。これに対し、政府は地価抑制に動きはじめているが、これは景気全体を後退させつつある。一方で、失業率が高い状態がつづいている。高度成長から通貨危機、不動産バブルと推移するなかで、韓国社会は物質的に「豊かな社会」となりつつあるが、日本がそうであるように精神的・道徳的な貧困、社会的な危機が進行している。性犯罪、窃盗、殺人などの犯罪も急増した。2004年7月18日には無差別連続殺人犯(柳永哲)が逮捕され、世上の話題をさらった。ある種の妄想にもとづくこのようなタイプの犯罪は従来の経済的に生計を立てるので精一杯だった韓国社会では考えられなかったものである。スポーツくじや大統領選挙資金をめぐる不正事件の多発、2004年末に話題となった組織的な大学受験カンニング事件もすべて同根の現象ということができる。

韓国の少子高齢化　韓国でも日本同様少子高齢化が大きな問題になっている。女性の出産率(一生を通じて出産する子供の数)は02年には1.17名で、1970年の4.53名と比べて約4分の1、80年の2.83名の2分の1以下である。また日本の2003年の1.33をも下回っている。しかし、40歳以上の出産は増えており、04年には5756名と、21年ぶりに記録を更新した。一方、03年7月1日現在、韓国の総人口は4792万名で前年比0.6パーセント増にとどまったが、平均寿命は76.6歳と高齢化が進み、65歳以上

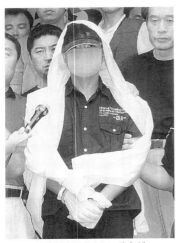

無差別連続殺人犯・柳永哲

多文化家族支援サービスとして生活面の情報提供をはじめ教育の提供、通訳・翻訳、就業支援、子供を対象とした言語・グローバル教育などが紹介されたパンフレット

の高齢者の割合も90年の5.1パーセントから03年7月には8.3パーセントにまで高まった。他方で自殺や離婚が増大し、02年の年間自殺者数は8631名で、交通事故による死者7090名を上回り、自殺率(人口10万当たりの自殺者)は19.1名で世界ワースト7位であり、10年前の9.7名(同10位)から倍増している。さらに04年の自殺率は25.2名で、1983年の調査開始以後最高であり、同年のOECD加盟国中でも最高である。日本と比べ、若年層が比較的多いのが特徴である。また02年の離婚率は47.4パーセントに達し、世界最高の米国の51パーセント、スウェーデン48パーセントに肉薄している。03年の離婚件数16万7000組は10年前の3倍である。これは1000名当たり3.5件で、日本の2.25件を上回り、米国の4件に近づいている。男性優位の儒教社会・韓国でも経済発展や核家族化などの社会変動が進み、かつてはめずらしかった妻の要求による離婚も増加している。しかし、まだ社会的に受け入れられているとはいえず、女性の再就職も困難で、再婚も多い。少子化の影響はとくに農村部に顕著に見られ、これは跡継ぎの担い手の問題と関連し、中国東北朝鮮族や東南アジアの女性を嫁にもらうケースが年々増加している。それで地方の農村部においてこれらの異国の嫁のために多文化共生社会・家庭が行政面から積極的にすすめられている。

東アジア共同の家 21世紀に入って提唱されるようになった東アジアの国際秩序についての新しい考え方。経済、文化、教育、環境など、非軍事的な部門を基軸として南北朝鮮と日本、中国、ロシア、米国、ASEANなど周辺各国が相互依存的な協調関係を結ぶことで、東アジアの地域統合を進めていこうとするもの。主な提唱者に和田春樹、金泳鎬、姜尚中らがいる。とくに経済統合に対する期待は大きく、自由貿易協定(FTA)がその突破口になると考えられている。韓国でもこれを積極的に推進する動きが活発である。たとえば2004年11月、盧武鉉大統領が「東北アジアにも欧州のような共同体が必要だが、日本には過去問題が、中国には覇権主義がある。われわれこそがその中心勢力たるべきだ」と発言した。ラオスのビエンチャンでのASEAN・日中韓会議の直後、訪問先のパリでの発言である。こうしたこともあり、日韓では02年3月22日、互いの企業に投資前から内国民待遇を約束する投資協定が成立。さらに03年末以降、日韓FTA締結をめざす交渉が重ねられている。2004年11月29日にはラオスでの日中韓会合で投資環境整備に合意した。このほか、日中韓3国共通の歴史教材作成の試みや、在日韓国人と在韓日本人の地方参政権相互承認の提唱などもこうした東アジア地域統合にかかわるものといえる。しかし、ヨーロッパの場合と異なり、言語・文化・歴史・体制・経済水準などにいちじるしい隔たりのある東アジアでは統合のための共通の価値観の形成は困難であり、障害は大きい。とくに北朝鮮や中国などは人権、核兵器などに関して問題が多く、「東アジア共同の家」は観念的な理想論とする批判は免れられない。とくに北朝鮮の民主化は必須の課題となるであろうが、中国をはじめ、日米ロも地域の秩序維持を優先し、北朝鮮の独裁体制の急激な崩壊を望んでいないのが現状である。また、2010年代に入り資源ナショナリズムや自国最優先の流れのなかで「東アジア共同の家」という考え方は現在ではややかすんでいる。

日中韓の東アジアFTA戦略 東アジア諸国の安定成長にとってはエネルギー、IT、

人材などの問題に共同で取り組む必要があり、企業も自由なビジネス環境の構築を求めている。このため、20世紀末以降、東アジアの域内地域協力や自由貿易協定（FTA）締結の動きが活発になっている。2004年12月現在、東アジアでは発効済みのFTAが9つあり、交渉中、あるいは交渉開始に合意したものを含めると、東アジア関係のFTAは20以上になる。これにもっとも積極的なのは中国とASEANである。とくに中国はASEANに急接近している。2000年にASEANとの自由貿易圏構想を提案。01年11月、ASEANにFTAを提案し、02年にはロードマップとなる「包括的経済協力枠組み協定」を締結、一部農産物の自由化の前倒しに踏み切った。03年にはASEANの基本条約である東南アジア友好協力条約に署名。04年11月にはモノの貿易関係の協定締結を実現した。中国には、「利益優先の原則」にもとづき、自国中心に東アジアの経済秩序を再構築しようという戦略がある。さらにその背後には、経済を基礎にASEANとの政治関係の改善や安全保障につなげようという政治的な思惑もある。ASEAN側は中国との経済関係強化を求める一方、こうした中国の意図に対する警戒も強い。04年11月末、ラオスで開かれたASEAN・日中韓会議で中国の温家宝首相は「中国の発展は決して他国への脅威にはならないし、地域の覇権をいかなる形でも追求しない」と強調したが、それはこうした関係を裏づけるものでもある。

これに対し、日本は98年に韓国との間でFTA締結をめざす研究を開始したものの、その後の動きは中国と比べると出遅れているといわざるをえない。しかし、02年1月のシンガポールとの初のFTA締結以後は、その動きを加速させている。02年1月のメキシコを皮切りに、03年12月には韓国、04年にはマレーシア、タイ、フィリピンとも政府間交渉を開始した。04年9月にはメキシコとの協定締結を実現し、11月にはフィリピンとの合意に達した。シンガポールとの協定は、①貿易やサービスの自由化、②原産地規則、③規格の相互認証、④投資ルール、⑤知的財産権保護、⑥人の移動などを含み、日本はこれをFTAのモデルと位置づけている。しかし、日本がめざす鉱工業製品関税撤廃、日系企業の日本からの部品調達枠拡大、サービス分野と政府調達および投資に関する内国民待遇と最恵国待遇は、日本と相手国の経済格差を無視した一方的な自由化要求になりかねないものとして警戒されている。また農産物自由化の推進が各国の小規模農民の窮乏化、日本企業による一方的支配を招くのではないかという不安も根強い。かつての大東亜共栄圏と同じ構造となるのではないかという警戒感があるのである。この点は、日本との間に年間2兆円以上（2013年現在）の貿易赤字を抱える韓国も例外ではなく、中小企業や農民を中心に日韓FTAに反対する世論が少なくない。機会均等、互恵主義の理念にもとづき、相手国の警戒感を払拭する貿易体制の確立が望まれる。

こうした動きに対し、米国は日中を牽制し、東アジアにおける足場を確保しようとする動きを示している。02年10月、米国はASEAN行動計画を打ち出した。WTO加盟と米国との貿易・投資枠組み協定締結を前提に、ASEAN諸国との2国間FTAを締結し、米国を基軸とするFTA網を構築しようとする行動を見せた。日本はこうした米国の動きに追従する動きも見せている。02年に提案した東アジア拡大共同体構想で米国の関与を前提としており、米国の軍事同盟国オーストラリアの参加を強く求めている。

これに対し、韓国では、日中、そして米国の自国利益中心主義戦略に対し、韓国こそが東アジア自由貿易圏の理念実現の核となりうるとする主張も出されている。韓国は2005年はじめて、チリとFTAを結び、シンガポールとも交渉が妥結しているが、日本との間で交渉が足踏みするなど地域の中心となる大国との間ではFTA締結、域内協力は進展していない。韓国が「東アジア共同体の中心勢力」を標榜し、率先してその理想実現をめざすのは１つの選択肢である。しかし理念先行のFTA締結は日中の主導権争いに巻き込まれていたずらに国益を損なうことにつながりかねない。近年米国につづいて2014年４月、カナダも締結した。このFTA貿易は韓国の貿易全体の30パーセント以上を占めていて、上昇傾向にある趨勢である。

日韓農業の苦悩　ウルグアイ・ラウンドにつづく多国間貿易交渉の新ラウンドは新設されたWTOのもとで2001年11月、カタールの首都ドーハで立ち上げが決定された。加盟国の３分の２以上を占める途上国の支援という観点から正式名称は「ドーハ開発アジェンダ」と名づけられたが、一般にはドーハ・ラウンドと呼ばれる。当初の交渉期限は05年１月１日とされたが、のちに大幅に延長され、06年末の一括合意をめざすこととされた。もっとも大きな壁に直面しているのが農業問題だ。ドーハ・ラウンドは国内農業の保護を基本課題とする日本、韓国、EU、多数の途上国と、農産物輸出入の全面自由化をめざす米国やケアンズグループ各国（オーストラリア、ニュージーランド、カナダ、タイ、マレーシア、ブラジルなど15ヵ国）の対立が１つの軸となっている。国内農業の保護は食糧安全保障のほか、豊かな自然環境の維持、食の安全・安心の提供などといった非経済的機能の確保を目的としている。農業問題についてほぼ利害の一致する日韓は自由貿易協定（FTA）でこの問題についてのルールを固め、共同して米豪などの一方的な自由化圧力に対抗する戦略が考えられる。またたとえばFTAで有機農業や食品安全確保の規格などに関して合意すれば、食の安全、農業の非経済的機能の確保にも貢献できよう。

しかし、ことはそれほど簡単ではない。日韓ともに食生活の欧米化が進み、農産物、とくに野菜の国内消費は伸び悩んでいる。そのため、両国ともに野菜、果物などの輸出を強化しつつある。期待される最大の市場は経済成長いちじるしい中国だが、それとともに日本にとっては韓国、韓国にとっては日本が重要なターゲットの１つと考えられる。すなわち国内農業の保護と同時に輸出を強化するという矛盾した課題を日韓ともに抱えているからである。他方、ファストフード、外食産業の食材の最大の提供元の１つとなっている米豪はひとり勝ちの観がある。また今後食糧増産で国内消費を満たしつつ、輸出を強化している中国の動向もドーハ・ラウンドの重要な鍵となる。この問題の根底には食生活の欧米化、ファストフードに不向きな国内農産物の消費減退がある。これは食の不健全化とともに、農地の荒廃や環境の悪化をもたらす複合的な問題となっている。このため、日韓は貿易で健全な競争のルールづくりとともに、食に関する教育（食育）や環境教育などでの協力も課題となろう。11年末に合意となった韓米FTA（自由貿易協定）によって、韓国の農民はいよいよ追い詰められたかっこうだが、貿易立国としての韓国としては苦渋の多い選択でもある。

京都議定書と韓国　「気候変動に関する

国際連合枠組みの京都議定書」(略称、京都議定書)は1997年に京都で開かれた第3回気候変動枠組み条約締約国会議(京都会議、COP3)で議決された。急激な地球温暖化の原因となるとされる二酸化炭素、メタン、亜酸化窒素、六フッ化硫黄など6つの物質について先進国の排出削減率を定め、共同で約束期間内(第1期間は発効から2012年まで)の目標達成をめざす。途上国の排出削減は各国の自発性に委ねられており、先進国から「排出権」を購入して工業化を持続することができる。また植林による温室効果ガスの吸収源拡大を削減率に組み入れることができる。01年3月に世界最大の排出国である米国が離脱し、ロシアも批准を見合わせたので、発効が危ぶまれたが(発効条件は55ヵ国以上の署名、積極参加(批准)国の1990年の二酸化炭素合計排出量が全署名国の55パーセント以上)、04年11月18日、ロシアが批准に踏み切ったため、05年2月16日に発効した。韓国は1998年9月25日に署名し、02年11月8日に批准している。韓国は排出削減義務を負っていないが、地球温暖化防止の国際的責務を自発的に果たすとし、スイス、メキシコとともに「環境十全性グループ」に位置づけられている。

しかし、近年では韓国はより積極的に温室効果ガスの排出削減に努めるべきであるとの声が高い。韓国は1990年から2001年までに二酸化炭素排出量が92.7パーセント増加したが、これは同期間内の排出増加の世界第1位である。また、02年の年間排出量は4億5155万トンで、世界ワースト第9位であった。また1人当たりの排出量では日本、英国、フランス、イタリアを上回った。このため、自発的削減を求める先進国の圧力が強まるとともに、13年以降の第2約束期間では排出削減の義務化が見込まれる。このため、NGOや専門家から早急に対策に着手すべきだとの声が上がっている。地球温暖化については結果について悲観論と楽観論の差が大きく、原因についても自然現象とする見解が根強くある。また対策については京都議定書による先進国の温室効果ガスの排出削減を軸とするEUに対し、米国はむしろ途上国の排出削減を求めるとともに、国際協力による温暖化防止新技術の開発に主眼を置いている。また米国では温暖化防止のために経済成長を減速させてはならず、温暖化防止の技術開発をビジネスチャンスとする見方も根強い。日本や韓国はこの両勢力の狭間に立たされながら、排出削減と技術開発の双方を模索しているのである。いずれの立場をとるにせよ、人間の産業活動が野放図につづいた場合、気候や大気に深刻な影響が及ぶという点で多くの専門家の見解は一致している。こうした観点から準先進国としての韓国の温暖化対策努力は必須である。韓国の潘基文外相(当時)は京都議定書発効に際して歓迎の意を表し、「韓国政府も排出削減に努力している」と強調しているが、これが05年現在の韓国の温暖化対策についての一応の態度表明といえよう。また日本はその先進的な環境技術を韓国をはじめとする周辺各国に積極的に移転し、その温暖化対策に貢献すべきである。05年2月に住友商事などの韓国、インドにおけるフロン破壊プロジェクトが国連で公認計画として採択された。このように、民間のエコビジネスが道を開くことが期待された。

新世代文学 60年代後半以降生まれで90年代に登場してきた作家の作品で、80年代以前とは明らかに異なる表現で既存の文学の支配的言説に対し挑戦、抵抗しているものをいう。

小泉の靖国神社参拝反対、歴史歪曲を糾弾するプラカードを掲げるソウル市民（05年5月）

80年代以前の民族文学は、民族や階級を中心に現実問題を扱うが、イデオロギー的な比重が高く、性や世代、人種、環境や市民運動など現代社会の多様で多元的な領域を満足に扱いかねてきた。これは文学の可能性を狭めることであった。これに対して新世代文学の作家たちは柔軟な発想力とセンス、繊細で感覚的な表現、型破りの形式や文体に特徴がある。また率直で大胆な文学的探求で、アイデンティティの発見に重きを置いている。代表的な作家に「アダムが目覚める時」の将正一、「オルガンのあった所」の申京淑、「鳥の贈り物」の段煕耕、金衍洙、金愛蘭、韓江らがいる。韓国では2002年、韓国文学翻訳院を設立し、「韓国ブランド」の一環として文学および人文科学、童話などを積極的に世界へ発信し、そのための出版・翻訳の助成も行っている。

対日新原則（ドクトリン）　韓国政府が2005年3月17日に発表した対日原則。盧武鉉政権は「任期中は歴史問題を争点化しない」ことを原則としてきたが、3月16日に島根県が「竹島の日」条例を制定し、これに反発する韓国世論が沸騰したのを契機にこれを転換する原則を発表した。その内容は以下のとおり。①韓国政府は世界の普遍的方式にもとづいて過去の問題を解決する。②独島（竹島）の領有権を確固として守る。③国際社会や日本の良心的勢力と連帯し、正しい歴史の共通認識を形成できるようにする。④65年の日韓条約の範囲外の問題を、被害者に対し日本政府が解決するよう促す。⑤日本政府はまず隣国の信頼を得ることが、国際社会で指導的国家として尊敬される第一歩だと認識すべきである。⑥日本が東北アジアの平和と安定を実現するパートナーであるという認識は放棄しない。しかし、2012年8月、当時の李明博大統領が支持率上昇を狙って独島（竹島）に上陸したことでこの原則は崩れたうえ、日韓関係をこじらせた原因となり、これがいまもなお尾を引いている。

韓国新聞法　正式名称は「新聞等の自由と機能保障に関する法律」。2004年12月に国会を通過し、翌05年7月28日に施行された。盧武鉉政権に敵対的な論調の大手3紙『朝鮮日報』『中央日報』『東亜日報』に規制を課して影響力の低下を狙うものといわれる。同法では名指しはしていないものの、3紙のシェアが市場全体の6割以上を占めれば「市場支配的事業者」とみなされ、過剰な価格改定や景品、無料提供などが発覚すれば罰金が課される。施行当時、主要3紙の合計部数は約640万部でおよそ6割ほどとみられた。その一方で、3紙以外の新聞普及のために政府が共同販売網づくり

に出資することになる。新聞流通院が新設され、新聞や雑誌を共同配達し、地方にも専売店を持つ大手紙に対抗する。大手紙との競争に敗れ、広告紙面が全体の5割以下の新聞は「新聞発展基金」の優先支援対象として救済される。また、「新聞発展委員会」に各社の収入や大株主の申告を義務づけるなど、経営情報を政府に報告させる制度も設けた。さらにインターネット新聞も新聞並みに支援と規制の対象とされ、世界有数のネット新聞「オー・マイ・ニュース」など政権に近いサイトが財政支援を受けられる制度が設けられた。また、これとともに制定された言論仲裁法により、言論仲裁委員会を通じた市民団体による新聞の評価・批判が行われることになった。このように政権批判の新聞が圧迫を受け、政権寄りの新聞が優遇される体制に、韓国のメディアの反応は大きく二分された。主要3紙は強く反発する一方、『ハンギョレ新聞』など恩恵を受ける新聞は歓迎する様相を呈した。新聞販売の機会を均等にするために法的な干渉を加えるものとしては、販売店で売れ行きに関係なく全紙を置かせるフランスなどの例がある。盧政権の新聞法はこうした例によってみずからを正当化しつつ、事実上言論に規制を加えるものといえよう。この新法について、世界新聞協会(WAN)は、新聞経営は「市場の自立性に任せるべきだ」と批判している。

APEC 2005 KOREA アジア大平洋経済協力会議(APEC)の一連の主要会議が2005年11月に韓国釜山で開催された。18日に首脳会議が開始され、19日、首脳宣言を採択して閉幕した。首脳宣言では、鳥インフルエンザの感染拡大阻止やWTOの新多角的貿易交渉(ドーハ・ラウンド)の進展を支持する内容が盛り込まれた。しかし懸案の北朝鮮問題に関しては、首脳宣言には盛り込まれず、議長の盧武鉉大統領は、北朝鮮が史上初めて核廃棄を約束した第4回6者協議の共同声明を支持し、履行を促す口頭メッセージを発表するにとどまった。盧大統領は「APEC首脳は6者協議で朝鮮半島非核化へ進展があったことを歓迎した。こうした進展が地域の平和と安定、繁栄に寄与すると期待する」「追加的な実質的進展、とくに共同声明を公約対公約、行動対行動の原則にそって誠実に履行することを促した」と述べた。議長国の韓国は当初、首脳会議で北朝鮮核問題について文書の形で発表することを検討したが、正式議題でないのに加え、北朝鮮を刺激するのを避けて首脳宣言から外したといわれる。とくに6者協議の議長国である中国の意向が強く反映したとみられる。

清渓川 ソウルの中心部を西から東に流れる川。元来は仁旺山や白岳山南部、南山北部の山麓を源流とし、漢江に流れ込む全長8キロほどの川であった。しかし、50年代から下水による悪臭などの問題が深刻化し、川をコンクリートで覆う暗渠化が進められ、1978年には完了した。しかし、その上に建設された高架道路の老朽化が進むとともに、道路の改良か清渓川の復活かが問題となった。2002年の市長選挙で、「都市

に潤いを復活させる」清渓川復元を公約に掲げた李明博が当選し、復元が具体化した。都市再開発で大規模な河川復活工事が行われることは世界的にも例がなく、注目を集めた。03年には工事が開始され、約3867億ウォン（約420億円）が投入された。途中、路上で商売する屋台などの業者とのトラブルもあったが、工事は完成し、05年10月1日に開式式が行われた。復元されたのは東亜日報社前を起点として東大門市場を通る5.8キロで、水量確保のために漢江から1日9万8000トンを地下パイプで供給し、周辺地下水から2万2000トンを汲み上げている。両岸には遊歩道があり、ここを散歩しながら、せせらぎや河岸の緑、鳥や魚の姿、随所に設置されたアート作品を楽しむ。またボランティアのガイドが巡回しているので、案内を求めることもできる。川沿いにはしゃれたレストランや喫茶店もオープンした。来訪客はここでそれぞれ自分が好む形で精神的な安らぎを得ることができる。したがって、これは自然河川の復活というより、都会のストレスをやわらげる新しいタイプの多目的レクリエーションスペースといえよう。それはまた、こうした「癒し」によって心の充足を求めるほどに、韓国社会に余裕ができたということでもある。ソウル市はこれを市民のみならず国内外からの観光客を対象とした新たな名所とすることをめざしており、遊歩道のスタート地点では日本語のパンフレットも配布しており、東京の日本橋地区の再開発に対して1つのモデルを提供した。

国家情報院盗聴問題　2005年7月21日、『朝鮮日報』が金泳三政権当時の国家安全企画部の秘密盗聴チーム・ミリムチームが有力者の通話内容を不法に盗聴していたと報道。韓国MBC放送が独自に確保した盗聴テープを放送しようとし、裁判所が放送内容の制限を決定するという事件が起こり、注目を集めた。これを機に進められた国家情報院の内部調査の結果、8月5日、金大中政権時代にも不法な盗聴が行われていたことが発表された。8月25日、金昇圭国家情報院長がこの問題について国会で報告し、この盗聴は北朝鮮関連の捜査や安全保障の目的とは関係なく、任意による違法なものだが、「誰が誰に誰を調査対象に通信傍受を行うよう指示し、その結果をどのように使ったかなどは正確に確認できなかった」とした。これは大問題とされ、国会では国家情報院解体まで叫ばれるに至った。しかし、こうした国家情報院の危機は金大中政権以降一貫してつづいてきたものだった。同政権の対北融和、情報機関の機能縮小にともない、北朝鮮ときびしく対峙してきた国家情報院職員600余名が1998年4月1日付で職権免職された。これらの職員は「職権免職取消訴訟」を起こし、大部分勝訴したが、金大中政権は復職を実施しなかった。このために、02年の大統領選挙時には、新千年民主党の盧武鉉候補を落選させようとする免職職員により、安企部時代の内部資料が大量に政界に流出し、ハンナラ党に集中的に渡された。そして05年の盗聴テープ流出事件も、1999年に金大中政権によって解職されたミリムチームのリーダー・権ウンヨンが盗聴テープを持ち出したことをきっかけとしている。クリーンをたてまえとしていた金大中政権によって違法盗聴が行われていたことも衝撃を与えたが、それ以上に、このように国家情報院からの情報流出が野放しになっていることが問題であった。これについては金大中政権が情報機関の機能を尊重せず、一方的に縮小し、その職員にとってもっとも重要な名誉と誇りを与えず、恣意的に職を奪おう

とした結果、現場職員の混乱と反発を招いたものとする批判が寄せられた。金大中政権から盧武鉉政権へと引き継がれた、立場によっては「売国」とも映る対北融和政策、過去の対北情報活動に対する批判的な調査はこれに拍車をかけた。この事件で金大中政権時の与党・(新千年)民主党は「(8月5日の)発表は盧武鉉政権の政治的意図によるもの」と反発したが、8月11日、盧政権側は「発表は前政権で盗聴があったとしたが、前大統領が盗聴を指示したとはいっていない」とし、金大中政権から政策を継承する同政権の苦しい立場をうかがわせた。なお、とくに金大中政権以降の違法盗聴を主導した疑いで、05年11月15日、林東源、辛建の2人の元国家情報院長が逮捕された。

ES細胞捏造疑惑　2005年5月、ソウル大の黄禹錫教授はヒトクローン胚からの11個ものES細胞(胚性幹細胞)製造に成功したと米国の『サイエンス』誌に発表。これは事実とすれば再生医療・臓器移植に重要な意味を持つものであった。黄教授は同年8月、困難といわれる犬のクローンの発生・出産にも成功したと英国の『ネイチャー』誌に発表。これに、韓国政府は国家的事業と見立てて基金まで設け、全面的に支援する態勢をとった。しかし05年11月、ES細胞製造で内部研究者が卵子を提供したほか、別の卵子提供者に金銭を払っていたことが発覚。倫理上の問題のみならず、研究の客観性にも疑問が生じ、調査の結果、ES細胞製造自体が大部分捏造ではないかとの疑惑を持たれるに至った。これにともない、クローン犬についても『ネイチャー』誌が再検討することになった。06年1月現在、ソウル大調査委員会のほか、黄禹錫自身もES細胞が存在しなかったことを認めており、『サイエンス』誌は論文掲載撤回を表明している。この近来稀にみる科学スキャンダルの背景には、生命工学の分野で早急に国際的評価を高め、ナンバーワンの地位を既成事実化したい韓国の焦りがある。近年、韓国は半導体や液晶画面など先端技術の分野で確実に技術レベルを向上させているが、品質では日本の高品位製品に及ばず、価格では中国や東南アジア諸国に圧倒されるという問題を抱えている。このようななか、ソウル大チームは欧米でも困難なES細胞製造で次々と成果を発表して注目を集め、韓国は再生医療の分野で国際拠点になるとまでみられた。黄禹錫は一躍時の人として人気を集めたが、急転直下疑惑が集中することになった。韓国が国際的に認められる分野で早急にナンバーワンの地位を得たいという焦燥はこれにとどまらない。柔道、剣道、空手、華道、茶道などの日本文化が国際的に高く評価されるようになると、それらの起源が韓国にあると世界に宣伝したり、スナック菓子やアニメーションなど、とくに青少年への影響の強い分野で日本のものを剽窃しながら絶対にその非を認めない一見非合理な姿勢が目立つのも、広くみればES細胞問題と同根といえる。

南大門放火事件　2008年2月10日、韓国の国宝第1号である南大門(崇礼之門)が放火され、木造部分が焼失した事件。当初は照明設備の漏電が原因かと思われたが、燃えはじめたのが木造の2階部分で照明設備はなく放火の疑いが強まった。翌日捕まった犯人は政府や社会に対して不満をつのらせた末、放火を決意したという。

　都市再開発事業の立ち退きに際し、要求した補償額の交渉が決裂し、犯人は家から退去することになった。そのころから社会への復讐心が湧き、06年、昌慶宮文政殿に火を放った。これに対して裁判所の判決の

追徴金が高すぎるとして、ますます政府や社会への敵意をつのらせ、南大門の放火に至ったという。

南大門消失は国民を震撼させ、人々を悲しませた。復元のために多くの義援金が集まり、10年2月に南大門の復元工事が着工され、13年4月に工事が終了した。5月の記念式典を開催するも手抜き工事が発覚。2014年5月再工事の必要が監査院より表明された。

李仁夏［イインハ］

90年代半ば頃
（写真は遺族提供）

1925〜2008。韓国慶尚北道生まれ。41年渡日。52年東京神学大卒。カナダ留学後、在日大韓基督教会川崎会牧師となる。69年、国籍に関係なく入園できる桜本保育園を開園。翌年「日立就職差別・朴君を守る会」共同代表として勝訴。73年に社会福祉法人青丘社を創立。ここを拠点にして川崎市民としての「在日」への理解と差別撤廃に向け地域住民との交流を促進した。75年、日本人も参画する運動「民族差別と闘う連絡協議会」を発足、代表となる（〜93年）。元軍人・軍属に対する法律の国籍条項撤廃などを求める運動にも積極的に取り組み、91〜03年、「在日の戦後補償を求める会」共同代表も務めた。韓国の民主化運動にも強い関心を寄せた。

90年代後半、北朝鮮の食糧危機に際して、政治的な事情から在日社会でも人道援助の動きはにぶく、現実化しにくかった。民団はもちろん、総連も援助運動に積極的ではなかったなか、李仁夏は宗教人として尽力した。また、96年、川崎市が消防職を除く、全職種の職員採用において国籍条項を撤廃することになったが、これにも先頭になって動いた。李仁夏の運動は生活者の市民・個人の目線から見定めたものであった。94年、川崎市社会功労賞、98年、朝日社会福祉賞、そのほかに韓国KBS海外同胞賞、神奈川県文化賞を受賞。著書『歴史の狭間を生きる』(2006) などがある。

6. 開放と孤立のはざまの金正日体制

李仁模の帰郷 「いかなる同盟国といえども、民族よりもよいわけはありません。いかなる理念、いかなる思想といえども、民族がもたらすよりもさらに大きな幸福を運んでくることはできません」

1993年2月3日、金泳三は大統領就任式でこのように述べ、重要閣僚の統一院長官（副総理兼任）に韓完相を据えた。韓完相はソウル大学の社会学担当教授で、一貫して体制に批判的な姿勢を貫いてきた行動する知識人だった。韓完相は長官になって間もなく、94年3月11日に、朝鮮戦争の捕虜の非転向長期囚として服役していた李仁模を北朝鮮に返すと発表した。34年3ヵ月に及ぶ収監から釈放され、3月19日、李仁模は「英雄」として板門店から北へ向かった。この措置は92年の南北合意書にもとづくもので、南北の和解が少しでも積み上げられるものとだれもが期待した。しかし、国際政治は冷厳であった。米国は、北の核問題をそのままにしての、南北の和解の進展を許さなかった。米国は寧辺にある2つの核施設に対する特別査察を求めた。そして、90年代に入って縮小、中止していた韓米合同軍事演習の「チーム・スピリット」を再開する。これに対して北は態度を硬化させ、3月12日、核拡散防止条約（NPT）脱退を表明する。これは李仁模の帰国発表の翌日のことである。

北朝鮮の核疑惑（1994年危機、第1次核危機） 1990～95年にかけて、北朝鮮の原子力政策をめぐって同国と米国・韓国・日本の間に起きた一連の政治的危機を指す。北朝鮮は1985年、核拡散防止条約（NPT）に加盟したが、その独自路線の立場から天然ウラン・黒鉛・炭酸ガス型発電炉（いわゆる重水炉。原爆クラスのプルトニウム抽出が容易）を選択し、研究・開発を進めていた（韓国の場合は西側で主流の軽水炉）。またこの時点では国際原子力機関（IAEA）との保障措置協定（いわゆる査察協定）を結んでいなかった。90年2月、米国の人工衛星の写真から、北朝鮮の寧辺付近で使用済み核燃料の再処理工場と思われる施設の稼働が明らかになった。これがプルトニウム抽出施設とされ、原爆の素材調達の可能性をうかがわせることになった。米国が先頭に立って、北朝鮮にIAEA査察の受け入れを要求。北朝鮮は92年2月に査察協定を結び、同年5月から翌年2月まで計6回の査察を受け入れた。しかし、IAEAはさらに、同機関史上初の特別査察（未申告事項などの査察）を要求。北朝鮮の反論・理由説明要求を無視するなど、強硬な態度で臨んだ。北朝鮮も態度を硬化させ、93年3月12日、NPTからの脱退を表明した。この間、韓米両軍は合同演習「チーム・スピリット93」を展開。これに対して北朝鮮は「準戦時体制」に入るなど軍事的示威行為の応酬がなされた。国連安保理は5月11日の決議でNPT脱退の撤回と特別査察受け入れを勧告。北朝鮮はこれに従わず、5月29日、新型中距離ミサイル「ノドン」の発射実験を行って、緊張を高めた。6月2～11日、ニューヨークで朝米高官協議がもたれ、核兵器を含む武力不使用（その脅威も与えない）、朝鮮半島非核化、北朝鮮のNPT脱退の保留の3原則で合意した。しかし北朝鮮は特別査察拒否などの強硬な姿勢を変えず、翌94年6月13日にはIAEA脱退を表明するなど、危機的な状況が持続した。6

月15日、米国が国連安保理常任理事国などに北朝鮮制裁案を提示。緊張は最高潮に達し、世界は第2次朝鮮戦争の危機に震えた。しかし、6月15～18日のカーター元米大統領の訪朝によって事態は急転し、金日成は核開発凍結など柔軟な対応の意向を示した。7月8日にはその金日成が死亡するが、北朝鮮側の妥協の方針は変わらず、10月21日、両国は北朝鮮の軽水炉導入、米国側のリーダーシップの下での北朝鮮の核エネルギーの国際共同管理を内容とする「米朝枠組み合意」に調印。翌95年3月8日、管理組織・朝鮮半島エネルギー開発機構（KEDO）設置などを内容とする韓米日の合意が成立し、「北朝鮮核疑惑」問題は、北朝鮮の核技術の西側による管理という形で決着した。一方、この間、日本の一部マスコミは猛烈な反北朝鮮キャンペーンを張り、そのセンセーショナリズムの余波を受けて、日本人の成人男性が駅のホームや電車内で朝鮮学校の女子学生に暴言を浴びせたり、制服のチマ・チョゴリを刃物で引き裂いたりするという犯罪が続発するなど、戦後日本の朝鮮認識の実態の一端を垣間見せた。その後、この流れは「ヘイトスピーチ」へとつながる。

朝鮮半島エネルギー開発機構（KEDO: The Korean Peninsula Energy Development Organization）　1994年10月、北朝鮮と米国の間で朝鮮半島における核問題の包括的な枠組みと、今後の両国の関係改善が合意された。これにもとづいて95年3月8日に日米韓3国が設立協定に調印して、KEDOが発足した。核問題の包括的枠組みとは、北朝鮮がNPT（核拡散防止条約）体制にとどまることによって、プルトニウムが容易に抽出でき、それによる原爆製造を可能にする黒鉛炉による原発開発を中止し、その見返りとして、米国が中心となって軽水炉による原発開発を北朝鮮で行おうとするものである。KEDOは95年8月にニューヨークで第1回総会を開催（日米韓など32ヵ国とEUが参加）。9月からマレーシアのクアラルンプールで北朝鮮との協議を開始した。3ヵ月にわたる交渉ののちようやく12月に、①軽水炉提供（韓国電力の蔚珍3・4型）、②連絡事務所の相互開設などが妥結した。1999年をめどに、IAEAの特別査察の実施、軽水炉第1号基の核心部分の搬入が、また時期は定められなかったが、大使級関係への格上げ、燃料棒の第三国への搬出などが取り決められた。建設場所は北朝鮮東部の琴湖と定められ、100万キロワット級2基を2003年頃までに完成させることになった。97年8月、琴湖で初期工事が開始された。建設費は40億～50億ドルとされているが、最終的にはこの予算の2倍に上るだろうという見方もあった。費用は無利子・20年償還（完成から3年間は支払い据え置き）で北朝鮮に貸与され、その大半は韓国・日本が負担するものとされた。99年12月15日には、建設のための主契約がKEDOと韓国電力の間で締結された。なお、原発が完成するまでの間、KEDOは毎年50万トン以上の重油を北朝鮮に提供することになっていた。しかし、02年10月、米朝高官協議で北朝鮮が枠組み合意を破って核開発を継続していたことが明らかになり、11月14日、米国とKEDO加盟国は重油供給停止で合意。翌03年11月3～4日に軽水炉工事の中断が決定された。05年11月21～22日の理事会で事業廃止と組織解体が決定した。

北朝鮮の食糧危機　1995年7月から8月にかけての3度にわたる豪雨によって、北朝鮮北部・中部（平安南道、黄海南道）が

100年来の洪水に見舞われ、これによって「食糧危機」が露呈した。この洪水による被害は、北朝鮮に200余りある市・郡のうち145市・郡に及び、被災者は約100〜500万名、被害耕地面積36万ヘクタールで、被害総額は150億ドルに上るとされる。この額は北朝鮮のGNPの70パーセントに相当するという。

ところで北朝鮮の食糧危機はたんにこの洪水だけが原因ではなく、冷戦の終結とともにやってきた旧ソ連の解体によって食糧援助が激減したことと、年来の農業政策の失敗が大きくかかわっている。60年代から進められた北朝鮮における耕地の開墾政策は、荒れ地や山間の土地を耕地に変えたが、水利施設の不備と、地味がよくないという基本的な問題があった。トウモロコシ・小麦などの収穫は数年間は予想水準に達したが、長くつづくはずはなかった。さらに問題を悪化させたのは、この間新しく開墾された土地は水害に弱く、ひとたび豪雨などに見舞われると、旧来の平地の耕作地まで土砂や石が流れ落ち、予想外の被害をもたらした。これにとどまらず、土砂などは川にまで流れ出して川底を高め、既存の水利をも破壊した。河口まで流れついた土砂は、港湾施設に甚大な被害を及ぼした。さらに北朝鮮は食糧増産を急ぐあまり、「密植」によって一時的には生産高を上げたが、そのせいで地力をなくしてしまった。こうしたことが95年の水害とからみあって、恒常的な「食糧危機」がつづいた。

韓国政府は国連の要請を受け、同族的立場からコメ15万トンの緊急援助を行った。しかし、北側は受け入れ態度が傲慢だったうえ、積年の南北対立がたたり、韓国世論の反発を買った。このため、第2次の援助はずっと遅れ、国連や米国の働きかけによってやっと決定された（96年6月）。その中身も、軍事用に転用される恐れのあるコメをやめ、小児用のミルクや加工食品などに限定し、拠出額は前年の第1次援助に比べれば少ない規模になった。なお、大韓赤十字は人道的な見地から韓国政府とは別途に、コメ・大豆・食用油・建築材・衣類など、96年7月までに5次にわたる援助を行っている。

一方、国際的支援も行われ、95年9月、国連は2000万ドルの援助を世界に呼びかけ、日本も50万ドルを拠出し、コメについても6月と10月の2度にわたり、合計50万トンを支援した。96年6月には、国連は前年の倍の4360万ドル（約50億円弱）相当の緊急援助を各国に要請した。これを受け、米国は600万ドル相当を拠出。韓国、日本もほぼ同額の援助を行った。以後、援助が継続されたが事態は好転せず、国連世

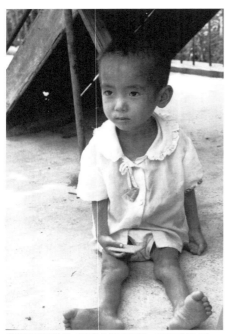

栄養失調の幼児（黄海北道平山郡、1997年9月）

界食糧計画（WFP）は98年1月、3億782万ドルに及ぶ史上最大の緊急食糧支援プログラムを発表。世界各国に協力を要請した。北朝鮮の食糧援助は今後もつづけられるだろう。天候に恵まれたことや肥料援助などによって、99年にに穀物生産が5年ぶりに400万トンを突破。同じく経済成長率も5年ぶりでプラスに転じたが、前途はなお多難である。

99年12月24日の朝鮮中央通信は、90年代の北朝鮮の経済事情が朝鮮戦争直後よりも悲惨であったことを認める記事を配信した。これによれば、北朝鮮では電力や原料などの不足のため、あらゆる領域で生産が維持できなくなるとともに、食糧供給が停止し、穀物以外の食品で飢えをしのぐに至っていたという。また2000年2月21日、国際赤十字連盟のシャピテル事務総長はインタビューに答えて、赤十字の最大の課題は北朝鮮への救援活動だと述べた。なお、日本は98年8月の「テポドン」発射に抗議して、北朝鮮への食糧支援を凍結していたが、2000年3月7日には再開を決定。コメ10万トンの支援を行う方針を公式表明し、同15日にはこのためにODA予算から40億円を拠出した。

以後、北朝鮮は事実上援助に支えられて国民に食料を供給してきたが、05年秋、WFPなどの援助組織に対し、人道支援事業中断と関係者撤収を要求する。他方で長らく行われていなかった食料の全面配給制を10月1日から実施しているとWFPに報告した。06年1月1日、ついにWFPはいっさいの支援を中止した。しかし、他方でWFPは北朝鮮当局の配給量が規定の量に達しておらず不十分であることも明らかにしている。北朝鮮の援助中止要求は一見配給実施のためのようであるが、その背後には援助とともに外国の情報が流入して体制を動揺させるという懸念があると見られる。こうしたジレンマのために、金正日政権下の北朝鮮が食糧危機から脱するのはきわめて困難になっている。金正恩政権（2012年〜）になっても食糧危機は変わらない。

南北協力基金 韓国政府が北朝鮮との交流・協力事業を支援するために1990年、「南北協力基金法」によって設置。政府の出資金とその運用益、民間出資金を財源とする。1999年末現在の基金総額は8300億ウォン。設置は90年だが、本格的な運用は93年の金泳三政権成立以降で、各種の人道的支援、軽水炉建設事業、企業や非政府組織（NGO）への支援に投入された。

潜水艦侵入事件 北朝鮮の潜水艦が韓国の江陵市付近の海岸に侵入、坐礁し、乗務員・工作員が上陸した事件。1996年9月18日、韓国・江陵市付近の海岸で北朝鮮のサンオ（鮫）級潜水艦が坐礁しているのが発見された。さらに、現場付近の山野で、射殺されたとみられる乗務員ら11名の遺体が発見された。また同艦から上陸したとみられる1名が逮捕された。翌日から11月5日にかけての韓国軍との銃撃戦で、北朝鮮側は13名死亡、韓国側も軍人11名、警察官・予備役各1名の計13名が死亡（うち5名は誤射・事故による）。また民間人4名が殺害された。韓国軍は、逮捕されたのは人民武力部偵察局員の李光洙上尉で、同艦は港湾・飛行場などの重要施設の偵察を目的にしていたと発表。これに対して北朝鮮側は、同艦が訓練中に機関故障・漂流の末、坐礁したと発表。さらに艦と遺体、逮捕された乗員の身柄の即時返還を強く要求した。韓国政府は発電所などの警備を強化するとともに、北朝鮮に謝罪を要求したため、南北関係は緊迫した。10月15日、国連安

保理は両国に朝鮮戦争休戦協定(53年)順守を呼びかける議長提案を採択。11月24日にはマニラでの韓米首脳会談の共同声明が、北朝鮮に「(韓米両国にとって)受け入れ可能な措置」を求めた。こうして、94年の核疑惑をめぐる緊張の記憶がいまだ生々しいなかで事態は国際社会を巻き込んだ危機に発展した。12月、ニューヨークでの朝米協議でこの問題が議論された。この結果、同月29日、北朝鮮は事件について「遺憾」と「再発防止」の意を表明。翌30日には24柱の遺骨が北朝鮮に返還された。

黄長燁亡命事件 1997年2月、北朝鮮の高官、黄長燁が亡命した(その後2010年10月ソウル市内の自宅で死亡)。金日成総合大学長を務め、金日成が提唱した「主体思想」の哲学理念を体系化した中心人物で、北朝鮮の権力序列の26位であった。北朝鮮からの亡命者としてはそれまでのトップであった。韓国では亡命者のことをふつう「帰順者」という。ソ連・東欧の社会主義国に留学・出向していた北朝鮮の学生・研究者がソウル・オリンピックをテレビ観戦して、第三国を経て大挙亡命したこともある。それ以前から一般的なのは豆満江を渡って地続きの中国に入り、亡命するケースがある。現在でもこれがもっとも多い。そのほかに、海外に出て亡命するケースがある。黄長燁のような高官や外交官らは海外に出る機会が多いので、出先から直接、あるいは第三国を経て、韓国に亡命する場合が多い。なお最近は、北朝鮮の食糧危機が主な原因で亡命者が急増している。2009年の2937人をピークに、2013年以降は毎年1000人前後が韓国に入ってきている。

日朝交渉 現在いわれている「日朝交渉」は、1990年9月、自民・社会両党訪朝団(金丸信・田辺誠団長)によってなされた自民党・社会党・朝鮮労働党の「3党共同宣言」にはじまる。この宣言の要旨は次の4点にまとめられる。①過去、日本が36年間、朝鮮人民に与えた不幸と災難、戦後45年

成田空港にて
黄長燁(左)と秘書の
金徳弘
(1997年2月)

間、朝鮮人民が受けた損失について、北朝鮮に対し十分に公式的謝罪を行い、償うべきであると認める。②日本政府が国交関係を樹立すると同時に、かつて北朝鮮の人民に与えた損害に対して十分に償うことを認める。③朝鮮は1つであり、北と南が対話を通じて、平和的に統一を達成することが朝鮮人民の民族的利益に合致すると認める。④将来、地球上のすべての地域において、核の脅威をなくすことが必要であると認める。共同宣言の枠に沿って、91年1月から翌年11月まで実務者会談が8回にわたって行われた。賠償、核問題などをめぐって協議されたが、ことごとく対立した。そしてついに、日本側がのちの拉致疑惑につながる「李恩恵問題」を持ち出すと北朝鮮側は強く反発し、交渉は決裂した。その後、北朝鮮の核疑惑問題に一応のめどがついた95年3月、連立与党の訪朝団(渡辺美智雄団長)は朝鮮労働党と「日朝会談再開のための合意書」に署名し、交渉を仕切り直した。このときの「合意書」では先の「宣言」に謳われた「戦後45年間、朝鮮人民が受けた損失」の部分が削除された。

「宣言」「合意書」が確認されたといっても、日本は独自の外交展開ができず、米国と韓国の反応と追認をにらみ、かつての植民地統治国としてはきわめて消極的な姿勢でこの問題に対処している。97年11月の連立与党議員団(森喜朗団長)訪朝では合意書発表は見送りとなった。そして、98年8月の北朝鮮のテポドン発射を機に、日朝両国の国交正常化の見通しは絶たれたかに見えた。ところが、同年12月の超党派議員団(村山富市団長)の訪朝では国交正常化交渉の早期再開が合意され、翌2000年3月には日朝交渉本会談が再開された。北朝鮮は当初賠償問題について、明確に賠償と位置づけることを主張していたが、02年9月の日朝首脳会談で、日本側が主張する「経済協力」方式を事実上受け入れた。その後、拉致問題をめぐる北側の不誠実な対応で、国交正常化交渉は中断した。しかし、05年12月24〜25日の日朝政府間交渉(北

日本代表の高野幸二郎(左端)と北朝鮮代表の鄭泰和(右端) 平壌にて(2000年4月)

京)で翌年2月の国交正常化交渉再開で合意した。その後06年2月4日、3年3ヵ月ぶりで再会された。

戦後日朝関係年表

1955.2	南日北朝鮮外相声明「対日国交正常化討議の用意あり」。
56.3	日朝貿易会設立。
59.8	在日朝鮮人の北朝鮮帰還協定調印。
59.12	在日朝鮮人の北朝鮮帰還第1便出発。
61.4	日朝間の本格的直接貿易開始。
71.11	日朝友好促進議員連盟発足。
72.1	日朝貿易促進議定書に調印。
75.9	初の自民党有志議員団訪朝。
77.5	北朝鮮代議員団(玄峻極団長)訪日。
77.9	日朝民間漁業協定調印。
82.3	日本、玄団長らの入国拒否。
83.11	「第18富士山丸」乗組員、北朝鮮に抑留。
85.8	ユニバシアード神戸大会参加の北朝鮮選手団の直行便受け入れ。
89.1	社会党大会出席の朝鮮労働党代表団の入国を無条件で許可。
89.3	竹下首相、衆院予算委で北朝鮮との関係改善の意向を表明。
89.12	日朝民間漁業協定調印。
90.9	自民・社会両党議員団訪朝。
91.1	日朝国交正常化交渉開始。
91.9	南北国連同時加盟。
92.2	米朝が初の次官級会談。
92.11	日朝交渉、第8回会談で決裂。
93.3	北朝鮮、核不拡散条約(NPT)脱退を表明。
94.7	金日成没。
94.10	米朝枠組み合意調印。
95.3	KEDO発足。連立与党(自民・社会・さきがけ)議員団訪朝。朝鮮労働党と「日朝会談再開のための合意書」に署名。
95.6	日本、北朝鮮へ30万トンのコメ支援決定。
95.10	日本、北朝鮮へ20万トンのコメ追加支援決定。
96.3	日本外務省担当官、北朝鮮政府関係者と北京で接触。
96.4	米韓首脳会談で、休戦協定から平和協定への格上げをめざし、4者会談の開催を共同提案。
96.6	日本、600万ドルの援助を米韓とともに拠出。
97.2	北朝鮮による日本人拉致疑惑、本格的に問題化。
5	北朝鮮、日本人妻里帰り容認を表明。
8	国交正常化交渉再開に向けて、予備会談開始。
97.11	連立与党(自民・社会・さきがけ)議員団訪朝。
98.8	北朝鮮、テポドン発射(日本、食糧支援・国交正常化交渉凍結)。
99.12	超党派議員団、訪朝。国交正常化交渉、早期再開で合意。日本、交渉凍結解除。交渉再開に向けた日朝予備会談。
2000.3	日本、北朝鮮への食糧援助再開。日朝交渉本会談再開。
6	南北首脳会談。
02.9	第1回日朝首脳会談。
02.10	日朝国交正常化交渉。
04.5	第2回日朝首脳会談。

05.12 日朝政府間交渉。
06.2 日朝国交正常化交渉再開。
 7 貨客船万景峰号は、ミサイル発射実験のあったこの月から入港禁止。
 10 北朝鮮国籍を有する者の原則入国禁止としなお、在日朝鮮人の「朝鮮」は日本政府が1946年に当座の措置として朝鮮半島出身者とその子孫につけた「符号」であり、北朝鮮籍すなわち朝鮮民主主義人民共和国籍ではない。
 10 特定船舶の入港禁止に関する特別措置法にもとづき、北朝鮮船舶のすべての船舶の入港を禁止。
 10 北朝鮮、初の核実験。日本は北朝鮮からの輸入を全面的に禁止。北朝鮮への訪問を差し控えるよう行政指導。輸出についても、日本船籍および北朝鮮船籍以外の貨物船によるものは認めていたが、これも核実験（09年5月25日）によって全面禁止。
07.3 第1回日朝国交正常化のための作業部会（ハノイ）。
 9 第2回日朝国交正常化のための作業部会（ウランバートル）。
08.6 日朝実務者会議（北京）。
 8 日朝実務者会議（瀋陽）。
12.8 日朝政府間協議課長級予備協議（北京）。
 11 第1回日朝政府間協議（ウランバートル）。
13.5 飯島内閣参与が訪朝（韓米に事前通告せず）。
14.2 日朝赤十字会談で日本人遺骨の返還問題協議。
 3 第2回日朝政府間協議（北京）。
 5 第3回日朝政府間協議（ストックホルム）。「拉致問題解決に向け調査委の構成」を日本と同時発表。
 7 日朝政府間協議（北京）。特別調査委員会の組織・構成・責任者を日本側に説明し調査開始を公式発表。日本側は独自の制裁を一部解除する。
 10 日本政府代表団、訪朝。拉致問題に関する「特別調査委員会」と協議。

日本人拉致事件 北朝鮮当局が日本人を拉致し、これと工作員がすり替わりスパイとして日本に潜入させたり、拉致してきた日本人をスパイ学校の教官として利用しているという事件。かつて事実として確定されていないとみなされていた時代には「拉致疑惑」と呼ばれたが、今日では事実であることが確かめられている。問題とされているものの大半は、当初いずれも日本側当局が確証とみなす証拠を公表しておらず、「脱北者」などの証言にも不自然な点があるとする説があったため、客観的にはいまだ「疑惑」にとどまると見るのが適当とされた。北朝鮮は拉致の事実をすべて否定し、「日本人行方不明者問題」と称していた。しかし2002年9月17日の日朝首脳会談で、金正日は日本人拉致を認めた。このため、北朝鮮当局は一応の情報提供を行ったが、その説明には多くの矛盾や不自然な点があり、信憑性に問題がある。

　まず、主な拉致事件を紹介する。①1977年9月19日、東京都三鷹市在住の久米裕が石川県の宇出津で拉致された事件。

②1977年11月15日、新潟市の女子中学生・横田めぐみが拉致された事件。③1978年6月、埼玉県の田口八重子が拉致された事件。④1978年7月7日、福井県で地村保志と浜本富貴恵が拉致された事件。⑤1978年7月31日、新潟県で蓮池薫と奥土祐木子が拉致された事件。⑥1978年8月12日、鹿児島県で市川修一と増元るみ子が拉致された事件。⑦1978年8月12日、新潟県で曽我ひとみ・ミヨシ母娘が拉致された事件。⑧1980年6月20日、大阪在住の原敕晁が拉致された事件（宮崎県を経て北朝鮮に連行されたとされる）。⑨1980年6月7日、スペインで石岡亨と松木薫が拉致された事件。⑩1983年、神戸在住の有本恵子が渡航先のコペンハーゲンで拉致された事件。このほかにも多数の疑惑があり、被害者は少なくとも80名以上に上るともいわれる。また、1978年8月15日、富山県でアベックが4人組の男に襲われた事件が拉致未遂事件と認定されている。

このうち、①と⑥は80年に『サンケイ新聞』に報道されて全国的に知られるようになったが、家族など関係者や警察当局にとってはともかく、一般国民にとっては、深刻に受け止められることはなかった。

北朝鮮が日本人を拉致して、スパイ教育に利用しているという、拉致疑惑の基礎になる認識が日本人の間に広まったのは、87年の大韓航空858便爆破事件がきっかけであった。実行犯容疑者の金賢姫が北朝鮮で工作員として教育を受けた際、「李恩恵」という中年の日本人女性から偽装のための「日本人化教育を受けた」と証言したと、韓国の国家安全企画部（安企部）が発表したのである（88年1月15日）。安企部によれば、この女性は息子と娘を残して、日本から拉致されてきたとのことであり、これによって拉致疑惑はそれ以前の事件も含めて急速にマスコミに取り上げられることになった。さらにその後の調査結果として、「李恩恵」は上記③の田口八重子と認識されるに至った。

91年5月20日から開始された日朝交渉第3回本会談で日本側は「李恩恵」＝田口八重子の消息調査を要求。北朝鮮は事実無根の疑いであるとして、激しく反発した。あたかも植民地支配の謝罪・賠償を回避しようとしているかのようなタイミングでこれが提示されたことも、北側の怒りに拍車をかけたと思われる。その後、92年11月5日には第8回会談の非公式会談での日本側の調査要求を北側が拒否。交渉は決裂し、日朝交渉は長い中断の時期を迎える。

一方、96年9月、拉致疑惑は新たな展開を迎えた。テレビ朝日のディレクター石高健次が書いた拉致事件に関する記事をきっかけに、上記②の横田めぐみ事件につながる北朝鮮の少女拉致疑惑が広く知られるようになったのである。97年1月23日には新進党の西村真吾議員は「北朝鮮工作組織による日本人誘拐拉致に関する質問主意書」を衆議院に提出して、拉致疑惑の真相究明を政治課題として国会に持ち込んだ。さらに2月3日、『産経新聞』と雑誌『アエラ』が、少女拉致の被害者は横田めぐみとスクープ報道。同日、西村議員は衆議院予算委員会で、石高の記事に登場するのは横田めぐみではないかと政府に質問。橋本龍太郎首相は「情報収集に努めている」と肯定に傾斜した答弁をし、ここに根拠が不明確なままに、拉致疑惑は事実として大多数の国民に認知されるに至った。いたいけな女子中学生がテロ国家北朝鮮の非人道的な犯罪の犠牲となったという情報は、それまでの事件とはまったく異なる強いインパクトを日本社会に与えた。3月25日には「『北朝鮮による拉致』被害者家族連絡会」

が発足し、会長にに横田めぐみの父・横田滋が就任し、さらに超党派の「北朝鮮拉致疑惑日本人救援議員連盟」も結成された。

　折からの食糧危機で、日本の援助を求めたい北朝鮮は同年11月、連立与党訪朝団に対して、拉致被害者とされる人々について、「一般の行方不明者としてなら捜してもよい」と約束。しかし、翌98年6月5日の北朝鮮赤十字からの回答は「日本側が捜している10名は1人も捜し出せなかった」というものであった。その後、日本赤十字は再調査を依頼。また2000年3月6日には被害者家族が北朝鮮への食糧支援に反対して、外務省前に座り込み、河野外相と面会して、この問題についての政府見解を求めた。こうしたことがあったためか、同年3月10日、朝鮮中央通信は、「北朝鮮赤十字中央委員会が各支部に日本人行方不明者の再調査を指示した」、「権限を持つ当該機関でも正当な方法で調査をはじめた」と報じた。そして、事態はきわめて不可解に展開した。7月28日、北朝鮮は日本人行方不明者2名を確認と日本赤十字に回答した。しかし、これは日本側が捜している人物とは別人であるというのだった。さらに日本赤十字は、資料は受け取ったが、プライバシー保護のため、身元は公表できないという態度をとった。これによって、拉致行為が行われていること自体はさらに可能性が高いものとみなされたが、真相はさらに不透明になるばかりだった。63年に日本海を漁船で航行中に行方不明となった寺越外雄やその甥の武志が87年に北朝鮮にいることが外雄から姉(武志の母)友枝への手紙でわかった例がある(ともに行方不明となった外雄の兄・昭二は1968年に北朝鮮で病死と伝えられる)。これを拉致とする説もあるが、遭難から抑留、定住に至る場合が

あることは否定できない。

　02年9月17日、日朝首脳会談で金正日は日本人拉致の事実を認め、一応謝罪をした。また北側から提供された情報で拉致被害者の大半はすでに死亡したものとされた。しかしその後、北側の説明は次々と虚偽や問題点を指摘されて二転三転し、北朝鮮は問題解決への誠意と良識を疑われている。以上がいわゆる拉致問題の大まかな流れである。

　この間、85年には⑧の原敕晃事件の実行犯容疑者・辛光洙が韓国で逮捕された。原になりすまして彼の名前や戸籍などを利用しようとしたのだというのが安企部の発表内容であった。現在の段階で、この⑧の事件は実行犯から直接の証言が得られた唯一のケースであり、よほどのことがない限り、事実と認めざるをえない。しかし、原の消息も不明であるなど、事件の全容が明らかになっているとはいえず、辛は恩赦で釈放ののち、2000年9月2日、北朝鮮に送還され、その翌日、最高人民会議常任委員会から英雄として「祖国統一賞」を受けた。その後、辛は②④⑤などの事件でも実行犯として拉致を行ったとの証言が伝えられた。

　金正日は拉致を「特殊機関の一部が妄動主義、英雄主義に走った」と説明したが、韓国の取調べ官によると辛光洙は拉致工作の指令は金正日が直接発したと供述しており、その真相はなお不透明である。事件の真相を解明するためには北朝鮮当局との共同捜査が必要条件となる。それは組織ぐるみの犯罪に対する不毛な努力かもしれないが、それなくして問題が解決することはありえない。そのためには、北朝鮮の民主化が不可欠である。北朝鮮は日本に対し、強制連行をはじめとする植民地支配の問題について謝罪と賠償を繰り返し求めているが、平和時における拉致というテロ行為に

手を染めた北朝鮮に対しては、これがきちんと解決されない限り、日本国民から北側の要求を支持する世論を得ることはできない。

なお、韓国にも北朝鮮への抑留問題や拉致疑惑があり、被害者、またはそう目される人々は「拉北者」と呼ばれる。2000年11月6日に韓国国会で公表されたところによると、北朝鮮に抑留されたり連れ去られた韓国人は朝鮮戦争の休戦協定以降、合計3790名で、このうち、3692名が漁師である。さらにこのうち、まだ北朝鮮に抑留されているのは487名という。また、同年11月11日付『朝鮮日報』によれば、韓国側の対北朝鮮工作員として活動した者は1万名以上で、そのうち7726名が行方不明となっているという。

北朝鮮日本人妻の里帰り　1959年末から84年まで、約9万名の在日朝鮮人が新潟から北朝鮮に帰った。そのうち1800名以上の日本人妻と約200名ほどの日本人夫がいたといわれている。現在、日本人妻の消息は500名ほどしかつかめていない。なお、これら日本人妻・夫を含め、日本人(国籍は日本)として北朝鮮に渡ったのは6600名とみられている(この人たちと在日朝鮮人夫・妻との間の日本籍の子供も多くが北朝鮮へ渡った)。これら約2000名以上の日本人妻・夫はその後40年近くも一時帰国を果たしていなかった。日本政府は91年に日朝国交正常化交渉が始まると、日本人妻・夫の一時帰国や永住帰国の実現を求めたのに対し、北朝鮮側は「国交が正常化すれば一時帰国については便宜をはかる」という基本姿勢をとりつづけたが、次第に軟化し、97年11月8日、初めて15名が里帰りを実現した。この背景には、金正日の労働党総書記への就任を機に、食糧事情の改善と経済再建を急いだことや米朝関係の進展があった。その後、98年2月10日に12名が、2000年9月12日、16名が一時帰国

第2回目の日本人
妻の里帰り
(1998年1月27日)

を果たしている。

テポドン・ショック　1998年8月31日の北朝鮮のミサイル（ロケット）「テポドン」の発射実験とこれをめぐる日米韓、とくに日本の対応を指していう。「テポドン騒動」、より単純に「テポドン発射実験」事件などとも呼ばれる。

[背景]　北朝鮮が弾道ミサイルを製造していることは同国が事実上認めていることなのでほぼ確定的である。その開発の歴史や保有の現状などについては、分厚い軍事機密のベールに包まれており、明らかでなく、異説も多いが、現在西側ではほぼ次のように認識されている。北朝鮮は1970年代初頭にはソ連から大型ロケット・フロッグを導入してミサイル兵器としていたが、70年代後半からミサイル国産化に着手。1981年にエジプトから数基の旧ソ連製スカッドB

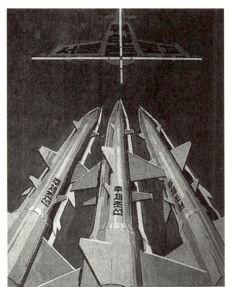

ハングルは「打撃目標は明白だ！」とある

型ミサイル（射程約300キロ）を入手し、これを研究・改良して、84年、ついにスカッドBのコピー、「スカッドA」（ソ連の同名のミサイルとは別物。以下同じ）の試作に成功。ひきつづき改良を加え、ついにオリジナルを上回る「スカッドB」の実用化に達した。これはさらに強化され、「スカッドC」が開発された。さらに90年代に入ると、最大射程距離1300キロといわれる「ノドン1号」の開発が進められた。並行して、これらのミサイルの一部をイランなどに輸出した。このような北朝鮮のミサイル開発・輸出を抑制するため、米国は96～97年にかけて北朝鮮と2回の「ミサイル協議」を開き、MTCR（ミサイル関連技術輸出規制）への参加を求めたが、北朝鮮は主権侵害として受け入れなかった。このような状況のなかで、この事件が発生したのである。なお、以上のロケット・ミサイルの名称はすべて西側による呼称である。このうち、「ノドン」「テポドン」はそれぞれ米国の軍事衛星によって発射が確認された北朝鮮の咸鏡北道舞水端里付近の古い地名「蘆洞」「大浦洞」からきているといわれるが、定かでない。

[事件の経過]　1998年8月31日正午過ぎ、北朝鮮が「弾道ミサイル」を発射したとの情報が在日米軍から防衛庁に伝えられた。自衛隊は護衛艦「みょうこう」を用いて、飛翔中の物体の観測を行った。当初は日本海に着弾すると予想されたが、韓国政府筋からミサイル2段目が太平洋に着弾したとの情報が明らかにされたことから、問題の物体は多段式の大型ロケットであると判断され、かねて噂のテポドン・ミサイルの試射であるとの認識が広まった。米政府などの解析によると、この物体は3段式のロケット推進で、第1段ロケットが日本海に落下。次に先端部分の防熱カバーが三陸沖の

太平洋に落下。第2段ロケットがさらに遠方の太平洋に落下。3段目は高度200キロ以上の空間で爆発し、その破片は発射地点から6400キロ離れたハワイ近海に到達した可能性があるという。問題はこれが衛星周回軌道に載せることを目的とした「ロケット」なのか、敵国を破壊するための「ミサイル」なのかであった（両者は技術的な原理は同じ）が、この時点でこれがミサイルであることを疑う者は西側にはいなかった。

日本は国連代表部を通して、北朝鮮に抗議。米国でも、折からの米朝会議でカートマン米特使が北側にくわしい説明を求めた。9月1日、日本の関係閣僚が協議。国交正常化交渉と食糧支援を見合わせることを決定した。KEDO（朝鮮半島エネルギー開発機構）合意文書への署名凍結も合わさって、日本の対応は固まった。他方、北朝鮮はしばらくは沈黙を守っていたが、9月4日になって、突如「8月31日に人工衛星・光明星1号の打ち上げに成功した」といい出し、さらに真贋定かでないロケット発射フィルムや衛星本体の写真を麗々しく発表した。発射時間の発表から見ても、問題の物体であることは明らかだった。怒り狂った防衛庁は「衛星ではありえない」と主張したが、米国は9月14日頃から衛星打ち上げ失敗説を主張し始めた。15日の国連安保理議長声明も事件を「ロケットによる物体打ち上げ」と表現した。人工衛星の飛ぶ高さは100キロ以上で、その領域は「宇宙」とされている。宇宙はすべての国が自由に利用できることが「宇宙条約」によって決まっている。テポドンは日本上空約200キロの宇宙を通過したし、事実、日本の人工衛星も北朝鮮上空を飛んでいる。ミサイル実験の被害者として北朝鮮を声高に批判していた日本は孤立しはじめ、対応の見直しを迫られた。9月28日、高村正彦外相はKEDOへの署名凍結を見直すと発表。10月20日、日本は北朝鮮に対する大規模援助計画であるKEDO合意文書に署名した。しかし野中官房長官は10月30日、食糧支援停止など制裁は継続すると発表。同日の防衛庁最終報告では、弾道ミサイルの可能性が高いとされた。なお、食糧支援は2000年3月に再開された。

［影響］この事件で食糧危機下の北朝鮮がどれだけの国家予算を投入したか明らかでない。1999年4月22日の『労働新聞』によれば、金正日は「何億ドルもかかった」、「国と民族の尊厳と運命を守り明日の富強祖国のために」このプロジェクトを許可したと述べたとのことだが、その真意はわからない。一方、日本政府はこの事件を機に米国のTMD（戦域ミサイル防衛。超高空から地上近くにかけて複数段階の対空ミサイルで弾道ミサイルを狙い撃ちするもの）計画への参加を決定。米国の世界戦略にこれまで以上に深く踏み込むことになった。また日本独自の地上監視衛星の開発計画もスタートすることになる。また、米国はこの事件を北朝鮮のICBM（大陸間弾道ミサイル）開発の一過程とみなして警戒心をつのらせた。このように、事件は全体として東アジアの冷戦ムードを強化するものだったということができる。なお、90年代前半の核疑惑につづいて、このたびも朝鮮学校の女子生徒など、在日朝鮮人への暴行・嫌がらせ事件が頻発した。9月24日には野中広務官房長官がこのような事件に対して関係機関の善処を求めたが、事態を抑止するには至らなかった。11月9日に女子生徒が新宿駅で手に1週間の怪我を負わせられたのをはじめ、少なくとも39件の事件が発生した。

98年の北朝鮮憲法改正　98年9月5日、最高人民会議第10期第1回会議でなされた憲法改正。これによって、共和国主席制が廃止され、国防委員長が国家の最高職責とされた（すでに就任していた金正日が再任。総書記には金日成の3年喪明け後の97年10月8日に選出。金日成の肩書きを尊重し、金日成を「永遠の主席」とする）。国家を代表する対外的な元首として、最高人民会議常任委員会委員長が新設された（金永南が就任）。また、主席制の廃止にともなって、中央人民委員会も廃止され、行政は内閣制に改編・一本化された。この憲法改正により、北朝鮮における金正日の指導体制が制度的に完成された。これは北朝鮮が「国防委員長」を事実上の国家元首とする軍事国家としての体制を整えたことを意味すると同時に、労働党の指導者としての金正日が軍を掌握して、独裁的な権力を獲得したことを意味する。ここに、94年の金日成死後の過渡的な時代は終わり、北朝鮮は名実ともに「金正日体制」が整った。

強盛大国　文字どおり、強くして盛んな大きな国という意味で、1994年7月の金日成の死去後、金正日体制が確立された頃から北朝鮮で使われ出した。「一心団結」とセットで使われることが多い。食糧難や経済制裁、あるいは従来の中ソ（ロ）からの援助が激減するなかで、危機的状況にあるのに、どうして「強盛大国」なのか、という疑問が当然ある。その背後には核とミサイル開発によって軍事力を高めて、国際政治上で発言権を強めようとする戦略がある。エネルギー不足のみならず、一般的な原材料と先端機器が極端に不足する状況で、通常兵器は質量ともに韓国に比べて比較にならないほど劣る。経済的負担と時間がかかる通常兵器の研究と生産に北朝鮮はまった

ハングルは「100パーセントわれわれの技術、われわれの力、われわれのやり方で！」とある

くお手上げであるが、その代替として核とミサイルの開発があり、これによってあらゆる通常兵器を超越することになる。98年8月末のテポドン発射はその示威であった。翌99年1月1日付けの『労働新聞』（党機関紙）と『朝鮮人民軍』（軍機関紙）、『青年前衛』（青年組織機関紙）の共同社説のタイトルは、「今年を強盛大国建設の偉大な転換の年として輝かせよう」であった。またこの強盛大国は、冷戦の崩壊とソ連の解体、東欧社会主義諸国の変貌、中国の改革・開放路線に対し、北朝鮮だけは社会主義・共産主義を守り抜こうという「ウリ（われわれ）式社会主義」の延長にあると見てよい。いずれにせよ、生き残りをかけた従来型の大衆動員と軍事優先路線のスローガンである。

北方限界線をめぐる南北海戦　北方限界線（NLL）は朝鮮戦争の休戦（53年7月27日）直後、マーク・クラーク国連軍司令官が北朝鮮との協議なしに一方的に設定した海上境界線。北朝鮮は自国領土から12海里までを領海だと主張している。この場合、北方限界線と抵触することになるが、しかし、この間北はこの問題に触れずにきた。実際92年に発効した南北合意書でも、「南北の海上不可侵境界線は、今後も継続協議する。海上不可侵区域は海上不可侵境界線が確定するまで、双方がこれまで管轄してきた区域とする」と規定している。緩衝区域は、国連司令部が事故防止に備えて、警告機能のために設定され、北方限界線の南1～15キロ。この区域を通って侵犯する敵との偶発的な衝突を避けるため、発砲はしないことになっていた。ところが99年6月11日、北の限界線侵犯を防止しようとして、銃撃戦になり、15日まで戦いがつづいた。南北は53年7月の休戦協定以後、最大の海戦を展開した。北側の艦船1隻が撃沈され、ほか3隻が大破。南側も3隻が損傷を受けた。海戦の原因を、南は北の侵犯と主張し、北は限界線などもともと存在しておらず、米国と韓国が一方的に設定したもので、認められないと主張した。この海戦で北朝鮮が確認しようとしたのはこれまで朝鮮半島のきわどい均衡を担保してきた休戦協定が実際には無力であるということだった。そして、この威嚇行為を通じて、北朝鮮が狙ったのは、米国と韓国に有利になっている現状を明らかにし、米国の譲歩を引き出すことであったと考えられる。その試みは米国からの太陽政策ともいうべきペリー・プロセスをもたらした。しかし、なお北朝鮮はこの「北方限界線」を認めていない。

世紀末の南北朝鮮情勢　1998年末以降も太陽政策は継続された。12月18日、訪朝を終えて帰国した現代グループの鄭周永名誉会長らは記者会見で、黄海沿岸に約6600平方メートルの韓国の中小企業向け工業団地（開城）を開発することで北朝鮮側と合意したと発表した。また翌99年2月11日、韓国の連合ニュースは、日韓漁業協定の発効にともない削減される韓国漁船の一部を北朝鮮に提供する新たな協力事業を韓国政府が検討中だと伝えた。同時に韓国は米国や日本に太陽政策を宣伝するよう働きかけ、一定の成果をあげた。99年1月3日、米国のボズワース駐韓大使は米国高官として初めて韓国が太陽政策の一環として掲げた「一括妥結方式」を原則的に受け入れることを表明した。また同年2月11日、訪韓中の高村正彦外相は、金大中大統領との会談の席で、日本政府として初めて公式に一括妥結方式を支持することを表明した。もっとも日米両国は両手をあげて太陽政策を支持したのではない。高村は上記の会談のなかで、日韓は「すべての政策で同一の政策をとる必要はない」と述べた。また1月15日、ソウルでの韓米安保協議でコーエン米国防長官は太陽政策の支持を確認したが、共同声明では有事の際の米軍支援部隊の早期展開や韓米合同演習による即応力の強化が盛り込まれ、北朝鮮を封じ込めようとする米国の意向が反映された。

　しかもこのような韓国の努力にもかかわらず、北朝鮮の反応は冷ややかだった。98年12月18日早朝、韓国の全羅南道麗水沖で北朝鮮のものとみられる潜水艇が撃沈されるという事件が起きた。金大中の就任から約10ヵ月、韓国に警戒心を抱く北朝鮮の姿勢は変わっていないことをうかがわせた。翌日の『労働新聞』にはハングルで「主体朝鮮」と書かれた3基のミサイルがワシ

ントン・ソウル・東京と書かれた飛行機らしきものに照準を合わせている図柄で、「打撃目標は明白」だというコピーが打たれたポスターが掲載された。また99年2月11日、朝鮮中央通信の報道によると、祖国平和統一委員会書記局スポークスマンは韓国の一括妥結方式による統一政策について、北側にのみ問題があるとする「一方的な主張」だと批判した。このように南北関係が平行線をたどるなか、6月15日、黄海海上の「北方限界線（事実上の軍事境界線）」付近で、南側に侵入した北朝鮮の魚雷艇が韓国側のパトロール艦隊を銃撃。韓国側が応戦して、銃撃戦となった。これにより、北朝鮮は魚雷艇1隻が撃沈。哨戒艦1隻が沈没状態となり、そのほかの哨戒艇も大破または損傷した。死者は30名とも80名ともいわれる。これに対して韓国側は哨戒艦1隻と高速艇4隻が損傷、7名が負傷した。これと関係してか、6月20日、北朝鮮は金剛山観光中の韓国女性を、北朝鮮側管理員に亡命を勧めたとの理由で拘束。この女性は25日には釈放されたが、金剛山観光は一時中断された。これに象徴されるように太陽政策の今後の展開はきびしいものといえようが、韓国では日増しに評価を得、支持を高めている。

衛星打ち上げ代行提案 他国による人工衛星打ち上げ代行を条件に、ミサイル開発・輸出を放棄するという北朝鮮の案。2000年7月19日、ロシアのプーチン大統領が沖縄での主要国首脳会議（サミット）に向かう途上、北朝鮮を訪問し、金正日総書記と会談した。このとき、金正日が「他国がロケットを提供するならミサイル開発断念もありうる」と述べたことがプーチン大統領からロシアの通信社を通じて明らかにされ、この方法による北朝鮮の譲歩可能性

が世界に広く知られることになった。米国の弾道ミサイル防衛計画の足場を崩すという意味で、これはロシアにとっても有益な提案であり、事実このとき、両首脳は米国のTMD（戦域ミサイル防衛）に反対することで歩調を合わせた共同宣言を発表した。この提案は同年10月のオルブライト国務長官訪朝の際に確認され、以後、主に米朝間の交渉における検討課題とされることになった。

北朝鮮のARF参加 北朝鮮は2000年7月、韓国、米国やロシア、日本、中国も参加しているARF（東南アジア諸国連合地域フォーラム）に参加し、多くの外交的成果をあげた。タイのバンコクで行われたARF会合で、7月26日、北朝鮮の白南淳外相は日本の河野洋平外相との間で、史上初の日朝外相会談を実現させた。白は同日、韓国の李廷彬外相との間で同じく史上初の南北外相会談を行った。さらに28日にはこれも史上初にして画期的な米朝外相会談を実現。これは以後の米朝関係改善が前進する大きな契機となった。これら朝鮮半島和平の直接の当事国外相との初会談に加えて、7月26日、白はカナダのアクスワージー外相と会談し、早期国交樹立をめざすことで合意。翌27日、アクスワージーは声明を発表。カナダが北朝鮮を正式に国家承認したと発表した（正式な国交樹立は2001年2月6日）。また28日にはニュージーランドのゴフ外相兼司法相とも会談。やはり早期国交正常化をめざすことで合意した。

ARFへの参加は北朝鮮が西側、とくに北朝鮮との間で直接の利害関係を有しない第三国を含む幅広い諸国と公式的に全方位外交を展開するはじめての場となった。これは北朝鮮がこれまできわめて限られていた国際的対話のチャンネルを大きく拡大しは

じめたことを意味し、南北和解・統一に向けた新しい選択肢の可能性ももたらすものであった。

米朝反テロ共同声明　2000年10月6日、米国の国務省が発表したもので、北朝鮮と米国はともにテロに反対するという両国の共同声明。9月27日から10月2日にかけての朝米高官協議の合意事項で、10月7日には北朝鮮の朝鮮中央通信がこれを報道し、事実であることが確認された。1987年の大韓航空858便爆破事件以来、米国は北朝鮮を「テロ支援国家」に指定してきたが、この共同声明は、同年6月の南北首脳会談以来の北朝鮮と西側の関係改善の動きのなかで、その指定解除への最初のステップとして発表されたものである。声明の主な内容は以下のとおり。①米朝両国は、国際テロが世界全体の安全保障と平和に受け容れがたい脅威を与えるものであり、生物・化学兵器や核物質などいかなる形のテロ行為も反対されるべきとの認識で一致。②北朝鮮は公式の政策としてかねて表明しているように、いかなる国家・個人に対する、いかなる形態のテロにも反対することを確認。③両国は、テロを裁く国際司法制度を支援し、効果的なテロ対策を行うために協力する必要があることを強調。その方法として、テロ犯・組織への物質的支援・保護を与えず、法による裁きを加え、航空機や海運の安全を脅かすテロと戦うことが含まれる。両国は協調して、すべての国連加盟国に対し、テロ対策に関する12の国連協定すべてへの署名・加盟を促す。④両国は国際テロに関する情報を交換し、両国間に残る未解決の問題の解決をめざす。米国は北朝鮮の反テロ姿勢を考慮に入れ、北朝鮮が米国内法の条件を満たすのと並行して、テロ支援国家指定解除の目標に向けた協調行動をとると言及。

以上のように、声明の内容は現代の民主主義国家のテロ撲滅という共通目標に即したきわめて理念的なものである。しかし、この声明によって、「よど号」ハイジャック事件犯人の保護中止と退去強制実行が北朝鮮の国際的責務となった。また、北朝鮮は83年のアウンサン廟爆破事件、大韓航空858便爆破事件などで国際的非難を浴びた前歴があり、しかもこれらについて、真相調査・公開、被害者への謝罪・補償などはいっさい行ってこなかった。また秘密裏に拉致・抑留されたまま未解放の韓国人・日本人が多数存在するとの疑惑など、テロや人権をめぐって北朝鮮が抱える問題は余りにも多い。北朝鮮の国際社会への本格的参入にはこうした重い障害が横たわっていることを逆説的にクローズアップした声明でもあった。7日、韓国外交通商部スポークスマンは米朝への関係改善へのステップとして歓迎を表明。しかし、「よど号」問題や日本人拉致疑惑を当事国として強く意識する日本の対応は慎重だった。7日、中川秀直官房長官は朝日新聞記者との談話で「声明は日本も評価し、歓迎する。ただ、よど号事件や拉致疑惑が具体的にどのような形で取り扱われるか、まだわからない」と述べている。

北朝鮮当局は2006年1月の段階で具体的に上記の問題解決への具体的行動はまったく示しておらず、過去にテロ行為に関与したことはいっさいないとする態度をとっている。また、この声明は直接米国の北朝鮮に対するテロ支援国家指定解除につながるものと思われたが、01年に成立したブッシュ政権は一転して北朝鮮への不信感を露骨に示した。この結果、同年4月の米国務長官のテロ年次報告書では北朝鮮はテロ支援国家に指定された（08年10月11日米国

時間、解除)。なお、北朝鮮は01年9月11日の米国同時多発テロ事件に際して、これを「遺憾」とする声明を発している。

ペリー・プロセス(米国の北朝鮮政策見直し報告)　1999年に作成・公表された米国のW.ペリー北朝鮮政策調整官の報告書。94年の米朝枠組み合意後の状況の変化(ミサイル開発の進展、金正日体制の成立など)をふまえて、北朝鮮との関係の安定化への新たなステップをめざす構想を提示した。99年9月13日にクリントン大統領に提出され、10月12日に一部が公表された。現状分析として、在韓米軍など朝鮮半島の軍事的抑止力の安定、現在の北朝鮮政府は当面崩壊しないという見通し、戦争になったら人口稠密地で行われるために破壊的なものとなる危険などを指摘。北朝鮮の核兵器・ミサイル開発阻止、それにともなう朝米関係正常化、戦争の抑止、朝米枠組み合意の維持・履行、韓国・日本との協調などを前提として、以下の戦略を提示した。①北朝鮮との交渉に新しい包括的かつ統合的アプローチを盛り込み、北朝鮮の核兵器・ミサイル計画の完全な中止を求めるとともに、相互主義によって、北朝鮮が脅威と感じる圧力を段階的に減らしていく。②交渉によって除去できなかった脅威は「別の手段」を用いて封じ込めるが、直接的な軍事衝突は回避することをめざす。これをもとに、同年3月に設立された日米韓の対北朝鮮政策調整グループ(TCOG)の定期会合、北朝鮮による挑発に対応するための行動計画承認などの具体的提言を行っている。報告書は韓国、日本などとの共同歩調を戦略に組み込んでおり、この戦略は当時、「同盟諸国」の完全な支持を得た。

米朝共同コミュニケ　2000年10月12日に発表された北朝鮮と米国の共同コミュニケで、朝鮮戦争以来の敵対関係の実質的終結を宣言した文書。米国を訪問した北朝鮮の趙明禄国防委員会第1副委員長とクリントン米大統領の会談の成果として発表された。趙第1副委員長は当時金正日の側近として、北朝鮮第3位の実力者であり、その資格において発せられた宣言は朝鮮戦争の公式終結に向けて米朝が大きなステップを踏み出した、まさに歴史的な意味を持つものであった。これに先立ち同月6日、米朝は国際テロ反対の共同声明を発していたが、12日の共同コミュニケによって米朝の緊張緩和の方向は確定した。共同コミュニケの骨子は以下のとおり。①朝鮮戦争の休戦協定を強固な平和保障システムに改め、朝鮮戦争を公式に終結させるために4者会談など多様な方法があることで合意。②米朝両政府は双方が敵対的な意思を持たないことを宣言し、新しい関係樹立に全力を尽くす。③ミサイル問題の解決が米朝関係の根本的改善とアジア・太平洋地域の平和に寄与するとの見解で一致。④北朝鮮は米朝ミサイル協議の継続中は長距離ミサイルはいっさい発射しないことを米国に伝える。⑤米大統領の訪朝準備のため、オルブライト米国務長官が近いうちに北朝鮮を訪問することで合意。

オルブライト米国務長官の北朝鮮訪問　2000年10月23〜25日、マドレーン・オルブライトが米国の国務長官として初めて北朝鮮を訪問したことを指す。史上初の米国閣僚訪朝で、94年に北朝鮮の核開発を凍結させた「核枠組み合意」につづくいわば「ミサイル合意」に向けて会談に入った。同年6月13〜15日の南北首脳会談・共同宣言発表を経て、韓国と北朝鮮の融和が進むなか、米国も北朝鮮との積極的な関係改善に

2000年10月23日、平壌順安空港に到着したオルブライト国務長官

乗り出した。9月30日、オルブライト長官が記者会見で「状況が許せば訪朝する」との談話を発表した。

10月10日、北朝鮮の趙明禄国防第1副委員長とクリントン米大統領がワシントンで会談し、大統領の訪朝準備のために国務長官が近く北朝鮮を訪問することで合意がなされた。以後の過程は電撃的に進行し、同23日、オルブライト国務長官は北朝鮮を訪問。同日、金正日国防委員長と会談した。この席上でオルブライトはクリントン大統領の親書を金正日に手渡し、クリントンの任期内訪朝について意見を交換した。

翌24日に2回目の会談がなされ、ここで金正日は「他国による衛星打ち上げ代行を条件に、ミサイル開発・輸出を抑制する」との提案（同年7月、ロシアのプーチン大統領との会談で言及）を確認した。この提案が米国に直接、しかも公式の会談で伝えられたことは、ミサイル問題で新たな米朝合意枠組みを構築する足がかりとなるものだった。また、23日夜、歓迎のマスゲームの席上で金正日が人工衛星打ち上げ風景の上演を指して、「あれが最初で最後の衛星打ち上げになるかもしれない」と、ミサイル発射の恒久的停止ともとれる発言を行ったことも大きな話題となった。このほか、オルブライトは趙明禄国防委員会第1副委員長、金永南最高人民会議常任委員長、白南淳外相らと会談した。24日に発表されたプレス声明でオルブライトは「平壌の美しさと子供たちの愛らしさに胸を打たれた」「過去の憎しみを克服するために協力し、両国国民のいっそう明るい未来への展望を開くことが重要だ」と述べた。25日、平壌を去ったオルブライトは同日ひきつづき韓国を訪問。金大中大統領に訪朝の結果を報告するとともに、韓国の李廷彬外相、訪韓中だった日本の河野洋平外相と会談。日本人拉致疑惑や中距離ミサイル・ノドンなど、日朝間の懸案について金正日との会談で取り上げたことを報告すると同時に、日米韓の協調体制を確認した。

戦後の米朝主要関係

1950.6.25～53.7.27
　　　　　朝鮮戦争。休戦協定締結。
68.1.23　北朝鮮、米船プエブロ号をスパイ船として拿捕。
76.8.18　北朝鮮兵、板門店で米将校を殺害（ポプラ事件）。
90.5.28　北朝鮮、米兵の遺骨返還。
93.3.12　北朝鮮が核拡散防止条約（NPT）脱退を宣言。
94.6.15　カーター元大統領訪朝。核施設凍結で合意。
　7.8　　金日成主席が死亡。
　10.21　米朝がジュネーブ核合意に署名、発効。
96.4.20　初の米朝ミサイル協議（ベルリン）。
97.12.9　南北朝鮮、米中による初の4者協議（ジュネーブ）。99年8月まで6回開催。
98.7.24　北朝鮮、米兵の遺骨返還、累計200柱。
　8.31　北朝鮮、弾道ミサイル・テポドン発射。
　9.28　米朝、初のテロ協議（ワシントン）。
99.3.16　米朝、金倉里の地下核疑惑施設の視察で合意。
　5.25　ペリー北朝鮮政策調整官が訪朝。
　9.17　米政府、ミサイル再発射自制表明受け、北朝鮮に対する制裁緩和、新政策（ペリー・プロセス）を発表。
2000.6.13～15
　　　　分断後初の南北首脳会談（平壌）。
　7.28　初の米朝外相会談（バンコク）。
　9.5　　金永南・最高人民会議常任委員長が米航空会社とのトラブルで訪米中止。
　9.27～10.2
　　　　米朝、ミサイル、テロを一括協議（ニューヨーク）。
　10.6　米国と北朝鮮、「反テロ」の共同声明発表。
　10.8　趙明禄特使訪米。クリントン大統領と会談（10日）。
　10.12　米朝共同コミュニケ発表。
　10.23　オルブライト国務長官訪朝。金正日総書記らと外交関係の樹立、北朝鮮のミサイル開発・輸出の抑制、安全保障などについて会談。
01.6.6　ブッシュ大統領、北朝鮮と核・ミサイル・通常戦力で関係改善をめぐる協議を始めるよう命じる。
　6.26　北朝鮮これに反発。
　9.12　北朝鮮、韓国とともにテロ遺憾声明。
　10.19　ブッシュ大統領、上海で北朝鮮が会談に積極的に応ずるよう促す。
02.10.3～5
　　　　ケリー国務次官補訪朝。米朝高官協議（平壌）。
03.8.27～29
　　　　北朝鮮と米韓日中ロの6者協議開始（北京）。
04.1.6～10
　　　　米核専門家訪朝団、北朝鮮訪問。
05.6.29　米国、大統領令で北朝鮮

	の大量破壊兵器拡散関連企業の在米資産凍結発表。
9	北朝鮮の不法資金洗浄に関与したとしてマカオの匯業銀行と米金融機関の取引禁止の制裁措置。
11.11	第5回6者協議休会。以後、北朝鮮、金融制裁解除なければ再開せずとの立場表明。
12.1	米国、北への食料支援5万トンのうち、2万5000トン保留と発表。
06.1.18	ヒル国務次官補と金桂寛外務次官、北京で会談。
11.28	北朝鮮の核問題をめぐる6者協議再開について、米中朝の主席代表、北京で会合。
07.2.13	6者協議再開。朝鮮半島の非核化と東北アジアの平和構築を協議。
3.19	米国、北朝鮮の金融資産の凍結解除。
11.4	北朝鮮商船、モガディシュ沖でソマリアの海賊に襲われるが、米軍によって救助。
08.2.26	ニューヨーク・フィルハーモニー訪朝し演奏。
10.11	北朝鮮、米国の核査察を受け入れ、ブッシュ政権、テロ支援国家から解除。
09.1.13	北朝鮮外務省、米朝関係が正常化しても核を放棄せずと声明。
8.4	クリントン元大統領、アジア系女性記者2人の解放を求めて訪朝。翌日2人は解放。
12.8	オバマ政権、初の米朝協議。
11.7.25	2年7ヵ月ぶりに6者協議のために南北主席代表が会談。1年7ヵ月ぶりに米朝協議。
12.12	米国、インドネシア、北京で北朝鮮と栄養食支援をめぐり協議。
12.22	金正日総書記の死去にともない、北京で行われることになっていた3度目の米朝協議延期。
12.2.29	米朝合意。寧辺におけるウラン濃縮活動、核実験、長距離ミサイル発射の一時停止、核施設にIAEA査察を許可。見返りとして、北朝鮮は医薬品を含む24万トンの食糧支援を米国より受ける。
4.17	北朝鮮、2月29日の米朝合意に縛られない旨発表。事実上2月の米朝合意の破棄。
12.8	米大統領特別補佐官と平壌理事、グアムから平壌へ。
13.2.12	3回目の核実験を受けて、オバマ大統領「深刻な挑発」と非難声明。
3.5	北朝鮮、韓米両軍の合同演習をうけて「休戦協定白紙」を宣言。
3.12	米国、北朝鮮の金融機関1機関と4個人を制裁対象に追加。
6.22	米国、北朝鮮への経済制裁を1年延長すると発表。
2014.7.23	北朝鮮の「労働新聞」、米

	国が行っている「戦略的忍耐政策」に転換を要求。
9.27	李洙墉外相が国連総会演説で「米の敵視政策が核保有の決断をもたらした」と主張。

EU諸国の北朝鮮接近　元来、朝鮮半島はユーラシア大陸の東端の一角にあり、西ヨーロッパとは地続きの関係にある。そして、韓国と比べて北朝鮮は、陸路の面ではより西ヨーロッパに近い位置にある。しかし、冷戦時代においては、イギリス・フランス・西ドイツなどのEC(ヨーロッパ共同体)諸国は北朝鮮とはほとんど交渉がなかった。当面するソ連・東欧諸国との対峙や自己の地域統合の課題に忙殺されるこれらの国々に朝鮮半島の問題に関与する余力はなかった。ところが、80年代末から90年代初頭にかけて冷戦が終結し、さらに1993年、ECがEU(ヨーロッパ連合)に発展し、経済的・政治的なヨーロッパ統合の基盤が固められると、これらの諸国は世界平和に対する最大の不安定要因でありながら、当事国間の交渉では一向に解決の道が開けない朝鮮半島に目を向けるようになった。また、韓国の太陽政策、米国のペリー・プロセスなどにより、懸案の一括解決、和解促進の方針が確定すると、EU諸国はこれに同調する形で北朝鮮との国交樹立をはかるようになった。まず、2000年1月4日、イタリアが北朝鮮との国交樹立を発表。北朝鮮と国交を樹立した。6月の南北首脳会談と7月のARF参加を経て、全方位外交へと勢いづいた北朝鮮はEU諸国に国交樹立を呼びかける書簡を発信。これに応えるように、10月にはイギリスのクック外相、ドイツのシュレーダー首相が北朝鮮との国交樹立の意向を示した。12月12日にはイギリスが北朝鮮との国交樹立で合意。さらに01年1月15日にはオランダ、同月23日にはベルギー、2月7日にはスペイン、3月6日にはルクセンブルクと国交樹立ラッシュがつづいた。すでに前年には対北朝鮮強硬派のジョージ・ブッシュが米大統領に当選し、米国の対北朝鮮の大幅な転換、和解推進政策の見直しが進むことが予想されていたが、西ヨーロッパの諸国にはそのようなことはまったく関係ないかのようであった。5月2日にはEU首脳級代表団が北朝鮮を訪問。翌日にかけて2回の首脳会談を行った。そして5月14日には、EU自体が北朝鮮と外交関係を樹立した。

金正日のロシア訪問　金正日は2001年7月末から8月17日に至るまで、長期にわたってロシアを訪問した。金正日の最初の公式の外遊となった。金正日は7月26日、列車でロシア訪問に出発。8月3日にモスクワに到着。翌日には朝ロ首脳会談を持ち、その合意事項をまとめた「モスクワ宣言」に署名した。しかし、こうした外交政策以上に世界の耳目を集めたことがある。金正日は何を意図してか、あえて飛行機をいっさい使わず、鉄道など陸路のみによるスローモーなスケジュールで、20日以上も本国を留守にしてロシアを周遊したのであった。8月5日のモスクワでの宇宙ロケット工場視察はともかく、翌日のサンクトペテルブルク観光は金正日個人の娯楽のためとしか考えられないものであった。このことは21世紀に残された数少ない全体主義的社会主義国家・北朝鮮で、世襲で地位についた独裁者の奇妙な姿を強く印象づけた。また類似の体制下で長く苦しめられたロシアの市民の間には不快感も生じた。金正日の特別列車が到着したサンクトペテルブル

クの駅では、一般客の1人が「1周遅れの社会主義万歳」という野次を飛ばし、その場にいた群衆が大笑いするという、これも異例の出来事が起こっている。なお、金正日は翌02年8月20日から再度ロシアを訪問しており、23日にはウラジオストックでプーチン大統領と会談している。

モスクワ宣言　2001年8月4日、ロシア共和国のモスクワで、北朝鮮の金正日国防委員長とロシアのプーチン大統領が首脳会談の結果出した共同宣言。米国第1主義を掲げるブッシュ政権に対して、これと対立する両軍事大国の関係強化を示すものとして注目された。とくにブッシュ政権は、弾道ミサイルの攻撃に対して、これを迎撃ミサイルなどで撃墜する国家ミサイル防衛（NMD）計画を強力に推進していた。冷戦終結後、実質的に唯一の超大国となった米国に対し、戦略核ミサイルの保有によってかろうじて大国の面目を守っていたロシアはこれを、弾道弾迎撃ミサイル（ABM）制限条約に違反し、核兵器の戦争抑止効果を失わせるものだとして、中止を求めていた。これと同様に弾道ミサイルの開発を梃子にして、半ば恫喝的な対米交渉を進める北朝鮮がロシアとどのような関係をつくるかが、その後の東アジアにおけるパワーバランスを展望するために重要と考えられたのである。モスクワ宣言の主な内容は以下のとおり。①弾道弾迎撃ミサイル（ABM）制限条約は戦略的安定の礎石であり、さらなる戦略攻撃兵器削減に向けた基礎である。②北朝鮮のミサイル計画は平和的性格を帯びたもので、北朝鮮の主権を尊重する国にとっては脅威にならず、ロシアもこれを歓迎する。③ロシアと北朝鮮の鉄道連結事業は本格的な実行段階に入った。④ロシアは南北朝鮮の対話継続を支持する。⑤北朝鮮は在韓米軍の早期撤退を要求し、ロシアもこれを理解する。⑥ロシアは北朝鮮と日本・米国の関係正常化に向けた交渉の成功を期待する。⑦プーチン大統領は前年7月につづく再訪朝招請を受け入れる。

江沢民・胡錦濤の北朝鮮訪問　2001年9月3日、中国国家主席・江沢民が北朝鮮を訪問した。韓中国交樹立以来初の中国国家主席訪朝。同日の朝中首脳会談で、江沢民は南北対話・日米との対話再開を促した。また金正日は「中国人民は今日……現代的で文化的な中国を建設するために力強く闘って」いるとして、中国の改革・開放路線への支持を示す発言をした。共同声明などの発表はなく、江沢民は5日に帰国した。南北和解ムード進行と北朝鮮のロシアへの接近を意識した中国がその影響力を確保しようとしたものと考えられる。他方、金正日はこの前年、2000年5月29〜31日に非公式に中国を訪問し、江沢民らと会談したが、その際にも、朝中はそれぞれの特色を持つ社会主義を建設しており、「鄧小平同志が打ち出した改革・開放政策」を北朝鮮の党と政府は支持すると述べたといわれる。この段階では、北朝鮮自身が改革・開放を進める意思があるか否かはまったく不透明だったが、中国の現在のありようを「現代的で文化的」な方向へ向かうと評価した2001年の発言は、北朝鮮が独自路線をとりつつも、改革・開放へ向かう可能性を示唆した。

　江沢民訪朝から4年後の05年10月28〜30日、胡錦濤中国国家主席が訪朝した。米国と一定の緊張関係を保っていた江沢民とは異なり、胡錦濤は輸出を梃子に経済発展著しい中国を背にしていた。そのため、安定した国際環境を求め、周辺諸国とのバランスよい等距離外交をめざし、一方では米

国の意向を意識しつつ一定の距離を置き、他方では北朝鮮の要求に配慮しながら援助を従来より控え目に抑え、核問題での譲歩、改革開放を促している。04年9月19日、第4回6者協議の閉会に際し、北朝鮮は初めて「核廃棄」を公約した。その1ヵ月余り後に議長国・中国の指導者が、第5回協議を目前にみずから北朝鮮を訪問したのは偶然ではなく、このような胡錦濤政権の意図をにじませたものだった。

2001年のブッシュ政権成立と北朝鮮

2000年12月18日、共和党のジョージ・ブッシュ（同名の元大統領の子）が米国大統領に当選、翌01年1月20日、正式に大統領に就任した。すでに本節の他の項目に見るように、これに先立つクリントン政権はその末期において、北朝鮮との融和政策を進めたが、かねてこれを批判していた共和党を代表するブッシュ政権は一転して、北朝鮮に対して、強い疑念を表明し、これと距離を置く政策をとっている。北朝鮮政策の「見直し」の表明、クリントン政権が使用を中止した「ならず者国家」という言葉をふたたび使用しはじめたことなどに、その姿勢は端的に表れている。

ブッシュ政権は01年3月のワシントンでの韓米首脳会談に前後して、この時点での対北朝鮮の基本方針を表明している。その主な内容は①韓国の太陽政策に対して一応の支持を表明するが、北朝鮮の支持を前提とする、②北朝鮮が「誠意を込めた措置」を示すことによって、ペリー・プロセスの関与政策は継続する、③北朝鮮関係において「検証」手続きを強化する、などである。また、ブッシュ大統領は同会談後の記者会見で、北朝鮮の大量破壊兵器（核・生物・化学兵器）の開発・輸出中断と西側によるその検証、北朝鮮の通常兵器の脅威の解消も課題として謳っている。

こうした北朝鮮への不信感を前提とした方針は、総合的な国力において弱小で、国際的にも孤立した北朝鮮に西側から率先して手をさしのべようとする太陽政策やペリー・プロセスとはやはり異なるものであった。さらにこの姿勢を前提として、ブッシュ政権は弾道ミサイルを無力化するNMD・TMD計画を強力に推進している。これらの行動はもちろん政治的に慎重な選択の結果だろうが、一歩誤れば、前政権が蓄積した融和的な関係の積み重ねを無に帰しかねなかった。さらに中国やロシアが反NMD・TMDで連携し、東アジアに冷戦当時のような緊張関係が再現することもありうる。こうした事態は2000年6月の南北首脳会談以降、和解へと大きく前進しつつある南北関係にまで悪影響を及ぼすことになりかねない。北朝鮮は開放・市場経済導入の可能性を示している。その動向を長期的に見据えて対応していくことが、日米韓の3国に求められていた。

2期目の末期頃の08年6月、ブッシュ政権は北朝鮮の巧みな外交によって政策を変更し、テロ国家支援指定国を取り下げ、経済制裁も緩和させた。これはまた米国が中東との二正面作戦を避けたからだと見る向きもあるが、とにかく対北朝鮮外交に一貫性がいちじるしく欠けていたことは確かである。

出身成分　北朝鮮の世襲の身分のようなもの。革命家（独裁者とその側近）とその遺家族・子孫を頂点とし、革命前の資本家、地主の子孫を底辺に置く。その分類は、朝鮮戦争後の1958年から60年にかけて行われた「党中央指導事業」のなかで進められた。金日成政権に敵対する勢力を粛清・追放し、「不純分子」を摘発するのが目的だ

った。その後は、金日成政権を維持するため、「人民管理」の手段として用いられている。

「成分」は大きく分けて「核心階層」「動揺階層」「敵対階層」の3つに分けられ、さらにこれらが52の段階に分類されるといわれる。核心階層は、金日成の側近を中心とした「革命遺家族」を筆頭に、朝鮮戦争の「戦死者遺族」「朝鮮労働党員」「栄誉軍人」などに分類される。動揺階層は忠誠度が比較的薄いとされる人々であり、「解放後の労働者」「中農出身者」「手工業出身者」などだ。政府が警戒している「敵対階層」には「地主出身者」「解放（第2次世界大戦）後入北者」「越南者（韓国から渡ってきた人）家族」などを中心としている。そのほか、「カトリック信者」や「日本からの帰還者」もこれに含まれる。これらの成分は住民台帳に記載され、徹底した管理が行われている。核心階層は党や政府機関の要職を独占している。これに対し、敵対階層は日常的な監視の対象とされており、進学・就職の際にも大きな制限が設けられる。在日朝鮮人やいわゆる日本人妻は危険分子とされ、きびしい状況に置かれている。出身成分は3代前までさかのぼって調べられ、3代前の人物の思想や国家への忠誠度が分類の大きな基準となる。ここでいう「国家」とは、北朝鮮では金日成・金正日父子と同義である。これにより、一人前の市民の条件である共産党（北朝鮮では労働党）加入、食糧や住宅の配給をはじめ、教育・就職など、あらゆる面で徹底した差別待遇がなされる。その徹底ぶりは有名で、テレビの画面にしばしば登場する平壌の高級アパートに住むことができるのは原則として出身成分の高い労働党員の家庭だけである。また、出身成分の悪い家庭には肉類はめったに配給されないと伝えられる。かつて日本の植民地だった北朝鮮では日本人や帰国した在日朝鮮人はごく少数の例外を除いて、社会の最底辺に追いやられている。なお、北朝鮮当局はこのような出身成分による差別の存在を否定している。また勲章や表彰による差別も存在し、金日成・金正日の名が入った最上級の賞や「共和国英雄」の受勲者は鉄道の無料乗車やテレビ・布地などの副賞のほか、退職後も月600グラムの食糧と最終給与の3～6割が特典として支給されるといわれる。以上のことは、脱北者の証言によって近年明らかにされた。

北朝鮮の強制収容所　北朝鮮のいわゆる強制収容所は「反革命」の可能性のある者を収容するために解放後間もなく建設された。その後、南側にいたことがある者や粛清の対象者とその家族などが続々と投獄された。とくに出身成分において「敵対階層」とされた旧地主、資本家、親日派や日本からの帰国者とその関係者はささいなことでも収容所に送られ、無実の罪で収容された人々も少なくなかった。北朝鮮の政治犯収容所は「管理所」と呼ばれ、現在少なくとも6ヵ所存在するといわれる。1ヵ所に5000から5万名、全国で20万～30万名ほどが収容されているといわれる。山間部の数十キロ四方にわたる宿営地からなり、周囲は鉄条網に囲まれ、各所に見張り台、重装備の警備兵が配置されている。収容所のなかには、一生出られない「完全統制区域」と「再教育区域」、解放可能性のある「革命化区域」がある。収容された者は外部の世界から完全に遮断され、外からの情報は新たに収容された者からしか得られない。収容者はまた連座制がとられ、政治犯の両親や兄弟姉妹・子供、さらに孫まで収容される。これは1968年に金日成が「党派主義者や階級の敵の根は誰であろうと、3代

にわたって排除しなければならない」と声明したことによるといわれる。所内では生命維持の必要量を下回る食糧しか配給されず、1日12時間以上、ほとんど休日なしの重労働が課される。また処刑や苛酷な暴行が日常的に行われている。これらにより、収容者の多くが死亡している。その一方で、徹底的な金日成・金正日父子崇拝思想注入の洗脳教育が行われている。このほか、北朝鮮には犯罪者を収容する「教化所」(刑務所)、中国に脱北して強制送還された人々を収容する「道集結所」「労働鍛練隊」があり、いずれも程度の差はあれ、必要量に満たない配給と過酷な労働、洗脳教育などで共通しており、人権侵害として海外からきびしく批判されている。以上のことは、脱北者らの証言によって、最近公にされつつある。

北朝鮮工作員　その起源は朝鮮戦争前夜の南労党工作にまでさかのぼるが、以後の代表的な事件だけでも68年の青瓦台襲撃事件、74年の朴大統領夫人射殺事件、83年のラングーン事件(アウンサン廟事件)、87年の大韓航空機爆破事件、97年の潜水艦侵入事件など枚挙に暇がない。こうした工作を担うのは国家安全保衛部や対外連絡部、社会文化部などの機関でいずれも金正日の直接の指揮下にあるといわれる。また、人民武力部(国防省)偵察局も対南破壊工作の担い手となるが、これも実質的には金正日の直接指揮下にあるといわれる。なお、韓国は68年の青瓦台襲撃事件に対抗し、急遽仁川沖の実尾島で特殊部隊を育成して金日成暗殺を企てたが、これを突如中止するとこの特殊部隊は71年8月に反乱を起こし、民間人を含む多数の死者を出した。長く封印されてきたこの特殊部隊と反乱事件をもとに、2003年映画「シルミド」(実尾島)が制作され、空前のヒットを呼んだ。

北朝鮮の核開発　北朝鮮がいつ頃から核開発をしているかは正確にはわからないが、すでに1950年代からはじめているといわれる。62年には寧辺の研究用原子炉の建設に着手し、長年の努力を傾けて74年には本格的な原子炉を完成させる。この年、国際原子力機関(IAEA)に加盟するが、自身の核開発の現状を公開しようとはしなかった。80年頃には本格的な核兵器開発に着手したと見られる。そうして85年、兵器用のプルトニウムの蓄積に使える黒鉛型原子炉を旧ソ連から導入する協定を結び、咸鏡南道新浦で着工した。この年、核拡散防止条約(NPT)に加盟したが、査察は受け容れていない。そうして核兵器の開発をつづけながら、表向きは91年12月に「朝鮮半島の非核化に関する南北共同宣言」に署名したりして非核平和主義を装った。しかし、この頃には米国の偵察衛星により、核兵器開発の疑惑が浮上し、94年10月、核開発を制限される合意枠組みの締結を余儀なくされる。しかし、極秘裏に核兵器の開発をつづけた。米国の情報機関によると、北朝鮮は少なくともプルトニウム爆弾1～2発を保有しているという。また04年1月に米国の核技術専門家が訪朝したが、北朝鮮は彼らにプルトニウムとおぼしき物体を提示した。暗にプルトニウム爆弾の製造技術を誇示したのである。

ただし、原子力発電を通じてプルトニウムを蓄積しても、プルトニウム爆弾は起爆装置の製造がむずかしい。またプルトニウム爆弾は実用性の確認のため核実験が必要だが、北朝鮮の核開発に対する世界の目はきびしく、実験すれば経済制裁を受けるなど、それなりの覚悟も必要になる。北朝鮮が核実験を行い、実際に使えるプルトニウ

ム爆弾を製造するのはまだむずかしいとみる専門家もいる。その一方で、高濃縮ウラン型爆弾の開発も進めているといわれる。こちらは起爆装置の製造が比較的簡単で、核実験の必要がない。北朝鮮は02年10月、ケリー米国務次官補の訪朝に際し、1度はこの計画の存在を認めたが、その後は一貫して否定している。しかし、米国は「北朝鮮の証言以外にも証拠がある」として強い警戒感を示している。05年2月10日、北朝鮮外務省は「自衛のために核兵器を製造した」と、核兵器の製造・保有を初めて公式に宣言した。2014年1月現在、推定6～8発の核兵器を保有しているとスウェーデンのストックホルム国際平和研究所(SIPRI)が発表。4月、核実験場の活動を米国が確認。5月には韓国国防部次官が、北朝鮮は核を爆発させる技術は完成しているが小型化にはまだ至っておらず、プルトニウムだけでなく濃縮ウランによる核兵器技術もある程度進展していると明らかにした。同年9月28日、北朝鮮の李洙墉外相は1999年以来15年ぶりに国連総会で一般討論演説を行い、「米国の敵視政策が核保有の決断をもたらした」と述べ、自衛のための措置を主張した。

瀬戸際外交　わざと交渉決裂・戦争開始寸前の状態を作り出し、危機感を抱いた相手がみずから進んで妥協・譲歩するように仕向ける外交戦術の呼称。1956年に米国のダレス国務長官が用語として使ったのが最初といわれる。1990年代以降の北朝鮮の外交戦術はその典型とされ、今日では一般に同国の外交政策の特徴を指す用語となっている。国力などの面で圧倒的に不利な北朝鮮の生き残り戦術といえる。1990年代以降の核交渉は、北朝鮮が核開発をちらつかせる一方、自助努力などいっさいせず、逆にそのことによって米国など西側からの食糧やエネルギーの援助を得ようとしたものとして、「瀬戸際外交」の典型と見られている。94年の核危機では緊張が高まるなか、北朝鮮の軍事行動に備えて米軍の増派が検討されたが、戦端が開かれれば韓米側の死傷者は100万名にのぼり、韓国は経済基盤が破壊され、GDPは無に近くなるとの見通しから北朝鮮側の要求をある程度受け入れ、交渉による解決が図られた。その結果が同年の米朝枠組み合意であったが、これは北朝鮮がひそかに核開発を進めるモラトリアムを与えることになったと見られる。これはまさしく瀬戸際外交の成果によるものだった。その流れは今日までつづいている。

「苦難の行軍」　1996年の『労働新聞』『朝鮮人民軍』『労働青年』の共同社説で「白頭山密林で創造された苦難の行軍精神で生活し、戦っていこう」というスローガンが提示された。以後、「苦難の強行軍」(97年)「最終勝利のための苦難の強行軍」(98年)などと強調し、経済難の深刻化による体制危機克服のために国民を動員しようとした。「苦難の行軍」とは38～39年にかけて、金日成の満州パルチザン部隊が関東軍と満州国軍に追われながら、濛江県南牌子から北大頂子まで100日余りにわたって行ったという雪中行軍をいう。亡き金日成の精神に習おうという、まさに「遺訓統治」であった。翌年の3紙共同社説「偉大な党の領導に従い、わが国・わが祖国を富強に建設していこう」でも、「苦難の行軍の最後の突撃戦」を呼びかけた。2000年10月、党創建55周年に際し、「わが軍隊と人民は近年の苦難の行軍の困難な試練を克服した」と主張し、その終了を宣言した。

先軍政治　文字どおり「軍優先の政治」

の意。金正日体制下の北朝鮮で、「強盛大国」とともに中心的な政治スローガンとして登場した。類似の概念として「先軍革命領導（指導）」「先軍後労」「軍事重視」などが併用されている。北朝鮮はこれを金正日の「独創的な政治方式」だとしている。「先軍」の概念は、金正日の党総書記就任からまもない97年12月から公式の用語として使われるようになった。しかし「先軍政治」という用語が対外的に打ち出されたのは99年6月16日の『労働新聞』『勤労者』の共同論説である。これによれば「先軍政治方式はまさに軍事先行の原則で、革命と建設で生じるすべての問題を解決して軍隊を革命の柱に据え、社会主義偉業全般を推し進める領導方式」と規定されている。金正日は政権掌握以来、軍重視の姿勢を着実に強めてきた。そのため、2003年以降、部隊視察など軍関係の活動が活発になっている。03年上半期の軍関係の活動が34件と、全体の67パーセントになっただけでなく、前年1年間の記録（32件）を越えた。03年元旦の3紙共同社説「偉大な先軍の旗印に従って共和国の尊厳と威力を高く発揮させよう」のなかで、金正日の「われわれは先軍政治の旗を高く掲げ、人民大衆の自主偉業、社会主義偉業を最後まで完成してゆかなければなりません」という言葉を紹介している。また03年に明らかになった人民軍の内部資料で、金正日は「食糧事情が困難で人民にコメをろくに供給できないが、人民軍軍人には切れることなく供給している」と述べた。

先軍政治の強化　「先軍」を旗印とする北朝鮮の姿勢は近年ますます強化されている。05年11月11日、第5回6者協議は無期限休会となったが、これは直接には北朝鮮の核廃棄優先を主張する米国と、周辺各国による軽水炉提供を優先させようとする北側の主張が歩み寄れなかったことによるが、背後には米国による北朝鮮への金融制裁への不満が影響していた。米国は同年6月に、北朝鮮の朝鮮貿易龍峰総会社、朝鮮鉱業貿

背後のハングルは「偉大な金正日同志を首班とする革命の首脳部を命がけで死守しよう」。『労働新聞』2005年5月30日

易会社、端川銀行の3社が大量破壊兵器拡散にかかわったとしてその在米資産を凍結した。9月には北朝鮮の不正資金洗浄に関与したとしてマカオの匯業銀行と米金融機関の取引禁止の制裁措置をとり、10月には北朝鮮8企業を大量破壊兵器拡散関連として在米資産凍結、米国の司法権が及ぶ限り経済活動全面禁止の措置をとった。北朝鮮は激しく反発し、第5回6者協議休会に際しては11月11日、北朝鮮の金桂寛外務次官が北京の北朝鮮大使館で報道陣に対し、米国の金融制裁に繰り返し不快感を表明し、「われわれが声明で結んだ公約を実行できなくした」と述べた。以後、北朝鮮は制裁解除が6者協議再開の条件であると繰り返し表明する。12月6日付の『労働新聞』が「米国が制裁解除についての会談を避けている条件の下では6者協議の再開は絶対的に不可能だ」と論評したのはその端的な表れである。第4回6者協議で北朝鮮が約束した核廃棄はそのロードマップをめぐる米朝の見解の相違のみならず、制裁解除を盾にとる北朝鮮の姿勢によってさらに実施が遠のくことになっている。これもまた「瀬戸際外交」の一種であるといえよう。

これとともに、北朝鮮は05年末から06年初めにかけて、ますます態度を硬化させ、「先軍政治」の強化、米国の打倒をめざす姿勢を鮮明にしている。金正日は05年11月に入るとこれまでにも増して頻繁に軍部隊を訪問し、同月の15回の公開活動のうち、12回が軍部隊の訪問で、前年11月の5回、前月の2回と比べて目をみはる増加を見せた。前月の労働党創建60周年記念行事と胡錦濤中国主席訪朝でできなかった分の消化ともいわれるが、訪問部隊の多くが韓国と国境を接する江原道にあり、しかも半数以上が中隊クラスであったことは、最前線の末端まで忠誠心を徹底させようと

する金正日の姿勢の表れといえる。さらに北朝鮮は06年1月1日、恒例の『労働新聞』『朝鮮人民軍』『青年前衛』の共同社説「遠大な抱負と信心にあふれてさらに高く飛躍しよう」で北朝鮮と韓国が団結して米国の「戦争挑発策動」を粉砕するよう呼びかけた。この共同社説は「わが民族の統一を阻む基本障害物は米国だ」などと非難し、「全民族が米帝の新たな戦争挑発策動を断固粉砕するための闘争に総決起」し、「民族を挙げて米軍撤収闘争を展開」するよう訴えている。さらにハンナラ党など韓国の「親米保守勢力」に強い警戒感を示し、韓国で「反保守大連合を成し遂げること」、2000年の南北共同宣言が採択された6月15日を「同じ民族の日」とすることを呼びかけている。

のみならず、この共同社説は紙面を大幅に使って「先軍」ないしは軍重視に言及しており、先軍政治の鼓吹を目的の1つとしていることが明らかである。結局、この論説は先軍政治強化を煽動しつつ、盧武鉉政権の南北融和政策を利用して韓国を巻き込み、米国との対決姿勢を強めるところにあるといえよう。

北朝鮮のIT革命 北朝鮮は2000年以後、IT(情報通信)産業を通じた経済的跳躍を謳い、経済危機打開のための核心手段として育成してきた。とくにソフトウェアの開発に力を注いでおり、近年ではハードウェア、携帯電話、インターネットなど、対象領域を拡大してきた。北朝鮮は「情報技術なしには経済もない」と強調し、21世紀は情報産業の時代であるとして、それに見合った科学技術を発展させ国の生産力を世界的レベルに引き上げることを「先延ばしにできない切迫した課題」と位置づけている。そのためには対外協力が重要であることも正

しく認識しており、ロシアと自動翻訳プログラム共同開発協定を締結するなど、人材養成・技術移転のための交流協定締結に努めている。また人材養成のために、金策工業大学など主要大学・研究所の研究・教育システム新設・改編に力を注いでいる。

北朝鮮は経済的な実利を得られやすいゲーム・言語処理・認識分野のソフト開発および生産工程のコンピュータ化に力を入れているが、北朝鮮のソフトウェアは独創性や商品性が不足しており、価値のあるプログラムはわずかであるといわれる。また北朝鮮はココムを継承するワッセナー協約により西側からの技術移転が規制されているが、中国との合弁でペンティアム・クラスのコンピュータ生産能力を有している。さらに中国からのパソコン輸入も増大している。コンピュータ通信、インターネットでは都市部を結ぶ光ケーブル網などで基礎的な成果を挙げ、国際電子メールサービスも行っている。軍の部隊間も光ケーブル網で結ばれている。また国内ではイントラネットを活用して『労働新聞』など20余りの機関・団体がホームページを構築・運営し、対外的には経済部門のインターネットサイトを直接・間接に運営している。しかし、一般国民のコンピュータやインターネットの利用はきびしく制限されており、コンピュータ自体の不足もあって、普及の足枷になっている。携帯電話は2002年11月からタイのロックスレイ社の協力を得て東北アジア電信会社（NEA&T）を設立。03年11月、平壌と羅先で本格的にサービスを開始し、以後各主要都市に拡大した。中国・欧州と同じGSM方式で、料金はプリペイド式である。端末と加入費を合わせて韓国ウォンで120万ウォンと高価で、当初は党や政府・軍の高官の公的業務に限って利用を認め、利用者は3000名ほどだった。しかし翌年半ばには一般住民や外国人にも利用許可を拡大、年末には2万名に増加した。これにより、公安機関が利用者の通話内容を監視するのがむずかしくなり、04年4月22日の龍川爆発事件で起爆スイッチとして使われた可能性もあることから、同事件後、一般の携帯電話をすべて回収、使用禁止となった。

その後、2008年に解禁され、エジプトの大手携帯電話会社オラスコムと北朝鮮通信省の合弁会社「高麗リンク」が3G携帯電話サービスを提供。2009年の契約数は6万9260台、年々増加し2013年は242万台になり、2014年現在では300万台を超えている。外国人観光客には携帯電話に指し込んで利用するプリペイド式SIMカードを販売し、国際通話専用とし、北朝鮮国民の回線には接続できない。一般国民は国際通信と外部WEBサイト接続は制限されている。

9・11同時多発テロ事件と北朝鮮 2001年9月11日、米国の世界貿易センタービルや国防総省などに対する同時多発テロが行われ、貿易センタービル倒壊などにより甚大な被害をもたらした。この事件を機に米国は自国を取り巻く反米テロネットワークの存在を意識し、「テロ支援国家」への警戒心を高めた。そのなかには北朝鮮も含まれていた。事件後、北朝鮮は同時多発テロへの「遺憾」の意を表した。具体的には、翌12日に朝鮮中央通信で「誠に遺憾」と短く論評した。その後10月5日、国連総会で遺憾の意を表明すると同時に、米国が「テロ支援国家」を指定しているのも「国家テロ」であるとして、事件にかこつける形で米国の北朝鮮に対する圧力に抗議の意を表した。しかし、米国の疑心を晴らすには足りず、北朝鮮は以後の米国の対テロ戦争の「仮想敵」として位置づけられる。そ

して、ブッシュ大統領は翌年1月の年頭教書で北朝鮮をイラク、イランと並べて「悪の枢軸」と名指しする。ここに至る兆しは、ブッシュ政権の発足時からあったが、9・11同時多発テロこそが、同政権が北朝鮮敵視を明確にする引き金となった。

ミサイル防衛（MD） 米国が進めている弾道ミサイル防衛計画の総称。冷戦終結後、米国は世界唯一の超大国として、通常戦力においては絶対的な地位を手に入れたが、安全保障上の最大の懸案は米国に敵対する国家が核や生物化学兵器を搭載したミサイルで米本土や在外米軍基地に遠方から攻撃をしかけてくる場合であった。そのためにミサイル防衛、とくに弾道ミサイルに対するそれが喫緊の課題とされ、90年代以降、そのための新兵器システムの開発が進められてきた。また法的には2001年12月11日、ABM（弾道弾迎撃ミサイル）条約を脱退し開発を合法化した。核ミサイルは1発で都市をまるごと消滅させることができる非人道的な無差別大量破壊兵器であるが、あえてその「存在意義」を認めるなら、使用すれば同じ兵器で反撃を受ける状況により、大国間の戦争を不可能にする抑止力にある。しかし、これを撃ち落とすABMは抑止力を減殺し、パワーバランスを不安定にして、戦争の危険を高める。そのため、これを制限するのがABM条約である。米国は自国の生存を最優先してこれを離脱したのである。

MDは米国を直接攻撃する大陸間弾道ミサイルに対抗する国家ミサイル防衛（NMD）と、在外米軍基地を防衛する戦域ミサイル防衛（TMD）に大別される。このうち、日本や朝鮮半島に深いかかわりを持つのは後者で、海上や地上から発射する迎撃ミサイルにより、北朝鮮をはじめとする仮想敵国が発射する短中距離弾道ミサイルを狙い撃ちしようというものである。すでに日本は98年のテポドン発射を契機に米国TMDへの参加を決定しており、海上防衛を担うイージス護衛艦の中枢システムを弾道ミサイル迎撃可能に改良するため、米国と共同研究する方針が決められている。03年12月19日には米国からのMDシステム導入を決定した。また、これを徹底するために武器輸出3原則を見直すべきだという議論がなされている。他方、韓国は国防部が米国のTMDに条件付きで参加すると示唆している。韓国はすでに弾道ミサイル迎撃可能なイージス駆逐艦など、独自にミサイル防衛計画を進めているが、その主力となっているスタンダードやパトリオットなどの対空ミサイルは米国のTMDと同一であり、韓国も事実上米国のシステムに組み込まれつつあるといえる。米韓連合軍司令部は04年4月30日、パトリオット部隊を韓国に追加配備すると発表したが、これも北朝鮮の弾道ミサイルに対抗して韓国を米国のミサイル防衛体制に組み込もうとする動きの一環といえる。しかし、米国のMD実験は02年末から05年2月まで3回行われ、いずれも失敗しており、その実効性を疑う声も強い。

「悪の枢軸」 2002年1月29日、ブッシュ米大統領は恒例の年頭教書演説で北朝鮮をイラク、イランとともに「悪の枢軸」と名指しで非難した。年頭教書（state of union adress）は、米大統領が議会に対して内政・外交の現況を説明し、立法に関する具体的な勧告を試みる定期的メッセージである。予算教書、経済教書とともに三大教書と呼ばれるが、年頭教書がとくに注目されるのは、これが米国民と世界に向けたメッセージとして位置づけられているからであ

る。このなかでブッシュ大統領は、北朝鮮を「市民を飢えさせながら、大量破壊兵器とミサイルで武装している」と非難し、イラン、イラクとともに「世界平和を脅かすために武装している悪の枢軸(axis of evil)」と形容し、テロリストの基盤の一角を成していると位置づけた。こうして、3国に対する米国の強硬策に米国の「対テロ戦争」とリンクされることになった。03年3月20日に開始され、イラクのフセイン独裁政権を倒したイラク戦争はその実力行使であった。03年以降の年頭教書でも、北朝鮮の金正日政権は「恐怖と飢餓のなかで生きている人々を抑圧的な体制が支配している」「あの体制は世界を欺き、核兵器をずっと開発してきた」(03年)「世界でもっとも危険な体制」(04年)などと非難した。しかし、05年の年頭教書では「北朝鮮に核の野望を捨てさせるためアジア諸国と緊密に協力している」、06年1月の年頭教書における北朝鮮への言及は、圧政国家の1つに数えるだけという短い言及にとどまり、北朝鮮に対する姿勢が緩和されたのではないかとの憶測を呼んだ。こうした変化については国務省が「刺激的な表現」を避けるよう進言したことによるといわれるが、一方で05年2月10日、北朝鮮は6者協議への無期限不参加を表明し、すでに核保有していると宣言した。なお韓国は米国占領下のアフガニスタンやイラクに支援部隊を派遣するなどの形で米国の対テロ戦争に関与しており、これに反発したテロ組織アルカイダは韓国も攻撃目標にすると警告した。

ブッシュ・ドクトリン（先制攻撃ドクトリン） 米国のブッシュ政権が打ち出した安全保障戦略。その原形は1997年に組織された「PNAC（米国の新世紀プロジェクト）」でチェイニー、ラムズフェルド、ウォルフォウィッツら、のちのブッシュ政権の中枢を成すメンバーによって練り上げられた。これにより、強い軍事力、米国の価値観を海外に広げる外交、米国の国際的リーダーシップの推進というブッシュ・ドクトリンの基調が決定された。これは2001年9月11日の同時多発テロ事件を契機に強力に前面に押し出されることになった。ブッシュ・ドクトリンという呼称は、02年1月30日、PNACのシュミット共同議長らが前日の大統領年頭教書演説（「悪の枢軸」演説）について用いたことから、一般に広まった。しかし、ブッシュ・ドクトリンの内容を集約的に鮮明にしたのは02年9月20日、ホワイトハウスが米議会に提出した「米国の安全保障戦略」である。その主な内容は次のとおり。①米国は自由と正義の側に立ち、人間の尊厳を擁護し、テロリストや独裁者と戦って世界平和を守る。②テロを共通の敵とする世界の主要国の団結を基礎に、世界の安全保障推進のリーダーシップを掌握する。③テロリストやならず者国家（北朝鮮、イラン、イラクなど）には従来の国際法にとらわれず、危険に応じて先制攻撃を加える。④テロリストやならず者国家には米ソ冷戦のような核使用自粛の共通認識は期待できない。

不審船銃撃戦 2001年12月に奄美大島沖で起きた北朝鮮の工作船と日本の海上保安庁の巡視船の銃撃戦。防衛庁は12月に入り、北朝鮮から複数の不審な船舶が出港したとの情報を得て警戒を強化した。19日には不審船の存在を把握。21日、海上自衛隊のP3C対潜哨戒機が不審船を目視で確認。22日、不審船が中国との排他的経済水域の境界線である日中の中間線を越えたため、海上保安庁の巡視船が威嚇射撃を行った。不審船が停船しなかったため、巡視船はさ

らに船体射撃を行い、不審船は出火し、一時停船したが、再度逃走を試みた。このため、2隻の巡視船が不審船を挟撃、不審船がロケット砲を発射するなど発砲したため、激しい銃撃戦となった。結局、不審船は大小2度の爆発を起こし、沈没した。爆発物を使い、自沈したものといわれる。引き揚げられた不審船本体、現場からの回収物から、これが北朝鮮の工作船であることが確認された。工作船は全長30メートルの鋼鉄製で、長さ11メートルほどの小型船を格納していた。また対戦車ロケット砲や携帯式地対空ミサイル、無反動砲など破壊力の大きな重火器も発見された。乗員は15名ほどと見られるが、2名が遺体で回収され、他は行方不明となった。この不審船はかねてから監視されていた覚醒剤の密輸船と見られ、遺留品の携帯電話に東京の暴力団事務所と連絡をとっていた形跡が残されていた。これは北朝鮮の麻薬・覚醒剤密輸の国家犯罪を確認させるとともに、98年のテポドン発射につづいて日本国民に「北朝鮮の脅威」を改めて認識させる大きなきっかけとなった。

経済管理改善措置（7月措置、7・1経済措置） 2002年7月に打ち出された北朝鮮の経済改革。「社会主義原則を堅持しながら、もっとも大きな実利を得る」ことを標榜している。北朝鮮では1996年から農業管理の改善の試みがなされ、協同農場の生産単位である分組の規模縮小、剰余農産物の農民市場での販売認可、一部の協同農場での独立採算制導入実験などが行われたが、めだった成果はあがらなかった。01年10月に金正日指令として、「経済改革のための指針」が出され、翌年7月に実行に移された。具体的には国定価格を農民市場の物価水準に、国家部門の賃金を現実（すなわち農民市場）の物価水準に合わせて上昇させ、為替レートを現実的なものに調整することを主内容とした。また、実際の労働強度によって賃金を差別化し、成果に応じて分配する累進賃金制を導入した。生産管理計画が大幅に地方・下部に委譲され、独立採算制の導入が強化された。とくに農業に関して超過生産分の自由処分権を拡大し、農民市場を公的なものとして認め、逆にその管理を強化した。これは労働者、農民の勤労意欲を高めるとともに、その利益をより効率的に国家に吸収し、経済再建を図ろうとするものだった。これにより、コメの国定販売価格は0.08ウォンから44ウォンと550倍になり、生産労働者の基本賃金は110ウォンから2000ウォンに上昇した。また日用品の価格も約20倍になった。為替レートは1ドル2.14ウォンから150ウォンに切り下げられた。これにともない、それまでの全面配給制が停止され、食料の不足分は個人が市場で購入することが前提となった。北朝鮮は配給の力で国民を養うことができなくなっている現実を公式に認めたのである。

こうした措置は勤労意欲の向上には一時的に貢献したものの、生産基盤が不安定な状態で物価を急上昇させたため、インフレを招き、賃金の上昇が物価の上昇に追いつかない状況を呈した。経済改革は国定価格と農民市場価格を同一にすることをめざしたが、農民市場価格は国営商店の数倍に高騰した。また電力やガソリンが不足し、生産活動自体が困難な状態では業績による累進賃金制、市場原理の形式的導入は逆に実質的な賃金低下をもたらし、いたずらに労働者の生活を悪化させるだけであった。また農業に関しても、肥料・燃料・農機や農薬などの資材不足がつづき、制度改正は生産回復につながらなかった。03年以降、金

正日の経済関係の現地指導が減り、代わって軍関係のそれが増加するが、これは02年の経済改革が期待したほどの効果を挙げられなかったため、それまで以上に軍重視の姿勢を強化したとも見られる。北朝鮮は労働人口の9パーセントを軍人が占め、軍事費の対GDP比は23パーセントにもなる。このため、体制転換と非軍事化が経済回復に不可欠と見られる。北朝鮮は当初これらの措置を中国などの「改革・開放」とは異なるものとして「経済管理改善措置」と呼んでいた。しかし03年10月、朝鮮中央通信が北朝鮮のメディアとしては初めてこれを「経済改革」と呼んだ。また02年10月頃から「改革・開放」という用語を「社会主義経済を完成させるための1段階」として政府部内で使用できるようにしているといわれる。なお、食糧供給に関しては北朝鮮当局は、05年10月1日から全面配給制を復活させたとしているが、WFPによればその実態は規定量にまったく足りない不十分なものであり、北朝鮮では06年1月現在、飢餓状態が継続した。国連食糧農業機関(FAO)と世界食糧計画(WFP)「北朝鮮の作況および食糧安保評価特別報告書」(Special Report: Crop and Food Security Assessment Mission to the DPRK)によると2013年度の北朝鮮の食糧生産量は503万トン。一方、食糧需要量は537万トンで、不足分は34万トン。2010・11年度は86.7万トン、2011・12年度は73.9万トン、2012・13年度は50.7万トンと不足分が徐々に減少している。足りない分は輸入や人道目的の援助物質で補充していると思われる。しかし依然として北朝鮮の食糧事情はきびしく、国内の地域や階層・職業によって食糧配給や供給に差があるが、いわゆる「配給体制」は機能しておらず慢性的に主食のコメとトウモロコシが不足している。

新義州特区 2002年、北朝鮮が北端の新義州に設置した経済特区。02年9月12日、最高人民会議常任委員会は、中国との国境地帯の平安北道新義州市に初の特別行政区を設定する基本法を採択。同法によると、国家が直轄しながら、特別行政区に立法・行政・司法権を与えるもので、国家は新義州で経済開発をし、投資を奨励すると明記された。基本法は全101条から構成され、特別行政区の権限として、①立法・行政・司法権を有する、②国家が委任した範囲内で対外活動し、中央政府とは別にパスポートを発行できる、③国家から土地の開発、利用、管理権限を付与される。とくに、新義州特区を国際的な金融・貿易・商業・先端技術・娯楽・観光地区とし、特区に2051年12月31日まで土地開発利用管理権を与え、投資奨励と企業の経済活動環境を保証すると明記している。また特別行政区に滞在する外国人は住民と同じ権利と義務を持つとされ、住民権を持つ外国人の場合は、立法会議議員になれることも明記している。初代行政長官には中国系オランダ人で欧亜グループ会長の楊斌が任命された。しかし、就任後まもない10月初め、楊は脱税などの疑いで中国当局に軟禁され(11月27日逮捕)、以後計画は事実上頓挫した。

開城工業団地 北朝鮮と韓国の現代グループ、韓国土地公社の合弁で建設される工業団地。施行は現代峨山、韓国土地公社。2002年11月20日に北朝鮮で採択された開城工業地区法によれば、開城工業団地は国際的な工業、貿易、商業、金融、観光地域を発展目標とし、無関税で、認められた外貨とクレジットカードを流通貨幣とする。さらに外貨の搬出入も自由である。また管理機構には韓国および海外開発業者の推薦を受けた外国人が参加できる。賃貸期間は

50年で、譲渡、再賃貸も可能。入居希望企業は大半が韓国企業だが、在日系や欧州企業も関心を見せている。07年までに第１段階として、100万坪の工業団地が造成される。03年６月30日、造成第１段階工事の着工式が開城市の鳳東里で行われた。04年６月末に１万坪規模のモデル団地が完工し、韓国側企業の入居が開始された。第１段階のモデル団地には台所用品、靴、電機部品、衣類など15社が進出を決定し、04年12月15日には家庭用品のリビングアート社などが操業を開始した。韓国政府はインフラ整備に1095億ウォンを支援し、工場電力は朝鮮戦争後初めて韓国の送電線を北側に延ばし、１万5000キロワットを供給することで合意している。他方、北側は「外貨獲得」を目標に一応計画に協力しているものの、資本主義思想の流入を警戒し、開発を特区内にとどめる姿勢で一貫している。また、米国は軍事転用可能な先端技術の流出を警戒しており、これに関する韓国政府との調整の難航が計画の障害になっている。なお、韓国はここで製造された製品を「韓国製」扱いとするよう各国に求めているが、日本や米国は北朝鮮に利益を与えない方針から、これに難色を示している。また05年10月20日、北朝鮮は金潤圭現代峨山副会長が辞任させられたことを批判して態度を硬化させ、「現代とのすべての事業を見直さざるをえなくなった」との談話を発表した。北朝鮮のこのような突然の態度の変化は、行き先不安と見る向きもあった。05年当時は6000強の労働者が働いていたが11年末現在で8倍以上の５万人規模に達している。融和政策を採っていない李明博政権下でも一貫して拡大し、労働人口に比例して、企業数も生産規模も増大している。企業数124、生産規模３億4000万ドル。北朝鮮の労働者は１ヵ月に100〜115ドルの賃金で、年会計で5000〜6000ドルの額が北朝鮮に入っている。今後も１年に10パーセント内外で拡大するものと見られ、この傾向は数年つづくだろう。

　2013年に入って北朝鮮は瀬戸際外交のカードとして工業団地の操業中断という一方的措置をとった。４月から９月の間中断したが、現在（2014年）、操業はほぼ正常に戻っている。５万2000人を超える北朝鮮労働者が従事し、最低賃金が設定され毎年引き上げが実施されている。休日特別勤務手当てや平日夜間勤務手当てなどが別途支給され、社会保険などを含めると、１人当たり月平均135〜150ドル程度が支給されているという。だが、個人には渡らず国家が一括管理している。2014年６月には123社の韓国企業に加え、繊維機械用の針を生産・販売するドイツの企業が営業店設置で海外企業初の進出を果たした。韓国側が推進する国際化につながるか注目される。現在、北朝鮮の確実な外貨稼ぎにおいて開城工業団地は無視できないものとなっている。

日朝首脳会談　1998年のテポドン発射によって凍結されていた日朝国交正常化交渉は、99年12月の超党派議員団（村山富市団長）の訪朝で再開が合意され、翌2000年３月には食糧援助と日朝交渉本会談も再開された。しかし、戦後賠償や拉致問題で対立がつづいた。北朝鮮は国交正常化交渉で拉致問題を議題とすることに激しく反発し、交渉はふたたび暗礁に乗り上げたが、北朝鮮側も独裁体制存続の資金として日本から経済援助を得るために、早期国交正常化を望んだ。一方、日本側でも外務省を中心に早期国交正常化をめざす動きが強まった。02年５月には脱北者一家が中国瀋陽の日本領事館に駆け込もうとして公安当局に捕えられ、領事館員がこれを事実上見殺しにす

小泉首相、来月訪朝

金総書　小泉首相は30を9月17日前後党3党首に説明26日、平壌で行

小泉首相の訪朝を伝える『朝日新聞』の号外

　るという失態など、外務省に対する国民の不信感が高まる状況もあり、大きな外交的イベントで失地を回復することも期待されたであろう。こうして両者の利害が一致した。

　このため、日本の外務省は田中均アジア大洋州局長を中心に、北朝鮮側と水面下で交渉を重ねた。北朝鮮側では姜錫柱外務次官が交渉窓口として重要な役割を果たした。それ以上に田中局長の非正規な交渉ルートが用いられたといわれるが、その内実は定かでない。8月24日、日朝外務省局長級協議のため訪朝した田中局長が、小泉首相の金正日宛メッセージを伝達した。そして25〜26日、平壌で局長級協議が開催された。ここで会談実現に向けて最終的な詰めがなされたと見られる。02年8月30日、日朝首脳会談を同年9月17日に開催することが電撃的に発表された。

　9月17日、平壌で行われた日朝首脳会談は南北首脳会談のような沿道の歓迎もなく、双方とも終始固い表情で進められた。歓迎がなかったのは、日本側が会談を事務的なものとしたいと要望したのに対応したものといわれるが、両国の冷戦状態を如実に反映することになった。この席上、金正日は日本人拉致と工作船派遣の事実を認めた。当時、北朝鮮で英国の臨時代理大使を務めていたジェームズ・ホアによれば、これは金正日が単独で決断したものであった。ただし北側には、この程度に謝罪すれば、日本は納得して国交正常化、経済援助を認めてくれるという打算があったものと思われるが、これはまったくの誤算で、中途半端に犯罪を認めたことは、日本国民の怒りの火に油を注ぐ結果になった。

　しかし小泉首相はこの謝罪を受け入れ、日朝平壌宣言を出す。これは、①国交正常化の早期実現の努力、②過去の植民地支配の反省と謝罪、北朝鮮への経済協力（請求権は相互放棄）、③国際法の遵守、拉致・工作船の事件の再発防止、④東北アジアの

平和と安定のための相互協力、核問題解決のための国際的合意の遵守などを内容としていた。これは日本側が植民地支配について謝罪し、経済協力を約束する一方、拉致問題についてあえて踏み込まないなど、北朝鮮側の立場に傾斜した内容であった。

その後、北朝鮮は拉致した日本人の大半はすでに死亡したとして「生存者」5名を日本に一時帰国させた。10月24日、日本側はこれらの人々を北朝鮮に戻さない方針を発表し、北朝鮮は態度を硬化させる。10月29〜30日、マレーシアのクアラルンプールで再開された日朝国交正常化交渉で、北朝鮮は日本側の約束違反を激しく非難した。このときには、すでに北朝鮮は米朝枠組み合意に違反してひそかに核開発をつづけていたことをみずから認めていたから、北朝鮮の不誠実こそ非難されるべきであろう。平壌宣言は「核問題およびミサイル問題」についての国際的合意の遵守、対話と問題解決の促進を謳っていたからなおさらである。11月24日の中国大連での非公式折衝でも両国の溝は埋まらず、結局国交正常化交渉は中断されることになる。両者の主張は平行線をたどったまま、1年以上が過ぎた。

04年2月13日、田中均外務審議官と薮中三十二アジア大洋州局長は平壌を訪れ、拉致問題をめぐって北朝鮮側の姜錫柱外務次官らと交渉したが、やはり成果はなかった。さらに2月25〜28日にかけての6者協議でも、北朝鮮は日本との対話を事実上拒む姿勢をとった。同年5月3日、田中外務審議官と薮中アジア大洋州局長は再度平壌を訪れた。そして14日、小泉首相が同月22日に再度訪朝することが発表された。

そして22日、平壌で第2回日朝首脳会談が開催され、拉致被害者の家族8名のうち、5名帰国、安否不明者10名の再調査、日本から食糧25万トン、医療品1000万ドル相当などの「人道支援」提供、平壌宣言が遵守される限り経済制裁は実施せずなどの方針が合意された。また国交正常化交渉の早期再開に向け事務レベルで協議していくことになった。これは対話継続の姿勢を示すことで、事実上金正日体制を保障するものだといえよう。結局、5名の帰国という「成果」と引き換えに、日本が物資の援助、経済制裁保留などを北朝鮮に与えたのである。

平壌宣言 2002年9月17日の日朝首脳会談で出された共同宣言。その内容は以下のようなものだった。

①国交正常化の早期実現に努力し、2002年10月中に正常化交渉を再開する。その過程で、両国間の諸般の問題に誠意をもって臨む。

②日本側は、過去の植民地支配により朝鮮人民に与えた多大な損害と苦痛について反省と謝罪を表明。これと関連して日本側は国交正常化後、北朝鮮に経済協力を実施する。植民地時代に生じた財産および請求権は互いに放棄することを基本原則とする。在日朝鮮人と文化財問題については、国交正常化交渉で協議する。

③両国は国際法を守り、互いの安全を脅かす行動をしない。また日本国民の生命および安全と関連した懸案問題（拉致・工作船を指す）について北朝鮮側は、両国の非正常な関係により発生した遺憾な問題として再発防止のため、適切な処置をとる。

④両国は東北アジアの平和と安定の維持強化のため、互いに協力することを確認する。また地域の信頼醸成のための枠組みの整備が重要との認識を共有し、双方は朝鮮半島の核問題の解決のために該当するすべての国際的合意を遵守する。さらに、核・

ミサイルを含む安全保障上の問題と関連して関係国間の対話を促進し、問題解決を図る必要性を確認。北朝鮮側はミサイル発射の保留を03年以後もさらに延長する意向を表明。

北朝鮮は拉致と工作船という犯罪を認めたが、そのことはあえて深く追及せず、むしろ「両国間の非正常な関係」に原因があったとする北朝鮮の主張が強調されている。全体として、北朝鮮側の主張に沿った内容であった。

2002年の核危機 2001年に登場した米ブッシュ政権はクリントン政権の融和政策を放棄し、北朝鮮に対する姿勢を硬化させた。同年9月11日の同時多発テロ事件で国際的な反米テロネットワークの存在を意識した米国はいっそうこの傾向を強めた。02年1月の大統領年頭教書演説では、北朝鮮をイラク、イランと並べて「悪の枢軸」と非難した。こうした姿勢に、北朝鮮は強く反発する一方、米国との国交正常化、不可侵条約締結による援助、体制保障を強く望んだ。このため、一応交渉のテーブルにつきつつ、恫喝によって米国の譲歩を引き出そうとした。02年10月、米朝高官協議で北朝鮮は、すでに核保有している（高濃縮ウラン爆弾）と非公式に表明し、米国の譲歩を獲得しようとした。米朝枠組み合意を破ったことをあえて明らかにした。このとき、米国は北朝鮮が核開発を放棄すれば国交正常化、不可侵明文化も辞さないとの態度を表明していた。にもかかわらず北朝鮮が強硬姿勢を持続したのは、米国がさらに軟化することによって、より大きな外交的成果を得られると期待したためであった。

しかし米国は態度を硬化させ、米朝関係は緊張した。11月14日、KEDO（朝鮮半島エネルギー開発機構）は北朝鮮の枠組み合意違反を理由に12月以降の重油供給の停止を発表。11月29日、IAEA（国際原子力機関）理事会が北朝鮮に核計画放棄を要求すると、12月12日、北朝鮮は核施設の稼動を再開すると発表し、12月21日、寧辺の核施設の封印除去に着手した。さらに12月31日にはIAEA要員を国外追放。翌03年1月6日、IAEA緊急理事会は北朝鮮の核開発凍結を求める決議を採択。その一方で1月7日、日米韓3国政策調整会合が開かれ、米国が北朝鮮と対話の用意があると発表した。10日、北朝鮮はNPT（核拡散防止条約）からの即時脱退を宣言。これに対して14日、ブッシュ大統領は「北朝鮮が核兵器開発計画を放棄すれば、エネルギー、食糧支援を含む大胆なイニシアティブをとる用意がある」と言明した。しかし15日、北朝鮮は米国の姿勢を「国際世論を欺瞞する謀略」と非難。これに対して17日、アーミテージ国務次官は「不可侵を文書化する方向で検討」と表明したが、北朝鮮は強硬な姿勢を変えることはなかった。翌2月から3月にかけて2度にわたって日本海に向けて対艦ミサイルの発射実験を行い、3月2日には北朝鮮領空に接近した米軍偵察機に迎撃機を異常接近させるなどの威嚇的行動を繰り返し、北朝鮮の外交は「瀬戸際外交から恫喝外交に発展した」という印象を強めた。ところが4月になると態度を軟化させ、12日には「米国が対北朝鮮政策を大胆に転換するなら、対話の形式にはこだわらない」とし、それまで固執していた米国との2国間交渉を放棄して米国や中国などが求める多国間協議を受け容れる姿勢を見せ、23〜24日にかけて、米中との3者協議に参加した。

しかしこの過程で、米国内の強硬派が「対話と圧力」のうち「圧力」を放棄したわけではないと強調すると、北朝鮮は反発

を強め、6月下旬から7月にかけて対決的な姿勢をとり、7月8日の米朝接触では「核実験の用意がある」などと表明した。この頃には北朝鮮は体制の保障、北朝鮮不可侵の確約の要求をはっきりと表明するようになっていた。米国はやむなく妥協的な姿勢をとり、北朝鮮への不可侵確約を検討しているなどの情報が流れた。こうした譲歩を受けて、北朝鮮は結局8月の6者協議に参加した。このような状況を見るとき、北朝鮮は危機的な状況の演出や急激な譲歩によって相手を撹乱し、大幅な譲歩を引き出す瀬戸際外交を継続しているといえる。また歴史的に見れば、こうした瀬戸際外交は北朝鮮が核開発を開始したときから始まっているともいえる。

3者協議（3者会談） 2002年12月以降、北朝鮮は寧辺の核施設封印撤去、対艦ミサイル発射などの示威行動をとりつつ対話を拒む姿勢をとったが、米国は03年2月、パウエル国務長官の訪中の際、江沢民主席との会談で打開策を議論し、中国は3月、銭其琛前副首相を北朝鮮に派遣し、米中朝3者協議の実現を働きかけた。03年4月12日、北朝鮮外務省スポークスマンが、米国が対北朝鮮政策を大胆に転換する用意があるなら、対話の形式にはこだわらないとの談話を発表した。これに対し米国もブッシュ大統領が「多国間対話を実現する可能性が出てきた」と歓迎の談話を発表した。16日付『ニューヨーク・タイムズ』が米政府当局者の話として、対話はまず米中朝3ヵ国で行われると報道、米国政府もこれを確認し、ここに3者協議の実施が明らかにされた。4月23～24日、北京で行われた3者協議では北朝鮮がすでに核保有していると発言したと報じられ物議をかもしたものの、具体的な結論は出ないままに終わった。

会談内容は明らかでないが、北朝鮮が核査察受け入れの代わりに軽水炉建設や重油供給の再開、不可侵条約と体制保障を要求したが、これは米国の受け入れるところとならなかったといわれる。しかし、事実上協議継続が合意され、のちの6者協議につながることになった。3者協議で提示された北朝鮮の要求と米国の拒否は6者協議でも繰り返されることになる。

6者協議（6者会談） 北朝鮮の核問題解決をめざす、北朝鮮・韓国・米国・中国・ロシア・日本の協議のこと。6ヵ国協議、6者会談とも呼ばれる。問題を国際協調体制のもとで解決しようとする韓国、米国、中国などが主唱した。

［第1～3回協議］ 体制危機を打開するために、米国との2国間対話、米朝早期国交正常化をめざす北朝鮮は当初これに難色を示していた。しかし03年7月31日、北朝鮮政府は受け入れを韓国政府に通知。8月27～29日には北朝鮮と日米韓中ロの6者協議が北京で行われた。米国は北朝鮮の核の「完全で検証可能かつ後戻りできない放棄」、北朝鮮側はエネルギー・食糧支援、「安全の保障」などを要求した。北朝鮮の狙いは、これを米朝国交正常化の突破口とし、体制維持の確約を得ることにあったが、それが成らないと悟るや、8月30日、北朝鮮代表は6者協議不要と声明。結局、第1回は成果なく終わった。同年10月20日、バンコクのAPEC会合では6者協議継続推進が確認された。そして04年2月25～28日、第2回6者協議が北京で行われ、第1回と同様の米朝の要求合戦が行われたが、具体的な進展はなかった。04年6月23～25日、第3回の6者協議が北京で行われた。今回は米国が北朝鮮の核放棄確約を前提に、重油提供や経済制裁解除を提案。北朝鮮は

核兵器開発に限定してこれを受け入れる姿勢を示した。合意には至らなかったものの、「朝鮮半島非核化に向けた第1段階の措置」として、北朝鮮の核の検証をともなう凍結、見返りとして対北朝鮮支援などの対応措置をとるとの議長声明が発表された。6者協議は北朝鮮の核問題の解決を中心的な課題としたものだが、日本はこの場を通じて拉致問題も追及し、国際世論の包囲網で問題を解決することをめざした。しかし、北朝鮮側はこれを不当とし、日本が拉致問題を議題としようとするなら、6者協議のボイコットも辞さないという態度を表明した。また05年2月10日、北朝鮮外務省はブッシュ政権が敵視政策を変えていないとして「6者協議を無期限中断する」と表明、また「自衛のために核兵器を製造した」と核兵器の製造・保有を初めて公式に宣言した。

[第4回協議と共同声明] 第4回協議は2005年7月26日から北京で開催された。これに先立つ同年2月、北朝鮮はすでに核兵器を保有していることを明言し、今回の協議の事前交渉でも改めてこれを通告していた。そのうえで、北朝鮮は「朝鮮半島非核化のために当事国の戦略的決断が必要」と主張したが、これは他の5ヵ国、とくに米国に大幅な譲歩を迫るものだった。具体的には米国との関係が正常化され、その「核の脅威」が除かれれば、核兵器や核計画の廃棄に可能な形で応じるというのである。これに対して米国は「北朝鮮がすべての核兵器と核計画を永久に検証可能な形で廃棄すれば、北朝鮮の安全の保障、経済協力に応じる」と主張した。米国の主張は、従来の米国の「北朝鮮の核無条件廃棄」という主張からすれば柔軟性が打ち出されていたが、あくまで核を交渉カードとして確保したい北朝鮮からすれば受け容れられるものではなかった。この論争は協議の進展とともに、軍事的な核計画のみを廃棄するのか、発電などの平和利用も含めたすべての核計画を廃棄するのかを具体的な焦点としていった。しかし北朝鮮独自の発電がプルトニウムの蓄積やウラン濃縮の機会を与える以上、米国にとって譲歩の余地はなかった。日本は米国側に、韓国は「平和利用」容認の中ロにつき、協議は「日米」対「北中ロ韓」の様相を呈して膠着状態に陥り、8月7日に休会した。協議は約5週間ぶりの9月13日に再開された。2国間協議を中心に各国の主張の擦り合わせがなされ、議長国の中国がその主たる斡旋役となった。この結果、9月19日、6者協議は初の共同声明を採択した。その骨子は以下のとおりである。

①6者協議の目標は朝鮮半島の検証可能な非核化。②北朝鮮はすべての核兵器および既存の核計画を放棄し、NPT、IAEAに早期に復帰すると約束。③北朝鮮は平和利用の権利を持つ旨を発言。他国はその発言を尊重する旨を述べ、適当な時期に軽水炉提供問題で議論することで合意。④米国は朝鮮半島で核兵器を持たず、北朝鮮を核兵器や通常兵器で攻撃、侵略する意図はないと確認。⑤朝米は相互の主権を尊重し、平和共存し、関係正常化の措置をとる。⑥日朝は平壌宣言に従って過去を清算し懸案事項を解決し、国交正常化のための措置をとる。

94年の核危機の際の北朝鮮の譲歩はあくまで「凍結」で一時的なものであったから、これは史上初めて北朝鮮から「核廃棄」の約束を引き出したことになる。しかし北朝鮮にはその「核凍結」の約束を秘密裏に破って核開発を継続していた前歴があったため、その約束だけでは信じるに足りないものである。したがって、その検証方法が重要であったが、それは具体的に示されていない。さらに北朝鮮の核「平和利用」の可

能性を残すことで、その軍事転用に道を開いてもいた。これは一見北朝鮮から大幅な譲歩を引き出したようでありながら、実態は北朝鮮の強硬姿勢に日米が大きく道を譲った側面がぬぐえない。その背後には冷戦後唯一の超大国である米国を牽制する中ロ、南北融和を進めようとする韓国の思惑があるといえよう。米国は以後「軽水炉提供は北朝鮮の核廃棄の後」と主張。これに対して北朝鮮は「軽水炉提供の後に核廃棄」と主張し、結局両国の立場は平行線をたどった。この結果、11月9日に開会された第5回協議はたちまち暗礁に乗り上げ、3日目の11日には休会となった。今後の行方が懸念されている。07年3月19日から21日まで第6回が開催されたが、その後は行われていない。

龍川爆発事件　2004年4月22日、北朝鮮の龍川で起きた大爆発事件。金正日は04年4月19日から中国を訪問し、胡錦濤国家主席や江沢民中央軍事委員会主席らと会談し、4月21日に列車で北京を去って帰国の途に就いた。そして22日午前、北朝鮮に帰国したものと見られる。この日の午後1時、中朝国境にほど近い平安北道龍川で、大規模な爆発が起きた。現場から半径500メートルは廃墟と化し、死者161名、重傷者500名以上の大惨事となった。原因は列車の衝突によるものと発表されたが、金正日暗殺の爆弾テロの可能性が取り沙汰された。起爆装置として使用されたと見られる携帯電話が現場で発見され、このため北朝鮮では民間の携帯電話がすべて使用禁止、回収された。また「事故」であったとしても、北朝鮮の経済・社会が列車の運行も満足に行えないほど疲弊していることを示唆しているといえよう。なお、同年9月には同じく北部の両江道で大爆発が起きた

との情報が流れ、やはり大事故やテロの可能性が取り沙汰されたが、北朝鮮当局はダム建設のための発破作業の爆発と説明している。また、黄長燁とともに韓国に亡命した金徳弘は8月4日、ソウルでインターネットを通じた記者会見を行い、金正日体制に反対する小規模勢力が北朝鮮各地に点在しており、最近、政権批判のビラをまいたと発表。ビラには「金正日はヒトラー以上の独裁者」などと記され、数人単位の反体制勢力が当局の目を盗んで各地で大量にまいたという。また05年1月17日、北朝鮮の民主化を訴える韓国市民らのインターネットサイト「デーリーNK」は北朝鮮内で貼り出された「金正日打倒」などのビラ、顔の上に「金正日、お前は独裁者だ」と書き込まれた肖像画など、反体制運動を撮影したという映像を公開した。

北朝鮮高句麗古墳群の世界遺産登録
2004年7月1日、北朝鮮の高句麗古墳が国連教育科学文化機関（ユネスコ）の第28回世界遺産委員会（中国・蘇州市）で、21ヵ国委員の全会一致で世界文化遺産に登録された。これは北朝鮮からの初の登録となった。同時に中国の高句麗古墳群も登録された。高句麗古墳は4〜7世紀にかけて築かれた壁画古墳が中心である。当時、中国は戦乱時代のため現存する遺物が少なく、同時期の日本の高松塚古墳は規模が小さいことなどから、高句麗壁画がこの時代のアジア芸術の最高峰と目されてきた。また高松塚古墳の壁画と似た女性像があることなどからそのルーツとも見られてきた。

　今回登録されたのは北朝鮮が申請した東明王陵の15基、平壌郊外の湖南里四神塚周辺の34基など計5地域63基。世界文化遺産への登録要請は1968年、日本画家の平山郁夫が写真で北朝鮮・修山里古墳の壁

画を見て魅了されたことに由来する。その後、平山は数次にわたって北朝鮮を訪問し、世界遺産登録を働きかけた。しかし、北側は文化遺産指定に必要な計測・保存用のコンピュータ機器類などを保有しておらず、当時のココムの監視下でこれを搬入しなければならなかった。また中国が自国内の高句麗遺跡の存在を強調して北朝鮮の単独登録に反対し、結局朝中が個別に同時登録することで決着した。これは高句麗史問題で優位を確保しようとする中国側の思惑が功を奏したものといわれる。また、遺跡の長期保存策などで南北が協力していくことも合意された。平山は05年4月16日、ユネスコ親善大使として訪問中の北京で記者会見し、平壌郊外の楽浪遺跡の日朝合同調査で基本的に合意したことを明らかにしている。2013年には新たに、開城市に残る高麗時代の史跡が「開城の歴史的建造物群と遺跡群」として世界遺産に登録された。なお、14年9月現在、韓国では11件（世界第23位）、日本では18件（世界第13位）、中国では47件（世界第2位）の世界遺産が登録されており、登録数世界第1位はイタリア（50件）である。

国連総会の北朝鮮非難決議　国連人権委員会は2003〜05年にかけて3年連続で「北朝鮮は組織的で深刻かつ広範な人権侵害をただちに中断すべし」という内容の決議を採択した。これを主導したのはEUであった。さらに05年にはこれを国連総会に上程し、11月17日、決議は総会第3委員会でも採択された。決議では北朝鮮における拷問・公開処刑・政治犯収容所・売春・嬰児殺害・外国人拉致などの事例を直視し、制度を改善するよう求めている。表決の結果は賛成84、反対22、棄権62であり、主な反対国は中国、ロシア、ベネズエラ、キューバ、マレーシア、ベラルーシ、スーダン、インドネシア、イラン、ベトナムなどであった。これに対し、韓国政府は03年の決議案投票に欠席し、04、05年には「南北韓（朝鮮）関係の特殊性に関する配慮」を理由に欠席している。05年12月16日には国連総会が北朝鮮の人権状況を非難する国連決議を採択。内容は委員会決議に準じて北朝鮮の人権侵害を「継続的かつ深刻で広範囲」とし、拉致問題にも言及している。採決は賛成88、反対21、棄権60で中国、ロシア、ベトナム、インドネシア、イランなどが反対した。韓国はここでも棄権に回り、北朝鮮を刺激するのを避けつつ、反対によって米国と対立することもできない微妙な立場を示した。北朝鮮は決議を受け容れないと表明。さらに「日本は第2次大戦の戦争犯罪国家で、20世紀の人道に対する罪を清算していない」「拉致問題は小泉首相の平壌訪問時に解決済み」などと発言したが、みずからの犯罪を棚上げした主張は説得力を欠いたものであった。

国連人権委員会　国連憲章の人権保護の理念を実現するために設置されている機関。国連憲章は前文で「基本的人権と人間の尊厳および価値と男女および大小各国の同権に関する信念を改めて確認」すると述べている。国連人権委員会はこれにもとづき、1946年2月16日、経済社会理事会（ECOSOC）決議5（1）によって設置された。委員会は年次会合のほか、必要に応じて特別会合を開き、経済社会理事会に報告を行う。報告者の資格は固定されておらず、特別報告者、団体の代表あるいは専門家、作業グループなどが、国別権限、あるいはテーマ別権限において、特定の人権問題に関する調査、討議、報告を行っている。2005年現在の会員国は53ヵ国。2006年に発展的解消し、

国連人権理事会へ引き継がれた。

国連人権理事会　2006年、国連総会において国連人権委員会の組織を発展的に解消して国連人権理事会を設ける決議が可決、6月19日に国連人権理事会へ引き継がれた。人権委員会は年1回6週間開催の非常設機関で、経済社会理事会（ECOSOC）の下部組織だったが、人権理事会は年3回の定例会合、理事国の3分の1の要請による緊急会（特別会期）も開かれる常設理事会となった。また総会直接の下部機関（補助機関）へと昇格した。47の理事国からなり、地域ごとに員数が分配され、総会で選出、任期は3年。人権理事会は2006年6月29日、「強制失踪からのすべての者の保護に関する国際条約」（強制失踪防止条約）案を全会一致で採択。北朝鮮の拉致問題を念頭に「国境を越えた拉致」も条約案に盛り込まれた。そして、2013年、北朝鮮の人権状況を調べる調査委員会の立ち上げを全会一致で承認した。

「北朝鮮の人権状況」決議　2005年12月16日、国連本会議で採択された北朝鮮非難決議。以降、毎年本会議で採択されている（2014年も採択され10年連続10回目となった）。2006年は外国人拉致問題も未解決として「他の主権国家の国民の人権侵害」との表現も加え非難を強めた。法的拘束力はないが、人権状況の改善や拉致問題解決を求める国際社会の意志を改めて示した。議決は日本とEUが主導して提出、韓国は前年05年の棄権から賛成に転じた。中国とロシアは反対票を投じ、賛成99、反対21、棄権56で採択された。2010年には国連人権理事会で初めて無投票（コンセンサス方式。中国、ロシア、キューバはコンセンサスから離脱）で採択され、本会議では賛成106、反対20、棄権57となった。そして12年には本会議でも初めてコンセンサス採択された。13年3月の第22回人権理事会では北朝鮮に関する調査委員会（COI）の設置が決まった。14年3月25日の人権理事会では北朝鮮人権決議案をついに韓国が日本・EUとともに提案国となった。14年6月には国連の北朝鮮人権事務所設置が決定、9月ソウル市が事務所設置の実務協議に着手予定と発表した。9月25日の朴槿恵大統領初の国連総会演説では南北統一を呼びかけるとともに、北朝鮮の人権問題にも言及した。

転換期の朝鮮総連　2002年9月17日の日朝首脳会談で金正日が日本人拉致を認めたことによって、これまで一貫して拉致を否定してきた朝鮮総連は窮地に立たされた。内部からの批判が相次ぎ、組織を離れる在日朝鮮人も少なくなかった。もっとも、こうした内部批判・改革の要求は90年代後半にすでにはじまっていた。たとえば、朝鮮総連の根幹の1つである民族教育施設について見てみよう。1998年には総連中央本部宛に有志の民族教育改革の要望書が出され、主体思想、金親子の尊崇を注入する教育をやめ、「祖国とは異なる在日のための教育を」「在日韓国人も入学しやすいように、韓国についてもっと教えてほしい」などの内容が盛り込まれた。これは、時代状況に合った教育を求めると同時に、朝鮮学校入学者の減少に歯止めをかける狙いがあった。しかし改革を求めるこうした動きも功を奏さず、今世紀初めの朝鮮学校の学生生徒は1万2000名程度で、30年前の半分以下となっている。12年4月で、8000人前後といわれたが、14年現在ではさらに激減している。

南北の今後と統一への展望　米ソ冷戦の対決状況がほころびはじめた80年代後半から、北朝鮮は生き残りの一環として、徐々にではあるが西側への接近を展開しはじめた。この姿勢はこれまでとは質的に違っていた。象徴的な事件として、それまで「2つの朝鮮を固定化する」として執拗に反対していた国連への南北同時加盟も、ソ連崩壊前年の90年にはそれを翻した。これによって西側、ことに米国とのパイプが設けられた。これは西側にとっても、北朝鮮を自分たちの枠内へ足を一歩踏み入れさせ、交渉相手にできることを意味し、突然の秩序崩壊につづく混乱が避けられるものと期待した。この限りにおいて、朝鮮半島における「有事」の可能性はきわめて軽減されたといえる。つまり戦争も、そしてまた北朝鮮の急激な体制崩壊も可能性としては少なくなったということだ。北朝鮮はいうに及ばず、米国および周辺諸国もそれらを望んでいないからである。したがって、日米韓は北朝鮮の急激な体制崩壊を防ぎ、「軟着陸」（ソフトランディング）させるべく、中長期的な目標で足並みをそろえた。中国・ロシアもこれに準ずる姿勢を保っている。だが、短期的には各国の思惑は違っている。北の核問題、核疑惑を重視する米国、拉致問題や日朝国交正常化を課題として抱える日本、南北対話の再開と進展を求める韓国、朝鮮半島に自分たちの関与を今後も留保しておきたい中国・ロシアと、それぞれ思惑と利害が異なるのだ。各国は国内政治もからみ、足並みはそろっていないように見える。

　金大中政権以降、南北関係は一見良好になりつつあるようだったが、軍事面では兵員数では圧倒的に優位の北朝鮮は相変わらず脅威であり、不安が残る。韓国軍は質的には北朝鮮より優位にあるといわれるが、電撃的な短期決戦に持ち込まれればけっしてそうではないともいわれており、予断を許さない。これにより、北朝鮮は韓国を「人質」としており、それと引き換えに体制の保障を西側（米国）に求めているのが現状だ。その最終手段が「核」であることはいうまでもない。

　06年1月10～18日にかけて、金正日は中国を訪問した。この前年、米国は北朝鮮の不法資金洗浄にかかわったとしてマカオの匯業銀行と米銀行の取引を禁止した。北朝鮮は中国を通じて米国にこの金融制裁を解除させることを期待して訪中したとみられる。前年の胡錦濤訪朝の答礼ともいわれるが、それにしてはあまりにも不自然なタイミングの訪中であった。こうした北朝鮮の振る舞いは、その経済がいかに逼迫しているかを示しているが、金正日はそのような翳りは微塵も見せず、海外のマスコミをひきつけるパフォーマンスに終始した。こうした行動もまた金正日の体制維持のための情報操作の一翼を担っているといえよう。このような金正日の訪中を見て北朝鮮が改革開放に向かう兆しではないかと期待する向きもあるが、これまでの経緯から見てそれを期待するのは困難だろう。

　金日成の時代から、北朝鮮は合営法、羅津・先鋒特区など、一見改革開放に進むかと見える政策を幾度か打ち出してきた。それは冷戦終結後の国際的孤立をある程度見越しての試みであったかもしれない。しかし、北朝鮮は結局、改革開放実施に向けて一線を踏み越えることができなかった。開放によって情報が流入すれば現体制の維持が困難になるという不安からだろう。それは核・弾道ミサイルなど身の丈に合わない過剰武装や、偽札などの不法行為とも結びついている。

　このような金正日体制には周辺諸国が期

待するようなソフトランディングが不可能であることはすでに明らかである。それを糊塗するために、北朝鮮は経済特区設置や硬軟織り交ぜた外交姿勢、それに情報操作を通じて改革開放を期待させるポーズをとりながら、その実施はどこまでも先延ばしにしてきた。とくに情報操作に依拠している面がきわめて大きい。国際社会、とくにマスメディアは見かけの話題性（金正日の後継者問題やスキャンダル）にひきずられるのではなく、北朝鮮の将来を客観的に展望した報道が望まれる。それにより、情報操作や「瀬戸際外交」などの外交戦術に活路を見出せなくなったとき、北朝鮮はどこへ行くのだろうか。その行く末はいまだ五里霧中だ。

しかしそれでも、抗いがたい歴史の大勢としてはレールはすでに敷かれていると思われる。つい最近まで、冷戦の終結は「歴史の終わり」だと結論づける見方がなされていたが、それは当たらない。むしろ、政治・経済・文化のグローバル化を特徴とする新たな時代の入り口に入っていることをますます感じさせる事態がつづいている。「新たな時代」とは、経済戦（大競争）の時代である。モノとサービスの市場化、国境を越えた資本の移動によって特徴づけられる時代である。より具体的には、安い人件費・生産現場を求める競争が地球規模に広がり、世界規模の労働市場が形成されつつある。現に韓国でも激しい勢いで産業の空洞化が進行している。こうした状況は、南北分断というマイナスの現象を、見方によっては今後プラスに転化させる要素があるということも意味する。安価で質の高い北朝鮮の労働力を、韓国経済はいずれの国の資本よりも有利に利用できるということだ。ひとたび、ある程度の政治的地ならし（民族和解といってもよい）さえなされれば、

同一言語、共通の歴史性、同一地域など、その条件は文句なく他のいかなる国や資本よりも数段よい条件にある。現代グループなどの北朝鮮への進出（開城工業団地）もこの文脈から試行された。韓国の経済界はこの条件を生かすために、北にとって好ましいプレゼンスを提供しているともいえる。

日朝交渉の過程においても、韓国の姿勢はこれまでとは違ってくるかもしれない。韓国は日本とだけ事前の協議をするのではなく、交渉進展のために北朝鮮とも打ち合わせ、これまでとは逆の姿勢をとる可能性も十分にある。1965年の日韓条約で得た「学習」結果を北朝鮮に伝え、同民族として日本との交渉において、よりよい成果を勝ち取るためである。北朝鮮も、日本から勝ち得た成果（具体的には賠償金。一説では100〜200億ドル以上ともいわれている）をその間側面的にサポートしてくれた韓国と協議して実際に使うことも考えられる。かつてのように日本の紐付き賠償や援助ではなくして、同民族の立場から、韓国の技術や経済協力を導入する可能性が十分に考えられる。それは第1に、北朝鮮にとって日本の技術よりも韓国の技術のほうが習得しやすい。第2に、日本の製品よりも韓国の製品のほうが安価である。第3に、北朝鮮と韓国は陸続きである。第4に、実際に韓国の資本と技術が北朝鮮に入っている、などである。

19世紀末からおよそ100年以上も苦しんできた朝鮮半島は、国際的には冷戦体制が崩れたにもかかわらず、いまだ雪解けに至らず、南北ともに最後の陣痛に苦しんでいる。

［南北協調路線の行方］ この項目は「6・15宣言（2000年6月15日の南北共同宣言）にのっとっての南北協調路線の行方」と言い換えることもできる。

98年2月、金大中政権が発足した。当時、米国はクリントン民主党政権であった。一方、北朝鮮の金正日政権は金日成死後4年を経て相対的に安定期に入りつつあった。そうして、その後のスタンスとして、北朝鮮は韓国に依存する方向に進んでいく。金大中も北朝鮮に持続的に援助を提供すると、北朝鮮も及ばずながらできるだけ韓国に脅威を与えない方針をとっていく。とくに2000年6月15日の南北共同宣言以後、北朝鮮は生き残りの可能性を韓国にかける。しかし、そこにはあくまで韓国を金正日政権の体制維持に協力させるという条件があった。この流れはごく最近までつづいている。たとえば、06年5月17日、民団と総連が歴史的な和解を果たしたが、これも南北の本国のこうした動きとの連動が取り沙汰されており、在日韓国・朝鮮人の自主的な下からの動きとなっていないだけに、民団の多くの地方組織から反発が出ている。

他方で、金正日政権は日朝首脳会談（第1回、02年9月17日。第2回、04年5月22日）にも期待をかけ、拉致を認めることで、早期国交正常化と、日本の援助を引き出そうとした。率直に拉致を認めたのは、戦前の日本の朝鮮人強制連行に比べればたいしたことはないという目算があったからだろう。しかしこれは誤算で、拉致は国際社会が北朝鮮に圧力をかける梃子となっている。金正日政権に人権意識が欠けていたのが災いしたのである。つまり、人権意識というのは、朝鮮人強制連行の問題にせよ、日本人拉致の問題にせよ、けっして数の問題ではなく、強制連行されたり、拉致されたりした本人および家族の苦しみと痛みにかかわっている。そこに思いを致すことができなかったのであろう。

一方、金大中政権も、側近の不正（朴智元が150億、権魯甲が200億ウォンを着服して逮捕。また子息2人も収賄で逮捕）により、有終の美を飾れなかった。また、金大中政権を継承した盧武鉉政権も386世代やネティズン世代の支持を受け、弾劾の危機を乗り切ったものの、とくに経済政策の失敗で批判を免れず、支持率は20パーセントのレベルを低迷した。

韓国における金大中・盧武鉉政権につづく系列に連なる3人目の大統領の見通しが、06年5月31日の地方選挙の大敗で立たなくなった。この選挙では、焦点の7大市長・9道知事選のうち、ソウル・釜山市・京畿道など12ヵ所を最大野党ハンナラ党が制して圧勝する一方、与党・ウリ党は惨敗した。ハンナラ党は選挙を盧政権に対する審判とし、生活格差拡大や不動産価格の高騰などに満足に対応できなかったという庶民層の不満票を取り込んだ。また、党首で時期大統領の有力候補である朴槿恵代表が選挙期間中、暴漢に襲われ、怪我をしたことに対する同情票も追い風となった。

この選挙結果をもっとも憂慮したのはウリ党首脳陣であろうが、それに比べけっして劣ることなく憂慮したのは、ほかならぬ金正日政権であったかも知れない。金大中政権以降、南から北へ内外のルートで10億ドル近い資金が流れたといわれる（実際は金正日の海外の私的な個人口座に行ったという説もあるが）。これらの資金で、金正日政権が支えられた部分がある。このとてつもない金の一部は、恐らくは韓国の現代グループから流れたろうし、その収拾をうまく処理し切れなかったがために、現代グループの総裁は自殺した。金大中に対しても、北朝鮮に行くよりも、こうした不正腐敗の解明に努力すべきであり、むしろ金正日こそ2000年の南北首脳会談の約束にのっとって韓国を訪問すべきであるという声が高かった。

とはいえ、行き過ぎた民主化は一部の人々の間にリアクションを起こしているのも事実だ。「富益富　貧益貧」(富む者はますます富み、貧しい者はますます貧しくなる)という言葉が広く行き渡り、日本以上の格差社会である韓国は、「民主化」よりも「経済」という声が下層部においては強い。かつて、金泳三政権の経済政策の破綻により、IMF危機が生じたが、金大中政権はみごとにこれを克服したものの、それはあくまで弥縫策であり、その付け焼き刃的な経済政策の反動が格差社会を生んだ。具体的な一例として、土地の高騰、M&A、クレジットカード乱発などがある。これらは一時的には経済活性化の起爆剤にはなったが、しかしそのリアクションが格差社会の一因となり、それを収拾せず、かえって下層部の怨念を買ったという意見も強い。この結果、大卒でも40パーセント近くが就職できず、若年者のホームレスを大量に生み出している。また、文教政策では受験競争の緩和など教育問題の解決を目指したが、満足な成果を挙げることができなかった。さらに不況下なのに、あえて北朝鮮に金を送ったということも大衆の怒りを招いた。こういうことが先に述べた統一地方選での与党の惨敗につながった。

　これまで「統一」が国内政治の民心をつかむ1つのキーワードになってきたが、「統一」に対する厭世気分、「統一よりも先に経済を、生活を！」という気分も顕著になっている。いまや盧武鉉の去就が問われ、かりに新しい政権になったとき、この10年間の金大中・盧武鉉の腐敗が野党の新政権によって洗い出され、韓国社会の混乱、北朝鮮寄りの政策の修正、国際社会にも少なからず影響するだろう。

7. 李明博政権と金正日の死

第2回南北首脳会談　2007年10月4日、平壌で、盧武鉉大統領と金正日総書記の間で第2回南北首脳会談が行われた。この会談で、朝鮮戦争終結に向けた関係国会議の開催や6者協議の合意事項の履行への努力、朝鮮半島の緊張緩和と平和体制の構築に向けての努力などが合意されたが、これ以降、首脳会談は行われていない。李明博政権も大統領として1つの証しとして条件付きだが、南北首脳会談に意欲を燃やしているのも事実だ。

沖縄密約文書の朝鮮半島条項　日米の密約問題を検証していた日本外務省の有識者委員会は2010年3月9日、当時の岡田克也外相に報告書を提出した。このとき、朝鮮半島有事における米軍の在日米軍基地自由使用などの秘密文書の存在を確認した。これは60年安保改定のときに朝鮮議事録を作成したもので、交渉当事者も密約と認識していたという。朝鮮半島有事には、米軍が在日米軍基地から自由に出撃できるとしたこの密約は、藤山愛一郎外相とマッカーサー米駐日大使が交わした。

第17代大統領選挙　2007年12月19日に行われた韓国の大統領選挙。史上最多の12名が立候補したが、事実上「開かれたウリ党」の後身である民主党の鄭東泳候補と野党ハンナラ党の李明博候補、そして元ハンナラ党総裁の李会昌候補の3者による三つ巴の選挙戦となった。その結果、「経済再生」を公約に掲げた李明博候補が圧倒的な大差で勝利した。　李明博候補の得票率は48.7

パーセントで、1987年の民主化以降に行われた大統領選挙において、前回当選した盧武鉉の48.9パーセントに次ぐ2番目の高さとなった。また、得票率2位の鄭東泳との得票数差は531万7708票で、これも民主化以降の大統領選挙では、1987年の盧泰愚と金泳三の得票差194万5157票を抜いて新記録であった。さらに、保守勢力では李明博と李会昌を合わせると63.8パーセントとなり、左派に対して圧倒的多数を占めた。この結果、ハンナラ党は10年ぶりに政権を奪還した。投票率は63パーセントで、歴代大統領選挙史上最低であった。

李明博の勝因としては、財界出身者として「経済大統領」として期待を集めたほか、選挙の最大の争点となった経済公約を積極的に掲げたことで、有権者の支持を幅広く集めたことにある。他方、国民の間で蔓延していた前2期の左派政権の北朝鮮政策に対する期待外れ感が勝因になったともいわれている。

李明博［イ ミョンバク］

1941～ 韓国第17代大統領。大阪府生まれ。解放直後の1945年10月、父の故郷である浦項へ引き揚げ、苦学の末、61年、高麗大学商学部経営学科に入学する。在学中に韓日会談反対闘争に参加し、西大門刑務所に3ヵ月間服役した。65年に卒業後、現代建設に入社。赴任先のタイで強盗から金庫を命がけで守ったことをきっかけに鄭周永に気に入られ、その薫陶の下でビジネス界で辣腕を振るい、29歳で取締役、36歳で社長、47歳で会長と、とんとん拍子に出世街道を歩む。92年、現代建設を退社し、第14代国会議員選挙で当選して政界に入る。しかし、第15代国会議員選挙で当選するが、98年に議員を辞職して渡米し、ジョージ・ワシントン大学客員研究員として1年間を過ごす。この間に、環境問題の重要性に気づき、帰国後、02年にソウル市長に当選。公共交通システムの再編、ソウルの森の造成、そしてソウル中心部の高速道路を取り壊し、市民の憩いの場となる清渓川を暗渠から復活させ、内外から高い評価を得る。

05年11月8日、翌々年の大統領選での2代つづいた左翼政権継続阻止を掲げる「ニューライト」全国連合創立大会に参加。07年5月10日にハンナラ党から出馬を表明し、同年末のハンナラ党予備選挙で朴槿恵候補を下し、党公認候補となる。

07年12月の大統領選挙で、48.7パーセントの得票で大統領に当選し、翌年2月25日、大統領に就任した。大統領就任式で経済の回復、韓米関係の強化を謳った。とくに「グローバル外交」を掲げ、隣国の日本、中国、ロシアとのさらなる協調関係を宣言した。また、北朝鮮に関してより原則的な政策をとりながら交渉を行う、すなわち具体的には前政権がつづけてきた包括的な政策とは異なり、個々の問題（案件）を吟味しながら進めていく「MBドクトリン」を掲げた。また経済回復の目玉として年平均

7パーセントの経済成長、1人当たり4万ドルの国民所得、韓国を世界7大経済大国の1つにする「韓国747」計画を掲げた。就任直後、米国産牛肉の全面的な輸入再開方針を決定し、国民の猛反発を受け、支持率が2割前後に急落するという試練に直面する。しかしその後、リーマン・ショックによる世界同時不況のなか、09年以降、OECD諸国のなかでもっとも速くプラス成長に転ずるなど、手堅い経済運営で支持を回復した。また日米との連携を強化しながらの対北政策もおおむね支持されるなど、就任2年目を迎えた10年2月までに支持率もほぼ3〜4割台で推移し、その後も安定した政権運営を進めた。しかし韓国の大統領制(1期5年)の欠陥として、3年を経ると例外なくレームダック化するという問題を露呈した。支持率回復のために独島(竹島)上陸と天皇に対して謝罪を強く求めたことが、日韓関係を冷却させこの余韻が今日まで影響している。

李明博政権の新政策 李明博政権は経済回復を掲げた「経済大統領」政権として出発したが、その目玉として年平均7パーセントの経済成長、1人当たり4万ドルの国民所得、韓国を世界7大経済大国の1つにする「韓国747」計画を掲げた。そして「国民が豊かで暖かい社会、そして強く新しい韓国」をスローガンとし、その実現のために、進んだ市場経済、経験的な実用主義、民主的な行動主義など、功利的で市場にやさしい戦略を追求している。

また、外交面では朝鮮半島の非核化の重要性を強調し、日米中ロのパワーバランスにもとづく東アジアの安定をめざす。また、北朝鮮の核問題の解決のために6者協議の参加各国との協調を重視し、普遍的な価値や相互利益にもとづいた韓米同盟の発展をめざす。

南北関係では、経済発展の達成が朝鮮半島全体の住民の幸福をもたらし、南北間の相互利益となるとする「非核・開放・3000」計画を推進している。これは北朝鮮が非核化と改革、開放を実現することを条件に、北側の1人当たり年間所得を3000米ドルにするための経済支援を行うという計画である。なお、このために「統一税」の設定なども模索した。

また中央省庁を18省から15省体制に統廃合するなど、「小さな政府」を目指した。そして、「人類普遍の価値を具体化する」として、国連平和維持活動や政府開発援助への取り組みを強化している。

大運河構想 韓国が構想した大規模な運河建設計画のこと。南北を運河で結び、船で行き来できるようにするもの。朝鮮史上でも類を見ない一大事業で、漢江と洛東江を運河で連結し、ソウルと釜山を水路で結ぶために17本、全長3100キロの運河を建設する計画である。技術的な問題や予算、国内の環境保護派の一部からの反対などにより、2008年6月、事実上白紙撤回された。

世宗市遷都問題 韓国中部の忠清南道燕岐郡、公州市を中心に建設し、ソウルから遷都し、新しく行政中心複合都市を造成しようとした構想。面積73平方キロメートル、人口50万人と設計されている。総事業費は22兆5000億ウォンだった。盧武鉉政権がソウルに代わる新しい首都として建設しようとしたが、2004年10月の憲法裁判所の首都移転違憲判決により、遷都計画は頓挫し、最終的に政府行政機関の一部を移転するにとどまった。都市名候補には当初、「金剛」「ハンウル」などがあがったが、06年12月21日、行政都市建設推進委員会

（委員長・韓明淑首相）が全体会議で、行政都市名最終候補のなかから「世宗」を選定した。この名前は朝鮮王朝第5代国王で最高の名君とされる世宗大王にちなんだものであるとともに、「世の中の最高（宗）」という意味を持つ。中央省庁の18部4処2庁の移転が内定していたが、08年の李明博政権発足に伴う政府組織改編で、9部2処2庁に変更された。10年1月、鄭雲燦首相の修正案で、省庁移転が白紙撤回されることになったが、同年6月の国会本会議で否決された。2012年9月から官庁移転が開始された。

牛肉BSE問題　この問題の直接のきっかけとなったのは、2008年4月に韓国政府が米国産で生後30ヵ月以上の牛肉の輸入制限を解除すると発表したことであった。それ以前は、生後30ヵ月未満だけを許可しており、それ以上はBSE（牛海綿状脳症）のために輸入を禁止していた。

これに対し、韓国産牛肉関係者は激しく反対し、5月に入ってから主にソウル市内でロウソクデモを繰り返した。さらに5月後半から警官隊と衝突し、自動車を破壊するなどの過激な行動に発展した。

世界金融恐慌と韓国　2000年代半ば、米国のバブル景気崩壊とサブプライム・ローン問題、リーマン・ショックは世界を100年に1度といわれる大恐慌に巻き込んだ。IMF危機から立ち直ったばかりの韓国もその例外ではなく、その直前の投機ブームから一転、株価暴落に象徴される不況に陥り、投資家の相次ぐ自殺などが社会問題となった。しかし、その後、韓国経済は驚くべきスピードで業績を回復し、世界を驚かせた。端的な例として、サムスン電子はリーマン・ショックから2年にしかならない2010年、いまだ不況に苦しむ他国企業をしり目に、最初の四半期で連結利益4兆4100億ウォン（約3530億円）という驚異的な業績を上げたのである。その後も韓国経済は李明博政権の下で順調に成長をつづけ、11年には貿易額1兆ドルという史上画期的な成果を上げた。また、この過程で途上国からOECDに加盟した国として初めて「援助される国から援助する国へ」と転身した。この韓国の業績は他の開発途上国のモデルとなるものであり、今後の帰趨が注目される。

韓国のFTA戦略　FTA（自由貿易協定）とは関税撤廃を主軸とする貿易自由化協定で、主に2国間、または少数国間のものだが、世界的な貿易自由化の流れにともない、米国や中国、ASEANによる多国間のFTAの提唱も活発化している。WTOのドーハ・ラウンドが暗礁に乗り上げる状況のなかで、貿易の活性化のためのFTA締結は世界的にますます活発になっている。韓国もその例外ではない。

韓米FTAの再交渉は2011年12月5日に最終合意に至った。これにより、工業製品や消費財の95パーセント以上が5年以内に関税が撤廃される。主な合意内容は次のとおり。①乗用車は4年後に関税を相互撤廃。②米国は韓国車への輸入関税2.5パーセントを4年間維持した後に撤廃。③電気自動車は韓国4パーセントと米国2.5パーセントが4年にわたり関税を均等に変更。④トラックは米国が7年経過後に関税25パーセントを均等撤廃。⑤豚肉は韓国が米国産豚肉の輸入関税を2年後に撤廃。2012年3月15日発効し、その経済効果は韓国がそれまで締結したFTAのなかで最大となる。韓国の政府系シンクタンク11社の共同分析によると、対米輸出が年平均14億ドル、GDPが長期的に6パーセント増加す

る一方、米国ではオバマ大統領の発表文によれば、対韓輸出が年間最大110億ドル、雇用が最低7万件増えると展望されている。

また、11年7月に発効したEUとの間のFTAでは、韓国にとって中国に次ぐ第2位のパートナーであるEUとの間のFTAとあって、将来的には対米国以上の利益が見込まれている。

なお、東アジアにおけるFTAについては11年現在、米国が主導するTPP（環太平洋パートナーシップ）が注目されるが、韓国はいまのところ、これに積極的に参加する意向を示していない。東アジアにおける多国間FTAとしてはこのほかに、中国が大きな役割を果たすとみられるASEAN＋3（日中韓）や日中韓FTAなどがみられるが、現状では各国ごとに思惑が異なり、どのような方向に進むのかは不透明な情勢だ。このようななか、韓国は中国とのFTA妥結に14年11月に合意した。

貿易額1兆ドル達成とその影　2011年、韓国の貿易額が初めて1兆ドルを突破した。これは世界で9番目にあたり、前年度と同じ順位だが、近いうちに8番目になると予想されている。輸出と輸入の内訳は、輸出が前年比19パーセント増で5565億ドル、輸入は同23パーセント増で5244億ドル、貿易収支は321億ドルの黒字となった。日本が31年ぶりに貿易赤字2050億円（160億ドル強）を出したのと対照的であった。

韓国への世界からの観光客も、近いうちに1000万人に達するものと予想されている（12年、13年は1000万人を突破）。このうち3分の1が日本人観光客であり、円高ウォン安による後押しがある。観光客が増えたのは、韓国の大衆文化（いわゆる「韓流」）が世界的に注目されたこととウォン安のためである。

ウォン安は観光業には有利に働くが、それ以上に韓国の輸出企業にメリットをもたらす。その筆頭がサムスン電子と現代自動車である。この2社を含む十数社で輸出全体の3割近くを占めている。

以上が韓国経済の「光」の部分であるが、光があれば当然、「影」もある。ウォン安により輸入品の価格が上昇し、激しいインフレに見舞われている。大学進学率が80パーセント近くにも達する若者たちには、それに見合った就職先がきわめて限られている。韓国語に「富益富　貧益貧（プニップ　ピニッピン）」という言葉があるが、「富める者はますます富み、貧しい者はますます貧しくなる」という意だ。豊かさを実感できない若者たちは街頭に出て、政府の経済政策にさかんに抗議している。

しかし、こうした若者はまだましな層である。韓国に行ったことがある人ならば、食べ物屋の多さに驚くだろう。タクシーの数も半端ではない。ソウル市内では8万台に迫っており、2011年現在で初乗り2キロは200円にも満たない。東京と比べると3万台も多く、料金は25パーセントほどでしかなかった。

2013年以降の円安、ウォン高で様相は違ってきている。

1997年のIMF危機後の金大中政権下で大々的に実施された規制緩和は、「経済大統領」と称される李明博政権下でいっそう拍車がかかり、民間のことには口も手も出さない「小さな政府」をめざすものであった。確かに、サムスン、現代、LGなどの世界的企業は育ったが、韓国社会はいま、光と影が鮮明に色分けされるようになった。

2011年ソウル市長選　小中学校の給食無料化問題に端を発した前市長辞任にともなう2011年10月市長選は、12年の大統領選

の前哨戦と注目されていた。結果は、野党統一候補の市民運動家で弁護士の朴元淳が、与党ハンナラ党の羅卿瑗を抑えて当選した。韓国では12年、総選挙と大統領選を控えており、任期があと1年余の李明博政権のレームダック化はさらに進んだといわれている。また大統領選に向けた構図に大きな影響を与えるものとみられている。それは、このたびのソウル市長選の朴候補のうしろには安哲秀、羅候補のうしろには朴槿恵がそれぞれ応援していたが、朴候補の当選によって12年末の大統領選に朴槿恵では闘えないのではないか、という見方が一時出た。一方、野党のほうも人気の高い安哲秀で一本化という動きが出ており、12年末の大統領選は波乱ぶくみである。

朴元淳の勝利の背景には、深刻な経済不況と格差拡大がある。韓国では、大学の授業料引き上げや就職難、貧富の格差などをめぐって、若い世代が各地で集会、デモを開いている。ソウル市長選の前後にもそうした集会が立てつづけにあった。02年末に盧武鉉が大統領に当選したが、このときも若者たちのITを駆使した動きが盧候補に有利に動いたといわれているが、今回の市長選でも浮動票を握る若者の意識と行動が大きな力になったといわれている。

韓明淑〔ハン ミョンスク〕 1944〜 盧武鉉政権下で、韓国の第37代総理(2006年4月〜07年3月)。11年現在、盧武鉉財団理事長、民主統合党代表(12年1月〜)。平壌出身。梨花女子大学を卒業後、教壇に立ち、維新体制下で民主化運動にもかかわった。夫の朴聖煥は人民革命党事件で13年間、韓明淑自身もクリスチャン・アカデミー事件で2年4ヵ月間投獄生活を送った。夫妻の獄中書簡は「珠玉のラブレター」と話題を呼び、日本でも出版された。政界に入ったのは50代に入ってからで、2000年に国会議員となり、環境部長官(03〜04)を務めた後、06年4月、韓国憲政史上初の女性首相(総理)となった。09年12月、首相在任中の07年に約500万円の賄賂を受けたとして逮捕されたが、無罪が確定(12年1月)。1審無罪の判決が宣告された直後の10年4月、6月に行われるソウル市長選に立候補を表明、現役で与党ハンナラ党候補の呉世勲に1パーセントの僅差で敗れた。無罪確定2日後に、新しく党名を変えて発足した民主統合党代表に就く。2012年4月の総選挙で民主統合党は首都圏で躍進したものの、与党セヌリ党から第一党の座を奪えずに事実上敗北。この責任を取り韓明淑は4月13日に党首を辞任し、党常任顧問に就任した。2013年9月、ソウル高等法院(高裁)が収賄罪(2009年のとは別件)で懲役2年の判決を言い渡すと、韓明淑は上告した。

韓国の原発 2011年の3・11東日本大震災の死者は、いまだ行方不明の人たちを合わせると2万人に迫る。未曾有の人身被害とともに、天文学的な瓦礫の量は幾何級数的に増えつづけている。こうした目に見える被害とともに、東電福島原発の地震と津波による崩壊と放射能の流失と、それによる周辺住民の避難と風評被害も深刻である。

韓国は日本以上に電力の原子力発電依存率が高く、フランスに次いで約40パーセントといわれる。「3・11」の後、韓国でも日本の事態にすぐさま反応し、釜山広域市機張郡長安邑古野と蔚山広域市蔚州郡西正面の古里原発では、地域住民による「反原発」デモが繰り返された。現地では一応の収束をみているが、反原発の気運はこの間一貫してある。

ところで、韓国は日本と同じく、当初は米国の技術と指導によって原発が建設され

ていたが、この間技術を蓄積し、先進国に肩を並べるほどの原発ノウハウを築きあげた。李明博大統領のトップセールスによって、10年12月、UAEに原発インフラ輸出契約を結び、比較的に安価な原発施設を売り込もうとしている。「反原発」の世界的な流れにさからうかのように、韓国は輸出立国の１つのアイテムとして、今後も原発輸出に弾みをつけていくだろう。なお、福島原発事故にともなって、欧米を中心に国際的に「脱原発」の声が高まったが、李明博政権は原子力をエネルギー政策の基軸とする路線を崩すことなく、11年11月には早くも日本海側に２基の原子炉の建設を認可した。

2014年１月に発表された第２次エネルギー基本計画では2035年まで電力に占める原発の比率を現在の26.4パーセントから29パーセントに高めることを打ち出した。比率については前政権の第１次計画で41パーセントまで高める予定だったが、日本の福島第一原子力発電所事故等を考慮した結果になった。計画達成のためには現在の運転中・点検・整備中の23基、建設中の５基、建設予定の６基の原発に追加して、2024年までに５基から８基建設しなければならないことになる。しかし2012年の全電源喪失事故や2013年の部品性能偽装事件などの不祥事が明るみに出て、原発推進のために乗り越えなければならない課題が山積している。2014年９月には、23基の原発が事故や故障で578回、５万5769時間46分の間、発電を停止していたことが明らかにされた。また韓国の原発では使用済み核燃料は各発電所サイト内で貯蔵しているが、2016年から貯蔵スペースが飽和状態になり2024年にはすべて飽和状態になる見通しだ。それまでに使用済み燃料の集中中間貯蔵施設を建設するとしていたが、誘致に失敗。

低中レベル放射性廃棄物に関しては、月城発電所に近い慶州に岩盤空洞型処分施設を建設することになったが、2014年現在で活断層などの問題が浮上してきた。

韓国としては使用済み核燃料を再処理して、少しでも貯蔵の飽和状態を遅らせたいが、これを米国は認めない。2014年３月に韓米原子力協定が期限を迎え、改定交渉の結果２年の延長をしたが、韓国側が希望する核燃料の再処理は見送られた。オバマ政権の「核なき世界」の一貫した政策によって、懸念される核兵器へ転用可能な再処理・濃縮を韓国は禁止されているからだ（日米原子力協定では再処理は認められている）。韓国政府としては原発を国家の輸出ブランド（2009年、アラブ首長国連邦から400億ドル規模の原発４基建設を受注。2014年にはヨルダンの実験用原子炉を受注）として発展させたいが、世界や国内の「反原発」ムードや北朝鮮には非核化（本質的に再処理・濃縮を禁止）を求める立場というジレンマも抱えている。

第２回核保安サミット　2012年３月26～27日、54ヵ国の首脳がソウルで核のテロ防止策などを協議したサミット。もともとオバマ米大統領が「核のない世界」をめざしてはじまった。第１回目は2010年４月にワシントンで開催された。12年現在、核テロ防止条約の批准国は79ヵ国。２年前より14ヵ国増えている。

今回の共同宣言の骨子は次のとおり。
・核テロは国際安全保障の最大の脅威の１つ
・国際原子力機関（IAEA）の役割を再認識し、評価
・2013年末までに高濃縮ウラン使用を最小化する計画を各国は自発的に提示
・核保安と原子力の安全の双方に対処する

備えを強調
・核物質輸送における保安性を高める
・核物質の出所を特定するための核鑑識能力の向上

　今回の核保安サミットは、折しも北朝鮮が金正日の遺訓だとして、金日成生誕100年の4月15日を前後して「光明星3号」を打ち上げる日程と重なったために注目を浴びた。

　北朝鮮はこの3月7日、米国との協議でウラン濃縮活動を停止することで、食糧および栄養補助食品を見返りとして援助してもらうことで合意し、関係は小康状態となったが、「人工衛星（光明星3号）打ち上げ」と称して、長距離弾道ミサイルを発射すると予告したため、にわかに緊張が高まった。長距離弾道ミサイル技術を使った発射は、2009年6月に国連安保理事会で一致して制裁決議されており、今回の北朝鮮の予告に対しては同盟国の中国、ロシアも中止を求めた。ロシアのメドベージェフ大統領はソウルで、北朝鮮に対して弾道ミサイルの発射よりも「住民に食べさせなければならない」と語っている。

　今回、北朝鮮が弾道ミサイル発射にかかわる予算はおよそ8億5000万ドルほどとみられている。これだけの金額なら中国産コメなら100万トン以上買え、トウモロコシならその3倍前後といわれている。

　北朝鮮の狙いは、同盟国および多くの諸国から非難されても国の威信と武器開発能力を誇示することと、遺訓によるとされる弾道ミサイル（銀河3号）の発射を各国（とくに日米韓）はどう反応するか見きわめるためである。それを読み取り、今後の外交政策を練り上げるだろう。発射の失敗は全面的な失敗ではないのである。現在、北朝鮮の武器輸出は年間数億ドル（10億ドル内外）と見られ、麻薬類の輸出とともに重要な外貨獲得源の1つとなっている。

メルクマールとしての2012年　2012年は、北朝鮮だけでなく世界各国で指導部の交替が予想されている「政治の年」であった。1月には台湾の総統選があり、親中路線をとってきた馬英九が再選された。韓国では4月に総選挙があり、12月には大統領選がある。中国では3月に全国人民代表大会があり、秋には共産党大会が予定されている。ロシアでは3月に大統領選がある。フランス（4月）、エジプト（6月）、米国（11月）も大統領選があるし、日本でも政権交替の可能性は十分ある。北朝鮮では4月には金日成生誕100周年が控えている。この100周年記念を成功裏に終えることは、金正恩に何がしかの得点になるであろうと見られた。

　目白押しの政権交替のなかで、北朝鮮（金正恩）にとってもっとも関心のあることは中国、韓国、米国である。北朝鮮は現在、中国ともっとも利害を深くしている。人員も数万人規模で中国人が北朝鮮に入っているという。多くは中国籍の朝鮮族だが、北朝鮮でいったん緩急があれば中国は「邦人保護」という名目で北朝鮮に関与してくるであろう。もしこういう事態になれば、「北朝鮮」問題はますます複雑になるだろう。これは、あくまでも仮定の話である。とにかく2012年は、北朝鮮にとって（金正恩にとって）政権交替はないにしても、大きな節目（メルクマール）になる年であることは間違いないと見られたが、北朝鮮は固く門を閉じ体制擁護に腐心した。

朝鮮王朝儀軌の返還　菅内閣は2010年8月、韓国併合条約の発効100年を機に発表した首相談話で、過去の植民地支配への反省や未来志向の日韓関係構築への決意を示

し、その証として、朝鮮王朝儀軌など朝鮮半島由来の図書引き渡しを表明した。11月中旬、APECを利用した日韓首脳会談で協定に合意し、日韓外相間で署名した。

　日韓図書協定が取り上げた1205冊のうち、朝鮮王朝時代の行事や用いた物品などを図と文章で記録した朝鮮王朝儀軌は167冊ある。王室のあらゆる儀式や国の建築などを記録した資料で、鮮やかな色彩の絵図入りで筆写された。王宮の書庫に保存する正本のほか、散逸に備えた副本が作られ、4ヵ所に分けて保管されていた。1920年9月18日、当時の宮内省が、朝鮮王朝26代王の高宗と27代王の純宗に関する儀軌を無償で譲渡するよう強要し、これに応じて2年後の22年5月、儀軌は日本に渡り、宮内庁に保管されていた。

韓国における自殺　韓国の自殺者は年間1万6000人に迫っている。この10年で5倍に増えている。1日平均43人である。人口比率からいうと、リトアニアに次いで世界第2位である。ちなみに日本は8位で、10万人当たり韓国は31人に対して日本は24.4人である。

　韓国における自殺の原因は経済格差による貧しさであろう。次いで激しい競争社会があげられる。とくに、日本と比較して中高生などの年少者の自殺が目立つ。受験競争の激しさによるものだろう。

　韓国には高試院なる小さな貸し部屋がある。高試院という名称は高等考試（国家公務員上級試験）を受ける者が缶詰めになるために設けられた部屋だ。下宿よりも下位にあり、およそ1.5坪くらいの窓もない部屋で、一般に敷金、礼金もなく月1万5000円前後だ。その小さな空間に親子3〜4人で住んでいる家庭もあるという。経済的に躍進する韓国社会の影として、自殺者が急増している。韓国の自殺者数の多さは、ゆがんだ韓国社会の一面を端的に表している。

第19代国会議員選挙　2012年4月11日に行われた総選挙。投票率は54.3パーセントと、08年の18代総選挙に比べて8パーセント以上も高かった。当初、投票率が高ければ与党に不利だと見られていたが、予想をくつがえし、与党のセヌリ党が勝利した。しかし、都市部では与党は苦戦し、12年末の大統領選に課題を残した。与党の勝因についていろいろあげられるが、浮動票（いわゆるネティズンも含む）の動向が、文字どおり浮わつき、最後まで読めなかったことと、野党（民主統合党、統合進歩その他）が分裂したことに国民が失望を抱いたことだ。野党は、選挙区では調整し、互いに票を取り合うという愚はやらなかったが、一本化できなかったことで浮動票の民心をつかめなかった。さらに、選挙前から、北朝鮮は与党の顔である朴槿恵のことを「北南関係改善と北南統一を望まない極悪な狂信者」と決めつけて非難したが、いわゆる「北風」は意外に功を奏しなかった。

　結果、地域区246議席、比例区54議席のうち、与党が152議席（地域区127、比例区25）を獲得した。

麗水博覧会（麗水万博）　2012年5月12日から8月12日までの3ヵ月間、全羅南道麗水で開かれた世界博覧会のこと。韓国では1993年に開かれた大田万博につづいて2度目である。麗水は、全羅南道東南部沿海に位置する麗水半島にある30万都市。北部は順天市と接する。魚介類が豊富で比較的温暖な地である。麗水万博のテーマは「生きている海、呼吸する沿岸」で、世界の100ヵ国以上、8つの国際機関が参加した。期間中の予想観光客は1000万人以上、海

外からは60万人を見込んでおり、その半分の30万人は日本からの客になると予想していたが、予想よりも2割がた減った。

北朝鮮のミサイル発射　09年4月5日、北朝鮮はテポドン2号を含む7発の弾道ミサイルを発射した。なお北朝鮮はこれを人工衛星打ち上げロケット「銀河2号」の発射と称している。同年2月4日、咸鏡北道花台郡舞水端里でミサイル発射の準備と見られる動きが米国の偵察衛星で確認された。日米韓政府は相次いでこの実験に反対を表明したが、北朝鮮の宇宙空間技術委員会は2月24日、近く人工衛星を打ち上げるとの談話を発表した。さらに3月12日、北朝鮮は来る4月4日から8日の間に通信衛星の打ち上げを行うと、国際海事機関と国際民間航空機関に通告し、4月5日にこれを実施した。これに対し、日本政府はミサイル防衛の可能性を検討し、3月27日、破壊措置命令を出し、北朝鮮は「衛星が攻撃された場合には軍事的に報復する」との声明を発表した。4月4日、北朝鮮はまもなく発射すると表明し、翌日、これを実行した。これに対し、国連安保理で北朝鮮への非難と6者協議の関係国に共同声明の履行を促す決議が採択された。

　いまや、北朝鮮は米本土への攻撃力があることを公然とほのめかすようになった。12年3月25日、北朝鮮国防委員会は報道官声明に、「われわれには最先端攻撃装備がある。……太平洋を越えた遠距離に米本土があるので安全と思うなら、それより大きな誤算はない」と恫喝した。そして何度かの予告のあと、失敗に帰したが、4月13日、人工衛星だと主張する長距離弾道ミサイルが発射された。物乞いをする国がどうしてこのように高飛車なのか。無謀な国家の自爆もいとわない「瀬戸際作戦」のゆえである。

北朝鮮の核実験　北朝鮮は09年4月のミサイル実験を経て、同年5月25日、2度目の核実験を行った。今回も実験場所は咸鏡北道吉州郡豊渓里とみられ、規模は4～20キロトンほどとみられる。また、この日、北朝鮮は咸鏡北道花台郡舞水端里から3発のミサイルを発射し、翌日には2発の短距離ミサイルを発射した。これに対し、国連安保理事会が核・ミサイルに関連する凍結決議などの制裁を含む非難決議を行った。しかし、北朝鮮が核兵器を国家存立のよりどころとしている以上、現在の体制がつづく限り、こうした国際的批判に応じて核を放棄するのは困難とする見方が有力である。

　6者協議で取り決められた合意事項、たとえば05年9月19日の共同声明では、北朝鮮は核兵器と核計画を放棄し、NPT（核拡散防止条約）とIAEA（国際原子力機関）へ早期復帰すること、米国は北朝鮮に対して攻撃、侵略する意思がないことを確認、北朝鮮の核の平和利用の権利を尊重し、適当な時期に軽水炉問題について論議するなどであるが、地下核実験に成功して以来、北朝鮮の態度がはっきり変わった。つまり、それ以前の北朝鮮は「核疑惑」であったが「核保有国」に変わり、そう主張するようになったのである。「核疑惑」は北朝鮮が核を持っているか持っていないかが曖昧な状態をいうが、持っているような素振りを見せることで、国際社会、とくに米国から相手にされ、それをカードにして、たとえば軽水炉を引き出すことができたからである。核実験に成功し、核保有国の仲間入りを果たすことで、米国から体制保障を取り付けるカードを手にしたことになる。以後、2013年2月12日、3回目の核実験を行い、2014年5月には4回目の核実験を行うと示

唆し、米国のみならず中国などの周辺国にも有効な外交カードとして使っているといえよう。

北朝鮮のデノミ政策　2009年11月30日、北朝鮮はウォンの100分の1の切り下げを行った。これとともに、旧貨と新貨の交換額は1世帯当たり10万ウォンを上限額とし、それを越える現金は事実上政府に没収されることになった。しかし市民の間で不満と混乱が生じたため、政府は対策として新貨を銀行に預金する者にのみ交換レートを10分の1と優遇し、1世帯当たりの交換額が10万ウォンに満たない世帯には、配慮金として新500ウォンを支給することとした。同時に外貨の使用を禁じ、02年7月以降の経済改革で拡大した市場を閉鎖させた。

　この一連の措置の意図については、抜き打ち的に短期間で新貨への切り換えを行うことで、02年以来の経済改革などで国民が上げた利益のうち、銀行に預金せずにひそかに貯め込んでいる資金を政府が回収し、また国民が経済的蓄積によって力をつけるのを抑え、「3代世襲」に向けて体制の維持を図ろうとしたとみる説が有力である。

　しかし、これは住民の個人営業の努力を一方的に奪う政策であるうえに、インフレを昂進させたため、人々の不満はいやがうえにも高まった。これに対し、政府は市場閉鎖と外貨流通禁止を撤回したが、インフレと国民生活悪化を収拾することはできなかった。さらに10年3月8日、朴南基計画財政部長がこの政策の失敗の責任を問われ、処刑されていたことが明らかになった。デノミの失敗によって格差はいよいよ広がり、餓死者や自殺者、浮浪者が増大した。

　この政策は、「3代目」に内定された金正恩をかつぐ一派が功を焦って行ったといわれる。しかしそれが失敗したために、その埋め合わせの「軍事的功績」として、軍の一部強硬派が09年の北方限界線（NLL）侵犯と黄海銃撃戦、翌10年の「天安」撃沈と延坪島砲撃を強行したという説がある。

　このデノミ政策の失敗の前後、北朝鮮は中国への経済的依存をさらに強めているとみられ、金正日は翌10年、翌々年の11年に、それぞれ2度中国を訪問しており、経済援助の強化を求めたとみられる。中国は05年に北朝鮮の茂山鉱山の採掘権を得ていたが、10年には羅津港の使用権を得て、日本や米国、ロシア、韓国などとの貿易に使用している。また同年には中国が鴨緑江の黄金坪島、威化島の2島を租借して開発する計画が開始されており、12年現在、こうした傾向に対して日韓では、中国が北朝鮮の独裁政権を経済的に支える動きとして懸念する声も強い。

北朝鮮の軍事挑発　2009〜10年にかけて北朝鮮は韓国に対し、大規模な軍事挑発を繰り広げた。その端緒となったのは、09年11月の北朝鮮の黄海北方限界線（NLL）侵犯だった。

　韓国と北朝鮮を黄海上で分かつNLLは、北朝鮮側がこれを認めておらず、ワタリガニの好漁場であることもあって、北朝鮮による韓国領海侵犯が頻発しており、1999年と02年には大きな海戦も起こっていた。

　09年11月10日午前10時33分、韓国海軍第2艦隊司令部は、北朝鮮の警備艇1隻が北方限界線に近づきつつあるのをレーダーで確認し、警報を発するとともに、高速哨戒艇4隻を向かわせた。しかし、北朝鮮側はこれを無視して越境し、その後、再三の警告も無視してさらに韓国領海を侵犯しつづけたため、韓国側が警告射撃した。これに対し、北朝鮮側は韓国側を銃撃したため、

韓国側は反撃し、北朝鮮警備艇は破損して死傷者が出た。この直後、北朝鮮警備艇は北方に逃走した。韓国海軍は、北朝鮮の海岸砲による反撃を恐れて大青島方面に後退した。韓国側に人的被害はなかった。

その後北朝鮮は「無慈悲な軍事的措置が下されるだろう」と報復の警告をしており、間もなく金正日が北朝鮮の西海艦隊司令部を視察、翌10年1月には黄海南道から黄海へ海岸砲の威嚇射撃を行うなど、軍の動きが活発化した。

10年3月26日、韓国海軍の哨戒艦「天安」が黄海上の北方限界線付近の白翎島西南方で北朝鮮の魚雷の攻撃を受け、船体がまっ二つに切断されて爆沈した。これにより、乗員104名のうち、46名が行方不明となり、うち36名が遺体で収容された。当初原因は不明とされたが、引き揚げられた船体の残骸などの調査で、沈没現場から北朝鮮製大型魚雷の残骸が発見されたこと、沈没前後に北朝鮮の潜水艇と母艦の活動が確認されたことなどから、国際軍民合同調査団（韓・英・米・豪・スウェーデン）は北朝鮮の魚雷攻撃による沈没と断定する調査結果を発表した。5月24日、韓国の李明博大統領は「対国民談話」を発表し、事件を「北朝鮮の軍事挑発」としたうえで、「北朝鮮は自らの行為に相応した対価を支払うことになる」と述べた。また北朝鮮の責任追及のため、北朝鮮の船舶による韓国の海域および海上交通路の利用を禁じ、南北間の交易を中止する措置をとると発表した。また、韓国の領海と領空、そして領土を武力で侵略する場合、即時に自衛権を発動するほか、国連安保理事会への提訴、国際社会とともに北朝鮮の責任を追及し、韓国軍の戦力と韓米防衛体制をいっそう強化するとしている。これに対し、北朝鮮の祖国平和統一委員会は関与を否定し、「謀略」であるとして韓国を批判している。

こうしたなか、国連では日米韓が北朝鮮への非難声明を出すよう主張したが、中国が反対し、結局北朝鮮を直接名指ししないまま「沈没を招いた攻撃」を非難する議長声明を出すにとどまった。また、「事件に無関係」とする北朝鮮の主張にも触れている。この事件で米国が北朝鮮を「テロ支援国家」に再指定するかどうかも取り沙汰されたが、「事件は国際的テロ行為ではなく、指定の引き金になるものではない」として見送られた。

北朝鮮が「天安」を撃沈した理由については、前年の黄海銃撃戦の「報復」との見方があるほか、金正恩が軍を掌握するための実績づくりとして、彼が指揮したという形で行われたとする説もあるが、真相は明らかではない。

ウラン濃縮施設発覚　北朝鮮は少なくとも1990年代の第1次核危機当時から原子炉開発を通じてプルトニウム原爆の開発を進めてきたが、02年の第2次核危機にともない、これとは別にウラニウム原爆の開発も進めていることをほのめかしたことから、日米韓をはじめとする関係各国は脅威の念を抱いてきた。ウラニウム原爆は構造が比較的簡単で、実験を経ることなく完成できるため、その不安の念はなおのこと高かった。その後、北朝鮮は06年に1回目の核実験を行い、これに脅威の念を抱いた米国は、事実上北朝鮮の恫喝に屈する形で金融制裁、テロ支援国家指定解除の措置を進めたが、北朝鮮はさらに09年には2度目の核実験を行った。それだけに核兵器、とくに実験の不要なウラニウム原爆の開発状況に注目が集まっていた。

10年11月、北朝鮮を訪問したヘッカー米スタンフォード大学教授が寧辺の核関連

施設内のウラン濃縮施設を訪れた。北朝鮮は、09年9月にウラン濃縮実験に成功し、最終段階にあると表明していた。ヘッカー教授は米国の核兵器研究の中核を担うロスアラモス国立研究所の元所長だが、スタンフォード大学のホームページに11月20日付で報告書を掲載した。それによれば、ヘッカー教授らは11月12日に寧辺の核関連施設を訪れたとき、北朝鮮の原子力総局の担当者から、軽水炉の建設現場と「最近完成したばかりの近代的なウラン濃縮施設」に案内された。北朝鮮側は「遠心分離器が2000基」「燃料用低濃縮ウランを製造している」と説明したという。設備はすべて国産で、遠心分離器は青森県六ヶ所村とオランダ・アルメロの濃縮施設を「モデルにした」とも語った。施設はかつて燃料棒製造棟があった場所で、直径20センチ、高さ1.8メートルほどの遠心分離器を整然と配置していた。「近代的で清潔な状態」で、ヘッカー教授は衝撃を受けたという。09年4月に着工し、ヘッカー教授訪問の数日前に稼動できるようになったという。ヘッカー教授の報告を受けた米当局は、その地域を衛星で確認した。これは09年の国連安保理決議に違反するものであった。

米国と北朝鮮は12年2月29日、ウラン濃縮活動を含む核関連活動のすべての停止で合意したと発表した。米国はその見返りとして24万トンの食糧支援を表明したが、4月13日の「銀河3号」試験発射を受け食糧提供を保留した。18日に米朝合意を破棄した北朝鮮は12月にふたたび「銀河3号」を打ち上げ、これに対して安保理で非難決議が採択された。北朝鮮はこれに対して「朝鮮半島非核化宣言」の破棄を表明し、2013年2月12日、3度目の核実験を行った。

延坪島砲撃事件 2010年11月23日、北朝鮮軍は、黄海の南北軍事境界線である北方限界線（NLL）の南約3キロ、北朝鮮からは約12キロの延坪島に向けて砲撃を開始した。同島に駐留する韓国軍も応戦し、2度にわたって計およそ50分に及ぶ激しい砲撃戦となった。韓国側の死者は海兵隊の兵士と民間人それぞれ2名だった。韓国側の対応は後手に回り、反撃によって北にどのような被害を与えたかも十分確認できなかった。また盧武鉉前大統領の国防改革により同島で海兵隊員を大幅に削減しつつあったことも反省材料とされた。

米政府は砲撃戦後、北朝鮮の暴挙に対する怒りの表明とさらなる挑発防止のための示威行動として、米韓共同演習の実施を決断し、演習は11月28日から12月1日まで南寄りの群山海域で行われ、韓国側からはイージス艦「世宗大王」など6隻が参加した。北朝鮮は非難を繰り返したが、軍事行動は慎んだ。

この砲撃の目的については、北朝鮮が米国を直接交渉の場に引き出すための恫喝外交の一環として行ったという見方や、「3代世襲体制」の基盤固めのための「軍事的成果」の国内向けアピール説がある。

金正日の死 2011年12月17日、何年か前から健康問題が取り沙汰され、いつ死んでもおかしくなかったが、いざ金正日が死を迎えると、それなりのビッグニュースとなり、世界を駆けめぐった。しかし、1994年に82歳で亡くなった金日成の死に比べれば、何のことはなかった。韓国の株式市場も思ったほど揺れることはなく、その後、金正日の弔問をめぐって、北朝鮮が揺さぶりをかけても思うほど「南南葛藤」（北朝鮮問題について、韓国で政治・社会的に対立させること）は起こることはなかった。ところで、現代の世界で、しかも「民主主義」

문화일보

김정일 심장쇼크로 急死

17일 오전 8시30분 열차서 … 김정은 장의위원장에

李대통령, 안전보장회의 긴급소집

北朝鮮の「朝鮮中央通信」が発信した最後の写真（2011年12月15日、平壌市光復区域での現地指導）。『文化日報』2011年12月19日付

と銘打っているほどの国家で、親を継いで3代目に就くということは異常であり、世界の顔を顰めさせたものだった。側近にいた黄長燁の証言によれば、70年代後半から金正日は父の金日成と共同統治をし、80年代後半からは実質的に父を抜いていたというが、それを可能ならしめたのは、父の威光をかさにきた権謀術数によるものであった。具体的には権力であり、武力装置（軍）であった。のちに、即戦力として操れる軍を党の上位に置いて「軍事委員会」なるものを設置したのはその表れである。

金正日がどうやって権力を握ったかについて、このたび金正恩が権力に就いたのをみてもはっきりわかるように、父の権力とその取り巻き（支えている軍と党の高級幹部）であることははっきりしている。金正日も同じように、父の威光とその支持勢力によってトップに就いたことは間違いない。それにいたるまでには血腥い、血で血を洗う権力闘争があったことは知られている事実だ。

ところで、金正日が後継者になった理由を和田春樹はこういっている。「私の印象では金日成は自分の息子に、息子だから譲りたいという気持は持っていない。そんな愚かな人間ではないと思います。そんな愚かな人間なら、あんなに長く国を指導することはできなかったと思います。金日成はずっとみな、党内を整理し、自分一人というところまでもってきて、自分一人が首領だというふうになったときに、さてまわりを見回すと自分の息子が有能だという驚きとともに喜びを発見したと私は思っています」（『朝鮮近現代史における金日成』神戸学生青年センター出版部、1996年）。この

ような説明では、他人はおろか本人自身も納得させることはできないだろう。引用部分を「党内を整理」は「政敵の粛清」、「自分一人」は「独裁」と言い換えればさらに合理的であり、理解が速い。

最高人民会議の近況　北朝鮮の国会に当たる最高人民会議は、代議員の任期は5年だが、第11期は2008年秋に任期が切れたまま選挙が行われず、委員長は金永南が続投した。委員長は対外的には国家元首役を兼ねる。09年3月、第12期の代議員687名が100パーセントの賛成票で選ばれ、うち軍人が17パーセントを占めた。同4月の第1回会議は金正日を3期連続で国防委員長に選出した。このとき憲法も改正し、「国防委員長は国の最高領導（指導）者」と明記し、国防委員会を事実上の最高権力機関とした。同会議では委員長、第1副委員長、副委員長（3名）のほか、国防委員を8名に倍増し、張成沢を新たな委員に選出した。10年6月7日の会議で、副委員長は張成沢ら4名となった。12年4月13日の最高人民会議で、金正恩は国防委員会第1委員長に推戴された。

党代表者会と金正恩後継者確定　金正日は脳疾患の後遺症による左手と右足の麻痺、糖尿病からくる慢性的な腎不全であったが、2008年5月に倒れた後、老い先長くないと思ったのか、にわかに金正恩が後継者として取り沙汰された。翌09年に入ると金正恩は、金正日総書記とともに現地指導へ同行するようになったが、「青年大将」とか「射撃の名手」と形容されるだけで、とくに実績は語られることはなかった。

　金正日が10年9月に44年ぶりに党代表者会を開いたのは、金正恩を3代目の後継者として認知させるためであった。党代表者会は、5年ごとに開かれる党大会とは違って、緊急課題がある場合に随時開かれる、いわば臨時党大会である。これまで1958年と66年、そして10年9月と3回しか開かれていない。

　それ以前に、金正恩の後継者確定発表の露払いとして10年6月7日、北朝鮮の国会に当たる最高人民会議が平壌で開かれ、金正日も出席した。このとき、最高権力機関である国防委員会副委員長に張成沢朝鮮労働党行政部長を、新首相に崔永林平壌市党責任書記を、それぞれ選んでいる。

　そして10年9月の党代表者会では、金正恩が党中央軍事委員会副委員長と党中央委員会委員に選出された。党規約によれば、党中央軍事委員会は、党の組織指導機関である中央委員会と並ぶ位置にあり、党の軍事政策を総括し、朝鮮人民軍を含む武力全般と軍需産業を指揮する。この異例の抜擢が、金正恩の後継者確定を北朝鮮内外に示すものだった。また金正日の総書記、党中央軍事委員会委員長への再推挙のほか、80年の党大会後、死亡や更迭で欠員の目立っていた党中央委員124名、委員候補105名を選んだ。また新任の中央委員による中央委員会総会が開かれ、傘下の政治局、書記局、中央軍事委員会などの構成員を決定した。また、張成沢行政部長が党政治局員候補と中央軍事委員に、金敬姫軽工部長は党政治局員に就いた。またいわゆる革命第1世代（金日成らパルチザン世代）の「英雄」崔賢の息子で前黄海北道党責任書記の崔龍海（後に大将授与）が党政治局員候補に選ばれた。同様に、軍次帥に昇格した李英鎬総参謀長は政治局常務委員に選出された。金永南最高人民会議常任委員長ら実質的権限のない元老らは、党政治局常務委員に配され、国防委員会のメンバー12名のうち、10名が政治局、書記局、中央軍事委

員会の主要3機関に入った。このようにして金正日の独裁体制や国防委員会の最高権力機関としての位置づけに変化がないことも明確にされた。

　なお、金正恩は金正日の死の直後、11年12月末に北朝鮮の実質的最高指導者である朝鮮人民軍司令官に就任している。そして12年4月11日の党代表者会で党第1書記と党中央軍事委員長に、つづく13日の最高人民会議で国防委員会第1委員長に就任した。

　独裁体制は、それまでの強い指導者が替わるときがもっともほころびを露呈し、もろいといわれている。金日成から金正日への権力交替（移譲）は、20年という長い期間があったが、このたびはそうでなかった。金正恩への交替に少しでも足しになればという親の配慮から、2011年には無理を押して、中国へ2度、ロシアに1度訪れている。これは自分の死期をある程度知っており、生きている間、かつて父の金日成がやったように中ソ（現在はロシア）をうまく天秤にかけて、モノを引き出し、かつ友好を保ち、ひいては息子のことを頼んだ。みずから余命1年もないとは思っていなかったようだ。とはいえ矢継ぎばやの権力交替には当然無理がつきまとう。金正恩政権は否も応もなく早熟であるので、権威づけのためにいろいろな手を打った。まずは、カリスマ性を高めることに力を注いだ。これと連動して、国民にモノを施した。これが実際に行われればカリスマ性は増す。中ロに対する天秤外交や核外交によってモノを引き出すことなどでは限りがある。金正日政権の20年以上、対内的には強権政治、現地指導という名の引き締め、大衆動員、対外的には天秤外交、核外交、瀬戸際外交を繰り返しながら、国の運営（体制維持）をやってきたが、今後も同じような手を打つだ

ろうか。そうは問屋が卸さないだろう。金正恩体制に入り、北朝鮮は硬軟両様の手を使って周辺諸国がどう対応してよいかわからないようないまひとつの「八方破れの手」を使い出した。たとえば、2014年7月には北朝鮮に残る日本人の遺骨問題をめぐって、日本のメディア関係者を100人規模で入国させる一方で、この月には異例なほど日本海へ弾道ミサイルを発射している。ますます、北朝鮮の動向が読みにくい様相を呈している。

米朝協議と北朝鮮外交　北朝鮮外交とは、冷戦では端的にいって東側世界に限られていた。なかでも、中ソとの外交が主だったといってもよいだろう。対中外交はつねにソ連を意識して行われ、また対ソ外交は逆に中国との関係をにらみながら行われた。こうした中ソに対する天秤をかけるような等距離外交をすることによって、北朝鮮は双方から少しでも多くのモノを引き出そうとした。こうした外交は、冷戦状況が終焉した現在でも基本的に変わるものではない。

　米朝2ヵ国協議においても、北朝鮮は一方で韓国および中ロをにらみながら交渉している。北朝鮮の核問題をめぐって、米国との2ヵ国間協議であまり深いところまで取り決められることは、朝鮮半島の一方の当事者である韓国にとって、蚊帳の外に置かれかねない。そのまま許せば、国内政治にも響き、政権の支持率は下がるだろう。韓国ほどではないにしても、中ロとて同じことである。逆に、北朝鮮にとって、米国との2ヵ国間交渉は、大国とがっぷり四つに組んだ格好であり、内外へのアピールは相当大きいといわねばならない。たとえば、韓国国内においては、野党および反体制勢力には北朝鮮の位相（存在価値）は高まるだろう。もとより、北朝鮮外交はこのこと

もあらかじめ計算に入れていて、次の手として蚊帳の外に置かれそうな韓国（政府）を無視せず、接触してもよいとポーズをとることによって、何がしかモノを引き出そうとする。

冷戦終焉後はさらに、瀬戸際外交なるものが加わる。これは同盟国の中ロに対しては使うことはないが、日米韓に対しては有効に働いている。瀬戸際外交とはひとことでいうと、北朝鮮の捨身戦術である。言い換えれば恐喝外交ともいえるが、米国に対しても全面戦争には全面戦争で立ち向かうという一歩も引かない姿勢である。「米本土への攻撃力がある」と豪語する北朝鮮はいよいよ強気だ。これをカードにしてモノを引き出そうとしている。米国は新たな戦争ダネにはもうコリゴリだし、北朝鮮はそのことをきちんと見透している。たとえば、2012年4月現在、米国はイランの地で新たな戦いを起こせないことを北朝鮮はよく知っている。米国民の厭戦気分についても了解ずみだ。

強気一本槍の北朝鮮の姿勢をもっとも恐れているのは陸続きの韓国である。数千キロも飛ぶミサイルなど必要ない。38度線からわずか60キロの飛距離のある火砲さえあれば、ソウルは火の海になるからだ。

しかし、一見強く見える北朝鮮だが、内実をみればけっしてそうではない。

2012年3月9日に、ニューヨークで行われた学術会議でも、北朝鮮の核問題をめぐる6者協議の南北首席代表が参加したが、北朝鮮の李蓉浩代表（外務次官）は、核の放棄よりも米朝関係改善が先決で、「核武装は自衛措置であり、まず米国の敵視政策の撤回が必要」、つまり体制保障が先決だと強調した。韓国の林聖男代表（外交通商省韓半島平和交渉本部長）が「米朝関係改善と6者協議再開には南北対話が必要だ」と強調し、何度も話し合いを提議したが、あからさまに拒否された。

このように今後も北朝鮮は、米朝会談を軸にしながら韓国、そして日本を振り回し、自己の位相（存在価値）を高め、1つでも多くのモノを引き出そうとするだろう。しかし、こうしたやり方はいつまでもつづくものではない。

金正日没後、朝鮮半島をめぐる緊張は一見日増しに高まっているように見える。12年2月の米朝合意があって、わずか1ヵ月後に、北朝鮮は弾道ミサイルの発射を予告した。そして、オバマ米大統領はソウル訪問を利用して、38度線を視察した。それは、かつて朝鮮戦争前夜のダレス（国務長官）のいで立ちに酷似していていたものだったから、「戦争勃発か」と騒いだマスコミもあった。しかし、ことはそう単純ではない。北朝鮮は内外の状況をにらみながら、緩急自在の手（相手との合意と反発）を打ってくるだろうし、核実験を含む危険なゲームにも挑んでくるだろう。今後はさらにそのサイクルは速まるに違いない。

北朝鮮の新世代　北朝鮮は対外的には対話とイチかバチかの「瀬戸際作戦」を繰り返しながら自己の存在価値（位相）を高め、対内的に金日成・金正日の神格化を徹底化し、同時に金正恩のカリスマづくりを重ね、金正日がやったような「遺訓統治」をつづけていくだろう。

しかし、従来のようなやり方を今後もつづけていくことはできないだろう。この20年近く国家の上からの供給（配給）でなく、チャンマダン（自由市場）で育った若い世代をいままでのやり方では抑え込むことはできないからだ。

この若い世代は現在、北朝鮮人口のおよそ30パーセント前後を占めており、何事

も上意下達式に育った世代ではない。従来式の国家の統制のなかには収まらないのだ。北朝鮮では携帯電話は242万台前後（2013年現在）普及しているが、この世代が60パーセント以上持っているといわれている。国家の統制外で育った世代は「自由」の価値を知っている。この自由こそは何ものにも代えがたいのである。骨身を削っても、自由とつながる携帯電話を所持することである。現在、平壌とソウルの間では、あるエリアに限ってではあるが携帯電話が通じている。携帯電話やインターネットなどのグローバル・メディアを通じて、この先少しずつではあるが、北朝鮮の窓はこじ開けられるだろう。今後、北朝鮮の携帯電話台数はますます増えることは間違いない。この勢いは大変なダイナミズムになるものと思われる。

南北関係の方向 金正日が死の直前まで金正恩と極秘裏に議論したのは、国が主導する改革政策だったという。それは一般的な経済の改革でなく、具体的に相当突っ込んだ議論だったようだ。たとえば、国家施設（港湾、鉱山など）を賃貸し、その対価を外貨で受け取るというもので、従来のように軍も含め行政部署の何人かが采配して利潤をその部署で私するのでなく、集団に賃貸して管理させ、年末に収益の一部を国家に納めさせるというシステムだ。卑近な例でいうと、バス事業所のバスを事業所に長距離輸送用として賃貸し、年末に1台当たり500ドル徴収するやり方である。これは2002年に市場経済要素を採り入れた「7・1措置」に比べて、はるかに柔軟で規模が大きく、各部署での中間搾取（奪取）がないし、軍だけを一方的に潤すものではないという。こうした改革システムを実は金正日自身が先頭に立って12年4月から実施しようとして、準備していたという一部の情報がある。

金大中、盧武鉉と2代、10年にわたってつづけられた対北朝鮮融和政策はそれなりの成果はあったが、ひとことでいえば太陽政策という美名のもと、北朝鮮に与えるだけ（取られるだけ）与えたのにもかかわらず、それなのに言われっぱなしであったから、韓国民は「韓国社会でさえもまだ成熟していないのに、それは与えすぎだ」という反発があった。そうした民心を巧みにとらえ、北朝鮮に対しては是々非々で対処すべきだというのが、李明博の大統領選におけるマニフェスト（いわゆる李明博ドクトリン、別名、韓国外交7大原則）であった。つまり、是々非々による国益中心の実利外交である。以下それを挙げてみよう。

①北朝鮮の核廃棄と実質的変化を促す戦略的「北の開放政策」の推進。
②理念ではなく国益にもとづいた「実利外交」の実践。
③伝統的友好国との関係を基礎にして、共通価値と相互利益を強化、発展させる米韓関係の推進。
④世界とともに発展する韓国の「アジア外交」。
⑤国際社会に寄与する外交の強化。
⑥経済最先進国への仲間入りのためのエネルギー外交の極大化。
⑦相互開放と交流にもとづいた「文化韓国」の創造。

さらに、対北朝鮮に対しては3つの原則を提示している。

①「非核、開放、3000」構想の推進。
②統一を展望した南北経済共同体の実現。
③日米との友好増進と中ロとの協力拡大。

ある意味で、前任2人の大統領の意思を受け継いでいるが、ただ是々非々で行うという点は大いに異なる。なお、「3000構想」

とは北朝鮮の1人当たりの所得を年3000ドルにするのに協力するという意味である。「大運河構想」など一見大風呂敷な政策を打ち出したが、この間リーマン・ショックなど世界的金融不安がつづく荒波のなかで、かつてのIMF危機時の轍にならうことなく、何とか「韓国号」（日本式にいえば、韓国丸）を座礁することなく漕ぎ着けたのは李明博の政治経済的な手腕によるところが大きいといえた。

　しかし、金正日の急死によって北朝鮮は従来のどちらかといえば改革開放派でない保守派（軍の一部）にひきづられるものとみられている。金正恩は労働党中央軍事委員会副委員長（金正日の死によって委員長は空席）のポストにあり、その権力基盤を軍においている。軍も一枚岩ではない。ここで突発的に衝撃的な事件として起こったのが「張成沢処刑事件」である。金正恩はいま改革開放を嫌う古参の保守層と比較的若い層の幹部のバランスの上に立っているのである。ヨーロッパで少年期を過ごし、教育を受けてきただけに、民主主義の何かを知っていると思われるが、ただかつがれているだけだ。叔母（金正日の実妹・金敬姫）の夫（張成沢）は実質的な後見人で、積極的な開放論者といわれるが、彼らはすでに舞台から退いている。軸足を徐々に軍から移し、権力のバランスを取っていきたい気持ちがあるかもしれないが、それはままならない立場にいるようだ。

金敬得［キム キョンドク］ 1949～2005。在日韓国人弁護士第1号。日本で弁護士になるには、司法試験合格後、司法修習生の課程を踏む。この課程には、公権力の行使にかかわる検察、裁判の実務修習があり、日本国籍が条件であった。この厚い壁を破ったのが金敬得である。金は1976年に司法試験に合格し、帰化しなければ修習生として採用できないと最高裁判所から通告されたが、日本国籍への帰化を拒否し、韓国籍のまま修習生に採用されるよう申し入れた。多くの日本人、在日韓国朝鮮人の支援と協力を得て、ついに開かずの門をこじ開けた。79年弁護士となった後、初心を貫き、指紋押捺、地方参政権、サハリン在住朝鮮人の日本への帰還といった課題に正面から取り組んだが、05年12月、胃ガンのために早い一生を終えた。金敬得が開かずの門（最高裁）をこじ開けて以来、彼に触発されて韓国・朝鮮籍の弁護士は現在まで100人以上誕生しており、朝鮮大学卒業生も数人含まれている。

　金敬得と同じように、国籍差別によって日立製作所の採用を拒否された在日韓国人青年がいた。朴鐘碩（1951～）がその人である。彼は、金が司法試験に合格する6年前の70年に、日立製作所戸塚工場の試験に合格し、いったんは採用通知を受け取ったのに、国籍が日本でないという理由で採用は取り消された。応募要項には国籍条件はなかった。いわゆる「日立裁判」によって、74年に横浜地裁で勝訴し、入社を果たした。11年11月、朴も定年を迎えて退社することになったが、金と朴の2人が、日本社会に鉄鎚を与え、開かずの門を少しでもこじ開けたことは確かである。

在外国民の国政選挙権　2012年4月の韓国総選挙と12月の大統領選挙には、海外に移住・滞在している韓国籍（韓国民）に比例代表に限って投票権が与えられることになった。国民登録（証）のある外交官や商社員らは選挙区の投票権もある。有権者数はおよそ230万人に及び、全有権者数の6パーセントに達する。そのうち日本には約48万人（いわゆる在日韓国・朝鮮人とニ

〈在外選挙人登録申請〉受領証
(駐日本大韓民国大使館　在外投票管理官)

ューカマー〔主に7〇年代以降の定住者〕および留学生や研究者を含む。なお、このなかには朝鮮総連を支持している韓国籍の人もいる)に及ぶ。在外国民の数としては日本在住者が最大である。最近の大統領選をみると、当選者と次点の差は僅差である場合が多く、そのために在日の票がキャスティング・ボードになるとの見方もあるが、その可能性はきわめて小さい。しかし、与野党を問わず、在日票を獲得しようとする動きはある。

　国政に参加するのは、事前登録が必要要件になっているが、それには旅券提示が義務づけられている。つまり、旅券が発給されていない者は事前登録ができず、したがって国政に参加できない。政治的理由で長年旅券を発給されなかった人たちは「旅券がなければ選挙権まで奪われるのはおかしい」として、韓国の憲法裁判所に提訴している。なお、12年4月の総選挙の投票に事前登録(登録期限は2月11日)した人は、2月6日現在で約1万8000人余で3パーセントほどであった。12月末の大統領選挙では改めて登録が必要である。一部に手続きが面倒だという声がある。総選挙では世界107ヵ国で投票所が158ヵ所の在外公館(日本では10ヵ所)と投票場所が限られている。世代交代によって祖国への関心が薄れているのもあり投票率が低い。そして、2012年12月の大統領選挙における在外投票は、110ヵ国・地域の在外公館に設けられた投票所164ヵ所で行われた。登録者22万2389人のうち15万8235人が投票し、投票率は71.2パーセントとなり、4月の総選挙の45.7パーセントより大幅に増えた。しかし在外有権者(約223万人)全体から見た投票率は7.1パーセントに過ぎなかった。

改正出入国管理法　2009年7月15日に成立した「出入国管理および難民認定法および日本国との平和条約にもとづき日本国籍を離脱した者等の出入国管理に関する特例法の一部を改正する等の法律」のこと。これによって、3年以内に外国人登録証は廃止され、「特別永住者」とされる在日韓国・朝鮮人らを除き、日本滞在が3ヵ月を超える16歳以上の在日外国人にはICチップ入り在留カードを新しく交付し、携帯を義務づける。施行は12年7月9日。「特別永住者」とは、サンフランシスコ条約によって日本国籍を離脱した者とその子孫のことをいう。この「改正法」について、総務省は「日本人と外国人とで構成される世帯の全員が記載された証明書(住民票の写しなど)が、発行可能となる」、「在留資格や在留期間の変更について従来、地方入国管理局と市町村の両方に必要だった届出が地方入国管理局のみへの届出ですむ」などの利便性

を謳っているが、管理を強化した基本的人権にかかわる問題だという見方が専門家から出ている。なお、「特別永住権者」には外国人登録書が廃止され、特別永住証明書が交付され、また日本から出国後、2年以内に再入国する場合は、従来と違って再入国許可を受ける必要はなくなる。

朝鮮学校と高校授業料無償化　朝鮮学校とは、在日朝鮮人に対して朝鮮語を用いた教育を行う民族学校のことである。朝鮮学校は、東京朝鮮学園など各都道府県の学校法人によって運営される「各種学校」である。これは「学校教育に類する教育を行うもので、所定の要件を満たす教育施設」であり、教育基本法第6条や学校教育法第1条の「法律に定める学校」ではない。また、朝鮮学校は1945年8月15日の解放後に在日朝鮮人有志によって設けられた民族教育機関を原型とするが、48年の朝鮮民主主義人民共和国（北朝鮮）建国、55年の朝鮮総連結成と進むなかで、その影響を強く受けるようになり、今日では校長人事などの運営および教育内容については朝鮮総連中央本部および北朝鮮の朝鮮労働党が事実上決定しているとする見方が有力である。

　11年10月現在、生徒数7000人前後で、そのうち高校生は2000人弱といわれている。10年4月から日本政府が施行した「公立学校に係る授業料の不徴収及び公立高等学校等就学支援金に関する法律」では外国人学校も就学支援金支給の対象としているが、11年2月現在、朝鮮学校の高等学校に当たる「高級部」は対象から外されている。この法律は朝鮮学校との関連では第4条の「私立の高等学校における授業料は公立の高等学校の授業料と同等の金額を支援金として補助する」が問題となる。10年1月にこの方針が閣議決定された際には、朝鮮学校もその対象に含められる見通しだったが、翌2月、拉致問題を担当する中井洽・国家公安委員長が拉致問題を理由に、適用除外を川端達夫文科相に要請した。また自民党は、北朝鮮に対しては拉致問題や核問題によって日本政府として経済制裁を行っているのだから、適用対象から除外すべきだと主張した。『産経新聞』は朝鮮学校と朝鮮総連の関係を指摘し、適用除外を求めた。そのため、朝鮮学校は記者会見に産経新聞社を参加させないことを表明した。

　こうした反対論に対し、朝鮮総連は全国の朝鮮学校幹部らに就学支援金の支援対象を獲得する運動を指示した。また日本の政党では国民新党と社民党、公明党、日本共産党が適用除外に反対を表明している。また『毎日新聞』や『北海道新聞』が社説で適用除外を非難した。こうしたなか、政府内でも議論は紆余曲折したが、結局は適用されるかに思われた。しかし、同年11月23日、北朝鮮が延坪島を砲撃したため、菅直人首相は高木義明文科相に適用手続きの停止を指示した。

　この問題との関連では、大阪府が朝鮮学校に対し、北朝鮮の指導者の肖像画を教室に掲げない、朝鮮総連との関係を断ち切るなどを補助金支給の条件にしており、2011年2月には松原仁・拉致問題担当相が、他の自治体もこれを参考にするように平野文科相に要請する考えを示した。なお、8月29日、菅直人首相は退陣直前に朝鮮学校への同法適用手続きを再開するように指示した。これを受けて文部科学省は適用審査を再開し、2013年2月、文科省が省令を改正して対象から外した。2014年2月東京朝鮮中高級学校生徒が賠償を求め訴えたが、これは大阪、愛知、広島、福岡につづいて5例目である。

新しい民族学校設立 現在の朝鮮人学校、朝鮮総連系の民族学校は、解放（日本の敗戦）直後、日本から帰国する前に少しでも朝鮮語および民族の歴史、文化を教え、帰国する祖国の地で馴染めるようにという思いで発足する。これが1世たちの素志であったから、思想を問わず、民族的見地から多くの同胞はなけなしの金を拠出した。日本各地には1～2年の間に雨後の筍のように大小数百の民族学校が設立されたといわれている。この数はまだきちんと把握されていない。筆者（金容権）が幼年時代を過した近隣の都市、姫路を例にするなら、この市内だけで朝鮮人学校が4校あった（現在は1校）。教育内容は、それまで奪われた民族語（朝鮮語）の教育に力点が注がれ、民族の自主性と国の独立性を鼓吹するものであった。

それまで、子弟たちが「皇民化教育」を受けてきたから、そうした反民族的教育を払拭しようという1世たちの思いは当然のことであった。しかし、米軍政および吉田内閣はこれを「反日教育」と断じ、閉鎖しようとする。ここで起きたのが「阪神教育事件」で1948年4月16日から26日の10日間、日本各地の朝鮮人学校の周りは騒然となり、GHQは唯一初めて、非常事態宣言を発し、大阪では金太一少年が警察の発砲によって死亡し、8000人近い人たちが検挙・逮捕された。

こうした弾圧のなかでも、民族教育を守るために朝鮮人学校はしぶとくつづけられ、1970年には在校生徒数が4万6000人を数えるに至ったが、その後生徒数は年を経るごとに減少していった。90年代末から2000年に入って、その傾向はさらに拍車がかかった。現在、生徒数は1万人を割っており、学校数も70校前後といわれる。民族学校の衰退原因はいろいろなところに求められている。在日韓国・朝鮮人の日本国籍の帰化やいわゆる「少子化」もあるが、最大の原因は現状に合わない教育にあるといわれている。

こうしたことを憂慮し、2008年4月にコリア国際学園（大阪府茨木市）が設立された。2014年4月には関東地域（茨城県八郷）に、新しい形の民族学校が設立された。両校はともに中高一貫校であるが、後者は設立時から1条校として認可され、発足した。これは画期的なことである。

8. 統一のテバッと朴槿恵政権 そして金正恩体制の発足

韓国初の女性大統領、朴槿恵　2012年12月のセヌリ党からの大統領候補として早くから目されていた朴槿恵。一方、野党からは韓国初の女性総理（首相）を務めた韓明淑が選ばれるのではないかという憶測がつとにあったが、金品収賄や夫・朴聖焌の経歴などによって立候補することはかなわなかった。2012年12月19日に行われた選挙は、最大野党からは文在寅が立ったが、第三勢力の安哲秀の協力も得て、朴槿恵と文在寅の一騎打ちとなった。案の定、当初からの予想どおり、接戦を演じ、辛くも朴槿恵は投票総数の51.6パーセントを得て当選した。一方の文在寅は48パーセントを獲得し善戦した。得票差は100万票あまりに過ぎなかった。投票前は安哲秀が出馬を撤回して、文在寅支援を表明したことで、朴槿恵の不利も伝えられたが、このたびも朴槿恵は選挙に強い「女王」の執念を見せつけた。

　しかし、誰が大統領になっても、韓国に課せられている内外の問題は山積していた。内的には一見華やかに見えるサムスン電子や現代自動車の躍進、輸出入の1兆ドル達成などに見られるような経済の構造は意外に脆弱であること、また中小企業の低賃金と非正規雇用と社会的格差、少子高齢化の深化、そして社会保障がきわめて弱い、などがあげられる。外的には70年もつづく北朝鮮との対立、近年激しくなる北朝鮮の挑発、日本や中国との関係など、当面の問題が山積しているといってよいだろう。なかでもやはり、最大の問題は北朝鮮かもしれない。大統領に就任する10年前の2002年、平壌を訪れ、金正日と会っているが、現在は政権を代わった金正恩からミサイル攻撃を受け、揺さぶられている。

　2014年の年頭から山積する問題があるものの、表面上の韓国の勢いに力づけられ、南北統一をぶち上げ、それが朝鮮半島の「大当たり」だと打ち出した。これを韓国語では「統一のテバッ（統一の大当たり）」というが、東西ドイツ統一において、西ドイツが支援した大変な負担などはないという、ばら色のイメージがあった。そして3月28日訪独した朴槿恵は本家ドイツで「ドレスデン宣言」なるものを打ち上げ、「統一のテバッ」をさらに潤色し、「統一準備委員会」を発足させることで具体化しようとした。しかし、それから20日足らずして「4・16事故」（セウォル号沈没事故）が発生し、テバッの機運は一時衰えたが、7月15日、大統領直属組織「統一準備委員会」は発足した。この「統一のテバッ」から「統一準備委員会」発足提案も支持率アップや来るべき総選挙（7月6日）での得票率を上げる狙いがあるのだという観測もあったが、「4・16事故」があってから、朴槿恵政権の支持率は下がりつづけ、ピーク時よりも、2014年7月末現在で20パーセント以上も下降し、40パーセントすれすれであったが、その後持ち直した。

6・4統一地方選挙　かつて李承晩政権時代に実施されていた地方自治体の選挙は、朴正熙軍事政権下では停止されていたが、金泳三政権時代の1995年、35年ぶりに復活する。そして2014年6月4日、6回目になる、広域自治団体（9の道・ソウル特別市・2012年に発足した世宗特別自治市・6の広域市）の団体長（首長）と議会議員、基礎自治団体（市・郡・区）の団体長と議

会議員を選ぶ統一地方選挙が行われた。有権者は19歳以上で、永住権を取得して3年以上の外国人にも選挙権がある。この点は日本と大いに異なる。

今回の選挙は当初、支持率70パーセントを誇る朴槿恵政権のもと優勢が目されていた与党セヌリ党と野党民主党に加え、前回の大統領選で野党系候補としての出馬経験があり、若年層や無党派層の支持を集める安哲秀が結成した新党「新政治連合」の三つ巴の争いが予想された。しかし、「新政治連合」は民主党と合党し「新政治民主連合」を創党し、事実上の与野党一騎打ちとなった。そこへ、国家情報院のスパイ事件捏造や訪米中の大統領府報道官のセクハラ騒動と4月16日に起こったセウォル号沈没事故に対する政府の対応のまずさで、与党は当初苦戦を予想された。辛くも与党が勝利した形になったが、世評では「痛み分け」の勝負と見られている。それは、基礎団体長選や議会議員選では与党が勝利を収めたものの、広域自治団体長選は与党が8地域、野党が9地域で当選と与野党が拮抗し、ソウル市市長選では野党・現職の朴元淳が与党重鎮の鄭夢準をおさえ再選したからだ。首都ソウルで議席を落としたことは、朴政権にとって大きな痛手となったといえよう。

今回の投票率は1995年に次ぐ歴代2位の56.8パーセントを記録。投票率がもっとも高かったのは20代の青年であった。韓国における政治意識の高さと政治への期待感がうかがえる。また、今回から統一地方選挙としては初めて前日投票が実施され、全国3506ヵ所の投票所で身分証明書を持参すれば事前申告なしで投票が行われた。

統一地方選挙では教育監の選挙も同時に行われた。教育監は予算編成、教育規則の制定、教育課程の運営など、首長に次ぐ強力な権限があり、地域性を反映した独自の教育を進めることができる。選挙結果は進歩（革新）系がソウル市をはじめ仁川市、京畿道の首都圏を制し、保守的な有権者が多いといわれる釜山市、慶尚南道でも保守系現職を抑え13地域で当選。保守系は3地域、中道系候補は1地域となった。前回の道教育監選挙（16地域）の保守系10、進歩系6と比べ状況は逆転した。保守系の分裂・乱立と進歩系の統一候補擁立により、当選した進歩系13人はいずれも3割台の得票であった。また多くの子供たちが犠牲となったセウォル号沈没事故を受け、「アングリー・マム（怒るオモニ）」に代表される子育て世代の有権者たちの教育への不安、不満が反映された結果ともいえよう。進歩系教育監のうち6人が全国教職員労働組合（全教組）出身者であるが、今後の教育改革がどのように行われていくか注目される。

江原ランド　韓国にはソウルをはじめ、釜山・済州島などに公認のカジノがあるが、これらの施設には外国人か在外国民（韓国人）しか入れない。江原ランドは2000年10月に外国人も韓国人も入れるカジノとして開設され、2014年現在で14年経つ。2003年3月にはホテルを備えたホテルカジノとしてリニューアルしている。

この場所は江原ランドというだけに、江原道旌善郡舍北邑にあり、ここはかつて炭鉱の町だった。とくに、「10・26事態（1979年10月26日の朴正煕大統領射殺事件）」以降の1980年における「ソウルの春」から高揚しつつあった民主化のなかで、労働闘争の発火点となった（舍北事態）東原炭鉱舍北鉱業所があったところとして知られている。江原ランドは炭鉱閉鎖後の振興策、つまり「村おこし」として誘致され、当初の年間入場者は100万人足らずだったが、

7〜8年後は200万人を突破し、最近では年間300万人以上に至っている。2013年の売り上げは過去最高の1361億円となった。収益税として国税は500億円にのぼり、相応分が地方税として入り、また地元の雇用者数も2000人規模に至っている。

確かに経済効果はあるが、カジノが開設される前は2万5000人いた人口は現在40パーセントが流出し、1万5000人を切っているという。2万人を切れば、邑（郡の中の町で、市より1ランク下の行政区）としての機能がむずかしいといわれている。どうせなら、もっと公共的で将来的に夢のある事業にお金を使ってほしかったという意見も少なくない。それは若い世代が町を出て行ったうえに、ギャンブル依存者やホームレスが増え、さらにここへ自家用車でやってきて、カジノで負けると車を質屋などに売ってしまうケースも多く、果ては自殺者まで出ているからだ。こうなると当然、治安も悪くなり、放火や強盗、いさかいなどが増えているという。ランド内での自殺者は、現在までに60人を越えているというし、カジノによって人格破綻者も続出し、家庭崩壊も多いといわれている。

従北 たんに「従北」とも「従北左派勢力」ともいっている。文字どおり、北朝鮮の政策・路線に従い、韓国の体制に反対している勢力のことをいうが、それは体制側からの一方的な決めつけた呼び方である。いわゆる「従北」派の人たち（あるいは勢力）は、反体制ではあっても、現行の韓国の体制を否定し、転覆させようとはしていない。ごく一部にそういう人（李石基。現職の国会議員として内乱陰謀罪・国家保安法違反で2014年2月17日、実刑判決を受ける）もいるが、「従北」と決めつけられている人たちは、北朝鮮の存在を一応認め、話し合える対象と見て、何とかその糸口なり、接点を見つけ出そうと努めている立場の人たちだといえる。その彼らの思想や行動がややもすると北朝鮮に従っているように見えるのは、かたくなで扱いにくい北朝鮮に対して、対話のきっかけや足がかりをつかむために、おもねったりするようなことがあるためだろう。韓国では「体制側」を「制度圏」、「反体制側」を「運動圏」といったりする。また、「保守」と「革新」を「保守」と「進歩」といっているが、この「運動圏」や「進歩」の立場にいる人たちを「従北」といっているようだ。

セウォル号沈没事故 2014年4月16日午前9時少し前、セウォル号（6825トン）が韓国の仁川から済州島へ向けて、修学旅行生の京畿道安山市・檀国高校2年生325人と引率教員14人、そのほか一般乗客108人、乗務員29人、計476名、車両180台（重量にして2451トン、規定台数は148台）、コンテナ積載重量1157トン（出航前の点検報告書では657トン）を乗せて全羅南道の珍島郡の観梅島沖で沈没した事故。この事故で現在（2014年7月末）294死亡、10人の遺体がまだ見つかっていない。

推奨貨物量は上限987トンとされていたが、事故当時はこの3.6倍以上の3608トンが積まれていた。積載過重であることもさることながら、車両およびコンテナ等に適切な規定どおりの固定をしていなかったために、舵を切ったときに荷崩れによって船体のバランスが取れなくなって、ますます操舵不可能となり沈没したと見られている。

セウォル号沈没事故は、たんにこの事故だけにはとどまらず、この事故をきっかけにして韓国の政治・経済・社会の脆弱性を露呈した。たとえば、官民癒着、安全よりも経済（利益優先）、タテ割り行政、雇用問

題、責任不在などである。今回の事故によって、聖水大橋崩落事故（1994年）や三豊百貨店倒壊事故（1995年）、大邱市地下鉄放火事件（2003年）などの大惨事から何も学んでいなかったといわれ、韓国が抱える抜本的問題を改めて露呈した。

この「4・16」事故は、さながら日本の「3・11」となぞらえて、「4・16」以前と以後と見たてる人も出ている。それは、やや景気づいた成長戦略の驕りから「安心・安全」よりも「経済優先」「儲け優先」からくる各持ち場における無責任体制（系）が大惨事を招いたといわれているからだ。

この沈没事故は朴槿恵政権にも多大な打撃を与え、一時、支持率が一挙に20パーセント前後も落ち、のちに40パーセントをようやく維持するようになったが、この後遺症はまだまだ癒えることなくつづいている。無責任体制についていえば、事故があってから3ヵ月余りたった7月末、事故発生当初の「大統領の空白の7時間」がマスコミに話題となり、これをスキャンダラスに伝えた。産経新聞ソウル市局長は名誉毀損の疑いで出頭命令が下された。この「空白の7時間」とは、事故の報告を受けた4月16日午前10時から中央災害安全対策本部の会議が開かれる17時15分の間、青瓦台の中で何をどうしていたかという問題であった。8月3日、青瓦台からこの7時間の行動資料が公にされたが、野党（新政治民主連合）から異議が出ている。

7月9日にセウォル号家族対策委が作成し立法請願した「4・16惨事真実糾明および安全社会建設等のための特別法」（セウォル号特別法）の主要争点である捜査・起訴権の遺族側への付与は司法体系を揺るがす問題だけに、与野党の合意は暗礁に乗り上げ、国会では4ヵ月も停滞、空転がつづき、9月30日になってようやく本会議が再開

세월호 특별법 제정 등 촉구 천만인 서명
約束します。
真実を明らかにするんだと、
安全な国をつくるんだと、
セウォル号特別法制定促進千万人署名
と書かれたステッカー

された。しかしやっと与野党が妥結した特別法の合意案に対して犠牲者遺族団体は拒否を表明した。この「4・16」事故はたんに事故を越え、折からのウォン高とあいまって、国内的には消費が低迷し、対外的には韓国製不信につながり輸出額が低下している。「4・16」の後遺症は長引きそうだ。

韓国の歴史教科書　韓国の教科書は大きく分けて、国定、検定、認定の3つがある。国定は文字どおり、国が定める教科書で、政府が教科書の執筆陣を構成してつくるものであり、検定は出版社が執筆陣をみずから構成して教科書を編集した後、政府の検定（審査）を受けたものである。認定は、市・道の教育監の承認を受けて、学校で使われる教科書のことをいう。

歴史教科書の場合、初等学校（小学校）の歴史教科書は一貫して国定教科書であった。一方、中・高校の歴史教科書は、光復後（解放後）検定制度で出版されてきたが、1974年の朴大統領時代に国定となった。さらに2003年、高校の韓国史が韓国近代史と分離され、韓国史は国定、近現代史は検

定と2つに分かれた。つまりこのときからまた、検定歴史教科書が出版されるようになったのである。ところが2011年に、近現代史と韓国史がまた1つに合わさり、現在まで検定「韓国史」の教科書となったのである。

現在、中学校の歴史教科書の9種、高等学校の8種は、いつでも教科書を検定できる「常時検定」体制をとっている。

2014年初めに、韓国教育部は、現在の小学校6年生が高校1年生になる2018年から、すべての教科書を「文理科統合型」に変えると発表した。これにともない、新しい教育課程に合わせてつくられる韓国史の教科書を国定にすべきか、検定もしくは認定にすべきか検討中である。

仁川アジア大会　正式名は「仁川アジア競技大会」で2014年9月19日～10月4日の間、仁川で開催。45ヵ国・地域から、初めて1万人近い選手が参加。1951年のニューデリー(インド)大会を皮切りに、仁川大会は17回目で、韓国ではソウル(1986年)、釜山(2002年)につづいて3回目開催となった。最多開催国はタイの4回で、すべてバンコクで開かれた。日本は東京(1958年)と広島(1994年)の2回、中国は北京(1990年)と広州(2010年)の2回である。競技種目は2012年ロンドン・オリンピックの26競技302種目より多く、36競技439種目、スポーツ以外にアジアらしく囲碁やチャンチー(中国将棋)などの種目がある。またセパタクロー(東南アジアで盛んな球技)やカバディ(インドの国技の1つで、コート内における人取りゲーム)などもある。冬季は1986年からはじまって、2017年の第8回アジア冬季競技大会は札幌で開催予定。

仁川大会に北朝鮮は役員、審判を含め262人の選手団を送り、期待されていた「美女応援団」(美女軍団)の派遣は宿泊等の費用の問題をめぐって紛糾し、南北それぞれの思惑が絡み、結果見送りとなった。これまで北朝鮮は美女軍団を2002年の釜山アジア大会、2003年の大邱ユニバシアード、2005年の仁川アジア陸上選手権に派遣してきた。美女軍団の派遣は実現しなかったが、今回のアジア大会で北朝鮮は有力選手を多数投入して好成績を残し、所期の国威発揚を果たした。また北朝鮮の選手団や記者団は従来に比べて閉鎖性がなくなった。金メダル獲得数は、中国151、韓国79、日本47、北朝鮮は11で7位だった。韓国は所期の金メダル90個の目標には届かなかったが、健闘した。

一般的慣例として諸費用は当該国が持つことになっているが、北朝鮮に関しては主催国の韓国が負担した。韓国政府は最大10億ウォンを検討、7～8億ウォンになる見通し。釜山アジア大会では北朝鮮選手団の韓国滞在費として南北協力基金から8億7000万ウォンを支援している。閉会式当日には北朝鮮から電撃的に最高幹部らが訪韓し、式に参席した後は国家保安室長と会談した。苦境にある北朝鮮は「韓国カード」を使い、韓国に譲歩した後、見返りを求めるだろう。

統合進歩党の解散決定　2014年12月19日、統合進歩党は憲法裁判所によって解党することが決定された。9人の裁判官のうち8人が賛成。社会主義国家をめざす政党で、これは違憲とされた。結成から3年、前身の民主労働党から合算すれば14年になる。比例区、地方区選出の5名の国会議員はその職位を剥奪され、また政党の財産も国家に没収された。

鄭律成［チョンユルソン］

1914〜76。全羅南道光州生まれ。音楽家。若くして中国へ渡り、中国共産党に入党(39)し、その後中国に帰化(50)。代表的な作品として「延安頌」「中国人民解放軍行進曲」や北朝鮮の「人民軍行進曲」などがある。生涯で360曲以上を制作。故郷の光州では2005年から鄭律成国際音楽祭が毎年開催されている。

鄭は朝鮮戦争当時、中国人民志願軍として北朝鮮人民軍とともに国連軍・韓国軍と戦った経歴があり、2014年7月、習近平が訪韓したとき、両国の友好関係を象徴する著名な人物として鄭律成に言及した。鄭は日帝に抵抗し東北アジアの平和を謳った抗日音楽家として広く知られており、中国では三大現代音楽家の1人として賞賛を受けている。

2014年は鄭律成生誕100年を記念して、韓国でミュージカルが制作され、韓中合作の映画の制作も予定されている。朴槿恵大統領が打ち出した「統一のテバッ（大当たり）」と韓中接近の流れのなかで、新しく脚光を浴びつつある。だが一方で、その経歴から、韓国では彼を見る視線は複雑である。

釜山国際映画祭と「鳴梁」

釜山国際映画祭は1996年にはじまり、毎年10月に開かれている。後発ではあるが現在ではアジア最大級の規模だ。主に非コンペンティションの形式で行われ、アジア映画の紹介に努めている。2014年は10月2日〜11日まで、79ヵ国・地域が参加し、312作品が上映された。13年の来場者数は22万人だったが、14年はそれを上回った。「韓流ブーム」の兆しが見えはじめた1996年頃、今も昔も韓国の海の玄関である釜山をアジア文化の「ハブ基地」にともくろみ、釜山市と韓国政府は200億円以上の資金を投入して「釜山映像センター」を設立し、文化産業(主に映画)の育成に取り組んできた。当時、その成果は期待どおりだったが、近年の日韓の政治的な冷え込みに加えて経済的な後進は文化面にも影響し、「韓流ブーム」も往時に比べると低迷しており、映画祭も一時ほど振るわなくなった。こうした時期14年の釜山映画祭は、日韓の政治的・経済的・社会的緊張を文化交流と人的交流によって解きほぐそうと、日本をクローズアップする映画祭となった。

「韓流ブーム」は韓国の大衆文化の海外への発信力によって火が点いたが、それは何よりも国内において人気を得、ブームとなることが先決である。その意味で、2014年末には集計2000万人近い、韓国史上最多の観客を動員が予想される「鳴梁」は注目に値する。時代劇映画の「鳴梁」のヒットは、新たな「韓流ブーム」を発進する可能性があるという見方もあるが、この映画は秀吉の命で朝鮮を侵略しようとした日本水軍が無勢の李瞬臣将軍に完膚なきまでに打ち負かされるストーリーだ。「反日・嫌韓」の時期的雰囲気だったから、動員が増したという説もある。「鳴梁」のなかで英雄・李瞬臣と敵対し、悪役となった人物に裵将軍がいるが、この裵将軍の家系に繋がる末

裔が史実と違うといって現在裁判沙汰になっている。いかにも韓国らしい事件である。

張成沢粛清 金正日政権晩年の頃に形式的な序列では5位前後、実質的には2位にランクされているとみられていた張成沢が失脚したのではないかと観測されたのは、2013年12月6日のことだった。その3日後の8日、朝鮮労働党中央委員会政治拡大会議の席上、張成沢が兵士2人に暴力的に引き立てられている衝撃的な場面が世界に映し出された。そして12日には特別軍事裁判が行われて死刑判決が下され、即日執行された。罪状は「クーデター画策、国家転覆」だとされているが、これを真に受けるものは誰もいないだろう。

張成沢処刑（粛清）の背景には、1つは金正日死後における権力闘争があったとみられる点。それはいったいどういうものであったのだろうか。まず考えられるのは、「深化組事件」という1997年から2000年頃にかけてあった金正日・張成沢による金日成時代からの古参や軍の重鎮に対する大粛清旋風である。この頃、北朝鮮は例年にない大飢饉で、一説によると300万人規模の餓死者が出たという。この年、金正日は総書記になるが、まだ全幅的に権力を集中できないでいた。先代の金日成政権以来の古参および一部軍からの反発は、金正日政権を揺るがしかねないものであった。そこで金正日は、社会安全部（公安警察。現在は人民保安部）のなかに「深化組」なる特別捜査機関を設け、その責任者に張成沢を据えた。特別の権限を与えられた8000人規模の捜査員によって不満分子と目される高位幹部（古参や強硬派の高級軍人）が3年間で2万5000人粛清され、そのうち1万人前後が処刑されたといわれている。

ところがその後、2000年頃にこの8000人に及ぶ実行部隊の幹部たちはやり過ぎという名目で多くが処分された。この幹部たちのなかには、社会安全部ばかりでなく、保衛司令部（人民武力部に属す）の要員たちも含まれていた。これは深化組事件によるリアクションを未然に防ごうとした処置であったといわれているが、しかしこれで収まらなかった。この事件の後遺症はずっとくすぶりつづけ、粛清された者たちのなかには隙あらばその恨みを晴らそうと虎視眈々と狙っている者もいた。また一方で、張成沢の力で現在のポストに上り詰めた崔龍海・軍総政治局長と、趙延俊・組織指導部第1副部長が結託して粛清の収拾に動いたという見方もある。

もう1つは、張成沢グループと軍との利権争いが発端であったといわれる点だ。外貨稼ぎ部門である54局は全国の炭鉱・鉱山・発電所・セメント工場・農水産物など生活必需品の供給も引き受けている部署だが、この54局は張成沢が2010年6月に国防委副委員長になったときに人民軍総政治局所属から国防委に移して側近の張秀吉に任せた。その後54局は金正恩をかついだ軍の命令をたびたび無視し、ついに2012年10月に大々的な調査を受けた結果、張成沢の指示を優先していた事実が判明し、命令不服従という罪状が下された。そして側近の李竜河・労働党行政部第1副部長と張秀吉・行政部副部長が逮捕・処刑されたが、同時に張成沢も連帯責任を取って逮捕されたと伝えられている。

張成沢は、中国との高官交流・食糧援助・経済協力など外交上や経済的取引の窓口として重要な立場にあったが、その張を粛清したことに中国側は激怒しているといわれている。張成沢が中国を訪問して合意した威化島黄金坪（中国との国境をなす、鴨緑江の中州）特区開発や、まだいくつかの中

国地方政府との合弁事業と投資事業などはしばらく停滞してしまうだろう。中国との経済協力や中国に倣って開放路線を重視し、北朝鮮の核開発や軍の挑発行動に反対していたともいわれる張がいなくなり、金正恩体制での軍の力がさらに増している。

拉致問題解決のための日朝政府間協議
2002年の小泉首相訪朝による金正日国防委員長との日朝首脳会談において平壌宣言が採択され、拉致問題の解決や植民地支配の過去の清算、国交正常化交渉が開始された。同年10月15日には拉致被害者5名が一時帰国を果たし、2004年にはその家族8名中5名も帰国した。その後2008年まで継続して日朝間での協議が重ねられ、一時中断の時期もあったが、2012年8月、日朝政府間協議課長級予備協議、同年11月第1回日朝政府間協議を経て、2014年5月の日朝政府間協議で拉致問題解決に向けての合意がなされた。日本はこれまで拉致・核・ミサイルの3つをセットにして「包括的な解決」をめざしてきたが、拉致問題を優先することに舵を切り、圧力から対話（外交）へと軸足を移した。日本が北朝鮮へ一歩譲ったことにより、米韓との足並みが乱れるのではないかという懸念がある。

　合意事項で北朝鮮は拉致被害者を含むすべての日本人に関する調査を実施し、問題を解決する意向を表明。日本は独自に行っている対北措置を解除する意志を表明した。7月1日の政府間協議では北から特別調査委員会組織の構成、責任者等の説明があり、これを受け日本側は調査が開始される時点で対北措置の一部解除をすると決定。7月4日、北朝鮮側は内外に対して、特別委員会の権限、構成、調査方法を公表、開始を発表した。この特別調査委員会なる組織は、金正恩直轄の下、北朝鮮の最高機関・国防委員会に属し、国家安全保衛部（秘密警察）・人民保安部・人民武力部などの幹部・精鋭ら30人から構成され、特別な権限を付与されている。特別委員会は拉致被害者の調査だけでなく、行方不明者（特定失踪者）、日本人遺骨問題、残留日本人・日本人配偶者（主に日本人妻）の4分科会を設けて調査を進めるとし、調査については、日本に随時知らせるとともに、透明性のために日本人関係者も入国してもらい、協議することになった。こうした動きを受け、韓国は「国際協調に影響のない範囲で、協議は透明性を持って進めるべき」と表明した。

　日本側が発表した一部制裁解除の内容は、人的往来の規制措置解除、支払い報告および支払い手段等の携帯輸出届出の下限金額の引き下げ措置の解除、人道目的の北朝鮮船籍の入港である。拉致調査はなかなか進まず、10月27～30日、日本政府代表団が訪朝するも調査の進捗情報を得られないまま帰国した。今後、この合意が確実に履行され、安倍政権が掲げる拉致問題完全解決が実現するには日朝間だけでなく韓国をはじめ、米中露などの周辺国との協調が必要であろう。

安倍内閣の集団的自衛権と朝鮮半島　第2次安倍内閣は、発足当初から模索してきた、集団的自衛権の行使を2014年7月1日夕刻の臨時閣議決定という暴挙でまずはその一歩を切り拓いた。安倍は記者会見で日本の戦後の歴代内閣が集団的自衛権の行使を禁じてきた根拠になった日本国憲法第9条との関連についてはくわしく述べず、「集団的自衛権が現行憲法のもとで認められるのか。そうした抽象的・観念的な議論ではない。国民の命と平和な暮らしを守るため、現行憲法のもとで何をなすべきかという議論だ」といって、確信的な答え方を

した。

　安倍内閣は、「戦争放棄」平和主義を謳う第9条を改めるために、その改正を困難にしている第96条を手直しして、憲法改正を推し進めるようにしたが、ことのむずかしさを政治判断して、今回の閣議決定へと強行突破した。まるで非常時のような政策決定の手順は、2013年10月に閣議決定された後に、国会に提出され、その後（12月14日）成立をみた「特定秘密保護法」のときにも見られた。この特定秘密保護は日本の安全保障にかかわる防衛、外交、スパイ活動防止、テロ防止などの4分野の情報を「特定秘密」とするもので、しかも特定秘密として指定するのは防衛大臣、外務大臣、警察庁長官、関係行政機関であるとされているから、現代版の「治安維持法」といわれているゆえんである。この特定秘密法が成立した10日前の12月4日には日本版NSCC（安全保障会議）が発足し、内閣のもとに置かれた。

　集団的自衛権にしても、特定秘密保護法にしても、また日本版NSCCにしても、韓国に類似の法律はすでに以前からある。集団的自衛権については、国連でも認めているし、同じ敗戦国のドイツも集団的自衛権を持っている。ドイツの場合、周辺国とは一応、戦後問題については解決をみており、その背景のもとで安全保障同盟（NATO）を結んでいる。どうして韓国は日本が集団的自衛権を持つことに反対しているのだろうか。それは日本の侵略・植民地問題の処理とも深くかかわっているといえる。冷戦と米国の対日占領政策の大幅な変更によって、「歴史修正主義」がまかり通り、日本は戦後処理問題をおろそかにし、日本国内に居住する外国人（その主な狙いは在日朝鮮人対策であった）に対して民事局通達という一片の文書でもって当事者の意見・立場を無視して、日本国籍からはずし、それを盾にして、「国籍条項」などを設けて差別政策を長年つづけてきた。こうした一方的なやり方は、今後日本が背負うことになるであろう問題をあらかじめ防止しようとする深謀遠慮であった。その後遺症は今もなお残っている。

　7月1日夜、韓国政府は安倍政権の閣議決定を受けて、「平和憲法に従った防衛安保政策の重大な変更とみて、鋭意注視する。……平和憲法の基本精神を堅持し地域の平和と安全を害さない方向で透明に進めなければならない」という声明を発表し、安倍内閣の暴挙に注文をつけた。一方、韓国の民間団体の警戒感はさらに強いものがあり、「侵略国家に回帰するのと同じだ」「東アジアの対立を高める集団的自衛権の推進反対」などを掲げた市民団体はデモ行進し、駐韓日本大使館前でシュプレヒコールをあげた。

河野談話とその見直し　1991年12月、韓国人元慰安婦らは日本政府に補償を求めて提訴した。日本の敗戦から半世紀近くも経ってからのことであるがこの間、元慰安婦のなかには家庭を持った人もおり、また儒教的社会で名乗りでることなどは困難だった。さらに政治・社会的状況が熟していなかったこともあげられる。民間団体などの後押しもあって彼女たちは立ち上がった。これを受け日本政府（宮沢喜一内閣）は、自主的な調査の後、93年8月にいわゆる「河野談話」として、当時、慰安所は軍当局の要請により設営され、慰安所の設置や管理、慰安婦の移送については、旧日本軍が直接的、間接的に関与していたことを認めた。しかし、安倍晋三は第2次安倍内閣発足以前の自民党総裁選で、河野談話の見直し・改変を掲げ、総理に就任した。この姿勢は

2014年4月まで堅持したが、内外からの批判に折れ、その後、衆院予算委員会の答弁では、「安倍内閣の閣議決定は河野談話を引き継いでいる」とした。強気の主張を下げることになったが、この政治態度はとくに韓国に対する譲歩と見る向きもあった。しかしそれはけっして譲歩ではなく強気の主張は客観性を欠いたもので、通らないものだと知ったからにほかならない。これと同じように靖国参拝にしても、日本の総理として行うことには無理があることを知ったに違いない。談話は「見直さない」が検証は進めることを明言した。河野談話作成過程検証チームによる2014年6月20日の結果報告「河野談話政府検証全文」では、談話作成時に韓国政府側の修正要求を受け入れ、日韓合作のものだったとした。この公表を受けて韓国外務省は「深い遺憾」を表明する。それははじめから予想された反応であったといえる。つまり、韓国との妥協点、つまり双方のこの問題についてのやり取りをとおして、落とし所を決める過程を明らかにした文章だったからである。

アベノミクスと韓国 アベノミクスによる「円安」誘導政策は、韓国には「ウォン高」として反映された。2012年に入り、円はドルに対しておおよそ22パーセントほど安くなったが、一方ウォンは円に対しておよそ35パーセント前後も高くなった。これはすぐに韓国の輸出力にも反映され、輸出競争力は相対的に低下した。説明するまでもなく、ウォン高によって韓国商品が高くなったからである。また、庶民の身近な感覚にすると、韓国への日本人観光客の数がウォン高にスライドする割合で激減しているという。つまり、日本人客がこの間30パーセント近くも減ったということである。2010年に初めて日本人の訪韓数は300万を突破し、翌11年にはその1割増の330万、12年には350万以上となり、これまでの最高を記録した。しかし、アベノミクスによって「円安」が激化すると2013年には275万人と落ち込み、反日・嫌韓感情の高まりもあり、2014年はこれよりも少し減るのではないかと見られている。観光立国としての韓国では、観光事業の周辺で生活している人口は相対的に高く、アベノミクスによって円安が誘導されたことに反感を持つ者が意外に多い。ことに日本政府と日銀によって演出されたことに強い疑念を持っている。中央銀行としての日銀が、行政府(安倍内閣)の言いなりになって、為替を操作していることへの不満である。日本のやり方に対して、韓国では中央銀行の韓国銀行(韓銀)は政府から相対的に独立して物価の番人の役目をしているからだ。

ところで日本人客の激減に比べて、中国人の訪韓数は激増している。2012年は280万で日本人には及ばなかったが、2013年は日本人客よりも50万人多い430万を越え、2014年は500万に迫るだろうといわれている。ことに済州島は人気で、観光以外に、中国人による土地取得が急増している。

「在日」と日本の裏社会 戦後、日本の闇市は一種の無法社会であったがために、戦前の旧秩序のようなあらかじめ決められた階級制度はなく、ある意味平等だった。腕っぷしの強いものがのし上がることができる実力社会であった。そして新しい独特の秩序が形成されつつあった。ここでは日本人も在日朝鮮人も台湾人もなかったのだ。ここから谷川康太郎も柳川次郎もはい出たが、彼らの実力が裏社会の最大組織・山口組に認められたからにほかならない。逆にいえば、切り込み隊として先兵の役割を十分に果たしたからこそ、山口組が最大組織

を維持したのであり、その後の山口組のノウハウを確立したといってよいだろう。谷川康太郎（康東華。大阪生まれ。1928～87）は学歴こそないが「レーニン全集」を読破し、そこから闇社会を生きる術を学んだといわれている。彼は「『組』は前科とか国籍とか出身とかの経歴をいっさい問わないただ1つの集団だ。だから、社会の底辺で差別に苦しんできた人間にとって、『組』は憩いの場となり、逃避の場となり、連帯の場となる」という名言を残している。

バブル時代を経て、いまもなお、法の網に入らない隙間の社会は健在だ。北朝鮮の麻薬と結びついた裏社会があり、ときたまそれらが社会面を賑わす。たとえば鹿児島沖で撃沈された北朝鮮の工作船（2001年12月22日）のなかから覚せい剤や銃器が出たし、そこに残された携帯電話には裏社会との通信記録もあった。これと関連し、日本の裏社会（極東会など）と禹時允らが割り出された。

許永中もまた拳一つでのし上がり、大山倍達（崔永宜）の極真を継ぐと見られていた松井章圭（文章圭）らを部下に抱えていたりして不法なやり方で資金を集め（イトマン事件など）、この金を日本の政界に流した。当時の日本の自民党大物議員である竹下登や亀井静香らにまで渡ったといわれている。現在もなお、差別構造が残る日本社会には在日が裏社会に占める割合は相対的に高い。

日本の裏社会（ヤクザ、暴力団組織）を長らく調査してきた菅沼光弘（元公安調査庁第2部長）によると、現在日本のヤクザ組織の構成員は10万以上にのぼり、そのうち30パーセント以上は在日韓国・朝鮮人だという。30パーセントつまり3万人以上のうち、朝鮮人（北朝鮮系）は1万人前後だという。彼らは北朝鮮からの覚せい剤取引に直接関与しているというのだ。日本の差別構造が解消されない限り日本の裏社会はつづくし、差別されている在日の若者の吹き溜まり場所となるのであろう。

朝鮮総連本部の競売問題

2007年6月12日、日本の各メディアは朝鮮総連（在日本朝鮮人連合会、千代田区富士見）の建物および敷地の登記が緒方重威（もと公安調査庁長官）に移されたことを報じた。

朝鮮総連と緒方を繋いだ元大物代議士秘書には4億円以上の金が入り、ここにさらに人権弁護士としても名高い、緒方の知人、土屋公献（故人）も登場し、様相は複雑をきわめた。しかし、要はバブル経済の破綻によって生じた朝鮮総連本部（名義上は合資会社朝鮮中央会館管理会）への不正融資疑惑の判決が東京地裁で確定（2007年）したことによって、在日朝鮮人系信用組合（一般に朝銀といわれている）に対して627億円の債権をもつRCC（整理回収機構）による資産差し押さえを予想し、総連は先手を打って登記を移転するなどして、状況を複雑にし競売にかけられないようにもくろんだと見られる。いわゆる「拉致問題」などの関連から、日本社会の目からすると、総連のイメージはいよいよ悪くなり、その本部はさながら「伏魔殿」のような様相に映った。そして、総連は競売に付されることを回避しようとしたが、思うようにはならず、2013年3月に入札が開始されると、鹿児島にある最福寺が落札したが、資金調達に失敗した。すると次は、モンゴルの「アヴァールLCC」という企業が落札したが、不審な点の多い法人だったため、当局は許可しない決定を下した。このモンゴルの企業に次いで高額の入札金額を提示した香川県高松のマルナカホールディングスへの売却が決定され、2014年11月に朝鮮総連本

部はマルナカホールディングスへ所有権が移動した。

この競売→売却→所有権移動問題は、5月26日から28日の3日間に及んだストックホルムにおけるE朝協議を受けてか、当局は売却手続きを一時停止する決定を下し、「政治決着」によって問題を先延ばしした。こうしたやり方に対し、一部メディアは日本には三権が分立しているのかと取り沙汰された。

ヘイトスピーチ　「憎悪表現」と訳され、差別、排除の意図を持ち、暴力や誹謗中傷、差別行動を扇動すること。スピーチだけでなく動画の公開、国旗・人形などの焼却なども含まれる。

2013年2月から3月にかけて、東京や大阪で行われた右派系市民団体による嫌韓デモがメディアに大きく取り上げられた。右派系市民団体のなかでも「行動する保守」（街宣やデモなど積極的に活動する団体）系の「在日特権を許さない会（在特会）」はとくに過激で、2009年に京都朝鮮学校の公園占用に対して同校校門で街宣を行い、在特会側のメンバー4名に執行猶予付きの実刑判決、朝鮮学校側は都市公園法違反に問われた事件を起こした。その後の民事裁判では在特会への街宣禁止と賠償命令が言い渡された（2013年10月）。これは「行動する保守」の活動に対し、人種差別撤廃条約に照らし合わせて違法とした初めての判例である。人種差別撤廃条約はヘイトスピーチに対して法規制を求めているが、日本にはそれ自体を取り締まる法律はない。8月ジュネーブで国連人種差別撤廃委員会による審査が行われ、包括的差別禁止法の制定が必要だと勧告を受けた日本政府は「表現の自由」などの関係を慎重に検討すると述べたが、基本的人権を損なうような行き過ぎたヘイトスピーチなどは「人種差別撤廃法案」の早期制定をもって法的に対応すべきであろう。

この事件は、国連人種差別撤廃委員会だけでなく、米国務省「2010年国別人権報告書」にも取り上げられ、国際的に非難されている。日本国内ではこのような「行動する保守」の動きに対して、2013年は反差別主義活動の団体が急増。弁護士団体も立ち上がっている。「ヘイトスピーチ」は2013年新語流行語大賞のトップテンにもなった。また2010年以降、嫌韓的な書籍がつぎつぎに出版されると、かなりの売行きを示した。このような風潮に対して心ある出版業界関係者らは、2013年3月「ヘイトスピーチと排外主義に加担しない出版関係者の会」を立ちあげた。しかし在特会によるヘイトスピーチはとどまるところを知らず、在日フリーライターの李信恵が2014年8月に訴訟を起こしている。このような動きの背景には日本の格差社会で、その底辺におかれた人々の不満があり、その捌け口として、成功しているかのように見える新大久保のニューカマー（新しく韓国から来た人たち）や在日へと矛先が向けられているようだ。これは戦後日本の不徹底な民主化の一断面をよく表しているといえよう。「表現の自由」という美名のもとに、他者を傷つけ、公平・自由・平等という民主主義を壊してる。この在特会幹部と山谷えり子（国家公安委員長、2014年現在）が2009年に松江市で一緒に写真を撮っていたことが、2014年10月7日に国会で問題にされた。これは日本社会の一端をよく表しているといえる。こうした身勝手な「ヘイトスピーチ」がつづけば、日本人は韓国ならずとも、世界のどこへ行っても日本人ということだけでその代償を払わされかねない。

■付　録■

◇ 朝鮮韓国近現代史年表
◇ 韓国の歴代内閣
◇ 韓国政党史
◇ 北朝鮮の「人事序列」
◇ 韓国・北朝鮮の憲法
◇「在日」に関する基本データ

朝鮮韓国近現代史年表

1) 1875年以前は陰暦によった。ただし［　］内の世界史関連事項は太陽暦である。
2) 1945年以後の年表は、韓国は中央線の左に、北朝鮮は右に記述した。
3) △は同時期の重要事項を示す。
4) ◎は正確な時期が明らかでない事項を示す。

1860.4 崔済愚、東学を創始。**8** 英国商船が全羅南道子島で難破。［**8** 英・仏連合軍、北京を占領、北京条約締結］

1861 金正浩、『大東輿地図』を刊行。**9** ロシア艦隊、元山に来航し、通商を要求。

1862.2 晋州民乱。△益山・開寧・咸平などへ波及。李朝、各道の民乱続発を憂慮し、三政紊乱の弊を除くため「三政の改革」を約束。**10** 済州・咸興・広州（京畿道）へと民乱拡大。［清で洋務運動が始まる。△同治中興（～67）］

1863.12 東学教主・崔済愚、逮捕さる。△哲宗没。李昰応の次男命福即位（高宗）。△李昰応、大院君となり政権を掌握。安東金氏の勢道政治を打破。南海に民乱起こる。［**8.11** カンボジアがフランスの保護国化］

1864.2 ロシアが慶興府使に通商を要求。**3** 東学教主・崔済愚、大邱で処刑さる。［**8** 太平天国滅亡。**9.28** ロンドンで第1インターナショナル結成（～76）］

1865.4 大院君、営建都監を設置し、景福宮再建を命じる。△願納銭による寄進を求める。**11**『大典会通』完成。

1866.1 天主教徒の南鍾三・洪鳳周・フランス人ベルヌー神父ら9名の宣教師が処刑さる（丙寅迫害）。**7** 米国商船ジェネラル・シャーマン号、大同江を遡上し、平壌で軍民の砲撃を受け全焼。**8** フランス艦隊侵入、漢江を遡上し楊花津に至る。**9** フランス艦隊侵入、江華島を占領（丙寅洋擾が始まる）。**10** 梁憲洙率いる朝鮮軍、鼎足山城でフランス軍を撃破。△フランス軍、江華島から撤収。**11** 当百銭鋳造。

1867 満州・露領への移民が本格化する。**2** ソウル各城内で通過税を徴収。**11** 景福宮の勤政殿と慶会楼完工。［**8** マルクス、『資本論』第1巻を刊行］

1868.4 ドイツ人オッペルトが牙山湾に上陸し、南延君墳墓（忠清道徳山郡）を盗掘。**10** 崔益鉉、民を苦しめる土木工事と当百銭の廃止を上疏。△金正喜の『阮堂集』が刊行さる。［**1.3** 明治天皇、王政復古を号令。日本、明治維新］

1869.2 李朝、日本からの国書が従来の書式と異なることを理由として、受理を拒否。**3** 全羅南道光陽で民乱。**8** 慶尚南道固城で民乱。

1870.5 日本駐在ドイツ代理公使ラントが軍艦ヘルダに搭乗して釜山に入港し、通商を要求。**8** 鄭晩植ら、李朝滅亡を説く予言書『鄭鑑録』をもって煽動、民乱を企てるも失敗し、流刑。

1871.3 賜額書院等47のみを残し、全国の書院を撤廃。**4** 駐清米公使ロー、海軍提督ロジャーズとともに軍艦5隻を率いて通商を要求。**6～7** 米軍隊が江華島広城堡を占領。鎮撫使中軍・魚在淵らが戦死（辛未洋擾）。△全国に斥和碑を建立。**8** 晋州民乱の指導者・李弼済が鳥嶺で蜂起を企てるが失敗、捕縛される。［**3.18** フランス、パリ・コミューン成立（～5.17）］

1872.6 安東の人・柳興栄らが反乱を企て

るも発覚し、捕らえられる。△釜山・草梁倭館の日本人が東莱に侵入、住民に暴行。李朝、倭館を撤廃、日本との国交を一時中断。

1873.11 崔益鉉、大院君を弾劾し、済州島に流刑（閔氏一派の勢道政治始まる）。

1874 ダレ『朝鮮教会史』、パリで刊行。**6** 朴珪寿ら対日防衛強化策を建議。

1875.4 蔚山で民乱起こる。**8.21** 日本の軍艦・雲揚号が江華島付近で武力示威行動を行い、永宗島に上陸し住民を殺戮（雲揚号事件）。**10** 日本の軍艦が釜山に来航し、武力示威を行う。**11** 李昰応、領議政となる。

1876.1 日本の軍艦7隻が京畿道・南陽湾に侵入し、会談を求める。**2.11** 江華島で日朝修好会談始まる。**2.27** 日朝修好条規（丙子修好条約・江華島条約）調印。**4** 修信使・金綺秀一行が釜山から日本の汽船に乗船、渡日。**8.24** 日朝修好条規付録款調印。**8.30** 金綺秀、『日東記游』3巻を高宗に上呈。**12.19** 景福宮で失火、830余室が焼失。△日本人が釜山に私設銀行を設立。◎朴孝寛、安玟英が『歌曲源流』を著す。〔**12** フィラデルフィアで第一インターナショナル解散（1864～）〕

1877.2.9 開化派の指導者・朴珪寿没。**4.8** 咸鏡道按撫使・金有淵の報告により、咸鏡北道の諸鎮を撤廃。**4** 金基龍、庶孽禁固法の廃止を建議。**7** 朝鮮教区主教リデル、ロベールら逮捕さる。**8** 訓練都監所属の軍兵、給与不払いに怒り反乱を企てるも発覚、首謀者5名が流刑。**10** 日本代理公使・花房義質赴任。

1878.5 清の要請で収監中の朝鮮教区主教リデルらを北京に押送。△咸鏡南道北青を開港地と定める。**9.6** 釜山港輸入貨物に課税。**9** 釜山海豆毛鎮で収税開始。**11** 日本代理公使・花房義質、軍艦を率いて釜山に来航、税関撤廃を要求。**12.19** 李朝政府、日本の武力示威に屈服し収税を中止。

1879.4 蔚山で民乱起こる。**8.26** 仁川富平に砲台を設置し、軍を配備。△清の北洋大臣・李鴻章が西欧諸国との通商を朝鮮に勧告。**8.30** 元山開港を約する7ヵ条協定調印（1880.3.23を期して通商開始）。△開化派の僧・李東仁、日本へ密航。**10.12** 池錫永、忠州徳山で朝鮮初の種痘を実施。

1880.10.2 修信使・金弘集、帰国報告で清の黄遵憲著『朝鮮策略』を高宗に上呈。**10.20** 政府組織を大幅に改編、三軍府を廃し、統理機務衙門を設置（総理大臣に李最応を任命）。◎崔時亨、『東経大典』を刊行。

1881.2.9 朴定陽、魚允中、洪英植ら10余名の紳士遊覧団を日本に送る。**3.25** 慶尚道の儒生・李晩孫らが「万人疏」を上呈。**4.23** 黄海道長連で民乱起こる。**5** 別技軍を設置し、日本の工兵少尉・堀本礼造を招聘して新式訓練を実施。**9.8** 領選使・金允植、新式機械の学習のため留学生を率い、清に赴く。**10.21** 安驥泳・権中鎬ら、大院君の庶子・李載先を担いだクーデター画策で逮捕。**12.13** 軍制改革により、5軍営が廃止され、武衛・壮禦の2営を設置。△全国人口集計が行われ、659万4909名と発表。

1882.5.22 朝米修好通商条約調印。**6.6** 朝英修好条約調印。**6.30** 朝独修好条約調印。**7.23** 武衛営の軍兵が暴動を起こし、日本公使館と別技軍を襲撃、日本人教官・堀本礼造を殺害（壬午軍乱）。**7.24** 閔妃、変装して宮中から脱出。大院君、王命により再び政権を掌握。**8.26** 清軍が大院君を拉致、天津に連行。**8.30** 壬午軍乱の損害賠償を含む済物浦条約と日朝修好条規

続約を日本と締結。**8** 修信使・朴泳孝と金玉均が日本に向かう船中で太極旗を考案。**10.4** 朝清商民水陸貿易章程調印。[**6** トンキン反乱。フランス軍ハノイを占領]

1883.1.12 統理機務衙門を統理交渉通商事務衙門に改編、統理内務衙門を統理軍国事務衙門に改称。△仁川港開港。**3.6** 太極旗を国旗に制定。**6.15** 東莱で民乱起こり、民衆数百人が官衙に乱入。**6** 日本人貿易規則と海関税目、日本漁民取扱規則、日本人朝鮮国間行里程取極約書締結。**8.17** 博文局設置。**10.10** 釜山－長崎間海底電線着工(84.3.25開通)。**10.31** 博文局、朝鮮初の官報『漢城旬報』を発刊。

1884.4.22 郵政総局開設(総弁に洪英植)。**6.26** 日朝修好通商条約調印。**7.7** 朝露修好通商条約調印。**11.18** 郵政総局、初の郵政事務を開始(仁川に郵政分局開設)。**12.4** 金玉均・朴泳孝らが甲申政変を起こす。**12.6** 金玉均ら日本へ亡命。◎初めて電灯がつく。[**6.19** 清仏戦争(〜85.6.9)]

1885.1.9 金弘集が外務大臣・井上馨と漢城条約締結。**2** ドイツ総領事バドラーが督弁交渉通商事務・金允植に使節を送り、朝鮮の永世中立宣言を勧告。**4.5** 米宣教師アンダーウッド、アペンゼラー、朝鮮に来航。**4.14** ソウル市斉洞に洋式病院の広恵院設置(のち済衆院と改称)。**4.15** 英極東艦隊が巨文島を不法占領。**9.11** アペンゼラーがソウル貞洞に学校を設立(87年に培材学堂の校名を下賜)。**11.17** 袁世凱、駐箚朝鮮総理交渉通商事宜として赴任。[**4.18** 日本と清が天津条約締結]

1886.1.25 『漢城周報』(ハングル漢字混じり新聞)発刊。**2.5** 奴婢世襲制を廃止。**5.31** 米宣教師スクラントン夫人、女性教育機関を設立(10.22に梨花学堂の校名を下賜)。**6.4** 朝仏修好通商条約締結。**7.18** 育英公院設立。

1887.2 英国軍艦が巨文島から撤収。**4** アペンゼラー、貞洞教会設立。**11.12** アンダーウッド、最初の組織的な教会(現セムンアン教会)設立。

1888.7.9 朝鮮電報総局開局。**7** 朝露陸路通商条約調印(慶興を開市)。△三南(慶尚・全羅・忠清の三道)で大凶作。

1889.1 江原道旌善で民乱起こる。**3** 江原道麟蹄で民乱起こる。△咸鏡監司・趙秉式が1年を限り、米穀の対日輸出を禁止(防穀令)。**10.11** 全羅南道光陽で民乱起こる。**10** 日朝通漁規則調印。△水原で民乱起こる。

1890.7.26 釜山・仁川の客主・居間規則(仲買人取引規制)を日本の反対で撤廃。△慶尚道咸昌で民乱起こる。

1891.4.29 済州島で民乱起こる。**7.27** 漢城(ソウル)－元山間電線竣工。

1892.6.22 朝墺(オーストリア)修好通商条約調印。△咸鏡北道会寧で民乱起こり、12月までに平安北道江界・成川・咸鏡道鍾城へ波及。

1893.1.18 東学教徒が全羅道参礼駅に集結し、教祖・崔済愚の名誉回復と弾圧の中止を陳情。**3.29〜4.1** 東学教徒、朴光浩・孫秉熙ら40名余が光化門で3日間の伏閤上疏。**4.25** 東学教徒2万名余が忠清道報恩と全羅道金溝に集結し、「斥倭斥洋」の旗を掲げて籠城。△黄海道開城・黄州を始め、慶尚道統営、京畿道楊州など全国各地で民乱続発。

1894.2.3 全琫準ら全羅道・古阜郡民が2度にわたって郡守・趙秉甲に万石洑の水税減免を陳情。**2.15** 全羅道の古阜郡民、全琫準の指導の下に古阜官衙を占拠(甲午農民戦争始まる)。**3.28** 金玉均、上海の米国租界で洪鍾宇に暗殺さる。**4.26** 東学農民軍、古阜の白山で蜂起。**5.31** 農民

軍、全州城を占領。**6.1** 李朝、清に援軍を要請。**6.8** 清軍2100名が牙山湾に上陸。**6.10** 日本軍、仁川に到着(22日にソウル入城)。**6.11** 全州和約。**6.25** 軍国機務処設置(甲午更張始まる)。**7.23** 日本軍、景福宮に侵入占拠し、反日的閔氏政権を打倒。大院君政権を樹立。**7.25** 日清両軍が水原付近の豊島沖で衝突し、清軍大敗(日清戦争の緒戦)。**7.30** 官制改革(宮内府、議政府以下3衙門を設置)。**8.10** 租税金納制決定。**8.11** 新貨幣制度(金本位制にもとづく)を可決。**8.15** 第1次金弘集内閣成立。**9.16** 平壌で清軍が日本軍に大敗。**10** 東学農民軍、日本軍駆逐を掲げて各地で再蜂起。**11.20** 井上馨、第2次内政改革案20ヵ条を提案。**12.4〜11** 東学農民軍が公州で日本軍に大敗。以後、全羅・忠清・慶尚・江原・黄海の各地で農民軍は日本軍と官軍(李朝軍)に迎撃され、壊滅。**12.9** 軍国機務処と承政院廃止。中枢院が設置される。**12.17** 第2次金弘集内閣成立(朴泳孝も参加)。**12.28** 全琫準、全羅道淳昌で捕縛され、ソウルに押送。[**11** 孫文、興中会を設立]

1895.1.7「洪範14条」制定。**4.19** 乙未改革の断行。**4.23** 全琫準ら農民軍の指導者、処刑さる。**4.25** 兪吉濬、『西遊見聞』を日本で刊行。**8.24** 第3次金弘集内閣成立(親米、親露派優勢となる)。三浦梧楼、日本公使として赴任。**10.8** 日本の浪人ら、景福宮に乱入し閔妃を殺害。親日内閣を成立させる(乙未事変)。**10.26** 太陽暦を採用(陰暦の開国504年11月17日を開国505年1月1日に改定)。△乙未事変に関わった訓練隊を解散し、親衛隊と鎮衛隊を創設。**12.30** 断髪令公布(96.1.1施行)。新年号制定(開国505年を建陽元年とする)。[**4.17** 日本と清が下関条約締結(日本は遼東半島と台湾を領有)。

4.23 独仏露の三国干渉。**11.8** 日本、遼東半島を清に返還]

1896.1 全国各地で義兵蜂起(閔妃殺害と断髪令に抗議。乙未義兵)。**2.1** 李範晋、李完用ら親露派が高宗と皇太子をロシア公使館(ソウル貞洞)に移す(俄館播遷)。**2.13** 親露政権成立(総理大臣に金炳始)。△柳麟錫ら義兵を起こし、一時、忠州を占領。**3** 駐韓ロシア公使としてウェーベルが赴任。**3.9** 金昌洙(金九)、大同江の下流域・鴟河浦で日本軍中尉(商人という説あり)土田譲亮を刺殺、自宅で逮捕さる。**3.29** 米国人モースに京仁鉄道の敷設権許可。**4.7** 徐載弼、『独立新聞』を創刊(週3回刊、1898.7.1より日刊)。**5.14** 朝鮮問題に関する日露協定(小村・ウェーベル覚書)。△ペテルブルクで韓露密約。**6.9** ロバノフ・山縣議定書締結。**7.2** 徐載弼、尹致昊ら30余名、独立協会を結成。**11** 独立協会の発起で独立門建立計画開始(1897.11.20竣工)。[**4.6〜15** 第一回オリンピック大会、アテネで開催]

1897.2 李鳳雲、『国文正理』を刊行。**2.19** 金宗漢、李普応らが漢城銀行(現朝興銀行)を発起。**2.20** 高宗、ロシア公使館から慶運宮(徳寿宮)へ移る。**3.22** 仁川で京仁鉄道起工式。**10.12** 大韓帝国皇帝即位式を挙行。国号を大韓帝国と改める。

1898.2.23 大院君没。**2.9** 独立協会がソウル鍾路で万民共同会を開催。△ロシアが絶影島の租借を取り消し、日本の石炭庫を撤収。**4.9** 培材学堂協成会が最初の日刊紙『毎日新聞』を創刊。**5.29** ソウルで鍾峴聖堂(現明洞聖堂)竣工。**7.7** 褓負商らが皇国総商会(後の皇国協会)を組織。**8.10** 李鍾一、柳永錫が純ハングル新聞『帝国新聞』を創刊(〜1910)。**9.8** 京釜鉄道敷設権を日本人に許可。△金鴻陸一味による毒茶事件発生。**9.12** 独立協会、

官民共同による万民共同会をソウル鍾路にて開催し、「建議6条」を上奏。[**9.21** 清、戊戌政変(改革は失敗)]
1899.5 西大門‐清涼里間の路面電車線完工し、開通式挙行。△東学の残党が全羅道古阜で蜂起。**9.11** 韓清通商条約締結(初の平等条約)。**9.18** 仁川‐鷺梁津間の鉄道開通(初の幹線鉄道)。[**3** 清、義和団の乱(～1901)]
1900.1.1 万国郵便連合会に加入。**2** 三南地方(慶尚、全羅、忠清の三道)の武装農民が活貧党を組織して活動開始(～1906年頃)。**7.5** 漢江鉄道竣工(11.12に開通式)。◎吉州民乱。[**6.21** 清、列強に宣戦布告(北清事変)]
1901.2.12 新式貨幣条例公布(金本位制採用)。**3** 韓国・ベルギー修好通商条約調印。**5** 済州島の大静郡で民乱起こる。[**9** 清、辛丑和約(北清事変講和)]
1902.3 ドイツ人女性ソンタク、貞洞にソンタク(孫沢)ホテル建設。**7.15** 韓国・デンマーク修好通商条約調印。**12.22** 第1次ハワイ移民121名出国。◎初の劇場・極大戯台完工。[**1.30** 日英同盟成立。**1** シベリア鉄道開通]
1903.2 第一銀行券(日本発行)の大量流通で、朝鮮国内の貨幣価値暴落。**5** ロシア軍1200名が義州付近に進駐。ロシア軍が平安北道龍岩浦に砲台を設置(龍岩浦事件)。皇城キリスト教青年会がYMCAを創立。◎張志淵、『大韓疆域攷』を編纂。[**10.8** ロシア軍、奉天占領。△ロシア社会民主労働党がボルシェヴィキとメンシェヴィキに分裂]
1904.2.8 日本軍、仁川海上でロシア艦艇2隻を撃破し上陸。9日にソウル入城(日露戦争勃発)。**2.10** 日本がロシアに宣戦布告。**2.23** 日韓議定書調印。**5** 日本、時期を見て朝鮮の保護国化を進めるとの「対韓方針」を議決。**7** 元世性、宋秀万ら保安会を組織。△日本、日本軍が朝鮮の治安を担当すると通告(軍事警察制を施行)。**7.16** 英国人ベッセル、梁起鐸らが『大韓毎日申報』と英文紙『コリア・デイリーニュース』を創刊(～1910)。**8** 李容九、進歩会を組織。宋秉畯、親日団体・維新会を組織。**8.22** 第1次日韓協定締結(顧問政治の始まり)。**9** 李容九、宋秉畯らが進歩会と維新会を統合。一進会を組織。△李儁、李商在、李東輝らが保安会を解散し、協同会を組織。**11.10** 京釜鉄道完工(1905.1.1より運行開始)。**11.16** 済衆院(セブランス病院の前身)落成式。**12.20** 日本、親日外交官のスティーブンスを外交顧問に任命。△外交官・領事館制を廃止(各国駐在公使館撤収命令)。**12.21** 大韓赤十字社発足。
1905.1.1 京釜鉄道開通。**7.29** 日米間に「桂・タフト密約」成立。△李承晩、尹炳九、米ルーズベルト大統領を訪問し、韓国独立承認を誓願するも拒絶される。**9.5** 李容翊、普成専門学校を設立。**11.17** 第2次日韓協約締結(乙巳保護条約、統監政治始まる)。**11.20** 張志淵、『皇城新聞』に「是日也放声大哭」を発表。**11.30** 閔泳煥、割腹自殺。**12** 孫秉熙、東学を天道教と改称。[**1** 第1次ロシア革命(軍兵の反乱、農民暴動)。**8.20** 孫文、東京で中国同盟会を結成。**9.5** 日露講和条約(ポーツマス条約)成立]
1906.1.15 李容翊、ロシアで暗殺さる。**3.31** 尹孝定、張志淵らが「憲政研究会」を拡充し、「大韓自強会」を組織(会長・尹致昊)。**6.4** 崔益鉉、林秉讃らが全羅北道泰仁で挙兵。**6.16** 天道教が『万歳報』を創刊。**7.22** 李人稙が新小説『血の涙』を『万歳報』に連載開始。**10.19** 天主教が『京郷新聞』(週刊)を創刊。**11** 初の戸

籍調査実施（2,330,087戸 9,781,881名）。**12.30** 崔益鉉、流刑先の対馬で断食し自決。◎周時経、『大韓国語文法』を刊行。◎羅喆、呉赫らが大倧教創設。

1907.2 徐相敦、金光済らが大邱で国債報償運動を発起。**6.29** ハーグ密使事件（第2回万国平和会議への参加要請拒絶さる）。**7.14** 密使の一人・李儁、ハーグで殉国。**7.17** 李完用、宋秉畯ら全閣僚が御前会議で高宗の譲位を主張。**7.19** 高宗、譲位の詔勅を発表（高宗退位。純宗即位）。**7.24** 日韓新協約調印（丁未七条約、次官政治の始まり）。△新聞紙法（光武新聞紙法）制定。**7.31** 大韓帝国軍隊解散の詔勅下る。**8.1** 韓国軍大隊長・朴昇煥自決。韓国軍兵蜂起。以後、各地で義兵蜂起（丁未義兵）。**10.7** 日本、「韓国に駐屯する憲兵の件」を制定。**11.29** 安昌浩ら興士団を組織。**12.13** 義兵1万名がソウル近郊楊州に集結（総大将・李麟栄、軍師長・許蒍）。△李昇勲、定州に五山学校創設。[**8.31** 英露協商締結により英仏露三国協商成立]

1908.1.13 道倡義軍、ソウル進攻に失敗し解体。義兵長・閔肯鎬、原州の戦闘で戦死。**3.23** 田明雲、張仁煥がサンフランシスコで日本外交顧問スティーブンスを射殺。**11.1** 崔南善、初の月刊総合誌『少年』を創刊（同誌に最初の新体詩「海から少年に」を発表）。**11.13** 初の新劇『銀世界』（李人稙作）が円覚社で公演。**12.28** 東洋拓殖会社設立。◎申采浩、『読史新論』『聖雄李舜臣』『乙支文徳』を著す。

1909.7.6 日本、内閣議において「韓国合併実行に関する件」を議決し、天皇の裁可を得る。**7.12** 己酉覚書調印（司法権の剥奪）。**9.1** 日本軍の南韓大討伐作戦開始（10月末までつづく）。**9.4** 日清間で間島協約調印（日本、間島を清領と認める）。**10.26** 安重根、ハルビン駅頭で伊藤博文を射殺。**12.22** 李在明、李完用を襲撃し重傷を負わせる。

1910.3 安重根、旅順監獄で処刑。**4** 李始栄、李東寧、梁起鐸ら、西間島三元堡に自治機関の耕学社、その付属機関の新興講習所を設立。**8.22** 韓国併合条約調印。**8.29** 韓国併合条約公布。大韓帝国を朝鮮と改称し、朝鮮総督府を設置。**9.10** 黄玹、自殺。△朝鮮総督府臨時土地調査局官制を公布（土地調査事業の本格化、1918年完了）。**10.1** 朝鮮総督府初代総督に寺内正毅任命。△李朝貴族76名に爵位。**12.29** 会社令公布・施行。△徳寿宮石造殿竣工。△安重根、『東洋平和論』『自叙伝』を著す。◎鄭寅善、朴殷植、申采浩らが中国国内で同済社を組織。◎崔南善ら朝鮮光文会を組織し、古典の発掘整理と刊行運動を推進。

1911.1.1 黄海道一帯の民族主義者に対する総検挙始まる（新民会事件、安岳事件、105人事件）。**7** 勧業会、『勧業新聞』創刊。**8.23** 朝鮮教育令公布。**11.1** 鴨緑江鉄橋竣工。**12.19** 李相卨らウラジオストックの新韓村で勧業会を組織。◎石窟庵発見。[**10** 辛亥革命]

1912.8.13 土地調査令・施行令公布。◎林秉瓚、全羅道で独立義軍府を組織。[**1.1** 中華民国成立（孫文が中華民国臨時大総統に就任）。**7.10** 明治天皇死亡、大正天皇践祚]

1913.1 李康徳ら、慶尚北道豊基で秘密結社・大韓光復団を組織。**5.13** 安昌浩ら、サンフランシスコで興士団組織。

1914.3.1 地方行政区域改編（317郡4351面を12府218郡2517面とする）。**3.22** 湖南線開通式。**4.2** 東京留学生会が雑誌『学之光』を創刊。**8.16** 京元線開通。**9** 崔南善、『青春』を創刊（～1918）。[**7.28** オ

ーストリア、セルビアに宣戦布告（第1次世界大戦始まる）。**8.23**日本、ドイツに宣戦布告］

1915.3柳東説、朴殷植ら、上海協同租界で新韓革命党を組織。**4.4**米宣教師アンダーウッドが儆新学校大学部を設立（1923.3に延禧専門学校と改称、延世大学の前身）。**7.5**平安道義兵将・蔡応彦、成川で逮捕（11.4処刑）。◎朴殷植、上海で『韓国痛史』を刊行。［**1.18**日本、中国に21ヵ条の要求（袁世凱、5月にこれを受け入れる）］

1916.3.26朴重彬、全羅北道益山で圓仏教を創始。**5.23**義兵将・林秉讃、流謫地の巨文島で自決。**10.16**長谷川好道、第2代朝鮮総督に任命さる。◎張志淵、『朝鮮儒教淵源』を刊行。◎李能和、『朝鮮仏教通史』を刊行。

1917.3.5全国の中等学校教師を対象に活動中の朝鮮産殖奨励契130名余が逮捕さる（崔奎翼、金性洙、安在鴻、李殷相ら）。**8**申圭植、上海で朝鮮社会党結成（ストックホルム万国社会党大会に独立要求書提出）。**10**光復団事件。**10.17**漢江人道橋竣工。**12**金立、尹海、文昌範ら、ロシアで全露大韓族会中央総会を組織。機関誌『韓人時報』を創刊。［**11**ロシア10月革命。レーニンがソヴィエト政府を組織］

1918.1.22ロシア帰化朝鮮人（南万春、金哲勲、尹協ら）がイルクーツクで共産党韓人支部を創立（後のイルクーツク派）。**6.18**総督府、土地調査事業完了（1912〜）。**6.26**李東輝、金立ら、ハバロフスクで韓人社会党を創立（後の上海派）。**8**呂運亨、張徳秀、趙東祐、金九、鮮于赫ら、上海で新韓青年党を組織。**11.13**呂準、金東三ら、重光団員39名が満州で「大韓独立宣言書」を採択・発表（戊午独立宣言）。

［**1.8**米大統領ウィルソン、14ヵ条を提唱。**11.11**ドイツ降伏］

1919.2.1『創造』創刊。朱耀翰、初の散文詩「プルノリ（火祭り）」を『創造』に発表。**2.8**在東京留学生の崔八鏞、徐椿、白寛洙ら、600余名が独立宣言書を発表（2・8独立宣言）。**3.1**民族代表33名、ソウルの泰和館で「独立宣言書」を朗読。ソウル・パゴダ公園で万歳デモ始まる（3・1独立運動の開始）。**3.21**ロシア領内の大韓国民議会、政府樹立を宣言（大統領・孫秉熙、副統領・朴泳孝、国務総理・李承晩。露領臨時政府）。**3.29**忠清南道天安で柳寛順逮捕さる。**3**郭鍾錫、金福漢ら、儒林代表17名がパリ講和会議に宛てて「朝鮮独立に関する意見書」を送付決定、金昌淑に託す。**4.8**朝鮮国民大会朝鮮自主党連合会、ソウルで「朝鮮民国臨時政府」組織布告文・政府創立章程・閣僚名簿発表（正都領・孫秉熙、副都領・李承晩）。**4.10〜11**独立運動指導者30余名が、上海フランス租界にて第1回臨時議政院を開催し、大韓民国臨時政府樹立を宣言（臨時議政院長・李東寧、国務総理・李承晩）。**4.15**堤岩里虐殺事件。**4.23**「国民13道代表者」が仁川・万国公園で、漢城臨時政府樹立宣言（執政官総裁・李承晩、国務総理総長・李東輝）。△義軍府、組織される（総裁・李範允）。△西路軍政署、組織される。**5.3**西間島・耕学社設立の新興学校、新興武官学校と改称（校長・李始栄、教官・池青天）。**8.12**斎藤実、第3代朝鮮総督に赴任。**8.20**総督府、官制を改編（憲兵警察制度の廃止）。**8**洪範図指揮下の大韓独立軍、甲山・恵山鎮などで日本軍兵営を襲撃。**9.2**姜宇奎、新任総督・斎藤実に投弾し失敗、一行37名を殺傷。**9.5**全露高麗共産党組織さる。**9.10**斎藤

実総督、文化政策を公布。**9.11** 上海臨時政府、臨時政府組織改正案・憲法改正案を公布（大統領・李承晩、国務総理・李東輝）。**11.9** 義親王李堈、上海脱出を企てる。△金元鳳ら19名、中国・吉林で義烈団を結成。**11.28～29** 上海臨時政府外務次長・呂運亨、日本政府の求めに応じて渡日、独立の趣旨を説明。**12** 咸鏡北道で上海臨時政府の下部組織・連通制が発覚し、54名が逮捕。［**1.18** パリ講和会議開催。第3インターナショナル（コミンテルン）結成。インドで第1次非暴力抵抗運動始まる。**4.28** 国際連盟規約完成。**5.4** 中国で5・4運動。**6.28** ベルサイユ条約締結。国際労働機構（ILO）創設］

1920.3.5『朝鮮日報』創刊。**4.1**『東亜日報』創刊（金性洙、朴泳孝、張徳秀ら発起）。**4.11** 朴重華ら、朝鮮労働共済会創立（初の労働運動団体）。**5.16** 朝鮮体育会が第1回全朝鮮野球大会開催。**6.7** 鳳梧桐戦闘（間島国民会所属の大韓独立軍が洪範図の指揮の下、満州の日本軍を大破）。**6.25**『開闢』創刊。**7.25**『廃墟』創刊。**8** 光復団事件で金勲ら27名逮捕さる。**8.24** 曹晩植ら、朝鮮物産奨励会創設。**9.5**『朝鮮日報』が「優越せる総督府よ、なぜ我が日報を停刊せしめたのか？」と記し、無期停刊となる（11.5に復刊）。**10** 第1次琿春事件。**10.2** 第2次琿春事件。**10.21** 青山里戦闘（金佐鎮、李範奭ら、北路軍政署部隊2500名が日本軍を撃破）。**11** 大韓独立軍団組織さる。**12.27** 総督府、産米増殖計画を企画。◎朴殷植、『韓国独立運動之血史』を刊行。［**1.10** 国際連盟成立］

1921.1.27 金得秊ら、左翼系のソウル青年会を組織。**6.28** 自由市惨変（黒河惨変）。**9.26** 釜山石炭運搬労働者5000余名が、賃金引き上げ等を要求しゼネスト。

11.27 東京朝鮮人苦学生同友会の一部有志が黒濤会を創立。**12** 朴烈ら、黒濤会を脱会し、黒雲会を組織（後の黒友会）。［**4.7** 広東政府樹立（総統・孫文）。**7.1** 中国共産党結成。**11.12** ワシントン軍縮会議開催（～1922.2.6）］

1922.1.9『白潮』創刊。**2.4**「同友会宣言」発表。**6.1** 朝鮮美術展覧会（鮮展）開催。**8** 南満州韓族会などが大韓統軍府に統合。**10.28** 尹秉徳ら、朝鮮労働連盟会結成。**11** 朴勝喜、金基鎮ら、劇団「土月会」結成。**12** 高麗共産党が解体され、コミンテルン極東総局管轄下に高麗ビューロー設置。［**2.6** ワシントン軍縮条約・9ヵ国条約。**12.30** ソヴィエト社会主義共和国連邦樹立］

1923.1.3 上海で国民代表大会開催（議長・金東三）、改造派と創造派の対立により決裂。**1.12** 義烈団員・金相玉、ソウル鍾路署に投弾。**1.15** 金若水、卞熙鎔ら60余名が、東京で黒濤会から分離し、北星会を結成。**3.15** 黄鈺（義烈団員）警部事件。**3.24** 全朝鮮青年党大会開催。**4.25** 姜相鎬ら、晋州で衡平社創立。**6.2** 金燦、金在鳳ら、ソウルに高麗ビューロー国内部を設立。**8** 白狂雲ら、大韓統義府から離脱し、陸軍駐満参議府を組織。上海臨時政府管轄下に入る。**9.1** 日本で関東大震災が発生。9.2以降、在日朝鮮人多数が虐殺さる。**9** 岩泰島小作争議（～1924.9、小作人の主張が貫徹される）。

1924.3.4 大邱で南朝鮮労働同盟結成大会。**4.18** 朝鮮労農総同盟創立総会。**4.21** 朝鮮青年総同盟発足。**5.2** 京城帝国大学予科開校。**10** 釜山で小作争議。**11.19** 洪命憙、朴憲永らの新思想研究会が火曜会と改称。**11.25** 金若水、金鍾範ら、北星会国内本部として北風会を組織。**11.27** 朴殷植、上海臨時政府国務総理（大統領代理）に

選出さる。[**1.20** 中国で第1次国共合作]
1925.1 統義府など満州独立運動団体が吉林で正義府を組織。**3.18** 上海臨時政府議政院、臨時大統領・李承晩の弾劾決議案可決。**4.17** 火曜会を中軸として朝鮮共産党創立。**5.7** 治安維持法公布。**6.11** 三矢協定締結。**9.15** 非妥協的民族主義者（白南勲、白南雲、洪命憙、安在鴻ら）、朝鮮事情研究会を組織。**11.19** 朝鮮労農総同盟、朝鮮労働総同盟と朝鮮農民総同盟に組織分離を決定。**11.22** 新義州事件で朝鮮共産党幹部多数が検挙（第1次共産党事件）。◎朴英熙、金基鎮、崔鶴松ら、朝鮮プロレタリア芸術同盟（カップ）を結成。新傾向派文学運動起こる。△金素月、詩集『つつじの花』刊行。
1926.2 姜達永、金在鳳ら、第2次共産党を組織。**4.14** 火曜会、北風会、無産者同盟会、朝鮮労働党ら4団体が統合し正友会を結成。**6.10** 6・10万歳運動起こる。**6.21** 第2次共産党事件で李準泰ら15名が検挙。**12.6** 安光泉・金俊淵ら、朝鮮共産党を再組織（いわゆるML派）。**12.14** 金九、上海臨時政府国務領に就任。**12.24** 義烈団員・羅錫疇、東洋拓殖会社と殖産銀行に投弾。[**7.9** 蔣介石、北伐を開始（～1928.6.9）]
1927.2.10 朝鮮語研究会機関誌『ハングル』創刊。**2.15** 新幹会創立（会長・李商在、副会長・権東鎮）。**2.16** 京城放送局、放送開始。**5.27** 槿友会創立。**12.10** 山梨半造、第4代朝鮮総督に任命さる。[**4** 蔣介石の反共クーデター（4・12事件）で国共分裂。南京に国民政府樹立]
1928.2 第3次朝鮮共産党事件（ML党事件）で、金俊淵ら34名拘束。△車今奉ら、第4次共産党を組織。**5.14** 趙明河、台湾で日本皇族・久邇宮邦彦を毒剣で襲撃。**7** 第4次共産党事件。**10.9**「ハングルの日」制定（「カギャの日」を改称）。**11** 永興の労働者がゼネスト。**12.27** コミンテルン、第4次共産党壊滅以後、朝鮮共産党の承認を取り消し、再建方針を下達（12月テーゼ）。[**6.4** 張作霖爆殺事件]
1929.1.22 元山ゼネスト（～4月初旬）。**3** 満州の独立運動団体・正義府、参議府、新民府が、国民府として統合。**6.18** 共産党再建準備を進めていた印貞植ら50余名、逮捕さる（第5次共産党事件）。**8.17** 斎藤実、第5代総督に再任。**11.3** 光州学生運動起こる。**12.13** 民衆大会事件。[**10.24** ニューヨーク株式市場で大暴落、世界恐慌の引き金となる]
1930.4 龍川の不二農場で小作争議激化。**5.30** 間島5・30事件。**7.26** 韓国独立軍、組織さる。**9** 国際赤色労働組合（プロフィンテルン）、「朝鮮の革命的労働組合運動の任務」に関する決議案採択（9月テーゼ）。[**3** インドで第2次非暴力抵抗運動始まる（5.5ガンジー逮捕）]
1931.5.15 新幹会、解体を決議。**6.17** 宇垣一成、第6代総督に着任。**7.2** 万宝山事件。**7** 『東亜日報』が「ヴ・ナロード運動」を展開（～34）。**7** 第1次朝鮮プロレタリア芸術同盟検挙。**9.18** 満州事変勃発。**10** 汎太平洋労働組合秘書部、「10月書信」を発表。**11** 京城帝国大学が中軸となった反帝同盟の学生多数が検挙。[**11.27** 毛沢東、江西省で中華ソヴィエト臨時政府樹立]
1932.1 間島共産党事件。**1.8** 韓人愛国団員・李奉昌、東京桜田門外で天皇に投弾するも失敗。**4.29** 韓人愛国団員・尹奉吉、上海虹口公園の上海事変勝利祝賀会場で投弾（上海派遣軍司令官・白川義則ほか10余名を殺傷）。**9** 韓国独立団など5団体、南京で対日統一戦線同盟を結成。

9.19 第1次雙城堡戦闘。**12.10** 朝鮮小作調停令制定。**12.20** 総督府、産米増殖計画の中断を発表。［**1.28** 上海事変勃発。**3.1** 満州国建国宣言］

1933.3.28 米穀統制令公布。**11** 朝鮮語学会、ハングル綴字法統一案を発表。

1934.2 在満韓国独立党と韓国革命党が南京で会合し、新韓独立党へ統合。**4.11** 朝鮮農地令公布。**5.11** 李丙燾、金允経、李秉岐ら、「震檀学会」を創立。**7** 第2次朝鮮プロレタリア芸術同盟事件（世にいう新建設社事件）。［**10.16** 中国共産党、長征開始（～1935.10）］

1935.7 韓国独立団などの独立運動団体、南京で民族革命党を組織。**9** 児童・学生に神社参拝を強制。**11** 金九影響下の愛国団などが杭州で韓国国民党を組織。

1936.2 民族革命党が右派の韓国民族革命党（後の朝鮮革命党）と、左派の朝鮮民族革命党に分裂。**3.14** 申采浩、旅順監獄で獄死。**6** 安益泰が「愛国歌」を作曲。**8.1** 孫基禎、ベルリン・オリンピックでマラソン優勝（オリンピック新記録・2時間29分19秒2）。**8.5** 南次郎が第7代総督に任命。**8.27**『東亜日報』が日章旗抹消事件によって第4次無期停刊。**12** 安益泰、『コリアン・ファンタジー』完成。**12.21** 朝鮮思想犯保護観察令公布・施行。［**12.12** 西安事件（張学良が蔣介石を監禁）］

1937.2.26 白白教事件。**6.6** 修養同友会事件。**8.1** 韓国国民党、韓国独立党、朝鮮革命党、韓国愛国団と在米5団体が連合し、韓国光復運動団体連合会結成。**9** ソ連政府、極東シベリア居住朝鮮人30万名を強制移住。［**7.7** 盧溝橋事件（日中戦争勃発）。**9.22** 第2次国共合作。**12** 日本軍、南京大虐殺を引き起こす］

1938.2.26 陸軍特別支願兵令公布。△興業クラブ事件。**3.4** 朝鮮教育令を改定。**7.1** 国民精神総動員朝鮮連盟創立。

1939.10.1 国民徴用令実施（1945年までに45万名を動員）。**12** 小作料統制令と施行規則を公布。◎李観述、金三龍、権五尚ら、京城コム・グループを組織（朴憲永も加担）。［**9.3** 英仏がドイツに宣戦布告（第2次世界大戦始まる）］

1940.2.11 創氏改名を実施。**5.9** 韓国国民党（金九）、朝鮮革命党（池青天）、韓国独立党（趙素昂）が統合し、韓国独立党を結成。中央執行委員長・金九。**8.10**『朝鮮日報』『東亜日報』廃刊。**9.17** 重慶の臨時政府が韓国光復軍を創設（総司令・池青天、参謀長・李範奭）。**10.16** 国民精神総動員連盟を改編し、国民総力朝鮮連盟を組織（皇民化運動を本格化）。［**9.27** 日独伊、三国同盟を締結］

1941.2 朝鮮思想犯保護拘禁令を公布。**11.28** 臨時政府、大韓民国建国綱領を発表。**12.9** 臨時政府、日米開戦に呼応し、対日宣戦布告。［**12.8** 真珠湾奇襲攻撃（日本、英米に宣戦布告）］

1942.5.8 日本政府、朝鮮人に対する徴兵制施行（実施は1944年より）を閣議決定。**5.29** 小磯国昭、第8代総督として赴任。**7** 金枓奉ら、延安で朝鮮独立同盟を組織。**9** 盧基南、韓国人として初の主教となる。**10.1** 朝鮮語学会事件。

1943.3.1 徴兵制を公布（8.1施行）。**7** 尹東柱、京都で思想犯として逮捕。**10.20** 日本陸軍省、陸軍特別志願兵臨時採用規則公布（学徒兵制を実施）。［**11.5** 日本、大東亜共栄圏宣言を発表 **11.27** カイロ宣言］

1944.1 李陸史、北京で獄死。**2.8** 総動員法により全面徴用実施（主として鉱山と軍需工場への動員）。**7.25** 阿部信行、第9代総督に任命。**8.23** 女子挺身隊勤務令公

布（12歳以上、40歳未満の独身女性を日本、南洋地方などに徴用）。**9** 呂運亨、建国同盟（非合法）を組織。［**6.6** 連合軍、ノルマンディー上陸］

1945.2.4～11 ヤルタ会談（朝鮮半島問題を討議）。**7.26** ポツダム宣言（朝鮮民族独立を公約）。**8.15** 天皇、無条件降伏受諾の放送（第2次世界大戦終結）。

韓国年表　1945～2014

1945.8.15 朝鮮建国準備委員会が発足（委員長・呂運亨）。**8.16** 朝鮮共産党（長安派）発足。**9.2** マッカーサー、北緯38線を境界として米ソ両軍の朝鮮分割占領を提案。**9.6** 建国準備委員会、朝鮮人民共和国樹立を宣言。**9.7** 米太平洋陸軍司令部、朝鮮南半部に軍政施行を宣布。**9.8** ホッジ中将指揮下の米24軍団がソウル進駐。**9.11** 朝鮮共産党再建（責任秘書・朴憲永）。**9.16** 韓国民主党結成（主席総務・宋鎮禹）。**10.7** 建国準備委員会が朝鮮人民共和国に発展的解消。**10.16** 李承晩、米国より帰国。**10.20** 米国務省、朝鮮半島信託管理の意思を表明。**11.5** 朝鮮労働組合全国評議会（全評）結成。**11.23** 臨時政府閣僚（主席・金九、副主席・金奎植）第一陣が、個人資格で帰国。**11.23** 『朝鮮日報』復刊。**12.1** 『東亜日報』復刊。**12.27** モスクワ米英ソ3国外相会議で、朝鮮半島の5年間信託統治実施を決定・発表。**12.29** 信託統治反対国民総動員委員会結成（委員長・権東鎮）。**12.30** 宋鎮禹、暗殺さる。

1946.1.2 朝鮮共産党（朴憲永）、信託統治支持宣言。**2.8** 大韓独立促成国民会結成（総裁・李承晩、副総裁・金九）。**2.15** 左翼陣営が民主主義民族戦線（民戦）結成（議長・呂運亨、許憲、朴憲永、金元鳳）。**3.20** 第1回米ソ共同委員会開催（5.6に決裂）。**5.15** 米軍政、朝鮮精版社偽造紙幣事件を発表。**6.3** 李承晩、井邑で南の

北朝鮮年表　1945～2014

1945.8.17 平安南道建国準備委員会結成。**8.18** 金日成、軍事・政治幹部に対し「解放された祖国での党、国家および武力建設について」を演説。**8.21** ソ連軍、平壌進駐。8月下旬金日成、ソ連軍軍服を着用し、ソ連軍とともに北に入る。**8.25** ソ連軍、平壌に司令部を設置。△平安南道建国準備委員会解体され、平南人民政治委員会と改称。以後、北の各地に人民委、人民政治委結成さる。**9.21** 小作料の3・7制実施。**9.28** 国内派の代表的人物・玄俊赫、暗殺さる。**10.10** 朝鮮共産党西北5道責任者、および熱誠者大会開催（金日成、「北朝鮮民主基地創設路線」を提示）。**10.13** 朝鮮共産党西北5道責任者、および熱誠者大会閉幕、朝鮮共産党北朝鮮分局設置（責任者・金日成）。**10.14** 金日成歓迎平壌市民衆大会開催。**11.23** 新義州反共学生デモ。**12.1** 朝鮮独立同盟の金枓奉、崔昌益、武亭ら、延安から北に入る。［**9.2** ベトナム民主共和国建国。**11** 中国で国共内戦始まる］

1946.2.8 臨時人民委員会創設（委員長・金日成、副委員長・金枓奉）。**3.5** 北朝鮮土地改革法令発表。**6.24** 労働者および事務員に対する労働法令発表。**7.30** 男女平等権に関する法令発表。**8.28** 北朝鮮労働党結成大会。**12.6** 建国思想総動員運動始まる。［**1.10** 第1回国連総会。**7.29** パリ平和会議開幕（～10.15）］

みの単独政府樹立を主張。**6.19** 米軍政庁、国立ソウル総合大学案（国大案）を発表。**9.7** 共産党幹部・朴憲永らに逮捕状。**9.24** 9月ゼネスト始まる。**10.1** 大邱10・1暴動事件。**10.7** 左右合作委員会、合作7原則に合意。**11.23** 左翼3党統合強硬派、南朝鮮労働党（南労党）結成（委員長・許憲、副委員長・朴憲永、李基錫）。

1947.2.11 公民証制実施。**4.19** 徐潤福、ボストン・マラソンで優勝。**5.21** 第2次米ソ共同委員会（7.10決裂）。**7.19** 呂運亨、暗殺さる。**9.19** マーシャル米国務長官、国連総会で朝鮮問題上程を提議。**11.14** 国連総会で朝鮮総選挙案、国連朝鮮臨時委員団案、政府樹立後に米ソ両軍撤退案を可決。**12.2** 張徳秀、暗殺さる。**12.23** 金九、南のみの単独政府樹立案に反対声明。

1948.1.7 義務教育制度実施。**2.10** 金九、「3000万同胞に泣訴せん」との声明を発す。**2.26** 国連小総会、南だけの単独選挙実施を決議。**4.3** 済州島で暴動起こる（4・3事件）。**4.19** 金九、金奎植が38度線を越え、南北代表者連席会議に参加。**5.10** 制憲国会議員選挙。**5.31** 制憲国会開院（議長・李承晩、副議長・申翼熙・金東元）。**7.12** 大韓民国憲法、国会採決。**7.17** 憲法発布。政府組織法公布。**7.20** 国会、大統領に李承晩、副大統領に李始栄を選出。**8.15** 大韓民国樹立を宣布。**9.7** 国会、反民族行為者処罰法を採決。**10.20** 麗水、順天で反乱起こる（27日に鎮圧）。

1949.1.4 駐日代表部設置。**1.8** 反民族行為特別調査委員会（反民特委）発足。**5.1** 全国人口調査実施（南の人口2016万6758

1947.5.15 北朝鮮人民会議第2回会議開催。**6.18** 北朝鮮の各政党・社会団体、米ソ共同委員会の協議参加に関する請願書、および宣言文を提出。**8.1** 文盲根絶を目指したハングル学校1万400校が一斉開校。**11.18** 北朝鮮人民会議第3回会議進行、朝鮮臨時憲法制定委員会を組織。［**3.12** トルーマンドクトリン発表。**10.30** GATT（貿易および関税に関する一般協定）調印。◎コミンフォルム結成］

1948.2.8 人民軍創設。**2.10** 朝鮮臨時憲法草案を発表。**3.25** 北側、金九が提起した南北協商を受諾。**3.27** 北朝鮮労働党第2回党大会。**4.20** 南北の諸党、社会団体指導者協議会で共同声明発表、外国軍の即時かつ同時撤退を主張。**9.9** 金日成、内閣名簿を発表（首相・金日成、副首相・朴憲永、金策、洪命憙ら19名。うち南側は10名）。△朝鮮民主主義人民共和国樹立。**10.19** ソ連軍撤収第一陣、平壌を出発。［**1** ガンジー暗殺さる（1869〜1948）。**4** ベルリン封鎖（〜49）。**12** 中国共産軍、北京を陥落］

1949.6.26 祖国統一民主主義戦線結成大会開幕、祖国戦線中央委、中央常務委員と議長団選出（金枓奉、洪起文、金達鉉、

人）。**5.20** 国会フラクション事件。**6.21** 農地改革法公布。**6.26** 金九、暗殺さる。**7.7** 反民特委調査委員、総辞職。

1950.1.10 アチソン米国務長官、「韓国は米日太平洋防衛線の外にある」と言明。**3.27** 南労党総責任者、金三龍・李舟河、検挙さる。**4.10** 農地改革実施。**5.30** 2代国会議員選挙（与党国民党敗退）。**6.12** 韓国銀行発足。**6.25** 北朝鮮、南侵を開始（朝鮮戦争勃発）。国連安保理、侵略と規定して撤退を要求。**6.28** ソウル陥落。漢江人道橋、爆破さる。**7.1** 国連軍地上部隊、釜山上陸。**7.26** 忠清北道老斤里で米軍が住民を無差別に殺害。犠牲者数百名。**8.18** 政府、釜山に移る。**9.15** 国連軍、仁川上陸作戦を敢行。**9.28** ソウル完全奪回。**10.25** 中国人民志願軍、朝鮮戦争に介入。**10.27** 政府、ソウルに帰還。**12.10** 北同胞50万名、避難し南下。

1951.1.4 ソウル再び陥落。**2.11** 居昌良民虐殺事件。**3.27** 文教部（文部省）6・3・3・4新学制実施。**3.29** 国会で国民防衛軍事件暴露。**5.9** 李始栄副大統領、李承晩大統領を非難して辞職。**5.15** 国会、後任副大統領に金性洙を選出。**6.23** ソ連国連代表マリク、休戦を提議。**7.10** 休戦会談本会議、開城で始まる（〜8.23）。**12.23** 自由党が院内、院外両派に分裂し再発足。

1952.1.18 李承晩大統領、平和ライン（李ライン）を宣布。**5.7** 巨済島の北捕虜が暴動。**5.26** 釜山政治波動。**6.25** 李承晩大

金元鳳、李克魯ら）。**6.30** 平壌で南北労働連合委員会開催、合党し朝鮮労働党として発足（委員長・金日成、副委員長・朴憲永）。[**1.25** COMECON（経済相互援助会議）設置発表。**4.4** NATO（北大西洋条約機構）成立。**10.1** 中華人民共和国樹立（主席・毛沢東）]

1950.6.10 平壌放送、曹晩植と李舟河の交換を提起。**6.18** 金日成、全軍に「戦闘態勢を完了せよ」と指示。**6.25** 朝鮮戦争勃発。内務省報道で、「南が北侵を中止しない限り、軍事的対応を行うと同時に、戦争のすべての責任は南にある」、また「南からの北侵を撃退して、反撃へと移った」と主張。**6.26** 最高人民会議常任会議、金日成を委員長とする軍事委員会を構成。**6.28** 朝鮮人民軍、ソウルを占領。**7.4** 最高人民委員会常任委員会、南の土地改革に関する政令を採択。**9.28** 朝鮮人民軍、ソウルから撤収。**10.25** 中国人民志願軍部隊が参戦。**12.6** 朝中連合軍、平壌を奪回。**12.21〜23** 朝鮮労働党中央委員会第3回全員会議進行。[**1.26** インド共和国樹立]

1951.1.4 人民軍、ソウル再占領。**6.23** 国連ソ連代表マリク、「平和の価値」放送を通じて、朝鮮問題の平和的な解決を主張。**6.30** 国連軍総司令官、北に停戦交渉を提起。**7.10** 開城で休戦会談始まる（〜8.23）。[**2.1** 国連総会、中国を侵略者とする非難決議案を採択。**9.8** 日本、サンフランシスコ講和条約・日米安保条約調印]

1952.3.4 国際民主法律家協会、国連軍の細菌兵器使用を糾弾・調査のため、調査団を北に派遣。**6.22** 国連機、水豊発電所爆

統領暗殺未遂事件（柳時志逮捕）。**7.4** 国会、大統領直選の抜粋改憲を可決（第1次改憲。起立評決で163対0、棄権3）。**7.18** 重石拂事件、国会に飛び火し、調査委員会構成。**8.5** 正・副大統領選挙（大統領・李承晩、副大統領・咸台永）。**8.13** 勤労基準法国会採決（53.5.13公布）。**9.1** 徴兵制実施。

1953.2.15 緊急通貨措置（通貨100対1に引き下げ、ファンを単位とする）。**3.8** 労働組合法、労働争議調停法、労働委員会法公布。**5.10** 労働基準法公布。**6.8** 捕虜交換協定調印（8.10交換開始、9.6完了）。**6.18** 政府、反共捕虜釈放（2万5000名余）。△日本人、独島（竹島）に不法上陸。**7.27** 板門店で休戦協定調印。**8.8** 韓米相互防衛条約、ソウルで仮調印。**8.15** 政府、ソウルへ帰還。**10.6** 第3次日韓会談。15日の久保田妄言で21日、決裂。

1954.5.20 第3代民議院総選挙。**5.22** ジュネーブ会議で卞栄泰韓国代表が「14ヵ条の統一原則案」を提示。**6.9** 『韓国日報』創刊。**7.17** 学術院、芸術院開設。**10.26** ニューデリー密談説。**11.29** 改憲案否決議宣言が覆され、憲法改正公布（四捨五入改憲）。**11.30** 護憲同志会結成。**12.15** 韓国初の民間放送・キリスト教放送（HLKY）開局。

1955.3.17 『東亜日報』が「傀儡誤植事件」で停刊（4.16復刊）。**5.31** 韓米農産物援助協定調印。朴仁秀逮捕（70名余の女性

撃。**9.14** 国連軍機、平壌爆撃。**12.15** 朝鮮労働党中央委、第5回全員会議。金日成演説「党の組織的・思想的強化はわれわれの勝利の基礎」。[**4.28** 日本、サンフランシスコ講和条約発効。**11.4** アイゼンハワー、米国大統領選に勝利]

1953.7.27 休戦協定正式調印。**8.3** 李承燁一派のスパイ事件公判進行。労働党中央委第6回全員会議進行、金日成「あらゆる力を尽くして戦後の人民経済復旧と発展のために」報告。**8.15** 人民軍最高司令部と中国人民志願軍司令部から総合戦果を発表、「射殺・捕虜1,093,839名（うち米軍397,543名）、捕獲した戦闘機材は、飛行機11機、戦車374台、自動車9239台、装甲車146台、船舶12隻。撃破あるいは損傷した戦闘機材は、飛行機1万2213機、戦車2690台、装甲車49台、自動車4111台、艦船は164隻撃沈、93隻破壊」。**9.1** 金日成、ソ連訪問のため平壌を出発。[**3.5** ソ連首相スターリン没（後任はマレンコフ）]

1954.4.27 首席代表・南日、ジュネーブ会議で統一方案提出。**6.3** 平壌－北京間の直通旅客列車運行開始。**6.5** 南日、統一原則修正案を提示。[**9.8** SEATO（東南アジア条約機構）結成]

1955.4.2 金日成演説「わが革命の性格と課業に関するテーゼ」（4月テーゼ）。**5.25** 在日朝鮮民主統一戦線を改編し、在日本

を強姦)。**9.18** 護憲同志会会議の自由民主派が民主党結成(代表最高委員・申翼熙)。**9.13**『大邱毎日新聞』筆禍事件(14日にはテロ事件発生)。**12.22** 進歩党綱領発表。

朝鮮人総連合会を結成。**12.15** 朴憲永に死刑判決。**12.28** 金日成、党の宣伝・煽動員に対し「思想事業において教条主義と形式主義を排除し、主体を確立するために」と題して演説し、主体思想を初めて提起。[**4.18〜24** バンドン会議。**5.14** ワルシャワ条約機構成立(〜91.7.1)。**10.26** ベトナム共和国樹立(大統領・ゴ・ディン・ディエム)]

1956.1.30 陸軍特務部隊長・金昌龍、暗殺さる。**5.5** 民主党大統領候補・申翼熙、遊説先の裡里で急死。**5.12** 初のテレビ放送局HLKI開局(6.16放映開始)。**5.15** 第3代正・副大統領選挙で大統領・李承晩(自由党)、副大統領・張勉(民主党)当選。**9.28** 副大統領・張勉、金相鵬に襲撃される。**11.10** 進歩党結成(委員長・曺奉岩、幹事長・尹吉重)。

1956.4.23 労働党第3回全党大会開催、平和統一宣言採択。**8.1** 全般的初等義務教育制実施。**8.30** 労働党中央委全員会議開催(世にいう8月宗派事件起こる)。**12.22** 周時経生誕80周年記念。[**2.24** スターリン批判。**10.23** ハンガリー事件発生]

1957.5.5「児童憲章」制定・宣布。第1回小波賞授与。**5.25** 野党主宰の奨忠壇時局講演会でテロ団騒ぐ(12.5に主犯柳時志逮捕)。**7.1** 国連軍司令部、東京からソウルへ移動。**7.15** 米国、駐韓米軍の核武装着手を公表。**10.9**『大辞典』(朝鮮語大辞典)6巻が30年目に完成。

1957.7.7 ホーチミン、北訪問。**12.18** 北オリンピック委員会、南北統一チーム結成を提起した書簡を南のオリンピック委員会に送付。

1958.1.1 言論制限を含む協商選挙法を国会採決。**1.13** 曺奉岩ら進歩党幹部7名、スパイ嫌疑で拘束さる。**1.29** 駐韓米軍が核兵器持ち込みを正式発表。**5.2** 第4代民議院総選挙(自由党126、民主党79、無所属27)。**11.18** 国家保安法新案が国会提出(保安法反対デモ始まる)。**12.24** 国会、新国家保安法、地方自治制度改正案などを警護権発動のなかで採決(2・4反対デモ)。

1958.3.3 労働党第1回代表者大会(金枓奉粛清さる。千里馬運動始まる)。**8** 8月末に農業集団化完了。**10.26** 中国人民志願軍、北からの完全撤収を発表。**11.21** 北代表団(団長・金日成)、中国・ベトナム訪問に出発。**12.26** 壬辰祖国戦争(豊臣秀吉の朝鮮侵略)360周年記念報告会。[**3.27** フルシチョフ第一書記、首相を兼任]

1959.1.22 反共青年団結成。**4.30**『京郷新聞』廃刊処分。**7.31** 曺奉岩の死刑執行。**9.17** サラ台風猛威を振るう(死者924名)。

1960.2.15 民主党大統領候補・趙炳玉、米国で没。**3.15** 第5代正・副大統領選挙(大統領・李承晩、副大統領・李起鵬)、民主党は選挙無効を宣言。馬山で不正選挙糾弾デモ。**4.18** 高麗大生デモを暴力団が襲撃。**4.19** 2万余の学生がデモに参加、警察が発砲し186名死亡(4・19革命)。**4.25** 大学教授団デモ。**4.26** 10万人デモ。**4.27** 李承晩、大統領を辞任。**4.28** 李起鵬一家自殺。過渡内閣成立。『ソウル新聞』無期休刊。**5.22** ソウル教員労組連合会結成。**6.15** 内閣責任制改定案、国会採決。**7.23** 全国銀行労組連合会結成。**7.29** 民議院・参議院、総選挙実施。**8.8** 第2共和国民議院・参議院開院。**8.13** 尹潽善、大統領に就任。**8.23** 張勉内閣成立。**11.25** 大韓労総と全国労協が統合し、韓国労働組合総連盟(韓国労連)成立。

1961.1 革新党結成(代表・張建相)。△統一社会党発足(徐相日、李東華、尹吉重ら)。△民主党少壮派が新風会を結成。**2.21** 革新系右派が中立化統一連盟を結成。**2.25** 革新系左派、民族自主統一中央協議会を結成。**5.16** 軍事クーデター起こる。軍事革命委員会成立(議長・張都暎、副議長・朴正煕)。**5.18** 張勉内閣総辞職。**5.19** 軍事革命委、国家再建最高会議に改称。**6.10** 国家再建最高会議法、中央情報部法、農漁村高利債整理法公布。**7.3** 最高会議議長に朴正煕、内閣首班に宋堯讃を任命。**7.4** 反共法公布。**7.9** 反革命の嫌疑で張都暎ら44名を逮捕。**8.29** 韓国労働組合総連盟結成。

1959.2.13 日本政府、在日同胞の北帰還を正式に決定。**3.8** 降仙製鋼所で「千里馬作業班運動」始まる。**12.16** 在日同胞初の帰国船が清津港に到着(乗員975名)。

1960.4.21 労働党中央委、「南朝鮮に醸成されつつある現情勢に関連して」とのアピールを発表。**4.27** 北の政党・社会団体指導者連席会議で、統一問題解決のための「南北諸政党・社会団体連席会議」設立を提言。**8.14** 金日成、南北連邦制を提起。**8.21** 科学言語研究所、『朝鮮語辞典』第1巻を出版。**12.14** 在日同胞帰還1周年(帰還同胞5万1325名)。[**5.5** ソ連最高会議で米偵察機U2撃墜を発表。**5.15** 初の人工衛星ヴォストーク1号発射成功]

1961.5.13 祖国平和統一委員会結成大会を平壌で開催(委員長・洪命熹)。**7.6** モスクワでソ連との友好協力と相互援助条約締結。**7.11** 北京で中国との友好協調および相互援助条約締結。**9.11** 労働党第4回全党大会進行。**9.26** 科学言語文学研究所、『朝鮮語辞典』第2、3巻出版。[**9.1** アフリカ・中南米非同盟諸国26ヵ国首脳会談(ベオグラード憲章)]

1962.1.13 第1次経済開発5ヵ年計画策定。3.22 尹潽善、大統領辞任。3.24 国家再建最高会議議長・朴正煕が大統領権限を代行。5.31 証券波動発生。6.10 第2次通貨改革。11.12 金鍾泌・大平正芳メモ合意(請求権問題で合意)。12.17 改憲案に関する国民投票実施(26日公布)。12.27 朴正煕、民政移管手続きを発表(大統領選出馬表明)。

1963.2.26 民主共和党結成(議長・鄭求瑛)。5.14 民政党結成(代表・金炳魯、大統領候補・尹潽善)。7.18 民主党結成(総裁・朴順天)。8.30 朴正煕、予備役に編入され共和党に入党。10.15 大統領選挙、朴正煕当選。11.26 国会議員総選挙で共和党圧勝。12.17 第3共和国発足。新憲法発効。朴正煕、第5代大統領に就任。△第6代国会開院。

1964.2.1 民主党議員が三粉暴利の真相を暴露。3.6 対日屈辱外交反対汎国民闘争委員会結成。5.30 ソウル文理大生、断食籠城開始。6.3 1万余の学生デモで、ソウル一円に非常戒厳令宣布(6・3事態)。8.14 中央情報部、人民革命党事件を発表。10.31 韓国とベトナム、ベトナム支援軍派遣に関する協定締結。

1965.5.3 民主・民政両党が統合、民衆党を結成。6.22 日韓条約、東京にて正式調印。8.12 野党議員61名が日韓条約に抗議し、議員辞職。8.13 野党議員不在のまま、ベトナムへの戦闘師団派遣案を国会採決。8.25 武装軍人が高麗大に乱入。8.26 ソウル地域に衛戍令発動。9.16 ソウル大民族

1962.10.8 最高人民会議第3期代議員選挙実施。11.8 金日成、「大安電機工場党委員会」拡大会議開催(大安の事業体系について演説)。12.10 労働党中央委第4期5回全員会議開催、「四大軍事路線」採択。[9.14 中国・インド国境紛争。10.22 米大統領ケネディ、キューバ封鎖を声明。12 中ソ対立表面化]

1963.1.24 朝鮮統一チーム構成を目指し、南北オリンピック委員会代表がローザンヌで会談始める。5.15 東京オリンピック南北単一チーム結成会議、香港で始まる(6.1決裂。再開するも7.29再び決裂)。10.28 『労働新聞』、ソ連を現代修正主義と批判。[1.7 ソ連共産党機関誌『プラウダ』、中国を教条主義と批判。11.22 米大統領ケネディ、ダラスで暗殺]

1964.2.25 労働党中央委第4期8回会議、「社会主義農村問題に関するテーゼ」の報告。6.16 アジア経済セミナー開幕、北をはじめ34ヵ国が参加(平壌宣言)。9.7 『労働新聞』、『プラウダ』論説に論駁(自立的民族経済建設を明示した平壌経済宣言への批判に対する反駁)。[10.10 東京オリンピック開催。10.15 フルシチョフ失脚し、第一書記にブレジネフ、首相にコスイギンが就任。10.16 中国、初の原爆実験に成功]

1965.4.14 金日成、インドネシアのアルリ・アルハム社会科学院で演説(三大国際革命論を力説)。10.11 金日成、「自主性」演説を契機とし、労働党結成20周年に際して独自路線を目指す。[2.7 マルコス、フィリピン大統領に当選。米軍、北ベトナムへの空爆開始]

主義比較研究会事件で、5名が拘束。**9.22**『中央日報』創刊。**12.18** 日韓条約批准書交換（日韓国交正常化）。

1966.1『創作と批評』創刊。**2.25** 民衆党強硬派が新韓党を発起（3.30 結成、代表・尹潽善）。**2.25** 政府、米国とのベトナム増派条件合意書に署名（ブラウン覚書）。**7.9** 韓米行政協定調印（67.2.9 発効）。**9.15** 三星財閥系韓国肥料の密輸事件、報道機関に漏れる。**10.1** 国勢調査実施（総人口 2919 万 4379 人。増加率 2.7 パーセント）。**12.22** 民主社会党結成（代表・徐珉濠）。

1967.2.7 野党合同し、新民党が正式に発足。**3.22** 板門店で李穂根が偽装降服。**4.1** 九老洞の輸出工業団地竣工。**5.3** 第6代大統領選挙（朴正熙当選）。**6.8** 第7代国会議員選挙。**6.10** ソウル大法学部生、6・8 不正選挙糾弾デモ。**7.8** 中央情報部、東ベルリンを拠点とする北の対南工作団の摘発を発表。

1968.1.21 北の武装部隊 31 名、ソウルに侵入。**1.23** 米情報艦プエブロ号、元山沖で拿捕。**2.1** 京釜高速道路起工。**4.1** 郷土予備軍創設。**5.25** 共和党、福祉会事件で金龍泰議員ら3名を除名。**8.24** 統一革命党スパイ団事件発表。**10.10** 住民登録終了。**10.14** 文教部、大学入試予備試験制度の実施を発表。**12.5** 国民教育憲章宣布。

1969.3.1 国土統一院発足。**3.3** 政府、家庭儀礼準則公布。**3.28** 金寿煥大主教、枢機卿に任命さる。**6.19** 3選改憲反対学生デモ始まる。**9.14** 3選改憲案・国民投票法

1966.3.10 咸鏡北道清津・信昌トンネル内で列車事故、焼死者 300 名。**4.29** 最高人民会議、農業現物税廃止に関する法令公布。**8.12**『労働新聞』、論説「自主性を擁護しよう」で、中ソ両路線を排撃する自主路線を宣言。**10.5〜12** 労働党第2回代表者大会（金日成、党代表大会で演説「現情勢とわが党の課業」）。［**8** 中国で紅衛兵旋風（文化大革命激化）］

1967.3.15 南朝鮮解放民主民族連盟放送（平安南道順安）始まる。**8.11** 北朝鮮と北ベトナム、無償軍事援助協定と無償経済援助協定調印。**12.14** 金日成、十大政治綱領発表「国家活動のあらゆる分野で自主・自立・自衛の革命精神をさらに徹底して具現しよう」。［**8.8** ASEAN（東南アジア諸国連合）結成］

1968.1.23 米プエブロ号拿捕を報道。**3.5** 最高人民会議常任委副議長・洪命熹没。**4.17** 東京都知事・美濃部亮吉、朝鮮大学を正式認可。**8.9** ソ連が原子力発電機を北に供与（発電量 10 万 KW）。**10.12** 北オリンピック委員会、メキシコ・オリンピック不参加を表明。**11.25** 統一革命党公判を糾弾する平壌集会。**12.23** プエブロ号乗務員 83 名（死亡者 13 名の遺体含む）を送還。［**8.20** チェコ事件］

1969.1.6 朝鮮人民軍党第4期第4回会議開催、金昌奉（民族保衛相）、崔光（総参謀長）、許鳳学（対南工作総責任者）ら軍上層部 10 余名が粛清。**4.15** 人民軍、米偵

案強行採決。**10.17** 改憲案の国民投票実施され、可決。**12.1** 大韓航空機、北に拉致（乗客47名、乗務員4名。70.1に39名帰還）。

1970.3.17 漢江河岸で鄭仁淑（朴大統領の愛人）、殺害さる。**4.8** 臥牛アパート崩壊。**6.2** 金芝河の譚詩「五賊」筆禍事件。**7.7** 京釜高速道路開通。**8** 季刊『文学と知性』創刊。**8.15** 朴大統領、南北統一に関する8・15宣言発表。**9.29** 新民党全党大会で、大統領候補に金大中を指名。**9.29** 文教部、『思想界』の出版社登録抹消。**11.13** 平和市場労働者・全泰壱、焚身自殺。

1971.4.6 軍事教練反対デモ、各大学に拡大。**4.19** 民主守護国民協議会結成（代表・金在俊、李丙燾、千寛宇）。**4.27** 第7代大統領選挙（朴正熙当選）。**5.25** 第8代国会議員選挙（共和113、新民89、その他2）。**7.8** 公州で百済・武寧王陵発見。**7.28** 司法波動始まる。**8.10** 広州大団地騒擾事件。**8.12** 大韓赤十字社、南北離散家族会談を北赤十字社に提起。**9.15** 大韓航空ビル放火事件。**9.20** 南北赤十字社、離散家族予備会談開催。**10.5** 首都警備司令の将兵30余名、高麗大に乱入。**10.15** ソウル一円に衛戍令発動、**10** 大学に武装軍人進駐、休業令発布。**12.6** 朴大統領、国家非常事態宣言。**12.27** 国家保衛法、国会で強行採決。

1972.3.30 朴大統領、5つの平和原則を提起。**7.4** 南北共同声明発表（7・4声明）。**8.3** 企業私債凍結令（8・3措置）。**8.30** 南北赤十字社、初の本会談を平壌で開幕。**10.12** 南北調節委員会共同委員長第1回

察機EC-121機を撃墜、搭乗員31名死亡。**7.12** 最高人民会議常任委、統一革命党幹部・金鍾泰に英雄称号授与。**8.25** 統一革命党創設を発表。［3 中ソ紛争］

1970.2.14 中央通信、拉致された大韓航空機乗客の釈放に関する声明を発表し、板門店に送還。**3.9** 大韓航空機残留乗務員ら、北に永住宣言。**3.31** 日本の赤軍派9名が日本航空機「よど号」をハイジャック、金浦空港に非常着陸の後、平壌着。**6.1** 「南朝鮮民族放送」を「統一革命党のモクソリ（＝声）放送」に改称。**11.2** 労働党第5回大会開催、金日成を党中央総書記に推戴。**11.9** 金一、第5回大会で人民経済6ヵ年計画を報告。

1971.4.12 最高人民会議第4期5回会議開催（〜14）、「現国際情勢と祖国統一の推進について」。許錟、8つの統一方針案を提案。**8.14** 北側、韓国赤十字社提案の離散家族問題に応え、会談の板門店開催を提案。**9.20** 南北赤十字第1回予備会談。**11.16** 日朝友好促進議員連盟結成。［**4.7** 中国が米卓球チームを招請（4.10 米選手10名が北京到着）。**10.27** 中国、国連加盟。国民政府は脱退］

1972.1.10 金日成、日本の『読売新聞』との会見で、平和協定を提案。**4.15** 金日成生誕60周年記念行事実施（民族の記念日に制定）。**5.3** 韓国中央情報部長・李厚洛、極秘に金日成を訪問。**7.4** 南北共同声明

会談（板門店の「自由の家」で開催）。**10.17** 大統領特別宣言発表、国会解散、非常戒厳令宣布、大学休校令（10月維新）。**11.21** 改憲案に関する国民投票実施（賛成91.5パーセント）。**12.23** 統一主体国民会議、第8代大統領に朴正熙選出。**12.27** 朴正熙、第8代大統領に就任。△維新憲法公布。

1973.2.27 第9代国会議員選挙（共和73、新民52、統一2、無所属19）。**3.3** 韓国放送公社（KBS）発足。**6.23** 朴大統領、平和統一外交政策（6・23宣言）発表。**7.3** 浦項総合製鉄工場竣工。**8.8** 金大中拉致事件。**8.28** 南北調節委で北が対話中断声明。**12.24** 改憲誓願100万人署名運動展開。

1974.1.8 朴大統領、緊急措置第1号、同2号宣布。**1.14** 大統領緊急措置第3号宣布。**4.3** 政府、民青学連事件発表、大統領緊急措置第4号宣布。**8.15** 朴大統領狙撃事件、陸英修夫人射殺さる。**9.19** 現代造船労働者による流血の集団暴動起こる。**10.24** 『東亜日報』記者、自由言論実践宣言。**11.27** 民主回復国民会議発足。**12.26** 『東亜日報』に広告弾圧。

1975.4.8 大統領緊急措置第7号宣布。**4.9** 人民革命党事件関係者8名に死刑執行。**5.13** 大統領緊急措置9号宣布（憲法への誹謗および反対の禁止）、第7号は解除。**8.17** 張俊河、登山中に疑惑の墜落死。

1976.3.1 尹潽善ら、明洞聖堂で「民主救国宣言」発表（3・1明洞聖堂事件）。**3.11** ソウル地検、明洞聖堂事件関係者11名を

発表。**8.30** 南北赤十字第1回本会談開催。**9.1** 中高義務教育（全般的10年制）実施。**12.25** 最高人民会議第5期第1回会議開幕（～28）、新憲法公布・発効、主席制新設で金日成が国家主席となる。[**2.21** ニクソン訪中。**9.25** 田中角栄日本首相訪中]

1973.5.17 世界保健機構（WHO）に加盟。**6.23** 金日成、朴正熙の6・23宣言に反対し、高麗連邦共和国形成による統一国家国連加盟を主張（祖国統一五大綱領）。**8.28** 南北調節委共同委員長・金英柱、金大中拉致事件を理由に南北対話を拒否。**9.5** 平壌で地下鉄開通式。△国連常駐オブザーバー代表部が正式開設。[**1.27** ベトナム平和協定調印、**1.28** ベトナム戦争停戦]

1974.3.20 最高人民会議第5期3回会議開催（～25）、①税金の完全廃止、②対米平和協定の提案。**8.19** 中央通信、朴正熙暗殺未遂事件は北と無関係との声明を発表。**10.17** ユネスコ加盟。**11.25** 国連代表・李鍾旭、第29回国連総会で演説。[**8.9** 米大統領ニクソン、ウォーターゲート事件で辞任。**10.6** 第4次中東戦争勃発。**10.17** アラブ諸国、石油戦略発動]

1975.4.18 金日成が中国訪問、毛沢東と会談。**8.25** 非同盟会議に加盟（南の加盟は拒否）。**10.9** 労働党創立30周年記念大会。**12.3** 三大革命・赤旗戦取・平壌市勤労者大衆集会進行。[**4.30** 南ベトナム敗北し、ベトナム戦争終結]

1976.3.7 副総理・南日没。**5.14** 中央人民軍事委、人民武力部長・崔賢を解任、後任は呉振宇。**8.18** 板門店斧蛮行事件。**9.19**

立件。**5.25** 新民党両派がそれぞれ全党大会を挙行。**8.1** 梁正謨、モントリオール・オリンピックで解放後初の金メダル（レスリング、フリースタイル）。**8.18** 板門店斧蛮行事件。**9.16** 新民党両派合同全党大会（集団指導体制確立、代表最高委員に李哲承）。**10.11** 新安沖で宋・元時代の遺物を大量に引き揚げ。**10.24**「ワシントン・ポスト」が朴東宣事件を報道。**10.27** 安東多目的ダム竣工。

1977.3.16 治安本部、教科書検印正不正事件を発表。**6.19** 古里原子力発電所1号機に点火。△金烱旭、米下院国際問題委員会で「朴東宣事件」について証言。**7.1** 付加価値税制と職場医療保険制施行。**9.15** 韓国隊がエベレスト登頂。**11.11** 裡里駅爆破事件。

1978.2.7 香港で女優・崔銀姫が行方不明となる。**2.21** 東一紡績労働者に対する暴行事件発生（汚物散布など）。**4.24** 咸平サツマイモ事件。**4.30** 政府、領海12海里宣言。**6.26**「われわれの教育指標」宣言。**6.30** 現代アパート不正分譲事件。**10.5** 自然保護憲章宣布。**12.12** 第10代国会議員選挙実施（新民 32.8 パーセント、共和 31.7 パーセント）。**12.27** 朴正煕、第9代大統領に就任。

1979.5.30 新民党全党大会で金泳三を総裁選出。**7.25** カトリック安東教区が呉元春事件を公表。**8.9** YH 事件。**10.4** 国会、新民党総裁・金泳三を除名。**10.9** 内務部、「南朝鮮民族解放戦線」関連者の検挙を発表。**10.18** 釜山に非常戒厳令宣布され、釜山・馬山の市民・学生らデモ（釜馬民衆抗争）。**10.20** 馬山・昌原に衛戍令。**10.26** 朴正煕、中央情報部長・金載圭に

副主席・崔庸健没。**10.22** 駐スウェーデン大使館員5名が密輸事件に関与し、国外追放措置を受ける。**10.26** 駐フィンランド公使館員4名が密輸事件に関与し、国外追放措置を受ける。［**1.8** 中国総理・周恩来没。**4.7** 第1次天安門事件。鄧小平失脚し、首相に華国鋒就任。**9.9** 毛沢東没］

1977.7.1 経済水域200海里を設定。**9.5** 労働党中央委第5期第14回全員会議開催。「社会主義教育に関するテーゼ」の討議と公布。**12.10** 金日成、東独首相ホーネッカーの歓迎式典で、「朝鮮半島統一は平和的に行い、ドイツ方式はとらない」と言明。［**1.3** チェコで「77年憲章」を宣言］

1978.8.13 金正日、リビア管理会議に参加（公式席上に初登場）。**9.2** 平壌－元山間高速道路開通。**9.12** 金日成、平壌で鄧小平（中国副首相）と会談。［**8.12** 日中平和友好条約調印。**10.22** ローマ法王にポーランド出身のヨハネ・パウロ2世］

1979.1.31 中央通信、1979年3月1日を期しての対南批判プロパガンダの中止を宣言。**2.27** ソ連、中越戦争に対する北の沈黙を批判。**4.12** 貨幣交換の完了。**4.25** 平壌体育館で第35回世界卓球選手権大会開幕。**5.2** ワルトハイム国連事務総長、北を訪問（5.3 金日成と会見）。**10.27**『労働新聞』、韓国の「10・26 事態」に関し「独裁の末路」と題して論評を掲載。［**1.1** 米

射殺さる（10・26事態）。**12.6** 統一主体国民会議、第10代大統領に崔圭夏を選出。**12.7** 大統領緊急措置第9号を解除し、拘束者を釈放。**12.12** 国軍保安司令官・全斗煥、陸軍参謀総長・鄭昇和らを逮捕し、軍の実権を握る（12・12事態）。**12.20** 金載圭ら7名に死刑宣告。

1980.4.21 舎北鉱山労働者700余名、流血暴動（舎北事態）。**5.15** 学生の街頭デモ激化。**5.17** 非常戒厳令を全国に拡大。**5.18** 光州民衆抗争起こる（～5.27）。**5.24** 金載圭ら5名の絞首刑執行。**5.31** 国家保衛非常対策委員会設置さる。**8.16** 大統領・崔圭夏、辞任。**9.1** 全斗煥、第11代大統領に就任。**11.14** 新聞協と放送協、言論機関の統廃合を決定。

1981.1.15 民主正義党結成（総裁・全斗煥）。**3.3** 全斗煥、第12代大統領に就任。第5共和国発足。**3.25** 第11代国会議員選挙。**9.30** IOC、第24回オリンピック開催地をソウルに決定。

1982.1.5 夜間通行禁止令を全面解除。**3.18** 釜山アメリカ文化センター放火事件。**4.26** 宜寧警察署宮柳支署巡査・禹範坤が銃乱射（58名死亡）。**5.20** 李哲熙・張玲子手形詐欺事件発表。**7** 日本の歴史教科書歪曲事件。

1983.6.30 KBSで離散家族を探す番組の放送開始。**8.17** 明星グループ事件。**9.1** ソ連戦闘機による大韓航空機撃墜事件（死者269名）。**10.9** ビルマ（ミャンマー）・アウンサン廟爆破事件（副総理・徐錫俊、外相・李範錫ら17名死亡）。

中国交正常化。**2** イラン革命。**2.17** 中国軍、ベトナムに侵攻。**12.27** ソ連軍、アフガニスタンに侵攻］

1980.2.6 南北首相会談を準備するための南北実務代表会談、板門店で開催。**6.5** 光州民衆抗争犠牲者を追悼する平壌市民合同追悼会開催。**9.30** 全国で「100日戦闘」課業が展開。**10.10** 労働党第6回大会開幕。金正日が党大会執行委員29名中5番目の序列に進出。金日成、「高麗民主連邦共和国統一方案」を提案。［**8.30** 華国鋒、中国首相を辞任、後任は趙紫陽］

1981.8.31 農作物増産に関する非同盟諸国・開発途上国会議、農作物増産に関する平壌宣言を採択して閉幕（81ヵ国14団体参加）。**12.5** 社会科学院民族古典研究所、『李朝実録』ハングル訳を完成。［**1.20** レーガン、米大統領に就任］

1982.2.15 金正日、40歳の誕生日を迎え、朝鮮英雄称号と金星メダル（国家勲章第1級）を授与さる。**4.15** 金日成、70歳の誕生日を迎え、「金日成主席に全人民が捧げる忠誠の手紙」贈呈式挙行。**12.12** 「80年代速度」創造に挑戦する千里馬先駆者大会、平壌で開催（～14）。

1983.10.21 「アウンサン廟事件」北犯行説を糾弾する声明。**11.4** ビルマ（ミャンマー）政府、「アウンサン廟事件」を北の工作隊の犯行と確認。北との国交断絶を宣言。**12.16** 領海を不法侵犯した日本漁船「第十八富士山丸」を拿捕、スパイ船

1984.5.18 民主化推進協議会（民主協）発足。6.29 前国会議長・丁来赫、不正蓄財を追求され公職辞任。9.6 大統領・全斗煥、日本訪問（天皇発言「両国間の不幸な過去を遺憾とする」）。11.14 学生 264 名、民正党本部占拠籠城。

1985.1.18 新韓民主党結成（総裁・李敏雨）。2.12 第 12 代国会議員選挙、新民党ブームで一躍第 1 野党となる。3.6 金大中、金泳三らの政治活動規制を解除。4.16 大宇自動車ストライキ。5.23 学生 73 名がソウルアメリカ文化センターを占拠、籠城（～26）。6.24 九老同盟ストライキ。9.20 南北故郷訪問団、ソウルと平壌に到着。

1986.4.28 ソウル大生・金世鎮、李載虎、「反戦・反核」を叫んで焚身自殺。5.3 仁川で 5・3 事態。7.2 富川署性拷問事件告発。10.28 建国大学籠城事件。

1987.1.14 朴鍾哲拷問致死事件。4.13 大統領・全斗煥、4・13 護憲措置を発表。5.1 統一民主党結成（総裁・金泳三）。6.9 延世大生・李韓烈、重態となる（7．5．死亡）。6.10 6・10 大会開催（6・10 デモ）。6.26 全国 37 都市で大規模デモ（6・26 平和大行進）。6.29 民正党代表委員・盧泰愚、「6・29 宣言」を発表。10.27 直接選挙制改憲案国民投票（賛成 93.1 パーセント）。10.28 金大中、大統領選出馬と新党結成を宣言。12.16 第 13 代大統領選挙（盧泰愚当選）。△不正選挙に抗議して九老区庁

嫌疑で乗務員を拘留。[8.21 フィリピンの野党指導者アキノ、暗殺さる]

1984.3.9 国家第一副主席・金一没。5.19 映画監督・申相玉、女優・崔銀姫が内外の記者団と会見。10.4 韓国の水害罹災者に対する救援物資提供。11.15 初の南北経済会談、板門店で開催。11.20 南北赤十字会談、7 年ぶり開催。

1985.6.23 南北国会議員会談のための第 1 回予備会談が板門店で進行。8.27 南北赤十字社会談第 9 回会議、平壌で開催。9.21 南北赤十字芸術団、相互訪問し初公演。[3.10 ゴルバチョフ、ソ連共産党書記長に就任]

1986.5.31 金日成、金日成高級党学校創立 40 周年を記念して、「朝鮮労働党建設の歴史的経験」を発表し、同時に後継者問題の解決を言明。12.27 労働党中央委第 6 期第 12 回全員会議、第 3 次経済 7 ヵ年計画（87～93）を議決。

1987.1.15 金万鉄一家 11 名が北を脱出。1.22 朴鍾哲拷問致死事件糾弾平壌市青年学生集会。7.14 第 4 回ローザンヌ南北体育会談。7.30 人民軍最高司令部、87 年末までに 10 万の兵力削減を言明。10.26 北オリンピック委員会、韓国大統領選挙終了までソウル・オリンピック参加決定を留保。11.29 大韓航空機 858 便、爆破され墜落（北朝鮮工作員によるテロとされる）。12.4 北の平和統一促進協議会、韓国大統領選での野党候補単一化を促す声明を発表。

占拠籠城。

1988.2.25 盧泰愚、第13代大統領に就任。**4.26** 第13代国会議員選挙で民正党が過半数確保に失敗。**5.15**『ハンギョレ新聞』創刊。**7.7** 盧泰愚、対北対策9ヵ条の特別宣言。**9.17** ソウル・オリンピック開幕。**11.17** 汝矣島農民デモ。**11.23** 全斗煥、国民に謝罪し白潭寺に隠遁。

1989.1.21 全国民族民主運動連合（全民連）発足。**2.13** 汝矣島で「水税廃止とトウガラシ全量買い上げを勝ち取るための全国農民大会」開催（竹槍デモ）。**3.1** 全国農民運動連合結成。**3.25** 文益煥牧師・北訪問の波紋広がる。**5.3** 釜山・東義大事態。**5.28** 全国教職員労働組合（全教組）結成。**6.27** 国会議員・徐敬元の北密入国公表。**6.30** 全国大学生代表者協議会（全大協）代表・林秀卿が平壌での祝典に参加。**7.7** 全大協と朝鮮学生委員会（北）、南北統一を促進するための共同宣言を発表。**8.15** 林秀卿と文奎鉉神父、板門店を通過して帰国。**9.11** 盧泰愚、国会で「韓民族共同体統一方案」を発表。**11.9** 外交部、朝鮮半島の非核化問題について、韓・米・朝の3者会談を提案。**12.8** 韓ソ、ソウル・モスクワに領事館設置を合意。**12.28** ユーゴスラビアと国交正常化。**12.31** 全斗煥、国会で証言。

1990.1.22 民主正義党、統一民主党、新民主共和党の3党合党し、民主自由党（民自党）結成。△全国労働組合協議会創立。

1988.1.12 中央放送でソウル・オリンピック不参加を公式表明。**1.17** 大韓航空機爆破事件は「南の自作自演」と主張。**7.20** 南北国会連席会議を提案。**11.7** 党・政府・議会連合会議、「四大平和方針」を提案（朝鮮半島の平和は統一志向、米軍撤収、南北軍縮、責任ある当事者間の協商によって実現されねばならない）。**11.8** 金日成、ソ連の改革政策を賞賛。**12.21** 90年のアジア大会（開催地・北京）での南北統一チーム参加を提案。［**11.8** ブッシュ、米大統領に当選］

1989.1.1 金日成、「新年の辞」で南北4党の総裁と指導者レベルの人々によって構成された南北政治協商会議を提案。**1.20** 平壌放送、現代財閥会長・鄭周永の北訪問（1.23、名目は故郷訪問）を公式に報道。**3.25** 文益煥牧師、北訪問（27 金日成と会見）。**4.2** 許鍩・文益煥共同声明。**6.30** 全大協代表・林秀卿、7月平壌祭典参加のため北を訪問。**7.1** 第13回世界青年学生祭典開幕。**8.15** 林秀卿、文奎鉉神父、南に帰業。**9.27** 南北赤十字社会談実務代表会議、3年9ヵ月を経て再開。**10.25** 第18回南北国会議員会談、成果なく終わる。［**5.15** ゴルバチョフソ連大統領訪中。中ソ和解。**6.4** 第2次天安門事件。**9〜12** 東欧革命。**12.2** マルタで米ソ首脳会談。冷戦終結］

1990.3.14 中国共産党江沢民総書記が平壌を訪問し、金日成主席と会談。**6.6** 労働新聞が署名論説で、盧泰愚・ゴルバチョ

4.12 KBSに警察力導入さる。4.21「民衆政党結成のため民主連合推進委員会」（民連推）結成。4.21「民自党一党組織粉砕と民衆の基本権争取国民連合」（国民連合）結成。4.24 全国農民会総連盟結成。4.28 現代重工業ストライキ闘争に警察力導入。5.15 李文玉監査官、拘束さる。6.5 韓ソ首脳会談開催。6.15 民主党結成（総裁・李基沢）。6.21 民衆党（仮称）結成発起人大会開催。7.14 国会、光州補償法、国軍組織法、放送関係三法を強行採決。7.15 野党議員総辞職決議。7.20 盧泰愚、「南北間の民族大交流のための特別宣言」。7.26「8・15汎民族大会」第2回予備実務者会談決裂。8.13～15 全民連ら在野団体、「8・15汎民族大会」開催。9.30 韓ソ共同声明によりソ連との国交正常化。10.4 国軍保安司令部、良心宣言を行い民間人調査を暴露。

1991.2.18 水西宅地不正問題（ソウル市郊外）で内閣改造。盧大統領が水西事件謝罪の特別談話を発表。3.26 市・郡・区議会選挙実施（1961年以来30年ぶり）。4.20 盧大統領、済州島でソ連大統領ゴルバチョフと会談。6.20 広域地方自治議会選挙実施。6 野党の新民党と民主党が合党宣言。9.18 南北両国、国連に同時加盟。10.1 米軍が板門店地域の警備を韓国軍に委譲。韓国軍が38度線全域の警備を担当。10.2 韓・中外相が接触。10.23 朴体育相ベトナム訪問、早期国交樹立を合意。

1992.1.6 ブッシュ米大統領、盧大統領との会談で在韓核兵器の撤去を言明。3.24 総選挙で与党民自党が過半数確保に失敗。7.19 金達玄北朝鮮副総理が経済視察のため訪韓。8.24 韓・中国交樹立。8.28 金泳三、民自党総裁に選出さる。9.18 盧大統

フのサンフランシスコ会談を「「二つの朝鮮」政策」と非難。7.5 祖国平和統一委員会、8.15からの板門店共同警備区域内北側区域の開放と、南北接触往来三大原則を発表。9 朝鮮労働党と日本の自民党・社会党訪朝団による「3党共同宣言」。10.5 労働新聞、韓ソ国交正常化を論評し、ソ連を「同盟国の信義をドルで売った」と非難。10.11 第1回南北統一サッカー大会開催（平壌5．1競技場、23日の二次選はソウル）。10.18 南北統一音楽祭（平壌）。12.17 日本との国交正常化に向けた第3回予備会談の91年1月下旬開催に合意。［8.2 イラク、クウェート占領。10.3 ドイツ統一］

1991.1.30 平壌で日朝国交正常化第1回本会議。5.20 北京で日朝国交正常化第3回本会議。6.23 板門店で米兵遺骨返還についての米朝会談。11.18 北京で日朝国交正常化第5回本会議。11.30 統一教会教祖・文鮮明、平壌を訪問し、金日成と会見。12.24 金正日、人民軍最高司令官に就任。［1.17 米軍を主力とする多国籍軍がイラク空爆を開始。8.26 ソ連大統領ゴルバチョフが「共産党中央委員会解散」勧告を声明。12.23 ゴルバチョフ、ソ連邦解体を承認し、大統領辞任］

1992.2.4 金正日、建国50周年記念に向けて『金正日選集』第1巻を発行。4.15 金日成生誕80周年。4.21 金正日と呉振宇人民武力部長に元帥位を授与。5.3 金達玄副総理が平壌国際会議取材の外国記者と会見し、初めて経済不振を認める。

領、民自党を離党し、中立的選挙管理内閣の組閣を発表。**12.18** 第14代大統領選挙で金泳三が当選。**12.19** 北が第9回南北高位級会談開催を拒否。**12.22** ベトナムと国交樹立。

1993.2.25 金泳三大統領、改革と変化による「新韓国の創造」を強調。**3.19** 李仁模を北に送還。**5.24** 金大統領、「12・12事態」に加担した李弻爕統合参謀本部議長ら現役将軍を更迭。**6.24** 韓国国防部、北のミサイル・ノドン1号の発射実験(5月末)を確認と発表。**8.12** 金大統領、金融実名制実施を発表。**11.6** 金大統領、細川護熙首相と慶州で会談。細川首相、日本の侵略行為を公式謝罪。**11.19** 金大統領、江沢民中国国家主席とシアトルで会談。**11.23** 金大統領、クリントン米大統領との会談で、IAEA(国際原子力機関)による北核疑惑全面査察と南北相互査察を確認。

1994.3.1 金大統領、「新しい日本認識」を強調。**3.24〜26** 金大統領、日本と中国を訪問し、首脳会談を開催。**6.1** 金大統領、ロシア訪問。**6.18** 金大統領、カーター元米大統領との会談で、南北首脳会談を受諾。△南北首脳会談予備接触会談で、7.25平壌開催に合意。**12.1** 韓国軍の平時作戦統制権が44年ぶりに韓国に帰属。**12.15** 双龍グループが北を訪問し、羅津・先鋒地区へのインフラ投資に合意。

7.15「新通貨発行に関する旧通貨との交換および銀行入金などの措置」について政令を発表。後日、この政令実施に反発する暴動が起こった模様。**7.19** 金達玄副総理が1週間にわたって訪韓。[**2.28** 国連安保理、カンボジアでのPKO活動承認決議案を全員一致で採択。**11.3** 米大統領選でクリントン圧勝(12年ぶりの民主党政権成立)]

1993.2.25 IAEAが1ヵ月の回答期限付きで、対北朝鮮核特別査察決議案を採択。**3.8** 準戦時体制を宣布。**3.12** NPT(核拡散防止条約)脱退を宣言。**4.7〜9** 最高人民会議第9期第5回会議(金正日を国防委員会委員長に選出)。**5.11** 国連安保理、北に対してIAEA査察要求を決議。**6.11** 米朝協議により、NPT脱退を保留。**6.14** 日本の防衛庁が、東海(日本海)での北の新型ミサイル発射実験を確認と発表。**9.8** 連合通信(韓国)が、「北ではきびしい食糧難のため、食糧配給票偽造事件や集団での食糧略奪事件が頻発している」と報道。**10.10** アムネスティが北の人権弾圧を報告。**12.12** 条件付きでIAEA査察受け入れを回答。[**10.4** エリツィン・ロシア大統領、最高会議を武力制圧]

1994.1.1 金日成主席が新年の辞で声明。①米朝合意による核問題の解決。②金泳三政権に期待せず。③農業・軽工業・貿易第一主義の方針で、今後3年間は緩衝期とする。**2.15** 申告済みの7施設についてのIAEA査察に同意。**6.16** 金日成・カーター会談。南北首脳会談開催と北の核開発凍結で合意。**7.8** 金日成、午前2時に心筋梗塞で死亡。**7.20** 金日成国家主席永訣式。**8.13** 米朝第3段階高位級協議で4項目を合意。**9.13** 米兵の遺骨14体を米

に送還。**10.11** 檀君陵竣工式。**11.1**『労働新聞』、金正日論文「社会主義は科学である」を掲載。**12.1** 米、北と初めて公式接触（米朝連絡事務所開設のため）。〔**2.3** 米、対ベトナム経済制裁措置解除を発表。**10.14** ノーベル平和賞がイスラエル・ラビン首相、同ペレス外相、PLOアラファト議長に授与決定〕

1995.1.19 金鍾泌、民自党代表を辞任。**3.2** 金大統領、仏独など欧州5ヵ国を訪問。**4.11** 総選挙で与党辛勝。**4.16** 済州島で米韓首脳会談、朝鮮半島での新安保の枠組みをさぐる韓国・北朝鮮・米国・中国の4ヵ国会議提案。**4.28** 大邱の地下鉄工事現場で爆発事故、死者110名。**5.17** 大宇グループの北朝鮮南浦工業団地投資を承認。**6.21** 北京で第1回南北コメ会談。15万トン供与で合意。**6.23** 済州島で日韓首脳会談。**6.28** 統一地方選挙で与党大敗。**9.5** 新政治国民会議結成。**11.6** 盧泰愚前大統領、収賄容疑で逮捕。**12.3** 全斗煥元大統領、軍刑法の反乱首謀容疑で逮捕。

1995.2.25 呉振宇人民武力部長が死亡。**5.3** 人民軍板門店代表部、中立国監視委北側事務所閉鎖などを一方的に通告。**5.26** 日本に対しコメの援助を非公式に要請。**6.13** 朝米、クアラルンプール準高位級会談で軽水炉の韓国型採用を合意。**9.5** 国連現地調査団報告によれば、7～8月の洪水で約10万世帯が家を失い、60～70万人が行方不明（北の公式発表では、100年来の水害で、150億ドルの損失）。**11.23** 世界食糧機構、北朝鮮への食糧援助第1回分としてコメ5140万トンを供与。**12.15** 朝鮮半島エネルギー開発機構（KEDO）と北朝鮮が、ニューヨークで軽水炉供給協定に合意、調印。◎第1回分重油、羅津、先鋒に到着。

1996.5.31 国際サッカー連盟、2002年のワールドカップの日韓共催を決定。**8.15** 旧朝鮮総督府、解体・撤去開始（12.13に完了）。**8.26** ソウル地裁、全斗煥、盧泰愚にそれぞれ死刑、懲役22年6カ月の判決（12.16、全は無期に減刑。97.12.22、ともに特別赦免で釈放）。**9.18** 韓国の江陵沖で北朝鮮潜水艦坐礁。武装した乗員ら、上陸・逃走（1名逮捕。韓国側の追跡部隊との銃撃戦などにより24名死亡。12.30、遺骨を北朝鮮に返還）。**10.25** 韓国、OECD加盟。**12.18** ペルーの日本大使公邸が左翼ゲリラにより占拠され、韓

1996.2.22 北朝鮮が米国との平和協定に向け、暫定協定の締結提案。**4.4** 北朝鮮が38度線非武装地帯での任務放棄を宣言、5日から3夜連続で北の武装兵が板門店の共同警備地域に侵入。**7.8** 金日成没後3周忌、金正日は国家主席に就任せず。〔**7.20** アトランタ五輪・近代オリンピック100周年。**9.10** 国連、包括的核実験禁止条約（CTBT）採択。〕

国大使など多数、人質に（97.1.4、全員救出）。

1997.1 韓宝鉄鋼、事実上倒産（韓宝事件発覚。金大統領の次男の賢哲、収賄などで10.13、懲役3年などの実刑判決。11.3保釈）。以後、大企業の倒産、経営危機表面化続発。△労働法改正（整理解雇制合法化など）反対デモ、史上最大規模。**11.17** ウォン暴落。経済危機本格化。**11.21** 韓国政府、IMFへの緊急支援要請発表。IMF、支援約束発表（12.3、理事会で3年間で210億ドルの融資承認）。新韓国党と民主党が合同、ハンナラ党結成。**12.9** ジュネーブで韓国・北朝鮮・米国・中国の4ヵ国会議、第1回本会議開始。**12.18** 第15代大統領選挙で金大中が当選。◎経済危機で物価上昇、失業者増加など深刻化。

1998.2.25 金大中大統領、就任式で史上初の「国民の政府」を標榜。北朝鮮の吸収統一はしないなど対北3原則提示（太陽政策）。**6.16** 韓国の現代グループ名誉会長、鄭周永、援助の肉牛500頭とともに北朝鮮訪問。**6.22** 韓国の束草沖合に侵入の北朝鮮潜水艇、漁網にかかる（乗員全員死亡）。**9.25** 日韓漁業協定改正合意。**10.7～10** 金大中大統領訪日（10.8日韓首脳会談）。**10.20** 申楽均文化観光相、日本大衆文化の段階的解禁方針を発表。**11.18** 現代グループによる金剛山観光ツアー開始。**12.5** 日本映画「HANA-BI」、韓国で公開。

1999.1.6 日本人の海外渡航先、韓国がトップに（史上初）。韓国の月間輸出高、史上最大。**6.15** 黄海上の南北境界線（北方限

1997.2.12 労働党中央委員会書記の黄長燁、北京の韓国大使館に亡命申請（フィリピン経由で4.20、韓国に入国）。**8** 張承吉駐エジプト大使、米国に亡命。**10.4** 北朝鮮の日本人拉致疑惑問題解決を求める「北朝鮮に拉致された日本人を救出する会」、東京で結成。△金正日、労働党総書記に就任。**11.8～14** 北朝鮮在住の日本人女性、里帰り。[**9.18** オスロの政府間会合で対人地雷全面禁止条約を正式採択。**9.23** 日米新ガイドライン合意（日本周辺の危機に際して、米軍の補給・通信などに積極的に協力する方針固まる）]

1998.3.10 国連食料農業機関（FAO）、北朝鮮の食料危機の悪化を伝える報告書を発表。**8.31** 在日米軍、防衛庁に北朝鮮が弾道ミサイル発射と連絡。自衛隊もこれを確認・追尾。日本政府、北朝鮮に抗議（9.4北側の朝鮮中央通信、「8月31日に人工衛星を打ち上げた」と報道）。**9.5** 最高人民会議第10期第1回会議（憲法改正。国家主席制廃止。国防委員長を最高位とし、金正日を再任）。[**4.10** 北アイルランド和平合意。△インドとパキスタン、相次いで核実験（4.15インド、正式に核保有宣言）。◎ユーゴ、コソボ紛争激化。セルビア兵によるアルバニア系住民虐殺に国際的非難]

1999.3.23 国籍不明船2隻、日本領海に侵入（3.24日本政府、史上初の自衛隊「海上警備行動」発動。警告射撃・爆撃を実

界線、NLL)付近で韓国・北朝鮮両国警備艦隊が銃撃戦。**6.20** 北朝鮮、金剛山観光中の韓国人女性、閔泳美を拘束(6.25、釈放)。金剛山観光ツアー中断(8.5再開)。**6.30** 韓国、日本の自動車、大型カラーテレビ、ビデオ、携帯電話などの輸入規制撤廃。**8.2〜7** 日本の自衛隊と韓国軍が史上初の共同訓練(海難救助訓練)。**8.23** 韓中国防相会談(史上初)。**12.18** ソウルで南北バスケットボール親善試合。◎北朝鮮スパイと韓国情報機関員の戦いを描いたアクション映画「シュリ」大ヒット。

行したが、2隻とも日本領海外に逃走。3.30日本政府、2隻は北朝鮮のものと断定)。**5.16** 米国調査団、北朝鮮の金倉里の核疑惑施設に立ち入り調査(6.26、核開発の形跡はないとの最終報告)。**8.29** 陸上競技第7回世界選手権、北朝鮮の鄭順玉、女子マラソンで優勝。**9.12** 北朝鮮、長距離ミサイル発射自制などで米国と合意(ベルリン合意)。**9.17** 米国、朝鮮戦争以来の対北朝鮮経済制裁の緩和を発表。**12.29** 朝鮮中央通信、日本経済新聞社員・松嶋岑をスパイ容疑で拘束と報道(02.2.12、釈放)。[**3.24〜6.9** NATO、ユーゴ空爆。**5.24** 日米新ガイドラインに対応した「周辺事態法」成立]

2000.1.20 新千年民主党結成。△第16代国会議員選挙に向けて、「落選運動」活発化。**3.8** ハンナラ党公認漏れ議員ら、民主国民党結成。**4.13** 総選挙でハンナラ党、第一党維持。**6.13〜15** 南北首脳会談。**7.29〜30** 第1回南北閣僚級会談。**8.15〜18** 第1次南北離散家族相互訪問。**9.2** 韓国政府、北朝鮮の工作員を含む非転向長期囚63名を北側に送還。**12.10** 金大中大統領、ノーベル平和賞受賞。

2000.1.4 イタリア、北朝鮮との国交樹立発表。**2.9** ロシア・北朝鮮友好善隣協力条約調印。**5.8** 北朝鮮、オーストラリアとの間で国交回復合意。**5.29〜31** 金正日総書記、中国訪問(就任後初の外国訪問。5.30中国の江沢民国家主席と会談)。**6.13〜15** 南北首脳会談。**8.15〜18** 南北離散家族相互訪問。**9.15** シドニーオリンピック入場式で南北同時入場。**10.23〜24** オルブライト米国務長官、訪朝。[**12.18** 米大領選で共和党のブッシュ当選]

2001.2.28 韓国政府、日本の歴史教科書に懸念表明(5.8、35項目の修正要望書提出)。**3.22** 仁川・新ソウル空港開港式。**8.1** 韓国漁船、ロシアとのみ合意の上、北方4島水域で操業開始。日本の田中外相、抗議談話。**8.13** 韓国の韓外相、日本の小泉首相の靖国神社参拝に遺憾の意表明。**8.17** 韓国政府、戦時中韓国人を虐待した日本人25名に対し入国禁止措置。**8.18** ソウル地検、韓国大手新聞社社長ら3名を脱税などの容疑で逮捕。**8.21** 韓国

2001.1.15〜20 金正日、中国非公式訪問。**4.27** ロシア・北朝鮮軍事協力協定調印。**7.26〜8.18** 金正日、ロシア訪問(8.4モスクワ宣言)。**9.3〜5** 江沢民中国国家主席、北朝鮮訪問。**9.12** 北朝鮮外務省、米の同時多発テロについて遺憾の意表明。**9.18** 北朝鮮、米がテロ組織に報復すれば反米感情を煽るだけと警告。**10.12** 北朝鮮、南北離散家族面会を一方的に延期。南北交流全面中止へ。**12.22** 鹿児島県沖で撃沈された北朝鮮工作船から覚醒

国家情報院・警察、北側の体制を礼賛するなどの行為があったとして、訪朝者16名を連行調査（9.3 林東源統一相の問責解任決議案可決。9.4 内閣総辞職）。8.23 韓国、IMF融資完済。8.30 韓国政府・青少年保護委員会、未成年者をねらった性犯罪者の身元をインターネットで一斉公開。9.19 金大中大統領、ブッシュ米大統領との会談で、米のテロ対応に協力約束。9.24 韓国大統領府報道官、米への後方支援策発表。10.20 米英のアフガニスタン攻撃などに反対する反戦集会、ソウルなど主要都市で一斉に開催。11.8 金大中、民主党総裁辞任。11.15 米韓安保協議で、在韓米軍基地のうち1万3400ヘクタール（約半分）を2011年までに段階的返還で合意。

2002.2.19 韓国、米国産米の初輸入。3.21〜23 小泉首相訪韓。(3.22、日韓投資協定締結)。4.28〜5.3 第4次離散家族再会（金剛山。9.13〜15、第5次再会、1回目。9.16、第5次再会、2回目）。5.6 金大中、民主党脱党。5.11 朴槿恵議員、訪朝。金正日と会見。5.31 日韓ワールドカップ開幕（〜6.30）。6.13 女子中学生が米軍装甲車にひかれて死亡 (11.20、米8軍軍事法廷、女子中学生死亡事件で米兵2名に無罪判決)。6.29 サッカーワールドカップで、韓国4位決定。△黄海の北方限界線(NLL)付近で、北朝鮮と韓国の艦艇が銃撃戦。韓国側死者4名、行方不明1名。北朝鮮側も30名以上死傷。7.11 梨花女子大学総長の張裳、首相代理就任（7.31、国会、張裳首相就任を否決）。8.6 国連軍・北朝鮮、将官級会談。8.15〜16 韓国、民族統一大会。北朝鮮から116名参加。9.18 京義線・東海線、南北同時着工 (03.6.14、連結式挙行)。9.21

剤、銃器、携帯電話などが発見さる。[9.11 米国同時多発テロ事件。10.8 米英両国軍、テロへの報復としてアフガニスタン武力攻撃開始。11.9 海上自衛隊の護衛艦2隻、補給艦1隻、米の対アフガン軍事行動支援のため佐世保基地を出航]

2002.1.28 ブッシュ米大統領、年頭教書で北朝鮮、イラク、イランを「悪の枢軸」と非難。3.11 よど号事件関係者・八尾恵の証言により、警視庁が有本恵子を拉致被害者に認定。3.22 北朝鮮赤十字会、日本人行方不明者の調査、赤十字会談の再開を発表。4.4 金正日、林東源韓国特使に日朝対話再開の意思を表明。4.15 北朝鮮、金日成誕生90周年「アリラン祭典」開催。4.28〜5.3 第4回離散家族再会（金剛山。9.13〜15、第5回再会、1回目。9.16、第5回再会、2回目）。5.1 成田空港で金正男とみられる男性拘束。5.8 中国瀋陽で、脱北者家族、日本領事館に駆け込もうとして中国公安に拘束。22日、全員フィリピン経由で韓国に入国。5.11 韓国の朴槿恵議員、訪朝。金正日と会見。6.29 黄海の北方限界線(NLL)付近で、北朝鮮と韓国の艦艇が銃撃戦。韓国側死者5名。北朝鮮側も30名以上死傷。7 経済管理改善措置（7・1経済措置。食料全

南北首脳会談関連実務者協議。**9.29〜10.14** 第14回アジア競技大会、釜山で開催（9.16、選手村で北朝鮮国旗、初めて掲揚、分断後初。9.18、北朝鮮選手団343名を乗せた万景峰号が釜山入港）。**10.24** 韓国、メキシコと初の自由貿易協定（FTA）締結。**11.4** ASEAN地域フォーラム、日中韓首脳会談（プノンペン）。テロ共同対策について協議。**11.5** 民主労組所属8万名以上、永登浦駅前で週5日制法案廃棄要求、ストライキ強行。**11.16** 北朝鮮、北方限界線侵犯（黄海海戦後初）。△戦時中の強制連行被害者357名の位牌、太平洋戦争犠牲者遺族会により帰国。**12.23** 韓米SOFA協調法案可決。

面配給制停止）。**7.31** 日朝外相会談、米朝外相会談（ブルネイ）。**8.6** 国連軍・北朝鮮、将官級会談。**8.20〜24** 金正日、ロシア訪問。8.23、プーチン大統領と会談（ウラジオストック）。**8.24** 田中均外務省アジア大洋州局長、小泉首相の金正日宛メッセージを伝達。**8.25〜26** 日朝外務省局長級協議（平壌）。**8.30** 小泉首相、日朝首脳会談開催発表。**9.17** 小泉首相訪朝（日本の首相として初）。日朝平壌宣言。9.28、拉致被害者調査で日本政府が調査団派遣（10.2、政府調査団が調査結果を公表）。**9.18** 京義線・東海線、南北同時着工（03.6.14、連結式挙行）。**9.21** 南北首脳会談関連実務者協議。**10.3〜5** ケリー国務次官補訪朝（10.16、北朝鮮が核開発の存在認めたと公表）。**10.8** 韓国系米国人スティーブ・キム、ニューヨークの国連本部前で北朝鮮の人権問題訴えるデモ。**10.15** 拉致被害者5名が一時帰国（10.24、日本政府、一時帰国の拉致被害者5名を北朝鮮に帰さず、家族の日本帰国求める方針を発表）。**10.29〜30** 日朝国交正常化交渉（クアラルンプール）。**11.14** 米国とKEDO加盟国、枠組み合意による北朝鮮への重油輸送停止で合意。**11.16** 北朝鮮、北方限界線侵犯（黄海戦後初）。**11.24** 日朝両政府、非公式折衝（大連）。**12** 米国、北朝鮮への重油供給を停止（12.12、北朝鮮外務省スポークスマン、「電力生産に必要な核施設の稼動と建設を即時再開する」と発表。12.21、封印撤去実行、監視カメラに覆い。12.27、IAEA査察官追放決定。12.31、退去）。

2003.1.6〜7 日米韓TCOG、ワシントンで協議。△鄭夢憲現代峨山会長、現代商船疑獄で出国禁止（1.29、北朝鮮支援認

2003.1.6 IAEA特別理事会、北朝鮮に核施設監視施設復旧要求決議。**1.10** 北朝鮮、NPTからの脱退と、IAEAの査察協定か

め、司法審査不適切と発言。2.16、記者会見で対北朝鮮5億ドル送金、首脳会談に寄与と発言)。**1.7** 日米韓局長級協議、北朝鮮が核開発を放棄すれば対話に応じる用意があると表明。**1.25** コンピュータウイルス「SOL Slammer」によりインターネットが約9時間マヒ。**1.27** 南北、軍事保障合意書妥結。**1.28** 韓国海洋水産部、フランス政府の海図が「東海・日本海」と並記していることを確認。**2.5** 金大中大統領、対国民声明。対北朝鮮送金解明拒否。**2.13** 駐韓米軍の2師団軍事法廷が暴行事件で有罪判決。**2.18** 大邱地下鉄1号線中央路駅火災。死者192名、負傷者148名。**2.25** 盧武鉉、韓国大統領に就任。**3.14** 盧武鉉大統領、対北朝鮮秘密送金特別検査法について記者会見。**4.2** 韓国国会、イラク派兵案を賛成多数で可決。17日、先発隊20名出発。**4.19** ソウルで北朝鮮核開発と独裁体制の反対のデモ。2000名以上参加。**5.11〜17** 盧武鉉大統領訪米。**5.18** 光州、5・18事件記念式。盧武鉉大統領、韓総連デモで裏口から入場。**5.23** 日米首脳会談(テキサス州クロフォード)。日米韓3国の連携、多国間協議の継続を確認。**5.30** 大法院、金大中大統領親族不正事件で大統領の次男・金弘業に有罪判決。**6.1** 北朝鮮漁船8隻、北方限界線侵犯。韓国海軍、警告・砲撃。**6.6〜9** 盧武鉉大統領訪日。日韓首脳会談(東京。共同宣言で日韓両国が参加する形の多国間対話に期待表明。6.8、テレビ番組に出演し、日本国民と対話)。**6.12** 金大中、退任後初のテレビ出演。対北送金の司法処理に遺憾表明。**6.16** 対北送金疑惑で、特別検察チームが朴智元前文化観光部長官を召喚。**6.25** 捜査結果発表。政府1億ドル、現代3億5000万ドル送金。見返りとして南

らの離脱を宣言。**1.27** 南北、軍事保障合意書妥結。**1.28** ブッシュ大統領、一般教書演説で北朝鮮問題の「平和的な解決を図る」と表明。**2.12** IAEA、北朝鮮核問題を国連安保理に回付決議。**3.10** 北朝鮮、対艦ミサイルを日本海に向けて試射。**3.14** 盧武鉉大統領、対北朝鮮秘密送金特別検査法について記者会見。**4.16** ジュネーブ国連人権委員会、北朝鮮人権問題糾弾決議。韓国、決議に参加せず。**4.21** 北朝鮮外務省スポークスマン、核燃料棒再処理発言。趙明禄国防委第一副委員長、公式訪中。**4.22** 米朝中、北京で北朝鮮の核についての3者会談。**4.23** 米朝中協議(北京)で北朝鮮、すでに核保有と言明。**6.1** 北朝鮮漁船8隻、北方限界線侵犯。韓国海軍、警告・砲撃。**6.17** 日本の川口外相、ASEAN地域フォーラム(ARF)閣僚会議の非公式夕食会で、北朝鮮の許鍾大使と会見(プノンペン)。**7.12** 米NBCテレビ、北朝鮮の核燃料棒再処理開始の確証を米政府が得たと報道。**7.31** 北朝鮮政府、6者協議受け容れを韓国政府に通知。**8.27〜29** 北朝鮮と日米韓中ロの6者協議(北京。8.30、北朝鮮代表、6者協議不要と声明)。**9.3** 北朝鮮最高人民委員会第11期第11回会議(金正日政権成立以来、2回目)。**10.24** 米朝当局者会談(ニューヨーク。北朝鮮、不可侵条約要求を取り下げ、「大統領親書」を安全保障の手段として受け容れる考えを伝達)。**10.27** 北朝鮮の対日・対韓国交渉の責任者、金容淳死去(69歳)。**10.28** 中国の呉邦国全国人民代表会議常務委員長、金正日と会談(平壌。6者協議継続で原則合意)。△北朝鮮警備艇1隻、北方限界線越境。韓国側、警告射撃。**11.4** KEDO(朝鮮半島エネルギー開発機構)理事会、軽水炉建設事業中断で合意。**12.9**

北首脳会談実施(8.18、有罪判決)。**6**韓国から北朝鮮に化学兵器に転用の恐れのあるシアン化ナトリウム輸出。**7.6**盧武鉉大統領訪中。**7.7**ハンナラ党改革派の李富永ら5名脱党。**8.4**鄭夢憲現代峨山会長、社屋屋上から投身自殺。**8.7**韓総連、京畿道抱川郡訓練所に侵入し、装甲車占拠。**8.8**韓国で初めて全羅南道高興で宇宙センター起工式。**8.11**不正資金問題で、金大中前大統領の側近・権魯丙緊急逮捕。**8.20**大邱ユニバーシアード参加の北朝鮮代表・応援団525名入国。**8.21〜31**第22回夏季ユニバーシアード大邱大会開幕。174ヵ国6559名参加。**8.27〜29**北朝鮮と日米韓中ロの6者協議(北京)。**9.16**日本大衆文化第4次開放。**9.18**国家情報院、宋斗律らに北側のスパイ容疑で逮捕令状。**9.30**日米韓、東京で北朝鮮の核について非公式協議。**10.20**APEC(バンコク)。6者協議継続推進確認。△日韓首脳会談。自由貿易協定(FTA)交渉の年内開始で合意(12.22、第1回政府間交渉[ソウル])。日中、日露首脳会談。北朝鮮の「安全の保障」について6者協議で調整することで合意。**10.23**韓国・シンガポール首脳会談。FTA締結で合意。**10.27**黄長燁訪米。**10.28**石原慎太郎都知事、「日韓併合は朝鮮人が選択」と発言。**11.5**日韓領事担当者協議(ソウル)で、韓国からの修学旅行で訪日の際のビザ免除で合意。**11.6**全経連(全国経済人連合会)、政治資金改革法案提示。**11.11**開かれたウリ党(通称ウリ党)発足。**12.6**側近不正をめぐる特別検事制法公布。翌年1月より90日間、大統領側近の崔導述前大統領総務秘書官らの不正調査。

米中首脳会談。北朝鮮核問題で共同歩調確認。[**3.20**イラク戦争開戦。**5.1**、戦闘終結宣言。**12.19**日本、安全保障会議と閣議で米国からのミサイル防衛システム導入決定。**12.19**リビア最高指導者カダフィ大佐、核兵器など大量破壊兵器開発の廃棄を発表]

2004.1.1日本の大衆文化全面解放。**1.14**盧

2004.1.6〜10米核専門家訪朝団、北朝鮮

大統領、外交通商部(省)の対米担当幹部が政府の外交政策を批判する発言を繰り返したとして、処分の方針を表明。**2.23** イラク派遣部隊(ザイトゥーン部隊)創設(8.25、本隊が出発開始。9.22、イラクのアルビルに着任完了)。**2.25～28** 第2回6者協議(北京)。**3.12** 国会、大統領弾劾訴追案可決。大統領職務停止。高建首相、職務代行。3月後半、各地で弾劾反対のロウソク・デモ。**3.23** 朴槿恵、ハンナラ党総裁就任。**4.1** 韓国高速鉄道KTX開業。**4.15** 第17代総選挙。ウリ党圧勝。**5.14** 韓国憲法裁判所、弾劾棄却。大統領職務復帰。**5.26** 第1回南北将官級軍事会談(金剛山)。偶発的衝突の防止策の必要で一致。**6.5** 広域地方選挙。ハンナラ党勝利(10.15にも広域地方選でハンナラ党勝利)。**6.23** イラクで人質となった会社員金鮮一殺害される。**6.23～25** 第3回6者協議(北京)。**7.1** ジャカルタで南北外相会談。**7.11** 政府、忠清南道燕岐・公州地域を首都移転の最適地として発表(8.11、確定。10.21、憲法裁判所、首都移転計画違憲判決)。**7.18** 連続大量殺人犯柳永哲逮捕。被害者は自供で26名、警察確認で21名。**7.21** 日韓首脳会談。北朝鮮核問題の解決加速化で合意。**7.27～28** 脱北者468名、ベトナムから集団入国。**8.19** ウリ党党首の辛基南議長、父親の親日派疑惑で辞任。**9.5** 盧武鉉大統領、国家保安法廃止が望ましいと発言。**9.9** 韓国政府、82年に政府の科学者がプルトニウム抽出と発表(以後、80年代のウラン転換、2000年のウラン濃縮実験も明らかに)。**9.19** 韓国政府、核平和利用4原則発表。**9.21** 盧武鉉大統領、モスクワでプーチン大統領と会談。**9.23** 性売買特別法(性売買被害者保護法・性売買斡旋等処罰法)施行。**9** 対日貿易赤字200

訪問。再処理施設の稼動、核燃料棒搬出確認(1.21、訪朝団のロスアラモス研究所元所長ヘッカー、北朝鮮で見せられた物質について「プルトニウムであってもおかしくない」と証言)。**1.19** 王家瑞中国対外連絡部長、金正日と会談。**2.9** 日本、改正外為・外国貿易法成立。単独での輸出入・送金の停止または制限が可能に(6.14、特定船舶入港禁止法成立。北朝鮮への経済制裁の体制整う)。**2.11～14** 田中均外務審議官・藪中三十二アジア大洋州局長ら訪朝。拉致問題などについて協議。北朝鮮、日本の改正外為法に反発。**2.25～28** 第2回6者協議(北京)。**3.14** 北朝鮮祖国平和統一委員会、朝鮮中央通信を通じて韓国の大統領弾劾案可決非難の論評。△**4.13** パキスタンの核の父カーン博士が「5年前に北朝鮮で3つの核兵器装置を目撃した」という主張が『ニューヨーク・タイムズ』に載る。**4.19～22** 金正日、中国訪問。4.19、胡錦濤国家主席と会談(北京)。**4.22** 北朝鮮の龍川で列車爆発事故。**4** 米国、テロ年次報告書で北朝鮮を改めてテロ支援国家に指定。拉致事件明記。**5.3～5** 田中均外務審議官・藪中三十二アジア大洋州局長ら訪朝。**5.12** 第3回6者協議のための作業部会。**5.14** 小泉首相、5月22日の再訪朝発表。**5.22** 第2回日朝首脳会談(平壌)。拉致被害者家族8名のうち、5名帰国。小泉首相、北朝鮮の核完全廃棄求める。金正日、朝鮮半島の非核化は最終目標だが、米国に対する核抑止力必要と発言。**5.23** 米『ニューヨーク・タイムズ』紙、北朝鮮が2001年初旬に核兵器原料のウランをリビアに輸出した証拠を、IAEAが発見と報道。**6.22** 東京で日本・EU定期首脳協議。6者協議の平和解決努力を評価し、北朝鮮に核の全面廃

億ドル突破で史上最高に。**10.5** 盧武鉉大統領、ニューデリーでシン首相と会談（10.7、アジア欧州首脳会議（ASEM）で訪問したハノイで中国の温家宝首相と会談。11.16、ブラジリアでシルヴァ大統領と会見。11.20、APECで訪問したチリのサンチアゴでブッシュ米大統領と会談。12.2、ロンドン・バッキンガム宮殿でエリザベス2世と会見。12.6、パリ・エリゼ宮でシラク大統領と会談）。**11.13** 盧武鉉大統領、米国ロサンゼルスで北朝鮮がみずからの核開発を自衛のための抑止力と主張していることについて「一理ある」と発言。**12.17** 鹿児島県指宿市で日韓首脳会談。**12.29** 改正「日帝強制占領下反民族行為の真相糾明に関する特別法」可決。◎この年、「ヨン様ブーム」で得られた利益は日本側では2000億円、韓国側では1000億円と推計（韓国の現代経済研究院）。韓国国防部、『国防白書』から北朝鮮を「主敵」とする記述を削除。韓国の対外投資で中国が第1位。[**12.26** スマトラ島沖大地震。死者22万人以上の被害。日本、自衛隊を含む国際緊急援助隊を派遣]

2005.1.3 ウリ党指導部、国家保安法問題など四大法案可決失敗の責任をとり、集団辞任。**1.4** 内閣改造人事で就任した李基俊副首相兼教育人的資源相が長男をめぐる不正疑惑で引責辞任。**1.14** 韓国サムスン電子、2004年決算発表。純利益10兆7867億ウォン（約1兆600億円）でマイクロソフト、インテルを抜き、IT関連

棄求める共同声明。**6.23～25** 第3回6者協議（北京。6.24、北朝鮮、「米国が敵視政策を変えれば、核兵器計画を放棄する」と表明。6.25、「朝鮮半島非核化に向けた第1段階の措置」として、北朝鮮の核の検証をともなう凍結、見返りとして対北朝鮮支援などの対応措置をとるとの議長声明発表。7.15、ケリー米国務次官補、米上院外交委で、第3回6者協議で北朝鮮が核開発計画のほとんどが兵器関連と認めたと証言）。**8.11～12** 第1回日朝実務者協議。**8** ブッシュ大統領、金正日を「圧制者」と非難（北朝鮮反発、9月に予定の6者協議への出席拒否）。**9.11** 北朝鮮、韓国の核関連実験を非難。**9.12** 中国訪朝団、金正日と会談。核問題などについて協議。**9.25～26** 第2回日朝実務者協議。**10.18** ブッシュ米大統領、北朝鮮人権法に最終署名。**11.9～14** 第3回日朝実務者協議（横田めぐみの遺骨と称する骨を日本側に引き渡し。12.8、骨は別人のものと判明。12.25、日本、北朝鮮に鑑定結果を伝達。北朝鮮、「別人のものではありえない」と反駁）。12月、食糧支援12.5万トンの支援凍結。◎この年の南北所得格差、韓国は北の15.5倍。2004年の北朝鮮と日本の貿易総額、前年比11.5％減の273億円。[**2.3** 陸上自衛隊本隊、イラクに出発。**3.27** 第1次派遣隊550名がイラク南部サマワに入る]

2005.1.17 韓国の北朝鮮民主化運動インターネットサイト「デーリーNK」、北朝鮮内の反金正日運動の映像公開。**1.18** ライス米次期国務長官、北朝鮮を「圧制の拠点」と非難。1月下旬～2月初め、マイケル・グリーン国家安全保障会議アジア上級部長、日中韓歴訪。1.31、都内ホテルで安倍晋三自民党幹事長代理と会

企業として世界第1位。**1.17** 韓国政府、日韓条約の請求権関連文書5冊公開。当時の韓国政府が個人補償を引き受ける考えだったことが判明。政府、「日韓国交正常化関連文書を外交に支障のない範囲で早期にすべて公開する」という方針表明（1.20、74年の朴大統領狙撃事件関係の外交文書公開。韓国側が対日断交まで視野に入れていたことが判明）。**1.24** 日本の「アジア女性基金」、07年3月末に解散することを発表。**1.25** 韓国潘基文外相、リビアでカダフィ大佐と会談。北朝鮮に核廃棄を説得するよう要請。カダフィ大佐、「北朝鮮を説得している」「イランやリビアのように核廃棄すべきだ」と発言。**2.24** 名古屋地裁、三菱重工業を相手どった元韓国人女子挺身隊員の損害賠償訴訟で請求棄却。**3.1** 盧大統領、3・1節記念式典で日本の歴史問題への取り組みに賠償含む「真摯な努力」要求の演説。**3.2** 韓国国会、伝統的家族制度の戸主制廃止を含む民法改正案通過。ソウル大学に日本研究所設置。**3.16** 韓国電力公社、北朝鮮・開城の工業団地に電力供給開始。島根県、2月22日を「竹島の日」とする条例可決成立。**3.17** 韓国、対日新原則発表。**3.19** ライス米国務長官訪韓。3.20、盧大統領と潘基文外相と会談。**4.7** 日韓首脳会談。韓国の潘基文外相、竹島は日本領とする教科書記述削除要求。町村外相は拒否。**4.30** 韓国国会議員補欠選挙・地方選挙。ハンナラ党圧勝。**5.26** 韓国社会世論研究所、月例世論調査発表。ハンナラ党支持率、30.7％で1位。与党ウリ党、23.7％で2位。**5.31** 韓国政府、「親日反民族行為真相糾明委員会」発足。**6.9** 韓国慶尚北道、島根県の「竹島の日」に対抗し、島根県と断交、10月を「独島の月」と定める条例制定。**6.20** 日韓首脳談。日本の北朝鮮経済制裁発動について、「選択肢として理解できる」「日米でよく相談を」と発言。**1.27** WFP（世界食糧計画）、北朝鮮が食糧配給を1人当たり1日300グラムから250グラムに削減したと発表。**2.2** 米ブッシュ大統領、一般教書演説で北朝鮮批判発言せず（2002年以来初）。**2.9** サッカーワールドカップアジア最終予選で日本と北朝鮮第1戦（さいたま市）。日本勝利。中継放送の瞬間最高視聴率57.7％。**2.10** 北朝鮮外務省、「6者協議を無期限中断」と表明。また核兵器の製造・保有を初めて公式宣言。**2** 米『フォーリン・アフェアーズ』誌に北朝鮮のウラン濃縮計画の証拠を一部収録したリース前米国務省政策企画室長の論文掲載。**2.21** 金正日、訪朝中の王家瑞中国共産党対外連絡部長との会談で「条件が整えばいつでも交渉のテーブルに戻りたい」と発言。**3.19** ライス米国務長官、東京で小泉首相、町村外相と会談。北朝鮮の核の検証可能な廃棄と6者協議の無条件再開で意見一致。3.20、北京で温家宝首相、胡錦濤国家主席と会談。**3.27** 朝鮮中央通信、平壌の複数の養鶏場で鳥インフルエンザ確認と報道。**3.30** サッカーワールドカップアジア最終予選、平壌の北朝鮮・イラン戦終了後、敗れた北側の観客暴徒化。**4.11** 北朝鮮、第11期第3回最高人民会議開催。**4.14** 国連人権委員会、北朝鮮人権決議案可決。本決議で改善が見られない場合、総会で問題を討議すべしと規定（韓国棄権）。11.2、英仏独などEU加盟25ヵ国、決議案を国連総会に上程（史上初）。11.17、国連総会社会人権委員会、北朝鮮人権決議案を採択（韓国棄権）。**4.19** 北朝鮮の韓成烈国連次席大使、寧辺の原子炉が稼動停止し、核兵器用の使用済み燃料棒抽出可能と言

会談（ソウル）。大半が歴史問題の議論。盧大統領、靖国神社参拝再考、新追悼施設建設要請。小泉首相、二度と戦争を起こさないという気持ちで参拝と説明。**6.30** 韓国国会、「公職選挙及び不正選挙防止法」通過。永住外国人に地方参政権付与。**7.12** 韓国、欧州自由貿易連合（EFTA）と自由貿易協定（FTA）妥結と発表。**7.28** 韓国、「新聞等の自由と機能保障に関する法律」施行。**9.7** 盧武鉉大統領、朴槿恵ハンナラ党代表と会談。民生活性化のために超党派内閣を提案するが、朴代表は拒否。**10.12** 韓国の千正培法相、親北発言を繰り返して逮捕予定の姜禎求束国大教授について逮捕中止の指揮権発動。**10.25** 東京地裁、韓国小鹿島のハンセン病療養所入所者への植民地時代の人権侵害への補償請求訴訟で控訴棄却。**10.26** 韓国国会議員補選。ハンナラ党全勝。与党ウリ党全敗。10.28、党指導部総辞職。**11.1** 韓国政府が2006年から5年間、北朝鮮にコメ・肥料支援以外に電力、農業、水産など6分野5兆2500億ウォンの追加支援計画を立てていることが明らかに。**11.18〜19** アジア太平洋経済協力会議（APEC）首脳会議（釜山）。**11.21** 韓国政府、イラク派遣軍の1年延長と規模縮小決定。**12.7** 国家情報院の過去史糾明委員会、民青学連事件、第2次人革党事件は捏造と発表。**12.9** 韓国改正私学法成立。理事の一定数を教員・保護者が参加する学校運営委員会の推薦候補から選ぶもの。ハンナラ党、「子供たちに反米親北理念を注入するもの」と反発。全面審議拒否で国会空転。**12.19** 統一部、06年度の南北協力基金の運用規模発表。2兆4791億ウォンで前年比98パーセント増。◎この年、日韓友情年。記念イベント700件。日本の愛知万博に合わせ、

明。**4.22** 米国が中国に北朝鮮の核実験準備の兆候を警告と米『ウォールストリート・ジャーナル』紙報道。**4.29** 国際サッカー連盟（FIFA）、騒動問題で北朝鮮にホーム試合開催権剥奪と観客入場禁止の厳罰。**5.9**、FIFA、日朝戦はタイ・バンコクで開催と発表。**5.1** 北朝鮮、日本海に短距離ミサイル発射。**5.3** ブッシュ大統領、胡錦濤中国主席との電話会談で北朝鮮の核問題で懸念表明。**5.6** 北朝鮮北東部で核実験用と見られるトンネル掘削など、核実験準備本格化と米『ニューヨーク・タイムズ』紙報道。**6.20** 韓国鄭東泳統一相、金正日が同月17日の自分との会談で「米国と国交正常化すれば長距離ミサイル廃棄の用意がある」と発言したと閣議報告。**6.21** 南北閣僚級会談（ソウル）。6.23、朝鮮半島非核化などの共同報道文発表。**6.23** エアリー米国務省副報道官、米国政府が北朝鮮に5万トンの食料支援決定と発表。**6.29** 米国、大統領令で北朝鮮とイラン、シリアなどの大量破壊兵器拡散関連企業の在米資産凍結を発表。北朝鮮企業は朝鮮龍峰総会社、朝鮮鉱業貿易会社、端川銀行の3社。9月、北朝鮮の資金洗浄に関与した疑いで、マカオの匯業銀行と米金融機関の取引禁止の制裁措置。10.21、米国、北朝鮮の8企業が大量破壊兵器拡散に関与として在米資産凍結、米企業との取引など米国の司法権が及ぶ範囲で経済活動全面禁止。**7.26** 第4回6者協議開会（北京）。△北朝鮮、北南経済協力法採択。韓国との経済協力指導統一のための中央経済協力指導機関設置、社会安全・風俗に反する事業の禁止、北朝鮮側への協力事業申請書の提出義務など規定。**8.7**、休会。**9.13**、再開。**9.20**、共同声明採択。**8.7** 日朝実務者協議。**10.2** WFP、「北朝鮮が10月1

3月から半年間短期ビザ免除。05年の韓国の貿易総額、5000億ドル突破（世界12位）。

日付で食糧配給全面再開と報告」と発表。**10.10** 朝鮮労働党創建60年記念式典（平壌）。祝賀閲兵式など開催、金正日出席。**10.12** 米司法省が北朝鮮を偽ドル札製造元と断定したことが明らかに。**10.22** 金正日の経済改革の側近・延亨黙国防委員会副委員長死去。**10.28〜30** 胡錦濤中国主席、訪朝。「朝中経済技術協力に関する協定」調印。20億ドルにおよぶ長期援助決定。**11.3〜4** 日朝政府間協議。**11.9** 第5回6者協議開会（北京）。11.11、休会。**11.21〜22** 朝鮮半島エネルギー開発機構（KEDO）理事会、軽水炉建設事業廃止とKEDO組織解体で合意。**12.1** 米国、対北朝鮮食料支援5万トンのうち、未発送の2万5000トンの発送保留発表。**12.14〜16** 南北閣僚級会談（済州島）。経済協力拡大など9項目合意。**12.16** 国連総会、北朝鮮の人権状況を非難する総会決議を採択（韓国棄権）。**12.24〜25** 日朝政府間交渉（北京）。[1.20 再選されたブッシュ米大統領就任]

2006.2.5「金大中事件」の政治決着の文書公開。**5.20** 朴槿恵ハンナラ党代表襲撃事件。**9〜10** パチンコ「うみものがたり」問題で与党、青瓦台を巻き込んだ不正事件を捜査。韓国、パチンコ廃止へ。**10.13** 潘基文、国連事務総長選出。△青瓦台人事波動（政府人事に与野党からの反発や不正発覚で相次ぎ混乱）。

2006.1.1 WFP、北朝鮮当局の要求にもとづき、人道援助全面中止。**1.10〜18** 金正日、中国訪問。**1.28** 金正日の側近で失脚とされていた張成沢、旧正月慶祝公演に金正日とともに出席。復権確認。**2.4〜8** 日朝協議。**7.5** 日本海に向け7発の弾道ミサイルを発射。**10.9** 最初の核実験実施。[7 イスラエル、ヒズボラと攻撃の応酬。11.7 米国、中間選挙で共和党大敗]

2007.7.19 アフガニスタンでタリバンによる韓国人拉致・殺害事件。**8** 申貞娥学歴詐称問題。青瓦台の卞良均政策室長の関与発覚し、辞任。**10.2〜4** 盧武鉉大統領訪朝、第2回南北首脳会談。**12.7** 韓国泰

2007 △ミャンマー民主化運動激化。◎この年、イランの核開発の問題深刻化。△米国のサブプライムローン問題。

安沖で史上最大の原油流出事故。**12.19** 韓国第17代大統領選挙、李明博当選。△盧武鉉政権、記者室の統廃合や取材規制を推進。政府とメディアの対立激化。△銀行ファンドブーム、300兆ウォン（39兆円ほど）以上に急成長。

2008.2.10 ソウル南大門、焼失。**2.25** 李明博、第17代大統領就任。**4** コリア国際学園（Korea International School；KIS）、大阪府茨木市に開校。**4.18** 韓米、米国産牛肉輸入交渉妥結。反対デモ激化。**7.11** 金剛山観光客、北朝鮮軍により射殺。金剛山観光中断。**8.8〜24** 北京オリンピックで韓国史上最多の金メダル24個獲得。盧武鉉前大統領側近不正問題。△リーマンショックの波及により韓国経済危機。ウォン暴騰。

2009.5.23 盧武鉉前大統領死去。**7.22** メディア法国会通過。東亜日報、朝鮮日報など大手新聞各社、テレビ放送に参入へ。**8.18** 金大中元大統領死去。**11.11〜12** ソウルG20サミット。△民主労組から加盟労組脱退相次ぎ、勢力大幅に後退。

2010.2 バンクーバー冬季オリンピックで金妍児選手金メダル獲得。**3.2** 哨戒艦「天安」撃沈事件。**6.2** 地方選挙。**7.28** 国会議員再・補欠選挙。**11.23** 韓国の延坪島、北朝鮮軍により砲撃。**12.3** 韓米FTA交渉最終妥結。

2011.7.6 IOC総会で韓国江原道平昌が2018年冬季オリンピック開催権獲得。**10.26** ソウル市長補欠選、無所属の朴元

2008 [**5.22** 中国四川大地震。**8.8** 北京オリンピック開催。**11.4** バラク・オバマ、米大統領に当選◎米国のリーマン・ショックから、世界金融恐慌へと発展]

2009.4.5 日本海に向けて弾道ミサイル発射。**5.25** 2度目の核実験実施。**11.30** デノミ政策実施。通貨切り下げなどにより国民生活悪化。[◎中国、日本を抜き、世界第2位の経済大国へ。**8.30** 日本、民主党政権誕生。**12.7** 地球温暖化に関するコペンハーゲン会議]

2010.9.27 金正日の三男・金正恩、朝鮮人民軍大将に。**9.28** 44年ぶりに朝鮮労働党代表者会開催、金正恩、中央軍事委員会副委員長就任、金正日の後継者に事実上確定。**11** 米国ヘッカー教授、北朝鮮でウラン濃縮施設を見せられたと発表、世界に衝撃。[◎ギリシャ財政危機発覚。世界的に影響]

2011.12.19 金正日総書記死去。[◎この年、「アラブの春」。チュニジア、エジプト、リビアなどで民主化相次ぐ。**3.11** 東日

淳当選。**10.29** 地下鉄新盆唐線開通。ソウル中央圏の地下鉄線総距離は約340キロ。ソウルメトロ、韓国鉄道公社、ソウル特別市都市鉄道公社、ソウル市メトロ9号線、仁川交通公社、KORAIL空港鉄道、新盆唐線等を合算すると、約950キロ。△この年、韓国貯蓄銀行不正問題で16行営業停止。**11.22** 韓米FTA批准同意案、国会通過。**12.5** 年間貿易規模1兆ドル突破。△この夏、記録的大豪雨。

2012.1 中央選挙管理委員会がインターネット選挙運動を認める。**3** ソウル核安全保障サミット（26日、27日）開催。**4.11** 第19代国会議員選挙実施。在外国民の投票も実施。**5.12** 全羅南道麗水市で海洋万博「2012麗水世界博覧会（麗水エキスポ）」開催（〜8月12日）。**6.23** 韓国の人口が5000万人を突破（約127万人の在韓外国人も含む）。**7.27** ロンドン五輪で22競技に出場。金13個、銀8個、銅7個獲得。**8** 7月の国際線旅客数が434万人で過去最多。**8.10** 李明博元大統領、現職の韓国大統領としては初めて独島（竹島）上陸。**8.30** 韓国憲法裁判所、韓国が日本に賠償を求めないのは「憲法違反」と発表。**9** 行政都市、世宗特別自治市への官庁移転開始。**9** 三大格付け会社（ムーディーズ、スタンダード＆プアーズ、フィッチ）による国家信用が格上げ。**10.1** 歌手PSY（サイ）の『江南スタイル』（7月15日発表）が全英チャートのシングル部門で1位を記録。**10.18** 国連安保理の非常任理事国に選出される（1996-97年につづき2度目、任期2013-14年）。**11** 外国人観光客が1000万人突破。**11** 2013年から「ハングルの日」（10月9日）を祝日再指定（1970年から1990年まで祝日だった）。△2012年の携帯電話販売

本大震災］

2012.1.16 米AP通信、平壌に支局を開設。平壌での支局開設は欧米の主要メディアとしては初（日本の共同通信社は2006年開設）。**2** 北京で3回目の米朝対話。長距離ミサイル発射、核実験、ウラン濃縮活動を含む寧辺での核関連活動のモラトリアムの実施を含む合意内容を発表。**2.9** 黄海上の南北軍事境界線、北方限界線（NLL）付近の黄海道・古岩浦に空気浮揚艇の海軍基地が完成。**4.11** 第4回労働党代表者会で、金正恩氏が党第1書記に就任。同時に政治局員、政治局常務委員、中央軍事委員長にも就任。**4.13** 金正恩、国防委員長に就任。人工衛星搭載ミサイルを発射するも空中爆発。**4.16** 国連安全保障理事会、ミサイル発射を強く非難する議長声明採択。**5.31** 貿易額（南北貿易を除く）が前年比51.3パーセント増の63億2000万ドル達成（1990年の集計開始以来最高）。輸出額は前年比84.2パーセント増の27億9000万ドル、輸入額は32.6パーセント増の35億3000万ドルで、貿易収支は7億4000万ドルの赤字。**6.29** 6者協議のロシア次席代表を務めるログビノフ特命大使が訪朝。6者協議再開などについて意見交換。**7.2** 朝鮮中央通信、平和的な宇宙開発事業をひきつづき推進するとの方針を表明。**7.8** 実

でサムスン電子社製が初の世界1位。

質国内総生産(GDP)、前年比0.8％上昇と分析(「2011年北朝鮮経済成長率推定結果」韓国銀行)。**7.15** 金正恩の最側近といわれていた李英鎬総参謀総長、すべての職務から解任。翌16日、玄永哲大将が次帥(10月にまた大将に降格)に昇格し、総参謀長に就任。**7.17** 金正恩、元帥に就く。**7.27** ロンドン五輪に選手56人(男子15人、女子41人)を派遣、10種目出場。メダル、金4個、銅2個を獲得。**8.9** 日朝赤十字会談開催(〜10日)。**8.15** 経済再建を図るため、10億ドル(約790億円)以上の大規模な借款を中国に求め交渉中と報道(『朝鮮日報』)。**8.29** 駐中日本大使館(30日は北朝鮮大使館)で日朝政府間協議に向けた課長級予備協議開催(〜31日)。**9.1** イラン大統領と金永南最高人民会議常任委員長が会談。科学技術協定など締結(AP通信などが報道)。**10.22** 平壌でプールや遊園地を備えた複合レジャー施設が今夏開業予定だと時事通信が報道。**11.15** モンゴル・ウランバートルで日朝政府間協議開催(〜16日)。**12.12** 「人工衛星」と称するミサイルを発射。『銀河3号』の打ち上げにより『光明星3号』の軌道投入に成功と発表。

2013.1.30 人工衛星ロケット「羅老(ナロ)号」打ち上げ成功。**2** 朴槿恵大統領就任。**3.21** 国連人権理事会、北朝鮮人権決議を採択。**4.20** 全羅南道の順天で「順天湾国際庭園博覧会」開幕。**5.3** 忠清北道五松で開催された「五松化粧品・ビューティー世界博覧会」(〜5月26日)動員数116万人を記録。**5.4** 南大門(崇礼之門)復元記念式典(2008年2月放火、木造楼閣の大部分が焼失)。**5.15** 日米韓による海上合同訓練(韓国済州島南東の公海上で非

2013.1.22 国連安保理、2012年12月12日のミサイル発射を非難し、制裁を強化する国連安保理決議第2087号を採択。それを受け「朝鮮半島非核化宣言」(1992年韓国と調印)の破棄を表明。**2.12** 朝鮮中央通信、3回目の地下核実験に成功したと発表。**3.5** 北朝鮮軍最高司令部、朝鮮戦争の休戦協定の効力を全面白紙化すると表明。朝鮮中央通信、米韓合同軍事演習などを非難したうえで、北朝鮮軍の板門店代表部の活動を中止し、米朝間の

公開）実施。**6** 朴槿恵大統領、北京を訪問し、習近平国家主席と会談。**7.5** ソウルで20〜28日に開催されるサッカー東アジアカップに出場する北朝鮮女子代表の入国を認める。**7.28** 慰安婦象徴の少女像が米国グレンデール市に建立。**9.4** 盧泰愚元大統領親族、未払い追徴金約230億円を納付。**9.10** 全斗煥元大統領一族、未払い追徴金約164億円を納付。**12** ユネスコの第8回無形遺産委員会でユネスコ無形文化遺産に「キムジャン文化」登録。△この年、仁川国際空港が国際空港評議会（ACI）基準で「大型空港」に分類される。年間4000万人を初めて突破。

軍事電話も遮断すると発表。**3.8** 国連安保理、核実験を安保理決議違反として追加制裁を定めた安保理決議第2094号を全会一致で採択。オーストラリア、駐朝大使館再開設の中止を決定。**4.1** 朝鮮最高人民会議、第12期第7回会議を開催。首相に「経済通」の朴奉珠（前朝鮮労働党軽工業部長）を任命。憲法の一部修正と自衛的核保有国の地位を一層強化する内容を含む「最高人民会議法令」、国家宇宙開発局の新設などの議案を採択。**4** 国家予算に占める国防費の割合、16％台に（8年ぶり増加）。**4.3** 北朝鮮、韓国側企業関係者の開城工業団地立ち入りを一方的に制限。**4.13** 朝鮮中央通信、韓国の主要放送局や銀行などのコンピュータシステムが一斉にダウンした事件を北朝鮮の犯行と推定する韓国政府の判断を否定。**6** 北朝鮮の開城一帯の史跡、「開城の歴史的建造物と遺跡（文化遺産）」として国連教育科学文化機関（ユネスコ）世界遺産に登録（6月16日〜27日第37回世界遺産委員会）。**6.19** 北朝鮮と中国の外務次官級による戦略対話が北京の中国外務省で行われ、6者協議再開など協議。**6.28** 米財務省、27日、北朝鮮のミサイル・核開発に関与したとして、平壌の大同信用銀行（DCB）と同銀行のフロント企業など2団体・2個人を新たに制裁対象にすると発表。米国人との取引が禁止されるほか、米国内の資産を凍結（時事通信）。**7.11** 1人当たりの名目GDP（国内総生産）は783ドル（約7万8000円）。前年比63ドル増加（韓国の現代経済研究院）。**8.27** 国連調査委員会（COI）カービー委員長、北朝鮮にCOIの現地調査受け入れを要求。**9.16** 開城工業団地操業再稼働。**9.21** 金剛山で25〜30日に行われる予定だった南北離散家族再会事業、延期発表。

2014.1.1 2013年の輸出額が前年比2.2パーセント増の5597億2000万ドル、輸入額が0.8パーセント減の5155億3000万ドル（韓国産業通商資源省発表暫定値）。貿易収支の黒字額は441億9000万ドル。輸出額と貿易黒字額は過去最大規模。**1.6** 朴槿恵大統領が就任後初の記者会見。**1.19** 中国ハルビン駅に安重根記念館が開館。**1.23** 政府系シンクタンク統一研究院（院長：全星勲）が2月3日に南北統合研究センターを設立すると発表。**2** 韓米合同軍事演習。**2.20** 離散家族再会事業の開催（〜25日。江原道の金剛山で3年4ヵ月ぶり）。**2.20** 石原信雄元官房副長官が元慰安婦の聞き取り調査の「裏付け調査なし」と証言。**2.28** 菅義偉官房長官が河野談話作成過程の「検討チーム」設置表明。**3.24** 無人機が3機発見される（江原道三陟市、北方限界線（NLL）に近い白翎島、京畿道坡州市など）。**3.25** オバマ米大統領の仲介によりオランダハーグで安倍首相と朴槿恵大統領の初の日韓首脳会談が開催。**3.28** 朴槿恵大統領、ドイツ・ドレスデンで平和統一3大原則（ドレスデン宣言）を提案。**4.2** 石原信雄元官房副長官が参院統治機構調査会に参考人出席し「（談話の）文案を作る過程で、韓国側がいろんな要望を言ってきていることを耳にした」と発言。**4.3** 中国での強制

10.8 金正恩体制で党・政府・軍幹部の218人のうち97人、44％が交代（韓国統一部発表）。**11** 最高人民会議常任委員会政令を通じて各道に経済開発区設定を決定。**12.8** 労働党政治局拡大会議で張成沢国防委員会副委員長（党政治局員、党行政部長）をすべての職務から解任。12日、国家安全保衛部特別軍事裁判で死刑判決が下され、即日執行。

2014.2.4 北朝鮮がソチ五輪の出場権を得られず、選手団と役員を派遣しないと決定。冬季不参加は12年ぶり。**2.27** スカッドとみられる弾道ミサイル4発を発射。60〜70キロの高度で220キロを飛行。**3.3** 短距離弾道ミサイル（「スカッドC」と推定）2発を発射、射程500キロ以上（韓国政府高官発表）。**3.11** 北朝鮮・中央選挙委員会、第13期最高人民会議代議員選挙（9日実施）の当選者687人を発表。約55％が交代。**3.26** 弾道ミサイル「ノドン」2発を日本海に向け発射（この日はオランダ・ハーグで北朝鮮核問題に重点を置いた日米韓首脳会談開催中）。**3.30** 北朝鮮、「新たな形態」による4度目の核実験をほのめかす。**3.30** 北京にて第2回日朝政府間協議開催（〜31日）。**3.31** 北朝鮮が黄海で砲撃訓練開始。**4.9** 最高人民会議第13期第1回大会で主要人事発表。金永南最高人民会議常任委員長、朴奉珠内閣総理を再任。外相に李洙墉元在スイス大使が就任。**4.28** 中国の邱国洪駐韓大使、北朝鮮の核実験を激しく非難。**5.2** 崔龍海、軍政治局長および党政治局常務委員、国防委員会副委員長などの要職からも（健康上の理由で）退任か。**5.6** 国連人権理事会、北朝鮮人権状況是正勧告268項目を盛り込んだ報告書を確定。北朝鮮はその多くを拒否。**5.13**

連行犠牲者追悼式に韓国で訴訟を起こした元徴用工や遺族ら原告が参加。情報交換や連携内容を話し合う。**4.7** 青丘学院つくば開校（韓国学校として4校目）。**4.16** 旅客船セウォル号沈没事故。乗客乗員476人中生存は174人。7月19日現在、死者は294人、不明者は10人。**5.19** セウォル号が沈没した日の「4月16日」を「国民安全のヨ」に指定することを提案。**5.26** 王毅中国外相、訪韓。「韓国をより一層緊密なパートナーとして選択する」と発言。**6.4** 統一地方選挙。**6.20** 河野談話作成過程の「検討チーム」、検証結果を国会に報告。**6.21** 軍事境界線（38度線）に近い江原道高城郡にある韓国陸軍第22師団の鉄柵線警戒哨所（GOP）内で兵長が同僚兵士に手榴弾や小銃を乱射し、将兵5人殺傷、7人負傷。**6.25** 朝鮮戦争休戦後、在韓米軍基地周辺で米軍相手に売春させたれたとして、122人が韓国政府に1人当たり、1000万ウォン（100万円）の賠償を求める訴訟をソウル中央地裁に起こす。韓国政府は米軍を相手にした売春を認める「特定地域」を設け、女性たちを管理。**6.26** 旅客船セウォル号沈没事故の責任で辞意を表明した鄭烘原首相の留任を決定。後任首相候補者（安大煕、文昌克）辞退を受けて人事首席秘書官室を新設。**7.3** 朴槿恵、習近平、ソウルで首脳会談。貿易・金融分野で協力に合意。中韓自由貿易協定（FTA）交渉の年内妥結に言及。**7.8** 韓国の多重債務者326万人、総額315兆ウォン以上。1人当たり約1億ウォン（1000万円）。**7.10** ソウルのロッテホテルで在韓日本大使館による自衛隊創立60周年記念式典の11日開催予定を前日になってホテル側がキャンセル。式典は大使公館で開催。**7.15** 韓国、今年初めて北朝鮮への幼児ら

平壌市内の23階建てマンションが崩落し、居住者多数犠牲に。党幹部らが遺族に謝罪。**5.21** 南北共同運営の平壌科学技術大学、第1回卒業式。**5.23** 北朝鮮、仁川アジア大会（9月19日～10月4日開催）に選手団と応援団の派遣を決定。**5.26** スウェーデン・ストックホルムにて日朝政府間協議開催（～28日）。**5.29** 日朝両国政府、日本人拉致被害者の再調査合意を発表。次回の日朝政府間協議は7月1日に中国・北京にて開催予定。**6.3** 朝鮮人民軍の最重要ポストに就いた黄炳瑞軍総政治局長が朝鮮労働党中央軍事委員会副委員長に就任した可能性があると分析（韓国統一部）。**6.25** 人民武力相が張正男から玄永哲に交代。人民武力相の交代は金正恩体制になってから4回目。**6.25** 日本人遺族ら北朝鮮に墓参（7月5日まで滞在）。**6.26** 開城工業団地の運営について協議する5回目の南北共同委員会開催。戦術誘導弾の発射実験で短距離ミサイル3発を発射。**6.29** 短距離弾道ミサイル「スカッド」2発、日本海に発射。**6.30** 張成沢との関連で調査されていた金養建労働党統一戦線部長、失脚か。**7.2** 元山から午前6時と8時にロケットを発射。韓中会談の牽制とみられる。**7.9** 午前4時、4時半と黄海北道平山付近から日本海に向けて500キロ級のミサイル発射。**7.26** 日本海へ向けて短距離弾道ミサイル発射。**8.13** 李洙墉外相、訪問先のジャカルタで「東北アジアの緊張緩和へ向けた提案を関係国に伝えてほしい」とインドネシア外相へ「6者協議へ向けた提案」要請。**8.14** ローマ法王訪韓直前、新型ロケット5発、元山より発射。**8.21** 鳥取県境港市市長、羅津港視察のため訪朝。制裁一部解除後、首長で初。**8.30** アントニオ猪木訪朝。国際プロレス大会を平壌

に向けて3億円相当の医薬品援助。大統領直属の「南北統一準備委員会」が発足。**8.11** 韓国統一部、秋夕（9月8日）を機に離散家族再会等をめぐり高官会談提案。**8.14** ローマ法王フランシスコ、訪韓。法王（教皇）の訪韓は1984年、89年以来、25年ぶり3回目。**9.9** 日本と4年ぶりの安全保障政策協議の開催を推進。**9.19** 仁川アジア大会開幕（〜10月4日）。閉会式にあわせ北朝鮮の高官が訪韓。南北高官会談を10月末から11月初めの間に実施すると合意。**9.24** 朴槿恵大統領、国連総会で北の核問題と人権問題に言及。従軍慰安婦については念頭に置いた内容にとどまり日本を名指しせず。**10.10** 韓国の民間団体が南北軍事境界線付近の京畿道漣川から金正恩体制を批判するビラつき風船を北朝鮮に向けて飛ばす。これに対し北朝鮮軍は高射砲で風船を撃ち落とそうとし発砲、韓国軍は警告射撃をする。**10.17** 京畿道城南市の板橋テクノバレー（野外公演会場）で換気口鉄製覆い崩壊死亡事。16名死亡11名重軽傷。これを受け管理者は自殺。**10.19** 京畿道坡州で北朝鮮軍の兵士が境界線に近づく行動を繰り返したため、韓国軍が警告射撃。**10.20** 保健福祉部は2013年度の全国火葬率が歴代最高値の76.9％と発表。2005年から土葬率を上回り、毎年3％内外増加。**10.29** ソウル安保対話（SDD）、中国初参加。**11.10** 中国と自由貿易協定（FTA）妥結。**11.11** セウォル号船長、懲役36年の判決。死者・不明者304名。**11.11** 釜山にて韓国ASEAN特別首脳会議。2007年発効FTAより自由化を高め、輸出活用率も上げ、貿易規模（2013年は1350億ドル）を2020年に2000億ドル（24兆円弱）まで増やすなどの共同声明を採択（〜12日）。**11.15** 北朝鮮からの要請で、市内の体育館で開催（〜31日）。**9.6** 江原道元山から東海に向けて新型戦術ミサイル3発発射、2014年に入って19回目。2月からの中短距離発射体が111発になる。**9.6** 総連トップ、許宗萬議長が8年ぶり訪朝。全国教育者大会、10年ぶりに開催。**9.18** 来春から兵力不足解消のため、17歳以上の女性も7年の徴兵制導入（現在は7年の志願制）。男性の兵役期間も11年に延長。**9.25** 第13回最高人民会議（国会）第2回会議、金正恩欠席。**9.27** 李洙墉外相、国連総会基調演説で「米国の敵視政策が核保有の決断をもたらした」と主張。**9.30** 李洙墉外相、ロシア訪問（11日間）、金正恩体制になってから外相初訪ロ。2013年対北貿易額、前年比49パーセント増加。**10.3** 2014年9月に訪朝した国連人道問題担当者、「慢性的な栄養失調が子どもの発育不良につながっており、大規模な支援が必要だ」と訴える。**10.28〜30** 日本政府代表団、拉致問題に関する特別調査委員会と協議のため訪朝。**11** 日本海の排他的経済水域境界で北朝鮮のイカ釣り漁船が急増。2011年は15隻ほどだったのが2014年は11月までで400隻を超える。**11.17** 金正恩側近の崔龍海書記、特使としてロシア訪問（〜24日）。**11.20** 拉致問題などに関する「特別調査委員会」、よど号グループを聞き取り調査。26日にはその家族らにも調査が及ぶ。**11.21** 東京地裁への代金納付手続きが完了し、総連本部の所有権がマルナカHD（高知県高松）へ移動。**12.4** 金正恩暗殺をテーマにしたコメディー映画『ザ・インタビュー』制作の米国ソニー・ピクチャーズが11月に受けたサイバー攻撃は北朝鮮の関与が疑われると米国政府が発表。**12.13** 金日成追悼行事の招待状を中国政府に送らず。

板門店で韓国軍と北朝鮮軍当局者による会談。**12.1** 経団連・榊原会長訪韓。青瓦台にて朴槿恵大統領と会談。全経連と7年ぶり懇談会。**12.10** 在特会による「ヘイトスピーチ」、最高裁が違法性認め、街宣活動の禁止と賠償命令を下す。**12.13** 朴槿恵大統領の元側近、鄭允会の国政介入疑惑にからんだ大統領府の内部文書を外部流出させた疑いの警察官が自殺。

韓国の歴代内閣

＊韓国では解放後、6回にわたって憲法制定・改憲が行われた。そのたびに第1共和国、第2共和国と称している。なお、〇囲み数字は、大統領・副大統領・総理の就任の順番を示す。

第1共和国内閣（初代）　48.7〜52.8

　　　［大統領］（間接選挙）
①李承晩　48.7〜52.8
　　　［副大統領］（間接選挙）
①李始栄　48.7〜51.5
②金性洙　51.5〜52.6
　　　（国会で辞退し、52.8まで空席）
　　　［国務総理］
①李範奭　48.8〜50.4
　　　（署）申性模　50.4〜50.11
②張　勉　50.11〜51.4

第1共和国内閣（第2代、自由党）
　　　52.8〜56.8

　　　［大統領］（直接選挙）
②李承晩　52.8〜56.8
　　　［副大統領］（直接選挙）
③咸台永　52.8〜56.8
　　　［国務総理］
③張沢相　52.5〜52.9
　　　（署）白斗鎮　52.10〜53.4
④白斗鎮　53.4〜54.6
⑤卞栄泰　54.6〜54.11
　　　（54年以後、改憲により責任内閣制廃止）

第1共和国内閣（第3代、自由党）
　　　56.8〜60.4

　　　［大統領］（直接選挙）
③李承晩　56.8〜60.4
　　　［副大統領］（直接選挙）
④張　勉　56.8〜60.4

過渡内閣　60.4〜60.8

　　　［内閣首班］
⑥許　政　60.4〜60.8
　　　（60年4月の革命から過渡政府の内閣首班が国務総理を代行。60年6月15日、改憲により内閣責任制復活）

第2共和国内閣（第4代、民主党）
　　　60.8〜61.5

　　　［大統領］（国会で選出）
④尹潽善　60.8〜62.3
　　　［国務総理］
　　　（4月革命後、改憲により機構復活）
⑦張　勉　60.8〜61.5

軍事政権内閣　61.5.16〜63.12

　　　［大統領］
　　尹潽善　60.8〜62.3
　　　（5.16以後留任、62.3辞退）
　　　（権）朴正煕　62.3〜63.12
　　　（最高会議議長兼任）

［国家再建最高会議議長］
張都暎　61.5〜61.7
朴正熙　61.7〜63.12
　　　［内閣首班］（61.5 機構新設）
張都暎　61.5〜61.7
宋尭讃　61.7〜62.6
朴正熙　62.6〜62.7
金顕哲　62.7〜63.12

第3共和国内閣（第5代、民主共和党）
　　　　63.12〜67.6

　　　［大統領］（直接選挙）
⑤朴正熙　63.12〜67.6
　　　［国務総理］
⑧崔斗善　63.12〜64.5
⑨丁一権　64.5〜70.12

第3代共和国内閣（第6代、民主共和党）
　　　　67.7〜71.6

　　　［大統領］（直接選挙）
⑥朴正熙　67.7〜71.6
　　　［国務総理］
　丁一権　64.5〜70.12
⑩白斗鎮　70.12〜71.6

第3共和国内閣（第7代、民主共和党）
　　　　71.6〜72.12

　　　［大統領］（直接選挙）
⑦朴正熙　71.6〜72.12
　　　［国務総理］
⑪金鍾泌　71.6〜75.12

第4共和国内閣（第8代、民主共和党）
　　　　72.12〜78.12

　　　［大統領］（統一主体国民会議で選出）
⑧朴正熙　72.12〜78.12
　　　［国務総理］
　金鍾泌　71.6〜75.12
　（署）崔圭夏　75.12〜76.3
⑫崔圭夏　76.3〜79.12

第4共和国内閣（第9代、民主共和党）
　　　　78.12〜79.10

　　　［大統領］（直接選挙）
⑨朴正熙　78.12〜79.10
　　　［国務総理］
　崔圭夏　76.3〜79.12

過渡内閣　79.10〜79.12

　　　［大統領］
　（代）崔圭夏　79.10〜79.12
　　　［国務総理］
　崔圭夏　76.3〜79.12

第4共和国内閣（第10代、民主共和党）
　　　　79.12〜80.8

　　　［大統領］（統一主体国民会議で選出）
⑩崔圭夏　79.12〜80.8
　　　［国務総理］
⑬申鉉碻　79.12〜80.5
　（署）朴忠勲　80.5〜80.9

過渡内閣　80. 8.16〜80. 8.27

　　　［大統領］
　（代）朴忠勲　　80.8 〜80.8
　　　［国務総理］
　（署）朴忠勲　　80.5 〜80.9

第5共和国内閣（第11代、民主共和党）
　　　　80. 8 〜81.2

　　　［大統領］（統一主体国民会議で選出）
⑪全斗煥　　80.8 〜81.2
　　　［国務総理］
　（署）朴忠勲　　80.5 〜80.9
　（署）南悳祐　　80.9 〜80.9
⑭南悳祐　　80.9 〜82.1

第5共和国内閣（第12代、民主正義党）
　　　　81. 2 〜88. 2

　　　［大統領］（間接選挙）
⑫全斗煥　　81.2 〜88.2
　　　［国務総理］
　南悳祐　　80.9 〜82.1
　（署）劉彰順　　82.1 〜82.1
⑮劉彰順　　82.1 〜82.6
　（署）金相浹　　82.6 〜82.9
⑯金相浹　　82.9 〜83.10
　（署）陳懿鍾　　83.10〜83.10
⑰陳懿鍾　　83.10〜85. 2
　（署）盧信永　　85. 2 〜85.5
⑱盧信永　　85.5 〜87.5
　（署）李漢基　　87.5 〜87.7
　（署）金貞烈　　87.7 〜87.8
⑲金貞烈　　87.7 〜88.2

第6共和国内閣（第13代、民主正義党→
民主自由党）　88. 2 〜93. 2

　　　［大統領］（直接選挙）
⑬盧泰愚　　88.2 〜93.2
　　　［国務総理］
⑳李賢宰　　88.3 〜88.12
㉑姜英勲　　88.12〜90.12
㉒盧在鳳　　91.1 〜91.5
㉓鄭元植　　91.7 〜92.10
㉔玄勝鍾　　92.10〜93.2

第6共和国内閣（第14代、民主自由党→
新韓国党）　93. 2 〜98. 2

　　　［大統領］（直接選挙）
⑭金泳三　　93.2 〜98.2
　　　［国務総理］
㉕黄寅性　　93.2 〜93.12
㉖李会昌　　93.12〜94.4
㉗李栄徳　　94.4 〜94.12
㉘李洪九　　94.12〜95.12
㉙李寿成　　95.12〜97.3
㉚高建　　　97.3 〜98.3

第6共和国内閣（第15代、新政治国民会
議（新千年民主党）・自由連合、なお自由
連合は、2001年　9月に連立与党から離脱）
98. 2 〜03. 2

　　　［大統領］（直接選挙）
⑮金大中　　98.2 〜03.2
　　　［国務総理］
㉛金鍾泌　　98.8 〜00.1
㉜朴泰俊　　00.1 〜00.5
㉝李漢東　　00.5 〜00.6
㉞金碩洙　　02.10〜03.2

第6共和国内閣（第16代、新千年民主党
→開かれたウリ党）03.2～08.2

　　［大統領］（直接選挙）
⑯盧武鉉　　03.2～08.2
　　［国務総理］
㉟高建　　　03.2～04.5
㊱李海瓚　　04.6～06.3
㊲韓明淑　　06.4～07.3
㊳韓悳洙　　07.4～08.2

第6共和国内閣（第17代、ハンナラ党→セ
ヌリ党）　08.2～

　　［大統領］（直接選挙）
⑰李明博　　08.2～13.2
　　［国務総理］
㊴韓昇洙　　08.2～09.9
㊵鄭雲燦　　09.9～10.8
㊶金滉植　　10.10～13.2

第6共和国内閣（第18代、セヌリ党）
　　　　13.2～

　　［大統領］（直接選挙）
⑱朴槿恵　　13.2～
　　［国務総理］
㊷鄭烘原　　13.2～

韓国政党史

　解放前（戦前）朝鮮人の政治勢力としては民族主義者と共産主義者の団体が存在したが、日帝時代には弾圧がきびしいため朝鮮内の継続的活動はできず、海外を拠点に活動することになった。1925年に創建された朝鮮共産党は、日帝の弾圧のために壊滅した。

　45年8月の解放以後、民族主義者は呂運亨〔穏健左派〕、安在鴻〔穏健右派〕らの指導によって建国準備委員会（建準）を発足させ、9月6日に朝鮮人民共和国樹立を宣言した。一方、保守民族主義勢力の宋鎮禹・金性洙らは国民大会準備会を基礎に45年9月、韓国民主党（韓民党）を立ち上げた。朝鮮共産党は45年9月に再建され、朴憲永が総秘書に就任。南朝鮮の共産党は46年12月、他の左派政党2党とソウルで合同して、南朝鮮労働党（南労党）と改称した。やがて建準が樹立宣言した朝鮮人民共和国の系譜を継ぐ左派勢力と大韓民国臨時政府を支持する保守民族主義勢力の二大勢力化していく。

　48年5月、南単独選挙が実施されたが、南北協商派や中道勢力は国家の分裂を危惧して選挙参加を拒否し、韓民党と李承晩を総裁とする大韓独立促成国民会（独促）などのみが参加。そのため制憲国会では李承晩を支持する右派勢力が圧倒的多数を占めたが、李承晩を支援してきた韓民党は、議院内閣制導入や国務委員（閣僚）の配分をめぐり、袂を分かつことになった。8月15日、大韓民国が樹立し、大統領制を強引に主張して実現させた李承晩が国会で初代大統領に選出された。48年10月、左派の政党・社会団体は非合法化される。南労党も非合法化され、北朝鮮労働党と合同して朝鮮労働党となり、事実上金日成の支配下に入った。

　親米保守派の李承晩は権力の長期維持を図り、大韓婦人会・大韓青年団・大韓労働組合総連盟（大韓労総）・大韓農民組合総連盟（農総）などを傘下に、自らの与党である自由党を組織し、反共を国是とした。52年5月、第3代総選挙では与党・自由党が半分以上の議席を占め、野党勢力である韓民党の後身、民主国民党（民国党）は15議席に留まった。野党としては、55年に民主党が結成されたが、これは反与党の保守勢力（民国党や自由党から排除された勢力や反李承晩無所属勢力）の連合であったため、民主党内で新旧両派に分裂。56年5月、第3代大統領選挙が行われた際、旧派の申翼熙が候補に立てられたものの、遊説中に急死してしまった。それに代わって李承晩の脅威となったのが30パーセントの票を得た曺奉岩であった。彼は選挙後、革新勢力である進歩党を結成し委員長となった。李承晩は大統領に当選したが、曺の人気上昇に脅威を感じ彼をスパイ容疑で告発し、進歩党を解散させた（進歩党事件）。曺奉岩は死刑判決を受け、59年7月、処刑された。

　1958年5月の民議院選挙（第4代総選挙）では、李承晩は警察と右翼のテロを駆使し、あらゆる不正を行ったが、農村で勝っても都市では敗北し、改憲可能な議席を確保できなかった。新聞も野党びいきと見なされて異論を抑圧するため、国家保安法を改悪した。1960年3月15日、正副大統領選挙

でも多くの不正が発生した(3・15不正選挙)。これに対して、学生・市民は大規模なデモを起こして李承晩を退陣に追い込んだ(4・19革命)。

第3代大統領選で副大統領になっていた民主党の張勉が責任内閣制にもとづく国務総理に選出されたが政局を安定させられず、61年、5・16軍事クーデターによって倒された。

軍事政権は強大な権限をもつ中央情報部を創設し、その初代部長となった金鍾泌は63年2月に与党として民主共和党(共和党)を組織した。同年10月に第5代大統領選挙が実施され、野党は旧派系の民政党と新派系の民主党に分かれていたため、民主共和党の朴正熙が野党民政党の尹潽善を破って当選した。このとき、金泳三が旧派系の民政党、金大中が新派系の民主党に属し、若手政治家として頭角を現してくる。

67年には第6代大統領選挙と第7代国会議員選挙が行われた。この年2月、野党が統合され新民党が発足し、同党の尹潽善が朴正熙の対抗馬として出たが、朴が116万票の差をつけて大統領に当選した。また国会議員選挙でも与党は改憲可能な議席数を確保した。71年4月の第7代大統領選挙では新民党から45歳の金大中が出馬し、朴政権を批判し南北朝鮮交流・四大国による半島の安全保障などを掲げ、国民に新鮮な印象を与えて善戦したが94万票余りの票差で敗れた。これに危機感を覚えた朴は、72年10月、国会を解散して憲法の一部条項を停止し、大統領を選出する機関として統一主体国民会議を設置。そして与党系の維新政友会が組織された。いわゆる「維新体制」であり、政府は国民をきびしく監視し、弾圧した。しかし野党政治家・宗教界・マスコミなどが合流し大規模な政府への抗議行動により維新体制は徐々に崩壊へと向かってゆく。

1978年、第10代国会議員選挙では得票率で新民党が共和党を1.1パーセント上回った。不況の深刻化と政界と経済界の癒着による腐敗が有権者の政権離れを示したといえる。79年3月、在野勢力は民主化運動の国民連合を結成し、新民党の金泳三は民主回復のための国民的抗争を展開すると宣言した。同年10月、中央情報部長金載圭が武力弾圧論に傾いた朴大統領を射殺し、維新体制はあっけなく崩壊した。しかし朴正熙忠誠派の保安司令官全斗煥が鄭昇和戒厳司令官からその権限を奪う下剋上のクーデターを起こし、軍の権力を握った。第5共和国憲法の公布と同時に、与党であった民主共和党をはじめ、野党の新民党など第4共和国における政党をすべて解散させた。

80年8月、全斗煥が第11代大統領に就任すると、全は与党として民主正義党(民正党)を組織し、一方では野党勢力の分散・弱体化を目論み、選挙制度を中選挙区制と全国区(比例代表制)の並立制として野党を複数誕生させるようにし、四大政党を優遇する政党補助金制度も新たに創設した。さらに国家保衛立法会議において制定された「政治風土刷新のための特別措置法」によって、金泳三・金大中・金鍾泌のいわゆる「三金」をはじめとする有力政治家は強制的に政界を引退させられた。しかし独裁政権への国際世論に考慮したり、在野での民主運動が激しさを増すにつれ次第に、政治活動規制も緩和・解禁され、ついに85年、金大中と金泳三を指導者とする野党の新韓民主党(新民党。在野政治団体の民主化推進協議会[民主協]を後ろ盾とした)が結党され、2月の国会議員選挙では67議席を獲得して躍進した。翌年には民主勢力は大統領直接選挙を要求して活発な運動を推進した。労働者や農民も権利を要求して組織

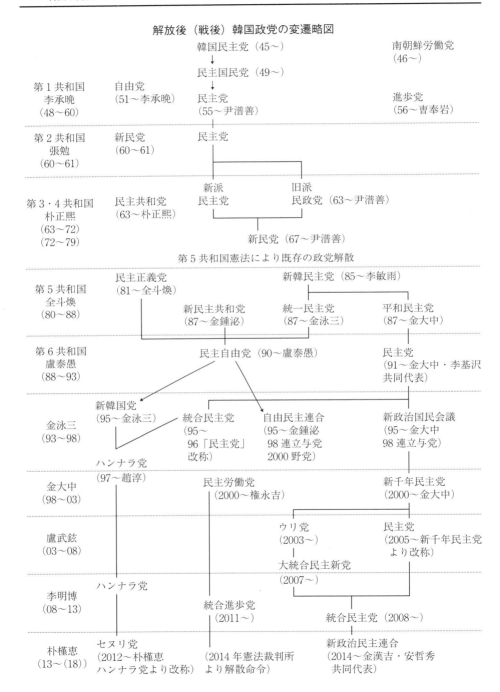

的な運動を発展させた。新民党内部では両金（金泳三・金大中）の実質的党支配に反発した勢力が離脱し、与野党で妥協を図る勢力との内紛の結果、大統領直選制を求める金泳三と金大中で87年、統一民主党（民主党）を結成、金泳三が総裁に就任した。87年6月、大統領直選制実施、言論の自由確立などを求める国民的な運動が高揚し（6月抗争）、当時の与党である民主正義党の盧泰愚が6・29民主化宣言を発表することで事態は終息した。

民主党は金泳三か金大中、どちらが第13代大統領選（87年12月実施）の候補になるかで一本化に失敗し分裂状態に陥った。金大中は平和民主党（平民党）を結成し、旧共和党総裁の金鍾泌も政界復帰を宣言し、新民主共和党（共和党）を結成した。このように野党候補が分散したことによって民主正義党（民正党）の盧泰愚が漁夫の利を得て第13代大統領に当選した。第6共和国を発足させた盧泰愚政権も民主化の流れに逆らうことはできず、88年4月の第13代国会議員選挙の結果、民正党は過半数を失い、韓国憲政史上初めて、与党が野党総議席数を下回る「与小野大」というねじれた状態が出現した。国会ではさまざまな悪法を撤廃することになり、9月には憲法裁判所が業務を開始し、行政に対する国民の不満を司法が取り上げる道を開いた。第13代国会議員選挙では地域主義にもとづく投票行動が大きく勝敗を左右し、全羅道とソウル市で多く議席を得た平民党が躍進した。これは慶尚道や忠清道地域住民の反全羅道感情がくっきり現れた結果だといわれている。また盧武鉉や李海瓚といった在野出身候補者の大部分が当選し、議会進出を果たした。

野党多数の状況を打破するため盧泰愚は90年2月、統一民主党（民主党・金泳三総裁）・新民主共和党（共和党・金鍾泌総裁）と合同して民主自由党（民自党）を結成した（3党合同・野合として揶揄された）。少数野党となった平和民主党（平民党）が3党合同に反対した民主党議員や無所属議員と合同し、91年に金大中・李基沢を共同代表とする民主党を立ち上げた。これは、湖南（全羅南北道）と嶺南（慶尚南北道）の2地域をそれぞれ基盤とした勢力に分かれた2党制といえる。

92年12月の第14代大統領選挙では民自党から出馬した金泳三が当選し、本格的な文民政権を発足させ、金融実名制・情報公開法制定など、民主化政策をつぎつぎに実行した。95年、公選制の全国地方自治選挙が35年ぶりに実施され、金泳三の民自党（同年末、新韓国党へ改称）、金大中の新政治国民会議（国民会議）、金鍾泌の自由民主連合（自民連）の3党鼎立となり、それぞれの出身地域を地盤として争う、韓国政治の特色が強く現出した。その後、金泳三は不透明な政治献金、IMF危機の招来などで一気に支持率を下げた。第14代大統領選挙で敗れ一時政界を引退していた金大中はカムバックし、97年12月の第15代大統領選に出馬し、保守派の金鍾泌と組んで（DJP連合）、ハンナラ党（与党であった新韓国党と統合民主党が合同）の李会昌を破り、98年2月、大統領に就任した。これは、韓国史上最初の与野党政権交代であった。2000年の第16代国会議員総選挙に向け、金大中大統領は新政治国民会議を改編する形で新党・新千年民主党（民主党）を結成。対する野党のハンナラ党は国会議員選挙の公薦（公認）を巡って、趙淳名誉総裁や李基沢顧問などの党重鎮が同党を離党し、民主国民党（民国党）を3月に結成した。総選挙の結果はハンナラ党が新千年民主党より18議席上回って第一党となっ

た。自民連は17議席しか取れず弱体化したので、以後は事実上、民主党とハンナラ党の2党制になった。

　金大中政権は2001年になると経済政策への国民の不満や人事面の失政から支持率を急降下させた。新千年民主党は集団指導制の導入、党の自立性強化などの改革を進め、その結果、党内基盤の弱かった盧武鉉が次期大統領候補に選ばれた。2002年12月の大統領選挙では知名度の低かった盧武鉉がハンナラ党の李会昌を、57万票余りの差をつけて当選した。盧武鉉陣営はインターネットを駆使して20～30代の若い層から支持され、大統領選挙に勝利した。

　盧武鉉政権の与党・新千年民主党は、盧武鉉派と金大中派が対立し、やがて盧武鉉派はハンナラ党から離脱した議員と連携し、2003年11月、開かれたウリ党（ウリ党）を結成した。ウリ党は2004年4月の第17代総選挙で152人が当選し第一党となった。盧武鉉政権では、「進歩主義－保守」という政治的対立軸が生まれ、地域主義に新たな変化も見られた。大統領退任後、盧武鉉の側近の汚職や兄盧建平の事業をめぐる不正が明らかになり、盧武鉉自身も収賄罪容疑で事情聴取を受け、その約1ヵ月後に自殺した。盧武鉉支持派はのちの李明博政権が自らのスキャンダルを隠すための煙幕として盧武鉉への不公正な捜査を行なったとして抗議した。

　2007年の第17代大統領選挙ではハンナラ党の李明博が大統合民主新党（民主新党、ウリ党・民主党系などで2007年8月発足）の鄭東泳候補を大差で破って当選したが、投票率は史上最低であった。大統領選挙で惨敗した民主新党は2008年2月、民主党と統合し、統合民主党（民主党）を正式に発足させた。これは、2003年にウリ党創党が原因で旧新千年民主党が分裂して以来、約4年5ヵ月ぶりに1つの政党に戻る形となった。

　李明博が大統領に就任した直後の2008年4月、総選挙が実施され、ハンナラ党が国会の過半数を制した。与党の統合民主党は現有議席を下回る81議席しか獲得できなかった。与党となったハンナラ党は2012年2月、党名をセヌリ党と改称した。

　2012年12月の第18代大統領選挙ではセヌリ党の朴槿恵（朴正熙の娘）が民主党系の新政治民主連合から立候補した文在寅に100万票余りの差をつけて大統領に当選。朴槿恵は知名度の高さと、スマートフォンを利用したネットによるPRを積極的に展開し、福祉政策など野党の主張も取り込み、国家情報院による選挙操作まで使って、女性初の大統領に就任した（2013年2月）。4月に行われた総選挙で与党となったセヌリ党は152席を得て選挙前よりも10議席減となったものの、単独で過半数を確保した。

　2014年4月に起きたセウォル号事故によって企業利益のみを追求し安全対策を後回しにする韓国社会の体質があらわになり、政府と企業がこうした体質を改革して国民の安全を確保できるかが大きな問題となっている。第6共和国以降、制度的に民主主義が定着したといえるが、セウォル号特別法をめぐる与野党の対立で国会が長期空転するなど、こうした社会問題を迅速に解決できるような合理的な民主主義の実現にはいまだ道半ばといえよう。

北朝鮮の「人事序列」[*1]

序列	金日成の88歳の誕生日記念大会 (2000.4.14)	朝鮮労働党創建60周年慶祝中央報告大会 (2005.10.9)	金正日葬儀委員会名簿 (2011.12.28)	2014年5月現在
1	趙明禄	金永南	金正恩	金正恩
2	洪成南	趙明禄	金永南	黄炳瑞
3	李乙雪	朴泰珠	崔永林	金己男
4	桂応泰	金永春	李英鎬[*3]	崔泰福
5	全秉鎬	金鎰喆	金永春	崔龍海
6	金喆万	全秉鎬	全秉浩	
7	白鶴林	延亨黙[*2]	金国泰	
8	金永春	李要武	金己男	
9	金鎰喆	崔泰福	崔泰福	
10	李勇武	楊亨燮	楊亨燮	
11	崔泰福	洪成南	姜錫柱	
12	楊亨燮	洪錫亨	辺英立	
13	崔永林	崔永林	李勇武	
14	金国泰	金国泰	金敬姫	
15	金己男	金己男	金養建	
16	金仲麟	鄭夏哲	金永日	
17	金容淳	金仲麟	朴道春	
18	金益賢	金英大	崔龍海	
19	李河一	柳美英	張成沢[*4]	
20	金允赫		朱奎昌	
21	朴基西			
22	李鍾山			
23	金龍延			
24	金英大			
25	柳美英			

[*1] 北朝鮮では2001年頃から行事の参加者名簿が発表されることが少なくなり、人事序列の確認が困難になっている。序列の順番は必ずしも権力の順位を表していない。公式発表の順番はあくまでも参考である。北朝鮮はある意味で「儒教国家」の側面があり、年長者は相対的に上位に位置することがよくある。

[*2] 延亨黙はこの直後の05年10月22日に死去。　　[*3] 李英鎬は2013年7月16日に粛清か。

[*4] 張成沢、2013年12月12日処刑。

韓国・北朝鮮の憲法

韓国の憲法と憲法裁判所

〈大韓民国憲法〉

　韓国の現憲法は、前文において大韓民国臨時政府の法統を継承し、1960年の4・19革命の精神を体することを謳っている。日本帝国主義からの解放（光復）が1945年8月に実現してから、その3年後の1948年5月に北緯38度線以南の地域で「5・10単独選挙」が実施されると、同年6月1日の第1回国会（制憲国会）で「憲法起草委員会」が発足し、この草案を国会に提出する形で制定された（1948年7月12日）。制憲憲法とも呼ばれる。その後、1987年まで、9次にわたる大小の改正を経て、現在に至っている。

　当初の原案で、二院制国会、議院内閣制、大法院（最高裁判所）による違憲立法審査を主要な内容としていた。当時の国会議長は李承晩で、彼の圧力によって憲法が成立した結果、一院制国会、大統領制、憲法委員会による違憲立法審査や統制計画経済などへと大幅に修正された。大統領の任期は4年とされ、国会議員の間接選挙により李承晩が初代大統領として選出された。ただ、大統領が国務総理を選ぶには国会の同意を必要としており、制憲憲法による大統領制は、大統領制に議院内閣制の要素を加味した折衷型となった。

　9次にわたる憲法改正は、国民の基本権を保障するよりも、国家権力の構成と、とりわけ政権の維持とその延長のためになされた場合が多い。しかし、1987年制定の現行憲法（第6共和国）に至って、与野党の合意により、憲法裁判所を活性化することで国民の民主主義への強い願望を反映した憲法となり、現行政権の暴走に歯止めをかける国民の側に立つ憲法になったといえよう。その特徴は、①大統領制と裁判制度については、直接選挙による大統領選出（任期5年）、大統領の非常措置権・国会解散権の廃止、国会の国政監査権復活、憲法裁判所の新設、司法権独立の実質的保障などが定められ、②基本的人権に関しては、身体の自由と表現の自由の強化、労働3権の保障および最低賃金制の実施などが規定された。

　さらに、韓国憲法の基本原理は、共和主義、国民主権主義、三権分立主義、基本権保障主義、法治主義、文化国家主義、平和統一主義、国際平和主義等であり、また社会的福祉への志向をもつが、李明博政権の新自由主義的グローバル化政策により、格差拡大を招いた。このため、朴槿恵政権では、国民の社会福祉を重点政策の1つにしている。

〈憲法裁判所〉

　韓国では、1948年の制憲憲法から、憲法裁判が採択された。制憲憲法では、違憲法律審判に関しては憲法委員会、国会議員の弾劾裁判に関しては弾劾裁判所を設置して処理すると規定し、これをさらに具体化するため、1950年2月21日、憲法委員会法、弾劾裁判所法が制定された。1960年憲法は、制憲憲法下の憲法委員会の役割がきわめて弱かったことに留意してこれを廃止し、代

わりに憲法裁判所制度を導入した。これを受けて憲法裁判所法が4・19学生革命翌年の1961年4月17日に制定された。この憲法裁判所は違憲法律の審判、権限争議の審判、政党解散審判、選挙訴訟審判など、現行の憲法裁判所とほぼ同じ役割を担った。また、この憲法裁判所は憲法委員会とは異なって常設機関であり、9名の裁判官により構成され、その任期は5年であったが、1ヵ月後の1961年5月16日、朴正熙による軍事クーデターが起きたため、実現しなかった。

現行の1987年憲法（盧泰愚政権時）から現在の憲法裁判所制度が導入された。朴正熙政権・全斗煥政権のとき、憲法委員会と最高裁判所に憲法裁判を担当させたが、これでは国民の基本権保障が不十分だと判断され、憲法裁判所が設置された。とりわけ、初めて導入された憲法訴願審判は、公権力の行使または不行使によって憲法上で保障された基本権が侵害された場合、国民がこれを救済してほしいと請求できる制度であり、韓国の憲法裁判史上において、重要な意味をもっている。

2004年3月、当時の盧武鉉大統領は選挙法違反（総選挙を前にウリ党への支持を期待すると発言）で憲法裁判所に送られ弾劾されたことは大きな話題となった。

なお、戦後補償に関しては、韓国の憲法裁判所は、2011年8月30日、日本軍従軍慰安婦の賠償請求権に関する憲法訴願審判および原爆被害者の賠償請求権に対する憲法訴願審判において、韓国政府の不作為を違憲とする決定を下した。

李承晩政権 (1948〜60)	1948.7	制憲憲法	内閣責任制が加味された大統領制。大統領国会で選出
	1952.7	第1次改憲	「抜粋憲法」大統領直選制改憲
	1954.11	第2次改憲	「四捨五入改憲」初代大統領の2期制限撤廃
	1960.6	第3次改憲	4・19革命→内閣責任制。国会両院制改憲、大統領国会選出
	1960.11	第4次改憲	3・15不正選挙関連者、反民主行為者、不正蓄財者処罰のための遡及特別法制定
張勉政権 (1960〜61)			
朴正熙政権 (1961〜79、 軍政2年維新 体制7年)	1962.12	第5次改憲	5・16軍事クーデター後、大統領中心制。大統領直選制、国会一院制
	1969.10	第6次改憲	「3選改憲」大統領3期12年可能
	1972.12	第7次改憲	「維新憲法」大統領に強力な権限付与（緊急措置権）。統一国民会議で大統領選出（任期6年、終身大統領可能）
全斗煥政権 (1980〜88、 軍政の1年含 む)	1980.11	第8次改憲	大統領選挙は大統領選挙人団による間接選挙。7年1期
	1987.10	第9次改憲	1987年6月の民主化抗争。大統領直選制で5年1期。大統領の権限縮小（非常措置権、国会解散権廃止）当時の与党・民主正義党の盧泰愚代表委員が行った6・29民主化宣言による第9次の改憲
盧泰愚政権 (1988〜93)			憲法裁判所制度導入

北朝鮮の憲法

　朝鮮民主主義人民共和国(1948年9月9日、建国を宣言)は48年9月8日、最高人民会議において憲法(朝鮮民主主義共和国憲法。1948年憲法とも呼ばれる)を承認した。その後、1972年憲法(この憲法からは朝鮮民主主義共和国社会主義憲法と称する)、1992年憲法、1998年憲法が制定された。現行憲法は1998年憲法だが、2009年、2010年、2012年に修正された。1948年憲法は、第2条において、「朝鮮民主主義人民共和国の主権は、人民にある」と、人民主権を謳っている。立法に関しては、最高主権機関として最高人民会議、地方の主権機関として人民委員会を設置している。最高人民会議は憲法の承認または修正、国内・国外政策に関する基本原則の樹立、内閣の組織、人民経済計画の承認、国家予算の承認、最高裁判所裁判官の選挙などの権限を有する。行政機関としては第52条で、「内閣は、国家主権の最高執行機関である」とし、首相、副首相、国家計画委員会など3つの委員会委員長、20の閣僚によって構成される。司法機関としては、第82条で「裁判は、最高裁判所、道・市・郡裁判所および特別裁判所において遂行する」とし、最高裁判所裁判官は最高人民会議において選挙し、道・市・郡の裁判所は秘密投票によりそれぞれの人民委員会において選挙する、と規定している。

　社会主義的な制度としては、第5条で主要企業、鉱山などの地下資源、銀行、鉄道、航空、通信機関、水道などを国家の所有とし、第6条で前日本国家および日本人の所有地・朝鮮人地主の所有地を没収し、小作制度を廃止すると定めた。これにもとづいて土地改革が実施され、親日的な大地主だけでなく、勤勉で質素な生活を営んでいたプロテスタントの中小地主まで一掃されることになった。

　1960年代に中ソ論争が激化し、中国共産党がソ連共産党を修正主義と決めつけて非難するに至ると、北朝鮮は大国による内政干渉を排除し国家の自主的発展をはかる「主体(チュチェ)思想」を指導的政治思想として掲げた。主体思想の強調は金日成への個人崇拝を強化する役割を果たした。

　1972年憲法(同年12月27日、最高人民会議第5期第1回会議で採択)は大きく改正された。48年憲法は第1条で国家の名称を「朝鮮民主主義人民共和国」とし、反帝反封建民主主義革命の成果を固めた過渡期の現実を反映するとしていたが、72年憲法は社会主義の完全勝利に向かって前進しつつある新しい現実に即した内容に改めたものとされた。その特色は、①第1条で「朝鮮民主主義人民共和国は……自主的な社会主義国である」と明記した、②第2条で労農同盟にもとづいた全人民の思想的統一と、社会主義的生産関係および自立的民族経済の土台に依拠する国であるとした、③第4条で「マルクス・レーニン主義をわが国の現実に創造的に適用した朝鮮労働党の主体思想を自己活動の指導的指針とみなす」と、主体思想が国家をリードする指針であるとした、④第6条で階級的対立および人間による人間のすべての搾取・圧迫が永遠になくなったとした、⑤第7条で国家の主権は労働者、農民、兵士、勤労知識人にあるとした、⑥第18条で生産手段は国家および協同団体(協同経営に入っている勤労者等の集団)の所有であるとし、また個人所有は勤労者等の個人的消費のための所有であると、個人所有の範囲を限定している、⑦権力機関を強化するため、国家主権の最高指導機関として中央人民委員会が

新設され（第100条）、その下に部門別委員会が設置されて、地方の行政機関が強化された。⑧新たな役職として中央人民委員会首班であり国家の首班でもある国家主席が新設され、最高人民会議で選挙される。国家主席は全般的武力の最高司令官である国防委員会委員長を兼ねる（第89、90、93条）。国家主席に選ばれた金日成は、国家主権の代表であり軍の最高司令官でもあるという、明治憲法下の天皇にも匹敵する大権を行使して、独裁体制を固めてゆく。⑨行政執行機関として内閣の代わりに政務院が新設され、国家主席および中央人民委員会の指導下に総理、副総理、部長その他必要な構成員を置いて行政事業を執行する（第107～114条）、⑩首都については、48年憲法では第103条でソウル市としたが、72年憲法では、朝鮮半島分断の固定化という現実を踏まえて、第149条で平壌と改めた。

　1998年憲法には、追加事項がある。それは、金日成をたたえる＜序文＞を憲法の冒頭に加えたことである。金日成主席は1994年に死去したが、金正日には父親ほどのカリスマ的権威はなく、金日成の死から4年後の1998年にようやく国防委員長に就任している。北朝鮮国家としては金日成を偉大な領袖であったとその業績をたたえておく必要があった。98年憲法の＜序文＞では、金日成を主体思想の創始者であり、北朝鮮を自主・自立・自衛の社会主義国家に強化・発展させ、常に人民とともにあって人民のために生涯を捧げたなどと、最大級に賛美し、北朝鮮の社会主義憲法を「金日成憲法」と呼んでいる。

　金正日は2011年12月17日に病死し、三男の金正恩が3代目の最高指導者となる。金正恩は、父の金正日の国防委員長と朝鮮労働党総書記という最高の地位を、「金正日が永久に就くべき地位」であるとして就任せず、自らは朝鮮人民軍最高司令官と朝鮮労働党第1書記を兼ねている。金正恩が最高指導者になって以後、2012年の憲法修正では、まず、＜序文＞が改変され、朝鮮民主主義共和国は「偉大な首領金日成同志および偉大な指導者金正日同志の思想および領導を具現した主体の社会主義祖国である」とし、以下、2人の業績を列挙して賛美している。金正日については、「偉大な指導者金正日同志は金日成同志の思想および偉業を敬い、私たちの共和国を金日成同志の国家に強化発展させ、民族の尊厳および国力を最上の境地に立ち上げた絶世の愛国者、社会主義朝鮮の守護者である」とし、「主体思想、先軍思想を全面的に深化発展させ……強盛国家建設のきらびやかな大通路を開けていった」と最高の賛辞を連ねている。金日成の時代にはじまった経済の不振と疲弊が金正日のときにはさらに行き詰まり、先軍思想による軍事優先・核開発路線によって国民の生活難を改善するこ

金日成体制	1948.9 1972.12 1992.4	朝鮮民主主義人民共和国憲法承認（1948年憲法） 朝鮮民主主義人民共和国社会主義憲法を制定（1972年憲法） 1972年憲法を修正（1992年憲法）
金正日体制	1998.9 2009.4 2010.4	1992年憲法を修正・補充（1998年憲法） 1998年憲法を修正・補充（2009年憲法） 2009年憲法を改正
金正恩体制	2012.4	2009年憲法を修正・補充（2012年憲法）

とは後回しにされたという現実が、憲法の美辞麗句を一層空しく響かせる。

2012年の憲法では、もう1つの修正事項として、北朝鮮が核保有国となったことが明記された。北朝鮮は1993年にNPT（核拡散防止条約）脱退を表明し、核兵器開発を推進してゆく。その後、核凍結を一旦は約束して核の平和的利用という名目によって原子力（軽水炉）開発を推進し、IAEA（国際原子力機関）の査察を受けるなどしたが、ひそかに核開発を進め、2006年、2009年、2013年に核実験を実施した。北朝鮮の核開発をめぐっては、米・英・中国・北朝鮮・ロシア・日本の6者協議が繰り返し開かれているが、北朝鮮に核廃棄を約束させるには至っていない。北朝鮮は「核の開発か放棄か」という交渉カードをちらつかせて、6者協議の相手となっている国々からできる限り多くの経済援助を得ようとしており、容易には他の5ヵ国との合意に至りそうにない。

最後に、北朝鮮の選挙制度について言及すると、2012年の憲法では第6条「郡人民会議から最高人民会議に至るまでの各級主権機関は、一般、平等、直接の原則に基づき、秘密投票によって選挙する」と規定されている。2014年3月9日、最高人民会議の代議員選挙が実施された。代議員の任期は5年、1選挙区1候補の信任投票方式で選挙権は17歳以上の公民に与えられている。候補者は上からの調整によって決定し、自由に立候補することは不可能と思われる。前回（2009年）の選挙では、投票率は99.98パーセント、信任率100パーセントだったので、投票は北朝鮮公民の義務であり、体制への忠誠を試される場であると思われる。北朝鮮の社会は軍人と官僚が支配的地位を占め、多くの重層的な階層制から成り立っており、憲法は現実から遊離した理想を表現したものといえよう。

付録 817

「在日」に関する基本データ

●在日人口の推移

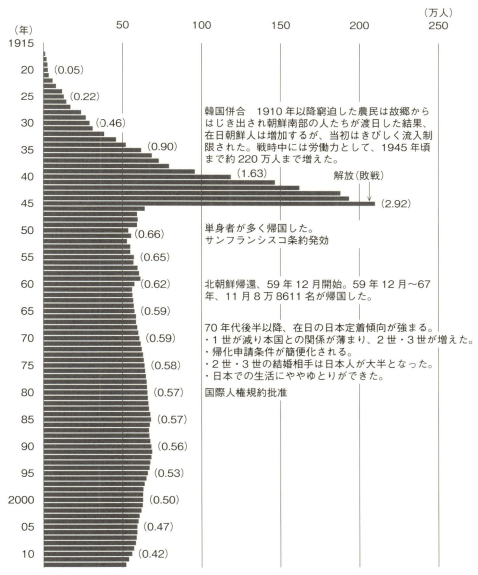

韓国併合　1910年以降窮迫した農民は故郷からはじき出され朝鮮南部の人たちが渡日した結果、在日朝鮮人は増加するが、当初はきびしく流入制限された。戦時中には労働力として、1945年頃まで約220万人まで増えた。

解放(敗戦)

単身者が多く帰国した。
サンフランシスコ条約発効

北朝鮮帰還、59年12月開始。59年12月〜67年、11月8万8611名が帰国した。

70年代後半以降、在日の日本定着傾向が強まる。
・1世が減り本国との関係が薄まり、2世・3世が増えた。
・帰化申請条件が簡便化される。
・2世・3世の結婚相手は日本人が大半となった。
・日本での生活にややゆとりができた。

国際人権規約批准

注：かっこ内の数値は日本の総人口に占める在日の比率(%)。
内務省警保局統計、外国人登録による法務省の統計、国勢調査などより作成。

●在日人口が多い自治体上位60　（2012）

	自治体名	在日人口	日本の総人口	日本の総人口に占める在日の比率(%)
1	大阪市生野区	26,532	102,855	25.8
2	大阪市東成区	5,883	74,231	7.93
3	神戸市長田区	5,197	96,755	5.37
4	京都市南区	4,929	92,433	5.33
5	大阪市西成区	4,797	107,197	4.47
6	東京都新宿区	12,026	285,428	4.21
7	大阪市天王寺区	2,705	65,441	4.13
8	大阪市中央区	2,998	76,937	3.9
9	大阪市浪速区	2,050	53,077	3.86
10	東京都荒川区	6,309	190,290	3.32
11	神戸市中央区	2,993	114,387	2.62
12	大阪府東大阪市	12,276	486,260	2.52
13	大阪市平野区	4,754	196,062	2.42
14	東京都台東区	3,704	170,539	2.17
15	京都市右京区	4,087	190,328	2.15
16	川崎市川崎区	3,973	209,231	1.9
17	大阪市北区	1,934	103,512	1.87
18	大阪市城東区	3,022	162,637	1.86
19	横浜市中区	2,412	133,847	1.8
20	東京都港区	3,741	210,022	1.78
21	神戸市須磨区	2,924	164,310	1.78
22	大阪市東淀川区	2,846	167,743	1.7
23	京都市左京区	2,511	150,677	1.67
24	大阪市淀川区	2,689	164,779	1.63
25	京都市伏見区	4,139	272,598	1.52
26	京都市西京区	2,252	149,601	1.51
27	大阪市東住吉区	1,894	129,053	1.47
28	大阪府八尾市	3,584	264,380	1.36
29	大阪府吹田市	2,018	155,319	1.3
30	大阪市住吉区	1,921	151,500	1.27
31	東京都足立区	8,086	646,083	1.25
32	北九州市小倉北区	2,018	177,614	1.14
33	東京都豊島区	2,802	248,699	1.13
34	兵庫県伊丹市	2,148	197,632	1.09
35	山口県下関市	2,956	277,647	1.06
36	東京都文京区	2,055	193,375	1.06
37	兵庫県姫路市	5,632	533,832	1.06
38	東京都中野区	3,065	299,673	1.02
39	東京都江東区	4,657	456,672	1.02
40	兵庫県宝塚市	2,095	230,257	0.91
41	名古屋市中区	1,918	215,162	0.89
42	東京都北区	2,824	317,663	0.89
43	東京都墨田区	2,048	241,090	0.85
44	東京都葛飾区	3,584	434,112	0.83
45	兵庫県西宮市	3,819	472,650	0.81
46	愛知県春日井市	2,251	302,696	0.74
47	東京都江戸川区	4,782	653,392	0.73
48	福岡市東区	2,011	282,907	0.71
49	東京都品川区	2,382	354,574	0.67
50	滋賀県大津市	2,227	336,223	0.66
51	東京都板橋区	3,360	519,283	0.65
52	三重県四日市市	1,934	305,840	0.63
53	埼玉県川口市	3,248	557,710	0.58
54	大阪府豊中市	2,257	391,371	0.58
55	東京都練馬区	3,971	695,432	0.57
56	東京都大田区	3,760	677,380	0.56
57	東京都杉並区	2,790	528,706	0.53
58	東京都世田谷区	4,140	842,323	0.49
59	岡山県倉敷市	2,112	476,444	0.44
60	東京都八王子市	2,037	553,914	0.37

法務省在留外国人統計、住民基本台帳に関する統計などより作成。

●社会保障に関する法律と外国人に対する適用

法律名	成立年	外国人適用年	備考
健康保険法	1922	1922	
国民健康保険法	1938	1938～58、1986～	59年から85年は運用上外国人を排除
労働者年金保険法	1941	1946	現・厚生年金保険法
国民年金法	1959	1982	
介護保険法	1997	1997	
特定障害者に対する特別障害給付金支給法	2004		適用されず
生活保護法	1929	1929	
戦傷病者戦没者遺族等援護法	1952		適用されず
戦後強制抑留者に係る問題に関する特別措置法等14法	1952		適用されず
児童扶養手当法	1961	1982	81年の難民条約批准後、82年1月1日発行
特別児童扶養手当法	1964	1982	81年の難民条約批准後、82年1月1日発行
児童手当法	1971	1982	81年の難民条約批准後、82年1月1日発行
住宅金融公庫法	1950	1979	国際人権規約批准後に適用（現在は独立行政法人住宅金融支援機構法）
公営住宅法	1951	1979	国際人権規約批准後に適用
日本住宅公団法	1955	1979	国際人権規約批准後に適用（現在は独立行政法人都市再生機構法）
地方住居供給公社法	1965	1979	国際人権規約批准後に適用
平和条約国籍離脱者等である戦没者遺族等に対する弔慰金等の支給に関する法律	2001	—	在日を対象とした2004年3月までの時限立法。生存者400万円、遺族260万円を一時金として（日本人は1953年恩給法の改正により支給が復活、普通恩給の最低補償額は年57万から113万円ほど）。
外国人地方参政権	—	—	日本においては日本国籍を有している者しか参政権はないが、韓国では2005年、外国人地方参政権付与立法が可決。永住資格（F-5）を獲得し3年以上経過した19歳以上に付与される。

田中宏『在日外国人』（岩波書店）、庄谷玲子・中山徹『高齢在日韓国・朝鮮人』（御茶の水書房）などより作成。

主要参考文献・資料一覧

ハングル文献

安秉直編『申采浩』한길사
安秉直・慎鏞廈ほか『変革時代의韓国史』동평사
安秉直・朴成寿ほか『韓国近代民族運動史』돌베개
崔弘圭『申采浩의民族主義思想』丹斎申采浩先生記念事業会
陳徳圭・金学俊ほか『1950年代의認識』한길사
趙容範・鄭允衡『韓国独占資本과財閥』풀빛
鄭이담ほか『文化運動論』共同体
青史編集部編『70年代韓国日誌』青史
朝鮮民主主義人民共和国科学院歴史研究所『朝鮮通史』(下)
朝鮮労働党中央委員会歴史研究所『朝鮮労働党史』2、돌베개
韓昌洙編『韓国共産主義運動史』지양사
韓鍾萬編『韓国近代民衆仏教의理念과展開』한길사
韓勝憲編『維新体制와民主化運動』三民社
한길文学編纂委員会編『韓国近現代文学研究入門』한길사
韓国民衆史研究会編『韓国民衆史』Ⅰ~Ⅱ、풀빛
韓国社会研究所編『動向과展望』(1988年上半期3)、대암
──『動向과展望』(1989年秋・90年春・同夏)、白山書堂
韓国歴史研究所編『韓国史講議』한울
한겨레社会文化研究所政治分科編『年表・人物・指標　南北韓45年史』(月刊『다리』1990年1月号別冊付録)、月刊『다리』
한겨레新聞社『発掘　韓国現代史　人物1』(月刊『다리』1990年1月号別冊付録)、月刊『다리』
李기형『夢陽呂運亨』、実践文学社
李弘稙編『国史大事典』百萬社
李在五『韓日関係의再認識』Ⅰ、学民社
──『解放後韓国学生運動史』形成社
李庭植・韓洪九編『朝鮮独立同盟資料』Ⅰ、거름
李庭植・스칼라피노ほか／韓洪九訳『韓国共産主義運動史』돌베개
──ほか／編集部編訳『新幹会研究』동녘
李내영編『韓国経済의視点』白山書堂
李太浩『불꽃이여 이 어둠을 밝혀라──70年代女性労働者의闘争』돌베개
李愚貞『韓国基督教女性百年의 발자취』民衆社

李泳禧『80年代国際情勢와韓半島』東光出版社
── 『転換時代의論理』創作과批評社
朴鍾国『挺身隊』日月書閣
임상택『알기쉬운 오늘의 韓国経済』사계절
林栄兌編『植民地時代韓国社会와運動』사계절
姜東鎮『日帝의韓国侵略史』한길사
姜万吉『韓国現代史』創作과批評社（邦訳、高崎宗司訳『韓国現代史』高麗書林）
── 『分断時代의歴史認識』創作과批評社（邦訳、宮島博史訳『分断時代の歴史認識』学生社）
── 『四月革命論』한길사
金漢吉『現代朝鮮歴史』일송정
金一平『北韓政治経済入門』한울
金장한ほか『80年代韓国労働運動史』祖国
金俊燁・金昌順『韓国共産主義運動史』Ⅰ～Ⅴ、政界研究所
金鍾範・金東雲『解放前後의朝鮮真相──独立運動　政党級人物』돌베개
金洛中ほか『韓国経済의現段階』사계절
── 『韓国労働運動史』（解放後編）、青史
金南植『南労党研究』（1）、돌베개
金成煥・金정원ほか『1960年代』거름
金允煥ほか『韓国経済의展開過程』돌베개
金允煥『韓国労働運動史』（1）、青史
B・커밍스ほか『分断前後의現代史』日月書閣
米下院国際関係委員会・国際機構小委員会編／서울大学校韓米関係委員会訳『프레이저報告書』実践文学社
民主化実践家族運動協議会『80年代民族運動　10大組織事件』아침
労働組合事典刊行委員会編『労働組合事典　総論』春秋社
盧중선編『民族과統一』사계절
盧민영編『잠들지 않는 南道－済州島4・3抗争記録』오누리
朴光淳『韓国漁業経済史研究　漁業共同体論』裕豊出版社
朴日元『南労党의組織과戦術』世界
朴世吉『다시쓰는韓国現代史』1～3、돌베개
辺衡允・朴鉉采ほか『韓国社会의認識』1、한울
編集部編『1930年代의民族解放運動』거름
編集部編『統一革命党』나라사랑
編集部編『綱領・政策──主要政党・社会団体』시인사
編集部編『北韓의思想』泰白
編集部編『北韓　朝鮮労働党　大会主要文献集』돌베개
沈지연編『韓国現代政党論』創作과批評社
慎鏞廈編『韓国現代社会思想』知識産業社
徐大粛・李庭植ほか『韓国現代史의再照明』돌베개

宋建鎬ほか『解放前後史의認識』1、한길사
──『解放40年 再認識』Ⅰ、돌베개
梁好民・李祥雨・金学俊『民族統一論의展開』形成社
女性史研究会『女性』1～3、創作과批評社
尹병석・金昌順編『再発掘 韓国独立運動史』1、韓国日報社
尹병석・慎鏞廈・安秉直編『韓国近代史論』Ⅱ、知識産業社
『90年代韓国社会의争点』(月刊『社会와思想』全集特別企画 2)、한길사
『南北韓文学史年表 1945－89』한길사
『말』(1990年7月号)、月刊말
『韓国史大系』(8～12)、三珍社
『東亜年鑑』(1971～2005年度版)、東亜日報社
『東亜百科』東亜出版社
『歴史批評』(1989年秋号)、歴史批評社
좋은벗들『北韓사람들이 말하는 北韓이야기』정토출판

＊ 以上のほか、『東亜日報』『朝鮮日報』などの各紙、『思想界』『新東亜』『月刊朝鮮』などの各誌を参照。

日本語文献

石坂浩一・舘野晳編著『現代韓国を知るための55章』明石書店
内海愛子『朝鮮人BC級戦犯の記録』頸草書房
内海愛子・大沼保昭・田中宏・加藤陽子『戦後責任 アジアのまなざしに応えて』岩波書店
大沼保昭『サハリン棄民──戦後責任の点景』中公新書
D・オーバードーファー／菱木一美ほか訳『二つのコリア──国際政治の中の朝鮮半島』共同通信社
小此木政夫編著『ハンドブック北朝鮮』講談社
鹿島平和研究所編『日本外交主要文書・年表』1～2、原書房
梶村秀樹『朝鮮史──その発展』講談社現代新書
──『解放後の在日朝鮮人運動』神戸学生・青年センター出版部
梶村秀樹・姜徳相・編解説『現代史資料』29、みすず書房
神谷不二『朝鮮戦争──米中対決の原形』中公新書
神谷不二編集代表『朝鮮問題戦後資料』1、国際問題研究所
B・カミングス／鄭敬謨・林哲訳『朝鮮戦争の起源』1～2、シアレヒム社
韓洪九／高崎宗司監訳『韓国現代史──韓国はどういう国か』平凡社
姜在彦『朝鮮近代史』平凡社
──『朝鮮近代史研究』日本評論社
──『朝鮮の開化思想』岩波書店

――『朝鮮の攘夷と開化』岩波書店
――『近代朝鮮の思想』未来社
姜東鎮『日本の朝鮮支配政策史研究』東京大学出版会
――『日本言論界と朝鮮――1910〜45』法政大学出版局
姜徳相『関東大震災』中公新書
――『朝鮮人学徒出陣――もう一つのわだつみ』岩波書店
姜徳相・琴秉洞編『現代史資料』6、みすず書房
姜徳相・編解説『現代史資料』25〜28、みすず書房
姜徳相・編解説『現代史資料』30、みすず書房
K・キノネス『北朝鮮――米国務省担当官の交渉秘録』中央公論新社
木村誠ほか編『朝鮮人物事典』大和書房
金学俊／金容権訳『西洋人の見た朝鮮』山川出版社
金学俊／李英訳『知られざる北朝鮮史』1・2、幻冬舎文庫
金敬得『新版 在日コリアンのアイデンティティと法的地位』明石書店
呉知泳／梶村秀樹訳『東学史――朝鮮民衆運動の記録』東洋文庫（平凡社）
小林英夫編『北朝鮮と東北アジアの国際新秩序』学文社
小松隆二編『続・現代史資料』3、みすず書房
呉連鎬／大滝竜次・大畑正姫訳『朝鮮の虐殺――20世紀の野蛮から訣別するための現場報告書』太田出版
在日韓国人民主人権協議会編『韓国NGOデータブック』みずのわ出版
徐大粛／古田博司訳『金日成と金正日』岩波書店
徐大粛／安倍誠ほか訳『金正日の北朝鮮』岩波ブックレット
「新東亜」編輯室／鈴木博訳『朝鮮近現代史年表』三一書房
高崎宗司『「反日感情」――韓国・朝鮮人と日本人』講談社現代新書
――『「妄言」の原形――日本人の朝鮮観』木鐸社
――『検証 日韓会談』岩波新書
武田幸男編『新版 朝鮮史』山川出版社
田中宏『新版 在日外国人――法の壁、心の溝』岩波新書
――「在日韓国・朝鮮人と地方参政権」（『都市問題』第92巻第4号、2001年4月）
池明観『韓国 民主化への道』岩波新書
趙景達『異端の民衆反乱――東学と甲午農民戦争』岩波書店
――『近代朝鮮と日本』岩波新書
朝鮮史研究会編『新版 朝鮮の歴史』三省堂
鄭棟柱／高賛侑訳『カレイスキー――旧ソ連の高麗人』東方出版
月脚達彦『福沢諭吉と朝鮮問題 「朝鮮改造論」の展開と蹉跌』東京大学出版会
中塚明『近代日本と朝鮮』三省堂
中村哲・安秉直ほか編『朝鮮近代の歴史像』日本評論社
萩原遼『金正日 隠された戦争』文藝春秋
深川由起子『韓国・先進国経済論』日本経済新聞社

文石柱編著『朝鮮社会運動史事典』社会評論社
W・ペリーほか『北朝鮮とペリー報告——暴発は止められるか』読売ブックレット
朴殷植／姜徳相訳『朝鮮独立運動の血史』1・2、東洋文庫（平凡社）
朴慶植『朝鮮人強制連行の記録』未来社
――『日本帝国主義の朝鮮支配』上・下、青木書店
朴根好『韓国の経済発展とベトナム戦争』御茶の水書房
F・A・マッケンジー／渡部学訳『朝鮮の悲劇』東洋文庫（平凡社）
宮田節子『朝鮮民衆と「皇民化」政策』未来社
山辺健太郎『日韓併合小史』岩波新書
四方田犬彦『ソウルの風景　記憶と変貌』岩波新書
和田春樹『朝鮮戦争』岩波書店

＊以上のほか、『日本外交文書』『官報』『朝鮮総督府施政年報』などの各種資料、『朝日新聞』『毎日新聞』『読売新聞』『産経新聞』『日本経済新聞』などの各紙、『世界』などの各誌を参照。

李 光植 ［イ グァンシク］
1984年 成均館大学英文科卒。
雑誌社、出版社を経て、現在、カラム企画代表。
本書では1860〜1919年を分担執筆。

朴 垠鳳 ［パク ウンボン］
1984年 高麗大学歴史学科卒。
現在、翻訳、研究（現代史）活動。
本書では1919〜1953年を分担執筆。

李 鍾任 ［イ ジョンニム］
1984年 高麗大学英文科卒。
現在、翻訳、研究（現代史）活動。
本書では1953〜1990年を分担執筆。

金 容権 ［キム ヨングォン］
1971年 早稲田大学文学部卒。
本書の日本語版の翻訳および編纂。『箕山風俗図絵』（YB出版2001年刊）など。
本書では1990〜2014年を分担執筆。

朝鮮韓国近現代史事典　第4版

2002年 1月10日／第1版第1刷発行
2006年 3月20日／第2版第1刷発行
2012年 6月15日／第3版第1刷発行
2015年 2月20日／第4版第1刷発行

編著者／韓国史事典編纂会・金 容権
発行者／串崎 浩
発行所／株式会社日本評論社
〒170-8474　東京都豊島区南大塚3-12-4　TEL 販売 03 (3987) 8621　編集 03 (3987) 8595
　　　　　　　振替 00_00-3-16　　　　　http://www.nippyo.co.jp
印刷／三美印刷株式会社　　　製本／牧製本印刷株式会社

Ⓒ 2015 Lee goang-shik and Kim yong-gon　Printed in Japan　ISBN 978-4-535-58668-0

JCOPY 〈(社) 出版者著作権管理機構 委託出版物〉
本書の無断複写は著作権法上での例外を除き禁じられています。複写される場合は、そのつど事前に、(社) 出版者著作権管理機構（電話 03-3513-6969、FAX 03-3513-6979、e-mail: info@jcopy.or.jp）の許諾を得てください。また、本書を代行業者等の第三者に依頼してスキャニング等の行為によりデジタル化することは、個人の家庭内の利用であっても、一切認められておりません。

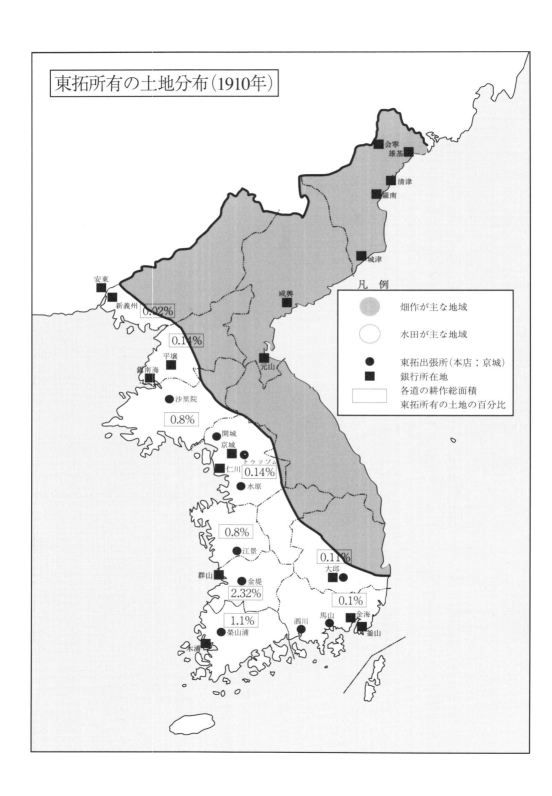